카를 마르크스

KARL MARX: GREATNESS AND ILLUSION
written by Gareth Stedman Jones

Original English language edition first published by Penguin Books Ltd, London

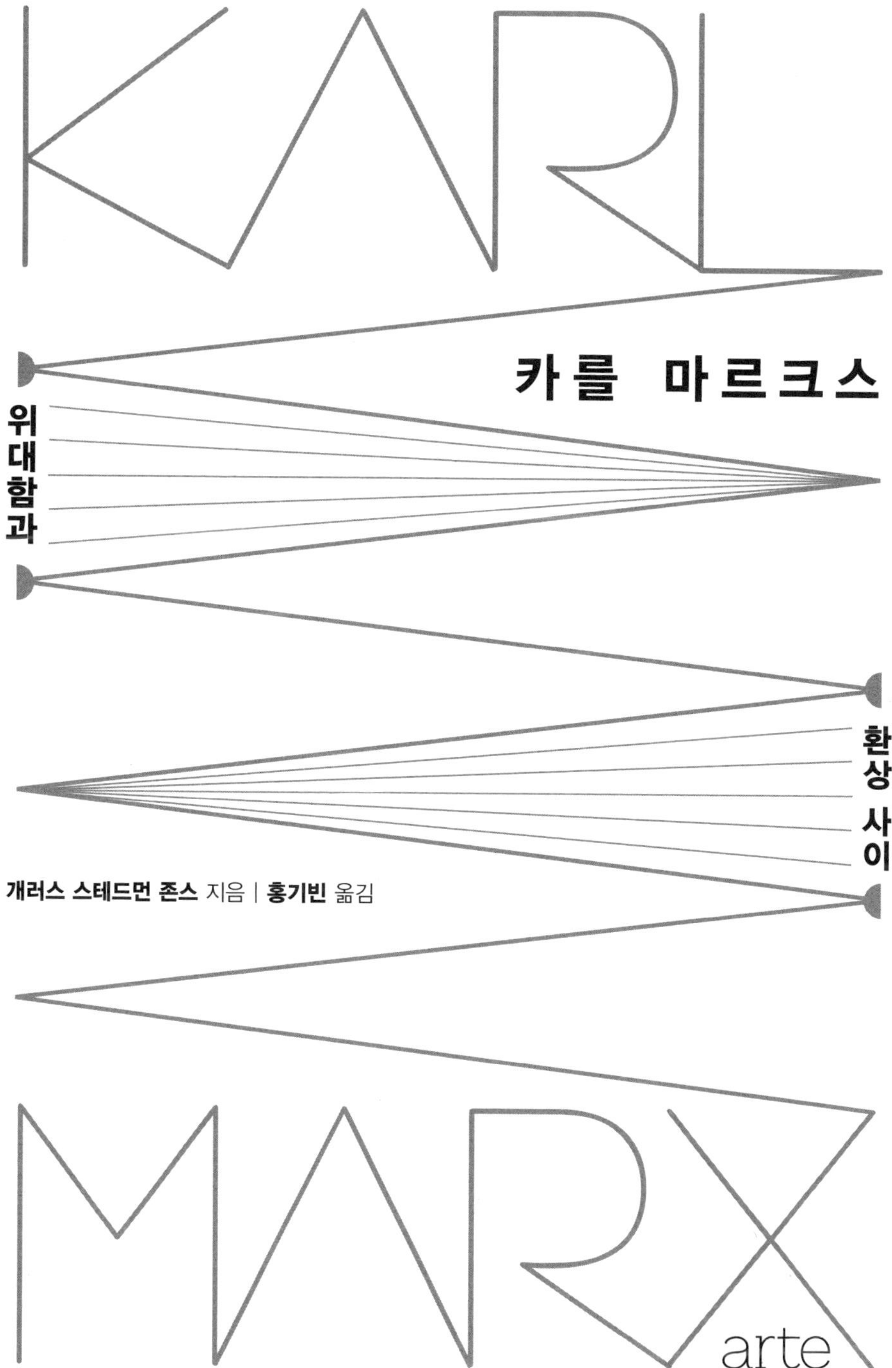

카를 마르크스

위대함과 환상 사이

개러스 스테드먼 존스 지음 | 홍기빈 옮김

arte

일러두기

— 인명과 지명 등의 외래어는 최대한 외래어표기법에 맞춰 표기했다.
— 단행본, 잡지, 신문은 『 』로, 논문, 에세이, 시, 팸플릿, 선언, 공연 작품, 단행본의 장은 「 」로, 단체 이름은 ' '로 표시했다.
— 원문에서 이탤릭체로 강조한 부분은 굵은 서체로, 대문자로 강조한 부분은 굵은 서체에 밑줄을 그어 나타냈다.
— 본문의 각주는 모두 옮긴이의 것이다.

프로메테우스가 아닌 시시포스로서 마르크스

마르크스만큼 많은 전기가 쏟아진 인물이 또 있을까? 세상을 떠난 지 150년도 채 안 되어 벌써 중요한 전기만 해도 서가 하나를 다 채울 지경이다. 하지만 이번에 개러스 스테드먼 존스가 내놓은 『카를 마르크스』는 최근까지의 마르크스 연구를 집대성하여 그 이전의 여러 전기들의 한계와 결함을 극복한 저작으로서, 프란츠 메링과 데이비드 매클렐런의 뒤를 이어 21세기의 새로운 시대를 여는 가장 표준적인 기준이 되는 전기라고 생각된다.

혹자는 이러한 말들을 번역자가 자신의 작업에 큰 의미를 부여하고자 하는 욕심에서 으레 늘어놓게 마련인 상투적인 찬사라고 생각할 것이다. 그렇지 않다. 이 점을 설명하기 위해 이 글에서는 먼저 마르크스의 삶과 사상에 대한 연구에서 나타날 수밖에 없는 여러 난점 및 문제점들을 설명하고, 그렇게 해서 나타난 '마르크스주의의 마르크스'의 혼란을 설명할 것이다. 이러한 문제들이 지금까지 나온 주요한 마르크스 전기들에 어떤 식으로 나타나 있었는지를 돌아본 뒤, 이 책이 그러한 문제점들을 어떻게 넘어설 수 있었는지를 설명할 것이다.

마르크스주의자들은 마르크스를 역사와 사회의 '과학적 진리'를 밝혀낸 이라고 선전하면서 신들에게서 불을 훔쳐 온 프로메테우스의 이미지로 내세워

왔다. 하지만 지금까지의 마르크스 연구는 그러한 이미지가 이른바 정통 마르크스주의가 무리하게 뒤집어씌운 껍데기라는 점을 밝히고 그 아래 가려져 잘 보이지 않았던 마르크스 사상의 속살을 드러내는 데에 집중해 왔다. 하지만 그렇게 해서 핀셋으로 집어낸 속살들은 여전히 파편적인 일부에 불과할 뿐 그 전체상이 어떠한 것인지는 애매모호한 상태였다. 이 책의 중요성은 바로 여기에 있다. 개러스 스테드먼 존스는 역사학자로서 또 사상사가로서 엄밀한 방법과 판단에 근거하여 지금까지 노출된 마르크스의 속살을 종합하고 이를 다시 자신의 혜안으로 구성하여, '마르크스주의'라는 달팽이 껍질 속에 숨어 있는 '마르크스'라는 민달팽이의 모습을 꼬리에서 두 개의 뿔까지 총체적으로 그려 낸다. 그렇게 해서 드러난 촉촉하고 다치기 쉬운 상처투성이의 민달팽이 마르크스는 프로메테우스의 이미지와는 거리가 멀다. 끊임없이 박치기로 들이대고 밀어붙이다가 또다시 나동그라지는, 급기야 기진맥진하여 숨이 끊어진 시시포스에 가깝다. 이렇게 모든 환상과 환멸을 넘어선 자리에서 비로소 19세기의, 어쩌면 인류 지성사 전체에서 가장 위대한 인물의 하나일 수도 있는 마르크스의 참모습이 드러난다.

마르크스 저작의 특징

사상사의 한 획을 그은 주요한 인물들 누구도 이해하기 쉽지 않지만, 마르크스의 경우에는 그 사상의 복잡성과 심오함에 더하여 이해를 어렵게 만드는 요소가 또 있다. 그것은 마르크스 자신이 저술한 논고論考, treatise, 즉 일정한 방법론에 입각하여 특정한 주제와 논지를 체계적으로 전개한 저작이 『자본론』을 제외하면 거의 없다는 점이다.

나머지 마르크스의 저작은 모두 팸플릿, 논쟁polemic, 저널리즘 그리고 미출간 수고 및 노트들이다. 다른 사상가들은 그들의 사상 전모를 이해하는 데 기둥 역할을 해 줄 수 있는 대표적인 노작magnum opus들(칸트의 경우 '3대 비판서')이 있게 마련이다. 그 노작들은 스스로의 논리와 방법론을 갖춘 논리적 체계를 취하고 있는 경우가 대부분이어서 그 저작들을 집중적으로 연구하고 독파하고 나면 그 사상가의 생각 전체를 아우를 수 있는 그림이 형성되게 되어 있다. 하지만 마르크스의 경우 그의 사상이 펼쳐져 있는 범위가 너무나 넓기 때문에 『자본론』 하나를 파고든다고 해서 그 전모를 파악할 수도 없을뿐더러 거꾸로 마르크스 사상 전체와 그의 삶 및 실천에 대해 상당한 이해가 선행되어 있지 않으면 『자본론』 자체도 충분히 음미하기 어렵다는 악순환 고리가 존재한다.

이러한 마르크스의 저작과 사상의 특징은 곧 그가 19세기 유럽의 산업혁명과 자본주의 발전 및 정치적 격변이라는 역사적 현실에 깊이 잠겨 불가분으로 엮인 역사적 존재라는 사실에서 필연적으로 생겨나는 일이다. 하지만 이 때문에 마르크스를 연구하고 이해하는 데 들어가는 품은 엄청나게 불어나게 된다. 19세기 유럽 세계가 어떻게 형성되었고 또 변화하고 있었는가를 이해할 수 있는 역사적 지식을 풍부하게 갖추어야 하며, 또한 동시에 그와 발맞추어 어떠한 사상적 변화가 일어나고 있었는가에 대한 지성사history of ideas적인 이해를 갖추고 있어야만 한다. 게다가 마르크스가 지식인으로서 또 실천가로서 백과사전적encyclopedic✤인 전방위적 성격을 지향했던 인물이라는 사실로 인해 그 각각의 범위가 또 무한정으로 불어난다. 역사라고 해도 정치사, 경제사, 사회사, 제도사의 여러 영역을 아우르고 있으며, 지성사 또한 철학사, 경제학설사, 사회주의 사상사, 정치 이론사 등의 이질적인 분야들이 모두 포괄된다.

이러한 여러 주제를 두루 섭렵하고 상당한 이해를 가지기 전에는 마르크스가 그 다양한 형태의 저작들에서 무슨 말을 하려고 하는지, 왜 그토록 독랄한

✤ 이 말은 원래 '원을 그리며 걷는다'라는 그리스어에서 나온 말로, 단순히 박학다식·박람강기를 뜻하는 말이 아니다. 어떤 하나의 관점에서 세계를 총체적으로 조망할 수 있는 일관된 그림을 제시한다는 의미이다. 마르크스는 시야의 범위에 있어서는 지성사에서 기념비적인 '백과사전적' 인물이었음은 주지의 사실이다.

어조를 구사해 가며 분노를 터뜨리는지 등을 파악할 수 없다. 마르크스 노동가치론의 특징을 제대로 이해하기 위해서는 데이비드 리카도의 경제 이론에 대해 알고 있어야 하며, 그 영향을 받은 오언주의자 경제학자들의 노동가치론 그리고 조제프 프루동의 '노동화폐' 개념 등을 알고 있어야만 한다. '종교는 심장 없는 세계의 심장이며 인민의 아편'이라는 유명한 구절 하나를 이해하려면 헤겔에 대한 포이어바흐의 비판을 알고 있어야 할 뿐만 아니라 프로이센이라는 국가에서 기독교가 차지하는 독특한 위치에 대한 지식을 배경으로 깔고 있어야만 한다. 『자본론』 초두에 전개되는 가치 이론을 이해하기 위해서는 헤겔 논리학의 '존재론'을 염두에 두어야만 하며, 『강요Grundrisse』가 어째서 전 지구적 범위에서 자본주의를 파악하려고 하는지를 이해하려면 당시 영국을 풍미하던 '맨체스터 유파'의 곡물법 철폐와 자유무역 운동을 알고 있어야 한다. 프롤레타리아트 독재의 개념을 이해하기 위해서는 파리코뮌에 대한 지식은 물론 프랑스혁명 당시의 국민공회를 거쳐 고대 로마 공화국의 집정관과 독재관 제도를 알아야 하고, 이에 대해 블랑키와 바쿠닌 사이에서 마르크스가 어떻게 독자적인 입장을 취했는지를 알아야 한다. '국가의 사멸'을 이해하려면 생시몽의 '행정적 국가'의 개념을 이해해야 할 뿐만 아니라, 19세기 중반 이후 유럽에서 벌어진 정치 변혁 속에서의 새로운 국가 형태의 출현 과정을 알고 있어야 한다. 1860년대의 마르크스가 그토록 강조했던 '생산자들의 자유로운 연합'이라는 개념을 음미하려면 로버트 오언의 '협동' 개념과 프루동의 '상호주의'를 배경으로 하여 루이 블랑의 국영 작업장Ateliers Nationaux 실험과 라살레의 국가조합주의 시도가 어떤 결과를 낳았는지를 알고 있어야 한다. 『자본론』 3권에서 주식회사를 사회적 소유의 맹아적 형태로 보는 마르크스의 황당할 정도의 천진함을 이해해 주려면 우리가 알고 있는 바의 공격적인 주식회사 형태는 마르크스의 사후인 1880년대 이후 미국의 자본시장에서 본격적으로 벌어진 변화의 직접적 산물이라는 점을 이해해야 하며, 국가와 시민사회의 재통합을 통한 모든 소외의 지양이라는 그의 비전을 이해하려면

18세기 말 독일 고전주의 및 낭만주의 사상가들 사이에서 고대 그리스의 도시국가들이 어떤 식으로 이상화되었는지를 알고 있어야 한다. '민족주의는 상상의 공동체'라는 알량한 도식 하나에 몰각되어 1870년대 이전의 유럽에서 민주주의와 공화주의와 민족주의와 혁명 투쟁이 맺고 있었던 복합적인 관계를 이해하지 못한다면, 마르크스가 왜 폴란드와 아일랜드에 대해 그토록 동정적인 입장을 취하면서 프로이센과 러시아 제정을 그토록 사갈시했는지, 제1인터내셔널 안에서 왜 마치니가 그렇게 큰 영향을 가지고 있었는지, 그리고 왜 마르크스가 이에 순응할 수밖에 없었는지를 전혀 이해할 수 없게 된다. 프랑스 계몽주의에서 프랑스혁명의 인권선언으로 이어지는 '인간과 시민의 권리'의 내용과 그 내포된 모순을 이해하지 못하면 『유대인 문제에 관하여』에 나오는 마르크스의 시민권 비판은 이해할 수 없다. '이윤율 저하의 법칙'은 애덤 스미스에서 리카도와 존 스튜어트 밀에 이르도록 고전파 경제학에서 상식처럼 여겨진 가장 중요한 개념이었으니, 그 이념사와 1873년 이후의 장기 불황을 당대의 사람들이 어떻게 받아들였는지를 알지 못하면 마르크스의 주장이 갖는 독창적인 천재성과 설득력, 그리고 처절한 실패의 드라마를 이해할 수 없다. 마르크스의 역사적 방법론과 논리적 범주를 이해하기 위해서는 헤겔의 논리학과 역사철학에 대한 이해가 선행되어야 한다. 고대 공동체와 자본주의 이전의 경제적 제형태에 대한 마르크스의 환상과 오해를 이해하기 위해서는 경제사와 인류학의 19세기의 발전 상태에 대해 알고 있어야 한다. … 등등등.✣

게다가 종래의 통념을 넘어서서 마르크스를 나름대로 비판적으로 이해하기 위해서는 넘어야 할 산이 또 하나 있다. 마르크스주의 자체가 20세기의 가

✣ 사실 이는 전문 연구자라고 해도 결코 쉬운 일이 아니며, 전공자가 아닌 일반인들에게는 사실상 불가능한 일이다. 이러한 짐을 덜어 주는 한 방편은 마르크스(주의) 사전에 의존하는 것이다. 이 점에서 Tom Bottomore ed., *A Dictionary of Marxist Thought* 2nd ed. (London: Blackwell, 1991)는 필수불가결의 참고서이다. 일본 학계에서 최근에 출간한 『맑스 사전』은 번역되어 출간되었으며, 지금 네이버에서 전문을 검색할 수 있다.

장 유력한 학문적 패러다임의 하나가 되었기 때문에 역사학에서도, 또 사상사 연구에서도 마르크스주의적인 입장에서 서술된 연구들이 너무나 많다는 점이다. 이러한 연구들은 마르크스주의적인 입장에 맞추어 역사와 사상사를 서술해 놓은 것들이므로 마르크스와 마르크스주의에 대한 비판적 이해와 연구를 위해서는 이러한 마르크스주의자들의 역사 및 사상사 서술까지도 넘어서서 이들을 비판적으로 바라볼 수 있도록 폭넓게 공부해야만 한다. 예를 들어 마르크스주의의 도식에 따라 프랑스혁명을 부르주아혁명으로 보고 거기에 맞추어 서술한 프랑스혁명사만 읽는다면, 마르크스가 프랑스혁명에 대해 가지고 있었던 환상과 오해가 어떤 것이었는지를 알 길이 없다. 1980년대에 우리나라에 쏟아져 나왔던 일본의 마르크스주의 학계의 인문학과 사회과학 저작들은 그 점에 있어서 특히 주의를 요하는 대상들이다.✤

이렇게 산 넘고 물 건너 바다 건넌 뒤에 이제 마르크스의 저작을 읽는 일이 시작되는데, 그 압도적인 분량 때문에 '죽음의 암벽 등반'이라고 해도 과언이 아니다. 100권이 훌쩍 넘는 학술적 전집MEGA은 제쳐 놓는다고 해도 '대중적' 영어판 전집MECW은 50권이며 독일어판MEW도 40권이 넘는다. 어린 백성을 '어엿비' 여긴 마르크스 엥겔스 연구소에서 내놓은 선집만 6권(일본어 번역본은 8권)이다. 로버트 터커Robert Tucker와 데이비드 매클렐런이 각각 한 권짜리 선집을 내놓았지만 만약 번역한다면 모두 깨알 같은 글씨로 1000페이지가 훨씬 넘을 것이 분명하다. 그런데 그중 일부만 읽는다고 해 봐야 방대한 그의 사상의 극히 일부를 장님이 코끼리 더듬듯 하는 격에 불과하다는 것을 금방 절감하게 된다. 절망에 빠진 이들은 결국 분량과 시간의 '가성비'를 생각하여 『공산주의 선언』이나 『정치경제학 비판을 위하여 서문』과 같이 아주 짧고 유명한 저작을 읽게 되지

✤ 특히 오오쓰카 히사오大塚久雄 집단의 서양사 및 서양 경제사학은 마르크스와 베버를 거의 전범으로 삼아 연구의 표준으로 삼고 있다. 그 가치가 무엇이든 이를 교조적으로 수용한 1980년대의 한국 진보학계의 영향을 받은 이들은 각별히 조심해야 한다.

만, 이 또한 크게 속 시원한 해결책이 되지 못한다.✤ 그러니 이때부터 각종 대중적 해설서에 의존하게 된다. 사실 마르크스의 사상 전체를 '대중적으로' 해설해 놓는 책은 아마도 전 세계 출판계에서 가장 사랑받는 장르의 하나일 것이며, 여기에 도전하는 저자들도 무수히 많아서 최근에는 '원숭이도 이해할 수 있는' 해설서까지 나오는 지경에 이르렀다. 그래서 마르크스 자신의 저서를 읽는 이들은 사실 정말 적고, 그에 대한 항간의 지식과 정보는 대부분 이러한 잡다한 해설서에서 나온 단편적인 것들인 경우가 너무나 많다.

마르크스주의의 마르크스, 그 혼란

마르크스의 이해를 어렵게 만드는 두 번째 요소는 정치적 차원의 문제이다. 마르크스는 단순한 사상가가 아니다. 갤브레이스의 재치 있는 표현대로 그는 '뛰어난 역사가이기도 했지만 그 존재 자체가 하나의 역사'가 된 인물이다. 그 점에서 마르크스는 20세기의 역사에 있어서는 예수, 공자, 석가모니를 능가하는 영향력을 가진 하나의 아이콘이었다. 그래서 20세기의 모든 정치적 집단은 마르크스에 대해 분명한 입장을 가지고 있으며, 사실 극우에서 극좌까지의 모든 스펙트럼을 마르크스에 대한 입장을 프리즘 삼아 분류하는 것도 결코 불가능하지 않을 정도이다. 이 때문에 각각의 정치 세력은 마르크스라는 인간과 사상에 대해 저마다의 상을 구축하여 들이밀었고, 다른 세력들이 구축하여 들이미는 상에 대해서 또한 독랄한 공격을 주고받았다. 자유주의자들을 포괄하는 범우파 진영

✤ 물론 이는 대단히 편중되고 피상적인 마르크스의 이해를(혹은 오해를) 낳는다. 이 정도에 이르러 지치고 절망에 빠진 이들에게는 David McLellan ed, *The Thought of Karl Marx: An Introduction* 2nd ed. (London: Papermac, 1980)을 권하고 싶다. 이 책은 마르크스 인생의 연대기별로, 또 주요 개념별로 중요한 텍스트들을 발췌하고 설명과 주석을 달아 놓아 편리하면서도 충실한 입문서 역할을 하고 있으며 분량도 200페이지가 조금 넘는 정도이다. 그리고 이 책의 1판은 옛날에 번역된 적도 있으니 헌책방이나 도서관을 찾아봄 직하다.

에서 제시하는 마르크스의 상과 비판도 있었지만,✤ 무엇보다 이 공격이 가장 빽빽하게 오갔던 곳은 다름 아닌 마르크스주의 진영 내부였다. 어찌 보면 놀랄 일은 아니다. 예수가 신인지, 인간인지, 혹은 둘 다인지에 대해 가장 핏발을 세우면서 창과 칼을 휘둘러 가며 싸웠던 이들은 이교도들이 아니라 바로 기독교인들이었으니까.

마르크스주의의 역사에서 나타난 모든 분파는 마르크스의 삶과 사상에 대해 저마다의 저작을 내놓으면서 스스로의 정체성을 확립했다. 그런데 여기에서 가장 오랫동안 가장 큰 힘을 발휘했던 집단은 말할 것도 없이 공산주의, 즉 마르크스-레닌주의 집단이었다. 그 압도적인 정치적 힘은 물론 마르크스의 문서고를 거의 독점하다시피 했던 것도 중요한 이유였다. 이 책의 참고 문헌 부분에서도 설명이 나오지만, 문헌학적 엄밀성에서나 정치적 객관성에서나 모범적이었던 초기의 전집MEGA 출간 시도가 그 편집자 리아자노프의 숙청으로 1930년대에 중단된 이후, 마르크스와 엥겔스의 문서고는 몇 나라를 떠돌면서 소련 공산당과 독일 사회민주당과 사회사 연구소 등으로 나누어져 버렸다. 상태가 이러했으니 마르크스와 엥겔스의 저작들의 선별과 편집과 출간은 압도적인 인적·물적 자원을 가진 소련과 독일의 공산당이 칼자루를 잡게 되었다. 이들은 19세기 말과 20세기 초에 엥겔스, 카우츠키, 플레하노프, 베벨, 메링 등에 의해 마련된 제2인터내셔널의 마르크스의 모습을 토대로 하여 대단히 '정통적인' 마르크스의 상을 제시하여 이것을 표준적인 영정으로 삼아 버렸다.

따라서 마르크스-레닌주의에 불만을 품은 마르크스주의자들은 이미 1920년대부터 루카치와 코르시Karl Korsch, 보르디가Amadeo Bordiga와 파네쾨크Anton Pannekoek를 시작으로 대안적인 마르크스 해석을 쏟아내기 시작한다. 1932년의

✤ 지적으로나 도덕적으로나 저열한 저서들도 있지만 중요하게 여겨야 할 것들도 많다. 몇 가지 예로 레첵 콜라코프스키Leszek Kolakowski, 에릭 푀겔린Eric Voegelin, 클로드 르포르Claude Lefort, 카를 야스퍼스의 여러 에세이를 들 수 있다.

『경제학-철학 초고』의 출간은 이러한 불씨에 기름을 부었고, 그 이후로는 프로이트 및 헤겔을 끌어들인 프랑크푸르트학파, 후설과 하이데거의 현상학과 연결시키는 프랑스의 사르트르, 거기에 니체까지 덧붙인 앙리 르페브르 등이 나타나서 마르크스 사상의 다양한 측면을 더더욱 다양하게 해석하는 시도가 나타나며, 이러한 경향은 제2차 세계대전이 끝난 후 백가쟁명으로 완전히 개화하게 된다.

하지만 이러한 마르크스 해석의 혼란상에 있어서 진정으로 지옥문을 열어젖힌 이는 루이 알튀세르라고 해야 할 것이다. 문헌학적인 엄밀성에 대해서는 물론, 심지어 마르크스주의 내에서의 사상사 및 논쟁사에 대해서도 놀랄 만한 무지로 무장한 그는 엉뚱하게도 프랑스 특유의 구조주의적 방법론을 내걸고 자의적인 방식으로 마르크스를 이리저리 찢어 붙이는 '독해'라는 유행을 만들어냈다. 그리고 페리 앤더슨이 이끄는 영국의 『뉴레프트리뷰』는 영어권 세계에 알튀세르식의 마르크스 해석을 지적인 패션으로 만들어 버렸고, 영어권 세계의 지적 영향력으로 인해 이는 전 세계로 확산되었다.✤ 하지만 가장 놀라웠던 일은 이러한 지적인 서커스와 논리적 반전을 거듭한 끝에 도출해 내는 결론이 결국 정통 공산주의의 마르크스주의의 교리를 수호하고 그것을 창시한 전통적인 '과학자' 마르크스의 모습을 지켜 내는 것이었다는 점이다.✤✤

이때부터 마르크스주의 진영 내에서의 마르크스 연구와 해석은 거의 누구나 원하는 방향으로 원하는 상상을 덧붙여서 원하는 결론을 끌어내어 원하는 논적을 뭉갤 수 있게 되었다. 그리고 이 책에서 보듯이 마르크스라는 인물이 일생 동안 보였던 다양한 정치적·사상적 편력으로 인해 그러한 자의적 해석과 오용은 나름대로 마르크스의 저작에서 자신을 정당화할 수 있는 문헌적 근거를 찾을 수 있을 때가 많은 것이 사실이다.✤✤✤ 그러자 이제 마르크스에 대한 연구는

✤ 이와 대조적으로 체코슬로바키아의 카렐 코지크Karel Kosik의 『구체성의 변증법』은 지적 깊이와 독창성에도 불구하고 그만큼 널리 알려지지 못했다. 이 책이 1980년대 한국에 번역된 것은 실로 행운이었다고 할 것이다.

학문적으나 실천적으로나 거의 아무런 의미를 찾을 수 없는 혼란 상태로 전락하고 말았다. 중세 유럽의 모든 철학자가 다 성서를 이용하여 자신의 주장을 폈듯이, 20세기 말엽의 마르크스는 누구나 원하는 이야기를 펼쳐 내면서 무게를 실어 상대의 머리통을 때리는 '만인의 몽둥이'가 되고 말았다. 어차피 앞에서 설명한 이유에서 마르크스에 대해 총체적인 이해를 가지고 있는 이는 세계적으로도 거의 찾을 수 없게 되었다. 그러니 알 게 무엇인가. 자신이 원하는 마르크스를 마음대로 떠들어 댄 뒤 혹시나 반론이나 비판이 들어오면 다음의 몇 가지 신공만 휘두르면 된다. "당파적 계급적 혁명적 관점이 부족하다." "당신은 헤겔을 제대로 읽지 않아 변증법을 이해하지 못하여 마르크스도 『자본론』도 전혀 이해하지 못하고 있다."✤✤✤✤ 그러다 혹시라도 완전히 강적을 만나서 철저히 털리는 사태가 벌어진다면? 다음과 같은 아이러니를 방패로 써서 슬쩍 웃으며 빠져나오면 된다. "마르크스가 그랬다. '나는 마르크스주의자가 아니다'라고". 이제 마르크

✤✤ 알튀세르는 자신의 자서전에서 자기가 『자본론』을 거의 읽지 않았으면서 마르크스주의의 권위자로 군림할 수 있었다고 고백하고 있다. (이 '읽지 않았다'는 말도 믿을 수 있는 근거는 없다.) 『1844년 초고』의 청년 마르크스와 『자본론』의 과학적 마르크스 사이에 단절이 있다는 그의 중심 주장은 양쪽의 연속성을 명백히 보여 주는 『강요』가 이미 1953년에 출간되어(최초 출간은 1939년이었으나 전쟁으로 인하여 희귀본이 되고 말았다) 널리 보급되었다는 점에서 용납이 되기 힘들며, 콜라코프스키에 의해 독일어 능력을 조롱당하는 빌미가 되기도 했다. 그가 말하는 '마르크스주의의 위기'라는 문제가 이미 1890년에 체코 철학자 마사릭Tomas Massaryk에 의해 제기되어 크로체Benedetto Croce와 라브리올라Antonio Labriola와 소렐George Sorel 사이의 유명한 논쟁으로 이어졌다는 것조차 그는 전혀 언급하지 않고 있다. 알튀세르에 대한 영국 마르크스주의 진영의 비판은 톰슨E. P. Thompson의 『이론의 빈곤Poverty of Theory』이 있지만 이는 여러 약점이 있어 이후 앤더슨 등에 의해 논박당한다. 톰슨보다 더 간략하면서도 훨씬 더 파괴적인 알튀세르 비판으로는 Leszek Kolakowski, "Althusser's Marx", *Socialist Register*, vol. 8, 1971. 알튀세르의 '마르크스주의 위기론'에 대한 비판으로는 Cornelius Castoriadis "Les crises d'Althusser. De la langue de bois à la langue de caoutchouc", *Libre*, 1978, 4, pp. 239~254. 알튀세르의 결론이 사실상 스탈린주의적 공산주의의 옹호라는 지적으로는 Harry Cleaver Jr. *Reading Capital Politically* (Austin, University of Texas Press: 1979)가 있다.

✤✤✤ 가치론과 둘러싼 논쟁의 문제가 대표적일 것이다. 모리스 돕Maurice Dobb과 일리치 루빈Isaak Illich Rubin과 로널드 미크Ronald Meek와 리피에츠Alain Lipietz는 모두 마르크스의 저작에서 자신의 근거를 찾아내려 하고 있다. 최근에는 화폐론으로 불똥이 옮겨 간 듯하다. 모름지기 마르크스는 상품화폐론자인가 신용화폐론자인가 하는 문제에 있어서도 양쪽 모두 근거를 찾을 수 있을 것이다.

✤✤✤✤ 이는 레닌의 『철학 노트』에 나오는 말이기도 하다.

스도, 마르크스주의도 도저히 정체를 알 수 없는 이상한 존재가 되고 말았다. 모두가 합의할 수 있는 마르크스도 마르크스주의도 존재하지 않는다. 그야말로 그 이름의 '유령'만이 떠돌고 있을 뿐.✣

마르크스 전기의 짧은 역사

앞에서 말한 대로 마르크스의 전기는 부지기수이므로 그 발전의 역사 자체가 하나의 연구 주제일 것이다. 하지만 나의 일천한 지식 안에 있는 몇 개의 마르크스 전기만 시간적으로 나열해 보아도 앞에서 말한 여러 난점이 적나라하게 드러난다.

마르크스의 삶의 스토리는 이미 오래전부터 세세히 잘 알려져 있었다. 여기에는 1918년이라는 아주 이른 시기에 나온 프란츠 메링의 마르크스 전기가 큰 역할을 했다.✣✣ 이 저서는 연구의 깊이와 문서 근거로 보나, 또 저작의 세밀함과 일관성에 있어서나 높게 평가할 만한 것으로, 오늘날까지도 마르크스 연구에서 중요한 위치를 점하고 있다. 게다가 바쿠닌과의 싸움을 다루는 부분에서는 마르크스에 대해 사뭇 비판적인 태도도 보이는 등 균형 있는 태도를 유지하려는 노력도 엿보인다. 이는 메링으로 대표되는 독일 사회민주당 지도부, 나아가 제2인터내셔널 지도자들이 대략 공유하고 있었던 이상화된 인물로서 마르크스의 모습을 제시하는 표준적인 영정이기도 했다. 마르크스의 인격적 결함과 실수 및 실패는 은폐되거나 모호하게만 제시될 뿐이다. 마르크스는 오로지 노동계급

✣ 얼마 전에 나는 『마술적 마르크스주의』라는 제목의 책까지 나왔음을 알게 되었다. 그 책의 내용이 어떤 것인지도, 또 어떤 장점이 있는지도 전혀 모르지만, '과학자'를 자처하던 마르크스와 엥겔스는 굉장히 당혹스러워 할 것이다.

✣✣ Franz Mehring, *Karl Marx: The Story of His Life*. 이 저작의 영역본은 지금 인터넷에서 쉽게 구할 수 있다.

의 해방과 인류의 진보라는 이상 하나로만 꽉 찬 인간으로, 탄압과 빈곤과 시대의 몰이해와 온갖 사악한 논적들과 싸워 가며 희생으로 일관한 끝에 '과학적 사회주의'를 창시하여 진정한 노동운동과 사회주의 운동을 시작한 역사적 영웅으로서 그려진다. 그리고 이러한 마르크스의 인간상은 1990년대의 공산주의 몰락의 시점까지도 표준적인 영정의 자리를 유지하고 있으며, 트로츠키주의자들 사이에서는 오늘날까지도 그러하다.

메링의 전기에 더하여 사상가로서 마르크스의 모습을 사상사적 안목에서 서술하고 그 중요성과 의미를 짚어 내는 전기도 필요했다. 앞에서 말한 이유에서 이러한 작업은 실로 누구도 쉽게 뛰어들 수 있는 만만한 일이 아니었다. 아마도 20세기의 굴지의 사상사가인 이사야 벌린Isaiah Berlin이야말로 이 일을 감당할 만한 이였다고 할 것이며, 그 자신이 이미 30대 초반의 젊은 나이에 이러한 도전을 받아들인 바 있다. 그래서 그 짧은 분량에도 불구하고 이후 마르크스 연구에 있어서 기념비적인 위치를 점하게 되는 전기가 출간되었다.✤ 벌린은 그 젊은 나이에도 이미 사상사 연구의 대가로서의 면모를 보이면서 마르크스의 사상을 이루고 있는 다양한 요소들이 19세기 유럽사와 지성사의 맥락에서 어떻게 나온 것들인지를 밝히고 있다. 그리고 이러한 다양하고 이질적인 요소들이 마르크스라는 독창적인 천재의 손에서 어떻게 하나의 일관된 철학인 동시에 경험적인 과학의 성격도 겸비한 거대한 사상 체계로 형성되었는지를 실로 흥미진진하게 추적하고 있다.

이 두 전기는 연구의 성실성이나, 사유의 깊이나, 서술의 일관성에서나 대단히 높은 수준을 가지고 있다. 앞에서 말한 마르크스 연구의 두 가지 난점을 이 두 저서는 나름대로 극복하고 있다. 이사야 벌린은 그의 놀랄 만한 박식과 혜안으로 마르크스를 역사와 사상사 속에서 확고하게 위치 짓는 데 성공하고 있

✤ Isaiah Berlin, *Karl Marx: His Life and Environment* 4th ed. with Forward by Alan Ryan, (London: Oxford University Press, 1991). 안규남 역, 『칼 마르크스: 그의 생애와 시대』 (서울: 미다스북스, 2013)

으며, 프란츠 메링은 그 전기 저자로서의 성실함과 자료의 풍부함으로 마르크스라는 인물의 삶을 풍부하고 입체적으로 그려 내면서 최대한 정치적 왜곡으로부터 지켜 내고 있다. 그렇기에 이후 소련과 독일의 공산당에서 쏟아 낸 성화聖畵, hagiography와 같은 조악한 마르크스 전기들을 무의미하게 만들 정도의 고전의 위치를 지금도 차지하고 있다.

하지만 이후의 마르크스 전기들은 바로 이 두 저서에서 제시된 마르크스의 그림을 바꾸고 또 바꾸는 과정이었다고 할 것이다. 먼저 논쟁이 된 것은 마르크스라는 인간상에 대한 논란이었다. 과연 마르크스는 그러한 인물이었던가? 초월적인 가치와 이상 하나를 지표 삼아 온갖 고난을 다 참고 오로지 혁명의 길 하나만을 걸어간, 19세기식 초상화에 나오는 그런 인물이었던가? 이 책에서 설명되고 있듯이 마르크스가 남긴 삶의 흔적에 대한 검열과 삭제는 이미 둘째 딸 라우라가 그가 남긴 서한들을 정리하면서 시작되었고, 독일 사회민주당을 거쳐 공산당의 문서고 통제에서 절정을 이룬 바 있다. 하지만 이러한 통제가 느슨해지면서 그의 삶과 인간적 모습을 알 수 있는 여러 자료가 흘러나오게 되고, 이에 따라 그의 인간상에 대해서 주로 우파 측으로부터 중상모략의 의도를 가진 여러 공격이 시작된다.

마르크스가 자신의 하녀에게 사생아를 낳게 만들었다는 선정적인 스캔들은 오직 빙산의 일각이었을 뿐이다. 보다 심각한 것은 마르크스의 일생 내내 끊이지 않고 계속되었던 '빈곤과 질병'에 대한 의구심이었다. 마르크스와 예니 그리고 주변 인물들의 서한과 증언을 볼 때 금전 문제와 건강 문제가 존재했던 것은 분명한 일이지만, 그 원인이 어디에 있느냐가 쟁점이었고 이는 표준적인 영정에 그려진 근엄하고 고귀한 인간 마르크스의 모습에 더욱 치명적인 흠집을 냈다. 먼저 그의 빈곤은 그와 예니의 귀족적인 사치벽과 무절제함에서 비롯된 것일 뿐, 결코 수입의 부족에서 빚어진 것은 아니었다는 주장이 계속되었다. 이러한 '귀족적 사치벽과 무절제함'은 다른 인물은 몰라도 프롤레타리아트의 수호자로서 마르크스의 모습에 실로 치명적인 것이었다. 게다가 그의 건강 문제에 대해서도 그가 자신의 나태함과 무책임함을 은폐하기 위한 '꾀병'이라는 주장도 계속되었다. 그의 서한에 항상 등장하는 원고 제출 지연과 그에 대한 변명의 이야기들은 실로 가지가지의 질병 이야기로 가득 차 있는 데다 그가 끝까지 자신이 계획한 6부작 저서 『경제학』을 그 1부인 『자본론』, 그것도 그 3권 중 1권밖에 출간하지 못했다는 사실 때문에 이 '꾀병'설은 더욱더 파괴적이었다.

그리고 이보다 더욱 심각한 문제가 있었으니, 19세기 사회주의 운동사의 대의에서 볼 때 마르크스가 저질렀던 '과잉 행동'들이었다. 그의 서한들과 개인사가 알려질수록 그가 주변 인물들에 대해 피해망상증에 가까운 질투와 증오와 이간질을 행했던 인물이 아니냐는 의심이 깊어 갔다. 특히 간과할 수 없었던 대상은 페르디난트 라살레와 미하일 바쿠닌이었다. 전자는 사회민주주의의 창시자로 오늘날까지도 숭앙되는 인물이며, 후자는 사회운동으로서의 아나키즘의 실질적인 창시자로 여겨져 온 인물이기 때문이었다. 마르크스가 두 사람에 대해 행했던 바는 인간적으로나 도덕적으로나 누구도 용납할 수 없는 밑바닥을 드러냈다는 것이 갈수록 분명해졌고, 특히 바쿠닌과의 싸움은 결국 제1인터내셔널의 몰락이라는 중차대한 결과의 원인이었다는 아나키스트들의 공격이 계속되었다. 인간적으로 마르크스는 웅변과 행동과 조직의 천재 라살레의 화려함 앞에서는 보잘것없는 학자 꽁생원이었을 뿐이며,✣ 2미터의 거구이자 그야말로 프로메테우스처럼 시베리아의 감옥에서 10년간 쇠사슬에 묶여 포효했던 혁명의 불꽃 바쿠닌 앞에서는 무표정하고 교조적인 (당이나 노조의) 관료일 뿐이었다는 것이다.✣✣

✣ 이 맥락에서 이채를 띠는 전기로는 Boris Nikolaievski and Otto Maenchen-Helfen *Marx: Man and Fighter* (London: Methuen and Co., 1936)가 있다. 제목에서 풍기는 느낌과는 달리 이 책은 마르크스를 미화하고 이상화하는 것보다는 그의 혁명가로서의 투쟁적(심지어 폭력적)인 기질을 돋보이게 만드는 효과를 낳고 있다.

✣✣ 심지어 아나키스트들은 『공산주의 선언』까지도 빅토르 콩시데랑Victor Considerant의 1843년 저서 『사회주의의 원리』를 표절한 것이라고 주장해 왔다.

좌파와 우파 모두에서 쏟아진 이러한 인간으로서의 마르크스에 대한 의구심은 물론 많은 과장과 억측도 섞어 있었던 것이 사실이지만, 적어도 표준적인 영정에 그려진 마르크스의 모습은 되돌이킬 수 없도록 상처를 입게 되었다. 이러한 혼란스러운 논의 과정은 이후 로버트 페인의 마르크스 전기가 출간되면서 이러한 여러 주장들에서 최대한 억측과 과장이 제거되고 새롭게 마르크스의 인간적인 모습을 복원하기도 했다.✤ 여기에 나타난 마르크스는 분명히 여러 인간적 결함과 모순을 지니고 있지만 여전히 인간에 대한 사랑과 역사의 진보에 대한 열정을 모든 것에 앞세운 모습이었다. 하지만 인간적으로 보자면 파렴치한 까지는 아니어도 도저히 받아들이기 힘든 치명적인 문제점을 안고 있는 모습은 분명했다. 분명히 이는 예전의 메링의 전기에 그려진 마르크스는 아니었고, 공산주의자들은 물론 마르크스주의자들 일반이 기꺼이 받아들일 만한 마르크스의 모습은 아니었다.

한편 제2차 세계대전이 끝나고 사상가로서 마르크스의 삶을 그 역사적 지성사적 맥락에서 재구성하기 위한 진지한 노력이 펼쳐졌다. 프랑스에서의 중요한 인물로는 막시밀리앵 뤼벨**Maximilien Ruble**✤✤을 들 수 있으며, 영국에서는 톰 보토모어**Tom Bottomore**, 독일에서는 이링 페처**Iring Fetcher** 등을 들 수 있다. 이들은 냉전이 한창이던 시기에 자본주의와 공산주의 양쪽 모두에서 프로파간다의 땔감이 되어 버린 마르크스의 시체를 보존하여 포르말린 액체에 씻어 낸 뒤 엄밀한 객관적 학문의 기준에 맞추어 다시 살려 내는 작업에 매진했다. 동시에 마르크스의 시체 위에 피부와 엉겨 버린 철가면처럼 붙어 있었던 마르크스주의를 지성사적으로 정리하여 마르크스 자신과 분리해 내는 작업도 큰 발전

✤ Robert Payne, *Marx* (New York: Simon and Schuster, 1981).

✤✤ 그는 특히 마르크스주의가 주로 엥겔스가 만들어 낸 작품이며 마르크스와는 상당한 거리가 있다는 사실을 가장 먼저 체계적으로 입증한 중요한 업적을 남겼다. *Rubel on Karl Marx: Five Essays* ed. by J. O'Malley et. al., (Cambridge: Cambridge University Press, 1981).

을 본다.✤ 뿐만 아니라 마르크스주의자들에 의해 자기중심적으로 서술되어 온 19세기의 사회주의 운동사에 대한 연구도 꾸준히 진행되어 더욱 큰 그림 안에서 마르크스주의 그리고 마르크스가 차지했던 위치를 더욱 객관적으로 바라보는 일도 가능해졌다.✤✤ 그리고 이전의 마르크스 엥겔스 전집이 많은 사람이 접근하기 힘든 러시아어판과 그 번역본인 일본어판으로만 존재했다가 1950년대부터는 독일어판으로, 또 1970년대부터는 영어판으로 체계적인 마르크스 엥겔스 전집이 간행되기 시작된다.✤✤✤

이러한 새로운 조건이 토양이 되어 메링의 전기 이후 가장 중요한 저작

✤ Leszek Kolakowski, *Main Currents of Marxism: Its Origins, Growth, and Dissolution* (New York: Norton and Co., 2005); George Lichtheim, *Marxism: A Critical and Historical Study* (New York: Columbia University Press, 1982). 또 Eric Hobsbawm ed., *The History of Marxism: 1. Marxism in Marx's Day* (Brighton: Harvester Press, 1982). 이 책 말미에 실려 있는 스테드먼 존스의 엥겔스에 대한 글은 이 책의 논지를 그대로 선취하고 있다는 점에서 흥미롭다. 4권으로 기획되었던 이 시리즈는 홉스봄 편집의 1권 이후로는 전혀 성사되지 않아 아쉬움을 남긴다.

✤✤ 가장 중요한 연구로 G. D. H. Cole, A *History of Socialist Thought in 7 volumes (New York: Palgrave Macmilan, 2002); George Lichtheim A Short History of Socialism* (New York: Praeger, 1970); Carl Landauer, *European Socialism: A History of Ideas and Movements* in 2 volumes (Berkeley: University of California Press, 1959). 세 사람 모두 확고한 사회주의자였지만 단연코 마르크스주의와 선을 그었던 이들이라는 점에 주목할 만하다.

✤✤✤ 본래 42권으로 기획되었던 마르크스 엥겔스 전집MEGA의 기획은 모든 저작을 번역하지 않고 그 본래 쓰인 언어로 출간하기로 되어 있었다. 하지만 이는 1931년 마르크스-엥겔스 연구소 소장이었던 리아자노프가 숙청당하면서(1938년 처형) 위기에 처했고 애매한 상태에서 몰래 진행된다. 한편 마르크스-엥겔스 연구소는 레닌 연구소와 합쳐지며, 그 이후 1928년에 시작된 러시아어판 마르크스 엥겔스 저작집 출간을 1947년까지 계속한다. 결과 제2차 세계대전 이전에 가장 광범위한 규모의 마르크스 저작집은 러시아어판으로 존재했다. 일본의 경우 대월서점에서 20권 정도로 나온 전집은 이 러시아어판을 번역한 것이었고, 일본과 조선의 지식인들은 그 덕분에 마르크스 저작에 대한 접근에 있어서 오히려 러시아어를 읽지 못하는 유럽의 지식인들보다 유리한 조건에 있었다고도 할 수 있다(물론 일제의 '치안유지법'의 검열 때문에 복자伏字가 많아 도저히 읽을 수 없었다는 회고담도 있다). 1957년 이후 러시아어판은 증보를 계속하여 40권이 넘는 체제를 가지게 되었다. 동독에서 출간된 독일어판 저작집Marx-Engels-Werke은 이 러시아어판의 편집을 따른 것이다. 한편 1975년에는 소련과 독일의 주도로 전집MEGA의 속간이 재개되며, 그와 때를 같이하여 영국의 로렌스앤위셔트, 미국의 인터내셔널퍼블리셔, 구 소련의 프로그레스 출판사가 합작하여 이 전집을 참조한 새로운 편집과 체제로 50권의 영어 저작집Marx Engels Collected Works을 출간하기 시작했고 최근에 와서야 완결을 본 바 있다. 요컨대 어이없는 일이지만 마르크스의 저작의 전모가 드러나게 된 것은 그다지 오래된 일이 아니며, 완전한 전집 출간은 2020년대에나 이루어질 미완의 일이라는 것이다. 마르크스 엥겔스 저작집의 출간사에 대해서는 다음을 참조하라. Eric Hobsbawm, "The Fortunes of Marx's and Engels's Writings" in *The History of Marxism: vol 1. Marxism in Marx's Day* (Brighton: Harvester Press, 1982).

이라고 할 데이비드 매클렐런의 전기가 출간된다.✤ 이 저작은 객관적이고 학문적인 태도 위에 서서 마르크스의 삶과 저작을 시간 순서로 충실하게 재현하면서도 균형 있게 다루고 있을 뿐만 아니라 그의 삶과 저작에서 주목해야 할 쟁점들 또한 적절하게 강조점을 두어 서술하고 있다. 여기에 나타난 마르크스는 성인도 아니고 악인도 아니며, 모든 진리를 꿰뚫고 인류의 미래를 밝힌 전지전능한 현인도 아니지만 일관된 문제의식과 뚜렷한 목적을 가지고 일생에 걸쳐 지적인 프로젝트를 끊임없이 밀어붙인 과학자로서 드러나 있다. 요컨대 부풀려지지도 않았고 또 납작하게 짓눌리지도 않은, 또 어떤 목적을 최우선의 인생 과제로 삼아 어떻게 분투하고 희생하며 살았는지가 분명히 드러나는 인물로 그려진다. 메링의 전기가 아주 사실적으로 그려졌지만 분명히 이상화되어 있는 19세기의 초상화라면 매클렐런의 전기는 영상, 그것도 한 장의 사진이 아니라 일생 동안 일하고 사랑하고 휴식하고 슬퍼하고 기뻐한 모습을 차곡차곡 찍어 정리한 동영상 모음집같이 사실적이고 생동감이 느껴진다. 이 책으로 일단 지금으로서 우리가 새로이 수정된 표준적인 마르크스의 상을 가지게 되었다는 것은 많은 이가 동감하는 바로 보인다.

하지만 이것으로 끝난 것일까? 풍부한 자료와 객관적인 방법론과 중립적인 자세로 성실하게 연구되고 서술된 마르크스의 전기를 얻게 되면 끝나는 것일까? 만약 마르크스가 헤겔이나 칸트와 같이 위대한 사상가로 끝나는 인물이라면 그것으로 족할 수 있다. 하지만 앞에서 말했듯이 그는 이미 하나의 '역사'가 된 존재이며, 그 때문에 그의 삶과 사상을 둘러싸고 파생된 숱한 논쟁과 싸움들은 이미 책장과 도서관을 뚫고 나와 많은 이가 피를 볼 만큼 다투는 첨예한 현실의 문제가 되어 있었다. 여기에서 가장 첨예한 문제가 있다면, 바로 '마르크스는

✤ David McLellan, *Karl Marx: A Biography* (London: Papermac, 1995). 이 책은 4판이며, 1판은 1973년에 출간된 바 있다. 매클렐런은 이후 비약적으로 이루어진 마르크스 연구와 자료 출간을 반영하여 1995년의 시점까지 지속적으로 자신의 전기를 지속적으로 업데이트했다.

마르크스주의자였는가'였다. 이는 이미 엥겔스가 살아 있을 당시부터 여러 논란이 있었던 문제였다. 1880년대 제2인터내셔널이 결성되면서 국제적 노동운동의 통일된 사회주의 이념의 필요가 대두되었기에 이러한 필요에 부응하여 이미 죽어 가고 있었던 마르크스를 제치고 엥겔스와 카우츠키 등의 독일 사회민주당 지도부가 마르크스의 사상을 당시에 유행하던 유물론과 다윈 진화론과 결합시켜 만들어 낸 일종의 칵테일이었다는 것이다. 이는 이후 마르크스-레닌주의가 '정통 마르크스주의'의 자리를 차지하고, 이에 대해 마르크스주의 진영 내에서의 도전이 끊이지 않으면서 '무엇이 진정한 마르크스주의인가'라는 질문과 '마르크스의 진정한 사상은 무엇인가'라는 두 개의 긴밀히 결합된 질문이 제기되었다. 그런데 여기에서 아주 새로운 각도에서 아주 심각한 문제가 제기되었다. 바로 『자본론』의 가치와 위상의 문제였다.

『자본론』이 실패한 원고 뭉치라면?

이해를 돕기 위해 다른 예를 들어 보자. 기독교가 예수 그리스도의 사상이 아닌 바울 서한에 더 깊이 의존하고 있는 것이라는 비판도 오래전부터 존재해 왔으며, 조직 종교로서의 기독교의 현실적 모순에 대해 저항하는 신도들은 진정한 기독교를 재구성하기 위해서는 예수의 본래 사상과 메시지가 담긴 복음서로 되돌아가야 한다는 주장도 오래전부터 있어 왔다. 그런데 만약 그 복음서 자체마저 신뢰할 수 없는 후대의 창작물이라는 것이 밝혀진다면? 먼저 의심을 샀던 것은 요한복음이었고, 이에 사람들은 보다 오래되고 일관성이 있는 다른 세 개의 '공관 복음'에 의지하고자 했다. 그런데 1945년 이집트의 나그함마디 Nag-Hammadi에서 진품임이 분명한 새로운 복음서인 '도마 복음'이 발견되었던바, 여기에 그려져 있는 예수의 모습은 기독교의 창시자라기보다 엉뚱하게도 영지주의자Gnosticist의 풍모를 더욱 강하게 풍기고 있었다.✤ 소설 『다빈치 코드』로 유명해진 예수의 십자가 탈출 및 결혼 정착설은 이미 1980년대 초 영국의 몇 작가들에 의해 제기되어 한바탕 소동을 일으킨 적이 있는 이야기이다.✤✤ 그 후에 이루어진 연구를 통해 급기야 예수가 불교의 수행자였다고 심각하게 주장하는 이들까지 나타났다.✤✤✤ 여기에서 한 걸음 더 나아가 아예 예수라는 인물 자체가 존재하지 않았다는 주장까지 사라지지 않고 있다.✤✤✤✤

물론 이런 주장들은 일각의 주장일 뿐, 대부분의 학자들은 예수라는 인물이 분명히 존재했다고 믿고 있다. 하지만 문제는 남는다. 역사적으로 어느 정도 분명히 확인할 수 있는 사실은 예수가 세례 요한에게 세례를 받았다는 것과 본디오 빌라도에게 십자가형을 선고받았다는 사실 뿐이며, 예수의 일생이 어떠했는지, 그가 정말로 말하고 가르쳤고 행동했던 바가 무엇이었는지, 그가 정말로 십자가에서 생을 마치게 되었는지 그 이유는 무엇이었는지 등은 갈수록 분분한 논의에 휩싸이고 있다. 만약 이런 주장들이 사실이어서 예수가 불교도였다면 교황청은 무얼 해야 할까? 아니, 아예 존재하지 않았다면?

이런 위험으로부터 기독교의 존재가 안전하게 유지되기 위해서는 최소한 사도신경에 나오는 예수 이야기의 얼개, 즉 성령으로 잉태되어 우리 죄를 위해 십자가에 못 박히고 사흘 만에 부활했다는 것 만큼은 남아 있어야 하며, 그중에서도 십자가의 죽음 이야기만큼은 반드시 지켜 내야만 한다. 마르크스의 경우 그의 인생에 있어서 어떤 논쟁과 주장이 나오든 마르크스주의가 성립하기 위해

✤ Elaine Pagels, *Gnostic Gospels* (Hammonsworth: Penguin, 1990).

✤✤ Michael Bagent et. al., *Holly Grail and Holly Blood* (London: Jonathan Cape, 1982). 요컨대 '성배'란 바로 '성혈'을 담은 예수의 후손들을 의미하며 이것을 지키는 비밀 음모가 바로 성당 기사단 이래의 파란만장한 비밀결사의 역사였다는 재미난 이야기였다. 국제적인 베스트셀러가 되어 82년 당시 우리나라에도 번역 소개되었지만 기독교 측의 항의로 곧 회수된 것으로 알고 있다. 나는 운 좋게 서점에서 발견하여 바로 구입할 수 있었다.

✤✤✤ BBC 다큐멘터리로 제작된 바 있다. https://www.youtube.com/watch?v=xY0Ib3aPG6Y

✤✤✤✤ 위키피디아의 'Christ Myth Theory' 항목 참조.

반드시 지켜져야 하는 최소한이 있다면 바르크스가 역사와 사회의 일반적 발전 법칙을 발견했고, 그에 의거하여 자본주의 사회를 과학적으로 분석할 수 있는 이론과 피억압 인민들의 해방을 위한 일관된 운동론의 초석을 마련했다는 것이다. 이것이 프란츠 메링과 이사야 벌린의 고전적인 전기가 누누이 강조한 이야기이기도 하다. 그리고 그러한 이야기의 핵심을 차지하는 자리에 『자본론』에 대한 믿음이 있다. 『자본론』이야말로 일관된 과학적 원리에 입각하여 자본주의 사회의 생성과 발전과 소멸 과정을 해명하고 새로운 사회가 어떻게 거기에서 나타나게 되는지를 소상히 밝힌 핵심 저작이라는 것이 전통적인 믿음이었기 때문이다. 예수라는 인물의 역사적 의미가 '십자가'인 것처럼 마르크스라는 인물의 역사적 의미는 『자본론』에 집약되어 있으며, 두 가지가 없다면 두 인물은 설령 살아 숨을 쉬었다고 해도 존재했다고 말하기가 애매해진다. 기독교와 마르크스주의라는 조직된 신앙 체계가 근본적으로 무너지는 것은 말할 것도 없다.

사실 『자본론』의 가치와 위상에 대한 논쟁은 1895년 엥겔스가 죽기 직전 3권을 출간한 직후부터 벌어진 일이었다. 엥겔스와 독일 사회민주당이 이끄는 제2인터내셔널 국제 사회주의자들은 자본주의의 과학적 운동 법칙이 『자본론』에서 다 해명되었으며, 그 법칙은 곧 자본주의 경제를 규제하는 가치법칙에 근거하여 경제공황의 필연성을 증명하면서 그로부터 어떻게 새로운 생산양식이 출현하게 되는지를 역사적 유물론과 변증법에 입각하여 설명하고 있다고 공언했다. 물론 1867년에 출간된 1권에서는 그러한 이야기들이 암시만 되고 있지만, 1883년 마르크스가 죽으면서 남긴 2권과 3권의 원고가 모두 출간되면 그러한 갈증이 해소될 것이라는 약속이었다. 하지만 그 이후에도 사람들의 실망은 계속되었다. 2권이 출간되었지만 그 책 전체는 자본주의의 운동이나 운명과는 사뭇 무관해 보이는 세세한 사항들만이 나올 뿐, 정작 직결되어 있는 주제인 재생산 표식에 대한 이야기는 얼마 되지도 않을 뿐만 아니라 후에 로자 룩셈부르크가 혹평하듯이 이야기가 전개되다가 끝나 버리는 느낌이었던 것이다. 따라서 사람들은 3권의 출간을 더욱더 목을 빼고 기다릴 수밖에 없었다.

하지만 3권의 출간은 더욱더 큰 혼란과 실망을 불러일으켰다. 먼저 여기에 전모가 드러난 마르크스의 가치법칙은 노동시간이 가치가 되어 상품의 실제 가격을 직접 규제하는 것이 아니라 오히려 상품의 가치와 평균 이윤율 아래에서의 가격은 사실상 체계적으로 괴리한다는 것을 내용으로 삼고 있었다. 이는 『자본론』의 과학적 경험적 기초라고 할 노동가치의 개념이 사실은 현실에서 관찰할 수도 없는 관념적인 가상물일 뿐이며 그 점에서 신고전파 경제학자들의 '효용' 개념과 차이가 없다는 비판이 나오게 된다.✤ 결국 노동가치론이라는 것의 '경험적 과학적' 기초가 이렇게 모호한 것이 되자 그 결론으로 도출되어야 할 자본주의 경제공황의 필연성이라는 것도 애매하게 된다. 3권에서의 이윤율 저하에 대한 마르크스의 논의는 숱한 경향성과 그 반대의 상쇄 경향성들을 나열하고 있을 뿐 그것들이 어떻게 상호 연관을 맺으면서 변증법적인 운동을 낳는가에 대한 논의는 찾기 힘들다. 그리고 주식회사와 협동 생산체에 대한 파편적이고 인상주의적인 기대를 피력하는 것 이외에는 새로운 생산양식과 사회가 어떤 원칙에서 어떤 과정을 거쳐서 건설되게 되는지에 대한 논의도 찾아볼 수가 없었다. 이 1894년의 『자본론』 3권의 출간과 그 후유증이 1890년대 후반기의 세계경제 '호황'(!)과 맞물리면서 베른슈타인 등의 중심적 지도자들로 하여금 『자본론』에 대

✤ 이 비판을 개진했던 것은 마르크스주의에 대단히 호의적이었던 베르너 좀바르트Werner Sombart였다. 그는 오이겐 뵘바베르크의 마르크스 가치론 비판에는 동의하지 않았지만, 현실의 경험적 분석과 관찰에 있어서 3권에 개진된 바의 마르크스의 가치론은 사실상 무의미한 것이며, 따라서 가치론 자체를 폐기하는 것이 더 낫지 않으냐는 논점을 세웠고, 훗날 폴 새뮤얼슨이 내놓은 가치론 비판의 관점을 선취하기도 한다. 엥겔스는 죽기 직전 좀바르트와 주고받은 서한들에서 그가 옳다는 것을 인정하지 않을 수 없었고, 이에 가치법칙의 작동을 화폐경제에서의 교환이라는 특수한 사회적 형식을 벗어나 역사적으로 몇천 년 전부터 작동해 왔던 것으로 주장하는 방법을 시도하다가 숨을 거두게 되며, 이러한 접근법은 후에 루빈 등의 간접적 비판의 대상이 된다. 결국 이렇게 『자본론』의 '경험적 기초'로서 가치법칙의 존재가 유명무실화된 것이 이후 베른슈타인 등의 '수정주의자들'이 자본주의의 공황 필연성이라는 것을 전면적으로 거부하게 되는 기초를 닦게 된다. 이에 대해서는 Bo Gustafson, *Marxismus und Revisionismus: Eduard Bernsteins Kritik des Marxismus und ihre ideengeschichtlichen Voraussetzungen* (Frankfurt: Europäische Verlagsanstaltm, 1991) 특히 3장을 보라.

한 믿음을 폐기하게끔 만들기도 했었다.

이후 마르크스주의 경제학의 논의는 이러한 『자본론』에 대한 과학적 신념을 회복하기 위한 노력으로 지금까지 이어져 왔다고 해도 과언이 아니다. 가치론과 공황론(혹은 '위기 이론')의 두 부분에서 『자본론』이 비록 완성품은 아니어도 기본적으로 획기적인 과학적 초석을 마련했다는 것을 입증하는 것이 주된 내용을 이루어 온 것이며, 연구의 패러다임은 마르크스가 남긴 여러 경제학 관련의 초고들을 어떻게 해석하여 '진정한 마르크스 경제학'을 재구성할 것인가였다.✣ 다른 말로 표현하자면, 남아 있는 여러 문헌과 기록을 바탕으로 진정한 역사적 예수 그리스도의 모습과 가르침을 재구성하자는 시도에 비유할 수 있겠다.

그런데 정반대의 접근을 취하는 마르크스 전기가 출간된다. 동독의 공산주의자였다가 전향하여 서독으로 탈출하여 저명한 문필가이자 저널리스트로 활동했던 프리츠 래디츠의 『칼 마르크스: 정치적 전기』였다.✣✣ 이 전기는 『자본론』을 명확한 실패작으로 규정했고, 로자 룩셈부르크나 카를 리프크네히트와 같은 이들이 이미 그렇게 여기고 있었다는 사실을 드러내고 있다. 즉 마르크스는 자신이 1850년대 말에 작성했던 처음의 구상으로 정치경제학을 구성하려고 했으나 이는 과학적 경험적 연구에 기초한 것이 아니라, 그의 철학적 이론적 구상에서 나온 것이었기에 실제의 데이터를 가지고 논리 정연하게 구축되는 데 어려움을 겪을 수밖에 없었다는 것이다. 그래서 책의 출간은 애초에 약속했던 시점에서 한없이 늘어지게 되었고, 마르크스는 엉뚱하게 '잉여가치 학설사'에 대해

✣ 이러한 시도의 가장 중요한 한 예로서 마이클 레보위츠, 홍기빈 역, 『자본론을 넘어서』 (서울: 백의, 2000)를 보라. 레보위츠는 『자본론』이 본래의 『경제학』 6권 계획의 1권에 불과한 불완전성을 가지고 있으므로 일면적일 수밖에 없다고 인정하고 있다. 따라서 그는 헤겔의 논리학을 방법으로 『강요』에 나타난 바의 마르크스 사유를 재료로 삼아 2권인 『임노동』을 재구성해야 한다고 주장하고 있다. 하지만 레보위츠 본인의 의도와는 무관하게 이러한 주장은 『자본론』 그 자체의 과학성과 위상을 심하게 잠식하는 결론을 가져올 수밖에 없다.

✣✣ Fritz J. Raddatz, *Karl Marx: A Political Biography* (Boston: Weidenfeld and Nicolson, 1978). 독일어판은 1975년에 출간.

한없이 늘어지는 노트를 작성하는 데 시간을 보내면서 건강 상태를 빌미로 작업을 지연시켰다는 것이다. 그리고 이후 1권이 출간된 1867년에서 세상을 떠나는 1883년까지 16년이라는 장구한 기간 동안 이미 1867년 이전에 작성해 놓은 2권과 3권의 원고에 마르크스가 거의 전혀 손을 대지 않았던 이유도 바로 본인 스스로가 자신의 프로젝트가 실패한 것임을 알고 있었기 때문이라는 것이었다. 요컨대 『자본론』은 실패작이며, 그 저작을 통해 자본주의의 과학적 운동 법칙을 발견한 위대한 사상가 마르크스도 존재하지 않는다는 이야기였다.

저명한 학자도 아닌 일개 저널리스트 그것도 동독에서 넘어온 '배신자'가 마르크스라는 엄청난 존재에 대해 이토록 발칙한 도발을 일으켰으니, 마르크스주의자들 사이에서도 또 학계에서도 그의 전기가 좋은 반응을 얻지 못했으며, 무시당하거나 형편없는 저작이라고 호되게 비판받기 일쑤였다. 그런데 그렇게 도발적인 방식이 아니라 전통적인 사상사 연구 방법에 기초하여 동일한 논지를 반복한 전기가 거의 동시에 출간된다. 제럴드 자이겔의 『마르크스의 운명: 한 인생의 소묘』가 그것이었다.✤ 저자는 뉴욕 대학교의 역사학과 교수였으며 출판사는 프린스턴 대학 출판부였으니 학문적인 신뢰성을 의심받을 만한 저작이 아니었다. 자이겔은 마르크스의 삶과 사상의 궤적을 추적하기 위해 심리학적 방법, 이론적 방법, 역사적 방법의 세 가지 접근을 결합시켜 총체적인 그림을 제시하고 있는 점에서 높은 평가를 받았거니와, 그 해명의 초점은 '어째서 마르크스는 『자본론』을 완성하는 데 실패했는가'였다. 마르크스가 무척 좋아했던 소설가 발자크의 한 소설에 나오는 화가처럼 마르크스는 자신의 머릿속에 구축된 바의 현실을 더욱 정밀하게 그려 내고, 또 그려 내다가 마침내 누구도 알아볼 수 없는 '물감 덩어리'를 만들어 내고 말았다는 것이었다.

이로써 마르크스의 삶과 사상에 대한 연구는 새로운 국면으로 접어들게

✤ Jerrold Seigel, *Marx's Fate: The Shape of A Life* (Princeton: Princeton University Press, 1978).

된다. 나는 민달팽이가 어떻게 그 딱딱한 껍질과 몸을 부착시키는지를 모르지만, 만약 마르크스라는 개인과 마르크스주의라는 딱딱한 껍질 사이를 연결시키는 고리가 있다면 앞에서 말한 대로 그 결정적인 지점에 『자본론』이 자리하고 있다. 그런데 만약 『자본론』이 실패작이라면? 우선 민달팽이와 그 껍질이 분리될 것이며, 불가분처럼 지금까지 붙어 있었던 그 둘은 이제 각자 새로운 운명에 처하게 된다. 1권을 제외한 『자본론』이 실패한 미완성의 원고 뭉치였다면 마르크스주의는 존속할 수 있게 되는가? 그리고 『자본론』이라는 휘광을 빼앗겨 버리고 초라하고 취약하게 몸을 드러낸 민달팽이 마르크스라는 개인은 도대체 누구이며 어떻게 평가해야 하는가?

개러스 스테드먼 존스의 저술에 나타난 마르크스와 마르크스주의

이후 마르크스에 대한 연구는 '19세기의 맥락 속에 실제로 존재했던 바의 인물로서 마르크스'를 복원하는 것으로 방향이 전환되었다고 보인다. 우선 19세기의 문화적 사회적 맥락을 전제로 하면서 그 안에서 살고 생각하고 행동했던 인물로서 마르크스를 그려 내는 전기로 프랜시스 윈의 저작이 출간된다.✤ 그리고 스테드먼 존스의 이 전기보다 조금 일찍 나온 스퍼버의 『카를 마르크스: 한 19세기 사람의 삶』을 들 수 있다.✤✤ 이 저작은 특히 19세기 독일과 프랑스의 급진파 내부의 정치적 상황을 세밀하게 분석하면서 마르크스의 정치 노선과 사상이 그 안에서 어떻게 형성되었는가를 치밀하게 추적하고 있다.

✤ Francis Wheen, *Karl Marx: A Life* (New York: Norton and Co., 2001). 이는 정영목 역, 『마르크스 평전』(푸른숲: 2001)으로 출간되어 있다.

✤✤ Jonathan Sperber, *Karl Marx: A Nineteenth-Century Life* (New York: Norton and Co., 2013).

스테드먼 존스의 이 저서는 이러한 21세기의 새로운 마르크스 연구의 방향을 확고하게 만드는 저작이라고 할 만하다. 스테드먼 존스는 1960년대 말 이후 캠브리지와 옥스퍼드 대학에서 사상사를 연구해 온 역사가이다. 특히 19세기 정치 사회 사상의 대가로 『캠브리지 19세기 정치사상사』를 제자인 클레이스와 함께 책임 편집하기도 했다.✤ 그의 정치적 이력도 기억해 둘 만하다. 1960년대 중반부터 1981년에 이르는 기간 동안 그는 『뉴레프트리뷰』의 편집 위원으로, 캘리니코스의 회고에 따르면 블루멘베르크의 마르크스 전기의 영어판이 나왔던 1972년에는 그 발문에 '저자의 사회민주주의적 경향'을 비판하는 혁명적 마르크스주의자였다고 한다.✤✤ 하지만 이후 1980년대의 저작에서는 19세기 영국 노동계급의 형성 과정을 담론적으로 분석하여 보여 주는 성과를 이루면서 탈구조주의로의 선회를 보이기도 했다.✤✤✤

이 저작은 지난 반세기 동안의 마르크스 연구와 19세기의 역사 및 지성사 연구가 결합되면서 나온 실로 보기 드문 걸작이라고 생각된다. 방금 이야기한 그의 지적·정치적 이력을 볼 때, 이 글의 서두에서 이야기한 바 있는 마르크스 연구의 두 가지 난점을 해결할 수 있는 적임자로서 그에 필적할 만한 이가 또 있을지 의심스럽기 때문이다. 이 책은 분량 전체에서 마르크스의 개인사와 인간적 면모에 대한 서술은 필요한 최소한으로 유지하고 있으며, 대신 이게 마르크스의 전기가 맞나 싶을 정도로 19세기 유럽의 역사적 배경과 지성사적 맥락을 풍부하고 자세하게 설명하고 있다. 하지만 이것이 결코 불필요한 현학의 허세가 아니라는 것이 금세 드러나게 된다. 그러한 역사적·지성사적 맥락에서 놓고 보았을 때 나타나는 마르크스의 모습은 우리가 종래에 익숙하게 알던 모습과 너무나

✤ Gareth Stedman Jones and Gregory Claeys ed., *Cambridge History of Nineteenth-Century Political Thought* (Cambridge: Cambridge University Press, 2011).

✤✤ Alex Callinicos "Marx Deflated", *International Socialism*, 152. 웹에는 2016년 10월 7일 게재.

✤✤✤ *Languages of Class: Studies in English Working Class History, 1832–1982* (Cambrigde: Cambridge University Press, 1983)

다른 것이기 때문이다. 이는 데이비드 매클렐런의 성실하고 균형 잡힌 전기에서 기대할 수 없는 장점이기도 하다. 마르크스의 삶과 저작을 아무리 꼼꼼히 사려 깊게 들여다본다고 해도 결코 도달할 수 없는 혜안이기 때문이다. 이는 마르크스라는 인물을 관심의 중심에 놓고서 오래도록 19세기 유럽의 역사와 지성사를 폭넓게 연결시킨 작업에서만 나올 수 있는 혜안이라고 할 것이다.

이 책에서 개진되고 있는 여러 논점들을 여기에 요약할 생각도 없고 가능한 일도 바람직한 일도 아니다. 하지만 독자들이 이 저서의 독창적인 주장을 이해하고 음미하는 데 도움이 되도록 이 전기에서 그려지는 마르크스가 어떠한 새로운 모습을 띠고 있는지를 크게 세 가지의 측면으로 나누어 간략히 강조해 보고자 한다.

첫째, 철학자로서의 마르크스는 종래의 유물론과 관념론이라는 낡은 이분법으로는 도저히 이해할 수 없으며, 오히려 칸트에서 헤겔에 이르는 독일 관념론의 전통과 영향의 연속으로 볼 때에만 그의 역사 철학과 노동 개념 전체가 더 제대로 이해된다는 점을 들 수 있다. 엥겔스는 마르크스주의 철학의 핵심이 관념론에 맞서는 유물론에 있으며, 자신과 마르크스가 이미 1845년 당시부터 이 유물론에 입각한 역사 철학 즉 '유물사관materialist conception of history'을 완성한 바 있다고 회고했다. 스테드먼 존스는 이러한 주장에 정면으로 도전한다. 우선 엥겔스가 말하는 유물론 대 관념론이라는 대립 자체가 지성사적으로 볼 때 다윈의 영향으로 자연주의가 득세하게 된 19세기 말에 나타난 이분법일 뿐, 그 이전에 사유하고 활동했던 마르크스의 사상, 특히 1848년 이전의 마르크스의 사유와는 도저히 연관시킬 수 없는 것임을 강조한다.

오히려 그는 칸트에서 헤겔에 이르는 독일 관념론idealism이 18세기 프랑스 계몽주의자들 일각을 풍미했던 기계론적 유물론에 맞서서 인간 정신의 능동성과 창조성을 강조한 이상주의적인 특징을 가지고 있음에 주목한다.* 그리고 이러한 관점의 영향을 놓고 젊은 마르크스의 철학 사상의 발전을 일관되게 서술한다. 그가 박사 논문에서 에피쿠로스를 선택한 것은 흔히 이야기하듯 '유물론 철학'의 관점을 보여 준 것이 아니라, 오히려 브루노 바우어의 강한 영향 아래에서 에피쿠로스를 데모크리토스의 기계적 유물론에 맞서서 '자기의식의 철학자'로 제시하기 위함이었다고 한다. 여기에서 시작하여 그는 마르크스의 초기 정치 이론의 발전 또한 독일 관념론의 영향 아래에서 설명하고 있으며, 마침내 포이어바흐와의 철학적 대결 속에서 나타나는 그의 독특한 노동 개념까지도 이것으로 설명하고 있다. 마르크스는 당대의 대부분의 급진파들 및 사회주의자들과는 달리 유물론적 철학보다는 독일 관념론에서 나타나는 능동적이고 이상적인 인간관을 취하게 되었고, 이를 통해 '스스로를 창조해 내는 존재로서의 인간'이라는 개념과 그 과정으로서의 노동의 개념을 얻게 되었다는 것이다. 마르크스의 철학에서 오히려 나타나는 대립선이 있다고 한다면 이러한 관념론 혹은 이상주의의 영향 아래에서 인간을 스스로를 창조하는 노동의 유적 존재로 생각하여 다른 급진파와 공화주의와 사회주의의 입장에 대해 분명한 선을 그을 수 있었다는 것이다. 따라서 그의 역사 철학 또한 '물질적 생산력' 혹은 '물질적 계급투쟁'의 역사라는 이른바 유물론의 관점보다는 인간이 스스로를 외화시키고 그것으로서의 소외/양도를 극복해 나가는 과정으로 본 헤겔과의 친화성이 훨씬 더 크다는 함의를 얻게 된다.

둘째, 마르크스는 통념과는 달리 일관된 혁명주의자도 아니었을 뿐만 아니라 심지어 일생을 관통하는 단일의 일관된 정치 노선을 찾아볼 수도 없는 이였다는 것이 이 책의 해석이다. 먼저 1848년 혁명까지의 마르크스는 혁명기의 정세 분석에 있어서나, 또 그 속에서의 행동 노선에 있어서나 프랑스혁명의 패턴을 기계적으로 반복하려고 했던 입장이었다고 한다. 즉 자유주의자들의 '민주주의 혁명'이라고 할 국민의회의 집권에서 하층계급과 급진파들의 '사회혁명'이

✣ 이 책에서 이 독일 '관념론'을 때때로 '이상주의'로 번역한 것도 이러한 이유에서이다.

라고 할 국민공회와 공안위원회의 집권으로 나아가게 되어 있다는 도식을 맹신했다는 것이다. 그 결과 그와는 전혀 다른 조건에서 진행되고 있었던 1848년 당시의 여러 혁명의 정세를 그릇되게 분석했을 뿐만 아니라, 정치 노선에 있어서도 민주주의자들과 연대하여 왕당파 반동 세력과 싸울 것인가, 아니면 그들과 선을 긋고 공산주의적 급진파의 독자성을 확보할 것인가의 양극단을 끊임없이 오갔다는 것이다. 20세기 들어 러시아혁명 이후 항상 마르크스주의 내에서 논쟁이 끊이지 않았던 '2단계 혁명이냐, 연속 혁명이냐'는 문제가 이미 마르크스의 경직된 프랑스혁명 해석에서 씨앗이 뿌려졌다는 이야기가 된다.

그다음 30년간 마르크스의 정치 분석과 운동 노선은 실로 롤러코스터처럼 급격한 변화를 겪었다고 한다. 1850년대의 마르크스는 1848년에 '실패한 혁명'이 (세계) 자본주의 경제 위기를 계기로 다시 찾아올 것이라는 신념을 간직하고서 주변의 '당'을 단속하려고 안간힘을 썼다고 한다. 그리하여 경제공황의 조짐이 보일 때마다 이것이 유럽 내의 국제정치에 충격을 주어 러시아와 영국 정부를 필두로 한 반동 연합에 맞선 전쟁을 가져올 것이며 이것이 전체 유럽의 혁명을 다시 불러올 것이라는 입장을 집착에 가깝도록 반복했다고 한다. 하지만 1860년대가 되면 완전히 새로운 정치적 조건에 맞는 새로운 입장으로 탈바꿈한다. 노동조합의 단결과 정치적 민주주의의 확장을 통해 평화적으로 사회주의로 이행한다는 이른바 '사회민주주의자 마르크스'의 시대였다는 것이며, 1860년대에 작성된 『자본론』 원고에 나타나는 평화적 이행에 대한 기대나 제1인터내셔널에서의 적극적인 활동 등이 이것으로 설명된다는 것이다. 하지만 1871년의 파리코뮌을 계기로 마르크스는 이러한 노동조합과 선거 민주주의에 기대는 '사회민주주의적' 전망을 잃게 되었고, 자신이 『자본론』을 통해 주창하려고 했던 자본주의의 보편적 운동 법칙이라는 것에도 스스로 자신감을 잃게 되었다고 한다. 그래서 그가 마지막으로 기대를 품게 되었던 정치 노선은 실로 충격적이게도 체르니솁스키나 헤르첸 등의 '인민주의자들Narodniks'과 마찬가지로 촌락 공동체의 발전과 강화였다고 한다.

셋째, 마르크스의 경제사상의 궤적 또한 일반적인 통념과 전혀 다르게 그려진다. 우선 그의 자본주의 비판의 관점은 앞에서 말한 독일 관념론 전통의 '노동' 개념뿐만 아니라 소외 및 추상화라는 포이어바흐의 관점과 그에 연관된 모제스 헤스의 화폐 비판 및 엥겔스의 정치경제학 비판에서 시작된 것으로 소급된다. 요컨대 넓은 의미에서의 헤겔 철학의 관점에 입각하여 인간 공동체의 유적 본질이 파괴되고 화폐와 교환에 의해 서로가 서로를 이용해 먹는 적대적 관계라는 소외된 상태를 극복하는 것이 마르크스 정치경제학 비판의 출발점이었다는 것이다. 따라서 이를테면 만델 같은 이들이 강조하는 것처럼 마르크스 경제사상의 출발점은 '노동가치론'에 입각한 '과학적 정치경제학'과 착취 이론의 구성에 있는 것이 아니었다는 것이다.✤

이는 어째서 1850년대 말에 쓰인 『강요』가 그렇게 원대하고 야심 찬 형태를 띠게 되었는지, 1860년대에 들어 어째서 첫 권인 『자본론』의 집필이 그토록 여러 번의 초고를 되풀이하는 난맥상을 보였는지, 『자본론』이 어째서 1867년에 1권만 출간되었고 그 뒷부분의 작업이 한없이 지연되었는지, 그리고 마침내 어째서 마르크스의 손을 떠나 엥겔스가 수습할 수밖에 없게 되었는지의 비극적 과정을 모두 설명해 준다. 스테드먼 존스의 설명에 의하면, 마르크스가 『강요』의 작업을 하던 당시에 노렸던 바는 기독교의 창궐과 함께 고대적 공동체가 깨어지고 나서 화폐적 관계와 시민사회가 등장하고 마침내 자본주의적 관계가 형성되는 과정, 그리고 그것이 내적인 모순에 의해 어떻게 내파를 겪게 되는지, 그리하여 마침내 그보다 생산력에서도 우월하고 인간 공동체의 소외 또한 극복된 더 높은 단계의 경제 구성체로 지양되는지를 역사적으로, 또 이론적으로 동시에 그

✤ Ernest Mandel, *The Formation of Economic Thought of Karl Marx: From 1844 to Capital* (New YorK: Monthly Review Press, 1971).

려 내는 것이었다는 것이다. 그것도 단지 영국이나 유럽과 같은 국지적 차원에서가 아니라 전 지구를 아우르는 세계사적 규모에서 말이다. 하지만 이러한 작업이 가능하기 위해서는 노동가치론에서 전반적 공황까지 일관되게 설명할 수 있는 명쾌한 경제 이론과 그것을 입증할 수 있는 데이터가 있어야 했으며, 또한 그러한 세계사적 진행 과정을 단순히 철학적 사변으로서가 아니라 경험적으로 보여 줄 수 있는 경제사 데이터가 있어야만 했던바, 이는 19세기 중반의 학문 수준에서 가능한 일이 아니었다.

결국 1860년대 들어와서 마르크스가 작성한 『자본론』의 여러 초고들을 보면 횟수가 거듭될 때마다 이렇게 경험적 논리적으로 뒷받침할 수 없는 거시적 사변적 부분들을 계속 잘라 내거나 뒤로 미루는 일이 계속된다. 어떻게 보면 자본주의적 산업 발전을 해명하는 데 결정적인 중요성을 갖는다고도 볼 수 있는 '포섭'의 개념조차 최종적으로는 사라지게 된다. 이러한 난관에 몰린 마르크스는 결국 과학적 저작으로서 출간할 수 있는 부분부터 출간하자는 전략을 취하게 되는바, 그것이 1859년의 『정치경제학 비판을 위하여』(리프크네히트는 이 저작에 너무나 실망하여 눈물까지 흘렸다고 한다)와 1867년의 『자본론』 1권이었다고 한다. 엥겔스를 위시한 모두가 1권만으로는 결코 마르크스가 원래 약속했던 정치경제학 비판이라고 할 수 없으니 어서 나머지를 출간하라는 강한 압력을 넣지만, 마르크스는 사실상 작업을 포기해 버린다. 그래서 엥겔스는 마르크스의 사후 남겨진 원고 더미를 추슬러서(그 과정에서 시력을 잃는다) 2권과 3권을 간신히 엮어 놓지만, 원고에 대해 마르크스는 1867년 이후에는 거의 전혀 손을 대지 않은 상태였다는 것이다. 그리고 만년의 마르크스는 심지어 자본주의의 일반적 혹은 보편적 운동 법칙과 발전 법칙이 있는지(자신의 가장 중요한 지적 업적이라고 내세우는 명제이기도 했건만)조차도 의심스러워하게 되었다는 것이며, 이것이 인도나 중국 등의 식민지 그리고 러시아 등의 후진 농업 지역에 대한 태도의 변화로 이어졌다고 한다. 요컨대 마르크스의 정치경제학 비판 작업은 애초부터 경험적 과학에서 시작된 것이 아니라 철학적 사변을 입증하고자 하는 동기에서 시작되었으며, 현실적 난점과 이론적 아포리아에 부닥쳐 처절하게 실패하고 중단된 프로젝트가 되고 말았다는 이야기가 된다.

이 모든 이야기의 절정은 마르크스의 만년에 벌어졌던, 마르크스와 마르크스주의의 정반대 방향으로의 결별이며 이 부분이야말로 스테드먼 존스의 전기에서 가장 극적이고 강력한 인상을 남기는 부분이기도 하다. 먼저 그는 마르크스주의라는 것이 1870년대 중반 이후 엥겔스의 마르크스 사상 '대중화' 작업의 산물이며, 이것이 1880년대의 독일 사회민주당과 1890년대의 제2인터내셔널의 요구에 부합하는 형태로 발전하면서 생겨난 것임을 강조한다. 비록 마르크스가 엥겔스의 『반듀링론』이나 『자연변증법』을 알고는 있었지만, 이는 도저히 마르크스의 철학이라고는 볼 수 없는 것들이며, 카우츠키나 베른슈타인처럼 다윈의 영향으로 자라난 새 세대 마르크스주의자들과는 달리 마르크스는 다윈에 대해서도 대단히 유보적인 입장이었다는 것이다. 살아생전의 마르크스는 독일 사회민주당의 일부인 아이제나흐 분파에 대한 영향력을 제외하고는 정치적 영향력도 큰 명성도 얻지 못했고, 『고타 강령 비판』이 무시되는 과정에서 보듯 아이제나흐파에 대한 영향력도 결코 확고한 것이 아니었다. 1880년대 들어와서 반전이 벌어지게 된 것은 독일 사회민주당의 성장과 발맞추어 그 요구에 맞게 엥겔스가 적극적으로 마르크스의 사상을 재구성(혹은 '통속화')시킨 것에 있었다고 한다. 이에 그야말로 과학성이 의심스러운 통속적 유물론과 속류화된 다윈의 진화론과 프랑스 실증주의 등 시대의 유행에 맞는 여러 조류들이 합쳐지면서 마르크스주의라는 것이 나타나게 되고, 1891년의 에르푸르트 강령으로 구체화된다.

반면 만년의 마르크스의 관심사는 이와 정반대의 방향으로 달려간다. 위에서 본 철학자, 정치 지도자, 경제사상가인 마르크스가 1870년대에 도달한 귀결점은 한때 그 자신이 그토록 경멸하고 거부했던 러시아의 미르Mir와 같은 촌락 공동체였다는 것이다. 언뜻 보기에는 충격적일 수 있지만 그전까지의 마르크스의 사유와 실천의 궤적을 쫓아가다 보면 자연스러운 종착점일 수 있다. 전체와 개인의 모순이 사라지고 공적 영역과 사적 영역의 통합을 통해 모든 소외가 극복된 사회, 노조의 분파적 이익과 대의제 민주주의의 한계에 갇혀 체제의 일부로 통합되어 가는 노동운동을 넘어서는 단결과 연대의 단위, 자본주의적 세계시장의 파상적인 팽창에서 벌어지는 온갖 참극을 막아 낼 수 있는 작지만 단단한 방파제 등의 요건을 모든 인간 사회에 편재하는 크고 작은 촌락 공동체에 기대해 보는 것은 그렇게 부자연스러운 일이 아니다.

이 책은 보는 이에 따라 급작스럽게 뚝 끊기며 끝이 난다고 할 수도 있다. 실제 어떤 서평자는 이 책에 전체 논의를 아우르면서 총체적인 마르크스의 상을 그려 내는 결론 장이 아쉽다는 말을 남기기도 했다. 나의 의견은 다르며, 실로 음미할 만한 깊은 아이러니를 극적으로 담아낸 결말이라고 본다. 그러한 결론의 역할은 오히려 이 책의 맨 앞부분인 프롤로그가 하고 있다. 우리가 잘 알고 있는 바와 같이 20세기에 벌어진 마르크스의 우상화와 왜곡이 어떻게 되었는지가 사실 이 책의 결론이기 때문이다. 이 책은 그 대신 결론으로 베라 자술리치, 마르토프, 플레하노프 등의 러시아 마르크스주의자들이 마르크스가 보낸 편지를 까맣게 잊고 있는지의(혹은 잊은 척하는지의) 이야기로 끝내고 있다. 마르크스주의를 처음으로 형성시키고 강력한 이데올로기로 만들어 냈던 제2인터내셔널은 제1차 세계대전이 가까워 오면 벌써 지리멸렬해지지만, 그 뒤를 이어 레닌과 볼셰비키의 러시아혁명과 제3인터내셔널이 바통을 이어 마르크스주의의 깃발을 이어 간다. 그런데 이들의 출발점은 바로 마르크스의 이름을 들어 러시아 촌락 공동체의 가능성을 믿는 '인민주의자들Narodniks'을 철저하게 논파하고 부정하는 과정이었다. 그런데 바로 그 시점에 믿었던 도끼 카를 마르크스는 체르니셉스키의 뒤를 따라 '인민주의자'의 입장에 동화하고 있다. 이들 러시아 마르크스주의자들은 모두 약속이나 한 듯 마르크스의 편지를 '망각'해 버리고 만다. 마르크스라는 민달팽이와 마르크스주의라는 껍질이 이토록 이질적인 결말을 보고 말았다는 것을 이렇게 극적으로 보여 주는 결말이 또 있을까? 사상가로서 실천가로서 마르크스의 인생의 어처구니없는 아이러니를 이렇게 잘 보여 주는 결말이 또 있을까?

카를 마르크스:
모든 환멸과 환상을 넘어선 자리에서 발견되는 위대함

어둠은 빛을 이길 수 없다
거짓은 참을 이길 수 없다
진실은 침몰하지 않는다
우리는 포기하지 않는다

윤민석, 「진실은 침몰하지 않는다」

니체는 제2차 세계대전이 끝날 때까지 여동생 엘리자베스의 왜곡 때문에 반유대주의와 인종차별을 주된 내용으로 하는 나치즘의 선구적 사상가로 오인된 적이 있었다. 이러한 어처구니없는 오해를 깔끔히 풀어낸 저작이 월터 코프먼의 니체 전기였다.✣ 카를 마르크스는 1880년대 이후의 마르크스주의와 칭칭 엮이는 바람에 여러 오해와 무시를 겪고 있다. 그의 탄생 200주년을 맞아 스테드먼 존스의 전기를 번역함으로써 그러한 폐해에 조금이라도 대처하고자 한

✣ Walter Kaufmann, *Nietzsche: Philosopher, Psychologist, and Anti-Christ* (Princeton: Princeton University Press, 1950).

다. 이 전기는 그런 면에서 월터 코프먼의 니체 전기에 필적하는 중요성을 가진 획기적 저작으로 보인다.

하지만 이 책은 전 세계의 마르크스주의자들과 좌파들의 분노와 냉소의 대상이었던 듯하다. 앞에서 인용한 알렉스 캘리니코스의 서평이 그러한 입장을 전형적으로 보여 주고 있다. 이는 자연스러운 일이다. 그들에게 마르크스는 역사와 사회와 인간의 비밀을 발견하여 밝혀 보여 준, 불을 훔쳐 온 프로메테우스일 터이다. 하지만 이 책에 나타난 마르크스는 전혀 거리가 먼 모습이다. 혼란스럽고 애매하며 생경한 모습일 뿐만 아니라, 일관성이라고는 찾아보기 힘들도록 이 방향 저 방향으로 선불 맞은 멧돼지처럼 돌진하고 쓰러지고, 또 돌진하고 쓰러지는 고통스러운 이야기의 계속이기 때문이다. 그런 면에서 여기에 그려진 마르크스의 모습은 프로메테우스는커녕, 무거운 바윗돌을 언덕 위로 밀어 올렸다가 다시 제자리로 굴러떨어진 바위를 또다시 밀어 올리는 고된 노동을 끊임없이 반복하는 시시포스에 더욱 가깝다.

공산주의가 무너지고 자본주의가 새로운 방향으로 용틀임하고 있는 21세기의 시점에 아마도 마르크스를 정말로 프로메테우스로 보고 있는 사람은 거의 없을 것이다. 그럼에도 식자라는 이들은 진보뿐만 아니라 심지어 보수까지도 마르크스가 아직도 대단한 어떤 것을 감추고 있는 존재인 양 여기면서 경의를 표하기를 주저하지 않는다. 체 게바라와 밥 말리에게서 벌어졌던 것과 똑같은 일이다. 아무도 읽지도 않고, 따를 생각도 없고, 그 결함과 장점과 한계와 창피스러운 실수에 대해 알려고 하지도 않고 알지도 못한다. 그럼에도 올해는 그의 탄생 200주년이라고 하여 또 숱한 자리가 만들어지고 숱한 말과 글과 알코올과 니코틴, 카페인이 그의 이름을 빌미로 출렁거리고 넘쳐 날 것이다. 서양말로 '멈보점보'이며, 우리말로 하자면 사당에 들어앉아 만신의 받듦을 받는 최영 장군이다. 사람들은 그 앞에 줄지어 서서 향을 피울 것이다. 그러면서 어쩌면 자식과 가족의 부귀영화와 행복을 빌지도 모른다.

이 책이 이룬 정말로 소중한 업적이 있다면, 마르크스가 그렇게 프로메테우스가 되어 사당에 들어앉아 모든 '쿨한' 진보파들의 수호신으로 영원히 향냄새를 맡게 되는 일을 원천적으로 차단하고 있다는 것이다. 그는 프로메테우스가 아니라 실패와 실패로 누덕누덕해진 시시포스이며, 그런 구린 땀내를 피우는 '찌질한' 존재로 영원히 우리 곁에 남아 있게 될 것이다. 하지만 나는 바로 여기에서 19세기 최고의, 아니 전 인류의 모든 지성사를 통틀어 가장 위대한 인물 중 하나의 모습을 본다. 두 가지 이유가 있다.

첫째, 인류 사상사에서 자신이 구축하고 발전시켰던 이론과 입장을 마르크스만큼 여러 번 극적으로 틀어 버리고 바꾸면서 맨땅에서 다시 시작하고 또 시작한 인물을 나는 알지 못한다. 그가 조금 더 타협하고 조금 더 자기의 기존 입장과 이론을 우려먹는 자세를 취했다면 아마도 살아생전에 훨씬 더한 고생으로 훨씬 더 큰 명예와 인정을 얻었을지 모른다. 하지만 그는 그렇게 하지 않았다. 왜일까? 왜 그는 '자기의 건강과 가족의 행복'을 모두 포기해 가면서 돈이 없어 아기가 죽은 그날 밤 아기의 시신을 눕히고 마룻바닥에 이불을 깔고 누워 다섯 가족이 누워 끌어안고 통곡해 가면서 왜 그토록 고통스럽고 힘든 길을 갔을까? 진리와 선과 아름다움에 대한 사랑 때문이라는 것밖에 다른 이유를 찾을 수 없다. 그가 꿈꾼 세상, 진리와 정의에 기초하여 모든 인간이 형제와 자매가 되며 노동이 축복받고 누구도 누구를 지배하고 착취하지 않는 세상, 사람과 사람이 서로를 수단으로 이용해 먹는 게 아니라 서로가 서로를 자신의 존재 이유로 보아 귀하고 귀하게 대하는 세상, 그래서 나와 너의 행복과 불행이 구별되지 않고 함께 아파하고 함께 즐거워하는 세상을 위해 살았던 것이다. 찌질하고 한심한 시시포스의 땀에 전 이마 속에는 이러한 고귀한 이상이 숨 쉬고 있었을 것이라고 나는 생각한다. 그의 어떤 인간적 결함을 누가 들이댄다고 해도 자신이 구축한 모든 사유와 작업을 이러한 이상에 맞추어 초개같이 저버릴 수 있는 인간은 우러러볼 수밖에 없다.

둘째, 그렇게 해서 바윗돌을 밀어 올린 인덕마다 산마다 그는 실로 놀랄 만한 걸작을 남겼다. 어떤 방향으로의 사유와 실천이든 그는 온몸을 던졌고, 사위 라파르그의 회상대로 '무조건 9시에 일어나 새벽 두세 시까지 밥 먹을 때 빼고' 기를 쓰고 작업했다. 그 결과 그는 놀랄 만큼 저작물의 질을 높고 고르게 유지했다. 저널리즘이 되었든, 논쟁이 되었든, 실제 조사가 되었든 그는 자신이 일단 작업과 개념의 방향을 정하고 나면 상상할 수 있는 최고의 질의 저작물을 만들어 냈다. 여기에서 인류는 그에게 큰 빚을 지고 있다. 19세기는 인류가 산업 자본주의라는 미증유의 거대한 실험에 몸을 던진 상태였고, 이전에 상상도 하지 못하는 엄청난 풍요와 엄청난 참상이 함께 나타난 혼란의 시대였다. 이때 그 폭발 상태의 인간 사회에 온몸을 던져 가는 방향마다 최고의 보고서와 최고의 사유 실험과 최고의 데이터를 모아 온 사람이 또 누가 있을까? 마르크스의 글을 읽고서 내용이 없고 뻔하고 졸리다고 말하는 이를 본 적이 있는가? 교활하고 사특한 글쟁이라고 말하는 이를 본 적이 있는가?

마르크스의 여러 방향으로의 저작과 연구와 실천 덕분에 그 이후의 인류는 겪어야만 했을 무수한 시행착오와 실수와 지적 착각을 피해 갈 수 있었다. 21세기의 초입에 선 인류는 거의 누구도 앞길을 훤히 밝혀 주는 성인이 있을 것이라고 기대하지 않는다. 전인미답의 길 위에 선 우리에게 어차피 시행착오와 슬랩스틱 코미디가 운명이라면 마르크스처럼 몸을 던지고 거기에서 최상의 작업을 빼 오는 사람이야말로 우리의 영웅이며 이상이라고 생각한다.

우리가 올해 그의 탄생 200주년을 기념한다면, 바로 이 두 가지 의미에서라고 생각한다. 진리와 정의와 사람들이 서로 사랑하는 세상의 꿈 하나만 남겨 두었던 인간, 그 이상을 위해서 자신의 모든 것을 희생하면서 최상의 결과물을 인류에게 남겨 둔 인간. 당연히 그의 삶과 행동과 사상은 상처와 모순투성이일 수밖에 없다. 그에게는 그것들을 해명할 기회도 제대로 주어지지 않았고, 20세기는 엉뚱한 '마르크스주의의 시대'가 되고 말았고, 그나마 끝장이 난 21세기에 다시 우리는 전 지구적 자본주의의 횡포 앞에 무방비로 노출되어 있다. 하지만 이제 우리 중에는 무수히 많은 마르크스가 나타날 것이며, 그들과 그녀들의 시시포스와 같은 작업은 더 이상 헛된 노동으로 끝나지 않을 것이다. 그러니 완벽한 지적인 영웅의 이미지를 마르크스에게 투사하고자 하는 이들, 그리고 그를 구실로 삼아 마르크스를 조롱과 조소와 무시의 대상으로 삼는 무리들은 루쉰 선생의 글을 한번 읽어 볼 일이다.

……

전사가 전쟁터에서 죽었을 때 파리 떼들이 우선 발견하는 것은 그의 결함과 상처이다. 그들은 그것을 빨아 대며 앵앵거리며, 죽어 간 전사보다 자신이 더 영웅이라고 득의양양한다. 그러나 전사는 이미 죽었으므로 그것들을 쫓아 버리지 못한다. 이리하여 파리 떼들은 더욱 앵앵거리며 이것이야말로 자신들의 불후성을 증명하는 것이라고 생각한다. 왜냐하면 자신들이 죽어 간 전사보다 훨씬 더 무결점이기 때문이다.

확실히 그렇다. 누구도 파리 떼들의 결함과 상처를 발견한 적이 없다. 하지만 결함이 있어도 어쨌건 전사는 여전히 전사이며, 파리 떼는 여전히 파리 떼에 불과하다.

물러가라, 파리 떼들아! 비록 날개가 있고 앵앵거릴 주둥이가 있다고 해도 너희는 영원토록 전사를 초월할 수는 없다. 이 벌레들아!✤

✤ 노신문학회, 「전사와 파리」, 『노신선집』 2권, (서울: 여강, 1991). 번역 일부 수정.

차례

8장 19세기 중반의 여러 혁명들

9장 런던

10장 정치경제학 비판

11장 『자본론』, 사회민주주의, 인터내셔널

12장 미래로 돌아가서

프롤로그

만들어진 아이콘

1883~1920

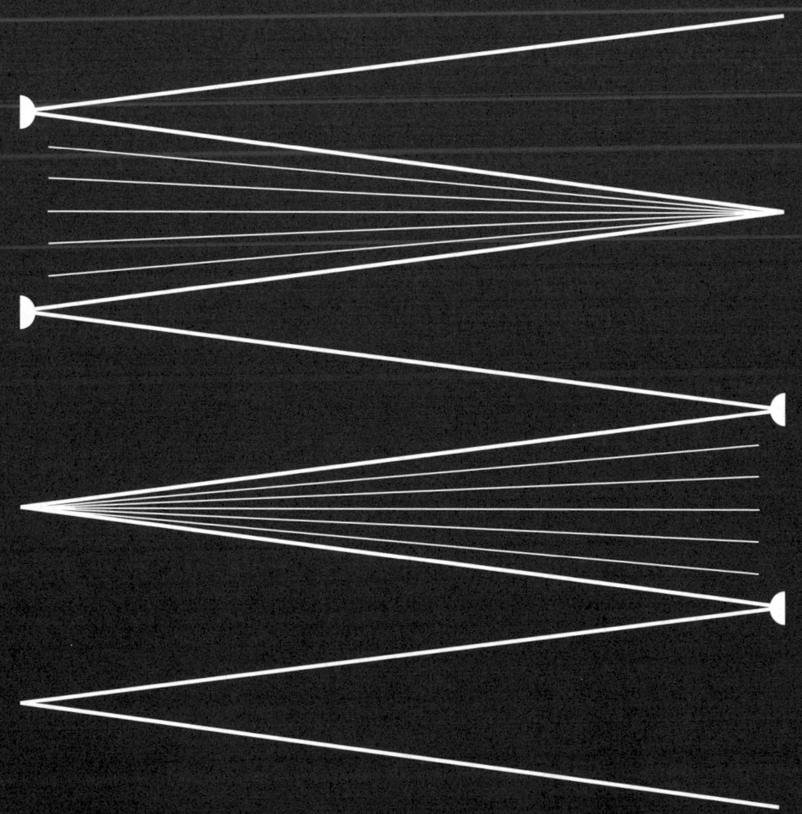

카를 마르크스는 국제노동자협회International Working Man's Association의 대표로 1871년 파리코뮌을 옹호했던 혁명가로 명성을 얻었다. 이것이 그가 처음으로 세상에 널리 알려진 계기였다. 그는 이렇게 명성을 얻으면서 사회주의 혹은 공산주의의 이론가로 알려졌고, 그의 저작들도 갈수록 더 많은 관심을 끌었다. 1867년 『자본론』이 독일어로 출간되었고 이후 러시아어, 프랑스어, 이탈리아어, 영어 등으로 번역 출간되면서 마르크스는 당대의 가장 중요한 사회주의 이론가로 두각을 나타냈다. 그리고 유럽과 북미 전체에 걸쳐서 여러 추종자 집단들을 만들어 내게 되었다. 그의 가르침이 사람들에게 널리 알려져 확산된 데는 그의 가장 친한 친구이자 공동 작업자였던 프리드리히 엥겔스의 힘이 특히 컸다. 엥겔스는 마르크스의 저작 덕분에 사회주의가 더 이상 '유토피아'에 불과한 것이 아니라 '과학'이 되었다고 역설했다. 『자본론』은 현재의 생산양식이 한 걸음씩 붕괴로 다가가고 있으며, 장래에는 사회주의 혹은 공산주의 사회로 대체될 것임을 선포하는 책이라는 것이었다.

1917년의 러시아혁명도, 그리고 제1차 세계대전의 여파로 중부 유럽에서 벌어졌던 무수한 다른 혁명 시도들도 모두 마르크스의 가르침에서 비롯된 것이라고 여겨졌다. 그리고 양차 대전 사이에는 소비에트식 공산주의 정당들이 성장했고, 제2차 세계대전 뒤에는 이 공산주의 정당들이 동유럽 대부분의 나라에서 권력을 장악하여 유리한 고지를 점했다. 아시아에서는 제국주의와 식민주의에 저항하는 토착민들의 민족해방운동이 형성되었는데, 이들 또한 특히 중국과 베트남에서처럼 '마르크스주의'의 이름을 내걸고 공산주의 혁명을 수행했다. 또한 1960년대에는 공산주의 혹은 혁명적 사회주의에서 영감을 얻은 운동이 라틴아메리카 전역으로 확산되었고 쿠바에서처럼 성공을 거두기도 했다. 남아프리카공화국에서 백인들의 인종 분리Apartheid에 대한 지속적인 저항이 처음 시작될 때도 공산주의가 도움을 주었다. 아프리카의 다른 지역 전체에서도 백인들의 식민 지배를 종식시키는 여러 운동이 공산주의에서 도움을 얻었다.

1917년 혁명의 여파와 소비에트식 공산주의의 지구적 확산으로 마르크스는 공산주의의 전설적 창시자요 입법자의 자리에 올랐다. 그리고 그를 신비적 존재로 만드는 신화는 가면 갈수록 거창해졌다. 그는 유일한 역사 과학('역사적 유물론')의 창시자로 공경을 받았다. 또한 그의 친구 엥겔스와 함께 그것에 수반되는 과학 철학('변증법적 유물론')의 창안자로 떠받들어졌다. 공산주의 나라들에서는 무수히 많은 광장에서 마르크스의 거대한 석상과 동상이 세워졌고, 그의 저작들은 대중 보급판으로 퍼져 나가 그 기세가 성경을 압도할 정도였다. 이는 20세기 공산주의와 냉전 시대의 익숙한 이야기이다. 별로 놀라운 일도 아니지만, 공산주의란 곧 '전체주의적' 국가와 동일한 것으로 여겨졌고, 이곳들에서는 공식적으로 정형화된 형태의 '마르크스주의'가 선포되었다. 이를 어기는 자들에 대해서는 숙청, 여론 조작용 재판, 모든 통신수단에 대한 철저한 감시와 통제 등이 뒤따랐다.

그런데 마르크스를 신비의 존재로 만드는 신화의 날조 과정에서 정말로 놀라운 사실이 있다. 이것이 이미 소비에트 체제가 나타나기 이전부터 벌어진 일이었다는 점이다. 이러한 신화는 마르크스가 타계하던 1883년에 이미 구축되기 시작했고 발전을 거듭하여 30년 후에는 완전한 모습을 갖추었다. 훗날 '마르크스주의'라고 불리는 시스템은 대부분 1878년의 『반듀링론Anti-Dühring』을 필두로 한 엥겔스의 저서와 팸플릿이 만들어 낸 발명품이었다. 여기에 다시 독일 사회민주당의 지도자들, 특히 아우구스트 베벨August Bebel, 카를 카우츠키Karl Kautsky, 에두아르트 베른슈타인Eduard Bernstein, 프란츠 메링Franz Mehring 등이 더욱 상세하게 내용을 보충했다. 1914년 이전의 독일 사회민주당은 세계 최대의 사회주의 정당으로, 세계 모든 나라의 사회주의 운동 발전에 지배적인 영향을 미치는 존재였다. 그 지도자들은 마르크스가 역사 발전의 법칙을 밝혀낸 과학의 혁명적 창시자라는 명성을 만들어 내고 또 그 명성을 지켜 내는 것이 유리하다는 점을 알게 되었다. 이는 부분적으로는 그들의 확신이기도 했지만, 주된 동기는 자신들 정당의 권위를 튼튼히 하기 위함이었다.

러시아에서는 '마르크스주의'가 철학인 동시에 하나의 정치 운동으로서 1880년대와 1890년대에 게오르기 플레하노프Georgi Plekhanov, 그다음에는 레닌에 의해 강력하게 홍보되었다. 그 밖에도 오스트리아-헝가리 제국에서 스페인과 이탈리아에 이르기까지 다양한 나라에서 '마르크스주의'는 민족주의, 공화주의, 아나키즘에 대한 강력한 대안이 되었다. 심지어 영국과 프랑스처럼 사회주의 혹은 자생적 급진주의의 힘이 훨씬 깊게 뿌리를 내린 곳에서도 마르크스의 『자본론』은 여러 집단과 저명한 지식인들로부터 지지를 끌어낸 바 있다.

독일 사회민주당 지도자들은 자기들이 만들어 낸 마르크스의 이미지와 이론에 취약점이 여럿 있음을 잘 알고 있었다. 만들어진 이미지와 실제의 마르크스 사이에는 간극이 있었고, 그 간격은 당혹스럽고 창피할 정도로 클 때도 있었다. 이들은 마르크스와 엥겔스가 남긴 여러 문서의 공식적인 관리자들이었으므로 이러한 간극을 어떻게 관리하고 대처할 것인가에 대해 내부적으로 토론을 벌였다. 이들은 마르크스가 정치적으로나 인간적으로나 여러 실패를 저질렀다는 것을 인정할 경우 일반 당원들의 지지가 무너질 수 있다고 믿었다. 일반 당원들의 다수는 자본주의의 몰락이 막 다가오는 중이며, 이를 명확하게 증명하는 것이 바로 저 위대한 철학자 마르크스가 쓴 저서라고 철석같이 믿고 있었다는 점이다. 게다가 사회민주당을 창시한 사상가의 저작이 불신을 당할 경우 빌헬름 황제의 정부에게 당시의 사회민주당 자체가 못 믿을 집단이라고 공격할 빌미를 제공할 것이 뻔했다. 마르크스의 인간적 성격, 그의 정치적 판단, 이론적 성취물들에 대해 통용되는 표준적인 마르크스의 초상화는 바로 마르크스의 유산을 지켜 내야 한다는 이러한 필요에서 생겨난 것들이다.

이러한 접근법이 가져온 문제점은 마르크스의 명성이 가면 갈수록 더 크게 부풀려졌다는 것이다. 마르크스가 실제로 이루어 놓은 것의 의미와 중요성, 그리고 그 규모를 점점 더 부풀려 말하는 주장들이 나오게 되었고, (마르크스의 저작과 활동이) 이렇게 부풀려진 평판에 못 미치는 영역들은 무시되거나 아예 은폐되어 버렸다. 마르크스는 다윈이 자연과학에서 이룬 만큼의 업적을 인간 과학에서 이루어 놓은 철학자라고 홍보되었다. 이렇게 마르크스를 다윈에 견주는 행태를 꾸며 낸 덕에 사회민주당은 자신들이 과학으로서 사회주의를 체현한 존재라는 주장을 더 강화할 수 있었다. 또한 『자본론』 3권이 아직 출간되지 않은 상태였으므로 마르크스의 이론은 앞으로 다가올 자본주의 몰락의 필연성을 확실하게 증명한다는 주장까지 나왔다. 자본주의가 붕괴하는 정확한 시점이 언제가 될 것인가는 1890~1930년 사이에 긴 논쟁의 주제가 되었다. 이는 '붕괴 이론 Zusammenbruchstheorie'으로 알려졌는데, 자본주의 종말의 원인이 노동자들의 봉기가 아니라 더는 착취할 시장이 없어져 치명적 붕괴 지점에 도달하기 때문이라고 보았다.

이렇게 『자본론』 3권의 내용에 대한 기대가 커질 대로 커진 상태였으므로 1894년 3권이 실제로 출간되자 상당한 실망이 터져 나왔다. 우선 오스트리아학파의 경제학자 오이겐 폰 뵘바베르크Eugen von Böhm-Bawerk가 이 책이 가치와 가격의 관계에 대한 만족스러운 이론을 내놓지 못하고 있다는 점을 들어 근본적인 비판을 했다.[1] 그리고 더욱 직접적으로는 에두아르트 베른슈타인으로 하여금 '붕괴 이론'에 대해 본격적인 비판을 가하도록 촉발시키기도 했다. 이 이론은 계급 간 양극화가 갈수록 극심해지고 빈부 격차도 점점 커진다는 가정에 근거를 두고 있었다. 하지만 경험적 자료로 볼 때 이는 현실과는 일치하지 않는다는 것이 베른슈타인의 주장이었다. '붕괴 이론'에 대한 이러한 베른슈타인의 공격은 마르크스주의 진영에 특히 큰 손상을 입혔다. 왜냐하면 그가 마르크스-엥겔스 유고의 관리 위탁자의 한 사람이었기 때문이다.

엥겔스는 1894년 10월 4일 『자본론』 3권의 서문을 완성했고, 1895년 8월 5일에 타계했다. 사회민주당의 이론을 다루는 주요 저널이었던 『신시대Die Neue Zeit』의 편집자 카우츠키는 논쟁을 환영했고 베른슈타인이 집필한 8개의 비판적 논문들을 모두 게재했다. 하지만 당 지도자였던 베벨은 이 글들에서 큰 위험을 감지하여 겁을 집어먹고 베른슈타인이 당을 떠나기를 바랐다. 베른슈타인의 여러 비판은 1898년과 1899년의 당 대회에서 연이어 논쟁에 붙여졌지만, 결국 '수정주의'라는 규탄을 받고 말았다. 그때 이후로 베른슈타인의 관점은 '정통 마르크스주의'와 구별되는 하나의 이단으로 분류되었다.[2]

훗날 '마르크스주의'라고 불리게 되는 이론은 애초부터 분명하게 선별적인 관점에 근거하여 구축된 것이다. 이는 이단의 가능성이 있는 자들뿐만 아니라 마르크스 자신과 관련해서도 마찬가지였다. 1890년대 이후의 마르크스는 자본주의의 보편성과 함께 그것의 전 지구적 몰락이 필연적이라고 주장하는 이론가로 상찬을 받고 유명해졌다.

사회민주당 지도자들은 마르크스의 인간적 성격에 대해서도 자기들이 결정했다. 1905년, 최초의 마르크스 전기 작가인 프란츠 메링은 카를 카우츠키에게 서한을 보내 마르크스와 엥겔스가 주고받은 서신을 검열 없는 형태로 출간할 수는 없다고 말했다. 만약 그 서신들이 모두 세상에 드러난다면 그 이전 20년간 위대한 지식인으로서 마르크스의 평판을 보존하기 위해 기울였던 모든 노력이 허사로 돌아가게 되리라고 본 것이다. 그 서신들은 저명한 사회민주당 인사들에 대한 모욕적 언사로 가득 차 있었다. 이는 또한 몇몇 인사들에 대해서는 인종주의적 조롱까지 섞여 있었다. 사회민주당의 첫 번째 지도자였던 페르디난트 라살레Ferdinand Lassalle가 한 예였다.✣ 그리하여 당 지도자 베벨이 베른슈타인과 함께 1913년 마침내 출간한 4권짜리 서신집은 메링이 요청한 방식대로 검열을 거친 결과물이었다. 베벨은 카우츠키에게 보낸 편지에서 이렇게 말한다. "그런데 말해 둘 것이 있소. 하지만 절대 아무에게도 말하지 마시오. 일부 서신들은 출간하지 않았다오. 무엇보다 우리가 감당하기에는 너무 내용이 센 것들이라서. 그 두 사람이 당시에 편지를 쓰던 방식은 나로서는 도저히 용납할 수가 없소."[3] 이 편지들은 마침내 1929년과 1931년 사이에 다비트 리아자노프David Riazanov의 무검열판으로 출간되었다.✣✣

이러한 이야기를 통해 분명히 알 수 있는 점이 있다. 19세기 말의 시점에서 볼 때 마르크스 자신(그의 인격, 품행, 신념, 사상)과 그가 정치 담론에서 표상된 방식들 사이에는 중요한 차이점들이 존재했다. 그러한 담론에서 그려 내는 인물화 속의 마르크스는 험악한 털북숭이 모습의 가부장이자 입법자로, 미래를 완전

✣ 마르크스가 엥겔스와 주고받은 서한에서 라살레를 '유대인 깜둥이 새끼Jewish nigger'라고 불렀던 것은 유명하다. 라살레는 특히 피부가 거무스름했다고 하는데(참고로 마르크스 또한 피부가 검어서 '무어moor'라는 별명을 갖기도 했다), 이를 두고 마르크스는 유대인들이 모세의 지도로 이집트를 빠져나올 때 분명히 거기에 따라붙은 흑인이 아마 라살레의 조상이었을 것이라고 말하고 있다. 그리고 그런 게 아니어도 라살레의 태도 자체가 쌍스러운 '깜둥이 같다nigger-like'고 말하고 있다. 마르크스도 가계로 보자면 유대인 출신이지만 유대인들에 대한 경멸적 태도를 가지고 있었다. 한편 라살레는 사실상 독일 사회민주당의 설립자라고 칭송되어 왔고 독일 노동운동과 사회주의 운동에서 그의 전통적인 유산은 큰 위치를 점하고 있었다.

✣✣ 리아자노프는 러시아 마르크스주의자로, 1917년 이후 열성적인 볼셰비키로 전향한다. 뛰어난 문헌학자이기도 했던 그는 1921년 마르크스 엥겔스 연구소Marx-Engels-Institut를 세우고 두 사람이 남긴 모든 문헌을 비판적 · 학술적으로 검토한 전집인 Marx-Engels-Gesamtausgabe(첫 번째 MEGA)를 36권으로 출간할 계획을 세우고 정력적으로 추진해 나간다. 하지만 1930년대에 들어 결국 스탈린의 공포정치 아래에서 숙청되고 처형당한다. 그의 MEGA 는 마르크스와 엥겔스의 진면목을 알리는 중요한 시도로 평가받고 있으며(『경제학-철학 초고』와 『강요Grundrisse』가 빛을 보게 된 것이 모두 이 첫 번째 MEGA의 공이다), 지금은 새로 재개된 MEGA 프로젝트로 이어지고 있다.

히 꿰뚫는 비전의 소유자일 뿐만 아니라 무시무시한 논리적 일관성으로 무장한 사상가였다. 이 마르크스가 바로 20세기 사람들이 (상당히 잘못되게) 알고 있는 마르크스이다. 이사야 벌린Isaiah Berlin이 1939년 출간한 전기에서 이러한 그림이 아주 훌륭하게 제시되어 있다. 모든 것을 한눈에 바라보는 마르크스의 비전에 대해 그 자신이 가지고 있었던 신앙은 '무한하고도 절대적인 종류의 것이어서 모든 의문을 종식시키고 모든 난점을 해소하는 것이었다.' "그의 지적인 체계는 관찰과 경험에 근거하여 마련된 완결된 시스템이었고, 그 안으로 들어오는 모든 것은 이미 확립된 패턴에 순응하도록 만들어져 있었다."[4)]

이 책의 목표는 마르크스가 죽은 뒤 그의 성품과 여러 성취에 대해 이야기들이 꾸며지기 이전인 19세기의 환경 속으로 돌아가서 그의 모습을 다시 그려내는 것이다. 카를(앞으로 우리는 마르크스를 이렇게 부르겠다)이 태어난 세상은 프랑스혁명, 라인란트를 지배했던 나폴레옹 정부, 반쯤 성취되었다가 금방 철회된 유대인 해방, 그리고 프로이센 절대주의의 질식할 것 같은 분위기 등이 순식간에 지나간 직후의 세상이었다. 또한 이는 고대 그리스의 **폴리스**가 가진 아름다움, 바이마르의 극작가들과 시인들의 넘치는 영감, 독일 철학의 힘, 낭만적 연애의 놀라운 세계 등 여러 가지 도피가 시도되었던 세상이었다(비록 대부분 상상 속에서의 도피에 불과했지만). 하지만 카를은 그저 그가 태어난 세상이 빚어낸 피조물이기만 한 것이 아니었다. 그는 처음부터 세상에 자신의 자취를 확실하게 남기겠다는 굳은 결심을 품고 있었다.

1 장

아버지와 아들들:
어정쩡한 프로이센인 되기

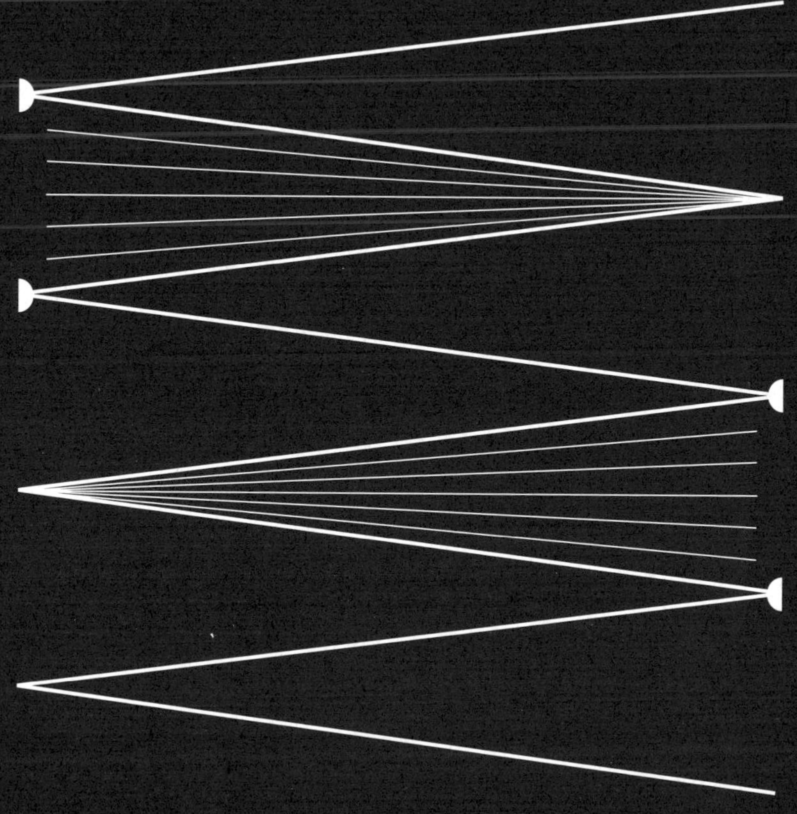

카를 마르크스는 워털루전투가 끝난 3년 후인 1818년 5월 5일 라인란트에서 태어났다. 프랑스혁명과 나폴레옹전쟁으로 야기된 30년간의 파괴와 변화의 세월을 겪고 난 후인지라 유럽을 재건하고 복구하려는 시도들이 도처에서 나타나고 있었다. 무엇보다 그가 태어난 라인란트가 그런 지역이었다. 라인란트는 프랑스와 독일연방German Confederation 사이에 자리 잡은 지역이며, 압도적인 주민 다수는 가톨릭으로, 그 인구는 총 거주민 200만 명 중 150만 명에 이르렀다. 1789년 이전에 이 지역은 세 개의 주교령prince bishopric(쾰른Cologne, 마인츠Mainz, 트리어Trier)✤의 지배를 받고 있었고, 이 주교령들은 네 명의 세속 군주 선제후elector와 함께 신성로마제국 황제를 선출할 특권을 보유하고 있었다. 이 지역의 주민들은 그래서 이 지역을 '**수도승들의 협로**monks' corridor'라고 불렀지만, 프랑스혁명과 나폴레옹전쟁을 거치면서 여러 나라의 군대가 이 '협로'를 걸핏하면 넘어 다녔을 뿐만 아니라 그 군대를 지휘하는 국가들이 이 지역 전체를 완전히

✤ 서로마제국이 몰락하는 과정에서 종교적 단위인 교구diocese의 수장인 주교bishop가 무너진 행정 체제도 맡아보는 일들이 도처에서 벌어졌다. 그 이후 이는 제도화되어 종교 조직의 수장인 주교가 세속적 주권자로의 군주prince의 역할을 겸하는 지역이 나타나게 된 것이다.

새로 규정하는 일도 생겨났다. 우선 1794년에는 혁명 프랑스가 이 지역을 자신의 일부로 병합했으며, 1815년 이후에는 프로이센의 프로테스탄트 왕국이 스스로의 일부로 병합했다. 1806년, 나폴레옹은 기원후 800년 이래 명맥을 유지했던 신성로마제국을 폐지해 버렸으며, 1815년 비엔나에서 열린 전승국 동맹 회의에서도 이를 되살리기 위한 시도는 전혀 없었다.

이 여러 전쟁의 규모가 어떤 것이었는지를 기억할 필요가 있다. 이 전쟁들로 인해 유럽인 500만이 죽은 것으로 추산되는데, 이 숫자는 제1차 세계대전 당시 사망자 숫자에 맞먹는 것이다. 또한 전쟁의 규모 자체도 완전히 새로운 것이었다. 18세기만 해도 군대라고 해 봐야 그 숫자가 몇만 명 정도였다. 그런데 나폴레옹이 1812년 러시아를 침공할 때 이끌었던 군사 규모는 무려 65만 명에 이르렀다. 전쟁으로 사회가 입게 되는 충격의 성격 또한 크게 바뀌었다. 18세기에 전쟁이라는 것은 대개 용병들 사이의 전쟁이었지만, 프랑스혁명의 여파로 '국민군'이라는 형태가 처음에는 프랑스, 그다음에는 프로이센에서 형성되었다. '국민개병제national service'라는 새로운 아이디어가 발명되었고, 이와 함께 징병이라는 관행이 나타나게 되었다. 라인란트 지역은 이 전쟁으로 직접 유린당하는 일만큼은 피할 수 있었다. 주요한 전투는 다른 곳에서 이루어졌기 때문이다. 하지만 나폴레옹 제국의 일부로 편입된 이상 징병을 피할 수는 없었다. 1800~1814년 사이에 프랑스가 동원한 200만 명의 군사 중 라인란트 지역에서 징발된 이들이 8만 명에 이르렀다. 그 엄청난 숫자의 절반은 돌아오지 못했다.[1)]

카를 마르크스가 태어난 트리어는 라인란트의 남서쪽에 있는 모젤Moselle 계곡의 포도 재배 지역 한가운데에 있었다. 제철 산업이 어느 정도 있었던 아이펠Eifel 지역을 제외하면 이 지역 전체가 순전히 농업 지역이었으며, 트리어의 경제는 포도 및 목재에 크게 의존하고 있었다. 강에서 시작되는 경사 지역은 포도밭과 숲이 뒤덮고 있었고, 그 경사 지역을 넘으면 남쪽으로는 가난한 훈스뤽Hunsrück 지역이, 북쪽으로는 아이펠 지역이 펼쳐졌다. 트리어는 기원전 16년 아우구스타 트레베로룸Augusta Treverorum이라는 이름으로 생겨난 마을로, 스스로 독일에서 가장 오래된 도시라고 주장한다. 당시 트리어는 로마의 속주인 갈리아 벨기카Gallia Belgica의 수도가 되었다. 이 로마의 도시는 한때 골족Gaul의 으뜸가는 중심지로 인구도 8만 명을 헤아렸다. 중세 초기에는 그 행정 수도로서의 중요성이 쇠퇴했지만, 12세기에 트리어의 대주교가 신성로마제국 황제를 선출하는 선거 제후가 되면서 트리어는 후기 중세에 한 번 더 번영을 누리게 된다. 하지만 공식 보고서에 따르면 1802년경에는 트레베Tréves(이는 프랑스 거주자들이 트리어를 부르던 말)의 인구가 8846명에 불과했고, 1814년 프랑스 군인들과 공무원들이 빠져나가자 7887명으로까지 줄어들었다. 그 이후 인구는 다시 늘어서 1819년에는 1만 1432명에 도달했다.[2)]

마르크스의 아버지 하인리히 마르크스Heinrich Marx는 1777년 국경 분쟁이 심한 변경 마을 자를루이Saarlouis에서 이 마을 유대인 공동체의 랍비였던 마이어 할레비 마르크스Meier Halevi Marx의 세 번째 아들로 태어났다. 마이어 할레비는 랍비로 일하기 위해 1788년 트리어로 이주해 이곳에 살다 1804년 세상을 떠났다. 하인리히의 맏형인 사무엘은 아버지의 뒤를 이어 랍비가 되어 1827년에 죽을 때까지 그 일을 계속했고, 하인리히는 변호사가 되었다. 그는 변호사로 성공을 거두어 1832년에는 **법률 고문관**Justizrat(이는 최고 등급의 국정 변호사에 맞먹는다)의 자리에 올라 저명한 법률가로 널리 인정받으며 살다가 1838년 5월 10일 세상을 떠났다.

카를의 어머니인 앙리에트Henriette는 네덜란드 네이메헌Nijimegen에 정착한 유대인 가정에서 태어났다. 그녀의 아버지는 상인, 환전업자, 복권 기금 운영자 등 다양한 직업을 가지고 있었다. 1814년, 그녀는 하인리히와 결혼했다. 아마도 암스테르담에 있는 가족의 지인들이 둘을 소개시켜 주었을 가능성이 높다. 앙리에트는 하인리히와 함께 9명의 아이를 낳고 1863년 11월 30일 세상을 떠났다.[3)] 1816~1819년 사이에 하인리히는 프로이센의 복음주의 교회Christian

Evangelical✤로 세례를 받고 개종했다. 그의 아이들도 1824년경 모두 세례를 받았고, 앙리에트도 1825년에 세례를 받았다.

1. 혁명, 제국, 라인란트의 유대인들

이러한 기초적인 사실들의 배후에 중요한 배경이 되는 역사적 드라마가 있었다. 바로 프랑스혁명이었다. 이 때문에 라인란트는 프랑스 영토가 되었고, 나폴레옹 제국이 행한 여러 개혁 조치들이 이루어졌으며, 1815년에는 다시 프로이센이 라인란트를 획득하는 등의 사건이 연이어 벌어졌다. 이 때문에 마르크스 가족의 운명은 완전히 바뀌게 된다. 프랑스혁명이 미친 결과가 없었다면 하인리히는 결코 변호사가 될 수 없었을 것이다. 나폴레옹의 교육개혁이 없었더라면 그는 법률가 자격증을 얻을 수도 없었을 것이다. 또한 1815년 이후 프로이센이 유대인들에게 갈수록 많은 제약을 가하는 정책을 취하는 과정에 하인리히가 순응하지 않았더라면 변호사 자격을 유지할 수도 없었을 것이다.

이러한 중대한 사건들은 또한 어린 카를의 세계관을 형성하는 데에도, 부모와의 관계에 대해서도, 또 자신의 유대인 혈통에 대한 전반적으로 부정적인 태도에도 큰 영향을 미쳤다. 이러한 사건들이 어째서 그렇게 깊고도 장기적인 영향을 미치게 되었는지는 프랑스혁명의 초기인 1789~1791년 사이의 기간 동안 사람들이 가졌던 엄청난 희망으로 설명할 수 있다. 대의제 정부, 종교의 자유, 언론의 자유, 법 앞에서의 평등…. 이 모든 약속이 '인간의 권리'라는 보편적 언어

✤ 1648년 베스트팔렌 조약으로 30년 전쟁이 끝나고 특히 북부 독일의 많은 지역은 개신교 영역이 되었지만, 루터파와 캘빈파의 여러 분파로 나뉘어 있었다. 이에 18세기 이후로 경건주의Pietism가 독일 전역, 특히 프로이센에서 큰 힘을 얻게 되는데, 1817년 프리드리히 빌헬름 3세는 이러한 경건주의의 전통에 서서 루터파와 캘빈파를 통합하여 '복음주의' 교회를 국교로 만든다.

에 모두 담겨 있었던 것이다. 이러한 꿈은 하인리히 마르크스 세대에게 결정적인 전환점이기도 했다. 하지만 1792~1794년 후반기에 벌어졌던 사건들을 기억하는 것도 똑같이 중요하다. 사람들의 불신을 산 프랑스 군주가 아주 극적인 방식으로 쫓겨났을 뿐만 아니라, 그전까지는 프랑스처럼 크고 오래되고 인구가 많은 나라에서는 불가능한 정치 형태라고 생각되었던 공화정이 수립되었던 것이다. 새롭게 구성된 공화국은 시민군, 민주적 헌법, 심지어 새로운 세계의 전망을 담은 시민 종교까지 동원하여 유럽 전체와 싸워서 스스로를 성공적으로 지켜냈다. 하지만 그 과정에서 또한 공포정치, 사실상의 국가 파산, 급진적 자코뱅주의 몰락 등의 사건들도 생겨났다. 카를의 세대에 해당하는 급진파들에게는 1789년보다 1792년이 더욱 중요했다. 자코뱅 혁명은 그들에게 영감의 원천이었을 뿐만 아니라 어째서 프랑스혁명이 결국 엎어졌는지를 설명할 때 항상 출발점으로 기능했기 때문이다. 프랑스혁명에 대한 자유주의자들의 생각과 공화주의자들의 생각 사이에는 긴장이 있었고, 이것이 1848년 혁명에 이르기까지 라인란트에 있는 저항 집단들의 언어를 지배하다시피 했다.

프랑스혁명은 실로 중대한 변화들을 가져왔다. 1789년 이전의 프랑스 정부는 위계적으로 구상된 신분제에 기초한 조직이었다. 즉 세상은 기도하는 이들, 전투하는 이들, 일하는 이들이라는 세 개 집단으로 구별된다는 생각에 기초한 정부였던 것이다. 그런데 프랑스혁명의 와중 새로운 민족이 건설되었다. 혁명으로 채택된 새로운 헌법에 따르면 일하는 이들('제3신분')이 바로 그 민족 자체와 동일한 것이 된 것이다. 귀족과 성직 계급이라는 다른 두 개 신분은 그동안 누려 왔던 온갖 특권은 물론 그 두 신분의 존재 자체까지 폐지되었다. 게다가 1789년 8월 4일 밤에는 도시부터 농촌에 걸쳐 남아 있던 가지가지의 모든 봉건적 특권과 권력까지 철폐되었다.✤ 농노제도 폐지되었고 농민들은 이제 그리 과하지 않은 상환 수수료를 지불하면 그 즉시 자신들이 경작하는 토지의 점유권을 완전히 획득할 수도 있게 되었다. 마지막으로 신분제 의회였던 삼부회Estates

General가 국민의회National Assembly로 환골탈태했고, 이에 따라 새로운 기초 위에 서게 된 프랑스는 그 정치적 정당성에서 인민주권이라는 새롭고도 순수하게 세속적인 원천을 가지게 되었다.

하지만 프랑스혁명의 여러 사건이 처음부터 이렇게 확실하고 선명한 혁명적 의제를 내걸고 일관되게 밀어붙여서 생겨난 것들이었다고 생각해서는 안 된다. 이러한 깔끔한 진행 과정과 결과는 후대에 정리해 놓은 이야기에 불과하다. 당대에 혁명이 실제로 진행된 과정은 이보다 훨씬 더 애매하고 혼란스러운 것이었다.

혁명이 시작되던 당시만 해도 '의원들의 압도적 다수는 모든 개혁은 왕의 가호 아래에 달성되어야 한다고 굳게 믿었다. 이들은 자식이 부모에게 갖는 것과 같은 강한 헌신을 왕에게 계속해서 보여 주고 있었으며, 개혁 또한 왕과의 긴밀한 협력 아래에서 행해 나가는 것이라고 믿고 있었다'. 이 의원들이 고집했던 '전망은 이상화된 과거로의 회귀였으며, 그 개혁 과정에서도 역사적 선례가 상당한 중요성을 여전히 차지하고 있었다.' 하지만 1789년 여름의 '불과 6주에 걸친 놀랄 만큼 강도 높은 회의를 거치면서' 이 대표자들은 '혁명적이라고 할 수밖에 없는 입장'에 도달했고, '국민주권national sovereignty이라는 새로운 개념에 도달했으니, 그것이 근본적으로 함의하는 바는 바로 민주주의였다.'[4)]

처음에는 국민의회가 역사적으로 내려온 군주정을 그대로 채택하면서 제헌 기초위원회Constitutional Committee와 그 존경받는 위원장 장-조제프 무니에Jean-Joseph Mounier가 제안한 모종의 세력 균형으로 군주정을 완화시키는 정도가 될 것처럼 보였다. 하지만 실제로 국민의회가 채택한 헌법은 국민주권의 개념과 단원제에 기초한 것으로, 루소의 정신에 더욱 가까운 것이었다. 왕은 이제 사실

✤ 국민의회가 귀족들이 세금을 걷고 사법권을 행사하는 영주권seignorial rights 일체와 성직 계급이 십일조를 걷는 권리를 폐기한 것이다.

상 행정 권력으로서는 부차적 위치로 규정되었으며, 오로지 정지권 혹은 거부권 suspensive power이라는 일시적 권력만을 부여받았고, 그나마 이러한 일시적 권력도 인민들에 호소하여 동의를 얻는 최종 항소심을 거쳐야만 유효한 것이 될 수 있었다. 지롱드파의 지도자였던 브리소Brissot가 말한 바 있듯이, 이러한 시스템은 오직 '왕 스스로가 혁명가'일 때에나 작동할 수 있는 것이었다.5)

국민의회에 모인 대표자들 다수는 자신들이 기존 체제를 개혁하려는 것인지, 아니면 완전히 새로운 체제를 수립하려는 것인지에 대해 확신이 없었다. 그러니 그 결과물 또한 일반 의지에 기초한 양도 불능의 주권이라는 루소의 원리와, 루소와 절대적으로 반대되는 대의제 의회의 원리✤를 결합시켜 놓은 것이 되고 말았다. 이렇게 전혀 일관성이 없는 체제였으니 당연하게도 극도로 불안정했을 뿐만 아니라 사실상 유지가 불가능한 것이었다.

이토록 목표에 혼동이 나타난 부분적 이유는 행정부가 재정적으로 파산하여 아무 힘도 없었다는 데 있었다. 그래서 국민의회 일부 의원들이 1776년 미국 독립선언문을 본받아 추상적·보편적인 용어와 개념들을 채택하는 것을 뻔히 보면서도 행정부는 이를 막을 힘이 없었다는 것이다. 이미 국민의회 내에서도 다양한 성원들이 그런 식의 추상적·보편적 언어를 사용하는 것의 위험성을 경고한 바 있었다. 보르도 주교인 샹피옹 드 시세Champion de Cicé의 논리가 전형적이다. "알을 깨고 나온 병아리처럼 방금 막 새로이 태어난 민족이라면 그들을 안전하게 요람 위에 고정시키기 위해 여러 자연적 권리를 논해야 하겠지만, 우리에게 직면한 과제는 그런 것이 아니다. 우리는 이미 무려 15세기에 걸쳐서 통일을 유지해 온 거대한 민족이므로 우리가 관심을 두어야 하는 것은 우리들이 이미 오랫동안 간직해 온 실정법과 여러 구체적인 시민권이다. … 자연 상태의 인

✤ 루소는 당시 프랑스 계몽주의자들에게 상식처럼 되어 있었던 대의제에 대단히 적대적이었다. 그의 유명한 말대로 대표를 뽑아서 운영하는 민주주의에서는 인민들이 '오로지 투표일 하루만 자유롭다'는 것이었다.

간에 대한 이야기는 제발 그만두고, 문명 세계에서 살아온 이 수많은 사람으로 관심을 돌리자." 또 다른 온건파 의원이었던 피에르-빅토르 말루에Pierre-Victor Malouet 또한 그런 추상적인 접근법에 담긴 명백한 위험을 지적했다. 미국은 '전적으로 토지 재산 보유자들로 구성'되어 있으므로 이미 '민주주의가 준비된' 사회라는 것이었다. 반면 프랑스에서 '재산도 지식도 다 빼앗긴 채 고되게 살아가는 사람들에게 당신들도 가장 권력이 크고 가장 재산이 많은 이들과 동일한 권리를 지녔다는 생각을 절대적 명제의 형식으로 선포'한다면 '사회를 유지하는 데 필수적인 유대는 파괴'될 것이며, 이로 인해 '전면적인 혼란'만 조장될 것이라는 것이었다.[6)]

하지만 혁명이 전개되면서 이러한 보편적 권리의 개념은 갈수록 더 통렬한 강제적 힘을 가진 언어가 되었다. 그 부분적인 이유는 혁명이 갈수록 급진화되었기 때문이었을 것이다. 어쩔 수가 없었다. 혁명에 대한 가톨릭교회의 적개심은 갈수록 높아만 갔고, 왕은 계속 저항하면서 망명 시도까지 하고 있었다. 방데Vendée 지역✢은 이미 내란 상태로 접어들었고, 유럽의 여러 강대국들은 버크가 말한 대로 혁명이라는 '무기를 갖춘 교조armed doctrine'✢✢에 맞서 전쟁을 벌여야 한다고 결의를 굳혀 가고 있었다. 이것이 당시 프랑스혁명이 처한 상황이었다. 이러한 비상사태가 도래하자 앙시앙 레짐의 **왕립 종교**religion royale가 아닌 새로운 형태의 신성 개념이 나타났으며, 그 담지자는 바로 국민이었다. 옛날의 교회 조직 구조는 해체되었고, 왕정의 신성한 기초 또한 제거되었을 뿐만 아니라, 기

✢ 프랑스 서부의 해안 지역. 14세기에 자케리Jacquerie의 난이 벌어졌던 곳이며, 프랑스혁명 초기에 가톨릭의 영향으로 반혁명 반란이 벌어졌다.

✢✢ 영국의 에드먼드 버크는 프랑스혁명이란 현실 세계의 복잡한 관습과 실정과 경험을 무시한 채 이념을 휘두르는 몇 명의 이론적 주장에다 현실을 강제로 꿰맞추려 드는 것이며 그 과정에서 무기와 폭력을 사용하는 것이라고 비판했다. 그런 자들은 '사회와 정부에 전혀 융통성이 없는 공식을 강제하려 든다. 이 공식은 아무리 복잡한 문제라도 일사천리로 해결해 줄 수 있는 만병통치라고 제시된다. 이념은 경험과 정치적 타협에 의지하는 것에 대해 적대적'이라는 것이다.

독교 자체까지 제거된 상태였다. 정치적 권위와 종교적 권위를 하나로 합치려는 압력은 이제 공화국의 가호 아래 갈수록 더욱 강렬해졌다. 이러한 과정의 절정을 이룬 것이 1794년 여름의 짧은 기간 동안 로베스피에르가 '최고 존재 숭배The Cult of the Supreme Being'라는 종교를 설립했던 사건이었다. 이는 루소의 『사회계약론』에서 처음으로 개략적으로 제시되었던 바 있는, 공화국 시민 종교의 일종이었다.

이렇게 갈등이 높아 가는 과정에서 오늘날의 시각에서 보면 '자유주의'와 '공화주의'의 차이라고 할 만한 것들이 서서히 나타났지만, 혁명이 본래 의도했던 바와 그것이 최종적으로 가져온 결과물 사이의 괴리는 시작부터 잠재해 있었다. 1789년에도 국민의회는 자연권이니 인민주권이니 하는 개념과 용어들을 사용하고 있었으며, 그 때문에 국민의회가 본래 천명했던 목표와는 거의 아무 관계도 없는 결과물들이 나오고 말았던 것이다. 심지어 1789년 당시에도 논쟁을 지배했던 용어들은 사회적 합리성과 이성이 아닌 정치적 의지였으며 또 천부인권으로 제한되는 정부가 아니라 절대적 주권 권력 같은 것이었다. 이러한 개념과 용어들은 공포정치 또한 얼마든지 정당화할 수 있는 것들이었다.7)

프랑스혁명에 대한 자유주의적 전망과 공화주의적 전망 사이의 긴장이 특히 분명하게 드러난 것이 유대인 해방의 문제였다. 1789년에 공포한 프랑스혁명 인권 선언Declaration of the Rights of Man and Citizen에 따르면 인간은 태어날 때부터 자유로우며 평등한 권리를 지닌 존재이며 또 그러한 상태를 계속 유지하게 된다고 했다. 나아가 그 어떤 인간도 자신의 견해, 심지어 종교적 견해 때문이라고 해도 그 견해가 '법으로 확립된 공공질서'를 교란하지 않는 한 그것 때문에 괴롭힘을 당해서는 안 된다고 했다. 이를 기초로 하여 제헌 의회Constituent Assembly는 1791년 9월 27일 유대인들에게 프랑스 시민권과 그에 따르는 모든 권리를 부여한다.

1789년 이전에는 유대인들에게 가장 호의적이었던 사상가들은 프로테스탄트들이었다. 피에르 바이유Pierre Bayle와 자크 바나주Jacque Basnage 같은 네덜란드 망명객들, 그리고 모든 종교의 자유를 주장했던 존 톨런드John Toland와 같은 영국의 자유 사상가들이 그 예이다. 몽테스키외 또한 이성의 이름으로 유대인들에 대한 관용을 주장했지만, 유대인들의 상업 활동을 국가 이익을 위해 십분 활용할 수 있다는 **국가이성**raison d'état의 계산도 숨어 있었다. 보쉬에Bossuet와 플뢰리Fleury 같은 가톨릭 사상가들은 신학적인 이유에서 부정적 태도를 지니고 있었다. 유대인들이 신의 영광을 간증하는 자들로 복무한 적이 있었고 또 전통적인 교회 역사의 일부를 이루고 있는 것은 사실이므로 마땅히 보호를 받아야 하지만, 이들은 또한 신의 진노를 보여 주는 증인들이기도 하므로 개종을 시키든가, 아니면 수치스러운 상태로 묶어 두어야 한다는 것이었다. 하지만 유대인들에 대해 가장 부정적인 태도를 취했던 이들은 기독교 신자들이 아니라 **계몽사상가들**philosophes, 특히 볼테르 같은 이였다. 그에 따르면 유대인들은 '가장 추악한 탐욕'과 '가장 혐오스러운 미신'을 결합하는 자들이라는 것이었다. 이러한 관점은 정도의 차이는 있어도 디드로, 자쿠르Jaucourt, 돌바크D'Holbach 같은 다른 지도적 계몽사상가들 또한 공유하고 있었다.[8)]

1789년의 「삼부회의 진정서Cahiers de Doléances」(모든 지역의 불만과 고충을 진술하여 파리로 보낸 문서)에 보면 특히 라인란트와 인접한 프랑스 동부의 주들과 알자스 지역 주민들이 반유대인 정서를 가질 수밖에 없었던 좀 더 세속적인 이유를 읽을 수 있다. 이 문서에 보면 종교적인 논리보다는 유대인들과 고리대금업을 연관 짓는 경제적 이유에서의 불평불만이 더 빈번하게 보이고 있다. 이들의 분노에는 당시 농업 노동자들에게 쏟아지고 있었던 인구학적·경제적 압력이라는 현실적 기초가 있었다. 농업 노동자들은 토지 보유의 계속되는 하부 분할, 주화의 부족, 정규적으로 이용할 수 있는 신용기관의 부재 등으로 고통을 받고 있었고 결국 1789년 7월 **대공포**Grande Peur라는 농민 폭동으로 불타오른 바 있다. 농민들이 무기를 들었던 대상은 단지 영주들만이 아니었다. 이들의 공격으로 유대인 수백 명이 라인란트에서 바젤Basle과 뮐루즈Mulhouse로 도망쳐야만 했다. 이미 1789년 12월 24일 국민의회는 프로테스탄트 교인들에게, 그리고 1790년 1월에는 보르도의 세파르디Sephardi 유대인✤ 공동체에 ('포르투갈인들') 평등한 권리를 부여했지만, 그 권리가 동부 여러 주에 사는 유대인들에게까지 확장된 것은 1791년 9월에 이르러서였다. 이렇게 늦추어진 것은 위와 같은 동부 지역 농민들의 반감이 부분적 원인이었을 수 있다. 아니면 그 바로 전인 6월 루이 16세의 바렌Varennes 도주 사건 직후의 정치적 분위기 변화 때문일 수도 있다.

1792~1793년의 기간 동안 프랑스 군대는 남부 라인란트를 점령했고, 트리어의 동료 선거후 지역인 마인츠에 자코뱅 공화국을 수립했다. 1794년에는 프랑스 군대가 라인강 강둑 왼쪽 지역 전부를 점령했다(프랑스인들 일부가 이른바 로마 시대 골족과 게르만족의 진정한 경계선이었다고 주장하는 지역이었고, 혁명가 당통이 채택한 프랑스 팽창 계획도 여기를 노리고 있었다). 프랑스는 1815년 나폴레옹이 몰락하던 시점까지 점령을 계속해 나갔다. 요컨대 라인란트는 프랑스 공화국의 영토가 되었고 이어서 제1제국의 영토가 된 것이다. 따라서 보편적 인권의 교의 또한 이곳에서는 현실의 제도로 일찍부터 시행되었다.

라인란트 지역은 가톨릭이 압도적이었으며, 유대인 인구는 2만 2000명 정도였다. 유대인들의 상황은 지역마다 크게 달랐다. 예를 들어 쾰른에서는 유대인들이 1424년 도시에서 쫓겨났고, 그 이후로는 아예 성문으로 들어오지도 못했다. 본Bonn에서는 유대인들에게는 관용이 베풀어졌지만 프로테스탄트 교인들에게는 아니었다. 아헨Aachen에서는 심지어 프로테스탄트 교인들까지도 성문 안에서는 예배를 볼 수 없었다. 그렇지만 마인츠에서는 유대인과 기독교인 들이

✤ 본래 이베리아반도에는 많은 유대인이 살고 있었지만, 15세기 말 이후 스페인과 포르투갈 등에 가톨릭 신앙을 강요하는 일련의 칙령이 내려지면서 유대인 박해가 시작되었고, 이에 많은 이가 이 지역을 떠나게 된다. 이 이베리아반도 출신의 유대인들을 세파르디 유대인이라고 부르며, 중동부 유럽에서 온 아슈케나지 유대인과 구별한다.

모두 똑같은 권리를 부여받았다. 유대인들은 기독교인들의 학교에 다닐 수 있었고, 1786년 이후에는 프로테스탄트 교인들과 유대인들 모두 그 지방의 대학을 졸업할 수 있게 되었다. 트리어에 거주하는 유대인들의 경우는 각별히 파란만장한 역사를 겪었다. 1096년의 제1차 십자군 시절에 한 번 심한 공격을 받았고 흑사병이 돌던 시절 또 한 번 공격을 받기는 했지만, 그사이의 기간 동안에는 유대인들도 대개 번영을 누렸다. 15세기 대부분 기간 동안에는 도시 밖으로 쫓겨났으며 16세기 끝 무렵에도 같은 일이 벌어졌다. 유대인들의 재산에 대한 마지막의 큰 공격은 1675년에 벌어졌다. 18세기가 되면 적대감이 줄어들었던 것으로 보인다. 유대인들에게 더 큰 관용이 베풀어졌고 처우도 개선되었다. 이는 종교적 소수파들에 대해 평등을 더욱 확장해야 한다는 가톨릭 계몽주의 운동의 일환이었다. 부분적으로나마 가톨릭 개혁가들, 특히 트리어의 '페브로니안들 Febronians'✤은 원칙에 따라 행동하고 있었다. 독일의 프로테스탄트 지역에 뒤처질 것을 두려워한 것도 동기 가운데 하나였다. 프로테스탄트 지역에서는 계몽주의와 국가이성의 경제학이 결합되면서 경제가 꾸준히 부유하게 번창하고 있었던 것이다.[9]

하지만 이 다양한 공국들, 주교령들, 도시국가들 어디에서도 유대인들이 평등한 신민으로 취급된 곳은 없었다. 유대인들은 다른 곳에서와 마찬가지로 해당 국가의 외부에 존재하는 별개의 '민족' 성원으로 여겨졌다. 그래서 그들은 도시 내에서도 일정한 구역 안에서만 거주할 수가 있었고, 진출이 금지된 직업들도 많았다. 세금에서도 차별을 받았고(이는 보호비의 형태로 정당화되었다), 유대인 공동체 전체에 일정액을 매겨서 이를 그 성원들의 머릿수로 나누어 부과하는 형태를 취했다.

✤ 18세기 말 독일 지역의 가톨릭 내에서 벌어진 운동으로, 로마 교황청으로부터 독립하여 독일 지역의 주교들이 권력을 쥐고 여러 개신교 교파들과 통합하여 '독일 교회'를 만들 것을 목표로 삼았다.

이렇게 비록 유대인들에 대한 태도가 지역마다 다르고 애매모호했지만, 이미 프랑스혁명 전야에도 보편주의와 유대인 해방 사이에 일정한 논리적 연결고리는 확립되어 있었다. 하지만 그 입장은 아직 완전히 동등한 권리를 무조건적으로 부여한다는 원칙에까지는 미치지 못하고 있었다. 프랑스의 경우 그레구아 신부Abbé Grégoire와 같은 개혁적 가톨릭 사상가들, '애국당Patriot Party' 당원들, 계몽주의 사상 동조자들의 논리는 모두 명시적·암묵적으로 유대인의 '조건부' 해방을 이야기했다. 평등한 권리를 부여함으로써 유대인들을 '갱생regeneration'시킨다는 논리로, 그들을 '국민' 공동체에 빠르게 동화시켜 몇 세대 안에 사실상 사라지게 만들겠다는 뜻이었다.

이 논쟁의 틀은 독일의 상황을 배경으로 처음 만들어졌다. 폴란드를 러시아, 오스트리아, 프로이센이 분할하게 되면서 그 안에 거주하는 무려 75만 명의 유대인들을 어떻게 다루어야 하는지가 문제가 된 것이다.[10] 오스트리아의 경우 1781년 황제 요제프 2세Joseph II의 해방 칙령Emancipation Decree이 급작스럽게 나오게 되었다. 프로이센에서는 얼마 되지 않던 유대인 인구가 갑자기 두 배가 되었으며, 특히 알자스 지방에서는 유대인들에 대한 반감이 높아져 긴장이 유발되어 있었다. 이러한 새롭게 등장한 상황으로 인해 같은 해에 계몽 유대교Enlightened Judaism✤의 열렬한 신봉자였던 모제스 멘델스존Moses Mendelssohn의 벗이자 역사학자였던 크리스티안 돔Christian Dohm은 비유대인으로서는 처음으로 지속적인 유대인 해방의 논리를 펴기 시작한다. 돔은 자연 종교✤✤의 신봉자로,

---

✤ 하스칼라Haskalah라고 한다. 18세기 후반에 중동부 유럽에서 나타난 유대교 운동으로, 히브리어를 종교적 언어로서만이 아니라 일상적·문학적 용어로도 본격적으로 사용하여 유대인들의 독자적 정체성을 강화하는 동시에 자신들이 살고 있는 현지의 역사와 문화와 풍습을 우호적으로 익히고 일정하게 동화할 것을 주장했다. 계몽주의의 영향을 받았을 뿐만 아니라 자유주의적 태도를 지니고 있었다. 19세기 말 시오니즘과 유대 민족주의가 발호하면서 사라진다.

✤✤ 신의 섭리는 바로 자연법칙과 동일하다고 보아 자연을 신으로 보는 종교로, 이신론deism과 닮아 있다. 신이나 초월적 존재에 의해 일방적으로 진리가 계시된다는 계시 종교revealed religion와 배치되는 개념이다.

모든 '실정적(實定的, positive)' 신앙을 거부했다. 그는 자신의 저서 『유대인들의 시민적 지위 개선에 대하여On the Civic Improvement of the Jews』에서 '우리 시대에 너무나 걸맞지 않은' 억압으로 인해 유대인들이 타락한 상태에 있지만, 이러한 억압을 종식시키기만 한다면 그들도 훨씬 더 행복한 삶을 누리면서 사회에 유용한 성원이 될 것이라는 주장을 펴고 있다. 더 나아가 유대인들에 대한 법적 차별을 없앤다면 그들도 사회에 동화될 것이며, 특정한 유대인으로서의 정체성 또한 점차 사라지게 될 것이라고 생각했다. 자신들의 '부족주의에 찌든 종교적 억견' 대신에 국가와 민족에 대한 애국심을 마음속에 채우게 될 것이라는 것이었다. 돔은 위계적 신분 사회에서 능력 본위의 사회구조로 사회 전체가 전환하는 더 큰 변혁의 일부로서 이러한 유대인 해방이 벌어지게 될 것이라고 보았다.[11)]

이 책은 신속하게 프랑스어로 번역 출간되었고, 즉각적인 영향을 미쳤다. 1787년 메스Metz에서는 이 책으로 인해 현상금을 내건 논문 공모까지 벌어졌다. '프랑스 내의 유대인들을 더 행복하고 더 유용하게 만들 수단이 있는가?' 여기에 응한 가장 유명한 대답은 그레구아 신부의 글이었다. 그도 돔과 마찬가지로 민법상으로나 정치적으로나 유대인들을 속박하는 여러 제약들을 제거해야 한다고 주장했지만, 그 목적은 이들의 유용성을 끌어올리기 위해서라기보다는 그들의 '갱생'을 달성하는 데 있었다. 그레구아는 유대인들의 곤경에 대해 동정적인 글을 쓴 최초의 가톨릭 성직자였지만, 그 또한 유대인들의 '타락'을 설명하기 위해 여러 잡다한 출처를 마구잡이로 동원했다. 그들은 신의 진노를 사 온 세계로 흩어지는 징벌을 받았을 뿐만 아니라, 요한 카스파 라바터Johann Kaspar Lavater(스위스의 성직자로, '골상학physiognomy'이라는 '과학'의 창시자로 널리 평판을 얻었다)의 견해에 동의하여 유대인들의 얼굴 특징들에서도 그들의 도덕적 타락을 읽어 낼 수 있다고 믿었다.[12)]

프랑스혁명이 발발한 뒤, 그레구아는 앙시앙 레짐의 기간 동안 가톨릭 교회가 저지른 온갖 잘못을 바로잡기 위해 국민의회가 새로 세운 헌법적 교회

Consitutional Church를 적극 옹호했다. 이 새로운 교회와 사회가 도래하게 되면 아슈케나지 유대인들✣은 프랑스 국민에게 융화될 것이라고 그는 믿었다. 더욱이 이 유대인들을 '갱생'시켜야 한다는 주장은 이제 보편주의적 개념으로 표현되었다. 1789년 이전의 앙시앙 레짐에서는 모든 인간 집단들이 어느 정도씩은 다 타락한 상태에 있었지만 새롭게 태어날 프랑스 민족은 통일된 성격을 가져야만 하며, 따라서 모든 집단들은 각자 유지해 오던 관습과 가치를 버리고 환골탈태하듯 변화해야 한다고 확신했다. 특히 새로운 동질성을 얻는 방법으로 인종 간, 종교 간 통혼을 활용해야 한다고 했다. 그레구아 신부는 유대인들뿐만 아니라 시골 사람들, 흑인 자유민, 그리고 특히 그가 혐오했던 사투리 사용자들까지도 변화시키는 데 특별한 관심을 기울였다.

1791년의 유대인 해방 법령 직후 10년간 마르크스 가문의 운명은 얼마나 크게 변했을까?13) 직접적인 증거는 없지만, 라인란트 지역 유대인들의 상태에 별로 유의미한 개선이 없었음을 암시하는 간접 증거들은 있다. 거주의 자유가 확대되었을 수 있으며 숙련공이 될 수 있는 선택의 여지도 일정하게 넓어졌을 가능성이 있다. 하지만 자코뱅은 기존의 모든 종교에 갈수록 적개심을 드러냈고, 이는 결국 1793년 9월에서 1795년 2월 사이에 모든 교회와 시나고그✣✣를 폐쇄시키거나 '이성의 신전Temples of Reason'으로 전환하도록 했던 조치에서 절정을 이루었다. 그 뒤에도 일련의 사건들이 일종의 트라우마가 되어 사람들이 다시 정기적으로 모여 예배를 드리는 관행을 회복하기 어려울 때가 많았다. 이제 많은 유대인은 새로이 얻게 된 평등한 시민으로서의 지위에 훨씬 더 큰 만족을 느끼고 있었으며, 유대인 공동체를 떠받치기 위해 자기의 자원을 내놓는 옛

✣ 아슈케나지Ashkenazi 유대인들은 신성로마제국이 생겨나던 무렵 프랑스 북부와 독일 지역에 정주했던 유대인들로, 일상어로는 이디시어Yiddish어를 주로 사용한다. 이들은 후에 러시아와 우크라이나 등의 동부 유럽 쪽으로 이주했다가 다시 중부 유럽으로 되돌아오기도 하여 '동쪽에서 온 유대인'이라는 이미지를 갖게 되기도 했다.

✣✣ 유대교 회당.

날 관습을 버리기 시작한 것이다. 프랑스 점령군의 숙소 및 각종 군수물자 징발 또한 문제였다. 인근의 알자스에서는 프랑스 테르미도르 체제의 가혹한 세월 동안(1795~1799년) 고리대금업에 대한 분노가 다시 불붙었다. 실제로는 기독교인 금융가도 똑같이 많았지만, 농민들의 적개심은 주로 유대인들을 타깃으로 삼았다.[14)]

라인란트 지역 유대인들의 운명이 훨씬 더 극적인 변화를 겪게 된 것은 나폴레옹 치하에서였다. 1790년대에 자코뱅은 일반적으로 지역 주민들에 대해 착취적인 태도를 취하고 있었다. 이들은 라인란트 지역의 본 대학, 쾰른 대학, 트리어 대학, 마인츠 대학 네 곳을 모두 폐쇄했고, 지역의 값진 공예품과 보물을 모두 파리로 실어가 버렸다. 반면 나폴레옹은 지역 엘리트들의 협조를 얻기 위해 단호한 태도를 취했다. 그는 혁명력을 폐지하고 사람들의 합의에 따라 지역에서 행해지는 관습과 휴일(특히 성 나폴레옹의 날)을 존중하고 지지했다. 그는 대학에서 전통적으로 연구해 온 각종 인문학 등은 못마땅해했지만, 직업과 관련된 주제들에 대해서는 열성적으로 장려했다. 각종 응용과학 이외에도 그는 특히 법학을 장려하는 데 관심을 두었다. 자신이 새로이 구축한 결정적인 법전인 나폴레옹 법전을 지지할 수 있는 수단이 바로 법학이라고 보았기 때문이다. 나폴레옹이 성취한 것은 제2의 로마제국 건설, 그리고 (로마제국의 위대한 법전을 만든) 새로운 유스티니아누스 황제의 출현에 비견할 만한 업적이었다. 1804년의 국가 순방 중에 나폴레옹은 트리어에서 잠깐 체류하면서 저 장엄한 로마 시대의 포르타 니그라Porta Nigra✤를 중세의 교회 건물들로부터 해방시켰고, 코블렌츠Coblenz에 새로운 법학 학교의 설립을 명령했다.[15)]

1801년 나폴레옹은 교황과 협약을 맺었다. 그 주된 목적은 방데를 위시한 서쪽 프랑스 지역을 안정시키고 왕당파들의 마음을 얻을 뿐만 아니라 세속적

✤ 본래는 기원후 2세기경 로마제국 시대에 세운 거대한 성문이었지만, 중세기에 들어 주변에 여러 수도원과 성당 건물이 들어선 데다 그 성문 자체도 교회로 변경되었다. 나폴레옹은 1804년 그 주변의 교회 및 수도원 건물들을 해체하고 그 성문을 로마 시대의 원형으로 복구하도록 명령을 내렸다.

공화국에 대한 교회의 저항을 무마하기 위한 것이었다. 이렇게 하여 자신의 통치에 대한 가톨릭의 반대를 제거한 나폴레옹은 다른 종교인들, 특히 프로테스탄트 교인들과 유대인들에게도 동일한 행정 조치를 확대하기 위한 후속 조치들을 내놓았다. 그의 논리는 이런 것이었다. "인민들은 종교를 가져야만 하며, 이 종교는 정부의 통제 아래에 있어야만 한다. … 나의 정책은 인민들 다수가 자신들이 통치되기를 원하는 방식대로 통치하는 것이다. 이것이 바로 인민들의 주권을 인정하는 방식이라는 게 나의 믿음이다. 내가 통치하는 인민이 유대인 집단이라면 나는 솔로몬의 신전을 다시 지을 것이다."[16]

나폴레옹은 본능적으로 유대인들에게 호감을 갖지 않았던 것으로 보인다. 이는 부분적으로는 그가 가톨릭을 배경으로 자라난 데에도 기인하는 것이었고 또 부분적으로는 볼테르를 읽은 영향이기도 했다. 나폴레옹의 『세인트 헬레나 비망록Memorial of Saint Helena』에 보면 다음과 같은 구절이 있다. "유대인들은 극도로 불쾌한 족속들로, 겁쟁이들이지만 잔인하다."[17] 하지만 그와 동시에 그는 또 자신이 새운 새로운 제국의 동쪽 지역들에 만연한 사회적 긴장을 낮추고자 했었던바, 그 긴장은 특히 유대인의 '갱생'을 가속화하는 과정에서 빚어지고 있었다. 그래서 그는 개인적으로는 유대인들을 싫어했지만, 유대인들에게 정규적 시민으로서의 법적 지위를 부여하고 또 직업 선택의 기회도 확대해 주었던 것이다.

1807년 2월 9일, 나폴레옹은 파리에서 '대 산헤드린Sanhedrin'✣을 소집했고, 트리어의 랍비였던 사무엘 마르크스(하인리히의 형제이자 카를의 삼촌)도 다른 71명의 랍비 및 저명한 유대인 인사들과 함께 여기에 소환되었다.[18] 그전에 정

✣ 나폴레옹은 유대인 문제에 대한 명사 의회Assembly of Notables의 답변에 대해 유대인들의 재가를 얻기 원했고, 이에 유대인 전통에서 최고 의회이자 법정인 산헤드린을 소집한다는 전갈을 전 유럽에 여러 언어로 회람하여 파리에 집결하게 했다. 이 산헤드린은 나폴레옹이 유대인들에게 동등한 시민권을 부여하는 계기가 될지도 모른다는 소문과 함께 유대인들에게 큰 기대와 관심을 모았다.

부가 소집한 유대인 명사들의 모임에서는 유대인들의 동화 속도를 빠르게 하기 위해 일부러 유대인들의 율법이 프랑스 국법과 모순되는 부분들을 부각시키는 적대적 질문들을 퍼부었었다. 하지만 이번에 모인 유대인 명사들에게 던진 질문은 애국심에 대한 태도, 이방인들과의 통혼, 국가권력, 고리대금업 등과 같은 것이었다. 이 산헤드린의 결과로 두 개의 칙령이 내려졌으며, 유대교 신앙은 국가가 승인하는 방식으로 재조직되었다. 랍비 조직의 성원들은 프로테스탄트 목사들 및 가톨릭의 사제들curés과 비슷하게 국가 공무원이 되었고, 유대교 교의의 관리는 프로테스탄트 공동체들의 그것과 비슷한 일반 종교회의General Consistory에 위탁되었다. 그런데 이런 것들에 비해 훨씬 더 큰 분노를 유발했던 것이 세 번째의 이른바 '악명 높은 칙령décret infâme'이었다. 이 조치는 유대인들의 '갱생'을 막는 장애물들을 몰아내겠다는 목표를 표방했지만, 유대인들에 대한 차별적 조세의 관행만큼은 지속시키는 것을 내용으로 하고 있었던 것이다. 특히 '고리대금업'이 문제였다. 이 칙령은 유대인들에게 직종의 다변화를 촉구했을 뿐만 아니라, 기존의 신용 제도를 바꾸고, 유대인 대부업자들의 거래 허가증을 매년 도지사에게 갱신받는 것을 의무화했다. 뿐만 아니라 다른 집단들과 달리 유대인들만은 돈이나 다른 것을 대신 내고 징병을 피하는 일을 금지했고, 모두 주민등록을 해야 하며, 심지어 필요할 경우 개명까지 강제했다.

라인란트의 유대인들은 이 칙령들을 최선을 다해 준수함으로써 자신들의 애국심을 증명하려고 노력했다. 특히 고리대금업을 그만두도록 장려하는 칙령에 크게 호응했다. 1808년 8월 16일, 트리어의 시나고그에서 열렸던 나폴레옹 탄신일 기념식에서 카를 마르크스의 삼촌인 사무엘 마르크스는 유대인 청소년들에게 수공예 상업, 농업, 과학 등을 열심히 하라고 촉구했고, 자신의 아들도 정원사로 훈련시켰다. 새롭게 확립된 유대인들의 종교회의 또한 고리대를 확고하게 반대하는 방향으로 일사불란하게 움직였다. 1810년의 한 문서에 따르면, 사무엘은 '기회만 있으면 광신적 신앙이 우리 종교의 원칙들에 얼마나 반대되는 것인지를 힘주어 경고'했으며, 또 '이스라엘인'이 고리대금으로 '비이스라엘인에 대해 사기죄를 저지른' 것이 확인될 경우 종교 회의가 즉각 당국에 신고할 것이라고 말하고 있다.[19] 사무엘이 이 발언을 한 시기는 마르크스의 아버지가 변호사로 경력을 쌓기 시작한 것과 거의 동시였음에 틀림없다. 민정 당국의 새로운 요구에 따라서 하인리히Heinrich(원래 유대인 이름은 헤르셸Herschel이었다)는 다시 이름을 앙리Henri로 바꾸었다. 1814년 코블렌츠의 법학 학교의 3년짜리 변호사 자격증 취득을 위한 과정에 등록한 학생 기록부에서 그의 이름을 찾을 수 있다(같은 해에 그는 결혼을 했다). 하인리히는 유대교회의 조카딸 출생 기록부에 증인으로 이름을 쓰면서 이렇게 서명했다. '증인 H. 마르크스H. Marx avoué'.[20]

하지만 나폴레옹과 그의 새로운 제국은 종말을 맞고 있었다. 1812년 러시아 원정이 재앙이 되면서 나폴레옹 군대는 무려 57만 명을 잃었다. 러시아 군대가 서쪽으로 진격하자 나폴레옹의 **대육군**Grande Armée에 파견되어 있었던 프로이센 부대가 이탈하여 러시아 군대에 합류했다. 오스트리아 군대 또한 이 동맹군 연합에 참여하여 1813년 10월 라이프치히 전투에서 나폴레옹의 20만 군대는 오스트리아, 프로이센, 러시아, 스웨덴의 36만 5000명의 연합군에 패배했다. 나폴레옹 부대의 남은 군인들은 11월 마인츠에 들어온 후 티푸스로 다시 1만 8000명을 잃었다. 1814년 1월 말이 되면 라인강 둑 왼쪽 전체가 동맹군의 수중으로 들어간다.

2. 1815년: 라인란트가 프로이센이 되다

이제 라인란트 지역을 어떻게 할 것인가? 승리를 거둔 연합군에게 이는 논쟁거리였다. 프로이센은 승전의 전리품 배분에서 색소니의 큰 부분을 챙기기를 바랐다. 하지만 1790년대에 오스트리아 네덜란드가* 무너진 후, 영국인들은 프랑스가 또다시 군사적으로 팽창하는 것을 막을 서쪽의 '감시대'로 오스트리아 대신 프로이센(동쪽으로 치우쳐 있는 나라였음에도)이 나서야 한다는 입장을 강하게 보인다. 프로이센은 이러한 해법에 대해 가급적 오랫동안 저항했다. 이렇게 되면 길고 긴 독일의 서쪽 국경을 방위하는 과중한 책임을 떠맡아야 하기 때문이었다. 라인란트의 주민들 역시 똑같이 반응이 썰렁했다. 주민 대다수는 가톨릭이었기에 차라리 대대로 가톨릭 집안인 합스부르크 왕조가 지배하는 쪽을 선호했을 것이다. 이들은 프로이센인들을 '리투아니아인들'이라고 불렀으며, 그 지역의 부유한 재산가들은 '우리는 지금 가난뱅이 집안과 혼인을 맺게 생겼다'고 한탄했다.[21]

프로이센인들에게 가장 직접 닥쳤던 도전은 가톨릭이 아니라 라인강 지역의 법 때문에 닥친 위협이었다. 라인란트가 프로이센에 병합된다면 분명히 프로이센 법률이 이 지역의 법 체제를 대체하게 될 것이었다. 라인란트 지역은 프랑스혁명뿐만 아니라 20년간의 프랑스 통치의 결과로 법적·정치적 전제들에서 근본적인 변화를 겪은 상태였다. 하지만 프로이센의 법전인 **프로이센 보통법** Allgemeines Landrecht은 그 의도에는 계몽된 성격을 가지고 있었다고 해도 대부분 1789년 이전에 만들어져 있었기에 그 이후의 변화를 사실상 전혀 담아 내지 못하고 있었다. 반면 라인란트에서는 프랑스에서와 마찬가지로 봉건영주의 권리는 사적 소유의 주권으로 대체되어 있었고, 공유지의 권리는 사유화되어 있었으며, 길드는 해체되어 있었고, 행정은 간소화되어 있었으며, 교회 소유의 토지는 경매로 매각된 상태였다.

당시 라인란트에서 시행되던 새로운 법 체제는 이러한 모든 정치적·사회적 변화를 전제로 삼고 있었을 뿐만 아니라 지역 주민들의 강력한 지지까지

✤ 오스트리아의 합스부르크 왕조는 1714년 지금의 벨기에 지역 일부와 룩셈부르크 대부분을 영토로 얻어 다스렸지만, 1797년 이에 대한 지배력을 공식적으로 빼앗기게 된다.

얻고 있었다. 이러한 새로운 법적 제도들은 나폴레옹 법전에 기초한 것으로, 이 법전은 만인의 법 앞에서의 평등을 전제 조건으로 삼고 있었다. 게다가 여러 사건이 이상하게 꼬이면서 이 법 체제는 더욱 자유주의적 방향으로 나아갔다. 나폴레옹 치하에서는 일반적인 사건들에서만 배심원 제도가 허락되었다. 프랑스 국가의 입장에서 특별한 관심을 두는 범죄들은 특별 법정에서 따로 재판이 벌어졌고, 이 법정은 판사들과 프랑스군 장교들이 독자적으로 판결을 내렸다. 그런데 1814년 연합군이 이곳을 침공하자 이 특별 법정에서 일하던 판사들이 도망가 버렸고 결국 배심원 없는 법정은 폐쇄되었다. 그 결과 라인란트의 사법 체제는 이제 자유주의적 실천의 모범이 되었고, 그 안에 체현되어 있는 원칙들(배심원 재판, 공청회, 사법부와 행정부의 분리, 체벌의 불법화 등)은 1848년까지 계속 남아 독일 전역에서 사법 개혁의 모델이 되었다.

1815년까지만 해도 프로이센이 새로 그 소유가 된 라인란트 지방에 어떤 정책을 펼칠지는 아직 방향이 분명치 않았다. 왜냐하면 프로이센 또한 프랑스 혁명과 나폴레옹전쟁을 거치면서 변화하지 않을 수 없었기 때문이다. 1806년 예나Jena와 아우어슈테트Auerstedt의 전투에서 프로이센은 나폴레옹에게 지독한 수치를 당한 바 있었다. 프로이센의 구 정치질서('농촌의 지배계급에다가 제복만 입힌' 정치질서)는 이것으로 종식되었다.[22] 이러한 낭패에 대한 대응으로 프로이센 행정부 내 급진파들은 일련의 근본적 개혁 조치를 도입했다. 군대에는 징병제 그리고 공훈에 의한 공평한 승진 제도가 도입되었고, 내각 체제가 마련되었으며, 영주의 농노에 대한 생사 여탈권servile tenure이 폐지되었고, 길드에 따르는 여러 제약이 철폐되었으며, 도시의 자치가 확립되었다. 이러한 조치들과 함께 또한 보편적 초등교육이 도입되었고 베를린에는 새로운 대학이 설립되었다.

유대인 해방에서도 중요한 변화가 있었다. 개혁적 재상 카를 폰 하르덴베르크Karl von Hardenberg의 노력으로 나온 1812년의 '유대인의 시민으로서의 상태에 대한 칙령'으로 이전에 유대인들에게 설정되어 있었던 별개의 법적 관할권은 사라지게 되었고, 유대인들도 프로이센 국가의 일반 '시민'으로 전환되었다. 물론 이 칙령은 1791년의 프랑스 법만큼 나가지는 못했다. 그리고 유대인들의 지위를 바꾸어 주었으니 그 반대급부로 그들의 행태가 변화할 것이라는 강한 기대도 담겨 있었다. 게다가 유대인들이 정부 공직에 나갈 자격이 있는지의 문제도 결정되지 않은 상태였다. 하지만 그렇다고 해도 유대인 조직들은 이 칙령을 일단 첫 발자국을 뗀 것으로 보아 열렬히 환영했다.

이러한 변화는 프로이센이 옛날의 봉건적 절대왕정의 정치적 전제들과 단절하는 중요한 역할을 수행했다. 게다가 1813년 나폴레옹전쟁이 새롭게 시작되면서 변화는 이제 선택의 문제를 벗어나게 되었다. 그다음 라이프치히전투까지 이어지는 몇 개월 동안 프로이센은 군대의 동원에 몰두했고, 당시 많은 이는 이것이 '독일'의 진정한 탄생을 의미하는 것이라고 보았다.[23)] 치욕적인 패배를 당했던 1806년에는 나폴레옹과 그의 군대가 환호를 받으며 베를린 시가지를 행진했지만, 그 속에서 이미 아주 특별한 변화가 생겨나고 있었다. 프랑스에 대한 **국민적** 저항의 불꽃이 처음으로 나타났던 것이다. 물론 이는 아직 학생들과 지식인들의 작은 집단에 국한된 것이었다. 이들은 무수한 공국들과 귀족 및 왕족 소유지들로 갈래갈래 찢어진 상황을 넘어 그것들을 모두 아우르는 단일의 언어 문화 공동체라는 의미의 '국민'이라는 것을 옹호했다. 이후 나폴레옹의 대육군이 보여 준 무자비하고 착취적인 태도로 인해 사람들의 감정은 점령군에 대한 증오로 돌아서게 되었고, 그 결과 이러한 독일 '국민'을 수호하자는 운동에 갈수록 더 많은 이가 합류하게 되었다. 많은 선전 문건들이 독서 집단, 독일의 김나지움 협회, 비밀결사 들을 통해 교육받은 계급들 사이에서 유통되었고, 갈수록 그 유통의 범위도 넓어졌다. 특히 학생, 기능공, 일용직 노동자 들을 포함한 도시의 젊은 이들이 열렬하게 반응했다.

1813년, 보수적인 프로이센의 절대왕정 또한 대규모 징병을 행해야 했고 결국 프랑스혁명 국가의 예를 따를 수밖에 없었다. 모든 징병 대상 남성들은 신분에 무관하게 또 유대인까지 포함하여 소집되었다. 그리고 시민사회 전반에 걸쳐 여성들을 포함한 다양한 자원자 집단들이 지원 활동에 종사했다. 잠깐 동안이나마 프로이센 국가의 명분과 막 발생 초기 상태에 들어선 '독일'이라는 명분이 하나로 합쳐진 것이다. 그때 이후로 이 1813년은 왕과 인민들이 함께 일어섰던 애국적 통일의 순간이라고 미화되어 끊임없이 회자되고 회고되었다. 이는 1848년까지의 몇십 년간 사람들의 마음속에서 프로이센 왕실에 대한 충성심이 우러나오게 하는, 마르지 않는 저수지가 되었다.

1815년 6월 18일, 워털루에서 대부분 영국과 프로이센 군대로 이루어진 군대가 나폴레옹을 확실하게 패배시켰다. 이는 1813년의 애국적 동원과 프로이센의 '개혁 시대'가 사람들의 마음속에 심어 놓은 희망을 절정으로 올려놓았다. 워털루 전투가 벌어지기 채 한 달도 되기 전인 5월 22일, 프로이센 왕이 칙령으로 국민들의 대표로 구성되는 의회를 소집하겠다고 약속한 바 있었기 때문이다. 또한 라인란트의 미래에 대해서도 낙관적인 전망을 가질 법했다. 라인란트 지방 정부는 개혁 진영의 저명한 인사들, 특히 요한 자크Johann Sack, 유스투스 폰 그루너Justus von Gruner, 크리스토프 폰 세테Christoph von Sethe 등에게 맡겨졌다. 이들은 모두 옛날 귀족제에 반대하고 라인란트에 자유주의적 사법 체제를 도입하자는 입장이었다. 잠시 동안이지만 혁명 이후의 라인란트는 좀 더 새롭게 진보한 프로이센과 서로 잘 어울릴 것처럼 보였다.

하지만 이러한 희망은 곧 깨어졌다. 대의제로 구성되는 의회 소집의 약속은 지켜지지 않았다. 메테르니히가 세워 놓은 독일연방은 나폴레옹전쟁 이전에 있었던 38개 나라들(주로 군주들이 다스리는)의 복합체에 불과했으며, 새로운 형태의 통일국가로서 독일이라는 전망에 대한 열망에 찬물을 끼얹는 것이었다. 낭만주의적 민족주의 활동가들은 실망과 혼란에 빠졌다. 이들은 이제 '전국 학우회Burschenschaft'라는 새로운 형태의 학생 연합을 조직하여 새로운 형태의 정치 집회로 자신들의 실망과 혼란을 표출했다. 그중 하나가 루터의 종교개혁 300

주년을 기념하는 1817년의 바르트부르크 축제Wartburg Festival였다. 이 축제의 참가자들은 자신들이 혐오하는 다양한 물건들의 화형식을 거행했는데, 그중에는 낭만주의적 민족주의의 이상을 조롱했던 극작가 아우구스트 폰 코체부에August von Kotzebue의 저작들도 있었다. 그로부터 1년 후, 예나 출신의 급진적 민족주의자 학생이었던 카를 산트Karl Sand는 낭만주의자 체육인이었던✤ 프리드리히 얀Friedrich Jahn이 디자인한 '고대 독일인 의상'을 입고 코체부에의 집으로 찾아가 그를 암살했다. 당시 프로이센 왕이었던 프리드리히 빌헬름 3세는 이미 메테르니히의 말을 듣고 자코뱅주의와 민족주의를 퍼뜨리는 '선동꾼들'이 위험한 존재라고 확신하고 있었거니와, 이 사건은 가뜩이나 신경이 곤두서 있었던 그를 더욱 겁에 질리게 만들었다. 그리하여 1819년 독일연방은 메테르니히의 촉구에 따라 학생 단체들을 억누르고 언론 결사의 자유를 강력히 단속하는 칼스바트 칙령Carlsbad Decrees을 발표한다.

베를린의 프리드리히 빌헬름 3세의 왕정에서는 이미 보수주의자들이 우위를 점하기 시작했고, 황제의 여동생은 이후 니콜라스 1세가 되는 러시아 황태자와 결혼하게 되며, 이 때문에 프로이센 황제는 더욱더 반동적인 방향으로 나아가게 된다. 프로이센 개혁가들이 폈던 정책들과 반대로 황제는 종교의 중요성을 새롭게 강조하기 시작한다. 1816년의 한 제안서memorandum에 따르면, '외부로부터 위협이 닥쳐오는 순간에' 어떤 민족을 통일되고 단호한 행동을 취할 수 있는 하나의 '전원일치의 전체'로 변환시키려면 강력한 유대의 끈이 필요하며, 그런 힘을 발휘할 수 있는 끈은 오로지 종교뿐이라고 한다. 이는 또한 유대인들에 대한 정책의 변화를 뜻하는 것이었다. 유대인들에게 기독교로의 개종을 용이하게 하는 여러 조치가 취해졌지만, 그와 똑같은 논리로 유대인들이 계속 유대

✤ 당시의 낭만주의 운동은 몸을 건강하게 만든다는 고대적 이상에 따라 체육 활동과 밀접하게 결합되어 있었다.

인으로 남아 있는 경우에는 국가의 공직에서 엄격히 배제당하게 되었다.

하인리히 마르크스는 유대인 법조인이었으니, 이러한 싸움의 한복판에서 새우 등이 터지는 신세가 되고 말았다. 1815년 6월 13일, 하인리히는 프로이센에서 새로 부임한 총독인 요한 자크에게 서신을 보내 그의 새로운 정부가 1808년 3월 17일 나폴레옹이 선포했던 반유대인 칙령을 철폐해 줄 것을 요청했다. 그는 자신의 신앙 동료들Glaubensgenossen인 유대인들을 언급하면서, 비록 그들 중 일부는 고리대금업의 죄가 있지만 그 해결책은 유대인의 불평등을 법제화하는 현행법이 아니라 고리대금업 전체를 명확히 금지하는 법이라고 주장한다. 그는 계속해서 그러한 차별이 유대인들의 타락을 막는 치료책으로 고안된 것이라는 주장에 대해서도 반론을 가한다. 그는 '우리가 예전에도 지금도 여전히 인간이라는 사실에 대해 전능하신 신께 영원한 감사를' 드린다. 그리고 "그토록 오랜 기간에 걸친 억압 속에서도 완전히 타락하지 않은 사람이 있다면, 이는 틀림없이 고상한 인간성을 가지고 있다는 증표입니다. 그의 가슴속에는 결코 죽지 않는 미덕의 씨앗이 깃들어 있으며, 신성의 불꽃이 당겨지기만 하면 그의 영성 또한 깨어날 것입니다"라고 말한다. 그는 또한 '기독교의 온화한 정신'(비록 '광신이라는 귀신'에 씌어 흐려질 때가 많지만)에 호소하고 있으며, 복음서의 도덕률(비록 성직자들의 무식으로 더럽혀지기도 하지만)에 호소하고 있으며, '현명한 입법자가 되고자 하는 황제 폐하의 의지'에 호소하고 있다.[24]

하인리히가 특히 걱정했던 것은 자신이 변호사 일을 계속할 수 있을지였다. 1816년 4월 23일, 라인란트의 지방 법원장 크리스토프 폰 세테는 베를린의 프로이센 정부에 보내는 보고서에서 법률가 직업을 가진 유대인들의 숫자에 대해 보고하는 가운데, 비록 1812년 칙령이 유대인들의 변호사 개업을 금지하고 있지만 현재 변호사 업무를 하고 있는 세 사람의 유대인들(그중 하나가 하인리히 마르크스였다)은 계속해서 법률가 일을 할 수 있도록 예외적인 권리가 주어져야 한다고 주장했다. 이들은 성실과 선의를 가지고 이 직업을 선택한 이들인 데다 프로이센 황제는 정부가 바뀐다 해도, 어떤 공직자도 그 직책과 지위에서 쫓겨나는 일이 없을 것이라고 보장한 바 있다는 것이다. 하지만 베를린의 보수적인 법무부 장관 키르히아이젠Kircheisen은 어떤 예외도 두어서는 안 된다고 생각했으며, 내무부 장관인 폰 슈크만von Schuckmann도 마찬가지로 생각했다.[25)]

이렇게 개혁파들이 수세에 몰리고 가장자리로 밀려나게 되자(자크는 그 직후 포메라니아로 전출된다), 라인란트 지방 정부도 거의 도움이 되지 못했다. 하인리히는 '직접 사법 위원회Immediat-Justiz-Kommission'에 라인란트의 상업 재판소 제도에 대한 보고서를 제출한 적이 있었다. '위원회'가 하인리히에게 그 보고서를 출간하자고 제안했을 때 그는 이에 동의했지만 자신의 이름과 사는 곳은 숨겨 달라는 조건을 달았다. 그는 자신이 트리어에 거주한다는 것이 알려질 경우 어떤 결과가 나타날지를 두려워했다. 그의 설명을 들어 보자.

> 불행하게도 저를 둘러싼 여러 관계란 한 가족의 아버지로서는 상당히 조심스러울 수밖에 없는 그런 것들입니다. 제가 태생적으로 묶여 있는 종교는 그다지 좋은 평가를 받고 있지 못하며, 제가 살고 있는 지방은 이 문제에서 그다지 관용적인 곳이 결코 못 됩니다. 그래서 제가 꾹 참고 감수해야 할 일들이 아주 많고 그중 어떤 것들은 아주 쓰라린 것들도 있으며, 어떤 경우에는 저의 얼마 되지 않는 재산마저 거의 전부 잃게 되는 위험까지 감수해야 할 수도 있습니다. 정직성과 재능을 모두 갖춘 유대인도 있다는 것이 널리 인정되는 그날이 언젠가 올지 모르겠습니다만, 그때까지는 제가 남 앞에 드러나는 것을 좀 두려워한다고 해도 어쩔 수 없다는 것을 이해해 주시리라 믿습니다.[26)]

이렇게 하여 결국 하인리히는 1816~1819년 사이의 어느 시점에서 프로이센 교회의 교인으로 세례를 받게 된다. 그의 세례 기록이 남아 있지는 않다. 하지만 그러한 사실 자체를 의심할 이유는 없다. 이미 오래전에 카를 마르크스의 친구인 빌헬름 리프크네히트Wilhelm Liebknecht와 카를의 막내딸 엘리노어가 모두 그렇게 말한 바 있기 때문이다. 프로이센 정부의 조치로 인해 당시 하인리히 마르크스로서는 계속 변호사로 일하려면 다른 선택의 여지가 없었다는 것이다.[27)]

하인리히의 직업상 기독교로의 개종이 필수적이었다는 것은 분명하지만, 이러한 선택이 자신의 확신을 어겨 가며 울며 겨자 먹기로 한 일은 아니었을 수 있다. 앞의 인용문에 나타난 대로 '기독교의 온화한 정신'과 '복음의 순수한 도덕성' 등의 표현을 보면 그가 유대인 공동체의 일원이었을 때부터 기독교에 대해 큰 존경심을 가지고 있었다는 것을 알 수 있다. 그가 더 일찍 기독교로 개종하지 못했던 것은 어쩌면 자기 부모님의 감정을 고려했기 때문일 수도 있다. 먼 훗날 하인리히는 열아홉 살 먹은 카를에게 보낸 편지에서 부모의 뜻을 존중할 줄 알아야 한다고 꾸짖으며 자신의 경험을 이야기한다. "부모님의 마음을 상하게 하지 않으려고 내가 얼마나 오랫동안 몸부림치고 고통을 받았는지 아느냐."[28)] 어쩌면 이것이 바로 그 기독교 개종의 문제였을 수도 있다. 카를의 처남이었던 에드가 폰 베스트팔렌Edgar von Westphallen은 40년 후 과거를 회상하면서 하인리히야말로 레싱Lessing✤ 타입의 프로테스탄트였으며, 혹은 신앙과 이성이라는 두 가지를 그보다 더 상위에 있는 도덕률로 통일시키는 이마누엘 칸트Immanuel Kant 식의 프로테스탄트였다고 말한 바 있다.[29)] 이렇게 가정한다면 하인리히가 아들인 카를에게 1835년에 보낸 또 다른 편지의 어조도 충분히 이해가 간다. "온 정성으로 도덕을 지켜 내는 것이야말로 신에 대한 순수한 신앙이다. 너도 알겠지만 나는 결코 광신적인 사람이 아니다. 하지만 내가 말한 신앙은 인간이라면 누구나 조만간 마주치게 되는 현실적인 '요구'이며, 심지어 무신론자라고 해도 인생의

✤ 레싱Gotthold Ephraim Lessing은 18세기 말 독일어로 글을 쓴 철학자이자 극작가로, 독일어 사용권에 계몽주의 사상과 운동을 확산시키는 데 지대한 영향을 끼쳤다.

어떤 순간들에서는 저 전능하신 이를 '자기 뜻과 무관하게' 경배하지 않을 수 없게 되는 법이다. … 뉴튼, 로크, 라이프니츠가 믿었던 존재라면 누구든 … 항복할 수밖에 없는 것이니까."[30)]

1820년대에 걸쳐 하인리히는 사업의 성공을 보았던 것 같다. 1818년 트리어 상소 법원에 임명된 직후인 1821년 그는 고리대금업에 대해 또 다른 보고서를 작성했고 행정 감찰관public advocate✤으로 임명된다. 그는 다른 법률가들로부터도 존경을 받았던 것이 분명하다. 그는 동료 판관으로부터 1819년 포르타 니그라 근처의 멋진 저택을 사들였으며, 아이들이 세례를 받을 때는 주로 트리어의 변호사들이 대부가 되어 주었다. 에드가 폰 베스트팔렌은 하인리히가 라인란트의 가장 뛰어난 변호사이며 가장 지체 높은 이의 하나라고 말한 바 있다. 또 하인리히는 그 지역의 유대인 공동체와도 일정하게 관계를 계속 유지했다. 마르크스 가족은 유대인 종교회의의 지도적 성원이었던 리온 베른카스텔 박사Dr. Lion Bernkastel와 메르테스도르프Mertesdorf에 있는 포도밭의 소유권을 계속 공유했고, 1830년대가 되어서도 의학적 문제에서는 계속 그의 도움에 의지했다.[31)] 마르크스 가족은 또한 랍비 사무엘 마르크스의 미망인과도 계속 친밀한 관계를 유지했다.[32)]

트리어나 주변 지역에서 1820년대는 경제적으로 어려운 시기였다. 프랑스의 통치를 받고 있을 당시에는 이 지역의 모젤 와인이 프랑스 시장에 접근하기가 쉬웠지만, 이 지역이 프로이센으로 병합된 직후 몇 년 동안은 깊은 경제 위기가 오랫동안 지속되었다. 그러다가 이 지역의 포도 재배자들은 1818년 프로이센 정부가 내린 관세 조치를 놓고 이것이 이 지역의 포도주 산업에 독점적 위치를 보장하는 것이라고 잘못 해석했다. 그리하여 프로이센의 대규모 시장을 염

✤ 행정 조직이 법을 어기거나 시민의 권리를 침해하는 일이 없도록 공공의 이익을 옹호하는 역할을 하는 법률관.

두에 두고 포도 재배 면적을 크게 늘렸을 뿐만 아니라 와인에다가 물을 타서 품질도 떨어뜨렸다. 그 결과 1820년대 중반이 되면 포도주의 과잉생산으로 인해 가격이 크게 떨어진다. 여기에다 또 바바리아 및 뷔르템베르크와 상업 조약이 맺어져 모젤 와인 대신 남독일의 팔츠Pfalz 및 라인가우Rheingau 와인이 밀려들어오게 되자 큰 재앙을 맞게 되었다. 1830년대와 1840년대에 걸쳐 포도 재배자들의 경제 위기가 계속되어 그들의 빈곤과 비참함은 당시 국제적으로 악명 높았던 실레지아 직공들✣의 경우에 맞먹을 정도였다.[33]

이 지역의 경제를 떠받치던 다른 하나의 기둥은 숲이었다. 19세기 전반기에 걸쳐 목재에 대한 수요가 증가했다. 특히 라인강 서쪽 아이펠 지역의 괴철용광로와 포도주 술통 제작이 목재의 중요한 수요처였다. 고지대의 가난한 농부들은 숲의 땅바닥에서 모은 목재를 판매하여 이익을 볼 수 있었다. 하지만 나폴레옹 통치 기간 동안 토지의 사적 소유권이 공고화되었고, 1820년대와 1830년대에 주 정부 소유 공유지의 정비 과정이 벌어지는 가운데 그러한 사적 소유권은 또다시 인정되었다. 그 결과 농부들은 숲 바닥의 죽은 나무를 모을 권리를 잃게 되었고, 이에 가난한 농부들은 생계의 위협을 겪게 된다. 촌락민들은 주로 여자와 아이들이 수행했던 '목재 절도'의 형태로 저항을 벌였다. 하지만 법정의 배심원들은 토지 소유 계급인지라 이 목재를 훔친 여자들 및 아이들에게도 유죄 판결을 내리는 경우가 계속 늘어만 갔고, 이는 카를 마르크스가 1842년 『라인신문Rheinische Zeitung』에 기고했던 한 글에서 자세히 다루는 주제가 되기도 한다. 하지만 이 문제는 마르크스가 생각했던 것처럼 사적 토지 소유자와 생계형 농부 사이의 싸움이었다기보다는 가난한 이들이 목재 시장에 참여하고자 했던 투쟁

✣ 실레지아 지방의 방직공장에서 일하던 노동자들은 저임금과 장시간 노동, 간헐적 실업으로 극도의 곤궁에 몰렸고 이에 1844년 여름 노동자들과 그 가족들이 모두 들고일어나 공장주의 집과 공장을 습격하여 기계를 파괴하는 등의 폭력적인 봉기를 일으킨다. 이 사건은 당시의 젊은 마르크스에게 산업혁명과 프롤레타리아의 의미 등을 생각하게 하는 중요한 계기가 되었고, 또 당대의 혁명 시인 하인리히 하이네의 유명한 시로 작품화되기도 했다. 훗날 케테 콜비츠의 판화로도 그려진다.

이었다.[34]

1820년대에 걸쳐 라인란트 지역에 대한 프로이센의 통치는 불신을 받았지만, 전체적으로 그러한 목소리가 터져 나오지는 않았다. 프랑스 통치 시절 이전의 라인란트로 돌아가자는 향수 따위는 존재하지 않았다. 베를린의 프로이센 정부는 라인란트 지역의 경제적 이해를 거의 고려하는 바가 없었다. 프로이센이 시행했던 자유무역 정책들은 주로 엘베강 동쪽의 프로이센 중심 지대의 곡물 수출업에 이익을 주기 위해 고안된 것이었다. 하지만 나폴레옹과 마찬가지로 프로이센 정부 또한 지역 문화를 장려하는 입장을 취하고자 노력했다. 이들은 약탈당했던 이 지역의 보물들을 되돌려 주었고, 1818년에는 본 대학을 회복했으며(하지만 트리어 대학은 아니었다), 쾰른 성당 완공 프로젝트를 지원함으로써 당시 점증하고 있었던 낭만주의의 중세 숭배에 올라타기도 했다. 하지만 이 지역(특히 트리어)에 대한 이들의 주된 관심은 군사적 전략적인 것이었다. 트리어는 프랑스 국경과 불과 몇 마일 떨어져 있는 수비대 주둔 도시였으며, 언제든 다시 프랑스가 쳐들어온다면 제1의 방어선이 될 수밖에 없는 곳이었기 때문이다.[35]

애초에 하르덴베르크와 여타 개혁적 각료들의 촉구로 프로이센 황제는 대의제 의회를 소집하겠다는 약속을 한 바 있었지만, 1820년대가 되면 보수주의자들은 이를 전통적 신분 사회의 방식에 따라 조직된 지방 의회를 주기적으로 개최하는 것 정도로 변질시켰으며, 재정 예산의 권한도 부여하지 않았다.[36] 라인 지방의 법률 하에서는 귀족의 특권이 여전히 불법화된 상태였으므로 1826년 라인란트 의회가 처음으로 소집되었을 때 귀족 의회를 새로 지명하려는 시도✤는 전

✤ 신분제 의회는 중세 유럽에 기원을 두고 있는 제도이며, 이는 프랑크왕국이 다스렸던 지역과 그렇지 않은 지역에서 약간의 차이를 두고 구성되었다. 전자의 경우 이는 주로 군주가 행정과 조세와 전쟁 등의 주요한 국사를 두고 군사적 귀족, 성직 계급, 일반 평민들 세 집단의 견해를 청취하고 그들의 애로 사항을 듣는 기능이 주였다. 따라서 각각의 신분은 따로따로 모임을 갖는 것이 보통이었다. 프랑스의 삼부회가 그 한 예이다. 반면 후자의 경우 지배계급의 신분과 피지배계급의 신분이 따로 보이는 2부제가 많았다. 영국의 상원과 하원이 그 예이다.

반적인 조롱의 대상이 되었다. 라인 지방의 명사들은 모두 세계관이나 생활 방식이나 철저하게 부르주아적 모습을 유지하고 있었기 때문이다. 이렇게 부적절한 형식의 지방 의회였지만, 그래도 지역의 지도자들은 이를 현지의 프로이센 관료 기구에 대한 자신들의 불만을 표출하는 도구로 전환시킬 수 있었다.[37]

3. 1830년과 그 이후

1830년대에 벌어진 여러 사건에 대한 대응으로 라인 지역의 자유주의자들의 요구 사항 또한 훨씬 더 명확한 형태를 얻게 되었다. 1830년 파리에서의 7월 혁명으로 루이 16세의 동생이었던 부르봉 군주 샤를 10세 체제가 무너졌고, 앙시앙 레짐의 구조를 복구하려는 야욕은 완전히 좌절되었다. 1개월 후 벨기에에서는 네덜란드에 맞선 국민 봉기가 시작되어 성공을 거두었고, 그해 11월에서 1831년 여름까지 폴란드인들은 러시아 지배의 전복을 시도했다. 독일의 자유주의자들과 급진파들 사이에서도 흥분의 분위기가 전반적이었다. 시인 하인리히 하이네는 당시 멀리 떨어진 헬리골랜드Heligoland에서 휴가를 보내고 있었는데, 샤를 10세가 몰락했다는 소식이 전해지자 벌어진 일을 이렇게 전하고 있다. "어제 우리는 배를 타고 강 한가운데 모래톱에 나가서 멱을 감았다. 그런데 어제 그 배를 몰고 함께 갔던 어부가 오늘은 나타나서 내게 웃으며 이렇게 말했다. '가난한 사람들이 승리했습니다!'"[38] 브란덴부르크-프로이센에서는 큰 소요가 없었다. 하지만 라인란트에서는 가장 중요한 두 이웃 나라인 프랑스와 벨기에가 이제 자유주의적 입헌군주제가 되었다는 사실을 놓고 열광적인 환영이 있었다. 물론 정치적으로는 프로이센 주둔군의 위협적 존재로 인해 아헨과 쾰른에서 몇 번의 폭동과 소요 사태가 벌어진 것 이외에는 기존 헌법에 대한 공공연한 도전이 나타날 수는 없었다.[39] 하지만 1832년 5월 라인란트의 바바리아에 있는 함바흐

Hambach에서는 시민, 기능공, 학생 들로 구성된 의회에 수천 명의 그 지역 농민 시위대가 합쳐져서 인민주권에 기초한 단일의 독일 국민국가를 요구했다. 예상할 수 있는 일이지만, 독일연방은 이에 대해 검열을 강화하고 모든 형태의 결사의 자유 및 회합의 자유를 금지하는 일련의 법률들을 내놓는다.

트리어 시민들 또한 이렇게까지 가시적인 것은 아니었지만, 당국의 주의를 끌기에는 충분한 정도의 움직임을 보였다. 이미 그전부터 프로이센 당국은 이 도시의 부르주아 사회Bürgertum의 주요한 사교 클럽이었던 '카지노 클럽Casino Club'의 여러 활동에 대해 감시의 눈길을 번뜩이고 있었다. 이 클럽은 이미 몇 번에 걸쳐서 프로이센 왕의 건강에 건배하는 절차를 보란 듯이 생략한 바 있었다. 또 이 클럽의 성원들은 프로이센 주둔군과 갈등을 빚어서 주둔군 장교들이 집단으로 이 클럽에서 탈퇴하는 일도 있었으며, 이 때문에 당국의 관심은 더욱 높아졌다. 그리고 1834년 1월 13일 이 클럽 출신으로 **주 의회**Landtag에 갔다가 돌아온 네 명의 트리어 대표자들을 환영하기 위해 160명의 하객을 모아 연회를 베풀었을 때 그러한 당국의 불안은 더욱 커졌다.

환영 연설을 맡은 이는 하인리히 마르크스였다. 우선 시작은 이랬다. "이 자리에 모인 우리 모두는 똑같은 마음으로 하나가 되어 있습니다. 이 도시의 명예로운 시민들 모두는 지금 이 순간 자신들의 대표들에 대한 감사의 감정으로 꽉 차 있습니다. 이 대표들을 보면서 우리 시민들은 우리가 지금까지 말로, 또 행동으로 용감하게 희생을 치러 가며 싸운 것이 진리와 정의를 위해서였다는 확신을 얻고 있습니다." 그다음으로 그는 '인민의 의사를 대표하는' 제도를 마련해 주신 "자애로운 우리의 폐하께 가장 깊은 감사와 축복을 드린다"고 말하고 있다. 폐하께서는 '그분의 옥좌 발밑에 진리가 미칠 수 있도록 하기 위해' '스스로의 자유의지로' 여러 신분의 소집을 조직했다는 것이었다. 그다음에는 이렇게 말한다. "진리가 우리를 이끌 곳이 그분 옥좌의 발밑이 아니라면 어디겠습니까?" 결론은 이러했다. "정의가 옥좌에 앉을 때 진리 또한 모습을 드러내게 되어 있습니다."[40] 황제의 덕을 기리는 연설로 보자면 이는 상당히 교활하게 꾸며진 장난임이 분명했다. 그는 황제에 앞서 그 도시의 대표자들에게 감사를 보냈고, 여러 신분의 소집보다는 '인민의 의사를 대표하는 것'을 처음으로 확립한 의의를 강조했으며, 지방 의회를 정의와 진리의 성취와 연결시켰던 것이다.

당국 또한 이 행사를 하나의 모욕적인 행위로 여겼다. 법부무 장관은 트리어 시민들이 사적으로 조직한 점심 식사 사교 모임을 지목하여 비판했다. 이 모임은 '무지할 뿐만 아니라 허가받지 않은 방식으로, 폐하의 안전에서 열리는 의회의 진행을 비판할 뿐만 아니라 계몽의 명분을 앞세워 주제넘은 언행을 일삼고 있다'는 것이다. 그는 특히 다음과 같은 점에서 충격을 받았다고 말하고 있다.

> 지방 의회에 파견된 대표자들의 대다수는 독일 내에서 자기들 제각각 신분의 대표자로 파견된 것으로 행동하는 게 아니라, 인민 전체의 대표자인 것처럼 행동한다. 그래서 마치 영국에서나 볼 수 있는 것처럼 이들은 공공 여론에 의해 인민 전체를 대표하는 방향으로 나아가도록 고무되고 있다. 선술집✤에 있을 때면 저마다 연설을 한 번씩 주거니 받거니 하고 있으며, 그러면 이를 보고 있는 구경꾼들은 마치 그들이 지방의회를 위협하는 여러 재앙과 싸워 물리치고 예방하는 호민관이라도 되는 것처럼 갈채를 보낸다.[41]

하지만 1830년 혁명의 여파로 라인란트 신민들이 어떤 반응을 보일지에 신경을 곤두세우던 정부로서는 더 좋지 않은 일을 보게 된다. 앞의 일로부터 2주도 채 되지 않은 1834년 1월 25일, 카지노 클럽 설립 기념일을 맞아 축하 만찬이 열렸다. 대부분 하객이 떠난 뒤에도 여전히 많은 참가자가 남아 테이블 하나

✤ 영국의 술집Pub이나 여관inn은 사람들이 모여 정치 토론을 하는 장소로 사용되었다.

에 모여 앉았다. 여기에서 여러 사람이 연설도 하고 또 함께 노래도 불렀다. 정치적 내용이 없는 노래를 부를 때는 대충 가사를 웅얼거리며 따라 부르던 이들이 갑자기 「마르세유」✤가 나오자 열성적으로 목청을 돋우기 시작했고 곧이어 「파리 사람Parisienne」✤✤을 거쳐 혁명가 메들리로 이어졌다는 것이다. 그중 한 사람은 갑자기 프랑스 국기인 삼색기 색깔이 들어 있는 비단 손수건을 꺼내 의자 위로 올라가 휘둘러 댔고, 의자에서 내려온 뒤에는 비틀거리며 뒷걸음질 치면서 다른 이들에게 그 수건에 입을 맞추고 끌어안고 심지어 그 앞에 무릎까지 꿇도록 요구했다. 그 자리에 있었던 변호사 한 사람은 이렇게 외쳤다. "프랑스 7월 혁명을 우리가 겪지 않았더라면 우리는 지금 가축처럼 풀이나 뜯어먹고 있어야 했을 것이오!" 다시 한 번 그 자리에는 하인리히 마르크스도 있었다. 비록 좌중이 '마르세유'를 마지막으로 다시 부르기 전에 그 자리를 떠나기는 했지만.[42]

프로이센 정부는 트리어 주둔군으로부터 이 사건에 대한 보고서를 받고 충격에 빠졌다. 반면 트리어 시장은 이는 그저 사람들이 술을 너무 많이 마신 탓에 벌어진 해프닝이니 심각하게 볼 일이 아니라고 얼버무리려고 했다. 공중 여론 또한 이 자리에서 벌어진 일들에 대해서도 비판적이었지만, 이 사건을 놓고 프로이센 군대가 이렇게 법석을 떠는 것을 훨씬 더 싫어했다. 하지만 이에 아랑곳하지 않고 정부는 그 자리에 있었던 변호사 한 사람인 브릭시우스Brixius를 반역죄로 기소하기에 이른다. 하지만 피고인은 트리어에서 무죄로 풀려났고, 쾰른의 항소 법원에서도 무죄 판결을 받았다. 이 사건은 라인란트의 사법 체제가 절대주의를 벗어난 것이 얼마나 큰 중요성과 가치를 갖는지를 웅변적으로 입증하는 것이었다.

프로이센의 지배자들이 라인란트의 분위기에 대해 불안감을 가지고

✤ 프랑스혁명 당시의 유명한 혁명가로, 이후 프랑스 국가가 된다.

✤✤ 「파리 사람」은 1830년 7월 혁명 당시에 가장 유행했던 혁명가로 1830년에서 1848년까지의 루이 필리프 체제에서 국가로 사용되기도 했다.

있었던 것을 보여 주는 사례가 또 있었다. 카를 마르크스가 1830~1835년 사이에 다녔던 트리어 김나지움에는 교장이었던 요한 휴고 비텐바흐Johann Hugo Wyttenbach와 나란히 자타가 공인하는 보수주의자 비투스 뢰르스Vitus Loers가 공동 책임자로 임명되어 이 학교를 정치적으로 감시하는 임무를 위임받았다. 비텐바흐는 학교의 책임자였을 뿐만 아니라 역사 교사이기도 했다. 그는 교양이 깊은 진보적 인사로, 프랑스혁명 초기 바스티유 감옥이 습격당한 사건을 두고 자유의 여명이 밝아 오는 것이라고 기뻐하기도 했으며, 종교적 신앙에서도 칸트로부터 깊은 영향을 받고 있었다. 하인리히는 아들 카를이 김나지움을 졸업할 때쯤 비텐바흐 선생님에게 감사의 마음을 담은 시라도 써서 보내라고 권하고 있다. "나는 선생님께 네가 얼마나 그를 흠모하는지를 말씀드렸단다." 반면 그는 뢰르스의 초대로 갔던 점심 식사 자리에 대해서도 말하고 있다. 뢰르스는 "네가 그에게 작별 인사를 드리러 한번 찾아오지도 않았다고 화를 냈다"고 말하면서, 자기가 아들의 불손함을 변명하기 위해 악의는 없지만 대충 거짓말을 꾸며 냈다고 말하고 있다.43)

이 1834년의 사건이 있었다고 해도 하인리히는 혁명적 관점을 가진 사람은 아니었다. 그가 아들에게 보낸 편지에서 쓴 것처럼, 그는 '결코 광신도가 아니었다.' 1837년, 아들 카를은 '극작을 해 보겠다는' 젊은이다운 치기를 부린 적이 있었다. 이때 하인리히는 아들의 기분을 맞추어 주기 위해 한번 시험 삼아 습작을 해 보라고 주제를 제안한 적도 있었다. 그 주제는 프로이센 역사의 한 장면으로, '미래를 결정짓는 아주 절박한 순간'에 대한 것이어야 한다고 한다. 그리고 하인리히는 거기에 맞는 주제로, '아주 고귀한 루이제 왕비✣의 정신'을 통해 '군주의 천재성'에 역할을 부여하는 이야기가 아마도 괜찮을 것이라고 제안한다. 그는 워털루 전투를 등장시키자고 한다. "엄청난 위험이 다가오고 있다. 프로이

✣ 루이제 왕비Queen Louise는 프로이센의 프리드리히 빌헬름 3세의 부인이었다.

센과 그 군주뿐만 아니라 온 독일이 위험에 처해 있다." 그리고 '이 큰 문제를 결정하는 것은 바로 프로이센'이라는 것으로, 이것이 '영웅 장르에서의 찬가 등등'으로 적합한 주제가 될 것이라고 한다. 하인리히가 이러한 제안을 정말로 진지하게 한 것인지는 좀 의문스럽다. 루이제 왕비는 이미 1810년에 죽었기 때문이다. 하지만 한 페이지만 더 넘어가면 그가 나폴레옹을 저주했던 것만큼은 분명히 나타난다. "진실을 말하자면, 그의 통치 기간 독일 전체에 걸쳐 특히 프로이센에서 그 어떤 사람도 감히 자신의 생각을 자유롭게 발언할 엄두를 내지 못했다." 역사를 연구하는 이라면 누구든 '나폴레옹의 몰락과 프로이센의 승리에 대해 명료한 양심으로 크게 기뻐할 수 있을 것'이라는 것이다.[44)]

가뜩이나 가톨릭이 지배적인 지역에서, 그것도 유대인이 하필 복음주의 기독교 교회(프로이센 군주정의 공식적 종교)로 개종했으니, 결코 그 지역의 전형적인 인물이라고 할 수는 없다. 하지만 하인리히 마르크스는 라인란트 자유주의자들의 태도와 가치를 많이 공유하고 있었다. 최소한 1830년대 말에 타 종교, 타 인종 간의 결혼 문제를 놓고 갈등이 터지기 전까지는 라인강 지역의 엘리트들은 가톨릭, 프로테스탄트, 유대교를 불문하고 종교적 문제들에서까지도 의견이 합쳐지는 영역이 아주 많았다. 앞에서도 말했지만 하인리히의 종교에 대한 관점은 계몽주의에 결정적인 영향을 받고 있었다. 손녀인 엘리노어에 따르면, 그는 "진정한 18세기 '프랑스인'이었다. 그는 볼테르와 루소의 저작을 줄줄 외우고 있을 정도였다."[45)] 하지만 이와 비슷한 계몽주의의 개혁 운동은 라인란트의 가톨릭 교인들에게도 큰 영향력을 발휘했다. 18세기 말 트리어 대학은 페브로니우스 Febronius의 계몽주의 신학과 이마누엘 칸트의 가르침에 큰 영향을 받고 있었으며, 본 대학의 학생들은 게오르크 헤르메스Georg Hermes의 급진적 신학 강의로 몰려들고 있었다.[46)]

이 여러 교파들은 정치적인 문제에서 합의점을 이루고 있었다. 20년에 걸친 프랑스 통치가 가져온 좋은 것들, 특히 민법, 배심원 제도, 봉건적 귀족제의 폐지 등을 파괴해선 안 된다는 굳은 결의였다. 동시에 이들은 자코뱅의 광신주의에 대해, 또 나폴레옹의 관료적 권위주의에 대해서도 반감을 품고 있었다. 또한 프로이센의 군국주의에 대한 혐오와 의심, 그리고 프로이센의 동쪽 지역들만을 살찌우는 경제정책에 대한 분개, 옛날 1815년에 프로이센 왕이 약속했던 온건한 의회제 정부에 대한 열망 등을 광범위하게 공유하고 있었다. 하인리히의 세대에서 역사의 결정적인 시기는 프랑스혁명의 1789~1791년이었다. 대의제 의회, 법 앞에서의 평등, 신분제의 폐지, 보편적인 인간의 권리 등이 확립된 것이 바로 이때였으니까. 특히 유대인들에게는 무조건적 해방을 성취했던 1791년이 결정적이었다. 이러한 요구들은 1830년대에 두각을 나타냈던 라인란트의 새로운 지도자들인 한스만Hansemann, 메비센Mevissen, 캄프하우젠Camphausen 등에 영향을 주었을 뿐만 아니라 1848년 혁명 당시 베를린과 프랑크푸르트의 자유주의 내각을 이끌었던 지도자들에게도 영향을 주었다.

그런데 메테르니히가 만든 유럽의 프로이센 통치하에서 태어나고 자란 더 젊고 더 급진적인 세대는 입헌군주제와 대의제 정부를 요구하는 합리적 논리만으로는 전혀 만족하지 않았다. 카를이 열두 살이 되었던 1830년에는 프랑스에서 15년에 걸친 가혹한 억압이 끝나고 한 번 더 혁명이 벌어졌으며, 카를의 세대는 파리의 부르봉왕조가 또 한 번 무너지는 것을 똑똑히 목격했다. 프랑스와 벨기에에서는 의회 체제가 확립되었고 영국에서도 선거제도가 개혁되었다. 하지만 개혁을 더욱 심화시켜 밀고 나가야 한다는 급진파의 압력이 유럽 전체에 걸쳐 거세게 터져 나와 마침내 여러 곳에서 균열이 벌어지게 되었다. 자유주의자들과 급진파 사이, 입헌군주파와 공화파 사이, 보나파르트주의자들과 민족주의자들 및 민주주의자들 사이에 분열이 갈수록 커지게 되었다. 프랑스와 영국에서는 이러한 여러 차이점이 거의 즉각적으로 공공연한 사실이 되었다. 하지만 억압적인 상황 아래에 있었던 독일에서는 '운동 진영Bewegungspartei' 내부의 의견 대립이 그냥 묵살되고 암묵적인 형태로만 존재했었다. 그러다가 10년 후 마침내 프로이센 군주정이 개혁 운동에 대해 어떤 양보도 하기를 거부하는 상황에 직면하자 다른 곳과 마찬가지로 독일에서도 이러한 여러 분열이 노골적·명시적으로 터져 나오게 되었다. 24세의 청년 카를 마르크스가 이 독일에 고유하게 새로 나타난 급진파 진영에서 가장 독특한 옹호자의 하나로 떠오르게 된 것(아버지의 조심스러운 바람과는 아주 다른 결과였다)도 바로 이 시점이었다. 그러면 이제 카를의 가족 상황, 당시 결정적인 기로에 서 있었던 독일의 종교 및 철학의 상태, 그리고 무엇보다 카를 자신의 솟구치는 지적인 야심이 어떻게 하나로 합쳐지면서 누구와도 다른 그의 독특한 입장을 만들어 내게 된 것인지를 알아보자.

2 장

법률가, 시인, 연인

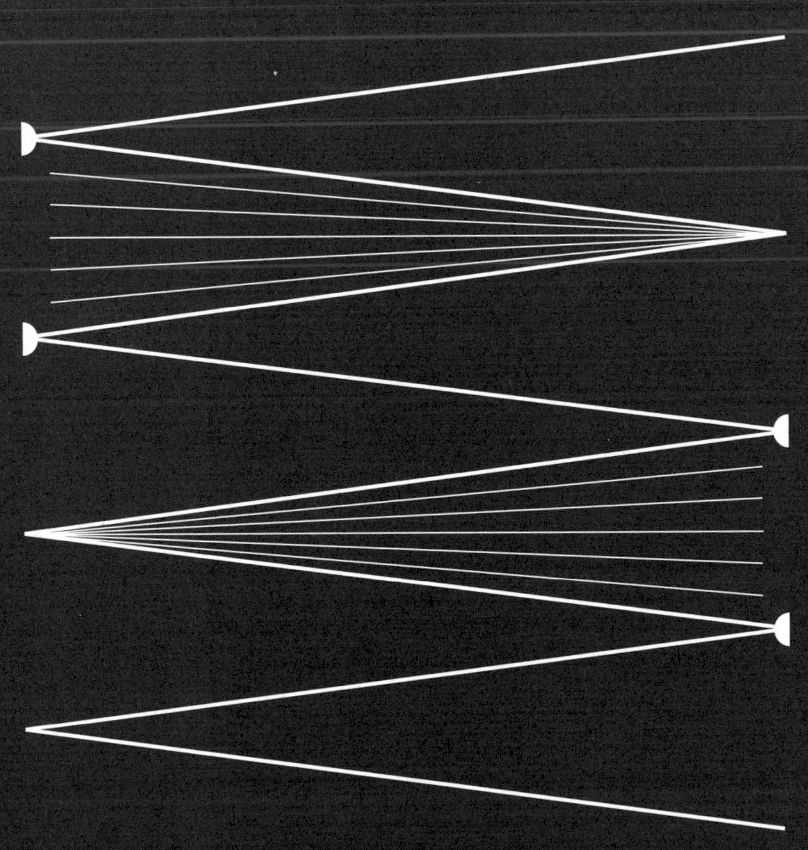

1. 앙리에트 프레스부르크와 그녀의 아이들

지금까지 카를의 어머니인 앙리에트 프레스부르크Henriette, née Pressburg에 대해서는 전혀 이야기하지 않았다. 마르크스의 여러 전기에서 그녀는 보통 슬쩍 언급하고 지나치는 존재이며 대부분 깔보는 태도로 다루어져 왔다. 마르크스 전기의 고전이라고 할 프란츠 메링의 1918년 저서에서는 그녀에 대한 언급이 한 문단의 절반도 채 되지 않으며, '그녀는 완전히 집안일에 몰두했다'는 것과 그녀의 독일어가 엉망이었다는 것만 이야기되고 있다.[1)]

그녀가 사용하는 독일어가 왜 문법과 철자가 그토록 엉망이었는지는 여전히 미스터리로 남아 있다. 이를 단순히 그녀가 네덜란드에서 자라났고 네덜란드어를 더 좋아했다는 것으로만 원인을 돌릴 수는 없다. 왜냐하면 그녀의 자매인 소피Sophie는 독일어를 훌륭히 쓰고 말할 수 있었을 뿐만 아니라 다른 몇 개의 언어들을 완전히 익혔기 때문이다. 그리고 어떤 이들은 앙리에트의 가정에서 쓰인 언어가 이디시어였을 것이라고 추측하기도 하지만, 그러한 증거는 어디에도 없다. 그녀의 가정 언어는 네덜란드어의 네이메헌Nijmegen 방언이었을 가능성이 더 높다. 마찬가지로 그녀가 어떤 면에서든 지적으로 떨어졌다고 생각할 이유도 없다. 그녀의 딸인 소피는 그녀를 '체구가 작고 섬세했으며 대단히 총명했다'고 묘사하고 있으며, 오늘날 남아 있는 얼마 되지 않는 증거의 편린들 또한 그녀가 비판적 판단력과 재치를 가지고 있었음을 암시하고 있다.[2] 그녀가 세례를 받을 적에 그녀가 기독교로 개종하는 것을 두고 놀렸던 지인들에게 그녀는 이렇게 응수했다고 한다. "내가 신을 믿는 것은 신을 위해서가 아니라 나를 위해서"라고.[3] 카를 마르크스는 노년에 들어 자신의 어머니에 대해 좋게 말한 바가 없었지만, 1868년 씁쓸한 어조로 자신의 어머니가 옳았다는 것을 인정하고 있다. "반세기 동안 기를 쓰고 살았지만 나는 아직도 여전히 빈털터리 가난뱅이 신세다. 우리 어머니가 정말 옳았다. '카렐Karell✤ 이 녀석은 자본을 벌어들일 생각은 않고 자본에 대한 책이나 쓰고 쓸데없는 짓이나 하고 다니네.'"[4]

앙리에트가 트리어 사회에 얼마나 잘 적응했는지는 알 수 없다. 그녀는 네이메헌 출신으로, 만년에 들어서면 자신의 자매가 살고 있는 암스테르담 근처의 잘트보멜Zaltbommel로 돌아갈 것을 고려하기도 했다. 네덜란드는 앙리에트의 인생 내내 중요한 요소였으며, 이유는 달랐지만 그녀의 아들인 카를에게도 그러했다. 카를이 1836년 크리스마스에 네덜란드로 여행을 떠난 후 앙리에트는 아주 자부심을 가지고 그에게 편지를 쓴다. "내가 태어난 도시가 어떠니? 참 아름다운 곳이지? 네가 거기에서 시로 쓸 만한 영감을 얻기를 바란다."[5] 훨씬 뒤인 1851년, 그녀는 조카딸 헨리에테 판 안루이즈Henriette van Anrooij(필립스Philips에서 태어났다)가 셋째를 낳은 것을 축하하는 편지를 보냈을 때 이렇게 덧붙이기도 했다. "내 뜻대로 한 결혼이니 그 결과를 가지고 불평을 하면 안 되겠지. 그렇지만 나는 너의 행운이 부럽단다. 너는 사랑하는 어머니를 항상 옆에 두고 있잖니. 나는 외국 땅에 와서 항상 혼자인 것을."[6] 19세기 중반의 다른 많은 유대인

✤ 카를Karl의 이디시어 명칭.

들처럼 그녀도 자신이 갖고 있는 두려움을 떠돌이 유대인의 신세와 연관시켰다. 1853년 그녀는 자매인 소피에게 편지를 보내 자신의 딸 루이제Louise가 곧 결혼을 해서 남아프리카로 이주하려 한다는 소식을 전했다. "'이스라엘' 사람들의 운명이 내 경우에 또 한 번 현실이 되려나 보다. 내 자식들이 온 세계로 흩어지고 있으니 말이야."[7)]

그녀가 집안일에만 몰두했다고 하지만, 왜 그렇게 거기에 정신을 집중했는지에 대해 좀 더 이야기해 둘 필요가 있다. 카를이 본 대학으로 떠난 직후 쓴 편지를 보면 아버지인 하인리히의 경우 아들의 행동, 가치, 출세에 대해 조언을 하거나 꾸짖는 내용이 주종을 이루는 반면, 앙리에트의 편지는 오로지 아들의 건강에만 초점을 두고 있다. 카를이 본 대학에서 학업을 시작한 6주 뒤인 1836년 11월 29일 편지에서 그녀는 이렇게 말하고 있다. "여자들의 유약함을 탓하지 말고, 네가 사는 집을 어떻게 꾸미고 정돈해 놓았는지를 이야기해 보렴." 커피는 어떻게 끓이고 있는지 또 생활에서 '정리 정돈'을 얼마나 중요시하고 있는지 캐물은 뒤, 그녀는 계속해서 이렇게 말한다. "청결과 질서를 절대로 부차적 문제로 보아서는 안 된다. 건강과 활력이 거기에 달려 있단다. 방바닥을 자주 청소해 달라고 집주인에게 꼭 다짐을 받고, 너도 시간을 정해 놓고 신경을 쓰렴."[8)] 1836년 초 카를이 아프다는 소식에 '걱정'에 가득 찬 그녀는 이렇게 선언한다. "비실비실한 학자보다 더 한심한 존재란 없다." 그러면서 실질적인 조언들을 내놓는다.

> 사랑하는 카를, 네가 현명하게만 행동한다면 분명히 장수를 누릴 수 있단다. 하지만 그러려면 건강에 해로운 일체의 짓들을 삼가야만 해. 난방을 너무 뜨겁게 해서도 안 되고, 와인이나 커피를 너무 많이 마셔서도 안 되고, 후추나 다른 향료들처럼 자극적인 음식은 멀리해야 한다. 담배는 입에도 대지 말며, 일찍 자고 일찍 일어나도록 해라. 감기도 조심해야 하고, 완전

히 회복될 때까지는 춤도 삼가도록 해라. 내가 이렇게 의사처럼 굴고 있으니 우습다고 생각할지도 모르겠구나. 하지만 자식들이 아프면 부모 마음이 어떤지, 그래서 이미 얼마나 우리가 오랫동안 안절부절못했는지 네가 어찌 알겠니.[9)]

1837년 9월, 카를이 베를린 대학에서 두 번째 학년을 시작하던 때에 그녀가 보낸 편지에 보면 '감기 걸리지 않도록 따뜻하게 너를 지켜 줄 가을 털 재킷을' 만들고 있다고 한다. 1838년 초 그녀의 남편이 심각한 중태에 빠졌을 때에도 그녀는 여전히 '네가 어떤지, 건강은 회복되었는지' 노심초사하고 있다.[10)]

하지만 앙리에트의 불안을 달리 신경 쓸 일이 없어서 자잘한 것에 집착하는 주부의 불안감으로 본다면 잘못이다. 그녀 가족의 건강 기록을 한 번만 보게 되면 그녀의 걱정하는 마음이 충분히 이해가 될 것이다. 하인리히와 앙리에트가 낳은 9명의 아이 중 5명이 25세가 되기 전에 사망했다. 마르크스의 가족을 노렸던 병은 폐결핵이었다. 아버지 하인리히 쪽 가계는 대대로 폐가 약했기에 하인리히 본인도 그렇고 그의 아이 대부분, 특히 남자아이들이 결핵에 취약했다. 살아남아 성인이 된 이들 중에서도 정상적인 수명을 누린 이들은 카를과 세 명의 자매들(소피(1816~1886년), 루이제(1821~1893년), 에밀리Emilie(1822~1888년))뿐이었다. 카를의 형인 모리츠Mauritz는 4세가 된 1819년 사망했고, 헤르만Hermann은 1842년 23세로 사망했다.[11)] 헨리에테는 1845년 25세로 사망했고, 카롤리네Caroline는 1847년 23세로 사망했고, 에두아르트Eduard는 1837년 11세로 죽었다. 이 중 두 경우에 관한 서신들이 남아 있으며, 이를 엿본다면 이런 일들을 겪는다는 게 인간적으로 어떤 것인지 조금이나마 짚어 볼 수 있을 것이다.

1836년 11월 9일, 하인리히는 에두아르트가 김나지움에 다니고 있으며 '아주 열성을 보이고 싶어 한다'고 했다. 하지만 1837년 8월 12일의 편지를 보면 카를에게 집에 편지를 쓰지 않는다고 꾸짖으면서, 카를의 편지야말로(물론 카를이 '그 병적인 감수성과 우울한 환각적 몽상'에 빠져 있을 때 쓴 편지 말고) '특히 이번 여름 깊은 슬픔에 빠진 네 어머니와 나에게' '절실히 필요한 것'이었다고 말하고 있다. "에두아르트는 6개월째 앓고 있으며 아주 수척해졌다. 쾌차할 수 있을지 아주 의심스럽구나. 게다가 죽게 될 것을 정말로 무서워해서 너무나 심한 우울증까지 앓고 있다. 이는 아이들에게는 참 드문 일이지만 어쨌든 이것 때문에 완전히 진을 빼고 있단다. 그러니 네 어머니가 어떨지 짐작이 가겠지. 에두아르트 곁에 착 달라붙어서 밤이고 낮이고 떨어질 줄 모르고 자기 스스로를 괴롭히고 있단다. 이렇게 진을 빼다가 네 어머니도 어떻게 될까 봐 나는 걱정이 되어 죽을 지경이다."[12] 에두아르트는 1837년 12월 14일 사망했다.

다섯 번째 아이인 딸 헨리에테의 경우도 마찬가지로 참혹했다. 훗날 카를의 부인이 되는 예니 베스트팔렌Jenny Westphalen이 1844년 8월 11일 파리에 있는 카를에게 쓴 편지를 보면, 마르크스 집안은 당시 '예켄Jettchen'✣ 마르크스와 테오도르 시몬스Theodor Simons의 결혼 준비로 분주했다고 한다. 하지만 "이러한 경사 중임에도 예켄의 상태는 매일 더 악화되고 있으며, 귀에 거슬리는 그녀의 기침 소리는 갈수록 더 심해지고 있어요. 이제 그녀는 아무 데도 가지 못해요. 걸을 때도 꼭 유령 같아요. 그런데 결혼을 해야 한다니, 이건 정말 아니에요. 너무 끔찍하고 무책임한 일이에요. … 이 결혼이 정말 원만하게 진행될지 모르겠어요. 최소한 도시에라도 살면 좋을 텐데, 신혼집은 또 옹색한 시골 구석이라고 하네요." 예니는 도무지 마르크스의 어머니 입장을 이해하지 못하겠다고 말하고 있다. 앙리에트 또한 예켄이 결핵을 앓고 있다고 믿었지만, 그녀의 결혼식을 그대로 진행했던 것이다. 하지만 다른 선택지가 있었는지는 분명치 않다. 예켄이 워낙 강력하게 결혼식을 올리고 싶다고 우겼기 때문이다.[13]

전도사 로콜Rocholl의 딸 중 한 사람의 말에 따르면, 예켄의 결핵이 너무

✣ 앙리에트Henriette의 독일어 애칭 혹은 약칭.

나 빠르게 진행되어 그녀가 곧 죽을 것이라고 모두 다 예견했다고 한다.

> 아버님께서는 더 이상 결혼식이 가능하지 않다는 이유에서 식을 연기하려 하셨어요. 신랑도 이 점을 인정했지만, 신부는 치료를 받기 전에 식부터 올리고 싶다고 희망했어요. 그래서 식이 진행이 된 거예요. 그녀는 식장에서 흰 드레스를 입고 나타났지만, 너무 몰골이 안되어 보여서 누군지도 몰라보겠더라고요. 결혼식이 끝나자 신랑은 그녀를 침상으로 옮겨야 했고, 내내 누워 있다가 신혼집으로 실어 갈 마차가 왔을 때에만 딱 한 번 일어섰어요. 그 신혼집에서 숨을 거둘 수 있도록 말이죠.[14)]

1844년 8월 20일 결혼식을 올린 그녀는 1845년 1월 3일 사망했다.

카를은 비록 결핵의 공포에서는 도망쳤지만, 이런저런 폐 관련 전염병들에 쉽게 걸렸다. 그가 학생 시절이었던 1835년에 학교에서 쓴 에세이(「직업 선택에 대한 한 젊은이의 성찰Reflections of a Young Man on the Choice of a Profession」)를 두고 여기에 이미 훗날의 '유물사관materialist conception of history'이 나타나고 있다고 시사한 여러 논평가가 있다.[15)] 하지만 너무나 자명하게 드러나 있음에도 이들이 완전히 놓치고 있는 것이 하나 있다. 바로 카를이 스스로의 건강에 대해 가지고 있는 불안감이다. 카를의 글을 보자. "비록 우리의 직업에 적합한 신체적 구성을 갖추지 못한다면 오래 일할 수도, 또 즐겁게 일할 수도 없겠지만, 그럼에도 우리의 연약함을 무릅쓰고 정력적으로 움직여서 우리의 안녕을 희생해서라도 임무를 완수하고 싶은 생각은 계속해서 용솟음친다."[16)] 하인리히는 1836년 초 카를이 본에서 보낸 편지에서 아들이 건강 상태를 묘사한 것을 보고 깜짝 놀라 산책이나, 아니면 승마처럼 가벼운 운동이라도 하라고 조언한다.[17)] 카를은 군 복무를 면제받는 데 아무런 문제가 없었다. 1836년 6월경 그의 아버지는 그에게 관련 증서들을 준비하라고 강력히 촉구한다. 그들 가족의 주치의인 베른카스텔 씨

Herr Berncastel에게 부탁하면 쉽게 진단서를 받을 수 있을 것이라고 덧붙였다. "이건 전혀 양심에 위배되는 일이 아니다. 적어도 지금 너의 흉부가 약한 것은 분명한 사실이니까."18) 카를은 1836년에서 1837년으로 넘어가는 겨울 베를린 대학에서의 첫 학기 마지막을 보냈다. 그가 당시에 아버지에게 보낸 편지를 보자. "자연, 예술 그리고 세상을 등지고, 게다가 '무수한 불면의 밤'을 보내는 생활을 했으며… 결국 의사가 나보고 시골에 가서 요양을 해야 한다고 말하더군요." 카를은 베를린에서 스트랄준트Stralow까지 여행을 한 후 부모님께 이렇게 편지를 보냈다. "핏기 없는 약골이었던 제가 저도 전혀 의식하지 못하는 사이에 여기에서 튼튼한 몸을 가진 남자로 자라났답니다."19) 하지만 이러한 변화에도 카를의 어머니는 그에게 1838년 2월 군 면제 확인증을 보내 주면서 하인리히와 마찬가지로 "너는 면제받을 권리가 충분하다"고 덧붙이고 있다.20) 당시 베를린에서 그의 신체검사를 담당했던 군의관은 그가 '허약한 흉부와 주기적인 각혈 때문에' 징집에 적합하지 못하다고 확인했다.21)

카를이 부모님과 주고받은 서신을 볼 때 그의 건강이 부모에게는 항시적이고 주된 걱정거리였음이 분명하다. 그가 생존한 것 자체가 거의 신께서 주신 선물처럼 여겨졌던 것으로 보인다.22) 카를의 어린 시절에 대해 남아 있는 유일한 이야기를 보면, 이미 그가 제멋대로인 못된 아이였음이 두드러진다. 마르크스의 막내딸 엘리노어의 글에 보면 "고모가 말해 준 이야기인데, 아버지는 어린 꼬마였을 때 자매들에게 악독한 폭군처럼 굴었다고 한다. 아버지는 자매들을 당신의 말로 삼아 트리어의 마르쿠스베르크Markusberg 교회당까지 최고 속도로 '몰고 갔다'고 한다. 더 끔찍한 짓도 시켰다. 더러운 반죽을 당신의 더욱 더러운 손으로 빚어서 만든 '케이크'를 먹으라고 강요한 것이다."23) 그는 자라나면서 특별한 인물로 대접받았다. 하인리히는 카를의 특출한 '지적인 재능'을 인정했다.24) 무엇보다 그의 부모는 카를을 운명의 특별한 간택을 받은 아이라고 여겼던 듯하다. 하인리히가 1836년 11월 9일에 쓴 편지를 보자. "너의 어머니 말에 의하면 너는 운명의 여신이 예뻐하는 아이라는구나." 그리고 1837년 8월 12일의 편지를 보자. "너 스스로도 네가 좋은 운명을 타고 태어난 운명의 총아라고 말하고 다니지."[25] 이 때문에 카를은 어렸을 때부터 대단한 자기도취의 감정과 자신이 특별한 운명을 타고나 더 큰 것을 요구할 자격이 있는 인물이라는 특권 의식을 키워갔던 것으로 보인다.

2. 트리어의 김나지움과 본 대학

카를은 12세에서 17세까지 트리어의 김나지움에 다녔다(1830~1835년). 그의 같은 반 학생들 중 프로테스탄트 복음주의 교인은 7명뿐이었고, 나머지 25명은 가톨릭이었다(유대인 학생은 없었다). 8명은 전문직 집안 출신(거의 다 프로테스탄트 집안 출신)이었고, 9명은 기능공의 아들들이었고, 6명은 농민 가정 출신, 5명은 상인의 아이들이었다. 이들이 졸업시험Abitur을 치른 1835년, 대학 입학 자격을 받은 학생들의 연령은 16세에서 27세로 다양했다. 이 시험을 치른 22명 가운데 거의 절반이 신학과 지망생이었다.[26] 마르크스는 1878년 자신의 학창 시절을 회상하면서 '트리어의 우리 문법 학교의 시골 촌놈들'이 '나이도 많고' '멍청했다'고 이야기한다. '이들은 신학교 입학 준비를 하고 있었으며', '대부분은 교회에서 정기적으로 생활비를 지원받고 있었다'는 것이다.[27] 노동자 농민의 아들들은 사실 교회로부터 오는 자선과 장학금이 아니면 계속 배울 기회도 없었기에 신학의 인기가 좋을 수밖에 없었다. 학생들의 높은 연령(20세가 넘는 학생이 17명이었다) 또한 군대 징집을 피하기 위해 학교에 남아 있었던 것으로 설명할 수 있다.

트리어 김나지움의 윤리와 풍습은 그 오래된 교장 선생 요한 휴고 비텐바흐의 힘으로 형성된 것으로, 전형적인 18세기 독일 계몽주의Aufklärung의 그것이었다. 신의 선한 의지에 대한 굳은 믿음, 그리고 교조에 갇히지 않는 합리적인 도덕률이 그 내용이었다. 비텐바흐는 젊은 시절 열정적인 자코뱅이었으며, 프랑스 통치 기간 동안에는 공화국의 미래가 젊은이들의 교육에 달려 있다고 주장한 바 있었고, 1799년에는 『인간과 시민의 여러 의무와 권리에 대한 교육 편람A Handbook for the Instruction in the Duties and Rights of Man and the Citizen』을 짓기도 했다. 그는 1814년에 처음으로 교장으로 임명되었지만 1815년에도 그 자리를 유지했는데, 그때 프로이센이 라인란트를 병합하여 이 학교를 국가 김나지움으로 전환시켰다. 그는 1846년 퇴임할 때까지 교장 자리를 지켰다.

1815년의 정치체제 변화에도 아랑곳하지 않고 비텐바흐가 설교하는 가치들은 거의 변한 것이 없었다. 그는 인간이 동물에 대해 가지는 특권은 이성과 자유의지라고 믿었다. 그가 추천한 역사 교과서 중 하나에 따르면, 인간의 자유는 스스로의 육체적·정신적 필요욕구의 충족에 있다. 전자는 기계 숙련공들과 새로운 발명품들을 사용하여 달성되지만 후자는 진리, 아름다움, 도덕적 완벽성, 그리고 신과의 합일을 추구함으로써 (이른바 '도야Bildung'를 통해) 달성된다는 것이다. 그가 편집한 두 권(초급과 고급)의 독일어 독본Deutsche Lesebücher은 헤르더, 괴테, 실러, 클롭슈토크Klopstock, 빌란트Wieland, 클라이스트, 슐레겔, 알브레히트 폰 할러Albrecht von Haller 등의 시와 산문을 모아 놓고 있다. 1834년, 비텐바흐는 김나지움이라는 교육기관의 성격을 젊은이들로 하여금 진보와 도덕적 향상에 대한 신성한 믿음을 갖게 만들어 주는 배움터라고 묘사하고 있다. "지혜로운 신께서는 영원히 빛날 두 개의 별을 하늘에 박아 놓으셨다. … 고차적 이성은 진리의 성전의 문을 열어 주며, 순수한 마음에 대한 열망은 오로지 선함과 고결함에만 존재한다." 비텐바흐는 영혼의 불멸성과 신이라는 '순수한' 교의(그는 이를 칸트와 연결시켰다)에 기초하여 인간은 언제나 다른 무엇보다 타인을 위해 일해야만 한다는 사상을 끊임없이 반복하여 말하고 있다. 이것이야말로 우리에게 불멸로 이르는 길을 열어 주는 수단이라는 것이다.[28]

비록 비텐바흐는 교장 자리를 보전할 수는 있었지만, 프로이센 당국자들은 이 학교의 학풍에 대해 깊은 의심을 가지고 있었고, 전복적인 사상이 침투할 가능성에 대해 항상 노심초사했다. 특히 할레Halle 지방의 '전국 학우회Burschenschaft'의 한 회원이 극작가 코체부에를 암살했던 1819년에는 혐의가 있는 자들을 체포하여 감금하는 물결이 휩쓸었고, 이는 '선동가들에 대한 박해Demagogenverfolgen'라고 알려지게 된다. 여기에 더해 독일연방은 오스트리아 수상 메테르니히의 지령에 따라 더 심한 검열과 감시의 강화를 강제하는 칼스바트 법령을 반포한다. 트리어의 김나지움은 할레 대학에 대한 지원을 아예 거부해 버리며 프랑스어의 교습도 중지한다. 프랑스어는 1822년에 선택과목으로만 다시 허용되며, 1828년이 되어서야 다시 정규 교육과정으로 돌아온다. 마찬가지로 체조와 체육 교육 또한 중지되었다. 이것이 민족주의적 성격을 띤 '체육협회Turnvereine'와 결부되어 있다는 이유였다. 또한 본으로 여행했던 교사들 몇 명은 '선동 활동'에 참가했다는 이유로 기소를 당하기도 했다. 1830년대 초 카를의 선생님 중 하나였던 슈니만J. G. Schneeman은 '카지노 클럽'에서 프랑스혁명기인 삼색기를 펼쳤다는 이유로 기소되었고, 또 다른 이인 슈벤들러Schwendler는 아예 카지노 클럽의 비서였으므로 분명한 혐의자였다. 수학과 지구과학을 가르쳤던 슈타이닝거Steininger 또한 1818년경 영혼의 불멸성은 아무런 증거가 없으며, 소돔과 고모라가 파괴된 것은 틀림없이 화산 폭발의 결과였을 것이라고 말한 것 때문에 고발당했다.

학생들 중에도 전복적인 불온 사상이 떠돌고 있다는 증거가 반복해서 발견되어 관계자들을 놀라게 했다. 1820년대 말에는 그리스 독립 투쟁과 그 영웅인 자유 투사 보차리스Botzaris에 대한 열성적 지지가 광범위하게 확산되었다. 1830년대 초, 함바흐 축제에서 있었던 급진적 연설들을 적은 문건들이 이 학교에도 돌아다녔다고 하며,[29] '청년 독일파Young Germany'✤의 지부가 이 학교에도 존재했던 것으로 보인다.[30] 따라서 당국자들은 학교 운영의 방향에 더욱 통제를 가하기 위해 1835년 고전 담당 교사인 비투스 뢰르스를 비텐바흐와 더불어 공동 교장으로 승진시킨다.[31]

이 학교에서는 전통적인 종교교육뿐만 아니라, 독일 김나지움의 신고전주의와 인본주의의 문화에 맞추어 그리스어, 라틴어, 고대사, 독일어 및 독일 문학에 대해 상당히 강조점이 주어졌다. 카를이 1835년 졸업시험에 합격한 뒤 발행된 '졸업 증명서Certificate of Maturity'에 따르면, 그는 이러한 과목들에서 우수한 성적을 받았고, '대단히 만족스러운 성실성'을 보여 주었다고 한다. '기독교 신앙과 도덕'에 대한 그의 지식은 '상당히 명확하고 근거도 튼튼했다.' 그의 수학 성적은 '만족스러움'이었다. 반면 물리학 지식은 그저 '중간 정도'였으며, 프랑스어에서는 '약간의 성실성'만 보였다. 카를의 전반적인 성적은 다른 프로테스탄트 전문직 집안의 학생들과 엇비슷하게 괜찮았지만, 아주 특출한 것은 아니었다. 그의 학년 32명 중 그의 최종 석차는 8등이었다.[32]

그가 졸업 무렵 제출한 글 「직업 선택」은 형식에 맞추어 쓰도록 된 에세이였다. 여기에서 카를은 직업에 대해 거의 종교적인 의미를 부여하고 있다. 신께서는 인간에게 '사회에서 자신에게 가장 적합한 위치를 선택하도록' 창조하셨다는 것이다. 어떤 사람이 마음에 품은 목적은 "만약 가장 깊은 확신이 있으며 또 마음 가장 깊숙한 곳으로부터의 목소리가 그것이 옳다고 외치고 있다면… 위대한 것이다. … 왜냐하면 언젠가 죽게 되어 있는 우리 인간에게 신께서는 모종의 길잡이를 분명히 남겨 두셨기 때문이다. 그분은 부드럽지만 확실한 목소리로 말씀하신다." 하지만 그분의 목소리는 미혹, 자기기만 혹은 '야망이라는 악마' 등에 의해 쉽게 '파묻혀' 버리기도 한다. 게다가 야망이 없는 사람이라고 해도 스스로

✤ 1830년 프랑스 7월 혁명을 계기로 루트비히 뵈르네, 하인리히 하이네 등의 젊은 문인과 철학자들은 더욱 급진적인 사상을 바탕으로 독일의 급진적 사회변혁을 외친다. 이들은 7월 혁명 이후 더욱 첨예해지던 프랑스 내에서의 계급 모순에 착안했고, 당시 프랑스에서 힘을 얻고 있었던 생시몽주의자들의 급진적인 사회주의 사상에도 큰 영향을 받아 이를 독일의 계몽주의와 결합하여 국민 혁명의 바탕으로 삼고자 했다.

의 재능에 대해 환상을 품거나 어떤 직업을 상상 속에서 마구 미화시켜 열망을 키우는 경우도 있다. 부모님께서는 '이미 인생길을 앞서가신 선배님들이며 운명의 엄혹함도 맛보신 분들'이니 그분들께 한번 조언을 구하는 것도 필요한 일이다. 하지만 스스로의 선택을 냉철하게 검토하고 나서도 여전히 열정이 식지 않는다면 "우리는 그것을 마땅히 받아들여야만 한다. … 무엇보다 인간을 고양된 존재로 만들로 주는 것은 가치이며, 이는 인간의 행동에 더 높은 고상함을 부여한다." 따라서 '신체 조건의 부실함'이라든가 재능의 부족 때문에 사람이 '스스로의 소명을 다하지 못하는' 일이란 없으며, "우리가 직업을 선택함에서 의지해야 할 최고의 길잡이는 인류의 행복과 우리 스스로를 완벽한 존재로 만들어 가는 것이다. … 왜냐하면 인간의 본성은 오로지 자신의 동료 인간들을 위해, 또 그들을 완벽한 존재로 만들어 주기 위해 일할 때에만 비로소 스스로의 완벽함도 성취할 수 있도록 생겨 있기 때문이다."[33]

이 에세이에 나타나 있는 감정들을 너무 심각하게 받아들이는 것은 잘못일 것이다. 건강 상태에 대한 걱정, 그리고 자신의 부모님들이 겪었던 '운명의 엄혹함' 등은 카를의 마음 상태에 대해 좀 더 잘 알 수 있는 실마리일 것이다. 하지만 인류를 위해 일해야 한다는 것에 유난히 방점을 두어 강조하는 것 말고는 이 에세이에 정식화되어 있는 명제들의 다수는 비텐바흐의 가르침들을 그냥 반복해 놓은 것일 뿐이며, 다른 학생들의 에세이들에서도 비슷한 표현들로 나타나 있다. 비텐바흐 교장 또한 카를의 에세이가 '상당히 훌륭'하며 사유도 풍부하고 '이야기 전개의 체계도 훌륭하다'고 생각했다. 하지만 그는 또한 이 글이 '끊임없이 뭔가 생생하고 정교한 표현을 찾아 헤매는' 카를 특유의 '실수'를 보여 주고 있으며, 그 결과 '많은 구절이' '필요한 명징성과 명확성'을 결여하고 있다고 보았다.[34]

1835년 9월 27일, 졸업시험을 통과한 이들은 학교를 떠났다. 카를은 지역의 본 대학으로 진학하여 법학을 공부하기로 했다. 프랑스인들이 라인란트의 여러 대학을 폐지했던 데 대한 대응으로서 프로이센 왕정은 1818년 본 대학을 다시 세웠다. 새로이 들어선 프로이센 정부의 목표는 직업교육만 편협하게 강조했던 프랑스인들과 달리 자신들은 고등교육에 대해 더욱 폭넓은 문화적 경외심을 가지고 있다는 것을 증명해 보이는 것이었다. 또한 이는 이 지역에 프로테스탄트 기독교를 장려하고 또 국가 공직에 나아가려 하는 이들에게 필요한 훈련을 제공하는 것이기도 했다.[35] 하지만 1819년 코체부에 암살 사건 이후의 '선동가들의 박해'가 나타나면서 그에 따른 공포증으로 이 새 대학에 대해서도 정치적인 감시가 상당히 증가했다. 본은 학생들의 비밀 결사체의 두드러진 중심지로 여겨졌으며, 그것을 부추기는 이들은 저명한 가톨릭 민족주의 시사 논객들인 요제프 괴레스Joseph Görres와 에른스트 모리츠 아른트Ernst Moritz Arnt로 의심되었다.[36] 그 이후로도 감시는 계속되었다. 1836년 8월 본 대학에서 카를에게 발행해 준 '전학 증명서Certificate of Release'를 보면 '학생들에게 금지된 결사체에는 어떤 것에도 참여했다는 의심이 없습니다'라는 사항이 있거니와, 이는 당시 이러한 서식에서 대학 당국이 보고해야 하는 표준적 항목으로 들어 있었다.

본은 그 대학의 좀 더 반항적인 교수들에게는 지루해 보였다. 브루노 바우어Bruno Bauer가 1840년 마르크스에게 보낸 편지를 보면, 본은 '무의미하고 범상한' 곳이며, 프로이센 전체를 뒤흔들고 있는 현재의 여러 갈등에 대해 자신의 동료 교수들은 입을 꾹 다물고 도망치고 있다고 분통을 터뜨리고 있다.[37] 하지만 학생들 입장에서 보면 본은 동아리 생활을 즐기며 유쾌하게 어울려 놀기에 좋은 곳이었다. 이곳에서의 카를의 품행을 보면 정치적 불온 분자의 것이 아니라 부모의 간섭에서 처음으로 풀려나 자유를 만끽하는 사춘기 소년의 것이었다. 그리고 그의 막 나가는 행동 대부분은 모든 학생 공동체에서라면 아주 익숙한 것들이었다. 전학 증명서에 보면 그가 '야간에 술에 취해 난동을 부린' 것으로 처벌을 한 번 받았다고 나와 있다. 하지만 그는 또한 당시의 많은 독일 대학에서 발견되는 귀족적 혹은 사이비 귀족적인 사교계 규칙들과 특별히 결부된 악덕들에 탐닉했던 것으로 보인다. 1836년 8월의 전학 증명서에는 '쾰른에서는 금지된 무기들을 소지'했던 것으로 고발당한 것으로 나와 있다. 그의 아버지가 보낸 편지에 보면 결투에 대한 언급도 있다("그러면 결투는 철학하고 그렇게 긴밀한 관계가 있단 말이냐?"). 이 결투는 본에서 벌어졌던 것이 분명하다.

카를은 새로운 생활을 시작하면서 부모님의 불안감 따위는 아랑곳하지 않았던 것이 분명하다. 그가 집을 떠난 지 3주 후인 1835년 11월 8일, 하인리히는 카를이 아무 소식도 보내지 않는 '한없는 소홀함'을 꾸짖는 편지를 보낸다. "너의 어머니가 얼마나 걱정하고 있는지 알기나 하느냐." 이는 곧 "네가 여러 가지 좋은 성질들을 가지고 있지만 네 마음을 지배하는 건 자기중심주의라는 내 생각을 확인해 주는 것"이라고 그는 말한다. 그러면서 이 편지에 대한 반송 우편으로 즉각 답장을 보내라고 말하고 있다. 하인리히는 또한 그의 아들이 돈을 함부로 쓰는 태도에 대해 걱정을 표하고 있다. 1836년 1월, 그는 카를이 자기가 쓴 돈에 대해 설명한 것이 '잘 연결이 안 되고 애매하다'고 불만을 표한다. "학자라면 질서와 정돈을 보여 줄 줄 알아야 하며 특히 현장에서 일하는 변호사라면 더욱 그래야 한다." 3월에는 하인리히가 '네 지출이 한도를 상당히 넘어 버렸다는' 사실은 '대충 얼버무리고 넘어갈' 수 있지만, '더 적은 돈으로 살아가는 일'이 얼마든지 가능하다는 확신은 변함이 없다고 말하고 있다.

본에서 무슨 일이 있었건 카를은 공부를 열심히 하는 성실한 학생이었던 것으로 보인다. 빨리 답장을 보내라는 아버지의 명령에 따라 보낸 편지를 보면, 카를은 '거의 읽을 수 없는 악필'로 자신이 9개의 강의 코스를 듣고 있다고 쓰고 있다. 그의 아버지는 그게 '좀 많다'고 생각하여 아마도 "네 몸과 마음이 견뎌 낼 수 있는 것 이상일 것"이라 걱정하고 있다. 하지만 하인리히는 자기 아들이 대학 학업의 시작을 '쉽고 즐거운 것'으로 여기고 있다는 데 대해 또 "네가 네 직업 공부를 즐기게 되었다"는 데 기쁨을 표하고 있다.[38)]

실제로 1836~1837학년에 카를이 베를린 대학으로 편입하기 전 본 대학에서 발행한 최종 보고서를 보면 이러한 아버지의 생각이 틀린 게 아니라는 것이 입증된다. 1835년 겨울 학기에 카를은 여섯 과목을 들었다. 세 과목은 법학이었고(법학 개론, 로마법 역사, 로마법 제도), 세 과목은 예술과 문학이었다(그리스-로마 신화, 호메로스, 현대 미술). 그리고 모든 과목에서 그는 '성실', '매우 성실', '주의 깊음'의 평가를 받았다. 1836년 여름 학기에는 네 과목을 들었다. 세 과목은 법학이었고(독일법 역사, 유럽 국제법, 자연권), 한 과목은 문학이었다(프로페르티우스Propertius의 비가悲歌). 그리고 또한 '성실'과 '주의 깊음'의 평가를 받았다.[39)]

젊은 카를의 마음 상태에서 좀 더 부정적으로 느껴졌던 과목들이 어떤 것이었는지를 시사하는 것이 있다. 1830년대 당시 당시 야심 있는 법률가들이라면 당연히 선택했을 과목이 그것이니, 바로 '관방학Staatswissenschaften'이었다. 이 과목은 작은 국가를 관리하는 가부장적 온정주의의 전통에 근거하여 국가의 정책과 행정을 관리하는 것을 내용으로 삼고 있었다. 본래는 아리스토텔레스가 묘사하고 루터 및 멜란히톤이 상술한 바 있는 가정경제나 재산관리의 방법을 모델로 삼아, 국가를 관리하는 기술로서 착상된 것이었다. 이는 특히 국가가 교회의 토지를 접수한 프로테스탄트 국가들에 중요한 학문으로 여겨졌다. 관방학은 특히 18세기 프로이센에서 발달했으며, 크리스티안 볼프Christian Wolff와 다른 몇 명의 손에 의해 자연법의 여러 전제들에 따라 새롭게 설계되었다. 하지만 프로이센은 나폴레옹전쟁 기간 동안 큰 부채를 안게 되어 그 소유의 많은 토지를 매각할 수밖에 없었고, 이에 그 수입의 주된 원천으로서 조세에 점점 더 의지하게 되었다. 이러한 이유에서 정치경제학(이에 해당하는 독일어는 국민경제학Nationalökonomie이다)이 관방학의 여러 주제 중 하나로 들어오게 되었다. 프로이센의 '개혁 시대' 동안 관료직의 사회적 위신이 크게 올라갔으며 1815~1830년 기간 동안에는 법학을 공부하는 학생의 숫자가 89퍼센트나 증가하게 된다.[40)] 이것이 하인리히가 아들에게 '관방학 개론이나 입문'과 같은 과목을 들어 두는 게 '일책'이 될 수 있을 것이라고 했던 이유였다. '장래에 그 관련 일을 하게 될지도 모르니 대략이라도 알아 두는 게 좋으니까'라는 것이었다.[41)] 카를은 이 생각을 거부하지는 않았지만, 그렇다고 열성을 보이지도 않았다. 1840년 이후 '개혁 시대'의 희망이 종언을 고하면서 관료의 사회적 위신도 떨어지게 되었고, 공직에 채용될 확률도 극히 낮아지게 되었던 것이다.[42] 훗날 베를린으로 간 뒤 카를이 아버지에게 보낸 편지를 보면, 세 번째 법률 시험을 보기 전에는 관방학으로 넘어가지 않는 게 좋다는 조언을 들었다고 말하고 있다. 카를의 편지는 어찌 되었든 "하지만 어찌 되었든 저는 행정 관련 학문 어떤 것보다 법학을 더 좋아합니다"라고 되어 있다.[43]

카를은 그에 대한 진짜 이유는 숨겼을 가능성이 높다. 아마도 그는 아버지의 희망대로 먹고살려면 법 공부를 해야 했을 것이다. 하지만 카를은 좀 더 위대한 존재가 되고 싶었다. 그는 시인이었던 것이다.

3. 사랑에 빠진 시인

카를의 딸인 엘리노어에 따르면, 그에게 위대한 문학에 대한 경외심을 처음으로 심어 주었던 사람은 그의 어린 시절 친구들이었던 에드가와 예니의 아버지인 루트비히 폰 베스트팔렌Ludwig von Westphalen이었다고 한다. 훗날 마르크스는 "베스트팔렌 남작은 그의 셰익스피어와 호메로스에 대한 놀라운 지식에 대해 끊임없이 우리에게 이야기해 주었다. 베스트팔렌 남작은 호메로스의 시가 일부를 처음부터 끝까지 암송할 수 있었던 데다 셰익스피어의 희곡 대부분을 독일어와 영어로 모두 암송하고 있었다"고 한다. 루트비히에게 이러한 열성을 불어넣어 주었던 것은 그의 스코틀랜드 출신인 어머니 제니 위샤트Jenny Wishart였다고 한다. 또 엘리노어가 빌헬름 리프크네히트에게 말한 바에 따르면, '마르크스의 첫사랑인 낭만주의 학파에 대한 열정을 불어넣어 준 것도' 베스트팔렌 남작이었다고 한다.[44]

카를은 이미 학생 시절부터 시를 쓰기 시작했다. 카를이 본으로 떠난 직후 하인리히는 그에게 편지로 뢰르스가 김나지움의 공동 교장직에 임명되어 비텐바흐가 곤경에 처해 있음을 알리고, 비텐바흐를 위해 약간의 시를 지어 보내 보라고 간청한다.[45] 일찍이 1836년 그의 아버지는 카를이 본에 있는 한 시인 서클의 회원이 된 것을 알고 만족스러워 했다. 상당히 순진하게도 그는 이렇게 말하고 있다. "네가 들어갔다는 그 소모임은 맥줏집이나 몰려다니는 것보다는 훨씬 더 매력적으로 들리는구나." 또 하인리히는 카를이 자신의 첫 번째 작품을 '누구보다 먼저' 자신에게 보내 비평을 요청한다는 말을 듣고 크게 안심하고 있다. 카를이 그전에 하나 보냈던 시에 대해 아버지가 보인 반응은 부정적이었다. "사랑하는 카를, 아주 솔직히 말하자면 나는 이 시를 이해하지 못하겠다. 그 진정한 의미도 모르겠고 그 경향성도 모르겠다."[46] 그는 가능하면 아들의 기분을 다치지 않게 조심하면서 카를의 생각을 시에서 직업으로 돌리려고 애를 썼다. "나는 네가 삼류 시인 행세를 하고 돌아다닐까 봐 걱정이 태산이구나. 시를 쓰는 일은 그냥 너를 사랑해 주는 가족들과 돌려 보아도 충분히 즐거운 일이 아니겠니."[47]

하지만 1836년에 들어서자 카를은 베스트팔렌 남작의 딸인 예니를 사랑하게 되었고, 이 때문에 그의 시인으로서 야망은 더욱더 가열차게 불타올랐다. 그가 1837년 11월 10일에 아버지에게 보낸 편지에서 설명하는 바에 따르면, 그 전해 가을에 그가 베를린에 도착했을 때 다음과 같이 말했다고 한다. "새로운 세상이 제 앞에 나타났습니다. 사랑입니다. 이 사랑은 처음 시작부터 열정적인 갈망이요 희망 없는 사랑이었습니다." 그의 말은 계속된다. "당시의 제 마음 상태에 따라서 제가 가장 마음을 쏟은 첫 번째 주제, 최소한 가장 직접적으로 즐겼던 첫 번째 주제는 서정시였습니다. 하지만 저의 자세와 그전에 있었던 모든 일들 때문에 그 서정시는 순수하게 이상주의적인 것이었습니다. 나의 천국, 나의 예술은 이 세상에 속한 것이 아니었으며, 한없이 머나먼 저 피안의 것이었습니다. 마치 저의 사랑이 그런 것처럼."[48] 그는 여름에 병에서 회복되면서 자신이 쓴 시들을 모두 불태워 버렸다고 주장했다. 1837년 말경이 되면 그는 자신이 시인으로서의 운명을 타고났다는 믿음을 버리기 시작하지만, 이는 마지못해 그렇게 한 것이었다. 그사이에 그는 예니에게 세 권의 시가집을 써서 보낸다. 그중 두 권은 『사랑의 서Book of Love』라는 제목이며 세 번째는 『시가들의 서Book of Songs』라는 제목이었다. 그는 또 『운문의 서Book of Lyrics』 한 권을 묶어 아버지에게 헌정한다. 이 책에는 또한 '유머 소설'인 「스콜피온과 펠릭스Scorpion and Feli」 그리고 운문으로 된 비극인 「오울라넴Oulanem」의 몇 장면들이 수록되어 있다.[49]

문학 연구자들은 마르크스가 시 습작을 하면서 참조했던 문헌들이 어떤 것인지를 상당히 자세히 추적한 바 있다.[50] 초기에 쓴 것들을 보면 구성에 있어서 실러가 젊은 시절에 썼던 추상적 시들과 괴테의 발라드에 큰 빚을 지고 있지만, 나중에 쓴 작품들은 하이네의 풍자적인 여행기에 많은 빚을 지고 있다. 주된 주제는 숱한 고난 끝에 결국 사랑이 승리를 거둔다는 것으로, 낭만주의 작품들에 관습적으로 등장하는 일련의 이미지들과 내러티브들을 통해 표현된다. 자신의 이상을 지키면서 사이렌들의 유혹 노래를 버텨 내는 젊은이, 집으로 돌아와 보니 자신의 연인이 배신하여 다른 사람과 결혼하려 하는 것을 알고 그녀의 결혼식에서 목숨을 끊는 기사 등으로 표현되고 있다. 어떤 성에 갇힌 '감정이 풍부한' 한 남자를 위해 성 밖에서 노래하며 눈물을 흘리는 한 쌍의 하프 연주자들, 인간의 운명에 무심한 별들, 아름답지만 결국 망상과 죽음으로 몰려가는 여인, 어떤 기사에 희망 없는 사랑에 빠져 결국 물에 빠져 자살하는 창백한 얼굴의 소녀 등등.

이 시들은 참으로 당대의 문화적·정치적 사건들과 이상할 정도로 동떨어져 있다.[51] 실제로 한 비평가는 이 시들이 괴테와 실러의 초기 작품들로 되돌아가는 '흥미로운 시대착오적 취미'라고 부르고 있다.[52] 1810년 이후(이른바 **성숙기 낭만주의Hochromantik**✤ 기간) 보수적 낭만주의자들의 좀 더 경건한 비유들에서 소중하게 다루어지는 것들(예배당, 탁발승, 기독교 미술, 중세 혹은 고대의 독일 등)

은 거의 나오지 않는다. 게다가 '청년 독일파'라든가 당대의 폴란드 혹은 그리스에서 벌어지고 있었던 독립 투쟁에 대한 이야기도 나오지 않는다. 그저 강조되고 있는 바는 영웅적 행동으로, 문화의 세계 안에서 '지식을 전진시키고 시가와 미술을 장악하기 위한 대담한 행동'뿐이다.

이토록 강력하게 영혼을 움켜쥐어 들어오는 것을
내 어찌 차분한 태도로 추구할 수 있으랴
안락하게 앉아 쉴 수 있으랴
끊임없이 몰아치는 폭풍우처럼, 나는 달려들고 달려드노라.[53]

특히 독특하게 돋보이는 점은 행동에 대한 모종의 광시곡적 찬미이다. 의지와 행동, 여기에 사랑까지 겹쳐진다면 이 물질적인 사바 세계에 대해 찬란한 승리를 거두게 된다는 것이다. '예니에게 보내는 소네트의 결말'을 보자.

자부심에 고양된 마음은 한껏 밝아져,
풍성하고 빛나는 의상처럼 나를 멋지게 감싸고,
온갖 제약과 속박을 거만하게 내던지며
굳건한 발걸음으로 성큼성큼 나는 가로지른다
그대의 앞에서 나의 고통은 산산조각이 나서 흩어지며
나의 꿈들은 저 생명의 나무를 향하여 터져 나온다![54]

또는 '인간의 자부심'을 보자.

✤ 독일의 낭만주의는 크게 1790~1804년의 초기 낭만주의(Fruromantik, '예나시대')와 1805~1815년의 성숙기 낭만주의(Hochromantik, '하이델베르크시대')로 나누어진다. 전자는 철학과 형이상학을, 후자는 예술과 문학을 주된 영역으로 삼았다.

예니! 감히 이렇게 맹세해도 될까요?
사랑에 빠진 우리는 이미 영혼을 맞바꾸었으며
우리 두 영혼은 하나가 되어 두근거리며 빛을 뿜고 있다고
그 물결과 파동 속에 지금 우리 두 사람은 흠뻑 빠져 있다고

그리고 나는 장갑을 내던져 결투를 청합니다
이 경멸스러운 세상의 뻔뻔스러운 낯짝에다가 말입니다
그 거대한 여자 난장이는 징징 울면서
거꾸러져 쓰러지지만, 나의 행복을 부수지는 못합니다

신께 나아가는 발걸음처럼 나는 대담하게
그 폐허가 되어 버린 왕국 전체에 승자의 당당한 보무로 돌아다닙니다
모든 언어는 행동이요 화염일지니
나의 가슴은 창조주의 가슴처럼 뛰닙니다[55]

나중에 나오는 시들에 보면 이 세상과 맞서는 전투 이야기가 또다시 나오지만, 이는 이제 속물들과 부르주아들에 맞선 시인과 예술가의 전투이다. 그 영감은 주로 하이네의 『여행기』에 나오는 풍자적 소묘들에서 온 것이다. 그 좋은 예는 「아르미데Armide」라는 시이다. 글루크의 오페라 「아르미데」를 들으며 시인은 '그 음악의 마법'에 빠져들려 애써 보지만, 바로 옆자리에 앉은 멍청한 젊은 여자의 어리석은 수다와 짜증 나는 행태에 계속 방해를 받는다.[56] 이와 비슷한 입장을 보여 주는 것이 또 있다. 괴테와 실러가 1797년에 함께 만든 「제니엔

✤ 괴테와 실러는 자신들에 반대한 당시의 여러 독일 비평가들에게 보복하기 위해 그들을 비꼬고 풍자하는 운문집을 작성하여 출간한 바 있다.

Xenien」에서 독일 평론가들의 낮은 수준을 비판적으로 묘사한 바 있었거니와,✤ 마르크스 또한 이를 따라 하려고 시도한 바 있다. 이 짧은 풍자시들에서 마르크스는 무식한 군중들의 판단으로부터 위대한 예술가를 지켜 내기 위해 신랄한 독설을 사용하고 있다. 실러는 '뇌성벽력과 같은 소리를 연주하지만 대중성이라고는 눈꼽만큼도' 없으며, 괴테 또한 야단을 맞아 마땅하다. "비록 간혹 낯설기는 해도 아름다운 사유로 넘치고 있지만, '신께서 만드셨노라'라는 말 하나를 빼먹었으니까." 이 풍자시 중에는 또 헤겔에 대한 공격도 있다.

> 내 가르침의 낱말들은 모두 뒤섞여 악머구리 같은 엉망진창이 되어 버리니,
> 누구든 그냥 자기가 원하는 대로 이해하고 생각하면 된다.57)

카를이 그의 아버지에게 보낸 문집에는 두 편의 긴 작품들이 실려 있다. 「스콜피온과 펠릭스」 그리고 「오울라넴」이다. 전자는 「트리스트럼 섄디Tristram Shandy」✤를 한번 모방해 보려고 안간힘을 쓰는 게 느껴지는 작품이다. 이 소설의 형식이 유행하게 되자 얼마 안 있어 장 폴Jean Paul의 저작들이 나타났고 또 '도플갱어Doppelgäner'에 대한 호프만E. T. A. Hoffman의 희곡이 나오게 된다.✤✤ 마르크스의 소설은 '유머 소설'의 단편이라는 제목을 달고 있지만 유머라고는 찾아보기가 힘들며, 있다고 해도 지독하게 부담스러운 현학의 과시 아래 파묻혀 있어 전혀 우습지가 않다. 카를 자신도 아버지에게 보낸 편지에서 그 소설의 '억지웃음'

✤ 영국의 로런스 스턴Lawrence Sterne이 1760년대에 출간한 9권의 소설로, 주인공이자 화자인 트리스트럼 섄디의 인생 이야기를 담고 있다. 한없이 이어지는 주제에 벗어난 이야기 등 형식과 내용에서 모두 파격적일 뿐만 아니라 라블레Rablais의 전통에서 유머와 통렬한 풍자 등을 담고 있어서 이후의 유럽 문학에 지대한 영향을 끼쳤다. 철학자 쇼펜하우어는 이 작품을 최고의 소설이라고 평가하여 스스로 독일어로 번역하려는 시도를 하기까지 했다.

✤✤ 도플갱어란 '나와 똑같은double 자가 걸어다니고 있다goer'의 뜻을 담은 독일어. 이러한 문학적 테마는 괴테나 그 이전부터 존재했지만, 이 말을 처음으로 만든 이는 18세기 말 19세기 초 독일의 낭만주의 소설가 장 폴Jean Paul 이다. 호프만은 네덜란드의 극작가로 도플갱어의 주제를 활용한 작품으로 유명하다.

을 인정하고 있다. 아마도 그 가장 흥미로운 특성은 정치적인 문제들을 문학적 형식으로 담아내려는 좀 서투른 시도일 것이며, 이는 스턴과 하이네를 연상시키는 접근법을 흉내 낸 것이다. 장자 상속제가 '귀족 계급의 수세식 변기'라는 가혹한 비유 이외에도 다음과 같은 한탄이 쏟아져 나온다(아마 하이네로부터 영감을 받은 것으로 보인다). "우리 시대에는… 그 어떤 서사시도 쓸 수가 없다." 위대한 것이 지나고 나면 시시한 것이 나타나게 되어 있다는 것이다. "거인 뒤에는 항상… 난장이가 나타나며, 천재 뒤에는 항상 볼품없는 속물들이 나오게 되어 있다." 그래서 "저 영웅 카이사르가 떠나고 난 뒤에는 연극이나 하면서 노는 옥타비아누스가 나타났고, 황제 나폴레옹 뒤에는 부르주아 왕 루이 필리프가 나타났고" 등등.[58] 전체를 묶어 주는 핵심이 결여되어 있는 상태에서 연상이 제멋대로 뻗어나가고 있어 그 흐름이 서툴고 논점이 무엇인지도 알 길이 없다.

또 다른 단편인 「오울라넴, 비극: 몇 장들Scenes from Oulanem, a Tragedy」은 운문으로, 신비에 싸인 독일 출신 이방인 오울라넴과 그의 벗인 루신도Lucindo의 이야기를 다루고 있다. 이들은 이탈리아의 한 도시에 도착하여 페르티니Pertini라는 사람을 만나게 되는데, 그들은 그를 전혀 모르지만 그는 그들을 속속들이 알고 있었고, 메피스토펠레스의 모방임이 확실한 이 인물은 그들에 대해 사악한 계획을 꾸미고 있었다. 루신도는 페르티니의 '비열한 독사 같은 가슴'에 도전하지만, 그럼에도 페르티니는 그에게 '육즙이 뚝뚝 떨어지는 고깃덩이 같은 여자'라고 하면서 베아트리체Beatrice라는 여인을 소개시켜 주어 그의 관심을 돌린다. 그녀와 루신도는 모두 독일인으로 금세 사랑에 빠진다. 하지만 베아트리체는 이미 아버지에 의해 비어린Wierin이라는 남자('옷만 매끈하게 차려입은 원숭이 같은 놈')와 정혼을 맺은 상태였다.[59] 루신도와 비어린은 결투를 준비한다. 한편 그 신비에 싸인 오울라넴(늙어 가는 파우스트이다)은 자신의 서재에 앉아 세상이 돌아가는 꼴을 저주하며 예정된 파멸이 다가올 것을 두려워하고 있다.

이 난장이 우주는 무너지고 있다
나는 곧 영원의 시간을 손에 쥐고서 소리 높이 외칠 것이다
온 인류가 듣도록, 인류의 거대한 저주를
영원성! 이는 영원한 고통,
죽음은 상상할 수도 없고 헤아려 볼 수도 없는 것!
우리를 조롱하기 위해 발명된 사악한 발명품,
우리는 그저 태엽 시계일 뿐이며, 그 감아 놓은 태엽은 우리를 숙명적으로
몰고 가게 되어 있다
시간과 달력에 따라 이리저리 흔들리는 어릿광대가 되도록[60)]

그런데 루신도, 베아트리체, 오울라넴 사이에는 사실 더 깊은 관련이 있다는 암시가 주어진다. 루신도와 베아트리체는 모두 독일인일 뿐만 아니라 오래전에 헤어진 남매일지도 모른다는 것이다. 비록 카를이 남긴 글은 완성된 작품이 아니지만, 이 작품의 플롯은 당시에 '운명의 비극'(1810년대와 1820년대에 자카리아스 베르너Zacharias Werner와 아돌프 뮐러Adolf Müller가 대중화시켰다)이라고 불렸던 유형의 고딕 스릴러물의 관례를 따르고 있다는 아주 설득력 있는 주장이 나온 바 있다.[61)] 이 장르의 공통된 모티브는, 모르는 사람인 줄 알았다가 비밀스럽게 그 정체가 파악되는 인물의 귀환, 저주로 인해 결정되어 버린 숙명, 그리고 남매간 근친상간의 위협 등이다.

우리의 관점에서 이 드라마가 흥미를 끄는 주된 측면은 이것이 카를이 독일 낭만주의와 거리를 두기 시작했다는 첫 번째 지표라는 점이다. 루신도는 베아트리체를 만나자마자 즉시 이렇게 격정을 토로한다.

오, 나의 심장이 말을 할 수만 있다면, 그것이
당신이 내 심장의 밑바닥까지 용솟음치게 만든 감정을 뿜어낼 수만 있다면,

그 말의 단어들은 모두 불꽃같은 멜로디가 될 것이며,
호흡 하나하나가 영원의 전체가 되며,
천국, 저 무한히 광활한 제국이 될지니
그곳에서 모든 생명체들은 사유로 밝아진 머리로 발랄하게 생기를 발할 것이며
부드러운 갈망에 가득 차, 가지가지의 조화로 가득 차,
이 세계를 달콤하게 가슴에 꼭 품어 안을 것이며,
순수한 사랑스러움의 빛은 끊이지 않고 흐를 것이요,
내 심장에서 나오는 모든 단어들은 오로지 당신의 이름만을 품고 있을 터이니!

이 시점에서 페르티니가 끼어들어 설명한다.

아가씨, 기분 나쁘게 듣지는 마시고,
이 사람은 독일인이랍니다
그래서 툭 건드리기만 해도 항상 영혼과 멜로디를 실어 장광설을 토해내죠[62)]

1837년 11월 10일, 아버지에게 보낸 편지에서 카를은 시인이 되겠다는 꿈이 끝나 버렸음을 인정했다. 바로 그날 카를은 『독일 시 연감Deutscher Musenalmanach』의 편집자인 아달베르트 카미소Adalbert Chamisso로부터 자신이 투고한 시들의 출간을 거절하는 '대단히 불쾌한' 기별을 받았던 것이다. "나는 격노했지만 '그 기별을' 받아들이기로 했습니다."[63)] 그로부터 1년 후 누나인 소피가 카를에게 말해 주었다. "예니는 너의 시들을 받자마자 기쁨과 고통으로 눈물을 흘렸단다."[64)] 1837년 여름 카를은 '다시 한 번 뮤즈 여신들의 춤과 사티로스

신의 음악을 추구했지만' 그는 곧 자신의 시도가 '영감을 줄 만한 것들도 없고 격정적인 사유의 흐름도 없는 그저 형식적 예술에 불과하다'는 것을 알게 된다. 하지만 그는 계속해서 이렇게 말한다. "이 마지막 시들은 마치 마법의 손길(오, 처음 그 손길이 다가왔을 때 그것은 엄청난 충격이었습니다)처럼 나로 하여금 저 머나먼 요정의 궁전과 같은 진정한 시의 빛나는 왕국을 흘끗이나마 볼 수 있게 해 주었고, 내가 그때까지 지었던 모든 작품은 아무것도 아닌 것으로 무너지고 말았습니다." 카를은 병을 앓았고, 회복하고 난 뒤 '그의 모든 시와 스토리 개요들을' 불태워 버렸다.[65] 8월 말쯤에는 연극 비평을 해 볼까 하는 계획을 만지작거렸지만, 그의 아버지는 곧 다음을 상기시킨다. 세상에서 제일 뛰어난 연극 비평가가 된다고 해도 세상은 "호의보다는 적의로 대할 것이다. … 내가 알기로는 저 위대한 학식 높은 레싱 또한 장미꽃이 뿌려진 길을 걸어가기는커녕 가난한 도서관 사서로 살다가 죽었다."[66] 하인리히는 다시 한 번 아들을 다시 좀 더 현실적인 직업 경로로 되돌려 놓으려 시도하고 있지만, 이번에는 학계에 자리를 잡는 쪽을 권하고 있다. 법, 철학, 관방학 무엇이 되었든.

문학이라는 운명을 고집하려는 카를의 열망은 아직 남아 있었고, 그가 11월 보낸 편지에서 자신이 어떻게 헤겔의 추종자가 되었는지를 아버지에게 설명하는 꾸며 낸 문체 또한 그러한 열망에서 나온 것임이 분명하다. "저는 헤겔의 철학을 파편적으로 그전에 읽은 적이 있었습니다만, 그로테스크하고 험상궂은 그 멜로디는 제게 영 다가오는 바가 없었더랬습니다." 그는 24페이지에 이르는 대화록 「클레안테스Cleanthes」를 썼다. 이는 "종교, 자연, 역사, 즉자적 이념idea-in-itself으로 모습을 드러내는 신성에 대한 철학적-변증론적 설명입니다. … 말미에 내가 도달한 입장은 헤겔적 체계의 시작점이었습니다. … 이 작품은 내가 스스로 낳아 달빛 아래에 키워 낸 소중한 아이였지만, 저는 마치 정신 나간 사이렌처럼 그 아이를 거꾸로 적의 품에다가 넘겨주고 말았습니다. … 며칠 동안 저는 너무 황당하고 기가 막혀 제대로 생각을 할 수도 없을 정도였습니다. 그러고는 '사람들의 영혼을 씻어 내 주고 차를 묽게 해 주는' 더러운 슈프레 강물 옆의 정원을 미친 사람처럼 뛰어다녔습니다."[67]

카를은 이렇게 자신이 시인이 된다는 생각에 열병처럼 빠져들었지만, 이는 서서히 가라앉았다. 1839년 예니에게 자기가 직접 쓴 문학작품 대신 세계 각국의 민속 시들을 모아서 보냈던 것으로 보아 그러한 열병이 분명히 사라졌음을 알 수 있다.[68]

4. 베스트팔렌 집안

1836년 여름 학기가 끝날 때 마르크스는 본 대학에서 베를린 대학으로의 편입 허가를 얻어 내며, 1836년 8월 말쯤에는 예니 폰 베스트팔렌Jenny von Westphalen과 정혼한다. 카를은 부모님의 동의를 얻어 내는 데는 아무런 어려움이 없었지만 베스트팔렌 집안의 부모님들은 1837년 3월이 되어서야 이러한 이야기를 듣게 된다. 당시 예니는 22세로 카를보다 네 살이 많았다. 카를은 아마 예니의 동생이자 자신의 김나지움 같은 반 친구였던 에드가를 통해 예니를 알게 되었을 것이다. 예니는 또한 카를의 누나인 소피의 학교 친구이기도 했다. 카를, 예니, 에드가는 어렸을 때 함께 놀기도 했으며, 에드가는 마르크스 집안에 정기적으로 놀러오는 관계였고, 그 또한 마르크스의 여동생인 에밀리에게 끌렸었다고 한다. 또한 하인리히는 예니의 아버지인 루트비히 폰 베스트팔렌을 이미 직업상 관계로 잘 알고 있었음이 분명하다. 하인리히는 지역의 저명한 변호사로 감옥에 투옥된 이들을 변호하는 임무도 맡고 있었으며, 추밀 고문관Geheim-Regierungsrat인 루트비히의 공식적인 책임 중 하나 또한 감옥 관련 업무였다(1824년의 업무 목록을 보면 그 외에도 경찰, 소방 서비스, 병원, 자선 기관, 통계의 생산 등이 그의 관할 업무였다).[69] 그리고 두 사람 모두 '카지노 클럽' 회원이었다.

요한 루트비히 폰 베스트팔렌Johann Ludwig von Westphalen은 1770년 크리스티안 필립 하인리히 폰 베스트팔렌Christian Philipp Heinrich von Westphalen의 넷째 아들로 태어났다. 그의 아버지는 브룬스빅-뤼네부르크Brunswick-Lüneburg의 페르디난트 대공의 참모총장이었다. 페르디난트 대공은 7년 전쟁(1757~1763년) 기간 동안 하노버에서 프랑스에 맞섰던 영국-독일연합군의 사령관으로 유명한 이였고, 크리스티안 베스트팔렌은 참모총장 역할을 훌륭히 수행하여 귀족 작위를 얻게 된다. 루트비히의 어머니 제니 위샤트는 에딘버러의 설교사의 딸로, 스코틀랜드 서쪽의 아가일Argylls 사람들과 혈연관계가 있었다. 루트비히는 괴팅엔과 다른 곳에서 훌륭한 대학 교육을 받았을 뿐만 아니라 영어를 할 줄 알았고 라틴어, 그리스어, 이탈리아어, 프랑스어, 스페인어 등을 읽을 수 있었다.

그는 대학을 마친 후 브룬스빅에서 정부 공직을 맡았다. 하지만 그의 세대의 다른 많은 이처럼 그의 이력 또한 프랑스혁명과 나폴레옹전쟁으로 혼란을 겪게 된다. 1807년 브룬스빅이 나폴레옹이 새로 세운 베스트팔렌Westphalia 국가로 흡수되자 그는 그곳의 공직자가 된다.[70] 그는 아마도 이 새로 생긴 국가의 개혁 프로그램에 매력을 느꼈던 것일 터이다.[71] 1809~1813년 사이에 그는 잘츠베델Salzwedel이라는 부지사청 소재지Sub-Prefect에 머물고 있었고, 여기에서 예니가 태어났다.

1813년, 프랑스 군대가 다시 잘츠베델로 쳐들어왔을 때 루트비히는 공개적으로 나폴레옹에게 반대하는 발언을 했다는 죄목으로 감옥에 갇히게 된다. 그해 말 프랑스군은 퇴각하고 루트비히는 잘츠베델의 프로이센 지역 통령Prussian District President이 되지만, 그 지역 토지 귀족들이 통령을 선출하는 자신들의 전통적인 권리를 다시 주장하고 나서자 그 자리에서 물러나야 했다.

1816년 그는 프로이센 왕국의 서쪽 끝 국경인 트리어의 제1고문관으로 임명되어 이주해야 했고, 이는 그에게 아마 실망스러운 일이었을 것이다. 그때 이후로 그는 이 직위에 계속 머물러 있었으며, 명예롭지만 자동적으로 올라가는 자리인 정부 추밀 고문관Geheim-Regierungsrat으로 승진하는 것을 끝으로 퇴임한다.[72] 전쟁이 끝난 뒤 여러 진보적 개혁을 실행해 보자는 희망을 품었던 자유주의 사상을 가진 프로이센 공직자 다수와 마찬가지로 그 또한 현실에서 좌초하고 말았던 것이다. 게다가 이렇게 공직자로의 앞날에 전망이 없다는 것을 더욱 실망스럽게 만드는 것은, 그의 가족이 귀족 작위를 가지고 있었을 뿐 부유하지 못했다는 점이었다. 1820년대 프로이센 공직자 명부에 보면 루트비히는 '토지 소유 없음'이라고 되어 있으며, 세금을 내고 빚을 갚는 등에서 여러 번 반복해서 문제를 겪었던 것으로 알려져 있다. 1832년 트리어와 베를린의 관료들은 루트비히를 명예퇴직시키는 문제를 논의한다. 그를 옹호하는 쪽은 그의 쉬지 않고 일하는 성실성을 강조했지만, 비판하는 쪽은 그가 장황하게 말만 많고 심하게 손을 떨어 제대로 일을 하지 못한다는 점을 강조했다. 루트비히는 이러한 이야기들에 대해 알게 되었을 때 깊은 상처를 받았다. 결국 그를 그 자리에 놓아두는 것으로 합의를 보았지만, 루트비히는 또다시 심각한 흉부 감염을 얻게 되어 결국 1834년 은퇴하게 된다.

1830~1831년 기간 동안 트리어의 정치적·사회적 분위기는 팽팽한 긴장이 극에 달해 있었다. 하층계급에서나 중간계급에서나 빈곤이 크게 늘어났다. 네 사람 중 한 사람은 빈민 구호에 의존하고 있었다. 조세의 수준과 불평등함에 대해 분노가 일어났고, 특히 '음식세meal tax'와 '도살세slaughter tax'에 대한 분노가 컸다. 프로이센 공무원들은 대중 봉기의 가능성까지 두려워했다. 루트비히가 1831년 자신의 사촌인 프리드리히 페르테스Friedrich Perthes에게 보낸 편지를 보면 그가 자신이 대표해야 하는 경찰에 대해 스스로 대단히 비판적인 입장이라는 것이 분명히 드러나 있다. 조세의 심한 불평등함으로 그 또한 인민들의 불만에 대해 일정하게 공감을 느끼고 있었다. 그는 비록 공화국이라는 사상에 대해서는 적대적이었지만 현존하는 헌정 체제에 대해서도 비판적인 태도를 가지고 있었다. '질서와 이성'에 근간하여 '진정한 자유'를 향한 진보가 이루어져야 한다는 것

이었다.73)

루트비히 폰 베스트팔렌은 두 번 결혼했다. 1798년에 결혼했던 귀족 규수 엘리자베트 폰 펠트하임Elizabeth von Veltheim은 페르디난트Ferdinand(1799년), 리세테Lisette로 알려진 루이제Louise(1800년), 카를Carl(1803년), 프란치스카Franziska(1807년) 네 아이를 낳았다. 엘리자베트는 1807년에 사망했다. 루트비히는 1812년 프로이센 공직자 딸인 카롤리네 호이벨Caroline Heubel과 재혼하여 카를 마르크스의 장래 아내가 되는 예니Jenny(1814년), 라우라Laura(1817년, 1821년에 사망), 에드가Edgar(1819년)를 낳았다. 이 두 결혼에서 나온 아이들 사이에는 놀랄 만한 차이점이 있었다. 정말로 이 가정의 성원들이 취한 다양한 진로와 신조를 보면 마치 19세기 프로이센의 양극성이 한 가정이라는 울타리 내에서 작은 규모로 집약되어 표출된 것 같다는 생각이 들 정도이다.

맏이인 페르디난트는 법조인으로 커 나갔다. 비록 1830년 프랑스에서 루이 필리프 왕정이 들어선 것을 환영하기는 했지만, 그 이후로는 점차 보수적이 되어 갔다. 그는 트리어에 파견된 정부의 고위 공직자Ober-Regierungsrath und Dirigent der Abteilung des Inneren der Regierung로, 1826~1830년 사이에 근무했고, 더 높은 직위로 1838~1843년 사이에 다시 트리어에서 근무했다. 1848년 혁명의 여파로 그는 레오폴트 폰 게를라흐Leopold von Gerlach✤ 장군의 주선을 통해 왕인 프리드리히 빌헬름 4세에게 추천되었다. 그는 프로이센의 내무부 장관으로 임명되어 1850~1858년 기간 동안 그 자리에 있었다. 왕과 마찬가지로 페르디난트 또한 보수적인 복음주의 기독교 신자였으며, 그가 장관으로서 품었던 주요한 야망은 왕권신수설에 근간한 왕정과 신분제 사회ständische Gesellschaft를 다시 확립하는 것이었다.

그의 자매인 리세테와 프란치스카도 비슷한 세계관을 가지고 있었으며,

✤ 19세기 프로이센의 육군 장군. 보수적 프로테스탄트이며 비스마르크와 가까웠다.

모든 이의 일치된 증언에 의하면, 예나에서의 프로이센 군대의 패배에 대한 반동으로 시작되었던 보수적인 종교 부흥 운동인 '각성 운동Erweckungsbewegung'에서 지도적인 활동가들이 되었다고 한다. 예니의 이복 언니인 리세테에 대해 가족에게서 내려오는 한 이야기에 따르면, 그녀는 좋은 남편과 12명이나 되는 아이들을 두고 크로시크Krosigk 영지에서 안락한 생활을 즐기고 있었음에도 "죄악의 문제에 대해서만 골몰하면서 자신과 남들에게 고문을 가했으며, 죄에 대한 생각이 가득 찬 나머지 웃음도, 기쁨도, 감사도 잊어버릴 지경이었다. … 그녀는 충만한 감정에서 행동할 줄은 전혀 모르며, 항상 의무에 따라서만 행동했다. 이는 그녀의 가장 가까운 이들에 대해서도 마찬가지였다." 이 때문에 그녀가 가족에 대해 가지고 있었던 사랑의 감정에는 항상 무언가 신경과민증의 흔적이 섞여 있었다. "경건한 이die Heilige 앞에 가면 누구든 왠지 위축되게 마련이다. 그리고 그 사람의 내면에서 뿜어 나오는 향냄새 가득 찬 분위기를 희석시켜 줄 무언가 진심 어린 인간적인 말들이 그 사람의 입에서 나와 주기를 갈망하게 된다."[74]

그녀의 이복 동생인 예니도 똑같이 강한 정신의 소유자였지만, 그 생각과 관점은 상극으로 달랐다. 리세테의 손녀 한 사람은 가족들 사이에 오간 서신을 바탕으로 젊은 시절의 예니가 고분고분하지 않은 성격에 강한 정의감을 가지고 있었던 데다 그 정의감이 열정적으로 터져 나오기도 했다고 말하고 있다. 게다가 예니는 지식욕도 강했기에 이미 아이 때부터 닥치는 대로 책을 읽어 댔다고 한다. 1830년대에 그녀는 급진주의자들의 편에 서서 '청년 독일파'의 입장을 대변한다. 이러한 예니의 입장이 워낙 강렬하여 '그 교만한 여자'가 그녀의 오빠 페르디난트와 마주치는 일이 없도록 해야 했다고 한다. 한 여성으로서, 젊은이로서, 또 혁명적 정치 지지자로서 그녀는 열정적 확신에 차 있었으며, 아직도 두메산골 촌사람들과 같은 관점에 갇혀 있는 부르주아적bürgerlich 세계를 혹평했다. 그녀의 이복 언니 리세테는 그녀의 오빠와 완전히 같은 견해를 가지고 있었지만, 그럼에도 인간적으로는 예니의 열렬한 감정, 순수한 열정, 기꺼이 자기를 희생할 준비가 되어 있는 모습에 감동을 받았다. "사랑과 정의를 위해서라면 무엇이든 할 예니는 운명에 버림받은 이들인 프롤레타리아트를 위해 슬퍼하고 아파했다."75)

예니는 특출할 정도로 미인이었다는 것이 모든 이의 한결같은 이야기이다. 1863년 트리어를 방문한 카를은 "매일같이 가는 데마다 왕년의 '트리어 최고의 미녀'이자 '무도회의 여왕'이 어떻게 지내고 있느냐는 질문을 받고 있소. 이렇게 당신이 온 도시의 상상 속에 '마법에 걸려 잠자는 공주'쯤으로 계속 살아 있으니 그 남편인 나는 흡족할 수밖에 없소."76) 오빠인 페르디난트도 1831년 예니 주변에 정기적으로 '온천 방문객들Curmachern이 우글'거리지만, 예니는 자신의 '냉혈성sangfroid'을 과시하면서(이 경우에는 자신의 그러한 성격을 아주 잘 사용하는 셈이다) 아무 거침없이 행동한다고 했다.77) 그해에 17세가 된 그녀는 트리어의 군대에 주둔하고 있었던 한 장교와 짧은 기간 연애를 하기도 했지만, 그 감정이 지속적인 관계로 발전하지는 않았다.

베스트팔렌 집안의 막내인 에드가는 앞서도 언급했듯 카를의 김나지움 같은 반 친구였다. 아주 똑똑한 소년이었던 그를 예니는 특별히 귀여워했다. 모든 이들이 그가 매력적이고 느긋한 성격의 소유자였다고 말하고 있다. 에드가와 카를은 또한 베를린에서도 1837년에 함께 법학 공부를 하고 있었고, 여기에 에드가의 절친이자 루트비히의 첫 번째 아내의 조카인 베르너 폰 펠트하임Werner von Veltheim도 함께했다. 에드가와 베르너는 둘 다 미국으로 가서 공산주의적 공동체 생활을 할 것을 꿈꾸었다. 에드가는 법률가가 되어 트리어 주변에서 여러 직위를 연이어 맡게 된다. 하지만 그는 사는 곳과 하는 일에 마음을 붙이지 못했다. 그 후 1847년 카를이 조직한 브뤼셀 공산주의자 통신 위원회Brussel Communist Correspondence Committee의 일원으로 카를과 예니와 함께 브뤼셀에 잠시 머물다가 미국으로 가겠다는 자신의 계획을 실현한다. 베르너는 그가 텍사스에 정착할 수 있도록 지원했지만, 다음과 같이 말하기도 했다. "에드가가 대표하는 공산주의 사상은 아름답지만, 그게 실현되려면 철저한 이상주의자들이 있어야만 한다." 한편 리세테는 이러한 관찰을 남겼다. "그는 마음은 착한 녀석이지만, 에너지와 결단력이 결여된 것으로 보인다. 하지만 일단 그가 순전히 자신에 의지해야 하는 상황이 오면 그런 힘들이 그의 내면에서 개발될 것이다."[78]

하지만 그렇게 되지 않았다. 반년도 되지 않아 에드가는 황열병으로 몸은 망가지고 마음은 절망으로 가득 찬 채 미국에서 돌아왔다. 리세테는 일기장에 이렇게 썼다. "그는 경험을 통해 자신의 공산주의 사상을 버리게 되었지만, 변함없이 자신의 사회주의 백일몽을 떨치지 못해 혼란 상태를 겪고 있다."[79]

1851년 그는 다시 텍사스로 떠났고, 이때에는 금전적으로 그의 친구인 베르너뿐만 아니라 맏형인 페르디난트의 도움도 받았다. 하지만 그는 1865년 빈털터리에 실망에 가득 찬 모습으로 다시 최종적으로 베를린으로 돌아왔다. 이 당시 예니가 그녀의 친구이자 빌헬름 리프크네히트의 부인인 에르네슈티네 Ernestine에게 보낸 편지를 보자. "에드가는 나의 어린 시절과 젊은 시절의 우상이었고, 나의 하나뿐인 소중한 동반자예요. 나는 내 모든 영혼을 걸고 그의 편에 설 거예요. … 최근 나는 카를의 가족과 많은 관계를 갖고 있지만 이들은 제게는 낯설고 먼 이들이랍니다. 그래서 저는 더욱더 아직 제 곁에 있는 유일한 혈육인 에드가에게 내면적으로 더 애착을 기울이고 있답니다."[80] 그런데 거의 비슷한 시점에 카를이 엥겔스에게 보낸 편지는 좀 더 냉정하다. 에드가는 '빈둥거리면서 소일하고' 있으며, '아침부터 밤까지 그저 자기 배를 어떻게 채울지만 골똘히 생각하고' 있다는 것이다. 하지만 그는 마음은 착한 사람이고 또 아이들도 그를 좋아하는지라 '그의 자기중심주의는 마음 착한 고양이 혹은 얌전한 개의 자기중심주의'라고 한다. 에드가는 또다시 텍사스로 돌아가고 싶어 하지만, 그러려면 맏형 페르디난트와의 '대결'을 피할 길이 없을 것이라고 한다. 카를은 에드가가 '요즘 품고 있는 이상'은 '가게, 그것도 시가나 포도주를 파는 가게를 여는 것'이라고 전하면서, 그 배후에 숨은 희망은 '그것이 시가와 포도주에 탐닉할 수 있는 가장

확실한 방법'이기 때문일 것이라고 의심하고 있다.[81]

하지만 막상 베를린에서 에드가는 시집을 한 권 출간하기도 했고 또 사법 당국에서 일자리를 얻기도 했다. 그의 정치적 이상은 여전히 1848년 당시의 프랑크푸르트 급진파의 그것이었다(프로이센, 오스트리아, 귀족정이 모두 빠진 통일된 독일). 그는 자신을 '퇴직한 사법관 시보Auscultator ausser Diensten'[82]라고 묘사했지만, 돈 문제의 관리에서는 항상 완전히 무능했던 것으로 보이며, 1890년에 완전히 무일푼으로 자선병원에서 사망했다. 그 자선병원인 '베타니아 부목사관Diakonissenhaus Bethanien'은 그가 죽었던 시점보다 25년 전 그의 맏형인 페르디난트가 무료 침상 하나를 기부했던 곳이기도 했다.

베스트팔렌 집안 안에서의 갈등은 단순히 정치적 차이 때문에 빚어진 것은 아니었다. 페르디난트 그리고 특히 그의 부인이었던 루이제 폰 플로렌코르트Louise von Florencourt는 루트비히의 두 번째 부인이었던 카롤리네를 가족의 일원으로 받아들이기를 아주 버거워했다. 그 이유가 분명한 것은 아니지만, 1830년 그들이 루트비히와 함께 가족 여행을 떠나고자 했을 때 카롤리네와 예니를 빼놓으려고 했던 사실에서 확인할 수 있다. 이러한 갈등의 근저에는 사회적 지위에 대한 속물적 태도가 있었음을 시사하는 이들도 있다. 즉 루트비히의 첫 번째 아내 집안인 펠트하임 집안과 페르디난트의 부인인 플로렌코르트 집안은 귀족 가문이었기에 그저 부르주아 출신이자 '프로이센 하급 공무원'(이는 카를 마르크스가 경멸적으로 쓴 표현이다)의 딸에 불과한 카롤리네 호이벨을 업신여겼다는 것이다. 하지만 그와 똑같이 가능성이 있는 다른 설명도 있다. 그들의 냉담한 태도는 두 번째 결혼을 받아들일 수 없었던 좀 더 기본적인 감정 때문이었고, 가족 여행에서 그 둘을 빼놓겠다고 입씨름을 벌였던 이유는 루트비히의 첫 번째 아내의 가족을 방문하는데 카롤리네와 예니까지 데려가는 게 어색했기 때문이었다는 것이다.

그런데 이보다 훨씬 더 심각한 사건이 있었다. 세월이 많이 지나고 난 뒤인 1859년, 페르디난트는 브룬스빅-뤼네부르크의 군주 페르디난트의 참모총장이었던 자신의 할아버지인 크리스티안 필립 하인리히 폰 베스트팔렌과 그의 네 아들에 대해 책을 출간했는데, 여기서 그는 의도적인 칼질을 행했다. 그의 부친인 루트비히에 대해 이야기하는 절에서 그는 루트비히와 카롤리네의 두 번째 결혼에 대해, 또 거기에서 태어난 아이들에 대해 전혀 언급하지 않았던 것이다. 예니가 특히 화를 낼 수밖에 없었던 것은 그녀의 어머니가 루트비히와 무려 30년간 결혼 생활을 했을 뿐만 아니라 전처의 자식들 또한 자기 자식이나 마찬가지로 정성 들여 키워 냈기 때문이었다.[83] 따라서 마르크스 집안이 베스트팔렌 가정의 전처 자식들에 대해 꼭 정치 문제가 아니더라도 아주 혹독한 태도를 보였다는 것은 어찌 보면 당연한 일이다. 1896년에 엘리노어 마르크스가 쓴 글을 보자. "나는 플로렌코르트 가문에 대해서는 사실 아는 바가 없다. 그들 중 일부가 아주 부자이며 아주 괴짜들이며 아주 편협한 이들이라는 것 말고는. … 주지하듯이 나의 외삼촌 페르디난트 폰 베스트팔렌은 종교적 광신도였고, 내가 믿기로는 플로렌코르트 가문도 마찬가지로 광신적이었다. … 외삼촌 페르디난트는 프로테스탄트 특유의 편협한 태도와 편견에 가득 차기로 유명한 정말 최악의 인물이었다."[84]

이러한 베스트팔렌 집안 내의 균열이 더욱 폭넓게 함축하는 바를 생각해 본다면, 이를 계급이나 친족의 드라마라고만 이해해서는 안 된다. 페르디난트의 동생인 카를은 계속해서 비교적 자유주의적인 입장을 가지고 있었고, 베르너 폰 펠트하임은 에드가 베스트팔렌의 젊은 시절의 공산주의를 공유했으니까. 오히려 이는 서로 다른 정치적 세대 간의 충돌이었다. 루트비히 폰 베스트팔렌과 하인리히 마르크스의 세대는 미신적 교조에서 종교를 해방시키고(칸트의 표현에 따르면, '인간이 스스로 뒤집어쓴 미성숙함에서 풀려나는 것'), 대의제 의회가 제도화되고, 또 계몽주의적 군주(나폴레옹이 되었든, 아니면 프로이센 왕이 되었든)가 권력을 쥐게 되면 그것을 기초로 이성과 진보가 가능할 것이라고 믿었다.

하지만 그다음 세대는 이러한 생각을 기만이요 잔인한 희망 고문이라고 여겼다. 계몽군주 프리드리히 대제가 세운 훌륭한 질서의 합리적 국가는 예나에서 나폴레옹의 군대에 부딪혀 무너지고 말았다. 페르디난트와 그의 두 여동생은 프랑스혁명의 그림자에서 자라났고, 그 그림자에는 공포정치의 기억도 어른거리고 있었으며, 공화주의 및 무신론의 세력이 옛날의 프로이센 군사 귀족정을 패배시킨 아픈 기억도 어른거리고 있었다. 프로이센이 어째서 패배했는지에 대해서는 여러 진단이 있었지만, 토지 계급 사이에서 가장 대중적이었던 관점은 이것이 계몽주의의 얄팍한 합리주의에 홀린 것에 대해 신이 내린 징죄와 처벌이었다는 것이었다. 이러한 세속적 이성에 대한 반동으로 나타난 종교적 '각성 운동'은 영국에서의 복음주의 운동과 비슷했지만, 독일어권에서는 여기에다가 중세 독일의 기독교 예술과 민속 문화의 재발견까지 겹쳐지면서 더욱 힘이 강해졌다. 페르디난트 등은 이러한 분위기 속에서 인격과 세계관 형성을 겪었던 것이다.

이와는 대조적으로 예니, 에드가, 베르너 그리고 말할 것도 없이 청년 카를 등 1830년 이후 성년이 된 세대가 경험한 세계는 메테르니히와 왕정복고 이후의 칙칙한 참회 분위기를 완전히 벗어던진 세계였다. 이는 새로운 혁명의 물결로 다시 한 번 변화무쌍하게 된 세계였으며, 생시몽주의자들, 청년 독일파, 청년 헤겔학파, 마치니Mazzini의 '젊은 유럽Young Europe' 등 새로운 문화적·정치적 운동들의 출현으로 새로운 희망을 재촉하는 세대였다.

카를과 예니의 약혼으로 빚어질 여러 갈등의 일부는 이미 카를이 1836년 가을 베를린으로 떠날 때 예견할 수 있는 것이었다. 12월 28일 하인리히는 카를에게 자신이 예니와 이야기를 나누었으며, '그녀는 여전히 자기 부모님들이 너희의 관계를 어떻게 받아들일지 모르고' 있으며, '친척들과 세간의 판단' 또한 '사소한 문제'가 아니라고 말하고 있다. 하인리히가 받은 인상은 루트비히가 이미 모든 것을 알고 있지만 직접 그런 이야기를 듣고 싶어 하지 않는 것 같다는 것이었다.

하지만 베스트팔렌 집안의 두 무리 사이의 이미 벌어질 대로 벌어진 관계는 하인리히와 루트비히 세대의 온건한 자유주의마저 공격을 당하는 분위기 속에서 더욱 악화될 뿐이었다. 베를린으로 간 카를이 새로이 사귄 친구 집단은 신(특히 기독교의 신)이란 인간들이 만들어 낸 구성물일 뿐이며, 그와 함께 나타난 사회적 관계의 신비화로 인해 인류가 현재의 황량하고 우울한 상태에 처하게 된 것이라고 믿고 있었다. 그리고 이러한 황량하고 우울한 상태의 여러 이유를 사람들에게 널리 설명하여 이해시킨다면 인류는 완전히 새로운 행복의 시대를 열게 될 것이라고 그들은 믿었다.

3 장

베를린, 다가오는 신들의 황혼*

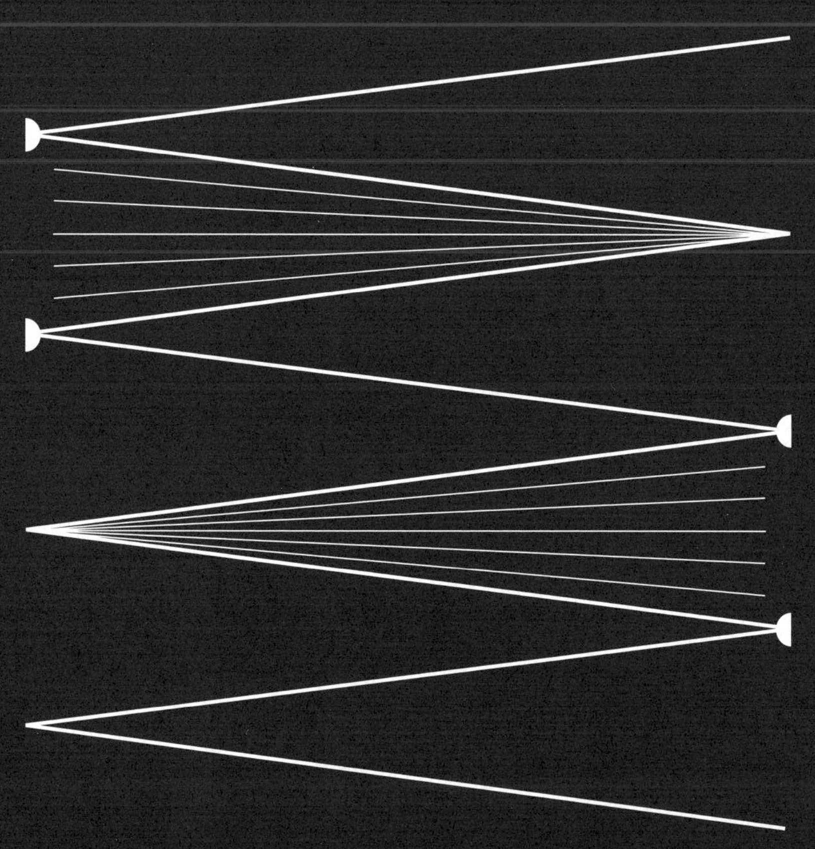

✤ 북유럽 신화에서는 미래에 벌어질 일련의 사건들에 대한 예언이 포함되어 있으니, 거인족들이 깨어나 신들과 큰 싸움을 벌이게 되고, 오딘을 비롯한 주요한 신들이 죽임을 당하게 될 것이며, 세상은 모두 물에 잠기게 될 것이라고 한다. 이 마지막 날을 '신들의 황혼ragnrök'이라고 한다. 그 후에는 살아남은 신들과 한 쌍의 인간으로부터 새로운 세상이 시작될 것이라고 한다. 이는 후에 바그너의 오페라 「신들의 영혼Götterdämmerung」에서도 다루어진다. 니체가 말한 대로 마르크스가 온몸으로 부닥치게 될 19세기는 어쩌면 '거짓 신들idols의 황혼'의 기간이었을지도 모른다.

1. 새로운 세상 베를린과 아버지의 죽음

1836년 카를은 당시 빠르게 성장하고 있던 대도시 베를린에 도착했다. 1816~1846년 사이에 베를린의 인구는 19만 7000명에서 39만 7000명으로 늘어났다. 매년 이 도시로 유입되는 노동자들은 1만 명에 이르는 것으로 추산되었다. 그중 3분의 2는 사실상 집이 없는 상태에서 밤마다 돈을 내고 잘 만한 공간Schlafstelle을 얻어야 했다. 이 도시에서 막 늘어나기 시작한 노동력은 주로 양복장이들과 구두장이들이었지만 그들 대부분의 수입은 과세 최저한에도 이르지 못했으며, 사회주의자 저널리스트인 에른스트 드론케Ernst Dronke의1) 말에 따르면, 이 도시의 여성 인구(그중 다수가 시골에서 올라와 하녀 자리를 알아보고 있었다)들은 7분의 1 정도가 성매매에 의지하고 있었다고 한다. 프리드리히 사스Friedrich Sass의 1846년 저작에 보면, 러시아의 상트페테르부르크를 제외하면 베를린만큼 가난한 이들을 완전히 외면하는 도시도 없을 것이라고 했다. 하지만 그나마 생활수준이 높은 이들의 삶도 그다지 매력적인 상태는 못 되었다. 그 '넓고 특색 없는 도로에는 멋대가리 없는 집들이' 마치 '연병장의 연대 병력처럼' 늘어서 있었다고 한다.[2] 영국인 여행객이었던 헨리 비즈텔리Henry Vizetelly는 "날씨가 건조한 날엔 바람이 조금만 불어도 모래가 구름처럼 일어나서 모든 것을 휘감아 버렸다"고 불평하고 있다.[3] 하이네가 베를린을 '북부의 모래 상자'라고 묘사한 유명한 말도 그래서 생겨난 것이었다.

베를린은 프로이센의 수도였고, 프로이센은 의회도, 또 독립적인 사법부도 없는 국가였다. 왕은 1815년 헌법을 제정하겠다고 약속했지만 이는 전혀 지켜지지 않았다. 언론의 자유도 없었고, 특히 베를린의 신문들은 엄한 검열하에 놓여 있었다. 그 결과 베를린에는 신문이 두 개밖에 없었고, 에드가 바우어Edgar Bauer에 따르면 이 두 신문은 "시대의 의미를 알리는 진정으로 의미 있는 징후들을 포착하지 못했다. 이들은 여러 지방에서 올라오는 생각과 사상들을 전혀 소화하지 못하고 있었다."[4] 중간계급은 체제에 반대하지도 않았고, 베를린 근교에서 성장하고 있었던 화학 및 섬유 공장과 작업장에서 새로이 사업을 확장하고 있었던 신규 기업가들도 마찬가지였다. 비판가들은 '이 부르주아들'이 왕에게 복종하며 정치적으로 무력할 뿐만 아니라 특히 '삶에 대해 시큰둥하고 비판적일 뿐만 아니라 나약한 종교적 경건함에 빠져 있는 것'이 특징이라고 비난을 퍼부었다.[5]

하지만 이러한 여러 단점에도 베를린을 흥미진진한 도시라고 여기는 이들도 많았다. 베를린의 문화적 생명력은 그 도시의 대학, 극장, 커피하우스, 술집 등에서 나왔다. 베를린 대학은 1810년 빌헬름 훔볼트Wilhelm Humboldt가 세웠다. 프로이센이 1806년 10월 예나 전투에서 나폴레옹에 패배한 정신적 충격으로 '개혁 시대'가 시작되었는데, 베를린 대학은 그 시대가 이룬 가장 훌륭한 성취의 하나였다.[6] 이 대학은 자유주의적 인문주의의 이상에 따라 설계되었는데, 그 첫 번째 총장은 급진적인 이상주의 관념론 철학자 요한 고틀리프 피히테Johann Gottlieb Fichte였다. 이 대학은 학생의 입학과 교수의 채용에서 놀랄 정도로 포용적이었으며, 세계 최고의 대학이라고 여기는 이들이 많았다.[7] 이 대학이 자리 잡은 도시는 고도로 발달된 음악 문화와 더불어 풍성하게 피어나는 공연 예술의 요람이기도 했고, 시사적 문제를 다루는 극작가들도 한 무리가 있었으며, 극장의 숫자는 70개가 넘었다. 문학 비평가이자 청년 헤겔파의 일원이었던 에두아르트 마이엔Eduard Meyen에 따르면, 베를린은 '독일의 그 어떤 곳도 따라올 수 없는 독일 문화와 독일적 생활의 중심점'이었다고 한다.8) 비록 파리나 런던 규모까지는 아니었지만, 그래도 베를린은 위대한 19세기 도시가 갖는 많은 매력을 갖추고 있었다. 도시 생활의 다양성과 여러 즐거움뿐만 아니라 시골 소도시 특유의 속물적 편견으로부터 도피할 수 있는 곳이기도 했다.

카를은 본래 법학 공부를 계속하려는 결심으로 본에서 베를린으로 온 것이었다. 그가 베를린에서 첫해를 어떻게 보냈는지에 대한 자료는 그가 1837년 11월 10일경에 아버지에게 보낸 10장짜리 편지(이 기간의 편지로는 유일하게 남아 있는 서한이다)뿐이다.9) 이 편지는 참으로 이상한 문서이다. 한편으로는 예니에 대한 자신의 열정을 토로하기도 하면서 법철학에 대한 자신의 생각 변화를 이야기하기도 하고, 자신의 시인으로서 야심이 늘었다 줄었다 하는 이야기도 나오는 등 중병에 걸려 신음하는 아버지에게 보내는 개인적 편지라기보다는 대부분이 문학 지망생의 습작 같은 느낌을 주고 있다. 편지는 무게를 있는 대로 잡으며 시작한다. "누구나 인생에 몇 번은 마치 국경의 검문소처럼 한 시대의 완성을 알리는 이정표와 같은 순간들이 있게 마련입니다." 그다음엔 불현듯 1인칭 복수의 시점으로 이동한다. "이러한 이행의 순간에 우리는 지금 우리가 서 있는 현실의 위치를 의식하기 위하여 독수리처럼 날카로운 사유의 눈으로 현재와 과거를 응시해야 한다는 것을 느끼게 됩니다. … 세계사 자체도 이런 방식으로 과거를 돌아보기를 좋아합니다." 그다음에는 3인칭 시점으로 바뀐다. "이러한 순간들에는… 사람은 누구나 서정적이 됩니다. 왜냐하면 허물을 벗고 새로이 태어나는 순간은 항상 얼마간은 죽어 가는 백조의 마지막 노래이며, 또 부분적으로는 새로운 위대한 시의 서곡이기 때문입니다." 그러고는 또다시 1인칭 복수의 시점으로 돌아온다. "우리는 우리가 온몸으로 살아서 겪어 온 것들을 기념하는 비석을 세우고 싶어 합니다." 그다음에야 비로소 편지를 받는 아버지가 슬쩍 비치기 시작하지만, 여기에서도 또 온갖 화려한 수사학의 꽃다발이 그나마 모습을 드러낸 아버지를 완전히 파묻어 버리고 있다. "이를 위해서라면 부모의 가슴과 마음 말고 그 어디에서 더욱 신성한 처소를 찾을 수 있겠습니까? 부모란 가장 자애로운 판단자요, 가장 친밀한 동조자요, 사랑의 빛을 뿌려 주는 태양으로 그 따뜻한 불길이 우리의 모든 노력에서 가장 깊숙한 중심의 원동력이 되어 주는 것이지요!" 이렇게 공손하고 정중한 도입부가 끝난 뒤에 비로소 카를은 자신의 베를린에서 첫 번째 해외 생활에 대해 이야기하기 시작하고, 그다음에는 자신이 예니를 사랑한다는 선언이 나오며, 그다음의 대부분은 법률과 시에 대해 자신의 관점이 어떻게 바뀌었는가에 대한 이야기이다.

카를은 자신이 베를린에 처음 오던 당시에는 정신이 완전히 다른 데로 가 있는 상태였다고 한다. "새로운 세계가 제게 나타났습니다. 바로 사랑의 세계였습니다." 그리고 그때에도 여전히 '열정적인 갈망과 희망 없는 사랑의 세계'였다고 한다.✤ "그 어떤 예술 작품도 예니만큼 아름답지 않았습니다." 그리고 이는 곧 '서정시가 저의 으뜸가는 주제가 될 수밖에 없었'음을 뜻하는 것이었다고 한다. 앞에서 언급한 대로 그는 세 권의 시가집을 트리어의 예니에게 보냈다. 그는 그 시들을 이렇게 묘사한다. "순수하게 이상주의적이며… 자연적인 것은 아무것도 없고, 모두 다 달빛을 받아 밤에 쓰인 것들이며, 존재와 당위의 완벽한 대립 속에서 나온 것들입니다." 그는 '그전까지 맺었던 모든 인간관계들을 끊어 버렸고, 다른 사람들의 집을 좀처럼 방문하지도 않았고', 그저 '학문과 예술'에 스스로를 '파묻어' 버리려고 애를 썼다고 한다. 그리고 책을 읽으며 필사하여 발췌본을 만드는

✤ 개종한 유대인 가문의 마르크스는 귀족 집안인 베스트팔렌 가문이 자신들의 결혼을 허락하지 않을 것이라고 생각했었다.

그의 일생에 걸친 습관도 그러한 목적에서 시작된 것이라고 한다.[10]

이 희한한 편지는 그다음으로 7페이지에 걸쳐 법과 시에 대한 이야기를 계속하며, 가족의 일원으로서 인간적인 대화는 겨우 마지막 몇 문단에 나오고 있지만, 그 어조는 격식을 차리느라고 아주 부자연스러우며 들쭉날쭉하다. 아버지를 걱정하는 진심 어린 표현들이 나오고는 있지만 몇 개 안 되는 문단에 마구 몰아쳐서 쑤셔 넣다 보니, 공식에 맞추어 서둘러 쓰인 상투적 문구로밖에 보이지 않는다. "에두아르트의 상태, 사랑하는 어머니의 병환, 아버님의 나쁜 건강(심각한 것이 아니기를 빕니다만), 이 모든 것이 어서 당신에게 달려가고 싶은 마음으로 저를 꽉 채우고 있습니다. 정말로 안 가고는 못 배길 심정이랍니다." 그는 이 편지의 끝부분에서 이렇게 말한다. "저의 천사 같은 어머님께는 보여 주지 마십시오. 제가 갑자기 나타나서 어머님을 깜짝 놀라게 해 드리는 편이 아마도 이 위대하고 훌륭한 여인이 회복하는 데 도움이 될 테니까요." 마지막으로 '마음 깊은 곳에서 진심으로 우러나오는 동정과 헤아릴 수 없는 사랑'의 표현들이 쏟아져 나오면서 자신의 '심히 동요된 마음 상태'를 감안해 달라는 부탁과 자신이 스스로의 '전투적 정신'에 압도된 나머지 자신의 '심장이 실수를 범한 듯한' 부분은 너그러이 용서하며 읽어 달라고 간청하고 있다. 이렇게 편지가 서둘러 끝나는 것도 이해할 수 있는 일이다. 그는 새벽 4시경에 편지를 쓰고 있어서 '촛불이 거의 다 타서 닳아 버렸고, 눈도 침침한' 상태였기 때문이다.

이 편지가 쓰인 지 거의 한 달도 되지 않아 그의 열한 살 먹은 동생 에두아르트가 죽었으며, 여섯 달도 채 되지 않아 아버지도 세상을 떠났다. 남아 있는 편지는 이것뿐이기 때문에 이 편지가 과연 그가 가족에 대해 취했던 태도를 대표적으로 보여 주는 것인지는 판단할 길이 없다. 하지만 온 세상에 자기만 있다고 여기는 심각한 자기도취, 순수문학도 특유의 거만한 태도, 자기 가족의 상태에 대해 사실 아무런 관심이 없어 보이는 모습 등(이미 집안에 먹구름이 몰려오고 있다는 것을 그 전해에 뻔히 알고 있었음에도)은 카를이 집으로 쓴 편지의 전형적인 특징들이었던 듯하다.

최소한 가족들은 이를 대단히 서운하게 여겼다. 카를이 베를린에 머무는 동안 아버지는 이 서운한 감정을 빈번하게 표출했으며 가족들도 서운해할 때가 있었다. 이들은 모두 카를이 집에 편지를 너무 안 쓴다는 데 생각이 같았다. 1836년 12월 28일, 그의 아버지는 카를이 11월 초 이후로 소식이 없다고 불평하고 있다. 1837년 8월 12일, 하인리히는 바트 엠스Bad Ems에서(앙리에트가 치료를 위해 남편을 여기로 보냈지만 효과는 없었다) 보낸 편지에서 카를의 편지가 지난여름에 '정말 필요한 것'이었다고 호소하고 있다. 그는 또 열두 살 먹은 에두아르트가 지난 6개월간 병을 앓아 너무나 수척해졌고, 살아날 수 있을지 '무척 의심스럽다'고 썼으며, 앙리에트는 '낮이고 밤이고 스스로를 괴롭히고 있다'고 썼다. 9월 16일, 하인리히는 또다시 카를에게 "에두아르트에게 지금 당장 몇 줄이라도 써라. 하지만 그 아이가 많이 나은 줄로 알았던 척해라"고 썼으며, 그의 어머니는 그의 다른 형제 헤르만에게 몇 줄 써 달라고 요청하고 있다. 11월 17일, 하인리히는 카를이 스트랄준트에 머물고 있는 주소의 정보를 받지 못했으며, 두 달 동안 아무 편지도 없다가 기껏 보내온 것이라고는 '형식도, 내용도 없이 그저 아무 말이나 정신없이 써 갈긴 편지'였다고 지적하고 있다. 그다음 12월 9일에 보낸 편지에서 그는 비록 너무 가혹한 말을 하고 있는 것 같아 아주 두려워하면서도 카를에 대한 자신의 격노를 그대로 터뜨리고 있다.

> 우리는 제대로 된 서신 교환의 즐거움을 누린 적이 한 번도 없었다. … 우리가 보낸 편지에 답장을 받은 적도 한 번도 없고, 네가 어쩌다 보낸 편지는 그전에 보낸 편지와도, 또 우리가 보낸 편지와도 아무 맥락도 닿지 않는 것이었다. … 아예 편지 한 장 없이 몇 달이 갈 때도 몇 번 있었고, 최근에는 에두아르트가 병들었고 네 어머니가 심한 고통을 받고 있으며 나 자신의 건강도 좋지 못하다는 것을 알면서도 몇 달 동안 편지 한 장이 없었다. 게다가

> 베를린에서는 콜레라가 창궐한다지. 그런데도 너는 이런 짓을 벌여 놓고도 아무 일도 없었던 것처럼 편지에는 미안하다는 말도 한 줄도 없고, 그저 형편없는 시 구절들과 일기장에서 한 덩어리 발췌문만 덩그러니 '방문The Visit'이라고 제목을 지어 써 놓았더구나. 아주 솔직히 말하마. 그거 당장 때려치우는 게 좋을 것이다. 그 일기장인지 뭔지는 정말 형편없는 글이며, 네가 재능을 낭비하면서 밤새 낑낑거리며 괴물딱지나 만들어 내고 있다는 것을 여실히 보여 주는 증거물일 뿐이다.11)

하인리히 마르크스는 카를이 없는 동안 예니의 상황에 대해서도 똑같이 깊은 염려를 품고 있었다. 왜냐하면 마르크스의 가족은 이미 1836년 가을 두 사람의 결혼 서약에 대해 알고 있었지만, 베스트팔렌 집안은 1837년 3월 이전까지는 이 사실을 까맣게 모르고 있었기 때문이다. 1836년 12월 28일, 하인리히는 카를에게 예니가 "너 때문에 값을 매길 수도 없는 희생을 하고 있으며, 그녀의 부모님이 너희 관계를 어떻게 받아들일지를 전혀 모르고 있으며, '친척들 및 세상의 판단'(말할 것도 없이 이 중에서 페르디난트의 판단이 특히 중요할 것이다) 또한 '사소한 문제'가 아니다"라고 쓰고 있다. 따라서 카를이 대학에서 얼마나 빨리 자리를 잡을 수 있는지를 알아내는 게 특히 중요한 상황이라고 한다. 카를과 예니 사이의 연락책을 맡아 온 카를의 누나 소피는 또 이렇게 덧붙이고 있다. 두 사람 사이의 나이 차이에 대해(예니가 네 살 위다) 예니는 부모님이 어떻게 받아들일지 노심초사하고 있으며, "'네가 보낸 시집을 받자 기쁨과 고통으로 눈물을 터뜨렸고', 일단 지금은 그녀가 마음을 '다잡은' 상태이니 빨리 편지라도 써서 보내라"는 것이었다. 1837년 2월 3일 하인리히는 또다시 아들에게 편지를 쓴다. "그녀의 부모가 너희 관계를 알지 못한다는 사실, 아니 내가 보기에는 알고 싶어 하지 않아 한다는 사실'이 예니의 마음을 무겁게 누르고 있다는 것이다. 따라서 당장 편지라도 쓰라고 아버지는 강력히 촉구하고 있다. '이상한 시적인 공상에 빠진 그런 편지 말고' 무언가 분명한 정보를 담고 있는 그런 편지가 필요하다는 것이다. 그래서 '너희의 관계에 대해서도 명확한 관점을 담고 있으며 장래의 전망에 대해서도 분명하게 밝혀 주는' 그런 편지 말이다.12)

3월 2일, 하인리히와 예니는 여전히 두 사람의 결혼 서약 소식을 어떻게 베스트팔렌 남작 부부에게 전달해야 하는지를 놓고 고민하고 있었다. 그 며칠 후에 아마도 어떻게든 전달이 되었던 것이 틀림없다. 하지만 이 과정 전체에서 하인리히는 카를의 성격에 대해 모종의 불안감을 품게 되었고, 이에 대해 스스로를 안심시키려는 노력을 계속해야 했다. 1836년 12월 28일 편지에서 하인리히는 비록 '이상하게 굴 때는 있어도' '네 속의 본심만큼은 친절한 사람이라고 믿는다'고 일단 전제를 한 다음, 곧이어 다음과 같이 말한다. "너의 지적인 재능을 내가 높게 평가하고 있지만, 선량한 마음이 없다면 나는 그런 재능 따위에 아무런 관심도 두지 않는다." 3월에 보낸 편지에서 그는 다시 이 주제로 이야기를 한다.

> 이따금 너와 너의 장래를 생각하면 내 마음은 기쁨으로 벅차오른다. 하지만 어떨 때는 슬프고 불길한 생각이 떠오를 때가 있고, 그러면 나는 번개를 맞은 것처럼 공포에 사로잡히기도 한단다. 과연 너의 마음은 너의 두뇌, 너의 여러 재능과 조응하고 있는 것일까? … 너의 마음을 움직이고 지배하는 도깨비와 같은 것이 분명히 존재하며, 그런 도깨비는 절대로 모든 사람에게 나타나는 것은 아니지. 그렇다면 그 도깨비는 천국에서 온 것일까, 아니면 파우스트와 같은 것일까? … 네가 네 주변의 가까운 이들에게 행복을 나누어 줄 수 있는 날이 과연 올까?

이러한 생각들 때문에 하인리히는 예니와 그녀의 위태로운 상황을 생각하면서 더욱 괴로워했다. "나는 예니에게서 한 가지 충격적인 현상을 주목하고 있다. 아이처럼 맑고 순수한 마음을 가진 그녀는 너에게 완전히 모든 것을 바치고 있지. 그런데 그런 그녀가 이따금씩은 자기도 모르게 자신도 어쩌지 못하는 모종의 공포, 불길한 예감으로 가득 찬 공포를 드러내곤 하는 것을 나는 똑똑히 본다."13)

시인 지망생 카를은 계속해서 편지에다가 미학적인 가식을 휘둘러 댔고, 하인리히는 이 때문에 번번이 짜증이 치밀어 오르게 되었다. 하인리히는 에두아르트의 병, 예니의 '지속되는 불편함'과 '깊은 염려', 베스트팔렌 남작 집안과 자신의 어정쩡한 관계 등을 이야기하는 편지에서 카를에게 "너의 자기중심주의는 자기 보존에 필요한 만큼보다 좀 지나치게 많다"고 꾸짖는다. 그리고 이어서 카를이 '아주 작은 폭우만 몰아쳐도' 슬픔에 정신을 잃을 정도라고 비난한다. "모든 인간 미덕의 으뜸은 의무와 사랑이 요구할 때 언제든 스스로의 자아를 뒤로 물리고 희생할 줄 아는 힘과 의지이지, 비현실적인 몽상과 영웅심에 들뜬 영광스럽고 낭만적인 영웅적 희생 같은 것이 아니다. 그런 건 오로지 자기밖에 모르는 지독한 자기중심주의자라고 해도 얼마든지 할 수 있는 일이다. 왜냐하면 그렇게 했을 때 자기의 자아가 가장 돋보이는 자리에 앉게 되기 때문이다. 반면 매일매일 매 순간 반복되고 또 반복되는 희생은 선량한 사람의 순수한 마음에서 우러나오는 것이다. … 그 모든 언짢고 괴로운 일들로 가득한 우리의 삶을 그럼에도 불구하고 아름다운 것으로 만들어 주는 것은 바로 이것이며, 인생의 유일한 매력도 오로지 여기에서 나오는 것이다." 아직까지 남아 있는 서한들을 증거로 볼 때 1837년 특히 약혼 문제가 해결된 이후로 카를의 이러한 자기도취의 태도는 갈수록 더 심해졌던 것으로 보인다. 그해 말, 하인리히는 이렇게 불평하고 있다. "너의 편지를 보면 네가 형제자매가 있다는 것을 아무도 알아채지 못할 것이다. 소피는 너와 예니를 위해 그토록 많은 고통을 받았고 너를 돕는 일이라면 자기를 내던질 정도로 열성이건만, 너는 아예 소피 따위는 생각도 않는구나. 네가 필요할 때만 빼고."14)

하인리히가 특히 역겹다고 느꼈던 것은 낭만주의에서 지식의 추구와 결되어 있었던 온갖 파우스트적이고 악마적인 잡동사니들에 카를이 끌려가는 모습이었다. "머리는 며칠이나 빗지도 않고 학자들이 입는 실내복만 입은 채로 온통 난장판인 방에 모든 지식 분야의 책을 산더미처럼 쌓아 놓고 그 퀴퀴한 책 냄새에 파묻혀 정신없이 이 책 저 책 뒤졌다가 또 침침한 기름 램프등 불빛 아래에서 멍하니 생각에 잠겼다가… 예니라는 여인이 보내온 사랑의 편지들 그리고 아버지라는 사람이 선의를 담아 보낸 훈계의 편지들(아마도 눈물로 쓰인 편지들일 것이다)은 너의 파이프 담배에 불을 붙이는 불쏘시개로 쓰일 뿐이다."[15)]

또 당시 하인리히는 병 때문에 일을 포기해야 할 것을 염려하고 있던 터라 돈 문제에 대한 걱정도 나온다. 그는 연극 비평 저널을 하나 만들겠다는 아들의 야심 찬 계획을 포기하게 하려고 부드럽게 타이르려고 애를 쓴다. 그런 계획이 과연 어느 정도나 금전적 이윤을 낳을 수 있겠는가? 카를의 이러한 현실주의 결핍과 아무 생각없이 돈을 펑펑 쓰는 태도에 대한 아버지의 걱정은 시간이 지나면서 점점 더 커져 갔다. 하인리히는 아들에게 이렇게 주장하고 있다. 제아무리 부유한 집의 학생이라고 해도 500탈러씩 쓰지는 않는데, 카를은 '아버지와의 모든 합의를 깨어 버리고' 700탈러가 넘는 돈을 쓰고 있다고. 하인리히는 건강이 악화되어 편지도 쓸 수 없게 되기 전 마지막으로 쓴 편지에서 다시 한 번 아들이 돈 문제에 대해 '귀족 흉내를 내며 침묵을' 지키는 것을 나무라고 있으며, 4월 한 달 동안 쓴 돈만 해도 이미 자신이 겨울 내내 벌어들인 액수를 넘었다고 지적하고 있다.[16)]

1837~1838년 겨울 동안 하인리히의 건강 상태는 계속 악화되었다. 1837년 8월 12일 편지에서 그는 그전 몇 개월 동안 '고통스러운 기침병을 앓았다'고 불평하고 있다. 앙리에트는 남편의 건강을 위해 여름 동안 바트 엠스 온천에 요양을 보냈지만 별 차도를 보이지 못했다. '지독한 기침 때문에 몸 전체가 고문을 당하고' 있으며, 8월 말이 되면 그는 또한 '가장 고통스러운 지루함'으로 고생하고 있었다. 집으로 돌아온 후에도 그의 건강은 계속 악화되었고, 1838

년 2월 10일 그가 없는 힘을 짜내 겨우 아들에게 쓴 편지를 보면, 그전 두 달 동안 그는 자기 방을 벗어나지 못했고 나중에는 침대에 누워 꼼짝 못하게 되었다고 한다. 카를의 어머니는 "너의 선량한 아버지가 몹시 약해지셨다"고 덧붙이고 있으며, 카를이 부활절에도 집에 오지 않을 것이라는 소식에 큰 실망을 표하고 있다. 하지만 그녀에 의하면, 예니가 '모든 집안일을 적극 거들고' 있으며 "그녀의 사랑스러운 아이 같은 천진함 덕분에 만사를 밝게 보도록 해 주고 있어서 우리에게 큰 힘이 되고 있단다." 누나인 소피는 아버지가 '밀린 업무' 때문에 '아주 노심초사'하고 계시며, "나는 매일 아버지에게 노래도 해 드리고 책도 읽어 드리고 있단다"라고 쓰고 있다. 그녀는 카를에게 촉구하고 있다. "지금 당장 편지를 쓰렴. 네 편지를 받는다면 우리에겐 정말 유쾌한 기분 전환이 될 거야." 1838년 2월 15일과 16일이 되면 하인리히는 카를에게 인사말 한 문장 이상은 쓰지 못한다. 그는 3월 10일 세상을 떠났다.[17]

카를은 예니에 대한 애정이 강했을 뿐만 아니라 아버지에게도 여전히 깊은 존경심을 가지고 있었다. 하지만 고향에서의 상황이 갈수록 낙담스러운 것이 되어 가는 동안에도 카를은 베를린에서의 자기 생활에 갈수록 깊게 몰두했던 것으로 보인다. 베를린에서는 도처에서 사람들이 무성한 이야기꽃을 피웠고 소식이 있으면 금방 퍼져 나갔다. 비록 언론의 자유는 없었지만, 연극이 새로운 사상을 전달하는 결정적인 통로가 되어 주었다. 그러한 사상은 연극 평론을 통해 다시 토론되었다. 『아테네 여신의 신전Athenäum』(이는 박사 클럽Doctors' Club의 동인지였다)이나 도시 바깥에서 출간되었던 헤겔 급진파의 출간물인 『할레 연보Hallische Jahrbücher』가 그런 역할을 했다. 커피하우스와 술집, 맥줏집은 비공식적인 뉴스 기관의 역할을 했다. 슈테엘리Stehely Café와 같은 카페들에서는 긴 탁자 위에 독일의 다른 지역과 외국에서 들어온 신문들과 저널들을 늘어놓아 누구나 볼 수 있도록 했고, 수많은 통신원들은 외국 및 지방 저널들에서 정치 소식과 가십을 모아 중부 유럽과 그 너머까지 퍼뜨렸다.

2. 법의 의미에 대한 논쟁

3월 혁명의 이전 시기Vormärz, 즉 1815~1848년 사이 시기 동안 베를린의 커피하우스와 술집, 맥줏집은 자유롭고 열린 논쟁의 중심지로 유명했다. 특히 트리어와 본에서 협소한 가톨릭 세계의 지평선에 갇혀 있었을 카를로서는 이러한 곳들에서 꽃핀 자유로운 토론이 그야말로 베를린 생활의 가장 고무적이고 자극적인 측면으로 느껴졌을 것이다. 1846년 에른스트 드론케가 쓴 글에 보면, 베를린의 '정신생활의 정수wit'는 정치였다고 한다. 이 도시에서는 '현실의 정치적 생활은 결여'되어 있었지만, 이를 거의 보상할 정도로 '모든 이가 정치에 깊게 몰두해 있었다'는 것이다.[18] 직업적 이유에서든 정치적 이유에서든 함께 모이는 집단들(고위 공직자, 군인, 사업가, 연극인, 교수, 문인 들)은 모두 각자가 선호하는 모임 장소를 갖게 마련이다. 급진파, 지식인, 연극인 들에게는 그 가장 유명한 집결지 다과점Konditorei은 슈테엘리 카페였다. 그 길 건너편의 겐다르멘마르크트Gendarmenmarkt✣ 광장에는 극장이 있었고, 여기에서는 한때 모차르트 그리고 영향력 있는 낭만주의 극작가 호프만E. T. A. Hoffmann이 즐겨 공연을 올렸다는 이야기가 전해 오고 있었다. 1836년 이후의 10년은 논의의 중심이 점차 철학, 신학, 정치로 오게 되었다.[19] 여기에서 마르크스는 '박사 클럽'의 성원들과 처음으로 알게 되었으며, 졸업 논문의 집필도 여기에서 시작했다. 또한 몇 년 후인 1842~1843년 기간 동안 '자유로운Free'이라는 명칭으로 알려진 자유 사상가들의 유명한 집단이 모임을 가졌던 곳도 여기였다.

카를은 아버지에게 보낸 편지에서 자신의 법학 연구가 어떻게 진전되고 있는지를 상당히 자세히 설명했다. 이른바 '역사법학파Historical School of Law'

✣ 겐다르멘마르크트 광장은 본래 1688년에 베를린에서 열린 시장터였으나, 이후 콘서트홀과 독일식, 프랑스식 건축물로 둘러싸인 문화 중심지가 되었다.

와 가장 위대한 대표자인 카를 폰 사비니Karl von Savigny가 그곳의 법과대학을 지배하고 있었다. 1836~1837년의 기간 동안 카를은 『법령 전서Pandects』(기원후 530~533년 사이에 비잔틴제국의 유스티니아누스 황제의 명령으로 편찬된 로마법 총론서)에 대한 사비니의 강의를 들었다. 사비니의 접근법에 대한 의미 있는 반론은 오직 헤겔학파의 한 사람인 에두아르트 간스Eduard Gans에게서 나온 것뿐이었다. 카를은 1838년 여름 프로이센 법률Preußisches Landrecht에 대한 간스의 강의를 들었다.[20]

베를린에 도착한 처음 몇 개월 동안 카를이 주로 골몰했던 문제는 여전히 시인을 직업으로 삼는 길을 포기할 것이냐, 말 것이냐 하는 것이었다. 첫 학기의 끝 무렵에도 그는 "수많은 밤을 잠 못 들고 지새웠으며, 친구들도 찾아오지 못하게 문을 잠그고 지냈습니다. … 하지만 그래 봐야 무슨 생각의 결실을 얻은 것도 아니었습니다." 병이 나고 만 그에게 의사는 시골에 가서 요양을 하라고 조언했다. 그래서 그는 스트랄준트로 여행을 떠나게 된다.[21] 거기에서 그는 '헤겔을 처음부터 끝까지 익히게' 되었다고 한다. 처음에는 헤겔의 '그로테스크하고 험상궂은 멜로디'가 영 마음에 들지 않았다고 한다.[22] 왜냐하면 헤겔의 근대 개념에서 시와 예술은 오직 부차적이고 파생적인 위치만을 점할 뿐이기 때문이었다. 철학이 이미 '절대지'에 대한 길을 활짝 열어 놓았다. 따라서 진리를 명쾌하게 있는 그대로의 언어로 똑똑히 알아들을 수 있도록 말하게 된 오늘날, 도상적 표상을 수단으로 삼거나 상징 혹은 이야기를 통해 진리를 암시하는 행위가 왜 필요하다는 것인가? 카를은 이러한 생각의 변화를 이렇게 묘사한다. "나의 가장 신성하고도 신성했던 것이 산산조각이 나 버렸으며, 이제 새로운 신들이 그 자리를 차지할 수밖에 없었습니다." 카를은 그래도 다시 학문과 예술을 통일시킬 수 없을까 하는 감정적인 저항을 시도해 보았지만, 결국 '밤마다 달빛을 받으며 키워낸 내 소중한 아기는 결국 거짓된 사이렌처럼' 카를을 '원수의 품에다가' 넘겨주었다는 것이다. 이제 카를이 문인 흉내를 내는 짓을 그만두게 되었다고 암시하는 구절도 있다. 여기에서 그는 그가 어떻게 슈프레강의 더러운 강물(하이네의 표현을 빌리자면 '영혼을 씻어 내고 차를 묽게 해 주는') 옆의 정원을 미친 듯이 뛰어다녔는지를 묘사하고 있으며, 하숙집 주인과 함께 사냥을 나갔다가 돌아온 후 베를린의 모든 길모퉁이의 거지들을 포옹하고 싶은 벅찬 감격을 안고 서둘러 베를린으로 돌아왔는지를 묘사하고 있다.

카를은 아버지에게 보낸 편지에서, 사비니로 대표되는 엄중한 지적 도전에 직면하여 법률의 만족스러운 철학적 기초에 도달하고자 자신이 어떻게 노력했는지를 묘사하고 있다. 그가 본래 공감하고 있었던 정치적·윤리적 입장들(이는 그의 아버지 그리고 김나지움의 교장 비텐바흐의 것들이기도 하다)은 '칸트와 피히테의 이상주의에서 자양분을 얻어 자라난' 것들이었다고 한다.23) 하지만 이러한 입장의 결함은 철학적 규범들 혹은 '기초 원리들'에 대한 논의가 모든 '현존하는 법률'과 유리되어 있다는 점이라는 것이다. 게다가 그가 '수학적 교조주의'라고 부른 것(18세기 특유의 기계적 접근법)의 결함으로 인해 '법학이 살아 있는 무언가로서 다면적인 방식으로 발전하는 일이' 가로막히고 있다는 것이다. 좀 더 구체적으로 말해, 그러한 접근법은 '실정법positive law'의 역사 혹은 역사적 '사실'로서의 법률을 설명해 낼 수 없으며, 바로 이러한 '사실'로서의 법률에 천착하는 것이야말로 사비니의 출발점이라는 것이다.

사비니의 저작들은 1800~1810년 사이에 벌어진 나폴레옹의 프로이센 정복과 지배에 대한 대응으로 발전된 낭만주의적 민족주의의 첫 번째 물결의 일부였다. 그의 『중세 시대 로마법의 역사History of the Roman Law in the Middle Ages』에서 그는 로마제국의 몰락과 함께 로마법도 '사멸'하여 '600년간 무시되었다가 우연히 되살아난 것'이라는 생각을 논박하고 있다. 그의 연구는 중세 기간 전체에 걸쳐 로마법의 주제들과 게르만법의 주제들이 창조적인 방식으로 하나로 합쳐졌으며 법률, 관습, 제도의 발전에 이에 기반한 뚜렷한 연속성이 존재했음을 문서 근거를 대면서 보여 주고 있다. 이 중세의 기간이야말로 사비니에 따르면, '쉬

지 않는 모험 정신과 깨어난 에너지의 예들로 가득 찬' 기간이라는 것이다.[24]

사비니가 1804년에 출간한 중요한 저작 『점유법Das Recht des Besitzes』✣은 로마법이 '점유possession'를 '단순히 권리의 결과로가 아니라 그 권리 자체의 기초로' 다루었다고 주장했다.[25] 그는 이러한 관점에 서서 당시의 지배적이었던 합리주의 및 이상주의의 접근법에 근본적으로 대립되는 법의 개념을 구축했다. 법률, 특히 사적 소유의 관념은 이성에서 나온 것이 아니라 역사 속에 존재하는 특정한 민족들의 고유한 언어와 관습에 체현되어 있는, 점유라는 사실로부터 나온다는 것이다. "모든 법률은 입법자의 명령에만 의존하는 것이 아니라 그 법률을 따르는 이들의 영원히 변화하는 여러 욕구와 생각에 의존하는 것이다."[26] 요컨대 법률은 '만들어지는' 것이 아니라 '발견되는' 것이라는 것이다. 헤르더의 논리와 마찬가지로 법 또한 언어 및 문화와 동일 선상에 놓이게 되었고, 에드먼드 버크의 논리와 마찬가지로 강조점은 전통과 점진적 변화에 놓이게 되었다.[27] "법률은 언어, 예절, 국가 구성constitution 등과 마찬가지로 이미 생겨나는 그 순간부터 한 집단에서만 발견되는 고정된 성격을 그대로 담게 된다."[28] 권리란 자연적으로 주어지는 것이 아니라 역사의 산물이라는 것이다. 이러한 접근법은 '역사적 증거에 대해 완전히 새로운 관점을' 제시한다. 왜냐하면 '법률이란 한 민족의 일부로, 그 민족의 존속과 불가분이며 그 민족이 파괴되면 그 법률도 사라지게 되기' 때문이라는 것이다.[29]

카를은 스스로의 생각을 명확히 정리하기 위해 법철학에 대해 300페이지에 달하는 수고를 작성한다. 이 수고의 두 번째 부분에서 그는 사비니에 대한 응답으로서 특히 사비니가 『점유에 대하여』에서 살펴보고 있는 영역인 '실정 로

✣ 로마인들은 법적으로 점유possessio를 소유와 구별했다. 법적인 형식을 갖춘 권리인 후자와 달리 점유란 그냥 어떤 것을 지배하고 사용하고 있다는 사실을 묘사한 것이다. 따라서 점유에서 중요한 것은 그 점유자가 얼마나 오랫동안 전면적이고 확실하게 그 대상을 사용하고 지배하고 있느냐이며, 그것의 법적 형식이나 올바름 따위에서 나오는 권리가 아니다. 후에 이는 게르만법의 점유 개념인 Gewere와 합쳐지면서 오늘날의 점유 개념을 형성하게 된다.

마법에서의 사상 발전' 문제를 검토하고 있다. 하지만 카를은 '실정법의 개념적 발전'과 '법 개념의 형성' 사이에 아무런 차이가 없다고 결론을 내리고 있다. 아버지에게 보낸 편지에서 카를은 이제 사비니의 저작에서도 자기 스스로가 일찍이 저질렀던 것과 똑같은 실수, 즉 법의 형상과 질료를 따로따로 발전하는 것으로 생각하는 실수를 발견했다고 말하고 있다. 사비니 또한 칸트주의자들과 마찬가지로 철학적 규범과 역사적 사실 사이의 연관을 만족스럽게 해명하지 못하는 것으로 보인다는 것이다. 특히 이 문제는 카를이 '물질을 다루는 사법私法'에 대한 절을 논의하기 시작할 적에 날카롭게 제기된다. 왜냐하면 여기는 인신人身과 소유 재산에 대한 중심적 질문들을 다루는 대목이기 때문이다. 그리고 카를은 이 지점에서 그 프로젝트를 포기한다. 로마법에 등장하는 여러 개념(점유, 용익, 처분 등의 사실들)은 합리주의적인 체제로 욱여 넣을 수 있는 것이 아니라는 게 명백하기 때문이다.

그런데 바로 이 지점에서 헤겔에 의지했던 것이 카를에게 도움이 되었다. 규범과 사실을 분리해서 볼 것이 아니라 법의 발전을 '여러 이념들이 살아 움직이는 세계가 구체성으로 표현된 것'으로 연구해야만 한다는 것이다. 카를이 아버지에게 말한바, 그는 "'칸트와 피히테의 이상주의'로부터 빠져나와 '현실 자체에서 이념을 찾는 지점까지 이르게 되었습니다. … 그전에는 신들이 땅 위의 하늘나라에 거주하는 존재였지만, 이제는 그들이 이 땅의 중심이 된 것입니다.'"

그가 이런 입장에 도달하는 데 도움을 준 이들이 있었다. 카를은 헤겔을 통독했을 뿐만 아니라 '헤겔의 제자들 대부분과 친분을 쌓으면서' 그리고 '스트랄준트에서 사귄 친구들과의 많은 회합을 통해' '박사 클럽'과 조우하게 된 것이다. 이는 헤겔을 경모하는 이들의 느슨한 연합체로, 단골 술집 몇 군데에서 모여 토론과 논쟁을 벌이는 집단이었고 대학 강사들, 학교 교사들, 저널리스트들 등을 포함하고 있었다. 카를은 특히 브루노 바우어라는 이를 언급하고 있다. "그는 이들 사이에서 큰 역할을 맡고 있습니다." 그리고 그 당시 '저의 가장 친밀한 베를린 친구' 아돌프 루텐베르크Adolf Rutenberg 박사도 언급하고 있다. 또한 카를의 베를린에서의 첫해에 이 클럽의 가장 저명한 회원의 하나인 에두아르트 간스 또한 그가 법에 대한 생각을 다시 규정하는 데 도움을 주었던 듯하다. 카를은 1837년과 1838년 모두 그의 강의를 들었던 것으로 기록되어 있다.[30]

간스는 베를린 법과대학의 교수였는데, 이미 고인이 된 헤겔의 친구였다. 그의 초기 경력은 '해방 전쟁'의 여파로 크게 일어난 반유대주의 때문에 엉망이 되었다. 베를린과 괴팅겐의 학생들로부터 모욕을 당한 그는 하이델베르크로 이주하여 합리주의적이며 진보적인 법학자 안톤 티바우트Anton Thibaut의 지도 아래에서 법 연구자로 빛나는 명성을 얻게 되었다. 1820년대 초 그는 유대인 문화와 계몽주의 가치를 결합시키려는 시도였던 '유대인 학예 연맹Union for the Cutlure and Science of Jews'의 지도적 회원이 된다. 동시에 그는 1812년에 반포된 바 있는 유대인 해방 칙령에 따라 1822년 베를린 대학의 교수직에 지원한다. 이때 프로이센 왕이 친히 개입하여 유대인들은 이제 더는 학계에 자리를 얻을 자격이 없다고 선언한다. 따라서 1825년 그는 친구인 하이네와 마찬가지로 기독교로 개종하며, 다음 해에 베를린 대학의 교수로 임명된다. 이 기간 동안 그는 확신에 찬 헤겔주의자가 되었으며, 베를린 대학 교수진 가운데에서도 헤겔의 가장 가까운 동맹자이자 친구가 된다. 따라서 헤겔이 죽은 후 1830년대에 그가 헤겔의 『법철학』(1833년)과 『역사철학』(1837년)의 편집본을 준비하는 책임자로 선임된 것은 자연스러운 일이었다.

간스는 1819년 이후 헤겔보다 상당히 더 급진적이었다. 그는 '운동 진영'의 헌신적인 성원이었고, 1830년 폴란드 봉기가 진압된 뒤에 나타난 '폴란드의 벗들Friends of Poland'을 적극적으로 지지했다.[31] 그는 파리의 상황에 대해서도 또 생시몽주의자들[32]의 여러 활동에 대해서도 직접적인 지식을 가지고 있었다. 또한 '사회문제social question'✣를 진지하게 탐구하는 최초의 독일 저술가이기도 했다.[33] 이러한 맥락에서 특히 중요했던 것은 사비니와 역사 법학파에 대한 그의 비판이었다. 정당도 언론의 자유도 없는 상황에서는 국내 정치에 공개적으로 개입하는 것이 현실적으로 불가능하다. 그래서 1820년대와 1830년대에 걸쳐 프로이센의 미래를 놓고 벌어진 가장 중요한 전투의 하나는 바로 로마법의 본성에 대한 논쟁에서 치러졌던 것이다.[34)]

비록 사비니 본인은 노골적인 정치적 입장을 취하는 것을 회피했지만, 그의 입장이 어떤 정치적 의미를 가지고 있는지는 나폴레옹전쟁의 끝 무렵이 되면서 분명해졌다. 1814년 자유주의 법학자 안톤 티바우트는 독일 또한 나폴레옹 법전과 비슷한 획일적인 법전을 채택해야 한다고 주장했다. 사비니는 여기에 응수하여 그해에 『입법과 법학을 위한 우리 시대의 소명에 대하여Of the Vocation of Our Age for Legislation and Jurisprudence』를 출간하여 격렬한 논쟁의 포문을 열었다. 나폴레옹의 법전은 여러 나라를 '구속'하는 족쇄로 사용된 것이며, '그를 통해 그 나라들을 자신의 통치에 종속시키는 데 성공했다'는 것이다. 독일에서는 나폴레옹 법전이 '마치 암처럼 점점 더 잠식해 들어왔다'고 한다. 일부 지역에서는 이것이 '정치적 수모의 상징'으로 여겨져 철폐되었지만, 아직도 이 법전이 시행되고 있는 주가 최소한 여섯 개나 된다는 것이다. 만약 나폴레옹 법전이 계속해서 확산된다면 '우리 고유의 민족성은 절멸'로 끝나게 될 것이라고 한다. 사비니의 주장에 따르면, 국가가 정한 여러 법규는 18세기 중반에 시작된 것으로, 당시는 유럽

✤ 19세기 초부터 산업사회로의 전환이 유럽으로 확산되고, 이에 따라 그전의 전통 사회에서 볼 수 없었던 여러 문제를 사람들이 똑똑히 보게 되었다. '빈민pauper'의 확산(이는 사실은 근대적 프롤레타리아 계급의 출현이었다), 빈민가의 확장과 도시의 문제, 자본가와 노동자들의 계급적 갈등 등의 문제들이었다. 이러한 문제들은 이전의 종교적 · 도덕적 접근이라든가 국가 기구를 통한 일방적인 법적 · 행정적 방법만으로는 해결의 실마리가 보이지 않았으므로 '사회'라고 하는 독특한 영역의 독특한 논리가 있고 이를 제대로 파악해야만 한다는 의식이 깨어나기 시작했다. 이를 가장 먼저 제기한 이는 말할 것도 없이 본문에 지적되고 있는 대로 프랑스의 생시몽과 그 추종자들(특히 그의 비서였던 콩트Auguste Comte)이었다. 그래서 이들은 사회를 자연과학에서의 자연처럼 그 자체의 법칙과 논리를 가지고 있는 과학적 탐구 대상으로 보아야 한다고 주장하여 사회과학과 사회주의를 동시에 창조하기도 했다. 1840년대가 되면 산업화가 독일에서도 본격적으로 진행되고, 이들이 쓰던 용어인 question sociale은 soziale Frage라는 용어로 번역되어 정착된다. 로렌츠 폰 슈타인의 프랑스혁명 및 초기 사회주의 운동 연구 또한 이 '사회문제'를 해결해야 한다는 맥락에서 나온 것이다. 이는 후에 독일에서 비스마르크 시절에 이르러 '사회문제'를 풀기 위한 정책, 즉 '사회정책Sozialpolitik'으로 연결된다.

전체가 '개선과 발전에 대한 맹목적인 격정에 휩싸여 움직이고 있었던' 때였다고 한다. 하지만 지금은 '역사적 정신이 모든 곳에서 깨어났으며', 그 시절의 '얄팍한 자기만족 따위는 들어설 여지가 없게 되었다'는 것이다.[35)]

사비니는 훗날 1840년대에 프로이센의 법무부 장관이 되었지만, 그의 입장에는 몇 가지 걱정스러운 요소들이 함축되어 있었다. 첫째, 그는 혁명 이전 시대에 존재했던 바의 로마법으로 회귀할 것을 옹호했거니와, 이는 소유와 상속에 관한 법률들이 법적 불확실성과 지역마다 다른 무수한 각종 변형태에 종속될 수밖에 없는 상황을 영구화시키는 것이었다. 둘째, 점유에 관련한 로마법이 '권리'가 아닌 '사실'에서 출발한 것이라는 그의 주장은 봉건영주들이 '취득시효acquisitive prescription' 혹은 단지 '어떤 사물에 대한 지배권dominion over a thing' 등의 권리를 내세워 자기들 장원에 딸린 영지demesnes에 대한 보유권을 주장하는 논리를 강화시켜 주는 것이었다.[36)] 마지막으로 사비니의 입장은 라인란트에는 특히 위협이 되는 것이었다. 라인란트에서는 법 앞에서 만인이 평등하다는 전제에 근거한 수정된 형태의 나폴레옹 법전이 지배하고 있었고, 배심원에 의한 재판이 여전히 시행되고 있었기 때문이다.

간스는 역사법학파가 자연적 사실과 법적 사실을 혼동하고 있다고 공격했다. 단순히 어떤 것을 점유하고 있다는 사실만으로는 아무런 법적 지위도 갖지 못한다. 어떤 '권리'이든 '잘못된 것'에 기초할 수는 없는 것이다. 법률가들이 불법행위라는 말을 쓰는 것은 어떤 잘못된 위반이 있을 때 이를 법에 따라 회복하도록 만들 법적 권리가 존재한다는 것을 사전에 전제하고 있음을 뜻한다는 것이다.[37)] 간스는 좀 더 일반적인 차원에서 역사법학파가 세계정신World Spirit 혹은 세계사World History의 창조성으로 전진하는 운동을 인정하기를 거부한다고 비판한다. 사비니와 그 추종자들은 역사를 합리적 진보로 보지 않는다는 것이다. 대신 이들은 역사를 순전히 경험적 수단을 통해 발견되는 과정으로 보며, 여러 사건의 연속은 그 민족의 삶과 영혼을 표현하는 여러 전통의 형태 속에 묻어 들어가 있다고 본다. 그 결과 현재가 과거에 종속당하는 일이 벌어진다고 간스는 주장한다. 마지막으로 로마법의 중요성과 의미에 대한 간스의 전망은 사비니의 전망과 매우 상이했다. 첫째, 간스는 로마법의 가치는 대부분 그것이 유스티니아누스 황제에 의해 하나의 성문법 법전으로 선포된 데서 나온다고 강조했다. 둘째, 로마법이 중세기에 걸쳐서 토착 독일인들의 관습에 묻어 들어가게 된 것을 찬양하는 이들과 반대로, 간스는 로마법의 상대적 자율성을 찬양했다. 로마법이 오랜 역사를 가지고 있기에 그 법적 규칙들이 어느 정도는 정치적 권력에서 독립성을 유지할 수 있으며, 이는 다시 그 근저에 일정한 형태의 자연법이 존재하고 있음을 시사하고 있다는 것이었다.[38]

칸트주의자들이나 역사법학파와는 달리, 간스는 법 개념의 역사적·합리적 발전의 기초가 되는 철학적 규범과 역사적 사실 사이에는 '매개mediation'라는 모종의 변증법적 과정이 존재한다고 주장했다. 그가 자신의 주저인 『상속법의 역사와 그 보편적 발전The History of the Law of Inheritance and Its Universal Development』(1826년)에서 증명하고자 했던바, 헤겔적 의미의 정신Spirit 진보와 함께 그 연속되는 역사적 시대에 따라 상속의 개념에서도 합리적으로 발전하는 과정이 존재했다는 것이다. 카를은 1836~1837년에 있었던 간스의 형법 강의를 들었고, 1838년 여름에는 프로이센 민법 강의를 들었다. 아버지에게 보낸 편지에 나오는 다음과 같은 단언은 분명히 간스의 입장을 반복하고 있는 것이었다. "대상 그 자체의 합리적 성격은 그 스스로의 내부에 여러 모순으로 가득 차 있는 어떤 것으로 발전할 수밖에 없으며, 그 내부에서 스스로의 통일성을 찾아내야만 합니다."[39]

카를은 이렇게 철학에 큰 관심을 두고 있었지만, 여전히 법조계에서 이력을 계속할지에 대해 결정하지 못한 상태였다. 그는 아버지에게 보낸 편지에서 자신이 행정에 관련된 학문보다는 법학을 선호하고, 세 번째 법 시험이 끝나면 '법관justiciary'으로 옮겨 갈 수도 있으며, '배석판사assessor'가 될 수도 있고 결국에는 아주 좋은 교수 자리를 잡을 수도 있을 것이라고 말하고 있다. 이것이 어느 정도나 카를의 생각을 반영한 것인지, 아니면 그저 아버지를 즐겁게 하려고 한 말인지는 분명치 않다. 이미 1837년 9월, 하인리히는 이렇게 말한 바 있다. "어느 학과에서 네 이력을 쌓든 나는 상관이 없다." 법이 되었든 철학이 되었든 '(그의) 타고난 재능과 가장 일치하는' 것을 택할 일이지만, 어느 쪽을 택하든 후원자가 필요하다는 것을 잊지 말라는 것이 아버지의 조언이었다.[40] 또한 법학에 대한 마르크스의 관심도 계속되었던 것으로 보인다. 1838년 여름에도 카를은 간스의 강의를 계속해서 들었을 뿐만 아니라, 그로부터 3년이 지난 뒤 『라인 신문』에 기고한 글들 또한 그가 합리적 법학에 대한 관심을 계속 유지하고 있었음을 시사하고 있다.

3. 철학이 가져온 흥분:
칸트에서 헤겔까지의 독일 관념론

하지만 1839년이 되면 카를이 완전히 철학 쪽으로 기울었고 박사 학위 과정을 시작할 준비가 되어 있음이 분명해진다. 아버지의 죽음으로 진로를 바꾸는 데 그나마 남아 있던 거리낌도 사라졌고, 그다음 해에 간스가 세상을 떠난 것도 카를의 결심을 굳히는 계기가 되었을 것이다. 더욱더 중요한 요인은 그가 '3월 혁명 이전 시대'의 프로이센에서 생겨나고 있었던 여러 문화적·정치적 균열들을 감지한 것이었다. 당시 사람들은 슈테엘리 카페에서의 관심사가 문학 및 예술에서 철학, 신학, 정치로 옮겨 가는 것에 주목했고, 이는 카를 자신의 관심사 변화와도 일치했다. 카를이 1837년 아버지에게 보낸 편지에서 쓴 바 있듯이, 헤겔이 가진 매력은 '이념Idea을 현실 그 자체에서 찾는' 데 있었다. 하지만 문제는 헤겔의 입장이 전제로 했던 것과 같은 방식으로는 사유와 존재가 하나로 합쳐지지 않는다는 것이었다. 오히려 헤겔이 죽은 1831년 이후로는 특히 사유와 존재가 서로 점점 더 멀어져 왔다는 것이 마르크스의 생각이었다.

1815년 이후 헤겔은 게르만 세계와 보편적 정신Universal Spirit이 어떻게 연결되어 있는지를 가장 강력하고도 명확하게 언명한 사상가였다. 헤겔의 주장은 만약 프로이센이 1806년 나폴레옹에 패배당한 여파로 시작한 '개혁 시대'의 해방적 프로그램을 계속 추구했었다면 충분히 신뢰성을 얻을 수 있는 담론이었다. 1818년 헤겔이 베를린 대학의 철학 교수로 임명된 것 자체가 그 개혁 프로그램의 일부라고 간주할 수 있다. 헤겔을 그 자리로 초빙한 이는 교육 보건 종교부 장관인 카를 폰 알텐슈타인Karl von Altenstein으로, 하르덴베르크Hardenberg의 제자이자 확신에 찬 합리주의자였다.

헤겔은 1820년대에 행했던 강연인 '역사 철학 강의'에서 자유의 근대사에서 두 개의 평행 경로를 추적할 수 있다고 주장했다. 하나는 독일의 종교개혁으로, 루터가 종교를 외적인 권위에서 해방시켜 내적 영성innerlichkeit과 성찰적 사유라고 하는 독일인의 미덕이 피어날 수 있도록 해 주었다는 것이다. 이러한 발전 경로는 칸트의 철학, 그리고 모든 기존 신앙으로부터의 인간 해방에서 절정을 이루었다고 한다. 두 번째 경로는 정치로, 이는 프랑스혁명으로 이어졌다고 한다. 비록 명확한 결함들을 가지고 있었지만, 프랑스혁명은 인간의 내적이고 영적인 자유가 외적인 정치적·제도적 형태로 표출될 수 있는 상황을 만들어 냈다. 이러한 영적 자유와 정치적 자유의 결합이야말로 지금 독일에서 실현되고 있다는 것이 헤겔의 믿음이었다. 프랑스혁명에서 폭력을 빌려 창조하려고 했던 것을 지금 프로이센은 평화적인 방식으로 모종의 합리적 개혁 프로그램을 통해 성취하고 있다는 것이었다.

헤겔의 접근법은 거의 그가 베를린 대학 교수직에 임명된 직후부터 보수파의 공격 대상이 되었다. 코체부에 암살 사건은 프로이센 왕과 그 측근들 사이에 혁명에 대한 공포를 다시금 불러일으켰다.[41] 1819년의 칼스바트 칙령은 각

대학에 '선동가' 교수들의 축출로 이어졌을 뿐만 아니라 출판, 언론, 집회의 자유를 심각하게 제약했다. 이에 헤겔 또한 정치적 개혁의 명분을 공개적으로 옹호하는 발언을 제약당했던 것으로 보인다. 1821년에 출간된 『법철학』에 그가 새로 쓴 서문을 보면, 그는 장래에 어떤 입법이 벌어져야 한다고 주장할 의도는 전혀 없다고 말하고 있으며, 기존 질서의 합리성을 명백하게 옹호하고 있다.[42] 1830년 여러 나라에서 벌어진 혁명은 유혈 사태를 낳았으며, 이탈리아와 폴란드에서 독립 요구가 터져 나오는 계기가 되었고, 프랑스와 벨기에와 영국에서는 자유주의적 헌법이 나타나게 만들기도 했다. 이는 각국의 정치권력자들의 불안감을 더욱 크게 만들었다. 독일연합의 경우 1832년 팔츠의 함바흐Hambach에서 열렸던 민주주의 대중 집회✤에 크게 놀라 검열과 정치적 억압을 더욱 강화하기도 했다.

프로이센 정부는 갈수록 수세적인 입장을 취했다. 또한 이는 1815년 이후 몇십 년간 점점 힘을 키워 온 계몽주의와 '합리주의'에 대한 더 큰 문화적·정치적 반동이기도 했다. 브란덴부르크-프로이센에서는 특히 귀족들과 전문직 계급들 사이에서 복음주의와 근본주의 형태의 기독교로 회귀가 벌어지고 있었다. 이 새로운 복음주의의 추종자들은 계몽주의 사상이야말로 합리주의 및 무신론이 확산되는 원인이며, 이러한 확산 때문에 프랑스혁명이라는 가공할 만한 사태가 나타난 것이라고 믿고 있었다. 이렇게 1815년 이후의 세계는 혁명과 종교적 이단과 단절하고 싶은 소망으로 점철되어 있었으며, 칸트가 전통적 신학과 형이상학을 타파하면서 정통 신앙이 위기를 맞고 프랑스혁명이 벌어지던 시절과

✤ 팔츠Pfalz는 본래 프랑스혁명과 나폴레옹 제정 당시 프랑스 치하에 있었고, 여기에는 따라서 자유주의와 민족주의 등을 지지하는 지식인들과 작가들이 많이 집결해 있는 보루의 역할을 하고 있었다. 1832년, 프랑스 7월 혁명과 폴란드 독립 운동으로 메테르니히가 만든 비엔나 체제가 위기를 맞고 있을 때 여기의 함바흐에서는 문화 행사를 빙자한 모종의 정치 집회가 열렸고, 학생운동 등의 힘을 빌려 하나의 국민국가로서의 독일을 요구하는 목소리가 통일되었다. 이 페스티벌에서는 검은색과 붉은색과 황금색으로 구성된 깃발을 독일 통일의 깃발로 내걸었거니와, 이것이 바이마르공화국을 거쳐 오늘날의 독일 국기가 되었다. 이 사건은 독일 통일에서 대단히 중요한 전환점으로 평가된다.

는 전혀 결이 다른 세계였다. 청년 헤겔은 그러한 칸트와 프랑스혁명의 영향 속에서 자신의 철학적 접근법을 처음으로 형성했지만, 이제 기독교 근본주의와 낭만주의적 중세주의가 우위를 점하게 된 새롭게 나타난 세계와는 전혀 양립할 수 없었다.

1830년대와 1840년대의 독일 급진주의, 공화주의, 사회주의(이런 것들이 '운동 진영'이 갈망했던 것들이다)는 여러 형태로 합리주의를 쇄신하려는 시도였다. 비록 방법은 각각 달랐지만, 옛날 프리드리히 대제의 야심적 구상에 방향을 제시했던 것도 합리주의였다. 또한 프랑스혁명 당시 자코뱅 당원들이 품었던 여러 이상을 규정했던 것도 합리주의였으며, 칸트와 피히테의 철학을 형성했던 것도 합리주의였으며, '개혁 시대'의 주요한 여러 혁신에 영감을 제공했던 것도 합리주의였다. 카를의 사상 또한 이러한 전통 속에서 형성되었으며 여러 중요한 점들에서 그의 접근법 또한 그 연장선에서 충분히 나올 만한 성격을 유지하고 있었다.

이 합리주의의 유산은 특히 1830년대와 1840년대에 '사회주의'라고 알려지게 되는 것의 정체를 형성하는 데 중요한 요소였다. 다른 곳에서와 마찬가지로 독일에서도 사회주의는 종교의 위치와 성격에 대한 논쟁에서 생겨났다. 하지만 독일에서는 이러한 합리주의와 거기에서 구축된 사회주의가 영국-프랑스 전통에서 발견되는 형태와는 사뭇 다른 형태를 띠고 있었다.

네덜란드와 독일 쪽 세계에서 17세기 말 이래로 무신앙은 '범신론'의 형태를 띠어 왔으며, 그 시작은 스피노자였다. 신과 자연은 동일한 것이며, 이 불가분의 전체는 합리적 필연성에 따라 지배된다는 것이다. 독일에서는 스피노자의 영향력이 계속 남아 있었기에 하이네는 1830년대에도 스피노자주의가 독일의 비밀 종교라고 선언할 정도였다. 영국과 프랑스에서도 종교를 놓고 이에 상응하는 갈등들이 있었지만, 그 출발점은 범신론이 아닌 이신론deism✤이었고(신은 '시계 제작자'일 뿐 자신의 피조물의 작동에는 개입하지 않으신다), 합리주의가 아닌 경험주의였다. 하지만 양쪽 전통 모두 그 출발점은 기독교에서 강조하는 원죄 개념과는 대조되는 것이었다. 인간은 자연적 존재로 그 생각은 감각기관의 인지를 통해 형성되며 그 활동은 욕망, 그리고 행복의 추구로 추동된다는 것이 그 두 전통 모두의 전제였던 것이다.

하지만 독일에서는 대략 1770년대 이래로 세 번째의 주된 철학 형태가 출현한다. 이는 여러 중요한 점에서 자유란 스스로가 자기의 법을 정하고 실행하는 것이라는 루소의 생각에 기대고 있지만, 결국 칸트의 '비판'철학(관념론 idealism✣✣으로 알려져 있다)으로 공식화하게 된다. 관념론은 합리주의와 마찬가지로 계시종교revealed religion✣✣✣에 대해 회의적이지만, 인간의 자유를 강조하며, 인간 정신이 지식과 활동을 형성하는 직접적 역할을 강조하며, 이성이 자연적 욕망에 저항하여 그것을 극복하는 능력을 강조한다.

이러한 관념론은 완벽주의 혹은 유토피아주의라는 또 다른 뚜렷이 구별되는 형태의 이념으로 이르는 문을 열어 놓았다. 이성의 왕국에서 벌어지는 진보로서 자연적 존재로서의 인간의 여러 한계를 대체할 것이며, 궁극적으로 인간은 오직 스스로가 정식화해 놓은 명령들만을 따르게 된다는 것이다. 이렇게 분명하게 이상주의적 성격을 띠는 인간 해방의 관념이 형성되면서 관습적 종교의 신앙과 점점 별개의 것이 되었는데, 이러한 경향은 특히 칸트의 후기 저작에

✣ 최고의 존재Supreme Being로서의 신을 인정하지만, 이 세계는 그가 만든 법칙에 따라 자동적으로 돌아가고 있으므로 그 신이 개입하는 법은 없다는 생각으로, 전통적인 인격적 신의 개념을 부정하는, 특히 영국에서 유행했던 합리주의의 형태이다. 존 로크나 토마스 페인 등이 유명한 대표자들이라고 할 수 있다.

✣✣ 이 말이 '이상주의'로도 번역될 수 있음에 주목할 필요가 있다. 특히 독일 관념론은 이 시기의 독일 문화와 철학을 지배했던 이상주의와 불가분으로 연결되어 있다고 보아야 할 것이다. 관념론을 '유물론'의 대립 개념으로 놓는 편향과 달리, 이상주의는 실재론 혹은 현실주의realism와 대립되는 개념으로 이해해야 한다. 따라서 문맥에 따라 독일 관념론의 이상주의적 측면이 강하게 부각되어야 할 때에는 이상주의로 번역하기도 했다.

✣✣✣ 계시종교란 신에 의해 '일방적으로' 계시 혹은 드러나 버린revealed 진리에 대한 절대적 믿음이므로 이성적·합리적 믿음과 대립되는 개념이 된다. 예를 들어 모세의 십계명이나 성모마리아의 수태고지 등은 이성적으로는 이해할 수 없는 일이지만, 신께서 일방적으로 내놓으신 진리이므로 무조건 믿어야 하는 일이다.

서 분명하게 찾아볼 수 있다. 칸트는 후기에 들어 사후 세계에 대한 기독교적 관념을 치우고 그 자리에 이 지상에서의 해방이라는 준세속적 그림을 가져다 놓고 있다.

칸트는 1781년에 출간한 『순수이성비판』에서 신의 현존에 대한 인식이 가능하다는 모든 주장을 제거하는 것이 자신의 뜻하는 바이며, 그 목적은 신앙이 들어설 자리를 남겨 놓기 위함이라고 단언했다.[43] 그의 약속은 1788년 출간된 『실천이성비판』에서 실현되었다. 이 저서에서 신은 전제 조건들, 즉 '요청되는 바들postulates'로 불멸성의 개념과 함께 다시 제자리를 찾게 된다. 하지만 신의 지위는 이제 훨씬 더 불안정한 것이 되어 버렸다. 전통적 형이상학에서는 도덕의 기초를 제공하는 것이 바로 신이었다. 그런데 칸트의 새로운 이론에서는 도덕이 신의 현존을 요청하는 것으로 되어 있거니와, 이러한 요청은 논박의 여지를 필연적으로 허용하는 것이었다. 칸트가 이해하는 바에 따르면 이제 신의 필연성을 주장하는 것은, 도덕법칙을 인간이 스스로의 행복을 추구하는 육신을 가진 자연적 피조물이라는 사실과 화해시켜야 한다는 더 큰 필요의 일부를 형성하는 것이었다.[44] 『실천이성비판』에서 칸트는 미덕과 행복의 관계를 '최고선'의 개념에서 찾아야 한다고 주장했다. 이 '최고선'이란 행복이 미덕에 비례하여 배분되어 있는 상태로, 따라서 각각의 개인들은 자신이 마땅히 취할 자격이 있는 만큼의 행복을 받게 된다. 칸트에 따르면, 이러한 이상적 상태는 현실 세계에서는 결코 달성될 수 없다. 하지만 그러한 상태를 달성해야 한다는 것이 우리의 믿음이라면 각각이 지닌 미덕에 비례하여 행복을 나누어 줄 그러한 신을 요청하는 것이 필연적이며, 이러한 궁극적 결과에 도달하는 데 어느 만큼의 시간이 걸리든 이를 소화할 수 있는 수단으로서 영혼의 불멸성을 요청하는 것이 필연적이라는 것이다.

칸트는 이러한 '요청들'을 더욱 설득력 있게 만들기 위해 많은 방식으로 노력했다. 1790년에 출간한 『판단력비판』에서는 '최고선'이 아니라 '궁극목적'에 대해 이야기하고 있다. 자신의 논지를 거꾸로 뒤집어서 그는 만약 신이 현존하지 않는다면 도덕법칙은 그 본성상 성취될 수 없는 어떤 것을 요구하는 것이므로 스스로 모순에 빠지게 될 것이라고 주장한다. 논리의 기본적 구조는 동일하게 유지되었다. 1793년의 『오직 이성의 한계 내에서의 종교』에서는 관습적인 종교 신앙과의 거리를 더욱 크게 만들었다. 영혼의 불멸성이라는 교리에 함축되어 있는 기독교의 초자연주의는 사라지고 그 대신 '윤리적 공화국ethical commonwealth'이라는 전망이 그 자리를 메우고 있다. 이는 '지상에 신의 왕국을 건설하면서 선한 원리가 승리를 거둔' 결과로 나타나게 된다는 것이다.[45] 여기에서도 도덕법칙과 그것의 정초자로서 신이 필연적 관계를 맺고 있다는 주장이 전개되고 있다. 하지만 그러한 모종의 입법자가 왜 필요한지는 충분히 확고하게 논증되고 있지는 않다. 도덕 법칙은 우리에게 구속력을 가지기 때문에 신성한 것이지, 신성한 것이라서 구속력을 갖는 것은 아니다. 게다가 칸트는 그 모종의 '궁극목적'이라는 생각이 인간들이 '사랑'할 수 있는 무언가로서 도입된 것이며, 자신이 '인류의 불가피한 한계'에 대해 양보한 것임을 인정한 셈이었다.[46] 따라서 1790년대 중반경에 되면 칸트가 '실천이성'의 요청으로 신에게 다시 확고한 위치를 부여하는 데 실패한 것이 분명해졌다.[47] 도덕에 기대어 신의 현존을 주장하는 방법은 이제 도덕 세계 자체를 신과 동일한 것으로 놓는 것에 불과했다.[48]

1790년대 초와 중반에 걸쳐서 헤겔의 관점(그리고 그의 천재적인 동료 학생들이었던 횔덜린Hölderlin과 셸링Schelling의 관점 또한)은 튀빙겐에서 신학을 공부하던 그의 학생 시절의 경험에서 형성되었다.[49] 젊은 헤겔은 공식적 루터교의 경직성에 혐오감을 느꼈고, 프랑스에서 벌어지던 사건들로 동요하고 있었으며, 칸트의 철학적 도전에 영감을 얻고 있었다. 미출간 저작들에 나타난 그의 반응은, 칸트 이후에 전제 조건이 된 자율과 자기 입법의 원칙에 비추어 기독교를 재구성하려는 시도였다. 그의 사상은 또한 레싱의 『인류의 교육』과 루소의 시민 종교의 개념에 의존하고 있었고, 여기에 다시 고대 그리스에서 향유되었다고 여겨졌던(이는 1770년대와 1805년 사이에 바이마르의 작은 왕정에서 괴테, 실러, 헤르더가 함께 일하던 시절의 생각에 따른 것이었다) 자발적인 윤리적 조화의 전망이 합쳐져 있었다.[50] 1793년 칸트 자신도 『오직 이성의 한계 내에서의 종교』에서 순수하게 도덕적인 종교의 모습을 개괄적으로 제시한 바 있었다. 하지만 헤겔과 그의 친구들은 칸트가 의무의 완수로서의 미덕에 너무 많은 강조점을 두고 있다고 생각했다. 1796년, 이들은 '인민의 종교Volksreligion'에 대한 자기들 스스로의 개념을 개략적으로 만들어 냈다. 실러의 『인류의 미학적 교육』의 영향을 받은 이들은 칸트의 윤리 사상이 아름다움의 호소력과 짝을 이루어야 한다고 강조했다. "이성과 감정의 유일신론, 상상력과 예술의 다신론, 우리는 바로 이것을 필요로 한다." '새로운 신화', '이성Reason의 신화'가 필요하냐는 것이었다.[51]

1790년대에 벌어졌던 논쟁들은 기독교가 풀어 놓는 서사narrative가 역사적 사실이냐 아니냐의 문제가 아니라 과연 기독교가 윤리적 생활의 기초를 형성할 역량이 있는지에 대한 것이었다. 헤겔의 관점에서 보자면 기독교가 다른 종교에 비해 우월하다는 점은 논란의 여지가 없는 것이었다. 왜냐하면 만인이 자유롭다는 확신에 기초한 종교는 오로지 기독교뿐이기 때문이라는 것이다. 그렇기에 헤겔은 후기 저작에서 자신이 '윤리적 삶Sittlichkeit'(근대 문화와 합리적 국가에 형상을 부여하는informing 윤리적 규범들과 법칙들*)의 개념의 기초를 프로테스탄트 기독교에 두는 것을 정당화할 수 있었다. 또한 이러한 문화가 존재하지 않았던 것이 프랑스혁명이 공포정치와 전쟁으로 타락했던 주요한 원인이었다는 것이다. 그러한 문화에 따라 국가가 전환되지 않은 상태였으니, 종교 또한 계몽주의의 반종교적 공격에 맞서 스스로를 지켜 낼 수 없었다는 것이다. 따라서 헤겔은 자신의 철학이야말로 기독교를 더 폭넓게 만들고 더욱 풍요하게 만드는 것이라고 믿었다.

하지만 이렇게 합리주의와 기독교가 양립할 수 있다는 주장에 대해 보수주의자들은 의구심을 갖고 있었으며, 헤겔의 논리는 이를 전혀 해소하지 못했다.

헤겔은 저서와 강의를 통해 기독교를 종교적 의식이 발전하며 나타난 일련의 형태들 중 가장 높은 자리에 있는 최종적 형태라고 자리매김했다. 태곳적의 종교는 자연과 마법에 대한 숭배로 점철된 신비로운 신들로 시작했지만, 종교개혁 시대 이래로 기독교는 궁극적으로 명확성을 획득하게 된다. 기독교는 인간과 신 사이의 심연을 극복했다. 왜냐하면 신이 예수라는 인간의 몸으로 현현했다는 기독교 이야기에서 인간은 더는 신성으로부터 소외되어 있지 않기 때문이다. 헤겔은 삼위일체의 세 번째 요소인 '성령Holy Ghost'을 그의 기독교 개념의 중심에 놓았다. 이는 모든 이들 한 사람 한 사람의 내면에 있는 신성Divine Spirit으로, 우리가 성찬식에서 봉송하는 대상도 바로 이것이라는 것이다.

그런데 기독교는 내재적immanent일 뿐만 아니라 초월적transcendent인 성격 또한 내세우지만, 헤겔의 저작을 아무리 보아도 자신의 피조물과 별개로 존재하는 신이라는 생각이나 사후 세계라는 생각을 지지하는 요소는 전혀 찾을 수 없다. 더욱이 헤겔이 '절대이념Absolute Idea'이라는 것을 제시하는 논리를 보면, 자

✤ 이 개념이 간혹 '도덕'으로 번역될 때가 있으나 이는 오역이라고 보아야 하며, 헤겔에게 도덕Moralität과 윤리적 삶Sittlichkeit의 개념을 구별하는 것은 지극히 중요하다. 헤겔은 세계를 정신이 스스로를 의식하고 전개하는 발전 과정이라고 보았으므로 무의식적으로 스스로 있는 상태의 자기(낯설게 '외화'되어 있는 자기) 스스로의 모습을 인식하여 동일성을 회복한 자기의 세 단계로 이 세계가 운동하고 있다고 보았다. 이에 따라 이 세계는 논리학-자연철학-정신철학의 세 단계로 나누어진다. 정신철학의 두 번째 단계라 할 수 있는 '객관적 정신'의 철학인 법철학은 다시 추상적 권리-도덕-윤리적 삶의 세 단계를 밟아 운동하며 발전한다. 아무런 방해도 받지 않는 상태의 인간의 즉자적 '자유'의 영역들이 담고 있는 추상적 권리의 세계에서 소유권 등 제반의 법적 권리의 범주들이 도출되지만, 이는 인간의 행동을 제약하는 도덕의 여러 범주들(목적과 책임, 의도와 안녕, 선함과 양심)과 충돌하게 된다. 이러한 두 세계의 외면상의 모순을 극복하는 것은 바로 인간의 윤리적 삶의 개념을 얻음으로써 가능해진다. 즉 그 두 개의 세계는 실제의 생활을 해 나가는 인간의 삶 속에서 파생된 두 영역일 뿐이며 본래 하나라는 것이 밝혀진다는 것이다. 이러한 윤리적 삶은 다시 그 내적 모순의 운동에 따라 가족-시민사회-국가 등의 범주를 낳게 된다고 한다. 따라서 윤리적 삶은 주체에서 소외되어 있는 도덕적 규범 범주들과의 모순이 해소되어 실제의 삶에서 실현되고 있는 바의 모습을 담고 있다. 이 용어는 우리나라에서 '인륜'이라는 용어로 번역되어 왔으나(일본어의 영향이라고 짐작된다), 이 역어는 반드시 구별되어야 할 '도덕'과의 의미 차이가 불분명한 단점이 있다. 따라서 여기에서는 헤겔 철학의 영어 번역에서 일상적으로 사용되는 ethical life라는(예를 들어 앨런 우드Allen Wood의 『법철학』 영역본) 역어를 따라 '윤리적 삶'이라고 번역하기로 한다. 이 용어는 헤겔의 이 개념이 실제의 '삶'을 전제로 하고 있음을 분명히 하는 장점이 있다고 보이기 때문이다.

기의식self-consiousness의 발전 과정 속에서 먼저 예술이, 그다음에는 종교가 나타나지만, 결국은 둘 다 신성이라는 것의 이념을 충분히 드러낼 수 없게 된다는 것이 분명했다.[52)]✤ 기독교의 여러 의례들과 상징들은 언어로는 표현할 수도 없고, 해서도 안 되는 상징주의의 형태에 의지하고 있었다. 이렇게 해서 표상되는 절대자의 전망이란 결국 너무 소박한 것이며, 진리를 이러한 소통의 양식 속에 가두게 되면 결국 자유를 빼앗기게 된다. 결국 기독교라는 종교의 여러 주장들은 그 근거를 자기의식의 자유로운 결단이 아닌 그저 성경의 권위에 두는 것으로 만족하게 된다는 것이다.

1820년대에는 이러한 입장이 점차 고립을 맞게 되며, 헤겔의 직접적인 추종자들 정도로만 그 영향력이 한정되게 된다. 헤겔이 예나에 있었던 1800년과 1806년 사이의 기간 동안 낭만주의 작가들과 철학자들 중에는 신성에 대해 그와 비슷한 관념을 신봉했던 이들이 많았다. 이들은 실로 빛나는 세대였지만, 이제는 모두 죽거나 입장을 바꾸었다. 노발리스는 젊은 나이에 죽었고, 슐라이어마허는 자신이 예전에 신봉하던 범신론을 포기했으며, 슐레겔 형제는 가톨릭 교인이 되었고, 셸링은 신비주의로 숨어 버렸다. 1820년대에는 슐라이어마허의 추종자들이 종교는 오히려 감정과 결부되어야 함을 강조하면서 헤겔에 대한 공격을 반복했고, 새로이 창간된 『복음주의 교회신문Evangelische Kirchenzeitung』의 편집자였던 에른스트 헹스텐베르크Ernst Hengstenberg는 경건파들Pietists과 복음주의자들을 이끌면서 헤겔이 종교의 교리를 합리적으로 변환시킨 것은 건방지고도 이단적인 짓이라고 주장했다. 헤겔 스스로는 아니라고 항의했음에도 그는 여전히 스피노자식의 범신론자라는 혐의를 벗지 못했다는 것이었다. 또 어떤 이들은 그를 자유와 현실을 모두 논리적 필연성에 종속시키는 '범논리주의panlogism'에 빠졌다고

✤ 헤겔은 절대정신Absolut Geist을 인간이 알게 되는 방식으로서 최초에는 직접적·감성적 방식이 나타나 예술이 되며, 그다음에는 상징 등을 통한 표상의 방식이 나타나 종교가 되며, 마지막으로 논리적 사유의 방식이 나타나 철학을 이룬다고 보고 있다.

공격했다.[53] 이러한 여러 공격에 직면한 헤겔은 갈수록 수세적이 되었으며, 자신의 추종자들 중 더욱 보수적인 이들과 더 친하게 지내게 되었으니, 이 보수적 추종자들의 의도는 계시종교와 사변철학이 양립 가능하다는 것을 증명하는 것이었다.

4. 1830년대: 슈트라우스와 청년 헤겔학파의 출현

헤겔의 입장에 대해 가장 지적으로 감당하기 어려운 공격은 그가 죽은 후인 1830년대에 나왔다. 그 비판자는 바로 튀빙겐 시절 한때 그의 친구였으며 이제는 저명한 철학자가 된 셸링이었다. 셸링은 예나 시절 이래로 아무것도 출판하지 않았으며, 그가 어떤 입장을 가지고 있는지는 단지 소문으로만 떠돌아다니고 있었다. 하지만 1827년 그는 자신이 젊은 시절에 견지했던 '범논리주의'를 거부하고, 헤겔의 입장에 대해 거의 노골적인 철학적 공격을 감행했던 것이다. 젊은 시절 철학적 급진주의에 탐닉했다가 나이가 들어 등을 돌린 이들과 마찬가지로 셸링 또한 논리 혹은 이성의 족쇄로부터 자유로운 모종의 인격적인 신을 회복시키고자 열망했다. 일찍이 1804년 그는 인류가 단일의 총체성 내에서 모든 타자성을 극복하여 정신과 자연의 동일성을 아우르게 된다는 전망에서 후퇴했던 바 있다. 그는 아담과 이브의 타락이라는 기독교의 언어를 다시 끌어들였으며, 그로부터 몇 년 뒤에는 신을, 이성을 넘어선 순수한 의지로 보는 개념을 도입하여 그러한 기독교적 타락의 개념을 보완했다. 이제 신은 비록 세계의 창조주이지만 영원히 그것으로부터 분리된 존재로 정립되었다. 신이 스스로를 이 세계에 드러내는 바는 이성을 통해서가 아니라 계시revelation를 통해서만 이루어질 수 있다는 것이다.[54]

1830년대의 철학 세대는 괴팍한 방식으로 기독교 변신론을 재구성한 셸링의 철학에 대해 대체로 호감이 없었지만, 그래도 셸링이 헤겔을 비판하면서 보여 준 저력을 무시할 수 없었다. 셸링의 헤겔 비판은 존재가 논리에 대해 독자적이며 오히려 그것에 선행하는 현실임을 다시 강력하게 내세우는 형태를 취하고 있었으며, 헤겔이 그의 저서 『대논리학Science of Logic』(1816년)의 서두에서 논리가 현실로 이행하는 것을 증명하려 시도했던 바를 공격하는 형태를 취하고 있었다.[55] 현실의 자율성을 부인하는 여러 철학('부정적 철학')과 대조적으로 셸링이 정립했던 것은 '현실에 대한 긍정적positive 설명', '실정철학positive'이었다. '부정적 철학negative philosophy'은 세계의 질서가 '논리적 필연성'이라고 보지만, 셸링이 보기에 이는 그저 신의 의지의 결과물일 뿐이며, 신의 의지는 어떤 법칙에도 매이는 법이 없다는 것이다. 사변철학이 인정할 수 없는 것은 바로 현실의 무근거성groundlessness이었다.✣ 반면 '실정철학'은 이성이 스스로의 자율성을 자신에게 외적인 어떤 것 즉 '실정적 사실'에 내맡긴다는 것을 전제로 삼고 있으며, 이 '실정적 사실'은 오로지 '계시'를 통해서만 접근할 수 있다는 것이다.

셸링의 '실정철학'은 프리드리히 율리우스 슈탈Friedrich Julius Stahl의 정치철학에서 더욱 증폭된다. 슈탈은 사비니의 친구이자 비타협적인 반합리주의자였다. 1833년, 슈탈은 자신의 저서인 『권리의 철학Philosophy of Right』을 출간했으며, 1840년에는 에두아르트 간스의 후임으로 베를린 대학의 법학 교수로 승진하게 된다. 슈탈에 따르면, 헤겔 철학의 치명적 결함은 이성으로 신을 인식할 수 있다는 위험한 망상에 있다고 한다. 그는 헤겔이 신에게서 자유의지를 빼앗아 버림으로써 개성적 존재로서의 신격이라는 것을 파괴해 버렸고, 그 연장선에서 결국 개성적 존재로서의 인격이라는 것 또한 파괴해 버렸다고 비난했다. 헤겔의 신은 ('정신Spirit') 자연과 정신을 모두 통합하는 필연적 발전이라는 보편적 원리

✣ 이는 독일어 Abgrund의 영어 표현일 것이다. 이 말은 일반적으로 '심연深淵'으로 옮겨진다. 괴테 이후 게오르크 뷔히너Georg Büchner 등 독일 낭만주의자들은 현실 세계의 모든 것에 아무런 분명한 근거가 없으며, 그 근거로 여겨지던 신이 죽었음을 예감하고 있었다. 이는 훗날 니체의 저작에서 분명하게 선언되는 바이다.

에 꽁꽁 갇혀 있으며, 따라서 계시를 통해 스스로를 마음대로 드러내는 최고 존재Supreme Being로 행동할 수 없도록 되어 버렸다는 것이다.

헤겔의 군주 개념에 대한 슈탈의 반대 또한 비슷한 논리였다. 군주란 국가의 실체 속에 꽁꽁 갇혀 있는 존재이며, 또 그 지위를 헌법에 빚지고 있는 신세라는 게 헤겔의 주장이었다. 하지만 슈탈의 주장은 이러했다. 신의 의지가 존재와 이성의 근거가 되기는 하지만 후자에 의해 제약당하는 것은 아닌 것처럼, 군주정의 의지 또한 마찬가지로 아무런 제약도 받아서는 안 된다는 것이다. 신은 모든 것을 아우르는 존재이며 피조물 전체에 통일성을 부여하는 존재이다. 마찬가지로 주권의 담지자인 군주는 그 개인의 인신을 통해 홀로 오롯이 국가의 권위를 체현하는 존재이므로 헌법의 여러 제약에 갇혀서는 안 된다는 것이다. 당시의 현실에 뜻하는 바로 설명하자면, 슈탈은 1555년 아우구스부르크 회의에서 확립된 바 있는, '그의 왕국에, 그의 종교cuius regio, eius religio'✤라는 원칙에 따라 '기독교 국가'를 회복할 것을 촉구했던 것이다.

1830년대 중반이 이르면 이 새로운 보수주의와 '운동 진영'의 갈등은 비록 철학적 논쟁의 형태로나마 더욱더 가열차게 진행된다. 또한 이 갈등은 정치적 형태로도 더욱 명시적으로 나타나게 된다.

독일연방의 치하에서 군주들은 힘을 합하여 1830년 혁명의 결과로 헤세-카셀, 색소니, 하노버 등지에서 이루어진 그나마 자그마한 자유주의적 개혁까지도 모두 철폐해 버리는 데 성공한다. 문학에서 나타난 경향적 집단이었던 '청년 독일파Young Germany'(여기에는 하이네와 루트비히 뵈르네Ludwig Börne 등이 포함되어 있었다)는 독일연방 전역에 걸쳐서 금지되었다. 대학의 모든 교수직 임명에

✤ 루터파를 진압할 수 없었던 신성로마제국 황제 카를 5세는 결국 아우구스부르크에서 종교회의를 열어 루터파 신앙에 대한 휴전 상태를 만든다. 하지만 이때의 원칙은 본문에 나온 대로 군주가 가톨릭이냐 루터파냐에 따라 그 영토에 사는 신민들은 모두 그 종교를 무조건 따라야만 한다는 것이었고, 루터파 이외의 칼뱅파 등은 모두 제외되는 한계가 있었다. 이는 결국 가뜩이나 통일성이 미약했던 독일이라는 존재를 조각조각 나누어진 소군주의 신앙에 따라 모두 파편화시키는 결과를 낳고 말았고, 이후 30년 전쟁의 불씨가 된다.

대한 정치적인 사찰은 더욱더 샅샅이 조여들어 왔나. 루트비히 포이어바흐Ludwig Feuerbach는 슈탈에 대해 적대적인 논평을 집필한 뒤 교수 자리를 얻을 전망이 완전히 막혀 버리고 말았다.[56] 또 다른 저명한 헤겔주의자들(다비트 슈트라우스 David Strauss, 아르놀트 루게Arnold Ruge, 브루노 바우어 등)은 모두 비슷한 운명을 겪어야 했다.

이 투쟁에서 결정적인 사건이 벌어졌다. 1835년, 튀빙겐에 거주하는 신학자 다비트 슈트라우스의 『예수의 일생: 비판적 검토』가 출간된 것이다.[57] 철학의 목적과 종교의 목적이 그 형식에서는 다를 수 있지만 내용은 동일하다는 헤겔의 주장이 어떤 의미를 함축하고 있는지를 아주 솔직하게 드러낸 책이었다. 슈트라우스에 따르면, 기독교에 체현되어 있는 합리적 진리는 인간과 신의 통일과 결합이라는 것이다. 그런데 이 점이 명확해지기 위해서는 일단 4복음서를 그 고대의 초자연적인 환경에서 해방시켜야만 한다는 것이었다. 신약성서의 경우, 그러한 '이념'은 어떤 한 개인의 삶과 활동에 대한 이야기라는 형식에 꽁꽁 갇혀 있다. 하지만 기독교가 근대의 학문 속에서 살아남기 위해서는 예수라는 인물을 치워 버리고 그 자리에 역사 전체 속에 현현된 바의 인류라는 개념을 가져다 놓아야 한다는 것이다. 왜냐하면 유한한 것과 무한한 것의 통일을 가져올 수 있는 것은 오직 인류 전체가 담지한 무한한 정신뿐이며, 이러한 통일이 바로 '절대정신Absolute Spirit'에 대한 헤겔의 묘사에 나타난 바라는 것이다.[58]

1830년대 후반이 되면 프로이센 국가가 따라야 할 종교 정책의 방향에 대한 논쟁은 갈수록 치열해진다. 당시 여전히 교육 종교 장관 자리에 있었던 알텐슈타인은 보수파들의 시끄러운 분노에도 불구하고 슈트라우스의 『예수의 일생』이 출간되고 퍼지는 것을 허용했다. 하지만 보수파들이 왕정에서 점점 더 큰 영향력을 얻게 됨에 따라 알텐슈타인은 수세에 몰리게 된다. 특히 보수파는 왕세자의 서클에서 영향력을 확장했으며, 여기에는 슈탈, 헹슈텐베르크 Hengstentberg, 그리고 교회와 국가에 대해 낭만주의에 입각한 반합리주의의 지지자들이 집결하고 있었다. 그리고 슈트라우스의 저서가 남긴 파장의 여파로, 헤겔주의자들 중 좀 더 보수적인 이들 또한 군주가 지배하는 기독교 독일 국가를 다시 세우자는 슈탈의 공격적인 운동과 타협하고자 했다. 따라서 알텐슈타인 또한 급진주의자들을 대학교수 자리에 앉힐 수 없었다. 그는 헤겔의 후임으로 베를린 대학 교수가 된 괴셸Göschel에게 슈트라우스의 저작이 불러일으킨 난리를 가라앉히기 위한 방편으로 헤겔주의와 정통 기독교가 양립 가능하다는 것을 반복해서 주장하라고 촉구하기도 했다.

이러한 불길한 징조에도 불구하고, '운동 진영'은 여전히 여러 사건이 벌어지는 가운데 정부도 노선을 바꿀 것이라는 희망에 매달리고 있었다. 옛 왕인 프리드리히 빌헬름 3세는 1817년 고압적인 조치를 통해 루터 교회와 칼뱅주의 교회를 다시 하나로 합쳐 버렸다. 이러한 조치는 그 정신에서 1815년 이후의 재생된 복음주의보다는 나폴레옹의 관료적 절대주의에 훨씬 가까운 것이었다. 하지만 이번에는 정부가 우파로부터의 예상치 못한 도전에 직면해야 했다. 문제는 프로이센 국가와 그 가톨릭 신민들과의 관계에 대한 것이었다. 1835년, 쾰른의 새로운 가톨릭 대주교 드로스테-비셔링Droste-Vischering은 교회 내의 '교황 지상권론ultramontane' 경향의 전투적 지지자였다. 즉 민간 정부가 관할하는 세속사에 대해 교황의 권위가 우선한다는 점을 강조했으며, 또 성직자들이 우선적으로 충성해야 할 대상은 자기가 속한 나라의 세속적 지도자가 아니라 로마 교황청이라고 주장했다. 그는 다른 종교인들 사이의 통혼에 대한 교황의 금지령을 엄격하게 강제했다. 이제 가톨릭교회는 가톨릭 교인들의 프로테스탄트 배우자들로부터 그들의 자식들이 가톨릭으로 양육될 것이라는 서면 동의를 요구했다. 이는 곧 이 문제에 대해 라인란트 지역에서 오래도록 존재했던 타협을 거부한다는 뜻이었다. 그 뿐만이 아니었다. 이는 프로이센의 통합 교회Prussian Union Church의 '최고 주교'로서 프로이센 왕의 권위에 대한 직접적인 도전이자 프로이센 법률의 위반이기도 했다. 그 결과 이 대주교는 1837년 투옥되었다.[59]

이렇게 압도적으로 가톨릭 지역인 라인란트와 프로이센 국가 사이의 대결은 당연하게도 비상한 관심을 끌었고, 이 논쟁에 관해 출간된 팸플릿은 300개를 넘었다.[60] 또한 이는 헤겔주의자들이 국가에 대해 무조건적 지지를 제공할 수 있는 문제였다.[61] 왕년의 급진주의자였으며 유명한 라인란트 사람인 요제프 괴레스Joseph Görres는 교황 절대권론의 입장을 대표하는 팸플릿인 「아테나시우스Athenasius」를 출간했다. 프로테스탄트 개신교가 프랑스혁명을 낳았다는 것이 그의 주장이었다. 이에 프로테스탄트의 입장에서 왕년의 헤겔주의자였던 하인리히 레오Heinrich Leo가 반론을 펼졌다. 하지만 급진적 헤겔주의자들이 보기에는 레오의 논리가 너무나 온순한 것이었다. 그들의 지도적 대변인인 아르놀트 루게는 할레 대학의 강사이자 '전국 학우회Burschenschaft'의 활동가 출신이었다.[62]

그는 테오도르 에히터마이어Theodor Echtermeyer와 함께 1838년 벽두에 『할레 연보』를 창간했다. 이 저널은 모든 유파의 자유주의 및 헤겔주의 입장을 담은 문예지로 출발했지만, 갈수록 '과학적 탐구의 독자성'(이는 곧 슈트라우스에 대한 지지를 뜻한다), 그리고 교회에 대한 국가의 우위를 주장하는 입장의 대표로 여겨졌다. 루게는 자신의 팸플릿 「프로이센과 반동Prussia and the Reaction」에서 괴레스와 레오를 모두 공격했다. 그에 따르면 괴레스와 레오는 모두 합리주의에 대해 적대적이지만, 루게는 프로이센이라는 국가의 본질이 바로 그 합리주의에 있다고 주장했다. 그는 또한 레오를 '반쯤 가톨릭'이라고 비난했다. 루게의 공격은 레오 쪽으로부터 분노에 찬 대응을 불러왔다. 레오는 루게, 포이어바흐, 슈트라우스와 그 동맹자들을 '덜 익은 새끼 헤겔주의자들die Hegelingen'이라고 불렀다. 이것이 '청년 헤겔학파Young Hegelians'라는 용어의 기원이었다. 레오는 이들을 예수의 부활과 승천을 신화의 영역으로 쫓아내 버리고 완전히 세속적인 국가를 부르짖는 무신론자 집단이라고 묘사했다.[63]

루게는 이에 대한 응답으로 프로테스탄트 개신교와 합리주의 사이의 친화성을 반복하여 주장했고, 『할레 연보』에서는 에두아르트 간스가 당시 막 출간했던 헤겔의 유작 『역사철학강의』에서 모은 증거들로 그 논지를 더욱 상세히 꾸며 나갔다. 종교개혁과 계몽주의의 나라인 프로이센은 종교적 관용과 사상의 자유를 상징한다는 것이었다. 그리고 슈트라우스는 바로 이렇게 합리주의를 지향하는 프로이센의 프로테스탄트 전통에 속하는 사람이지만, 이 전통은 지금 가톨릭주의의 횡포 아래에서 몰락할 위험에 처했다는 것이다. 루게는 『경건파와 예수회Pietism and Jesuits』라는 제목의 저서에서 레오와 헹슈텐베르크에 대해 공격을 심화하면서 17세기 프로이센 경건주의의 고갱이는 사라지고 껍데기만 남아 버렸다고 주장했으며, 가톨릭주의는 외부인들의 종교에 불과하다고 주장했다.64)

1839년 끝 무렵 루게와 에히터마이어는 이러한 논쟁적인 공박을 「프로테스탄트 개신교와 낭만주의」라는 제목이 붙은 일련의 논문 속에서 하나의 '선언'으로 확장했다. 프로테스탄트주의나 낭만주의나 종교개혁의 산물이지만, 프로테스탄트주의가 그 합리적 '고갱이'를 이루는 반면 낭만주의는 그 비합리적 '껍데기'를 대표한다는 것이었다. 낭만주의는 이성의 보편성이 아니라 자연과 감정에 기초한 '자유로운 자아의 주관적 충동'일 뿐이라는 것이다. 따라서 이는 '비자유의 원리the unfree principle'를 체현하고 있다는 것이다. '낭만주의'를 이렇게 나타내는 논리는 '비합리적 현상 형태들'에 초점을 맞추고 있다. 여기에 포함되는 것으로는 신비주의, 각종 유사 가톨릭주의, 중세에 대한 관심, 민요에 대한 선호 등이 있다고 한다. 또 이는 프랑스, 계몽주의, 프리드리히 대제에 대한 반감을 동반한다는 것이 그들의 주장이었다.

5. 에피쿠로스: 원자들과 자유

다른 지지자들도 이 운동에 동참했지만, 그 누구보다도 열성적인 이는 베를린의 카를 쾨펜Karl Köppen이었다. 그는 19세기에 새로이 관심을 끌게 된 북유럽 신화를 연구하는 학자이자 '박사 클럽'의 회원이었으며, 많은 이의 이야기에 따르면 그 당시 마르크스의 가장 가까운 친구였다고 한다.65) 쾨펜은 1838년 3월 이후『할레 연보』에 글을 게재하고 있었다. 북유럽 종교와 신화에 대한 그의 접근법은 슈트라우스의 그것과 아주 닮아 있었다. 신화는 기록된 역사 시대 이전에 한 민족이 가지고 있는 의식에 대한 내적인 설명을 제공한다는 것이었다. 슈트라우스에 대한 논란, 그리고 교황지상주의에 맞선 청년 헤겔학파 운동에 대한 논란이 거세지면서 쾨펜의 저작들도 점차 급진적이 되어 갔다. 그는 노예들과 성직자들에 맞섰던 중세 황제 프리드리히 바르바로사Friedrich Barbarossa✤의 영웅적 행동을 찬양했고, 헤겔 사상의 진전과 동시에 프로이센 자체도 헌정을 향해 나아가고 있음을 강조했다. 1840년 그는 프리드리히 대제의 즉위 100주년을 기념하는 에세이를 쓴다. 이 에세이는『프리드리히 대제와 그의 적수들』이라는 책이 되며, 새로 즉위한 프로이센 왕 프리드리히 빌헬름 4세에게 그의 위대한 전임자 프리드리히 대제의 예를 따라 계몽주의, 그리고 광신적 성직자들에 맞선 싸움을 통치의 지도 원리로 삼을 것을 촉구했다.

쾨펜은 자신의 연구 과정에서 프리드리히 대제가 가장 좋아했던 사상가가 그리스 철학자 에피쿠로스였다는 사실, 그리고 '지난 세기의 모든 계몽가들the Aufklärer은 여러 면에서 에피쿠로스학파와 연관되어 있었고, 거꾸로 에피쿠로스학파는 자신들이 고대 세계의 저명한 계몽가들이었음을 보여 준 바 있다'는 사실에 주의를 기울인다.66) 에피쿠로스는 낭만주의자들이 18세기 프랑스 유물론과 기계적 세계관의 선구자라고 여겨 가장 혐오했던 철학자였다. 프리드리히 슐레겔에 따르면, 그의 철학은 "고대의 모든 시스템들 가운데에서도 가장 혐오스

✤ 12세기 신성로마제국 황제인 프리드리히 1세. 오랫동안 재위했을 뿐만 아니라 군사, 정치, 문화 모든 방면에서 뛰어난 능력과 야심과 정력적인 활동을 과시하여 중세의 신성로마제국 역사상 가장 위대한 황제로 추앙받는다. 특히 이탈리아와의 전쟁을 여러 번 벌이면서 교황의 지배권에 도전하고 로마법을 부활시킨 것이 중요한 업적으로 여겨진다.

러운 것이다. … 그의 철학은 모든 것을 원자들(이는 1차적으로 물질적인 것이다)로 해소해 버린다." 슐레겔은 에피쿠로스학파가 18세기 후반의 지배적 철학이 되어 버렸다고 한탄했다.67)

카를이 에피쿠로스를 그의 박사 논문의 주제로 선택한 데는 이 모든 것이 영향을 미쳤다. 쾨펜은 그의 「프리드리히 대제」를 카를에게 헌정했고, 카를은 그의 박사 논문 서문에서 쾨펜이 에피쿠로스학파, 스토아학파, 회의주의 철학을 다루었던 것을 찬양했고 또 '그것들이 그리스인들의 삶과 맺는 연관'에 대해 '심오한 지적'을 했던 것을 찬양했다.68) 쾨펜과 마찬가지로 카를 또한 프로이센 국가와 계몽주의의 여러 이상과의 친화성을 어떻게 회복할 것인가에 관심을 두고 있었고, 이는 곧 그의 저널리즘 글들에서 그가 '합리적 국가'라고 부른 것으로 나타난다. 하지만 그의 박사 논문은 다른 관심사들도 좇고 있다. 헤겔적 접근이 수세에 몰려 있었던 당시 그의 박사 논문은 관념론 전반을 첫째는 '모든 것을 신학으로 만들어 버리는 지성'에, 둘째는 데모크리투스의 자연주의에 기초한 '교조적' 결정론에 맞서는 철학으로 옹호하고 있다. 당시에는 에피쿠로스가 유물론과 결정론의 옹호자였다는 반합리주의자들의 비판이 널리 퍼져 있었거니와, 카를은 이를 반박하는 데 관심을 두었다. 그러한 이유 때문에 카를은 에피쿠로스를 자기의식*의 철학의 선구자로 그려 내고 있다.69)

그의 박사 논문은 에피쿠로스의 '원자' 이론의 여러 함의점에 집중하고 있다. 이는 '자기의식의 철학자들'인 에피쿠로스학파, 스토아학파, 회의론자들의 연구라는 더 큰 프로젝트의 일부였다.70) 플라톤과 아리스토텔레스가 남긴 파장

---

* 자기의식Selbstbewußtsein은 헤겔의 『정신현상학』에서 정신 발전의 한 단계로 나오는 국면의 개념이다. 외부로 향한 '의식'은 감각적 확신과 지각을 넘어서서 오성Verstand에 도달하게 되지만, 그다음에는 그러한 외부 세계를 인식하는 주체인 자아를 의식하는 단계로 넘어가게 되며 이것이 자기의식의 단계라는 것이다. 하지만 이 자기의식 또한 외부 세계와 자아의 동일성을 인식할 수는 없기에 그다음 단계인 이성Vernunft으로 넘어가게 된다고 한다. 헤겔은 철학사에서 스토아학파와 회의론자들을 이러한 단계를 대표하는 이들로 거론하고 있다.

속에서 일어났던 이러한 철학 유파들의 궤적을 추적하는 것은 헤겔이 죽고 그의 철학 시스템이 붕괴한 직후 독일 철학이 어떠한 모순적 발전을 겪고 있는가를 에둘러서 추적할 수 있는 한 방법이었다. 1837년 카를은 아버지에게 쓴 편지에서 마치 헤겔 철학이 선언했던 사유와 존재의 종합이 완성 직전에 있는 것처럼 말한 바 있었다. 하지만 이제는 헤겔의 다른 추종자들과 마찬가지로 카를 또한 그러한 화해는 장래에 성취해야 할 목적이며, 이론에서 실천으로 이행함으로써 달성해야 할 목표라고 여기고 있었다.

그런데 그러는 가운데 카를은 헤겔 이후의 사상이 보여 준 모순적 발전 과정을 검토해야만 했다. 보수적 왕정이 복구된 프로이센에서 현실과 이념 사이의 격차가 더욱 벌어졌다는 것이 분명했을 뿐만 아니라, 아예 철학 자체가 이 세계로부터 분리된 것으로 보였던 것이다. 헤겔의 추종자들 사이에서의 주관적 차이점들은 늘어났던 반면, '낭만주의'와 동맹을 맺은 프로이센 국가는 갈수록 반동적이 되어 갔다. 철학의 객관적 보편성은 다시 '삶을 살아가는 여러 개인들의 의식이라는 주관적 형태들'로 퇴행했다. 마르크스가 말했듯이, "온누리를 밝히던 해가 지고 나니까 사적 개인들이 밝혀 놓은 호롱불에 나방이 몰려든다."[71] 일단 사유와 존재가 이렇게 분리되고 철학이 이러한 주관적 형태를 억지로 받아들이게 되자, 철학적 자기의식이 띠게 된 모습은 '쌍대성duality이며, 그 양쪽은 다른 쪽과 완전히 상반되고 있었다.' 한편에서는 '개념the concept'을 계속 붙잡고 있는 '**자유주의** 진영'이 있었고, 다른 쪽에는 '현실성의 계기인 **비개념**non-concept'을 붙잡는 '**실정철학**positive philosophy'이 있었다는 것이다. 카를은 청년 헤겔파와 셸링 및 슈탈의 지지자들 사이의 갈등을 이렇게 묘사한 것이다. 전자는 문제가 '이 세계의 불완전성에 있으며, 따라서 이 세계를 철학적으로 만들어야 한다고 본다.' 후자는 '그러한 불완전성은 철학이 해결해야 할 문제라고 본다'는 것이다.[72]

카를이 자기 박사 논문의 학문적 성취라고 주장하는 바는 '그리스 철학사에서 지금까지 해결되지 않았던 한 문제'를 해결했다는 것이었다. 키케로와 플루타르크에서 중세 교부철학자들church fathers은 에피쿠로스의 저작을 그저 소크라테스 이전의 그리스 철학자 데모크리투스를 표절한 것에 불과하다고 폄하했다는 것이다. 데모크리투스는 원자들의 운동이 엄격하게 결정되어 있다고 보았다. 이 원자들의 밀치기와 충돌에서 생겨나는 '소용돌이vortex'가 바로 '필연성의 실체'라는 것이다. 반면 에피쿠로스는 원자들의 운동이 미결정 상태일 수 있으며, '급작스러운 방향 전환'이나 '궤도 이탈declination'이 벌어질 수 있다고 보았다. 이리하여 에피쿠로스는 데모크리투스의 '맹목적 필연성'과 순수한 유물론적 물리학에 저항하는 한 방법을 도입했다는 것이다. 카를에 따르면, 데모크리투스는 원자들의 "밀치기repulsion에서 오로지 질료적 측면, 파편화, 변화만을 보았고, 형상적 측면은 보지 못했다. 형상적 측면에서 보자면 '밀치기'의 과정에서 다른 것과의 모든 관계가 부정되며, 운동은 자기규정self-determination✣으로 확립된다." 원자는 다른 존재가 자신을 결정하는 것에 저항하고 반격을 가할 수 있는 무언가를 가슴에 품은 존재라는 것이다. 카를에 따르면, 이것이 바로 자기의식 이론의 시작이라는 것이었다. "이제 질료가 스스로를 형상과 화해시켜 자족하는 존재가 된 이상, 개인의 자기의식 또한 그 번데기 상태에서 벗어나 스스로를 진정한 원리로 선포하게 된다."73)

카를의 박사 논문에서 가장 독특한 특징은 에피쿠로스가 이룬 원자 개념의 진보를 자기의식의 출현에 대한 헤겔의 묘사를 미리 보여 주는 것으로 그려내려고 시도한다는 점이다. 카를에 따르면, 비록 개인성의 형태로 제한되어 있기는 하지만 '자기의식의 절대성과 자유'야말로 '에피쿠로스 철학의 원리'라는 것이다. '원자론'은 숱한 모순을 안고 있지만, '자기의식의 자연과학'이라는 것이다. '원자를 자기들끼리 있는 상태에서 추상적으로 본다면' 이는 "일반성으로 상상

✣ 헤겔에게서 규정determination, Bestimmung은 무한한 존재가 구체성을 띤 유한한 정재dasein로 되는 과정과 관련이 있다. 자기규정Selbstbestimmung은 그 어떤 외적인 힘도 아니라 스스로의 내부에서 스스로의 성격 규정을 끌어내는 과정이므로 자율적인 '발전Entwicklung'과 연관된다.

된 독립체들일 뿐이며 … 이들은 구체적인 것들과 맞설 때에만 스스로의 정체성을 발전시키게 된다. … 여러 성질이 부여되어 있는 개별 원자 안에 실존과 본질 사이의 모순, 그리고 질료와 형상 사이의 모순이 내재하고 있는 것이다." 이렇게 수많은 원자들의 '밀치기' 혹은 궤도 이탈은 원자들의 법칙을 실현하는 과정이라는 것이다. '이는 자신에 맞서는 존재로부터 후퇴하여 추상적 존재로 되돌아오며'✤, 이는 '그것이 관계 맺는 존재 자체가 다름 아닌 그것 자신'이기 때문에 가능한 일이라는 것이다. 원자들의 '밀치기'는 자기의식이 나타나는 첫 번째 형식이라고 한다. 이렇게 운동이 '자기규정'으로 확립됨에 따라 다른 것들과의 모든 관계는 부정된다. 이를 보여 주는 것이 '천체들heavenly bodies'로, 여기에서 원자는 개체성의 형식을 띤 질료이다. 따라서 천체들은 '현실이 된 원자들'이라는 것이다. 이것들 안에서 질료는 개체성을 획득하게 된다고 한다. "이러한 과정에서 질료는 추상적 개체성이기를 멈추고, 구체적 개체성이 된다."[74] 원자라는 물리적 현존으로 현현되는 바의 '밀치기'는 인간의 자유와 자기의식이 실존하는 하나의 패러다임을 제공한다는 것이다.

에피쿠로스는 이렇게 필연성을 거부했기에 그리스인들의 믿음을 떠받치는 중심적 전제인 '여러 천체의 축복되고도 영원한 역할'이라는 것을 거부하게 되었다고 한다. 에피쿠로스는 혜성을 예로 들었다. 혜성의 존재가 영구적이지도 않고 그 활동이 무슨 질서가 있는 것도 아니라는 점을 지적한 것이다. 사람들은 여러 천체들이 영원성의 성격을 가지고 있다고 생각하지만, 이들도 이 지상에 존재하는 다른 모든 것처럼 덧없는 일시적인 것들에 불과하다는 것이다. 자

✤ 원문은 abstract from이다. abstract는 라틴어 abstrahere에서 파생된 말로 16세기 이후 쓰이게 되었다. 이 말은 어떤 구체적인 존재들로부터 하나의 보편적인 개념을 '추출'한다는 타동사의 의미로 쓰였지만, 칸트와 헤겔 등의 관념론자들은 이 말을 거꾸로 '자동사'의 의미로 사용할 것을 강조했다. 즉 현실에 존재하는 구체적 존재의 이런저런 비본질적 우발적 특징들을 제거하고 벗어나서 본래의 추상적 개념을 유지한다는 의미를 강조하는 셈이다. 본문에서 마르크스는 이 말을 이러한 헤겔이나 칸트적인 의미로 쓰고 있다고 보아 이렇게 번역했다.

연은 독자적이지 않다. 그 지고의 원리는 '자기의식의 절대성과 자유'일 뿐이다. 마르크스는 프로메테우스의 이야기라고 전해지는 말을 서문에서 인용하여 이렇게 선언한다. 철학은 '인간의 자기의식을 지고의 신성으로 인정하지 않는 지상과 천상의 모든 신들'을 반대한다는 것이다. 이러한 이유에서 에피쿠로스는 '그리스 계몽주의Greek Enlightenment의 가장 위대한 대표자'라는 것이다.[75)]

에피쿠로스의 여러 단점들 또한 부인할 수는 없다고 한다. '자기의식'의 고대 철학자들은 진리를 '현인'과 동일시하는 진리에 대한 주관적 관념을 넘어설 수 없었기에 제대로 확고한 체계를 세울 수 없었다고 한다. 이 점에서 마르크스는 헤겔의 『철학사 강의』를 따르고 있다. "'사상과 사상가'는 '무매개적으로 연결되어 있다.'" 에피쿠로스 철학의 지도 '원리'는 '자기만족을 지향하는 자기의식의 충동'이었다는 것이다.[76)] 에피쿠로스에 따르면, '오직 중요한 것은 설명하는 주체의 평정심'이다. 에피쿠로스가 원자 원리라고 묘사했던 '추상적 개체성'의 주요 관심사는 마음의 고요함ataraxy을 보존하는 것이다. 이는 곧 '행동의 목적이 추상화, 즉 고통과 혼동으로부터 벗어나는 것에 있음'을 뜻한다는 것이다. 사유는 여전히 존재와 유리되어 있으며, 이렇게 하여 과학적 학문의 가치는 부인된다. 즉 마르크스의 표현에 따르면, '존재 안에서의 자유가 아니라 존재로부터의 자유'를 성취하는 것이 에피쿠로스의 목표였다는 것이다.[77)]

자기의식을 '추상적 보편성'으로 보는 에피쿠로스의 관념이 갖는 위험성은 '미신적이고 자유롭지 못한 신비주의로 통하는' 문을 '활짝 열어젖혔다'는 데 있다. 이 때문에 에피쿠로스는 이미 고대에 플루타르크의 '모든 것을 신학화하는 지성theologizing intellect'에 취약하게 노출되었고, 17세기가 되면 가상디Gassend로 하여금 에피쿠로스를 가톨릭주의와 화해시키는 시도까지 하게끔 만들었다는 것이다. 하지만 이보다 훨씬 나쁜 것은 '실정철학'이 대표하는 위협이라고 한다. 왜냐하면 일단 사유와 존재가 서로 분리되고, 그럼에도 절대자라는 전제만 그대로 유지된다면 철학은 제멋대로 초월성을 복구할 수 있게 되고, 이에 신학이 다시 돌아오게 된다는 것이다. 이러한 비판은 특히 보수적 헤겔주의자들을 겨냥한 것이었다. 이들은 슈탈이 옹호하고 또 셸링이 철학적 뒷받침을 제공하여 재천명된 '기독교-독일 국가'라는 개념과 화해하려 하고 있었다.[78)]

카를의 박사 논문과 그에 딸린 노트들을 보면 그가 확신과 불확실성 사이에서 요동치고 있음을 볼 수 있다. '이론'은 이제 '실천'에 길을 터 주어야 하지만, '철학의 실천은 그 자체가 **이론적**이다. 이는 개별자들의 현존태를 본질에 비추어 측정하고 특수한 현실을 이념Idea에 비추어 측정하는 **비판**인 것이다.' 카를이 생각하기에 '이론적 정신이 일단 그 자체로 해방되면 실천적 에너지로 전환한다는 것이 심리학적 법칙이다. … 내적인 자기만족과 충족감은 이미 파괴당한 상태이다. 내면을 비추던 빛은 이제 활활 타는 횃불이 되어 바깥쪽을 향하고 있다. 그 결과 이 세속이 철학적으로 변하게 되며, 그와 동시에 철학 또한 세속적으로 변하게 된다.' 이러한 의미에서 그는 '오로지 자유주의 당파만이 진정한 진보를 이룰 수 있다. 왜냐하면 이는 개념을 가진 당파이기 때문이다. 반면 실정철학은 단지 형식과 의미가 서로 모순되는 요구들 및 경향성들만 낳을 수 있을 뿐'이라고 확신하고 있다. 하지만 그도 인정하듯이, '**철학의 무매개적 실현**이란 그 가장 깊은 본질에서 여러 모순들로 시달리게 되어 있는 것이다.' 카를은 자신의 박사 논문을 확고한 결론이 아닌 현란한 수사로 끝맺고 있으며, 그 가운데 변증법에 자신의 신뢰를 두고 있다. 변증법이야말로 '생명의 활력이 전달되는 경로이며, 정신의 정원에서 나타나는 꽃들의 만개滿開이며, 거품이 가득 찬 샴페인 잔의 포말로, 이로부터 정신의 불꽃 하나가 터져 나오게 된다'.[79)]

4 장

폴리스 다시 세우기:
이성과 기독교 국가의 힘겨루기

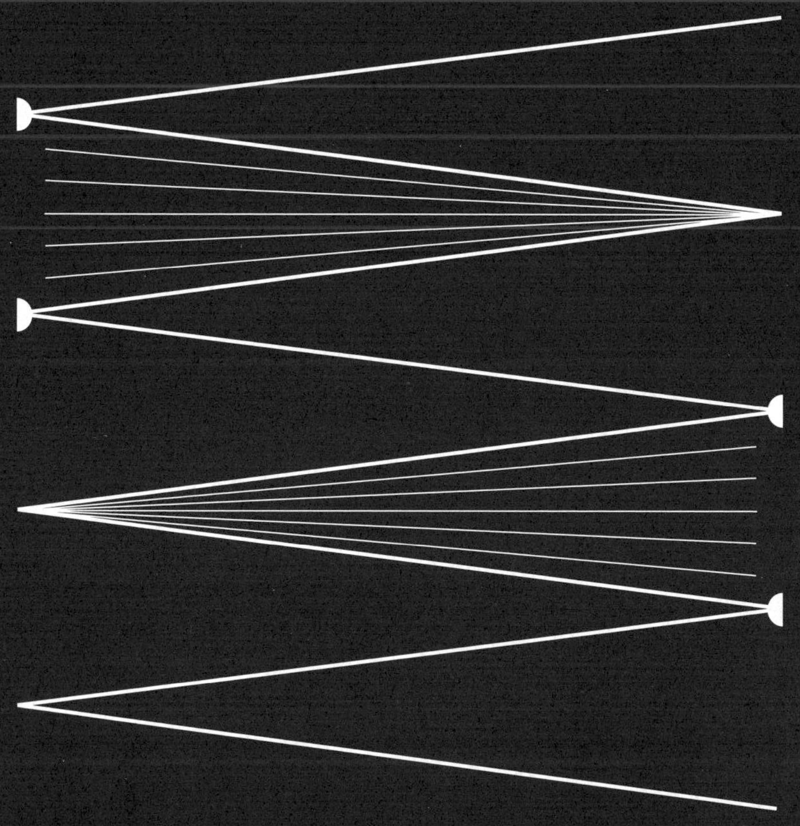

너의 천상 세계를 닫아 버려라, 제우스
안개와 구름으로
그리고 그 위에서 한번 살아 봐라, 아이처럼
엉겅퀴 꽃이나 따면서
떡갈나무 위와 산꼭대기에서
하지만 이 땅은 내놓고 가라
이 땅은 내 것이다
그리고 내 오두막도 내놓아라, 네가 짓지도 않았다
그리고 내 벽난로도
그 밝고 따뜻한 불길을
쬐는 내가 몹시도 부러울 것이다

해 아래에 헤엄치고 기어 다니고 걸어 다니고 날아다니는 모든 것 중에
제일 한심하고 불쌍한 족속들, 너희 신들이여!
사람들이 양을 잡아 제사를 드리면서

한숨 섞인 기도를 올리지 않으면
끼니도 못 잇고 당장 빌어먹어야 할 주제들
아이와 거지들이 바보처럼 너희들에게 희망을 걸고 있는 덕에
아직 겨우 버티고 있는 주제들

나도 아이였을 때
그래서 내가 어디서 왔는지 어디로 가는지도 모를 때
어쩔 줄 모르던 내 시선을 돌렸었다
태양을 향하여, 마치 그 너머에
나의 탄식을 들어 주는 귀가 있는 양
그리고 고통받는 이들과 함께 아파할 줄 아는
내 것과 똑같은 심장이 있는 양

괴테J. W. Goethe, 「프로메테우스」(1772~1774년)

1. 가족과의 절연

카를과 가족, 특히 어머니와의 관계는 아버지가 세상을 뜨고 난 뒤 5년간 계속 악화되었다. 트리어에 머무는 동안 카를은 자기 집보다 장래의 장인이 될 루트비히 폰 베스트팔렌의 집에서 더 마음 편하게 지냈다. 하지만 대부분 시간은 트리어가 아닌 베를린, 본, 쾰른 등에서 보냈다.

1838년 5월 10일 하인리히가 숨을 거두면서 마르크스 집안과 베스트팔렌 집안의 관계는 악화되기 시작했다. 예니는 하인리히를 무척 따랐지만, 앙리에트와는 별로 교유가 없었다. 하인리히가 죽고 난 뒤 6주가 지나도록 예니는 여전

히 마음을 달래지 못하고 있었다. "온 미래가 너무나 어둡고, 희망이라고는 도대체 보이질 않네요." 예니는 1년 전 퀴렌츠Kürenz에 있었던 마르크스 집안의 포도밭에서 하인리히와 함께 보냈던 어느 날 오후를 회상하고 있다. "우리는 두 시간, 세 시간 동안이나 사랑이나 종교 등 인생에서 가장 중요한, 그리고 가장 고상하고도 성스러운 문제들을 이야기했어요. … 그분은 사랑과 따뜻함과 열정을 가지고 제게 말씀하셨죠. 그렇게 감정과 기질이 풍부하신 분은 또 없을 거예요. 저도 마음으로부터 그분의 사랑에 응답했답니다. 그분에 대한 제 사랑은 영원할 거예요. … 그는 어린 에두아르트(카를의 동생으로, 1837년 12월 14일 사망했다)의 너무나 안 좋은 건강 상태에 대해 말씀'하셨고, 또 '그분도 몸이 무척 약해지셨더랬어요. … 그날 유난히 기침이 무척 심하셨었고요.' 나중에 '저는 그분께 산딸기 한 묶음을 따 드렸어요. … 그분도 기분이 좋아지셨고, 농담도 하시고 짓궂은 장난까지 치셨어요." 그래서 예니를 고위 법관의 부인 역을 맡기고는 '대법원장님 사모님'이라고 부르기까지 했다는 것이다. 예니는 카를에게 보낸 그녀의 편지 봉투 안에다 하인리히의 머리카락 한 움큼을 넣어 놓았다.[1]

앙리에트가 남편을 잃은 상황을 어떻게 견뎠는지에 대해서는 알려 줄 만한 것이 거의 없다. 그녀가 카를에게 보낸 편지 한 통이 남아 있을 뿐이다. 그것도 남편이 죽은 뒤 2년 이상 지난 뒤 쓴 편지인 데다 보관 상태도 아주 나쁘다. 하지만 읽을 수 있는 부분으로만 판단해 보아도 그녀가 계속 고통을 받고 있었고, 여기에 버림받은 느낌까지 겹쳐서 많이 힘들어했다는 것을 알 수 있다. 편지는 시작부터 이렇다. "네가 옛날에 우리가 한집에서 함께 살았던 때를 기억한다면 그리고 내가 엄마로서 얼마나 너를 아낌없이 사랑하고 특별히 돌보았는지도 기억한다면, 네가 너에게 소중하고 가치 있었던 모든 것을 완전히 내팽개쳐 버린 것 때문에 내가 얼마나 아프게 피눈물을 흘렸는지 충분히 판단할 수 있을 것이다." 그녀는 베스트팔렌 집안으로부터 무시와 모욕을 당하고 버림받았다고 느끼고 있었다. "너의 사랑하는 아버지가 돌아가신 지 6주가 되도록 베스트팔렌 집안에서는 아무런 우정도 위로도 우리에게 보여 주지 않았다. 마치 우리랑 전혀 모르는 남남인 듯이 말이다. … 4주인가 5주가 되었을 때 예니가 한 번 오기는 했지만, 우리를 위로하기는커녕 불평과 탄식만 한바탕 늘어놓고 가 버렸다." 그 전부터 무언가 분쟁이 있었던 게 분명하며, 아마도 하인리히의 유산 처리 문제와 관련이 있었던 것 같지만 무엇이 문제였는지는 전혀 분명치 않고, 베스트팔렌 집안에서는 그녀가 그 문제를 잘못 처리했다고 욕했던 것으로 보인다. "거만하고 허영에 찬 베스트팔렌 사람들이 기분이 무척 상했다. … 이제 나는 여러 문제를 제대로 설명하지 않았다는 욕을 듣게 되었다." 마침 베스트팔렌 집안에서도 상을 당하여 그녀가 딸들과 헤르만(카를의 남동생)을 데리고 조문을 갔을 때, 헤르만은 환영을 받지도 못했고 "예니는 아주 냉담하게 행동"했다고 한다. 앙리에트는 아무래도 이게 혼약을 없었던 것으로 하자는 암시가 아닐까 하는 위협을 느꼈다. "그들은 나를 그저 연약한 어머니로 여겨 내 감정의 진실성도 믿지 못하더구나." 그녀는 그저 카를의 마음을 상하게 하거나 예니에게 가혹한 말을 하지 않으려고 기를 쓰고 참아야만 했다고 한다. "우리 가족 모두가 너를 위해 얼마나 도덕적 희생을 치렀는지 모른다. 너라면 우리를 위해서 절대로 치르지 않았을 희생이었다." 그녀는 다시 카를에게 촉구하고 있다. "나와 네 형제자매들 모두가 너를 위해 얼마나 참고 견뎠는지를 알아야 한다. 이 은혜는 네가 절대로 갚을 수도 없을 정도이다." 그리고 베스트팔렌 집안에 대해서도 한 소리를 잊지 않는다. '자기가 사랑하는 젊은 여자가 아무리 세상에서 가장 아름답고 고상한 미덕으로 가득 차 있어 보여도' 모든 집안에는 '그 고유의 내려오는 핏줄의 성격이라는 게 있게 마련이며, 이는 어떤 상황에 간다고 해도 절대로 못 속이는 법이다.' 베스트팔렌 집단의 경우, 매사를 또 사람을 판단하는 기준이 너무나 높다는 것이다. "이들에게는 도무지 중용이나 타협juste milieu이라는 게 없다. 그래서 사람을 아주 천국에 이르도록 높게 떠받들든가, 그게 아니면 아주 천 길 낭떠러지 아래로 처박아 버리든가 둘 중에 하나뿐이다."[2)]

이렇게 오랜 싸움으로 생겨난 긴장에도 카를과 가족과의 관계는 살아남은 것이 분명하다. 1841년 4월, 카를의 누나 소피가 보낸 편지가 우연히 남아 있어서 알 수 있는데, 7월에 카를이 본으로 가서 브루노 바우어를 만나기 전에 트리어의 집에 들르기를 가족들이 기대하고 있으니, "너의 여비 등 다른 모든 필요한 비용은 전부 대 주겠다"고 말하고 있다. 하지만 카를이 여전히 가족과 비교적 차가운 거리를 두고 있음이 소피의 편지 마지막 문장에 나타난다. "내게 정말로 따뜻하고 정이 많은 동생이 있다면 내 상태에 대해서도 정말로 하고 싶은 말이 많지만, 너는 그런 동생은 아니지. 하지만 그래도 괜찮아."[3)]

카를의 진로 선택 또한 가족으로서는 도저히 이해할 수 없었음이 분명하다. 카를은 법조인으로 혹 공직으로 일할 수 있는 기회를 거부했을 뿐만 아니라, 철학 박사 공부에서도 철학과 안에서도 가장 악명 높은 청년 헤겔파 철학자의 하나인 브루노 바우어를 지도교수로 선택하여 둘 다 학과에서 따돌림을 받고 있었다. 카를의 새로운 친구이자 지도교수인 바우어도 이 문제를 이해하고 있었기에 1814년 3월 이렇게 말하고 있다. "트리어에 직접 내가 가서 자네 가족에게 설명할 수 있으면 좋으련만. … 내 생각에는 이렇게 일이 복잡하게 된 데는 소도시 사람들 특유의 협소한 사고방식도 관련이 있을 듯해." 하지만 그해 여름 바우어는 자신의 저서 『공관복음서 비판』을 마무리하느라고 너무 바빠서 트리어에 오지는 못했다. 바우어는 또한 불필요한 대결 상황을 일으키지 않고서 박사 학위를 마무리하는 게 중요하다는 것을 이해하고 있었다. "또 기억해야 할 게 있네. 자네 글이 대중적인 갈채를 받게 되면 강단에서 교수 자리를 잡기가 어려워질 수 있고, 그러면 자네 약혼녀가 경제 문제에 대해 더욱 걱정을 하게 될 거야. 어차피 자네 앞길은 험난할 텐데 일을 더 어렵게 할 것은 없지." 그는 카를에게 다음 달 안으로 베를린으로 떠나라고 촉구하고 있다. "가족과 화해하고, 약혼녀를 안심시키고, 그 뒤에는 접촉을 끊어 버리게."[4)]

카를 자신도 고향 집에 가는 일을 가급적 회피하려고 했던 것으로 보인다. 트리어로 가면서 그는 문필 세계와도 또 베를린에 두고 온 벗들과의 동지적 관계와도 끊어지게 되었다. 1841년, 그는 에두아르트 마이엔이 편집하던 간행물 『아테네 여신의 신전Athenäum』을 중심으로 모여든 문인 집단과 알게 되었는데, 여기에 시도 두 편 게재한다. 결국 마르크스가 베를린을 떠나게 되었을 때 친구들은 무척 섭섭히 여겼다. 1841년 6월, 쾨펜은 카를과 헤어진 뒤 1주일 동안이나 우울한 상태에 있으며, 이제 카를 대신 마이엔을 '아름다운 벗Schönheitsfreund'으로 삼아 산책을 하고 있다고 썼다. 그래도 좋은 점이 있다면, 이제 그는 더 이상 스스로를 '돌대가리'라고 여기지 않고 다시 자기 머리로 스스로 생각할 수가 있게 되어 만족한다는 것이었다.[5] 바우어 또한 카를과 함께 소리 높여 웃으며 베를린의 거리를 활보할 수 없게 되었다고 슬퍼했다.[6]

가족과의 관계가 최종적으로 무너지게 된 것은 1842년 여름에 벌어진 일 때문이었다. 그해 초부터 카를은 베스트팔렌 집안에 머물고 있었고, 당시 루트비히 베스트팔렌(카를은 자기의 박사 논문을 루트비히에게 헌정했다)은 병상에 누워 죽어 가고 있었다. 3월 3일 그가 죽었을 때 하필 바우어 또한 대학에서 쫓겨났으며 강단에서 자리를 잡을 가능성도 완전히 끝나 버렸고, 이에 카를의 앞길은 어떻게 되느냐는 문제가 다시 나오게 되었다. 하지만 이번에는 베스트팔렌 집안에서 오랫동안 함께 살아왔던 크리스티아네 호이벨Christiane Heubel이 세상을 떠나면서 문제가 더욱 복잡해졌다.[7] 카를은 이때 어머니에게 아버지의 유산 중에서 자기 몫에 해당하는 부분을 떼어 달라고 졸랐는데 어머니가 이를 거절했음이 분명해 보인다. 당시 상황에 대한 유일한 설명은 카를이 7월 9일 아르놀트 루게에게 보낸 편지뿐이다. 루게는 마르크스가 봄부터 쓰겠다고 약속했던 글들을 빨리 보내라고 재촉하고 있다. 카를의 답은 "4월부터 지금까지 하루에 일할 수 있었던 기간을 다 합쳐 봐야 4주도 되지 못한 것 같고, 그나마 중간에 다른 일들이 또 끼어들었습니다. 우선 또 상이 나는 바람에 트리어에서 6주를 보내야 했어요. 그 나머지 시간도 아주 진저리가 나는 가족들과의 싸움에 소모되어 버렸습니다.

내 가족이 내 앞길에 걸림돌이 되고 있어요. 우리 가족은 아주 부유한데 저만 지금 완전히 빈털터리로 만들어 버렸습니다."[8] 그는 1843년 초 루게에게 보낸 편지에서 이 이야기를 반복하고 있다. "전에 이야기한 것처럼, 가족과의 관계가 완전히 틀어져 버렸습니다. 최소한 어머니가 살아 있는 동안에는 전 제 재산에 대해 아무런 권리가 없습니다."[9] 카를의 어머니는 자신의 금전 문제 관리를 사위들에게 맡겼다. 처음에는 소피와 마스트리흐트에서 결혼한 사무 변호사 로베르트 슈말하우젠Robert Schmalhausen, 그다음에는 에밀리와 결혼한 수력 공학자 야코프 콘라디Jacob Conradi, 마지막으로 자신의 형부 잘트보멜Zaltbommel의 리온 필립스Lion Philips였다.[10]

카를이나 그의 어머니나 고집 세고 타협을 모르는 성격은 똑같았던 듯하다. 카를이 어머니에 대해 남긴 말들은 거의 없고, 그나마 나온 말들도 악감정을 잔뜩 담은 것들이다. 하지만 그도 어머니가 독립적인 정신의 소유자라는 점만큼은 인정하지 않을 수 없었다. 1861년 카를이 트리어를 방문했을 때 앙리에트는 카를의 묵은 차용증서들 일부를 변제해 주었는데, 이에 대해 카를은 라살레에게 이렇게 말한다. "그런데 우리 어머니는 지독하게 정신이 번뜩이는 데다 평정을 잃는 법이 없습니다."[11] 아주 거칠게 막 나갈 때는 그냥 어머니가 죽어 버렸으면 좋겠다고 말하기도 했다.[12]

카를이 예니에게 보낸 편지는 하나도 남아 있지 않지만, 그녀가 그에게 보낸 편지에서 그들의 관계가 어떤 것이었을지를 엿볼 수 있다. 이 기간 동안 그들의 관계가 지속적이고도 열정적인 연애 관계였음이 분명하다. 1839년 그녀는 이렇게 썼다.

> 오, 그대. 나를 그런 눈으로 바라보고 금방 시선을 돌렸다가 또다시 나를 보았죠. 나도 똑같이 했고요. 그래서 마침내 우리 두 사람 모두 시선이 뜨겁게 얽혀 아주 오랫동안 깊고 그윽하게 눈도 돌리지 못하고 서로를 쳐다보

았죠. … 당신이 내게 해 준 이야기 혹은 물어보았던 것들이 떠오를 때가 많고요. 그러면 저는 말로 설명 못 할 기적 같은 감각에 휩싸여 넋을 잃는답니다. 그리고 카를, 당신이 내게 입맞추고 나를 끌어당겨 꼭 안았을 때 저는 두려움과 떨림으로 숨도 더 쉬지 못하게 되었죠. … 사랑하는 카를. 내가 당신에게 가진 이 특별한 감정을 당신이 알 수가 있을까요. 저는 도저히 당신에게 설명할 길이 없네요.[13)]

간혹 이런 감정들이 자기비하의 언어로까지 나타난 적도 있다. 1841년 그녀는 이렇게 드러내 놓고 말한다. "나의 소중한 카를, 제발 말해 주세요. 제가 온전히 당신의 것이 될 수 있을까요? … 오, 카를. 나는 너무 형편없고, 내게 내놓을 만한 것이라고는 당신에 대한 사랑 말고는 아무것도 없답니다. 하지만 이 사랑만큼은 크고도 강하고 영원한 것입니다."[14)]

이 편지들에 나타난 카를은 시인 및 극작가 지망생 혹은 철학자의 모습이다. 그는 자신의 연인을 능숙하게 다루어 완전히 끝까지 몰아세우며, 있지도 않은 연적을 상상하며 혹은 자기에 대한 헌신에서 조금이라도 벗어나는 모습을 보였다가는 무섭게 질투를 폭발시키고 있다. 1838년, 예니는 에드가에 대한 자신의 사랑이 누나로서 또 친구로서의 사랑일 뿐이며, 이것이 카를에 대한 감정과는 전혀 무관한 것이라고 설명해야 했다.[15)] 1839년 예니는 '당신이 나 때문에 싸움에 휘말려 결국 결투까지 하게 될까 봐' 두려움에 스스로를 괴롭혔다. 하지만 카를을 붙잡아 놓는 과정에 있어서 그녀는 제인 에어가 로체스터 씨✤를 정복하는 식의 시나리오를 머릿속에서 그리면서 일종의 행복에 잠기기도 한다. "나는 당신이 오른팔을 잃게 되는 장면을 생생하게 상상했어요. 그리고 카를, 나는 그 때문에 모

✤ 제인 에어를 가정교사로 고용했던 로체스터 씨는 소설 말미에 집도 불타고 눈과 한쪽 팔을 잃은 비참한 신세가 되며, 제인 에어는 비로소 로체스터와 결혼한다는 게 줄거리이다.

종의 행복한 황홀경에 빠졌답니다. 당신이 그렇게 된다면 내가 정말로 당신에게는 꼭 있어야 할 존재가 될 테니까요. 당신은 나를 항상 옆에 두고서 나를 사랑해 주겠죠. 또한 당신이 천상에서 내려받은 생각들을 당신 대신 종이에 적는 일도 내가 할 테니 나는 정말로 당신에게 유용한 존재가 되지 않겠어요?"[16]

하지만 이렇게 열정에 가득 찬 말들에는 항상 현실주의와 모종의 불안감이 깔려 있었고, 이를 카를의 아버지는 이미 눈치챈 바 있었다. 예니는 저 '아름답고 감동적이며 열정적인 사랑, 당신이 그것에 관해 풀어놓는 이루 말로 다할 수 없이 아름다운 말들, 당신의 상상력에서 나온 온갖 영감에 가득 찬 이야기들'로 완전히 안심할 수 없었다. 그녀는 그러한 사랑이 영원히 갈 수 있을지에 대해 걱정했다. "당신의 사랑은 그것만으로도 마땅히 제가 홀려 버릴 만한 것이고 또 너무나 감사하지만, 그런 이유 때문에 제가 완전히 그렇게 되지는 않아요." 계속해서 이렇게 말한다. "당신은 사랑의 세계에 완전히 빠져들어 당신과의 더욱 고상하고 소중하며 영적인 결합을 이야기하지요. 그래서 그 밖의 모든 것을 다 잊어버린 채 그러한 세계 안에서만 머물며 위안과 행복을 찾는 데 너무나 능하죠. 하지만 저는 그 대신 당신께 삶이나 현실과 같은 외적인 문제들을 상기시켜 드립니다."[17]

또 예니의 편지들을 보면 그녀가 자신의 상황에 대해서도 여러 걱정거리가 있었다는 것을 알 수 있다. 우선 병든 아버지 루트비히를 돌보는 일에 전념하고 있었을 뿐만 아니라 그녀의 동생인 에드가가 금전적인 문제에서 무책임하게 구는 것에 대해서도 걱정해야 했고, 그 때문에 빚어진 엉망의 상황에서 어머니 카롤리네를 보호하는 일도 해야 했다. 1841년 그녀는 '에드가의 엉망진창 금전 상태에 대해 일부러 침묵을' 지켰지만, 하지만 이제는 이야기를 해야겠다고 한다. 특히 그녀 자신의 씀씀이도 크게 늘었기 때문이라는 것이다. 게다가 "어머니는 또다시 나를 꾸짖기 시작했고, 만사에 잔소리뿐이에요." 카롤리네는 에드가가 예니를 쾰른에서 고향으로 데리고 와야 한다고 고집했다. "그저 안팎의 예의 범절을 따르려면 그래야 한다는 이유밖에는 없어요. 그리고 본에 있는 당신에게 찾아가서는 안 된다는 거예요."[18]

예니는 부모님에게 잡혀서 집에 붙들려 있는 삶에 갈수록 지루함을 느끼고 참기 어렵게 되었으며, 베를린이나 쾰른 같은 곳의 지적 · 문화적인 자극을 동경하게 되었다. 1839년 편지를 보자. "내가 좀 제대로 이해할 수 있는 책이 있다면, 그래서 내 생각과 기분을 좀 새로운 방향으로 돌려줄 책이 있다면 참으로 좋겠어요." 그녀는 카를에게 책을 한 권 추천해 달라고 부탁한다. "좀 학식이 있어야 읽을 수 있는 책이면 좋겠어요. 그래서 내가 모두 다 이해할 수는 없지만 그래도 흐릿하게나마 무언가를 이해할 수 있는, 아무나 읽는 그런 책이 아닌 책 말이에요. 요정 이야기나 시가와 같은 것도 싫어요. 이제는 그런 것들을 참을 수가 없어요. 내 정신을 좀 운동시키고 단련시킬 수 있다면 나에게 큰 도움이 될 것 같아요."[19] 1841년, 그리스어를 공부하고 있던 그녀는 '공관복음서 비판가'(브루노 바우어)를 만나 보기를 학수고대하고 있었다.[20] 약혼 기간이 길어지면서 질병, 양쪽 집안 간의 싸움, 금전적인 불안과 미래에 대한 불확실성 등의 온갖 문제들이 다 터져 나왔고, 두 사람은 이에 상응하는 대가를 치러야 했다. 결혼식이 기약 없이 늘어져 버린 것이다. 그녀의 편지에 보면 이런 말이 나온다. 침대에 몸져누워 잠시도 쉬지 않고 예니에게 명령을 내리는 그녀의 아버지가 '내일이면' 침상에서 일어나 의자에 앉게 된다고. "내가 여기 이렇게 비참하게 누워 있지 않는다면 금세 짐을 쌀 거예요. 다 준비되어 있어요. 치마와 옷깃과 모자도 다 예쁘게 정리해 놓았어요. 그걸 입을 사람만 조건이 되면 다 되는 거예요."[21]

2. 브루노 바우어와 기독교의 파괴

1839~1841년 사이 카를이 자신의 박사 논문을 준비하는 동안 브루노

바우어는 카를의 가장 친한 친구이자 멘토였다. 바우어는 성경에 대한 그의 비판, 그리고 헤겔 철학에 대한 비타협적인 세속적 독해를 통해 명성을 얻었다(이 책의 197쪽을 보라). 카를이 그와 알게 되었던 당시 그는 베를린 대학의 신학과에서 사강사Privatdozent(정식 임용이 되지 못한 강사)였다. 카를은 1836년에 바우어가 구약성서 이사야서에 대해 행했던 강연을 들었으며, 바우어의 친구이자 처남인 아돌프 루텐베르크를 통해 그를 알게 되었다. 1839년 여름 학기에는 카를이 들었던 유일한 과목이 바우어의 강의였다. 카를은 베를린에 있는 동안 바우어가 지도적 역할을 맡고 있었던 '박사 클럽'에서 그를 자주 만났고, 또 샤를로텐부르크Charlottenburg에 있는 바우어의 고향 집에서도 자주 만났다.

바우어가 '적응Accomodation'✣의 입장에서 이탈하려 한다는 증후가 처음으로 공공연히 보였던 것은 1839년이었다. 이때 그는 예전에 그의 동맹자였으며 복음주의 기독교 근본주의의 지도자인 헹슈텐베르크의 '근시안적인 신학적 변신론'을 비판했던 것이다. 바우어의 목적은 기독교의 정신을 왕정복고 프로이센 국가의 풍속에서 기독교가 취하고 있었던 교조적 형식과 분리해 내는 것이었다. 헹슈텐베르크는 이미 왕정에서 영향력을 확대하고 있는 중이었으며, 프로이센의 '개혁 시대'에 정부 내에서 합리주의를 대변하는 마지막 활동적인 대표자들인 알텐슈타인Altenstein과 슐체Schulze가 바우어에게 헹슈텐베르크를 공격하라고 부추겼을 가능성도 있다. 하지만 이러한 행보는 또한 그들 자신의 입지가 점점 약화되고 있음을 인정하는 것이기도 했다. 바우어는 본 대학으로 자리를 옮겼지만, 여전히 아무 보수도 받지 못하고 금전적으로 쪼들리는 사강사였고, 슐체도 인정했듯이 교수로 승진할 전망도 없었다. 1839년, 교육부 장관이었던 알텐슈타인은 바우어를 본 대학으로 이전시켰다. 바우어가 불러일으킨 논란에서 그

✣ 본문에도 나오듯이, 헤겔은 그의 철학적 입장과 현존하는 프로이센의 여러 제도들을 (애매한 상태에서) 공존할 수 있다는 식으로 논리를 만들었다. 문맥상 이 '적응'은 바로 그러한 '합리적인 것이 현실적이며 현실적인 것이 합리적인 것'이라는 헤겔의 태도를 말하는 것으로 보인다.

를 보호하고자 하는 목적이었다.

1841년 4월, 박사 논문을 제출하고 학위를 마친 카를은 트리어로 돌아가 두 달을 보낸 뒤 7월 초에 바우어를 따라 본으로 왔다. 바우어가 자신에게 대학에서 자리를 만들어 주는 데 도움이 될 수 있다는 희망을 품고 있었다. 1842년의 처음 세 달 동안 그는 트리어에서의 시간 대부분을 예니의 아버지인 루트비히 폰 베스트팔렌이 죽을병에 걸려 신음하는 옆에서 보냈지만, 그는 또한 자신이 예나 대학에 제출했던 박사 논문을 확장하여 출판하고 그를 통해 본에서의 박사 후 교수 자격증Habilitation을 얻고자 했다. 하지만 1842년 바우어는 본 대학에서 자리를 잃고 그 직후 베를린으로 돌아온다. 카를은 본에서 좀 더 오래 머물지만, 결국 쾰른으로 이주하여 여기에서 새로이 창간된 『라인 신문』에 합류한다.

하지만 이렇게 겉으로 드러난 사실들의 뒷면에는 일련의 극적인 사건들이 있었고, 그 극적인 성격은 갈수록 더 커져 갔다. 우선 알텐슈타인과 옛 왕인 프리드리히 빌헬름 3세가 모두 사망했다. 그 뒤에도 바우어의 '비판'은 점점 더 급진적이 되어 갔으며 이는 새로 들어선 프로이센 '기독교 국가'의 지도자들을 갈수록 더욱 진노하게 만들었고, 양자 간의 대결은 갈수록 악화되었다. 이 과정에 카를도 열성적으로 참여했던 것으로 보이지만, 그 바람에 그가 대학에서 자리를 잡을 가능성은 완전히 사라지고 말았다.

1839년, 바우어가 본에 도착한 후 카를에게 보낸 첫 번째 편지는 친구로서 또 관심과 애정을 쏟는 박사 논문 지도교수로서의 모습을 보여 주고 있다. 12월에 보낸 편지에서 그는 카를의 '논리적 연구'를 언급하면서 이것이 단순한 궤변으로 끝나지 않겠느냐는 쾨펜의 염려를 전하고 있다. 그는 계속해서 헤겔 또한 『대논리학』에서 존재로부터 본질로 이행하는 과정을 만족스럽게 처리하지 못했던 것을 참조하라고 조언하지만, 우선은 박사 논문을 끝내라고 촉구한다. 바우어는 카를을 통해 베를린에 있는 쾨펜과 루텐베르크에게 자신의 안부를 전하고 있으며, 본에는 지적인 대화가 끊임없이 흘러나오던 베를린의 '우리 클럽'에 비할 만한 것이 없다고 한탄하고 있다. 본 대학의 동료 교수 및 강사들은 9시가 되면 카지노 혹은 트리어 호프Trier Hof에 있는 '교수 클럽에 모이지만, 하는 이야기라고는 농담 따 먹기와 가십뿐이며, 그나마 11시가 되면 모두 집에 가 버린다'는 것이다. 실의에 빠진 바우어는 "모든 게 지독히 저급하고 속물적이야"라고 털어놓고 있다. 1840년 봄, 그는 카를에게 그만 머뭇거리고 빨리 박사 논문을 제출하여 '그저 코미디에 불과한 이 박사 논문 심사'를 끝내 버리라고 촉구하면서, 자기가 멀리 떨어져 있어서 이 문제를 자세히 의논하지 못해서 미안하다고 말하고 있다.[22)]

박사 논문 제출 날짜가 다가오면서 바우어는 카를에게 여러 통의 편지에서 심사원들을 불필요하게 자극하지 말라고 촉구하고 있다. 예를 들어 맨 앞장에 에스킬루스에서 따온 도발적인 문구를 써넣는다든가, 철학적 논의를 넘어선 다른 이야기로 넘어간다든가 하는 짓들은 하지 말라는 것이다. "그러한 형식을 넘지 않고도 그러한 문구들에 담긴 내용을 얼마든지 이야기할 수 있지. 그러니 딱 몇 달만 참게! 일단 강단에 서게 되고 하나의 철학적 입장을 전개할 수 있게 되면 그다음에는 정말로 원하는 대로 말할 수 있을 테니까."[23)] 브루노 바우어의 형제인 에드가의 도움으로 카를은 4월 6일 자신의 박사 논문을 예나 대학의 철학과로 전송하며, 4월 15일 그의 박사 자격증을 수여받는다.[24)] 카를도 철학과 학과장에게 자신의 논문을 가급적 빨리 처리해 달라고 요청한 바 있었다. 하지만 이렇게 놀라운 속도로 논문 심사가 끝났던 것은 예나 대학에서 자리를 잡은 친구인 오스카어 볼프Oskar Wolff 교수의 도움 때문이었다. 볼프 교수는 박사 논문과 함께 보내야 할 필요한 문서에 대해 아주 정밀한 지시 사항들을 카를에게 전달했던 것이다.

이 기간 동안 카를과 바우어의 세계관이 얼마나 가까웠는지는 카를의 박사 논문 서문을 보면 명확히 드러난다. 여기에서 카를은 자신이 '인간의 자기의식을 최고의 신성으로 인정하지 않는 모든 천상과 지상의 신들을' 증오한다고 천명하고 있다.[25] '자기의식'이야말로 바우어의 헤겔 독해에서 중심적인 개념이었다. 이는 무매개적 직접적 의식이나 특수한 의식을 말하는 것이 아니라, 바우어가 '특이성singularity'이라고 불렀던 과정, 즉 특수자가 스스로를 보편자로 끌어올리는 과정을 말하는 것이었다. 자아는 이러한 방식으로 이성의 담지자가 되며, 보편자와 특수자의 변증법적 통일이 이루어진다는 것이다. 이 특이성을 소유한 개인은 헤겔이 '절대정신'에 부여했던 여러 속성을 획득하게 된다고 한다. 바우어가 무한한 자기의식의 전진이라고 불렀던 것은 이제 외적인 역사적 현실의 전진을 뜻하게 되었으며, 여러 주체들은 이러한 현실의 진전을 자기들 스스로의 성취물로 인식하게 된다는 것이었다.

'자기의식'에 대한 바우어의 관념은 헤겔의 철학에서 실존하는 초월자라는 잔재를 완전히 제거하려고 했던 그의 야심의 일부였다. 이러한 잔재야말로 헤겔이 스스로의 철학 안에 여전히 초월적인 신의 자리를 남겨 두었다는 논리를 보수적 헤겔주의자들이 펼 수 있는 구멍이었다. 정통파 헤겔주의자들은 종교와 철학이 동일하다고 주장했다. 전자는 서사와 회화를 통해 묘사하는 것을, 후자는 여러 개념을 통해 또렷한 언명으로 제시하는 것뿐이라는 것이었다. 따라서 철학에서의 절대정신이란 기독교의 신과 동일한 것이다. 하지만 바우어에 따르면 신이란 오로지 인간의 의식 안에서만 발견되는 것일 뿐이며, 신이란 단지 스스로를 능동적으로 인식하는 자기의식 이상의 아무것도 아니라는 것이다. 바우어는 정신Spirit이라는 것을 여러 합리적 개인들의 정신과 무관한 모종의 독자적인 힘이라고 보는 모든 관점을 공격하면서 '인간의 자기의식이야말로 지고의 신성'이라고 명토를 박았다.

왕정에서 도자기 그림을 그리는 기술자의 아들로 태어난 브루노 바우어는 1828년 베를린 대학에 입학했다. 그는 헤겔의 애제자가 되었으며, 미학에 대한 헤겔의 주장을 확장하는 논문으로 상까지 받았다. 이러한 헤겔과의 연분으로 인해 그는 자신을 지지해 주던 신학자 슐라이어마허의 미움을 사게 되었다.[26]

1834년 그는 베를린 대학 신학과에서 사강사가 되었으며, 1836년에는 헤겔주의 저널인 『사변 신학 저널The Journal for Speculative Theology』의 편집자가 되었다. 그는 또한 헤겔이 남긴 철학적 유작들을 처리하는 과정에서 『종교철학강의』의 편집 임무를 맡게 된다. 그와 함께 편집 임무를 맡았던 것은 헤겔의 추종자들 중 가장 존경받는 이 중 하나인 필립 마르하이네케Philip Marheinecke로, 그는 종교와 철학 사이에 모종의 합리적인 '적응'이 가능하다는 생각을 적극 지지하는 이였다. 이러한 초기 단계에서도 바우어는 헤겔의 역사 이해에 따른다면 성경에 나오는 모든 이야기의 모든 세부 사항들까지도 사변적인 의미에서 역사적 진실로 확립하는 일이 가능하다고 열성적으로 주장했고, 그 점에서 이 시기 바우어의 저작은 주목할 가치가 있다. 따라서 성서 주해의 목표는 '이념Idea이 스스로의 여러 계기와 분리되어 있는 상태에서도 통일성을 유지하는 것이 구약성서에 어떻게 묘사되고 있는지, 그리고 신약성서에서는 어떻게 무매개적으로 통일성을 얻게 되는지를' 증명하고 명확히 보여 주는 것이라는 것이다. 1840년 바우어 스스로가 회상하고 있듯이, "예수의 제자들은 스승이 물려준 이념의 왕국 속에서 장로로서의 엄숙을 유지한 채 마치 불멸의 신들처럼 살고 있다."[27] 하지만 1835년 슈트라우스의 『예수전』이 출간되고 이와 함께 빌헬름 바트케Wilhelm Vatke가 그와 동일하게 구약성서에 대해 역사적 비평을 가한 저작이 나오게 된다. 이는 종교적 진리에 대한 브루노와 같은 사변철학적 접근법을 거칠게 뒤흔들어 버렸다. 헤겔이나 마르하이네케나 철학과 종교의 관계의 문제에서 역사적 비판의 문제들이 유의미한 관련이 있다고는 생각지 않았다. 하지만 이제 슈트라우스의 저서가 나온 이상 이 문제는 뜨거운 감자와 같은 것이 되었다.

주류 헤겔주의자들은 바우어가 슈트라우스에 대해 무언가 확실한 대답을 내놓을 것을 기대하고 있었다. 바우어는 우선 복음서들이 메시아 신화들을 모아 놓은 것이 아니라 '절대이념'을 상당히 다면적으로 언명한 것이라는 점을 증명하려고 시도했지만 성공하지는 못했다. 그다음으로 바우어는 종교 일반, 특히 기독교의 역사적 위치를 자기의식의 발전과의 관계 속에서 해명하는 대안적인 설명을 구축해 나갔다. 1838년에 출간한 『구약성서의 종교』에서 그는 구약성서에 나오는 신의 의지에 대한 이야기는 곧 타인의 의지에 법적으로 복속하는 이야기라고 말한다. 그리고 이러한 구약성서에 나타난 이야기는 곧 신약성서의 복음서에서 나타나고 있는 보편적 내재성universal immanence, 그리고 인간과 신의 동일성의 이야기로 지양supersede된다는 것이다. 하지만 1840년이 되면 이렇게 본래 구약성서에 적용되었던 비판이 기독교 전체로 확장된다. 1841년에서 1843년에 이르는 기간 동안 바우어의 공격은 더욱더 날카로워졌다. 그가 『무신론자 적그리스도인 헤겔에게 떨어진 최후 심판의 나팔 소리』, 그리고 『기독교를 폭로한다』에서 보여 준 기독교의 신빙성에 대한 논쟁적인 공격은 슈트라우스나 포이어바흐의 저작에서는 찾아볼 수 없는 흉폭한 방식을 취하고 있다. 바우어는 종교적 신앙의 구조물 전체를 완전히 해체했다. 그가 1841년에 말한 대로 "현실로 실현된 자기의식은 자아가 거울에서처럼 두 개로 복제되는 놀이이며, 신의 이미지라고 여겨 왔던 것이 사실은 거울에 비친 자기 자신이라는 것을 발견하고 있다. … 종교는 그 거울에 비친 상을 신이라고 여기지만, 철학은 그러한 환상을 벗어던지고 그 거울 뒤에는 아무것도 없다는 것을 인간에게 보여 준다."[28)]

바우어는 애초부터 슈트라우스가 복음서들을 유대인 공동체의 메시아 신화들과 여러 예언서의 전승에서 나온 산물이라고 주장했던 것에 반대했다. 슈트라우스의 '공동체'란 스피노자 철학에서 파생된 범신론자들이 말하는 '실체' 혹은 '존재'의 개념과 이름만 다를 뿐 동일한 것이라는 것이다. 그러한 접근법은 그 '보편자'가 실제로 어떻게 작동하는지 또 개개인의 자기의식에 어떻게 받아들여지고 내면화되는지를 전혀 설명하지도 않은 채 그 '보편자'를 끌어들이게 된다는 비판이었다. 바우어의 주장에 따르면, 그러한 '전승'에 꼴과 형식을 부여하는 것은 오직 구체적인 개개인들일 뿐이라는 것이다. 그런데 슈트라우스의 '전승'은 그러한 개개인들을 해체하여 한 덩어리의 뭉글거리는 무정형의 전체로 뭉쳐 놓았다는 것이다. 바우어는 역사 문제에서도 슈트라우스를 비판한다. 기독교의 근거가 되는 실체는 신화와 전승도 아니고, 유대인들의 종말론적 세계관도 아니며, 스피노자가 말하는 구약성서의 신도 아니다. 기독교는 고대 세계의 폴리스가 사라지고 난 뒤 나타난 로마제국이라는 새로운 보편성의 조건에 대한 대응으로 나타났다는 것이다. 이는 '자연의 죽음'이자 자기의식의 시작이라는 이정표였다는 것이다.

거기에다 대학에서 자리를 잡을 수 있는 현실적 가능성까지 사라져 버렸던 것이 1839년 이후의 바우어의 종교 비판이 갈수록 급진적이 되었다는 것을 설명하는 데 도움을 줄 것이다.[29] 그 신호탄이 되는 것은 1840년 5월에 출간된 『요한복음 비판』이었고, 그 뒤 1841~1842년 사이에는 『공관복음서 비판』 세 권이 출간되었다. 『요한복음 비판』은 자유로운 자기의식과 종교적 원칙 사이의 대립을 부각시켰다. 이 저서의 주장은 기독교가 인간 정신 발전에서 필연적인 한 단계였지만 이제 그 수명을 다했다는 것이었다. 요한복음은 기독교 교리의 '실정성positivity'을 보여 주는 예로, 이는 교리를 선포하기 위한 구실로 쓰기 위해 극적인 사건들로 꾸며 낸 문학적 구성물일 뿐, 보편적인 것의 필연적 현현과 특수한 것조차도 구별하지 못하고 변호하는 내용이라는 것이다. 이는 예수가 선포한 여러 말씀과 훗날의 종교 공동체 성원들의 의식이 표출된 것들이 혼란스럽게 뒤섞인 것에 불과하다는 것이다.

『요한복음 비판』까지만 해도 요한복음이 문학적인 창작물이기는 하지만 처음의 세 '공관' 복음서들✣은 예수의 본래 말씀을 담고 있을 것이라는 주장이 함축되어 있었다. 하지만 『공관복음서 비판』에서는 교조적 기독교의 여러 위선을 무너뜨리고자 하는 시도가 한 걸음 더 나아가고 있다. 처음 두 권에서 바우

✣ 신약 성경의 처음 세 복음서, 즉 마태복음, 누가복음, 마가복음은 사건의 내용과 서술 순서 그리고 서술의 관점이 비슷하여 '제 4복음서'인 요한복음과 구별된다는 점에서 '같은 관점으로 씌어진synoptic' 복음서들이라고 불리운다.

어는 공관복음서들에 서술되어 있는 사건들이 실제 사실들의 보고가 아니라 종교적 의식의 산물이라는 점을 입증하려고 시도하면서, 거기에 예수의 발언들이 직접 인용되어 있다는 주장을 전반적으로 철회하고 있다. 그는 또한 공관복음서에 보고된 사건들이 얼마나 자연과도 모순되며, 또 역사와도 모순되는 것들인지를 강조한다. 그리고 요한복음은 이러한 종교적 의식에 대한 성찰이 더 나아간 단계를 반영하는 것으로, 공관복음서들에서 발견되는 말씀들을 교조의 형태로 전환시킨 것이라고 주장한다. 마지막으로 1842년 초에 출간된 제3권에서 바우어는 요한복음만이 문학적 창작물이 아니라 세 공관복음서들 또한 마찬가지라고 주장한다. 그리하여 그는 마침내 슈트라우스의 저작에서도 여전히 나타나는 모호함, 즉 유대인들이 자기들의 신화에서 끌어낸 여러 기대 사항들과 예수라는 불분명한 인물이 어째서 그렇게 일치하느냐는 문제를 깔끔하게 처리해 버린다. 3권에서 바우어는 예수 그리스도라는 인물이 역사적으로 실존했다는 생각은 유대인들의 자기의식이 만들어 낸 허구적 역사의 일부라고 말하고 있으며, 심지어 메시아라는 관념 자체도 문학적인 발명품으로 그려 내고 있다.[30]

바우어가 학문적 입장에서 행했던 개입 덕분에 이미 슈트라우스의 『예수의 일생』 출간과 국가와 쾰른 가톨릭 사이의 싸움 이후 계속 커져 가던 갈등이 마침내 공공연한 적개심으로 폭발하게 되었다. 예전 왕의 치하에서는 알텐슈타인이 여전히 대학들을 관장하는 위치에 있었고, 여러 긴장과 갈등이 있었지만 큰 소리로 터져 나오지는 않았었다. 하지만 1841년이 되자 최소한 헤겔 좌파들이 보기에는(그리고 아마도 새로운 왕의 측근들 눈에도 그렇게 보였을 것이다) '자유로운 자기의식'과 '기독교 국가' 사이의 공공연한 투쟁이 엄청난 규모로 커지기 시작했다. 새로 즉위한 왕 프리드리히 빌헬름 4세는 낭만적 보수주의자로 1810년대와 1820년대의 종교적 각성 운동이 낳은 산물이었고, 왕권신수설에 확고한 신념을 가지고 있었을 뿐만 아니라 실정적 형태의 기독교를 다시 활성화시키는 것이 필요하다고 굳게 믿고 있었다. 그의 부친과는 달리 그가 가진 기독교의 전망은 복음주의적인 것으로, 후기 낭만주의자들이 조장했던 감성적 중세주의와 궤를 같이하는 것이었다. 그는 저항하는 루터파 교회들은 그의 아버지가 만든 통일 복음주의 교회와 절연하도록 허락했고, 그 대신 라인란트 지역의 가톨릭교회와의 갈등을 봉합하는 데 골몰했다. 그는 심지어 가톨릭 여성과 결혼했고 쾰른 대성당을 고딕식으로 다시 수리할 것을 열성적으로 장려하기도 했다.[31)]

프리드리히 빌헬름 4세가 즉위한 직후 취했던 일부 정책들은 일부 급진파들로 하여금 새로운 시대가 시작되었다는 순진한 희망을 품게 만들기도 했다. 브루노의 형제인 에드가는 1840년 6월 13일에 쓴 서한에서 "대부분 사람이 정부에 대해 최고의 기대를 품고 있으며, 왕의 통치가 여러 정당들에 영향을 주게 될 것이라고 기대하고 있습니다"라고 쓰기도 했다.[32)] 새 왕은 대의제 기관의 도입을 승인할 뜻을 비추었으며 관료제에 대해서는 회의적 태도를 피력했다. 오래된 정치범 장기수들을 석방했고, 여러 측면에서 문화적 민족주의를 지지했고, 1842년에는 잠시나마 검열 또한 완화했다. 하지만 이러한 행동들 어떤 것도 곧이곧대로 믿을 것이 아니었다. 그는 정치적 대의제에 대한 모든 약속을 금세 거두어들였으며, 프로이센 영토 내에서 아르놀트 루게의 『할레 연보』 출간을 금지했으며, 루게가 제목을 『독일 연보』로 바꾸어 내자 색소니 정부에 압력을 넣어 이를 금지시키도록 했다. 그는 또한 베를린 '박사 클럽'의 작은 문화 간행물 『아테네 여신의 신전Athenäum』을 강제로 폐간시켰다. 그는 1842년 처음에는 『라인 신문』의 출간을 허가했지만, 이는 그 신문이 어떤 성격을 띨 것인지에 대해 오해했기 때문이었다. 왕의 이러한 독단적 행동의 배후에 있었던 것은 언론의 자유와 정당들의 자유로운 경쟁에 기초한 19세기 자유주의의 전망이 아니라, 자기의 신민들의 목소리에 귀를 기울이고 그들의 안녕을 위해 행동하는 군주라는 전망이었다. 프리드리히 빌헬름 4세는 여러 직능 단체들과 신분들로 이루어진 단일의 위계 질서를 신봉하고 있었다. 심지어 유대인들을 하나의 별개 신분으로 재구성하는 생각까지 품고 있다가 이에 겁을 집어먹은 신하들의 경고로 거두어들이기도 했다. 그러니 합리주의와 자유 사상이 (헤겔의 이단적 학파들은 말할 것도 없고) 그의 왕국에서 설 자리가 없었다는 것은 당연한 일이었다.

한편 베를린 대학에서는 슈탈이 에두아르트 간스의 법학 교수 자리를 이어받았다. 이와 마찬가지로 새 왕은 헤겔이 보유하고 있었던 철학과 학장의 자리에 프리드리히 셸링을 초빙한다. 1841년 셸링은 그의 첫 번째 강의를 시작했는데, 강당을 꽉 채운 군중 중에는 러시아 출신 아나키스트 미하일 바쿠닌, 젊은 엥겔스, 덴마크 철학자 쇠렌 키르케고르 등이 있었다. 셸링은 헤겔주의를 '용의 알'에 비유하면서 '이것을 제거하는 것'이 자신의 임무이며, 대신 자신의 '계시의 철학'을 확산시키고자 한다고 선언했다. 교육 보건 종교 장관으로 새로 취임한 이는 요한 아이히호른Johann Eichhorn이었다. 그는 프로이센 관세 동맹Zollverein 설계자의 한 사람이며, 한때 프로이센 자유주의 개혁가 프라이헤르 폰 슈타인Freiherr von Stein의 동맹군이기도 했다. 하지만 그가 급진파 헤겔주의를 위험한 현상으로 간주했고 왕의 보수적 문화 정책을 시행하고자 한다는 것이 곧 분명히 드러났다.[33] 1841년 8월, 아이히호른은 『공관복음서 비판』 1권을 6명의 신학과 교수들에게 보내 복음서가 신의 영감에 의해 쓰였음을 부인하는 바우어의 '강사 자격증licentia docendi'을 취소해야 할지에 대한 의견을 물었다. 하지만 이들의 결정이 내려지기도 전에 한 보고서가 정부에 도착했다. 1841년 9월 28일 '박사 클럽'이 사전 허락도 없이 베를린의 발부르크셴Wallburgschen 와인 술집에서 열었던 만찬과 '소야곡 연주회serenade'에 대한 보고서였다. 이 행사는 『국가학 사전Staats-Lexikon』의 편집자이며 프라이부르크 대학교수이자 바덴의 정치 활동가인 카를 벨커Carl Welcker에게 경의를 표하기 위해 열린 행사였다. 만찬에서 바우어는 연설을 통해 헤겔의 국가 전망에 대한 자신의 급진적 독해를 극찬했다. 이러한 생각은 남부 독일 자유주의자들의 헌정주의적 개혁적 입장보다 훨씬 더 나간 것이었을 뿐만 아니라, 심지어 정부에 대한 혁명적 반대까지 함축하는 것이었다. 벨커 자신도 '대단히 충격을 받았지만' 왕은 격노한 나머지 이 행사의 참가자들, 특히 바우어와 루텐베르크는 베를린에 발을 들여놓지 못할 뿐만 아니라 모든 공직에서 그들을 배제할 것을 요구했다.34)

3. 『무신론 기록집』과 기독교 예술

카를에게 바우어가 보낸 편지를 보면, 급진파 헤겔주의자들은 세계를 변혁시킬 것으로 그들이 상상했던 모종의 대결이 다가오고 있다고 확신했으며, 그러한 대결에 대해서도 큰 관심을 두고 있었다는 것을 알 수 있다. 1839년 12월 11일, 바우어는 이렇게 쓴다. "베를린 대학과 이곳에서 특히 신학과에서 내가 경험한 바로 볼 때, 프로이센은 또 한 번의 예나 전투를 겪어야 앞으로 전진할 것이라고 보이네." 1840년 봄, 그는 카를에게 '그때가 언제일지 깨어 있도록' 하라고 충고한다. 시대는 '점점 더 끔찍해지고' 있으며 동시에 '점점 더 아름다워지고' 있다는 것이다. 여러 정치 쟁점이 더 크게 부각되는 나라들이 있을지는 모르지만, '삶의 전체에 관련된 문제들이 풍부하게 또 다양하게 얽혀 있는 곳은 프로이센만 한 곳이 없다'고 한다. 그는 도처에서 '가장 적나라한 모순들이 출현하는 것을 보고 있으며, 또한 중국식 경찰 시스템이 이 모순들을 덮으려고 하지만 모두 헛수고로 끝나고 되려 그 모순들만 더 강화시키는' 모습을 목도하고 있었다. 마지막으로 그는 이렇게 단언한다. "지금 철학은 바로 이러한 중국식 억압의 맥락 속에서 스스로를 해방시키고 있으며 앞으로 투쟁을 이끌게 될 것이야. 반면 국가는 미몽에 빠진 채 통제력을 스스로 놓치고 있지." 그 몇 주 후 바우어는 공개 강연에서 '헤겔주의자는 항상 손에 창을 들고 돌아다니는 게 틀림없다'는 그 지역 학자들의 예상을 신나게 공격하면서 '이곳의 조그마한 세상'을 경험해 보니 베를린에서는 자신이 도저히 인정할 수 없었던 어떤 것을 확신하게 되었다고 한다. 그것은 "모든 것을 전복시켜야만 한다는 것이다. … 이러한 파국은 끔찍할 것이다. … 나는 거의 이렇게 말할 생각까지 든다. 이번의 파국은 이 세계에 기독교가 나타났을 때 생겨난 위기보다 더 크고 더 무시무시한 것이 될 것이라고." 1841년 카를이 자신의 박사 논문을 제출할 준비를 하고 있을 때, 바우어는 '다른 일들을 시작할 수 있기 위해 복음서 비판을 그만두려고' 애쓰고 있었다. 그는 '결단의 순간이 외적인 파열의 형태로 표출될 그날'이 '점점 더 가까워지고' 있으며, '그 시점이 왔을 때 정부가 어떻게 나올지는 아무도 모른다'고 생각하고 있었다.[35)]

이러한 이유에서 바우어는 카를에게 철학 연구의 의미를 명심하라고 촉구한다. 『할레 연보』는 이제 따분한 내용이 되어 버렸다. '진정한 이론의 테러리즘으로 판을 싹 정리해 버려야' 한다는 것이 분명하며, 이는 곧 무언가 새로운 저널이 나와야 한다는 것을 뜻한다. '여름 동안 우리는 이미 원고를 수합해야만' 하며, 그래야 새 저널이 성 미카엘 축일✣까지 나올 수 있다는 것이었다.[36)] "지금 현실적인 경력을 쌓는 데 몰두하는 것은 완전히 바보짓이다. 지금 이론이야말로 가장 강력한 형태의 현실적 활동이며 지금 이론이 어느 정도나 거대한 의미에서 현실적이 될지는 전혀 예측조차 할 수 없다."[37)] 이 새로운 계획에 대한 이야기는 1841년 3월에서 12월까지 계속된다. 그 새로운 저널은 『무신론 기록집The Archives of Atheism』이라는 제목을 갖게 될 터였다.[38)]

바우어는 형제인 에드가와는 달리 새로 즉위한 왕의 의도에 대해 결코 어떤 신뢰도 표현한 적이 없다. 심지어 새로운 왕권이 들어서기 전에도 그는 프로이센 정부가 라인란트 가톨릭교도들의 문제에 대해 애매한 입장을 취했던 것 때문에 불신을 표한 바 있다. 카를에게 보낸 편지에서 드러나듯이, 1841년 여름 이전 바우어는 자신이 행한 기독교 비판이 종교와 자유로운 자기의식 사이의 거대한 갈등을 터뜨리게 될 것이라 기대하고 있었고, 그러한 전쟁의 전선을 가능

✣ 9월 29일.

한 한 최고로 명확하게 언명할 필요가 있다고 생각했다. 그리하여 이미 벨커 사건과 『공관복음서 비판』에 대한 정부의 반응이 나타나기 수개월 전에 바우어는 검열이 허용하는 선에서 가능한 한 명확한 형태로 자신의 정치적·종교적 입장에 담긴 급진주의를 또렷이 언명했다. 그는 헤겔을 급진파로 읽어 내는 자신의 헤겔 독해를 전개하기 위해 어느 경건주의 설교사라는 가상의 인물을 만들어 낸다. 그 경건주의 설교사는 급진파 철학자 헤겔에게 분노하여 헤겔을 무신론자이며 자코뱅 당원이라고 비난한다. 그래서 그 저서의 제목은 『무신론자 적그리스도인 헤겔에 떨어진 최후 심판의 나팔 소리』(이하 『나팔 소리』)라는 조롱 섞인 아이러니를 담고 있다. 카를은 이 팸플릿에 개진되어 있는 입장을 완전히 공유하고 있었으며, 그 후속작이 될 '기독교 예술에 대한 논고'를 쓸 계획이었다.

하지만 이렇게 준비된 저널은 현실이 되지는 못했다. 기고자들을 찾기도 어려웠을 뿐만 아니라 1841년 12월 24일에 새로 반포된 검열 규제 때문이었을 것이다. 하지만 『나팔 소리』는 1841년 10월에 출간되었으며, 논쟁과 싸움을 촉발하려는 의도를 담고 있었다. 이 가상의 경건주의 선교사의 견해에 의하면, '노장' 헤겔파의 사상이나 '실정 철학자들'의 사상이나 슐라이어마허의 추종자들의 사상이나 방식은 달라도 모두 철학과 종교를 화해시키려 하고 있다는 점을 폭로해야만 한다는 것이다. 예수의 메시지는 오로지 헹슈텐베르크와 같은 복음주의 근본주의자들의 속에서만 안전할 수 있으며, '이 철학과 종교를 화해시키려는 광기로부터, 이 그릇된 감성의 출렁거림으로부터 이 끈적거리는 거짓말로 가득 찬 세속주의로부터 단절'할 때만 안전할 수 있다고 이 『나팔 소리』의 저자는 일갈하고 있다.[39)]

하지만 헤겔의 적대자들조차 '헤겔 시스템의 근저에 심오한 무신론이 있다는 사실'을 깨닫지 못하고 있다는 것이다. 헤겔은 '세계정신'을 '역사를 일정한 목적들로 이끌고 가는 현실의 힘'이라고 제시하는 듯 보인다. 하지만 그의 '세계정신'이란 자기의식이 세상에 등장했지만 아직 스스로의 본성을 깨닫지 못하고 있던 시기, 즉 기독교가 시작되던 시기와 계몽주의 사이의 시기를 묘사하기 위한 말들의 한 형식에 불과하다고 한다. 그런데 이제 "이 세계에는 새로운 시대가 도래했다. … 철학에서 신은 죽었으며, 이 세상에 살아 움직이며 창조를 행하며 모든 것이 되는 것은 오로지 자기의식뿐이다."[40] 바우어가 제시하는 역사의 전망에서 보자면 헤겔이 말하는 존재와 사유의 동일성은 여전히 유지되지만, 더 이상 1821년에 헤겔이 출간한 『법철학』에서 묘사된 것처럼 이미 성취되어 있는 결과물로 여겨지지는 않는다. 이러한 동일성은 이제 끊임없는 상승 운동으로 제시되며, 그러한 운동의 계기는 비합리적, 즉 '실정적' 여러 제도에 직면한 합리적 주체들의 활동 속에 담겨 있다는 것이다.

바우어의 헤겔 독해에서 보자면, 역사의 발전은 세 가지 계기로 나뉜다. 첫째는 '실체성의 계기'로 고대인들의 시대를 말한다. 이 당시 사유는 존재로부터 구별되지 않았고 오히려 그것에 종속된 상태로 남아 있었다. 여기에서 개개인들은 공동체에 종속되었으며, 그들의 공동체와의 관계는 실체가 우유(偶有, accident)와 맺는 그런 관계였다. 개개인들은 아직 자유로운 주체성을 소유한 존재로 이해되지 못했다. 둘째의 계기는 종교적 의식의 계기로, 특히 기독교의 시기를 말한다. 이 시기에는 주체의 '보편성'이 인정되었고 '실체'로부터 구별되었다. 이러한 주체성은 인류에게 있는 것이 아니라 낯선 피안의 영역에 있는 것으로 여겨졌다. 종교적 의식이라는 이 소외된 세계에서 인류는 스스로의 여러 활동을 다른 누군가의 활동으로 감지했던 것이다. 인간은 초월적 존재인 유일신을 정립하고 스스로를 그 앞에서 누추한 존재로 낮추어 버렸다. 이는 '불행한 의식 Unhappy Consciousness✤의 계기'이기도 하다. 세 번째의 역사적 계기는 계몽주의와 프랑스혁명으로, 자유로운 자기의식은 이제 스스로의 보편성을 파악할 수 있게 되었고, 세계정신이 그전에 띠던 타자성의 성격을 제거할 수 있게 되었고, 자신의 세계를 자신들 스스로가 창조한 것으로서 감지하게 되었다. 한 명 한 명의 시민 안에 특수성과 보편성이 모두 담겨 있으며, 이제 초월적인 것은 아무것도 남아 있지 않게 되었다. '절대정신의 계기'란 바로 이렇게 그 이전에는 초월적 존재로 감지되던 것이 이제는 그것을 이루는 개별의 합리적 주체들로 구성된 것으로 보이게 되는 상황을 뜻하는 것이다.[41]

근년의 역사는 계몽주의와 프랑스혁명 동안 출현한 자유로운 자기의식이 1815년 이후에 나타난 왕정복고 정부들에 의해 중단되고 훼방되는 기간이라는 것이다. 따라서 이 시대의 정치적 임무는 혁명의 시대가 다시 시작되도록 촉발시키는 것이다. 『나팔 소리』는 빈번하게 자코뱅 당원들을 언급하고 있다. 그들은 현존하는 모든 관계들에 대한 가차 없는 비판✣✣으로 또 일체의 타협을 거부하는 태도로 상찬을 받는다. 헤겔은 로베스피에르의 변호론자가 된다. "그의 이론은 곧 실천이다. … 이는 곧 혁명 자체이다." 더욱이 헤겔의 제자들(즉 청년 헤겔파)는 사실 독일인들이 아니다. 그들은 1840년의 라인 위기✣✣✣ 기간 동안에도 도무지 애국적인 노래를 부르는 법이 없었다는 것이다. '그들은 독일에 관한 것이라면 모조리 욕지거리를 퍼붓는 자들'이며, 이들은 '프랑스혁명가들'이라는 것이다.[42]

바우어의 속임수는 두 달을 채 가지 못했다. 12월이 되자 『나팔 소리』의 진짜 저자가 누구인지가 밝혀져 버린 것이다. 검열에 관한 새로운 법률에 『무신론 기록집』과 같은 계획은 곧바로 저촉되는 것이었으며, 『나팔 소리』 팸플릿의

✣ 헤겔의 『정신현상학』의 자기의식을 다루는 부분에서 나오는 개념. 개체와 전체가 구별되지 않은 이를테면 고대적 공동체에서는 개별자가 전체 공동체와의 일체감 속에 살고 있기에 어떤 소외도 없으며 또 스스로의 개별자로서의 의식도 없다. 하지만 이러한 고대사회의 일체성이 깨어지고 개별자가 스스로와 전체 공동체의 동일성을 의식할 수가 없는 상태가 되면, 순수사유의 세계로 들어가서 거기에서 전체 공동체의 상을 회복하고, 이와 모순되는 자신의 현존하는 모습을 철저히 부정하게 된다. 헤겔은 고대 그리스의 폴리스 공동체의 파괴 이후에 나타났던 스토아 학파와 회의주의 학파를 그 예로 들며, 특히 '불행한 의식'은 그 이후에 나타난 아직 스스로를 반성하지 못하는 실정 종교로서의 기독교와 관련이 있다.

✣✣ 이는 후에 마르크스가 루게에게 보낸 편지에 나오는 유명한 문구이기도 하다.

✣✣✣ 프랑스는 중동 지역에서 외교적 패배를 겪은 뒤 1840년 이를 만회하기 위해 예전에 프랑스 영토였던 라인란트를 되찾겠다고 선언하여 독일연방 내에서 민족주의 감정을 자극했다. 오늘날의 독일 국가도 그 위기 때 퍼진 노래였다.

유통 또한 금방 중지되었다. 이러한 활동들은 카를로 하여금 처음으로 정치 저널리즘에 뛰어들게 만들었다. 그 글은 「최근 프로이센의 검열 규칙에 대한 논평」으로, 그러한 입법 뒤에 숨은 의도가 무엇인지를 분석한 것이었다.

카를은 이 새로운 조치를 1819년의 입법과 대조했다. 옛날의 법은 '종교의 일반적 원칙들에 반대되는 모든 것'을 검열하고자 했지만, 새로운 법령은 특히 기독교를 언급하고 있다. 카를에 의하면 1819년에는 '아직 합리주의가 지배하고 있었고, 종교 일반이라는 말이 뜻하는 바를 이른바 이성의 종교라는 것으로 이해하고 있었다'는 것이다. 또한 옛날의 검열 법령에서 목적했던 바의 하나는 '종교적인 신조를 정치로 바꾸어 버리는 광신적 태도를 반대하는 것이었고 또 거기에서 비롯되는 사상적 혼란을 반대하는 것'이었다고 한다. 하지만 이제 '정치적인 것을 기독교의 종교적 원리와 혼동하는 것이 사실상 공식적 교의가 되어 버렸다'는 것이다.[43] 카를은 이 글을 본래 아르놀트 루게에게 보내 드레스덴에 자리를 둔 루게의 저널 『독일 연보』에 게재하고자 했다. 하지만 루게는 카를에게 이 글은 분명코 프로이센 정부의 검열에 걸릴 것이라고 말했고, 그 글을 대신 스위스에 자리를 둔 『아넥도타Anekdota』에 게재했다.[44]

『나팔 소리』의 후속작 팸플릿은 어떻게 되었을까? 1842년 바우어는 카를에게 자신이 쓰기로 한 부분을 완성했다고 알리는 편지를 보냈다. 금지령이 떨어져 있는 판이니 카를은 자신의 팸플릿 제목을 「한 기독교 신앙인의 관점에서 본 헤겔의 종교 및 예술론Hegel's Teaching on Religion and Art from the Standpoint of a Believer」이라고 바꾸었다. 카를은 1841~1842년 겨울 동안 자기가 맡은 부분을 놓고 계속 작업을 했고, 노트 한 권을 관련된 글들의 발췌로 가득 채웠다. 하지만 3월 5일 그가 루게에게 보낸 편지를 보면, 색소니에(그리고 프로이센에도) 검열이 다시 생겨나서 "『나팔 소리』 팸플릿의 두 번째 부분에 실어야 할 나의 「기독교 예술에 대한 논고」를 인쇄하는 일이 불가능합니다"라고 말하고 있다. 그는 그래서 그 글의 한 버전을 독일 검열의 한계 밖에 있는 취리히에서 『아넥도타』에

게재하고 싶다고 말하고 있다.[45] 4월 27일, 그는 루게에게 다시 자신의 글은 거의 책 분량이지만 "온갖 종류의 외적인 훼방들로 인해 작업하기가 거의 불가능했습니다"라고 말하고 있다.[46]

기독교 예술에 대한 마르크스의 글은 초고가 남아 있지 않지만, 그 전반적인 논지는 카를이 그전에 가지고 있었던 미학적 열정, 『나팔 소리』의 논지, 그의 노트에 발췌해 놓은 여러 저작 등에서 유추해 볼 수 있다.[47] 바이마르 고전주의에 대한 카를의 자기 동일화는 전혀 줄어들지 않았던 것으로 보인다. 이는 이미 카를이 트리어의 김나지움을 다닐 때 그곳의 교장이었던 비텐바흐가 고전주의를 전파했던 당시에도 분명히 보이는 바였다. 카를은 심지어 반동적 인사 뢰르스 씨마저도 오비디우스에 대한 해박한 지식과 열성적 태도를 갖고 있으므로 너그럽게 용서할 수 있었을 것이다. 그로부터 몇 년이 지난 후에도 카를은 계속해서 남는 시간에 틈틈이 오비디우스의 『트리스티아Tristia』를 번역하고 있었다.[48] 1835~1836년 본에 체류하는 동안에도 그는 계속해서 고전 문화와 고전 문학에 관심을 두고 있었고, 이는 그가 벨커Welcker의 그리스-로마 신화 강의, 에두아르 달통Eduard d'Alton의 미술사, 아우구스투스 슐레겔Augustus Schlegel의 호메로스 및 프로페르티우스 강의를 들었던 것에서 증명된다. 훨씬 뒤인 1857년에도 그는 여전히 '그리스의 미술과 서사시'에 경탄을 금치 못하고 있다. "인류가 그 역사적 유년기에 달성했던 가장 아름다운 형식은 다시는 반복되지 않을 하나의 단계로서 영원한 매력을 행사할 수밖에 없지 않겠는가?"[49]

고전 시대의 그리스는 프리드리히 대제 시절 건설된 브란덴부르크 성문의 건설자들에게도 그랬듯이 자코뱅 당원들에게도 하나의 중요한 영감이었다. 『나팔 소리』에서 바우어는 헤겔이 '그리스 종교와 그리스인들 일반의 열성적인 친구'였다고 주장했다. 그 이유는 그리스 종교가 '기본적으로 전혀 종교가 아니었기' 때문이었다는 것이다. 계시종교는 '노예적 이기주의의 찬양'이지만, 이와 대조적으로 그리스의 종교는 '아름다움, 예술, 자유, 인간성'의 종교였다는 것이다. 즉, 그리스의 종교는 '인간성을 숭배하는 종교'였다는 것이다.[50] 이는 사실 헤겔보다는 시인이자 철학자였던 프리드리히 실러가 미학적 자유와 정치적 자유를 연관시켰던 입장에 더 가까운 것이었다. 헤겔은 빙켈만 이후로 내려온 그리스 사회 및 그리스 예술에 대한 신고전주의의 찬양을 대부분 받아들이기는 했지만,[51] 그리스인들의 성취는 그 물리적 세계에 갇혀 버림으로써 제한되었다고 보았다. 헤겔의 입장에서 볼 때, 문명을 그 자연에의 속박에서 해방시켰던 것은 오히려 기독교의 발전에 체현되어 있는 바의 '정신'의 출현이었다.[52]

그리스의 종교가 전혀 종교가 아니었다는 주장은 중요한 것이었다. 왜냐하면 그렇게 될 경우 종교라는 것 자체가 서양으로 수입된 '동양적' 현상이라는 주장도 가능해지기 때문이다.[53] 그리스인들의 삶에 기초가 되는 것은 자연과의 통일이었다. 마르크스의 노트에 인용되어 있는 문헌의 하나인 루모르C. F. Rumohr에 따르면, 그리스의 신들은 '자연의 맥박'이었다고 한다.[54] 이와 대조적으로 여타 이교도 민족들의 신들은 추하고 극렬하여 공포를 불러일으키는 목적으로 고안된 것들이라는 것이다. 또한 구약성서에 나타난 바의 유일신에게도 아름다움이란 전혀 존재하지 않는다. 그 신은 '철저한 실용성, 게걸스러운 탐욕, 상스러운 조잡함'의 신이라는 것이다. 이 구약의 유일신은 다른 동양의 신들과 마찬가지로 자연에 대해 약탈적 태도를 가지고 있으며, 또 자신의 권능을 입증하기 위한 한 형식으로서 자연과 전투를 벌이는 성향을 가지고 있다고 한다. 카를은 특히 종교와 물신숭배를 동일시한 드 브로스de Brosses의 1760년에 출간된 한 논고에 깊은 인상을 받았다. 드 브로스에 따르면, 서아프리카와 고대 이집트에서는 인간이 만든 물체들에 초자연적 권능이 부여되었다고 한다. 그것들이 추하게 만들어진 것은 의도적인 것이었다는 것이다. 여기에서 드 브로스는 보에오티아에서 나온 헤라클레스의 조각이나 그림이 그로테스크한 모습을 취하고 있는 것을 예로 들었다.[55]

카를은 결국 자신의 논고를 출간하지 않기로 결정한다. 아마도 검열을 당할 것이라는 전망 때문이었을 가능성이 높다. 그의 논고는 기독교와 다른 여러 토속 종교들의 구역질 나는 특징들 사이에 근본적인 연속성이 존재한다고 주장하는 내용이었을 것이다. 고전 시대가 끝난 이후의 기독교 미술은 아시아적 야만주의의 미학을 그대로 재생산하고 있다는 것이다. 그룬트Grund와 뵈티거Böttiger 같은(본래 기번Gibbon에서 영감을 받은 이들이다) 미술사가들, 또 고고학자들로부터의 인용문들은 물신物神들의 그로테스크한 특징들과 기독교 예술에서 발견되는 인간 육체의 왜곡된 형태들 사이의 연속성에 초점을 두고 있다.[56] 그룬트에 따르면, 성인들의 조각상에 나타나는 고딕한 모습은 '체구는 작고, 형태는 비쩍 마르고 뼈가 툭툭 튀어나와 있으며, 자세는 어색하고 비자연적이어서 진정한 예술적 기교에는 전혀 미치지 못한다. 이는 마치 그것들을 만들어 낸 인간이 스스로를 비하하는 것이나 마찬가지이다.' 고전 예술에서는 형식과 예술적 기교가 본질적인 것이었지만, 기독교 건축은 과장과 고고함을 추구한다. 하지만 기독교 건축은 '야만적인 장려함과 무수히 많은 디테일 속에서 묻혀 버린다.' 인간은 수동적이 되어 버리는 반면, 인간 자신의 여러 성질들은 물질적 사물들에게 부여되어 버린다는 것이다.[57]

카를의 분석으로부터 우선 기독교가 자연의 속박으로부터 '정신'을 해방시켰던 것을 인간 역사의 주요한 진보의 이정표라고 볼 수 없다는 추론이 가능해진다. 왜냐하면 그러한 해방은 과학에 기초한 것이 아니라 마법과 기적 같은 것들에 기초한 것이었기 때문이다. 둘째, 이 '논고'의 의도는 예술을 둘러싼 논쟁에 개입하고자 하는 것이었을 것이다. 이는 프랑스의 생시몽주의자들이 예술가들의 임무를 정치적인 것으로 만든 이래 급진파들이 추구해 온 일이기도 했다. 1830년대 초 프랑스의 생시몽주의자들이 천명한 스스로의 임무에 따르면, 예술가들은 새로운 '생시몽 종교'의 '전위avant-garde' 예언자들, 즉 관능과 '육신의 복권'이라는 새 시대의 복음을 전파하는 이들이 되어야 한다는 것이었다.✤ 파리에 망명해 있었던 하이네 또한 잠깐 동안 생시몽주의자들의 경배자가 되었으므로

1834년에 출간된 그의 『독일의 종교 및 철학의 역사』에서 다가오는 새 시대를 찬양한 바 있었다. 그는 외젠 들라크루아의 유명한 그림 「민중을 이끄는 자유의 여신」에 그려진 여성을 '가두의 비너스'라고 묘사하여 그 관능미를 찬미했고, 이를 근거로 근대성을 정신적인 것과 동일시했던 헤겔의 태도에 도전했다.[58] 카를 또한 시인 지망생 시절 '금욕적 수도승들이 고대의 비너스의 육체를 앞치마로 묶어 버렸다'는 하이네의 주장에 영감을 받은 바 있었다.[59] 이러한 주장은 정치적으로 볼 때 직접적인 의미가 있었다. 왜냐하면 프리드리히 빌헬름 4세가 중세 독일의 종교 예술을 회생시키고자 했던 근대 미술 학파, 즉 훗날 '나사렛' 유파✣✣라고 알려지는 경향을 열성적으로 후원 · 지지하고 있었기 때문이다.

1842년 3월 20일에 카를이 루게에게 보낸 편지에 보면, 「기독교 예술에 대하여」는 이제 「종교와 예술에 대하여: 특히 기독교와 관련하여」로 제목을 바꾸었고 내용 또한 '전부 다시 써야' 할 것이라고 한다. 『나팔 소리』의 성경적인 어조를 없애 버리고 또 낭만주의자들에 대한 내용을 에필로그로 추가하고 싶다는 것이었다.[60] 이 프로젝트에 대한 언급은 이것이 사실상 마지막이다. 바우어와 카를은 원래 1841년 봄 이후 무신론 저널과 『나팔 소리』의 속편을 모두 출간하려는 계획을 함께 추진해 왔지만, 이는 1842년 3월 바우어가 본 대학에서 최종적으로 쫓겨남에 따라 이 계획은 분명하게 끝이 나고 말았다. 바우어는 자신이 베를린으로 돌아와서 '프로이센 정부에 맞선 법적 절차를 밟아 나갈 것'이라고

✣ 생시몽의 저작에 나타난 '육신의 복권'의 개념은 가톨릭에 대한 반발이었다. 즉 정신적 · 영성적인 것을 고귀하게 여기고 육신과 관련된 것들은 모두 죄악의 영역으로 돌리는 태도에 대해 반기를 들고, 육신을 그 올바른 위치로 돌리고자 하는 것이 생시몽의 주장이었고, 이것이 그의 여성 해방주의적 태도의 원천이 되기도 했다. 하지만 이는 많은 모호성을 담고 있는 언급이었기에 생시몽이 죽은 후 그 제자들에 따라 크게 해석이 갈리었다. 1830년대 초에 가장 큰 힘을 발휘했던 분파는 앙팡탱의 '생시몽 종교'였다. 앙팡탱은 이러한 생시몽의 언명을 성욕의 해방 및 여성 해방으로 이해하여 자신이 창시한 종교 조직 내에서 자유연애를 시행했다.

✣✣ 19세기 초 독일 낭만주의 화가들 일부의 흐름. 이른바 초대 교회의 영성을 그림으로 담아내는 것을 이상으로 삼았던 유파로, 이 명칭은 이들의 비판자들이 특히 그림에 나타난 머리모양과 복장을 비꼬아 붙인 이름이라고 한다.

선언했다. 카를의 처남이 될 사람이자 '우아한comme il faut 귀족'인 페르디난트 폰 베스트팔렌은 카를에게 그러한 행동은 베를린에 있는 사람들을 '특히 짜증 나게 만들 것'이라고 말했다.61) 바우어와 카를은 헤어지기 전에 '당나귀 한 쌍을 빌려서' 함께 나란히 타고서 시내를 활보했다. "본 사회는 충격을 받았다. 우리는 신나서 소리를 질렀고 당나귀들도 함께 울어 댔다."62)

4. 『라인 신문』

브루노 바우어가 완전히 대학에서 쫓겨나게 되자, 카를 또한 대학에서 자리를 잡을 희망을 잃게 되었다. 하지만 1848년 2월 혁명 이전의 독일에서는 교육은 받았지만 일자리가 없는 청년들의 숫자가 늘어나고 있었는데, 그들 중 많은 이들처럼 카를 또한 대안을 찾아냈으니 바로 저널리즘에 뛰어드는 것이었다. 검열이 있었음에도 저널리즘은 일자리의 기회가 갈수록 늘어나는 직업이었고, 카를 자신도 라인란트 지방에서 출간되는 새로운 자유주의 신문인 『라인 신문』에 글을 쓸 기회를 얻게 되었다. 이 신문은 1842년 초부터 출간될 예정이었다.

프로이센 정부는 라인란트 지역의 가톨릭 주민들이 과연 프로이센에 충성을 바칠 것인가를 염려하고 있었으므로 이 지역에 온건한 친프로이센 신문이 창간되기를 희망하고 있었다. 인근의 네덜란드에서는 1830년 프로테스탄트 국가에 대해 가톨릭 반란이 벌어졌고 이 때문에 벨기에가 네덜란드에서 독립하게 되었다. 교황의 권위를 세속 군주들의 권위보다 상위에 놓는 교황 지상권주의가 성장했고, 쾰른 대주교가 다른 종교인들 간의 결혼 문제에 관한 프로이센의 법을 어긴 죄로 투옥되었던 것이 모종의 팸플릿 전쟁으로 이어지게 되었고, 그 저류에 흐르는 반프로이센 감정이 뚜렷하게 느껴지고 있었다. 훗날의 한 설명에 따르면, "라인 지역의 가톨릭교도들은 깊은 잠에서 깨어나 누구도 예상치 못한 열정을 가지고 자신들의 으뜸가는 목자牧者를 지지하기 위해 뭉쳤다."[63] 가톨릭과 교황 지상권론자들의 주장은 왕년의 라인란트의 저명한 급진파였던 요제프 괴레스의 저작인 『아테나시우스Athenasius』에서 강력한 논리로 개진되어 있었다. 불길하게도 사람들은 괴레스를 아일랜드 가톨릭 해방의 위대한 선동가였던 오코넬O'Connell과 비교했다.[64] 상황을 더욱 악화시켰던 것은 라인란트 지역의 여론을 크게 좌우했던 것이 가톨릭계의 신문인 『쾰른 신문Kölnische Zeitung』이었다는 사실이었다. 이 신문은 라인란트 지역의 지도적인 신문으로 구독자가 8000명을 넘고 있었다. 정부 공직자들은 '쾰른 문제'(정부와 가톨릭 대주교 사이의 갈등)가 벌어지고 있던 당시 이 『쾰른 신문』의 입장이 의심스럽다고 걱정했다.[65] 그래서 이들은 1841년 거기에 적수가 될 프로테스탄트의 입장이자 친프로이센 신문인 『라인 일반 신문Rheinische Allgemeine Zeitung』을 창간하려고 시도한 바 있었다.

하지만 이 시도는 금방 실패로 끝나 버렸고, 그 결과 1841년 후반에는 쾰른의 지도적인 산업가, 법조인, 작가 들이 새 신문 창간의 프로젝트를 떠맡게 되었다. 이 집단은 본래 그해 초 산업 발전과 경제 개혁의 필요를 토론하기 위해 모인 집단이었다. 이 집단은 프로테스탄트였고 또 친프로이센의 입장을 취하고 있었으므로 그 결과 정부 당국의 승인을 얻게 되었을 뿐만 아니라 이 새 신문 창간을 위한 주주 모집 또한 큰 성공을 거두게 된다.

이 집단의 저명한 구성원으로는 철도 개발의 개척자이자 1848년에는 잠깐 동안 프로이센의 수상까지 역임하게 되는 루돌프 캄프하우젠Ludolf Camphausen(1803~1890년), 다름슈타트 은행의 창설자이자 독일 신용기관들의 개척자이며 1848년 프랑크푸르트 국민의회에서 두드러진 역할을 맡았던 구스타프 메비센Gustav Mevissen(1815~1899년) 등이 포함되어 있었다. 이들은 정치적 관심과 경제적 관심을 모두 가지고 있었다. 왜냐하면 경제가 더욱 팽창할 수 있는지는 국가를 대의제 기구들과 법 앞에서의 평등이라는 원리에 기초하여 새롭게 개혁할 수 있는지에 달려 있다는 것이 분명했기 때문이다. 게다가 비록 주요 주주들은 쾰른의 산업가들이었지만, 이사회에서 신문의 운영 방침을 형성하는 지도적인 역할은 교육과 재산을 모두 갖추고 적극적으로 활동하는 쾰른의 인텔리겐치아들이 쥐고 있었다. 이 집단에서 특히 두드러진 역할을 맡았던 이들은 게오르크 융Georg Jung과 다고베르트 오펜하임Dagobert Oppenheim이었다. 두 사람 모두 이 도시의 중요한 은행들과 관련된 인사들이었지만, 또한 청년 헤겔파의 지적·정치적 급진주의에도 끌리고 있었다. 마지막으로 모제스 헤스Moses Hess를 빼놓을 수 없다. 그는 본에 있는 평범한 유대인 상인 가문에서 태어난 이로, 선구적인 사회주의 저술가이자 편집 방침의 형성에서도 지도적 역할을 수행하고 있었다.

카를은 1841년 7월경 트리어에서 본으로 가는 길에 이 집단과 처음으로 마주쳤다. 당시 그들은 라인란트에 일간지를 창간하자는 프로젝트에 막 착상했을 때였다. 카를은 이들에게 깊은 인상을 남겼는데, 특히 융, 오펜하임, 헤스가 그러했다. 융은 그를 '무슨 짓이든 할 혁명가'이며 자신이 지금까지 만난 이들 중 '가장 명민한 정신을 가진 사람 중 하나'라고 묘사했고, 헤스는 그를 자신의 '우상'이라고 하면서 그를 계몽주의의 주요 사상가들의 반열에 놓고 있다. 그 결과 1842년 1월 신문이 창간되었을 때 카를은 신문에 참여하라고 초빙을 받게 된다.

당시의 가장 큰 관심사는 프로이센이 지배하는 독일관세동맹Zollverein의 확장과 그것이 그 지역의 발전하던 여러 산업의 보호에 미칠 영향이었으므로 이 집단이 편집장으로 가장 원했던 이는 국가에 기초한 보호주의적 경제 발전을 옹호했던 유명한 인물인 프리드리히 리스트Friedrich List였다.66) 하지만 리스트는 건강 상태가 너무 나빠 그 자리를 맡을 수 없었기에 대신 자신의 추종자들 중 한 사람인 구스타프 회프켄 박사Dr. Gustav Höfken를 추천했다. 회프켄 박사의 주된 관심은 지역 산업의 보호가 아니라 독일 통일과 관세동맹의 확장이었다. 이러한 선택지에 대해 이사회의 지도적 성원들은 만족하지 못했기에 회프켄 박사는 잠깐 봉직하다가 1월 18일 사임한다. 모제스 헤스의 영향으로 새 편집자는 베를린의 청년 헤겔파이자 카를의 친구인 아돌프 루텐베르크로 선임되었다.

하지만 브루노 바우어의 처남이자 벨케 만찬 사건의 조직가였던 루텐베르크가 편집장이 되고 여기에 청년 헤겔파들과 사회주의자들로 이루어진 집단이 조력하는 지방 일간지란 결코 정부가 생각했던 모습이 아니었다. 왕은 격노하여 이 신문을 금지시키려고 압력을 넣었지만, 이 지역의 주지사Oberpräsident인 보델슈빙Bodelschwingh과 문화부 장관인 아이히호른을 포함한 여러 각료는 견해가 달랐고, 창간된 지 얼마 되지도 않은 신문을 그렇게 강압적으로 폐간시켰다가는 너무 자의적인 조치로 보여 사업가들 사이에 불만을 일으키게 될 것이라고 생각했다. 아이히호른에 따르면, 루게의 『독일 연보』에 실린 파괴적인 메시지들은 라인란트에는 거의 영향을 주지 못했다고 한다. 따라서 청년 헤겔파의 '막나가는 과격함extravagance' 또한 이 지역에 무슨 영향을 줄 것 같지 않다는 것이 그의 견해였다. 그는 가톨릭의 위협을 더욱 걱정하고 있었다. 이 신문이 발간되었던 15개월 동안 이 신문을 폐간시키는 것이 나은지 아니면 그저 엄격한 검열이면 족한지에 대해 각료들 사이에서 논쟁이 끊이지 않았다.[67]

카를의 첫 번째 기고문은 1842년 5월 5일 바우어의 해고가 확실해진 직후에 나온다. 당연하게도 그가 브루노 바우어와 함께하던 당시의 관심사들과 그가 이 신문에서 다루려 했던 문제들 사이에는 강력한 연속성이 있었다. 1842년 4월 27일, 아르놀트 루게에게 보낸 편지에서 그는 『독일 연보』에 '종교 예술', '낭만주의자들', '역사법학파의 철학적 선언', '실정 철학' 네 개의 글을 보내겠다고 약속했다.[68] 하지만 실제로 세상에 나온 글은 역사법학파에 대한 에세이뿐이었다. 그래도 그가 이 다른(그의 생각에는) 서로 연관된 주제들에 대해 계속 사유와 고민을 지속했다는 점은 『라인 신문』에 실린 그의 글들에서 뚜렷이 나타난다.

루게, 바우어, 쾨펜, 포이어바흐 등의 다른 청년 헤겔파와 마찬가지로 카를 또한 1842년을 지나면서 좀 더 노골적인 공화주의의 입장으로 나아간다. 카를은 루게에게 보낸 5월 5일 편지에서 자신이 쓰기로 약속했던 헤겔 정치철학에 대한 글을 언급하면서 "그 핵심은 처음부터 끝까지 논리적 모순으로 꽉 차 결국 스스로를 폐지할 수밖에 없는 잡종인 입헌군주제라는 놈에 맞서 투쟁하는 것입니다"라고 말하고 있다. 하지만 그는 또한 공화국의 어원인 라틴어 **레스 푸블리카**Res Publica✤라는 말이 독일어로는 도저히 옮길 수 없는 말이라는 점에 주목한다. 그래서 그는『라인 신문』에 기고한 글에서 '기독교 국가'를 '진정한 국가'나 '합리적 국가'와 대조시키고 있으며, 간혹 그냥 '국가'와 대조시키기도 한다.[69]

'기독교 국가'에 대한 공격은 곧 그것을 떠받치는 여러 이론에 대한 비판을 뜻했다. 그 이론 중에는 셸링의 실정 철학, 슈탈의 정치 이론, 이성을 묵살해 버리는 '역사법학파',『라인 신문』의 주요한 지역 경쟁지인 가톨릭의『쾰른 신문』의 종교적 검열 옹호론 등이 포함되었다. 이러한 여러 사상이 어떻게 정치적 실천으로 표현되고 있는지를 설명하기 위해 카를은 라인 지방 신분 의회가 어떻게 굴러가고 있는지에 대해 길고 비판적인 글을 기고한다. 이 글에서 카를은 그 신분 의회라는 것을 세세히 해부하여 그것이 자기 잇속만 차리고 여러 사적인 이익을 옹호하는 집단에 불과하다는 것을 보여 준다. 이 기사에서 카를은 그 신분 의회가 언론의 자유를 놓고 벌였던 논쟁, 그 진행 상황을 공표하는 것을 놓고 벌였던 논쟁, 그리고 목재를 훔치는 것에 대해 도입된 더 가혹한 새 법률에 대한 논쟁 등을 다룬다.[70]

이러한 글들을 저널리즘이라고 하는 것은 좀 잘못된 일이다. 거의 모든 글이 분량이 많고, 어떤 것은 지나칠 정도로 길다. 신분 의회를 다루는 두 글은 모두 40~50쪽 분량이다. 이 글들은 숨겨진 사실들의 존재를 발견하여 보고하는 탐사 보도의 형태를 띠고 있는 것도 아니며, 거의 전적으로 '가짜 세계관'인 검열과 대조되는 '사상의 구현'으로 언론 자유의 원칙만 다루고 있다.[71] 엥겔스는 훗

✤ 이 말을 직역하자면 '모두의 것'이 된다. 영어의 경우 15세기 이후 그 번역어로서 Commonweal(th)이라는 말이 사용되었다.

날 카를이 경제적 사실들의 중요성을 처음으로 알게 된 것이 모젤의 포도밭 농민들의 상태를 조사했던 경험이라고 했다. 하지만 『라인 신문』의 글에서 초점이 되는 것은 농민들의 상태가 아니라, 피통치자들의 곤경에 대해 정부 관료들이 더 우월한 혜안을 가지고 있다는 주장을 검열이 어떻게 잠식하는지에 있었다. 요컨대 카를의 글은 철학을 현실에 적용하는 연습 작업으로 이해하는 것이 가장 좋다. 1830년대 중반부터 청년 헤겔파가 종교와 형이상학의 영역에서 프로이센 국가에 반대하는 입장을 취하게 만들었던 것은 내재적인 것과 초월적인 것 사이의 갈등이었다. 이제 그 동일한 갈등이 정치와 역사의 영역에서 재연되고 있는 것이었다. 또는 카를의 말을 빌리자면, 철학이 이제는 '당대의 현실 세계와 접촉하고 상호작용'하게 되었다는 것이다. 이는 곧 '철학은 세속적이 되었고 세속은 철학적이 되었다'는 것을 뜻했다.[72]

1848년 이전의 프로이센은 봉건제, 절대왕정, 자유주의, 개인주의의 특징들이 모조리 복잡하게 하나로 얽힌 복합체였다. 왕좌를 이어받는 왕가도 동일했고 또 그 동쪽 지역에 거대한 장원 영지들도 그대로 있었기에 분명히 일정한 연속성은 있었지만, 프리드리히 빌헬름 4세가 다스리는 프로이센은 본질적으로 동유럽적이었으며 합리주의에 기반했던 18세기의 프로이센과는 거의 아무런 관련이 없었다. 이는 군사적 패배를 겪으면서 근본적으로 변혁된 정치체였으며, 그 구조는 '개혁 시대'에 완전히 바뀌어 있었고, 또 1815년의 나폴레옹전쟁 마무리 협정의 결과로 비프로테스탄트 지역을 통합하게 되면서 훨씬 더 큰 나라가 되어 있었다. 이 프로이센은 봉건적 특징들과 절대주의의 특징들(법 앞에서의 평등이 없고 위계적 신분제 시스템이 유지되었다)을 강력한 경제적 팽창과 결합시켜 놓고 있었으며, 그러한 경제적 팽창은 농촌에서의 가산제적 관계의 침식, 자유로운 토지 매매 시장의 성장, 농민들의 도시로의 이주 등으로 뒷받침되고 있었다. 그리고 도시 자체에서도 부분적으로나마 직업 이동의 자유가 주어졌고, 길드의 여러 특권도 제거되었으며, 노동시장 또한 자유화되었다.[73] 프리드리히 빌헬름

4세의 1840년대 프로이센 정부는 전통적 기독교의 복구를 그토록 강조했음에도 '개혁 시대'에 도입되었던 경제적 변화의 과정을 역전시키려는 시도는 전혀 하지 않았다. 관세동맹의 확대와 자유 시장의 확장이 여전히 그 중심적인 야망이었고, 모젤의 포도 재배농들이 곤경에 처하게 된 것 또한 그러한 정부 전략의 한 부산물이었다.[74)]

이 체제의 반 합리주의적인 기풍 또한 결코 전통주의의 성격을 띠는 것이 아니었다. 폰 할러von Haller와 같은 봉건주의의 보호론자들의 주장에서 세속 사회는 자연 상태와 비슷하게 다루어지고 있다.[75)] 이러한 방식을 통해 공격적으로 경쟁적인 개인들의 여러 활동 형태들을 권위 및 위계와 조응시킬 수 있다는 논리였다. 합리주의자들과 헤겔주의자들의 관점과는 달리, 논리에서 현실로 이어 주는 다리란 존재하지 않는다고 한다. 존재나 현실이 사유에 선행하는 것이기 때문이라는 것이다. 우주의 창조는 이성에 의해 통치되는 활동이 아니었다. 이는 오롯이 신의 의지가 만들어 낸 산물이었을 뿐이라는 것이다. 슈탈은 이러한 논리를 군주에 적용하여 신이 스스로 만들어 낸 피조물들에 구속되지 않는 것처럼 군주 또한 헌법에 구속되지 않는다고 주장했다. 이와 동일한 논리로 사적 소유자의 여러 권리는 개개인들이 사회 이전 상태에 보유하던 여러 권리와 비견되었고, 군주가 국가에 대해 갖는 권리들과 마찬가지로 절대성을 띠는 것으로 간주되었다. 그 결과로 생겨나는 생겨나는 국가란 초월적인 여러 권위의 총합으로 나타나게 되며, 반면 그 아래에 있는 인민들은 그저 '개인들의 떼거리'에 불과하다는 것이었다.[76)]

이러한 정치체에서는 체제의 지지자들이 국가 혹은 민족을 하나의 정치 공동체라고 주장하는 일이 최소한으로 줄어든다. 인간은 고립된 존재이며 비사회적 존재이다. 그리고 자유란 보편적인 특징이 아니라 개인의 속성이 된다. 이러한 국가의 주민들을 하나로 묶어 주는 것은 오직 기독교 신앙에 대한 믿음뿐이다. 하지만 구원이라는 것은 집단적 차원의 일이 아니며, 구원은 인격적 차원의 일로서, 이는 언제까지나 개인의 문제일 뿐이다. 1830년에 다시 혁명의 위협이 나타나게 되었다. 그 여파로 무종교의 위협에도 직면하게 되자, 이 '기독교 국가'는 여론을 통제하고 만들어 내는 새로운 방식이 필요했다. 이러한 이유에서 한때 '개혁 시대'에 포용되었던 합리주의가 이제는 종교에 대한 위협으로 여겨져 처벌받는 방식으로 검열이 재규정되었다는 게 카를의 주장이었다.[77)]

『라인 신문』에 기고한 글들에서 카를은 『나팔 소리』에서 그와 바우어가 사용했던 역사적 시대 구분을 그대로 유지하고 있다. 그리스라는 황금시대에는 '예술과 수사학이 종교를 대체했다'는 것이다. 마찬가지로 그리스와 로마 모두에서 고대인들의 진정한 종교는 '자신들의 민족체nationality'에 대한 숭배, 즉 그들의 '국가'에 대한 숭배였다는 것이다.[78)] 그런데 고대인들이 몰락하고 난 뒤에는 거꾸로 인민들이 기독교, 봉건주의, 낭만주의 등에 지배당하게 되었다. 이 시대에 인간은 '동물의 법률'에 복속당했다. 이러한 원리는 기사들의 영지에서 최고의 권력을 가지게 되었거니와, 이는 '근대의 봉건적 원리, 요컨대 낭만적 원리'의 구현물이었다는 것이다. 봉건적인 자유의 관념이란 특정 집단들, 특정 개인들에게 귀속되는 특수한 특권이므로 각각의 신분이 가지고 있는 특권들은 '어떤 의미에서도 결코 그 지방의 권리는 아니었다'.[79)] 이는 신분제 의회 전체에도 적용되는 것으로, 신분제 의회는 특수 이익을 대표하는 것과 법률을 동일시하고 있다는 것이다.[80)]

카를의 주장은 이어진다. 그는 기독교를 봉건주의와 동일시할 뿐만 아니라 물신숭배와도 동일시하고 있다. 카를은 루게에게 보낸 편지에서 바우어의 해촉과 루게의 내무부 장관 폰 로호von Rochow와의 갈등 등을 생각해 보면, '인민들을 동물의 수준으로 저질화시키는 것이 정부에는 하나의 신조요 원칙이 되어 버렸다'는 놀라운 사실이 드러난다고 말한다. 게다가 이는 '종교성'과 아무런 모순도 없다고 그는 말한다. "왜냐하면 동물들을 신격화하는 것이야말로 가장 일관성 있는 형태의 종교일 것이기 때문입니다. 그리고 아마도 조만간 종교적 인간학이 아닌 종교적 동물학을 이야기해야 할 판입니다."[81]

이와 동일한 사상이 「목재 절도에 대한 법률에 관한 논쟁Debates on the Law on Thefts of Wood」에 나오는 설명에서도 개진되고 있다. 일단 '소위 특권 계급들의 관습이라는 것'을 '법에 어긋나는 관습'이라고 공격한 뒤, 카를은 계속해서 이렇게 주장한다.

> 이 관습들의 기원은 인간 역사가 **자연사**의 일부였던 시대까지, 이집트 전설에 따르면 모든 신이 동물의 모습으로 스스로를 숨겼던 시대까지 거슬러 올라간다. 인간들은 평등이 아닌 불평등에 의해 서로 연결되어 있는 구체적인 동물 종種으로 타락한 것으로 보였고, 그 불평등은 여러 법률로 고정되어 있었다. … 인간의 법률이 자유의 현존 양식인 것에 반해 이 동물의 법률은 비자유의 현존 양식이다. 가장 넓은 의미에서의 **봉건제**는 **정신적인 동물의 왕국**이며, 인류가 분열된 세상이다.[82]

물신숭배의 죄를 똑같이 지은 자들은 또 있다. 특수한 대상과 그것에 노예처럼 스스로 종속당하는 특수한 의식에다가 비도덕적이고 비합리적인 영혼 없는 추상화를 행하는 짓'을 신주단지 모시듯 하는 '저 환상 소설가들'이다. 이 **'천하고 비굴한 물질주의'**야말로 입법자가 '오직 목재와 삼림만 생각해야 하며 모든 각각의 물질적 문제들은 **비정치적 방식으로** 즉 국가의 이성과 도덕성 전체와 전혀 무관하게 해결해야 한다'는 믿음의 결과라는 것이다.[83]

이러한 틀 덕분에 카를은 또한 자신과 역사법학파의 차이점들을 정리할 수 있었다. 그 계기는 역사법학파의 창시자인 구스타프 휴고Gustav Hugo가 박사학위를 수여받은 50주년이었다.[84] 휴고는 청년 헤겔파와 마찬가지로 자신의 사상이 칸트에게서 영감을 얻은 것이라고 주장했다. 하지만 휴고가 찬양하는 칸트는 이상주의자가 아니라 이성의 한계를 회의하는 사상가였다. '그는 여러 사물의 **필연적 본질**에 대한 회의론자였다'는 것이다. 따라서 오로지 중요한 것은 '실정적인 것들the positive', 즉 사실적인 것들뿐이라는 것이다. 그래서 휴고는 재산 소유권, 국가의 헌법, 결혼 등의 실정적 제도들 어떤 것에도 본질적으로 내재한 합리적 필연성 따위는 존재하지 않음을 증명하면서 즐거워한다. 이와 똑같은 논리에서 보자면 노예제를 정당화하는 것 또한 얼마든지 가능하다. 노예들은 노예가 된 덕분에 더 좋은 교육을 받을 수도 있으며, 노예들의 운명은 전쟁 포로들이나 기결수의 그것보다 더 나은 것일 수도 있다는 것이다. 만약 이성이 실제로 존재하며 힘을 가지고 있다는 주장들을 입증하지 못한다면 **"인간**을 **구별할 수 있는 유일의 법적인 특징**은 인간의 **동물적** 본성뿐이게 된다. … **인간의 이성**에서 **의심의 여지가 없이 분명한 것**은 **오로지 동물적인 것뿐**으로 보이게 된다."[85] 카를은 휴고를 경박하다고 하면서 그 '경박성'을 앙시앙 레짐의 '정신廷臣들'과 '난봉꾼들roués'의 경박성에 비유하고 있다. 이렇게 역사와 법에 나타난 '실정적인 것들'에 대한 보수적·경험주의적 강조는 그 후 할러, 슈탈, 레오 등의 저작에서도 나타나게 된다.[86]

5. 공화국을 다시 상상하기

『라인 신문』에 실린 카를의 비판은 '기독교 국가'와 '합리적 국가'의 대비에 기초를 두고 있다. '기독교 국가'란 '도덕적 인간들의 자유로운 연합체가 아니라 신자들의 연합체'이지만 이와 대조적으로 철학은 '국가가 인간 본성의 상태'가 될 것을 요구하며, 그 '인간 본성의 상태'란 바로 자유를 뜻한다는 것이다. 왜냐하면 '자유가 현실이 된 상태에서는 심지어 자유를 반대하는 자들조차 자유를 자기들의 행동으로 실천하고 있는 셈이다. 자유는 이 정도로 인간의 본질인 것이다.' "국가가 해야 할 진정한 '공공' 교육의 기초는 '합리적이며 공공적인 국가의 존재이다. 국가는 스스로 나서서 그 성원들을 그 국가의 성원으로 만들어야 한다. 또 개개인들의 여러 목표를 보편적 목표로, 조야한 본능을 도덕적 성향으로, 자연적 독립을 정신적 자유로 전환시켜야만 한다. 그리고 개인들은 전체의 삶 속에서 각자 자신의 좋은 삶을 발견하며 전체는 개개인들의 정신이라는 틀 속에서 전체의 좋은 삶을 발견해야 한다. 이를 통해 국가는 그 성원들을 교육해야만 한다."[87] 국가 안에서 자유는 **법률**로 존재한다. 법률은 실정적이며 명쾌하며 보편적인 규범들로, 그 안에서 개개인의 자의성과 독자적인 몰인격적·이론적 존재를 획득하게 되기 때문이다. '성문법'이란 '인민에게 자유의 성경'이며, 이를 수호하는 것이 바로 '자유 언론'이라는 것이다.[88]

『라인 신문』은 스스로를 자유주의 신문이라고 광고했지만, 카를이 제기하는 '합리적 국가'란 자유주의의 헌정주의 국가와는 사뭇 다른 것이다. 그것은 사실 카를과 브루노 바우어가 『나팔 소리』에서 찬양해 마지않았던 그리스의 **폴리스**를 업데이트한 것이었다. 무신론과 공화주의는 함께 가게 되어 있었던 셈이다. 이는 헤겔의 전진운동과 정신Spirit이라는 집단적 합리성의 개념을 사용하여 루소의 일반 의지 개념에 구현되어 있는 정치적 전망을 다시 언명한, 모종의 공화주의였던 것이다. 카를에 의하면, 최근의 철학은 '전체라는 이념'에서 출발한다고 한다. 이는 국가를 '거대한 유기체'로 보며, '그 안에서 법적·도덕적·정치적 자유가 실현되어야만 하며 또 시민 개개인들이 국가의 법률을 따를 때 오로지 자기 자신의 이성, 즉 인간의 이성이라는 자연법만 따른다'고 본다는 것이다.[89]

이러한 카를의 글들에서 의회를 통한 대의제, 삼권분립, 개인의 여러 권리 등의 개념에 대한 언급은 거의 혹은 전혀 찾아볼 수 없다. 물론 지방의 신분 의회와 같은 경우 지방 신분 의회의 목적이란 '각자의 **특수한 신분의 이해의 관점**에서 각자의 **특수한 지방의 이해**를' 대변하는 것이기 때문에 진정한 대의제란 용납될 수 없다는 말이 나오기는 한다.[90] 하지만 그것보다 더 큰 목소리로 카를은 대의제라는 것에 대해 반대를 표하고 있다. "일반적으로 볼 때 다른 누군가에 의해 대표된다는 것은 수동적인 일이다. 남이 대신 대표해 주어야 하는 이들은 오직 정신이 결핍되어 있고, 물질적이며, 자기에 의지할 능력이 없으며, 위태로운 처지에 있는 이들뿐이다. 하지만 국가를 구성하는 그 어떤 개인도 정신이 결핍되어 있거나 물질적이며 자기에 의지할 능력이 없으며 위태로운 처지에 있어서는 안 될 일이다." 대의제란 오로지 '인민 전체의 **자기 대표**self-representation'로만 생각해 볼 수 있을 뿐이라는 것이다.[91] 이러한 생각에 입각한다면 특수 이익은 인정될 수 없다. 이는 오로지 전체에 의해 전체를 대표한다는 것을 뜻할 뿐이다. "진정한 국가 내에는 토지 소유도, 산업도, 그 어떤 물질적 사물도 없다. 이런 종류의 것들은 아직 미가공 상태의 요소들일 뿐이며, 국가와 흥정을 할 수 있을 뿐이다. 국가 안에는 오로지 **정신적 힘들**만 있을 뿐이며, 위에서 말한 자연적 힘들이 국가 내에서 목소리를 낼 자격을 부여받기 위해서는 국가가 정한 형식들로 다시 태어나는 정치적 재탄생을 거쳐야만 한다." 그는 계속해서 주장한다. "국가는 정신적 신경망을 가진 채로 자연의 전체로 파고든다." 그리고 모든 지점에서 모습을 드러내게 되는 것은 '질료가 아니라 형상이다. … **자유롭지 못한 물체**가 아니라' **'자유로운 인간'**이라는 것이다.[92]

청년 헤겔파는 1835년 다비트 슈트라우스의 『예수의 일생』 출간으로 촉발된 사상 투쟁에서 이미 벗어난 상태였다. 1842년경의 시점에서 보자면 카를의 공화주의는 바우어 형제, 루게, 포이어바흐 등이 공유하고 있었던 공통 입장의 한 변형태였던 셈이다. 『라인 신문』의 기사들이 보여 주는 이러한 정치적 입장은 헤겔 자신의 주장과는 동떨어진 것이었다. 주요한 논쟁점은 헤겔이 『법철학』에서 행했던 '국가'와 '시민사회'의 구별이었다. 이러한 구별을 받아들이게 되면 시민 집단이 근대국가를 통치하는 과정에 직접적·민주적으로 참여할 가능성은 배제될 수밖에 없기 때문이다.

헤겔은 프랑스혁명의 가장 위험한 특징들 중 하나로 1792~1793년의 국민공회Convention의 지배와 같이 단원제 의회가 아무 구속도 없이 권력을 휘두르는 것이라고 보았다. 이러한 제도는 모든 이(남성들)가 인간으로서, 또 시민으로서의 여러 의무를 제대로 수행할 능력이 있다는 전제에 기반하고 있다는 것이었다. 인민주권이라는 말만 들어도 이제는 공포정치의 끔찍한 기억이 연상되기에 이르렀으며, 이는 혁명 시대가 끝난 여파 속에서 사람들이 더 이상의 민주주의 실험을 두려워하게 만드는 강력한 제동장치 역할을 하게 되었다. 정치에 대한 헤겔의 생각에서도 이 점이 뚜렷이 드러나고 있는 것이다.

헤겔도 처음에는 폴리스와 가정경제를 나누는 아리스토텔레스의 고전적인 구별로 되돌아가고자 했다. 아리스토텔레스의 『정치학』에 보면 국가는 우선 두 개의 구성 요소로 나뉜다. 시민들이 모여 정치적 숙의를 행하는 공공 공간인 폴리스, 그리고 물질적 생활을 재생산하는 장소로 여자들과 노예들이 거주하는 공간인 가족 혹은 가정경제를 뜻하는 **오이코스**oikos이다.[93] 하지만 헤겔은 곧 이러한 고전적인 구분은 최소한 아리스토텔레스가 정식화했던 방식으로는 더 이상 유지될 수 없다는 것을 알게 되었다. 물질적 삶의 재생산이 더는 가정경제에 국한되지 않게 되었기 때문이었다. 노예제는 이미 중세 유럽에서 사라졌을 뿐만 아니라, 근대 세계의 활동 또한 농업만 있는 것이 아니라 많은 부분은 상업에 의존하고 있다. 이러한 이유에서 헤겔은 아리스토텔레스의 생각을 수정하기 위해 공식적으로 구성된 국가와 가족 사이에 열려진 새로운 공간으로서 세 번째 구성 요소인 **시민사회**civil society를 도입한다.[94]

앞에서 말한 1792년 국민공회의 민주주의가 취했던 전제들에 대한 반동으로, 헤겔은 정치적 미덕이 물질적 필요와 결핍으로부터의 자유에 의존한다는 아리스토텔레스의 전제를 끌어들여 이를 근대에 맞는 버전으로 정식화하고자 했던 것이다.[95]

『법철학』에서 헤겔은 정치적 미덕과 물질적 독립성의 연관 관계를 보존하기 위해 이를 체현하는 '보편적' 계급으로 **공직자**Beamten, 즉 종신 고용이 보장되어 경제적으로 독립성을 갖는 공무원들을 상정했다. 이는 이제 헤겔이 '필요의 상태'라고 불렀던 '시민사회'와 대조된다. 헤겔에 따르면, '시민사회의 창출'은 오직 '근대 세계'에만 고유하게 나타나는 것이며, 이것이 바로 애덤 스미스 등이 묘사했던 '상업' 사회라는 것이다. '시민사회에서 각 개인은 자기만의 목표를 추구하며 그 이외의 것들은 전혀 중요하게 여기지 않는다.' 여기에 국가는 아무런 존재의 '필연성'이 없다. 있다면 오직 하나의 이유가 있다. 개인들은 '타인들과의 관계 없이는 자기의 목적을 완전히 달성할 수 없기 때문이다. 결국 그 개인은 타인들을 자기 목적을 달성하기 위한 수단으로 삼을 뿐이다.'

시민사회는 그리스의 폴리스와 로마 공화국이 파괴되면서 고대 세계가 끝났을 때 나타났다. 그때 이후로 로마제국의 도래, 기독교의 확산, 로마법의 발전, 여러 필요 욕구의 시스템system of needs의(상업 사회의 구조를 지칭하는 헤겔의 용어) 정교화 등이 나타났으며, 이 각각의 계기들은 서로 다른 방식으로 헤겔이 주관적 특수성subjectivity particularity이라고 불렀던 것을 키워 나갔다. 여기에는 개인과 신의 무매개적 관계, 개인 스스로가 판단을 내릴 자유, 주관성, 개인적 목표를 이기적으로 추구하는 것, 개인주의 등이 포함되어 있었다. 이러한 주관적 특수성은 고대의 폴리스에서는 전혀 용납될 수 없는 원리였다는 것이다.

헤겔에 따르면, 개인들의 주관적 자유를 단일의 정치 공동체로 통합시키는 것이야말로 근대국가의 능력이며, 또 이것이야말로 그 큰 강점이기도 하다고 한다. 하지만 이러한 성취에 대가가 없는 것은 아니라고 한다. 고대의 폴리스와 그 시민들 사이의 직접적이고도 무매개적인 관계와는 달리, 근대국가에서 시민사회의 성원들은 그저 '여러 매개물'(직능단체, 신분 등등)의 복잡한 시스템을 통해서만 정치체와 관계를 맺을 수 있다는 것이다. 하지만 1830년 혁명의 여파 속에서, 심지어 베를린 대학에서 헤겔의 가장 가까운 제자였던 에두아르트 간스와 같이 기본적인 공감을 갖는 비판자들마저도 헤겔의 『법철학』에 묘사된 이러한 국가는 지도 및 감호 시스템의 한 형태일 뿐이라고 규정했다. 청년 헤겔학파의 눈으로 볼 때 헤겔의 국가 이론의 결함은 개인의 활동이 그저 시민사회 안에서 주어진 역할로 국한된다는 데 있었다. 즉 계약을 맺고, 직업단체 혹은 직종 조합의 일원이 되며, 종교 생활과 사생활의 자유를 만끽하는 것, 그게 전부라는 것이다. 한 사람의 시민으로서 열성적으로 참여하는 역할과 능력은 완전히 빠져 있다는 것이다.

폴리스의 종말과 로마제국의 퇴락은 기독교의 성장을 동반했거니와, 그때 이후로 마키아벨리와 같은 공화주의적 비판가들의 안목으로 볼 때에는 기독교라는 종교가 항상 시민사회의 탄생에서 전적인 원인은 아니지만 깊게 연루되어 왔었다. 헤겔의 학생이었던 젊은 시절의 루트비히 포이어바흐는 1828년에 영혼의 불멸성이라는 기독교의 생각은 시민이라고 하는 고대의 사상을 대체하고자 나타난 것이 그 기원이라고 주장했다. 하지만 이미 18세기에 기번과 볼테르가 로마의 몰락과 고대적 정치 생활의 퇴락에서 기독교가 어떻게 기여했는지를 강조한 바 있었다. 루소는 여기에서 더 밀고 나가 아예 기독교와 상업의 결합이야말로 애국주의가 쇠퇴하게 된 원인이라고 비난했고, 또 특히 기독교가 사람들로 하여금 피안 세계에만 정신을 팔도록 만들었다고 공격했다.96)

프로이센 국가를 기독교, 시민사회와 동일시하는 것은 브루노 바우어와 아르놀트 루게뿐만 아니라 카를에게도 공통적으로 나타나는 태도였다. 카를의 경우 시민사회란 자아라는 기독교의 사상, 자유를 특권으로 보는 봉건주의의 사상, 자연의 법칙과 결부된 아귀다툼의 경쟁을 구현하고 있는 '동물적 법률'의 지배와 동일한 것이었다. 하지만 기독교의 책임을 묻는 가장 날카로운 주장은 포이어바흐에게서 나왔다. 그는 기독교가 개인주의를 조장했을 뿐만 아니라, 공동체적 습속과 기풍이 생겨나는 것을 적극 가로막았다고 주장했다. 왜냐하면 기독교는 '나와 그대'라는 원초적인 유적 통일성을 없애 버리고 각각의 개인들이 예수 그리스도라는 모종의 외적 인격체와 맺는 특수한 결합을 그 자리에 가져다 놓았기 때문이라는 것이다.

기독교와 시민 정신의 관계에 대한 이 오래된 공화주의자들의 공격은

1830년대에 들어 더욱 강화되었다. 생시몽주의자들이 실교하는 '새로운 기독교' 에는 새로운 형태의 범신론적 비판이 함축되어 있었는데, 이것은 당시 프랑스로부터 들어온 것이다. 정통 기독교는 '질료', 육신, 생산적 노동 등에 대해 무관심이나 적대감을 가지고 있다는 게 그들의 비판이었다. 청년 헤겔학파는 이 생시몽주의자들의 입장을 따랐고, 따라서 그들이 신봉하는 공화주의 또한 정치적일 뿐만 아니라 사회적인 성격도 가지게 되었다. 생산이야말로 개인과 사회의 관계를 맺어 주는 활동이다. 물질적, 정신적 모든 형태의 활동은 동일한 공동체라는 맥락 속에서 벌어지게 되어 있다. 이러한 공화국에서 시민사회는 공공 정신에 의해 활력을 얻게 된다는 것이다. 루게에 따르면, 정신적인 것들을 추구하는 활동과 물질적인 것들을 추구하는 활동은 결국 하나로 수렴되며, 사적인 이익에 대한 욕망은 사라지고 그 자리에 집단적 활동이 들어서게 될 것이라는 것이다. 포이어바흐의 표현대로 '기도하는 이들의 공동체fellowship of prayer'는 사라지고 그 자리를 '일하는 사람들의 공동체fellowship of work'가 차지하게 될 것이라는 것이다. 또는 카를이 주장했듯이, 정신의 활동은 인민들이 여러 사안을 놓고 정치적 숙의를 벌이는 데에서뿐만 아니라 철도의 건설 과정에서도 똑같이 현현한다는 것이다.

요컨대 1842년의 청년 헤겔주의자들이 공유했던 공화주의 강령은 이미 사회적 차원을 뚜렷하게 포함하고 있었다. 이는 헤겔이 묘사했던 국가와 시민사회의 분리를 극복하고자 하는 필요에서 촉발된 것이었다. 따라서 카를의 경우 목적은 시민사회를 합리적 국가와 결합시키는 다른 방법을 찾아내는 것✤이 아니라 그러한 구분 자체가 사라진 종류의 국가를 발명해 내는 것이었다.

✤ 문맥상 애매할 수 있지만, 이것이 현존하는 억압적 프로이센 국가에 대해 대의제와 법적 평등 등에 기초한 새로운 국가를 요구했던 자유주의자들의 접근이라고 할 수 있다.

6. 『라인 신문』의 폐간

왕의 장관들과 관료들 사이의 싸움은 1842년 말까지 계속되었다. 3월에는 내무부 장관인 폰 로호가 이 신문을 폐간하자고 했지만, 보델슈빙은 더 엄격한 검열이면 충분하다고 생각했으며, 아이히호른은 라인란트 지방의 교황권 지상론자들이 더 큰 위협이라고 계속 생각하고 있었다. 폰 로호가 이 신문을 위험하다고 보았던 이유는 프랑스 자유주의 사상을 확산시키고 있다는 것이었으며, 왕 또한 견해가 같았다. 하지만 폰 로호가 내무부 장관 자리에서 물러나고 새 장관으로 들어선 아르님 보이첸베르크Arnim Boitzenberg는 7월 말까지도 이 신문에 대한 심각한 불평을 접수한 적이 없었다. 그런데 11월이 되자 프로이센 정부가 준비하는 새로운 이혼 관련법의 초안이 누출되어 『라인 신문』에 게재되는 일이 벌어졌고, 이에 왕은 다시 노발대발하여 누출된 경위와 출처를 조사하라고 명령을 내린다. 아르님 보이첸베르크는 무슨 순교자 같은 것을 만들어 낼 생각도 없었고 또 이 극단적인 내용의 초안이 정말로 이혼 관련 입법의 내용을 정확히 담은 것이라는 인상을 주고 싶지도 않았다. 그리하여 모종의 타협이 이루어졌다. 신문사에서는 그 표면상의 편집장인 루텐베르크를 자리에서 물러나게 하고 현행법과 양립할 수 있는 편집 방침을 내건다는 것이었다.

이에 대한 신문사의 사고社告는 소유주인 레나르트Renard의 이름으로 나갔지만 초안을 작성한 것은 카를이었다. 이 문서는 아주 솜씨 좋게 쓰였고 또 명민하게 틀을 잡은 문서로, 기존 법률과 왕과 장관들의 여러 포고령을 능숙하게 활용하고 있다.[97] 그는 『라인 신문』이 프로이센이 독일을 이끄는 것을 지지하며, **관세동맹**의 확장을 요구하며, 프랑스 자유주의가 아닌 독일 자유주의를 옹호하며, 프랑스와 남부 독일의 '경박성'에 맞서 북부 독일의 '과학 및 학문'* 을 장려한다고 주장했다. 이 신문은 또 앞으로는 종교 문제들은 다루지 않을 것이고, 그 논조를 온건하게 할 것이며, 루텐베르크의 해고를 받아들이겠다고 말하고 있다.

하지만 신문사의 입장은 계속해서 위태로운 상태였고, 그해 끝 무렵에는 더욱 악화된다. 이미 청년 헤겔파에 동정적인 출간물들은 금지되어 루게의 『독일 연보』, 부울Buhl이 베를린에서 내던 잡지, 또 색소니의 『라이프치히 일반 신문Leipziger Allgemeine Zeitung』 등이 모두 폐간되었다. 마침내 1843년 1월 23일 정부는 『라인 신문』 또한 4월 1일부로 폐간할 것을 명령한다.

이러한 폐간 조치는 지방의 관료 공직자들 사이에서는 인기가 없었다. 이러한 조치 때문에 프로이센 국가와 지역의 주민들 사이에 긴장만 고조될 것이기 때문이었다. 그리하여 남은 몇 개월 동안의 검열 작업을 감독하기 위해 베를린의 공무원인 빌헬름 폰 세인트-폴Wilhelm von Saint-Paul이 파견되었다. 원래 『라인 신문』은 이 지역의 하층 중간계급(기능공, 소상인, 가게 주인, 농민)들에게 큰 영향을 미치지 못했었다. 그런데 10월과 11월을 거치면서 발행 부수가 885부에서 1880부로 크게 늘어나게 된다. 게다가 이 신문의 강제 폐간 조치가 임박했다는 사실이 알려지면서 자의적 권력의 전횡에 희생자가 되었다는 동정심의 물결이 몰아치게 되면서 1843년 1월에는 구독자 수가 3400명에 이르게 된다. 이와 동시에 융과 오펜하임은 라인란트의 주요 도시들 전반에 걸쳐 강제 폐간 조치를 거두어 달라는 효과적인 탄원 캠페인을 벌이기도 했다.

신문이 갈수록 성공을 거두게 된 것은 새 편집장의 좀 더 일관된 전략의 결과이기도 했다. 카를은 10월 15일 편집진에 결합했고, 그 편집 방침을 결정하는 배후의 주요 세력으로 금방 알려지게 된다. 원래 루텐베르크를 편집자로 데려왔던 것도 그의 베를린 친구였던 카를이었다. 7월에 카를이 루게에게 보낸 편지에 보면, 카를 또한 인정하고 있듯이 루텐베르크는 '완전히 무능'하여 '내 양심에 큰 짐이 되고 있기에' 조만간 '그만두고 나가라고' 해야 할 것 같다고 말하고

✣ '과학'에 해당하는 독일어Wissenschaft는 사실상 자연과학과 동의어가 되어 있는 science와 달리 '체계적인 지식의 추구'라는 의미를 띠고 있다. 따라서 이 책의 번역에서는 문맥에 따라 과학/학문을 병용하기로 한다.

있다.[98]

그런데 루텐베르크의 나약함과 형편없는 판단력 때문에 베를린의 친구 패거리들(마이엔, 쾨펜, 부울 등등)은 이 신문을 자기들의 '만만한 기관지'로 여기고서 자기들의 기고문에다가 맥락도 없이 가장 최악의 방법으로 반기독교 논쟁을 도발하는 이야기들을 신나게 집어넣었다. 카를이 11월 30일 루게에게 고백하고 있듯이, "저는 검열관으로서 이들이 보낸 기사들을 최대한 걸러내 내다 버리려고 했습니다." 왜냐하면 "마이엔 일당은 아무 사상도 없으면서 세계를 혁명으로 뒤집어엎자는 소리나 잔뜩 채운 낙서 쪽지만도 못한 글들을 산더미처럼 보내왔기 때문입니다. 글의 문체는 난잡하기 짝이 없으며 여기에 그저 약간의 무신론과 공산주의로 양념을 친 것뿐입니다."[99] 그런데 참으로 다행스럽게도 정부에서 루텐베르크가 '『라인 신문』과 그 자신을 빼면 누구에게도 위험하지 않다'는 사실을 깨닫지 못하고 있었기에 그의 해임을 요구하였으니, 울고 싶은 사람 뺨을 때려 주는 격이라는 것이었다.

신문 편집자가 되자 카를이 가진 최고의 성질들과 능력들이 터져 나왔다. 그의 전제는 '『라인 신문』이 그 기고자들에 의해 끌려다니는 것이 아니라 그 반대로 신문이 그 기고자들을 끌고 가야 한다'는 것이었다.[100] 둘째, 라인란트에서 나고 자란 카를이기에 이 신문의 구독자가 될 만한 사람들이 어떤 이들인지를 좀 더 분명히 알고 있었다. 그는 가톨릭 교인들이 압도적인 이 지역에서 반기독교 논쟁을 섣불리 휘둘러 댔다가는 제 살 깎아 먹기가 될 뿐이며, 이 지역의 정서는 가톨릭이든 프로테스탄트이든 대부분 분파적인 것과는 거리가 멀었다. 한편 프로이센 정부의 간섭에 맞서서 이 지역의 여러 자유를 옹호하는 것이 더 폭넓은 지지를 얻을 가능성이 높았다. '목재 절도'를 다룬 기사에서 카를의 결론은 '권리와 합법성의 감각이야말로 라인란트 주민들의 **가장 중요한 지역적 특성**'이라는 것이었다.[101] 따라서 어떤 정치적 입장이든 지역 사정의 맥락을 염두에 두고 구체적으로 주장을 펴야 한다는 것이었다. 에드가 바우어가 '진정성 없는 자유주의' 혹은 '중용 및 타협juste milieu'을 공격했던 글에 대해(그 입장 자체는 카를 자신도 원칙적으로는 동의하는 것이었다) 카를은 이렇게 주장한다. "국가 정치 시스템에 대해 아주 일반적 이론적인 논지를 펴는 것은 순수한 학술 기관지에서나 할 일이지 신문에는 적합하지 않습니다." 그리고 이렇게 덧붙였다. "이런 문제들이 신문이 다루기에 적절한 영역이 되는 것은 오로지 그것들이 현실 상태에서의 실제 문제들이 되기 시작할 때뿐입니다." 국가를 비판하는 추상적 일반적 주장은 괜히 검열의 강화만 가져올 뿐만 아니라 "헌정의 틀 내에서 한 걸음씩 자유를 얻어 내는 고된 작업에 골몰하고 있는, 자유사상을 가졌지만 현실주의적인 사람들의 다수 아니 대다수의 분노만을 일으킬 뿐입니다."[102)]

카를은 1842년 7월 베를린에서 보내온 기고문들이 밀어닥쳤을 때 처음으로 그의 짜증을 표출했다. 그는 루게에게 편지를 보내 그의 베를린 친구들의 새롭게 결성한 '자유로운Free'이라는 집단에 대해 세세하게 문의하고 있다. 해방을 명료하게 주장하는 것은 정직한 일이겠으나, 이를 선전으로 만들어 악을 쓰고 다니는 것은 '속물들'의 짜증을 자극할 뿐만 아니라 검열만 더 가져온다는 것이었다. 가톨릭 『쾰른 신문』의 주필이자 '속물근성의 대변자'인 헤르메스 박사는 "틀림없이 이 '자유로운'이라는 집단에 안장을 얹으려 들 것입니다." 그는 바우어가 베를린에 있다는 소식에 안심한다. 바우어가 그들이 '그 어떤 어리석은 짓도 벌이지 못하도록' 막을 것이라는 기대였다.[103)]

하지만 브루노 바우어는 제동을 가하는 영향력을 행사하지 않았던 것으로 보이며, 11월 말이 되자 이 문제가 전면에 나타나게 된다. 급진파이자 예전에 추방당했던 시인인 게오르크 헤르베크Georg Herwegh가 베를린을 방문했을 때 이 '자유로운'이라는 집단이 그를 급진파인 척한다고 조롱했던 것이다. 특히 헤르베크가 비판받았던 지점은 그가 왕을 만났던 것과 기회주의적인 결혼을 행했던 점이었다. 헤르베크는 자신이 이런 대접을 받는 것에 분개하여 『라인 신문』에 불평의 글을 실었다. 이 '자유로운'이라는 집단은 '프랑스 클럽들의 짝퉁'에 불과하며,

이 집단의 '혁명적 낭만주의'가 '우리의 운동과 우리의 진영'을 위태롭게 만들고 있다는 논지였다.[104] 카를은 헤르베크의 입장을 공유했고, 베를린 집단의 지도자들 중 하나인 에두아르트 마이엔이 '상퀼로트식 과격 공화주의자와 같은' 그리고 '방종한' 견해를 가지고 있다고 비판했다.[105]✤ 루게 또한 베를린을 방문하여 브루노 바우어에게 '자유로운'이라는 집단과 단절하고 '객관적 학자' 이외의 그 어떤 입장도 받아들이지 말라고 호소했다.[106] 그러자 바우어는 마이엔, 부울, 쾨펜, 슈티르너 등을 버릴 수 없다고 주장했다. 며칠 후 그는 카를에게도 편지를 보내 헤르베크의 주장이 사실관계에 있어서 정확하지 않은 것들이 있고 상황을 그릇되게 그려 내고 있다고 불평했으며, 카를이 헤르베크의 입장을 받아들인 것을 공격하고 있다. 하지만 편지는 좀 더 유화적인 어조로 끝나고 있다. "자네에게 좀 더 유쾌하고 더 가까운 일들로 편지를 쓸 수 있으면 좋으련만."[107]

1842년은 바우어에게는 환멸의 시간이었다. 그 전해에는 급진파 청년 헤겔주의자들 사이에서 그의 명성이 절정에 달해 있었다. 『공관복음서 비판』의 처음 두 권은 성경 비판을 슈트라우스의 그것의 저편으로 더욱 밀고 나갔다. 게다가 슈트라우스가 『예수의 일생』의 함의점들을 제한하고 한정하려 시도했던 데에 대해 바우어는 즉각 여러 비판을 내놓았거니와, 이는 『독일 연보』에서 아르놀트 루게의 강력한 지지를 받기도 했다. 비록 이 때문에 슈트라우스가 집단에서 탈퇴했고 『독일 연보』의 온건한 구독자들도 빠져나가 버리기는 했지만,[108] 루게는 1841년 7월의 『독일 연보』 서문에서 또한 자기의식의 운동이 역사의 운동 자체와 동일하다는 바우어의 주장을 지지하기도 했다. 이것 때문에 바우어는 간혹 스스로를 기독교 세계를 박살 내기 위해 태어난 새로운 소크라테스라고 상상하기도 했다. 루게는 또한 '비판'이 그저 '실정적'일 뿐인 모든 현상들을 해체해 버릴 힘이 있다는 바우어의 확신에 대해서도 이를 이론에서 실천으로의 이행으

✤ 좀 더 정확히 말하면 '방종한, 상퀼로트식의 의미로 자유를 이해하고 있다'는 비판이었다.

로 보아 지지하기도 했다.

바우어는 마침내 대학에서 최종적으로 해고될 때까지도 이러한 확신을 유지하고 있었다. 1842년 3월 그는 새로운 시대가 시작되었다고 선언했고, 이에 대해 카를 또한 긍정적인 태도로 "이제 철학은 저 지나친 자신감에 가득 찬 악당들이 지배하는 국가의 지혜라는 것에 맞서 이성적인 이야기를 하고 있다"고 덧붙이고 있다.[109] 하지만 여름이 지나면서 카를은 『라인 신문』에 깊숙이 관여하게 되었고, 베를린에서의 벗들과의 거리도 점점 벌어지게 된다. 베를린의 친구들은 바우어가 돌아오자 그를 중심으로 뭉쳐 바우어의 주장을 널리 알리기 위해 모든 매체를 수단으로 활용한다. 거기에서 그들이 주목했던 것이 바로 바우어의 처남인 루텐베르크가 편집장으로 있는 『라인 신문』이었던 것이다.

바우어는 우주적 규모의 위기가 나타날 것이라고 예상했고, 프리드리히 엥겔스와 (브루노의 동생인) 에드가 바우어가 쓴 풍자 서사시에 보이는 것처럼 베를린 청년 헤겔파들은 그러한 위기를 코믹하게 묘사하기도 했었다.[110] 하지만 그러한 위기는 나타나지 않았다. 더욱이 브란덴부르크-프로이센의 일반 주민들은 청년 헤겔파의 종교 비판 따위에는 전혀 아무런 영향도 받고 있지 않았으며, 라인란트 지역의 가톨릭 교인들에게는 오히려 성질이나 돋우게 될 가능성이 높았다.

1842년이 경과하면서 나타난 카를과 브루노 바우어의 차이점들은 대부분 전술적, 상황적 차원의 것들이었다. 철학이 좁고 폐쇄적인 급진파 학계의 서클이나 베를린의 보헤미안들을 넘어서서 온 국민들을 상대로 삼으려면 어떤 방법을 취해야 할까? 이것이 그들의 질문이었다. 하지만 그해가 지나면서 바우어의 무신론적 도전은 아무 소용이 없다는 것이 점점 분명해졌고 카를, 루게, 여타 청년 헤겔파는 종교 문제에 대한 입장에 있어서 근본적인 변화를 겪게 된다. 카를은 1842년 11월 말 루게에게 보낸 편지에서 베를린의 에두아르트 마이엔이 내놓은 불평에 대한 응답으로 이렇게 말한다. "저는 종교의 틀 내에서 정치 상황을 비판하는 것이 아니라 정치 상황에 대한 비판이라는 틀 속에서 종교 비판이 이루어져야 한다고 부탁했습니다. 왜냐하면 이것이 신문의 성격과도 더 일치하며 또 글을 읽는 대중들의 교육 수준과도 더 일치하기 때문입니다." 하지만 이는 이제 더욱 근본적인 입장 변화의 신호가 되고 있었다. "왜냐하면 종교란 내용이 없는 것이니까요. 종교는 그 존재를 천상이 아닌 지상에 빚지고 있습니다. 따라서 종교란 이 왜곡된 현실의 **이론**일 뿐이므로 그 왜곡된 현실을 폐지해 버린다면 저절로 무너지게 되어 있습니다."[111)]

마지막 몇 개월 동안 『라인 신문』은 이제 더는 잃을 것도 없는 상태이니 갈수록 더 대담해졌다. 신문의 강제 폐간이 임박하자 사람들의 분노가 일어났다. 그러자 내무부 장관 아르님은 아예 반기독교적인 글들 일부를 검열 없이 그대로 게재하도록 허락하여 라인란트 지역의 독자층을 질리게 만들어 적대적으로 돌아서게 유도하는 방책까지 검토하고 있었다. 한편 프로이센 공무원 빌헬름 폰 세인트-폴은 이 신문의 교조적 중심이자 이론적 영감의 원천은 카를이라고 베를린에 보고했고, 또한 카를이 떠날 경우엔 신문이 좀 더 온건한 형태로 계속될 수 있지 않을까 하는 추측을 내놓기도 했다. 하지만 정부의 입장은 단호했다. 그 적지 않은 원인은 러시아 차르인 니콜라스 1세와 그 처남이 되는 프로이센의 프리드리히 빌헬름 4세가 『라인 신문』에 두 나라의 동맹을 비난하는 논쟁적인 글이 게재된 것을 보고 노발대발하여 압력을 가했던 데 있다.[112)]

1843년 3월 2일, 세인트-폴은 현재 상태에서는 카를이 『라인 신문』과의 관계를 끊고 프로이센을 떠나기로 결정했다고 보고했다. 그리고 3월 16일 카를은 분명하게 사임했다. 세인트-폴은 이 신문의 추상적 이상주의가 사람들의 현실적 요구에 끼친 영향이 거의 없다는 것을 볼 때 정부 스스로가 이 신문의 위험성을 과대평가했다고 생각하게 되었다. 게다가 카를의 '극단적인 민주주의ultra-democratic' 견해들로 볼 때 그가 떠나고 나면 상당히 온건한 신문이 들어서지 않을까 하는 견해를 내놓았다. 이 신문에 관여하는 다른 이들도 본능적으로는 급진파이지만 그것을 '루게-마르크스-바우어' 교조와 연결시키는 데까지는 그다지 재주가 없는 이들이라는 것이었다. 하지만 아무 소용도 없었다. 가톨릭의 위협(애초에 『라인 신문』의 창간을 장려했던 이유가 이것이었다)은 세인트-폴이 『쾰른 신문』의 주필인 헤르메스 박사와 좋은 관계를 확립하여 장차 베를린 정부를 좀 더 우호적으로 다루어 줄 것을 확약받으면서 크게 완화되었다.[113]

카를은 루게에게 편지를 보내 『라인 신문』의 폐간과 또 1843년 1월 말에 자신이 사임했음을 알렸다. "가령 자유를 위해서라고 해도 시시한 임무들을 수행해야 하는 것은 참으로 싫은 일입니다. 곤봉을 휘둘러도 시원치 않을 판에 작은 바늘로 싸우고 있는 느낌입니다. 나는 이제 위선도, 어리석음도, 지독한 자의성도 지긋지긋하고요. 끊임없이 절을 해야 하고, 근근히 꾸려 나가야 하고, 검열에 걸릴까 봐 요리조리 피하면서 단어 하나 가지고 벌벌 떨어야 하는 것도 진력이 났습니다. 그 결과 정부는 이제 내게 나의 자유를 돌려주었습니다." 그리고 이렇게 덧붙였다. "독일에서는 더 이상 내가 할 일이 아무것도 없습니다."[114]

5 장

사유하는 자와 고통받는 자의 동맹:
파리, 1844

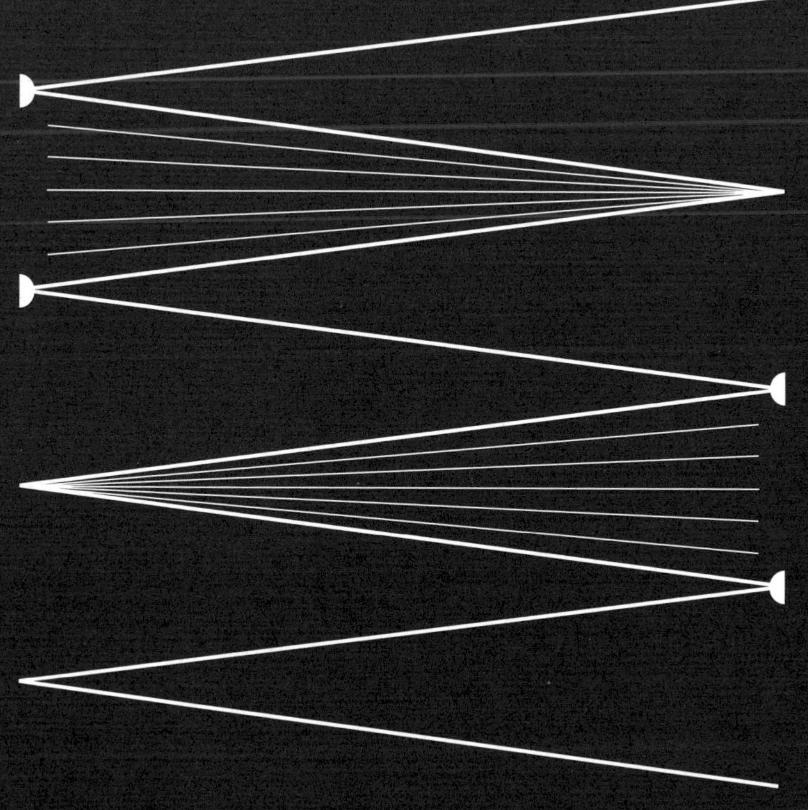

1. 프롤로그

1848년 혁명이 남긴 여러 결과 중에서도 가장 오래도록 그 영향이 미친 것 중 하나는 자유주의자, 공화주의자, 사회주의자 들 사이에 더욱 명확한 분리의 선을 그어 놓았다는 것이다. 그런데 프로이센에서는 이러한 분화가 이미 그보다 4년 일찍인 1843~1844년 기간에 이루어졌다. 그때까지는 『라인 신문』의 주주인 자유주의자들에서 모제스 헤스와 같은 사회주의자를 거쳐 아르놀트 루게와 같은 공화주의적 민족주의자까지 모두 '**운동 진영**'이라는 한 덩어리로 여기는 게 가능했다. 사람들은 여전히 칸트와 헤겔의 이상주의와 관념론을 급진화시켜 이에 근거한 의식 개혁을 중심으로 희망을 품고 있었고, 그 무기로 선택된 언론의 자유에 공세의 힘을 집중하고 있었다. 사람들의 여러 열망을 담아내는 틀은 행복이나 안녕과 같은 언어가 아니라 자기 결정과 자유 등의 언어였다. 그리고 그 목적은 '국가의 법률을 준수하는 시민 개인이 오로지 자기 스스로의 이성과 인류의 이성이라는 자연법만을 준수하는' 국가를 실현하는 것이었다.

변화의 희망이 아직 지배적일 동안은 사람들이 주로 주의를 기울였던 것이 정부와 내각 내부의 정치적 입장 차이, 막후에서 벌어지는 여러 파당 사이의 쟁투, 개혁 의제가 다시 전면에 등장할 가능성 등이었다. 국민적 동원이 벌어졌던 1813~1814년 '개혁 시대'의 기억이 아직 남아 있었던 데다 그 시절에 영향력을 발휘했던 어제의 용사들이 1840년대가 시작될 때까지도 무대에 남아 있었으므로 진보 세력 내부에서의 분리의 선 또한 그다지 뚜렷하게 그어지지 않았다. 하지만 새로 들어선 정부의 비타협적인 고압적 태도에 직면한 데다 저항 언론이 제거당하고 효과적인 저항도 없는 상태가 되자 여러 집단은 곧 각자의 입장을 뚜렷이 내세우게 된다. 온건한 개혁가들은 침묵하게 되고, 급진파들은 망명의 길로 내몰리게 된다.

'운동 진영'의 폭넓은 동맹이 흔들리게 되고 청년 헤겔주의 운동 내부의 단결이 깨어지게 된 것도 이러한 상황 속에서 벌어진 일이었다. 1844년 중반 카를은 브루노 바우어와 아르놀트 루게 모두와 서먹서먹하게 된다. 그는 '공산주의자'가 되었으며, '사회혁명'의 옹호자가 되었던 것이다.[1] 자유주의자들과 급진파들의 동맹이 깨어지기 쉬운 것이라는 점은 이미 1830년대부터 분명했고, 프랑스에서 수립된 루이 필리프의 의회 군주제에 대한 태도 차이에서 뚜렷이 드러난 바 있었다. 1830년 7월 혁명으로 권력을 잡게 된 루이 필리프 체제는 독일 자유주의자들이 갈망했을 만한 정부였다. 하지만 이 정부는 얼마 되지도 않아 1831년에 바로 억압적 정책 프로그램을 출범시킨다. 그리하여 파리의 공화주의자들이나 리옹 및 여타 지방 중심지들의 노동자들이나 똑같이 억압에 처하게 된다. 그리하여 루이 필리프 정부의 타협적인juste milieu 자유주의는 오른쪽으로부터는 쫓겨난 부르봉 왕당파들인 법통주의자들Legitimists의 공격을 받았고, 왼쪽으로부터는 급진파, 공화주의자, 사회주의자 등 폭넓은 세력들의 공격을 받게 되었다.

그런데 이보다 좀 더 이해하기 어려운 지점은 청년 헤겔주의자 집단 내에서 공화주의자들과 '공산주의자들'이 어째서 갈라졌는가 하는 점이다. 공화주의자들 중에서도 사회라는 차원의 중요성을 충분히 의식하고 있는 이들이 있었건만, 어째서 카를은 이들과 단절하게 된 것일까? 1843~1844년 겨울에 카를이 '공산주의'로 기울었던 것은 뜬금없는 일처럼 보일 수도 있지만, 이를 설명해 주는 세 가지 요소가 있다.

첫째 요소는 아주 자명하다. 자기의식의 정치라는 것이 국가정책에 어떤 변화도 가져오지 못했다는 점이다. 『라인 신문』이 폐간되고 루게의 『독일 연보』도 폐간되었지만 프로이센 사회 어느 구석에서도 이에 대한 강한 반응이 나오지 않았고, 이에 '비판'이라는 전략에 대해서도 환멸이 생겨나게 된 것이다. 두 번째의 결정적인 요소는 헤겔을 넘어선 대안적·철학적인 경로가 출현했다는 것이다. 이를 개괄적으로 제시한 이는 포이어바흐였다. 계몽주의 그리고 자기의식 발전의 정치라는 것은 종교적 비판과 법적 비판의 과정에서는 이상적으로 들어맞았지만, 1840년대의 정치 생활을 지배하게 될 여러 문제, 게다가 세 번째 요소인 '프롤레타리아트'와 '사회문제'라는 새로운 조건과 관련해서는 특별한 관점을 내놓을 수 없었던 것이다. 하지만 포이어바흐가 개진했던 입장은 달랐다. 이 세 요소들은 모두 긴밀하게 연결되어 있었다. '비판'이라는 관점에서 보자면, 주요한 계급적 특징이라고는 물질적 빈곤과 교육의 결핍 정도인 프롤레타리아트에게 특별한 중요성을 부여하기는 어려웠다. 하지만 포이어바흐가 내놓은 전제들로부터 카를이 추론해 낸 '인간적' 혹은 '사회적' 혁명이라는 관점에서 보자면 바로 그 계급이야말로 중심적 역할을 부여받도록 되어 있었다.

2. 크로이츠나흐

카를은 마침내 1843년 3월 16일 『라인 신문』을 사직했다. 그는 이미 독일을 떠나기로 작정한 상태였고, 1월 이후에는 다른 나라에서 일자리를 구하기 시작했다. 처음에는 스위스에 있는 헤르베크에게 연락했고 그다음에는 루게에게 연락하여 색소니, 벨기에, 프랑스 등을 알아보았다.[2] 그는 또한 반드시 결혼을 마무리 짓겠다고 굳게 결심했다. 그가 1월 25일 루게에게 쓴 편지에서 그는 자기 약혼녀를 남겨 두고는 절대로 떠나지 않겠다고 밝히고 있다. 결혼식 준비가 결국 다 마무리되자 그는 3월 13일 다시 루게에게 편지를 보내 자신이 크로이츠나흐Kreuznach를 방문하여 결혼 문제를 마무리 지었으며, “장모님 집에서 한두 달 정도 머물면서 우리가 함께 일하게 되면 필요하게 될 글들을 몇 개 미리 써 두려고 합니다”라고 말하고 있다.

결혼 덕분에 길고도 험난했던 약혼 기간이 끝나게 되었다. 하인리히가 죽고 난 뒤 분위기가 이미 험악해진 적이 있었지만, 예니의 아버지인 루트비히가 죽고 난 뒤에는 더욱 나빠졌다. 카를이 루게에게 설명한 것을 보자.

> 우리의 약혼 기간은 무려 7년에 이르렀고, 내 약혼녀는 나를 위해 지독한 싸움들을 치러야 했기에 거의 건강을 해칠 지경이었습니다. 그 싸움의 일부는 그녀의 경건주의자 귀족인 친척들었습니다. 이들은 ‘하늘에 계신 우리 주님Lord’이나 ‘베를린의 군주lord’나 똑같이 종교적 숭배의 대상으로 삼는 자들이었습니다. 또 다른 일부는 내 가족이었으니, 여기에도 일부 성직자들과 여타 나의 적들이 또아리를 틀고 앉아 있지요. 그래서 내 약혼녀와 나는 몇 년 동안이나 우리보다 나이가 세 배는 많은 이들이 끊임없이 자기들의 ‘인생 경험’(이게 우리의 중용 넘치는 어르신네들이 가장 좋아하는 표현입니다)을 늘어놓는, 불필요하고 사람 진을 완전히 빼놓는 갈등에 휘말려야 했습니다.

그는 루게에게 말한다. 이 모든 것에도 “저는 쓸데없는 낭만주의는 완전히 빼고 분명히 말해 둡니다. 저는 사랑에 빠져 미칠 지경입니다. 정말로 가장 진지한 방식으로 말입니다.”[3]

결혼식은 6월 19일 팔츠의 크로이츠나흐에서 이루어졌다. 이는 트리어에서 80마일 떨어진 곳으로, 리슬링Riesling과 실바너Silvaner 포도로 인해 포도주 생산의 중심지로 유명한 곳이었다. 루트비히가 죽은 뒤 함께 살던 루트비히의 이모도 세상을 떠났다. 그다음 예니는 어머니 카롤리네와 함께 임시로 크로이츠나흐로 이주했다. 아마도 경제적 필요 때문이었을 가능성이 높다. 카를은 이미 그곳의 그녀들 거처를 방문한 적이 있었다. 예니의 친구인 베티 루카스Betty Lucas에 따르면, 유명한 낭만주의 작가이자 사회 비평가인 베티나 폰 아르님Bettina von Arnim이 1842년 크로이츠나흐를 방문했고, 카를에게 유명한 성이자 지역의 아름다운 명소인 라인그라펜슈타인Rheingrafenstein으로의 산책에 동행해 달라고 강하게 요청했다. 이곳은 예니의 집에서 걸어서 한 시간 넘게 떨어져 있는 곳이었다. 카를은 베티나를 따라가면서 눈에 띄도록 '비애에 찬 눈으로 자신의 신부를 바라보았다.'[4)]

결혼식은 크로이츠나흐의 세인트 폴St Paul 교회에서 거행되었고, 결혼식을 집행한 이는 자코뱅 정권이 지배하던 시절에 설교사로 임명된 이였다. 결혼식에 참여한 증인들 중에는 카를의 동창이자 지역에서 여관을 경영하던 친구도 있었다. 앙리에트는 결혼식에 오지 않았지만, 서면으로 된 동의서를 보냈다. 예니의 이야기에 의하면, 결혼식이 끝난 뒤 "우리는 크로이츠나흐에서 에버른부르크Ebernburg를 거쳐 라인-팔츠Rhein-Pfalz로 갔으며, 돌아올 때에는 바덴바덴을 거쳐서 왔다. 그다음에는 9월 말까지 크로이츠나흐에서 머물렀다. 우리 어머니는 동생 에드가를 데리고 트리어로 되돌아갔다."[5)] 카를은 예니와 함께 10월 말 파리로 떠났다.

카를은 본래 취리히에 있는 헤르베크와 함께 『독일 전령Deutscher Bote』(이하 『전령』)의 공동 편집자가 되기를 바랐고, 2월 19일에 헤르베크가 쓴 편지에도 그러한 공동 작업의 가능성이 언급되고 있다. 하지만 당국에서 『전령』을 폐간시키고 헤르베크를 취리히에서 쫓아내면서 이 계획은 끝이 나 버렸다. 아르놀트 루게 또한 이 『전령』 계획에 동의했지만, 그의 으뜸가는 목적은 『독일 연보』를 본질적으로 확실하게 재탄생시키는 것이었다. 따라서 그다음으로 그는 카를에게 550~600탈러의 고정 수입과 다른 기고문 하나마다 250탈러씩을 더 주기로 하고 공동 편집자 자리를 제안했다. 이 새 잡지가 추구하는 것은 '언론의 자유를 기초로 하여 급진적 철학'을 확립하고 또 '스스로의 형태를 갖추기 시작한 일반 의식의 문제 혹은 정치적 위기의 문제를 또렷이 제기할 것'이라는 것이었다. 그 즉각적인 목표는 '우리 스스로를 준비하여 훗날 속물들과의 전투가 벌어질 때 단단히 무장하고 뛰어들어 단 한 방에 그놈들을 보낼 수 있도록 하는 것'이라는 것이었다.[6]

카를의 정치적 입장은 1830년대 말 이후로 루게의 입장을 밀접하게 따르고 있었다. 1842년과 1843년, 이들에게 직면한 사건들은 '자유로운'이라는 집단의 '경박한' 비난에 대응하는 것이었으므로 둘의 관계는 아주 가까웠다. '루게 아빠Papa Ruge'(이는 예니가 루게를 부른 이름이었다)는 명성이 확고한 저술가였으며 경제적인 독립성을 가질 만한 재산도 있는 이로, 이러한 공동 작업 관계에서 선임자 쪽이었음이 분명하다. 프로이센 당국의 압력으로 『라인 신문』이 폐간되고 1843년 1월 『독일 연보』도 폐간되면서 독일 내의 청년 헤겔파는 실질적으로 침묵을 강요당하고 있었다. 청년 헤겔파가 비판을 통해 노렸던 바는 이성의 여러 요구와 정부의 행태가 얼마나 격차가 큰지를 부각하는 것이었지만, 프리드리히 빌헬름 4세의 프로이센에 어떤 의미 있는 전진도 이루어 내지 못하면서 이들은 또한 헤겔의 정치철학 자체에 대해서도 공개적으로 비판하는 쪽으로 나아갔다.

카를은 크로이츠나흐에서 여름을 보내는 동안 헤겔의 『법철학』에 대한 비판의 글을 완성하려고 했다. 이는 그가 이미 1842년 봄부터 『독일 연보』에 게재하겠다고 약속했던 글이었다. 처음에는 단지 입헌군주제에 대한 비판으로 착상되었지만, 그가 다시 이 주제로 돌아왔던 시점에서는 그의 헤겔 철학 비판 자체가 루트비히 포이어바흐의 철학적 접근법을 광범위하게 적용하면서 근본적으로 달라져 있었다. 포이어바흐는 헤겔을 읽는 다른 방식을 제시했고, 이는 「철학 개혁을 위한 예비적 테제들Preliminary Theses on the Reform of Philosophy」이라는 제목의 에세이에 개진되어 루게가 1843년 봄 취리히에서 출간했던 『일화들』에 게재되었다. 그리고 이러한 논지는 그해 말에 출간된 『미래의 철학의 원리들Principles of the Philsophy of the Future』에서 더욱 발전되고 있다.7)

포이어바흐는 이미 1840년에 출간된 『기독교의 본질The Essence of Christianity』의 저자로 유명해졌고, 이 책은 1854년 조지 엘리엇George Elliot이 영어로 번역한다.8) 그의 주장은, 종교란 인간 감정의 소외된 형태라는 것이었다. 인간은 동물들과 달리 자신들의 여러 감정을 사유의 대상으로 전환시킬 수 있다. 그런데 그다음에는 이 감정들이 개별 인간의 존재가 갖는 여러 한계에서 자유롭게 된 외적인 존재에 다시 체현되며, 인간은 이러한 방식으로 자신이 인류라는 하나의 생물 종species으로서 갖는 스스로의 본질을 모종의 허구적 존재인 유일신God에다 투사하게 된다는 것이다. 그 결과 주체와 객체의(혹은 술어predicate의) 관계가 역전되게 된다는 것이다. 그때 이후로 이제 인간이 유일신을 창조한 것이 아니라 유일신이 인간을 창조한 것처럼 보이게 된다는 것이다.

이와는 대조적으로 포이어바흐는 '자연 속의 인간man-in-nature'에서 출발한다. '인간'이란 단순히 사유하는 존재이기만 한 것이 아니다. 인간은 이성과 자유를 체현하고 있지만, 무엇보다 '감각을 가진 존재sensuous being'라는 것이다. 자연 속의 인간은 능동적이기도 하고 수동적이기도 하다. 사유가 '현실 존재'에 그 기원이 있는 것처럼, '고통이 사유에 선행한다.' 자연적 존재로서의 '인간'은 자기의 바깥에 존재하는 삶의 수단들을 필요로 하며, 무엇보다 같은 종 내의 인간들과의 가장 기초적인 관계인 사랑을 필요로 한다. "인간의 으뜸가는 첫 번째 대상은 인간이다"라고 포이어바흐는 쓰고 있다. 인간은 필요 욕구의 동물이므로 다른 이들에게 의존한다는 것이다. 이러한 의미에서 인간은 '공동체적 존재'이다. 인간의 본질과 출발점은 '자아'가 아니라 '나와 그대의 통일'이라는 것이다. 인간은 다른 인간들이라는 행위자를 통해 자신의 인간성에 대한 의식에 도달하며 자신의 '유적 존재Gattungswesen'✤에 도달한다는 것이다.

포이어바흐처럼 인간이 갖는 자연적 속성들로부터 모종의 '유적 존재'를 구성하게 되면 시민사회의 의미에서도 헤겔에서 발견되는 그것과는 상당히 다른 전망이 나오게 된다. 헤겔은 『법철학』에서 필요 욕구✤✤와 인간의 상호 의존에 근본적인 역할을 부여한 적이 있었다. 그가 '필요 욕구의 시스템'이라고 불렀던 것은 정치경제학자들이 발견한 적이 있는, 근대 상업 사회를 떠받치는 여러 형태의 교환과 상호 의존을 묘사하는 말이었다. 하지만 헤겔은, 시민사회가 진정한 인간 자유의 영역이 될 수는 없으며, 그렇게 될 잠재적 가능성도 없다고 보았다. 이는 어디까지나 자유가 아닌 필연의 영역이며, 이기적인 개인의 필요 욕구와 자연적 인간의 여러 욕망으로 지배당하는 '외적인 상태'이기 때문이다. 인간의 진정한 존재인 정신은 오로지 '국가'에서만 현실화될 수 있다고 그는 보았다. 반면 포이어바흐에게는 인간은 오로지 하나의 자연적 존재, 즉 필요 욕구에 지배당하는 존재로서만 실존할 뿐이다. 그리고 이러한 기초 위에 선다면 상호 의존이 지배하는 시민사회라는 것을 인간의 공동체적 본성의 기초로서 생각하는 것도 가능하며 또 그 '유적 존재'와 일치하는 사회가 거기에서부터 점차 꽃피어나는 것도 그려 볼 수 있게 되었다.

그러한 사회의 출현은 기독교의 발전으로 가로막히게 된다. 기독교는 인

✤ 이 말의 원어는 Gattungswesen이다. 이 말은 전통적으로 영어의 species-being으로 번역되어 왔으나, 이는 혼동을 일으킬 수 있다. 독일어의 Gattung은 보다 어떤 개체나 집단을 포괄하는 더 넓은 범주, 즉 '유類 genus'를 뜻하며, 포이어바흐가 쓰는 이 말의 의미도 인간이 자기 개체를 넘어서서 인'류'라는 하나의 동물 집단의 전체적 본질에 눈을 뜬다는 의미이다. 반면 species는 어떤 큰 범주 아래에서 서로 차이를 가지고 있는 '종種'의 의미이다. 본문은 영어이므로 당연히 species-being으로 쓰여 있지만, 이러한 이유에서 전통적으로 우리말 번역으로 쓰고 있는 '유적 존재'라는 용어를 그대로 살려서 쓰고자 한다.

✤✤ 이 말 needs에 해당하는 독일어 단어는 Bedürfniss이다. 이 말은 헤겔에게서 특히 마르크스에게서 '어떤 존재의 실현에서 필수 불가결한 것'이라는 뜻을 담고 있어서 객관적인 의미의 '필요'라고도, 또 주관적 욕망의 의미인 '욕구'라고도 번역하기 애매한 면이 있다. 그래서 부득이하게 '필요 욕구'라는 말로 번역하기로 한다. 이에 대해서는 마이클 레보위츠, 홍기빈 역, 『자본론을 넘어서』(백의, 2000)의 역자 후기에서 설명해 놓은 바 있다.

류가 유적 존재로 갖는 공동체적 성격을 각각의 개인이 모종의 외적 존재와 맺는 특수한 결합 관계로 바꾸어 놓았다. 따라서 근대사회의 개인주의를 낳은 것은 바로 종교라는 것이다. 이제 개인들과 인류가 유적 존재로 갖는 보편성의 사이에 모종의 외적인 매개자가 끼어들게 되었다. '나와 그대'가 유적 존재로 가졌던 원초적인 통일성은 사라지고, 그 대신에 '그대'의 자리를 예수 그리스도가 찬탈해 갔다. 특히 프로테스탄트 기독교는 개인의 양심을 강조하며 모든 신자 한 사람 한 사람이 성직자임을 강조하므로 그나마 중세의 종교가 가지고 있었던 영성적 공동체마저 해체해 버렸고, 공동체 생활에서 빠져나와 자기중심적 삶으로 숨어 버리는 삶, 그리고 성스러움이 벗겨져 나간 물질적 세계의 삶으로 들어가도록 영감을 주었다는 것이다.

포이어바흐는 「철학의 개혁에 대한 예비적 명제들Preliminary Theses on the Reform of Philosophy」이라는 글에서 헤겔 철학에 대한 자신의 비판을 더욱 확장한다. '절대정신'이 역사 속에 육화된다는 헤겔의 주장은 모종의 인간 외적인 관점을 전제로 하고 있거니와, 이는 아무런 자연적 기초가 없다는 것이다. 이는 오로지 기독교 신학의 연장일 뿐이라는 것이다. 기독교가 애초에 인간을 인간 스스로의 여러 감정에서 소외시켜 버렸던 것처럼 헤겔 또한 인간을 인간 스스로의 자유에서 소외시켜 버렸던 것이며, 양쪽 모두에 공통적으로 '추상화'라는 방법이 사용되고 있다는 것이다. "추상화라는 것은 곧 자연의 **본질**을 **자연의 바깥**에 정립한다는 것을, 인류의 **본질**을 **인류의 바깥**에 정립한다는 것을, 사유의 **본질**을 **사유라는 활동의 바깥**에 정립한다는 것을 뜻한다. 헤겔 철학의 전 체계가 이러한 여러 추상화 활동에 근거하여 있는 한 그것은 인류를 **인류 스스로로부터** 소외시켜 버리는 것이다."[9]

포이어바흐가 강조하는바, 이러한 추상화로 생겨난 것들은 독자적인 실존을 전혀 가지고 있지 못하다. 이런 것들은 모조리 경험적 자연의 관점에서 재해석하여 자연과 역사의 언어로 새롭게 서술할 수 있는 것들이라는 것이다. 그러한 추상물들은 인간 스스로의 합리적 본성과 여러 능력이 표출된 한 형태에 불과하다. 그러한 추상물들이 인류의 존재 바깥에 무언가 객관적 실존을 가지고 있다는 인상을 사람들이 받게 되는 것은 인간이 자연으로부터 특히 스스로의 사회적 본성으로부터 소외된 결과로 생겨나는 현상이다. 이는 특히 고립된 상태의 '나' 혹은 '자아'로부터 출발하는 헤겔이나 피히테 같은 관념론 철학자들의 경우 절실하게 드러나는 문제라고 한다. '육체적 인간을 낳기 위해서도 그렇지만, 지적인 인간을 낳기 위해서도 두 사람의 인간이 필요하다.' 관념론의 결함은 감각적인 대상으로서 존재하는 '당신'이 주어져 있지도 않은 상태에서 오로지 '나'로부터 여러 관념들을 도출하려고 든다는 데 있다고 한다. 그 극단적인 경우가 헤겔의 『대논리학』에서 개념, 판단, 삼단논법과 같은 용어들이 '더는 우리 인간의 개념들이 아니라' 마치 스스로 자기 힘으로 존재하는 '객관적인' 절대적 용어들처럼 제시되고 있는 부분이라는 것이다. 이러한 방식으로 절대 이성의 철학은 '인간 스스로의 본질과 스스로의 활동'을 외화시키고, 결국 '인간을 그 자신의 본질과 자신의 활동으로부터' 낯선 것으로 소외✤시켜 버린다는 것이다.[10)]

루게 또한 포이어바흐와는 거의 독립적으로 헤겔의 국가 개념에 대한 스스로의 비판을 발전시킨다. 이미 1840년에 그는 헤겔의 사후에 출간된 『역사 철학』을 『법철학』보다 우월한 저작이라고 주장한 바 있다. 후자는 국가를 『대논리

✤ 영어 원본에는 externalize와 alienate가 사용되고 있는데, 그 독일어 원어는 원주에서도 지적되고 있듯이 entäussern과 entfremden이다. 이 두 단어가 모두 동일하게 영어로 alienate로 번역되기도 하는데, 이 때문에 우리말에서 둘 다 '소외'로 번역되어 마치 같은 것처럼 되어 버려 혼동을 낳는 문제가 있다. 전자인 '외화'란 피히테나 헤겔에게 진정한 주체인 정신이 스스로의 성질이나 측면을 외적인 것으로 만들어 내어 놓는다는 것을 뜻하며, 후자는 낯설고 서먹서먹한 것으로 되어 버린다는 것을 뜻한다. 동일성의 변증법을 통해 주체가 세계를 능동적으로 창조해 가는 과정을 묘사하는 두 측면으로 볼 수 있으나, 포이어바흐의 영향으로 마르크스는 그 창조의 주체로 추상적인 이념이나 정신을 놓지 않고 구체적으로 존재하는 인간들의 활동, 즉 노동을 놓게 된다. 그렇다면 이 노동이 '외화'해 놓은 창조물과 세계가 과연 헤겔의 경우처럼 필연적으로 '낯선' 성격을 극복할 수 있느냐 하는 문제가 나오게 되는데, 여기에서 자본과 노동의 분리라는 것 때문에 그 '낯선' 성격의 회복은 불가능한 것이 되어 버린다. 이러한 '노동의 소외'가 이후 잉여가치론 등 마르크스 정치경제학의 핵심 개념으로 전개되어 간다는 것은 주지의 사실이다. 이러한 의미에서 이 문맥에서 '외화'와 '소외'를 잘 구별하여 이해해 둘 필요가 있다.

학』에서 사용된 여러 범주들로 설명하고 있는 반면, 전자는 현실의 여러 국가를 합리적 역사적 발전의 산물들로 제시하고 있다는 것이다. 루게는 1842년 『독일 연보』에서 자신의 정치적 비판을 상세히 전개하기 위해 포이어바흐의 혜안에 의지하고 있다.[11] 헤겔의 『법철학』은 '공공 토론과 공공의 생활이 완전히 결여되어' 있었던 시대의 산물이며, 헤겔은 '정치적인 자유 없이 이론적으로 자유로울' 수가 있다는 환상을 소중히 했었다. 즉 실천이 요구하는 골치 아픈 '당위'라는 놈의 속박을 풀어 버리고 멀리 도망가 버렸던 게 당시의 헤겔 저작이었다는 것이다.[12]

하지만 슈트라우스의 저작이 나온 뒤로는 이는 불가능한 일이었다. 왜냐하면 '시대'가 '정치적'이 되어 버렸기 때문이라는 게 루게의 주장이었다. 『대논리학』이라는 저작은 현존태의 여러 질문들과는 대결하지 않으므로, 따라서 이 저작에서 시작하는 것은 문제가 있다고 한다. 헤겔에게 현존태가 중요성과 의미를 갖게 되는 것은 오로지 역사가 학문과 과학의 영역으로 들어갈 때뿐이라고 한다. 하지만 청년 헤겔주의자들에게는 '**역사적 과정**이란 이론을 정신의 여러 역사적 현존태들과 연결 짓는 것이며, 그러한 연결 짓기가 바로 **비판**'이었다는 것이다. 하지만 이와 대조적으로 헤겔의 『법철학』은 '현존태들 혹은 역사적 결정물들을 논리적 결정물들로' 끌어올렸다. 이렇게 역사적인 것들과 형이상학적인 것들을 전혀 명시적으로 구별하지 못한 결과 세습군주제와 양원제 시스템이 논리의 필연적 결과물들이 되어 버렸다는 것이다. 루게는 프로이센을 합리적 발전 및 프로테스탄트주의와 동일시하던 자신의 예전 태도를 버린다. 포이어바흐와 마찬가지로 그 또한 이제는 종교개혁을 종교와 공동체가 갈라서는 지점이자 모든 개개인들이 오로지 자기의 개인사에만 관심을 쏟게 되는 '외부화된 상태', 즉 '시민사회'라는 헤겔의 그림이 시작된 지점이라고 보게 된다.[13]

3. 루소의 재발견: 진정한 민주주의 대 근대 대의제 국가

루게의 헤겔 비판은 표준적인 공화주의의 범위를 넘는 것은 아니었다. 하지만 카를의 비판은 훨씬 더 엄혹했다. 카를은 애초부터 루게에게 포이어바흐가 자연에만 너무 많은 관심을 쏟고 정치에는 너무 관심이 적다고 불평한 적이 있었거니와, 그 자신이 나서서 포이어바흐의 비판의 절차를 훨씬 더 야심적인 규모로 확장하게 된다.[14] 1842년 카를이 표적으로 삼았던 것은 '기독교 국가'였지만, 이제는 '근대국가', 즉 '정치적 국가'가 되었다. 루게와 마찬가지로 카를 또한 추상화와 전도inversion에 대한 포이어바흐의 생각들을 적용한다. 하지만 그가 포이어바흐의 접근법에서 가장 열광했던 부분은 종교를 그저 좀 더 보편적인 추상화 과정의 한 예에 불과한 것으로 보았던 점이었다.[15] 모든 추상물들은 자연적 존재로서 인간 본성의 여러 측면으로 환원할 수 있다는 것이다. 이렇게 모든 추상물들을 그것들을 낳은 역사적·자연적 현상들로 다시 바꾸어 버린다면 포이어바흐가 주장했던 대로 '어떤 은폐도 없이 또 전혀 더럽혀지지 않은 순수한 진실'에 도달할 수 있다는 것이다.[16]

카를이 볼 때 이러한 포이어바흐의 혜안은 비단 종교에뿐만 아니라 정치에도 똑같이 적용될 수 있는 것이었다. 카를은 헤겔이 '특수한 개성'의 본질이란 '그것의 **사회적 성질**에 있다는 점, 그리고 국가의 여러 기능 등등 또한 인간들의 여러 사회적 성질의 존재 양식 및 행동 양식 이외의 어떤 것도 아니라는 점'을 망각하고 있다고 공격한다.[17] '종교가 인간을 창조한 것이 아니라 인간이 종교를 창조한 것과 마찬가지로, 헌법에 의해 인민이 창조된 것이 아니라 인민이 헌법을 창조한 것이다.' 만약 이 점이 은폐되어 있다면 그 이유는 '정치적' 국가가 하나의 총체성이 아니라 '이원성'으로 나뉘어 있어서 그 안의 개개인들 모두가 '자기의 내부에서 국가의 시민으로서의 자신과 시민사회의 성원인 시민으로서의 자신을 근본적으로 분열시키는 결과를 낳고 있기 때문임이 틀림없다'는 것이다.[18]

루게와 마찬가지로 카를 또한 포이어바흐의 생각들을 활용하여 헤겔이 자신의 『대논리학』을 적용하여 국가 이론을 제시하려는 것을 공격했다. 헤겔은 국가를 '이념Idea'이 낳은 피조물로 만들어 버렸다. 그는 말했다. "이념을 낳은 주체이자 주어를 거꾸로 그 이념이 만들어 낸 피조물이자 서술어로 뒤집어 버린 것이다." 헤겔이 밟아 나가는 절차는 이러하다. 먼저 경험적 사실을 사변적 관념으로 바꾼다. 그다음에는 사변적 관념을 경험적 사실로 바꾸어 버린다. 이러한 방식으로 '올바른 방법이 거꾸로 물구나무 서게 된다.' 가족과 시민사회에서 국가로의 이행은 국가나 시민사회의 본성에서 도출되는 것이 아니라, 『대논리학』에 나오는 본질의 영역에서 개념의 영역으로✤ 벌어지는 순수한 범주상의 이행인 것처럼 보이게 된다.[19] 나중에 카를은 『자본론』 후기에서 자신과 헤겔의 차이점을 설명하면서 헤겔이 국가라는 개념을 일련의 추상물들로부터 도출하려고 든다고 말하고 있거니와, 그러한 설명에 사용되는 모든 생각과 용어들은 바로 여기에 개진되고 있는 것들의 반복이다.[20]

이러한 추상화의 죄를 지은 범인은 헤겔의 국가 이론인가, 아니면 프랑스혁명 이후의 국가 자체인가? 카를은 헤겔이 국가를 하나의 추상물로 다루고 시민사회에서의 지위와 정치적 지위가 분리되는 것을 당연시한 것은 죄가 없다고 본다. '헤겔이 지은 죄는 현존하는 것의 근대국가의 성격을 있는 그대로 묘사한 것이 아니라, 현존하는 것을 마치 국가의 본성인 것처럼 제시한 것에 있다.' 근대국가의 독특한 점은 그 헌법이 '인민들의 실제 생활과 나란히 별개로 존재

✤ 본문의 주석 19에서 언급되고 있듯이, 헤겔은 칸트가 언급한 대로 인식 주체에 '선행하는' 인식의 범주들이 어떻게 나타나는지 혹은 어떤 상호 연관을 가지고 있는지(물론 이 둘은 서로 다른 개념이며, 이 중 어떤 것이 헤겔의 의도였는지는 논쟁거리이다)를 밝히기 위해 그 범주들을 '순수' 논리적 과정의 산물로 차례차례 도출하며, 이것이 그의 『논리학』의 내용을 이룬다. 헤겔의 대부분의 저작에서 그러하듯 여기에서도 3단 구조로 전개되고 있다. 1권은 존재론, 2권은 본질론, 3권은 개념론으로 구성되어 있으며, 이 세 영역은 논리적 필연성에 의해 전자에서 후자로 이행하는 것으로, 즉 '순수 논리'의 운동 과정으로 설명되고 있다. 자연철학이나 정신철학에서도 그러하듯이, 헤겔의 국가 이론 또한 가족, 시민사회, 국가라는 세 개의 범주를 존재(본질) 개념이라는 도식에 따라 저절로 나타나는 것처럼 설명하고 있다는 것이 마르크스의 비판이다.

하는 특수한 현실성'으로 발전되어 왔다는 점이며, 이렇게 국가와 시민사회가 분리된 결과 '국가는 사회의 내부에 있는 것이 아니라 그 바깥에 있는' 상황으로까지 발전하게 되었다는 것이다. 이러한 과정에서 '**정치적 헌법**은 **종교적 영역**이 되었으며, 국민적 삶의 **종교**가 되어 버렸다. 그것의 일반성이 그것의 현실성이라는 **지상의 실존** 위에 군림하는 천상 세계가 되어 버린 것'이다.[21]

이러한 '국가 그 자체라는 추상물'은 '사적 생활이 추상화'된 결과이며, 두 가지 모두 근대라는 시대의 특징을 이룬다고 한다. 카를이 그려 내는 중세 봉건제 사회의 모습은 그가 1841년 기독교 예술을 연구하던 당시에 발전시켰던 생각을 그대로 담고 있다. 이는 인류사에서 인간이 '각자 맡은 기능과 동일한' 동물로 변질되었던 시대였지만, 또한 '모든 사적 영역이 모종의 정치적 성격을 띠고 있었던' 시대이기도 했다는 것이다. '인간'이 바로 국가를 구성하는 원리였던 것이다. 설령 그것이 '자유롭지 못한 인간'이었다고 해도 말이다. 그래서 이는 '비자유의 민주주의'였다는 것이다. 근대의 정치적 국가는 오로지 상업과 토지 소유 등의 '사적 영역'이 독자적인 존재를 획득한 다음 비로소 나타나게 되었다고 한다. 이렇게 하여 절대왕정 시대부터 그 이전에는 정치적 신분 및 지위estate였던 것이 단순히 시민사회에서의 신분 및 지위로 변형되는 과정이 나타나게 되었으며, 프랑스혁명으로 마침내 그 과정이 완성되었다는 것이다. 이에 여러 신분 및 지위에 있는 인간들 사이의 여러 차이점들은 단순히 '시민사회에서의 삶에 나타나는 사회적 차이점들'에 불과한 것이 되고 말았다는 것이다.[22]

'특수자와 보편자의 진정한 통일'은 오로지 '합리적 국가'(카를은 이제 이것을 '민주주의'라고 부르고 있다)에서만 존재할 수 있다고 한다. '민주주의야말로 모든 헌법의 수수께끼들에 대한 해답이다.' 헌법이 다시 '그 현실의 기초, 현실의 인간, 현실의 인민'에게 되돌아오게 되는 것은 오로지 민주주의에서만 가능하다는 것이다. "민주주의에서는 그 형식의 원리formal principle가 동시에 그 물질적 내용의 원리material principle✣이기도 하다."[23] 그의 상상 속에서 비교가 되는 준거점으로 또다시 고전 시대의 그리스가 나온다. 근대국가는 정치적인 국가와 비정치적인 국가 사이의 모종의 타협이지만, 고대의 국가는 형상적인 것과 질료적인 것의 통일이었던 '보편자'였다. 여기에서는 공화국republic✤✤이야말로 '시민들의 진정한 사적인 관심사가 되며, 그들의 진정한 내용이 되며, 시민들의 삶과 의지의 진정하고도 유일한 내용'이었다. 그리스에서나 로마에서나 고대의 국가들에서는 정치적 국가가 국가의 내용이 되어 일체의 다른 영역들을 다 배제해 버릴 정도였다는 것이다.[24)]

카를이 언급하고 있는 '민주주의'는 1789년 프랑스혁명 이후에 나타난, 대의제에 기초한 **정치적** 민주주의가 아니었다. 근대의 '정치적' 국가에서는 민주주의가 그저 '형식적'인 것일 수밖에 없다. 그러한 국가란 '비정치적인' 것들과 '정치적인' 것들이 또 '인간'과 '시민'이 나란히 공존하는 상태를 전제 조건으로 삼고 있기 때문이다. 이는 군주정에서든 공화정에서든, 심지어 남성들의 보편적 참정권에 기초한 국가에서든 모두 적용되는 바이다. 근대국가란 시민사회와 국가 사이의 혹은 '비정치적' 국가와 '정치적' 국가 사이에 모종의 타협의 산물이다. 이러한 기준들로 판단해 볼 때 "법률과 국가의 전체 내용은 미국에서나 프로이센에서나 그저 아주 약간의 수정만 가하면 모두 동일하다. 미국에 있는 **공화국**이란 그저 국가 **형식**에 불과하며, 프로이센에 있는 군주정도 마찬가지이다. 국가의 내용은 미국에서나 프로이센에서나 각자의 헌법 바깥에 존재하고 있다."[25)]

✤ 본래 form과 matter의 쌍으로 나타날 경우 형상/질료의 쌍으로 보는 것이 옳고, 또 본문도 '형상의 원리'와 '질료의 원리'로 번역하는 것이 『헤겔 법철학 비판』에서 마르크스의 의도와 합치한다는 것이 역자의 개인적인 생각이다. 하지만 후에 나오는 문장과 인용문들에서 보듯 여기서의 form은 '국가 형식'과 밀접하게 닿아 있으며 또 마르크스 스스로가 form과 content, 즉 형식과 내용의 쌍으로 다시 표현하기도 하는 것을 볼 수 있다. 그리고 마르크스 이후의 일이기는 하지만, 바로 지금 논의되는 민주주의의 성격 논쟁이 이른바 '형식적 민주주의'와 '내용적 민주주의'라는 용어로 연결되기도 한다. 그래서 본문의 역어로 '형식의 원리'와 '내용의 원리'라는 말들을 선택한 것이다.

✤✤ 이 '공화국'이라는 말이 어원적으로 res publica, 즉 '공공의 관심사들'이라는 뜻을 담고 있음을 이 문맥에서 상기할 필요가 있다.

근대성의 지배적 현실은 '시민사회'이며, 그것의 지도 원리는 개인주의, '만인의 만인에 대한 투쟁', 사적 이익의 지배이다. 헤겔은 근대국가가 '윤리적 이념의 현실성'이라고 주장했지만, '헤겔이 시민사회와 국가 사이에 구축해 놓은 동일성이란 서로 으르렁거리는 두 적군 군대의 동일성'이라는 것이다. 더욱이 헤겔이 이야기하는 방식을 보면, 그 윤리적 이념이라는 것이 단지 '사적 소유라는 종교'일 뿐인 듯 보인다고 한다. 헌법은 장자 상속권으로 '보장'되는 반면, 상업과 산업의 여러 다른 하부 분야들은 '서로 다른 직능단체들corporations의 사적 소유'라는 것이다. 마찬가지로 헤겔에 따르면 보편적 이익을 대변하는 집단인 관료들 또한 알고 보면 다른 집단들에 맞서 자기들의 특수한 사적 목표를 추구하는 집단에 불과하다고 한다. 사적 소유란 단지 '헌법의 기둥에 그치는 것이 아니라, 헌법 그 자체'라는 것이다.[26]

진정한 민주주의에서라면 이러한 '정치적 국가'에서 발달한 바와 같은 대의제는 아예 들어설 자리조차 없을 것이라고 한다. 대의제는 단지 '**정치적 국가라는 추상물** 안에서의 문제'일 뿐이며, 여기에서 '보편성'은 '외적인 다양성'으로 전환된다. '모두'가 '개인들'이 아닌 '모두'로서 참여하게 해 주는 '개인들의 추상적·정신적·현실적 성질'로서의 '보편성'이 빠져 있다는 것이다.[27]

진정한 민주주의에서는 시민사회가 정치사회가 되며, '**대의** 권력으로서 **입법** 권력의 중요성'은 완전히 사라지게 된다고 한다. 진정한 민주주의에서의 입법 권력이란 오로지 '**모든** 기능이 대의적'이라는 의미에서만 존재하게 될 것이다. 예를 들어 보자. '구두장이가 어떤 사회적 필요 욕구를 충족시키는 한 나의 대표자라고 할 수 있으며, 이 점에서 볼 때 인간의 유적 활동을 구성하는 모든 특수한 사회적 활동은 인간이라는 유적 집단을 대표하는 것이라고 할 수 있다. 즉 나 자신의 본성의 한 속성을 대표하는 것이며, 이 점에서 볼 때 모든 개성적 인격체들은 다른 모든 이를 대표하고 있는 것이다.' 더욱이 이러한 상황에서는 의사결정 또한 여러 다른 의지를 가진 이들끼리의 갈등의 결과물이 아니며, '현실의 법률은 **발견**되고 **정식화**되어야 하는 것이 된다'고 한다. 다른 말로 하자면, 카를이 생각하는 '민주주의'에서의 의사 결정이라는 것은 루소가 『사회계약론』에서 제시한 전망인 '일반의지'가 현실에 행사되는 모습에 근접하게 된다.[28]

카를은 130페이지까지 쓰고 나서 이 '에세이'를 포기해 버린다. 하지만 그 논지의 방향은 상당히 분명하다. 시민사회가 스스로를 정치적 국가라고 천명한다면 변화가 벌어질 것이라는 점이다. 왜냐하면 이는 추상화의 완성인 동시에 또한 '추상물의 초월'이 될 것이기 때문이다. 이러한 가능성을 보여 주는 증후들을 프랑스와 영국에서의 정치 개혁 운동들이 시사한 바 있다고 한다. 왜냐하면 '**추상물인 정치적 국가**의 내부에서 벌어지는 **선거 개혁**은 따라서 그러한 국가의 **해체**를 요구하는 것이며, 또한 **시민사회의 해체**를 요구하는 것이기도 하기 때문'이라는 것이다.[29]

이 『헤겔 법철학 비판』의 초고에서 카를이 목적했던 것 중 하나는 그가 예전에 브루노 바우어와 공유했었던 '비판'의 개념을 명확하게 거부하는 것이었다. 카를이 바우어의 입장으로부터 이탈하는 것은 점진적으로 벌어진 일이었다. 카를은 최소한 1839년부터 이미 포이어바흐의 저작과 친숙했고, 또 종교 비판에만 협소하게 초점을 두는 것을 못 참아 하는 태도 또한 이미 1842년 11월부터(이때 그는 종교란 '내용이 없다'고 쓴 바 있다) 분명했다. 하지만 1843년 3월 그가 바우어의 「자기변호Self-Defence」를 상찬했던 것은 진심에서 나온 것이었으며, 1843년 6월까지도 그는 분명히 루게와 함께 바우어가 자신들이 계획하고 있는 잡지에 합류해 주었으면 하는 희망을 공유하고 있었다.[30]

하지만 그해 들어 '비판'이라는 것의 여러 전제에 대해 카를이 거리를 두는 것이 더욱 분명해졌다. 바우어는 포이어바흐가 자신의 종교 비판에 적용했던 추상화의 과정을 근대국가에까지 확장할 수 있다는 가능성을 받아들이지 않았다. 따라서 그는 '인간 해방'의 이름으로 '정치적 해방'을 비판할 수 있다는 가능성 또한 받아들이지 않았다. 바로 이 점에 기초하여 카를은 그의 에세이 「유대인 문제에 관하여」의 1부에서 바우어를 공격하고 있다. 이 글은 1844년 초『독일-프랑스 연보Deutsch-Französische Jahrbücher』에 게재됐다.

카를에 따르면, 바우어의 오류는 오직 '기독교 국가'만 비판할 뿐 국가 그 자체를 비판하지 않으며, 따라서 '종교의 정치적인 폐지를 종교 그 자체의 폐지'로 보는 데 있다. 바우어는 '정치적 해방'과 '인간 해방' 사이의 관계를 탐구하지 않는다고 한다. 또한 그는 '정치적 국가'의 여러 한계와 그것이 시민사회와 맺는 관계도 고려하지 않는다는 것이다. 카를에 따르면, '정치적 국가가 그 진정한 발전을 성취한' 곳에서는 인간이 이중생활을 하게 된다고 한다. '**정치적 공동체** 안에서의 삶과 **시민사회** 안에서의 삶. 전자의 안에서는 인간이 스스로를 **공동체적 존재**라고 생각하며, 후자 안에서는 **사적 개인**으로서 행동하게 된다.' 이것이 바로 프랑스혁명기 동안 나타났던 바라는 것이다. 이때 봉건제와 연결되어 있는 '모든 신분, 직능단체, 길드, 각종 특권들을 박살 냄'으로써 '시민사회의 정치적 성격을 폐지해 버렸다'는 것이다.

「인권선언」에 구현되어 있는 정치적 해방은 바우어가 생각하는 것처럼 '신앙의 특권'과 모순되는 게 아니었다는 것이다. 1791년의 프랑스 헌법이나 1776년의 펜실베이니아 헌법 모두가 '신앙의 특권'을 보편적인 인권으로 보고 있다. 국가와 교회를 완벽하게 분리한 미국이 얼마나 큰 종교성을 가지고 있는지가 바로 '국가의 완성'과 종교의 존속이 모순 관계에 있지 않음을 보여 주는 증거라는 것이다. 정치적 해방이란 곧 종교가 사적 영역, 즉 시민사회의 영역으로 좌천되는 것을 뜻할 뿐이라고 한다. 이러한 의미에서 보자면, '완벽한 기독교 국가'란 '무신론적 국가, 민주적 국가, 즉 종교를 시민사회의 여타 요소 중 하나로 좌천시켜 버리는 국가'라는 것이다.

하지만 만약 종교의 존재가 '국가의 완성'과 아무런 모순이 없는 것이라면, 이는 곧 정치적 해방이라는 개념 자체가 본질적으로 불충분한 성격을 내재하고 있다는 것을 뜻할 뿐이다. 왜냐하면 종교가 존속하고 있다는 것은 곧 '모종의 결함이 존재'한다는 것이며, '우리는 더 이상 종교를 원인으로 보지 않고 세속의 협소함이 표출된 **현상 형태**로만 간주'하는 고로, 이 결함의 원천은 국가의 본성 자체에서 찾아야만 한다는 것이다. 물론 정치적 해방은 '큰 한 발자국의 진보'였다.[31] 하지만 바우어는 포이어바흐가 똑똑히 보여 준 사실, 즉 국가가 종교에서 해방된다고 해서 현실의 인간이 종교에서 해방되는 게 아니라는 사실을 이해하지 못했다고 한다.

기독교는 여전히 비판받아야 할 대상이지만, 이제 그 이유는 바우어가 강조하는바 성경의 서사가 빚어내는 여러 신비화 때문이 아니라, 그것이 '인간이 스스로의 공동체로부터 분리된 상태의 표현'이 되었기 때문이라고 한다. 종교는 '시민사회의 정신', 즉 '이기주의의 영역, 만인의 만인에 대한 전쟁 상태의 영역'의 정신이 되었다는 것이다. 종교란 '중개자를 세우는 우회적인 방식으로 인간을 인식하고 인정한 것'이라고 한다. 국가가 '인간과 인간의 자유 사이의 중개자'인 것과 마찬가지로 '예수 그리스도는 인간이 스스로가 지닌 모든 신성의 부담을 떠넘긴 중개자'라는 것이다. 종교는 공동체로부터 분리되어 버린 개인들에게 말을 건다. 이것이 바로 "정치적 민주주의가 기독교적이라는 이유이다. 왜냐하면 정치적 민주주의 내에서는 인간(비단 한 명의 인간이 아니라 모든 인간)이 최고의 존재로 주권자로서의 지위를 갖기 때문이다. 하지만 이때의 인간은 문명화되지도 사회적이지도 못한 형태의 인간으로 그 우연적인 현존태의 모습을 띤 인간이며, 현실에 존재하는 그대로의 인간이며, 우리 사회의 전체 조직에 의해 타락해 버린 인간. … 요컨대 아직 진정한 유적 존재가 되지 못한 인간이다."[32]

모제스 헤스와 마찬가지로 카를 또한 1789년의 프랑스혁명 인권선언 「인간 및 시민의 권리 선언」을 근대 정치 국가에 대한 시민사회의 우선성을 선포한 문서라고 비판한다. 이 선언문에 나타난 인간의 자유에 대한 권리는 인간과 인간의 연합에 기초한 것이 아니라 인간을 인간과 분리하는 데 기초하고 있다는 것이다. '이는 그러한 분리의 **권리**'이며, '인간의 자유에 대한 권리가 현실에 적용된 것은 곧 인간이 사적 소유에 대해 갖는 권리'이다. 이는 곧 '다른 사람들을 아랑곳하지 않고' 소유를 향유하고 처분할 수 있는 권리이며, 즉 '자기 이익의 권리' 일 뿐이라는 것이다. '이른바 인간의 여러 권리라는 것들 중 어떤 것'도 '시민사회의 성원인 이기적 인간'을 넘어서는 것이 없다. 유적 존재라든가 유적 생활이라는 관념은 전혀 존재하지 않는다. '이들을 하나로 묶어 내는 유일의 끈은 자연적 필요, 필요 욕구, 사적 이익뿐이다.' 요컨대 시민은 '이기적인 인간homme의 하인' 이라는 것이다. 심지어 혁명의 축배가 절정에 달했던 순간에도 정치적 생활은 그 스스로를 '단순한 수단에 불과하며 그 목적은 어디까지나 시민사회의 삶'이라고 선언한 바 있었다. '진정한 본질적 인간'으로 간주된 것은 시민으로서의 인간이 아니라 '부르주아로서의 인간'이었다는 것이다.[33]

정치적 해방이라는 이상 자체가 부족하고 결함이 있다는 것이다. 이는 인간을 이기적이고 독자적인 개인으로 그리고 시민, 즉 '법적 인격체'라는 두 가지의 존재로 환원해 버린다. "오로지 현실에 존재하는 개인이 스스로의 내부로 그 추상적 시민을 흡수할 때에만, 그래서 개인으로 남아 있으면서도 자신의 일상에서 하나의 유적 존재의 성격을 획득할 때에만. … 그래서 그 결과 사회적 권력을 더는 정치적 권력의 모습으로 스스로와 분리시키지 않게 될 때에만 인간 해방이 완성되었다고 할 것이다."[34]

카를의 초고 그리고 그가 그것을 『독일-프랑스 연보』에서 활용하여 브루노 바우어와 구별되는 스스로의 새로운 입장을 정립했던 것이 갖는 중요성은 그 주장의 대부분이 그 후에도 마르크스 사상의 주요한 특징으로 남게 된다는 사실에 있다. 하지만 카를 스스로가 보기에도 자신이 개진한 논리가 확정적인 것도 못되었고 아주 설득력이 있는 것도 아니었다. 카를이 그 뒤에도 최소한 두 번 이상 자신과 바우어의 의견 대립을 다시 언명하려고 했다는 사실이 이를 암시한다.

헤겔의 국가뿐만 아니라 근대국가 그 자체를 이론화하려고 했던 카를의 시도가 어느 만큼이나 유효한 것인가는 차치하더라도, 그 결과로 구축된 이론은 아주 경직되고도 빈곤한 것이었다. 그 이론 내에서는 예를 들어 프로이센 국가와 미국 국가의 여러 차이점들마저도 2차적이요 비본질적인 것이 되어 버렸다. 둘째, 시민사회와 정치적 국가의 분리, 인간과 시민의 분리에 대한 그의 대안이라는 것은 인간 본성의 '**사회적** 성격' 그리고 개인의 '**보편자적**' 성격이라는 전망에 전적으로 의존하고 있거니와, 이러한 전망이 과연 근거가 있는 것인지는 전혀 검토되고 있지 않다. 그저 그리스 시대의 폴리스에 대해 스쳐가는 언급이 있을 뿐이다. 이 때문에 카를은 헤겔을 향하여 특수한 개성이라는 것의 본질이 '그것의 사회적 성질'이라는 점을 망각했다고 비판하고 있지만, 이러한 비판은 사실상 헤겔이 어째서 애초에 고대국가와 근대국가를 구별했는지조차 완전히 무시하는 비판이었다.✤ 이렇게 개인성이라는 것을 오로지 사회적 존재로부터의 소외라고밖에 생각하지 못하는(혹은 그렇게 하기를 거부하는) 카를의 태도는 이후에도 권리라는 생각에 대한 혐오감으로 계속해서 표출된다. 이는 심지어 그가 그러한 생각을 모종의 '부르주아적' 현상이라고 무시하기 시작하기 전부터 이미 나타났던 모습이었다. 마지막으로 그가 대의제라는 사상을 거부하고 급진파 운동이 시민사회와 정치적 국가의 분리를 넘어설 것을 기대했던 것을 보면, 그가 품은 여러 생각들이 19세기 영국과 프랑스에서 벌어지고 있었던 급진파 정치의 현실과는 크게 동떨어진 것이었음이 확연하게 드러난다.

4. 사회문제와 프롤레타리아트

카를이 새로운 입장을 가지게 된 것을 설명하는 데 도움이 되는 두 번째

✤ 헤겔은 고대국가와 달리 근대국가는 '가정'과 '촌락'뿐만 아니라 완전히 낯선 이들이 서로를 이용해 먹는 '정신적 동물계'인 시민사회를 품고 있음을 강조했다. 헤겔이 볼 때 이러한 시민사회의 존재는 개인의 자율성과 권리를 뒷받침하는 중요한 공간의 의미를 가졌다. 국가와 시민사회의 완전한 통합을 꿈꾼, 마르크스의 비전과 달라지는 지점이다.

요소가 있다. 1840년경부터 정치적 논쟁에서 '사회문제'와 '프롤레타리아트'가 아주 뜨거운 감자로 나타났던 것이 그것이다. 1842년에는 영국에서도 프랑스에서도 노동운동이 나타난다.

프랑스에서는 1840년 '공산주의'가 공공 여론의 관심 대상이 된다. 애초에 이 말을 사용했던 급진파 공화주의자 에티엔 카베Étienne Cabet의 의도는 금지된 사상인 평등주의적 공화국을 보다 완곡하게 표현하기 위한 대체적 표현으로 쓰고자 했던 것이었다. 하지만 '공산주의'라는 말 또한 평등주의 전통과 결부되어 있는 폭동과 반란의 활동들을 연상시키지 않으려야 않을 수 없었다. 이것이 『공산주의 선언』의 유명한 구절처럼 유럽에 조만간 공산주의의 '유령'이 출몰하게 되는 부분적인 이유이기도 했다.

초급진파 공화주의자들이 다른 이들과 구별되는 점은 그들이 평등을 강조하면서 프랑스혁명에서 자코뱅이 집권했던 극단적인 국면과 자신들을 동일시하는 태도였다. 그들 중에는 로베스피에르나 에베르Hébert의 추종자들, 특히 '그라쿠스' 바뵈프'Gracchus' Babeuf의 추종자들도 있었다. 바뵈프는 1796년 평등을 명분으로 내걸고 총재 정부(로베스피에르가 몰락한 뒤 들어선 프랑스 정부)에 맞서 봉기를 조직하려 했던 이였다. 그래서 '공산주의'와 '바뵈프주의'는 동일한 것으로 여겨질 때가 많았다. 바뵈프 음모 사건의 추억을 되살렸던 것은 베테랑 혁명적 음모가이자 바뵈프 음모 사건의 생존자인 필리프 부오나로티Philippe Buonarroti였으며, 그의 저작인 『바뵈프의 평등을 위한 음모』는 브뤼셀에서 1828년 출간되었다. 바뵈프의 '평등파'의 목표는 타락한 테르미도르 정부를 전복하고 그 자리에 '현자들'의 비상위원회(이는 로베스피에르의 공안위원회의 새로운 버전이었다)를 두는 것이었다. 그 위원회의 목적은 부자들을 수탈하고 토지를 몰수하여 재화의 공동체를 확립하는 것이었다. 그다음으로는 인민에게 권력을 되돌려 주며, 이를 통해 평등주의에 기반한 민주주의 공화국을 구성한다는 것이었다.

바뵈프의 교리는 1830년 7월 혁명의 여파로 생겨난 '인간의 권리를 위한 결사체Société des droits de l'homme'와 같은 급진파 공화주의 결사체들에서 다시 나타난다. 이러한 결사체들은 파리에 자리 잡은 학생들 및 기능공들로 구성되어 있었고, 7월 혁명의 결과로 즉위한 '시민 왕' 루이 필리프의 의회 군주정, 유산계급에 제한된 참정권, 자유방임 경제정책 등을 하나의 '배반'으로 여기고 있었다. 이들은 폭동을 일으키려는 노력을 반복했고 이 때문에 갈수록 정부의 대응도 억압적이 되어 1835년에는 공화주의 결사체들이 불법화되었을 뿐만 아니라 공화국을 옹호하는 모든 주장이 금지당한다.35) 이러한 탄압에 직면하자 공화주의 반대파의 일부는 지하로 들어가 버린다. '계절회Société des saisons'와 같은 비밀결사체들도 형성된다. 이 결사체는 아르망 바르베스Armand Barbès와 오귀스트 블랑키Auguste Blanqui의 지도 아래에 1839년 지독하게 서투른 봉기를 시도한 바 있다.

카베는 1840년 토머스 모어의 『유토피아』를 정교하게 흉내 낸 『이카리아 섬으로의 항해』를 출간하여 평화적인 방법을 통해 공산주의적 공동체들을 확립할 것을 옹호했는데, 이는 방금 말한 것과 같은 배경에서 이해해야 한다. 카베의 계획은 영국에서 로버트 오언이 제안했던 '협동촌the villages of cooperation'을 복제해 놓은 것이었다.36) 하지만 그와 같은 해에 카베의 점진주의를 반대하는 '폭력파'인 피요Pillot와 데자미Dézamy는 교외의 프롤레타리아들의 주거지인 벨빌Belleville에서 1200명이 참가한 '제1회 공산주의 연회'를 개최했다. 당시에는 선거권 개혁을 놓고 연회를 빙자한 정치 집회가 계속 늘어나고 있었기에 프랑스 왕정에서는 이를 억압하고 있었는데, 이들의 '연회'는 이러한 프랑스 왕정의 허를 찌른 것이도 했지만 또한 카베와 같은 점진주의자의 허를 찌른 공격이기도 했다. 그 직후 파리는 곧 파업의 물결에 휩쓸리게 되며, 많은 이가 그 원인을 그 '연회'에 돌리고 있었다. 마지막으로 그해 말엽 다르메Darmès라는 이름의 노동자('공산주의자'이자 어떤 비밀결사의 회원이었다)가 왕을 암살하려고 시도하는 바람에 '공산주의'라는 말은 더욱 악명을 얻게 되었다.

1840년 프랑스에서 '공산주의'에 대해 새로운 관심이 생겨났던 것은 사회적·정치적 관심사의 현실적인 변화를 반영하고 있었다. 이는 평등에 집착하는 오래된 급진적 공화파의 입장과, '노동'문제에 대한 해법으로서 '연대association'에 관심을 두는 더 새로우면서도 주로 사회주의적인 입장이 갈수록 서로 겹치면서 생겨난 결과였다. 1830년대 말 이전에는 이 두 입장 사이에 공통분모가 별반 없었다. 공산주의란 정치적인 운동으로서 혁명적인 공화주의 전통을 부활시키자는 것이었고, 평등의 이상을 단순히 특권의 폐지에만 머물 것이 아니라 사적 소유 전반에 대한 공격으로까지 확장시키자는 운동이었다. 이와는 대조적으로 프랑스에서의 사회주의(이는 생시몽과 푸리에의 영감을 받아 생겨난 정리되지 않은 여러 학설과 교의의 산만한 뭉치였다)는 혁명에 반대했고, 정치적 형식에 무관심했으며, 평등에 대해 적대적이었고 국가보다는 교회에 더 관심을 두고 있었다. 사회주의의 목표는 이 땅에 평등이 아닌 조화를 실현하는 것이었고, 그것을 가능케 할 방법으로서 기대했던 것은 모종의 새로운 사회과학이었다. 그리고 그러한 상태가 이루어지기 전까지는 경쟁과 '이기주의'가 낳은 '적대적 대립'을 해결할 방법으로서 '연대' 혹은 '협동'을 내세우고 있었다.

1840년에 출간된 두 권의 저서가 이 새로운 정치적 운동이 꼴을 갖추어 가는 데에 결정적인 공헌을 했으니, 루이 블랑Louis Blanc의 『노동의 조직Organization of Labour』과 피에르-조제프 프루동Pierre-Joseph Proudhon의 『소유란 무엇인가?What is Property?』였다. 블랑의 저서는 사회주의와 공화주의를 융합하고자 했다. 이는 '노동문제'에 대한 해법에 초점을 두었다. 그는 노동문제의 원인이 경쟁의 시스템에 있다고 보았다. 그는 이 경쟁의 시스템이 인류를 절멸시킬 수도 있다고 보았고, 여기에서 임금 하락, 가족해체, 도덕적 퇴락 등이 수반된다고 보았다. 따라서 노동이 지금 곤경에 처하게 된 것은 '부르주아'의 지배, 영국의 패권, 이기주의의 침투 등이 낳은 결과라는 것이었다. 따라서 그 치유책은 공화주의적 국가의 가호 아래 노동자들의 연대체를 확립하는 것이라는 게 블랑의 주장이었다. 한편 프루동의 사회주의는 이와는 대조적으로 국가가 배제된 '연대'의 형태에서 시작한다.

하지만 그의 주된 공격 대상은 공산주의자들의 그것과 더욱 가까웠던 듯했다. 왜냐하면 그가 비록 '바뵈프주의자들'의 금욕주의와 권위주의에 강력하게 반대했지만 그 또한 그들과 마찬가지로 '정치적 평등을 누리고자 한다면 소유를 철폐하라'고 주장했기 때문이다. 이러한 여러 방식으로 사회주의, 공산주의 그리고 노동문제들은 공공의 토론에서 갈수록 서로 불가분으로 엉켜들고 있었다.

영국에서도 사회문제에 대한 관심은 극적인 전환을 맞은 적이 있었다. 프랑스에서는 전투적인 공화주의, 그리고 나중에는 공산주의가 루이 필리프가 7월 혁명을 '배반'한 것에 대해 분노에 찬 반격을 시작했는데, 영국에서도 마찬가지로 1832년의 의회 개혁 법안Reform Bill에 담긴 새로운 헌정 협약이 제한적인 것에 대한 급진적인 반격으로서 성인 남성들에 대한 보편 참정권 요구를 담은 차티스트운동Chartism이 시작되었다. 두 나라 모두 참정권을 얻은 사람들의 수는 지극히 적었고, 또 두 나라 모두 '중간계급' 혹은 '부르주아지'는 인민을 지지하기는 커녕 내팽개쳐 버렸다는 비난을 받게 되었다.

1842년 여름, 영국의 랭커셔와 요크셔의 섬유공단 지역의 노동자들 사이에서 대규모 파업 투쟁이 나타났다. 이 '임금 삭감 저지 봉기plug-plot riots'는 정치적인 동기에서 부분적인 영감을 얻고 있었다. 어떤 이들은 이것이 고용주들이 고의적으로 자극하여 일어난 파업이라고 생각했으며, 또 어떤 이들은 차티스트운동가들이 이 파업을 '합법적 수단을 통한 모종의 혁명'으로 전환시키려 든다고 비난하기도 했다. 하지만 이 운동의 배후에 있었던 본래의 의도가 무엇이었건, 이는 그때까지 전개된 차티스트운동의 가장 위협적인 측면을 대표한다는 것만큼은 전반적으로 사람들이 동의하는 바였다. 이는 토머스 칼라일Thomas Carlyle이 '영국의 상태라는 문제'에 대해 썼던 바를 확증해 주는 것으로 보였다. 칼라일은 '차티스트운동의 구체적 형태가 혼란스럽고 헝클어져 있다'고 해도 그와 무관하게 그 운동의 '살아 있는 본질'은 '영국 노동계급의 잘못된 상태 혹은 잘못된 성향에서 나온 지독한 불만이 갈수록 격렬해져 갔던 것'에 있다고 한 바 있다.37)

바로 이 1842년 11월의 시점에 젊은 프리드리히 엥겔스가 맨체스터에 있는 그의 아버지의 섬유 회사인 에르멘앤드엥겔스Ermen and Engels에서 일하기 위해 영국에 도착했다. 엥겔스는 그전에 1년간 군 복무를 위해 베를린에 머물면서 바우어 형제들과 친하게 되었고, 그 '자유로운'이라는 집단과도 친하게 지냈다. 그는 영국에 오기 전부터 사회혁명이 다가오고 있다는 소리를 무수히 들었던바, 영국에 와서 그가 받은 첫인상은 그 모든 이야기를 확증해 주는 것으로 보였다. 1842년 12월 그는 금세 보고서를 작성하여 『라인 신문』에 보내면서 "빼앗긴 자들은 이 사건들을 통해 유용한 것을 얻었으니, 평화적 수단에 의한 혁명은 불가능하다는 깨달음이 그것이다"라고 썼다. 그리고 '기존의 비자연적 상태를 폭력으로 철폐하는 것'만이 '프롤레타리아트의 물질적 입장을 개선할 수 있을 것'이라는 것이었다.[38]

또한 1830년대의 독일에서도 사회문제에 대한 관심이 급증했다. 하이네, 뵈르네, '청년 독일파'의 작가들은 생시몽주의자들의 사회적 · 종교적 사상에는 매혹되었지만 그들의 정치사상은 성립할 수 없는 것이라고 여겼다. 1842년에 독일에서 프랑스에 대한 관심이 되살아났던 것은 특히 사회주의 및 공산주의에 대한 질문들과 관련된 것이었지만, 그 질문들이 그 이전에 프랑스에 존재했던 공화주의 전통과 어떤 연관을 갖고 있었는지에 대해서는 거의 아는 이가 없었다. 그 대신 공산주의는 '평등을 요구하는 분노의 함성'으로, 그리고 '사회문제'의 일부로 다시 자리매김했다. 이는 원초적이며 정치 외적인 힘인 '프롤레타리아트', '불행과 광신에 빠진 계급의 고통스러운 절규'와 동일시되었다. 또는 파리에 있었던 하이네의 표현에 따르면, 공산주의자들은 만인이 이해할 수 있는 단순하고도 보편적인 언어, '굶주림', '질시', '죽음'에 기초한 언어를 가지고 있었다고 한다.

특히 파리에서 연구 조사를 행한 독일 연구자인 로렌츠 폰 슈타인Lorenz von Stein의 상세한 연구가 출간되면서 이러한 문제들에 대한 논의가 크게 촉진되었다. 그의 『현재 프랑스의 사회주의와 공산주의Soicalism and Communism in

Contemporary France』(1842년)는 굶주림, 질시, 폭력의 연관 관계를 더욱 강화했다. 이 책이 널리 읽히게 된 큰 원인은 풍부한 정보를 담고 있었기 때문이었다. 그는 생시몽과 푸리에의 저작들을 요약했을 뿐만 아니라 또한 프루동, 피에르 르루Pierre Leroux, 루이 블랑 등 후속 세대의 사회주의자들도 독일 독자들에게 소개했다. 여기에서도 논의의 중심은 프롤레타리아트였다. 슈타인은 공산주의를 혁명 이후의 프랑스 상황에서 태어난 독특한 산물로 다루었고, 이것이 독일에 직접적 위협이 되는 것은 아니라고 가정했다.

이러한 안심의 감정은 금방 사라진다. 1830년대 말 이후 독일에서도 도시에서나 농촌에서나 '빈민 문제pauperism'의 급증에 대한 불안이 쌓이게 되며, 이는 마침내 1843년 취리히에서 마그데부르크Magdeburg 출신의 떠돌이 양복장이이자 공산주의 저술가인 빌헬름 바이틀링Wilhelm Weitling이 체포, 투옥되면서 정치적인 문제로 떠오르게 된다. 그가 소지하고 있었던 여러 문서는 공산주의가 이미 비밀결사체들의 네트워크를 수단으로 하여 독일 프롤레타리아트 사이에 널리 확산되어 있음을 시사하고 있었다. 지역의 치안 담당관인 블룬칠리J. C. Bluntschli가 제출한 공식 보고서는 공산주의를 프롤레타리아트의 분노와 파괴욕에 결부시킨 슈타인의 이론을 더욱 강화시키고 있었다. 바이틀링과 그 일당은 1839년의 파리 봉기 실패에서 도망나온 자들로, 이들이 스위스에 '공산주의'를 가지고 들어왔다는 것이었다. 바이틀링은 재화의 공동체를 만들 혁명을 주창했고, 비록 그의 출간된 저작인 『조화와 자유의 보장Guarantees of Harmony and Freedom』은 이성에 호소하고 있지만, 그의 사적인 서신을 보면 공산주의의 달성이 대도시의 빈곤에 찌든 궁민들 스스로가 '거칠고' '소름끼치는' 행동들을 벌일 것을 요구하고 있다는 것이었다.[39] 블룬칠리의 보고서 때문에 이미 독일에 만연해 있었던 공산주의 위협에 대한 비이성적인 공포는 크게 늘어났고, 이러한 상태가 1848년까지 지속되었다.

이러한 이유에서 비록 슈타인이 공산주의와 사회주의를, 프랑스혁명으로 프롤레타리아트가 창출된 데 대한 대응이라는 점에서는 동일한 범주로 묶었었지만, 그는 또한 그 둘 사이를 뚜렷하게 구별하기도 했다. 사회주의는 노동문제에 대한 과학적인 대응이 되었고, 사회와 국가가 갈라진 것에 대한 해결책이었다는 것이다. 반면 '공산주의'는 충동적이며 파괴적인 점에서 사회주의의 대척점에 있으며, 아는 것도 없고 가진 것도 없는 프롤레타리아트들이 무지와 빈곤으로 한 방의 재분배로 모든 걸 끝내 버린다는 실현 불능의 목표로 몰려가는 모습으로 나타난다는 것이었다.

슈타인은 무일푼의 법학생으로 파리에서의 그의 연구는 정부 장학금에 의존하고 있었으며, 부수입을 올리기 위해 독일 망명객들을 감시하는 스파이 노릇도 하고 있었다(물론 이는 당시에는 알려져 있지 않은 사실이었다). 슈타인의 저서의 배경은 개혁적인 국가학Staatswissenschaft의 지적 전통으로, 이는 국가 공직자 지망생들이 독일 대학에서 공부하는 형태의 정치학이었다. 이는 18세기 프로이센의 가부장적 온정주의의 경제정책 및 사회정책으로부터 나온 것으로, 이를 '관방학cameralism'이라는 이름으로 대대로 내려온 행정 및 경제정책의 묶음으로 뒷받침하는 것이었다. 이러한 행정의 전통을 상세히 발전시킨 것은 라이프니츠와 칸트 사이의 가장 중요한 독일 철학자인 크리스티안 볼프Christian Wolff의 철학이었다. 볼프는 그의 여러 저작에서 사실상 모종의 복지국가에 해당하는 것을 상세히 묘사했다. 국가는 그 신민들의 안전, 안녕, 행복에 대해 책임을 져야 한다는 것이었다. 슈타인의 국가 관념은 또한 헤겔에 의해 모습을 갖추게 된다. 헤겔 스스로도 『법철학』에서 일상의 사회정책 및 경제정책을 논의하는 가운데에서 이러한 행정적인 관점을 크게 공유하고 있었다. 따라서 슈타인의 저서는 단순히 사회문제와 프랑스 프롤레타리아트의 상태를 묘사하는 것이 아니라, 이러한 사회문제가 프로이센에도 미치게 되는 때가 온다면 그에 대한 해법으로 깊은 숙고를 거친 형태의 국가 개입이 필요하다고 열정적으로 옹호하는 주장을 담고 있었다.[40]

이러한 국가학의 전통 안에서 보자면, 프롤레타리아트의 출현이 낳은 현상인 사회주의를 꼭 전복적인 정치철학이나 특정 계급의 이데올로기로 다룰 필요는 없었다. 이는 노동자들에게는 보호를, 그리고 국가 전체에는 정치적 안보를 가져다줄 국가의 지원 정책으로 간주하는 것도 얼마든지 가능한 일이었다. 훗날 비스마르크가 노령연금과 사회보험을 도입하게 되는 것도 이러한 전통에 크게 빚지고 있었다. 공식적 계급 출신 중에서도 이와 비슷한 결론에 도달한 이들이 있었으니, 카를 로드베르투스Karl Rodbertus나 로베르트 폰 묄Robert von Möhl과 같은 행정 개혁가들이 이 루이 블랑이 1839년에 제안했던 국가가 경영하는 '노동의 조직'에 관심을 가졌던 것도 이런 맥락에서 이해할 수 있는 일이었다.

이는 후에 '국가사회주의'라고 불리게 되는데, 19세기가 끝날 때까지 중부 유럽에서 지속적인 호소력을 누리게 된다. 1860년대와 1870년대에 걸쳐 독일 사회민주당이 결정되는 과정에서 라살레가 세웠던 국가 친화적인 '독일 노동자 연합Allgemeiner Deutscher Arbeiterverein'과 반프로이센 입장에 있었던 리프크네히트와 베벨의 '아이제나흐Eisenach' 정당 사이의 갈등도 그러한 유산의 맥락에서 이해할 수 있다. 국가사회주의의 호소력은 1870년대의 '강단사회주의자들'✤이 내놓은 여러 사회 개혁안에서도 또 1880년대에 비스마르크가 내놓은 질병, 노령, 실업에 대한 복지 조치들에서도 감지할 수가 있다.

좀 더 직접적으로 보면, 슈타인의 저서가 처음 발간되었을 때 청년 헤겔주의자들이 여기에 적대적으로 반응했던 것도 설명이 가능하다. 이는 특히 1843년 모제스 헤스가 강력한 논리로 또렷이 언명한 바 있다.[41] 헤스는 슈타인이 사회

✤ 강단사회주의Kathedersozialismus는 1870년대부터 독일의 역사학파 경제학자들 2세대가 주도했던 일련의 사회·경제개혁 정책의 흐름을 말한다. 독일의 경제학은 1850년대부터 영국의 고전파에 대해 강하게 거부하고 독일의 역사적 자본주의 발전 정도의 맥락에 맞는 역사적인 방법론을 강조했다. 그 2세대의 수장이라고 할 슈몰러Gustave Schmoller는 1872년 '사회정책학회Verein für Sozialpolitik'를 결성하여 바그너A. G. Wagner와 브렌타노Lujo Brenntano 등의 동료들과 함께 독일 자본주의의 사회적 갈등을 무마하고 산업 발전을 꾀할 수 있는 일련의 포괄적인 사회·경제정책들을 내놓았다.

주의와 공산주의를 구별했던 것이 과연 얼마나 현실성이 있느냐고 의문을 표했다. 무엇보다 헤스가 공격했던 것은 슈타인의 저서가 함의하는바, 국가가 스스로를 전혀 변형시킬 필요도 없이 '사회문제'를 해결할 수 있고, 심지어 '사회주의'를 실천할 수도 있다는 도저히 용납할 수 없는 주장이었다.[42)]

급진파 헤겔주의자들 사이에서는 프랑스에 대한 관심의 초점이 프롤레타리아트의 증가와 빈민 문제뿐만 아니라 루이 필리프 왕정의 타협적인juste milieu 태도에서 빚어지는 결함들에 맞추어져 있었다. 루이 필리프 왕정은 한때는 자유주의적 모델이었지만 이제는 공화주의에 대해서나, 사회적 불안에 대해서나 억압의 대명사가 되어 있었다. 이러한 관심사는 1842년 8월 쾰른에서 『라인 신문』의 경영진이 모제스 헤스의 지도 아래 사회문제를 연구하는 공부 집단을 만들었던 데서 명확하게 보인다. 헤스는 그전에 프랑스를 여행한 적이 있었고, 1837년에는 『스피노자의 한 제자가 쓴 인류의 성스러운 역사』라는 제목의 급진적인 천년왕국주의✣의 저작을 내놓기도 했다. 헤스는 독일에서 최초로 공산주의를 철학적으로 옹호했던 인물로 간주될 때가 잦다. 이 저서는 큰 영향을 미치지 못했지만, 1841년에 나온 그의 다음 저서 『유럽의 삼두제The European Triarchy』는 그의 접근을 헤겔적인 언어로 다시 풀어내려는 시도였다.

헤스는 헤겔을 비판하면서 인간은 아직 '스스로와 하나가 될' 위치에 오지 못했다고 주장했다. 그리고 그러한 화해는 순수한 사유의 세계에만 국한된 것일 뿐 현실에서는 어림도 없는 일이라고 주장했다. 그러한 화해는 모종의 사회주의 사회에서만, 그리고 인본주의적인 신앙의 가호 아래에서만 실현될 수 있거니와, 이를 위해서는 행동이 필요하다는 것이다. 정신적·사회적 조화를 지향하는 운동들은 이미 존재하고 있다고 한다. 『유럽의 삼두제』를 보면, 이 궁극의

✣ 천년왕국주의milenarianism는 요한계시록에 나오는 예수의 재림으로 시작될 이상적 세계인 천년왕국에 대한 희구를 담은 말세론으로 중세 유럽 이후 오래된 유토피아주의의 전통이었다.

조화를 향해 나아가는 흐름은 세 개의 유럽 나라에서 발견되는 세 가지 해방 운동으로 구현되고 있다. 종교개혁의 나라 독일은 영적 자유를 실현하게 될 것이며, 혁명의 나라 프랑스는 정치적 자유를 달성하게 될 것이며, 빈민들과 '화폐 귀족들' 사이의 모순이 산더미처럼 쌓이면서 그 결과 사회혁명의 직전에 오게 된 영국에 사회적 평등을 가져올 것이라는 것이었다.[43] 헤스의 전망에 설득되어 확신을 얻은 이들 중 하나가 1842년 가을 영국으로 가던 길에 쾰른을 방문했던 프리드리히 엥겔스였다. 헤스의 주장에 따르면, 『라인 신문』 사무실에서 자신과 회합을 가진 후 본래 자코뱅주의자였던 엥겔스가 모종의 사회주의로 입장을 바꾸었다고 한다. 엥겔스가 영국에 사회혁명이 다가오고 있다는 기대를 품도록 만든 것은 헤스의 전망이었다.

카를은 헤스의 『라인 신문』 공부 모임에 정기적으로 참여하고 있었으며, 그가 기고한 기사에 나오는 '합리적 국가'라는 개념은 이미 사회를 강력한 구성 요소로 포함하는 것이었다. 하지만 아직 이 단계에서는 카를이 명시적으로 공산주의 및 사회주의를 내건 저작들에 대해 어떤 태도를 가지고 있었는지가 분명치 않았다. 1842년 10월 『아우크스부르크 일반 신문Augsburg Allgemeine Zeitung』 쪽에서 『라인 신문』이 공산주의의 동조자들이라는 혐의를 뒤집어씌우자 카를은 『라인 신문』을 대표하여 자신은 공산주의 사상이 '현재의 형태로는 심지어 **이론적인 현실성**조차 갖고 있다고 생각하지 않는다'고 답했다. 그는 르루와 콩시데랑Considérant 등의 저작, 그리고 무엇보다 '프루동의 날카로운 위트의 저작'이 '장시간에 걸친 근원적인 연구'가 없이는 기각할 수 없는 것이라고도 언명했다.[44]

이 기사에서 카를은 '공산주의'를 하나의 사회운동이 아니라 그저 비판의 한 형태로만 여기려 하고 있다. '진정한 **위험**은 공산주의 사상이 **현실에서 시도**되는 것에 있지 않고, 그것이 **이론적으로 정교화**되는 데 있다. 왜냐하면 현실에서의 시도라는 것은 설령 **다수 대중에 의한 시도**라 하더라도 일단 위험 수위를 넘으면 그 즉시 **대포**로 대응하면 되니까. 반면 **사상**은 우리의 지성을 정복하고 우리의 정신을 홀려 버리는 것'인 고로, '마음에 큰 상처를 각오하지 않는 한 끊어낼 수가 없는 쇠사슬'이라는 것이다.[45] 포이어바흐의 철학이 카를에게 미친 충격이 눈에 띄는 것은 카를이 인간을 합리적 존재일 뿐만 아니라 감성적 존재로 여길 수 있게 되었을 때 비로소 나타나는 일이다. 이는 1843년 봄의 일이며, 당시 카를은 프로이센에서 어떤 진보가 나타날 모든 희망을 버리고 다른 나라로 떠날 준비를 하고 있었을 때이다.

이러한 입장 변화는 마르크스와 루게가 잡지의 제목으로 채택했던 『독일-프랑스 연보』에서 명확히 드러난다. 포이어바흐는 그의 「철학의 개혁에 대한 예비적 명제들」에서 이렇게 말한다. "생명과 인류를 스스로와 동일시하는 진정한 철학자는 독일-프랑스를 부모로 둘 것임에 틀림없다. … 우리는 프랑스를 어머니로 독일을 아버지로 삼아야 한다. **감정**heart(여성적 원리, 유한한 것에 대한 **감성**이자 유물론의 자리)는 **프랑스적 성향**을 가지고 있으며, **머리**head(남성적 원리이자 관념론의 자리)는 독일적 성향을 가져야 하니까."[46]

급진적 헤겔주의자들은 이러한 신탁과 같은 선언에 깊은 인상을 받았다. 인간을 합리적인 동시에 감성적인 존재로 보는 포이어바흐의 관념은 사유와 존재의 관계에 대해, 즉 정신과 자연의 관계에 대해 다른 방식의 사유를 가능하게 했다. 좀 더 구체적으로 말하자면, 이는 독일과 프랑스 사이의 종합, 즉 철학과 프롤레타리아트의 종합을 암시하는 것이었다. 카를은 1843년 가을 포이어바흐에게 보낸 편지에 이렇게 썼다. "당신은 프랑스-독일의 과학적 동맹의 필요를 처음으로 표현한 저술가의 한 분입니다."[47]

이와 비슷한 입장은 헤스가 1843년 헤르베크의 『독일의 전령Deutscher Bote』에 게재했던 에세이에서도 개진되고 있다. 헤스는 해방이란 오직 사유와 행동에 똑같은 방점을 둘 때에만 얻을 수 있는 결과라는 주장을 반복했다. 당시의 상황을 보면, 독일인들은 '근대의 사회운동'을 거의 알지 못하는 상태에 있는 반면, 프랑스인들은 '종교적 문제들'에서 멈추어 선 상태에 붙들려 있다는 것이었다. 생시몽주의는 '단순히 위계적 종교 조직의 흉내'✤에 불과했고, 독일에 있는 청년 헤겔주의자들은 계속해서 '신학적 의식의 그물에 붙들려 있는 상태'라는 것이었다. 하지만 이제 새로운 급진주의가 출현했다는 것이다. "두 나라 모두에서 정신적 운동과 사회운동 모두로부터 기성 권력에 맞선 급진파가 출현하게 된 것이다. 프로테스탄트주의와 7월 왕정은 모두 공격을 받고 있다. 프랑스의 아르놀트 루게라고 할 피에르 르루는 타협juste-milieu에 기반한 정부에 대해 논쟁하고 싸움을 걸고 있으며, 이와 마찬가지로 독일의 아르놀트 루게는 프로테스탄트 기독교에 대해 논쟁과 싸움을 걸고 있다. 왜냐하면 이들은 7월 왕정이나 프로테스탄트 기독교나 모두 절반의 승리를 나타낼 뿐이라는 것을 인식하기 시작했기 때문이다."48) 포이어바흐가 제공한 철학적 틀 안에서 이제 프랑스의 '유물론', 즉 '감성주의'와 독일의 '관념론'을 창조적으로 종합하는 작업이 요구되는 바였으며, 그 이전에 청년 헤겔주의와 청년 독일파의 저작들을 통해 급진화되었던 세대의 독일 지식인들은 1840년대 중반에는 '인간주의humanism'(훗날 이러한 이름으로 알려진다)의 영감 아래에 놓인다. 하지만 풀어야 할 문제가 남아 있었다. '인간주의'가 취해야 할 형태가 공화주의냐, 사회주의냐는 것이었다.

5. 『독일-프랑스 연보』: 계획과 현실

1843년 카를은 포이어바흐가 주창한 종류의 독일-프랑스 동맹에 대한 응답으로 루게에게 다음과 같이 제안한다. 자신들의 잡지 출간지를 취리히가 아

✤ 생시몽의 사후 그 제자들 중 일부는 생시몽의 가르침을 하나의 종교의 형태로 조직했고, 특히 그중 가장 영향력이 강했던 사람 중 하나인 앙팡탱Enfantin은 성직자들의 위계 조직과 같은 형태로 조직을 만들어서 토지까지 구하여 공동생활을 하기도 한다.

니라 스트라스부르Strasbourg✤로 옮길 것이며, 독일어 기고자들뿐만 아니라 프랑스어로 기고할 사람들도 엮어 놓아야 한다는 것이었다. 루게도 이 제안에 열성적으로 응답했으나, 여전히 자신이 예전에 작업했던 색소니를 출판지로 삼는 생각을 만지작거리고 있었다. 카를은 이에 대해 『독일 연보』를 다시 간행하는 것은 '한심한 복제물'이 될 뿐이라고 응답했다. 반면 『독일-프랑스 연보』의 출간은 '누구나 열정을 느낄 만한 사업'이 될 것이라는 것이었다.[49] 루게는 카를이 제안한 '골-게르만 원칙'을 받아들였지만, 3월과 8월 사이에 카를 스스로가 스트라스부르에서 출간하겠다는 생각을 포기한다(아마 예니의 걱정 때문이었을 것이다).[50] 루게는 브뤼셀의 가능성도 타진해 보았지만 거기에는 지식인들이 거의 없었기에 무려 8만 5000명의 독일인이 살고 있다고 여겨지는 파리에 견줄 바가 못 되었다.[51] 따라서 잡지의 출간지는 파리로 합의되었다.

카를과 루게가 이 새 잡지에서 애초에 기대하고 예상했던 바가 어떤 것이었는지는 1843년 봄과 여름에 그들이 주고받았던 편지들(이는 이후 그 잡지에 게재되었다)에서 엿볼 수 있다. 카를은 낙관적이었다. 프로이센의 왕을 혁명으로 타도당했던 영국 스튜어트왕조와 프랑스 부르봉왕조의 왕들과 비교했고, 또 독일은 '임박한 혁명'의 폭포로 밀려가고 있는 '바보들의 배'로 비유하고 있다.[52] 하지만 루게의 답장은 지독하게 비관적이었다. 이는 독일 공화주의자로서, 정치범으로서, 핍박받은 언론 매체의 편집장으로서의 경험에서 나온 것이었다. 일단 독일인들만큼 조각조각 갈라져 있는 민족도 없으며, 또 횔덜린의 『히페리온Hyperion』을 이어받아 이렇게 말하고 있다. "여기에 기능공들은 있지만 인간은 없네. 영주와 농노들, 젊은이들과 기성세대는 있지만 인간은 없다고. … 그런데 이곳이야말로 수많은 이의 팔과 다리와 손이 잘려져 나가 사방에 흩어진, 그리고

✤ 라인강의 도시로 독일과 프랑스의 경계선에 위치한 도시. 1681년 이후에는 프랑스 영토였다가 1871년 보불전쟁 이후에는 프로이센 영토가 되는 등 독일과 프랑스 사이를 오간 오랜 역사가 있다.

숱한 이들의 피가 흘러 모래 속을 적셨던 전투장이 아닌가? … 자네의 편지는 환상일세. … 우리가 무슨 정치 혁명을 겪게 될 거라고? **우리?** 지금 독일에 살고 있는 우리의 동시대인들이? 친구여, 자네의 희망 사항일 뿐일세."[53]

루게는 독일이 1819년의 억압적인 칼스바트 칙령의 재판을 겪고 있다고 주장한다. 스튜어트왕조니, 부르봉왕조니 하는 것은 그냥 빈소리일 뿐. 독일인들은 한 번도 어떤 혁명도 성취한 적이 없었다는 것이다. 그들은 남들을 위해서는 마치 로마 시대 검투사들처럼 싸우기도 했었다. 하지만 '우리가 속물들일 뿐이며 마치 순한 양처럼 영원히 굴종에 길들여져 있다는 것을 이해하지 못하는 바보가 도대체 누가 있단 말인가?' 독일인들은 이제 심지어 그들의 마지막 소중한 재산인 사상의 자유조차 잃고 말았다고 한다. 그들은 전제정을 용인하고 있을 뿐만 아니라, 거기에 '애국심'마저 바치고 있다는 것이다. 그 결과 독일의 각지에 군림하는 군주들은 자기들의 토지 및 인민들에 대한 개인적 소유권을 다시 확립했고, 인간의 여러 권리를 이야기하면 그건 프랑스 놈들이 강제로 요구했던 것이라고 치부하여 다시 또 폐지해 버렸다는 것이다. 독일인들은 이제 '추잡스러운 민족'이 되고 말았다는 것이다.[54]

루게의 회의론에 부딪히자 카를은 자신의 주장을 확장해 나간다. 옛날의 세계가 속물들의 손아귀에 들어간 것은 사실이지만, 새로운 질서, 즉 '사유하는 존재들, 자유로운 인간들, 공화주의자들'의 질서가 출현하고 있다는 것이었다.[55] '인간의 자기 확신'은 먼저 '이러한 인민들의 마음속에' 불꽃으로 피어올라야 한다는 것이다. "이러한 감정은 그리스인들과 함께 세상에서 사라져 버렸고 기독교 치하에서는 저 창공의 천국으로 사라져 버린 것이지만, 사람들이 더 고상한 목적을 위해 뭉치는 공동체로, 민주적 국가로 사회를 바꿀 수 있는 것은 이러한 감정밖에 없습니다."

프로이센 왕의 개혁 시도는 실패해 버렸다고 한다. '성직자, 기사, 봉건적 농노 들'로 가득 찬 과거를 다시 만들어 내려고 했던 그의 야심은 '오로지 프랑스혁명의 여러 결과'만을 원했던 '이상주의자들'의 목표와 충돌했던 것이다. 러시아의 차르와 프로이센의 장관들 모두가 그랬다가는 통치가 불가능한 '목소리 큰 인민들'을 낳게 될 것이라고 경고하면서 '침묵하는 노예들로 이루어진 옛날 시스템으로 돌아갈 것'을 프로이센 왕에게 촉구했다고 한다. 이는 한마디로 '절박한 상황'이며, 오히려 이 때문에 카를은 희망에 가득 차 있다는 것이다. 이러한 상황 전개 이전까지는 도저히 얻을 수 없었던 깨달음을 "이 속물주의의 여러 원수들. … 사유하고 고통받는 모든 사람들이 깨치게 된 것입니다. … 산업과 무역의 시스템, 소유권과 인민 착취의 시스템"이라는 것은 심지어 인구의 증가 속도보다 더욱 빠르게✤ '현대사회 내부에 파열구'를 내는 쪽으로 치닫고 있다는 것이다.[56]

9월이 되면 루게는 과거에 대해 생각하는 일은 그만둔 것으로 보인다. 카를은 자신들이 세운 전략의 개요를 제시한다. 그들은 새로운 세상의 도래를 '교조적으로 예측'하지는 않을 것이며, '옛날 세상에 대한 비판을 통해 새로운 세상을 찾아낼 것'이라는 것이다. 이에 '정치적 국가가 스스로와 일으키는 갈등'으로부터 '도처에서 사회적 진실을 발전시켜 내는 것이 가능할 것'이라고 한다.

카를은 자신이 헤겔을 비판하면서 발전시켰던 논리의 연장선에서 '정치적 국가' 내부에 함축된 여러 모순들을 폭로한다면 그것이 곧 '의식의 개혁'으로 이어질 것이라고 주장하고 있다. "비판자는 사회적 신분제 시스템보다 대의제

✤ 당시 유럽의 지식계에서 회자되었던 인구법칙을 암시하는 것으로 보인다. 리카도 등의 고전파 경제학에서는 인구의 증가 속도가 식량 생산의 속도를 압도하게 되어 있으며, 이 때문에 결국 지대의 상승과 이윤율의 저하로 인한 생산 정체 등으로 사회의 파멸이 오게 될 것이라는 전망을 제시하여 칼라일로부터 '우울한 과학dismal science'이라는 이름을 얻게 된다. 애초에 인구법칙을 내세웠던 토머스 맬서스의 이론은 좀 다르지만 인구의 빠른 증가로 인간 세상에 파멸이 오게 될 것이라는 메시지는 훨씬 더 강했다. 한편 마르크스는 이러한 인구법칙을 '인류에 대한 모욕'이라고 보아 아주 싫어했고, 임금의 생계비 수준에서의 고정이나 이윤율 저하 등 고전파 경제학이 내세운 장기적인 사회 동학의 원인을 자본과 노동의 계급투쟁 혹은 기계의 도입 등 '사회적인' 법칙으로 대체하려는 경향을 가지고 있었다. 이러한 구절에서 마르크스가 일찍부터 그러한 경향을 보이고 있어서 흥미롭다.

시스템이 우월하다는 것을 분석하는 가운데 다수파의 **관심을, 그것도 실천적인 방식으로 얻어 냅니다.** 하지만 그다음엔 '대의제 시스템을 그 정치적 행태에서 보편적 형태로 끌어올림으로써, 그리고 그 시스템의 근저에 도사리고 있는 진정한 의미를 꺼내 보임으로써, 동시에 비판가는 그 다수파를 그 스스로를 가두고 있는 한계를 넘어서도록 재촉합니다. 왜냐하면 그러한 한계에 갇혀 있는 상태에 서라면 그들의 승리란 곧 그들의 패배이기도 하니까요. … 우리는 이 세계가 정말로 쟁취하기 위해 싸우고 있는, 그 진정한 목표가 무엇인지를 세상에 밝혀 보여 주는 것뿐이며, 의식이란 세상 스스로가 설령 원하지 않는다고 해도 획득**해야만** 하는 것입니다." 이러한 전략은 포이어바흐가 고안한 용어들로 개념화되고 있다. "우리의 목적은 전적으로 오직… 종교적·철학적 문제들에다가 스스로에 대한 의식이 깨어난 인간에게 상응하는 형식을 부여하는 것입니다." 일단 이러한 작업이 이루어지면 '이 세계가 오랫동안 소유하기를 꿈꾸어 왔던 것이라는 게 알고 보면 그것을 의식하기만 하면 현실에서 소유할 수 있는 그런 것'이라는 점이 분명해질 것이라는 것이다.57)

카를과 예니는 1843년 10월 말 처음으로 파리에 도착했다. 런던에 이어 유럽에서 두 번째로 큰 도시였던 파리 인구는 100만 명을 넘고 있었다. 특히 고급 패션 제품들의 제조와 특화된 각종 서비스를 강점으로 가지고 있었다. 그래서 노동계급 인구 또한 프랑스에서 가장 큰 곳이었지만, 대규모의 기계제 공장factory 노동은 거의 없었다. 파리의 노동자들은 대부분 숙련을 요하는 직종의 노동자들로서 작은 작업장에 고용되어 있었다. 1848년에 파리 노동자의 50퍼센트는 혼자 일하거나 단 한 사람을 조수로 고용하고 있었고, 10인 이상을 고용한 상점은 10개 중 하나에 불과했다. 19세기 전반기에 파리의 인구는 두 배로 늘었다. 높은 임금에 끌려 이주 노동자들이 프랑스의 지방에서뿐만 아니라 인접국에서도 몰려들고 있었다. 1840년대 중반경 파리의 독일인 거주자들은 4만에서 6만을 헤아리는 것으로 추산되었으며, 그중 상당수는 인쇄공, 구두장이, 양복장이 등의 기능공들이었지만 교사, 작가, 예술가 들도 있었다. 기능공들의 이주는 1815년 이후 시절에 이미 시작된 일이었는데, 그 원인은 인구의 증가, 길드 제약의 완화, 독일과의 무역 증대 등이었다. 한편 교육을 받은 전문직 외국인들은 대부분 정치적 난민들이었으며, 특히 폴란드의 1830~1831년 봉기 이후 이른바 '대탈출 the great emigration'이라고 불리는 사태 속에서 온 폴란드인들이 많았다. 유럽 여러 나라에서 정치적 탄압의 물결이 생겨날 때마다 그 결과로 이러한 외국인 난민들이 파리로 몰려와서 계속 누적되었던 것이다.[58]

카를은 프로이센을 떠날 것을 학수고대하고 있었다. 그는 '사람을 농노로 만들어 버리는' 숨막히는 분위기에서 탈출하여 기쁜 마음으로 '새로운 세계의 새로운 수도'로 달려가고자 했다.[59] 루게는 파리라는 엄청난 크기의 대도시를 보고 한층 더 흥분한 목소리로 야단법석을 떨었다. 특히 몽마르트르 언덕 위에서 내려다보니 지평선 끝까지 건물과 집들의 바다가 펼쳐져 있더라는 것이었다.

> 비엔나와 로마도 큰 도시이며, 자연환경도 아마 파리보다 더 아름다울 걸세. 하지만 잊지 말아야 할 점이 있지. 그 도시들은 가만히 들여다보면 불행하게도 대부분 당나귀들이 살고 있고 인간의 서식지는 아주 듬성듬성 있다네. 그런데 이곳 파리는, 그리고 오직 이곳 파리만이 유럽 정신의 집중점이며, 세계사의 심장이 이곳에서 우리 앞에 펼쳐져 있는 거야. … 다른 무엇보다 아테네와 로마가 몰락한 이후 인간의 역사는 인간의 온갖 부조리함의 역사였지. 인간화된 세상을 새롭게 하려는 운동은 아직 걸음마 단계이고. 그 운동은 프랑스혁명과 함께 시작된다네. 왜냐하면 프랑스혁명이야말로 영웅, 공화주의자, 자유로운 인간 들이 이 세상에 존재한 적이 있었다는 것을 처음으로 사람들에게 상기시켜 준 사건이니까.[60]

프랑스 쪽 저자들을 찾는 과정에서 루게도, 카를도 지역적 현실을 우선적 관심사로 두지는 않았다. 루게는 헤스의 도움을 받아 아주 거창하게 시작할 수 있었다. 그는 라마르틴Lamartine, 상드Sand, 르드뤼-롤랭Ledru-Rollin, 라므네Lamennais 같은 명사들, 그리고 반노예제 운동가였던 빅토르 쇨허Victor Schölcher, 게다가 사회주의자들인 에티엔 카베, 테오도르 데자미Theodor Dezamy, 빅토르 콩시데랑Victor Considérant, 플로라 트리스탄Flora Tristan 등에게 접근했다. 루게와 카를이 낙관적일 만도 했다. 프랑스인들은 독일 낭만주의와 민족주의에 대해 알고 싶어 했고, 특히 셸링, 청년 독일파, 청년 헤겔주의자들에 대해서도 알고 싶어 했다. 루이 블랑은 피에르 르루의 『독립 리뷰Revue indépendante』의 프로젝트를 지지했다.

하지만 카를과 루게가 제안한 잡지에 기고할 준비가 되어 있는 프랑스 저술가는 없었다. 루게는 포이어바흐의 철학적 인간주의를 통해 독일인과 프랑스인 들이 단결할 수 있다고 믿었다. '인민들이' 2개의 언어로 되어 있는 잡지를 읽을 것이라는 가정 자체도 황당했지만, 프랑스인들이 포이어바흐식의 비판에 열광할 것이라는 가정도 그 이전 30년간의 프랑스에서의 지적인 발전을 전혀 고려하지 않은 것이었다. 충분히 예측할 수 있는 일이었지만, 프랑스의 저자들은 거의 예외 없이 '독일 무신론'과 결부되는 것을 꺼렸던 것이다.

계몽주의 **철학자들**Philosophes과 프랑스혁명은 기독교에 대한 적대감과 긴밀히 연결되어 있었지만, 1820년대 이후의 프랑스 좌파들은 대개 이러한 규정성을 벗어던진다. 종교의 중요성과 의미에 대한 생각이 크게 변했던 것이다. 프랑스혁명의 여러 전투를 치르면서 당대의 사람들이 '**영성적 권력**pouvoir spirituel'이라고 불렀던 것, 즉 한때 가톨릭교회가 휘둘렀던 문화적 헤게모니의 중요성이 부각되었다. 반혁명적 입장과 신정론의 입장에서 비판을 가했던 이들, 특히 보날Bonald과 같은 이들은 프랑스혁명이 실패했던 큰 이유는 자코뱅이 새로운 '영성적 권력'의 원천을 확립하여 인민들의 가슴과 정신을 사로잡을 수가 없었던 데 있다고 주장했다.

1820년대 말경부터 프랑스에 나타났던 사회주의는, 따라서 과학적 진보와 사회 진보라는 계몽주의의 전망뿐만 아니라 자코뱅주의와 프랑스혁명에 대한 신정론적인 비판에 기반을 두고 있었다. 생시몽 스스로가 '새로운 기독교'를 선언했고, 그 이후에 설립된 생시몽주의 교회는 바로 이러한 '영성적 권력'을 손에 넣어 그것을 평화로운 산업적·과학적 목적들에다가 적용하려는 시도였다. 이를 염두에 둔다면 1830년 혁명 이후에 쏟아져 나온 무수한 민주적·사회적 저술들이 어째서 기독교를 공격하거나 해체하는 게 아니라 다시 서술하고 자기 것으로 전유하려 하고 있는지가 이해될 것이다.

『지구Le Globe』의 편집자 출신이자 '7월 왕정'의 기간 동안 가장 유명했던 사회주의 저술가의 하나였던 피에르 르루는 1833년 자신이 근대적 의미에서의 '사회주의'를 발명해 냈다고 주장했다.[61] 하지만 그는 먼저 자신의 새로운 개념을 '종교적 민주주의'라고 불렀다. '종교적 민주주의'란 두 개의 극단을 양쪽에 두고 있는 것이었다. 한쪽 편에는 생시몽주의 교회의 '교황'인 앙팡탱 신부가 있었고, 반대쪽 편에는 '자유의 이름으로' '인간이 서로를 대하는 행태를 굶주린 늑대의 그것으로 바꾸어 버리고 사회를 무수한 원자 알갱이로 환원해 버리는' '영국 정치경제학의 개인주의'가 있다는 것이었다.[62] '종교적 민주주의'는 1848년 이전까지의 기간 동안 프랑스에서 전개된 사회운동의 언어를 묘사하는 단어로 아주 적합했다. 1830년 이래로 프랑스혁명을 인류의 종교사에서의 결정적인 한 장으로 묘사하고 예수를 프랑스혁명의 예언자로 묘사하는 일은 아주 흔한 것이 되었다.[63] 이러한 동일시는 1830년과 1848년 사이에 사회주의자들 집단에서나 공화주의자 집단에서나 공통적으로 벌어진 일이었다. 로베스피에르주의자인 알퐁스 라포네라이Alphonse Laponneraye는 예수, 루소, 로베스피에르를 '불가분의 일체로서 존재하는 세 개의 이름들'이라고 묘사했다. 카베는 공산주의란 기독교를 현실에 적용한 것이라고 선언했다. 한때 생시몽주의자였던 기독교 사회주의자이자 기능공들의 주요 잡지였던 『작업장L'Atelier』의 후원자였던 필리프 뷔셰

Philippe Buchez는 사회주의란 평등이라는 기독교의 약속을 실현한 것이라고 선언했다. 팔랑스테르 운동의 지도자로서 푸리에의 후계자였던 빅토르 콩시데랑도 마찬가지로 푸리에주의가 19세기의 기독교라고 주장했다. 그에 따르면, 사회과학은 박애라는 기독교의 약속을 현실로 이루어 낼 것이라고 한다. 독일인들에게는 참으로 당혹스러운 일이었지만, 루이 블랑은 좌파야말로 루이 필리프와 왕당파들Orléanists이라는 새로운 '볼테르적' 지배계급의 냉소에 맞서서 기독교를 지켜 내는 진정한 수호자들이라고 선언했다.[64] 따라서 기독교를 없애고 대신 그 자리에 모종의 인간주의적 신앙을 놓자는 제안은 프랑스인들에게는 거의 아무런 호소력도 가질 수 없었다.

이렇게 마르크스나 루게 모두 프랑스인들을 인간주의로 전향시키기가 얼마나 어려운 일인지를 전혀 예측하지 못했는데, 이는 그들이 독일 바깥세상에 대해서도, 또 대중 정치에 대해서도 별로 아는 게 없었다는 것을 시사하고 있다. 이 문제는 모제스 헤스가 분명히 경종을 울린 바 있었다.[65] 루게는 프랑스인들이 가지고 있는 독일 '무신론'에 대한 공포와 분파적인 당파성 등은 극복이 가능한 문제라고 생각했다.[66] 이와는 대조적으로 마르크스는 프랑스인들이 전제로 취하고 있는 생각의 출발점인 종교란 '모종의 결함의 존재'이기 때문에 '인간 해방'과 양립할 수 없다는 입장이었으므로 그들과 대화를 걸어 보려는 노력을 전혀 기울이지 않았다.[67] 루게에 따르면, '그의 냉소주의와 막돼먹은 거만한 태도 때문에' 마르크스는 '프랑스인들에게 완벽한 기피 대상'이었다고 한다. '그의 견해'는 '현대의 프랑스 문화 전체가 사라져야만 한다'는 것이었다는 것이다.[68] 그는 예전에는 유산계급과 결부되었던 '반종교적 태도'가 이제는 프롤레타리아트로 옮겨 갔다고 짐짓 믿는 듯 우겨 댔지만, 거의 근거 없는 가정에 불과했다는 것이다. 카를의 생각이야말로 1840년대와 1850년대에 사회주의와 공화주의의 프랑스 버전과 독일 버전이 얼마나 거리가 멀었는가를 보여 주는 또 하나의 사례였다. 차라리 좀 더 지각 있는 태도는 프리드리히 엥겔스(여전히 맨체스터에서 글을 쓰고 있었고 아직 마르크스와 친분을 맺지 않은 때였다)가 보여 주었다. 1843년 10월 엥겔스는 영국 사회주의자들은 '전반적으로 기독교에 반대'하기 때문에 '정말로 기독교적인 영국인들의 온갖 종교적 편견'에 시달려야 하는 반면, '기독교를 부정한 것으로 유명한 프랑스 민족의 일부인 프랑스 공산주의자 자신들은 막상 기독교인'이니 참으로 이상한 일이라고 말한 바 있다.[69]

카를과 루게의 공동 사업은 이렇게 프랑스인들의 협력을 확보할 수 없다는 불운으로 치닫게 되었지만, 이는 시작에 불과했다. 인간적 관계의 차원에서도 상황은 처음부터 악화되기 시작했다. 루게는 본래 자신들이 바노가Rue Vaneau에 있는 『연보』 사무실 바로 옆에 푸리에르식 팔랑스테르(푸리에가 주창한 모종의 사회주의 공동체)를 세울 것을 제안했다고 한다. 루게의 가족, 마르크스의 가족, 헤르베크의 가족 등 세 가족이 똑같은 건물의 다른 층에 거주할 것이며, 여성들은 돌아가면서 식사 준비, 바느질, 공동 가정생활의 조직을 돌보기로 한다는 것이었다. 마르셀 헤르베크에 따르면, 그의 어머니인 에마Emma는 이렇게 반응했다.

> 이 생각을 단박에 거절했다. 루게 부인과 같은 평범하고 친절한 색소니 출신 여자가 고도로 지적이고 야심은 더욱 큰 마르크스 부인처럼 훨씬 더 박식한 여성과 잘 지낼 수가 있겠는가? 그리고 그들 중 가장 나이가 어린 헤르베크 부인은 최근에 결혼했는데, 이런 식의 공동생활에 끌릴 턱이 있겠는가? 헤르베크 부부는 루게의 제안을 확실하게 거절했다. 루게와 마르크스와 그들의 부인들은 바노가로 함께 살러 갔다. 2주일 후 두 집안은 갈라섰다.[70]

1844년 2월 말에 나온 잡지는 한 권이었지만, 2호의 합본호로 그 편집의 부담이 대부분 카를에게 넘겨졌다. 루게는 주로 파리 바깥으로 돌았고 돌아온 뒤에는 몸져누웠기 때문이었다. 독일에 사는 저술가로부터의 기고는 없었다. 포이어바흐는 셸링에 대해 더 쓰는 것은 의미가 없다고 주장했다. 반쯤 농담으로 셸링과 칼리오스트로와 비교하는 것 말고는 셸링에 대해 새로 할 이야기도 없다는 것이었다.[71] 그래도 잡지에는 괄목할 만한 기고문들이 있었다. 하이네가 바바리아의 군주 루트비히에 대해 쓴 풍자적 찬미가, 헤르베크가 쓴 시, 카를 자신이 쓴 에세이들, 엥겔스가 토머스 칼라일에 대해 쓴 에세이, 그리고 또 엥겔스가 쓴 획기적인 정치경제학 비판 논문. 이 글은 마르크스 스스로가 정치경제학 비판에 뛰어들게 되는 최초의 영감을 제공한 글이었다.

6. '독일인들을 인간으로 해방시킬 것'

카를은 잡지에 자신이 쓴 글 두 편을 게재했다. '유대인 문제'에 관한 에세이에서는 그가 크로이츠나흐에서 써 놓았던 글에다 새로운 절 하나를 추가했는데, 그 내용은 사회주의의 관점에 훨씬 더 가까웠다. 원래 그가 바우어와 의견이 달랐던 지점은 국가가 종교에서 해방되는 것이 인간이 종교에서 해방되는 것과 같은 게 아니라는 자신의 주장이었다. 두 번째 절은 아마도 그가 파리에 도착한 이후에 쓴 것으로, 유대교를 시민사회의 탐욕적인 개인주의와 동일한 것으로 여기고 있었다.

카를은 유대교와 기독교를 세계정신 발전의 연속된 두 단계로 보는 바우어의 헤겔식 사고방식을 문제로 삼는다. 바우어의 '신학적 접근'에 대한 대안으로 카를은 기독교와 유대교의 차이를 비신학적 관점에서 구체적으로 살펴보고, 유대교를 폐지하기 위해서는 반드시 극복해야 할 **사회적** 요소가 무엇인지를 분명히 하려고 시도한다. 그의 접근법은 그 잡지의 다음 호에 게재하기로 되어 있었던 사회주의자 모제스 헤스의 에세이 「화폐의 본질에 관하여」에 크게 의존하고 있었다.

헤스의 주장은 기독교가 '현재 인류가 살고 있는, 아래위가 거꾸로 선 세상'의 '이론과 논리'를 제공하고 있다는 것이었다. 인류의 활동이 인류를 구성하는 한 사람 한 사람의 개인들의 것으로 여겨지지 않고, 대신 그 개인들의 바깥에 존재하는 것으로 생각되는 유적 본질로서 유일신의 것으로 여겨지고 있다. 마찬가지로 현실 생활에서 화폐는 이렇게 거꾸로 된 모습으로 서 있는 유일신과 닮은 꼴이라고 한다. 즉 화폐란 인간으로부터 그 모든 사회적 연대 및 유대를 벗겨내어 버리는 기독교의 신이 물질화된 것이라는 것이다. 이러한 근대의 '기독교가 만들어 낸 시장 바닥의 세계'에서 화폐란 개인들의 바깥에 존재하는 인간의 유적 삶의 틀을 표상하는 것이라고 한다. 화폐는 인간의 부이지만 인간과 낯선 존재가 되었으며, 인간의 삶의 활동을 물물교환으로 바꾸어 버렸다는 것이다.[72]

이렇게 기독교 이론에 나타난 바의 거꾸로 물구나무선 세상과 그렇게 거꾸로 선 유일신에 맞먹는 현실 생활에서의 존재로서 화폐를 구별하는 헤스의 관점은 카를의 손에서 '유대교'에 대한 이론으로 변형되었다. 화폐란 유대인들의 '세속의 신'이며, 그들은 자신들의 '세속적 종교'로 '수지맞는 장사를 하고 huckster'✤ 있다고 한다. 왜냐하면 카를에 따르면 유대교의 세속적 기초는 '실제적 필요'와 '자기 이익'이기 때문이라는 것이다. 헤스와 카를 모두 추상화와 그 결과 생겨나는 추상물에 대한 포이어바흐의 이론을 활용하려 시도하고 있다. 카를에 따르면, 인간이라는 존재는 일단 종교의 손아귀에 들어가게 되면 스스로의 본질적 본성을 대상화하고 그것을 자신에게 낯선 무엇인가로 변질시켜 버릴 수 있다

✤ 마르크스는 파리 시절의 글에서 이 표현을 여러 번 사용하고 있다. 'huckstering'이란 사전적으로는 물건을 등에 지고 다니면서 혹은 작은 가게에서 물건을 팔아 작은 이익을 남기는 상인이라는 뜻이지만, 이 말에는 아리스토텔레스 이래로 이러한 보부상 혹은 소매상에 대해서는 '값싼 물건을 부당하게 바가지 씌워 이익을 챙기는 쩨쩨하고 탐욕스러운 놈들'이라는 비난과 저주의 뜻이 강하게 들어 있다. 중세 말 이후에는 보부상 peddler과 달리 이 'huckster'들은 주로 치즈 등의 식료품 소매상을 지칭하는 말로 쓰이게 되는데, 값싸게 물건을 대량으로 떼어 와서 소량으로 팔 때 바가지를 씌워 부자가 되는 자들이라는 비난을 받았다. 여기에 해당하는 한국어를 찾기가 힘들어 본문에서는 문맥에 따라 이러한 뜻을 담은 여러 표현으로 번역하기로 한다.

고 한다. 인간은 자신의 여러 활동을 모종의 낯선 존재의 지배 아래에 두고 그 활동들 위에다 그 낯선 존재(즉 화폐)의 의미를 부여한다는 것이다.[73)]

현대에는 유대교가 '일반적인 **반사회적 요소**'를 구성하고 있다고 한다. 사기성 상업huckstering으로서의 유대교는 역사에 걸쳐 계속 발전하여 결국 당대의 지경에까지 이르렀고, 화폐가 하나의 세계적 권력이 되었으며, 물신인 마몬mammon 숭배는 보편적인 것이 되고 말았다고 한다. 유대인들의 금융 권력 때문에 그들이 정치적 권리를 결여하고 있다는 것을 사람들이 잘 보지 못하게 된다.[74)] 정치가 '금융 권력의 농노'가 되어 버렸기 때문이다. 화폐는 '인간 노동의 본질이 스스로에게 낯설게 된 것'이며, 이제 인간은 화폐를 숭배하게 되었다는 것이다.

이기주의야말로 유대인 종교의 핵심이지만, 이는 또한 '시민사회의 원리'이기도 하다. 금융 권력이 성장하면서 유대교의 가치들과 시민사회의 가치들 사이의 친연성이 더욱 근접해졌다고 한다. 이론과 예술에 대한 경멸, 그리고 인간을 그 자체로 목적으로 보는 태도에 대한 경멸은 물론, 이와 함께 자연에 대한 천박한 관점까지 모두 다 유대인 종교 안에 '추상적 형태'로 포함되어 있다는 것이다. 하지만 이는 또한 '돈만 좇는 자의 현실적 관점'을 형성하고 있다. 그런 자들에게는 '인류 종의 관계 그 자체, 남녀 간의 관계까지도 장사의 대상이 된다'. 마찬가지로 '온갖 민족들의 유산이 잡탕으로 뒤섞인 산물인 유대인들의 민족성'이란 '상인들, 즉 돈만 좇는 자들 일반의 민족성'에 맞먹는다는 것이다.[75)]

실제적 필요의 종교로 보자면 유대교는 여기에서 전혀 더 나아갈 수 없었다고 한다. 유대교의 완성은 실제의 현실에서만 찾아볼 수 있다는 것이다. 비록 유대교는 시민사회에서 그 절정에 도달했지만, 시민사회의 완성은 오직 기독교 세계 내에서만 벌어질 수 있었다. 유대교는 '새로운 세계'를 창조할 수 있는 이론을 결여하고 있었기 때문이다. 그런데 유대교에서 기독교가 발전되어 나왔으며, 이는 유대교가 결여하고 있었던 이론을 창조했다는 것이다. '인간에게 외적인 **모든** 민족적·자연적·도덕적·이론적 조건 들'을 만들어 낼 수 있는 것은 오로지 기독교뿐이라는 것이다. "오로지 기독교의 지배하에서만. … 시민사회는 국가의 삶으로부터 스스로를 완전히 분리할 수 있었고, 인간의 모든 유적 존재로서의 유대를 끊어 버릴 수 있었으며, 그러한 유대의 자리에 이기주의와 이기적 필요를 가져다 놓고 인간 세상을 서로서로 반목하는 원자 알갱이 개인들의 세계로 해체해 버리는 일이 가능했던 것이다."[76)]

기독교는 유대교에서 나왔지만, 이제는 다시 원천으로 돌아가서 하나로 융합되고 있다고 한다. 기독교는 그 스스로의 천국을 창조함으로써 유대교를 극복했다고 하지만, 이는 어디까지나 외양에 불과한 것이기 때문이라는 것이다. 하지만 이제 기독교는 인간이 스스로에 대해 낯선 존재가 되고 또 자연에 대해서도 낯선 존재가 되고, 따라서 만물이 돈을 주고 사고팔 수 있는 양도 가능한 대상들로 변해 버리는 과정을 완성했으므로 유대교는 마침내 '보편적 지배'를 성취하게 되었다는 것이다. 이제 '천국에서의 복락이라는 기독교의 이기주의'가 다시 '유대인들의 육신 이기주의'와 하나로 합쳐지고 있다는 것이다. 유대인이라는 집단이 그토록 끈질기게 살아남은 원천은 그들의 종교가 갖는 실제적 필요와 이기주의라는 '인간적 기초'에 있다고 한다. 따라서 정치적 해방으로는 유대인들을 해방시킬 수 없다는 것이다. 오로지 인간 해방(즉 사기성 상업huckstering과 화폐로부터의 해방)을 통해 유대인이 되는 일을 '불가능하게' 만들 수 있을 뿐이라는 것이다.[77)]

같은 잡지에 기고한 카를의 다른 글은 자신의 「헤겔 법철학 비판을 위하여Contribution to the Critique of Hegel's Philosophy of Right」에 자신이 붙인 서문이었다. 이 글에서도 마르크스는 모든 잠재적 시민들에 대한 호소의 형태로 자신의 분석을 써 내려가는 게 아니라 프롤레타리아트라는 특정한 집단을 보편성의 특권적인 구현체로 제시함으로써 공화주의에서 사회주의로의 경계선을 또다시 넘어가고 있다. 이 짧은 에세이에서 그는 자신의 미완성 초고인 '헤겔 법철학 비판'의 주요 주제들 일부인 '정치적 해방'의 불충분성과 '비판'의 실패를 논하고 있다. 추상화에 대한 비판을 여러 각도로 적용할 수 있다는 그의 확신은 전혀 흔들림이 없었다. "종교에 대한 비판은 이제 완결되었다"고 그는 선포한다. 하지만 '종교에 대한 비판'은 '모든 비판의 전제'이며, 이는 또한 '**인간이야말로 인간에게 지고의 존재**이므로 인간을 천한 노예로 내팽개쳐 혐오스러운 존재로 만들어 버리는 **모든 사회적 관계를 뒤집어엎는 것이 절대적 지상명령**이라는 가르침'으로 끝난다고 한다. '종교는 인민의 **환상에 불과한** 행복이니, 종교를 철폐하는 것은 곧 인민들의 진정한 현실에서의 행복을 요구하는 것이 된다.' 일단 종교라는 신성한 형식으로 포장된 자기소외의 가면을 찢어 버린 이상, 철학의 과제는 이제 종교 이외의 형식들을 띤 자기소외의 가면들 또한 찢어 버리는 것이 된다. 독일 사회의 모든 영역은 폭로의 대상이 되어야만 하며, '이 돌덩어리처럼 굳어 버린 사회적 관계들로 다가가 그들 자신의 멜로디를 노래로 불러 주어 그것들이 다시 춤을 추도록 강제해야만 한다'는 것이다. 헤스와 마찬가지로 그도 행동의 필요성을 강조하며, 폭력에 호소할 필요가 있음을 강조한다. "비판이라는 무기로는 결코 구체적인 무기를 통한 비판을 대체할 수가 없다."[78]

현재의 독일 체제는 "하나의 시대착오이다. … 세계사의 발전이 취하는 형식의 마지막 단계는 **코미디**이다." 다른 구체제들anciens régimes은 비극적 운명을 맞고 말았지만, '현대에 존재하는 구체제는 그 세계 질서의 **진짜 주인공**들이 다 죽어 버린 상태에서 혼자 설치고 다니는 **희극배우**일 뿐'이다. 독일의 산업 지도자들, 즉 '우리의 면화 귀족들과 제철 산업의 대장들' 또한 똑같이 시대착오적이라고 한다. 이들은 영국과 프랑스와 같은 선진국들이 '보호관세'를 폐지하기 시작하는 바로 이 시점에서 그것을 도입할 것을 요구하고 있다는 것이다. 좀 더 일반적으로 볼 때 "**독일 중간계급의 도덕적 자기확신**조차 그것이 다른 모든 계급의 속물적 범상함을 일반적으로 대표하는 것이라는 의식에 전적으로 기대고 있다."[79]

왜냐하면 독일에는 1789년 프랑스의 '제3신분'과 같이 행동에 나설 능력을 가진 계급이 존재하지 않았기 때문이다. 모든 계급은 그저 자기 바로 위와 바로 아래의 계급과 아귀다툼을 벌이고 있을 뿐이었다. 이는 곧 독일에서는 '유토피아적 꿈'이라고 해 봐야 '급진적 혁명'이나 '일반적 인간 해방'이 아니라 '정치적 해방', '부분적이며 그저 정치적인 것에 불과한 혁명'일 수밖에 없음을 뜻한다고 한다. 독일에서는 '보편적 해방'이 '부분적 해방의 절대적 필수 조건sine qua non'이라는 것이다. 지금 필요한 것은 기존 사회에 깔려서 혹은 그 바깥에서 신음하는 계급이 수행해 줄 '인간적' 변혁이라는 것이다. 이 계급은 '그저 명목으로만 인간'인 상태에 있는 계급이며, '근본적인 쇠사슬에 묶여 있는 계급'이며, 그들이 있는 '영역'은 '사회의 모든 다른 영역들을… 해방시킬 때에만 스스로를 해방시킬 수 있다'는 것이다. 독일에서는 이미 그러한 계급이 나타나고 있는 중이라고 한다. 그것은 바로 프롤레타리아트로, '**산업** 발전'으로부터 생겨난 계급이자 '사회의 **급격한 해체**'로부터 생겨난 계급이라는 것이다. 이 계급은 '인간의 완전한 상실'이며 '지금까지 존재해 온 세계 질서의 해체'라는 것이다. 독일에서 급진적 혁명이 일어나려면 '사유가 현실화되기 위해 분투'하는 것만으로는 충분치 않다고 한다. '현실 자체가 사유를 향하여 몸부림쳐야만 한다.' 이러한 요건이 지금 충족되고 있다는 것이다. 왜냐하면 '사적 소유의 부정을 요구함으로써… 프롤레타리아트는 사회가 프롤레타리아트에게만 적용되는 원칙으로 정했던 것을 사회 전체에 적용되는 원리의 반열에 올려놓는 것뿐'이기 때문이라는 것이다.[80)]

프롤레타리아트는 혁명적 변화 과정에서 '**수동적** 요소, 모종의 **물질적** 기초'를 대표한다고 한다. 포이어바흐의 전망으로 보자면, 이는 '**감정**-여성적 원리, 유한한 것에 대한 **감성**이자 유물론의 자리'를 대표한다는 것이다. 최초의 불꽃은 다른 곳에서, 즉 '**머리**-남성적 원리이자 관념론의 자리'인 철학에서 와야 한다는 것이다. 독일은 종교개혁이라는 혁명의 과거를 가지고 있지만, 이는 어디까지나 이론적인 것이었다. 당대의 독일이 케케묵은 구체제의 손아귀에 붙들려 있는 것처럼, 종교개혁 전야의 '공식적' 독일 또한 '로마의 가장 무조건적인 **노예**'였다는 것이다. 하지만 '그때 혁명이 수도승의 두뇌에서 시작되었던 것처럼, 이제는 **철학자**의 두뇌에서 시작된다'는 것이다. 이 잡지가 본래 목표로 했던 구독층이 '사유하는 사람들'과 '고통받는 사람들'이었다고 한다면, 1844년 초 그 고통받는 자의 역할이 프롤레타리아트에게 돌아가게 된 것이다. 카를의 결론에 따르면, "철학이 프롤레타리아트에서 그 **물질적** 무기를 발견하는 것처럼, 프롤레타리아트는 철학에서 그 **정신적** 무기를 발견하게 된다. … **독일인의 해방**은 곧 **인류의 해방**이다. 해방의 **머리**는 **철학**이며, 그 **심장**은 **프롤레타리아트**이다. … 일단 사유의 번개가 인민이라는 이 순진한 토양 위를 정통으로 때리게 되면 **독일인들**의 **인간**으로의 해방이 벌어질 것이다."81)

충분히 예상할 수 있듯이, 프로이센 정부는 『독일-프랑스 연보』의 발행에 놀라 경각심을 갖게 된다. 이는 반역적인 간행물로 여겨졌으며 카를, 루게, 하이네, 베르나이스Bernays(팔츠 출신의 젊은 변호사이자 『만하임 석간 신문Mannheimer Abend-Zeitung』의 전직 편집장으로 최근 바바리아로부터 추방당했다)는 프로이센 땅에 발을 대는 즉시 체포하라는 명령이 떨어졌다. 인쇄된 1000부 중 100부는 베르나이스가 라인강의 증기선에 싣고 운반하던 중 경찰에 발각되었고, 또 프랑스와 팔츠의 국경선에서 230부가 더 압수당했다.

취리히 출판사의 율리우스 프뢰벨Julius Froebel 또한 이 첫 호의 급진주의가 그가 예상했던 것보다 훨씬 더 심했을 뿐만 아니라, 프랑스인 기고자가 아무도 없는 데다 당국에서까지 자꾸 나와 괴롭히는 바람에 크게 낙담했다. 그는 이 잡지의 자금이 다 떨어졌으며, 돈이 없어서 더 계속하지 못하겠다고 선언했다. 루게 또한 더는 자기 돈을 잡지에 넣기를 거부했을 뿐만 아니라 모제스 헤스에게도 아직 출간되지 않은 호들의 자금으로 그가 출자했던 돈을 빨리 회수하라고 설득하려 들었다. 카를은 『연보』의 팔리지 않은 책들로 지불받았다. 그래서 이 골-게르만 출판 프로젝트는 약 350페이지의 두꺼운 1호만 남긴 채 끝나고 말았다.

카를은 여기에서 큰 금전적 어려움에 직면할 뻔했지만, 게오르크 융의 주도로 옛날 『라인 신문』의 주주들이 카를이 문필 활동을 계속할 수 있도록 지원하기 위해 모은 1000탈러를 받아 겨우 위기를 모면했다. 하지만 루게와의 관계는 악화되었다. 카를과 루게가 어떻게 해서 절연하게 되었는지에 대해서는 루게 쪽의 이야기만 남아 있으며, 이는 시인 게오르크 헤르베크의 도덕성과 관련된 문제였다. 아주 최근에 베를린의 부유한 은행가의 딸과 결혼한 헤르베크가 다굴 백작 부인Countess d'Agoult(그녀는 한때 프란츠 리스트의 정부였고 나중에 다니엘 스턴Daniel Stern이라는 가명으로 1848년 파리에서 벌어진 혁명의 연대기를 집필하는 인물이다)과 불륜 관계에 있을지 모른다는 추문이 돌았던 것이다. 루게는 훗날 이렇게 회상하고 있다.

> 나는 헤르베크의 생활 방식과 나태함에 분개했다. 나는 몇 번이나 그를 악의 없이 나쁜 놈이라고 부르면서 남자가 결혼을 했으면 행실을 바로 해야 한다고 말한 바 있다. 마르크스는 아무 말도 없이 잠자코 있다가 헤어질 때도 아주 친근한 태도로 임했다. 다음 날 아침 마르크스는 내게 헤르베크가 천재이며 미래가 아주 밝다고 말했다. 그런데 내가 그를 나쁜 놈이라고 부르는 바람에 그는 아주 화가 치밀었고, 나의 결혼관이 속물적이고 비인간적이라고 했다. 그때 이후로 우리는 다시 서로 보지 않았다.[82)]

카를은 여기서 한 번 더 시인이 되겠다는 야심을 갖게 되며, 파리에서 그는 하인리히 하이네와 사귀게 될 기회를 가진 것을 기뻐했고, 하이네의 풍자적 위트와 문체의 기교를 흉내 내 보려고 노력했지만 성공하지는 못했다. 당시 건강도 악화되고 고독한 상태였던 하이네는 『연보』 집단과 친하게 지냈다. 엘리노어 마르크스가 기억하는 바에 따르면, 파리에 있을 적에 하이네가 사실상 매일같이 집에 찾아와서 카를과 예니에게 자신이 쓴 새로운 시들을 낭송해 주곤 했다고 한다. 그는 특히 예니에게 매료되었던 것으로 보이며, 카를이나 예니와는 달리 아주 현실적으로 쓸모 있는 재주도 가지고 있었다. 엘리노어의 이야기에 따르면, "당시 태어난 지 몇 개월밖에 되지 않았던 아기였던 예니 마르크스가 어느 날 심한 경련을 일으키며 거의 죽을 위험에 처해 있었다. 마르크스, 그의 아내, 그리고 그들의 충직한 가정부이자 친구였던 헬레네 데무트Helene Demuth는 전혀 어찌할 바를 모르고 아기 옆에 서서 쩔쩔 매고 있었다. 그때 하이네가 도착했다. 그는 아기를 한 번 보더니 '아기를 지금 목욕시켜야 합니다'라고 말했다. 그는 자기 손으로 목욕 준비를 하고 아기를 욕조에 넣어 마침내 예니의 목숨을 구해 냈다. 이게 마르크스가 해 주었던 이야기이다."[83]

생시몽주의자들과 마찬가지로 카를 또한 예술가들은 미래의 전망을 보는 특권을 부여받았다고 믿었고, 따라서 그들은 인류의 선출된 전위들을 형성한다고 믿었다. 따라서 이들은 평범한 사람들은 물론, 심지어 특출한 사람들의 잣대로도 평가해서는 안 된다는 것이었다.[84] 카를의 철학적 관점이 어떻게 바뀌는가와 무관하게 시적인 천재성(이를 그는 창조의 무질서와 결부시켰다)에 대한 카를의 집착은 일생 내내 그의 생활 스타일을 규정했다. 루게는 마르크스의 작업 습관을 이렇게 묘사했다.

> 그는 아주 독특한 개성을 가지고 있었다. 학자로서, 저자로서는 완벽하지만 저널리스트로서는 완전히 파멸적인 것이었다. 그는 엄청나게 읽으며, 흔치 않은 작업 강도를 보여 주며, 비판적 재능을 가지고 있지만 이는 간혹 악의에 찬 변증법으로 저질화될 때가 있다. 하지만 그는 아무런 작업도 끝을 내는 법이 없으며, 다 중간에 그만두어 버리고 다시 끝없는 책들의 바다로 새롭게 몸을 던진다. … 그는 걸핏하면 화를 내고 다혈질이며, 특히 너무 열심히 일하다가 사흘 밤, 심지어 나흘 밤을 자지 않는 경우 그러한 특징이 강하게 나타난다.[85]

루게가 파리에서 자신이 어떻게 지냈는지의 이야기에서 명확해지는 것은 두 사람이 갈라서게 된 진짜 문제는 카를의 시인관이라든가 그의 작업 습관 같은 것은 아니었다는 점이다. 루게는 출간된 잡지에 게재된 에세이들 몇 개는 아주 괄목할 만하다고 여겼다. 비록 카를이 달아 놓은 경구들은 억지스럽고 에세이들 중 일부는 '다듬어지지 않았다'고 생각했지만 말이다. 하지만 이 프로젝트가 실패하게 된 주된 이유는 이 잡지가 시작부터 아주 단호한 형태의 공산주의로 자꾸 끌려가고 있었다는 데 있었다. 이 때문에 그 발행인인 프뢰벨은 뒤로 빠질 수밖에 없었고, 서점상들도 겁을 집어먹었을 뿐만 아니라 '중요한 재능을 가진 이들'을 소외시키고 말았다는 것이다. 루게는 그래도 여전히 다른 출판사를 찾고 있었지만, 그때 카를이 루게에게 통고를 보냈다. "궤변에 빠진 이 인격분열증 환자의 실제적 재능을 나는 너무 과대평가했었다. 그가 내게 자기가 더는 나와 함께 일할 수 없다고 설명했다. 나는 그저 정치적이기만 한 반면, 자신은 공산주의자라는 것이었다." 루게는 여기에 놀랄 수밖에 없었다고 한다. 왜냐하면 1843년 9월에서 1844년 3월까지 카를은 자신이 '조야한 사회주의'로 나아가던 것에 대해 입을 다물었기 때문이라는 것이다. 오히려 그는 그 당시에 보낸 편지에서(이 편지는 『연보』에도 게재되었다) 그 '조야한 사회주의'에 대해 '아주 합리적으로 장황하게 반대 논리를 편 적이' 있었다는 것이다.86)

루게는 계속해서 카를의 공산주의를 공격했다. 그는 포이어바흐에게 보낸 편지에서 푸리에주의자들의 목표도 그렇고, 또 공산주의자들이 옹호하는 사유재산의 억압도 그렇고 뭔가 명쾌하게 설명할 수 있는 게 아무것도 없다고 주장했다. "이 두 가지 경향들은 모종의 경찰국가와 노예제로 끝나게 되어 있다네. 프롤레타리아트를 그 육체적·지적 비참상의 중압에서 해방시킨다는 목적 아래에 바로 그러한 비참상을 모두에게 일반화시키고 모든 인간을 그 중압 아래에 몰아넣을 그러한 사회 조직을 꿈꾸는 짓일세."87)

카를 자신 또한 한때에는 잠시나마 자신이 새로운 루터를 찾아냈다고 확신했었지만, 이제는 루게와의 공동 작업이 끝났다는 데 아무런 유감도 표하지 않게 되었다.

1844년 8월 11일 카를은 포이어바흐에게 쓴 편지에서 "제가 당신께 느끼는 커다란 존경과, 이런 단어를 써도 된다면 사랑'에 대해 이야기한다. 그리고 특히 포이어바흐의 『미래의 철학의 원리들Principles of the Philosophy of the Future』에 대해 언급하면서 '이 저작들에서 당신은 (의도적으로 그러셨는지는 모르겠으나) 사회주의의 철학적 기초를 제공하셨으며, 공산주의자들은 그 저작들을 곧바로 그러한 방식으로 이해했습니다.'" 특히 마르크스가 찬양했던 것은 포이어바흐가 '인간들 사이의 여러 현실적 차이점들에 기초를 두고 인간과 인간의 통일성'을 이해한 점, 그리고 '인간을 천국이라는 추상물로부터 지상의 현실로 끌고 내려와 하나의 유적 존재로서 개념화한 것'이었다. "바로 이것이야말로 **사회**의 개념이 아니고 무엇이겠습니까?"[88]

7. '낡은 독일이여, 우리는 너의 수의를 짜고 있노라!' 『전진!』과 실레지아

1843년 12월, 프랑스와 독일 당국자들은 파리에 두 개의 새로운 독일어 신문들이 나타났으며 그중 하나는 '공산주의 경향'을 띠고 있다는 경고를 받는다. 오스트리아의 재상 메테르니히와 프로이센의 외무 장관 뷜로Bülow는 프랑크푸르트 의회에서 예방 조치들을 취하여 검열을 받지 않은 독일어 잡지는 독일연방 내에서는 물론 외부에서도 금지한다는 명령을 반복하기를 바랐다. 독일의 기능공들은 사실 공식적으로는 독일연방을 떠나는 것이 금지되어 있었다. 물론 이러한 조치를 실제로 집행한다는 것은 불가능하지만, 국경을 넘는 노동자들을 언제든 수색하는 데는 아주 좋은 구실이었다. 또한 검열을 받지 않은 독일어 출간물이 독일연방 내로 반입될 경우에는 몰수하도록 되어 있었고, 그래서 『독일-프랑스 연보』를 운반하던 베르나이스가 바로 그런 일을 당하게 된다. 하지만 파리의 프로이센 대사인 아르님 백작Count von Arnim은 이런 조치들만으로는 효과적이지 못하다고 생각하여 프랑스 수상이었던 프랑수아 기조François Guizot에게 직접 개입하라는 압력을 넣었다. 하지만 기조는 거부했다. 공연히 프로이센인들의 명령에 따라 정치적 망명객들을 쫓아냈다가 언론에서 난리가 나는 모습을 보고 싶지 않았기 때문이었다.

하지만 1844년 3월 말, 아르님 백작은 『독일-프랑스 연보』가 파산해 버렸다는 내용의 보고서를 기쁘게 작성하여 베를린으로 보낸다. 이제 골칫거리도 사라진 듯했다. 하지만 당국자들은 평화롭고 충성스러운 프로이센 왕국에 문제가 생긴다면 이는 외부에서 들어오는 선동꾼들 때문일 것이라고 확신하고 있었다. 따라서 일을 확실히 하기 위해 추가적인 조치가 행해졌으니, 1844년 4월 16일 카를, 루게, 하이네, 베르나이스 등은 프로이센에 발을 들이는 즉시 체포하라는 영장이 떨어졌다.

프랑스와 독일 당국자들이 경고를 받았던 두 번째 독일어 잡지인 『전진!Vorwärts!』은 연극 연출가이자 번역가인 하인리히 뵈른슈타인Heinrich Börnstein이 작곡가인 자코모 마이어베어Giacomo Meyerbeer의 도움을 받아 1844년 1월에 창간되었다.[89] 이 잡지의 애초의 목적은 그저 곤궁한 기능공들에 대한 자선의 도움을 강조하는 것이었을 뿐이며, 따라서 정치적인 색깔은 띠지 않으려고 했다. 게다가 프로이센이 뒷돈을 대고 있다는 소문이 자자했던 보른슈테트Adalbert von Bornstedt가 이 신문에 참여하고 있다는 것도 안전을 보증했다. 하지만 여기에서도 아주 모호하게라도 '통일'이니 '자유'니 하는 가치들을 언급했다가는 당장 프로이센의 의심을 살 판이기는 마찬가지였다.[90]

뵈른슈타인은 발행 부수를 늘려 나가는 데 실패했고, 그래서 그다음 몇 개월간 이 잡지의 성격을 완전히 다시 생각할 수밖에 없었다. 능력 있는 기고자들을 찾는다면 파리의 망명객들로부터 새로운 인물을 뽑아야 했으며, 또 안정적인 구독자층을 확보하기 위해서는 기능공들에게 호소력을 갖는 잡지가 되어야만 했다. 그렇기에 『독일-프랑스 연보』가 무너진 것은 그에게는 완벽한 기회였다. 하지만 보른슈테트와 같은 인물(하이네는 이미 1838년에 그를 프로이센 정부의 첩자라고 비난한 바 있다)이 엮여 있는 한 정치 망명객들이 『전진!』지에 참여할 것 같지는 않았다. 그리고 급진적인 교육 협회와 연결된 기능공들 및 그들과 연관된 비밀 결사체들도 잠재적인 구독층으로 영양가가 있었다. 이들은 여러 정치적 입장들을 놓고 논쟁을 벌일 수 있는 잡지를 필요로 했기 때문이다. 이는 특히 급진적인 독일인 결사체 중에서도 규모가 가장 컸던 『정의 동맹Bund der Gerechten』(이 단체는 1836년까지 거슬러 올라간다)에 해당되는 이야기였다.

이러한 여러 단체 사이의 분열은 정치적인 것이기도 했지만 또 세대간의 것이기도 했다. 1830~1834년의 기간에 넘어온 옛 세대의 망명객들은 '독일 학생 연맹Burschenschaftler'의 낭만주의자들, 자코뱅식 범세계적 공화주의자들, 마치니식의 민족주의자들, 함바흐식의 자유주의자들에 이르는 다양한 여러 형태의 민족주의자들로 주로 이루어져 있었다. 나이로 보나, 정치적 의식의 형성으로 보나 루게는 이 첫 번째 집단에 더 가까운 이였다. 1830년대 말부터 시작된 두 번째 물결을 타고 온 망명객들은 카베의 이카리아파, 바이틀링이나 라므네Lamennais의 추종자들, 스위스에 기초를 둔 다양한 형태의 기독교 공산주의 옹호자들, 그리고 좀 더 최근에는 카를 샤퍼Karl Schapper와 같이 런던의 차티스트운동에 끌리는 이들 등 다양한 형태의 사회주의 및 공산주의의 성격을 띠고 있었다. 마지막으로 『독일-프랑스 연보』를 중심으로 모인 '인간주의자들'과 '신헤겔파들'이 있었다.

이러한 급진파 구독층에 호응하기 위해 뵈른슈타인은 결국 보른슈테트와 결별하고 『독일-프랑스 연보』에서 함께 작업했던 이들과 '정의 동맹'의 저명한 인사들을 끌어들였다. 뵈른슈타인 스스로도 자신이 '인간주의'로 이미 전향했다고 주장하면서 다음과 같이 빼겨 댔지만, 이는 상당한 근거가 있는 말이기도 했다. '『전진!』지에는 곧 그 어떤 다른 신문에서도 거느리시 못할 지술가들의 집단이 모여들었다. 아르놀트 루게, 카를 마르크스, 하인리히 하이네, 게오르크 헤르베크, 바쿠닌, 게오르크 베이르트Georg Weerth, 베버G. Weber, 엥겔스Fr. Engels, 에베르베크 박사Dr Ewerbeck, 뷔르거스H. Bürgers 등이 쓴 글이 게재되었던 것이다.' 뵈른슈타인은 계속해서 주간 편집 회의를 '즐겁게' 회상하고 있다.

> 보통 12~14명이 모이곤 했다. … 어떤 이들은 침대나 트렁크 위에 앉기도 했고, 다른 이들은 그냥 서 있거나 일어나서 왔다 갔다 하곤 했다. 모두들 지독하게 담배들을 피워 댔고, 엄청난 열정과 흥분으로 주장을 펼쳤다. 창문은 도저히 열 수가 없었다. 그랬다가는 그 거친 고함 소리와 소음 때문에 무슨 난리가 난 줄 알고 곧바로 길거리의 사람들이 몰려들 것이 분명했기 때문이다. 결국 방은 금세 담배 연기로 앞을 볼 수 없을 정도가 되었기에 새로 들어오는 이가 있어도 방에 누가 있는지를 알아볼 수 없었다. 모임이 끝날 때가 되면 죽 있었던 이들도 서로를 알아볼 수가 없을 지경이었다.[91]

『독일-프랑스 연보』에서와 마찬가지로 주요한 대립은 공화주의자들과 사회주의자들 사이의 논쟁이었다. 뵈른슈타인은 이 두 경향 사이에서 밤마다 벌어졌던 거친 논쟁에 대해 이야기하고 있다. 사회주의자들이 다수를 차지했고 루게는 그들의 주요한 표적이 되었다. 그전 3월까지만 해도 뵈른슈타인은 『독일-프랑스 연보』를 루게의 잡지라고 생각했었다고 한다. 루게는 유명 인사이며 '거장'이고, 카를은 명민하지만 이름 없는 그의 조수 정도로 보았다는 것이다. 루게는 또한 자금도 풍부했기에 뵈른슈타인은 그에게 함께 잡지를 다시 세우자고 제안하기도 했다고 한다. 루게는 거절했는데, 특히 이미 그 잡지에 몰려들어 갈수록 힘이 커져 가는 '공산주의' 분파가 싫었기 때문이었다고 한다. 하지만 이는 갈수록 그의 정치적 입장에 대한 공격으로 이어졌다. 6월 22일, 뵈른슈타인은 논쟁을 도발적인 공개 서한으로 게재하여 루게의 '부정적 태도'를 비난하고, 자기 스스로의 관점이 무엇인지 구체적으로 밝혀 보라고 도전장을 내기에 이른다. 예를 들어 어째서 '인간의 권리'에서 멈추어 버리고 카를처럼 그것을 넘어서서 더 나가지를 못하는 것인가? 여기에 또 베르나이스와 에베르베크 등이 개입하여 공화주의의 입장이 무어냐고 더욱 몰아붙인다. 하지만 이 시점(6월 6일)에서는 이미 루게가 자신과 카를의 갈등을 공공연하게 알리기를 꺼렸기에 그는 그저 모호한 일반적 이야기만 늘어놓고 만다.92)

루게는 얼마든지 설득력 있는 반론을 펼 수 있었다. 카를과 마찬가지로 루게 또한 추상화 과정에 대한 포이어바흐의 비판에서 영감을 얻은 바 있다. 그런데 그러한 비판은 여러 수많은 결과를 낳을 수 있는데 어째서 노동과 같은 하나의 특정 형태에만 국한되어야 하며, 프롤레타리아트라는 하나의 사회집단에만 국한되어야 한다는 것인가? 공화주의의 인간주의는 모든 형태의 추상화에(개념들이 인류에 외적인 객관적 존재를 갖게 된다는 전제에 대해서는 이 책의 247~248쪽을 보라) 대한 투쟁을 수반하게 되어 있다. 그는 영국과 프랑스에서 벌어졌던 여러 사회주의 및 공산주의 집단들의 활동들을 긍정적으로 보았지만, 사회혁명이라는 생각은 하나의 환상이라고 생각했다. 1789년에 표출된 바 있는 여러 노선에 따라 단일의 민주적·국민적 혁명을 밀고 나간다면 그 모든 것을 아우를 수 있고 또 아울러야만 한다는 것이었다. 그가 1843년 『독일-프랑스 연보』와 관련하여 보냈던 여러 편지에서 그가 카를에게 강하게 주장했는데, 독일의 문제는 정치적 무관심과 냉담함에 있다는 것이었다. 그의 입장을 요약하자면, "독일 민족이란 존재하지 않는다네. 오로지 모종의 혁명을 통해서만 독일 민족은 창조될 수 있는 거라네."

3월 『독일-프랑스 연보』가 무너진 뒤 몇 달 동안 카를은 저널리즘에서 한발 물러나 자신의 작업을 진행했다. 5월 1일 그의 첫 번째 딸인 예니가 태어났고, 6월 초에는 아기와 어머니 예니는 외할머니와 머물기 위해 트리어로 떠났다. 아기 예니는 여행 중에 몸이 많이 아팠다. 그녀는 '심한 과식과 변비'를 앓고 있었고, 의사는 어머니 예니에게 유모를 들이라고 강하게 촉구했다. '인위적인 수유로는 쉽게 회복하지 못할 것'이라는 것이었다. 유모로 구한 이는 어린 시절 예니의 아버지 루트비히와도 알던 여인으로, 프랑스어도 할 줄 알았으므로 9월에 예니가 아기를 데리고 파리로 돌아올 때에도 함께했다. 예니는 6월 21일쯤 트리어에서 마르크스에게 보낸 답장에서 이렇게 말한다. "당신이 좌우지간 안정적인 자리를 잡기로 결심하기를 다들 여전히 소망하고 있답니다." 트리어에서 그녀는 어머니와 재회하여 행복했지만, 남동생 에드가의 방탕한 생활에 대해 걱정하게 되었다. 그녀의 어머니는 한 푼에 벌벌 떨면서 저축을 하고 있었지만 에드가는 쾰른의 오페라하우스를 밥 먹듯 드나들었다. 에드가가 "시대의 방향을 알리는 큰 사건과 증후들, 그리고 사회에 존재하는 모든 고통을 들먹이면서 자기 스스로의 무가치함을 세탁하고 은폐하고 있다"는 것이다.[93] 그녀는 불안에 떨었다. "어려운 발걸음을 떼어 놓았어요. 어디 갔다는 이야기인지 아시겠죠?" 하지만 다 잘되었다. 문이 열렸을 때 예니는 카를의 여동생인 예첸의 환영을 받았다. "저를 안아 주고 키스해 주었어요." 그러고는 그녀를 응접실로 안내했다. 여기에서 카를의 모친인 앙리에트와 그녀의 여동생 소피가 "모두 저를 보자마자 안아 주었고", "어머님은 저에게 깍듯이 존칭을 쓰셨어요."✤ 소피는 병으로 지독하게 삭아 보였고, 예첸은 나중에 그녀를 죽음으로 몰고 가는 결핵을 이미 앓고 있는 상태였다. "건강하게 잘 살고 있어 보이는 분은 당신 어머님뿐이셨어요." 다음 날 아침 앙리에트는 아기를 보러 왔다. "이렇게 태도가 확 달라지실 줄은 상상도 못 했어요." 예니는 이러한 앙리에트의 태도 변화가 카를과 자신의 성공 '혹은 사실 우리의 경우에는 성공한 것 같은 **겉모습**' 때문이라고 생각했다.[94]

✤ 영어 원문은 "Your mother called me 'thou'."이다. thou는 you의 고어이지만 오늘날에는 종교 서적이나 문학에서만 쓰이므로 공식적인formal 의미를 담고 있다. 그래서 이는 공식적인 관계에서 상대방을 부르는 독일어 'Sie'의 영어 번역어로 쓰인다. 어릴 때부터 예니를 알고 있던 앙리에트가 며느리가 된 후 그녀를 깍듯이 대했다는 의미로 보아 본문에서와 같이 의역했다.

이 기간 동안 카를의 첫 번째 목표는 크로이츠나흐에서 헤겔에 대해 비판적 작업을 시작한 이후로 죽 생각해 왔던 논리를 발전시키는 것이었으니, 즉 프랑스혁명 기간 국민공회(1792~1795년)의 역사를 집필하는 것이었다.[95] 이 저작을 통해 '정치적 국가'의 여러 한계에 대한 자신의 주장을 역사적으로 상세히 보여 줄 수 있을 것이라고 생각했다. 경험적인 세부 사항들을 위해 그는 뷔셰와 루Buchez and Roux가 혁명기 동안 의회에서 있었던 논쟁들을 정리한 40권의 요약본을 활용했다.[96] 그는 1789년과 1793년 사이에 큰 구별을 두지 않았다. 그의 전반적인 관심은 '정치적 국가'가 과연 그 존재 조건들을 넘어설 능력이 있는가였다. 그는 이미 「유대인 문제에 관하여」에서 인간의 권리와 시민의 권리 사이의 구별을 분석하면서 이 점을 핵심 문제로 제기한 바 있었다. 공안위원회가 빵의 시장 가격을 통제하려고 했지만 결국 열월(Thermidor, 프랑스혁명력의 제11월로 오늘날 7월 20일부터 8월 17일까지)에는 자유방임 정책으로 되돌아 버리게 되었던 사례가 그의 주장을 입증하는 것이 될 수 있었다. 좀 더 전반적으로 보자면 그의 목적은 근대의 민주적 시민 집단이 어떻게 탄생했고, 그것이 어떠한 환상을 품었던가를 설명하는 것이었다.

카를은 또한 『독일-프랑스 연보』에 실렸던 프리드리히 엥겔스의 에세이 「정치경제학 비판 개요Outlines of a Critique of Political Economy」에서 강력한 인상을 받았다. 이 글은 '나와 그대' 사이의 관계가 추상화 과정에 의해 어떻게 지배당하고 왜곡당하는지를 폭로하는 또 하나의 방법을 보여 주었다. 그리하여 카를은 3월과 8월 사이에 스미스, 리카도, 세, 시스몽디, 페쾨르Pecqueru, 뷔레Buret, 제임스 밀, 빌헬름 슐츠Wilhelm Schulz, 맥컬럭MacCulloch 등의 저작을 읽으면서 노트를 작성한다. 이를 자료로 하여 그는 이후 그가 다음 사반세기 동안 중심적으로 몰두하게 될 작업인 '정치경제학 비판'의 예비 초고를 준비한다.[97]

엥겔스는 영국에 대한 책을 쓰기 위해 부퍼탈Wuppertal로 가는 도중 파리를 경유하며, 1844년 8월 28일에서 9월 6일 사이의 열흘 동안 여행을 멈추고 카를과 대화를 진행한다. 이것이 이 두 사람의 일생에 걸친 동업 관계의 시작이었다. 그 직접적 결과물은 당시 카를이 브루노 바우어와 그의 새로운 잡지인 「일반 문학 신문Allegmeine Literatur-Zeitung」에 대해 준비하고 있었던 논쟁과 공격에 엥겔스도 가세하기로 합의한 것이었다.98)

그런데 그사이에 흥분할 만한 사건들이 터져 카를은 다시 정치 논쟁으로 되돌아가게 된다. 루게와 그 지지자들은 사회주의자들 및 공산주의자들의 압박이 가중되자 서서히 『전진!』지에서 물러나게 되었고, 그 대신 루게는 루이 블랑 그리고 르드뤼-롤랭 등과 좀 더 우호적인 동맹을 형성하여 『개혁La Réforme』지에 참여하게 된다. 그런데 그전에 예상치 못한 사건이 터져서 논쟁의 중심적 화제가 갑자기 독일로 이동하게 된다. 1844년 6월 4~6일 페터스발다우Peterswaldau의 실레지아 직조공들이 그 지역의 한 기업을 공격했다. 그 기업은 저임금과 열악한 노동조건으로 노동자들을 착취한 곳으로 알려져 있었다. 노동자들은 고용주들의 집과 작업실을 박살 내고 그다음 날에는 인근 마을인 랑겐빌라우Langenbielau에 다시 집결했는데, 여기에 주둔하고 있었던 군대는 패닉에 빠져 11명의 직조공들을 총으로 쏘아 쓰러뜨렸고, 이에 격분한 군중들은 군대를 쫓아내어 버리고 또 다른 소유주 한 사람의 집을 쑥밭으로 털어 버렸다.99)

실레지아에서의 사건들은 독일연방 내에도 마침내 프롤레타리아트 계급이 등장했음을 시사하는 것이었다. 보헤미아와 독일의 다른 곳들에서도 노동자들의 쟁의들이 벌어졌다. 이에 대한 대응으로 프로이센의 프리드리히 빌헬름 4세는 빈민 문제에 대한 논쟁을 시작하는 동시에 '노동계급의 안녕'을 위한 자선단체 및 기독교 협회들의 결성을 장려했다. 실레지아에서 벌어졌던 일들에 대해 검열 없는 보고서들이 파리에 도착하자, 루트비히 포이어바흐를 따라 '유적 존재'의 도래를, 그리고 카를을 따라 독일에 임박한 '인간적 혁명'을 학수고대하면서 모제스 헤스의 화폐 본질의 분석과 프리드리히 엥겔스의 정치경제학 비판을 받아들였던 『전진!』의 편집진은 거의 병적일 정도의 희열과 열정에 사로잡혔다. 루게에게 『전진!』에 투자하도록 설득하는 작업이 실패한 뒤로 7월 초부터 편집장은 카를 베르나이스가 맡고 있었다. 그는 실레지아 직조공들의 행위를 위대한 모범으로 찬양했고, 특히 약탈 행위를 벌이는 대신 그 기업의 회계장부를 찢어 버린 점을 찬양했다. "이들이야말로 모종의 전면적 반란을 예고하는 숭고한 선구자들이며, 이는 또한 정치경제학의 그 오래된 쳇바퀴가 계속 돌아가는 한 진정으로 인간적인 사회는 불가능하다는 것을 입증하는 것이다." 『전진!』의 그 다음 호에는 하이네의 시 「가난한 직조공들」이 게재되었고, 이는 훗날 그의 가장 유명한 작품의 하나가 된다. 이 시는 신, 왕, 조국에 대한 3중의 저주를 담고 있으며, 그 절정 부분의 구절은 사람의 눈과 마음을 완전히 사로잡아 버린다. "낡은 독일이여, 우리는 너의 수의를 짜고 있노라!"[100)]

실레지아 사건에 대한 루게의 반응은 7월 말에 나왔다. 그는 직조공들의 행동에 아무런 인상도 받지 못했다. 그의 주된 관심은 이 사건에 대한 정부의 대응이 얼마나 미약한지에 있었고, 독일처럼 정치적이지 못한 나라에서는 제조업 지역에서 일부 주민들이 굶고 있다고 해 봐야 이것이 보편적인 문제로 다루어질 수가 없다고 했다. 그래서 이 사건은 마치 홍수나 기근처럼 하나의 자연재해로 다루어져 그 문제 해결이 기독교 자선 기관에 맡겨진다는 것이었다. 그리고 그러한 소요 사건 자체에 대한 루게의 주장은 이것이 그저 굶주림 때문에 벌어진 폭동이라는 것으로, 이는 '자기들 집과 난로를 돌보는 것 이외에는' 아무 것에도 관심을 두지 않는 독일인들다운 사건이었다는 것이다. 그의 논평은 익명으로 되어 있지만, 서명은 '어느 프로이센인'으로 되어 있다.[101)] 그가 어째서 이런 서명을 남겼는지는 분명치 않다. 그는 프로이센 사람이 아니라 색소니 사람이었을 뿐만 아니라, 『전진!』 집단에서 프로이센 사람은 사실 카를 한 사람뿐이었다. 따라서 이는 카를로 하여금 논쟁에 뛰어들도록 도발하는 것이었음에 틀림없다.

카를 또한 7월 들어 『전진!』의 편집진에 만연했던 병적인 희열에 사로잡혀 있었고, 예니 또한 그러했다. 그 전에 슈토르코Storkow(브란덴부르크의 한 지역)

의 시장인 하인리히 체히Heinrich Tschech가 불만을 품고 프로이센 왕을 암살하려다가 실패한 사건이 있었다. 예니는 트리어에서 보낸 편지에서, 왕이 무사하다는 것에 감사하기 위해 '경건한 군중들이 신전으로 모여들고' 종들이 울리고 축포가 발사되는 꼴을 묘사하고 있다. 트리어에서의 분위기를 보며 예니는 "독일에서는 무슨 정치혁명 따위가 가능할 수가 없으며, 반면 사회혁명의 모든 씨앗은 존재하고 있다"고 쓰고 있다.[102] 그녀는 하이네의 시들을 떠올렸다. 옛날의 세계가 종말에 가까워 가고 있으며, 인간 해방이 드디어 시야에 보이기 시작했고, 이것이 프롤레타리아트의 출현에 구현되고 있음을 하이네의 시들이 예언하고 있다고 예니는 굳게 믿었다. 7월 초 모제스 헤스의 편지 또한 똑같이 아주 희망에 들떠 있었다. "『독일-프랑스 연보』는 큰 성공이었소. 새로운 사회주의자들이 도처에서 나타나고 있어요. 특히 철학 쪽 진영은 완전히 '사회주의로' 넘어왔습니다. … 게다가 실레지아 사태 또한 지금 이러한 흐름에 큰 힘을 주고 있습니다. … 요컨대 교육받은 독일인들 전부가 곧 사회주의자가 될 것이며, 사실상 급진적 사회주의자(내 말은 공산주의자를 뜻합니다)가 될 겁니다."[103]

그 같은 몇 주 동안 카를은 포이어바흐에게 보낸 편지에서 자신이 처음으로 프롤레타리아들과 접촉한 이야기를 야단스럽게 늘어놓고 있다. 첩자들이 작성한 보고서에 따르면, '정의 동맹'의 지도적 성원이자 카베의 저작을 번역한 헤르만 에베르베크는 카를을 뱅센가Rue de Vincennes에 있는 트론 장벽Barrière du Trône에서의 독일 기능공들의 공공 회합에 여러 번 데리고 갔다고 한다. 카를이 포이어바흐에게 강조한 것은 '스위스, 런던, 파리의 독일 기능공들이 이론 쪽에 강점을' 가지고 있다는 것이었지만, '독일 기능공들은 여전히 너무 기능공의 때를 못 벗고 있다'고 한다. 하지만 그는 '프랑스 프롤레타리아트'에 대해서는 무제한의 상찬을 보내고 있다. "프랑스 노동자들의 회합에 한 번만 참여해 보아도 이 고된 노동에 찌든 사람들로부터 터져 나오는 고상함과 순수한 새로움을 만끽할 수 있습니다."[104]

이런 것들을 다 염두에 둔다면, 카를이 실레지아 사태에 대해 루게의 경멸적인 판단에 대해 응수할 적에 독일 프롤레타리아들의 여러 미덕을 그렇게 특이한 용어를 써서 찬미했던 것을 설명할 수 있다. 그는 우선 그전 세월 동안 그가 발전시켜 온 '정치적 국가'의 무능력에 대한 주장을 반복한다. 프로이센 왕이 법을 만들어 고아들의 교육을 책임져야 한다는 '자칭 프로이센인'의 주장은 그러한 입법이야말로 '프롤레타리아트의 폐지'에 맞먹는 것이라는 사실을 간과하고 있다는 것이다. 프랑스혁명 당시의 국민공회, 나폴레옹, 영국 정부 모두가 빈민의 존재를 없애려고 기를 썼지만 모두 실패하고 말았다. 왜냐하면 '시민사회에서의 노예제'야말로 '근대국가가 아래에 깔고 있는 자연적 기초'이기 때문이라는 것이다. '정치의 원리'란 '의지'이며, 이 때문에 로베스피에르는 '순수한 민주주의를 가로막는 주요한 장애물'인 빈곤을 '사회 전체에 스파르타식 검약'을 실천하도록 만드는 방법으로 해결할 수 있다고 생각하게 되었다. 하지만 심지어 '정치적 에너지, 정치권력, 정치에 대한 이해에서 극대치'를 대표하는 국민공회조차 그 목적을 달성하지는 못했다. 왜냐하면 정부가 쓸 수 있는 유일한 수단은 그저 행정 활동과 자선뿐이며, 국가는 '스스로를 폐지하지 않는 한 행정의 여러 결함을 폐지할 수도 없기 때문'이라는 것이다.

카를은 실레지아 직조공들의 행동을 상찬할 때 베르나이스보다 한 걸음 더 나아간다. '프랑스와 영국에서 벌어졌던 그 어떤 봉기'도 '그토록 **이론적**이며 **의식적**인 성격'을 띠었던 것은 하나도 없었다는 것이다. 실레지아 봉기는 '영국과 프랑스의 여러 봉기가 끝나는 지점에서' 시작했다는 것이다. 카를은 직조공들이 기계가 아니라 장부를 찢어 버렸으며, 산업 시설의 소유자들이 아니라 은행가들을 공격했다는 점을 찬양했다. 실레지아 봉기는 영국인들과 프랑스인들에 비해 '우월한 성격의 인증'을 갖고 있을 뿐만 아니라, 바이틀링의 1842년 저서 『조화와 자유의 보장Guarantees of Harmony and Freedom』에서 카를은 '독일 노동자들의 빛나는 문학적 등단'을 축하하기까지에 이른다. 영국 프롤레타리아트가 유럽 프롤레타리아트의 '경제학자'이며 프랑스 프롤레타리아트가 유럽 프롤레타리아트의 '정치가'들이라면, 독일 프롤레타리아는 실로 '유럽 프롤레타리아트의 이론가'라는 것이다. 독일인들의 정치적 무능력은 '독일 부르주아의 무능력' 일 뿐이며, 독일인들은 '사회혁명을 숙명으로 삼는 고전적인 경우라고 할 수 있다. … 철학적 민족은 그에 조응하는 실천을 오로지 사회주의에서만 찾을 수 있으며', 따라서 오로지 프롤레타리아트 내에서만 '스스로의 해방에 필요한 역동적 요소를 찾을 수 있다'는 것이다. '정치적 봉기'를 지배하는 것은 '협소한 정신'이지만, '**산업** 노동자들의 봉기는 아무리 **부분적**인 것이라고 해도, 이는 스스로의 내부에 **보편적** 영혼을 담고 있다.' 왜냐하면 '노동자들의 공동체'는 곧 '인간 본성'의 공동체이며, '진정한 인간 공동체'를 내포하고 있기 때문이라는 것이다.[105)]

1844년 8월에서 연말까지 카를은 『전진!』에서 기능공들에게 강연도 하고 또 편집 노선을 잡아 나가는 등 활발한 활동을 보였다. 이 잡지는 이제 '정의 동맹'의 여러 활동과 긴밀한 연관 관계를 맺고 있었다. 카를은 포이어바흐에게 보낸 편지에서 "파리의 독일 기능공들 가운데에서는 공산주의자들이 몇백 명이 됩니다"라고 말하고 있으며, 이들이 여름 내내 '기독교의 본질'에 대해 주 2회 강연을 들었다고 말하고 있다. 카를 등 『전진!』 편집자들, 특히 게오르크 베버는 정치경제학에 대해서도 강연을 했으며, 그 기초가 된 것은 엥겔스의 글, 화폐에 대한 헤스의 글, 카를의 초고 등이었다. 『전진!』은 독일 전역에 걸친 산업 쟁의를 풍부하게 다루었고, 또한 그전에 『독일-프랑스 연보』에 싣기로 되어 있었던 글들도 게재했다. 특히 영국 헌법을 다룬 엥겔스의 글과 바이틀링을 다룬 베르나이스의 글이 돋보였다.

프로이센 당국자들은 왕의 암살 기도가 있은 후 갈수록 더 예민해져 갔다. 이들은 베르나이스가 사설에서 독일 절대주의가 이러한 공격에 직면한 이상 그 '신성하고 무오류의 성격'이라는 것은 사라졌다고 시사하는 것을 보고 격분했다. 결국 베르나이스는 소환 기소되어 보증금을 내지 않은 죄로, 그리고 국왕 시해를 조장했다는 좀 더 일반적인 죄목으로 2개월간 금고형을 받는다. 1844

년 12월, 기조는 결국 루게, 하이네, 베르나이스, 카를 등의 추방 명령을 내리도록 설득당한다. 루게는 자신이 색소니의 시민권을 가지고 있으므로 프로이센의 관할 아래에 있지 않다고 주장했다. 하이네도 추방할 수 없었다. 그는 라인란트가 프랑스 영토였던 시점에서 그곳의 뒤셀도르프에서 태어났기 때문이었다. 베르나이스는 일단 감옥에서 나오자 잊혀 버렸다. 결국 무능력 때문이었는지, 혹은 거만함 때문이었는지 카를만이 1845년 2월 3일 친구인 하인리히 뷔르거스와 함께 브뤼셀로 가는 역마차에 오르게 된다.

8. 후기: 마르크스와 유대교에 대하여

「유대인 문제에 관하여」에 대해 논평해 온 이들은 이 글에서 카를이 반유대적 이미지를 아무 생각 없이 막 휘두르는 모습에 일정하게 당혹감을 느껴왔으며, 이는 이해할 만한 일이다. 또한 이 글이 비록 '현실의 유대인들'을 언급한다고 주장하고 있음에도 실제로 이 글에 나타난 '유대인'이라는 것은 순수히 추상적인 존재로, 시민사회의 여러 가치와 관행들을 나타내는 하나의 메타포 이상이 아니라는 점에서 더욱 이상하다는 느낌이 든다. 카를이 그려 내는 그림은 이러하다. 폴리스가 무너지고 모종의 정치적 공동체에 대한 참여의 기억과 지식이 상실되어 버린 고전 이후의 시대가 오자 그 시대에 살게 된 이들은 자기 이익과 순수한 필요에서 나오는 여러 관행들에 기초한 모종의 종교를 구성했다는 것이다. 카를에 따르면, '유대교'는 바로 그러한 관행들과 전제들을 정당화하는 종교라고 한다. 그의 설명에 따르면 유대교는 자연을 멸시하고, 예술이나 사랑에 대해서도 거기에 무슨 금전적 가치라도 들어 있지 않는 한 완전히 무관심하며, 법에 대해 그토록 관심을 갖는 이유는 무엇보다 법망을 빠져나갈 길을 찾기 위해서라고 한다. 하지만 그저 일상의 여러 행동들과 관행들을 합리화해 주기만 하는 종교로는 그것을 넘어서는 현실을 아우르지도 못하고, 또 변화시킬 수도 없게 마련이다. 그래서 기독교가 출현하게 되었으니, 이로서 인간이 유적 존재로서의 모든 연대와 단절되는 과정이 완결되었다고 한다. 이러한 의미에서 마르크스의 이 글은 유대교에 대한 비난일 뿐만 아니라, 고대의 공화국이 무너진 뒤에 나타난 유대교-기독교 발전 과정 전체에 대한 비난이기도 하다. 하지만 시민사회의 여러 행태와 유대교를 서로 연결 짓는 일은 그 내적인 논리로 볼 때에도 억지스러운 것으로, 카를도 그 후로는 이를 그만둔다. 카를이 파리에 정착하여 프랑스의 공화주의적 사회주의 담론에 좀 더 친숙해지면서 그는 '유대인'이라는 용어는 폐기해 버리고, 좀 더 함축하는 범위가 넓은 개념인 '부르주아'로 옮겨 간다.

하지만 카를이 그러한 용어를 사용했다는 것에서 분명히 그가 유대인들을 일부러 무관심하고 매정하게 다루고 있음을 알 수 있다. 그러나 이는 여전히 설명이 되지 않는다. 또 그가 어째서 그런 용어를 사용하는 쪽을 선택했는지도 설명이 되지 않는다. 주목할 만한 사실이 있다. 애초에 소외라는 개념을 확장하여 화폐 시스템을 설명하려고 했던 것은 모제스 헤스였으며, 그가 쓴 용어는 '근대 기독교도 상점 주인들의 세상' 혹은 근대의 '유대교-기독교 상점 주인들의 세상'이라는 것이었다. 반유대적 비유들을 무심결에 마구 사용하는 카를의 태도는 1848년 혁명 이전 기간의 독일에서 활동했던 다른 급진파 유대인 저술가들과 큰 대조를 보인다. 그들은 유대인들의 역사를 진보의 역사로 통합하여 설명하고자 애를 썼다. 하이네의 1834년 저서인 『독일에서의 종교 및 철학의 역사**On the History of Religion and Philosophy in Germany**』에서는 유대인들이 법에 대해 외경심을 가진 이들이었다는 점에서 최초의 근대적 민족이라고 여기고 있다. 간스는 유대교와 계몽주의를 화해시키기 위한 목적에서 1821년과 1823년 사이에 '문화와 학문을 위한 유대인 협회**Association for the Culture and Science of Jews**'를 설립하기도 했으며, 헤겔로 하여금 유대교를 최초의 자유의 종교로 보도록 설득하여 결국 관철시키기도 했다. 헤스 자신도 1837년 저서 『인류의 성스러운 역사**Holy History of**

Mankind』에서 또한 유대인들을 각주로도 언급하지 않는 기존 역사 대신 아브라함에서 예수를 거쳐 스피노자로 이어지는 대안적인 유대 중심주의적 역사 철학을 구축하려고 시도한 바 있었다.

그런데 카를의 저작에서는 이런 것은 전혀 찾아볼 수 없다. 물론 그는 빈민과 빚더미에 앉은 이들의 숫자가 폭증한 것이 프랑스혁명 시기에 유대인들을 해방시켰기 때문에 더 악화된 것이라는 일부 프랑스 사회주의자들, 특히 푸리에주의자들이나 프루동의 생각에는 동의하지 않았다. 또 그는 물론 그저 프로이센 정부에 압력을 높이기 위해서였을 뿐이기는 했지만, 그래도 라인란트 지방의회와 관련하여 유대인들에게 씌워진 여러 장애와 금지를 제거해 달라는 유대인들의 청원을 지지하기도 했다. 그는 루게에게 보낸 편지에서 이렇게 말한다. "비록 나도 유대인들의 종교를 무척 싫어하지만, 바우어의 관점은 내가 보기에도 너무나 추상적입니다. 핵심은 기독교 국가에다가 가급적 많은 파열구를 내고 그 구멍을 통해 합리적인 것들을 가급적 많이 끌어들여야 한다는 것입니다."106)

카를이 유대인들과 그들의 여러 문제에 대해 이렇게 거리감을 가지고 있었던 이유는 그의 아버지 하인리히가 그를 낳기 전에 이미 유대교를 버렸기 때문이거나 카를이 기독교인으로 자라났기 때문일 수도 있다. 하지만 이유가 어찌 되었던 그가 이 문제를 다루는 방식을 보면 단순히 무정한 태도 정도가 아니라, 프랑스혁명에서 특징적으로 나타났던 이른바 유대인 '갱생'에 대한 공화주의적 담론의 직접적 연속이자 연장임이 분명하다. 그의 아버지와 삼촌이 그토록 노력했음에도 카를은 유대교와 고리대금업을 동일한 것으로 보는 나폴레옹식의 세속적 태도를 기꺼이 받아들였던 것이다. 그는 유대인들의 이른바 유일신 숭배라는 것에 대해 볼테르에서 가져온 생각을 차용하여 '수많은 욕구의 다신론'이라고 지독한 모독을 퍼부었을 뿐만 아니라, 나아가 탈무드 또한 '자기 이익의 세계와 세계를 지배하는 법칙의 관계'라고 공격했다.107) 카를의 접근법과 프랑스혁명 당시의 공화주의자들의 접근법 사이에 유일한 차이점이 있다면, 카를이 말하는 유대인 '갱생'이라는 것이 이제는 단순한 **정치적** 해방에 대립되는 의미에서 모든 것을 아우르는 **인간적** 해방이라는 개념과 결합되어 있다는 것뿐이었다. **인간 해방**이란 '사기성 상업의 여러 전제 조건들을 폐지하며, 따라서 사기성 상업의 가능성도 폐지하는 사회 조직으로, 여기에서는 유대인이라는 것의 존재 자체가 불가능해진다. 사회는 이제 활력이 넘치고 또 현실적인 분위기가 지배하게 될 것이니, 그 속에서 유대인들의 종교적 정신 따위는 마치 옅은 안개처럼 산산이 흩어져 버리고 말 것이다.'

카를은 그의 말년까지도 한편으로는 이렇게 유대인들을 헐뜯는 심술궂은 모욕적 언사를 마구 휘둘러 대는 반면, 자신의 유대인으로서 정체성 문제에 대해서는 아주 민감하게 반응하는 모순적인 태도를 보였다. 전자의 예는 여러 가지가 있지만, 그중 두드러진 것은 라살레와의 관계이다. 1861년 카를이 베를린을 방문했을 때 그는 라살레의 동반자인 하츠펠트 백작 부인의 목소리가 '라살레가 그녀에게 불어넣어 배우게 된 유대인 억양을' 띠고 있다는 말을 하고야 만다. 비슷한 예로 라살레가 열었던 만찬에서 파른하겐 폰 엔제Varnhagen von Ense의 조카딸이자 파른하겐과 훔볼트Humboldt의 서신의 편집자인 루트밀라 아싱Fräulein Ludmilla Assing의 옆자리에 앉게 되었을 때에도 그는 그녀가 "정말로 나에게 너무나 잘해 주었지만, 정말 내 일생 동안 그렇게 못생긴 동물은 처음 보았네. 날카롭게 튀어나온 폭이 좁은 코에다가 끊임없이 미소를 띠고 있는 그 얼굴은 흉측한 유대인 상통의 전형이었네"라는 소리를 내뱉고 만다.[108] 반면 그는 자신의 사위인 샤를 롱게가 1881년 유대인인 카를이 프로이센 귀족인 예니 폰 베스트팔렌과 결혼한 데 대해 트리어 사람들이 '인종적 편견'에 기초하여 적개심을 품고 있었다고 시사했던 것에 대해 아주 민감하게 반응한다. 카를은 딸에게 이는 '말도 안 되는 날조'라고 하면서 '극복해야 할 편견' 따위는 전혀 없었다고 주장한다. "제발 부탁인데 이제부터 롱게는 자신의 저작에서 절대로 내 이름을 언급하지 않아 주면 정말 고맙겠구나."[109]

6장

브뤼셀에서의 망명 생활: 1845~1848

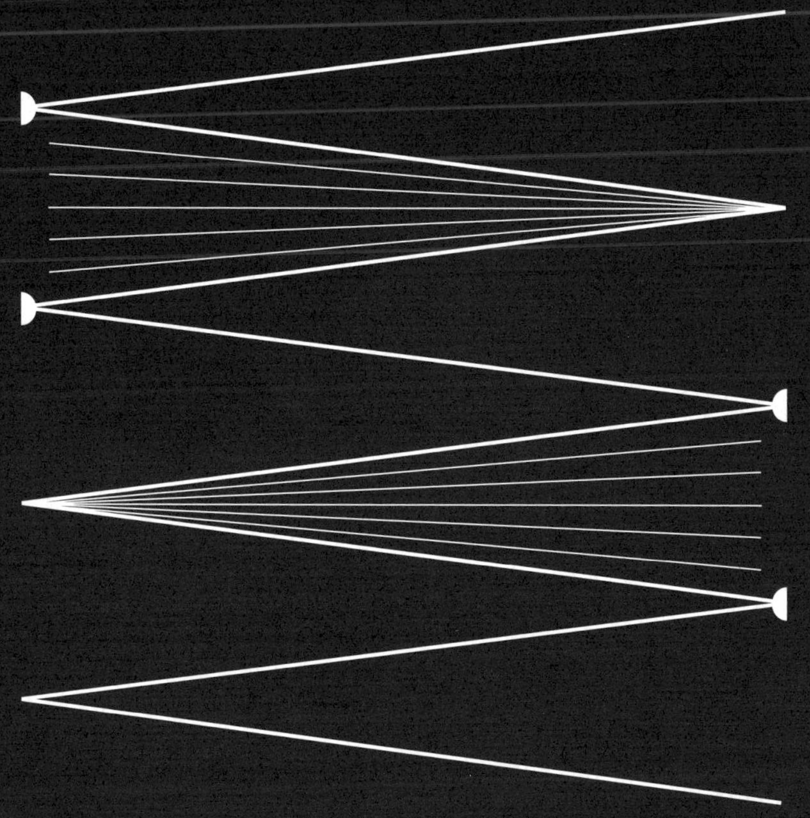

1. 가족의 새로운 둥지를 틀다

카를은 1845년 2월 3일, 자신의 가족보다 한발 앞서 역마차를 타고 브뤼셀로 떠났다. 벨기에 왕국은 1830~1831년 네덜란드 통치에 맞선 봉기가 성공하여 생겨난 새로운 나라였고, 브뤼셀은 그 수도였다. 이 도시는 새 왕국의 행정 수도이며 왕의 궁전이 있는 곳이었지만, 레이스와 가구의 제조업으로도 유명한 곳이었다. 1846년 6월 이전까지 이 나라를 다스렸던 것은 일련의 가톨릭-자유주의 동맹체들이었다. 이 나라는 1848년 혁명 이전의 기간에서 가장 관용적이고 자유주의적인 체제를 가진 나라 중 하나였으며, 폴란드 민주주의자, 프랑스 공산주의자, 독일 공화주의자 들에게 모두 도피처를 제공했다. 하지만 새로 생겨난 지 얼마 되지 않은 데다 크기도 작은 나라였기에 그 강력한 인접국들의 등쌀을 두려워할 수밖에 없었다. 따라서 그 나라들로부터의 외교적 압력을 완전히 무시할 수는 없었다. 프로이센은 벨기에 당국에 카를의 추방을 요구했다. 벨기에 정부는 이러한 요구에 저항했지만, 카를에게 벨기에의 시사·정치적 문제들에 관련해서는 어떤 글도 출판하지 않겠다는 각서에 서명할 것을 요구했다. 그래도 프로이센의 압력은 계속되었고, 이에 격분한 카를은 마침내 1845년 12월 자신의 국적을 포기했다. 그때 이후로 그는 무국적자가 되었다.

카를의 노트에 따르면 예니는 브뤼셀에 가족이 머물 거처를 마련하는 문제로 노심초사했다고 한다. 하지만 카를은 브뤼셀에 도착했을 때 전혀 다른 문제를 우선으로 생각하고 있었다.[1)] 그의 머리를 사로잡고 있었던 것은 시인 한 사람을 혁명운동에다 끌어들이자는 것이었다. 카를과 함께 『전진!』의 편집진이었고, 또 그와 함께 브뤼셀에 동행했던 하인리히 뷔르거스에 따르면, 카를은 브뤼셀에 도착하자마자 그들이 해야 할 임무는 명성 높은 젊은 독일 시인 페르디난트 프라일리그라트를 방문하는 것이라고 선언했다고 한다. 프라일리그라트는 그 당시 프로이센 왕실에서 내려주던 연금까지 포기해 버리고 '운동 진영'에 합류한 적이 있었다. 따라서 "그가 '운동 진영의 전투'에 뛰어들기 전에 『라인 신문』이 그에게 저지른 잘못을 해결해 놓아야만 한다"는 것이었다.[2)]

카를에게 파리에서 떠나라는 추방령이 급작스럽게 떨어진 직후, 예니는 브뤼셀로 갈 돈을 마련하기 위해 집 안의 가구며 침구까지 모조리 팔아 버려야만 했다. '그래서 손에 쥔 돈은 말도 안 될 정도의 푼돈'이었다고 그녀는 훗날 회상하고 있다. 카를이 브뤼셀로 떠난 다음 날 그녀가 카를에게 쓴 편지에 보면, 어린 딸 예니와 놀아 주기 위해 헤르베크도 와 있었고 바쿠닌은 그 어린 아기에게 '수사학과 드라마'를 풀어놓고 있었다고 한다. 헤르베크 부부가 어린 예니를 며칠 동안 돌봐 주고 난 뒤에 예니는 '몸도 안 좋고 지독히 추운 날씨 속에서 카를을 따라 브뤼셀로' 갔다. 카를은 가족이 머물 적당한 숙박처를 찾지 못했기에 한 달 동안 온 가족은 수수한 숙소인 부아 소바주 여관Bois Sauvage Guest Hous에서 묵었다. 그 후에는 프라일리그라트가 스위스로 떠나면서 비워 준 집에 잠깐 머무른 뒤 마침내 도시의 플레미쉬 구역인 알리앙스가Rue de l'Alliance에 있는 테라스가 딸린 작은 집에 정착한다. 모제스 헤스와 그의 처, 프리드리히 엥겔스, 하인리히 뷔르거스 부부, 쾰른 출신의 급진파 의사였던 롤랑 다니엘Roland Daniels 등이 곧 이곳으로 모여들었다. 제니는 '즐겁게 함께 살았던' 이곳을 '작은 독일 식민지'라고 묘사했으며, 여기에 한두 명의 급진파 벨기에인들도 끼어 있었는데, 특히 필리프 지고Philippe Gigot, 그리고 '몇 명의 폴란드인들'도 있었다고 한다. 이들이 모이는 곳은 "우리가 저녁에 갔던 매력적인 카페 중 하나였다"고 하며, 브뤼셀에는 빈털터리들이 함께 사는 아주 멋진 식민지가 생겨날 판이라고 예니는 1845년 8월에 쓴 편지 중 하나에서 말하고 있다.[3)]

1845년에 가족에게 벌어졌던 가장 중요한 사건은 9월 26일 카를과 예니의 둘째 딸인 라우라Laura가 태어난 것이었다. 4월에 예니의 어머니인 카롤리네는 자신의 '믿음직한 하녀'인 렌첸을 예니에게 보냈고, 렌첸은 그 후 카를과 예니의 남은 일생 동안 함께하게 된다. 예니는 또한 한 사람이 더 머물 수 있도록 집을 개조하려고 하고 있었다. 일자리를 찾아 브뤼셀에 온 그녀의 남동생 에드가가 숙박비를 아끼기 위해 부아 소바주 여관에 머물고 있었기 때문이다. 라우라가 태어나자 카를은 위층으로 방을 옮긴다. "그러면 아래층에서 나오는 아기들의 시끄러운 소리가 완전히 차단될 것이고 당신은 방해받을 일이 없을 거예요. 그리고 아래층이 조용해졌을 때 제가 위층으로 올라가면 되죠."

카를과 엥겔스는 7월에서 8월 동안 맨체스터로 연구 조사 여행을 떠났고, 그동안 예니, 렌첸, 어린 예니(이제는 생후 14개월이 되었다)는 트리어로 돌아가서 카롤리네와 함께 지냈다. "어머니가 얼마나 기뻐하고 행복해하시는지 몰라요." 예니는 언제 집으로 돌아올 것인지에 대해 말하기를 주저하면서 '비록 여기 있는 사람들이 한없이 자잘'하며 '삶 전체가 시시'하지만, 그래도 '카를 당신이 독일인들이라면 치를 떤다는 것을 잘 알면서도' 인정하지 않을 수 없는 사실은 '제가 이곳 독일에 머무는 동안 너무나 마음이 평안하다는 점'이라고 한다. 그녀는 조롱조로 계속해서 이렇게 말하고 있다. 여자의 "운명이란 게 아이를 낳고, 바느질하고, 음식 만들고, 옷 수선하는 것이라면 나는 이 한심한 독일이야말로 최적의 장소라고 추천하는 바예요." 독일에서는 "사람들이 자신의 의무를 완수했다고 깊이 확신할 수 있는 편안함이 있답니다." 하지만 이제는 '의무나 명예 등등과 같은 예전의 구호들은 더 이상 아무 의미도' 없다는 것을 인정하고 있으며, "우리 여성들도 슈티르너Stirner식으로 이기적인 여러 감정을 적극적으로 지향하고픈 강한 욕구를 느끼고 있는 것이 사실이에요. … 따라서 우리는 이제 더는 인생의 의무들 중 상대적으로 천한 것들에 대해서는 아무런 의욕도 느끼지 못하게 되었어요. 우리도 이제는 즐기고 싶으며, 여러 가지 활동을 통해 **인류의 행복**을 몸소 체험하기를 원한답니다."[4]

예니는 1844년 파리에 살 당시에 이미 카를의 친척들을 방문하여 얼어붙었던 관계를 많이 개선한 상태였지만, 카를과 트리어의 카를 가족의 관계는 여전히 긴장 상태였다. 예니가 1845년에 방문한 1년 뒤 카를의 누나 소피는 카를에게 편지를 보내 폐결핵으로 고통받던 어린 여동생 카롤리네에게 친절을 베풀어 고맙다고 말하고 있다. 카를은 네덜란드의 어머니 쪽 친척들(소피 이모와 이모부 리온 필립스Lion Philips)를 잘트보멜에서 방문한 뒤 카롤리네에게 함께 여행을 떠나자고 제안했던 것이 분명하다. 카롤리네는 가고 싶어서 무척 흥분했지만, "그 불쌍한 아이가 너무 몸이 약해서 의사가 강력하게 반대했단다." 소피는 편지에서 카롤리네의 '마음의 평화'를 위해 카를이 그녀에게 자신도 원래 계획대로 여행을 가지는 못했으며, 다른 기회로 미룰 수밖에 없을 것 같다고 설명해 주는 게 좋을 것이라고 제안하고 있다.[5]

소피는 또한 카를이 나머지 가족들에게는 너무나 무심하다고 꾸짖고 있다. "네 예쁜 아기들을 너무나 보고 싶어. 너무너무 예민한 예니와 빛나게 아름답고 귀여운 라우라. … 그 애들은 전혀 모르고 있겠지만 자기들을 너무나 예뻐하는 고모가 있다고 말해 주고 나를 대신하여 그 예쁜 아기들에게 입을 맞추어 다오. … 여동생 한 명은 아주 사랑스럽게 잘 대해 주었지만 나머지 사람들은 다 서먹하게 대하는 것 같구나. 그리고 카를, 너는 가족 관계의(그리고 가족 이상으로 가까운 이들과의) 친밀함까지도 차가운 이성으로 대해 멀리하려는 것 같구나." 소피가 카롤리네에게 보낸 편지를 보면 예니는 생일을 맞은 앙리에트에게 축하를 올렸다고 한다. 하지만 "막상 아들인 너는 어머니께 축하 편지도 보내지 않고 완전히 무시해 버렸지. 어머니가 너를 얼마나 끔찍이 아끼며 키웠니. 그리고 이제 어머니는 가장 아끼는 아이가 죽어 가는 모습을 보면서 슬픔과 고통에 빠져 있지 않니. 그 모든 고생 속에서도 한없이 우리를 아껴 주신 천사 같은 어머니에게 어떻게 이럴 수 있니. … 네가 이렇게까지 마음이 차가워지지는 않았으면 좋겠어. 그리고 우리의 착한 어머니와 너의 세 명의 다른 동기들을 완전히 무시하지는 않았으면 좋겠어."6)

2. 정치경제학의 '비판'

카를이 1843년 11월 파리에 도착하여 『독일-프랑스 연보』에 기고할 만한 저자들을 접촉하려고 했을 때 만났던 소수의 사람 중 하나가 사회주의 저술가 루이 블랑이었다. 블랑은 그에게 글을 하나 쓰겠다고 약속했고, 카를이 독일로부터 오는 편지를 받기 위해 자신의 주소를 이용하도록 허락했다. 카를은 블랑을 통하여 자유무역, 공장 생산, 현대 경제에 대한 프랑스 급진파 및 사회주의자들의 분석에 대해 금세 익숙하게 되었다. 이러한 주제들은 대부분 시스몽디J.-C.-L. Simonde de Sismondi가 1819년에 출간한 『정치경제학의 새로운 원리』에서 제출했던 논리와 주장에 근거한 것이었다. 시스몽디는 1803년 처음에는 애덤 스미스의 추종자로서 명성을 확립했다. 하지만 『정치경제학의 새로운 원리』에서는 기계의 도래 때문에 경쟁, 노동 분업, 시장의 확장 사이의 관계를 호혜적인 것으로 서술했던 스미스의 그림이 파괴되었다고 주장했다. 그가 그 저서를 출간한 1819년은 나폴레옹전쟁이 끝나고 영국의 재화가 유럽은 물론 전 세계 시장에 넘쳐 나고 있었던 때였고, 그때 그는 '사회의 근대적 조직화에 대해 저항'하면서,

특히 그것을 옹호했던 영국의 리카도학파 경제학자들에 반대했다.[7] 그는 일단 시장 활동의 경계선이 국경선을 넘게 되면 '과잉생산'이 경제 시스템의 영구적 성격이 될 것이라고 주장했다. 과잉생산은 기계화의 결과라는 것이었다. '유럽은 이제 그 모든 지역에서 그 지역의 필요를 능가하는 산업과 제조업의 생산 능력을 소유하는 지경에 이르렀다. 이제 모든 나라에서 생산 능력이 소비 능력을 넘어서게 되었으니, 세계 시장을 놓고 벌어지는 경쟁이 격화될 수밖에 없다는 것이었다.

경쟁은 '프롤레타리아트'(이러한 이름을 부른 최초의 사람 중 하나가 시스몽디였다)의 출현과 연결되어 있다고 한다. 시스몽디에 따르면, 19세기 초 서유럽 전반에서 관찰되는 인구의 증가는 맬서스가 말하는 인구와 생계 수단의 양 사이의 비율로는 충분히 설명할 수 없다고 한다(인구의 증가는 '기하급수적'이지만 생계 수단의 증가는 그저 '산술급수적'이라는 게 맬서스의 유명한 주장이었다). 인구의 증가를 제한하는 것은 생계 수단의 양이 아니라 노동에 대한 수요라는 것이다. 일용 노동자 계급이 증가하면서 농민들과 기능공들이 대체된 결과로 결혼 연령이 내려가면서 나타난 결과가 인구의 증가라는 게 시스몽디의 주장이었다. 일용 노동자 계급이 거의 완전히 농민 및 기능공들을 대체해 버린 영국에서는 구걸과 탁발 행위가 만연하게 되었다는 것이다. 가진 재산이라고는 아무것도 없는 이 새로운 계급은 토지 보유를 상속할 전망도 없고 또 장인 기능공이 될 전망도 없으므로 결혼을 미룰 이유도 없다. 이들은 옛날 로마에서 '프롤레타리안'이라고 불렸던 이들과 똑같다는 것이다. "재산이 없는 이들은 다른 어떤 계급보다도 아이들을 많이 낳는 것으로 여겨진다. 새끼들을 까 놓는 것이다**ad prolem generandum**."[8] 이 계급은 다른 계급에게뿐만 아니라 스스로에게도 위협이라고 한다. '가난하고 고통받는 사람들'로 항상 '소요의 원천이 되어 공공질서에 위협이 된다'는 것이다.

블랑은 이러한 그림을 더욱 상세하게, 또 극적으로 그려 내고 있다. 그는 프랑스 사회가 위기에 처했다고 보았다. 1841년 출간된 그의 저서 『노동의 조직』에 따르면, 1789년의 '부르주아' 혁명은 이기적인 개인주의에 기초한 '상업 사회'를 불러들였다고 한다. 그 뒤에 나타난 자유 시장 경쟁이란 곧 '절멸'의 시스템으로, 노동자들의 빈곤화뿐만 아니라 부르주아의 대부분 또한 파멸로 이끌게 되어 있다고 한다. 인구가 늘어나면서 기능공은 떠돌이 일꾼들이 대체해 버리고, 작업장은 공장이 대체해 버리며, 또 큰 공장이 작은 공장을 잡아먹으면서 도처에 착취가 더욱 심해진다. 영국에서 맬서스와 리카도 같은 경제학자들은 이렇게 부자와 가난한 이들 사이의 격차가 극단적으로 벌어지는 과정을 긍정적으로 인정하는 입장이라고 여겨지고 있었다.

블랑이 그려 낸 프랑스의 모습은 영국에서 온 프리드리히 엥겔스의 보고서로 더욱 강화되었고, 모제스 헤스의 에세이 「화폐의 본질에 대하여」 덕분에 이 모든 상황은 이제 포이어바흐의 관점으로 묘사할 수 있게 되었다. 즉 노동자는 자기 스스로의 노동으로 생산된 것들을 모종의 '낯선 대상물'로 관계 맺게 된다는 것이었다.[9] 카를은 이미 자신의 에세이 「유대인 문제에 관하여」에서 헤스의 생각들 중 일부를 근거로 삼은 바 있었다. 『1844년 수고』에서 그는 의식에서 활동으로 넘어가는 헤스의 이행을 더욱 확장한다. 헤스는 삶을 '생산적인 삶의 활동의 교환'이며 여기에 '여러 다른 개개인들이 협동하여 함께 일하는 것'이 포함된다고 정의한 바 있었다. 하지만 이와는 대조적으로 화폐와 사유재산의 '거꾸로 뒤집힌 세계'에서는 이러한 '유적 활동'이 개인적 사적 욕구의 '이기주의적' 만족으로 대체되어 있으며, 인간의 유적 속성들은 그저 개인들의 자기 보존이라는 목적을 위한 수단에 불과한 것으로 전락해 버린다는 것이었다. 카를은 이러한 관점의 전환을 자신의 기초로 삼은 위에서 '의식적인 삶의 활동'을 자신의 출발점으로 삼는다. 카를이 주장하는바, "종교적 소외는 오직 의식의 영역에서만 일어난다. … 하지만 경제적 소외는 현실 생활의 영역의 문제인 것이다."[10]

1843년 말경 카를에게 영향을 미쳤던 것은 영국과 프랑스에서의 사회적 사태 전개에 대한 설명들만이 아니었다. 특히 그의 상상력을 사로잡았던 것은 엥겔스가 그의 「정치경제학 비판 개요」에서 개진했던 주장이었다.[11] 엥겔스는 그러한 영국과 프랑스에서의 사회적 상태에 대한 이야기들과 정치경제학의 여러 주장을 연결 짓고 있다. 카를이 받은 엥겔스의 초고는 경찰에 의해 난도질되어 아주 불완전한 상태였다. 엥겔스는 정치경제학의 출현을 무역의 확장이 가져온 결과라고 해석했으며, 후자는 다시 종교 및 신학의 발전과 평행선을 그리며 발전한 것이라고 보았다. 이러한 이유로 애덤 스미스는 자유무역의 여러 미덕을 선언했다는 점에서 '경제학의 마르틴 루터'라고 불리고 있다. 하지만 이는 중상주의라는 '가톨릭의 솔직함'을 '프로테스탄트의 위선'으로 바꾸어 놓은 것에 불과하며, 드러내 놓고 벌이는 경쟁 대신 친구인 척하는 태도를 취하는 것에 불과하다고 한다. 가톨릭교회를 전복시키는 것이 필수적이었던 것과 마찬가지로 '여러 독점체를 보호하면서 무역에 훼방을 놓는 중상주의 시스템을 전복시키는 것 또한 필수적이었다. 그래야만 사적 소유제가 가져올 여러 결과가 무엇인지 명백히 밝혀질 수 있었던 것이다. 스미스는 자유 시스템이 생겨나면 지구적인 규모에서 우애의 유대 관계들이 맺어지게 될 것이라고 주장한 바 있다. 하지만 자유무역의 현실이란 착취를 전 지구로 확장한다는 것을 의미하며, 국가 간에 갈수록 더 경쟁이 극심해진다는 것을 뜻하며, 공장 시스템의 확장을 뜻하며, 결국 가족의 해체까지 이어지게 될 것이라고 한다.[12]

엥겔스의 「개요」에서 신선하고 또 강력한 힘을 가진 부분은 바로 정치경제학의 제반 범주들에 대한 체계적인 비판을 발전시키려는 시도였다. 엥겔스는 정치경제학자들 사이에서의 '가치'에 대한 논쟁을 개괄하면서 이를 모종의 '혼동'이라고 여기고 있다. 영국 경제학자들은 가치를 생산 비용(즉 어떤 상품에 투하되어 있는 노동의 양)*과 연결시키는 반면, 프랑스인들, 특히 장-밥티스트 세Jean-Baptiste Say는 이를 '효용utility', 즉 소비자의 눈에 비친 상품의 유용성에서 도출하고 있다. 엥겔스는 자신이 가치를 생산비와 효용의 관계로 정의하고 있으며 또

가격은 생산비와 시장에서의 경쟁의 상호적 관계의 결과물이라고 정의하고 있으므로 이 문제를 해결했다고 보고 있다. 다음으로 그는 맬서스의 인구법칙을 공격하고 있으며, 불황이 주기적으로 벌어진다는 사실을 지적함으로써 세가 내놓았다고 여겨지는바 과잉생산이란 결코 있을 수 없다는 생각을(이른바 '세의 법칙') 공격하고 있다. 그는 또한 이 시스템 내에서의 이러한 지속적인 경기의 등락으로 인해 교환이라는 행위의 도덕적 기초가 완전히 무너진다고 주장했다.13)

엥겔스는 그 공격의 표적을 블랑보다 더욱 체계적으로 제시하고 있지만, 두 사람의 공격 어조는 서로 비슷하다. 경쟁이란 '인류의 가장 심각한 저질화'의 원인이라는 것이다. 블랑이 프랑스 사회주의자들의 논의를 요약하고 있는 것처럼, 엥겔스는 맨체스터 오언주의 사회주의자들의 경제학적 비판을 근거로 삼고 있다.14) 특히 그는 사회주의의 순회 강연자인 존 와츠John Watts에 크게 기대고 있다. 그의 주장 대부분은 그 기초가 존 와츠가 1842년에 출간한 『정치경제학자들이 말하는 사실과 허구Facts and Fictions of Political Economists』에 있다.

엥겔스의 에세이에서 가장 충격적인 특징은 그가 자신의 정치경제학 분석을 프루동의 사적 소유에 대한 공격과 결합시킨다는 데 있다(그리고 이 점에서 그는 오언주의자들과 입장을 달리한다). 엥겔스에 따르면 정치경제학은 사적 소유를 전제 조건으로 받아들일 뿐 결코 그것의 존재 자체에 대해서는 의문을 던지지 않는다는 것이다. 정치경제학은 애초에 '모든 상인이 서로 공유하는 시기심과 탐욕에서 태어난, 부자가 되는 방법의 학문'인 고로, '사적 소유의 여러 법칙들을 상술'하고 있을 뿐이라는 것이다. 그런데 스스로가 전혀 모르고 있지만, 정치경제학이란 '인류의 일반적 진보를 이루는 연쇄 과정의 한 고리'라는 게 엥겔스

✤ 물론 엄밀히 말하면 이 둘은 같은 것이 아니다. 당시의 생산비 이론은 어떤 상품을 생산하는 데 들어간 요소 가격들, 즉 지대와 임금과 이윤을 '자연적' 가치로 보는 이론으로, 스미스나 밀 등이 취한 입장이며, 노동가치론은 다시 그 여러 요소 가격들을 노동이라는 단일의 생산요소의 가치로 일관되게 환원하려는 입장으로 리카도와 그 추종자들, 그리고 영국 초기 사회주의자들이 취한 입장이다. 이 둘을 동일한 것으로 보는 것이 엥겔스인지, 이 책의 저자인지는 확인이 필요할 것이다.

의 주장이다. 왜냐하면 정치경제학은 '모든 개별 이익들을 해체해 버림으로써' 19세기가 나아갈 바인 '인류가 자연 그리고 스스로와 다시 화해'하는 '위대한 전환'의 길을 닦게 되기 때문이라는 것이다.[15]

카를이 1844년 초 몇 달 동안 자기 스스로의 '정치경제학 비판'에 착수하도록 영감을 준 것이 바로 이렇게 정치경제학을 프루동의 사적 소유 비판과 동일한 것으로 놓은 엥겔스의 글이었음은 의심의 여지가 없다. 정치경제학은 시민사회의 **이론**, 즉 카를이 나중에 쓴 용어를 빌리자면 '해부'를 제공한다는 것이다. 정치경제학은 이 소외된 차안의 세계를 이론적으로 표현한 것이 된다. 카를이 『1844년 수고』와 『신성가족』에서 전개한 주장이지만, 정치경제학은 '인간'이 스스로의 본질적인 인간적 속성들을 양도/소외alienated시켜 구축한 세계를 인간의 진정한 세계라고 착각하고 있다는 것이다. 정치경제학은 인간의 '생산적 삶'을 애덤 스미스가 말하는 '교역, 물물교환, 교환하고자 하는 성향'과 동일한 것으로 합쳐 버렸으며, 그 결과 현존하는 인간이 행동하며 살아갈 수밖에 없는 지금의 소외된 세상의 모습과 유적 존재로서의 인간의 모습을 구별해 낼 수 없었다는 것이다. 그래서 몇 달 후 카를은 『신성가족』에서 이렇게 말하고 있다. 프루동의 『소유란 무엇인가?』는 정치경제학에 대해 시에예스 신부의 저 유명한 1789년 저작 『'제3신분'이란 무엇인가?』가 '근대 정치'에 대해 갖는 것만큼의 중요성과 의미를 가지고 있다고.[16]

1844년 전반기에 쓰인 9권의 노트를 보면 카를이 정치경제학과 처음으로 맞붙어 씨름하는 모습이 고스란히 담겨 있다.[17] 그는 프랑스에서 표준적인 교과서로 쓰였던 장-밥티스트 세의 『정치경제학 논고Treatise on Political Economy』와 그의 『실제 정치경제학 완성 과정Complete Course of Practical Political Economy』에서 노트를 취하고 있고, 뿐만 아니라 스미스의 『국부론』, 리카도의 『정치경제학과 과세의 원리』, 맥컬럭의 『정치경제학설사』, 그와 함께 스카베크Skarbek, 데스튀트 드트라시Destutt de Tracy, 부아기유베르Boiguillebert 등 철학자 및 경제학자들의 저작들까지 발췌하여 베껴 쓰고 있다. 하지만 카를은 이 저서들에 담긴 경제학의 세부적 논리에는 거의 관심을 두지 않는다. 세를 인용하는 것은 '사적 소유'라는 것이 '정치경제학의 당연한 기초를 형성하는 것으로 굳이 애써 설명할 필요도 없는 하나의 사실'이라는 생각을 확인하고, 그를 통해 정치경제학이 '본질적으로… 부자가 되기 위한 학문'이라는 엥겔스의 주장을 확증하기 위함이다.[18] 스미스의 저작 또한 광범위하게 노트를 취하고 있지만, 카를의 전반적인 논평은 그저 스미스가 교환과 노동 분업의 관계를 논하는 방식이 순환 논리라는 것 하나뿐이다. 그는 리카도를 프랑스어 번역본으로 읽었으며, 맥컬럭이 부록으로 달아 놓은 리카도의 삶과 저작에 대한 글도 함께 읽었다. 따라서 그는 리카도가 자신이 노동가치론이나 생산비 가치론에 대해 처음에 가졌던 생각을 이후에 어떻게 바꾸어 나갔는지에 대해 알지 못했다. 분명히 카를이 읽었던 리카도 저작본에는 세가 집필한 중요한 비판적 노트가 포함되어 있었음에도 그러했다. 카를은 1810년대와 1820년대에 리카도에게 여러 비판이 쏟아졌으며 이에 대한 대응으로 리카도가 자신의 이론에 대해 여러 가지 수정을 가했고, 특히 상품의 가치에다가 자본까지 포함시킴으로써 그의 이론에서 가치와 가격의 관계가 불안정하게 되었다는 사실도 알지 못했던 것으로 보인다.[19] 비록 카를은 1850~1851년의 기간 동안 좀 더 주의 깊게 리카도를 다시 읽게 되지만, 1840년대에는 리카도의 1817년판 『원리』 제1판에 기초하여 맥컬럭이 교조적으로 반복한 주장들에만 완전히 의존하고 있었던 것이다. 카를의 비판은 리카도의 가치론이 갖는 여러 모호함에 초점을 둔 것이 아니라, 리카도라는 경제학자가 사회를 표상하는 방식에서 자신이 감지해 낸 '전도inversion'에 초점이 있었다. "정치경제학은 그 스스로의 여러 법칙에 좀 더 일관성을 크게 하기 위해 현실은 우연적인 것으로서 묘사해 버리면서 오히려 추상적인 것을 현실적인 것으로 묘사하고 만다."[20]

마찬가지로 제임스 밀의 『정치경제학의 요소들Elements of Political Economy』에 대한 노트도 그 저작 자체를 검토하고 있는 것이 아니다. 단지 인간들 사이의 교환에서 '소외된 매개자'로서의 화폐에 대한 공격, 그리고 추상화에 대한 또 한 번의 비난이 있을 뿐이다. "정치경제학이 어떻게 사회적 상호작용의 **소외된** estranged 형태를 인간이라는 정의에 조응하는 **본질적**이며 **시원적**인 것으로 **고착**시켜 버리는지를 보게 된다."[21] 교환에 함축된 사회적 관계란 '겉모습에 불과'하며, '우리의 상호적 보완성'도 마찬가지로 '단지 **겉모습**으로만 나타나게 되며, 이는 서로가 서로를 벗겨 먹는 목적에 복무할 뿐이다'. 이와는 대조적으로 '인간적' 세상에서는 "사랑은 오로지 사랑으로만 교환할 수 있다. … 사람이 사람과 또 자연과 맺는 모든 관계 하나하나가 다 그 사람의 의지의 대상, 그리고 그 사람의 **현실의 개인적** 삶의 대상에 따라 다르게 조응하는 **구체적이고 특수한 표현**이어야만 한다."[22]

『1844년 초고』에서 카를의 정치경제학 '비판'의 기초가 되는 노트는 세 권의 노트에 들어 있다. 그 첫 번째 노트는 다시 임금, 자본, 지대라는 세 개의 세로로 된 칸으로 나누어져 있다. 각 칸을 보면 스미스, 슐츠, 리카도, 다른 이들의 저작에 나와 있는 문장들을 그대로 옮겨 놓거나 다시 정리하여 써 놓고 있다.[23] 이렇게 세 개로 나눈 부분이 끝나고 나면 노트 페이지 전체에 걸쳐 노동과 소외에 대한 구절 하나가 나온다. 두 번째 노트는 7페이지밖에 되지 않고, 노동과 자본을 반정립으로 다루고 있으며, 지주에 대한 중세적-낭만적 관념들에 대해 공격을 퍼붓고 있다. 세 번째 노트는 사적 소유, 노동, 공산주의, 헤겔 변증법에 대한 논의를 담고 있다.

이 기간 동안의 카를의 지적인 발전을 이 노트들만으로 재구성할 수는 없다. 『1844년 초고』에서 언급되고 있지는 않지만 그 내용은 논의되는 중요한 저작이 있으니, 프루동의 『소유란 무엇인가?』가 그것이다. 이 저서는 단지 사적 소유에 대한 공격뿐만 아니라 임노동 관계와 노동자들에 대한 보수에 대해서도 비판을 하고 있다는 점에서 중요하다. 프루동은 심지어 노동자들이 임금을 받은 다음에도 스스로 생산한 것들에 대해 권리를 보유하고 있다고 주장한다. 임금이란 자본가가 점유해 버린 부가가치의 작은 일부를 나타낼 뿐이기 때문이다. 카를은 또한 노동자들 사이의 협동을 통해 가능해지는 생산성 증가에서 오로지 자본가만이 혜택을 본다고 주장했다. 이렇게 그는 정치경제학에 대한 급진파의 여러 비판에서 근간을 이루는 중심 문제들을 건드리고 있다. 자본가와 임노동자 사이의 교환은 겉보기에는 자유롭고 평등한 듯하지만, 이는 자본가에게만 일방적으로 유리한 이득을 낳아 자본 축적의 기초가 된다. 이는 도대체 어찌 된 일인가? 자본가와 노동자 사이의 교환은 평등한 것도, 또 자발적인 것도 아니다. 가치의 생산자들은 임노동 관계를 통해 자기들 노동의 과실을 강탈당하고 있다는 것이다.

프랑스의 맥락에서 보면 이러한 주장들은 그다지 독창적인 것이 아니었다. 프루동은 이미 프랑스의 여러 논쟁에 퍼져 있었던 전제들을 취하고 있으며, 이런 전제와 명제들은 결코 사회주의자들에게만 국한된 것이 아니었다. 콜레주드프랑스에서 세의 후임자로 취임한 펠레그리노 로시Pellegrino Rossi는 1836~1837년에 이미 리카도와 맥컬럭의 저작에서 노동자들이 마치 다른 생산요소들과 똑같은 존재인 것처럼 다루어진다는 점에 대해 비판을 내놓은 바 있었다. 그다음으로 외젠 뷔레Eugéne Buret가 '도덕 및 정치 과학 아카데미Académie des sciences morales et politiques'가 내건 논문 주제인 '몇 나라에서의 빈곤의 성격과 증후를 정의하고 그것을 낳는 원인들을 검토하라'에 응하여 로시의 접근법을 더욱 상세하게 발전시킨다. 그는 1840년에 받은 상금으로 영국을 방문한다. 그는 거기에서 자신이 발견한 것들을 『영국과 프랑스 노동계급의 비참상De la misère des classes laborieuses en Angleterre et en France』에서 풀어놓는다. 노동은 노동자가 마음대로 처분할 수 있는 고정된 양의 상품이 아니라는 것이 그의 주장이었다.[24] 노동자는 고용주와의 관계 속에서 볼 때 자유롭게 자기 상품을 판매할 수 있는 위치에 있지 않다는 것이었다. 노동은 축적할 수도 없으며 저축할 수도 없다. '노동은 생명이며, 만약 그 생명을 매일매일 음식과 교환하지 않는다면 그 생명은 죽어 버리고 만다. 왜냐하면 인간의 삶이 하나의 상품이 되려면 노예제를 회복할 수밖에 없기 때문이다.' 반면 자본은 "완전히 다른 입장에 있다. 설령 그것이 사용되지 않는다고 해도 이윤을 내지 않을 뿐 파괴되는 것은 아니기 때문이다."[25]

뷔레의 저작이 중요했던 것은 단지 영국과 프랑스 노동자들의 상태를 묘사했던 것 때문만이 아니라, 노동자가 판매하는 상품이 노동이 아니라는 사실, 그리고 임노동 계약이란 '생명'과 음식의 일상적인 교환을 필연적으로 요구하는 것이므로 자유로운 것도, 또 평등한 것도 아니라는 사실을 강조했기 때문이었다. 내용을 보자면 이러한 접근법은 나중에 카를이 1857~1858년에 취했던 '노동'과 '노동력'의 구별과 다른 것이 아니었다. 하지만 1844년 당시에는 이는 카를의 관심사가 아니었다. 그해 여름 카를은 뷔레의 연구서 1권을 읽고 주해를 달았지만 로시, 뷔레, 프루동, 그 밖의 다른 이들이 1830년대와 1840년대 초에 발전시켰던 임노동 계약에 대한 비판적 논의에 대해서는 별다른 관심을 보이지 않고 있다.[26] 1844년경 카를이 뷔레, 리카도, 프루동, 그 밖의 저작들을 접했던 방식은 거의 전적으로 빈곤화의 증거를 찾으려는 그의 관심사에만 관련되어 있었다. 카를의 주장은 그 자신이 '전적으로 경험적 분석'이라고 부른 것에 기초하고 있음을 표방하고 있었다. 하지만 이것이 뜻하는 바는 그의 첫 번째 노트에 나오는 임금, 자본, 지대에 대한 기록 끝부분에 나오고 있다. "정치경제학 스스로의 언어를 통해 우리는 노동자가 하나의 상품으로, 그것도 가장 가엾은 종류의 상품으로 전락하고 말았음을 보았으며, 노동자의 빈곤은 노동자의 생산 활동의 힘과 정도에 반비례 관계에 있다는 사실을 보았다."[27] 이러한 맥락에서 보자면 프루동의 저작조차도 만족스럽지 못하다고 한다. 이는 '정치경제학의 관점'에서 이루어질 수 있는 최상의 작업일 뿐이다. 하지만 문제는 '정치경제학의 수준을 넘어 그 위로 올라서는 것'이라는 것이다.[28]

이것이 바로 '소외된 노동'을 분석하는 카를이 의도한 바였다. 사적 소유와 노동 분업이 더욱 발전할수록 생산자의 노동은 더욱더 '생계비를 벌어들이기 위한 노동의 범주로' 떨어져 버리며, '마침내 오로지 그러한 중요성과 의미만을 가지게 된다'.[29] 냉소주의에 가득 찬 정치경제학자들은 노동자들의 소외에 아무런 관심을 두지 않지만, 카를은 '**현실의** 경제적 사실에서 시작한다. 노동자들은 더 많은 부를 생산할수록 더욱 가난해진다.' 이러한 '사실'은 곧 '노동자가 **자기 노동의 생산물**을 모종의 **낯선** 대상물로 관계 맺는다'는 것을 뜻한다는 것이 카를의 주장이었다. 이제 프랑스인들의 경제적 비판은 현실과 추상물의 전도에 대한 포이어바흐의 비판과 섞이게 된 것이다.

소외는 단지 노동 생산물만이 아니라 노동 활동 자체와도 관계된 문제였다. 노동자의 활동은 '노동자 자신의 것이 아닌 낯선 활동'이며, '자기소외'가 된다. 다른 말로 하자면, 헤스의 저작에서와 마찬가지로 인간의 **본질적 존재**가 '인간의 **생존**을 위한 수단에 불과한 것'이 되는 것이다. '**인간이라는 종의 삶**'은 '개인의 생명을 보존하기 위한 수단'이 되어 버린다. 노동은 더는 필요의 충족이 아니라 '그 노동 활동을 하는 이와는 무관한 여러 욕구를 충족시키기 위한 **수단**에 불과한 것'이 되고 만다. 개체의 육체적 존속을 유지할 필요가 있는 것은 동물도 마찬가지다. 이렇게 하여 인간은 스스로를 '자신의 동물적 기능들에서 자유롭고 활동적'이라고 느낄 뿐이다. 동물적인 것은 인간적인 것이 되며, 인간적인 것은 동물적인 것이 된다는 것이다.

마지막으로, 소외된 노동이란 인간이 스스로의 유적 본성에서 소외되는 것만을 뜻하는 게 아니라 인간과 인간이 소외되는 것 또한 의미한다. '노동 그리고 노동 생산물을 가져가는 그 **낯선** 존재는… 모종의 **노동자 이외의 다른 사람**일 수밖에 없다.' 인간의 모든 자기소외는 다른 인간들과의 관계 속에서 모습을 드러내게 된다. 그 사람의 노동은 다른 누군가의 것이 되며, 따라서 자유로운 노동이 되지 못한다. 그 노동은 '그 노동과는 낯선 어느 누군가, 그 노동 활동의 국외자'의 노동이 되어 버린다. 즉 '어느 자본가'의 노동이 되어 버린다.[30]

아마도 원래는 서문으로 쓰려고 했던 듯한 글에서 카를은 이 글의 목적이 다시 한 번 '비판적 신학자' 브루노 바우어의 여러 결점을 부각시키는 것에 있다고 언명하고 있다.[31] 하지만 1844년이 지나면서 이 저작의 목적이 이동했던 듯하다. 그가 브뤼셀에서 작업을 재개했을 때, 1845년 2월 1일 다름슈타트의 출판인 카를 레스케Karl Leske와 맺은 출판 계약에서 언명한 목적은 『정치경제학과 정치의 비판A Critique of Politics and of Political Economy』이라는 제목의 2권짜리 책을 저술하는 것이었다.[32] 이 계약은 나중에 취소되지만, 그러한 비판서를 쓰겠다는 아이디어 자체는 그다음 25년 동안 카를이 주된 힘을 쏟는 주제로 남게 된다. 1867년에 출간된 『자본론』의 부제는 여전히 '정치경제학 비판'이었으니까.

본래의 목표는 '정치경제학에 대한 독일식의 실정적 비판'을 구축하는 것으로, 이는 '실정적이며, 인본주의적이며, 자연주의적'이 될 것이라고 보았다. 그리고 이는 '포이어바흐를 여러 각도에서 재발견'하는 것에 기초를 둘 것이라고 한다.[33] 이는 곧 카를이 그려 내는 경제의 모습과 포이어바흐가 그려 내는 종교의 모습 사이에 긴밀한 연계 고리가 확립되어 있음을 뜻하는 것이었다. 카를은 이제 노동자가 더 많은 부를 생산할수록 노동자 자신은 더 가난해진다고 주장한다. "이는 종교의 경우에서와 똑같다. 인간이 신에게 더 많은 것을 부여할수록 인간 스스로에게 남아 있는 것은 적어지게 되어 있다. 노동자는 스스로의 삶을 노동 대상에다 집어넣지만, 이제 그의 삶은 더는 그의 것이 아니라 그 노동 대상의 것이 된다."[34] 이렇게 종교와 경제 사이를 연결시키는 것은 카를이 그의 에세이 「유대인 문제에 관하여」에서 제시했던 논지, 즉 기독교 교리를 유대인들의 경제적 관행과 비유하는 논지의 연속이다. 이렇게 노동을 축적된 노동으로 보는 한편 이를 다시 정신·영적으로 천한 존재와 결합시키는 주장은 훗날 카를이 내놓는 산업화를 물질적 빈곤화와 연결시키는 주장(이는 『자본론』에 개진되어 있으며, 그 이후 1920년대에서 1970년대에 이르기까지 경제사가들 사이에서 치열한 논쟁의 주제였다)의 기원이었던 것으로 보인다.

카를은 정치경제학이 인간이 인간 스스로의 본질적인 속성들을 넘겨주어 양도/소외시켜✤ 놓은 세계를 진정한 인간의 세계라고 착각하고 있다고 주장한다. 시민사회에서는 모든 개개인이 '여러 필요 욕구로 이루어진 총체'로 나타나게 되며, 또 '한 사람 한 사람이 모두 다른 모든 이들이 써먹는 수단'이 되는데, 인간의 여러 본질적 속성들은 여기에서 낯선 허울을 둘러쓴 모습으로만 나타나게 된다는 것이다. 정치경제학자들이 관찰하여 경제법칙으로 확립시켜 놓은 인간들의 행동 패턴들은 사실상 소외로 인해 생겨난 행동 패턴들일 뿐이라는 것이다. 카를은 이러한 정치경제학자들의 관찰의 정확성에 대해서는 반대를 제기하지 않으며, 특별히 경제학의 차원에서 비판을 전개하지도 않는다. 정치경제학이 갖는 여러 결함은 그런 것으로 교정할 수 있는 우연적인 것이 아니며, 그 결함의 뿌리는 바로 그 근본에 있다는 것이다. 애초부터 정치경제학은 인간과 인간의 관계를 재산 소유자와 재산 소유자의 관계로 다루었다. 이는 마치 사적 소유라는 것이 인간의 자연적인 속성인 양, 아니면 애덤 스미스가 말하는 '교역, 물물교환, 교환하려는 성향'의 필연적인 결과물인 양 여기면서 논의를 진행해 나간다. 그 결과 정치경제학은 인간의 '생산적 삶'과 '화폐 시스템과 연관된 총체적인 소외' 두 가지를 구별하지 못하게 된다는 것이다. 이러한 비판의 과제는, 따라서 이렇게 거꾸로 서 있는 세계의 배후에 묻혀 있는 유적 존재로서 인간 본질의 실재와 현실을 발견해 내고, 정치경제학의 소외된 담론을 진정한 **인간**의 언어로 번역해 내는 것이라고 한다.35)

이는 푸리에가 '문명'을 비판하면서 말했던 것과 비슷한 논리이다. 그 안에 인간의 진짜 욕망들이 표출되어 있는 것은 분명하지만, 왜곡되고 반사회적 형태로 표현되어 있다는 것이다. 따라서 소외를 벗겨 내고 바라본 사적 소유의 진정한 의미는 '인간을 위해 **꼭 필요한 대상들의 존재**'라고 한다. 교환(혹은 물물

✤ 앞에서 이야기했지만, 이 맥락에서 alienate는 노동 혹은 노동 생산물의 '양도'라는 뜻으로도 해석이 가능하다는 점을 상기하라.

교환)은 '**사적 소유** 내에서의… 사회적 행동, 유적 행동'이며, 따라서 '**양도/소외된** 유적 행동', '**사회적** 관계의 대립물'이라고 정의된다. 노동 분업은 '소외… 내에서 벌어지는 노동의 사회적 성격을 경제적으로 표현한 것'이 된다. 화폐는 '**인류의 능력**을 양도/소외시킨 것'이다. '인간적' 세상에서라면, 화폐와 교환가치에서 표현되는 것처럼 모든 자연적 인간적 성질들이 일반화되어 뒤죽박죽으로 뒤섞이는 일 따위란 불가능하다는 것이다.[36)]

소외에서 종교가 나온 것이지 종교가 소외를 낳은 것이 아니라고 주장했던 포이어바흐와 마찬가지로, 카를 또한 사적 소유를 낳은 것이 소외라고 주장한다.[37)] 이러한 일방적 주장을 입증할 증거는 없지만, 이 주장에 기댈 때에만 카를의 다음과 같은 종말론적 결론이 도출될 수 있었다. 즉 사적 소유란 소외된 양도/소외된 노동의 산물이며, 그러한 비밀은 오로지 사적 소유가 인간에 대한 지배를 완성하는 순간이 되었을 때 비로소 모든 이들의 눈앞에 폭로된다는 것이다. 일단 사적 소유가 '세계사를 지배하는 권력'이 되고 인류의 대부분이 '추상' 노동으로 환원되며, 모든 것이 '양적 존재'로 환원되었을 때 비로소 재산과 재산의 결핍 사이의 반정립이 자본과 노동의 반정립, 부르주아들과 프롤레타리아들의 반정립으로 전환될 것이라는 게 그의 결론이었다.[38)]

사적 소유는 이러한 방식으로 하여 스스로의 경제적 운동에 의해 스스로의 파괴로 가차없이 밀려가게 된다는 것이다. 카를이 『신성가족』에서 쓴 바 있듯이, "사적 소유는 프롤레타리아트를 낳음으로써 자기에게 사형선고를 내리며, 프롤레타리아트는 바로 그 선고를 집행하는 자들이다."[39)] 왜냐하면 사적 소유가 '세계를 지배'하도록 발전해 가면 그에 따라 프롤레타리아트의 상태는 갈수록 더 '비인간적'으로 내몰리게 된다는 것이다. 이러한 양극화가 뜻하는 바는 한쪽 극단에서는 인간의 상상이 빚어내는 욕망이 갈수록 더 세련되어 가는 한편(거대 도시의 부유층이 즐기는 식욕과 성욕의 방종한 잔치판), 반대쪽에 있는 것은 다람쥐 쳇바퀴와 같은 지루하고 고된 노동과 썩은 감자라는 것이다(이는 노역소

workhouse✣에서의 징벌과 아일랜드 빈민들의 빈약한 식단을 뜻한다).

하지만 인류가 이러한 소외의 계곡을 통과하는 여정에 부정적인 것만 있는 것은 아니다. 첫째, 사적 소유는 인간으로 하여금 더욱 생산적이 되도록 강제하며, 그 결과 증기기관과 자동기계의 도움으로 풍요의 나라에 들어가는 문턱에 도달하게 되었다고 한다.[40)]

둘째, 비인간화(엥겔스가 1844년에 출간한 저서에서 지극히 생생하게 그려 냈던 맨체스터 빈민가의 모습을 상기하라)는 프롤레타리아의 반란을 낳는다고 한다. 따라서 혁명적 위기가 임박했다는 것이다.[41)] 이러한 반란이 벌어지면 이는 사회주의를 들여오게 될 것이라고 한다. 왜냐하면 "프롤레타리아트가 마침내 승자가 되었을 때에도 프롤레타리아트는 결코 사회를 절대적으로 지배하는 쪽이 되지는 않을 것이기 때문이다. 프롤레타리아트는 오로지 자신과 자신의 대립물을 모두 폐지하여 없애 버림으로써만 승리를 얻을 수 있기 때문이다."[42)]

3. 오언과 포이어바흐 사이에서: 프리드리히 엥겔스의 공산주의

이렇게 카를의 정치경제학 독해에서 포이어바흐가 제기했던 문제들이 전면에 나타나 있으며, 이 문제들은 카를이 프리드리히 엥겔스를 직접 만나고 또 정치적으로 긴밀한 동반자 관계를 발전시켜 감에 따라 더욱 그 중요성이 강해지게 되었다.[43)] 물론 그전인 1842년 11월 쾰른의 『라인 신문』 사무실에서도 두 사람은 짧게 마주친 적이 있었지만 그 당시에는 그다지 마음이 통하는 만남

✣ 영국 구빈법 체제에서는 일자리와 생계 수단이 없는 이들에게 부조를 제공하는 대신 노동 능력이 있는 자들에게는 노역을 강제하게 되어 있다. 그러한 노역을 위해 노동 능력이 있는 빈민들을 수용하여 강제 노동을 시키는 곳이 노역소이다.

은 아니었다. 그 후 서로에 대한 존경심이 늘어 가게 된 것은 둘 다 서로의 작업을 필요로 한다는 것을 알게 되었기 때문이었다. 이들은 1844년 8월 28일에서 9월 6일 사이의 열흘을 파리에서 함께 보냈고 이때 두 사람의 우정은 급속도로 발전한다.

프리드리히 엥겔스는 1820년 베스트팔렌의 바르멘Barmen에서 한 섬유 제조업자의 장남으로 태어난다. 카를은 대학에서 훈련받고 소정의 자격증을 따낸 고전학자요, 법률가요, 철학자였지만, 엥겔스는 상인이 되는 데 필요한 기술들을 배웠다. 프리드리히는 엄격한 칼뱅교파 가정에서 자라났으며, 인근 도시 엘버펠트Elberfeld의 김나지움을 다닌 뒤 브레멘으로 가서 관련된 상업 및 회계 기술들을 배웠다. 하지만 학창 시절 이래로 엥겔스는 급진적 문필가로서의 야심을 키워 왔다. 카를과 달리 그의 최초의 정치적 태도는 1830년대의 자유주의적·민족주의적 문학 운동에서 큰 영향을 받았다. 그가 최초로 동경했던 영웅들은 북유럽 신화에 나오는 인물들이었으니, 예를 들어 브레멘에 있을 적에는 지크프리트 전설이야말로 여러 군주의 지배 아래 놓여 있는 한심하고 굴욕적인 상태에 맞선 청년 독일파의 용감성을 나타내 줄 상징이라고 높이 찬양하기도 했다.[44) 그는 청년 독일파에 끌렸고, 특히 유대인 급진파이자 파리로 망명한 루트비히 뵈르네의 저작들에 매료되었다. 뵈르네는 독일의 여러 군주와 귀족 들을 공화주의의 관점에서 비판했을 뿐만 아니라, 독일 민족주의가 갖고 있는 프랑스 혐오의 경향에 맞서서 논쟁을 벌이기도 했다.

엥겔스는 1839년 말경 브레멘에서 다비트 슈트라우스의 『예수의 일생』을 읽은 뒤 청년 헤겔파를 지향하게 된다. 따라서 그는 군대에 있을 때 그 근무지로서 브루노 바우어와 그의 무리가 있는 베를린 지역을 택하게 된다. 그의 아버지는 애국심이 넘치는 이였으므로 엥겔스의 군인 근무를 온 마음으로 지지했고, 이에 엥겔스는 최소한 일정 기간 동안이나마 가족 사업에서 도망쳐 나올 수 있었다. 이것은 그가 처음으로 고향을 떠나서 아무런 어른의 간섭도 받지 않고 대도시의 자유로운 삶을 흠뻑 즐길 수 있는 기회였다. 하지만 평화 시의 군인 복무라는 것은 그 고유한 여러 형태의 지겨움이 있기 마련이며, 엥겔스는 그의 남는 시간을 청년 헤겔파들이 자주 드나드는 카페와 선술집에서 사람들과 어울리며 보냈다. 청년 헤겔파의 사상은 보헤미안과 같은 기분 전환이 되어 주었을 뿐만 아니라, 그가 '세기적 사상'이라고 불렀던 것과 맞붙어 씨름할 수 있는 기회를 주었다. 그는 한때 헤겔의 동반자였지만 이제는 보수주의의 입장에서 헤겔의 적이 되어 버린 프리드리히 셸링의 유명한 베를린 강좌 코스를 열심히 들었고, 베를린에 도착한 지 몇 주 되지도 않아서 '프리드리히 오스발트Frederick Oswald'라는 가명으로 셸링의 '계시 철학'을 비난하는 팸플릿을 발표했다.

엥겔스가 처음 카를과 친하게 되었을 당시 엥겔스는 충동적이고 겁이 없고 여러 사상이 뒤섞여 있는 상태였다. 그는 대학물도 먹은 적이 없었고 철학적 훈련도 받은 적이 없었다. 그래서 청년 헤겔파 내부에서는 여러 의견 대립이 생겨나고 있었지만 그는 여기에 별 감흥이 없었던 것으로 보인다. 훗날 그가 1844년 여름 파리에서 카를과 만나기 전에 집필했던 여러 저널리즘 글들을 보면 바우어의 지지자들과 포이어바흐의 지지자들 사이에 틈이 갈수록 벌어지고 있다는 사실은 전혀 알지 못하고 있었던 것으로 보인다. 그가 보기에는 양쪽 모두 기독교를 공격하고 있었으며, 이는 결국 신학을 인간학으로 대체하게 될 것이라고 보았다. 정치에서도 엥겔스는 헤겔로부터 거의 어떤 영향도 받지 않았다. 다른 대부분의 베를린 청년 헤겔파와는 달리 그는 헤겔주의자가 되기 이전부터 공화주의자요, 혁명적 민주주의자였다. 베를린에서 그는 여전히 자신이 헤겔의 역사철학과 뵈르네의 공화주의적인 정치관을 결합할 수 있다고 믿고 있었다. 1842년 그는 브루노 바우어가 대학에서 쫓겨난 사건에 대해 브루노의 동생인 에드가와 함께 풍자시를 지은 바 있었다. 그 시에서 엥겔스는 스스로를 자코뱅의 '산악파 오스발트Oswald the Montagnard'라고 지칭하고 있다.

그는 골수 독종 급진파로서
매일매일 단두대를 돌린다네
칼날이 떨어지는 단조롭고 황량한 소리는 그에게는 아름다운 기악곡일세

자코뱅주의에 대한 열성뿐만 아니라 프랑스에 존재하던 루이 필리프의 중도파 자유주의적 입헌군주제를 격렬하게 거부함으로써 그는 점잖은 이들에게 충격을 주었고, 이는 그가 비공식적 자리에서 즐기는 놀이의 하나였다. 또 다른 놀이는 집단 '자유로운'의 온갖 반기독교적 방종 행각에 참가하는 것이었다.[45)]

엥겔스가 익숙하게 파악했던 청년 헤겔파의 성격이라는 것은 주로 기독교에 대한 논쟁에 국한된 것이었다. 그가 자신만의 독특한 주장을 발전시킨 것은 베를린의 청년 헤겔파 집단 안에서가 아니라 영국에서였다. 그는 에르멘앤드엥겔스Ermen and Engels 회사의 대표로, 1842년 11월에서 1844년 8월 사이에 맨체스터를 방문했다. 여기에서 그는 오언주의자들의 논쟁 모임에 정기적으로 참여했고, 그 결과 독일 관념론의 철학적 전통보다도 맨체스터의 오언주의자들 회합 장소인 '과학의 전당Hall of Science'에서 나오는 오언주의의 철학적 전제들에 더욱 익숙해진다.

1842년 여름은 차티스트운동의 절정이었고, 이 기간 동안 헤스(『라인 신문』의 국제 문제 편집자였다)는 마침내 '파국이 다가오고 있다'고 예견했다. 엥겔스는 1842년 11월 영국으로 가던 도중 쾰른에서 헤스와 만나, 여기에서 '공산주의'로 정치적 입장을 전환한다. 헤스의 예언이 실현되는 것처럼 보였던 것이다. 그래서 엥겔스는 영국에 도착하자마자 며칠 만에 쓴 글에서 이미 헤스와 비슷하게 파국이 다가오고 있다는 관점으로 글을 쓰고 있다.[46)] 1843년에 쓴 논문에서 엥겔스는 자신의 입장 전환을 청년 헤겔주의자들 내부에서의 토론 결과라고 규정하고 있다. 1842년의 청년 헤겔주의자들은 '무신론자이자 공화주의자'였지만, 그해 가을이 되자 '그 무리 중 일부는 정치적 변화만으로는 충분치 않다고 주장

하면서, 공동소유에 기초한 사회적 혁명만이 자신들의 추상적 원칙들과 조응하는 인류의 상태라는 자신들의 견해를 당당히 천명했다.' 그는 헤스를 '그 무리의 첫 번째 공산주의자'라고 묘사했다.[47]

엥겔스는 영국에 체재하는 동안 이중생활을 계속했다. 업무 시간 동안에는 사업가였지만, 영국과 독일의 급진파 신문들에다가 빈번하게 기고했고 또 자신의 저서 『영국 노동계급의 상태』를 위한 자료를 수집했다. 그 책은 1845년에 출간되었다. 사업가 생활의 바깥 영역에서 그는 급진적인 아일랜드인 공장 노동자인 메리 번스Mary Burns와 관계를 쌓아 나갔고, 맨체스터 주변의 지도적인 오언주의자들과 차티스트 인사들 일부와 친교를 맺었다. 그의 책이 오늘날까지도 흥미를 잃지 않는 원인의 큰 부분은 이러한 만남들, 그리고 그를 통해 엥겔스가 얻을 수 있었던 1차적 관찰 덕분이다.

엥겔스는 헤스를 따라 영국, 독일, 프랑스라는 유럽의 3대 주요국 모두에서 벌어지는 사건들로 볼 때 '소유의 공동체에 기초한 사회적 제도의 철저한 혁명'이 '급박하고도 피할 길 없는 필연'으로 치닫고 있다고 믿었다. 영국인들은 '현실적으로' 이러한 결론에 도달했고, 프랑스인들은 '정치적으로', 독일인들은 '제1원리에 대한 사변을 통해 철학적으로' 도달하고 있다는 것이다. 특히 엥겔스가 감명을 받은 것은 오언주의자들의 현실적이고도 실용적인 관점이었다. 1843년 가을 그는 "실천에 관한 모든 문제에서 또 사회의 현 상태에 대한 사실들의 파악에서 영국 사회주의자들은 우리보다 한참 앞서 있다"고 말하고 있다.[48] 그가 「정치경제학 비판 개요」를 쓴 것도 이 무렵이며, 그 내용의 많은 부분 또한 오언주의자들의 저작을 원천으로 삼고 있다. 이 글에서 그는 사적 소유가 정치경제학이 여러 모순을 내포하게 되는 원인이며, 자유무역의 승리에 도달하게 되면 그 이후로는 사적 소유가 바로 영국을 그 최종적인 사회 위기로 몰고 가는 원인이 될 것이라고 주장하고 있다.[49]

그 뒤에 쓴 에세이들(『연보』와 『전진!』에 게재되었다)에서 엥겔스는 계속해서 이러한 위기와 그 역사적 원인들에 대한 자신의 주장을 확장해 나가고 있다. 그의 출발점은 토머스 칼라일의 유명한 1843년 에세이 『과거와 현재Past and Present』와 비슷했다. 개인주의 때문에 모든 종류의 사회적 유대가 해체되고 있다는 것이었다. 봉건제가 해체된 이후로 더 이상 인류를 '하나로 묶어 주는 것은 무력, **정치적** 수단이 아니라 **자기 이익**, 즉 **사회적** 수단'이라는 것이다. "봉건적 예속의 폐지로 인해 '현금 지급이 인간들 사이의 유일한 관계'가 되고 말았다."50) 중상주의자들은 그래도 싸게 사 와서 비싸게 팔아 차액을 먹는다는 것의 근저에 인간들 사이의 적대 관계가 존재한다는 것만큼은 인정하고 있었다. 하지만 애덤 스미스는 상업을 '통일과 우정의 유대 관계'라고 찬양한다는 것이다.

이렇게 '도덕성을 비도덕적 목적들에다가 잘못 사용하는 위선적인 방식' 이야말로 '자유무역 시스템의 자부심'이라고 한다. 모든 작은 독점체들은 폐지되며 '그 목적은 **하나의** 거대한 기초적 독점체, 즉 사적 소유가 더욱 자유롭고 제한 없이 기능할 수 있도록 하기 위함이다.' 이러한 자유주의적 경제 시스템은 '여러 민족체들을 해체시킴'으로써 '개인들 사이의 적대와 경쟁이라는 불명예스러운 전쟁을 그 극단으로까지' 강화시키며, '상업은 산업을 잡아먹으며 그 결과 전능의 힘을 얻게 된다.' 산업화와 기계제 공장 시스템이 나타나게 되면 마지막 단계에 도달하게 되는데, 그것은 바로 '가족의 해체'이다. '자유무역 시스템의 기초를 형성하는 그러한 여러 대립적 이해 관계의 분리 상태에서 나올 수 있는 결과가 달리 무엇이 있겠는가?' 화폐는 '소유의 공허하고 양도/소외된 추상물'로, 이것이 세계를 지배하는 주인이 되어 버렸다. 인간은 이제 더 이상 인간의 노예가 아니라 **사물**의 노예가 되어 버렸다. "인류는 서로 밀쳐 내는 고립된 원자들의 거대한 즉자적인 덩어리로 해체되어 버렸고, 이는 곧 모든 집단적 이익, 민족적 이익, 그리고 실로 그 밖의 모든 특수 이익들이 파괴되었음을 뜻한다. 따라서 이는 곧 자유롭고도 자발적인 인간들의 결사와 연대를 향해서 가는 필수적인 마지막 단계이다."51)

엥겔스의 분석 전체를 감싸는 틀은 바로 기독교의 궁극적 위기라는 틀이다. '기독교 세계 질서는 이보다 더 앞으로 나아갈 수 없다.' 그는 이 위기의 근원을 그려 내기 위해 바우어와 포이어바흐 모두를 차별 없이 끌어오고 있다. 그는 모제스 헤스를 따라서 다음과 같이 주장한다. 영국에서 위기가 나타나고 있는 이유는 '오로지 영국만이 모종의 사회사를 가지고 있기 때문이다. … 여러 원리가 역사에 영향을 주기도 전에 여러 이해 관계로 전환해 버린 곳은 이곳뿐이다.' 엥겔스는 1844년 3월에 쓴 글에서 말하고 있다. '민주주의의 평등'은 모종의 '키메라'라고. 하지만 영국이 나아가고 있는 방향의 민주주의는 "프랑스혁명의 민주주의가 아니다. 프랑스혁명의 반정립은 군주정과 봉건제였지만, 영국이 나아가고 있는 바의 민주주의는 중간계급과 사유재산을 반정립으로 삼고 있다. … 영국에서 귀족정에 맞선 민주주의의 투쟁은 곧 부자들에 맞선 가난한 이들의 투쟁이다. 영국이 나아가고 있는 민주주의는 곧 사회적인 민주주의인 것이다."[52]

현재 위기의 기원은 '추상적 주체성'을 기본 원리로 삼는 '기독교-게르만적 세계관'으로까지 거슬러 올라갈 수 있다고 한다. 봉건제가 해체된 이후 이 '추상적 주체성'이라는 생각은 '기독교 국가'에서 절정을 이룬 바 있었다는 것이다. 좀 더 일반적으로 말해, 그것은 '주관적이고 자기중심적인' '이해관계성'이라는 것을 '모종의 일반적 원리'로 격상시켰으며, 그 결과는 '보편적 파편화, 모든 각 개인들이 자신에게만 집중하는 상황'이라는 것이다. 즉 개인적 이해관계가 헤게모니를 갖게 되며 사유재산이 지배하게 된다는 것이다.[53]

18세기가 영국에 가져온 가장 중요한 결과는 '산업혁명'을 통한 프롤레타리아트의 창출이었다고 한다. 산업혁명과 무역의 팽창이 가져온 사회적 혼란은 '기독교로 인해 파편화와 고립으로 몰려갔던 인류가 다시 모이고 합치는' 징조였다는 것이다. '이는 인류의 자기해방과 자기 이해를 향한 바로 전 단계이다.' 엥겔스는 인간이라는 종이 역사를 통해 '억누를 길 없는 진보'로 나아간다는 것을 확신했고, '그것이 개인의 비이성에 대해 갈수록 확실한 승리를 거둘 것'이라고 보았다. 엥겔스는 1844년에 이렇게 말한다. "인간은 오로지 스스로를 이해하기만 하면 된다." 그리고 "스스로의 본성이 요구하는 바에 따라서 진정으로 인간적인 방식으로 세계를 조직하기만 하면 된다. 그렇다면 인류는 우리 시대가 던지는 이 어려운 수수께끼를 다 풀게 될 것이다."[54)]

엥겔스는 파리에서 카를과 대화를 나눈 뒤 영국에 대한 자신의 입장을 어느 정도 수정한다. 그다음 몇 달 만에 그가 쓴 『영국 노동계급의 상태』에서 초점은 더는 사유재산, 개인주의, 사회 해체 등에 있지 않았다. 이러한 주제들과 더불어 이제 강조점은 인류를 구원할 프롤레타리아트의 역할로 옮겨 갔다. 엥겔스가 이 주제를 끌어낸 출처는 『연보』에 게재된 적이 있는 카를의 「헤겔 법철학 비판 서문」에서 묘사된 프롤레타리아트의 역할이었을 가능성이 높고, 1844년 8월에 카를과 벌였던 토론 또한 중요한 원천이었을 것이다. 이 책에서 풀어내고 있는 이야기는 포이어바흐의 여러 범주들로부터 도출되고 있다. 책은 우선 산업혁명 이전의 영국 섬유 노동자들이 얼마나 목가적인 환경에서 구김살 없는 삶을 영위했는가를 설명하면서 시작한다. 그다음으로 엥겔스는 산업화로 인해 이 노동자들이 어떻게 세계사의 주류로 끌려 나왔고 갈수록 소름끼치는 동물적 상태(이는 맨체스터에 대한 그의 묘사에서 상세히 다루어진다)로 전락했는지를 이야기한다. 하지만 빈민화 및 비인간화는 프롤레타리아혁명을 통한 인간성 회복을 위한 필수적인 서곡으로 여겨진다. 이는 개인 차원의 폭력이라는 다듬어지지 않은 행동들로 시작하여 차티스트운동이라고 하는 조직된 노동운동과 사회혁명에서 절정을 이루게 된다는 것이다.

엥겔스는 여전히 오언주의자들과 동맹 관계를 맺고 있었지만, 그의 관점은 오언주의자들의 정치적 수동성에 대해 괄목할 만큼 갈수록 비판적이 되고 있었다. 1844년 여름 그는 여전히 오언주의자들과 마찬가지로 '보편적 참정권People's Charters을 따낸다고 해서 무수한 사회악을 해결할 수 있는 것은 아니다'라고 믿고 있었다. 그런데 1845년 『영국 노동계급의 상태』가 출간될 무렵에는 오언주의자들이 '계급적 증오'를 인정하지 않는다는 데 대해, 또 '옛날의 사회질서가 이렇게 해체되는 데에 진보의 요소'가 있음을 알아보지 못한다는 데 대해 비판을 가한다. 그는 이제 '한 나라가 걸어가야만 하는 정치적 발전의 불가피한 행진 과정을 밟아 나갈 생각은 않고서 그저 한순간에 하룻밤 사이에 온 나라를 공산주의의 상태로 만들겠다는' 이들의 야심을 어리석을 만큼 천진난만한 것이라고 여기게 된다. 그는 이들이 '잠시라도 겸손히 몸을 낮추어 차티스트운동가들의 관점으로 되돌아와야' 한다고 주장한다.✤ 그렇게 되면 '부자들에 맞서서 가난한 이들이 벌인 가장 피비린내 나는 전쟁'이 될 수도 있는 판에서 그들이 '그 잔인하고 짐승 같은 요소를 정복하게 될 수도 있다'는 것이다.[55)]

엥겔스는 근대적 산업이 안고 있는 여러 혁명적 가능성들을 찾아낸 최초의 인물이며, 기계제 공장 노동자들의 위치를 부각시키고 또 독일 사회주의자들에게 근대적 산업의 계급투쟁의 성격을 극적으로 보여 준 첫 번째 인물이었다. 영국에 대한 그의 연구는 프롤레타리아적 계급의식의 형성 단계들과 산업 발전의 여러 국면들 사이의 관계를 밝혀 주었다. 그가 단순히 옛날식 작업장이 아니라, 증기기관으로 돌아가는 기계제 공장에 초점을 두었던 덕에 또한 그는 생산물만 보기보다는 생산수단과 노동자들의 관계를 강조하게 되었고, 소외된 개개인들 사이의 경쟁이 아니라 여러 다른 계급 간의 관계를 서술할 수 있게 되었다. 그리고 이러한 방식의 설명은 카를에게 아주 깊은 인상을 안겨 주었다. 거의 20년이 지난 다음에 카를이 엥겔스에게 보낸 편지에 보면, "자네, 저서의 주요 명제들

✤ 19세기 초 노동자 운동의 양대 산맥이라고 할 차티스트운동과 오언주의 운동은 서로에 대해 불신과 냉담한 태도를 가지고 평행선을 그렸다. 비록 개인적으로는 두 가지 운동에 모두 연관된 걸출한 노동자 활동가들이 많았지만, 전자는 18세기 말 이후로 내려오는 급진파 운동의 전통을 이어받아 정치적 참정권을 우선으로 하여 노동자들의 처지를 개선하는 무기로 써야 한다는 입장이었고, 후자는 노동계급이 처해 있는 곤경이라는 것은 국가권력의 쟁취를 통해 해결할 수 있는 것이 아니라 노동자들 스스로가 협동co-operation이라는 새로운 원리에 근거하여 생활과 경제활동의 방식을 바꾸어 나감으로써만 극복할 수 있다는 것이었다. 1832년 결국 오언 스스로가 이끌었던 전국적 노동조합의 결성 운동이 실패로 끝나면서 이후 노동운동가들은 차티스트운동에 대거 합류하게 된다.

에 관해서 보자면… 그것들은 1844년 이후에 벌어진 일련의 사태 전개 속에서 가장 세세한 부분까지 철저하게 사실이라고 입증된 바 있네."[56)]

파리에서 엥겔스와 카를의 10일간에 걸친 회합의 결과는 브루노 바우어에 대해 논박을 가하는 글을 함께 쓰자는 합의였다. 비록 그 결과 나온 팸플릿인 『신성가족, 즉 브루노 바우어와 그 무리들에 대한 비판적 비판의 비판The Holy Family, or, Critique of Critical Criticism against Bruno Bauer and Company』은 두 사람의 공동 저자 명의로 되어 있지만, 200페이지가 넘는 전체 저작에서 엥겔스가 쓴 부분은 12페이지 남짓(영국의 상태를 다룬 작은 절)에 불과하다. 『신성가족』은 『일반 문학 신문Allgemeine Literatur-Zeitung』에 대한 길고 긴 공박의 형태를 띠고 있다. 후자는 1843년 말에서 1844년 10월까지 바우어 형제, 그리고 그들의 베를린에 있었던 소수의 지지자들이 발간했던 신문이었다.

『신성가족』은 '독일에서 진정한 인간주의의 가장 위험한 적은 정신주의spiritualism 혹은 사변적 관념론speculative idealism이다.'[57)] 이 저서는 과도하게 길고 과도하게 세세했다. 카를의 가장 열정적인 경모자의 한 사람인 쾰른의 게오르크 융은 카를의 팸플릿이 프루동 그리고 대중 소설가인 외젠 쉬Eugène Sue를 제대로 다루었다고 축하했지만, "중요하지 않은 것들까지 하나하나 나열하는 것이 처음에 지독하게 지루했다네.… 딱 한 가지 요청할 것이 있다면, 이제는 다른 저작들에 대한 이야기 때문에 글이 옆길로 새는 일이 없었으면 하네." 그는 카를에게 정치경제학과 정치에 대한 작업이나 계속할 것을 강력하게 촉구하고 있다.[58)] 엥겔스가 1845년 3월 바르멘에서 보낸 편지에서도 그 책의 주된 결함을 지적하고 있다. 『문학 신문』에 '최고의 경멸'을 명백히 보여 준 것은 좋은데 그에 비하면 그걸 다룬 분량이 너무나 적다는 것이었다. 게다가 사변과 추상화 일반에 대한 비판은 일반 독자들은 도저히 이해할 수가 없을 것이라는 것이었다.[59)]

이 책은 그전부터 카를이 바우어의 입장을 비판했던 것에 내용적으로는 크게 더 추가된 것은 없다. 좀 더 흥미로운 것은 그 비판이 『문학 신문』에서 발견되는 주제들 중 몇 가지를 논의하는 데에도 적용되고 있다는 것이다. 그러한 주제들 가운데에는 프랑스혁명, 프루동의 정치경제학, 외젠 쉬의 『파리의 미스터리들』, 17세기와 18세기의 영국-프랑스의 유물론에 대한 논의 등이 있었다. 정치적 시나리오 또한 본래 카를이 『프로이센 왕과 사회 개혁』에서 루게를 공격할 때에 헤스가 제출한 바 있는 논리를 또다시 그대로 반복하고 있다. 유럽의 3대 주요 국가인 프랑스, 영국, 독일은 해방을 향하여 각자의 경로를 걸어갈 것이라는 것이었다. 프랑스의 경우, 카를은 프루동을 모종의 도덕주의자로 묘사했던 에드가 바우어에 반대하여 그의 저작을 '프랑스 프롤레타리아트의 과학적 선언'이라고 천명했다.[60]

한편 바르멘에서 『영국 노동계급의 상태』의 집필을 마무리하고 있었던 엥겔스 또한 비슷한 여정을 밟아 나간다. 그는 영국이 종말론적 사회혁명을 겪도록 운명이 정해져 있다고 단호하게 예언했지만, 독일의 경우에는 철학자들을 통해 모종의 평화로운 사회 변화가 나타날 가능성을 여전히 바라고 있었다. 1845년 3월 그는 오언주의 신문인 『새로운 도덕적 세계New Moral World』의 독자들에게 '포이어바흐 박사가 스스로를 공산주의자라고 선언'했다는 '가장 중요한 사실을'(물론 사실이 아니었다) 알리며 크게 기뻐한다. '공산주의는 사실상 포이어바흐 스스로가 오래전부터 이론적으로 천명했던 바를 실천에 옮긴 것일 뿐'이라는 것이었다.[61] 거의 같은 시기 그가 모제스 헤스와 함께 바르멘과 엘베르펠트의 '명사들'에게 행했던 연설을 보면, 엥겔스는 또한 독일이 공산주의로 이행하는 것이 평화적인 방식이어야 한다고 주장했음을 알 수 있다. 그러면서 중간계급의 청중들에게 미래를 신중히 생각한다면 공산주의를 받아들여야 한다고 강력하게 촉구하고 있다. 그들의 입지는 부자들과 가난한 이들 사이의 양극화로 인해 계속 침식당하고 있으며, 주기적인 경기 불황으로 빚어지는 혼돈과 경쟁의 충격으로 또한 침식당하게 될 것이라는 게 엥겔스의 경고였다. 엥겔스는 혁명에 대한 대안으로서 경제 계획의 여러 혜택을 강력히 옹호했고, 또 재산 공유제

community of goods를 점진적으로 도입할 것을 옹호했다. 그리고 그사이의 기간에는 무상교육, 빈민 구제의 재조직, 누진적 소득세 등 도움이 될 만한 조치들을 도입할 수 있을 것이라고 말했다.[62]

4. 슈티르너에 답하다

1844년 10월 막스 슈티르너Max Stirner는 포이어바흐식 인간주의에 대한 자신의 공박인 『유일자✤와 그 소유』를 출간한다. 엥겔스와 헤스 모두 그 발행인인 오토 비간트Otto Wigand가 보내 준 가제본을 읽은 바 있었다. 포이어바흐식의 인간주의에 대한 슈티르너의 기본적인 반대 논리는 그것의 기풍ethos이 종교에 가깝다는 점이었다. 포이어바흐의 종교 비판은 종교가 인간의 여러 속성들을('술어들predicates') 인간 개개인들로부터('주어들subjects') 분리시키며, 이에 '주어와 술어의 전도'가 벌어지고, 인간의 여러 속성들은 신이라는 모종의 가공물의 속성인 듯 다시 구성되고 만다는 것이었다. 하지만 슈티르너가 지적하는바, 포이어바흐 자신도 이렇게 양도/소외된 속성들을 구체적인 인간 개개인들에게 되돌려 주지는 못했고 오히려 똑같이 가공물에 불과한 '인간', 즉 '유적 존재'라는 것에다 붙여 버렸다는 것이었다. 개개인들에게 '인간'이란 여전히 그 개개인들이 종사하는 '직업'이나 윤리적 목표라고 제시되고 있다는 것이다. 그래서 '인간'은 사실상 프로테스탄트의 신을 다른 버전으로 바꾸어 놓은 것에 불과하다는 것이다. 이러한 공격을 더욱 아프게 만드는 사실이 있었다. 그 '유'라는 용

✤ '유일자Der Einzige'란 다른 어떤 존재도 필요로 하지 않고 스스로 존재하는 자를 뜻한다. 이를 영어로 번역할 때에는 'the One'이라고 할 때가 많지만, 이 책에서 인용되고 있는 영어판의 제목에서는 'the Ego'라는 역어가 쓰이고 있다. 이를 '자아'나 '이기적 존재'라고 번역했다가는 여러 오해가 있을 듯하여 독일어 원어의 의미대로 '홀로 있는 자', 즉 '유일자'로 번역하기로 한다.

어는 본래 슈트라우스가 정통파 기독교에서 예수 그리스도의 자리에 채워 넣기 위한 역동적인 대체물로 사용한 것이었는데, 포이어바흐는 자신이 쓰는 '유species'라는 용어가 바로 슈트라우스의 것을 가져온 것임을 인정했던 것이다. 이에 슈티르너는 포이어바흐의 인간주의 대신, 최고의 우선성을 갖는 것은 유일자가 되어야 한다고 주장했다.

> 기독교인에게는 세계사는 고귀한 것이다. 이는 예수 그리스도 혹은 '인간'의 역사이기 때문이다. 하지만 유일자에게는 오로지 **그** 자신의 역사만이 가치를 갖는다. 왜냐하면 그는 오로지 **자신만**을 발전시키고자 할 뿐 인류라는 이념이나 신의 계획이나 섭리, 자유 등등의 것을 발전시키려 하는 게 아니기 때문이다. 유일자는 스스로를 이념의 도구 혹은 신의 도구 등으로 바라보지 않으며, 신의 부르심이나 소명이라는 것도 인정하지 않으며, 인류가 더 발전하는 목표를 위해 자신이 존재한다고 상상 따위도 하지 않기에 그러한 목표를 위해 눈꼽만큼도 기여할 생각이 없다. 그는 그저 스스로의 삶을 살아 나가고 펼쳐 나갈 뿐, 그로써 인류가 잘될지 나쁘게 될지 따위에는 전혀 신경 쓰지 않는다.[63]

엥겔스와 헤스는 이 책을 놓고 견해가 갈라졌다. 엥겔스의 최초의 반응은 호의적인 것이었다. 그는 1844년 11월 바르멘에서 카를에게 보낸 편지에서 슈티르너를 벤담과 비교하고 있다. "이걸 그냥 내다 버리고 말 것이 아니라 오늘날의 어리석음이 표출된 완벽한 예로 이용하자고. 그래서 **그걸 거꾸로 뒤집어서** 그 위에다가 우리의 주장을 쌓아 나가세." 슈티르너의 주장이 너무나 일방적인 것이므로 이는 금방 '공산주의'로 귀결될 것이라는 게 엥겔스의 주장이었다. '유일자로서 인간의 마음은 남들을 위하고 스스로를 희생시키는 것'이라고 한다. 따라서 "우리는 유일자에서 출발한 공산주의자들이다." "우리는 우리가 유일자라는 것을 믿기 때문에 단순한 개개인들로 머무는 것이 아니라 **인간적 존재들**이 되기를 원한다."64)

헤스의 생각은 전혀 달랐다. 그는 청년 헤겔파의 이론적 발전 과정을 알지 못하는 독자들이라면 '근자의 독일 철학자들이'(특히 슈티르너) '수구 반동분자들의 부추김을 받아서 저작물들을 출간해 왔다'고 오해할지도 모른다고 생각할 정도로 충격을 받았다. 헤스는 특히 '개인이야말로 자연의 전체이므로 개인은 또한 인류의 전체이기도 하다'는 슈티르너의 주장에 초점을 두었다. 슈티르너가 특정 개인과 인간이라는 종 전체 사이의 차이점을 이렇게 뭉개 버리는 바람에 그 인간이라는 것이 여전히 '뿔뿔이 나누어진' 상태라는 사실까지 무시하고 있다는 것이었다. 그리고 이렇게 뿔뿔이 나누어진 상태를 해소하려면 답은 '사회주의'뿐이라는 것이었다. 슈티르너는 '우리의 이웃인 다른 인간들과 사회적으로 하나가 될 때에만 우리가 비로소 유의미한 존재가 될 수 있다'는 사실을 믿지 않는다. 대신 그의 입장은 '그저 이론적인 지식만 있으면 우리는 신도 될 수 있고 인간도 될 수 있다'는 것으로, 인간이 사회적으로 겪고 있는 고립과 분열의 상태도 중요하지 않으며 우리의 빈곤과 비참과 같은 것은 생각도 할 필요가 없다는 것이니, 사실상 바우어의 입장과 다르지 않다는 것이었다. 사회주의자들은 '우리가 **진정한 유적 존재들**이 될' 것을 주장하며, 이를 통해 '모든 이들이 스스로가 가진 인간적 성질들을 함양하고 연마하며 완성할 수 있는' 사회를 창조해야 한다고 주장한다. 반면 슈티르너는 '**이러한** 실제의 인간에 대해서는 아무것도 알려고' 들지 않는다는 것이다. 그의 대답은 이러하다. "나 유일자는 '인간 사회'의 행복 따위는 마음에 두지 않으며, 나는 그것을 위해 아무것도 희생하지 않으며, 오로지 그것을 이용할 뿐이다. 하지만 그것을 완벽하게 이용할 수 있기 위해 나는 그것을 나의 소유물로 또 나의 피조물로 변형시킨다. 즉 나는 '인간 사회'를 없애 버리고 그 대신 '유일자들의 연합Union of Egoists'을 형성하고자 한다."65)

카를은 슈티르너가 포이어바흐의 '인간'이라는 용어가 종교성을 가지고 있다고 공격했을 때 자신도 그 공격 대상에 포함되어 있다고 분명히 느꼈으며, 이에 응수하지 않을 수 없다고 생각하고 있었다.66) 1844년 12월 파리에서 『전진!』의 편집장인 뵈른슈타인에게 보낸 편지에서 그는 자신이 『전진!』에 게재하기로 한 '슈티르너 서평'을 이번 호에는 실을 수 없을 것이라고 설명하면서 다음 주 안으로 보내겠다고 약속하고 있다.67) 슈티르너에 대한 카를의 반응은 분명히 헤스의 반응에 더 가까운 것이었다. 왜냐하면 엥겔스는 1845년 1월 20일경 바르멘에서 보낸 편지에서 카를에게 다시 한 번 편지를 보내 자신이 슈티르너의 책에서 처음에 받았던 인상은 잘못된 것이라고 인정하고 있다. 그는 이제 자신이 카를 및 헤스와 완전히 동의한다고 언명하고 있다. "몇 번 생각을 바꾼 뒤 나도 자네들과 동일한 결론에 도달하게 되었네."68)

『신성가족』에서 바우어에 대해 걸었던 논쟁이 그렇듯이, 카를의 슈티르너 '서평' 또한 지나치게 장황하고 분량의 비율에 대한 균형 감각이 완전히 결여되어 있다. 출간되지 않은 상태의 초고는 모두 300페이지가 넘었다. 예니도, 엥겔스도, 융과 다른 친구들도 카를에게, 쓰기로 한 『정치와 정치경제학 비판』 작업이나 계속하라고 강력하게 촉구했다. 하지만 이에 아랑곳하지 않고 1845년 전반부의 기간 동안 카를의 마음은 오로지 슈티르너와의 논쟁에만 몰두하고 있었다. 그해 여름에는 심지어 엥겔스 및 요제프 바이데마이어Joseph Weydemyer와 함께 『독일-프랑스 연보』와 비슷한 규모로 '독일 철학'을 비판하는 논쟁 저서를 출간하자는 계획까지 세우도록 만든다.69) 슈티르너의 주요 논점은 사회주의의 레토릭이 도덕적·규범적이며 여전히 종교와 비슷한 성격을 가지고 있다는 것이었지만, 헤스와 마찬가지로 카를 또한 그의 '서평'에서 슈티르너의 이러한 논점은 회피해 버리고 있다. 하지만 슈티르너의 비판은 암묵적으로 인정되고 있는 셈이다. 카를은 사회주의적 수사의 규범적인 어조를 없애고 그 자리에 계급투쟁의 개념을 가져다 놓았지만, 이는 대혁명 이래로 프랑스의 정치 저술에서는 진부할 정도로 익숙해진 아이디어였던 것이다.[70] 그리고 '공산주의'를 다시 묘사한다. 이는 더 이상 '현실이 스스로를 가져다가 맞추어야 하는 **이상**'이 아니라는 것이다. 이는 이제 '현존하는 질서를 폐지해 버리는 **현실**의 운동'이라는 것이었다.[71]

슈티르너에 대한 카를의 공격인 「성자 막스Saint Max」는 헤스의 논리를 어마어마한 규모로 상세하게 불려 놓은 것이었다. 카를에 의하면, 개인과 종의 동일성을 슈티르너가 강조했던 것은 곧 슈티르너가 모종의 은폐된 형태의 자기 신격화를 의도한 것이라고 한다. 카를의 비판이 띠고 있는 풍자적인 어조는 그저 기발한 경구 정도로 받아들일 수 있는 수준이지만, 너무 극단을 달릴 때에는 어리석음의 지경으로 전락해 버리며, 특히 성자들과 신도 대표 위원회church councils에 대해 재미없는 유머를 늘어놓을 때가 그 절정이다. 사실 슈티르너가 자신의 비판자들에게 대답한 바 있듯이 신성이라는 형이상학적 실체에 대해 아무런 신앙도 가지고 있지 않았다. 또 슈티르너가 말하는 '유일자'라는 것이 그것을 부분으로 포함하는 사회적·문화적 환경에 의해 모습이 형성되는 것이라는 카를의 비판 또한 슈티르너에게 아무 손상도 입히지 못했다. 슈티르너가 문제 삼았던 중요한 논점은 단지 개인들이 유일자로서 스스로의 의지에 따라 살아야 한다는 것 하나뿐이었던 것이다.[72]

5. 유물사관?

그로부터 40년 후 마르크스가 죽은 지 10년이 되어 가던 1885년 엥겔스는 자신의 에세이 「공산주의 동맹의 역사에 대하여On the History of Communist League」에서 1844년 8월 자신과 카를이 파리에서 처음으로 장시간 회합을 가졌던 일을 회상하고 있다. "내가 1844년 여름 마르크스를 파리에서 만났을 당시 우리 두 사람이 이론의 여러 분야에서 모조리 완벽한 일치를 보고 있음이 명백해졌고, 우리의 공동 작업도 그때부터 시작되었다." 엥겔스는 계속해서 말한다. "1845년 봄 우리가 브뤼셀에서 다시 만났을 때, 마르크스는 이미 자신의 유물사관의 주요 특징들을 완전히 발전시켜 놓은 상태였다."[73]

이는 실로 잘못된 이야기이다. 카를과 엥겔스가 당대의 관심사들 중 일정한 지점들에서 의견 수렴을 보았던 것은 사실이다. 예를 들어 포이어바흐에 대한 지지, 공화주의가 아닌 사회주의 의제를 채택해야 한다는 생각, 그리고 무엇보다 정치경제학이 중심적인 중요성을 가지고 있다는 믿음 등을 들 수 있다. 또 몇 가지 쟁점에서는 두 사람 사이의 다툼의 소지가 있었지만, 엥겔스가 카를의 지적인 권위를 존중하고 물러섰기에 일치를 볼 수 있었다. 하지만 두 사람이 걸어온 지적인 궤적은 전혀 달랐고 거기에서 비롯된 여러 차이점들 또한 없어지지 않고 계속 남아 있었다. 헤스, 엥겔스, 카를이 슈티르너에 대해 보였던 반응의 차이는 그보다 더 깊숙한 곳에 도사린 여러 차이점을 엿볼 수 있게 해 주는 중요한 단서이다. 그 전해에 헤스와 카를은 모두 인간의 삶을 '생산적인 생명 활동 혹은 의식적 생명 활동의 교환'으로 보는 개념을 강조했다. 하지만 엥겔스에게는 그러한 강조점이란 존재하지 않았다. 엥겔스의 관점은 오언주의자들의 그것에 여전히 훨씬 더 가까웠고, 따라서 사회 환경만 바꾸어 낸다면 슈티르너가 말하는 자기애라는 것도 얼마든지 '공산주의적' 형태를 띨 수 있다고 생각했던 것이다.

카를이 이미 '유물사관materialist conception of history'을 완성해 놓은 상태였다는 두 번째 주장의 문헌적 근거는 훗날 크게 바뀐 상황 속에서 엥겔스가 『신성가족』의 첫 문장을 전혀 다르게 읽는 데에서 도출된 것이었을 가능성이 크다. 그 스스로가 쓴 그 첫 문장은 "독일에서 **진정한 인간주의**의 가장 위험한 적은 **정신주의**spiritualism 혹은 **사변적 관념론**speculative idealism으로, 이는 **실제의 인간 개개인**을 '**자기의식**'이니 '**정신**'이니 하는 것으로 대체해 버린다"라고 되어 있을 뿐이다.[74] 관념론에 대한 엥겔스의 이해는 끝까지 피상적인 수준에 머물렀다.[75] 따라서 그는 카를이 브루노 바우어와 자신을 차별 지으려는, 부친 살해(그는 예전의 박사 논문 지도교수였다)에 가까운 집착은 관념론 전통 전체에 대한 거부와는 전혀 다른 문제라는 사실을 이해하지 못하고 있었다. 엥겔스가 자신의 에세이 「루트비히 포이어바흐와 독일 고전 철학의 종말」(1886년)에서 자신의 설명을 더욱 상세히 풀어놓았던 것이 이러한 오류를 더 복잡하게 만들고 말았다. 엥겔스는 이 기간 동안 철학에서 벌어졌던 여러 갈등을 '두 개 거대한 진영' 사이의 전투였다고 설명하고 있다. "관념론 진영에 속하는 이들은 자연에 대한 정신의 우선성을 주장하고 있었기에 궁극적으로는 어떤 형태로든 세계가 관념에 의해 창조되었다고 전제하는 이들이었다. 그 반대 진영의 이들은 자연이 우선하는 것으로 보았는데, 이들은 다양한 여러 유물론 학파에 속하고 있었다."[76] 이러한 '관념론'과 '유물론' 사이의 전투라는 것은 엥겔스의 상상의 소산이었을 뿐이다. 엥겔스는 1840년대 중반의 여러 논쟁을 훨씬 나중에 자연의 우선성이라는 전제에 기반하여 생겨난 다윈주의 이후의 유물론과 혼동했고, 그가 말하는 1840년대 중반의 '관념론'과 '유물론'의 전투라는 것은 바로 그러한 혼동의 산물에 불과했다. 이는 1840년대의 청년 헤겔파 내에서 벌어진 논쟁의 내용과는 전혀 동떨어진 것이었다.

'유물사관'이 어떻게 나타났는지에 대한 엥겔스의 설명에는 이러한 여러 오류와 오해가 섞여 있거니와, 이것들은 이른바 '러시아 마르크스주의의 아버지'인 게오르기 플레하노프(1856~1918년)의 저작을 통해 더욱 증폭되었다.[77] 『신성가족』에서 카를은 계몽주의 철학에 대한 바우어의 설명을 바로잡기 위해 깊은 학식에 근거한 시도를 펼치고 있지만, 플레하노프는 이를 그저 17세기와 18세기의 영국과 프랑스에 나타난 유물론을 지지하는 것으로 그려 냈던 것이다.[78]

이 새로운 이론적 전통의 날조 작업은 20세기에 들어와서 마무리 작업이 이루어졌다. 카를의 이론은 이제 '역사적 유물론historical materialism'이라고 불리고 있었다. 이 과정은 1920년대와 1930년대에 걸쳐 카를과 엥겔스의 두 번째 공저로 제시된 『독일 이데올로기』가 출간됨으로써 완결되었다. 그 시작은 다비트 리아자노프David Riazanov가 「I. 포이어바흐」라는 단 하나의 장만 1924년 러시아에서 출간한 것이었다.[79] 이 '장'의 독일판이 1926년에 출간되었고, 그다음 1935년에는 여기에 덧붙여서 슈티르너에 대한 에세이와 바우어에 대한 에세이, 그리고 '진정한 사회주의의 예언자들'을 다루는 이른바 제2권까지 함께 묶어서 하나의 완성된 책으로 출간된다. '포이어바흐'라는 제목이 붙어 첫 번째 장이라고 주장된 부분은 금세 유명해졌고, '마르크스주의' 혹은 '역사적 유물론'의 요약본 정도로 여겨져서 무수히 재출간되었다. 하지만 최근에 이 부분이 1920년대에 리아자노프와 그의 동료들에 의해 '인위적으로' 짜깁기된 것임이 입증된 바 있다. 소련이 성립한 초기 시절이었던 당시 이 저작을 출간한 목적은 '마르크스주의'라는 완성된 무언가를 하나의 시스템으로 멋지게 완성하여 전시하는 것이었고, 그를 위해 카를 스스로가 1859년에 '자기명증self-clarification'의 과정이었다고 불렀던 작업을 1885년에 엥겔스가 카를이 '유물사관'을 일찍이 발전시켜 놓았다는 주장과 연결시키는 방법을 썼던 것이다.[80]

엥겔스에 따르면, 카를이 그의 새로운 '유물사관'을 발전시킨 것은 『신성가족』을 완성시킨 1844년 가을에서 브뤼셀에서 엥겔스와 재회한 1845년 봄 사이라는 것이었다. 이 몇 달 동안 카를은 아무것도 출간하지 않았다. 이 기간 동안 쓰인 것으로서 엥겔스가 발견했던 유일한 관련된 문서는 카를의 노트들 중 하나에 2페이지짜리로 쓰인 '포이어바흐에 부쳐Ad Feuerbach'뿐이었다.[81]

이 문서는 유물론을 다양한 관점에서 다루고 있다. 하지만 그 주된 목적은 오히려 유물론적 접근법의 수동성을 비판하는 것이었다. 수동성이야말로 '지금까지의 모든 유물론(포이어바흐의 유물론을 포함)의 주된 결함'이라는 것이었다.[82] 이러한 비판은 도저히 엥겔스가 말하는 의미의 '유물사관'에 기여가 되는 생각이라고 해석할 수 없는 것이다. 엥겔스가 들먹이는 그 이른바 '유물론'과 '관념론'의 싸움이라는 것은 19세기 말의 지식인들이 몰두했던 주제였을 뿐이다. 카를의 경우 파리와 브뤼셀에 체재하는 당시에 품었던 야심은 (1848년 이전 기간의 모든 독일 철학자들과 마찬가지로) '유물론적 관점'을 발전시키는 것이 아니라, 유물론과 관념론을 화해시킬 뿐만 아니라 자연과 정신 둘 중 어디에도 우선권을 부여하지 않으면서 둘을 통합할 수 있는 단일의 철학적 시스템을 구축하는 것이었다.

'포이어바흐에 대한 테제들'에서 또 당시의 카를의 다른 저작들에서 포이어바흐는 비판을 받는다. 포이어바흐는 인간을 '**실천적인** 인간적 감각 활동'이 아니라 그냥 감각성sensuousness과 연결시켜 놓기 때문에 여기에 필연적으로 인간은 수동적인 존재로 여겨지게 되어 있다는 것이다. 카를에 따르면, 포이어바흐는 그 자신이 논하는 감각적 세계라는 것 자체가 '산업 및 사회 상태의 생산물'이라는 점을 이해하지 못하고 있으며, '그 사회적 시스템'이라는 것이 '인간 필요 욕구의 변화에 따라서' 바뀌어 가는 것이라는 점도 이해하지 못하고 있다고 한다.[83] 앞으로 보겠지만, 이는 '유물론'에서 도출된 비판이라기보다는 주로 관념론의 유산에서 도출된 비판이었다.[84] 또한 카를이 '관념론'으로 너무 많이 넘어가는 것을 주저했다는 사실을 기억하는 것도 중요하다. 왜냐하면 '관념론'의 가장 명백한 기수는 바로 브루노 바우어였기 때문이다. 관념론이 '감각적 활동 그 자체를 인식하지 못한다'는 주장은 정확한 것이 아니었다.[85] 이러한 주장이 혹시 유효성을 갖는다면 주로 포이어바흐에게 적용되는 것이었을 뿐이다. 그의 활동 개념은 대단히 제한된 것이었기 때문이다.

카를이 유물론의 입장과 자신을 동일시했던 영역 하나는 추상물들이라는 것이 그 안에 담긴 경험적 내용을 넘어서는 존재를 가지고 있는 게 아니라는 포이어바흐의 주장을 지지하는 부분이다. 이것이야말로 정신적 영역에서의 종교적 양도/소외와 물질적 생산의 영역에서의 사회적 양도/소외 사이에 명백한 대칭성이 존재한다는 카를의 믿음에 기초가 되는 것이었다. 하지만 이는 1845년에 새로이 개발된 '유물사관'의 산물이 아니었다. 추상화와 추상물에 대한 공격은 이미 1843년 이래로 카를의 사상에서 두드러진 특징이 된 바 있었다. 게다가 이는 그 후에 나온 저작들 전반에 걸쳐서 계속 반복되는 주제이기도 하다. 『자본론』에 나오는 유명한 '상품들의 물신주의'를 다룬 절에서 명백히 드러나고 있듯이, 이는 그의 '정치경제학 비판'에서 중심적 요소가 되고 있다.[86]

1840년대 중반에는 이러한 추상화 및 추상물에 대한 비판이 경제학자들에 대한 카를의 비판뿐만 아니라 모든 사유 형태에 대한 카를의 접근법에 길잡이 역할을 하고 있었다. 예를 들어 1846년 말 그가 파벨 아넨코프Pavel Annenkov에게 보낸 편지를 보면, 그는 프루동에 대한 자신의 비판을 이렇게 설명하고 있다. "그는 **경제적 범주들**이 그저 현실에 존재하는 여러 관계들의 **추상물들**에 불과하다는 사실, 그래서 그러한 범주들은 오로지 그러한 관계들이 계속해서 존재하는 한에서만 진리라는 사실을 알지 못하고 있습니다. 따라서 그는 그러한 경제적 범주들을 오로지 주어진 역사적 발전 단계, 즉 생산력의 특정한 발전 단계에서만 작동하는 역사적 법칙으로서가 아니라 영구불변의 법칙으로 간주하는 부르주아 경제학자들의 오류를 그대로 답습하고 있습니다." 그는 프루동이 '자신들의 물질적 생산성에 조응하는 사회적 제관계를 생산하는 이들이 또한 그 똑같은 사회적 제관계의 이념적 추상적 표현물들인 **범주**, **사상 들** 또한 생산한다'는 사실을 이해하지 못하고 있다고 주장한다.[87]

이 생각은 그로부터 거의 20년이 지난 뒤에도 똑같이 나타나고 있다. 1863년에 쓰인 경제학 초고에서 그는 이렇게 말하고 있다. "따라서 노동자에 대한 자본가의 지배란 곧 인간에 대한 대상물의 지배요, 산노동에 대한 죽은 노동의 지배요, 생산자에 대한 생산물의 지배이다. … 이는 이데올로기 영역에서 **종교**가 표상하는 바와… 정확히 **똑같은** 관계가 현실의 사회생활 과정에서, 물질적 생산의 영역에서 나타나는 것이다. … 즉 주체가 객체로 전도되며 또 **객체가 주체로 전도되는 것**이다."[88] 마지막으로 카를이 이러한 절차를 상당히 다른 탐구 영역에서도 그대로 적용하려고 할 정도로 지속적인 열성을 가지고 있었던 점을 주목할 필요가 있다. 헤겔의 『대논리학』에 나타난 추상화의 언어가 어떠한 구체적·경험적 기원에서 나온 것인가에 대해 카를은 항상 흥분할 정도로 흥미를 느꼈다. "하지만 우리 헤겔 선생께서 저승에서나마 독일어와 북유럽 언어에서의 **일반적인 것**das Allgemeine이라는 말이 단지 공유지를 뜻하는 말일 뿐이며 **특수한 것**, **특별한 것**das Sondere, Besondere이라는 말은 그 공유지에서 갈라져 나온 사적 소유의 토지를 뜻하는 말일 뿐이라는 사실을 알게 된다면 무어라고 말씀하실까? 결국 여기에서도 우리의 논리적 범주들이라는 것이 '우리의 상호작용'에서 곧바로 튀어나온 것이라는 사실이 똑똑히 드러나고 있다."[89]

6. 관념론의 유산: 노동에 대한 새로운 전망

카를은 브뤼셀에서 보낸 세월 동안 처음으로 바우어와 루게로부터뿐만 아니라 포이어바흐로부터 또한 자신이 지적으로 독립했음을 선언했다. 따라서 이 시절이야말로 카를의 정치적·철학적 입장에서 가장 새롭고 또 독특한 것들이 무엇인지를 알아낼 수 있는 좋은 지점이 된다. 그 주된 특징들이 영구적 형태를 띠기 시작하는 것도 이때부터이다.

이 시기 동안에 나타나는 가장 충격적인 변화는 노동의 역사적 의미에 대한 새로운 개념을 가지고 사회주의와 프롤레타리아트의 전망을 새로이 그려내기 시작했다는 점이다. 이러한 새로운 노동 개념에 영감의 원천이 된 것은 사람들이 흔히 이야기하는 그의 유물론이 아니었다. 그것은 오히려 독일 관념론의 기본 전제들을 독특한 방식으로 전유한 데에서 나온 것이었다. 이 점은 카를의 접근법을 동시대의 다른 급진파들 및 사회주의자들의 접근법과 비교해 보면 확연하게 드러난다. 이들의 세계관이야말로 자연주의적 버전의 유물론으로 그 모습이 형성되어 있었다. 이들은 인간을 하나의 자연적 존재로 개념화하는 데에서 출발하며, 이러한 관점은 영국의 경우 로크의 시절부터 벤담에 이르기까지 하나의 표준적인 사고방식이었고, 프랑스에서는 계몽주의 **철학자들**Philosophes과 '**이데올로그들**Idéologues'✤ 그리고 독일에서는 스피노자의 추종자들 사이에서 지배적인 사고방식이었다. 이는 곧 인간의 여러 활동을 추동하는 동기가 행복의 추구와 고통의 회피라는 생각이었다. 인간 또한 자연의 한 피조물로, 무엇보다 자신이 가진 여러 필요 욕구와 충동에 의해 규정되는 존재라는 것이었다. 18세기와 19세기 초에 걸쳐서 이러한 입장은 원죄를 강조하는 정통파 기독교의 입장에 대한 대안적 인간관을 제공하는 것으로서 큰 환영을 받았다.

따라서 이러한 인간관이 1830년대와 1840년대에 출현한 여러 다양한 사회주의 사상에서 그 기본 전제가 되어 있었다는 것도 놀라운 일이 아니며, 영국에서는 오언Robert Owen의 추종자들, 그리고 프랑스에서는 카베의 추종자들처럼 가장 큰 사회주의 집단들에서 이러한 인간관을 명시적으로 내걸고 표방하기도 했다. 이러한 접근법에서 보자면 인간은 환경의 산물이며, 스스로의 식욕과 여러 필요 욕구에 의해 지배되는 소비자이다. 따라서 더 좋은 교육을 통해, 보상과 처벌에 대한 더 계명된 태도를 통해 그 환경을 개선해 나간다면 인간 본성을 변화시키고 인간 행복의 정도를 증대시키는 일이 가능할 것이라는 것이다. 이는 또한 카를이 루게와 함께 『독일-프랑스 연보』를 '사유하는 이들과 고통받는 이들'을 위한 잡지로서 계획했던 1843년 당시 카를 스스로가 취했던 출발점이기도 했다.

1844년이 지나면서 카를이 이룬 혁신은 관념론의 혜안을 노동에 대한 이해에 적용하여 관념론이 본래 가지고 있었던 인간 활동에 대한 강조점과 생산

✤ 1795년 데스튀트 드트라시Antonin Destutt de Tracy가 창설한 철학자 및 의사들의 모임. 무신론과 유물론에 기초하여 공화주의를 지지하는 사상적 입장을 보여 처음에는 나폴레옹을 지지했으나 그가 쿠데타를 일으킨 후에는 반대의 입장을 보이기도 했다.

자로서 인간의 위치에 대한 강조점을 다시 회복하는 작업이었다. 1844년의 카를의 저작들에서 나타나는 가장 충격적인 지점은 그전까지는 서로 전혀 연결되지 않았던 두 개의 담론 영역이 연결되고 있다는 것이다. 즉 한편으로는 사회문제와 프롤레타리아트의 곤경에 대한 논의, 다른 한편으로는 노동에 세계를 변혁하는 원동력이라는 중요성과 의미를 부여한 헤겔의 『정신현상학』에 나오는 논의가 그 두 영역이다. 이 둘을 연결시키면서 카를은 칸트가 성취한 철학 혁명을 따르는 관념론 전통에서 그려 낸 바 있는 인간의 주체적인 자기활동self-activity✣과 사회주의를 동일한 것으로 보게 되었다.[90]

인간을 하나의 자연적 존재로 보는 관점의 수동성에 대해서는 이미 오래전에 칸트와 피히테가 도전한 바 있었다. 하지만 헤겔은 『정신현상학』에서 이러한 관념론의 유산을 기초로 하여 이를 하나의 역사에 대한 전망으로 바꾸어 냈다. 카를에 따르면, 헤겔은 '하나의 과정으로서의 인간의 자기 창조'를 확실하게 이해했고, 그렇게 하는 가운데에서 노동의 본질 또한 정확하게 파악했으며, 인간의 창조라는 것이 '인간 스스로의 노동의 결과물'이라는 점도 종합적으로 이해했다고 한다.[91] 카를에 따르면, 인간은 단지 하나의 '자연적 존재'가 아니라 '인간적인 자연적 존재'로, 그 기원의 출발점은 자연이 아니라 역사라고 한다. 인간은 동물과 달리 자신의 활동을 '자기 의지의 대상'으로 만들었다는 것이다. 인간은 대상물들의 모습을 미美의 법칙에 따라 바꿀 수 있다. 이렇게 되면 역사란 인간의 '의식적 생명 활동'을 통한 자연의 인간화로 나타나게 되며, 동시에 '다섯 감각의 형성'을 통해 인간 스스로를 인간화하는 과정으로 나타나게 된다. 역사란 인간이 '유적 존재'로 생성되는 과정이며, 인간이 스스로의 특정한 필요 욕구에 의해 규정되어 버리는 존재가 아니라, '하나의 보편적이며 따라서 자유로운 존

✣ 외부적인 힘과 권위의 개념이 없는 활동. 즉 활동의 원인, 목적, 동력, 수행 방법 등이 모두 활동 주체 스스로의 내부에 있는 활동을 말한다. 이는 독일 관념론에서의 자유나 자율autonomy의 개념과 밀접하게 연결되며, 이러한 자기활동을 가능하게 하는 힘을 인간의 이성에서 찾는다는 점에서 이상주의적인 성격과도 연결된다.

재'로 스스로를 대우할 수 있는 능력의 기초가 된다는 것이다.[92]

자연적 욕망 혹은 필요 욕구들을 억누르거나 저항하여 그러한 충동들을 합리적인 검토에 복종시킬 수 있는 주체의 역량에 초점을 두기 위해서는 이러한 관념론 전통이 결정적으로 중요하다. 칸트는 일찍이 1786년에 성경에 나오는 아담과 이브의 타락 이야기를, 인간이 자연적 상태에서 도망쳐 나온 이야기를 우화로 표현한 것이라고 재해석한 바 있었다. 인간은 비록 '자기가 처한 상태의 비참함'에서 도망치고자 하는 열망을 가지고 있지만, "인간과 인간이 상상하는 저 영원한 복락의 장소의 사이에 이성이 쉴 새 없이 끼어들어 이것저것 명령을 내리면서 인간으로 하여금 그 안에 심어져 있는 여러 재능들을 개발하도록 저항할 수 없이 몰아붙인다. … 그러기 위해 인간은 자신이 아직도 싫어해 마지않는 고역스러운 일들도 끈기 있게 참아 내야 하며, 또 경멸해 마지않는 사치품들도 좇아다녀야만 한다. … 인간이 본래 살던 낙원을 떠난 이야기는… 다름이 아니라 아무런 문화나 교양도 없었던 동물적인 상태로부터 인간적인 상태로의 이행을 뜻하는 것이며, 본능에 속박된 신세로부터 합리적 통제로의 이행을 뜻하는 것이다. 한마디로 하자면, 자연의 보호 감독 아래에 있던 신세로부터 자유의 상태로의 이행인 것이다."[93]

이렇게 여러 자연적 욕망에 저항하고 이를 합리적 검토에 복종시킬 수 있는 능력이야말로 관념론 전통에서 '**자발성**spontaneity'이라는 용어가 뜻하는 바였다. 자발성이란 곧 내적인 자기 결단을 뜻하는 것이었으며, 이미 라이프니츠 시절부터 독일 철학에서 나타나고 있었고 칸트의 실천이성 개념에서는 중심적인 요소가 된다. 그 결정적인 정치적 함의는 바로 개개인들이 그저 행복과 안녕만을 추구하는 것이 아니라 도덕성 및 권리의 확립을 원칙으로 스스로의 행동을 만들어 나가는 것이 가능하다는 점이었다.[94] 『정신현상학』에서 헤겔이 이룬 결정적인 성취의 하나도 바로 권리의 개념이 개인의 양심을 넘어서서 여러 제도로, 또 개인들 사이의 여러 관계로 구현되어 헤겔이 '윤리적 삶'이라고 부른 것의 기초를 형성하는 것이 어떻게 가능한지를 보여 준 것이었다.[95] 『1844년 초고』에서도 인간이 노동으로 스스로를 만든다는 생각이 개진되는 가운데에서 자발성과 자유를 인간의 속성으로 보는 주장이 카를 자신의 독특한 방식으로 개진되고 있음을 볼 수 있다. 노동은 자연과의 끊임없는 상호작용의 과정을 수반하는 형태의 활동으로, 단순히 필요 욕구에 의해 추동되기만 하는 것이 아니다. 왜냐하면 『1844년 초고』에서 강조되고 있는바, 인간은 사물을 미의 법칙에 따라 모습을 형성할 수 있으니 노동은 또한 자유와도 결부될 수 있는 것이기 때문이다. 스스로의 방향을 결정하는 개개인들의 활동으로서의 노동은 분명한 목적을 가진 것이며 합목적적인teleological(즉 특정한 목적의 추구로서 추동되는) 것이다. 어떤 노동 과정에서든 저항을 만나게 되어 있으며 이를 극복해야만 한다. 그 저항은 자연적인 것일 수도 있으며(물리적 세계에서의 인과율 메커니즘의 작동) 역사적인 것일 수도 있다(그 활동이 기존의 사회적 관계와 빚어낼 수 있는 갈등). 이러한 의미에서 인간의 역사는 합목적성과 인과율 사이의 끊임없는 상호작용이 누적되는 과정으로 이해할 수 있다는 것이다.

이러한 접근법에서 보았을 때, 인간을 수동적인 존재로서 자신의 필요 욕구를 충족할 것들을 공급하기 위해 자연에 의존하는 소비자로 묘사하는 것이야말로 카를이 당대의 사회주의에 대해 가했던 가장 중요한 비판의 지점이었다. 그렇기에 1845년 초에 쓰인 그의 이른바 '포이어바흐에 대한 테제들'은 포이어바흐에 대한 비판이기도 하지만 또 사회주의에 대한 비판이기도 한 것이다. 이는 분명히 세 번째 테제에 해당되는 바이다. '환경의 변화와 인간의 양육 과정에 대한 유물론의 교의는, 환경을 변화시키는 것이 인간이라는 사실, 그리고 교육자 스스로도 교육되어야 한다는 사실을 망각하고 있다.'[96] 이는 또한 카를이 프루동에 반대했던 이유의 한 부분을 설명해 준다. 카를이 보기에 노동문제는 단순히 소비나 임금의 문제가 아니었다. 조직된 노동자들의 야망은 단순히 더 많은 물질적 재화를 획득함으로써 '더 큰 행복'을 얻는 것이 아니라 생산관계 자체를 변혁시키는 것이라는 점이다.

『1844년 초고』에 나타난 카를의 설명에 따르면, '자기소외'의 지양으로서 '사회주의'란 '자기소외의 발전 경로 자체를 똑같이 밟아 왔다'는 것이다. 그것이 최초에 거칠고 조야한 형태로 발산되었던 형태는 노동자라는 범주를 모든 인간에게 확장한 것이었다고 한다. 가장 동물적인 형태의 사회주의에서는 결혼 제도('배타적 사적 소유의 한 형태') 대신에 '여자를 공유하는 공동체'와 매춘의 일반화를 도입하자고 한다. 이러한 유형의 공산주의는 '사적 소유의 논리적 표출'일 뿐이라고 한다. 이는 '질투의 절정'이며 '문화와 문명 세계 전체를 추상적으로 부정하는 것'이며, '가난하고 조잡한 상태의 인간이 갖는 비자연적 단순성으로 퇴행하는 것이다. 그러한 인간은 필요 욕구의 종류도 몇 가지 되지 않으며 사적 소유를 넘어서지 못하는 정도가 아니라 아예 그런 단계에 아직 미치지도 못한 상태의 존재이다.' 발달된 공산주의는 '스스로를 실정적 공동체 시스템으로 확립하고자 하는 사적 소유의 비열함'을 훌쩍 넘어설 것이다. 공산주의는 여전히 '인간이 스스로의 모습으로 되돌아가는' 과업을 수행해야만 한다. 진정한 공산주의란 '인간의 자기소외로서의 사적 소유를 적극적으로 지양하는 것이며, 따라서 그러한 지양은 인간이 스스로의 사회적(즉 인간적) 존재를 완벽하게 회복하는 것을 뜻한다. 그리고 이러한 회복은 의식적으로 성취되는 것으로, 그 이전에 발전된 부를 모두 끌어안는 것이다. … 이렇게 완벽하게 발전된 자연주의로서의 공산주의란 곧 인간주의와 동일한 것이 되며, 이는 완벽하게 발전된 인간주의가 자연주의와 동일한 것과 마찬가지이다.' 이로써 '역사의 수수께끼는 풀리게 된다'는 것이다.[97]

자유란 자기활동을 뜻한다는 생각, 그리고 생산할 수 있는 역량이라는 것이 곧 인간의 '가장 본질적인' 특징이라는 생각으로 인해 1844년 카를은 '소외된 노동'이야말로 다른 모든 형태의 소외의 기초이며, 따라서 '인간의 예속 상태 전부'가 '노동자와 생산의 관계 안에 내포'되어 있다고 결론을 내리게 된다. 왜냐하면 '소외된 노동'이야말로 '의식적인 생명 활동'이 거꾸로 전도된 것이기 때문이다. 인간의 **'본질적 존재'**가 그저 인간의 **'생존'**을 위한 수단에 불과한 것이 되어 버린다. 카를은 이 '소외된 노동'에 대한 1844년의 성찰을 출간하지 않았다. 하지만 그의 기본적 전제는 그 후로도 계속 남아 있었다. 칸트적 용어로 표현하자면, 임금노동이란 타율heteronomy의 한 형태이며, 생산자의 자기활동으로 규정되는 자유가 거꾸로 전도된 것이다.

이러한 생각을 훗날 플레하노프 같은 이들이 이해한 바의 '유물사관'과 대조해 보라. 플레하노프가 가진 '유물사관'의 개념에서는 정치는 말할 것도 없고 생산관계조차 오직 파생된 2차적인 중요성만을 가질 뿐이다. '경제'와 '심리'의 '이분법'에 빠져서는 안 되며 둘 모두를 '생산력의 발전 상태'의 산물이라고 보아야 한다는 게 그의 주장이었다. "생존을 위한 몸부림 속에서 사람들의 경제가 생겨나며, 동일한 기초에서 그들의 심리 또한 생겨난다. 경제 또한 심리와 마찬가지로 다른 것에서 파생된 무엇인가이다."98) 『신시대Die Neue Zeit』지의 편집장이자 제2인터내셔널의 주요한 마르크스주의 이론가였던 카를 카우츠키(1854~1938년)는 한술 더 뜬다. 그의 마음을 항상 지배했던 지적인 야심은 인간, 동물, 식물이 모두 똑같이 종속되는 보편적인 자연과학적 법칙을 발견하는 것이었다. 특히 그는 '식물 세계, 동물 세계, 인간 세계의 여러 사회적 본능'이 보편적임을 증명하는 데 관심을 두었다. 그는 철학자들이 윤리라고 정의한 바 있는 것의 근저에 이러한 유기체들의 본능과 충동이 깔려 있다고 생각했던 것이다. 그가 1906년에 출간했던 『윤리학과 유물사관Ethics and the Materialist Conception of History』에 따르면, "칸트에게는 더 고차적인 정신의 세계가 낳은 것으로 보였던 것이 사실은 동물 세계의 산물이었을 뿐이다. … 도덕적 법칙이란 동물적 충동일 뿐 그 밖의 다른 어떤 것도 아니다. … 도덕법칙이나 재생산의 본능이나 그 본성은 서로 동일한 것이다."99)

이러한 형태의 자연에 기초한 결정론은 카를이 포이어바흐를 따라서 '추상화' 혹은 '양도/소외'라고 규정했던 여러 형태의 믿음 및 행태와는 거의 공통점이 없었다. 추상화란 자연이 아닌 문화의 산물이며, 자기 결단이 왜곡된 형태로 벌어지는 상황에서 생겨나는 것이다. 인간은 스스로가 만들어 낸 추상물들에 짓눌려 희생자가 되며, 그러한 잘못된 생각을 기초로 삼아 또 역사를 전개해 나간다. 그리하여 합목적적인 전진운동과 그것에 체현되어 있는 에너지는 한편으로는 '정치적 국가'에 다른 한편으로는 사적 이해로 추동되는 시장으로 남아서 스스로를 표출하는 것이다. 하지만 이러한 역동성이 자연적 결정론이 아닌 인간의 자기 결단의 결과이기 때문에 인간이 가부장제, 사적 소유, 종교 등 이렇게 소외를 낳는 제도적 구조로부터 스스로를 해방시킬 수 있는 역량을 보유하고 있다는 결론 또한 도출된다.

7. 시민사회의 역사를 다시 생각하다

카를은 1845년과 1846년 브뤼셀에 체재하는 동안 인간이 스스로를 만들어 나가는 과정에서 노동 혹은 '생산'이 어떠한 위치를 차지하는지에 대한 자신의 새로운 혜안을 상세하게 논의했다. 이는 곧 시민사회를 그저 자기 이익에 따라 움직이는 파편화된 여러 교환자들의 총합으로 보던 그의 생각이 생산자들 사이의 관계라는 생각으로 변해 가고 있음을 뜻했다. 그러한 생각 덕분에 그는 계급이 존재하는 기초를 새롭게 찾아낼 수 있었다. 카를은 1844년 노동을 묘사하는 자신의 방식을 만들어 나가는 데 도움을 받기 위해 『대논리학』에 나타난 헤겔의 '외적인 합목적성external teleology' 묘사를 끌어오기도 했다.[100] 이로써 그는 노동 과정에 있어서 '주관적 목적', '수단', '실현된 목적'이라는 세 개의 계기를 구별해 낼 수 있게 되었다. 카를은 이를(스스로 자유롭게 결단한 목적을 지향하는 활동, 즉 자유로운 자기활동인) **자율**autonomy이라는 이상에 비추어 봄으로써 생산수단의 소유 관계에 구현되어 있는, 또 타인이 활동 목적을 결정한다는 데 **타율**heteronomy의 여러 형태가 구현되어 있다는 사실을 부각시킬 수 있었던 것이다.

그다음 해인 1845년, 카를은 두 번째 모델을 발전시킨다. 여기에서는 노동의 기능이 전체적인 사회적·역사적 과정 안에 자리를 잡고 있다.[101] 이 설명에서는 노동 과정과 그 목적은 노동자들의 의지와는 무관한 것으로 나타나고 있다. 이를 통해 줄줄이 이어지는 일련의 역사적 단계들로 나누어지면서 모종의 목적론으로 뒷받침되는 역동적인 역사의 전망을 얻을 수 있게 되었다. 봉건사회에서 프랑스혁명까지의 장구한 전 기간을 고전 시대 이후의 시민사회의 발생이라는 모호한 용어 하나에 모두 때려 넣는 대신, 이제 카를은 재산 소유의 형식에 따라서 좀 더 정밀하게 구별되는 일련의 역사적 단계를 명확히 제시할 수 있게 되었다. 그러한 일련의 역사적 단계 구별은 독일 역사법학파German Historical School of Law의 연구에 의존하여 '부족적tribal', '고대/공동체적ancient/communal', '봉건적feudal' 단계로 이루어져 있었다.[102] "지금까지의 모든 역사적 단계에서 기존의 생산력으로 결정되는 상호작용 형태이자 또 다른 한편으로는 그러한 생산력을 결정하기도 하는 상호작용 형태가 바로 시민사회이다."[103] 이러한 접근법은 체계적이고도 누적적인 노동의 역사를 제시할 수 있는 가능성을 열어 주게 된다. 여러 다양한 생산양식으로 인해 노동자들, 생산수단, 생산물의 관계에서 서로 상이한 유형이 만들어진다. "역사란 세대와 세대가 줄줄이 이어지는 것일 뿐이며, 그 각각의 세대는 모두 그 이전 세대가 넘겨준 재료들, 자본 기금, 생산력을 사용하게 되며, 한편으로는 완전히 변화된 환경에서도 전통적 활동을 계속하기도 하지만 다른 한편으로는 완전히 변화된 활동으로 옛날부터 내려온 환경을 새롭게 바꾸어 내기도 한다."[104]

1845~1846년 사이에 카를은 여러 사회적 관계와 생산력 발전의 관계에 대한 자신의 그림을 좀 더 간명하게 간추려서 제시할 수 있게 된다. 1846년 말 부유한 러시아 여행객이자 지식인인 파벨 아넨코프에게 보낸 편지에서 그는 자

신의 이 새로운 접근법의 개요를 제시한다.

> 생산, 상업 혹은 소비에 있어서 특정 단계는 곧 그에 조응하는 형태의 사회 구성, 그리고 그에 조응하는 형태의 가족, 신분, 계급 등의 조직을 갖게 됩니다. 한마디로 그에 조응하는 시민사회를 얻게 되는 것이죠. 이런저런 형태의 시민사회를 상정한다면 곧 그에 상응하는 이런저런 형태의 정치 시스템을 얻게 될 것입니다. 정치 시스템이란 시민사회의 공식적 표현일 뿐이니까요. …
> 말할 필요도 없는 일이지만, 인간은 **자신의 생산력**(이것이야말로 인간의 모든 역사가 딛고 서 있는 기초입니다)을 자유롭게 선택할 수 있는 것이 아닙니다. 왜냐하면 생산력이란 모두 그 이전의 활동의 산물로 획득된 힘이기 때문입니다. 이렇게 생산력이란 인간의 실천적 에너지의 결과물이지만, 그 에너지는 다시 그 시점까지 인간이 획득한 생산력에 따라 또 그 시점에 이미 존재하고 있는 사회 형태(이는 그 세대의 인간들이 만들어 낸 것이 아니라 그 이전 세대가 만들어 낸 것입니다)에 의해 인간이 처하게 된 상태로 조건 지어집니다. …
> 문명의 여러 결실을 빼앗기지 않으려면, 인간은 그렇게 해서 획득한 생산력에 상업 양식이 더 이상 조응하지 않게 될 때마다 전통적으로 내려온 스스로의 모든 사회적 형식들을 바꾸지 않을 수 없게 됩니다.[105)]

시민사회를 이렇게 다시 생각하는 과정에서 카를의 사유에 일어난 변화의 하나가 부르주아에게 부여할 위치의 문제였다. 헤겔이 말하는 근대성에 있어서는 객관적 정신의 필연적 구성물들로서 특수성과 보편성 사이의 긴장, 그리고 시민사회와 국가 사이의 긴장이라는 특징이 나타나도록 되어 있다. 그리고 카를이 합리적 국가의 달성 방안을 놓고 1842년 『라인 신문』에 게재했던 에세이에서는 개인의 경제적 이해와 사적 소유가 맡는 역할이라는 것이 순수하게 부정적인 것으로서만 나타나고 있다. 또 『1844년 초고』에서도 마찬가지로 시민사회의 역동성은 소유와 비소유의 구별을 궁극적으로 부르주아와 프롤레타리아트의 적대적 관계로 전화시키게 되는 빈곤화의 병리학의 한 부분으로서만 나타날 뿐 그 이외에는 완전히 무시되고 있다.106) 하지만 1847년의 저작 『철학의 빈곤The Poverty of Philosophy』으로 오게 되면 생산력의 발전과 계급투쟁이야말로 역사의 전진운동을 떠받치는 원동력으로서 완전히 긍정적인 평가를 받게 된다. "문명이 시작되는 바로 그 순간부터 생산은 여러 신분과 계급 사이의 적대 관계를 기초로 삼기 시작했으며, 마침내 이제는 축적된 노동과 직접적 노동 사이의 적대 관계에 기초를 두기에 이르렀다. 적대적 관계가 없으면 진보도 없다. 이것이 오늘날까지 문명이 따라온 법칙이다. 지금까지의 생산력 발전은 이러한 다양한 계급 적대의 덕분으로 벌어진 일이었다."107)

카를이 『공산주의 선언』을 작성할 무렵에는 그의 사상이 완전히 한 바퀴 돌아 완성된 상태였다. '부르주아지'는 이제 사적 소유를 수호하는 천한 존재가 아니라 인류의 역사를 앞으로 이끄는 서사시적 영웅이 되었다. "부르주아들이야말로 인간의 활동이 어떤 일을 벌일 수 있는지를 최초로 보여 주었다. 그들은 이집트의 피라미드, 로마인들의 수로, 고딕 성당을 훌쩍 넘어서는 불가사의를 성취해 냈다. … 시골에서 생산한 것들만으로 충족되고도 남는 옛날의 욕구들 대신 우리는 이제 먼 이국 땅과 기후에서 생산된 것들이 아니면 충족될 수 없는 욕구들을 새롭게 발견하고 있다."108) 부르주아들은 이제 그들 지배의 마지막 단계로 들어서고 있다고 한다. 프롤레타리아들이 처음으로 반란을 일으키는 사건들이 벌어졌을 뿐만 아니라, 더 이상의 생산력 발전에 부르주아적 소유 형태가 '족쇄'가 되고 있음을 보여 주는 최초의 증후들이 나타나고 있다는 것이었다.109) 하지만 어쨌든 '인간이 스스로를 창조하는 과정'이 '인간 스스로의 노동의 결과물'이라는 것을 이보다 더 강력하게 증명해 주는 예가 어디 있겠는가?110)

카를은 이렇게 역사에 있어서 노동의 역할, 그리고 노동이 자기해방을 이룰 수 있는 역량에 대한 칸트 이후의 전망을 더욱 발전시켰다. 이는 이성, 자발성, 자유에 기초한 전망이었다. 하지만 카를은 이러한 전망의 전부가 아니라 부분만을 채택했다. 카를은 자유와 자기 결단에 대한 개인의 권리에 대해서는 아무 말도 하지 않았고, 이에 대한 그의 입장은 1789년의 『인권선언』을 독해하던 당시에 취했던 입장에서 전혀 변하지 않았다. 인간의 권리란 부르주아 개인과 사적 소유가 근대국가에 우선한다는 생각을 거의 노골적으로 표현한 것이라는 것이다. 마찬가지로 그는 하나의 집단적 실체로서의 프롤레타리아트에게만 자기해방의 역량을 부여했을 뿐, 그 집단을 구성하는 여러 개개인들에게는 자유와 자기 결단의 역량을 인정하지 않았다.

이러한 의미에서 볼 때 카를이 그려 낸 프롤레타리아트란 물질적 필요 욕구와 자유라는 명분을 하나로 섞어 놓은 것이지만, 그 두 가지가 제대로 소화되어 하나로 융합된 것은 전혀 아니었다. 『신성가족』에서 그는 이렇게 말한다. "인간은 스스로를 상실하고 프롤레타리아트의 모습으로 변해 버린다." "하지만 그와 동시에 인간은 또한 그러한 자기 상실에 대한 이론적 의식을 획득할 뿐만 아니라… 이러한 비인간성에 직접적으로 맞서 반란을 일으키도록 추동된다."[111] 이러한 '이론적 의식'의 획득이 어떻게 이루어지는지에 대해서는 아무런 설명이 없다. 그저 프롤레타리아트는 사유재산도 없고 또 종교도 없으므로(카를은 파리의 노동자들은 종교가 없다고 생각했다) 임박한 유적 존재의 구현, 즉 '인간이 스스로의 모습을 회복하는 것'을 대표하는 존재라는 것이다. 하지만 그는 이 프롤레타리아 개개인들에게는 자발성도, 또 자기 결단도 부여하지 않는다. 이들은 그저 집단으로서 공동의 상황과 상태로부터 집단적 의식을 갖게 된다는 것이다. 그들은 필요와 결핍으로 추동되는 자들로, 스스로는 아무 생각도 가지고 있지 않은 존재들이며, 그저 전체의 '계기들'일 뿐으로서만 제시된다. 그들이 개인 차원에서 합리적으로 확신하는 내용이 무엇이건, 그와 무관하게 이들은 필요와 결핍에 의해 반란을 일으키도록 추동된다는 것이다. 왜냐하면 카를이 『신성가족』에서 쓴 바 있듯이, "어느 한 사람의 프롤레타리아 개인이 어느 순간에 어떤 것을 자신의 목적으로 **간주하는지**는 문제가 되지 않는다. 심지어 전체 프롤레타리아트라고 해도 이는 마찬가지이다. 문제는 **프롤레타리아트의 본질**이며, 그러한 본질적 존재에 일치하도록 프롤레타리아트가 역사적으로 수행하도록 촉구되는 바인 것이다."[112] 포이어바흐가 유적 존재, 즉 '인간'을 개개의 인간들이 수행해야 할 소명으로 규정했던 것과 똑같은 방식으로, 카를 또한 여러 계급에게 각자의 소명을 부여하고 있는 것이다. 카를이 이렇게 **당위**에서 **존재**로 아무런 설명 없이 그냥 확 넘어가 버리는 모습을 볼 때, 포이어바흐와 그 추종자들은 도덕주의자들로서 종교에서 도출된 일련의 전제들에 여전히 기대고 있다는 슈티르너의 공격에 대해 카를이 왜 설득력 있는 대답을 내놓을 수 없었는지도 설명이 된다.

칸트 이후의 독일 관념론 전통의 모든 철학자들과 마찬가지로 카를 또한 인간은 자연적인 여러 필요 욕구와 욕망에 지배당하는 자연적 존재이기도 하지만, 그러한 욕망을 합리적 검토에 복종시키고 또 스스로가 강제한 규칙에 따라서 의지력을 행사할 능력이 있는 합리적 주체임을 인정하고 있다. 하지만 카를은 막상 자신의 소중한 존재인 프롤레타리아 개개인들에게는 아무런 개인성을 부여하고 있지 않다. 그들은 그저 공동의 이해와 사전에 예정된 목적들이라는 전제 아래로 포섭되고 끝나는 존재일 뿐이다. 어떤 특정한 프롤레타리아 개인이 카를이 생각한 바에서 빗나가는 개인적 행태를 보인다면, 이는 프롤레타리아들이 겪고 있는 소외의 병리학으로 설명해 버리고 말 뿐이다.[113]

놀라운 일도 아니다. 인간 해방의 보편적 경로를 특정 계급의 욕망과 필요 욕구와 동치시키려 했던 카를의 시도는 1840년대 중반 청년 헤겔학파 내의 공화주의자들과 사회주의자들 사이에서 논란이 되었던 주요 문제의 하나였다. 루게의 주장에 따르면, 프롤레타리아트들만 양도/소외라는 상태로 고통을 받고 있는 게 아니라고 한다. 카를이 그려 내는 그림은 브루노 바우어가 슈트라우스 및 포이어바흐에게 행했던 비판과 똑같은 종류의 비판에 노출된다. 이들은 기독교를 없애 버리고 그 자리를 인간주의 혹은 유적 존재로 채우자는 자신들의 주장을 설명함에 있어서 자기의식의 개념을 사용한 것이 아니라 스피노자의 형이상학에서 도출된 내재성immanence이라는 범신론적 관념을 사용했다는 것이다.[114] 바우어의 관점에서 보자면, 이는 보편적인 유적 존재가 어떻게 작동하는지, 또 개개인들의 내면에 어떻게 자리잡게 되는지를 전혀 설명하지도 않고서 그것이 저절로 즉각 효력을 발휘하는 것인 양 들먹이는 짓이었다. 카를이 말하는 프롤레타리아의 계급의식이라는 개념 또한 그와 똑같은 종류의 반론에 부닥칠 수밖에 없다. 하지만 카를의 경우에는 스피노자와 무슨 특별한 친화성이 있었기 때문은 아닌 것으로 보인다. 카를이 칸트적인 개인의 개념을 받아들이는데 장애가 되었던 것은 그가 모든 형태의 개인주의를 싫어했던 것에 있었던 듯하다. 그는 개인주의라는 것을 고대 정치의 파괴, 그리고 그것이 사라진 자리에 시민사회가 도입한 '인간'과 '시민'의 구별이 들어서게 된 것과 연관시켰던 것이다. 아리스토텔레스가 말하는 정치체에서는 개인과 시민 사이의 구별이란 없다. 폴리스가 몰락하고 기독교가 나타나면서 시민과는 별개의 존재인 개인이라는 것이 시민사회에 출현했던 것이다. '사회문제'와 프롤레타리아트의 도래야말로 바로 이러한 분리를 종식시킬 수 있는 전망과 가능성을 함유하고 있다는 게 카를의 생각이었다.

공화주의자들은 곤경에 처한 노동에 대해 동정적일 때가 많았지만, 그래도 회의적인 태도를 품고 있었다. 브루노 바우어가 내놓은 반론에서 보듯이, 노동이란 '질료 속에 깊게 파묻혀 있다'는 것이다.[115] 노동자들의 의식이라는 것은 아주 거칠고 초보적일 뿐만 아니라 즉자적인 것으로서, 그러한 의식은 그저 자신들의 특수 이익을 위해 싸우는 의식에 불과하다는 것이다. 노동자들은 교육을 받지 못했을 뿐만 아니라 협소한 환경 속에서 살게 되어 있으므로 그들의 의식은 스스로의 자기 결단이라는 생각을 받아들이기 어려운 입장이라는 것이다. 그러니 프롤레타리아트라는 것이 어떻게 인류 전체의 궤적을 구현하는 존재일 수 있단 말인가? 프롤레타리아트의 노동이란 매일같이 똑같은 작업을 되풀이하는 것일 뿐인데, 그러한 노동에 파묻혀 있는 계급에게 인간 해방이라는 엄청난 전망을 떠맡긴다는 것이 과연 가당키나 한 일일까?

7 장

혁명이 다가올 때: 독일에 관한 문제

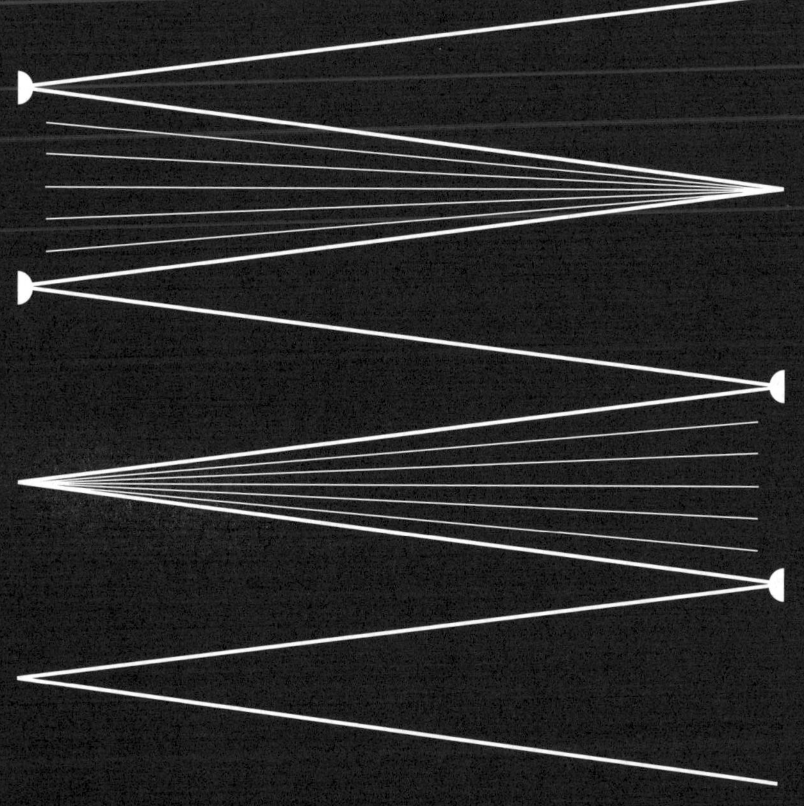

1. 독일에서 혁명이?

독일의 사회주의는 망명객들 사이에서 태어났으므로, 그것이 얻을 수 있는 물질적 혹은 제도적 지원은 정말로 최소한이었다. 카를 주변에 모인 집단이 1848년의 여러 혁명을 거쳐 살아남을 수 있었던 것은 새로운 전망을 제시하고, 그를 통해 미래의 가능성에 대한 희망을 만들어 내어 그것으로 집단적 결속력을 지닐 수 있었던 덕분이었다. 그전에 있었던 독일 급진파들, 특히 강제로 망명 상태에 처했던 이들의 경우, 독일 내에서 종교적·군사적으로 왕실의 지배가 굳건해 보이는 상황에 직면하게 되면 항상 그 신념이 흐트러지곤 했다. 하지만 카를과 그의 주변에 모인 집단의 경우 이제 다가오고 있는 위기에서 독일에서 나타날 사회적 해방의 방향이 영국과 프랑스에서 나타난 바 있는 경로를 그대로 따라가게 될 것이라고 예견할 수 있었다.

영국은 1640년과 1688년에 두 번의 혁명을 겪은 바 있었고, 프랑스는 1789년 그리고 1830년에 다시 혁명을 겪었다. 그런데 독일에서는 16세기의 종교개혁과 농민전쟁 이후 그러한 극적인 사건들이 벌어진 적이 없었다. 하지만 카를과 1840년대의 다른 독일 급진파들은 급격한 여러 변화가 벌어진다면 이제 독일 연맹에 속해 있는 국가들도 모두 거기에 휩쓸려 들어갈 수 있다고 생각했다. 독일 급진파들은 훗날 '3월 이전Vormärz'이라고 불리게 되는 기간(1815~1848년) 내내 그러한 희망을 가지고 있었다.[1] 독일은 근대 세계가 새로운 사유의 방식을 얻어 내는 데 크게 기여한 나라이니, 정치제도에 있어서도 그에 맞먹는 변혁이 분명히 벌어질 것이라고 믿었던 것이다. 그런데 1830년 유럽 여러 나라에서 혁명이 벌어져 좋은 기회가 찾아왔지만, 독일에서는 아무런 성과 없이 그 기회가 그냥 지나가 버리고 말았다. 독일 사상이 근대 세계의 사상에 가져온 기여가 제아무리 숭고하고 고상한 것이었다고 해도, 그 사상도 독일의 현실 앞에 내몰리게 되면 현실적으로 정치적 변화가 가능하다는 희망은 항상 흔들리고 무너져 버리고 말았다. 독일의 현실은 왕에게 충성을 바치며 신에 대한 두려움에 붙잡혀 있는 무기력한 점액질의 시골 사람들이 지배하고 있었고, 이들은 혁명이라는 드라마의 주연배우가 될 생각이 전혀 없었던 것이다.

물론 1813년에 대중 반란은 아니지만 대규모 대중 동원이 벌어진 적이 있었다. 하지만 불행하게도 이는 프로이센 왕의 지도 아래 프랑스인들에 맞서는 운동이었다. 이러한 이유 때문에 보편적인 해방의 꿈에 들뜨던 사람들도 만만치 않은 현실에 부닥칠 때마다 도대체 독일인들 대다수가 우물 안 개구리 같은 답답함을 벗어던지지 못하는 현실이 지속되는 이유가 무엇인가 하는 문제로 되돌아오고 또 되돌아올 수밖에 없었다. 급진파들은 갈수록 자기들 독일인들이 '무식한 속물들'의 민족이라고 생각하게 되었다.[2]

1789년 프랑스혁명이 진행되고 있었던 칸트의 시대에는 이 문제를 고찰할 절박한 필요가 없었다. 칸트는 이성에 근거하여 헌정 체제를 구축하려고 했던 프랑스인들의 시도를 지지했으며, 이러한 입장은 당시의 교육받은 독일인들 사이에 널리 공유되고 있었다. 하지만 프랑스에 맞먹는 대격변이 독일에서도 필요하다고 생각하는 이는 거의 없었다.[3] 더욱이 혁명이 공포정치와 전쟁으로 변질되어 가자 독일인들의 생각은 달라졌고, 그 지배적인 정서를 시인 실러가 자신의 목소리로 표현한 바 있었다. 실러는 1795년에 쓴 글에서 이렇게 말하고 있다. 비록 잠시 동안이지만 '왕권보다 법률을 상위에 놓고, 마침내 인간을 목적 그 자체인 명예로운 존재로 대우하고, 진정한 자유를 정치적 연합체의 기초로 삼을 수 있는 물리적 가능성'이 존재했던 것으로 보였다고. 하지만 이는 '헛된 희망'이었으며, 그 결과물은 '야만 상태로의 회귀' 혹은 '완벽한 무기력 상태'로 끝나고 말았다는 것이다.[4]

게다가 1792년 이후 라인란트에서의 프랑스 지배를 독일인들이 경험하면서 독일은 프랑스에서 벌어졌던 사건 전개의 여정을 그대로 밟지 않을 것이라는 생각이 더욱 강화되었다. 마인츠에서 짧은 기간 동안 성립했던 공화국의 소수의 열성파 자코뱅들을 빼고 나면 모든 독일인이 프랑스 지배에 대해 비록 적극적인 저항은 아니었다고 해도 반대했었던 것이다. 그 이후에 나타난 나폴레옹 통치에 대한 독일인들의 반응은 더욱 애매했다. 비록 나중에는 나폴레옹 아래에서 벌어진 봉건제 폐지와 법률 개혁이 높은 가치를 부여받게 되지만, 막상 그 당시에는 보나파르트 정부의 권위주의적 스타일에 대한 반감이 그러한 조치들에 대한 지지를 상쇄하고 말았다.[5] 카를의 아버지와 삼촌같이 그 체제에 협조하여 일한 이들도 있고, 헤겔의 동생처럼 나폴레옹의 대육군에서 장교가 된 이들도 있었으며, 예니의 아버지처럼 나폴레옹이 세운 베스트팔렌 국가에서 짧게나마 공직을 맡은 이들도 있었다. 하지만 젊은 지식인들 다수는 1790년대에 품었던 정치적 꿈과 희망을 접어 버렸다. 이러한 상황이니, 1807년 스탈 부인Madame de Staël's이 독일을 시인들과 사상가들의 나라라고 묘사했던 것에 이의를 달 사람은 없었다. 그녀는 '그 작가들 중 가장 저명한 사람의 하나'인 장 폴 리히터Jean Paul Richter의 말을 인용한다. "영국인들은 바다에 제국을 세웠고, 프랑스인들은 육지에 제국을 세웠고, 독일인들은 허공에 제국을 세웠다L'empire de la mer c'était aux Anglais, celui de la terre aux Français, et celui de l'air aux Allemands."[6]

1815년 이후 '독일적인 것들'과 '보편적인 것들'이 연결되어 있다는 진보적인 믿음을 가장 강력하고 명료하게 제시했던 이는 헤겔이었다. '개혁 시대'에 시작된 해방의 프로그램을 프로이센 정부가 따르기로 동의하는 한 이러한 담론도 의미와 설득력을 가질 수 있었다. 하지만 1820년대가 되면 벌써 헤겔의 접근법은 모순에 휩싸이기 시작한다. 한때 곧 이루어질 것이라고 여겨졌던 개혁 조치들(대의제 의회를 소집한다는 약속 등)은 전혀 실현되지 않았다. 그 대신 정부가 수립한 것은 일련의 지방의회들이었거니와, 이것들은 전통적인 신분제의 원칙에 따라 소집되는 것이었고 조세에 대한 권한도 거부되었다. 마찬가지로 1819년의 칼스바트 칙령은 언론과 집회 및 결사의 자유를 심각하게 줄여 버렸다. 마침내 1830년 유럽 각국에서 혁명이 벌어져서 프랑스와 벨기에에 자유주의적 헌법이 생겨나고 영국에서는 '프로테스탄트 헌정Protestant Constitution'이 종말을 고했지만, 프로이센 및 여타의 독일 국가들 내에서는 정치권력의 자기 방어의 태도만 더욱 강화되었을 뿐이다. 독일 연맹은 1832년 팔츠의 함바흐Hambach에서 열린 민주주의 대중 집회에 화들짝 놀란 데다 오스트리아 수상인 메테르니히의 재촉까지 받아서 검열을 더욱 강화하고 정치적 억압을 강제했다.[7)]

이러한 상황 전개로 볼 때 독일에서 정치적 진보의 미래를 다시 그려 내는 일이란 실로 어려운 것이었다. 이는 하인리히 하이네의 경우에서 명백하게 보인다. 그는 1830년 혁명의 여파로 다른 급진파 작가들과 함께 파리로 추방당했다. 그는 1834년에 출간한 자신의 저서 『독일의 종교 및 철학의 역사』에서 여전히 독일 철학과 프랑스혁명 사이에 '놀라운 대칭성'이 존재한다는 헤겔의 논지를 발전시키려 노력하고 있다. 칸트는 로베스피에르와, 피히테는 나폴레옹과, 셸링은 부르봉 왕정복고와, 헤겔은 1830년 혁명과 각각 결부 지어 논의되고 있다. 하지만 벌써 이때가 되면 하이네는 파리의 생시몽주의자들의 영향 아래에 들어가 있었으며, 따라서 독일이 인간 해방에 기여한 바를 정신성sprituality(혹은 내면성Innerlichkeit)에서 찾는 것이 아니라 '감각주의sensualism' 혹은 철학적 용어로 범신론에서 찾게 되었다. 하이네의 이야기에 따르면, 루터의 사상은 일상생활에서의 '감각주의'와 동일시할 수 있는 것이었다. 루터의 유산은 스피노자의 범신론에서 꽃을 피웠고, 이는 다시 젊은 셸링의 철학으로 언명되었다고 한다. 하지만 여기에서 하이네가 엮어 내는 내러티브는 무너지고 만다. 하이네의 주장에 따르면 범신론은 이제 철학에서 혁명을 완성했으므로 이제는 정치와 일상생활로 퍼져 나갈 찰나에 있다고 한다. 그리고 이러한 이유에서 독일은 1789년 프랑스와 같은 혁명 전야에 있지만, 이번 독일의 혁명에서는 '악마와 같은 힘들'이 풀려 나올 것이며, 그러한 '드라마'에 비기면 '프랑스혁명 따위는 한가한 시골 소풍처럼 보일 것이다.' 하지만 하이네는 불편한 진실에 직면해야 했다. 1830년 혁명은 독일을 완전히 비켜 갔으며, 셸링과 괴테 모두에서 범신론은 여러 형태의 보수주의를 낳고 말았다. 그래서 하이네도 자신의 저서에서 결국 이 '범신론의 배신' 때문에 '나의 감정은 우울증으로 마비될 지경'이 되었음을 인정하면서 낙담의 어조를 보이고 만다.[8)]

그리고 앞에서 보았듯이, 1848년 혁명 이전의 기간 동안 독일을 위해 급진적인 진보의 경로를 헤겔주의의 언어로 그려 내려고 했던 마지막의 주요한 시도, 즉 1842년 카를이 『라인 신문』에서 또 아르놀트 루게가 『독일 연보』에서 행했던 시도 또한 실패로 끝났으며, 인민들의 진정한 욕망을 의식으로 끌어올림으로써 개혁을 촉발시키고자 했던 청년 헤겔파의 프로젝트는 실패하고 말았다. 1843년 프로이센 정부는 『라인 신문』과 여타 저항 신문들을 모두 폐간해 버렸지만, 인민들은 의미 있는 저항을 전혀 보여 주지 않았다. 그 결과로 독일의 지식인들은 하이네와 비슷한 종류의 막다른 골목에 갇혀 버렸다.

이토록 소심하고 의식이 꽉 막혀 있는 인민들을 놓고서 민주주의 국가나 공화국을 건설할 역량이 그들에게 있다는 신념을 어떻게 유지할 수 있겠는가? 1843년의 상황은 그전 10년간 독일 인민들의 소심함에 대해 이미 나왔던 이야기들의 반복일 뿐이었다. 1830년 혁명 당시 루트비히 뵈르네(파리의 망명객이었다)는 종교개혁과 독일 민족의 '내면성Innerlichkeit'을 찬양했던 헤겔을 비웃은 바 있다. 아마도 그 프로테스탄트의 영성이라는 것이 비록 '그 영적인 권능과 영적인 자유'를 가져오기는 했지만, '그 권능과 자유를 파괴하는 검열로부터 스스로를 해방시킬 줄 모르는 인민들'을 낳은 주범 또한 그 영성일 것이라는 것이었다.[9] 뵈르네는 덧붙여서 이렇게 말한다. 자신이 비텐베르크 대학에서 독일 철학을 공부하느라 보낸 시간은 셰익스피어의 햄릿의 수동성에 맞먹는 우유부단의 시간이었다고.✤ 1830년대 말이 되면 다른 이들도 개인주의와 결부된 이 '프로테스탄트 원리'가 특히 사생활과 개인의 안전에만 골몰하고 바깥 세계에서 벌어지는 일에 대해서는 우물 안 개구리와 같은 태도로 일관하는 독일적 성격을 만든 원인이라고 공격에 나서게 된다. 급진파들은 이러한 태도를 '프티 부르주아 감수성Spiessbürgerlichkeit'이라고 경멸적으로 불렀다.

하지만 독일 사회주의가 태어난 1844년에 희망이 다시 나타났다. 1843년의 언론 탄압 이래로 입헌주의(국가 개혁의 가능성에 대한 신념)는 곧 급격하게 쇠퇴했다. 카를의 에세이 「유대인 문제에 관하여」와 『독일-프랑스 연보』에 게재한 「헤겔 법철학 비판」의 서문은 정치적 개혁에 대한 회의주의를 언명한 영향력 있는 글이었다. 그와 똑같이 중요한 다른 글들도 있었으니, 특히 포이어바흐의 「철학의 개혁을 위한 예비적 테제들Preliminary Theses on the Reform of Philosophy」 그리고 모제스 헤스의 에세이 「행동의 철학Philosophy of the Act」은 생각의 초점을 '정신의 진보'에서 '인간'의 상태와 조건으로 이동시켰다. 헤스의 에세이는 단지 브루노 바우어의 급진적 입헌주의만을 비판한 것이 아니라, 현존하는 국가 체제 내에서도 사회주의를 통해 사회문제를 해결할 수 있다고 주장했던 로렌츠 폰 슈타인의 보수적 개혁주의 또한 비판했다는 점에서 특히 주목할 만한 글이었다. 사회주의

✤ 햄릿은 독일의 비텐베르크 대학에서 공부했다. 또한 이 대학은 마르틴 루터가 공부했던 대학이기도 하다.

란 단지 프롤레타리아트의 물질적 필요에 관한 것이 아니라 사회 전체의 변혁을 위한 것이라는 게 헤스의 주장이었다. 나아가 헤스의 에세이 「화폐의 본질에 대하여」에서는 추상화 혹은 양도/소외를 개개인들을 괴롭히는 문제로 보는 포이어바흐의 생각을 더욱 밀고 나가서 양도/소외를 하나의 사회문제로 보는 개념을 제시했고, 이 문제가 종교적 신앙에서와 마찬가지로 경제적 관계에서도 강력하게 나타난다고 주장했다.

급진파들은 처음에는 독일에서 임박한 장래에 사회주의의 출현을 보게 될 것이라고 기대하지는 않았다. 취리히의 치안판사 요한 블룬칠리가 빌헬름 바이틀링과 독일어권 스위스의 급진화된 기능공들의 '공산주의적' 활동들을 세세히 묘사한 보고서를 보내 보수파들 사이에 큰 경종을 울리는 일이 있었다. 하지만 그전에 슈타인은 독일에 공산주의가 도래하는 것은 여전히 먼 미래의 일일 것이라고 주장한 바 있었고, 카를이 『독일-프랑스 연보』에 게재한 에세이는 프롤레타리아트가 앞으로 맡게 될 역할을 환영하면서도 변화는 외부로부터 올 것이라고 암시했다. 그 에세이의 마지막 문장은 이러했다. "프랑스의 수탉이 새벽을 알릴 것이다."

그렇기에 1844년 6월 실레지아 직조공 봉기가 벌어졌을 때 사람들이 그토록 흥분했던 것이다. 프로이센에서도 가난하고 외떨어진 지역인 실레지아에 프롤레타리아의 반란이 찾아왔다는 것은 곧 독일도 유럽의 정치적 주류의 일부가 되었다는 것을 보여 주는 사건이라는 것이었다. 문필가들의 사회주의와는 달리 이 직조공들의 '봉기'는(그 과장된 보고서와 신문 기사들이 적지 않은 이유였겠으나) 대중들의 의식에 파고들 만큼 큰 사건이었고, 나아가 독일의 국민적 신화가 되어 수많은 시, 노래, 그림 들을 낳기도 했다.[10]

실레지아 사건으로 왕실 또한 신속하게 행동에 나섰다. 1844년 가을 정부는 '노동계급 복지 연합Association for the Welfare of the Working Classes'을 설립했다. 이 조직으로 인해 지역에서 노동자들이 여러 결사체들을('노동자 협회

Arbeiterverine') 형성하는 것이 가능해졌다. 정부는 이러한 결사체들을 자선 기관이라고 생각했지만, 그 정의는 모호한 채로 남아 있었고 이에 자유주의자들, 급진파들, 사회 개혁가들은 그 결사체들의 모습을 스스로 만들어 나가려고 노력했다. 예를 들어 어떤 이들은 스위스에 있는 이주 기능공들 클럽의 관행을 따라서 공동 식사 시설을 갖추는 식으로 피상적으로는 '공산주의'와 동일한 모습을 띠기도 했다.[11] 어쨌건 개별 결사체들의 정확한 성격과 무관하게 사회주의 및 사회문제에 대한 관심은 이제 제도의 모습으로 가시화되게 되었다.

실레지아 사건에 대한 반작용으로 또한 사회의 상태와 프롤레타리아트의 위치를 다루는 온갖 종류의 급진파 및 사회주의 잡지들이 생겨났다. 『독일 시민보Deutsche Bürgerbuch』, 『라인 연보Rheinisch Jahrbücher』, 『증기선 베스트팔렌호Westphälische Dampfboot』, 『사회의 거울Gesellschaftsspiegel』 등 일군의 잡지들이 모두 1844년 말에서 1845년 초에 걸쳐 창간되었다. 이 잡지들 가운데에서도 특히 라인란트 급진주의의 전통을 잇는 가장 중요한 잡지가 『트리어 신문Trier'sche Zeitung』이었으니, 이는 사회주의 문헌이 폭발적으로 늘어났던 때보다 먼저 생겨났던 신문이었다. 1843년 『라인 신문』이 폐간당하고 난 뒤 이 신문은 독일에서 최전선의 저항 잡지가 되었다. 이 신문은 사회주의자 저술가들을 고용했으며 점점 더 많은 지면을 사회문제들의 논의에 할애했다. 특히 재능 있는 저자이자 저널리스트인 카를 그륀Karl Grün을 고용했는데, 그는 1848년 혁명 이전의 독일에 적합한 사회주의를 정식화하는 작업에서 곧 카를의 주된 경쟁자로 여겨지게 된다.

카를과 마찬가지로 그륀 또한 본과 베를린에서 대학을 다녔다. 1830년대 말엽 그는 병역 의무를 피하기 위해 프랑스로 도망갔다. 그의 급진주의의 원천은 청년 헤겔주의자들이 아니라 청년 독일파의 저작들에 대한 경외심이었다. 독일로 돌아온 후에는 바덴에 있는 한 신문사에서 일했고, 그다음에는 라인란트로 이주하여 모제스 헤스에 의해 사회주의로 입장을 전환하게 된다. 1844년 3월 그는 스스로 자신의 사회주의를 적용하여 헤스의 「행동의 철학」 그리고 카를의 두 에세이, 즉 「유대인 문제에 관하여」와 「헤겔 법철학 비판을 위하여」의 서문을 자신의 방식으로 읽게 된다.[12]

1845년에는 헤스 및 엥겔스와 마찬가지로 그륀 또한 각종 노동자 결사체들이 모종의 사회주의적 방향으로 발전하도록 하는 운동에 적극적인 역할을 맡게 된다. 그륀은 이러한 결사체들이 정부의 가부장적 온정주의와는 달리 사회 변혁의 출발점이 될 수 있다고 믿었고, 포이어바흐 및 헤스에 영감을 받은 다른 이들과 마찬가지로 반국가적이고 반입헌주의적 접근법을 옹호했다. 정치가 '사회주의로 해소'되지 않는 한 인간이 스스로의 '유적 존재'와 조화를 이루는 삶이란 꿈도 꿀 수 없다는 것이었다. 이러한 지점에 이르기 위해서는 사적 소유가 폐지되어야 하며, 노동은 공동체 차원에서 인정되어야 하며, 교육과 문화를 변혁해야 한다는 것이었다. 1844년 말, 그륀은 '사회주의가 이제 독일에서도 시사적 문제로 파고들기 시작했다'는 사실에 감동을 받는다. 신문들이 '갑자기 프롤레타리아트, 노동의 조직, 진정한 사회적 관계의 확립Vergesellschaftung 따위의 심각한 의미를 담은 어휘들을 소리 높여 외치기 시작'했다는 것이었다.[13]

그륀은 노동자들에게 사회주의를 좀 더 널리 알리기 위한 월간지를 창간하려고 계획했지만 검열 당국이 그것을 막았으며 1844년 가을에는 다시 한 번 파리로 망명하지 않을 수 없게 된다. 파리에서 그는 헌정주의의 관점에서 사회주의에 접근하는 슈타인에 대한 또 하나의 공격으로, 『프랑스와 벨기에의 사회운동』을 출간한다. 프랑스는 정치적 혁명을 겪을 운명이었지만, 독일은 철학의 힘이 워낙 강하여 꼭 혁명을 겪지 않더라도 나라 전체의 변혁이 가능하다는 것이 1845년 당시 그륀이나 엥겔스가 공유했던 믿음이었다. 그륀은 영국의 오언주의자들처럼 자신의 사회주의를 교육에 대한 관심, 그리고 여성 해방에 대한 관심과 결합시켰다.

1845년 당시 지도적인 독일 사회주의자들 사이에서 눈에 띄는 의견 불일치는 거의 없었다. 사회주의로의 길이 무엇이냐는 물론 사회주의의 정의 자체조차도 상당히 모호한 상태로 남아 있었다. 교의로서의 사회주의는 경제적인 것이었던 만큼 문화적인 것이기도 했으며, 어느 특정 계급의 프로젝트가 아니라 인류 전체의 관심사로 여겨졌다. 최초에는 엥겔스와 헤스가 바르멘과 엘버펠트에서 행했던 연설에서 시도한 바 있듯이 중간계급을 끌어들이자는 희망이 지배적이었지만, 그 후로는 노동계급이 사회주의의 추종자가 될 것이라고 믿게 되었다.

하지만 금세 여러 가지 의견 불일치가 불거져 나오게 된다. 카를을 중심으로 한 집단은 점차 카를의 정치경제학 비판에 초점을 두기 시작하며, 이들은 필연적으로 노동문제에 관심을 두게 되었다. 이러한 이유 때문에 본래 그륀을 사회주의로 끌어들였던 장본인인 모제스 헤스가 1845년에는 그륀이 프롤레타리아트나 정치경제학에 대해 관심이 없다는 점을 비판하기 시작한다. 그는 그륀에게 카를의 작업에 관심을 갖게 하려고 시도했지만, 이제 그륀은 말을 잘 듣지 않았다. 그는 파리에 도착한 뒤 프루동과 조우하게 되며, 1844년 말 이후에는 프루동과의 만남에 몰두하게 된다.

카를이 볼 때에 그륀과 프루동의 관계는 프랑스-독일의 정치적·철학적 동맹의 구축이라는, 자신이 1843년 말 파리에 처음 도착한 이후로 줄곧 추진해왔던 큰 프로젝트에 심각한 위협이 되는 것이었다. 프루동은 사적 소유에 공격을 가하는 프랑스 프롤레타리아였으므로 카를의 계획에서 결정적으로 중요한 이였다. 『신성가족』을 보면, 카를은 프루동을 모종의 신비주의자이자 정의에 대한 신앙을 가진 '도덕주의자'로 보는 바우어 형제의 해석으로부터 그를 구출해내는 것이 지상 과제라고 생각했음을 알 수 있다. 반대로 카를은 프루동을 '대중의 인물'이며 '한 사람의 서민이자 한 사람의 프롤레타리아'로 찬양했다.[14] 프루동이야말로 '정치경제학의 기초인 **사적 소유**에 대해 처음으로 단호하고 가차 없는, 그러면서도 과학적인 검토'를 행한 인물이라고 상찬받아 마땅하다는 것이었다. 물론 프루동에게도 비판할 점이 없지 않았다. 그가 옹호했던 평등 임금이라는 것은 노예들에게 한 푼 더 주라는 제안에 불과하다는 것이다. 하지만 다른 이들과 달리 프루동은 '경제적 관계가 겉모습만 인간적일 뿐'이라는 사실을 심각하게 받아들였을 뿐만 아니라 '경제적 관계의 비인간적 현실'에 날카롭게 반대하고 있다는 것이다. 그는 '정치경제학의 관점에서 행할 수 있는 정치경제학에 대한 모든 비판'을 이루었고, 그리하여 '프랑스 프롤레타리아트의 과학적 선언'을 내놓게 되었다는 것이다.15) 그런 프루동이 하필이면 카를 그륀을 매개로 독일 철학을 익히게 될 판이니 카를로서는 도저히 그냥 두고 볼 수 있는 사태가 아니었다.

2. '민주적 독재자'

1846년 2월, 카를과 엥겔스와 벨기에 친구 필리프 지고Philippe Gigot는 브뤼셀에서 '공산주의자 통신 위원회Communist Correspondence Committee'를 설립한다. 이 단체의 목표는 '과학적 문제들에 대해' 독일 사회주의자들 및 공산주의자들의 접촉을 조직하는 것, 독일과 프랑스와 영국의 사회주의자들이 서로 접촉할 수 있도록 하는 것, 독일에서의 민중적 저술과 사회주의 선전을 '감독'하는 것 등이었다. 하지만 비록 공언한 것은 아니었다고 해도 처음부터 그와 똑같이 중요했던 최고의 목표는 바로 사회주의에서 자신들과 경쟁이 되는 다른 전망들을 제거하려는 야심이었다.

그륀에 대해 카를이 품고 있었던 적개심은 1843년 초부터 명확했다. 1월 18일, 그는 그륀의 신문인 『트리어 신문』에 편지를 보내 이렇게 언명한다. "이 신문의 경향은 결코 공산주의가 아니라 나에게는 완전히 낯선 부르주아적 박애주의일 뿐이며, 따라서 이 신문에다가는 **단 한 줄이라도** 써 보낸 적이 **한 번도** 없습니다."16) '통신 위원회'가 설립되자 카를은 또한 그 단체를 대표하여 프루동에게 편지를 보내 가입하도록 초빙했다. '프랑스에 관한 한 당신보다 더 훌륭한 통신원을 찾을 수 없다는 것이 우리 모두의 믿음입니다.' 하지만 카를은 참지 못하고 다음과 같이 덧붙이고 만다. "저는 당신에게 파리에 있는 그륀 씨를 비난해야만 하겠습니다. 그 사람은 사기꾼 족속에 속하는 자로, 최신의 여러 사상들을 이리저리 밀거래하는 문필계의 협잡꾼입니다. 그자가 쓴 글이라는 것은 '**전혀 무의미한 헛소리**gibberish'이지만, 그는 '**위험한**dangerous' 자입니다. '이 기생충을 조심하셔야 합니다.'"17)

상대해야 할 사람이 또 있었으니, 급진파 기능공 공산주의자 빌헬름 바이틀링이었다. 그는 브뤼셀을 거쳐서 1846년 3월 30일 '통신 위원회'와 조우했다. 바이틀링은 1830년 혁명 이후 파리, 런던, 스위스 등등의 지역에 있는 독일인 이주 기능공들이 만든 비밀 결사체들 내에서 발전한 종류의 공산주의를 대표하는 이로서 가장 유명한 사람이었다. 그는 1836년 파리에서 설립된 '정의자 동맹League of the Just'의 초기 시절 가장 중요한 인물이기도 했다. '동맹'이 설립되던 똑같은 시점에 저항적인 가톨릭 사제 라므네Félicité de Lamennais의 저서 『믿는 자의 이야기Words of a Believer』가 출간되어 큰 반향을 얻고 있었다. 그 이후로 기독교 급진주의가 절정에 달했다. 라므네에 따르면 1789년 혁명은 빈곤의 종식, 자유와 평등의 도래, 그리고 예수께서 약속하신 지상 낙원의 도래가 임박했음을 알리는 사건이었다고 한다. 그의 전망은 도덕적 쇄신의 전망이었지만, 그의 독일인 추종자들은 그 전망을 기독교적인 재산 공유로 되돌아간다는 의미의 '공산주의'를 위해서는 물리적 폭력의 사용도 가능하다는 공격적인 주장으로 바꾸어 버렸다. 새로이 설립된 '동맹'은 1837년에 이 문제들을 논의했고, 그러한 주장이 과연 현실성이 있는지에 대해 보고서를 작성하는 임무를 바이틀링에게 위탁했다. 1839년에 나온 그의 보고서 「현존하는 바의 인류와 당위적 모습의 인류Mankind As It Is and As It Ought to Be」는 '동맹'의 공식적 강령으로 채택되었는데, 이는 평등, 만인의 노동 의무, 중앙화된 경제를 전제로 한 종류의 사회질서를 그려 내고 있다. 이리하여 바이틀링은 아무도 이의를 제기하지 않는 '동맹'의 지도자가 되었다. 그런데 1843년 마치니의 급진적 민족주의의 영감을 받은 스위스 출신 저항자들이 그의 권위에 도전하기 시작했다.

그 시점 이후로 바이틀링의 이력은 위태로워졌던 것으로 보인다. 비판에 직면한 그는 처음에는 '공산주의communism'와 '성찬식communion'이라는 말이 동일한 어원을 가지고 있다고 주장함으로써 자신의 관점에 기독교적인 기초를 부여하려고 노력했다. 하지만 이러한 주장은 곧 논박당하고 말았다. 그러자 바이틀링은 순수하게 세속적인 공산주의 이론을 내놓고자 시도하여 1842년 『조화와 자유의 보장 장치들Guarantees of Harmony and Freedom』을 출간한다. 카를은 이 저작을 열성적으로 찬양하여 1844년 "독일 노동자들이 문필 세계에 열정적이고도 천재적인 모습으로 등단했다"고 말한다.18) 하지만 막상 '동맹' 자체는 이 저작을 그다지 반기지 않았다. 그러자 바이틀링은 그에 대한 대응으로 다시 한 번 기독교적인 논리로 되돌아가 1843년 『가난한 죄인의 복음The Gospel of a Poor Sinner』을 출간한다. 하지만 책이 출간된 직후 그는 스위스에서 감옥에 가게 된다. 1844년 9월 그가 출옥했을 때 런던의 '동맹'은 그를 영웅으로서 환영하기는 했지만, 그 책 자체는 거의 아무런 영향도 주지 못했다.

바이틀링은 스위스에서는 여전히 추종자들을 거느리고 있었지만 런던과 파리에서는 '동맹' 성원들 다수가 이미 다른 입장으로 넘어간 상태였다. 파리에서는 헤르만 에베르베크 박사Dr Hermann Ewerbeck의 지도 아래 카베 쪽으로 기울었지만 그다음 1844~1845년의 기간에는 그륀의 저작 쪽으로 기울었다. 런던에서는 카를 샤퍼, 하인리히 바우어Heinrich Bauer, 요제프 몰Joseph Moll이 주도한 논쟁에 벌어졌고 그 결과 카베가 말하는 공산주의적 정착촌의 아이디어는 거부당했다. 바이틀링의 수정된 이론 또한 여러 번 논쟁에 부쳐졌지만 1846년 1월에 최종적으로 거부된다. 런던에서는 오언주의자들의 평화적·합리주의적 접근법에 대한 지지가 늘어나고 있었다. 바이틀링이 말하는 정치체는 '너무나 전투적'이라는 이유로 비판을 받았다. 마찬가지로 종교 문제에서도 기독교에 기초한 공산주의는 이제 거부되었을 뿐만 아니라 오언주의적인 무신론이나 모제스 헤스의 공산주의적 인간주의(여기서 신은 '사랑으로 하나가 된 인류'일 뿐이다)에 대한 지지가 점차 늘어나고 있었다.[19]

따라서 1846년 초 바이틀링의 관점은 런던에서나 파리에서나 대부분 거부된 상태였다. 또한 '배운 자들Gelehrte'(이는 브뤼셀의 집단들로, 다수 기능공은 이들을 그저 배웠다고 건방 떠는 도당들로 보고 있었다)이 자기들 멋대로 바이틀링이 말하는 프롤레타리아적 행태를 따라 하던 유행도 시들어 갔다. 1846년 3월 24일 예니는 카를에게 쓴 편지에서 이렇게 말한다. "그는 기능공 계급 출신답게 거나한 술판이 벌어지도록 분위기 잡는 것 이상은 아무것도 할 역량이 없으며, 마찬가지로 누가 보더라도 무모한 모험을 벌여 완전히 망하는 것 이상은 아무것도 할 역량이 없는 이예요."[20]

1846년 3월 브뤼셀에서 '통신 위원회'와 바이틀링이 조우한 장면을 보면 참말로 짠하다고 말할 수밖에 없다. 일단 바이틀링은 '노동의 짐에 허리가 휜 불행한 노동자'로는 전혀 보이지 않았다. 그는 '잘생기고 멋진 젊은이였으며 겉멋이 줄줄 흐르는 디자인의 코트를 입고 있었고 턱수염도 겉멋 가득하게 다듬은 모습이었다. 그는 차라리 각국을 돌아다니는 사업가처럼 보였다.'[21] 그 모임은 '통신 위원회'가 그에게 함께하자고 제안하기 위한 것이었지만, 카를과 다른 이들이 그를 맞는 태도는 아주 악의적이고 성깔 있는 것이었다. 그 만남은 러시아인 여행객 파벨 아넨코프(그 모임에 초청한 이는 카를이었다)가 생생하게 기록한 바 있다.

카를은 바이틀링에게 물었다. "당신의 혁명적·사회적 활동을 정당화해 주는 근본적 원리와 원칙은 무엇입니까?" 바이틀링은 설명하기 시작했다.

> 그의 목적은 새로운 경제 이론을 만드는 것이 아니라 프랑스의 경우처럼 노동자들이 자기들의 끔찍한 상태, 그리고 국가와 사회가 그들에 대해 아

주 인습적으로 저질러지는 모든 부당한 짓들에 대해 눈을 뜰 수 있게 해 줄 최상의 경제 이론을 가져다가 그냥 이용하는 것이며, 또 노동자들에게 더는 정부와 사회를 믿지 말고 오직 자신들만을 믿을 것이며 민주적이며 공산주의적 공동체들communes을 조직하도록 가르치는 것이라고 했다. … 그가 글을 쓰는 장소에 일상적으로 모여들었던 이들, 그가 발행했던 신문의 독자들, 그리고 당대의 경제적 현실에 대해 그가 썼던 팸플릿의 독자들은 당시 이미 그를 떠난 상태였기에 그는 그전과는 전혀 다른 종류의 대상을 상대로 자신의 이야기를 펼치고 있는 상황이었다. 그 결과 그는 사유에 있어서나 연설에 있어서나 서툴고 어지러운 상태였다.

카를은 '화가 나서 끼어들어' 이렇게 말했다. '노동자들에게 환상에 찬 희망을 자극하는 것'은 그저 결국 파멸로 끝날 뿐이지 '피억업자들의' 구원으로 끝나지 않는다고. 그런 식의 방법은 아넨코프의 조국인 러시아에서는 통할지 모른다고. 러시아에서는 '조직할 수 있는 사람들이라는 게 그저 말도 안 되는 자칭 예언자들과 똑같이 말도 안 되는 그 추종자들의 결사체들'뿐이니까. 하지만 '독일처럼 문명화된 나라에서는' 어림도 없는 일이라는 것이었다. 이러한 공격에도 불구하고 바이틀링은 아랑곳하지 않고 '그가 자신의 조국 방방곡곡으로부터 받은 감사의 편지 수백 통을 회상'한다. 그래서 그는 이렇게 주장한다.

인민들의 비참상과 고통받는 세계로부터 동떨어진 비판과 폐쇄적인 학설들보다는 아마도 자신의 보잘것없는 미완성의 저작들이 더욱 중요한 듯하다는 것이다. 이 말을 듣자마자 마르크스는 화가 머리끝까지 터져 나와 주먹으로 탁자를 얼마나 세게 내려쳤는지 탁자 위의 램프가 그 불이 꺼질 만큼 심하게 흔들렸다. 탁자를 치면서 그는 자리에서 벌떡 일어나 이렇게 말했다. "무식이 도움이 되었다는 경우는 들어 본 적이 없소!" … 회합은 끝났다. 마

> 르크스는 분노와 짜증이 극도로 치밀어 오른 상태에서 방을 왔다 갔다 하고 있었고, 나는 서둘러서 그와 그의 벗들에게 인사하고 빠져나왔다.[22]

이러한 대결이 있은 후 카를은 당을 '걸러 내야' 한다고 강력하게 주장한다.[23] 그 말의 뜻은 몇 주 후인 1846년 5월 11일에 분명하게 드러났다. 이 날짜로 '통신 위원회'는 바이틀링의 동맹자들 중 하나인 헤르만 크리게를 공격하는 '회람문'을 발행한다. 당시 크리게는 뉴욕에서 『민중의 대변자Der Volks-Tribun』 편집장으로 일하고 있었던 이였다. 그 '회람문'은 크리게가 공산주의의 이름으로 '환상에 가득찬 감정주의'를 설파하고 있다고 공격했고, 따라서 '유럽에서나 미국에서나 공산주의자 정당에게 극도의 위협'이 되고 있다고 비판했다.[24]

하지만 이렇게 기괴하리만큼 거만하고 독선적인 문건이 그냥 나왔다고 믿기는 힘들기 때문에 다른 무슨 사연이 있었을 것이라고 생각하지 않을 수 없다. 1845년에도 크리게는 엥겔스와 헤스가 바르멘과 엘버펠트에서 공산주의를 설파할 적에 거기에 함께했던 이들 중 하나였다. 그가 바이틀링이 종교를 활용하는 것을 옹호했던 것은 그다음 일이다. "그는 감정적 효과의 표현으로 '신'이라는 단어를 포기하고 싶어 하지 않으며, 공산주의의 예언자로서 예수 그리스도를 계속 활용하고자 한다. 하지만 그 이외의 면에서 보자면 그는 뼛속 깊이 혁명가이다." 그는 또한 영국 노동자들과 프랑스 노동자들 사이에 급진주의가 얼마나 퍼져 있는가에 대해서도 의문을 제기했다. "내가 보기에 정말로 중요한 운동이 벌어지고 있는 유일한 곳은 북아메리카이다." 그는 또한 고백을 거부당한 연인과 같은 말들을 남겼다.

> 정말입니다. 헤겔의 『법철학』에 대한 당신의 에세이의 결론 부분을 보고 저는 완전히 당신에 대한 사랑의 포로가 되고 말았습니다. 수사학의 재주 때문도 아니고, 날카로운 변증법 때문도 아니며, 그 글의 문단들에 차고 넘

치는 강력한 생명의 피 때문도 아닙니다. 그 결론의 몇 마디가 저를 당신과 맺어 주어 그 말들은 저의 온 존재로 파고 들었고, 아주 오랫동안 저는 당신의 아이만을 낳을 수 있었습니다. … 당신이 가는 곳이라면 저는 어디든 따라갔을 것입니다. 저는 브뤼셀로 갔고, 거기에는 제게 익숙한 바로 그 모습의 당신이 있었습니다. 하지만 저는 당신이 저를, 그리고 당신에 대한 저의 사랑을 알지 못할 것이라고는 꿈에도 생각지 못했습니다. 제가 너무나 어리석은 것이죠. 나중에 몇 번 당신과 편지를 주고받으면서 저의 어리석음은 너무나 분명해졌습니다.[25]

1846년 봄이 되면 바이틀링과 그의 지지자들을 떨구어 내는 것에는 별다른 위험이 따르지 않았다. 1845년 6월 에베르베크 박사가 보낸 보고에 따르면 바이틀링은 런던에서 자신의 주장을 펴는 데 여러 어려움을 겪었다고 하며, 1846년에 차티스트운동의 지도자인 줄리안 하니Julian Harney가 엥겔스에게 보낸 편지에 보면 여전히 런던 협회에 바이틀링의 친구들이 남아 있기는 하지만 절대로 다수는 아니라고 한다. "S.가 (카를 샤퍼를 말한다) 지도자이며, 충분히 그럴 만하네."[26] 특히 이 점이 중요한 이유가 있었다. 카를과 그의 브뤼셀 집단이 '동맹' 내에서 지도력을 획득하게 된 것은 모두 카를 샤퍼를 위시한 런던 성원들이 그들을 지지해 주었기 때문이었기 때문이다.

바이틀링보다는 카를 그륀으로 대표되는 위협이 훨씬 더 심각했다. 프루동은 카를과 '통신 위원회'에 보낸 답장에서 정중하지만 단호하게 가입을 거절했다. 그는 또한 그들의 프로젝트에 대해 자신이 동의하지 않는 이유를 분명히 밝혔다. 그는 그 집단이 '새로운 종교의 사도들'이 되고 있는 것에 반대했다. "설령 그것이 논리의 종교 혹은 이성의 종교라고 하더라도 말입니다. … 당신들과 같은 독일인인 루터처럼 새로운 신학을 창시하려고 하지 마십시오." 정치경제학을 '공동체'의 방향으로 돌리기 위해서는 사적 소유를 약한 불에 천천히 구워야지 '사적 소유자들의 성바돌로매 전야제✤'를 만들겠다고 무서운 기세로 몰아붙일 일이 아니라는 것이었다. 프루동이 볼 때에는 이것이 또한 '프랑스 노동계급의 성향'이라는 것이었다. 카를이 아르놀트 루게와 처음으로 프랑스 사회주의자들에게 접근하던 당시 그들의 종교에 대한 태도를 이해하지 못했던 것과 마찬가지로, 이번에도 그는 또 혁명을 일으켜서 자코뱅식의 국가를 세우자는 계획을 프랑스인들이 좋아하지 않는다는 사실을 이해하지 못했다. 혁명적 활동이란 사회 개혁을 달성하는 방법이 아니라는 것이 프루동의 이야기였다. 그리고 카를 그뤼이 '사회주의 사상을 팔아먹고 있다'는 카를의 비판에 대해 프루동은 그뤼이 마땅히 그렇게 할 권리가 있다고 응답했다. 아내와 두 아이를 거느린 채 망명생활을 하면서 먹고살려면 당연한 일이라는 것이다. "그러면 그가 현대적인 여러 아이디어를 팔아 이윤을 챙기지 않으면 어쩌라는 말이신가요? … 제가 당신의 저작들, 그리고 엥겔스와 포이어바흐의 저작들에 대해 알고 있는 바도 모두 그뤼과 에베르베크에게 빚지고 있답니다."27)

다른 이들 또한 '통신 위원회'의 고압적이고 편협한 어조에 대해 자신들은 동의할 수 없다는 태도를 서둘러서 표명한다. 런던의 '위원회'는 이렇게 묻고 있다. "크리게에 대해 너무 가혹하게 구는 것 아닙니까? … 크리게는 아직 앞으로 배워야 할 것이 많은 젊은이입니다." 마찬가지로 베스트팔렌에 있는 카를의 친구인 요제프 바이데마이어 또한 "자네가 또다시 그런 논쟁에 가담한 것에 대해 유감스럽게 생각하는 사람들이 많다"고 일러 주고 있다.28) 파리의 '동맹' 지도자 중 한 사람이며 한때 그뤼과 긴밀하게 공동 작업을 하기도 했던 헤르만 에베르베크는 카를을 '19세기의 아리스토텔레스'라고 높이 떠받들었던 사람이었지만, 이번에는 어째서 그가 그뤼을 그렇게 공격하고 싶어 하는지를 도저히 이

✤ 1572년 8월 24일은 성바돌로매의 축일이었다. 그 전날 프랑스의 가톨릭 왕실은 왕녀 마고와 개신교도 앙리 드나바르의 결혼식을 올린다. 이에 긴장을 푼 파리의 개신교도들을 향해 프랑스 왕실은 24일 새벽 2시부터 체계적인 학살을 감행했고, 그날 밤 몇천 명의 위그노 교도들이 죽임을 당했다고 한다.

해하지 못하겠다고 말하고 있다. 그륀은 장식장을 만드는 파리의 소목장들 사이에서 훌륭한 일을 한 바 있고, 노동자들을 데리고 루브르 박물관에 스무 번도 넘게 데리고 갔다고 한다.[29] 그는 『트리어 신문』의 해외 통신원으로 일할 뿐만 아니라 파리의 기능공들에게 매주 미술에 대한 강연도 하고 있다는 것이다.

카를이 가장 화를 내고 당혹스러워했던 점은 프루동이 이제 그륀의 적극적인 조력을 받아 스스로의 정치경제학 비판서 집필에 몰두하고 있다는 사실이었다. 프루동은 그륀이 포이어바흐에 대해 해 주었던 이야기에 매료되어 그것을 자신의 경제 비평에 통합시키고자 했고, 그륀은 또 프루동을 '프랑스의 포이어바흐'라고 상찬했다. 그륀은 프루동의 저서 『여러 경제적 모순의 시스템: 빈곤의 철학System of Economic Contradictions, or The Philosophy of Poverty』의 독일어 번역을 위탁받았고, 1846년 1월에 바로 독일어 번역본을 출간할 것이라고 공표했다.[30] 에베르베크에 따르면, '그륀은 자신과 멘델스존 박사가 프루동의 학설을 독일에 이식하겠다고 장담'했다고 한다.[31] 프루동의 저서는 실제로는 프랑스에서 1846년 10월에 출간되었고, 그륀은 여기에 장황한 서문까지 달아 1847년 5월에 독일어 번역본을 출간한다.

프루동의 정치경제학 비판은 정치경제학이 불평등을 더욱 강화시킨다는 주장에 기초하고 있었다. 그는 작업장에 기계를 도입하는 것을 공격했다. '작업장에 기계가 들어오게 되면 노동자 위에 주인처럼 군림하면서 노동자를 비천한 존재로 만들게 되며, 이는 노동자를 기능공의 위치에서 단순 육체 노동자로 확실하게 몰락시킴으로써 노동자를 저렴한 존재로 만드는 과정을 완결시킨다.' 이러한 현상의 일반성에 대해 성찰한 뒤 프루동 또한 마르크스와 마찬가지로 종교와 경제 사이에 유사한 점을 발견한다. '기계를 갖춘 작업장이 들어서면서 신으로부터 직접 위임받은 권리divine right, 즉 권위authority라는 원리가 정치경제학에도 들어오게 된다.' '자본, 지배, 특권, 독점, 동업자들의 합자회사, 신용, 소유' 등은 '권력, 권위, 주권, 성문법, 계시, 종교, 마지막으로 유일신'을 '경제의 언어로' 바꾸어 놓은 것이며, 특히 그 마지막의 것인 소유란 '우리의 모든 빈곤과 모든 범죄의 원인이자 원리로, 이를 정확히 규정하려고 노력할수록 더욱 알쏭달쏭해지는 존재이다'.[32)]

프루동의 논고는 정치경제학이란 인간끼리의 경쟁에다 근대적 형식을 부여한 것이며, 그것의 결과는 새로운 형태의 빈곤이라고 공격했다. 노동이 부를 창조하기 위해 생산수단을 사용하게 되면 빈곤을 낳는 내재적인 적대 관계가 필연적으로 나타나게 된다는 것이다. 정치경제학은 '빈곤을 긍정하는 것이자 빈곤을 조직하는 것이기도 하다.' 정치경제학은 '그릇된 노동의 조직'이며, 그 결과물은 '빈민의 폭증pauperism'일 뿐이라는 것이다.[33)] 그륀은 계속해서 주장한다. 프루동의 저서는 마침내 독일의 철학과 프랑스의 사회주의의 통일이라는 과업을 성취한 것이며, 이는 레싱이 『인류의 교육』에서 제시했던 사상에서 이야기하는 거대한 한 걸음을 내디딘 것이라고.[34)] 사회주의는 프롤레타리아트의 물질적 조건에 대한 해법이라는 협소한 틀로 제한될 문제가 아니라고 한다. 이는 인류의 해방에 하나의 결정적 역할을 하는 크나큰 문제라는 것이다.

그륀이 프루동과 든든한 동맹 관계를 맺게 되자 프랑스-독일의 단결이라는 카를의 생각은 근본적인 위협에 처하게 된다. 브뤼셀의 '위원회'는 독일인 망명자들 이외에는 거의 아무도 끌어들이지 못했으며, 이 점에서 『독일-프랑스 연보』보다 나아간 바가 없었다. 프루동뿐만 아니라 런던의 차티스트운동 지도자 줄리안 하니 또한 참여하기를 주저했다. 심지어 곳곳의 독일인 망명자 집단들에서도 '위원회'에 대한 반응은 엇갈렸다. 분명한 성공을 거둔 유일한 경우는 '런던 정의자 동맹'의 지도적 인사인 카를 샤퍼와 연결선이 확립된 것이었지만, 이것도 하니의 제안으로 성취된 일이었다. 이를 기초로 삼아 '통신 위원회'의 런던 지부가 설립되었다. 한편 파리에서는 독일 노동자들 사이에서 그륀의 평판과 인기가 워낙 높아서 '통신 위원회'가 세를 확장하는 데 큰 장애물이 되었고, 이러한 상황은 그륀이 프루동과 든든한 동맹 관계를 맺으면서 더욱 악화되었다.

프루동의 저서, 그리고 그 독일어판의 출간은 좀 더 개인적인 차원에서 카를에게 도전으로 다가왔다. 카를이 독일의 망명자 공동체 전체를 통틀어 얻게 된 명성은 그가 곧 정치경제학 비판서를 내놓을 것이라는 약속에 기반한 것이었다. 하지만 시간이 흘러도 그 책은 나오지 않았고, 심지어 출판인인 레스케마저도 카를이 약속한 책의 성격에 대해서 노심초사하게 되었으며, 심지어 그 책이 완성될 가능성 자체에 대해서까지 의심스러워 하게 된다. 카를의 여러 노트들은 그가 1844년에 쓴 것들 말고 그때까지 더 추가한 내용이 거의 없었음을 보여 준다. 그는 1845년 여름 맨체스터로 연구 여행을 가면서 영국 자료를 축적했지만, 그가 1846년 11월 말까지 완성할 것이라고 주장했던 '제1권의 개정판'은 흔적조차 찾을 수가 없다.[35] 이 프로젝트의 작업은 1846년 9월이 되어서야 재개된다. 그런데 이러한 상황에서 '강력한 경쟁자'인 프루동의 저서가 나와 버렸으니 출판인 레스케에게는 결정타가 아닐 수 없었다. 따라서 1847년 2월 2일 레스케는 계약을 취소하고 선금도 돌려줄 것을 요구하고 나선다.[36] 이렇게 카를의 위치가 큰 위협을 만나게 되었던 것을 염두에 두면, 그때까지 경제학 비판 작업의 진척이 더디기 짝이 없었음에도 어째서 카를이 프루동의 저서를 손에 넣자마자 곧 책상에 앉아 이를 논박하는 책을 쓰기 시작했는지를 이해할 수 있다. 그는 1846년 12월 『철학의 빈곤The Poverty of Philosophy』의 집필 작업을 시작하며, 1847년 6월에 이를 완성한다.

1846년과 1847년 대부분의 기간 동안 브뤼셀의 '위원회'는 그뤈과 프루동이 프랑스와 독일에서 사회주의로의 대안적인 길을 옹호하는 자들로 확고하게 자리 잡는 게 아니냐는 불안감을 안고 있었고, 그들의 정치 행보 또한 그러한 불안감에 의해 좌우되었다. 카를은 그뤈의 저서 『프랑스와 벨기에에서의 사회운동Social Movement in France and Belgium』을 공격하는 논쟁적 에세이를 집필하여 마침내 『증기선 베스트팔렌호』에 게재한다.[37] 1846년 8월에는 엥겔스를 파리로 파견하여 '파리 정의자 동맹'의 성원들과 만나서 그뤈의 사상을 '반프롤레타리아적이며 속물적인 기능공의 사상'이라고 비난한다. 12월 내내 엥겔스가 카를에게 보낸 편지들의 주된 내용은 그 성원들 한 사람 한 사람을 그륀에게 등을 돌리게 하고 자기들 쪽으로 끌어들이는 작업의 진척에 대한 이야기였다. 그 이전 4월에 그륀과 에베르베크 사이에 언쟁이 있었던 것이 엥겔스의 작업에 큰 도움이 되기도 했다. 하지만 엥겔스 쪽이 분명한 승리를 거둔 것은 전혀 아니었다. 지배적인 인상은 그저 계속되는 혼란일 뿐이였다. 이 모든 것을 볼 때, 브뤼셀의 '위원회' 쪽이 그토록 '정의자 동맹'에 합류하려고 했던 주된 이유는 파리에서 그륀 및 프루동과의 사상 투쟁을 벌이고자 했던 것이라고 보는 게 옳다는 것을 알 수 있다.

'정의자 동맹'은 마르크스의 학설을 받아들여 '공산주의 동맹'으로 이름까지 바꾸게 된다. 이러한 과정이 어떠한 것이었는지에 대해 지금까지 관습적으로 내려온 이야기는, 대부분 훗날 엥겔스가 그때의 일들을 회상했던 바에 기초하고 있다. 그 이야기가 정확한 것이라고 전제한다면, 그러한 일을 가능케 했던 것은 카를 샤퍼, 하인리히 바우어, 요제프 몰 등이 이끌었던 '동맹'의 런던 지부 덕분이었다고 할 수 있다. 런던 지부는 '동맹'이 다시 바이틀링의 교리로 회귀할 가능성을 염려했으며, 그 때문에 브뤼셀의 '통신 위원회'와 기꺼이 동맹을 맺고자 했었기 때문이다. 또한 샤퍼의 생각이 변화한 것도 중요한 원인이었다. 그는 본래 평화로운 사회 변혁이 실제로 가능하다는 믿음을 오언주의자들과 공유하고 있었지만, 자기 나름의 이유에서 이러한 믿음에 의문을 품기 시작했다. 1846년이 되면 샤퍼는 혁명이 불가피하다고 보게 된다. 샤퍼와 '런던 위원회'는 마르크스에게 보낸 답장 편지에서 이 점을 암시한 후 계속해서 이렇게 말한다. "우리의 임무는 사람들을 계몽하는 것, 그리고 재산 공유를 옹호하는 선전 작업을 펼치는 것입니다. 당신도 똑같은 것을 원하고 있으니, 함께 손을 잡고 더 나은 미래를 위해 힘을 합치도록 합시다."[38] 이러한 이해관계의 수렴은 또한 폴란드에서의 반란을 지지하는 공통의 강령을 마련하면서 더욱 강화되었고, '민주주의 형제회 Fraternal Democrats'의 형성을 통해 좀 더 지속적인 제도적 형태도 갖추게 되었다.

샤퍼와 '런던 동맹'은 또한 그때까지 카를이나 엥겔스의 저작에 사실상 존재하지 않았던 새로운 주제를 도입하기도 했다. 공산주의는 무엇보다 개개인들의 자유로운 자기 발전을 가능케 해야 한다는 것을 주요 관심사로 만들었다는 점에서 1845~1846년의 논의는 주목할 만하다. 바이틀링의 공산주의는 카베의 그것과 마찬가지로 인류를 바보로 만들어 버린다는 것이 이들의 주장이었다. 평등이란 기회의 평등을 뜻하는 것이지 소비의 평등이나 즐김의 평등을 말하는 것이 아니라는 것이다. 공산주의와 개인의 자기실현은 함께 가야만 할 목표라는 것이다. 『공산주의 선언』이 '각인의 발전이 모두의 자유로운 발전에서 조건이 되는 연합체'를 이야기하게 된 것은 바로 샤퍼가 이러한 주제에 골몰했던 결과였을 것이다.[39)]

이렇게 런던과 브뤼셀 사이에는 각 입장이 만족스러운 수렴을 보였던 반면, 파리에 있는 여러 지부들 사이에서는 그 비슷한 일이 벌어지지 않았다. 파리에서 '동맹'의 주된 대변인이었던 에베르베크는 처음에는 카베 그다음에는 그륀 쪽으로 기울어졌다. 그다음에는 브뤼셀의 '위원회' 쪽에 가깝게 입장이 바뀌기는 했지만, 믿을 만한 동맹자는 못 되었다. 그래서 프루동의 높은 위치와 그륀의 인기에 도전하기 위해서 엥겔스가 파리로 파견되었다. 하지만 엥겔스는 거만하고 무례한 인물로 치부되었으며, 바이틀링의 지지자들은 엥겔스가 아주 고약한 학자들 도당의 일원으로서 평범한 노동자의 관점 따위에는 관심조차 없는 자라고 주장했다.[40)] 그래도 카를과 브뤼셀 '위원회'는 '동맹'에 가입하고 또 새로이 구축된 개혁 강령을 제시함으로써 그 입지를 강화시켰다. 하지만 분열의 정도가 심했고 그륀 지지자들의 힘 또한 계속되었으니, 이는 1847년 6월 9일에 열린 '공산주의자 동맹' 1차 회의에서 나온 '회람문Circular'에서 적나라하게 드러나고 있다. "'파리 동맹' 내에서는 '동맹'의 다른 지부들과는 달리 조금도 진보가 이루어지는 증후가 없으며, 프롤레타리아트 운동에 대해서나 원칙의 발전에 대해서나 조금도 관심을 보이지 않고 있다."[41)]

엥겔스가 카를에게 보낸 편지로 볼 때, 자기들 브뤼셀 집단에 대한 반대파들은 현장으로부터 유리되어 여기저기 흩어지고 있으며 일단 '저 떠돌이 장색들the Straubingers'✤만 패배시킨다면 카를 집단이 승리를 거두게 될 것 같은 인상을 받게 된다. 하지만 다른 자료들로 보면 그러한 승리란 속빈 강정이거나 그들의 환상이었을 수 있으며, 엥겔스가 거둔 승리 또한 그 일부는 조작과 기만에 기초한 것이었음을 시사하고 있다. 1847년 6월의 회의에서 엥겔스는 '의장의 농간' 덕분에 아주 쉽게 대표자로 지명될 수 있었다. 그 회의의 의장은 그의 옛 친구였던 슈테판 보른Stephan Born이었는데, 그는 대표자를 지명하기 위한 토론을 주재하는 대신, 그냥 엥겔스를 지명하는 데에 반대하는 이가 있으면 손을 들어 보라고 했다. 다수가 손을 들지는 않았으니 보른은 바로 엥겔스가 대표자로 선출되었다고 선언했다. 엥겔스는 그의 '아름다운' 책략을 찬양했지만, 보른 자신은 훗날 자신의 행동에 수치심을 느꼈다.[42] 그보다 조금 나중이 되자 이번에는 엥겔스 스스로가 또 다른 책략을 부린다. '동맹'은 훗날 『공산주의 선언』이 되는 문건을 채택하기로 되어 있었는데, 여기에 모제스 헤스가 작성한 초안을 다수가 지지했지만 자기가 재주를 피워 이를 완전히 따돌려 버렸다고 카를에게 자랑을 늘어놓는다. 1847년 10월 25~26일에 카를에게 보낸 편지에서 엥겔스가 말한 내용이다. "**절대 아무에게도 말해서는 안 되네.** 나는 불쌍한 모시Mosi✤✤에게 아주 사악한 농간을 부렸네. 공산주의 신앙 고백서를 작성하기 위해 그가 완성한 수정안은 정말로 아주 근사하더군. 지난 금요일 지역 회의에서 나는 그 문건을 하나하나 시시콜콜 읽고 설명해 주었지. 그랬더니 절반도 다 읽기 전에 모인 동료들은 자기들은 **만족한다**satisfaits더군. 그래서 그들은 이를 기초로 새로운 초안을

✤ 그륀은 파리의 기능공 수공업자들 및 도제들에게 큰 영향을 마치고 있었는데, 엥겔스는 이들을 '떠돌이 장색들travelling journeymen'이라고 경멸조로 불렀다. Otto Rühle, Karl Marx: His Life and Work (London: George Allen and Unwin, 1929) p.99.

✤✤ 모제스의 애칭.

마련하는 작업을 **아무런 반대도 없이** 나에게 위임했고 이를 다음 금요일의 지역 회의에서 토론한 뒤 **여러 공동체에 회람시키지 않고** 바로 런던으로 보내기로 했다네."[43] 1847년 후반이었다. 이렇게 하여 엥겔스는 '공산주의 동맹'의 '신앙고백Credo'(오늘날은 '선언Manifesto'이라고 불린다)의 초안을 작성하는 과제를 자신과 카를의 손아귀에 넣을 수 있었던 것이다.[44]

그 결과로 카를이 1848년 1월에 집필하여 나온 문서가 『공산주의 선언』이다. 이 문서는 후대까지 대대손손 읽히기 위해 쓰인 문서도 아니며, 그다지 넓은 세상을 상대로 쓰인 것도 아니었다. 이는 그저 '동맹'의 성원들만 염두에 두고 작성된 문서이며, 그 목적은 1848년 초엽 여러 지부들(특히 파리의 지부들)을 모두가 동의하는 단일의 강령으로 묶어 내는 것이었다. 하지만 엥겔스의 이런저런 책략에도 1848년 초엽만 해도 그륀과 프루동의 지지자들이 내놓는 도전은 계속되었다. 이것이 바로 카를이 '독일 사회주의' 혹은 '진정한 사회주의'라고 불렀던 것에 대한 4페이지짜리 절 하나(헤스와 엥겔스가 작성했던 초안에는 언급조차 되지 않았던)가 카를의 『공산주의 선언』에 추가된 이유였고, 『선언』은 그 입장에서 나온 문건들을 '추하고 사람 힘만 빠지게 만드는 문서들'이라고 묘사했다.[46]

하지만 1848년 3월 독일에도 혁명이 도래했고, 그러자 이 논쟁은 그 직접적인 중요성을 잃게 되었다. 헌정 체제와 관련된 여러 문제가 다시 전면에 제기되면서 그륀이 대표하는 반정치적 입장은 그 정당성을 잃게 된 것이다. 그륀은 1848년 2월 트리어로 돌아가서 '트리어 민주주의 연합Demokratische Verein zu Trier'의 지도적 인사가 된다. 『공산주의 선언』은 급히 서둘러서 완성본이 마련되었고 1848년 2월 런던에서 인쇄까지 되었지만, 나오자마자 곧 서가로 들어가 버린다. 카를과 '독일 공산당'의 '위원회'(샤퍼, 바우어, 몰, 엥겔스, 볼프)는 그 대신 3월 24일 「독일에서의 공산당이 요구하는 것들Demands of the Communist Party in Germany」을 발간한다. 이제 문제는 혁명을 수행할 수단으로 1792년에 수립된 프랑스 제1공화국과 비슷한 공화국을 선택해야 하느냐였다. '공산당'의 첫 번째 요구는 '독일 전체를 불가분의 단일 공화국으로 선포'하는 것이있다.[47] 이 강령은 계속해서 국가 은행, 교통수단의 국유화, 누진적 세제 개혁, 국립 작업장(이는 파리에서 루이 블랑이 제안했던 것과 비슷한 것이었다) 설립 등의 요구를 내놓고 있었다. 반면 그륀은 『트리어 신문』에 기고한 글에서 중앙집권과 국유화를 강조하는 태도를 비판했으니, 그 결과 노동이 해방되는 것이 아니라 개인들의 독점체를 그저 국가라는 단일의 '집단적 독점체'로 대체하는 것이 될 뿐이며 결국 개인의 자기 결단의 여지만 침식당하게 되리라는 것이었다.[48]

'공산주의 동맹'에 참여함으로써 얻을 수 있는 이득은 제한적이었고, 게다가 그토록 오랫동안 기다려 왔던 독일에서의 혁명이 찾아온 국면에서 여전히 분열을 면치 못하는 정당 안에 계속 갇혀 있는 것이 과연 무슨 영양가가 있을지 의문스러워졌다. 아마도 이것이 그해 말 카를이 공식적으로 '공산주의 동맹'을 해체한 이유였을 것이다.

3. '당' 내부의 사정

1845년에서 1848년 사이 브뤼셀의 마르크스 가족의 가정생활이 어떠했는지에 대해서는 남아 있는 이야기가 거의 없다. 하지만 그나마 남아 있는 얼마 안 되는 증거들로 볼 때, 이 기간 동안 카를과 예니의 결혼 생활은 행복했던 것으로 보인다. 요제프 바이데마이어가 1846년 자신의 약혼녀에게 보낸 편지에서 카를 집안에서 벌어진 사교 생활의 일단을 엿볼 수 있다.

> 마르크스, 바이틀링, 마르크스의 처남(에드가 폰 베스트팔렌) 그리고 나는 밤새도록 '카드' 놀이를 했다. 바이틀링이 제일 먼저 지쳐 떨어졌다. 마르크스와 나는 소파에서 몇 시간만 잤을 뿐이며, 대신 그다음 날 거의 온종일을 빈

> 뚱거리며 그의 아내와 처남과 함께 아주 재미있게 시간을 보냈다. 우리는 아침 일찍부터 술집에 갔으며, 그다음에는 기차를 타고 인근의 작은 마을인 빌보르데Villeworde로 놀러가서 점심을 먹고, 아주 재밌고 떠들썩하게 놀면서 왁자지껄하게 막차를 타고 돌아왔다.[49]

슈테판 보른은 1847년 가을 자신이 방문했던 마르크스의 가정을 '브뤼셀 교외에 있는 작은 집으로, 지극히 소박하여 가구도 변변히 갖추지 못하고 있었다'고 묘사했다. 그는 특히 예니에게서 깊은 인상을 받았다.[50] "그녀는 일생 내내 남편과 관련된 일, 남편이 골몰하는 일이라면 무엇이든 지극한 관심을 가졌다." 그리고 '마르크스는 자신의 아내를 사랑했으며 그녀 또한 그와 똑같이 열정적이었다.'[51] 이 기간 동안 예니는 브뤼셀의 '독일 노동자 교육 협회'에 여성으로 참여할 만큼 최대한 깊이 관여했던 것으로 보인다. 1847년 12월 31일 밤 '협회'는 브뤼셀 대광장Grand'Place에 있는 유명한 백조 건물Swan에서 '민주주의와 박애의 축제'를 조직했다. 숙녀들과 젊은 여성들이 늙은 노동자들 및 도제들과 자유롭게 대화하고 사귀었고, 이 행사에 모인 손님은 130명이나 되었다. 『독일-브뤼셀 신문』의 기사에 따르면, 몇 사람이 연설을 한 다음 아마추어 오케스트라의 연주가 있었고, 다양한 시들이 낭송되었다고 한다. "마르크스 부인은 거기에 모인 이들 앞에서 그녀의 연극적 재능을 아낌없이 선보였고, 품위 있는 숙녀가 프롤레타리아트의 교육에 어떻게 몸을 던져 일하는지 놀랍고도 지극히 감동적인 모범을 보여 주었다."

1846년 12월 예니는 아들을 낳았고 자기 동생의 이름을 따서 에드가라고 이름 지었지만, 일반적으로는 '머시Mush'라는 별명으로 불렸다. 빌헬름 리프크네히트에 의하면, "그는 아주 재능 있는 아이였지만 태어날 때부터 몸이 약했고 정말로 슬픔의 아이였다. 눈은 크고 머리도 컸지만, 그 무거운 머리를 지탱하기에는 몸이 너무나 약했다." 리프크네히트는 '만약 그 아이가 평화롭게 지내고 지속적으로 돌봄을 받으며 시골이나 바닷가에서 살았다면' 살아남을 수도 있었을 것이라고 생각했다. 하지만 '고된 런던 생활 가운데 또 여기저기 쫓겨 다녀야 하는 외국인 신세'로는 '부모의 극진한 애정과 어머니의 돌봄'으로도 그를 살려내지는 못했다. 1853년, 에드가는 '고칠 수 없는 병'을 얻었고 1855년 사망했다.[52]

그들의 독일인 친구들에 대해 예니는 훗날 1845~1848년 사이에 벨기에에서 보낸 시간 동안 "작은 독일인 식민지를 이루어 즐겁게 함께 살았다"고 주장했다. 하지만 망명객들의 삶에서 여러 마찰이 있었던 것은 분명했고, 이는 파리에서 브뤼셀까지 이어졌다. 그리고 브뤼셀에서의 체재가 길어지면서 이러한 마찰도 점점 심각해졌다. 그녀가 '빈털터리의 식민지'라고 표현했던 이곳에 살았던 독일인들은 가족과 지역의 도움이라는 정상적인 방법에서 단절되어 있었을 뿐만 아니라 정치적인 정체성 또한 독특한 형식으로 확립하고자 했다.[53] 파리에서 『전진!』지를 중심으로 모여든 비공식적인 집단(그중 어떤 이들은 1844년 초 『독일-프랑스 연보』의 준비 과정까지 인연이 거슬러 올라간다)은 이제 그 스스로를 하나의 '정당'으로 전환하려는 열망을 얻게 된다. 이 '정당'(그래 봐야 열몇 명도 채 되지 않는 소집단이었지만)의 목표는 프랑스와 독일에 있는 모든 다른 사회주의 집단들과 사조에 대해 확고한 우위를 점하는 것이었다. 이는 또한 1848년 이전의 기간 동안 독일 급진파들이 그토록 소중히 여겼던 프랑스-독일의 동맹을 더욱 심화시키는 것이기도 했다. 이것이 바로 이들이 당대의 독일 철학 비판에 그토록 많은 시간을 들였던 이유로, 이 프로젝트에 카를과 엥겔스만이 아니라 잠시 동안이지만 헤스와 요제프 바이데마이어까지 적극적으로 달라붙었던 것이다. 이는 또한 카를이 정치경제학을 비판하겠다는 뜻을 품게 된 배후의 동기이기도 했다. 브뤼셀 집단의 야심은 1847년 가을에 루이 블랑과 가졌던 회합에서 명확히 표명된 바 있다. 엥겔스가 카를에게 쓴 편지이다. "나는 이렇게 말했다. 자네 마르크스가 우리의 대장이라고. vous pouvez regarder M. Marx comme le chef de notre parti (c'est-à-dire de la fraction la plus avancée de la démocratie allemande, que je représentais vis-à-vis de lui) et son récent livre contre M. Proudhon comme notre programme."✤54)

이 시대의 다른 사회주의 집단들의 경우, 지도자가 있고 그를 중심으로 모여든 추종자들이 그 지도자를 경모 심지어 경배하는 식이었다. '사회주의의 아버지social father' 로버트 오언의 경우가 그러했고, 이카리아 공동체의 창시자 에티엔 카베의 경우도 그러했다. 이러한 지도자들의 통치 스타일은 전제정에 가까운 것으로서 그 기초는 자신의 교의를 일방적으로 선언하는 것이었다. 오언의 경우 그 영감의 원천은 '새로운 도덕의 세계New Moral World'였고, 카베의 경우 토머스 모어의 『유토피아』를 19세기의 사회 제도에 맞도록 다시 쓴 것이었다. 카를의 경우, 부동의 지도자로서 그의 위치는 청년 헤겔주의에 의해 익숙해진 언어로 착상되었고 또 똑똑히 언명되었으며, 이는 그의 '정치경제학 비판'의 약속에 근거한 것이었다. 또한 그의 강력한 존재감은 그의 위치를 더욱 강화시켰다. 그의 존재감은 러시아 여행객 파벨 아넨코프가 생생하게 묘사한 바 있다.

> 마르크스 자신은 에너지, 의지력, 부동의 확신으로 똘똘 뭉친 유형의 인간이었고, 외형적으로도 지극히 튀는 유형의 인간이었다. 올이 굵고 숱이 많은 머리카락이 부스스한 모습이었고, 털북숭이 손에다가 단추는 가슴에 걸쳐 대각선으로 채워져 있는 모습이었다. 그는 무슨 옷을 입든 무엇을 하든 항상 다른 이들의 존경을 받을 만한 권리와 권위의 모습을 유지했다. 그의 몸동작은 어색했지만 힘과 자신감이 넘쳤고, 그의 모든 행동은 사회적인 관습의 예절과는 어긋났지만, 위풍당당했고 신중했다. 그의

✤ "마르크스 씨를 우리 정당의 지도자로 간주할 수 있으며(우리 정당은 독일 민주주의의 가장 전위적 부분으로, 나는 그 지도자인 마르크스 씨와의 관련 속에서 그 정당을 대표합니다.) 프루동에 반대하여 그가 최근에 출간한 책이 우리 당의 강령이라고."

> 목소리는 쇳소리가 섞인 날카로운 음색이었지만, 이런저런 일들과 인물들에 그가 내뱉는 급진적인 언사에 기적처럼 꼭 들어맞았다. 이제 마르크스는 무슨 말을 하든 항상 그렇게 쇳소리 섞인 목소리로 선언하듯이 단언하는 방식으로만 말을 하는 버릇에 젖어들었다. 그러한 어조는 자신의 맡은 바 사명이 다른 사람들의 정신을 통제하고, 그들에게 법을 강제하며, 무리를 지어 자신의 지도를 따르도록 만드는 것이라는 강한 확신을 표현하는 것이었다. 내 앞에 서 있는 인물은 민주적 독재자의 화신으로, 가끔 완전히 환상에 빠져 있을 때에 상상 속에서나 나올 만한 그림 같은 인물이다.[55]

'정당'을 만들려는 의도가 무엇이었건, 그 집단 내부는 여러 개인적 적대 행위와 경쟁으로 갈라져 있었기에 그러한 정당을 현실화시키고자 하는 열망은 심하게 제약당했다. 카를의 지도적 위치가 도전받는 법은 결코 없었지만, 그와 가장 가까운 이들 사이에서 갈등이 자라났는데, 특히 엥겔스와 헤스 사이의 갈등이 심각했다. 헤스는 엥겔스를 키운 후견인이었고 두 사람은 최소한 1845년 4월경 브뤼셀에 도착한 뒤 얼마 동안은 친구로 남아 있었다. 엥겔스는 헤스 및 헤르만 크리게와 함께 1845년 봄 바르멘과 엘버펠트의 중간계급에게 공산주의를 설파하기 위한 순회 강연에 참가하기도 한다. 그는 3월 17일 바르멘에서 카를에게 보낸 편지를 통해 부모님께 자신이 엘버펠트에서('우리는 이곳에서 새벽 2시까지 공산주의에 대한 이야기를 설파했다네') 그 전날 저녁을 헤스와 함께 보냈다고 말하자 부모님이 '시무룩한 표정'을 했다고 말하고 있다.[56]

브뤼셀에 돌아오자 엥겔스와 헤스 모두 카를을 '정당'의 지도자로서 떠받들었다. 하지만 1846년 봄, 인간관계가 너무나 악화되어 예니 마르크스는 '완전히 인연을 끊을 것'까지 이야기한다. 그 원인이 무엇이었는지는 아주 분명한 것은 아니다. 여러 문제 중 하나가 엥겔스의 동반자 메리 번스를 예니가 공공연하게 싫어했던 것이었음이 분명하며, 또 다른 문제로는 헤스 및 그 동반자 그리고 엥겔스 및 메리 번스 두 쌍의 남녀가 짧게나마 카를의 집에서 억지로 함께 살면서 벌어졌던 갈등이 있었다. 쾰른 출신으로 카를의 친구인 하인리히 뷔르거스와 로란트 다니엘스가 이 상황을 흥미와 경멸로 관찰했다. 다니엘스는 브뤼셀 집단의 의도가 또 하나의 『독일-프랑스 연보』를 출간하는 것이라고 전제했기에 "나는 도대체 앞에서 말한 두 사람을 끼고 과연 그런 작업이 시작조차 가능할지 모르겠네."라고 말하고 있다. 그와 뷔르거스는 카를과 예니가 엥겔스와 헤스 및 각각의 여성 동반자들까지 모두 자기 집에 함께 들여놓아야 하는 불행한 상황에 처했다는 이야기를 듣고 '배를 쥐고 웃었다'고 한다. 로란트 다니엘스는 말한다.

> 프롤레타리아들의 벗인 우리의 '키다리' 엥겔스가 있네. 그리고 절름발이 헤스는 따라쟁이라서 그런지, 아니면 원칙이 그래서인지 항상 엥겔스를 졸졸 따라다니는 것처럼 보이네. 거기에다가 저 말 안 듣는 말괄량이 프롤레타리아 여자 '맨체스터부터 엥겔스의 동반자였던 메리 번스', 그리고 지루하기 짝이 없는 H '부인'.57) 이를 놓고 우리는 1주일 동안이나 배를 쥐고 웃었다네. 그 뛰어난 프롤레타리아의 벗이신 엥겔스 님께서는 심지어 깨끗한 이불보, 좋은 옷 같은 것들까지도 '오늘날의 사회가 걸린 질병'이라고 비난한다네(나는 이런 친구들을 몇 명 더 알고 있네). '저 프롤레타아들처럼 살지 않는다면 천국에 들어갈 수 없으리라.'

다니엘스는 헤스에 대해서는 이렇게 말하고 있다. "헤스에 대해서는 크게 할 이야기가 없지만, 그는 '스폰지'라고 부르는 게 아주 적절한 사람이지." 헤스의 허세에 대해서는 이렇게 말하고 있다. "자네는 헤스에게 또 하나의 이른바 『독일-프랑스 연보』를 다시 시작하여 거기에서 공산주의 철학에 대한 '분석'을 행하겠다는 계획을 그에게 전달했던 모양이지? 그는 즉시 이렇게 쓰더군. '**우리**

는 아주 빠른 시일 내에 '분석'을 해서 양과 염소를 갈라낼 것이야'라고." 헤스의 편지는 '우물 안 개구리처럼 아주 편협'했을 뿐만 아니라, 그의 편지를 보면 '마치 카를 자네도 브뤼셀을 공산주의의 지배 중심으로 만들고 헤스를 그 고위 성직자로 만들기를 원하는 듯' 보인다는 것이다.58)

뷔르거스는 1846년 2월에 카를에게 보낸 편지에서 또한 "졸지에 그렇게 이질적인 인간들이 함께 살도록 내던져진 가운데에 인간적·공동체적 삶은 절대로 가능하지 않다"는 말을 남기고 있다. 그는 이 상황을 파리 시절 카를이 짧게 경험했던 루게 부부, 헤르베크 부부와의 공동 거주 생활에서 '훨씬 개정되고 확장된 제2판'이라고 보았다. 그가 정말 구역질을 느꼈던 지점이다.

> 이 인간들이 자기들의 막된 행동이 지적받을 때마다 모든 책임을 자네 부인에게 뒤집어씌우는 비겁한 방식일세. … 자네야 자기들 편으로 만들어야 할 존재이니 척을 질 수는 없고, 그렇다고 자기들의 막돼먹은 행동을 직시할 생각은 없으니까, 이들은 자네를 부인 버릇만 고약하게 망쳐 버린 심약한 남편으로 만들어 버리는, 잘 알려진 사변적 방법을 취하고 있다네. 즉 귀족들의 거만한 버릇을 못 버린 자네 아내의 바가지에 자네가 그저 가정의 평화를 위해 굴복하는 바람에, 자네의 평민적인 벗들만 부당하게 비난을 받게 되었다는 거지.59)

뷔르거스는 엥겔스에 대해서는 이렇게 평하고 있다. "만약 자네의 부인이 없었더라면 그는 카를 자네도 자유분방한 성관계의 판에 기꺼이 뛰어들었을 것이고 아마 자기가 사랑하는 여자도 개의치 않고 건드렸을 것이라고 확신했을 놈이야." 그는 계속해서 이렇게 말한다. "그런데 말일세. 자네는 저 쉽게 흥분하지만 겉치레뿐인 엥겔스라는 놈이 지금 새로운 생활 환경에 들어서게 되자 완전히 불안정해져서 한없이 안절부절못하는 모습을 보고 있다네." 뷔르거스는 헤스에 대해서도 마찬가지로 아주 시시껄렁한 인물로 판단하고 있다. '그는 스피노자에 빠져 있는 데다 모든 것을 정신의 문제로 바꾸어 놓는 버릇'을 가지고 있는지라 '매일매일 또 시시각각 일상적으로 벌어지는 **작은 일들**에서 우리 사회의 빈곤과 참상이 드러나는 모습에는 전혀 무관심하며 그러한 일상적 사건들은 아예 반응할 가치도 없다고 생각'한다는 것이다. 계속해서 이렇게 말하고 있다. "그는 자신이 지적으로 관심을 쏟고 있는 것들에 부합하는 것들만 본다네. 그가 상상하는 것들이 현실화되어 너무 위협적인 면을 드러내기 시작하면 그는 곧바로 눈을 감아 버린다네. … 만약 누군가가 그저 일반론 차원의 사회 비판 정도에서 헤스에게 동의해 주기만 한다면 그는 그것으로 충분히 만족한다네. 그게 그저 공손해 보이려고 위선적으로 그러는 것인지, 아니면 확신에 차서 그러는 것인지 나름의 혜안에서 그렇게 하는 것인지는 그에게는 전혀 중요하지 않다네."[60]

이러한 관찰들 중 일부는 그와 비슷한 시기에 예니가 쓴 편지(몸이 아픈 어머니를 돌보기 위해 트리어로 가서 카를에게 보낸 편지)에서도 확인되고 있다. 1846년 3월 24일 예니가 카를에게 보낸 편지이다. "아마 지금쯤은 이미 당신들 사이에서 살인과 난도질의 난장판이 벌어졌겠죠! 그런 근본적인 충돌이 벌어지기 전에 그곳을 떠나서 나는 너무 기뻐요. 그리고 그 난리통은 거의 전적으로 저 야심 많은 여인인 멕베스 부인(즉 예니 자신을 가리킴) 탓이라고 또 떠들고들 있겠죠. 뭐 일리가 없는 것은 아니에요." 그녀도 자기가 너무나 오랫동안 '**쩨쩨한 비판**la petite critique을 늘어놓았다'는 것을 인정하고 있지만, 메리야말로 '당위로서의 여성의 모습as she ought to be'을(바이틀링의 저서 『현존하는 바의 인류의 모습과 당위로서의 인류의 모습』을 비꼬아 언급하고 있다) 보여 주는 드문 모범이라는 말에 대해서는 이의를 제기하고 있다. 정반대로 '사랑스럽고 매력적이며 능력 있는 여성들의 예는 얼마든지 있으며 온 세상 어디에서나 찾을 수 있다'는 것이었다. 헤스에 대한 그녀의 생각도 카를의 쾰른 친구들과 일치했다. 그녀는 헤스를 '랍비 라부니Rabbi Rabuni'라고 불렀거니와, 그에게는 "모든 고양이가 다 똑같은 색깔로 보이나 봐요. … 그는 저 멀리 폴란드에서도 그저 장밋빛 희망만 본답니다. 그 장밋빛의 붉은 색깔이 사실은 사람들이 흘린 피의 붉은색이라는 사실은 까맣게 잊고 말이죠." 사실상 헤스 같은 사람들은 "그저 이념을 논하는 자들ideologists일 뿐이에요. 이들은 실제의 살과 피가 흐르는 인간들이 아니라 말하자면 동일한 것들의 추상물일 뿐이죠."[61]

이러한 사건들의 결과로 헤스는 1846년 5월 29일 카를에게 편지를 보내 자신이 그 전에 쓴 편지의 어조에 대해 사과를 한다. 하지만 그는 계속해서 이렇게 말한다. "자네는 화를 낼 자격이 있지만, **엥겔스는 그렇지 않네.** 이 편지는 어떤 형태로든 그를 위해 의도된 것은 아닐세." 결론은 이러했다. "자네와 개인적 관계라면 얼마든지 무슨 일이든 함께할 생각이 있네. 하지만 자네의 정당과는 더 이상 관계를 가질 생각이 없어."[62] 그 후에는 상황이 더욱 악화되었다. 아마도 그가 '화해와 타협을 위해 과도하게 애를 쓰는 사람'이기 때문일 것이며, 이는 헤스 스스로도 인정하는 바였다. 헤스는 엥겔스와의 말다툼을 봉합하려고 시도하며, 7월에는 엥겔스에게 자신의 동거인인 지빌레Sybille가 여권이 없으니 브뤼셀에서 프랑스로 밀입국을 할 수 있도록 도와 달라고 요청한다. 엥겔스는 그 청을 들어주었지만, 지빌레는 헤스에게서 마음이 떠난 상태이며 다른 결혼 상대를 찾고 있다고 카를에게 불평하고 있다.[63]

엥겔스는 브뤼셀에 와서 카를과 합류한 시점부터 헤스에 대해 계속 더 적대적인 태도를 취하게 되었다. 아마도 카를에 대한 헤스의 지적인 영향력을 질투했을 수도 있고, 아니면 '절연'의 시점에서 그가 주장했던 것처럼 '그들이 메리에게 저지른 온갖 더러운 모략'에 대해 복수하고 싶었기 때문일 수도 있다. 이유가 어찌 되었든 1846~1847년 사이에 엥겔스는 기회만 있으면 헤스를 깔보고 조롱하다가 결국에는 큰 망신을 주고 만다. 7월에는 헤스의 '여러 멍청함'을 이야기하며, 9월에는 헤스가 '관계를 다시 회복하려는' 시도를 했다고 조롱하고 있으며, 파리에서는 지빌레와 놀아나기까지 했던 것으로 보인다. 10월에 엥겔스의 언급에 따르면 헤스는 돈이 떨어져서 '오합지졸의 무리'와 함께 쾰른으로 돌아갔다고 한다. 헤스가 결국 1847년 초 파리로 돌아왔을 때 엥겔스는 그를 이렇게 대했다. "그 잘난 인간이 나를 보러 왔을 때 … 내가 워낙 냉정하고 모욕적으로 대했으므로 그는 다시는 돌아올 생각이 없을 걸세."[64]

결국 1848년 초가 되면 헤스는 엥겔스가 지빌레와 바람을 피웠던 것을 알게 된다. 그는 엥겔스가 강간을 저질렀다고 비난하면서 그에게 결투를 신청하겠다고 말한다. 엥겔스의 태도는 이때도 냉담한 것이었다. 1월 14일 그는 카를에게 이렇게 말한다. "이 모시 녀석이 벌이는 일 때문에 정말 재밌고 웃겨서 죽을 지경이야. 이런 일이 백일하에 드러났다는 건 물론 짜증이 나는 일이지만. … 모제스가 온 브뤼셀을 돌아다니면서 권총을 휘두르며 성난 황소처럼 콧김을 내뿜는 모습은 … 정말로 장관이었을 거야." 헤스가 자신에게 쏟아 놓은 비난을 들었을 때 "나는 옆구리가 터지도록 웃었다네." 그는 계속해서 말한다. 1747년 7월이 '사악한 예언자Balaam의 암양'인 지빌레는 마침내 엥겔스에게 '사랑을 선언'했지만, "그녀가 내게 길길이 날뛰며 화를 내는 이유는 아주 단순 명쾌한 것이야. 내가 딱지를 놓았기 때문이지."[65]

엥겔스가 카를과 주고받은 편지로 판단해 볼 때, 카를을 자신의 정치적 해결사로 모시는 굴종에 가깝도록 충직한 모습과 길거리 여인들 혹은 공장 여공들과의 퇴폐적인 성적 모험을 즐기는 모습의 부조화스러운 그림이 떠오른다. 1845년 그가 바르멘을 뜨려고 기를 썼던 것도, 적지 않은 원인은 여자와의 관계가 끝났기 때문이었다. 비록 1846년 봄, 메리 번스가 브뤼셀로 왔을 때 그녀를 보호하려고 애를 쓰기는 했지만, 그해 말 파리에 있을 때에는 또 새로운 여자들을 찾아 성적 모험을 여전히 계속하고 있었다. 1846년 말경 카를에게 쓴 편지에서 그는 이렇게 말한다. 경찰청에서 나온 정보원들이 자기를 미행하고 있거니와, 그들은 '몽테스키외, 발렌티노, 프라도 등등 수많은 무도회장의 입장권'을 사야만 했을 것이라고. 그리고 자신은 경찰청 덕분에 "매춘부들grisettes과도 아주 재미난 만남을 가졌고 재미도 실컷 보았다네." 자신은 낮이건 밤이건 파리를 실컷 즐기고 싶었다는 것이다. 왜냐하면 자기가 파리에 오는 것도 이번이 마지막일 수 있다고 생각했기 때문이었다는 것이다.66) 하지만 1847년 3월 그는 여전히 파리에 머물면서 카를에게 이렇게 편지를 쓴다. "지루하기 짝이 없는 브뤼셀에서 탈출하여 한번 파리에 꼭 오게나. 이건 명령일세. 나도 자네랑 한판 벌이고 싶은 마음이 간절하다네. 프랑스 여자가 없다면 인생은 살 가치도 없어. 하지만 프랑스 매춘부들이 있는 한 인생은 멋지고 아름답지."67)

4. 브뤼셀에서의 정치경제학 비판

이렇게 도저히 잘 어울리지 못하는 브뤼셀 집단을 그래도 하나로 엮어주는 계기는 카를의 정치경제학 비판 작업이 큰 가능성을 가지고 있다는 믿음이었다. 이미 1845년 8월부터 예니는 그 책의 출간을 '노심초사하며 기다리고' 있었고, 에베르베크는 '자네의 위대한 노작은 언제 나오는지?'라고 급박하게 문의하고 있다.68) 카를은 급진파 지식인들로 이루어진 소집단 하나에서만 알려져 있을 뿐 그 밖에서는 아무런 명성이 없었다. 하지만 그 소집단의 성원들은 카를의 '위대성'이 곧 세상에 알려질 것이라는 믿음을 모두 가지고 있었다. 『라인 신문』이래로 카를의 강력한 지지자인 쾰른의 게오르크 융은 이렇게 말하고 있다. 그 "정치경제학과 정치에 대한 책을 지극한 열정으로 기다리고 있다네. … 자네는 이미 자네 친구들 사이에서는 더할 나위 없이 위대한 인물이지만, 이제는 독일 전체에 있어서도 그만큼 위대한 인물이 되어야만 하네. 자네 정도의 천재적인 산문의 문체와 탁월한 논증의 명징성을 가지고 있다면 이곳에서도 당당하게 앞에 나서서 제1급의 스타가 되어야만 하고 또 그렇게 될 걸세."69) 그러니 제발 다른 프로젝트에 한눈팔지 말고 쓰던 책에 집중하라고 여러 사람들이 간청하고 있으며, 이는 1846년까지도 계속되고 있다. 요제프 바이데바미어 또한 그 책을 빨리 끝내는 것이 얼마나 중요한 일인지를 강조하고 있다. 『독일-프랑스 연보』와 『신성가족』에서의 카를의 이야기가 너무 짧았기 때문에 '공산주의에 대해 무언가 설득력 있는 주장을 읽기를 원하는 자들에게 추천할 읽을 거리가 없다'는 것이었다.[70] 모제스 헤스 또한 자신도 오로지 경제학 책만 파 들어가고 있으며, "큰 흥분과 관심을 가지고 자네의 책을 기다리고 있네"라고 말하고 있다.[71]

브뤼셀 집단과 쾰른의 친구들이 그토록 그를 경모했던 것은 놀랄 일이 아니었다. 카를은 독일 급진파 지식인들 가운데에서 진짜로 정치경제학에 대한 지식을 과시하면서, 게다가 그것에 대한 급진적 비판까지 발전시킨 최초의 인물이었던 것이다. 1845~1849년에 걸치는 기간 동안 그의 저작, 강연, 연설 들에 제시된 그러한 비판은 갈수록 더욱 명확한 형태로 발전하고 있었다. 이 기간 동안의 카를은 1844년의 그에게 그토록 깊은 인상을 남겼던 포이어바흐식의 접근법('경제적'인 것을 '인간적'인 것으로 바꾸어 이해한다)을 버리고 그 대신 정치경제학을 그 자체로 연구하면서 급진적인 독해를 발전시키기 시작했다.[72] 1844년에는 프루동이 정치경제학 비판을 넘어서 그 이상으로 나가지 못한다고 비판한 바 있었지만, 1846년 프루동의 『여러 경제적 모순의 시스템』의 도전에 직면하자 카를은 새로운 접근법을 채택한다. 정치경제학이 하나의 이데올로기로서 안게 될 수밖에 없는 여러 모순과 침묵에 천착하는 대신, 이제 카를은 정치경제학이 발견한 여러 사실에 대해 자신의 지식이 더 우월하다는 것을 보여 주는 것을 목표로 삼는다.

1845년 카를은 아직 그 전해에 자신이 작성했던 초고에 아무것도 추가하지 못한다. 하지만 1845년 여름 엥겔스와 함께 맨체스터로 여행을 다녀오면서 영국의 경제학 문헌에 대한 그의 지식이 강화되었던 것이 틀림없으며, 프루동의 접근법에 대한 대안을 내놓기에도 더 좋은 위치로 올라선다. 이 때문에 그는 특히 경제 발전의 역사적 과정과 그것이 여러 정치경제학 저작들에 나타나는 바를 구별할 수가 있게 되었다. 예전에는 그가 리카도의 '냉소주의'를 공격한 바 있지만, 이제는 이렇게 말하고 있다. "냉소주의는 실제의 사실들 속에 있으며, 그 사실들을 표현한 말들 속에 있지 않다."[73)]

카를은 리카도에 대한 자신의 독해에 기초하여 노동시간으로 가치를 결정하자는 프루동의 이상을 공격한다. 그는 "프루동 씨가 우리에게 미래를 건설할 수 있는 공식이라고 내놓고 있는 노동시간에 의한 가치의 결정은… 현존하는 사회의 경제적 제관계를 과학적으로 표현한 것에 불과하며, 이는 프루동 씨보다 이미 오래전에 리카도에 의해 명확하고도 정밀하게 증명된 바 있다."[74)] 그는 또한 프루동의 공식을 평등주의에 입각하여 적용한 것으로서의 등가교환이라는 생각 또한 이미 1820년대와 1830년대에 영국 '사회주의자들'(토머스 호지스킨, 윌리엄 톰슨, 존 프랜시스 브레이 등)이 탐구한 바 있음을 보여 줄 수 있었다.[75)] 마지막으로 영국에서의 산업 경제 발전에 대해 더 잘 알게 된 덕에 카를은 이제 앤드류 우어Andrew Ure의 『제조업의 철학Philosophy of Manufactures』에 묘사되어 있는 기계제 생산의 '자동 시스템'에 대해서도 각별한 주의를 기울이게 되었다.[76)] 프루동은 기계를 단순히 노동 분업의 부정이라고 보았지만, 카를이 볼 때에 그 '자동 시스템'은 노동 분업 발전에 있어서 기계제 공장factory이라는 새로운 단계를 알리는 것이었다. 훗날 『자본론』에서 주장하게 되는 바이지만, 카를은 이 기계제 공장에서 노동 분업이 인간들 사이에서뿐만 아니라 기계들 사이에서도 벌어지게 되는 반면 공장을 돌리는 사람들은 단순히 기계를 지켜보는 것으로 그 임무가 축소된다고 보게 된다.

『철학의 빈곤』 출간에 이은 여러 강연과 연설(특히 1847년 가을 '브뤼셀 독일 노동자 교육 협회'에서 행한 「임노동과 자본」, 1848년 1월 브뤼셀의 '민주주의 협회Association Démocratique'에서 행한 「자유무역의 문제」)에서 카를은 '자본의 생산력'이 성장한다는 비판적인 담론을 제시하고 있다. 즉 산업 경제가 계속 발전하는 가운데 세계 무역과 맺는 관계도 심화된다는 것이었다.

정치경제학에 대한 급진적 비판가들에게 근본적인 질문은 어째서 겉으로 보면 자유롭고 평등한 임노동자와 자본가 사이의 교환이 사실은 완전히 임노동자를 희생시켜 자본가에게만 이익을 가져다주게 되는가였다. 당시의 다른 비판가들과 마찬가지로 카를 또한 노동은 다른 상품과 똑같은 상품이 아니라는 점을 강조하는 것으로 대답했다. 그는 존 웨이드John Wade를 인용한다. "판매 가능한 상품으로서의 노동은 다른 상품과 다르다. 특히 그것은 **쉽게 사라지는 성격**을 가지고 있으며, **축적**이 불가능하며, 그 **공급**을 다른 상품들처럼 쉽게 늘리거나 줄일 수가 없다는 사실 때문이다."77) 임금은 '노동자가 생산한 상품에서 그가 가져가는 몫'이 아니다. 임금이란 '이미 존재하는 상품들의 일부로, 이것을 써서 자본가가 일정한 양의 생산적 노동을 스스로를 위해 구매하는 것이다'. 노동의 가격을 결정하는 것은 경쟁이며, 이는 노동을 생산하는 비용을 중심으로 삼아 그 위아래로 등락한다고 한다. 이 가격은 노동이 그 생산물의 가치에 기여한 바와 아무런 상관이 없다. 이는 오로지 노동을 생산하는 비용(리카도의 용어로 하자면 노동자가 생계를 유지하고 스스로의 종족을 재생산할 수 있기 위해 필요한 것들) 하나에 의해서만 결정된다는 것이다.

자본은 '새로운 원자재, 노동 도구, 식료품을 생산하는 데 사용되는 원자재, 노동 도구, 모든 종류의 식료품'으로 구성된다고 한다. 이 모든 것들은 노동의 창조물이며, 노동의 생산물이며, **축척된 노동**이다. 자본은 단순히 여러 물질적 재화의 총합이 아니다. 이는 또한 '모종의 사회적 생산 관계', **'부르주아적 생산관계'**라고 한다. 생계 수단, 노동 도구, 원자재 등을 '사용하는 생산 활동은 구체적인 여러 사회적 관계 안에서 그리고 주어진 사회적 조건들 아래에서 새롭게 조직되는 것이다.' '이러한 새로운 생산에 기여하는 생산물들이 **자본**으로 전화시켜 주는 것은 바로 이러한 구체적인 사회적 성격이다'. 그리고 그러한 여러 조건 가운데에서도 가장 중요한 것은, 노동 능력밖에는 아무것도 소유하지 못한 계급의 존재이다. "자본의 핵심은 새롭게 조직되는 생산에 생산수단으로서 복무하는 축적된 노동에 있지 않다. 자본의 핵심은, 축적된 노동의 교환가치를 유지하고 증식시키는 수단으로서 축적된 노동에 복무하는, 산노동에 있다."[78)]

이는 다시 자본축적 과정을 설명하는 데 도움이 된다. '노동자는 자신의 노동을 교환하여 생계 수단을 얻지만, 자본가는 자신이 소유한 생계 수단을 그들에게 넘겨주는 대가로 그들의 노동, 즉 생산 활동을 얻게 된다. 노동자는 이 창조의 힘으로 자신이 소비한 것의 대가를 치를 뿐만 아니라, 축적된 노동이 그 전에 가졌던 가치를 더 크게 만든다.' 면화 공장의 노동자는 면섬유만 생산하는 것이 아니라 자본 또한 생산한다는 것이다. "임노동은 자본을 증식시킴으로써만 즉 자신을 노예로 지배하는 권력을 더 강화시킴으로써만 자본과 교환될 수가 있다. **따라서 자본의 증대는 곧 프롤레타리아트의 증대, 즉 노동계급의 증대인 것이다.**"[79)]

자본의 교환가치, 즉 이윤은 노동의 교환가치, 다시 말해 임금이 떨어지는 만큼에 정비례하여 증가하며, 그 반대도 마찬가지이다. 자본이 증대되면서 임금이 함께 오르는 경우도 있지만, 이윤과 임금은 반비례를 맺고 있으므로 설령 함께 오른다고 해도 그 상승률이 동일할 수 없고, 따라서 노동과 자본 사이에는 이익의 갈등이 존재하게 된다. '노동자에게 그나마 괜찮은 상황이 벌어지기 위해 반드시 필요한 조건'은 **'생산적 자본의 성장이 가능한 최대의 속도로 벌어지는 것'**이라고 한다.[80)] 하지만 생산적 자본의 성장이란 곧 '축적된 노동이 산노동에 대해 갖는 권력 … 즉 부르주아가 노동계급에 대해 갖는 … 권력의 성장'을 말하며, 이는 여러 다양한 방식으로 구체화될 수 있다. 자본주의가 전 세계의 시장으로까지 확장될 경우, 그 결과는 "중단되는 법이 없는 노동 분업이 조직되며, 낡은 기계를 완벽하게 만들 뿐만 아니라, 순식간에 새로운 기계를 도입하는 일 등이 벌어지며, 그 규모는 갈수록 어마어마한 것이 되어 간다. … **노동 분업**이 더 커지게 되면 **한 사람**의 노동자는 다섯 명, 심지어 스무 명의 작업을 혼자서 하게 되며 … 노동은 **단순화된다.** 노동자의 **특수한 기술**은 가치가 없어진다. **따라서**

노동자들은 갈수록 별 만족을 줄 능력이 없는, 그래서 점점 더 혐오스러운 존재가 되며, 이와 함께 경쟁은 증가하고 임금은 하락하게 된다."[81)] 요컨대 "생산력이 성장하는 과정에서 원자재와 기계로, 즉 자본 그 자체로 전화하는 생산적 자본의 몫은 늘어나게 되며, 이는 임금으로 나가는 부분에 불비례하여 증대된다. 즉 다른 말로 하자면, 노동자들은 생산적 자본의 전체 양에 비하여 갈수록 적은 부분을 자기들끼리 나누어야만 하게 되는 것이다."[82)]

산업 경제와 상업 사회가 전 세계적 규모로 발전함에 따라 나타나는 여러 문제 중 다수는 자유무역을 둘러싼 논쟁에서 지적된 바 있었다. 그렇다면 사회주의자들 및 공산주의자들은 자유무역에 대해 어떤 입장을 취해야 할까? 카를이 볼 적에 자유무역이 도래하면 노동자들의 상태가 악화될 것이라는 점은 분명했다. 영국의 자유무역주의자들은 차티스트운동가들이 이 문제를 캐물었을 때 대답을 흐리면서 도망간 적이 많았지만, 카를은 1847년 이 점을 반복해서 말하고 있다. 1847년 9월 『북극성Northern Star』지에 그는 이렇게 썼다. "우리는 자유무역의 장점이라고 이야기되는 모든 것을 받아들인다. 생산력은 늘어날 것이고, 보호관세는 사라질 것이며, 모든 상품들은 더 싼 가격에 판매될 것이다." 하지만 또한 리카도에 따르면, '노동 또한 똑같은 상품이므로 똑같이 더 싼 가격에 판매되게 될 것이다.' '자유무역 아래에서는 정치경제학의 여러 법칙이 갖는 엄혹성이 노동계급에게도 적용될 것이라는 점'을 받아들여야만 한다는 것이다. 하지만 그렇다고 해서 보호주의를 받아들여야 하는 것은 아니라고 한다. 왜냐하면 '자유무역을 통해 모든 경제 법칙이 그 지극히 충격적인 모순들을 간직한 채 전 지구를 영역으로 실현될 것이며, 이 모든 모순들이 하나의 묶음으로 통일되어 서로 정면으로 충돌하게 되면 거기에서 결국 프롤레타리아들의 해방을 가져올 투쟁이 생겨나게 되기 때문이다.' 카를이 몇 달 후인 1848년 1월에 말하듯, "자유무역 시스템은 '사회주의 혁명Social Revolution'을 앞당깁니다. 여러분, 저는 자유무역을 지지합니다만 그것은 오로지 이러한 혁명적 의미에 한해서일 뿐입니다."[83)]

이 시절까지는 아직 정치경제학을 해석하는 카를의 논리가 새로운 이론에 도달하지는 못한 상태였다. 이는 그저 시스몽디, 루이 블랑, 펠레그리노 로시, 외젠 뷔레, 피에르-조제프 프루동 등의 비판적 저작들과 영국의 브레이, 토머스 호지스킨, 맥컬럭, 제임스 밀 등의 저작들을 선별적으로(물론 특출할 정도로 명쾌하게) 요약한 수준이었다. 그의 독서는 아직 부분적이었을 뿐이고 주류 정치경제학자들의 저작에 대한 독해는 방향이 잘못되었거나 왜곡되어 있었다. 1844년 당시 애덤 스미스를 빈곤화를 변호한 이로 묘사했던 잘못은 여전히 바로잡히지 않았다. 또 리카도가 1817년 그의 『정치경제학 및 조세의 원리』의 1판을 출간한 이후 노동시간이 어떻게 가치를 결정하는지에 대한 자신의 이론을 놓고서 결정적인 제한을 가했던 것도 전혀 언급하지 않고 있다. 하지만 이러한 결점에도 산업 경제의 발전과 그것이 세계무역의 증대와 맺는 관계로 인해 프롤레타리아트에게 생겨나는 여러 압력에 대한 묘사는 1830년대와 1840년대에 걸친 경제 발전의 궤적에서 나타나는 현실의 몇 가지 측면들을 아주 힘 있게 포착하고 있다.

이에 비교해보면, 『공산주의 선언』에서 카를이 이러한 여러 역사적 전개가 정치 및 계급투쟁과 어떻게 연결되어 있는가를 설명한 부분은 큰 성공이라고 할 수 없다. 1845년까지 카를의 저작에 주로 나오던 등장인물들('기독교 국가', '철학자', '합리적 국가', '검열', '시민사회', '농민층', '독일인들', '속물들', 심지어 '프롤레타리아트')은 비록 카를의 고유한 방식에 따라 고도로 정형화되어 있다고 해도, 여전히 독일이라는 특정 지역의 현실과 분명히 연결을 맺고 있었다. 하지만 일단 카를이 프랑스와 벨기에로 이주한 뒤에 나온 소위 「독일 이데올로기」라는 글들에서 『공산주의 선언』에 이르는 여러 저작들을 보면 그러한 등장인물들은 사라지고 새로운 등장인물들과 과정들이 등장하는 것을 볼 수 있고, 그중에서도 가장 두드러진 것들로는 '근대국가', '계급투쟁', '부르주아지', '프롤레타리아트' 등을 들 수 있다. 카를은 이러한 개념들을 보편적인 개념으로서 내세우기는 했지만, 이 개념들은 그것들로 대체된 옛날의 주요 개념들에 비하면 더욱 추상적이었고 설명력도 더욱 약했다. 특히 독일과의 관계에서 그러했다.

『공산주의 선언』에서 카를은 근대 자본주의의 발전을 간략하고도 멋지게 개괄해 내고 있으며 당대에 벌어지고 있었던 계급 간의 갈등을 그 필연적인 귀결로 그려 내면서 그 두 가지를 하나로 결합시키고 있다. 그의 '부르주아'라는 어휘는 7월 왕정의 시대에 프랑스에서 벌어졌던 여러 정치 논쟁으로부터 가져온 것이며, 특히 루이 블랑을 위시한 반대파 저널리스트들의 어휘에서 빌려 온 것이다. 블랑은 '부르주아지의 사회사'는 "은행 집단이 산업과 상업을 노예로 삼아 버리고 개인 간의 신용제도가 강자들에게는 이익을 약자들에게는 상처를 안겨 주는 과정이었다. 즉 경쟁이 지배하게 되면 필연적으로 작은 사업체들은 파산하고 중간계급은 재산을 잃게 되는 경향이 생겨나게 되는바, 이 모든 일은 진정한 금융적 봉건제, 즉 은행가들의 과두제에 도달하는 것을 목적으로 벌어지는 것"이라고 말한다. 또 계속해서 이렇게 말한다. "1815년에서 1830년 사이에 부르주아지는 오로지 자신들의 지배를 완성하는 데에만 바빴다. 선거제도를 자신들에게 유리하게 바꾸고, 의회의 권력을 장악하기 위해 기를 쓰고, 그렇게 해서 의회의 정복을 달성한 뒤에는 자신들이 손에 쥔 의회 권력을 절대적인 것으로 만들려 들었다. 이런 것들이 지난 15년간 자유주의가 수행한 작업이었다."[84)]

하지만 이 '부르주아'는 더 이상 도미에*가 그린 것과 같은 배불뚝이 사업자가 아니다. 즉 이자나 뜯어먹는 배불뚝이 금리 수취자도 아니며, 눈물로 애원하는 불쌍한 세입자들을 차가운 파리의 길바닥으로 내쫓는 냉혈한 집주인도 아니다. 또한 이들은 조금 나중에 토크빌Alexis de Tocqueville이 보았던 것과 같이 별로 뛰어난 바도 없이 그저 이기적 탐욕만 가득한 자들의 전형에 불과한 것도 아니었다.[85)] '중간계급middle classes, Mittelklasse' 혹은 '부르주아지'란 1845년 엥겔스의 저작에서만 해도 그저 언어만 여러 나라 말일 뿐 뜻은 모두 단순한 '유산계급'이라는 말이었지만, 이제는 그렇지 않다.[86)] 이러한 말들은 이제 자본 그 자체의 인격화를 일컫는 말이 되었다.

『선언』에 보면, 노동 분업과 보이지 않는 손이라는 몰인격적인 힘들(교환 관계의 팽창과 상업 사회의 진보를 가져온 배후의 힘이라고 여겨진다)은 부르주아 계급의 집단적인 생김새를 만들어 낸 여러 단계로 제시되고 있으며, 같은 이유에서 옛날에는 전혀 주목의 대상이 되지 못했던 유럽 중간층 신분의 통통히 살찐 대표자들은 자본 자체라는 악마적인 마력의 에너지를 체현하는 존재가 되었다. 또 **프롤레타리아**들 또한 파리의 혁명적 바뵈프주의자들의 비타협적인 종파적 열망과 랭커셔 차티스트들의 대중 민주주의적 운동이 하나로 혼합된 모습으로 나타나고 있다(이는 주로 프리드리히 엥겔스가 『영국 노동계급의 상태』에서 그려 낸 상에 기대고 있다).[87]

이제 이 두 계급은 더 이상 '프로이센 기독교 국가'니 '개혁 의회'니 '7월 왕정'이니 하는 구체적인 국가를 놓고 투쟁하는 게 아니다. 이제 이들의 싸움터는 '근대국가modern state'라는 개념으로 묘사되고 있다. 하지만 이 개념은 봉건제 혹은 구체제ancien régime와 대조되는 것이라는 점 이외에는 아무 내용도 없는 범주이며, 훨씬 훗날인 1875년의 『고타 강령 비판』에서도 카를은 그 개념에 조응하는 내용을 부여하려고 여전히 애를 쓰고 있다. 그는 독일 사회민주당이 '현존하는 국가'에 대해 아주 모호하게 이야기하고 있다고 비판한다. 그것이 현실 세계에서 보여 주는 경험적 다양성을 생각해 볼 때 '현존하는 국가'란 '모종의 허구'에 불과하다는 것이다. 하지만 그는 여전히 여러 근대국가들이 '그 잡색의 여러 다양한 형태'에도 불구하고 분명한 공통점들을 가지고 있다고 가정하고 있다. '이들은 모두 근대 부르주아 사회라는 토양 위에 서 있다'는 것이다. '이들은 이렇게 일정한 몇 가지 본질적 특징들을 공유한다.' 그렇다면 그 '본질적 특징들'이란 무엇인가? 카를은 이를 구체적으로 밝히지 않고 있으며, 한 비판자가 말한

✤ 프랑수아 도미에Francois Daumier는 루이 필리프 왕정 시대에 활발하게 활동했던 미술가이자 풍자화가이다. 특히 정치가들과 돈 많은 부르주아들의 전형화로 유명하다.

바 있듯이, 그 단락 전체가 '멋지게 들릴 뿐 알고 보면 순환 논리'라고 볼 수도 있다.[88] 카를 스스로도 이 영역에서 자신이 제대로 설명하지 못하고 있다는 점을 잘 알고 있었던 듯하다. 1862년 그의 경모자인 쿠겔만 박사Dr. Kugelmann에게 보낸 편지에서 그는 자신이 도달한 기본 원리들이 아주 명확한 것들이므로 이제는 다른 사람이라도 그 원리들을 활용하면 자기와 똑같은 시스템을 구축해 낼 수 있을 정도가 되었지만, '아마도 국가의 다양한 형태들과 다양한 사회 경제 구조들 사이에 어떤 관계가 있는지의 문제만큼은 예외일 걸세'라고 말하고 있기 때문이다.[89]

심지어 당시에도 『선언』이 그려 내고 있는 사회적·정치적 시나리오에 대해 여러 의문이 제기되었다. 엥겔스의 차티스트 친구이자 차티스트운동의 기관지 『북극성Northern Star』의 편집자였던 하니는 1846년 보낸 편지에서 이렇게 말한다. "영국에 혁명이 조속히 도래할 것이라는 자네의 추측에 대해 나는 의문이 있네. … 우리가 노동자들의 참정권Charter을 올해 안에 얻게 될 것이며 사적 소유는 3년 안에 폐지하게 될 것이라는 자네의 예견은 실현되지 않을 것이 분명하다네. 특히 후자의 경우 나도 소망하는 바이며 물론 실현될 수도 있겠지만, 나도 자네도 살아생전에 그런 일이 벌어지는 것을 볼 일은 없다는 게 내 믿음일세."[90] 헤르만 크리게 또한 1845년 런던에서 카를에게 보낸 편지에서 이렇게 말하고 있다. "친애하는 마르크스, 엥겔스가 그렇게 침을 튀기며 이야기하는 영국 노동자들은 모두 어디 있는 거요? 나는 여기에서 지도적인 사회주의자들을 만나 볼 기회가 있었지만, 장담하건대 그들은 현실 감각이라고는 눈꼽만큼도 없는 무식쟁이들에 불과하다오."[91]

사회 갈등으로 떠들썩했던 1831~1834년의 세월이 지나가고 난 뒤 프랑스에서도 모종의 허탈감이 지배하고 있었다. 1846년 카를 베르나이스는 이렇게 쓴다.

> 날이 갈수록 프랑스에 대한 내 희망은 더욱 쪼그라들고 있다네. 루이 필리프의 중도파juste milieu가 최하층 계급 사이에서 얼마나 빠르게 신뢰를 얻고 있는지는 도저히 믿어지지 않을 정도일세. 이 최하층 계급이 사유재산 제도를 존중하는 경건함은 독일은 말할 것도 없고 라인란트와도 비교할 수 없을 정도라네. 노동자들이 봉기를 일으킬 때마다 그들이 스스로의 생활을 개선하기 위해 추구한 것은 오직 임금 인상이라는 간접적인 방법이었을 뿐, 직접적인 수단에 호소하는 법은 결코 없다네. 이들의 이러한 욕망은 공산주의의 원리에 완전히 반대되는 것일 뿐만 아니라 공산주의의 본능과도 상반되는 것이야. 따라서 노동자들은 저들의 적이 아니라 대화를 통해 협정을 이루는 일을 즐기는 이들인 듯하네.

베르나이스는 노동자들의 봉기보다는 차라리 농민 반란 같은 것이 더 가능성이 높다고 생각하고 있다.[92] 독일의 상황을 보자면, 독일의 시민계급Bürgertum 또한 마찬가지로 과연 프랑스의 부르주아지처럼 행동할지에 대해 깊은 의문이 있었다. 쾰른에서 하인리히 뷔르거스가 보낸 편지에 보면 다음과 같은 이야기가 나온다.

> 나는 이제 독일 프티부르주아의 품으로 돌아왔다네. 나는 이를 독일 사회 안에 존재하는 그들 내부의 다양한 집단들 안에서 의식과 실천의 상태가 어떠한지를 파악하는 계기로 삼았네. 내가 도달한 결론은, 양쪽 모두 **우리의** 의식과는 어마어마한 거리가 있다는 것일세. 우리와 같은 의식을 얻기 위해서는 문명 세계 전체의 관행과 실천에 대한 지식이 전제되어야 하며 그것에 기초하여 현존 질서를 비판할 수 있어야만 하네. 하지만 이들은 도발적인 질문들을 던져서 공론장의 논쟁 주제로 만들려고 해 봐야 그 질문들 자체를 전혀 이해하지 못하고 있는 실정일세. 독일 부르주아지

는 오늘날까지도 전혀 우리들이 말하는 의미에서의 부르주아지가 되는 법을 배우지 못했다네. 그들은 여전히 자선이나 박애주의 따위의 해로운 믿음에 푹 빠져 있는 상태이며, 자기들의 발밑에 종속된 계급과의 갈등 따위는 아직도 전혀 상상조차 못 하고 있다네. 한 예로 쾰른에서 제조업과 상업에 종사하는 대중들 전체 가운데에서 우리가 지적이고도 결단에 찬 부르주아라고 말할 수 있는 이들의 숫자는 아마 열 명도 되지 않을 걸세.93)

5. 혁명의 도래

1847년 한 해 동안 여러 사건이 벌어져 상황이 좀 더 희망적으로 전환되었다. 1848년이 되면 의회에 다시 한 번 노동자들의 참정권을 탄원할 수 있다는 희망이 살아나면서 1842년에 사멸했던 차티스트운동의 물결도 되살아났다. 프로이센에서는 국가 재정이 여러 어려움을 겪게 되자 여러 신분들을 소집하여 '통일 주의회United Landtag'를 열지 않을 수 없게 되었다. 거기에 모인 이들은 전통적인 신분의 구분에 따라 선발되어 프로이센의 여러 다양한 모든 지방에서 불려온 이들이었지만, 그럼에도 정부가 헌정으로의 개혁에 동의하지 않는 한 새로운 형태의 조세를 승인할 수 없다고 거부했고, 그러자 즉시 주의회는 휴회로 들어가 버렸다. 프랑스에서도 1840년대 중반부터 정치적 소요가 되살아나기 시작했다. 반대 운동의 초점은 참정권의 협소함에 있었고, 정치적 집회 금지를 우회하기 위해서 만찬 연회를 빙자한 집회의 형태를 띠고 있었다. 이 집회는 처음에는 유산 계급들의 전유물이었지만 갈수록 공화주의자, 민주주의자, 가두의 노동계급의 지지까지 끌어내게 되었다. 1848년 1월 엥겔스는 그 전해가 분명히 '실로 오랫동안 경험하지 못했던 가장 격동적인 해'였다고 주장했다. 그는 단지 '프로이센의 통일 의회와 헌법 문제'만이 아니라 '이탈리아에서는 오스트리아에 맞서야 한다는 정치적 각성이 급속히 확산되고 이에 보편적인 무장까지 벌이진 예기치 못한 사태' 그리고 '스위스에서의 내란' 와중에 프로테스탄트주의 급진파들이 예수회 신부들을 쫓아내고 가톨릭파를 패배시킨 일 등도 언급하고 있다. 그는 또한 새 교황 피우스 9세의 예기치 못했던 자유주의적 전향, 나폴리에서 부르봉왕조의 지배에 저항하여 일어났던 반란, 벨기에 선거에서의 자유주의자들의 승리 등을 또한 지적했다.[94]

브뤼셀에서 카를 또한 매일의 일상적 정치 활동을 능동적으로 벌여 나갔다. '브뤼셀 통신 위원회' 자체가 이제는 '공산주의 동맹'의 브뤼셀 지부로 전환한 참이었다. 그다음에는 런던 지부의 예를 따라서 브뤼셀에 거주하는 독일인 기능공들을 끌어들이기 위해 고안된 합법 조직인 '브뤼셀 독일 노동자 교육 협회 Deutscher Arbeiterbildungsverein'가 만들어졌다. 1주일에 두 번씩 정기적 회합이 열렸다. 수요일에는 강연(카를의 강연 '임노동과 자본'도 여기에서 열렸다)이 있었고, 일요일에는 카를의 친구인 빌헬름 볼프가 새로운 소식을 전하는 시간이 있었고, 그 뒤에는 시 낭송, 노래, 춤 등이 이어졌다.

카를은 공중 앞에 나설 때에는 자신을 이 '독일 노동자 교육 협회'의 대표자 중 하나로 내세웠으며, 이러한 명분을 빌려서 1847년 4월에는 『독일-브뤼셀 신문Deutsche-Brüsseler-Zeitung』에 기고하기 시작했다. 이 신문은 그전 1844년 파리에서 『전진!』지의 운영에 적극 참여했었던 아달베르트 폰 보른슈테트Adalbert von Bornstedt가 편집하고 있었다.[95] 하이네도, 프라일리그라트도 모두 여전히 보른슈테트가 첩자라고 믿고 있었다. 훗날 프로이센의 문서고에서 확인되었듯이, 1830년대 말경 보른슈테트는 정말 첩자로, 보고서까지 제출한 바 있었다. 하지만 1846년이 되면 그가 발행하는 신문은 갈수록 정치적으로 대담해지며 이에 대해 프로이센 당국자들은 노골적으로 화를 내고 있었으니, 이는 곧 보른슈테트가 그 이전에 이미 첩자 활동을 그만두었을 뿐만 아니라 진정으로 급진파 운동으로 전환했음을 시사한다. 『독일-브뤼셀 신문』이 중요했던 이유는 이것이 브뤼셀에 있는 독일 기능공들이 읽는 신문이었다는 점이었다. 카를은 따라서 기꺼이 자신의 집단 성원들에게도 그 신문에 기고하라고 강력하게 촉구했다.

똑같은 기간 동안 카를은 또 '민주주의 협회Association Démocratique'에서도 적극 활동했다. 이 조직은 본래 1844년 9월 바이틀링을 환영하기 위한 런던 회합에서 카를 샤퍼가 제안했던 조직이었다. 그 목적은 국적을 따지지 않고 모든 민주주의자들을 통일시키는 것이었다. 1845년 9월 다양한 나라 출신의 1000명의 민주주의자들이 프랑스혁명 기념일에 모였고, 그 이후 이 아이디어는 차티스트운동 지도자인 줄리언 하니가 더욱 진전시켰다. 1846년에 '민주주의 형제회Fraternal Democrats'가 형성되면서 이는 제도적인 꼴을 갖추었고, 1847년에는 각국 대표로 비서 1인씩이 임명되었다. 하니는 영국인들을 대표했고, 샤퍼는 독일인들 대표였다. 이들의 모토는 '독일 노동자 교육 협회'와 똑같았다. '모든 이는 형제다'.

1847년 9월 27일 벨기에에서 보른슈테트는 '민주주의 형제회'의 지부로 '민주주의 협회'를 창설했다. 그는 카를이 잠깐 벨기에를 떠난 틈을 타서 이 조직의 통제권을 장악하려고 했으나, 엥겔스는 이를 책략으로 누르고 스스로 이 조직의 부의장 자리를 확보했다. 1847년 11월 카를이 돌아왔고, 독일 대표로 선출되었다. 한편 벨기에 대표는 저명한 자유주의자 법률가이자 『사회 논쟁Débat Social』의 편집장인 뤼시앵-레오폴드 조트랑Lucien-Léopold Jottrand이었다.

벨기에의 '협회'는 빠르게 불어났으며, 특히 불황에 빠진 플랑드르의 섬유 공단에서 크게 성장했다. 한편 겐트Ghent에서 열린 회합에는 카를도 참여했던 바, 여기에서는 주로 노동자로 이루어진 3000명의 회원들이 지부를 형성했다. 벨기에의 민주주의 지도자들, 특히 조트랑은 영국 차티스트운동의 모범으로부터 영감을 받았으며, 그와 비슷하게 외부에서 민주주의 압력을 계속 넣을 수 있는 조직을 창설하기를 열망했다. 카를은 '협회'에서 많은 시간을 보냈지만, 벨기에인들 모르는 사이에 또한 비밀 조직인 '공산주의 동맹'에서의 자신의 임무도 계속 수행했다. 그리하여 11월 27일 그는 런던으로 10일간의 여행을 떠난다. 표면적인 목적은 '민주주의 형제회'의 회의에 '민주주의 협회'를 대표하여 참여한다는 것이었지만, 그와 동시에 '공산주의 동맹'의 규칙을 결정하는 회의에 참여하는 목적도 있었다. 런던에서 카를은 거의 빈털터리가 되었고, 그의 러시아 친구 파벨 아넨코프에게서 돈을 꾸지 못했다면 브뤼셀로 돌아오지도 못할 뻔했다. 그 전에 그는 벨기에를 떠나서 친척들을 방문하여 자신의 상속 재산 중 일부를 취하겠다고 강하게 주장했었다. 1월이 되면 그는 '협회'의 정치적인 지휘 작업과 훗날 『공산주의 선언』이 될 문서의 최종 원고를 손보는 두 가지 작업에 똑같이 몰두하고 있었다. 그 원고는 1848년 1월에 완성되었다. '공산주의 동맹'은 카를에게 원고의 제출 마감을 지키지 못한다면 원고 위촉 자체를 철회하겠다는 협박까지 하면서 압력을 넣었다.

앞에서 우리는 『공산주의 선언』이 독일 급진파 내부 논쟁의 필요 때문에 나오게 되었고 특히 카를 그륀과 그 지지자들을 밀어내는 것이 주요한 목적이었다는 것을 살펴보았다. 하지만 그 문서가 준비되는 실제의 과정에서 어떠한 단계들을 거치게 되었는지는 이야기하지 않았다.[96] 『공산주의 선언]은 1847년 6월 이후 '동맹'에서 계속 논의되어 온 문서로, 본래 『공산주의 신앙고백communist credo, communist confession of faith』이라는 제목을 가지고 있었다. 이 새로운 '신앙고백'을 고안하는 과정에서 런던과 브뤼셀 사이에 결정적인 매개자 역할을 한 것이 프리드리히 엥겔스였다. 그는 9월에 '공산주의 동맹'의 신문인 『공산주의 잡지Die Kommunistische Zeitschrift』의 처음 호이자 마지막 호에 글을 실었음이 거의 확실하다. 그리고 '동맹'의 구호를 '모든 이는 형제다'에서 '전 세계의 노동자여, 단결하라!'로 바꾼 것도 그의 제안이었을 가능성이 크다.

1847년 10월 22일 열린 '동맹'의 파리 지부 회합에서 엥겔스는 '신앙고백'의 두 번째 초고인 이른바 '공산주의의 원리'를 제출하며, 회합에서 모제스 헤스가 제출했던 초고를 누르고 선택을 받게 만든다.[97] 1847년 11월 28일과 12월

8일 사이에 런던에서 개최된 '동맹'의 제2차 회의에는 카를과 엥겔스 모두가 참석한다. 이 회의에서 최종본의 기초로 엥겔스의 초고가 채택되었던 것으로 보인다. 이 회의가 개최되기 1주일 전 엥겔스는 카를에게 편지를 보내 그 '원리'를 짧게 요약하고 있다. "그 문서 안에 역사 이야기를 어느 정도는 풀어놓아야 하니까." 그 문서는 '교리문답의 형식을 버리고 아예 공산주의 선언manifesto이라고 불러야' 한다는 것이 엥겔스의 의견이었다. 그리고 회의 자체에 대해서는 카를에게 이렇게 확언하고 있다. "**이번만큼은 우리 뜻을 완전히 관철시키게 될 걸세.**"[98]

회의가 끝난 후 엥겔스가 파리로 돌아가기 전 카를과 엥겔스는 런던에서 며칠을 함께 보냈고 또 브뤼셀로 함께 가서 다시 열흘을 함께 보냈다. 엥겔스는 1월 29일까지 브뤼셀로 돌아오지 않았지만, 『선언』의 초고는 2월 1일 이전에 제출된 것이 분명해 보인다. 이와 관련하여 오늘날 우리에게 남아 있는 자료는 『선언』 제2절의 계획과 관련한 준비 노트 단 한 페이지뿐이며, 그 작성 시기는 1847년 12월이었을 가능성이 아주 크다. 따라서 『선언』의 최종본은 1848년 1월에 카를 혼자서 완성시켰던 것으로 보인다.

글의 구조에 있어서 『공산주의 선언』은 엥겔스의 '공산주의 원리'를 그대로 따르고 있다. 역사를 다루는 처음 두 절은 '원리'에 나오는 질문 1번에서 23번까지에 해당한다. 공산주의 문헌을 논하는 3절은 '원리'의 질문 24번을 상세히 설명해 놓은 것이다. 공산주의자들과 여러 반대 정당들을 논하는 4절은 질문 25번과 관련이 있다. 형식에서는 몰라도 최소한 내용에 있어서만큼은 『공산주의 선언』은 독창적인 저작물이 아니었다. 카를은 엥겔스의 '공산주의 원리'와 『영국 노동계급의 상태』, 그보다 짧은 글들 몇 가지도 활용했지만, 자신의 저작들, 특히 출간되지 않은 1844년 파리 초고들과 『철학의 빈곤』에 크게 의지했다. 『선언』에 나오는 간략한 역사 이야기들('봉건'사회에서 '부르주아'사회로의 이행, 자유무역과 세계시장의 성장, 산업혁명과 '가부장적 시골에서나 볼 수 있었던 여러 관계들'의 종말, 프롤레타리아트의 형성 등에 대한 여러 주장)은 이미 영국을 다룬 엥겔스의 1844년의 여러 저작들에 다 나온 것들이다. '공산주의'의 역사적 필연성을 주장하는 논리에는 사실 영국이라는 특수한 나라의 사회적·경제적 발전의 이야기가 거의 노골적으로 중심을 차지하고 있는 것이다. 카를은 또한 엥겔스와 함께 『독일 이데올로기』의 출간을 위해 모았던 초고들, 그리고 모제스 헤스가 쓴 논문들에도 의존하고 있다. 그는 이러한 글들로부터 관련된 명제들을 다시 새롭게 쓰거나 아예 관련된 문장들 구절들을 그대로 따오고 있다.

『선언』은 오늘날에도 카를이 남긴 가장 기념비적인 텍스트라는 상찬을 받고 있으며, 이는 그럴 만한 일이기도 하다. 『선언』의 여러 구절들은 애초에 그것들을 낳았던 상황이 사라진 뒤에도 오랫동안 문학과 사람들의 정치적 상상력에서 공명과 울림을 지속시켜 왔다. 지적으로 보자면, 그 글(최소한 그 가장 유명한 제1절)의 논지가 갖는 강력한 설득력은 1840년대에 걸쳐 카를이 발전시킨 두 가지 가장 독창적인 혜안을 하나로 결합시킨 결과물이었다. 첫째는 그가 독일 관념론의 유산을 독창적으로 발전시켜서 인간이 자연의 피조물이나 생산물이기만 한 것이 아니라 자연 자체(그 인간 스스로의 본성nature과 자연적 세계 두 가지 모두)를 변형시키는 존재라라고 갈파했던 것이다. 둘째, 그는 이를 영국과 프랑스의 경제 사상가들이 발전시킨 경제적 비판, 그리고 산업 자본주의의 출현 및 그것이 세계 시장과 맺는 관계 등을 스스로의 방식으로 상술하면서 이를 첫 번째의 혜안과 결합시키고 있다.

이러한 두 가지 혜안에 기초하여 카를은 근대 경제의 무한해 보이는 힘과 그것이 손을 뻗는 범위가 진정 전 지구를 포괄한다는 사실을 일깨운 최초의 사상가가 되었다. 또 그는 세계시장의 출현과 근대 산업의 미증유의 생산력이 풀려남에 따라 불과 한 세기도 되지 않아 생겨난 아찔한 변화를 찬찬히 그려 낸 최초의 사상가가 되었다. 그는 또한 근대 자본주의라는 현상은 항상 방금 막 생겨난 것과 같은 어질러진 상태를 띠고 있으며, 또 결코 쉴 줄을 모르고 항상 준동하는 미완성의 성격을 가지고 있다고 묘사했다. 그는 자본주의가 새로운 필요 욕구들을 발명해 내고 또한 그것들을 충족시킬 수단들도 발명해 내는 경향, 모든 전통적인 문화적 관행을 전복하는 경향, 종교적 세속적인 모든 경계선을 무시하는 경향, 지배계급과 피지배계급 사이의, 또 남성과 여성 사이의, 또 부모와 자식 사이의 모든 신성한 위계 관계를 무시하는 경향, 그래서 만사만물을 모조리 판매 행위의 대상으로 전환시키는 경향 등을 본질적으로 가지고 있다고 강조했다.

『공산주의 선언』이라는 문서가 지난 150년 동안 근대성을 규정하는 데 오래도록 중요한 영향을 미친 것은 분명한 사실이다. 하지만 1847~1849년의 상황으로 볼 때 막상 카를과 그의 집단이 당시에 취했던 정치적 입장은 실로 말도 안 될 정도로 자기모순에 빠져 있는 것이었다. 카를과 그의 집단은 바이틀링과의 싸움 이후 '원시적인' 봉기주의에 대한 비난과 저주를 분명한 입장으로 삼았지만, 이는 상황의 변화를 전혀 고려하지 않은 것이었다. 하지만 이들은 또한 마찬가지로 그륀 및 그 추종자들에 대해서도 대응해야 했으므로, 여러 형태의 사회주의와 결부된 정치 활동에서 발을 빼는 입장 또한 받아들일 수가 없었다. 또 다른 선택지가 있었다면, 단순히 국지적 수준에서 노동자들의 특정 불만 사항들만을 대변하는 것이었다. 이는 '공산주의 동맹'의 성원이자 의사였으며 훗날 쾰른에서 노동자들의 지도자가 되는 안드레아스 고트샬크Andreas Gottschalk가 취했던 입장이었다. 카를과 그의 친구들은 이러한 입장 또한 거부했다. 이렇게 되면 프로이센의 봉건 체제에 대한 공격에 있어서 노동자들과 부르주아들 사이에 분열을 낳게 된다는 이유에서였다. 다른 한편 카를의 공공연한 정치경제학 비판으로 볼 때, 이제는 자유주의-입헌주의 운동 진영 내부에 있는 루게나 하인첸Heinzen 등의 민주주의적 공화파와 합류하는 것 또한 불가능해졌다. 왜냐하면 1843년 이후 카를은 공화파 민주주의자들이 제시하는 정치적 전망은 환상에 불과하다고 생각하여 이를 폭로하는 데 열심이었기 때문이다. 이렇게 카를 집단이 사방에 행했던 다양한 여러 비판의 결과, 그들이 결국 취하게 된 입장은 모순적이면서 또 정치적으로도 도저히 지탱할 수 없는 것이었다. 그 입장이란 자유주의자들을 지지하는 동시에 자유주의적 부르주아들이 성공을 얻게 된다면 프롤레타리아타들은 더 극악한 상황에 처하게 될 것임을 그들에게 지적한다는 것이었다. '배운 자들Gelehrten'의 공산주의는 분명히 부르주아 혁명을 지지하지만, 오로지 부르주아지들을 전복시키게 될 프롤레타리아 혁명의 전주곡으로서만 지지한다는 것이었다. 이는 곧 부르주아들과의 정치적 동맹을 지지하는 동시에 부르주아들을 전복시키는 것을 목표로 삼는다고 하는, 모순되고도 이중적인 역할을 수행한다는 것을 뜻했다.

'민주주의 협회'의 지도적 인물이자 대변인으로, 카를은 1847년 12월 31일 벨기에가 절대주의에 반대하는 자유주의적 임무를 띠고 있다고 공중 앞에서 찬양했다. 그는 '자유주의적 헌법의 혜택, 토론과 결사의 자유가 있고 또 온 유럽을 풍요롭게 할 인본주의의 씨앗이 풍성하게 피어날 수 있는 이 나라'를 자신이 얼마나 고맙게 생각하며 높게 평가하는지를 '강력하게' 피력했다.[99] 하지만 1848년 2월 6일 '민주주의 협회'의 의장인 뤼시앵 조트랑Lucien Jottrand이 미국, 스위스, 영국 등을 '정부 체제가 그런대로 좀 더 완벽한 체제로 이행'하고 있는 나라의 예로 들자 카를은 격노하여 비난을 퍼붓고 있다.[100] 조트랑의 주장에 따르면, 벨기에의 민주주의자들은 유토피아주의자들이 아니며, 인민들을 위해 선거권과 조세 감면과 좀 더 공평한 조세 부담의 배분을 쟁취하려고 헌법에 보장된 결사의 권리를 활용하고자 한다는 것이었다.

카를은 조트랑의 유토피아주의 부정을 놓고 이를 독일 공산주의에 대한 공격이라고 해석했다. 그는 전투적인 태도로 응수했다. 첫째, 독일 공산주의는 유토피아주의가 아니라 역사적 경험에 근거한 것이라는 것이었다. 둘째, 독일이 비록 '정치적 발전에 있어서는 뒤처져 있다'고 해도 이는 4000만 명 이상의 인구를 가진 나라이므로 이 나라가 혁명의 준비를 마친 순간에는 '스스로의 운동 모델을 제아무리 자유국가라고 해도 벨기에 같은 작은 나라들의 급진주의에서 찾을 리는 없다'는 것이었다.101) 그가 자유무역을 조언했던 논리 또한 마찬가지로 가시 돋친 것이었다. '우리는 자유무역이 도입될 경우 바로 그 여러 경제 법칙의 엄혹한 작동의 결과가 모조리 노동자들에게 쏟아질 것임을 인정해야만 한다.' 자유무역 주창자들이 지지하는 자유란 '한 개인이 다른 개인과의 관계에서 갖는 자유'가 아니며, '자본이 노동자들을 분쇄해 버릴 자유'를 뜻한다는 것이었다. 따라서 자신이 자유무역을 지지하는 이유는 오로지 '자유무역 시스템이 사회주의 혁명을 앞당긴다'는 이유에서라는 것이다.102)

정치적인 문제들이 이미 사회적인 문제들로 전환되고 있다는 게 그의 주장이었다. 1846년 크라쿠프 봉기가 일어났을 당시 폴란드인들은 민족적 요구에 봉건제의 폐지를 결합시키는 쾌거를 이루었다고 한다. 폴란드의 민족 문제에 대한 해법은 오직 폴란드의 사회문제의 해결을 통해서만 얻을 수 있다는 것이었다. 왜냐하면 '옛날의 폴란드만 패배하여 사라지는 것이 아니다. 옛날의 독일, 옛날의 프랑스, 옛날의 영국, 옛날의 사회 전부가 패배하여 사라질 것이다.' 하지만 이는 '옛날 사회에서 아무것도 잃을 게 없었던 이들에게는' 전혀 상실이나 손해가 아니며, '이는 오늘날 모든 나라의 대다수 사람에게 해당되는 바이다'. 따라서 그 대답은 '새로운 사회, 즉 더 이상 계급 간의 적대를 기반으로 삼지 않는 사회의 수립'이라는 것이다. 그러므로 폴란드에 있어서 결정적인 문제는 "영국 프롤레타리아들이 영국 부르주아들에게 승리를 거둘 수 있느냐는 것이다. … 폴란드의 해방이 이루어지는 장소는 폴란드가 아니라 영국이 되어야만 한다."103) 이렇게 정치적인 것들이 사회적인 것들로 환원되는 일은 도처에서 벌어지고 있다고 카를은 생각했다. 이와 비슷한 일은 영국에서도 벌어지고 있다고 한다. 영국 또한 마찬가지로, 이곳에서는 '의회 개혁 법안Reform Bill에서부터 곡물법Corn Laws 폐지 시기까지의 모든 문제에서' 정당들이 싸워 댔던 유일한 문제는 '소유권에서 벌어질 여러 변화'였다는 것이다. 또한 벨기에에서도 자유주의와 가톨릭 교회와의 싸움은 '산업 자본과 대규모 토지 소유주들 사이의 투쟁'이었다고 한다.104)

엥겔스는 이러한 논지를 너욱 노골적으로 꺼내 들고 있다. 그는 '부르주아들이 자기들 목적을 달성하려고 혼신의 힘을 기울여 용을 쓰는 불쌍한 모습'을 볼 때마다 '아이러니한 미소를 금할 수' 없다고 한다. "이들은 자기들이 승리를 거둠으로써 마침내 이 세계가 그 궁극적인 완성태에 도달하게 될 것이라는 환상에 푹 빠져 있을 만큼 근시안적인 자들이다. 하지만 또 이들이 도처에서 우리, 즉 민주주의자들과 공산주의자들을 위해 길을 닦아 주고 있다는 사실은 너무나 분명하다. 즉 이들이 승리를 즐겨 봐야 기껏 몇 년 정도일 뿐이며 그것도 여러 문제에 휩싸인 불편한 상태일 뿐으로, 그다음에는 즉각 전복되고 말 것이기 때문이다.' 대단원의 막이 내려오고 있거니와, 이를 야기하는 힘은 바로 기계와 근대 산업이라는 것이다. '영국에서는 근대 산업, 즉 기계 도입의 결과로서 모든 적대 계급들이 공통의 이해를 가진 단일의 거대 계급으로 뭉치고 있다. 즉 프롤레타리아트 계급이다. … 그 결과 그 반대쪽에서도 마찬가지로 모든 억압자 계급들이 하나의 단일한 계급으로 뭉치고 있다. 즉 부르주아지 계급이다. 이렇게 투쟁의 구도가 단순화되면서 어느 쪽이 승자인지를 결정하기 위해서는 단 한 방이면 충분하게 되는 것이다."[105]

카를과 그의 브뤼셀 집단이 취했던 입장으로 인해 그와 동맹 관계에 있었던 민주주의자들은 혼란을 겪게 되었고, 그를 감시하는 정부 당국자들 사이에서는 의심과 충격이 나타나게 된다. 하지만 카를도 곧 이러한 정치적 입장이 지속 가능성이 없다는 것을 알게 된다. 1848년 2월 23일 파리에서는 군인들로부터 시작하여 평화 시위가 촉발되었다. 바로 그다음 날 아침 온 도시는 바리케이드로 가득 찼으며, 사람들은 이제 더 이상 선거 개혁 정도가 아니라 공화국 수립을 공공연히 요구하기 시작했다. 바로 그날 아침 반란의 군중들이 왕궁Palais Royal을 포위한다. 왕은 도망가 버렸고 그의 옥좌는 모닥불 땔감이 되어 버린다. 공화국이 선포되었고, 임시정부가 형성되었다.

6. 브뤼셀을 떠나다

2월 26일 파리에서 온 열차는 브뤼셀로 혁명 소식을 전해 왔다. 기차에 탄 이는 프랑스 왕의 자문이었던 옹페슈 백작Comte de Hompesch로, 그는 파리 상황의 심각성을 벨기에 레오폴드 왕에게 경고하려고 온 것이었다. 옹페슈 백작을 초빙한 이는 뤼시앵 조트랭이었다. 따라서 '민주주의 협회'의 의장이기도 한 조트랭은 즉시 집행위원회(카를도 그 성원이었다)를 소집했고, 바로 그다음 날 쇠르누아르가Rue de Soeurs Noires에 있는 옛 왕궁에서 공개 회의를 열기로 합의되었다.

10년이 지난 후 예니가 글로 남긴 설명에 따르면, 카를은 노동자들의 공화주의 봉기를 위해 무기를 구하여 무장하는 일을 도왔다고 한다. 그리고 1934년에 나온 공산당의 공식적 연대기 『카를 마르크스: 삶의 연대기Karl Marx: Chronik seines Lebens』에서도 똑같은 이야기가 나오고 있으며, 그 이후로 카를의 삶을 다룬 수많은 글에서 이러한 이야기가 반복되고 있다. 예니가 이러한 언명을 남긴 이유가 착각에서였는지 아니면 자기들 가족이 벨기에를 떠난 것을 좀 더 영웅적인 이야기로 만들려는 무의식적인 욕망에서였는지는 분명치 않다. 하지만 벨기에에 남아 있는 문서고에 따르면 전혀 이야기가 다르다. 카를은 그 어떤 반란 및 봉기의 준비에도 전혀 참여하지 않았다는 것이 분명히 드러난다.[106]

2월 27일, 옛 왕궁에서 공개 집행위원회가 열렸다. 수많은 이가 몰려들었고 분위기는 실로 열성적이었다. 집행위원회는 매일 저녁 '민주주의 협회'가 회의를 열어 정부에 민주주의적 개혁의 압력을 넣자는 조트랑의 제안에 동의한다. 이날 회의에서 가결된 두 개의 사안은, 첫째 프랑스에 새로 들어선 임시정부를 경축한다는 것이었고, 둘째 '민주주의 형제회'에 연대를 표명한다는 것이었다. 다른 안건도 있었다. 현재 압도적으로 부르주아들이 지배적인 민병대Civic Guard를 보완하기 위해 벨기에 정부로 하여금 기능공들과 노동자들을 소집하도록 하자는 것이었다. 하지만 이 사안에 대해 찬성을 표명한 것은 집행위원회의 벨기에 회원들뿐이었다. 카를은 자신이 참여하는 것은 오로지 '민주주의 협회'의 국제주의적인 목적들을 지지하기 위함일 뿐이며, 벨기에 국내 정치에는 엮이지 않겠다는 공식적인 약속을 준수할 것이라고 꼼꼼하게 힘주어 강조했다.

정부는 소요 사태를 두려워했다. 2월 26일에는 경찰의 순찰을 증대시켰고 군대를 동원했다. 매일 밤 '민주주의 협회' 집회의 끝 무렵에는 군중들 중 청년들이 감정에 북받쳐 '공화국 만세' 등의 구호를 외치며 길거리를 돌아다니다가 브뤼셀의 대광장Grand'Place으로 진입하려고 시도하는 일들이 많았지만, 이미 경찰은 만반의 준비를 갖추고 있었다. 이에 몇 사람이 체포당하기도 했는데, 그중에는 카를의 벗인 빌헬름 볼프, 필리프 지고, 빅토르 테데스코Victor Tedesco 그리고 '독일 노동자 교육 협회'의 다른 성원들도 있었다. 그 이후에 나온 이야기들을 보면 이러한 소요가 봉기나 반란의 기도는 아니었다는 게 분명하다. 이는 그저 소소한 길거리의 사건들에 불과했으며, 밤 10시 반 정도가 되면 다시 고요가 찾아왔다. 하지만 정부의 억압적인 대응은 계속되었다. 브뤼셀 시장에게는 공중 집회를 금지할 것이며, 특히 외국인들의 감시 작업에 각별한 주의를 기울여 신분이 확인되지 않은 외국인들은 추방해 버리라는 명령이 떨어졌다. 체포는 계속되었다. 그리하여 체포된 다시Dassy라는 구두공은 '공화국 만세'를 외친 데다 보른슈테트의 것인 단검까지 가지고 있었다고 하며, 또 다른 구두공인 메르켄스Merkens는 단두대를 사용할 것을 주장했다는 혐의를 받고 있었다.

정부가 이렇게 화들짝 놀라서 대응하게 만든 원인은 브뤼셀의 '민주주의 협회'의 활동이 아니라, 파리에 망명해 있었던 벨기에 공화주의자들과 망명자들의 여러 움직임 때문이었다. 그 공화주의자들 중 하나였던 블레르바크Blervacq는 '벨기에 군단Belgian Legion'의 병사를 모집하고 있었고, 벨기에인들뿐만 아니라 프랑스와 독일의 실업자도 받아들이고 있었다. 더욱이 이 과정을 프랑스 공화국의 경찰청장인 코시디에르Caussidière가 비공식적으로 장려하고 있었다. 그는 이 자원병들이 국경으로 몰려가는 비용을 기꺼이 댔으며, 릴Lille과 발랑시엔

Valenciennes의 도지사들은 무기고를 열어서 그들을 도왔다.

이러한 상황에서 브뤼셀 항소법원의 샤를 드바베이Charles de Bavay는 특히 카를에게 의심을 품고 각별히 주의를 기울이고 있었다. 카를은 이미 '독일 노동자 교육 협회'의 지도적 인사이자 '민주주의 협회'의 열성적 참여자로 유명 인사가 되어 있었다. 그가 1847년 런던에 다녀온 직후인 12월 13일 자의 『브뤼셀 저널Journal de Bruxelles』은 카를의 국제주의적 운동을 악명 높은 네덜란드인 자코뱅 아나카르시스 클루츠Anacharsis Cloots✤에 비교하면서 조롱하고 있다. 드바베이는 카를이 2월 27일 '민주주의 협회'의 회합에 나타났고 그 직후에 길거리에서 독일인 및 벨기에인 노동자들이 일으킨 소요가 나타났다는 소식을 듣자마자 카를이 반란과 봉기 음모의 중심인물이라고 확신하게 된다.

드바베이의 관심을 특히 끌었던 것은 카를이 최근에 행한 금융 거래였다. 카를은 처남인 빌헬름 슈말하우젠Wilhelm Schmalhausen의 주선을 통해 마침내 어머니로부터 받을 유산의 일부로 6000프랑을 확보했던 것이다. 드바베이는 이러한 상속 행위가 파리에서 벌어지고 있는 벨기에 공화주의 운동에 카를이 자금을 대는 것을 은폐하기 위한 구실에 불과하다고 믿었다. 이를 기초로 하여 국가안보 수석인 오디 남작Baron Hody은 법무부 장관에게 카를을 출국시키라고 명령했다. 카를이 영주권의 조건을 어겼다는 이유였다. 이는 3월 1일 장관 회의에서 가결되었고 다음 날 국왕이 그 명령을 승인한다. 3월 3일 카를은 24시간 안으로 벨기에를 떠나야 한다는 통지를 받는다.

드바베이의 부추김으로 그 당일 법무부에서는 카를의 행태에 대한 조사가 벌어진다. 그리하여 밝혀진 바에 따르면, 카를이 상속을 받은 며칠 후 카를 가족은 오를레앙가Rue d'Orléans의 집을 떠나 부아 소바주Bois Sauvage 호텔의 좀 더 안

✤ 클루츠는 네덜란드 출신이지만 프로이센의 귀족이었다. 프랑스혁명에 외국인으로서 참여하여 놀라운 웅변과 연설 실력으로 '인류를 대변하는 웅변가', '신의 맞수' 등의 별명을 얻게 되었다. 열성적 자코뱅이었음에도 외국인 불순 세력이라는 의심이 겹쳐 공포정치 기간 중 단두대에서 처형당한다.

락한 숙소로 이사했다고 한다. 그 인근 레스토랑의 일꾼들, 가게 주인들, 마차 마부들로부터 증거를 수집하자 문서 파일 하나가 금방 생겨났다. 이를 통해 드러난바, 수많은 외국인들이 카를의 집을 드나들었으며, 동네의 한 마구馬具 제조인saddler은 외국인들이 권총집과 검대劍帶를 구입하려고 했던 듯하다고까지 했다. 그 지역의 여관인 비질란테Vigilante의 마차 마부는 카를과 다른 두 명의 '민주주의 협회' 회원들이 은행에 가서 2100프랑을 은행권으로 바꾸었다고 증언했다. 이로써 카를이 브뤼셀에서의 무장봉기를 준비하고 있든가, 아니면 파리에서 벨기에 혁명군 동원을 돕고 있을 것이라는 당국자들의 확신은 더욱 강해졌다.

사법 절차가 계속되는 동안 카를은 항소법원의 법률가 세 사람을 접촉했고, 그중에는 조트랑도 있었다. 조트랑은 장관들과 협상하여 출국을 연기하려고 했다. 하지만 3월 3일 바로 당일에 그는 친구이자 『개혁La Réforme』지의 편집장이며 당시 프랑스 임시정부의 장관이 된 플로콩Flocon으로부터 편지를 받는다. 카를을 프랑스에서 추방했던 조치가 이제 취소되었으니 다시 파리로 와 달라는 초청이었다.

3월 3일 자 경찰 제1국의 보고서에 따르면, 주로 외국인들로 이루어진 몇 명의 개인들이 '공화주의 찬양'을 소리 높이 외친 다음, 밤 11시경 카를이 묵고 있는 부아 소바주 호텔로 향했다고 한다. 여기에서 회합이 열렸고 심야까지 계속되었다는 것이다. 이는 '독일 노동자 교육 협회' 성원들의 회합이었으며, 그 뒤에는 '공산주의 동맹'의 집행위원회가 계속되었다고 한다. 모임이 끝난 뒤 경찰국 형사인 닥스베크Daxbeck가 부아 소바주 호텔 거처로 들어와 카를에게 그가 작업하고 있는 문서들을 다 넘기라고 요구했다. 카를은 저항을 시도했고 그 결과 그는(그리고 나중에는 예니까지) 체포당했다.

이러한 경찰의 공식적 보고서의 내용에 대해 며칠 후 반론이 제기되었고, 경찰의 행동이 온당했는지를 조사하라는 요청이 들어왔다. 3월 11일 시장과 몇 명의 시의원들이 참석한 가운데 시청에서 새로 질의가 이루어졌다. 거기에서 본래의 경찰 보고서가 '심각한 오류들'을 담고 있음이 드러났다. 닥스베크 형사가 부아 소바주 호텔을 습격한 것은 무단 행동이었으며, 이상한 것도 전혀 발견된 바가 없었다는 것이다. 닥스베크가 압수한 문서들에 보면 카를이 부의장을 맡고 있는 '그 결사체'는 이미 해체되었고 파리로 이동했다는 것이 분명히 드러난다는 것이었다. 당국자들은 원래 그 '결사체'라는 것이 '민주주의 협회'를 지칭하는 것이라고 생각하고 있었던 것이다. 이를 볼 때 그들은 카를이 '공산주의 동맹'에서도 마찬가지의 중책을 맡고 있다는 사실을 전혀 모르고 있었음을 알 수 있다.

카를은 체포된 후 시청 옆의 구류 시설인 아미고Amigo로 끌려갔다. 예니는 카를이 처한 곤경에 대해 의견을 구하러 조트랑을 찾아갔다. 닥스베크 형사는 시청으로 돌아와서 예니도 체포하라고 명령을 내렸다. 외국인 신분으로서 적절한 서류를 구비하지 못했다는 것이 근거였다. 그녀 또한 아미고로 끌려갔고, 그녀를 돕기 위해 개입하려고 했던 벨기에 친구 지고Gigot 또한 여기에 감금되었다. 새로이 구성된 조사단이 보기에 가장 창피하고 당혹스러운 일은 '포메라니아 총독의(즉 페르디난트 폰 베스트팔렌) 여동생'인 예니가 잠깐이지만 세 명의 매춘부들과 같은 감방에 감금되었다는 것이었다. 브뤼셀의 자유주의자들은 마르크스 가족의 처우를 문제 삼아 격분했으며, 오디 남작은 닥스베크 형사를 면직시킬 것을 요청했다. 벨기에는 자유국가이며 설령 카를의 문서에서 언급하는 결사체가 '공산주의 동맹'임이 드러났을 때에도 경찰이 그 문서들을 압수할 권리가 있는 것은 아니라는 것이었다. 하지만 이 모든 것에도 불구하고 드바베이는 카를의 유산 상속이 봉기 자금과 관련이 있을 것이라는 의심을 거두지 않았다. 그는 카를의 수중에 들어간 환어음이 최초에 트리어에서 발행되어 파리의 풀 은행과 오펜하임 은행을 통해 유통되었던 과정을 추적했다. 그 모든 조사를 통해 그 자금이 트리어의 마르크스 부인이 자신의 아들에게 보내기 위해 합법적으로 이전한 것임이 분명해졌다. 마침내 드바베이도 카를이 봉기 자금을 댄 게 아니라는 것을 확신하게 된다.

카를은 3월 4일 파리에 도착했지만, 벨기에 노동자들 그 누구도 무장시킨 적은 없다. 그는『개혁』지의 편집장에게 아내가 당한 처우에 항의하는 편지를 보냈다. "저는 불법 체류의 혐의를 뒤집어쓰고 시청에 있는 감옥에 끌려가 매춘부들과 함께 어두운 감옥에 감금당했습니다." 그녀의 "유일한 죄라고는 프로이센 귀족 출신임에도 불구하고 그녀의 남편이 가진 민주주의 사상을 공유했다는 것뿐입니다."107)

8 장

19세기 중반의 여러 혁명들

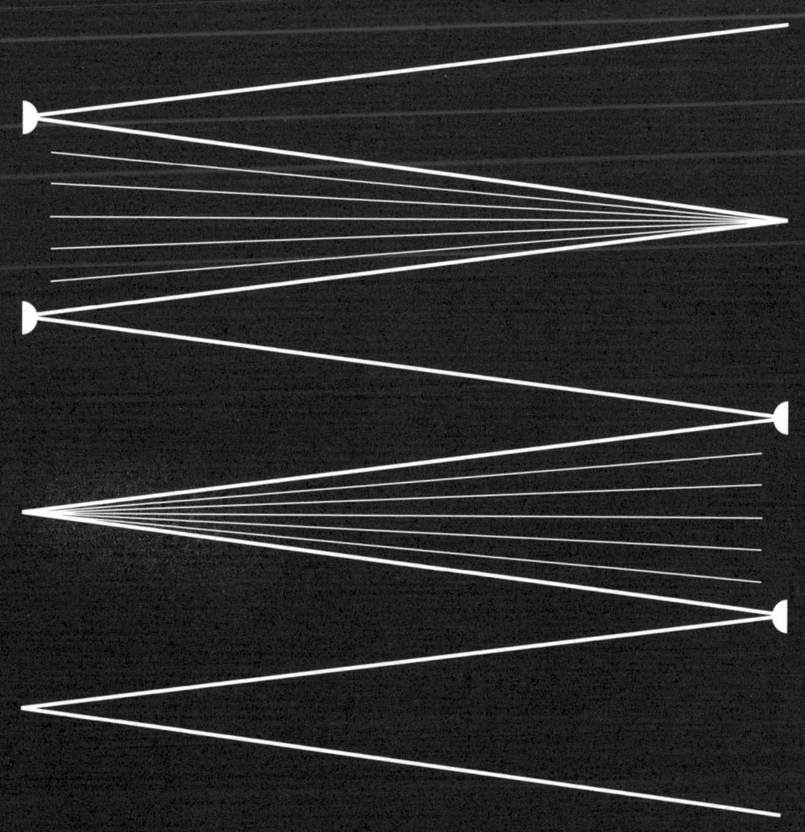

1. 다시 파리

2월 22~24일의 혁명으로부터 2주 정도가 지난 1848년 3월 4일, 카를은 가족과 함께 파리에 도착했다. 2월 혁명을 생생하게 보여 주는 흔적은 도처에 널려 있었다.[1] 독일의 소설가 파니 레발트Fanny Lewald에 따르면, "도로의 포장석들은 파내어져 부서진 채로 길가 언저리에 어지럽게 흩어져 있었다. 빵을 실은 마차는 박살이 나 있었고 접시를 나르는 수레도 뒤집혀 있어서 주요한 바리케이드의 위치가 어디였는지를 보여 주고 있었다. 교회를 둘러싼 철제 울타리는 대부분 뜯겨 있었다(그나마 남은 몇 피트 정도가 아니면 여기에 울타리가 있었다는 것조차 알 수 없을 정도였다). '왕궁Palais Royal'(이제는 '국민 공관Palais National'이라는 간판이 붙고 그 이름으로 불리고 있다)의 경우 모든 유리창과 창틀은 박살이 나 있었다. … 큰길의 가로수는 쓰러져 있었고, 분수의 기둥들과 송수관들도 모두 뜯겨 있었다. 튀일리궁의 창문에는 뜯겨 나간 창틀 너머로 갈가리 찢어진 하얀 커튼이 너풀거리고 있었고, 모든 문과 모든 궁전 벽에는 분필이나 석탄으로 다음과 같은 문구가 쓰여 있었다. '시립 병동Hôpital des Invalides Civiles.'"[2]

파리에서의 체류 기간은 결국 길지는 않았지만, 그동안 카를은 1844년 당시 알고 지냈던 이들과 다시 만났다. 특히 좌경 공화주의 신문인 『개혁La Réforme』지에 연관된 인사들과 접촉했는데, 이들은 혁명 임시정부의 의원으로 활동하고 있었다. 그는 임시정부에서 막 내무부 장관 자리에 오른 르드뤼-롤랭과도 접촉했지만, 가장 가까운 이는 『개혁』지의 편집장으로, 곧 농업부 장관이 되는 페르디낭 플로콩Ferdinand Flocon이었다. 플로콩은 애초에 브뤼셀에 있던 카를을 파리로 불러들인 친구였다. 그는 카를에게 『신라인 신문Neue Rheinische Zeitung』을 다시 시작하도록 자금을 주겠다고 제안한 것으로 보인다. 하지만 그 제안은 거부되었다.[3)]

3월 초 민주주의 형제회Fraternal Democrats 또한 파리에 대표자를 파견했다. 이 대표단은 새로 들어선 임시정부를 축하하기 위한 것으로, 여기에는 차티스트운동가인 하니, 존스 그리고 런던의 '독일 노동자 교육 협회'의 대표자들인 샤퍼와 몰 등이 포함되어 있었다. 이렇게 런던과 브뤼셀 모두에서 '공산주의 동맹'의 지도자들이 때 맞추어 파리로 와 준 덕에 파리에 중앙 본부를 다시 세우는 일이 가능해졌다. 카를은 의장으로 다시 임명되었고, 카를 샤퍼 또한 다시 비서로 임명되었다.

2월 혁명의 극적인 사건들이 벌어진 직후 파리의 분위기에는 여전히 기쁨과 행복이 넘쳐 나고 있었다. 그 정신은 플로베르의 소설 『감정 교육』에 나오는 열성적 혁명가 뒤사르디에Dussardier의 말에 잘 나타나 있다. "만사가 제대로일세! 모든 것을 인민이 지배하고 있다네! 노동자들과 중간계급은 서로를 사랑으로 포옹하고 있다네! 아, 내가 본 광경을 자네에게 보여 줄 수만 있다면! 이렇게 멋진 행운이 또 있을까! 모든 것이 이토록 멋지고 훌륭하다니! … 공화국이 선포되었고 이제는 만인이 행복해질 거야! 내 곁에 있는 몇몇 저널리스트들은 이제 우리가 폴란드와 이탈리아를 해방시킬 거라고 하는군! 이제 이 세상에 왕이라는 족속들이 다 사라질 것이라는 것을 자네도 알겠지? 이 온 세상이 자유, 완전히 자유로워질 걸세!"4)

이렇게 곧 혁명이 전 유럽을 휩쓸어 버릴 것이라는 믿음이 횡행하는 흥분된 분위기였으니, 망명객들 사이에서도 자기들의 본국에서 공화국을 수립할 수 있도록 원정대를 조직하려는 열망이 불길처럼 번져 나갔다. 프랑스 임시정부는 정치적 망명객들과 외국 노동자들이 자기들 본국으로 돌아가도록 하는 데 관심을 가지고 있었고, 따라서 국경을 통과할 수 있도록 지원했다. 한편 카를은 벨기에 정부로부터 그가 파리에 있는 혁명적 벨기에 노동자들을 브뤼셀로 다시 파견하도록 조장하고 있다는 잘못된 혐의를 받게 되었는데, 카를도 이를 곧 알게 되었다. 카를은 프랑스에 도착했을 때 이미 파리에 있는 독일인들 사이에서 비슷한 계획이 진행 중이라는 사실을 알고 있었다. 독일 기능공들과 망명자들이 모인 대규모 회합에서 카를은 '파리에 있는 독일 민주주의자들이 군단 하나를 조직하여 독일로 행진하고 들어가 독일 공화국을 선포하려 한다'는 것을 알게 되었다. 이들은 포젠주Posen✣에서 일어난 봉기에 합류할 수도 있을 것이며, 심지어 러시아로까지 진군할 수 있을 것이라고 생각했다. 무기, 탄약, 돈, 의복의 형태로 기부가 요구되었다. 그 최초의 자원자들은 이미 파리의 넓은 풀밭인 샹 드 마르스Champ de Mars에서 군사훈련을 받고 있었다. 일단 16세기 독일 농민 전쟁이 시작되었던 오덴발트에 집결하여 그곳으로부터 반란을 시작한다는 것이 계획이었다.

이는 헤르베크와 보른슈테트가 짠 계획이었는데, 공산주의자 및 사회주의자들은 이에 맹렬히 반대했다. 이들은 독일 국외로부터의 무장 세력이 개입하여 공화국을 수립하려는 시도는 모두 잘못된 것이라고 주장했고, 이를 위해 대중 집회까지 열었다. 그러한 집회 중 한번은 카를이 나서서 장황한 연설을 행하

✣ 프로이센 동쪽 끝의 한 주로, 폴란드의 영토였다가 프로이센의 지배 아래로 들어간 지역이어서 반프로이센 정서가 심한 곳이었다.

기도 했다. 그는 그 '군단'이라는 계획을 비난했다. 그 낭만주의와 천진난만함도 문제이지만 더 큰 문제는 당시의 혁명의 성격을 완전히 잘못 읽고 있다는 것이었다. 카를의 주장은 이러했다. "2월 혁명을 유럽 전체 차원에서의 운동이 시작되는 것으로 보는 시각은 아주 피상적인 것에 불과하다. 조만간 파리 내에서 프롤레타리아트와 부르주아지 사이에 공개적인 싸움이 터져 나올 것이다. … 그 싸움의 결과에 유럽 혁명이 승리할 것인가, 패배할 것인가가 좌우될 것"이라는 게 카를의 주장이었다. 따라서 카를은 "독일 노동자들은 파리에 남아서 그 무장 투쟁에 참여할 준비를 미리 해 두어야 한다"고 강력하게 주장했다.[5] 이제 카를은 재건된 '동맹'의 의장으로 헤르베크의 '군단'을 지지하는 어떤 조직과도 단절할 수 있었고 또 보른슈테트를 '동맹'에서 축출할 수 있었다. 카를과 그의 동맹자들은 민주주의를 표방하는 여러 조직에서 탈퇴했고, 스스로의 '독일 노동자 연합German Workers' Union'을 설립하여 4월까지 400명의 회원을 끌어모았다.

하지만 3월 19일과 20일에는 비엔나와 베를린에서 혁명이 벌어졌다는 소식이 파리에 도달했다. 그러자 계획도 변경되었다. 이러한 사건들을 고려하여 '공산주의 동맹'의 재건된 지도부는 개별 성원들에게 각자 자기들의 고향으로 돌아가서 지부를 건설하여 전국적 네트워크를 수립하고 그 지도부는 마인츠에 두기로 결의했다. 회원들은 1789년과 비슷한 혁명이 벌어질 것을 준비하고 있었다. 그해 말 '쾰른 민주주의 협회'에서 행한 연설에서 카를이 바이틀링에게 대답했는데, '우리 독일인들'은 '이제 겨우 프랑스인들이 1789년에 도달했던 지점에 도달한 것이다.'[6] '동맹'의 모든 회원은 『공산주의 선언』과 17조로 이루어진 『독일에서의 공산당의 요구들』을 몇 권씩 가지고 가기로 되어 있었다. 그 후자의 문서는 농민들 및 기능공들에게 호소력이 있을 것으로 여겨졌기 때문이었다. 전 유럽에 걸친 자유주의적 개혁 강령과는 대조적으로 이 '요구들'은 개인의 권리와 언론·집회·출판의 자유, 그리고 배심원에 의한 재판 등에 대해 아무런 언급도 하지 않고 있다.

프랑스의 혁명 정부는 '독일 군단'에 도움을 주었고, '군단'은 결국 4월 1일에 파리를 떠나 출정하게 된다. '공산주의 동맹'의 성원들 또한 같은 날 파리를 떠나게 되며, 혁명 정부는 이들에게도 비슷한 도움을 준다. 카를과 그의 가족은 엥겔스 및 에른스트 드론케와 함께 4월 초에 파리를 떠나 우선 마인츠를 향해 길을 잡는다. 4월 10일 예니와 아이들은 트리어로 옮겨서 카를이 거주 허가를 얻어 낼 때까지 예니의 어머니 집에서 3개월을 머문다. 카를 자신은 쾰른으로 옮겨 간다.

2. 혁명의 진행 과정

1848년의 여러 혁명(2월에는 파리, 3월에는 비엔나와 베를린)은 서유럽과 중부 유럽의 정치권력이 실로 극적인 모습으로 붕괴했던 것을 대표하는 사건이었다. 각국 정부는 불시에 뒤통수를 맞은 격으로, 어떤 것들은 무너져 버렸고 어떤 것들은 개혁을 강요받게 되었다. 이러한 이유에서 반대 세력들(헌정 개혁가, 자유주의자, 공화주의자, 사회주의자 들)이 얻어 낸 대부분의 성과물들은 군중들이 승리를 거둔 직후의 몇 주, 심지어 며칠 만에 얻어 낸 것이었다. 그 이후로는 보수 세력이 때로는 위태로운 과정을 견뎌 내며 질기게 버티면서 다시 주도권을 쥐고 권력을 회복해 나간다. 질서를 외치는 세력들이 분열되어 금이 가 버린 정치체들을 다시 튼튼하게 회복했지만, 그 방향은 새롭고도 낯선 것이었다.

카를은 이 19세기 중반의 여러 혁명에서 한 사람의 참가자로서, 또 비판적 관찰자로서 온몸을 던져 뛰어들었다. 1849년 5월 16일 추방 명령서가 발부되기 전까지 13개월간 그는 쾰른에 머물면서 라인란트에서 가장 판매 부수가 높은 급진파 신문인 『신라인 신문』의 편집장으로 일했을 뿐만 아니라 '쾰른 민주주의 협회'의 지도적 인물로 활동했다. 나중에는 또 '노동자 협회'의 방향을 지도하는 일에도 참여한다. 5월 19일 그는 쾰른을 떠나 프랑크푸르트로 갔다가 6월 3일경 파리로 돌아온다. 그로부터 두 달 후 그는 파리를 떠나라는 통지를 받게 되었고, 8월 24일에 런던으로 떠난다. 영국에 도착한 후 그는 혁명의 결산으로 1850년 1월에서 1852년 3월 사이에 『프랑스에서의 계급투쟁』과 『루이 보나파르트의 브뤼메르 18일』(이하 『브뤼메르 18일』)이라는 두 개의 주요 저작을 집필한다. 이 저작들은 혁명 기간 동안 벌어졌던 일련의 사건들을 '계급투쟁'이라는 그의 새로운 역사적 개념에 비추어 해석하고자 했던 시도였다. 그가 1852년 3월 『브뤼메르 18일』을 쓰는 동안 요제프 바이데마이어에게 보낸 편지에서 그는 '계급투쟁의 여러 형태'가 '생산 발전의 역사적 단계들'과 연결되어 있다고 말한다.[7] 이러한 확신은 혁명에 참여한 한 사람으로 그의 정치적 활동을 지배했을 뿐만 아니라, 이후 그가 한 사람의 철학자로서, 또 역사가로서 내리는 여러 판단들 또한 지배하게 된다. 그러한 확신이 과연 일련의 사건들에 대한 관찰과 일치하는지는 실제로 어떤 일들이 벌어졌는지에 대한 설명에 비추어 평가해 보아야만 할 일이다.

유럽 전역에서 위기가 심화되고 있음은 1847년부터 이미 명백하게 드러나고 있었다. 영국에서는 차티스트운동의 소요 사태가 시작되었고, 프랑스에서도 선거권 확대 운동이 시작되었다. 스위스에서는 내란이 벌어져 자유주의 주들이 가톨릭 주들에 대해 승리를 거두었고, 한편 팔레르모에서는 나폴리 왕국의 국왕이 울며 겨자 먹기로 헌법을 승인하는 상황에 몰리게 된다. 프로이센에서는 프리드리히 빌헬름 국왕이 전략적 중요성을 가진 철도를 건설할 수 있도록 자금 대출을 승인받기 위해 통일 주의회를 소집해야만 했다. 그런데 프로이센 정부가 주의회를 구성할 적에 신분을 구별하는 방식이 심한 모순을 안고 있다는 것이 당시 사람들의 눈에 뻔히 보였으며, 이 때문에 이는 1789년 프랑스혁명 직전의 삼부회에 비교되고 있었다. 마침내 통일 주의회는 라인란트 자유주의자들의 주도로 의회를 정기적으로 소집할 것이며 의회에 조세를 승인할 권한을 부여할 것을 요구했고, 이를 자금 대출 승인의 조건으로 내걸었다. 이는 분명히 대의제 정부를 향해 나가려는 시도였는데, 프로이센 정부는 이를 거부하고 통일 주의회를 휴회시키고 말았다.

정치적 혹은 사회적 위계질서를 표현하는 공식적인 언어가 이제 더는 사람들의 신념이나 행동의 패턴과 일치하지 않는다는 불편한 깨달음이 이제 지배계급과 피지배계급 모두에 영향을 미치고 있었다. 특히 도시에서는 카페, 술집,✤ 신문 등을 통해 사람들이 정치가 어떻게 돌아가는지를 매일매일 업데이트할 수 있었기에 더욱 그러했다. 1848년 1월 27일, 토크빌은 프랑스의 국민의회에 묻는다. "유럽에 또 한 번의 대지진이 몰려오고 있다는 것을 본능적인 직관으로 알 수 있지 않습니까? 비록 그러한 느낌을 분석적으로 설명할 수는 없지만 확신할 수 있지 않습니까? 어떻게 표현해야 할지는 모르겠으나, 공기 중에 무언가 혁명의 바람이 섞여 있다는 것을 느끼지 못하십니까?"[8] 하지만 토크빌처럼 느끼는 이들이 있었다고 해도 그 혁명이 정확히 어느 시점에서 터질지는 아무도 예측하지 못했다.

토크빌이 그렇게 말한 3주 후에 혁명은 파리를 찾아왔고, 1848년 2월 22일에서 24일까지 사흘 동안 지속되었다. 그 전해부터 선거권 확대 운동이 동력을 키우면서 성장하고 있었는데, 이 혁명은 그 예기치 못한 결과였다. 기조Guizot✤✤가 이끄는 내각이 1846년에 큰 승리를 거두기는 하지만, 그 기초가 되는 선거권의 폭이 너무 협소한 상태라서 나라 전체의 정치적 정서를 반영한 선거라고는 전혀 볼 수 없었다. 이제 7월 왕정(1830년 7월 혁명 뒤에 나타난 헌법적 타협

✤ 본문의 원어는 tavern이다. tavern과 inn은 모두 술뿐만 아니라 음식도 팔고 또 여행객들이 묵어 갈 수 있는 숙소도 제공하는 곳으로, 커피하우스와 마찬가지로 많은 사람이 함께 모여 정치·사회적인 문제들을 토론하는 장으로 쓰이기도 했고, 19세기에는 아예 공공 집회의 장으로 쓰이기도 했다.

✤✤ 프랑수아 기조Francois Guizot는 프랑스의 역사가이자 정치가로, 보수적인 자유주의의 입장을 가지고 있었다. 부르봉왕조의 샤를 10세가 의회의 입법권을 빼앗아 가려는 데 반대하여 1830년 혁명의 과정에서 크게 활약했고, 이후 루이 필리프 왕정에서 정부 내각의 수반 자리를 맡으면서 핵심적인 정치 지도자가 된다.

의 산물로 나타난 체제)에 대한 좌절감은 공화주의자들뿐만 아니라 왕당파에게도 똑같이 나타났고, 심지어 의회 내의 온건한 '오를레앙파 야당dynastic opposition'✣ 또한 좌절감은 마찬가지였다. 그리하여 1847년 뒤베르지에 드 오란Dubergier de Hauranne이 투표권자를 20만 명 늘리자는 제안을 국민의회에서 내놓으면서 선거권 확대 운동이 시작되었다.[9] 1830년대 중반 이후 정치적 시위는 금지되었으므로 이 운동에 대한 지지 표명은 연회宴會의 형태로 표현되었고, 이에 일련의 연회가 프랑스 전역을 휩쓸게 된다. 하지만 이러한 연회에서의 식사는 대개 중간계급에 국한된 여가 활동이었고, 노동자들의 다수는 방관자였을 뿐이다. 루앵Rouen에서 열렸던 한 연회에는 무려 1800명의 손님들이 참석했고, 플로베르는 이 모임에 대한 자신의 불쾌감을 이렇게 표현한 바 있다. "요리도 형편없다! 와인도 형편없다! 게다가 사람들의 이야기도 형편없다!" … 차가운 칠면조 고기와 새끼 돼지 고기를 앞에 두고 9시간을 보냈다. 내 옆에 있었던 자물쇠공은 연설에서 멋진 말들이 나올 때마다 계속해서 내 등짝을 두드려 댔다. 결국 나는 뼛속까지 꽁꽁 얼어붙은 채 집으로 돌아왔다.[10]

이러한 연회 열기 운동은 갈수록 사람들의 흥분을 돋우었다. 온건한 '오를레앙파 야당'(이러한 이름이 붙은 이유는 이들이 7월 왕정을 받아들였기 때문이다)이 기꺼이 승인할 수 있는 개혁 프로그램은 아주 온건한 것뿐이었다. 그러니 이들은 1848년 초 급진파들이 파리의 팡테옹을 중심으로 한 민주주의 요새인 파리 제12구에서 민주주의 연회를 개최하려고 계획을 추진하는 것을 보고 겁을 집어먹었다. 그리하여 2월 22일 샹젤리제 근처에서 연회를 열자는 대안적 계획이 제출되었다. 수상인 기조는 이 집회를 불법이라고 선언했으며, 이에 2월 21일 의회의 반대파 지도자들은 뒤로 물러선다. 하지만 당시 막 『지롱드당의 역사』를 출

✣ 자유주의적 산업가들과 상업 부르주아들의 입장을 대변하는 집단으로, 혁명을 예방하고 루이 필리프의 오를레앙 왕조를 지켜 내기 위해서는 온건한 선거제도 개혁이 필요하다는 입장이었다.

간했을 뿐만 아니라 의회 내에서 본래 보수적인 가톨릭 의원이었다가 그 입장을 버린 것으로 유명해진 시인 라마르틴Lamartine은 자기는 반드시 그 연회에 참석할 것이며, 필요하다면 혼자라도 연회를 열겠다고 선언했다. 노동자들과 학생들 또한 항복하기를 거부했다. 그리하여 2월 22일 아침 동쪽의 교외로부터, 또 라틴구✤로부터 상당한 숫자의 군중이 콩코드 광장으로 행진해 왔다.

이러한 시위대의 행진이 혁명으로 돌변할 줄은 누구도 예상하지 못했다. 정부는 국민 방위군National Guard과 파리 시의 지역 방위대까지 합치면 그 휘하의 병력이 1840년 당시의 병력보다 세 배로 불어난 상태였다. 그럼에도 48시간도 되기 전에 패배한 쪽은 루이 필리프 왕과 그의 각료들이었고, 이에 7월 왕정은 끝이 나게 된다. 이들의 결정적인 패착은 국민 방위군에 의지한 것에 있었다. 이는 가게 주인, 장인匠人, 교사, 저널리스트, 지역의 공무원 들로 이루어져 있었으므로 이른바 '군복을 입힌 프티부르주아들'이라고 불리는 집단이었다. 1831~1834년의 기간 동안에는 7월 왕정 체제가 이 집단을 군사력으로 의지할 수 있었지만, 이제는 이 집단이 과연 어디에 충성하게 될지가 불확실했다. 『세기Le Siècle』지의 편집장이자 국민 방위군의 지도적 인물이었던 루이 파레Louis Parée는 기조Guizot에 대한 반감이 상당히 퍼져 있었기에 그의 군단은 아예 "체제를 타도하자! 개혁 만세!'"를 구호로 외쳤다고 한다.

대부분의 관찰자는 이 군중과 체제 사이의 갈등이 결국은 왕과 자유주의자들 사이의 모종의 타협으로 끝날 것이라고 기대했다. 하지만 그날 늦게 터진 사건으로 인해 그러한 타협은 완전히 불가능하게 된다. 군중들은 길고 긴 열을 이루어 축제 분위기로 흥겹게 생앙투안에서 생드니 포구로 행진하고 있었고, 포구에서 그들은 흉갑 기병cuirassiers 중대 하나와 뒤섞이면서 부르주아와 프롤

✤ 소르본느 대학 주변인 파리 5구와 6구 지역으로, 학생과 예술가들이 많이 모여 산다. 중세부터 이 지역의 학생들은 당시 학술 언어였던 라틴어로 이야기하는 일이 많아서 이러한 이름을 얻게 되었다고 한다.

레타리아 사이의 연대를 축하하는 광경을 연출하기도 한다. 시위대는 곧 공화주의 반대파 저널인 『국민Le National』의 사무실을 지나게 되는데, 이때 편집장인 아르망 마라Armand Marrast가 군중에게 연설을 한다. 그는 의회의 해산과 의회 개혁 그리고 부패한 각료들의 처벌을 요구했다. 시위대는 그다음으로 페 거리Rue de la Paix를 따라서 카퓌신 대로Boulevard des Capucines에 있는 외무부로 행진했다. 그런데 여기에서 예기치 못한 사태가 벌어졌다. 제14정렬 연대Regiment of the Line✤의 200명의 병력이 길을 봉쇄하고 있었던 것이다. 이들 군인은 시위대가 들고 있는 횃불에서 나온 짙은 연기 때문에 상황을 제대로 볼 수 없었고 이에 위협을 느낀 병사들이 발포했다. 처음에는 우발적인 것이었지만 그다음에는 본격적인 일제 사격이 시작되었던 것으로 보인다. 연기가 걷히고 나자 50명의 시위자들이 살해당하고 수많은 이가 다친 모습을 드러났다.

2월 23일 밤, 이 '카퓌신 거리의 학살' 소식은 빠르게 온 도시로 퍼져나갔고, 도시 전역에 무려 1500개의 바리케이드가 생겨났다. 왕은 뷔조 장군Marshal Bugeaud에게 질서 회복의 명령을 맡겼는데, 이는 참으로 개념 없이 되려 사태를 악화시키는 선택이었다. 뷔조는 1834년 4월의 파리 봉기를 잔혹하게 짓밟았던 것으로 증오의 대상이 된 인물이었던 것이다. 하지만 뷔조는 반란자들이 워낙 단단하게 방벽을 세웠는지라 힘으로 몰아내는 게 불가능하다는 것을 알게 된다. 그래서 루이 필리프는 군사적 해결책을 포기하고 정치적 해결책으로 돌아서서 기조를 해임하고 티에르Thiers를 수상으로 임명했다. 티에르는 반대 세력의 지도자인 오딜롱 바로Odilon Barrot를 각료로 임명하고 파리에서 군대를 철수시켜야 한다고 강하게 주장한다. 하지만 이미 성난 군중을 가라앉히기에는 너무 늦은 때였다. 왕은 아홉 살짜리 손자에게 왕위를 물려주고 영국으로 떠나 버린다.

이미 가두의 사람들의 생각은 공화국 수립 쪽으로 기울고 있었다. 튀일

✤ 척후병이나 기병과 달리 엄격하게 대열과 대형을 갖춘 군대.

리궁은 짓밟혔고 왕좌는 땔감이 되어 불에 타 버렸으며, 의회 건물에는 시위대가 침입했다. 궁정은 당연히 대혼란에 빠져 있었고, 오를레앙 공작 부인이 섭정 역할을 맡겠다고 제안했지만 논의는 아무 전진이 없었고, 임시정부의 각료들을 지명하는 회의는 시청으로 자리를 옮기게 된다. 여기에서 더욱 급진적인 변화가 벌어진다. 건물 바깥을 둘러싼 엄청난 군중들은 1830년 혁명이 7월 왕정을 수립하면서 너무 빨리 끝나 버렸던 과정을 똑똑히 기억하고 있으며 분노에 가득 차 있었다. 결국 장래의 정부 형태를 미결 상태로 남겨 두려는 시도는 이들의 압력으로 인해 확실하게 포기된다. 그리하여 공화국이 선포되었다. 이와 동시에 상원은 폐지되었고, 집회 및 언론·출판의 자유가 선포되었고, 식민지에서의 노예제가 폐지되었으며, 채무자의 투옥과 정치범에 대한 사형이 종식되었다. 뤽상부르궁에서 청문회를 열 위원회의 지명 과정에서 노동문제에 대한 해법도 제시되었다. 무엇보다 광범위하고 예측 불허의 민주화 조치들 속에서 성인 남성들에게 보편적 선거권이 선포되었고, 국민 방위군에 참여할 수 있는 자격도 모두에게 주어졌다.

좀 더 급진적인 지지자들의 눈으로 볼 때 이 새로 수립된 공화국은 단순히 '민주주의 공화국'이 아니라 '민주주의 및 사회 공화국Democratic and Social Republic'이었다. 가두의 시민들이 넣는 압력으로 인해 정부에는 자유주의적 공화주의 저널인 『국민Le National』지로부터 일곱 명이 포함되었고, 좀 더 급진적이고 사회적·민주주의적인 『개혁La Réforme』지로부터도 다섯 명이 포함되었다. 정부에는 이제 사회주의자인 루이 블랑 그리고 '노동자 알베르' 또한 들어가게 되었다.[11] 그리고 시청 건물 바깥에서의 시위에 대한 응답으로 2월 25일 마침내 임시정부는 '모든 시민에게 일자리를 보장'하기로 약속했고, '노동자들은 자기들 노동의 결실을 향유할 수 있도록 결사체를 만들어야 한다'는 점이 인정되었다. 새 정부는 이러한 '일자리에 대한 권리'를 명백히 인정하면서 또한 길거리의 실업자들을 없애기 위한 수단으로 2월 26일 '국영 작업장'의 설립을 인가한다.

파리에서의 사건 전개는 독일에서 큰 흥분을 불러일으켰다. 거기에다가 스위스와 나폴리 왕국에서 자유주의자들이 승리를 거두었다는 소식도 들려왔고 색소니, 바바리아, 바덴, 뷔르템베르크, 하노버, 헤세 등에서 연달아 보수 내각이 무너지는 등 개혁의 물결은 멈출 줄 모르는 듯했다. 라인란트의 여러 도시에서도 시위가 벌어졌다. 쾰른에서는 3월 3일 의회가 나서서 여러 시민적 자유와 헌정 개혁을 요구하는 자유주의적 탄원을 논의했지만, 그동안에 급진파들이 시청으로 밀고 들어와서 보편적 남성 선거권(즉 모든 성인 남성들로 투표권을 확장한다는 뜻)과 상비군의 폐지를 요구했다. 3월 9일에는 베를린에서도 마찬가지로 군중들이 시의회 회의실로 쳐들어와서 시의회를 모종의 항의 집회장으로 바꾸어 버렸다. 베를린 시내의 티어가르텐Tiergarten 광장의 '천막들'에서는 매일 집회가 열려 약 2만 명에 달하는 참가자들이 헌정의 변화를 논의했고, 기능공들과 노동자들은 자신들의 경제적 불만 사항들을 널리 선전했으며, 노동을 보호할 수 있는 새로운 법률을 요구했다.[12)]

3월 13일, 드디어 군대가 도시로 진입하면서 긴장이 고조되었고, 몇 명의 시위대가 궁전이 있는 지역에서 살해당했다. 당국자들은 어떻게 대응해야 할지를 놓고 분열되어 있었다. 베를린 시장인 푸엘 장군General Pfuel은 시위대에 양보할 것을 제안했지만, 왕의 형제인 빌헬름 대공은 반란자들에게 공격을 가해야 한다고 강하게 주장했다.

비엔나에서 소식이 들어오면서 이 문제는 결정되었다. 3월 13일, 비엔나의 란트하우스Landhaus(오스트리아 하층 신분의 회의장)의 바깥에서 시민, 학생, 기능공 들의 대규모 시위가 벌어졌고, 개혁만이 아니라 제국의 원로 재상인 메테르니히의 사임까지 요구한 것이었다. 하루 종일 시위대는 계속해서 불어났고, 파리에서처럼 겁먹은 병사들은 과도한 무력으로 대응했다. 하지만 군중들도 물러서지 않았고, 도시의 다양한 곳에서 재집결했다. 특히 도시 중심을 둘러싼 노동계급이 거주하는 가난한 지역들이 중요한 집결지였다. 소요 사태는 밤새 계속되었고, 고용주들과 공직자들이 공격을 받았으며, 화재까지 시작되었다. 민병대 Civil Guard의 요구에 따라서 결국 메테르니히는 사임하고 영국으로 떠났다. 혁명적 봉기가 터진 지 이틀 만인 3월 15일, 황제는 검열을 폐지했고 민병대를 인정했으며 제헌의회를 소집하겠다고 약속했다.

이러한 사건들에 이어서 3월 17일 아침에는 베를린에서도 검열 폐지, 그리고 기존의 통일 주의회를 폐지하고 프로이센을 입헌 국가로 만들 것임이 선포되었다. 온 도시가 축제 분위기가 되었고 집집마다 조명이 밝혀졌다.✤ 하지만 궁정 앞 광장에서 정치적 시위를 열기로 한 계획을 취소하기에는 너무 늦은 상태였다. 그래서 왕의 여러 양보를 경축하는 것을 내용으로 하는 시위를 계획대로 진행하기로 했다. 시간이 되자 군중들이 모여들었지만, 광장에 군대가 출동해 있는 것을 보고 동요했다. 군인들에게 꺼지라고 소리 지르는 이들이 나타났고, 패닉이 시작되었다. 군인들에게는 광장에서 사람들을 몰아내라는 명령이 떨어졌고, 총을 가진 기마병이 앞으로 전진하는 중에 우발적으로 총 두 발이 발포되었다. 양쪽 모두에서 분노가 폭발했고, 광장과 그 주변 지역은 순식간에 전투장으로 변했다. 파리에서와 마찬가지로 군중들은 시위 참가자들을 살해한 것이 고의적인 전술이라고 보았으며, 이에 대한 대응으로 도시 전역에 걸쳐 바리케이드를 쌓았다.13)

그다음 날 저녁 무렵이 되면 사망자의 숫자가 시위대 300명 및 군인 100명에 달하지만 어느 쪽도 도시를 장악하지는 못했다. 군의 최고 사령관인 프리트비츠Prittwitz와 빌헬름 대공은 도시를 소개하고 포위한 뒤 포격해 버리자고까지 제안한다. 하지만 이러한 군부의 강경파들이 깜짝 놀랄 일이 벌어졌다. 국왕 프

✤ 원문의 표현은 "… illuminations were ordered." 유럽의 도시에서는 기념하고 축하할 만한 사건이 있을 때에는 모든 집이 불을 밝히라는 암묵적인 합의가 이루어진다. 그리고 사람들은 떼를 지어 그 일을 축하하면서 길거리를 돌아다니다가 불을 밝히지 않은 집이 있으면 창문을 깨어 버리고 집을 약탈하기도 하는 등의 일들이 벌어졌다.

리드리히 빌헬름이 이 제안을 반대하고 3월 19일 정오를 기하여 도시에서 군을 철수시킨 것이다. 이로써 국왕의 안전과 인신은 완전히 혁명의 손아귀에 떨어지게 되었다. 그날 오후 왕과 왕비는 궁정 앞 광장에서 벌어진 시위대 시신들의 행렬을 참관해야만 했다. 그리고 사람들은 왕에게 모자를 벗어서 시신들 앞에 경의를 표하라고 요구했으니, 이는 프로이센의 군주 누구도 당해 보지 못한 모욕적인 일이었다. 3월 19일, 프리드리히 빌헬름 왕은 「프로이센의 신민들과 독일 민족에게 보내는 연설」을 발표한다. 여기에서 그는 프로이센이 독일의 통일 운동을 이끌 것임을 암시한다. 그와 동시에 프로이센의 자유주의자들은 다른 이들과 함께 모여 전국적인 독일 의회를 계획한다. 한편 왕은 말을 타고 도시를 돌아다니면서 자주 말을 멈추고 서서 자신의 행동을 사람들에게 설명하면서 자기 시민들에 의해 보호받고 있다는 데 자부심을 느낀다고 천명했다.

3월 21일, 옛날에 카를이 『라인 신문』을 편집하여 발간했던 쾰른에서 그의 친구이자 외과 의사인 로란트 다니엘스가 편지를 보내 그곳 사람들은 여전히 베를린에서 벌어지고 있는 일들에 대한 소식을 소문에만 의존하고 있다고 알려왔다. "이곳에는 그저 흥분과 긴장뿐일세. 주민들 전체가 무언가 하겠다는 태세이지만, 모든 게 너무나 불확실한 판이니 섣불리 나서지도 못하고 있다네. … 지방의 주민들은 이러한 상태에 있으니 만약 도시 지역 한 군데라도 시의회가 나서서 공화국을 선포한다면 모두 다 따를 걸세."[14] 며칠 후 또 다른 카를의 친구인 게오르크 베이르트는 편지에서 이렇게 말했다. "며칠 동안 쾰른을 방문했었네. 모두 다 무기를 들고 있네. 베를린에서 국왕이 내놓은 약속들에 대해 사람들은 믿지 못하고 있네. 사람들은 보편 선거권, 무제한의 출판의 자유, 집회의 자유 등이 주어지기 전에는 절대로 만족하지 않을 걸세. 사람들이 보기엔 저 옛날의 주의회(즉 통일 주의회)는 이제 죽었다네. … 사람들이 만족할 수 있는 것은 오직 보편적 선거권에 기초하여 선출된 새로운 주의회뿐일세. 프랑크푸르트 국민의회Frankfurt National Assembly✤도 마찬가지일세."[15] 드디어 1847년에 소집된 통일 주의회에서 자유주의 진영의 지도자 역할을 맡았었던 쾰른 출신의 루트비히 캄프하우젠Ludwig Camphausen이 3월 29일 수상으로 임명되었고, 사람들의 흥분은 극에 달했다. 그리고 4월 1일 통일 주의회는 프로이센 국민의회를 구성하기 위한 선거를 위한 법률을 제정했다. 선출은 간접적으로 이루어지지만, 이는 성인 남성의 보편적 선거권에 기초한 것이었다.

3. 쾰른

카를은 4월 10일 쾰른에 도착했다. 엥겔스와 함께 그는 처음 이틀간 마인츠에서 카를 발라우Karl Wallau와 아돌프 클루스Adolph Cluss를 접견했다. 이들은 '공산주의 동맹'에서 런던과 브뤼셀의 '노동자 협회'와 비슷한 조직을 마인츠에 설립하기 위해 3월에 파견한 회원들이었다. 마인츠 토박이이자 브뤼셀의 '독일 노동자 협회'의 의장인 발라우가 마인츠를 중심으로 하여 독일 전역에 '노동자 협회'의 네트워크를 구축한다는 발상이었다. 그도, 클루스도 에너지가 넘쳤고, 카를과 엥겔스가 도착했을 무렵에는 이미 '노동자 교육 협회'를 설립하여 「독일의 모든 노동자 형제들에게 고함」이라는 전단까지 뿌린 상태였다. 이 전단의 내용은 다가오는 독일 의회 선거에 대비하여 모든 도시와 마을에서 후보자를 준비하기 위해서라도 '노동자 협회'를 형성해야 한다는 촉구를 담고 있었다. '동맹'의 다른 성원들 또한 다른 곳에서 비슷한 활동을 하고 있었다. 슈테판 보른은 베를린에서, 빌헬름 볼프는 실레지아에서, 카를 샤퍼는 마인강 유역의 여러 도시에서, 에른스트 드론케는 코블렌츠에서 활동하고 있었다.

✣ 1848년 3월 혁명적 상황이 벌어지자 프로이센과 오스트리아를 포함한 독일 지역 전역의 자유주의자들은 독일 통일을 위한 국민의회의 형성을 주장하기 시작했고 프랑크푸르트에서 처음으로 회의를 열게 된다. 하지만 그 의원의 선출 방법은 독일 지역 내의 다양한 나라마다 모두 가지각색이었다.

하지만 마인츠에서 '공산주의 동맹'의 '중앙 권력 기구Central Authority'에 보낸 보고서들은 우울한 내용이었다. 지역에서 노동자 협회를 형성하는 데 성공한다고 해도 이 협회들은 모두 지역 문제에만 관심을 쏟는다는 것이었다. 하지만 이러한 호소는 사실상 묵살당했다. 17조로 된 「독일 공산당의 요구들」의 첫 번째 요구는 '독일 전체를 분리 불가의 단일 공화국으로 선포해야 한다'는 것이었기 때문이다. 하지만 이러한 신자코뱅적 선언은 설령 격렬한 반감을 사지 않은 지역이라고 해도 아무런 반향도 끌어내지 못했다. 2월 혁명 이전에도 '동맹'이 런던, 브뤼셀, 파리 지부 모두에 획일적인 세계관을 확립하려는 노력은 환상에 불과하다는 것이 입증된 바 있었다. 하지만 그래도 그 당시 그 세 도시의 기능공들은 최소한 추방자 공동체들 내부에서 어떤 입장들끼리 논쟁을 벌이고 있는지의 지형만큼은 알고 있었다. 하지만 막상 독일에 와 보니 전혀 다른 상황이었다. 1792년 프랑스혁명군의 점령이 장기적인 영향을 남겨 놓은 몇 개의 라인란트 중심지들을 제외하면 공화주의 전통이라는 것 자체가 존재하지 않았고, 또 공화국이라는 역사적 기억도 존재하지 않았다. 전면에 불거진 것은 어디까지나 지역적 관심사들뿐이었으며 게다가 최소한 도시의 기술공들 사이에서는 여전히 관심의 초점이 길드의 규제를 되살릴 수 있을 것이라는 희망에 맞추어져 있었다. 4월 말경이 되면 독일에서 전국적인 '노동자 협회'의 네트워크를 수립하자는 '공산주의 동맹'의 시도는 실패라는 것이 분명해진다. 기능공들이나 옥외 노동자들 사이에서는 불만과 고충이 넘쳐 났고, 이들이 스스로 뭉치는 것을 꺼렸다는 증거도 없다. 하지만 '동맹'의 신자코뱅식 민주주의 사상은 이 노동자들을 행동에 나서게 만들 이상과 열망들과는 전혀 무관한 것이었다.

카를은 쾰른에 자리를 잡기로 결정했다. 쾰른의 인구는 약 9만 명 정도였고, 강변에는 항구와 여러 산업이 있었으며, 노동인구의 상당수도 여기에 살고 있었다. 하지만 항구도, 산업들도 쇠퇴하고 있었고 실업률은 25퍼센트에 달하고 있었다. 1848년 시점에서 인구의 3분의 1은 빈민 구호를 받고 있었다. 이곳에서 노동자들의 연대체를 수립하는 작업을 주도했던 것은 '동맹'의 성원인 안드레아스 고트샬크였다. 그는 지역의 의사로, 빈민들 사이에서의 많은 활동을 통해 쾰른의 노동자들 사이에서 대단히 인기가 높은 이였다. 4월 6일 그는 『쾰른 신문』에 광고를 내어 자신의 벗들과 함께 '민주주의-사회주의 클럽'을 조직하려 한다고 공표했다. 4월 13일에 개최된 출범식은 성공적이었으며 참석한 이들의 숫자는 수백 명을 헤아렸다. 하지만 이들이 내세우고자 했던 정체성은 민주주의자도, 사회주의자도 아닌 노동자라는 것이었다. 이는 4월 23일 『쾰른 노동자 협회 신문. 자유, 형제애, 노동』(이는 '쾰른 노동자 협회'의 신문이었다)의 첫 호가 발간되었다. 출범식을 다룬 짧은 기사에 따르면, "'민주주의-사회주의 클럽'이라는 명칭은 기각되었고, '인민-협회Peoples-Society'라는 이름도 마찬가지로 거부되었다. 만장일치로 채택된 명칭은 '노동자 협회'였다."[16]

활동가들을 출신 지역으로 돌려보낸다는 '동맹'의 정책에 따라서 카를은 트리어로, 엥겔스는 바르멘으로 갈 것이라고 고트샬크는 생각했다. 그는 모제스 헤스의 가까운 친구였는데, 헤스에게 편지를 보내 헤르베크의 '군단'에 엮이지 말고 쾰른으로 오라고 촉구했다.[17] 이들과 함께 『라인 신문』을 복간할 수 있을 것이라는 게 고트샬크의 생각이었다. 주식을 발행하여 판매하면 그 기초를 마련할 수 있을 것이라고 그는 보았다. 고트샬크와 헤스가 꿈꾸었던 신문은 민주주의의 관점을 특히 '사회문제'에 각별한 관심을 두어 결합시킨다는 것이었고, 이론적인 문제들보다는 실제적 문제들에 초점을 둔다는 의도를 가지고 있었다. 4월 7일, 전직 장교였던 급진주의자 프리츠 아네케Fritz Anneke와 함께 헤스는 『쾰른 신문』에 이 계획에 지지를 호소하는 공고문을 게재한다. 하지만 카를의 친구인 하인리히 뷔르거스 또한 똑같이 『라인 신문』 복간을 추진하고 있었고, 카를에게 쾰른으로 와서 다시 편집장이 되어 달라는 편지를 보냈다. 카를과 엥겔스가 쾰른에 도착한 직후 무슨 일이 있었는지는 분명히 알려져 있지는 않다. 하지만 그들이 도착한 지 이틀 만에 카를이 향후 편집장 자리에 오를 것이며 고트샬크와 헤스는 밀려나고 말았다는 것이 분명해졌다.

고트샬크가 세운 '노동자 협회'는 '공산주의 동맹'이 그려 놓은 구조에 조응하지 않았다. '동맹'은 노동자들을 무차별한 동질적 집단으로 여겼던 반면, '노동자 협회'의 성원들은 길드와 기술을 따라 여러 부분으로 나뉘어 있었다. 직종별 조직화가 이루어지면서 동시에 노동자들의 불만 사항을 표출하도록 장려했고, 저임금 문제, 산업에서의 여러 분쟁들, 그리고 악덕 고용주들의 행태의 폭로 등을 강조했다. 그리고 '동맹'이 '분리 불가의 단일 공화국'에 헌신했던 것과는 대조적으로 고트샬크는 연방제의 원칙을 지지했고 입헌 왕정이 좀 더 현실적인 목표라고 생각했다. 그는 3월 26일 헤스에게 보낸 편지에서 "이 '공화국'이라는 말은 사람들 사이에서 아주 썰렁하게 여겨지며, 또 최소한 이곳에서는 프롤레타리아트가 아직 독자적으로 행동할 만큼 강력하지 못하다네. 당분간은 우리도 이미 달성된 바 있는 것(사람들의 보편적 선거권에 기초한 왕정)에 만족해야 하네. 따지고 보면 우리가 쟁취해 낸 제도가 영국의 그것보다 더 낫지 않은가."[18] 그는 또 이렇게 덧붙인다. 공화국이라는 이름만 나와도 부르주아지는 겁을 집어먹으며, 이들은 그 이름을 '강도질, 살인, 러시아의 침입' 등과 동일한 것으로 놓는다고.[19] 그는 이러한 생각을 가지고 있었기에 골수 민주주의자들의 견해와는 반대로, 반동적인 빌헬름 대공이 영국에서 돌아오는 것을 반대하지 않는 쪽으로 '노동자 협회'의 합의를 몰고 갔다. 1840년대에는 여러 형태의 사회주의 대부분이 정치적 문제들을 부차적인 것이라고 여겼거니와, 이러한 고트샬크의 모든 입장들도 그러한 경향과 일치하는 것이었다. 그는 또한 간접적 선거권의 원칙에 대해서도 강력하게 반대했고, 그러한 이유에서 자신의 지지자들에게 프로이센 국민의회 선거도, 프랑크푸르트 독일 의회 선거도 투표장에 가지 말라고 조언했다. 하지만 1848년 여름에 들어서 갈등이 고조됨에 따라 고트샬크 또한 이른바 '진정한 사회주의'*의 입장에 가까웠던 다른 이들과 마찬가지로 정치적 투쟁에 몸을 던지게 되며, 6월에는 자신도 공화국을 지지한다고 선언한다.

'노동자 협회'가 꼽은 우선적인 과제들은 '동맹'이 품고 있었던 독일 혁명의 개념과 정면으로 충돌했다. 카를을 중심으로 모인 집단은 1848년의 독일이 1789년의 프랑스가 걸어간 길을 그대로 따를 것이라고 확신하고 있었다. 먼저 '부르주아적' 혹은 '자유주의적' 단계가 나타날 것이며, 이때에는 유산계급과 민중 세력 모두가 '봉건적' 사회관계들을 뒤집어엎는 데 집중할 것이라는 것이다. 그다음에는 '두 번째'의 급진 혁명이 따라올 것이며, 이를 이끄는 것은 '독일 프롤레타리아트, 프티부르주아지, 소농 들'이 될 것이라는 것이다. 1792~1793년의 프랑스와 마찬가지로 혁명이 이렇게 급진적 단계로 들어서는 계기는 전쟁일 것이다. 카를과 그의 동맹자들이 모두 포젠 공국Duchy of Posen에서의 폴란드인들의 지위 문제에서나 실레지아의 소수 독일인들의 주장에 대해서나 항상 호전론자들 중에서도 가장 호전적인 입장을 취했던 이유도 바로 거기에 있었다.

이는 또한 카를과 엥겔스가 쾰른에 도착하자마자 '민주주의 협회 Democratic Society'에 가입했던 이유도 설명해 준다. 이는 4월 초에 설립된 단체로, 그것을 설립한 위원들 중에는 카를의 옛 친구이자 정치적 동맹자들인 하인리히 뷔르거스와 카를 데스터Karl D'Ester도 들어가 있었다. 그때부터 1849년 봄까지 '민주주의 협회'는 카를이 정치적으로 둥지를 트는 보금자리가 되었다. 『신라인 신문』 또한 '민주주의 협회'와 전반적으로 동일한 전망을 공유하는 한 부분으로, 그 부제는 '민주주의의 기관지'였다. 이 신문은 공산주의나 계급투쟁에 대해서는 전혀 언급하지 않았다. 훗날 엥겔스가 설명한 바에 따르면, 1848년 독일에서 '민주주의 정당'이라는 말이 뜻했던 바는 성인 남성의 직접적·보편적 선거권, 그리고 단원제를 채택하여 이를 새로운 질서의 기초로 인정한다는 (베를린에서의) 3월 18일의 약속에 대한 지지였다고 한다.[20] 하지만 카를과 그의 추종자들

✣ 헤스와 프루동의 강한 영향을 받아 마르크스·엥겔스와 대척 지점에 있었던 카를 그륀이 이끄는 집단의 입장을 지칭한다. 이들 자신은 이러한 명칭을 쓴 적이 없다.

에게는 '민주주의'란 궁극적인 원칙이라기보다는 하나의 도구에 불과한 것이었다. '프롤레타리아 정당'의 요구들은 계속 숨겨 두기로 했으며, 이는 1848년 6월에 있었던 파리에서의 노동자 봉기에 대해 카를과 엥겔스가 반응했던 바에서 분명히 드러난다.

고트샬크가 1843년 이후 쾰른에서 의사로 일해 온 기간 동안 자신의 주변에 끌어모은 노동자들의 헌신적인 지지는 도저히 카를이 넘볼 수 있는 것이 아니었다. 1840년대 서유럽 전체의 도시들을 통틀어 유산계급 혹은 교육받은 계급과 노동계급 혹은 빈민 사이에 벌어지는 접촉이라고는 전자의 집안에서 부리는 하인·하녀들을 제외하면 지극히 제한되어 있었다. 이러한 이유 때문에 빈민들의 생명에 헌신하는 의사들, 그리고 그중에서도 노동자들의 삶에 대해 익숙히 알고 있는 일부 소수 의사들의 명성과 인기는 정말로 대단히 높았다. 게다가 고트샬크는 강력한 웅변가였으며 또 지성을 겸비한 지도자이기도 했다. 그의 '노동자 협회'에 대한 장악력은 확실한 것이었다. 한 추종자는 이렇게 말한 바 있다. "그가 이야기를 시작하면 귀르체니히Gürzenich(당시의 가장 큰 강당)의 큰 공간을 침묵이 지배했다. … 그는 명령했고 그들은 순종했다." 그의 '협회'는 대단한 성공을 거두었다. 회원 숫자는 5월의 5000명에서 6월이 되자 7000명으로 불어났다. 반면 '민주주의 협회'의 회원 숫자는 그보다 훨씬 보잘것없는 700명 정도였다.[21]

말할 것도 없이 이 두 진영 사이의 분열은 대단히 비생산적인 것이었다. 고트샬크가 선거에 참가하지 말자는 운동을 전개한 덕분에 베를린과 프랑크푸르트에서 급진파 의원들의 힘은 크게 줄었고, 또 카를이 자신의 민주주의 혁명론을 경직되게 적용한 결과 『신라인 신문』은 1848년 전체에 걸쳐서 쾰른에서 벌어진 노동자들의 주도적 활동과 불만 사항을 사실상 무시해 버리는 결과를 낳고 말았다.

고트샬크가 '동맹'의 본래 전략에서 이탈하고 카를이 고트샬크의 입장에 공적으로 도전할 능력이 없었다는 것이 '공산주의 동맹'을 해산하기로 결정한 주된 이유였을 가능성이 높다. 5월 11일에 열린 '동맹'의 쾰른 지부 회합에서 카를은 고트샬크가 '동맹'에서 합의한 바 있는 입장들에서 이탈한 것에 문제를 제기했다. 고트샬크는 이에 대해 "현재의 조건 속에서 우리가 겪고 있는 변화는 '동맹'의 규칙들을 재정립할 것을 요구하고 있지만 현존하는 규칙들에 따르면 자신의 개인적 자유가 위태로운 상태"이므로 자신이 이미 '동맹' 탈퇴서를 제출한 바 있다는 사실을 여러 번 강조했다.[22] '동맹'의 '중앙 권력 기구'가 쾰른에 자리 잡고 있었음에도 카를은 '동맹'의 지도력을 유지하기가 불가능했으며, 이에 카를은 6월 초 '동맹'을 해산시켜 버린다. 그가 명시적으로 언명한 이유는 이제 언론의 자유가 돌아왔으니 비밀 결사체의 구조와 활동 방식을 유지할 필요가 없다는 것이었다. 하지만 이렇게 공식적으로는 해산했지만 '동맹'은 일부 지역(특히 런던)에서 그림자처럼 계속 존속했으며, 1848년 혁명이 끝나는 단계에서는 다시 모습을 드러냈고, 결국 재앙의 결과들을 낳게 된다.

4. 『신라인 신문』

『신라인 신문』의 제1호는 6월 1일에 나왔다. 신문사를 차릴 자금을 조달하는 일은 기대했던 것보다 어렵다는 게 밝혀졌다. 구독자의 수가 충분치 않았기에 주식을 발행하여 판매해야 했다. 하지만 필요한 자금을 조성하기 위한 운동은 성공하지 못했다. 주주총회를 한 번 열기는 했지만, 5월 말까지도 본래 희망했던 3만 탈러의 자금 중 주식 발행으로 조달된 것은 1만 3000탈러에 불과했고, 그것도 납입된 금액은 주식 판매액의 10퍼센트밖에 되지 않았다. 엥겔스는 자금을 조성하기 위해 부퍼탈로 갔지만, 이 지역은 왕에 대한 충성심이 깊은 프로테스탄트 지역이었으므로 당연히 엥겔스에게 의심쩍은, 심지어 적대적인 반응만 보였다. 엥겔스는 만약 이 지역에 자신들 공산주의자들의 17개 요구들을 담은 문서가 한 장이라도 돌아다니게 되면 모든 게 끝장이 날 것이라고 경고했다. 엥겔스는 또한 부친을 만나 돈 문제를 설득해 보라는 카를의 제안을 비웃었다. 엥겔스의 부친은 "우리에게 1000탈러도 내놓지 않을 것"이며 되레 "1000탈러는 커녕 1000발의 산탄 총알을 우리에게 뿌려 댈 것"이라는 것이었다.[23] 그리하여 7월 초 이전에는 신문을 출간하는 일이 불가능해 보였다. 하지만 카를은 반동세력의 귀환이라는 위험이 임박했다고 확신하고 있었으므로 무슨 일이 있어도 신문이 6월 초에는 출간되어야 한다고 고집했다.[24] 그 결과 정력적인 구독자 배가 운동이 벌어졌으며 또 카를 자신 또한 상속 재산의 일부를 털어 넣었을 가능성도 있다. 하지만 신문 발행 자금의 문제는 여전히 불확실의 늪을 벗어나지 못하고 있었다.[25]

하인리히 뷔르거스를 제외하면, 편집진은 모조리 카를과 함께 독일로 돌아온 '동맹'의 성원들(에른스트 드론케, 프리드리히 엥겔스, 게오르크 베이르트, 페르디난트 볼프, 빌헬름 볼프)이었다. 브뤼셀에서처럼 카를은 편집장으로 계속해서 독재적인 방식으로 역할을 수행해 나갔다. 엥겔스는 해외 문제들 대부분을 다루었고, 게오르크 베이르트는 좀 더 가벼운 문예란과 증보판을 편집했다. 카를은 국내 정치와 헌법 문제에 집중했다. 신문은 비록 쾰른에 자리 잡고 있었지만 지역의 문제들에 대해서는 거의 지면을 할애하지 않았다. 『신라인 신문』은 전국지로 활약하고자 하는 열망을 가지고 있었으므로 먼 곳의 통신원들의 기고에 의존했을 뿐만 아니라 독일연방 전역에서 구독자를 모집했다. 카를이 1849년 2월 한 재판정에서 이 신문을 소개하며 말했듯이, "저는 지역 동네의 유지, 경찰, 치안판사 들 따위에 관심을 쏟기보다는 역사의 운동을 분석하고 세계의 대사건들을 추적하는 쪽을 선호합니다."[26] 이 신문의 1호는 독일에 대한 글을 머리기사로 하여 비엔나, 벨기에, 이탈리아, 프랑스공화국, 대영제국 등에 대한 기사들을 연이어 풀어놓았다. 그다음에 이어진 몇 호에서도 스페인, 스웨덴, 미국 등에 대한 기사들이 있으며, 여기에 또 정기적으로 나오는 증보판에서도 외국 사건들에 대한 기사가 실려 있었다. 이 신문의 구독자 수는 5000명 정도로 라인란트의 주요 신문인 『쾰른 신문』의 1만 7000명의 구독자 수에는 결코 경쟁이 되지 못했지만, 독일에서 가장 중요한 급진파 신문으로 확고히 자리를 굳혔으며 외국의 정치적 사건들에 대한 중요한 정보 원천 역할을 했다. 따라서 이 신문이 프랑크푸르트에서 열렸던 제1차 독일 민주주의 의회에서 공개적으로 상찬을 받았던 것도 놀라운 일이 아니었다.

이 신문은 노동자들의 불만 사항을 특별히 중요하게 다루지도 않았을 뿐만 아니라, 많은 교육을 받은 부르주아 유산계급 말고는 도저히 이해하기가 힘든 문체로 쓰여 있었다. 제1호에는 어째서 신문이 계획보다 한 달 일찍 나오게 되었는지를 설명하는 기사가 있었거니와, 여기에서는 아무도 들어 본 적도 없는 1835년 프랑스의 '9월 언론법'에 대한 언급이 아무 설명도 없이 툭 튀어나오고 있다.[27] 3호에서 카를이 쓴 머리기사는 두 단에 걸쳐 캄프하우젠 내각을 공격하는 내용이었거니와, 그 안을 보면 『트리스트럼 섄디Tristram Shandy』에 대한 언급에다가 셰익스피어의 『리처드 3세』와 괴테의 『파우스트』에 대한 언급까지 나오고 있다. 이 기사의 목적은 캄프하우젠 수상이 옛날의 '통일 주의회'와 자신의 내각이 성립하는 시점 사이에 혁명이라는 대사건이 벌어졌다는 점을 전혀 언급하지 않은 채 마치 아무 일도 없이 그 두 의회 사이에 법률적 연속성을 확고하게 하려는 시도를 공격하는 것이었으며, 이 논점 자체는 급진파들 사이에서는 이견이 거의 없는 것이었다. 카를은 이 기사를 이렇게 끝맺고 있다. "이리하여 거위는 알로 변했고 알은 거위로 변했다. 하지만 의회를 구출해 준 그 꽥꽥 소리 덕분에 온 나라가 곧 레다Leda가 혁명 중에 낳은 황금알을 누가 훔쳐가 버렸음을 곧 알게 되었다. 심지어 밀데 의원Deputy Milde조차도 레다의 아들이자 인물이 훤한 카스토르는 아닌 듯했다."[28] 이런 식의 장황한 현학적 허세가 '노동자 협회' 쪽에서 카를의 신문에 대해 악감정을 가지게 된 또 다른 이유였다. 고트샬크의 『쾰른 노동자 협회 신문Zeitung des Arbeiter-Vereines zu Köln』에 따르면, 『신라인 신문』은 경제 상황의 악화를 이용하여 '순종적' 노동력을 낮은 비용으로 모으고 있다고 한다. 또한 그 부제인 '민주주의의 기관지'라는 것에도 공격을 가했다. 그 진정한 목적을 은폐하는 정직하지 못한 태도일 뿐만 아니라, 이는 '프롤레타리아트를 억누르는 요식 행위로, 인민에 대한 배신'이라는 것이었다.

4월과 5월에도 급진파들은 여전히 사태의 진전이 자신들에게 유리한 방향으로 가고 있다고 생각했다. 5월 22일에 개최된 프로이센 의회는 자유주의자들 혹은 좌파 자유주의자들이 지배하고 있었다. 이는 군주의 권력을 줄이고, 군대를 헌법 아래에 두고, 농촌에서 영주들이 갖는 다수의 권리들을 제거하는 것을 목표로 삼고 있었다. 여러 지역, 특히 색소니, 베를린, 라인란트의 여러 곳에서 민주주의 결사체들과 '노동자 협회'들이 설립되었다. 급진파들은 특히 비엔나에서 큰 성공을 거두었다. 5월 11일, 무장한 학생들과 노동자들은 정부로 하여금 선거권을 좀 더 민주적으로 확립하도록 강제했다. 그다음 몇 주 동안 오스트리아 황제는 오스트리아 서부 티롤주의 수도인 인스브루크Innsbruck로 이동했으며, 비엔나 시에서는 여전히 혁명 운동이 우위를 점하고 있었다.

쾰른에서는 분위기가 갈수록 험악해지고 있었다. 반동 세력의 반격에 대한 두려움(이것이 『신라인 신문』 스스로가 표명한 대로 한 달 먼저 출간된 이유이다)도 있었고, 또 혁명이 임박했다는 전운이 감돌고 있었기 때문이기도 했다. 이러한 분위기는 6월 14일에서 17일 사이에 프랑크푸르트에서 열렸던 전 독일 민주주의 정당All-German Democractic Party의 제1차 독일 민주주의 회의First German Democratic Congress 동안에 더욱더 험악해졌다. 이 회의에는 카를의 동맹자들인 샤퍼, 몰, 드론케, 클루스, 바이데마이어, 프라일리그라트 등뿐만 아니라 고트샬크도 참석했는데, 그가 쾰른으로 돌아온 순간 사람들은 그를 목마를 태우고 승리를 외치며 거리를 행진하기도 했다. 베를린에서 이미 벌어진 바로 인해 쾰른에서도 분위기가 고조되고 있었다. 베를린에서 열린 프로이센 의회에서 율리우스 베렌트Julius Berend가 3월 18일에 싸웠던 이들의 공로를 인정하자는 내용의 동의를 제출했지만 이것이 기각되었기 때문에 격분한 군중들이 무기를 요구하면서 베를린 무기고를 습격하는 일이 벌어졌던 것이다. 쾰른에서는 또 프랑크푸르트에서 돌아온 대표자들 또한 마찬가지로 지역의 군대에다가 무기를 요구하게 될 것이라는 소문이 돌았다. 이런 일은 벌어지지 않았지만, 6월 17일에 알텐마르크트Altenmarkt에서 소요 사태가 벌어졌다. 군중들이 경찰을 조롱하고 돌까지 던졌지만, 그 자리에 있었던 경찰대는 힘이 약하여 효과적으로 대응하지도 못한다는 것이 드러났다. 해방의 순간이 다가왔으니 '형제들은' 깨어 있으라는 삐라가 돌아다녔다. 바덴에서 프리드리히 헤커Friedrich Hecker가 이끄는 봉기의 시도가 있었다는 소식이 더욱더 긴장을 고조시켰다. 그 선언문의 첫 문장은, "함께 외칩시다, 저 위대한 이름! 독일 공화국! 독일 인민 국가!" 지역의 군대 또한 계획된 반란이 임박했다고 의심하고 있었다.

프랑크푸르트에서 돌아온 고트샬크는 쾰른의 3대 민주주의 조직인 '노동자 협회', '민주주의 협회', '노동자 및 고용주 협회Society for Workers and Employers'를 단일의 '공화주의 협회'로 통일시키려는 뜻을 품고 있었다. 하지만 '노동자 협회'의 회원 수가 압도적으로 많았으므로 다른 두 작은 협회들이 이러한 제안에 저항했다. 그 대신 6월 24일 각 협회에서 두 명씩의 대표가 나와 6인의 위원회를 구성하여 지역의 협의 기구로, 또 라인주의 '민주주의 지역 위원회Democratic District Committee'로 기능하게 되었다. 카를은 '민주주의 협회'의 의장인 카를 슈나이더 2세(미국식 이름으로 풀자면 '슈나이더 주니어')와 함께 이 공동 위원회에서 활동했다. 라인란트의 민주주의 운동을 지휘할 수 있는 특권적 위치에 오르게 된 것이다.

6월 후반부가 되자 민중들의 상승세는 거의 끝나게 된다. 프리드리히 빌헬름 4세는 끝내 퇴위하지 않았다. 그는 루이 필리프처럼 도망가지도 않았고, 그의 동생인 빌헬름 대공이 주장했던 것처럼 군대를 끌고 도시 밖으로 나와 도시에 포격을 가하지도 않았다. 그는 군대의 보호도 없이 베를린에 머물면서 무고

한 인명의 희생을 막아 사람들의 인기를 얻어 냈다. 이는 곧 그가 3월에 완전히 위기에 처했던 군주로의 여러 특권을 지켜 낼 수 있는 입지를 그전보다 더 크게 굳혔음을 의미하는 것이었다.

캄프하우젠 내각도, 또 프로이센 의회도 헌법안을 내놓았지만, 이 둘 모두에 대해 왕의 대응은 주권자로서 자신의 권력이 조금이라도 줄어드는 것은 절대로 용납하지 않겠다는 것이었다. 그는 헌법 초안에서 군주는 계속해서 '신의 은총으로' 군주인 존재라고 명기되어야 하며, 헌법 자체도 인민의 의지로 주권자인 왕에게 강제되는 법률로 간주되는 것이 아니라 프리드리히 빌헬름 본인과 인민들 사이의 '모종의 협정'의 결과로 간주되어야 한다는 입장을 결연히 밀어붙였다. 실제적인 의미에서 보자면, 왕이 군대뿐만 아니라 대외 정책의 수행에 대해서도 배타적 통제권을 계속 움켜쥐겠다는 뜻이었다.

6월 말이 되면 탄압의 시작이 명백해진다. 6월 25일, 귀르체니히에서 열렸던 '노동자 협회'의 대규모 집회에 단춧구멍에 붉은 리본을 달고 참석했다가 고향으로 돌아온 2000명의 활동가들은 자기들이 회의 의장으로부터 혁명이 진행되고 있다는 소식을 들었다고 떠들고 다녔다. 반란을 일으켜 공화국을 선포하자는 외침이 사방에서 터져 나왔다. 고트샬크 또한 그 지지자들의 압력을 받았지만, 그는 조심스럽게 대응했다. 베를린과 프랑크푸르트에서 무슨 일이 벌어지는지를 지켜보아야만 한다는 것이었다. 하지만 이것만으로도 잡혀가기에는 충분한 명목이었기에 6월 3일 고트샬크, 아네케 그리고 '노동자 협회'의 또 한 사람의 전투적 지도자인 에서Esser가 체포되었다. 사법 당국은 이들의 재판을 가을 내내 일부러 지연시켜 최대한 오랫동안 감옥에 붙들어 놓았다. 이들은 12월 20일이 되어서야 무죄 판결을 받고 풀려난다.

『신라인 신문』은 6월 1일에 창간된 이래 항상 최대한 조속하게 혁명의 자유주의적·입헌주의적 단계를 넘어서도록 정치적 상황을 밀어붙이고자 해 왔다. 처음에는 프로이센 의회와 프랑크푸르트 의회의 여러 절차를 조롱하는 방법을 썼으며, 그다음에는 거의 매일같이 반혁명의 위협이 몰려온다는 공포 분위기를 조성하는 방법을 썼다. 신문은 이미 첫 호부터 프랑크푸르트 의회가 독일 인민들의 인민주권을 선포하지 않았음을 놓고 공격을 가했다. 엥겔스에 따르면, 프랑크푸르트 의회는 또한 헌법의 초안을 작성하면서 '현존하는 독일 체제로부터 인민주권의 원리에 모순되는 모든 것을 제거'해야 했다는 것이다.[29] "제헌 국민의회는 무엇보다 **활동적인**, 즉 혁명적 활동을 전개하는 의회가 되어야만 한다. 하지만 프랑크푸르트의 의회는 학생들의 모의국회 같은 소꿉놀이에나 골몰하고 있으며 활동은 모두 정부에다 밀어 놓고 있다. … 한 대국의 제헌의회가 조그만 소도시에서 개최된 것도 역사상 처음 있는 일이다. … 이 의회는 독일 인민들에게 영감을 불어넣기는커녕 지루함만 안겨 주고 있다."[30]

만약 궁극적인 목적이 정말로 독일 공산주의 정당의 요구 제1조처럼 '**불가분으로 통일된 독일 공화국**'을 수립하는 것이었다면, 프로이센의 수도에 불과한 베를린에서 헌법이 만들어진다는 것은 잘못된 이야기가 될 것이었다. 하지만 그렇다고 해서 『신라인 신문』이 가장 유력한 나라인 프로이센에서 헌법을 놓고 벌어지는 갈등을 무시한다면 언론 매체로는 자해 행위일 수밖에 없었다. 그래서 『신라인 신문』은 캄프하우젠 내각의 활동과 프로이센 제헌의회의 활동을 모두 다루었다(물론 전적으로 부정적인 방식으로). 프로이센 제헌의회는 '협정의 의회'라고 비난받았다. 헌법은 왕과 인민 사이의 '협정Vereinbarung'의 결과물이라고 프리드리히 빌헬름 4세가 정식화했을 때 제헌의회는 이에 맞서기는커녕 기다렸다는 듯이 그에 맞추어 행동했다는 비난이었다. 특히 제헌의회가 공격을 받았던 지점은 3월 18일의 투사들을 기념하려는 의지가 없었다는 점이었다. 기사는 이러한 제헌의회의 태도를 베를린의 인민들이 무기고를 공격했던 것과 대조시킨다. 이렇게 제헌의회는 제1차 혁명을 부인했지만, 그러한 무기고 공격은 곧 두 번째 혁명이 다가올 것을 예견하는 것이었고 실제로 금세 두 번째 혁명이 시작되면서 제헌의회의 태도가 잘못임이 드러나고 말았다는 것이다.[31] 6월 21일,

캄프하우젠 내각의 몰락을 보도하면서 『신라인 신문』이 뽑은 헤드라인은 이 신문이 얼마나 반혁명과 음모라는 주제에 몰두하고 있었는지를 잘 보여 주는 예라 할 것이다. 이 신문은 자신들이 이미 예전부터 '확실하게 반동적인 정부가 들어서든가, 아니면 새로운 혁명이 시작되든가' 할 것으로 예견해 왔지만 '새로운 혁명에 대한 시도는 이미 실패'했다고 주장하면서, 다음에는 굵은 글자로 이렇게 계속 쓰고 있다. "프로이센에 친러시아 정부가 들어서서 러시아 차르가 프로이센으로 쳐들어오게끔 길을 열어 주게 될 것이다."[32] 그 같은 기간 동안(즉 6월 19일에서 26일 사이) 『신라인 신문』에서는 급진적인 열정을 끌어올리기 위해 1793년 1월 프랑스혁명 공회가 루이 카페(한때 루이 16세라고 불렸던 사람)를 재판에 붙였던 이야기를 연재로 싣기도 했다.

5. 『신라인 신문』과 파리의 6월 봉기

이 시점에서 카를의 신문은 파리에서의 사태 전개에 온통 초점을 고정시키고 있었다. 당시 파리에서는 '국영 작업장'의 폐쇄가 임박했다는 것이 공표되면서 관련된 4만 명 이상의 노동자들이 봉기를 일으키게 되었던 것이다. 노동자들은 곧 닥칠 6월 22일에 모두 해고될 것이라는 통보를 받게 되자, 다음 날 저녁 바스티유 광장에 떼거리로 모여들었고, 각자가 거주하는 구역으로 돌아가서 바리케이드를 쌓기 시작했다. 이러한 위급 상황에 대처하기 위해 '집행위원회 executive commission'(즉 혁명정부)는 6월 25일 고대 로마에서 따온 공화국의 선례를 따르기로 한다. 알제리 정복 전쟁에서 혁혁한 공을 세웠던 공화파 국방부 장관인 외젠 카베냐크Eugène Cavaignac 장군에게 일시적으로 독재적* 권력을 위탁한 것이다. 6월 25일 카베냐크 장군은 반격을 개시했고 6월 26일에는 모든 바리케이드를 점령한다. 영국에서 파견된 추밀원 직원인 찰스 그레빌Charles Greville은 자신의 일기장에 이렇게 썼다.

> 기근과 궁핍이 이 대투쟁의 으뜸가는 원인이었음에도 약탈이나 강도 행위 따위가 오히려 엄격히 금지되어 있었고, 그런 짓을 하려는 이도 없었다는 점은 참으로 괄목할 만하다. 거대한 수도의 가두에서 정규군 및 무장 경찰이 한편이 되고 군사적으로 무장 및 조직된 도시 주민들이 다른 편이 되어 가열한 전투를 벌였지만, 후자가 어떻게 조직이 되었고 누가 지휘자인지는 아무도 모르고 있었다. 내가 아는 바로 이런 일은 역사적으로 한 번도 없었던 일이다.[33]

카를이 4월 초 파리를 떠난 이후 프랑스의 정치적 기상도는 크게 변화했다. 3월 내내, 그리고 4월 초까지도 혁명의 지지자들이 우위를 점하고 있었다. 하지만 전투적 지지자들이 속속 파리로 모여드는 가운데 좌파 진영은 갈수록 더 도발적인 모습을 띠게 되었고, 특히 수많은 급진파 클럽들로 나타나게 되었다. 비밀 결사체 지도자 출신인 오귀스트 블랑키가 이끄는 10만 명의 시위대는 제헌의회 선거를 4월 9일에서 23일로 연기시켰을 뿐만 아니라 군대가 점진적으로 도시 밖으로 철수할 것이라는 약속까지 받아 냈다(지켜지지는 않았다).

4월이 되면 분열의 여러 양상이 더욱 뚜렷해진다. 4월 16일에는 또 한 번의 대규모 시위가 벌어진다. 이는 임시정부 내에서 온건파와 급진파들 사이의 균형을 후자 쪽으로 강제로 이동시키려는 블랑키의 음모라고 많은 이가 의심했다. 하지만 이는 다른 급진파 지도자들에 의해 좌절되어 버렸다. 바르베스, 루

✤ 고대 로마는 왕정을 폐지한 후 두 명(후에는 세 명)의 집정관consul에게 권력을 나누어 주어 통치하도록 했지만, 이 집정관(들)이 왕정복고를 꾀한다거나 그 밖에 내적·외적인 공격으로 공화국의 정체 유지 자체가 위협에 처할 때에는 원로원의 발의로 혼자서 모든 명령을 내릴 권한을 독점하는 독재관dictator을 일시적으로 선임하기도 했다.

이 블랑, 특히 내무부 장관이었던 르드뤼-롤랭 등이 국민 기동 방위군National and Mobile Guards을 소집하여 급진파 쿠데타의 가능성으로부터 시청 건물을 방어했던 것이다. 예상했던 대로 4월 23일에 선출된 제헌의회 선거에서 덕을 본 것은 좌파가 아니라 온건파였다. 성년 남자들에게 선거권을 부여한 결과로 생겨난 의회는 그 성격상 2월 혁명의 여러 이상에 대부분 공감하지 않고 있었다. 900명의 의원들 중 명목상으로라도 공화파로 볼 수 있는 이들은 350~500명에 불과했다. 2월에 벌어진 혁명에 대해 프랑스 농촌 지역에서는 아무런 준비가 되어 있지 않았고, 급진파에 대한 지지를 동원하기 위한 정치적 움직임은 그제야 막 시작되려는 판이었다. 그러니 선거에서 귀족, 명사, 성직자 들이 그들 집단의 숫자 이상으로 큰 의석을 차지하게 되었던 것도 놀라운 일이 아니었다. 급진파 공화주의자라 할 만한 이들은 의석의 10퍼센트도 차지하지 못했다. 오히려 오를레앙 왕당파가 되었든, 부르봉 왕당파인 법통파Legitimist가 되었든 왕정주의자들의 의석수가 훨씬 더 많았다. 임시정부는 사라지고 그 대신 '집행위원회Executive Commission'가 들어섰는데, 이는 사회주의자인 루이 블랑과 노동자인 알베르를 떨구어 버리고 5인으로 구성된 더욱 보수적 색채를 띠고 있었다.

하지만 6월 봉기로까지 이어지는 일련의 사건들을 형성하는 데 좀 더 결정적이었던 것은 5월 15일 시위의 결과로 좌파에 대한 태도에 변화가 일어난 것이었다. 이 시위의 표면적인 목적은 폴란드의 민주주의자들을 돕기 위해 프랑스 정부가 개입할 것을 촉구하는 것이었다. 처음에는 3만 명의 시위대가 마르스 광장에 모여들었지만, 시위대 지도자들의 진짜 목표가 분명히 드러나자 많은 이들이 빠져나가 시위대가 제헌의회에 도착했을 때에는 숫자가 2000명 정도로 줄어들어 있었다. 하지만 시위대는 폭력으로 제헌의회의 회의장에 난입했고, 지역의 국민 방위군 사령관은 이를 방조했다. 이 난리통의 한가운데에서 시위대는 제헌의회의 해산과 새로운 임시정부의 형성을 선포했다. 하지만 이때 국민 기동 방위군의 충성파 부대들이 도착했다. 그리하여 급진파 지도자들이 그 새로운 정부를 수립하기 위해 시청 건물로 들어가려고 시도하자 그들을 모조리 체포해 버렸다.

어떤 시각에서 보더라도 이는 실로 어리석은 행동이었고, 그 이후로 이 날의 사건이 정부 쪽 프락치 공작원들의 소행이었던 게 아니냐는 의심이 끊이지 않았다.[34] 그 결과로 좌파는 그 잠재적 지지자들의 큰 부분을 냉담한 태도로 돌리고 말았으며, 그 지도부는 모리스 아귈롱Maurice Agulhon의 표현을 빌리자면 '머리가 잘리고 말았다.'[35] '집행위원회'의 타협적 정책은 신뢰를 잃게 되었다. 제헌의회의 지도력은 이제 갈수록 비타협적이 되어 가는 보수주의 동맹의 손으로 넘어갔고, 이들은 뤽상부르 위원회Luxemburg Commission✤를 폐지하고 국영 작업장의 해체를 계획하기 시작했던 것이다.

국영 작업장에 대해서는 급진파만이 아니라 온건파도 환영하는 입장이었다. 길거리에서 실업자들이 배회하는 것을 막는 방법이라고 보았던 것이다. 그리고 국영 작업장 자체가 에밀 토마Émile Thomas의 지도 아래에서 급진파들의 영향력 및 클럽들의 활동과 거리를 유지하고 있었다. 하지만 토마가 그 자리에서 쫓겨나게 되면서 태도가 변화했고, 집회의 권리도 제한당했으며, 민주주의 클럽들은 폐쇄당했다. 6월 초가 되자 이제는 작업장 자체도 폐쇄될 판이라는 것이 점점 더 분명해졌다. 작업장의 대표자들은 해산당한 뤽상부르 위원회의 성원들과 회합을 갖고, 2월에 수립된 공화국이 내걸었던 민주주의적·사회적 내용의 선언을 폐기해서는 안 된다고 저항했다. 마침내 6월 20일에 한 차례 논쟁을 거친 후 제헌의회는 국영 작업장의 즉각 해체를 내용으로 하는 명령서를 발표한다. 그중 젊은이들은 군대에 입대하도록 되었고, 나이가 든 이들은 멀리 떨어진 지방의 농촌 사업 프로젝트로 보내지게 되었다. 이러한 명령에 반대하는 시위가 있었지만 아무 소용이 없었다. 결국 6월 22일 저녁에는 10만 명의 군중이 시청 건물 앞에 집결하여 무기를 들어 저항하기로 결의한다. 그리고 다음 날 봉기가 시작된다.[36]

✤ 이는 사회문제들, 특히 노동과 실업 문제를 논의하기 위해 구성된 위원회였다.

프랑스의 공화파들은 거의 예외 없이 이 반란 행위를 비난하고 나선다. 카를의 친구였던 플로콩 또한 이 문제를 그저 민주적으로 선출된 공화국의 권위에 대한 복종 거부라고 보고 있었다. 이는 쿠데타 시도와 비슷한 것이라는 것이었다. 반란자들을 진압한 카베냐크 장군 또한 신념 있는 공화주의자였고, 그가 1848년 12월의 대통령 선거까지 자신과 함께 일하도록 조각했던 내각 또한 공화파 인사들로 구성되어 있었다. 비록 노동자들의 곤경에 대해 동정적 입장을 취한 신문들도 많았지만, 유럽 전체에 걸쳐 민주주의 및 공화주의 언론들은 이 반란에 대해 똑같이 신랄한 공격을 퍼붓고 있었다.

오로지 『신라인 신문』만이 ('민주주의 기관지'를 표방하고 있었음에도) 이 봉기를 노동자들의 승리라고 기꺼이 찬양해 마지않았다. 카를은 6월 28일에 게재한 자신의 에세이 「6월 혁명」에서 '파리의 노동자들'이 비록 우월한 힘에 의해 '**압도당하고**' 말았지만, '그래도 이들은 **맥없이 주저앉지는** 않았다'고 한다. 이 '야수적 폭력의 승리'는 그 '대가'로 '2월 혁명이 품고 있었던 모든 환상과 기만을 스스로 산산조각 내 버렸다'는 것이었다. 2월에 선포되었던 '박애'의 '진정한 가장 순수하고도 평범한 모습은 내란, 즉 시민들 간의 전쟁으로 나타나고 말았으며, 시민사회의 가장 끔찍한 측면이라고 할 노동과 자본의 전쟁으로 표출되고 말았다.' 2월 혁명은 '**기분 좋고 유쾌한** 혁명이었고, 모두가 공감하는 혁명이었다'. 하지만 6월 혁명은 '**추하고 불쾌한** 혁명'이었다. 왜냐하면 '여기에서는 현실이 있는 그대로의 모습을 드러냈고, 자본이라는 괴물이 공화국이라는 왕관으로 스스로의 모습을 감추고 있었지만 그 왕관이 벗겨지면서 괴물의 머리통이 있는 그대로 노출되었기 때문이다'. 이것이야말로 1789년 이래 '계급 지배'와 '**부르주아 질서**'에 대해 공격을 감행했던 최초의 '혁명'이었다는 것이다.[37]

브뤼셀 시절 이래로 카를의 정치적 저작들은 갈수록 일관성이 떨어져 가는 모습이 역력했다. 그 원인은 그가 민주주의 혁명과 프롤레타리아트-사회주의 혁명, 즉 현실에 진행 중인 혁명과 그다음에 이어질 혁명이라는 두 마리의 말을 동시에 올라타려고 시도하는 데 있었다. 6월 봉기를 다룬 그의 에세이는 그러한 모순적 태도를 보여 주는 아주 좋은 예이다. 이 글은 카를 그륀 및 여타 사회주의자들이 민주주의자들의 입장에 대해 내놓을 만한 모든 반론에 대해 비판을 가하는 글이다. 만약 노동자들이 성년 남성 보편 선거권에 기초한 민주적 공화국에 의해 분쇄된다면, 만약 민주주의가 사회문제에 대한 해결책을 제시하지 않는다면 그래도 사회주의자들이 공화국을 쟁취하기 위해 투쟁할 이유가 있는가? 카를은 '이런 건 나약한 겁쟁이들이나 하는 질문'이라고 호통을 치고 있지만, 이 질문에 대해 그가 내놓은 대답이 만족스러운 것은 전혀 아니다. 그의 주장은 '최상의 형태의 국가란 이러한 모순들이 공개적 투쟁의 단계에 도달하며 또 그 과정에서 그 모순들이 해소되는 국가'라는 것이었다.[38] 하지만 민주주의자들과 공화주의자들이 민주주의를 옹호하며 내놓은 논리는, 민주주의 정치는 계급투쟁이 끝장을 보도록 펼쳐질 수 있는 전투장을 제공하는 것이 아니라 이해관계의 갈등이 평화적·합리적으로 해결되도록 만들어 준다는 것에 있었다.

따라서 당연하게도 다른 라인란트의 신문들은 『신라인 신문』을 공격했고, 대체 그 신문이 어째서 '민주주의'를 지지하는지조차 알 수가 없는 노릇이라고 조롱했다. 카를 또한 '민주주의 협회'에서 자신의 지도적 위치를 유지하고자 한다면 자신의 입장을 바로잡아야만 한다는 것을 깨달았던 듯하다. 이렇게 할 수 있는 기회가 찾아온 것은 카를의 반대에도 불구하고 바이틀링이 7월 22일 '민주주의 협회'에서 연설할 기회를 얻게 된 사건이었다. 그로부터 두 주가 지난 8월 4일 카를은 이에 응답하는 연설을 행한다. 바이틀링은 도덕적으로 우월한 독재를 옹호했거니와, 이에 대한 카를의 응답은 독일에 그러한 지배 체제가 들어선다는 것은 터무니없이 비현실적인 이야기라는 것이었다. '하나의 단일 계급이 권력을 획득할 수 없기 때문'이라는 것이었다. 오히려 그 반대로 '통치 권력은 파리의 임시정부와 마찬가지로 지극히 이질적인 여러 요소로 구성될 수밖에 없다'는 것이었다. 6월 봉기에 대해 쓴 기사와는 대단히 다른 어조이다. 카를은 이렇게 주장한다. "인구의 다양한 계층들이 서로에 대해 가졌던 입장을 무시하고, 상호 간에 양보하기를 거부하고, 계급 관계에 대한 잘못된 생각들을 품었던 것이 파리에서 유혈 사태가 벌어지게 된 원인이었다."39)

파리 6월 봉기에 대해 찬사를 바치는 한편으로, 『신라인 신문』은 또한 쾰른에서 7월 초에 억압적 조치가 절정을 이루었던 것을 공격했다. 신문은 고트샬크와 아네케를 체포한 목적은 봉기를 유발하고자 함이며, 군대를 동원하여 이를 분쇄하려 하는 것이라고 주장했다. 아네케 부인은 남편의 '야수적 폭력을 동원한 체포' 과정에서 하녀 한 사람이 학대를 당했다고 주장했으며, 그 군대에 아무런 책임 있는 공무원도 동행하지 않았기에 공식적인 항의를 하는 것도 불가능했다고 주장했다. 이러한 주장들에 대해 이 사건의 책임 법관들인 츠바이펠Zweiffel과 헤커가 강력하게 반론을 제시했다.

이러한 프로이센 국가의 대응 태도의 변화와 또 개인적으로나 정치적으로나 점점 더 많은 사건이 벌어지면서 카를과 프로이센 당국자들의 관계는 더욱 악화되었다. 따라서 1848년 8월 3일 카를에게 그가 신청한 프로이센 시민권 회복이 거부되었다는 통지가 날아온 것도 놀라운 일이 아니었다.

6. 혁명의 후퇴

독일에서의 혁명은 1848년 9월에 벌어진 슐레스비히-홀슈타인Schleswig-Holstein 위기 이후의 3개월간 종말을 고했다. 프로이센 의회는 입헌군주정을 확립하려는 싸움에서 패배하고 말았다. 프랑크푸르트의 의회는 모욕을 당하고 주변적 위치로 밀려났으며, 프랑스에서나 합스부르크 제국에서나 결정적인 우경화가 진행되고 있었다.

7월 초 프랑스에서는 국영 작업장이 마침내 해체당했다. 의회는 6월 봉기가 단순히 사회주의 운동이 빚어낸 것일 뿐만 아니라 2월 혁명 자체에 이미 함축되어 있는 결과라고 보았다. 2월 혁명을 통해 너무나 많은 자유가 창출되었다는 것이었다. 그리하여 의회는 클럽들을 규제하고 언론에 재갈을 물리는 조치들을 지지했다. 2월에 발표된 노동시간 제한 법령은 완화되었고, '일할 권리'는 의회가 9월에서 11월 사이에 초안을 마련한 새로운 헌법에서 지워져 버렸다. 헌법에 의해 창출된 새로운 행정부 대통령의 선출에서 카베냐크는 티에르가 이끄는 오를레앙 왕당파(이른바 '포이티에가 집단Rue de Poitiers group')의 지지를 얻어 승리를 거두기를 희망했지만 나폴레옹 황제의 조카인 루이-나폴레옹에게 밀리고 말았다. 그는 '질서당party of order'의 분명한 지지를 얻었고, 오를레앙 왕당파와 티에르에게도 호소력을 발휘했을 뿐만 아니라, 제1제국의 기억과 강력한 지배에 대한 기대를 불러일으킨 덕에 교회에도 호소력을 가지고 있었다.[41] 카베냐크는 또한 왼쪽에서는 『개혁』지와 연관된 사회-민주주의적 공화주의에 기초한 르드뤼-롤랭 등의 도전을 받고 있었다. 1848년 11월, 그와 그의 지지자들은 1792년의 공화주의자인 '산악파La Montagne'[42]와 스스로를 연결시키면서 '공화주의적 연대La Solidarité républicaine'라는 제목의 선거 공약 선언을 발표했다.

12월 10일의 대통령 선거는 정치계급에게는 대충격이었다. 카베냐크는 140만 표를 얻었던 반면, 르드뤼-롤랭과 라마르틴이 그 전해 여름에 의회에서 불법화하려고까지 했던 인물인 루이-나폴레옹 보나파르트는 500만 표 이상을 얻었다. 온건 좌파로 보자면 르드뤼-롤랭이 40만 표를 얻었고, 비타협적인 비밀결사체들을 대표하는 역전의 용사인 라스파유Raspail는 겨우 3만 7000표를 얻었을 뿐이었다. 이제 공화국은 위기를 맞게 되었다. 보나파르트가 조직한 새 내각에는 공화주의자가 아무도 없었으며 새 내각 지도자는 황제가 다스리는 제국 정치를 회복하려는 의도를 가지고 있었다. 내각을 이끄는 것은 오를레앙 왕당파 정치가 오딜롱 바로였고 스스로를 '질서당'으로 규정하고 있었다. 이 내각은 스스로 '빨갱이 위협'이 자라나고 있다고 하면서 이를 억눌러야 한다는 홍보전을 강력하게 전개했다. 여기에는 농촌 일부에서 힘을 얻고 있었던 르드뤼-롤랭의 '민주주의-사회주의Démoc-Socs'나 파리의 블랑키주의자들 잔여파나 다 포함되었다.

프랑스에서 들려오는 소식은 우울한 것이었지만, 그곳에서의 혁명이 종말로 가고 있는지는 아직 불투명했다. '6월 봉기'의 잔인한 진압으로 파리가 충격을 받기는 했지만 프랑스의 다른 곳에서는 '민주주의-사회주의'파에 대한 지지가 증가하고 있었다. 반면 오스트리아와 중부 유럽의 경우 처음에는 비엔나에 민주주의가 들어서고 이탈리아와 헝가리가 독립할 것이라는 희망이 있었지만, 이제는 악몽 같은 일련의 반전이 벌어지면서 완전히 죽어 가는 듯 보였던 합스부르크 제국이 최초의 군사적 승리를 거두고, 나아가 정치적으로까지 재생되는 사태를 보게 되었다.

그해 여름 합스부르크 제국의 군대는 처음으로 힘의 균형을 반혁명에 유리한 쪽으로 기울어지게 만들었다. 6월에는 빈디슈그레츠 왕자Prince Windischgrätz가 이끄는 군대가 프라하에서 체코의 반란자들을 패배시켰다. 7월에는 옐라시치Jellačić 장군이 이끄는 크로아티아 군대가 헝가리인들을 몰아내기 시작했으며, 7월 25일에는 이탈리아에 있는 라데츠키 휘하의 오스트리아 군대가 쿠스토차 전투Battle of Custozza에서 피에드몽 군대를 완전히 패배시킨다.

갈수록 급진파들은 수세에 몰리게 되었다. 파리에서처럼 비엔나의 급진파 정부 또한 공공 근로 사업 프로그램을 지원하겠다고 약속했고, 이에 많은 실업자가 비엔나로 몰려오게 되었다. 하지만 그 비용은 정치적으로 지속 가능하지 않았기에 8월 23일 시 당국은 임금을 줄일 수밖에 없었고, 이는 노동자들과 중간계급 사이의 충돌로 이어져 6월의 파리를 방불케 하는 사태를 낳았다.

급진파들과 민족주의자들은 또한 제국이라는 문제를 놓고 양쪽 다 힘을 쓰지 못하게 만들 정도로 치명적인 분열을 안고 있었다. 프라하에서 반란 세력이 분쇄당한 것은 부분적으로 보헤미아의 체코인들과 독일인들 사이의 분열 때문이었다. 비엔나의 민주주의자들은 스스로를 독일인으로 여겼고 프랑크푸르트 의회에 대표를 보내기도 했던 반면, 체코의 민족 지도자들은 독일의 경계선 바깥에 오스트리아-슬라브 제국을 세운다는 강령을 지지하여 6월에는 범슬라브 회의Pan-Slav Congress를 개최했다(좌파에서는 바쿠닌이 또한 이를 지지했다). 이 회의는 프랑크푸르트 의회를 지지하는 쪽에서 합스부르크 왕가에 반대하는 반란을 일으키는 바람에 중단되었으며, 게다가 빈디슈그레츠 왕자의 부인이 저격을 당하는 일까지 벌어지면서 사태는 더 악화되었다. 반란은 결국 빈디슈그레츠의 군대에 의해 궤멸당할 위협에 처하면서 무너지고 말았다. 하지만 그때 이후로 체코의 민족주의 지도자들과 비엔나의 민주주의자들은 서로를 적대시했다. 제국 내의 다른 민족들(크로아티아인, 세르비아인, 루마니아인, 슬로바키아인 들) 또한 시간이 지나면서 점차 합스부르크 제국의 편에 서서 비엔나와 헝가리의 혁명에 반대하는 입장에 서게 된다.

비엔나 혁명의 마지막 장은 헝가리아인들과 싸우고 있는 옐라시치 장군의 부대에 더 많은 파병이 이루어질 것이라는 소문이 10월 5일에 돌면서 촉발되었다. 10월 6일 군대가 출발하자 비엔나에서는 봉기가 일어났고 도시 곳곳에 바리케이드가 세워진다. 왕실은 한 번 더 도시에서 도망을 나가게 되고, 보수적인 장관들은 사임했다. 혁명적인 공안위원회Committee of Public Safety(이 이름은 1793년 공포정치를 주재했던 자코뱅에서 따온 것이다)가 도시를 지배하게 되었지만, 그 과도한 행위들로 인해 시민들은 이를 곧 적대시하게 된다. 또한 혁명가들도 다가오고 있는 합스부르크 군대에 대해 어떻게 행동해야 할지를 결정하지 못한 상태였다. 헝가리인들에게 희망을 걸고 있었지만, 그들의 도움이 도착할 것을 기다리기에는 너무나 시간이 촉박했다. 따라서 동남쪽으로부터는 옐라시치의 군대가, 그리고 북쪽으로부터는 빈디슈그레츠의 군대가 몰려올 것이라는 공포만 점점 더 높아 가고 있었다. 10월 23일 마침내 빈디슈그레츠의 6만 군대가 비엔나를 포위했고 그달 말 도시를 접수해 버린다. 펠릭스 주 슈바르첸베르크 왕자Prince

Felix zu Schwarzenberg 아래에서 더욱 단호한 새 제국 정부가 들어섰다. 심약한 황제는 퇴위를 강요당했고, 새로운 헌법이 발표되었다.

프랑스에서 민주주의-사회적 공화국이 패배하고, 또 비엔나에서 혁명이 분쇄된 것과 궤를 같이하여 9월 이후에는 프랑크푸르트의 독일 의회도 비슷한 일련의 패배를 겪게 된다. 1848년 3월 21일 프로이센 왕이 나폴레옹을 패퇴시킨 1813년 투쟁을 언급하면서 전 독일 의회의 형성을 지지한다고 공표했을 때 자유주의자들은 여기에 갈채를 보냈다. 독일 국민의회는 예비 단계의 회의를 거쳐 5월 18일 프랑크푸르트에서 그 회기를 시작한다. 하지만 이것이 당시에 이미 존재하고 있었던 여러 독일 국가에 대해 어떤 권한과 지위를 갖는 것인지는 처음부터 의문이었다. 자유주의적 민족주의자들은 프로이센이나 오스트리아 둘 중 하나가 주재하는 연방 왕정을 계획했던 반면, 카를과 같은 극소수의 극좌파들은 통일된 공화국을 꿈꾸었고, 프리드리히 빌헬름 프로이센 왕이 상상하는 통일된 독일은 중세 신성로마제국의 부활과 같은 것이었다. 이러한 제국은 프로이센과 오스트리아를 모두 통합하는 것이니, 프랑크푸르트 의회에 저절로 큰 권력을 이양하게 될 리는 없었다.

이러한 애매함이 가혹하게 드러난 사건이 있었다. 프랑크푸르트 의회가 슐레스비히-홀슈타인의 문제와 맞닥뜨리게 되었던 것이다. 3월 21일 덴마크 정부는 슐레스비히를 합병했던바, 이 지역에는 상당수의 독일어 사용자들이 거주하고 있었다. 이에 분노하여 4월 23일에는 슐레스비히 남쪽의 일부 독일인들이 혁명적인 저항을 벌이게 되었고, 프로이센 군대는 독일연방의 승인을 얻고서 슐레스비히로 진군하여 덴마크인들을 몰아냈다. 프랑크푸르트의 자유주의적 민족주의자들은 이를 기뻐했다. 하지만 러시아의 차르는 프로이센이 혁명적 민족주의자들과 동맹을 맺고 움직이는 것으로 보고 경악하여 군대를 파병하겠다고 협박한다. 이는 다시 영국 정부를 자극한다. 러시아가 슐레스비히-홀슈타인 사태를 구실로 덴마크를 러시아의 보호령으로 만들어 발트해에 대한 접근권에 통제력을 확보하려는 게 아니냐는 것이었다. 이러한 엄청난 외교적 압력에 직면하자 프로이센은 1848년 8월 26일 말뫼 조약Treaty of Malmö을 맺고 군대를 철수하여 쉴레스비히의 북쪽 지역을 덴마크에 넘겨준다.

그런데 이러한 조약을 맺으면서 프로이센은 프랑크푸르트 의회가 어떤 관점을 가지고 있는지에 대해 전혀 신경을 쓰지 않았다. 의원들은 격노하여 9월 5일 이 조약을 가로막기로 표결한다. 하지만 의회는 군대는 물론이요 독일연방 내에서 그 결정을 집행할 수 있는 아무런 수단도 없었다. 따라서 의회는 아무런 권력이 없었고, 9월 16일에는 말뫼 휴전의 조건들을 표결로 수락하는 굴욕을 당하고 만다. 이로써 프랑크푸르트 의회의 명성은 땅에 떨어진다. 이러한 결정에 사람들은 크게 놀랐고, 바덴에서 또 한 번의 봉기가 일어난다. 프랑크푸르트에서는 대중 집회가 열려 급진파 의원들에게 의회에서 탈퇴할 것을 요구했다. 실제로 두 명의 보수파 의원들이 살해당했을 뿐만 아니라 군중들 전체가 의회를 습격하려고 했다.

말뫼 조약을 둘러싸고 프랑크푸르트 의회에 위기가 찾아온 바로 같은 시점에 프로이센에서도 군대의 통제를 놓고 비슷한 행정적 위기가 나타났다. 실레지아의 슈바이트니츠Schweidnitz에서 한 사건이 벌어진 것이다. 민병대와 그 지역 사령관 사이에 분쟁이 벌어졌는데 여기에 군대가 개입을 하게 되었고, 결국 8월 3일에는 군대와 민병대 사이에 총격전이 벌어져서 14명의 민간인들이 살해되는 일이 벌어졌다. 이 때문에 프로이센 전역에 걸쳐 광범위한 분노의 물결이 퍼져나갔고, 결국 브레슬라우에서 온 민주주의자 의원인 율리우스 슈타인Julius Stein이 8월 3일에 제출했던 동의가 국민의회에서 채택되어 군대는 민간 당국에 협조하라는 명령을 내리게 된다. 하지만 이는 프로이센 왕으로서는 받아들일 수가 없는 것이었다. 왜냐하면 이는 왕실과 의회 사이에 여러 관계가 맺어지는 기초라고 여겨진 '협정'의 개념을 위협하는 것이라고 보았기 때문이었다. 수상인 한스만은 이 동의안의 시행을 연기시키려고 했지만, 건물 밖 군중들의 힘을 받은 의회는 자신들의 주장을 강제로 관철시키려고 했다. 9월 10일, 한스만은 사임할 수밖에 없었고, 자유주의자들은 건물 밖 군중들이 버티고 있는 것에 대해 불편함을 느끼고 있었다.

쾰른에서는 병사들과 민간인들 사이의 긴장이 다른 형태를 띠고 있었다. 한스만이 사임한 바로 그날, 한 도시 광장에 주둔하고 있었던 27연대의 병사들이 그 동네 소녀를 모욕하는 사건이 있었다. 소녀는 동네 사람들에게 보호해 달라고 소리쳤다. 현지 주민들이 군인들에게 품고 있었던 적대감이 터져 나오자 이번에는 술에 취한 병사들이 칼을 뽑아 들고 장교들의 명령까지 무시한 채 날뛰기 시작했다. 결국 민병대가 질서를 회복했지만, 도시 전체에는 격렬한 분노가 여전히 남아 있었다. 급진파 시위대의 군중이 기세를 올리는 가운데 열린 시의회에서는 결국 연대 병력을 시 바깥으로 이동시키고 도시의 치안은 민병대가 맡기로 결정된다.

라인란트 주민들은 엘베강 동쪽에서 온 병사들을 반동적일 뿐만 아니라 아예 외국인으로 취급하여 '솔데스카soldeska'라 부르고 있었고, 그 두 집단 사이의 적대 감정은 아주 오래된 것이었다. 하지만 대부분은 이 사건이 술 취한 자들의 난동일 뿐 무슨 더 큰 정치적 의도가 있는 것은 아니라고 생각했다. 하지만 베를린과 프랑크푸르트 사이의 갈등이 절정에 달하면서 혁명이 급진화될 가능성도 높아 갔고, 이에 좌파는 여기에서 모종의 음모의 냄새를 맡아 과도한 반응을 보이게 된다. 민병대 내의 급진파 중대들이 공안위원회를 구성할 것을 제안했고, '민주주의 협회'와 '노동자 협회'가 모두 이에 찬동한다. 그리하여 그다음 날에는 공안위원회 위원들을 공개적으로 선출하는 일이 벌어진다. 이에 카를을 포함한 『신라인 신문』의 사람들도 선출되어 두각을 나타내게 된다. 하지만 선출이 벌어진 광장은 절반은 텅 비어 있었고, 민병대의 다른 세력과 여타 결사체들은 이에 반대했으며, '민주주의 협회'만 해도 7명의 지도적 인사들이 사임했다. 그다음 날부터 공안위원회는 한 걸음 물러서서 자신들이 의도했던 것들은 모두 합법적인 것이라고 주장했다.

베를린에서의 행정적 위기는 9월 20일 푸엘 장군의 내각이 형성되면서 일시적으로 해소된다. 하지만 그사이에 '노동자 협회'는 말뫼 조약에 대한 분노, 그리고 그 조약을 승인하기를 거부했던 프랑크푸르트 의회의 최초 입장에 대한 지지 등을 내걸고 쾰른의 북쪽 10마일 라인 강변에 있는 보링겐Worringen에서 대규모 시위를 조직한다. 이 집회에는 5000명에서 1만 명의 사람들이 집결했고, 그중 다수는 '노동자 협회'가 인근 촌락에서 데리고 온 농민들이었다. 이 집회에서는 '민주주의적·사회적 붉은 공화국'에 대한 지지가 만장일치로 선언되었고, 새로이 형성된 '공안위원회'의 승인도 선포되었다. 엥겔스는 이 집회에서 비서로 선출되었고, 그 집회의 이름을 빌려서 슐레스비히-홀슈타인 문제에 대한 프랑크푸르트 의회의 입장에 지지를 표한다(이들은 아직 프랑크푸르트 의회가 결정을 철회했다는 소식을 듣지 못한 상태였다). 이 집회에 나온 이들은 스스로를 '집결한 제국 시민들'로 보아 프로이센의 입장을 무시하고 덴마크와의 전투에 자신들의 '운명과 피'를 내걸겠다고 결의했다. 이 집회에서 엥겔스가 행했던 연설은 그달 말 그가 체포될 때 영장 발부 사유가 된다. 카를 자신은 이 집회에 나오지 않았지만, 시민권을 허용해 달라는 그의 항소는 9월 12일 이미 기각이 확정된 바 있었기 때문에 그가 쾰른에 계속 거주할 수 있을지는 순전히 당국의 재량에 따른 문제였다.

프랑크푸르트 의회가 사실상 말뫼 조약을 비준하고 말았다는 소식이 알려지자 쾰른은 혼란에 빠졌다. 9월 20일 '민주주의 협회', '노동자 협회', '공안위원회' 등은 항의 집회를 조직했고, 9월 25일에 열릴 예정이었던 '제2차 전국 민주주의 회의Second National Democratic Congress'에서 더 많은 행동이 조직될 전망이었다. 이에 더 이상의 급진파의 활동을 막기 위해 9월 23일 엥겔스의 체포 영장이 발부되었고, 그와 함께 샤퍼, 몰, 빌헬름 볼프, 뷔르거스, 그 밖의 여럿도 마찬가지였다. '민주주의 회의'의 집회는 취소되었지만 9월 말경 쾰른의 분위기는 지극한 긴장으로 가득했다. 약탈과 무질서가 계속되었고 많은 거리에서 유리창이 박살 났다. 사람들은 혁명의 새로운 단계가 임박했다고 여기게 되었다. 경찰과 군대는 도시의 전략적 거점들을 점령하러 이동했다. 카를을 포함한 급진파들은 '민주주의 협회'와 '노동자 협회'의 몇 집회들에서 연설하여 노동자들에게 선동에 빠져 성급한 행동에 나서지 말 것이며 기율을 유지하고 베를린에서의 사태 진전에 귀를 기울이고 있으라고 조언했다.

이러한 경고에도 9월 13일 늦은 오후 알텐마르크트 광장에서 노동자들의 집회가 열리고 만다. 군대가 출동하여 도착할 것이라는 소식이 퍼지자 모였던 군중들은 서둘러 흩어졌지만, 그와 동시에 도시 곳곳에 바리케이드를 쌓기 시작했고 밤이 되자 서른 개 이상의 바리케이드가 세워졌다. 그런데 다음 날 아침 병사들이 막상 진군하여 바리케이드를 넘었을 때 거기에는 아무도 없었다. 바리케이드의 사람들은 밤새 기다리다가 지쳐서 집으로 돌아간 것이었다. 거창하게 시작했다가 이렇게 우스꽝스러운 반전으로 사태가 마감되자 『신라인 신문』은 조롱거리가 되었지만, 카를은 여기에 응수할 수가 없었다. 쾰른에서 계엄령이 선포되어 군법이 적용되었고, 10월 12일까지 신문을 출간할 수가 없었기 때문이었다.[43]

9월 위기는 새로 수상이 된 푸엘에 의해 잠시 가라앉게 되었다. 그는 국민의회에 협조하려 노력했고 군대에 국민의회의 요구에 따르도록 명령했다. 하지만 이러한 태도로 인해 왕은 진노했고 군대는 짜증을 냈다. 그리고 헌법에 대한 논쟁이 시작되자 이러한 긴장은 갈수록 더 심해지게 되었다. 의회는 왕의 권한이 '신의 은총으로 받은 것'이라는 왕의 주장을 받아들이기를 거부했고, 귀족의 작위 체계를 폐지하고자 했다. 베를린의 좌파 군중들의 압력은 꾸준히 늘어났고 그달 말이 되면 급진 소수파가 '독일 전국 민주주의 회의'의 회합을 접수하게 된다. 회의에 남은 이들은 '붉은 공화국'을 선포했고, 포위당한 비엔나를 돕자는 발데크Waldeck의 동의를 지지하도록 국민의회에 압력을 넣는 대중 시위를 조직했다. 한편 군대가 덴마크에서 돌아오면서 왕의 힘은 더 강해졌다. 군대의 사령관인 랑겔Wrangel 장군은 9월 13일 이후로 베를린 주변의 모든 군대를 통솔하게 된다. 이에 직접적 충돌이 불가피해진다.

카를은 프랑스에서의 일이 어떻게 되는지가 상황 전개를 결정할 것이라고 생각했다. 하지만 프리드리히 빌헬름 왕과 그 집단에는 오히려 오스트리아에서 벌어졌던 일들이 더욱 큰 인상을 남겼다. 지난 3월 비엔나에서의 군중들의 승리 때문에 프리드리히 빌헬름이 베를린에서 많은 양보를 해야 했던 것처럼, 이번 11월에 벌어진 합스부르크 왕가의 반혁명 승리 또한 프로이센 왕에게 베를린에서의 군사 통제권을 완전히 회복하도록 고무했던 것이다. 11월 2일, 왕은 온건한 푸엘 내각을 해산하고 자신의 숙부이자 보수주의자인 프리드리히 빌헬름 폰 브란덴부르크 백작Count Friedrich Wilhelm von Brnadenburg을 수상으로 임명한다. 국민의회는 브란덴부르크 백작의 지명을 거부했지만, 왕은 전혀 개의치 않았다. 11월 9일, 브란덴부르크는 국민의회를 향하여 3주간 정회했다가 브란덴부르크에서 다시 회의를 속개할 것을 공표한다. 그와 동시에 랑겔 장군과 1만 3000명의 군대가 베를린으로 다시 들어오며, 민병대는 여기에 크게 저항하지 않는다. 랑겔은 계속해서 겐다르멘마르크트Gendarmenmarkt 광장을 점령하고 의회에 즉각 해산하라고 통보했다. 이에 의회는 사격 연습장으로 물러나서 소극적 저항을 계속했다. 11월 14일, 베를린에 계엄령이 선포되고 민병대는 해산되었으며, 정치 클럽들은 폐쇄되었고 급진파 신문들은 폐간당했다. 11월 12일 자 『신라인 신문』에 나온 카를의 반응은 납세 거부로 들어가자는 것이었다. 11월 15일, 의회의 급진 잔류파는 카를의 친구인 카를 데스터의 촉구로 의회가 베를린에서 자유롭게 개최될 권리를 계속 거부당하는 한, 브란덴부르크 내각은 세금을 징수할 권한이 없다는 결의를 226 대 0의 만장일치로 채택한다.

이는 그야말로 급진파들이 기다려 왔던 순간으로 보였다. 최소한 잠깐이지만 왕은 '협정 의회the Agreement Assembly'의 생각을 무시해 버리고 절대왕정으로 되돌아갈 것을 생각하기도 했고, 이에 의회는 격노하여 저항하게 되었다. 쾰른에서는 11월 11일 노동자, 상인, 장교 들의 대규모 집회가 열려서 왕은 의회를 정회시킬 권리가 없다고 선언했고, 이 선언에 또 다른 7000명이 서명하게 된다. 시의회 또한 이를 지지하도록 설득되었고, 자유주의적-입헌주의적 입장의 '쾰른 시민 협회Colgne Citizen's Society' 또한 이를 지지한다. 쾰른의 입장을 베를린 정부에 전달하기 위한 대표단이 파견되었다. 카를과 슈나이더 2세는 '민주주의 지역 위원회Democratic District Committee'의 이름으로 모든 라인란트의 민주주의 결사체들에게 납세 거부를 지지할 것을 요구하는 선언문을 내놓는다. 그와 동시에 『신라인 신문』은 정부에 대한 저항의 정도를 증폭시킬 수 있는 것이라면 소식이든 소문이든 모두 다 게재한다. 병사들은 인민들과 형제가 되어 가고 있고, 베를린의 계엄령은 조롱거리가 되고 있으며, 실레지아와 튀링겐 지방은 반란 상태라고 했다. 의회의 결의는 11월 17일에 발효되었고, 그날 『신라인 신문』은 신문 제호가 박혀 있는 위치에 헤드라인으로 "세금 그만!!!"이라는 말을 인쇄했다. 카를과 슈나이더는 나아가 세금 징수에 대한 저항 행동과 민병대 조직을 제안했고 모든 장교들은 의회의 명령에 충성을 선언하도록 요구했다.

처음에는 이 납세 거부 운동에 대해 가능성 있는 반응이 나왔다. 수많은 도시의 시의회에도 조세 금지에 동참하라는 압력이 쏟아졌다. 본, 뒤셀도르프, 코블렌츠, 그 밖의 다른 도시들에서 통행료 검문소는 박살이 났고, 소 떼와 밀가루는 도시로 들어올 때에도 아무런 통행료도 내지 않았다. 민병대와 예비군Landwehr을 동원하여 이 운동을 지키려는 노력이 이루어졌다. 하지만 쾰른에서는 그러한 병력이 광장으로 집결하려는 시도를 군대가 나서서 저지했고, 지휘관이 되기로 했었던 폰 보이스트von Beust는 도주해야만 했다. 11월 23~24일에는 저항이 사그라들기 시작했다. 영국이나 미국과 달리 의회에서의 대표와 조세를 연결시키는 사고방식은 독일에서는 역사적인 힘을 갖지 못했다. 쾰른에서는 시의회가 비록 브란덴부르크 쿠데타에 대해 기꺼이 항의하고자 했지만, 납세 거부에 동참하는 것은 꺼렸다. 게다가 민병대가 도시에서의 세금 징수를 막을 수 있는 입장도 아니었다. 쾰른은 주요한 주둔군 요새 도시였으므로 병사들로 가득했고, 민병대는 이미 9월에 무장해제를 당한 상태였다.

『신라인 신문』은 1848년 혁명의 이 결정적인 국면에 어떻게 대응했을까? 앞에서 보았듯이, 카를과 그의 친구들은 러시아의 차르 체제를 싫어했을 뿐만 아니라 그 체제가 중부 및 동부 유럽 전체(심지어 덴마크까지)에 걸쳐 개입하여 진보적 운동들을 분쇄할 수 있다는 사실을 두려워했다. 하지만 카를과 엥겔스의 러시아 증오는 목적을 위한 수단이기도 했다. 이들은 포젠 항에서는 독일이 아니라 폴란드 반란자들을 지원하는 쪽에 섰지만, 덴마크령 슐레스비히의 문제에서는 그곳의 독일인들에게 군사적인 지원을 제공해야 한다는 입장이었다. 여기에 일관된 이들의 목적은 항상 러시아와의 전쟁을 촉발하는 것이었다. "오로지 **러시아에 맞선 전쟁**만이 **혁명적 독일**의 전쟁이며, 독일이 스스로의 과거의 죄를 씻어 낼 수 있는 전쟁이며, 그 국경선 바깥에 해방을 가져다줌으로써 국경선 안쪽에도 자유를 가져올 수 있는 전쟁이다."[44]

이러한 생각의 영감은 최초의 프랑스혁명과의 유비에서 온 것이다. 독일의 1848년 혁명은 곧 프랑스의 1789년 혁명의 재판이라는 것이다.[45] 하지만 특히 카를과 『신라인 신문』의 그의 동료들을 매료시켰던 것은 1789년의 혁명이 아니라 유럽과의 전쟁으로 혁명이 급진화되었던 1792~1793년의 기간이었다. 혁명 전쟁은 공화국 선포, 국민공회, 왕의 처형, 공안위원회 형성, 공포정치 등을 가져왔다. 말뫼 위기가 절정에 달했던 1848년 9월 13일 카를은 이렇게 쓴다. "만약 정부가 지금까지 해 왔던 방식을 계속한다면 우리는 조만간 국민공회를 갖게 될 것이다. 프로이센만이 아니라 독일 전체의 국민공회 말이다. 그리고 이 국민공회는 우리의 20개 주들이 모두 방데주가 되는 사태뿐만 아니라 러시아와의 불가피한 전쟁에 대비하기 위해 모든 수단을 동원해야 할 것이다."[46]

이러한 유비의 사용은 위험하리만치 잘못된 것이었다. 이는 현실의 정치 세력들 및 제도들을 깡그리 무시한 채 순진히 '사회의 발전'이라는 도식에만 기초하여 앞으로 벌어질 사건들을 예견할 수 있다고 전제하는 것이다. 1789년의 프랑스 국가는 재정적으로 파산 상태였고, 사람들의 불신의 대상이었던 교회와 불가분으로 엮여 있는 존재였으며, 군대에 의지하여 민중 세력을 통제할 수도 없었고, 1792년에는 군주가 외국으로 도망가려 했던 것 때문에 망신을 당하고 완전히 힘을 잃은 상태였지만, 이 중 어느 것도 1848년 프로이센의 왕정에는 해당되지 않았다. 군대와 관료 기구에 대한 프로이센 왕의 통제력은 1848년 위기 기간 전체에 걸쳐 아무런 도전도 받지 않았다. 하지만 마르크스의 유비는 이러한 차이점들을 깡그리 무시하고 있었다.

1815년 탈레랑Talleyrand은 부르봉 왕가에 대해 그들은 아무것도 배우지 않았고 또 아무것도 망각하지 않았다고 말한 바 있다. 하지만 1848년의 증거들을 볼 때, 새로운 현실에 적응하지 못하고 혁명에 대한 낡은 환상에 갇혀 있었던 것은 반동 세력의 지도자들이 아니라 좌파였음이 드러난다. 엥겔스가 카를에게 3월 8~9일에 쓴 편지를 보자. "프리드리히 빌헬름 4세가 그냥 요지부동으로 버텨 주기만 바랄 뿐! 그러면 우리는 모든 걸 얻어 낼 것이며 몇 달 안에 독일 혁명이 벌어질 테니까. 그가 그의 봉건적 형태를 고수해 주기를 바랄 뿐! … 하지만." 그는 이렇게 덧붙여야만 했다. "그 변덕쟁이 미친 작자가 어떤 식으로 나올지는 악마밖에는 모르지."[47] 엥겔스가 그나마 이렇게 조심스러운 태도를 덧붙인 것은 현명한 일이었다. 왜냐하면 왕과 그의 집단이 반응한 방식은 그런 어리석음과는 거리가 멀었기 때문이다. 3월에만 그런 것이 아니라 그해 내내 그러했다. 9월 12일, 말뫼 조약 이후의 위기가 절정에 달하고 한스만 내각이 무너졌을 때, 카를은 이렇게 쓴 바 있다. "우리는 결정적인 투쟁을 눈앞에 두고 있다." 여기서 중심이 되는 문제는 왕이 어떤 정부를 선택하느냐 하는 것이었다. 카를은 이렇게 말한다. "이 위기에 대한 해법은 두 가지뿐이다. 독일 국민의회의 권위를 인정하고 인민주권의 원칙을 인정하여 발데크 정부를 선택하든가, 아니면 베를린 의회를 해산하고 혁명의 성과물들을 모두 폐지하여 가짜 입헌주의를 내걸거나, 심지어 통일 주의회로 퇴행하여 라도비츠-빙케Radowitz-Vincke 정부를 선택하든가."[48] 마침내 급진파가 학수고대해 온 갈등, 즉 '제헌의회로 활동해 온' 베를린 의회와 '왕권'의 갈등이 드디어 목전에 닥친 것이었다. 카를은 특히 국민의회가 말뫼 조약에 대해 정부에 항복한 이후이니 왕이 더욱 밀어붙여서 반동적 정부를 구성할 것이라고 확신하고 있었다. 9월 22일에 그가 쓴 글을 보면, "결국 일이 벌어지고 말았다! 프로이센 군주의 정부가 들어서고 있으며, 반혁명 세력은 이제 위험을 무릅쓰고 최후의 일격을 준비하고 있다. … 포메라니아의 돈키호테들, 저 빚더미에 시달리는 늙은 전사들인 토지 세력들이 마침내 자기들의 녹슨 칼날을 혁명가들의 피로 씻어 낼 기회를 갖게 될 것이다."[49] 하지만 우유부단 때문이었는지, 아니면 훌륭한 판단력에서였는지 몰라도 왕은 새로운 내각에 대한 결정을 사람들의 민족주의적 열정이 어느 정도 가라앉을 때까지 미루었고, 그다음에는 유화적인 인물인 푸엘 장군을 수상으로 임명하여 정부를 구성했다.

『신라인 신문』은 정치적 투쟁들을 '그저 여러 사회적 충돌의 현현 형태'로만 다루려고 들었고, 그 결과 이 신문이 내놓는 사태 진단은 너무나 조악한 것이었다. 이는 3월 말의 캄프하우젠 내각에서 11월의 친위 쿠데타 내각까지 이어지는 모든 내각은 의식적이든 무의식적이든 모두 반동 세력의 도구였던 것으로 다루었다. 한스만 수상이 실각했을 때 카를이 후진적인 '봉건' 정부가 들어설 것으로 예견했던 것처럼, 6월 22일 캄프하우젠 내각이 무너졌을 때에도 그는 똑같은 예견을 내놓았다. "캄프하우젠은 영광스럽게도 절대주의 봉건파에 수상 후임자 자리를 넘겨주게 되었다."[50]

카를이 프로이센 의회를 다루는 방식 또한 프랑스혁명과 무리하게 상황을 일치시키는 태도로 인해 마찬가지의 문제들을 안고 있었다. 카를은 9월 14일 이렇게 주장했다. "애초부터 우리는 캄프하우젠이 독재적 방식으로 행동하면서 옛날 제도들의 즉각 분쇄와 그 잔여물들 제거의 작업을 제멋대로 방기했던 것을 비판했다."[51] 캄프하우젠의 자유주의 내각은 민중 세력 덕분에 3월 말에 들어서게 되었지만, 그들이 두려워했던 것은 바로 그 민중 세력이었다. 왕정 세력이 가장 약하게 위축된 순간에도 캄프하우젠 자유주의 내각이 주요한 헌법 개혁들을 밀고 나가지 않았던 이유도 거기에 있었음은 분명한 사실이었다. 따라서 『신라인 신문』이 자유주의 내각이 급진주의의 위협과 가두에 모인 시민들의 분노를 고려하지 않았을 것이라고 생각한 것은 분명히 너무나 세상 물정을 모르는 천진한 태도였다.

프랑스혁명의 기억에 붙들려 있는 것은 좌파만이 아니라 자유주의자들 또한 마찬가지였다. 이들에게 가두의 민중 세력으로 표상되는 위협은 심지어 왕실의 저항보다도 더욱 큰 두려움의 대상이었다. 이 세력이 견제받지 않는다면 폭력이 난무하는 상황이 벌어질 수도 있으며, 또 아무런 인도자도 없는 무지렁이 군중들의 통치가 벌어질 수도 있다는 것이었다. 베를린의 중간계급 대부분이 이러한 믿음을 공유하고 있었다는 사실은 '3월의 희생자들'을 추모하기 위한 기념 행진에서 명확하게 드러났다. 이 행사에는 '10만 명이 훨씬 넘는 사람들이 모여들었지만, 사실상 이들 모두가 노동자, 숙련공, 장색 등 좀 더 직설적으로 이야기하자면 바리케이드에서 싸우다가 죽어 간 이들과 동일한 사회계층의 사람들이었던 것이다. 국민의회에서 지배적 위치를 점한 중간계급 출신의 시민들은 너무나 드물어서 오히려 눈에 띨 정도였다.'[52] 캄프하우젠, 한스만 그리고 통일 주의회의 자유주의 지도부의 목적은 입헌군주제를 얻어 내는 것뿐, 공화국을 수립하는 것이 결코 아니었다. 그들의 목적은 군주 그리고 공공 여론(유산계급과 교육받은 계층의 여론)의 지지를 얻은 의회 사이에 받아들일 수 있을 타협점을 찾아내는 것이었다. 군중들의 무정부적 열광에 휘둘리는 것이야말로 이들이 절대로 원하지 않는 바였다.

카를과 엥겔스는 '협정 의회'를 언급할 때마다 경멸적인 어조로 일관했던바, 이 또한 『신라인 신문』이 정치적 분별력이 결여되어 있었음을 보여 주는 또 다른 예이다. '민주주의' 혁명이란 여러 계급에 걸친 성격을 가지고 있으므로 동맹을 구축할 필요가 있는 것임에도 이들은 의회를 언급할 때마다 조롱과 비난을 동원했던 것이다. 이러한 접근을 취하게 된 결과 왕권과 의회 사이에 여전히 투쟁이 계속되고 있었다는 사실은 보이지 않게 되고 말았다. 그 투쟁은 가장 직접적으로는 군대에 대한 통제권이었지만, 궁극적으로는 주권의 문제에 대한 것이었다. 왕의 권력이 인민에게 빚지고 있는 것인가, 아니면 '신의 은총으로' 주어진 것인가 하는 문제였다.

10월 말이 되면 이 갈등이 첨예화되며, 그것이 절정에 달한 11월 2일에는 푸엘 내각이 해산되었다. 그러자 『신라인 신문』은 다시 통일 전선이 필요하다는 쪽으로 논조를 옮겨 간다. 11월 14일 카를은 '라인 지방은 무력을 징발 동원해서라도 베를린의 국민의회를 서둘러 지지하는 것이 의무'라고 선언했다.[53] 이 기사에서 카를은 의회가 물러서기를 거부하고, 브란덴부르크를 반역 죄인으로 공격하면서 랑겔이 의회를 회의장에서 축출한 뒤에도 사격 연습장에 모여 회기를 계속해 나간 것을 높게 인정했다. 이러한 행태를 카를은 프랑스의 '제3신분'이 1789년 6월 쫓겨난 뒤에 테니스 코트를 활용했던 것에 견주었다.[54] 그보다 이틀 전까지만 해도 『신라인 신문』은 '부르주아지'들에 대한 저격을 일삼고 있었다. "부르주아지들은 봉건파와 힘을 합쳐서 그들과 함께 온 인민들을 노예화하기를 그토록 원하고 있다."[55]

그렇다면 이제 무엇을 해야 하는가? 신문에 따르면, '우리는 납세를 거부해야 한다'는 것이었다. 하지만 먼저 카를은 국민의회가 랑겔과 그 병사들에게 저항하지 못한 것을 심하게 꾸짖었다. "어째서 불법화mise hord de loi를 선언하지 않았는가? 어째서 랑겔 무리들을 범죄자들로 단죄하지 않았는가? 어째서 우리의 의원들 중에서는 랑겔 군대의 한복판으로 뛰어들어서 랑겔을 범죄자로 선언하고 병사들을 직접 설득한 사람이 단 한 사람도 없었단 말인가? 베를린 국민의회는 『모니터』지,* 특히 1789~1795년 사이의 『모니터』지를 한 번이라도 훑어 보아야 한다." 여기에서도 혁명의 현실에 대해서라기보다는 프랑스혁명이라는 드라마를 언급하고 있는 셈이다. 그런데 막상 카를은 자기가 살고 있는 라인란트에서는 물리적 저항의 문제가 제기될 때마다 한결같이 '침착하게 행동할 것'을 호소했고, 전쟁놀이 같은 것을 선동하는 소리에는 전혀 반응하지 말라고 말하고 있다.56)

브란덴부르크와 랑겔에 대해서는 카를은 재치 있는 공격을 퍼부으면서 그들을 '콧수염 말고는 아무것도 없는 자들'이며 '이 왕정에서 **가장 바보 같은 두 사람**'이라고 조롱했다.57) 하지만 그는 또 한 번 반동 세력 지도자들의 능력을 과소평가했다. 왕이 어떤 종류이건 인민주권의 입장을 패퇴시키려는 결연한 태도를 가지고 있었다고 본 점에서는 카를이 옳았지만, 그것이 반드시 카를이 꿈꾸는 식의 최후의 대결전과 같은 무대로 펼쳐질 것이라고 상상한 것은 오류였다. 현실에서는 왕과 그 조언자들이 내놓은 해법에 따라 반대 세력은 분열되고 왕권의 지지자들은 결집하는 식으로 상황이 전개되었다.

11월 9일이 되자 왕의 명령에 따라 프로이센 국민의회는 베를린에서 브란덴부르크로 이전될 것이며, 3주 후에 다시 회의가 열릴 것이라는 통보를 받게 된다. 하지만 의원들 중 많은 수는 이 명령을 거부하고 베를린에 남는다. 하지만 이 때문에 11월 27일 브란덴부르크에서 열린 회의에 출석한 의원의 숫자가 너무 부족하여 정족수를 채우지 못하게 되었다. 12월 5일 브란덴부르크 수상은 이에 따라 의회의 해산을 선언할 수 있게 되었다. 하지만 그는 그렇다고 해서 의회가 없었던 1848년 이전의 프로이센 제도로 돌아가려고 한 것은 전혀 아니었다. 대신 그는 새로운 헌법을 발표했고, 1월 말에 새로운 선거를 통해 양원제 의회를 구성한다는 계획을 발표했다. 이 새 헌법은 중요한 자유주의자들의 요구를 상당

✣ 『모니터Le Moniteur Universel』는 1789년에 출간되어 1868년까지 발행된 프랑스의 신문이다. 프랑스혁명의 기간 동안 가장 널리 읽혔던 신문이었으며 나폴레옹 체제에서는 여당지의 역할을 하기도 했다.

히 포괄하고 있었고, 그것이 대체한 그전의 헌법안과 크게 다르지도 않았다. 하지만 이는 주권의 기초가 왕에게 있음을 분명히 하고 있으며, 따라서 왕이 군대, 관료 기구, 외교정책에 대해 통제력을 갖도록 하고 있었다. 이 새 헌법은 아주 영리한 공세로, 반대 세력을 성공적으로 분열시키고 급진 좌파를 고립시켜 버렸다. 이는 프로이센의 모든 부분에서 승인을 받았고 라인란트에서도 적지 않은 지지를 받았다. 이 헌법을 싸잡아 매도한 것은 『신라인 신문』 거의 하나뿐이었다. 왜냐하면 자유주의자들로서는 이 헌법안에 대해 걱정과 염려가 아주 없었던 것은 아니었지만 그런대로 받아들일 만한 타협안으로 보았고, 가톨릭교도들은 가톨릭교회를 포용하려는 노력을 크게 반겼기 때문이다.

카를은 1848년 프로이센 혁명의 결과로 고작 이런 헌법을 얻고 끝난다는 생각을 도저히 받아들일 수 없었다. 3월에서 12월 사이의 기간에 걸쳐 그는 쭉 융커Junker들이 이끄는 반동적 쿠데타를 예견했고, 그러면 이에 대한 반동으로 급진적인 사회혁명이 촉발될 것이라고 주장했다. 11월 비엔나가 무너지고 난 뒤 그는 국민 방위군의 탈을 쓴 '부르주아지들'을 공격하면서 '부르주아지들'이 반동 세력과 '도처에서' 비밀 협정을 맺었다고 주장했다. 이를 빌미로 그는 또다시 자신의 익숙한 프랑스혁명 이야기를 풀어놓는다. 파리에서의 6월 사건과 비엔나에서의 10월 사건을 언급한 뒤 그는 계속해서 이렇게 말한다. "반혁명은 사람을 잡아먹는 식인 잔치이다. 이를 목격하게 된다면 온 국민이 확신하게 될 것이다. 죽어 가는 낡은 사회가 단말마의 고통 속에서 저지르는 살육과 새로운 사회라는 아기가 태어나면서 산모에게 안겨 주는 고통을 **단축시키고** 단순화하고 집중적으로 끝낼 수 있는 **유일한 수단**은 단 하나뿐이라는 것을. 그것은 바로 **혁명적 공포정치**이다."[58] 12월이 되자 브란덴부르크 쿠데타의 여파로 그는 좀 더 긴 기사인 「부르주아지와 반혁명」에서 같은 논지를 되풀이한다. 그는 1848년 혁명을 통해 밝혀진바, "순수한 **부르주아혁명과 입헌군주정**의 형태를 띤 **부르주아 통치**의 확립은 독일에서는 불가능하다. 독일에서 가능한 것은 오로지 봉건적 절대주의 반혁명 또는 **사회적 공화국의 혁명**뿐이다."[59)]

여기에서도 카를은 정태적이고 시대착오적인 그림을 그리고 있다. 순수한 형태로 '부르주아의 통치'가 확립되지 못했던 것은 사실이다. 하지만 그렇게 해서 나타난 것은 혼종의 창조물이었으니, 대의제 국가의 형태를 띠기는 했지만 의회가 여전히 행정부의 핵심적 측면들, 특히 군대와 대외 정책에 대해 통제력을 쥐지 못한 국가였던 것이다. 루이-나폴레옹 치하의 프랑스에서도 사태의 전개가 동일한 방향으로 나아갔다. 정치적 권위의 위기로 인해 사람들은 강력한 정부를 원하는 성향을 새롭게 띠게 되었지만, 그들이 원한 정부는 더 이상 전통적인 형태의 정부는 아니었다. 카를이 상상했던 여러 대안은 이렇게 해서 나타난 새로운 정치적 형태의 국가들을 완전히 놓치고 있다. 이러한 국가들은 비록 선동 정치의 성격이 강하기는 했어도, 모종의 대의제 형태를 띠고 있었을 뿐만 아니라 선거권의 폭도 더 넓힌 국가였다.

프로이센 역사에서 브란덴부르크의 헌법은 1848년 혁명을 효과적으로 종식시켰다. 11월 후반부는 프로이센이 봉기와 반란 상황에 가장 가까이 갔던 시점이었다. 도시에서뿐만 아니라 농촌에서도 그러했으며, 특히 포도주 생산 지역인 모젤 계곡이 그러했다. 이 시점이 되면 민주주의자들은 폭넓은 지지를 받게 되며, 1849년 1월 22일에 선출된 새 의회에서도 가장 강력한 집단이 된다. "세금 그만!!!"이라는 구호는 12월 17일까지도 『신라인 신문』의 제호로 남아 있었지만 11월 마지막 주 이후에는 아무런 무게도 가질 수 없었다. 라인란트 지역에서는 농민들과 들판 노동자들 사이에서 봄까지도 여러 형태의 반대와 봉기가 촉발되기도 했다. 하지만 이것으로는 정부를 흔들기에 충분치 못했다. 베를린, 비엔나, 프랑크푸르트 등의 지도부가 없이는 이런 봉기들은 지역의 사건으로 국지화될 뿐이었고 반대 세력은 파편화되었다.

7. 1849년: 마지막 몇 개월

혁명의 마지막 단계는 1849년 봄과 초여름에 시작되었다. 프랑크푸르트 의회는 제국 헌법의 초안을 완성시키기 위해 애쓴 끝에 마침내 3월 27일 가까스로 다수결을 얻어 입헌군주제 헌법을 승인했고, 제국의 왕좌를 프리드리히 빌헬름에게 제안하여 독일 전체의 지배자로 만들어 주기로 결의한다. 그런데 프리드리히 빌헬름 왕의 입장에서 보자면, 프랑크푸르트 의회의 제안을 받아들인다는 것은 곧 인민주권의 원칙을 승인한다는 것을 뜻했다. 이를 피하면서 독일제국의 황제가 되는 길은 왕관을 둘러싼 독일연방 각국의 수장들이 황제의 자리에 올라 달라고 제안하는 것뿐이었다. 그래서 프리드리히 빌헬름은 잠깐 동안 대답을 지연하다가 결국 황제 자리를 거절하고 프랑크푸르트 헌법을 비준하는 것도 거부한다. 게다가 그는 이 헌법을 받아들인 새로운 프로이센 의회를 4월 26일 해산해 버렸고, 자신을 따라 헌법을 거부하는 다른 국가들에 대해 군사적 지원을 제공하기로 했다.

라인란트에서는 반응이 엇갈렸다. 가톨릭교도들은 그 이전에 존재하던 독일연방, 그리고 그 안에서의 오스트리아✤의 두드러진 지위를 보존하기로 한 이 결정을 기꺼이 지지했다. 반대로 전통적으로 프로이센 왕실에 충성하는 태도가 지배적이었던 프로테스탄트 지역에서는 오히려 이러한 왕의 대응에 대해 믿을 수 없다는 반응이었다. 엥겔스의 어린 시절 고향이었던 엘버펠트와 노천 금속 교역의 중심지였던 크레펠트Krefeld는 저항의 중심지가 되었다. 라인강을 따라서 민주주의자들과 민병대원들의 회합이 열렸고, 1만 명에서 1만 5000명이 여러 저항 행동에 참여했던 것으로 추산된다.[60] 하지만 이 집단은 무기가 부족했으며 5월 중순이 되면 반란도 힘을 잃기 시작한다. 남부와 서부에서는 프랑크푸르트

✤ 오스트리아의 합스부르크 왕가는 대대로 가톨릭의 수호자였다.

헌법의 비준을 확보하기 위한 군사적 행동이 계속되었다. 하지만 이는 프로이센 군대 앞에서 적수가 될 수는 없었고 7월이 되면 완전히 끝난다.

급진 좌파는 위기를 환영했다. 하지만 이는 그들이 열망했던 위기는 아니었다. 어떻게 공화주의자들이 프리드리히 빌헬름에게 제국의 황제 자리에 올라 달라고 간청하는 행동에 참여할 수 있겠는가? 하지만 적어도 자유주의-입헌주의의 시민 결사체들에서 활동하던 자유주의자들의 경우에는 프로이센 왕과 정부의 행동에 항의할 정도로 충분히 분개하고 있었다. 쾰른 시의회는 왕이 인민의 의지에 반해 행동했다고 항의했고, 엘버펠트의 시의회는 아예 공안위원회를 지명했고 프랑크푸르트에 지지의 메시지를 보내기까지 했다. 카를과 다른 급진주의자들은 프랑크푸르트와 베를린 사이에 모종의 타협이 이루어질 것으로 기대하고 있었다. 말뫼 사태 이후 프랑크푸르트 의회는 좌파에서나 우파에서나 무시당하고 있었다. 게다가 11월 9일 프랑크푸르트 의회에서 비엔나 포위의 종식을 협상하기 위해 보낸 사절인 로베르트 블룸Robert Blum이 빈디슈그레츠 왕자의 명령으로 총살당한 사건에서 프랑크푸르트 의회의 무기력은 적나라하게 드러났다. 블룸은 급진파였고 쾰른에서 태어나 자라난 인물이었기에 『신라인 신문』은 그의 죽음을 추모하기 위해 1면을 특별히 검은 선으로 두르기도 했다. 그때 이후로 『신라인 신문』은 프랑크푸르트 의회에 대한 관심을 거의 잃게 되었고 거기에서 진행되는 사건들의 소식은 신문 뒤쪽 지면으로 밀려났다.

왕의 헌법안 거부와 프로이센 의회 해산으로 카를뿐만 아니라 다른 모든 급진주의자들이 충격을 받았다. 이는 프로이센 의회가 제국 헌법을 승인하고 베를린에서의 계엄령 해제를 요구하고 있었을 당시 어째서 카를이 도시 밖을 떠돌며 돈을 모으고 다녔는지를 설명하는 데 도움이 된다. 『신라인 신문』은 뒤늦게 라인란트 지방의 저항 활동에 참여한다. 엥겔스는 엘버펠트에서의 봉기에 참여하겠다고 했으며, 나중에는 '독일제국 헌법 운동German Imperial Constitution Campaign'에 가담한다. 반면 카를은 일체의 싸움에서 깨끗이 뒤로 물러나 버렸다.

물론 그럼에도 추방 명령을 받게 된다. 그는 5월 16일까지 프로이센 영토를 떠나라는 명령을 받으며, 그로부터 사흘 후 『신라인 신문』의 마지막 호가 발행된 이후에 출국한다. 그 마지막 호인 5월 19일 자 『신라인 신문』은 붉은색으로 인쇄되어 있었다. 그 마지막 메시지는 '노동계급의 해방'을 촉구하는 것이었지만, 이는 여전히 제국 헌법에 대한 행동에 대해서는 거리를 유지했고, 노동자들에게 그 어떤 '정부 전복의 반란putsch' 시도에도 참여하지 말라고 경고하고 있다.

1848년 9월의 말뫼 위기와 1849년 1월 사이의 기간 동안 카를은 『신라인 신문』을 거의 혼자서 운영했다. 최초의 스태프 중에서는 오직 게오르크 베르트만이 남아 그를 돕고 있었다. 보링겐에서의 시위와 쾰른에서의 반대 집회 이후 샤퍼, 몰, 빌헬름 볼프, 뷔르거스, 엥겔스, 드론케, 또 다른 이들에게 체포 영장이 발부된 상태였다. 몰은 런던으로 갔고 거기에서 '공산주의 동맹'의 부활을 위해 비밀 계획을 추진하고 있었다. 샤퍼는 11월 15일 석방되어 쾰른으로 갔으며, 거기에서 카를과 고트샬크의 계속되는 갈등 속에서 카를에게 결정적인 지지를 제공한다.

엥겔스는 처음에는 바르멘의 고향으로 돌아갔고, 거기에서 자신의 유죄를 입증할 만한 문서들을 찾아 불태워 버리고 브뤼셀로 떠났다. 벨기에에서 추방당한 뒤에는 걸어서 파리를 거쳐 베른Berne으로 간다. 그 여정에서 그는 잠깐 정치는 뒤로 제끼고 부르고뉴Brugundy 지방의 포도 수확을 즐기기도 한다. 그는 이 여정에서 만날 수 있는 여러 지방의 여자들의 서로 색다른 종류의 매력을 간략하게 설명하기도 하며, 자신은 "생브리Saint-Bris와 베르망통Vermenton 출신의 깨끗한 옷을 입고 곱게 머리를 빗은 마른 체구의 부르고뉴 여자들이 세느강과 루아르강 사이에서 만날 수 있는 흙투성이의 흐트러진 차림새의 몰로시아 물소 같은 여자들보다 훨씬 더 좋다"고 고백하고 있다. 그다음 해에 농민들 가운데에서도 공화주의의 감정이 싹터서 일부 지역에서는 농민들이 '산악파'의 민주주의적·사회적 강령과 연결되기도 했지만, 엥겔스는 여행 중에 그러한 공화주의 감정의 증후 따위는 전혀 읽지 못하고 있다. 그에게는 '프랑스의 농민들은 독일에서나 마찬가지로 문명 한복판에 살고 있는 야만인들이다.'[61]

엥겔스는 1월이 되어 체포의 위험이 지나간 뒤에야 쾰른으로 돌아왔다. 카를의 집단 내부에서 그의 역할은 4년 전이나 마찬가지로 여전히 논란이 많은 것이었다. 에베르베크, 데스터 그리고 당연히 헤스 또한 여전히 엥겔스를 그 특권적 위치에서 몰아내고자 했다. 하지만 카를은 그렇게 글을 많이 쓰고 의지할 만한 친구를 버릴 생각이 전혀 없음이 분명했다. 에베르베크가 헤스에게 말한 바 있듯이, 카를은 "완전히 엥겔스에게 빠져 버렸네. 그는 엥겔스를 지적으로나 도덕적으로나, 또 인격적으로나 뛰어난 인물이라고 상찬하고 있다네."[62]

『신라인 신문』이 직면한 문제는 그 편집진의 다수가 강제 출국 명령을 받았다는 것 말고도 상당히 많았다. 9월 26일, 쾰른에도 계엄령이 떨어진 결과 자금 조달의 문제가 또다시 날카롭게 불거졌다. 계엄령은 10월 3일 해제되었지만 신문은 10월 12일까지도 출간되지 못했다. 계엄령이 얼마나 계속될지에 대한 불확실성 때문에 계간지 발간 기간을 맞추지 못했으며, 이 때문에 구독자의 숫자가 크게 줄어들었던 것이다. 하지만 동시에 시인 프라일리그라트가 편집진에 합류하면서 이것이 발행 부수를 늘려 줄 것으로 기대되었다.

또한 '대차증서loan certificates'의 형태로 자금을 일부 조성하기도 했지만, 이러한 노력에 대한 호응은 꼭 호의적인 것은 아니었다. 라살레는 뒤셀도르프에서 보낸 글에서 이렇게 말하고 있다. "단호한 급진적 관점을 가진 이들은 앞에서 말한 신문이 배신을 저질렀다고 비판하고 있으며, 그 자리를 다른 민주주의 기관지가 대체할 것을 원하고 있습니다."[63] 그전에는 카를의 기금 조성 여행이 상당한 성공을 거둔 바 있었다. 1848년 여름 동안 그는 비엔나와 베를린으로 여행을 떠났고, 곧 블라디슬라프 코스칠스키Vladislav Koscielsky로부터 『신라인 신문』이 폴란드 독립운동을 지지한 것에 대한 감사조로 2000탈러를 받게 된다. 하지만 그 마지막 몇 달간은 자금을 조성하는 것이 갈수록 어려워졌다. 4월 14일에서 5월 9일까지 카를은 베스트팔렌의 여러 도시를 돌아다녔고, 나중에는 브레멘과 함부르크까지 가서 자금을 모으려고 노력했다. 하지만 그가 거둔 돈은 300탈러에 불과했고 이 돈으로는 당장 돌아오는 부채를 정리할 수 있는 정도였다. 그러고 나서 신문은 발행을 중지할 수밖에 없게 되었다.

이 기간 동안 쾰른에서의 급진파 운동은 고트샬크의 지지자들과 카를 집단 사이의 볼썽사나운 다툼으로 한 번 더 약화되었다. 고트샬크는 1848년 12월 23일 무죄로 석방되었고, 당국에서 허락하기만 했더라면 아마도 지지자들에 둘러싸여 거리에서 횃불을 밝히고 승리의 행진을 할 기세였다.[64] 한편 고트샬크가 잡혀가서 없는 틈을 타 카를은 1848년 10월 16일 '노동자 협회'의 임시 의장 자리에 오른 상태였다. 그런데 고트샬크와 아네케가 석방되었는데도 카를은 자리에서 물러나지 않았다. 고트샬크는 카를과 그의 지지자 무리들이 이제 권력을 쥐고 있으니 그들을 몰아낼 가능성이 없다고 판단하여 쾰른을 떠나며, 처음에는 본에 있는 그의 병든 여동생을 돌보러 갔다가 그 길로 브뤼셀과 파리까지 여행한다. 하지만 그의 지지자들은 여전히 '노동자 협회'의 신문인 『자유, 형제애, 노동Freiheit, Brüderlichkeit, Arbeit』을 장악하고 있었으며 카를 집단의 권력 탈취에 결연히 맞서려고 했다.

최초에는 갈등의 초점이 특정한 정치 이슈에 있었다. 브란덴부르크 내각은 기존의 프로이센 의회를 해산한 뒤 새로운 헌법을 내놓았으며, 새로운 의회를 구성할 총선거를 1849년 1월 22일로 정하는 법령을 내린다. 민주주의자들은 이렇게 군주가 은혜의 행위로 인민에게 내려주는 헌법이라는 것을 받아들여야 할 것인가를 결정해야 했다. 빈민 구호를 받는 영세민들을 제외한 모든 남성 시민들은 선거권을 갖게 되었지만, 선거는 두 단계를 거치는 간접선거였다. 선출자들은 투표를 통해 대의원들을 뽑게 되며 이렇게 해서 뽑힌 대의원들이 다시 투표를 하여 의원들을 선출한다는 것이다. 카를 집단은 민주주의파 후보자인 프란츠 라보Franz Raveaux와 슈나이더 2세를 밀었다. 하지만 '노동자 협회'의 경우 아네케는 독자적인 노동자 후보를 내야 한다는 입장이었고, 오직 노동자 후보가 가능성이 없는 경우에만 민주주의파 후보를 전술적으로 지지해야 한다고 주장했다. 카를은 이에 반대하여 별도의 후보를 내기에는 너무 늦었다고 주장했다. 1월 21일 자 『신라인 신문』에서 카를은 '노동자들과 프티부르주아들'에게 '당신들 계급을 구출해 준다는 구실로 온 민족을 중세의 야만으로 다시 되돌리려는 이미 끝장나 버린 형태의 사회로 돌아가는 쪽을 선택하느니, 산업을 통해 당신들 모두를 해방시켜 줄 새로운 사회의 기초를 건설할 물적 수단을 창출해 주는 현대의 부르주아 사회에서 고통받는 쪽이' 낫다고 주장하고 있다.[65] 그 뒤에 이어진 선거에서 이 새 헌법을 거부했던 쾰른의 민주주의파 후보들은 아주 좋은 성적을 거두었다. 하지만 그렇다고 해서 헌정의 위기가 온 것은 아니었다. 보수적인 프로이센 다른 지역에서의 선거 결과가 라인란트를 표로 눌러 버렸기 때문이다.

고트샬크 지지파는 이러한 전략 전체를 비난했다. 이제 막 『자유, 형제애, 노동』의 편집장이 된 빌헬름 프린츠Wilhelm Prinz는 민주주의파 후보자들을 공격했다. 그리고 그를 징계하려는 시도들에도 아랑곳하지 않고 마침내 카를을 직접 공격하기도 했다. 1849년 2월 25일, 이 싸움은 절정에 달했다. 카를이 민주주의파와 부르주아혁명의 필연성을 연결시키는 것에 대해 고트샬크 자신이 익명으로 비판을 퍼부은 것이다. 고트샬크는 지식인들을 공격했다. 이들에게는 '가난한 이들의 굶주림이라는 것이 그저 과학적 학설 차원의 관심 대상일 뿐'이라는 것이었다. 나아가 그는 『신라인 신문』의 정치 전략도 조롱했다. 그 전략에 따르면 독일에서의 혁명의 발발은 프랑스에서의 혁명 발발에 달려 있고, 프랑스에서의 혁명 발발은 다시 영국에서의 혁명 발발에 달려 있다는 게 논지였다.

이 당시가 되면 갈등은 그 신문의 다른 두 버전(하나는 『자유, 형제애, 노동』이고 다른 하나는 『자유, 노동』으로 로고까지 거의 똑같았다)이 서로 자신들이야말로 '노동자 협회'의 입장을 대변한다고 주장하면서 서로 경쟁하는 것으로 치닫는다. '노동자 협회'는 카를 샤퍼의 지도 아래 고트샬크의 지지자들을 주변화시키는 방식으로 재조직되었다. 그 전해 여름까지만 해도 회원 숫자가 7000명 이상을 헤아렸지만, 이제는 숫자는 훨씬 적지만 훨씬 단단하게 조직된 협회가 만들어진 것이다. 직종별 조직화는 중지되었고, 회원들은 모두 회비를 내게 되었으며, 훨씬 더 교육학적인 접근법이 채택되었다. 회원들은 이제 모두 카를이 쓴 『임노동과 자본』을 공부하도록 명령을 받았으며, 『신라인 신문』의 사설에서 논하는 주제들에 대해 독서하도록 지휘를 받았다. 하지만 이 모든 것에도 불구하고 고트샬크에 대한 지지는 줄어들지 않았다. 고트샬크는 카를을 공격한 후 한 달 뒤 헤스에게 쓴 편지에서 자신이 카를과 라보를 공격했던 것이 '강력한 센세이션'을 일으켰으며, 귀르체니히Gürzenich에서 있었던 연회는 자신이 나타날 것이라는 기대 때문에 만원사례를 이루었다고 만족스러운 모습을 보이고 있다.[66]

1849년 초 몇 달 동안 『신라인 신문』은 그전 편집진의 대부분이 복귀함으로써 강화되었다. 이는 주로 라인란트 지역의 배심원단이 베를린에서 온 국가 당국자들에 의한 급진파 인사들의 박해를 지지하려 들지 않았던 결과였다. 카를은 두 건의 재판에 연루되었지만, 배심원단의 이러한 태도에서 큰 혜택을 받았다. 첫 번째 재판에서 카를은 나폴레옹 법전의 형법을 능숙하게 활용하여 검사들이 절대주의 국가에서나 있을 수 있는 법 외적인 전제들에 의존하고 있다고 비판했다.[67] 두 번째 재판에서는 배심원들 앞에서 프로이센에서의 부르주아혁명에 대한 자신의 이론을 설파했다. 그 이론의 기초는 여전히 봉건적인 성격을 띠고 있는 통일 주의회와 부르주아적인 국민의회를 대조하는 것에 있었다. 이러한 기초 위에서 카를은 자신이 어겼다고 하는 법률이라는 게 더 이상 존재하지도 않는 것이라고 주장했다.[68]

1849년의 처음 몇 달 동안 가장 놀라운 점은 카를과 그의 집단이 어쩌면 그렇게도 무한히 낙관적인 태도를 유지할 수 있었는가이다. 이미 프랑스에서는 보나파르트가 승리를 거두었고, 비엔나는 무너졌고, 프로이센에서는 프리드리히 빌헬름이 프로이센 국민의회에 대해 승리를 거둔 상태였다. 그런데도 "1849년

새해 벽두에 간행된 『신라인 신문』에서 카를은 이렇게 선언한다. "1849년의 목차는 다음과 같다. 프랑스 노동계급의 혁명적 봉기, 그리고 이어지는 세계 전쟁.' 이는 고트샬크가 카를을 조롱하기 위해 예언처럼 내놓았던 추측이 맞았음을 보여 준다." 결국 카를의 이야기는 '유럽의 해방'이 '프랑스 노동계급의 봉기가 성공하느냐'에 달려 있다는 것이었다. 하지만 이는 또 영국 부르주아들에 의해 '좌절될' 가능성이 높다고 한다. 그리고 이러한 영국 부르주아지를 무너뜨리는 일은 오로지 '세계 전쟁'으로만 달성할 수 있다고 한다. "오로지 차티스트들이 영국 정부를 장악할 때에만 사회혁명이 유토피아의 영역에서 현실의 영역으로 내려오게 될 것이다."[69] 1844년 이후 카를과 엥겔스는 모두 동일한 이미지를 반복해서 사용해 왔으므로, 엥겔스 또한 일단 '갈리아의 수탉이 울게 되면'✤ 유럽의 혁명적 변혁이 벌어질 것이라고 확신하고 있었다. 중부 유럽과 동유럽에서 보자면 이는 곧 혁명 운동을 대표하는 독일, 폴란드, 헝가리 세 민족의 승리를 보장하는 것이라고 한다. 반대로 반혁명 진영에 서 있는 민족들인 체코인, 모라비아인, 슬로바키아인, 크로아티아인, 루테니아인, 루마니아인, 일리리아인, 세르비아인 들은 모두 '세계 혁명의 폭풍 속에서 머지않아 사멸할 운명에 있다'는 것이다. 엥겔스의 예상으로는 '그다음 세계 전쟁은 지구상에서 반동적 계급들과 왕조들만이 아니라 반동적인 민족들 전체를 쓸어버려 사멸시키고 말 것이다.'[70]

19세기 중반의 여러 혁명들을 거치는 와중에도 카를은 형식적으로는 민주주의 혁명이라는 목적을 고수했다. 하지만 카를과 그의 친구들은 그러한 틀 안에서도 유럽 전역에 걸쳐 두 번째 혁명의 물결이 진전될 것이라는 희망을 가지고 있었기에 1849년에 들어서자 갈수록 프롤레타리아트의 역할을 강조하기 시작했고, 민주주의자들의 역할에 대해서는 반대로 갈수록 무시하는 태도를 취

✤ 프랑스 지역에 살던 골족을 일컫는 말로 로마 시대 라틴어는 수탉을 일컫는 말과 같았으며(gallus), 그 밖의 여러 이유로 '갈리아의 수탉'은 이후 프랑스를 나타내는 상징으로 쓰이게 되었다.

하기 시작했다. 카를은 독일에서는 '입헌군주제'가 '불가능하다'고 결론을 내렸으며, 그다음에는 이 혁명을 민주주의자들이 시작했다는 사실 자체에 대해서도 갈수록 멸시하는 태도를 취하기 시작했다.[71] '2월과 3월 혁명은 지독하게 박애적이며, 인간적이며, 약해 빠진' 사건들이었다는 것이다.[72] 마찬가지로 『신라인 신문』도 군대를 의회의 통제 아래에 두려고 했던 브레슬라우 출신의 민주주의파 의원이었던 율리우스 슈타인에 대해서마저 거리를 두었다. 『신라인 신문』은 자신들이 결코 '의회파 당에 아부한' 적이 없으며, 기존 정부에 맞선 투쟁 속에서 "우리는 그들이 우리의 적인 줄 알면서도 동맹을 맺어 왔다"고 선언했다.[73] 이와 비슷한 정신에서 『신라인 신문』은 또한 1848년 11월 프랑크푸르트에서 설립되어 900개 이상의 지회를 거느리고 있었던 '3월 협회March Association' 또한 비난했다. 이 조직은 모든 합법적 수단을 동원하여 입헌군주제의 확립 그리고 3월 혁명의 여러 성과물을 지켜 내는 것을 스스로의 과제로 내걸고 있었다. 카를은 프랑스혁명의 시나리오를 완고하게 고집하면서 이 협회를 '푀양 당원들the Feuillants', 즉 루이 16세의 퇴위에 반대했다가 '진짜 혁명이 터지기 전에 일소될 수밖에 없었던' 자유주의적 헌법 개혁가들에 비유했다. 카를에 의하면 이들은 '**반혁명의 무의식적인 도구**'였을 뿐이라는 것이었다.[74]

마지막으로 1849년 4월 14일 카를, 샤퍼, 아네케, 빌헬름 볼프 등은 '민주주의 쾰른 지역 위원회'를 그만둔다고 공표했고, 그 대신 '노동자 협회'를 더 긴밀히 통일시켜서 다가오는 5월 6일에 '노동자 협회 전국 회의'를 열자고 호소했다. 이와 동시에 그들은 자기들이 접촉한 모든 각지의 '노동자 협회'들에다 카를의 저서 『임노동과 자본』과 쾰른 '노동자 협회'의 개정된 내규를 보냈다.

카를이 이렇게 '민주주의 협회'를 버렸던 것을 정당화하려는 다양한 시도가 훗날 이루어졌다. 이 단계야말로 프롤레타리아트의 정당을 설립하기에 적절한 시점이었다는 주장, 소부르주아Kleinbürger들의 열망과 활동에 대해 카를이 실망했다는 설명, 당시 슈테판 보른이 막 시작하여 베를린에서 활동적으로 움직이고 있었던 '노동자 형제회Arbeiterverbrüderung'에 합류하고자 하는 욕망이 컸다는 주장 등 여러 다양한 설명이 있다.[75] 하지만 이러한 해석들 중 어떤 것도 별로 설득력이 크지 않다. 당시는 프로이센 왕이 독일제국의 황제 자리와 헌법을 거부하고 게다가 프로이센 국민의회까지 해산시키면서 베를린에 계엄령까지 내린 것에 대해 민주주의자들과 사회주의자들뿐만 아니라 자유주의 입헌주의자들의 일부까지도 대규모의 저항을 조직하고 있었던 시점이었다. 이는 별개의 프롤레타리아 정당을 형성하기에 적절한 시점이라고는 보기 어려웠다. 보른의 '노동자 형제회'와 연계하고 싶은 욕망에 대해 보자면, 그러한 조치가 어째서 '민주주의 협회'에서의 탈퇴를 수반해야 하는지에 대한 이유를 전혀 찾을 수 없다. 그보다는 쾰른의 '노동자 협회' 내에서 고트샬크의 지지자들을 달래기 위한 행동이었을 것이라는 설명이 훨씬 가능성이 높다.[76]

이를 좀 더 큰 안목에서 보자면, 이는 카를이 브뤼셀에서부터 채택해 왔던 입장의 연속이었다. 즉 민주주의 혁명 혹은 이른바 '부르주아'혁명을 지지하는 동시에 그를 넘어서 '사회-공화국 혁명'이 발전하도록 전진하려는 것이 바로 그 입장이다. 이러한 두 가지 시나리오 사이를 갈지자로 오가는 행태는 1848년 혁명 기간 내내 계속되었다. 1848년 8월 카를은 바이틀링에게 반대하면서 민주주의 혁명은 2월에 수립된 프랑스의 임시정부와 마찬가지로 '가장 이질적인 요소들' 사이의 연합을 포함해야 한다고 강력하게 주장했다.[77] 하지만 1849년 4월 그가 '라인 지역의 여러 '민주주의 협회'를 떠나는 것을 정당화하는 논리는 '문제의 '협회'가 이질적인 요소들을 포함하고 있다는 점을 볼 때, 노동계급이나 인민 다수 대중의 이익에 유리한 것은 거의 나올 것으로 기대할 수 없다고 확신했기' 때문이라는 것이었다.[78] 카를은 2월에는 민주주의파 후보자들을 지지했지만, 그는 이제 '동질적 요소들을 강고하게 단결시키는 것'이 시급하다고 여겼다. 마찬가지로 베를린에서의 3월 혁명 1주기가 되던 날 『신라인 신문』은 그 혁명을 '비엔나 혁명의 미약한 메아리'라고 폄하했고, 자신들이 정말로 축하해야 할 1주기는 바로 6월 25일의 파리 봉기라고 선언했다.[79] 하지만 6월이 되자 카를은 팔츠 지역의 '민주주의 중앙위원회' 대표 자격으로 파리로 간다.[80]

다른 민주주의자들, 예를 들어 '3월 협회'에 등록된 많은 이나 입헌군주제를 요구했던 자유주의자들 및 급진주의자들의 입장에서 보자면, 카를과 그의 친구들의 입장이 '민주주의 협회'냐, '노동자 협회'냐 하는 것은 순전히 학술적인 문제였을 뿐이다. 왜냐하면 카를이 말하는 민주주의라는 것은 '부르주아' 혁명의 맥락에서 볼 때 공화국과 국민공회와 1793년의 공안위원회가 혼연일체가 되어 벌인 여러 활동을 다시 법률로 제정하는 것을 뜻했기 때문이다. 심지어 그가 '이질적 요소들'의 연합이 필요하다고 주장했던 1848년 8월에도 그가 잠정적인 동맹자들에 대해 가지고 있었던 태도는 여전히 옹졸하고 인색한 것이었고, 심지어 트집과 불평을 계속 늘어놓는 것이었다. 본에서 온 대표로 '민주주의 회의'에 참석했던 카를 슈르츠Carl Schurz는 많은 세월이 지난 후 다음과 같이 회상하고 있다.

> 누구든 그를 반박하는 이가 있으면 그는 지독한 경멸로 대했고, 그의 마음에 들지 않는 논리와 주장이 나올 경우에는 도대체 얼마나 무식하면 그런 소리를 하느냐는 독살스러운 경멸의 태도로 대답하든가, 아니면 그런 소리를 내놓는 동기가 대체 무어냐는 야비한 중상으로 응대했다. 나는 그가 '부르주아적'이라는 말을 내뱉을 때마다 보였던 매서운 업신여김을 아주 똑똑히 기억하고 있으며, 그는 감히 자기의 의견에 반대하는 자가 있으면 누구든 '부르주아적'이라고, 즉 지적으로나 도덕적으로나 가장 심하게 퇴락해 버린 혐오스러운 표본이라고 비난했다.[81]

플로베르는 프랑스에서 벌어진 1848년 2월 혁명에 대해 이렇게 말했다. "지금까지 볼 수 없었던 가장 인간적인 입법이 이루어졌음에도 1793년의 악령이 그 머리를 들어 올리면서 스멀스멀 살아났으며, '공화국'이라는 단어의 음절 하나하나가 단두대 칼날 떨어지는 소리와 같은 파동을 일으켰다."82)

1793년의 공포정치는 비록 공포의 기억을 남기기는 했지만, 그 당시로는 분명히 정당화할 만한 명분도 있었고 또 그 결과 상당한 지지를 얻기도 했다. 그것은 누군가의 의도적인 행동으로 생겨난 것이 아니었다. 다른 나라들이 프랑스를 침략했고 또 방데 지방에서 반란이 일어났기 때문에 전시의 비상 상황에 대한 어쩔 수 없는 대응으로('조국이 위험에 처했다La patrie en danger') 도입된 것이었고 또 그런 것으로 정당화되었던 것이다. 이는 또한 고대인들의 정치적 지혜에 호소하는 것이기도 했다('절박한 순간에는 법률이 적용되지 않는다Necessitas non habet legem').✤ 공포정치를 수행했던 이들은 비상사태의 존재 여부와 무관하게 그러한 비상사태의 정치를 고의적으로 만들 수 있다고는 전혀 생각지 않았다. 이러한 이유 때문에 1848년에 1793년의 구호들을 계속해서 언급하는 것을 위협적이라고 혹은 피곤한 짓이라고 여겼던 것은 단순히 '부르주아들'만이 아니었던 것이다.

비록 『신라인 신문』이 1848년 상황에서 아주 튀어 보이는 신랄한 형태의 급진주의 목소리로 자리를 굳히는 데 성공했지만, 당시의 현실 상황 전개에 대한 이해의 정도는(따라서 그 저널리즘의 질 또한) 그 교조적인 논조, 그리고 정치에 대한 환원주의적 생각 때문에 뻔한 한계를 가지고 있었다. 이 신문이 취하고 있었던 입장은 정치 스펙트럼의 한쪽 극단이었기에 1848년 후반부의 전반적인 상황 전개에 큰 영향을 주기에는 너무나 주변적인 존재였다. 하지만 그나마 정치 상황에 대해 가지고 있었던 영향력에 한정해 본다고 해도, 그 실제의 효과는 실로 애매한 것이었다. 이 신문은 기회가 생길 때마다 하나의 통일 전선을 확고

✤ 이는 로마 공화정 말기 시로Publilio Siro의 말로 알려져 있으며, 16세기에 들어 마키아벨리 이후 군주와 국가이성의 초윤리적 혹은 반윤리적 행동을 정당화하는 데 널리 쓰이게 된다.

히 한다는 목적을 어렵게만 만들었다. 하지만 프로이센 지배와 그것을 떠받치는 군사적 점령에 대해 라인란트 지역에서 널리 공유되고 있었던 진심 어린 적대감을 또렷이 대변하는 역할을 할 때에는 라인란트 사람들의 정서를 강력하고도 비타협적으로 표출하는 역할을 수행했다.

8. 혁명이 끝나고 난 뒤

카를과 엥겔스는 쾰른에서 바덴과 팔츠로 진출했다. 이곳에서 무언가 반란이 진행 중이라고 기대했기 때문이었다. 이들은 프랑크푸르트의 좌파들을 설득하여 바덴과 팔츠에서 무장 세력의 지원을 끌어내려 했다. 하지만 프랑크푸르트 의회의 의원들은 무장봉기의 책임을 지고 싶어 하지 않았고, 바덴과 팔츠의 무장 세력들은 자기들 경계선을 넘어서까지 전투를 펼치는 것을 싫어했다. 6월 3일, 카를은 이번에는 팔츠의 '민주주의 지역 위원회'의 대표 자격을 얻어서 파리로 갔다.

그가 파리를 떠난 것은 불과 14개월 전이었지만, 이제 그곳은 전혀 다른 도시가 되어 있었다. 혁명의 희망은 질병에 대한 공포로 대체되어 있었다. 알렉산더 헤르첸Alexander Herzen은 그의 『비망록』에서 이렇게 쓰고 있다. "파리에서는 콜레라가 기승을 부리고 있었다. 공기는 무겁고, 햇빛은 없이 열기만 있어서 나른한 상태였고, 사람들은 어쩔 줄 모르고 겁에 질려 있었으며, 줄을 잇는 영구차들은 공동묘지가 가까워지면 서로 먼저 자리를 차지하겠다고 경주를 시작했다. 이 모든 것이 당시의 사태를 반영하고 있다. … 악성 돌림병 때문에 멀쩡하게 바로 옆에 있던 사람들이 픽픽 쓰러지고 있었던 것이다." 그럼에도 카를은 파리에 도착하자마자 그곳의 혁명가들이 혁명적 사건이 임박했다면서 흥분하고 있다는 것을 알게 되었다. 1849년 보나파르트는 가톨릭교회를 만족시키기 위해 프랑스 군대를 로마로 보내 마치니와 공화주의자들을 쫓아냈고, 망명했던 교황을 다시 불러들였다. 그러자 프랑스의 국민의회에서 르드뤼-롤랭은 보나파르트와 그 내각을 비난하면서 새로운 헌법의 조건을 무시했다는 이유로 탄핵되어야 한다고 주장했다. 그와 '산악파' 정당은 6월 13일에 대규모 시위를 선포했다. 좌파는 이 시위로 정부가 전복될 수 있다고 희망했다. 6월 12일, 헤르첸의 친구인 사조노프Sazonov가 헤르첸을 보러 왔다. "그는 최고의 황홀감에 도취되어 있었다. 그는 임박한 민중들의 봉기를 이야기했고, 그것이 분명히 성공할 것이라고 했다. 거기에 참가한 이들을 기다리고 있는 영광을 이야기했고, 그리고 나에게도 그 월계관을 얻으려면 여기에 동참하라고 마구 재촉했다."[83)]

6월 13일 아침이 밝았을 때, 정부는 만반의 준비를 갖추고 있었던 반면 집회에 참여한 이들은 소수에 불과했다. 군인들은 '산악파 당원들'을 길 밖으로 밀어냈으며, 그들의 의원들도 일부 체포했다. 르드뤼-롤랭은 숨었다가 영국으로 도망쳤다. 카를은 나중에 이날의 실패가 '프티부르주아'의 여러 결점에서 기인한 것인 듯 믿으려고 했다. 하지만 모리스 아귈롱이 시사한 바 있듯이, 좀 더 가능성이 높은 설명은 파리 사람들의 주된 관심이 외교 문제가 아니라 경제적 안녕에 있었다는 것이다.[84)]

6월 13일의 시위가 실패한 결과, '질서당'이 국민의회를 완전히 장악했고, 억압의 규모도 더 커졌다. 파리에 있는 독일인들은 특히 경찰의 심한 감시에 놓이게 되었고, 카를의 주소가 발각되는 것도 시간문제였을 뿐이다. 7월 19일 그는 파리를 떠나라는 통지를 받았으며, 프랑스 안에 머문다면 모르비앙Morbihan(이는 브리타니 해안에 있는 지역으로, 특히 건강에 좋지 못한 곳이다)으로 제한한다는 명령을 받게 된다. 그리하여 그는 대신 해협을 건너 1849년 8월 24일 영국으로 가기로 결정한다. 예니와 나머지 가족들도 9월 15일에 영국에 도착했다.

1849년 여름 동안 유럽 전역에 걸쳐 혁명적 저항의 남은 역량이 완전히 다 털리고 만다. 헝가리인들은 러시아 군대에 항복했고, 프로이센 군대가 독일연방의 남아 있는 중심지들을 파괴했고, 특히 5월 3일에서 9일 사이에 드레스덴에서 벌어진 봉기의 진압이 큰 사건이었다. 하지만 이러한 일련의 패배에도 카를과 좌파는 여전히 사기가 하늘을 찌르고 있었다. 헤르첸과 마찬가지로 카를 또한 당시의 파리가 '황량하고' '콜레라가 기승을 부리고 있었다'고 말하고 있다. 하지만 그의 반응 또한 헤르첸의 친구 사조노프와 비슷했다. 카를이 7월 7일에 쓴 편지에 보면, "이 모든 것에도 불구하고, 오늘날의 파리는 그 어느 때보다도 거대한 혁명의 화산이 분출하기 직전일세."[85]

7월 말이 되어도 카를은 의연한 모습을 보이고 있다. 그가 프라일리그라트에게 쓴 편지에 보면, 프랑스 정부가 '반동적 조치들을 하나씩 내릴 때마다' '인구의 한 부분씩을 적으로 만들고' 있으며, 반면 콥든✣과 '영국 부르주아들이 유럽 대륙의 전제정에 대해 가진 태도' 또한 또 다른 희망의 원천이 되고 있다는 것이었다.[86] 그의 기뻐하는 어조를 보면 '남의 불행을 보며 고소해하는 태도 Schadenfreude'를 보이는 것 같다. 동시에 그는 바이데마이어에게 보낸 편지에서, "만족한 상태일세. 만사가 아주 잘 진행되고 있네Les choses marchent très bien. 그리고 공식적인 민주주의가 지금 워털루전투의 패배를 겪고 있지만, 이는 우리의 승리라고 볼 수 있다네. '신의 은총으로 성립된 왕의 정부'가 우리를 대신해서 부르주아지들에게 복수하고 매질을 가하고 있으니 말일세."[87] 두 주일이 지난 후 그는 프랑스 정부의 내각으로부터 '바로-뒤포르 파당the Barrot-Dufaure clique'✣✣이 축출되기만 기다리고 있었다. "그렇게만 되면 그 즉시 혁명적 봉기가 시작되는 것을 보게 될 걸세." 영국에서는 차티스트들과 자유무역주의자들의 동맹이 카를의 희

✣ 리처드 콥든Richard Cobden은 19세기 영국의 사업가이자 자유주의파 정치가로, 산업 부르주아지의 이해를 대변하여 곡물법의 폐지와 자유무역의 운동을 이끄는 지도자였다. 1846년 프랑스와의 관세 폐지를 내용으로 하는 콥든-슈발리에 조약을 맺어 자유무역의 효시를 이루기도 한다.

✣✣ 온건파 공화주의자들로, 바로는 당시 내무부 장관, 뒤포르는 법무부 장관이었다.

망이었다. "이렇게 봉건주의와 신성동맹✤에 맞선 경제적 운동이 벌어진다면 그 결과는 실로 짐작조차 못 하는 것이 될 걸세."[88)]

1849년 초와 1850년 여름 사이의 기간 전체에 걸쳐 카를은 '공산주의 동맹'의 전략과 활동에 골몰하고 있었다. '동맹'은 1848년 여름에 해체된 바 있었지만, 그해 가을과 겨울에 반동 세력들이 우위를 점하면서 이를 재건해야 한다는 압력이 늘어났다. 베를린에서 열렸던 '제2차 민주주의 회의'에서 파리에서 온 대표였던 에베르베크는 다른 예전의 '동맹' 회원들과 만나 베를린에서 회합을 소집하기로 합의하며, 여기에서 새로운 간부진을 임명하기로 한다. 비록 12월 베를린에서 브란덴부르크가 국민의회를 해산시키는 위기가 벌어졌기에 이 회합은 이루어지지는 못하지만, '동맹'을 재건하려는 논의는 계속 전진해 나간다. 이는 주로 런던 지회가 주도했다. 여기에서는 그전의 회원들이 여전히 활발한 활동을 전개하고 있었으며, 특히 쾰른에서 도망쳐 온 요제프 몰, 하인리히 바우어, 요한 게오르크 에카리우스Johann Georg Eccarius 등의 활약이 컸다. 1849년 벽두에는 카를 샤퍼가 쾰른에도 지회를 설립하며, 카를과 『신라인 신문』의 다른 인사들도 다시 가입하도록 설득 작업이 벌어진다. 한 보고서에 따르면, 1849년 초 쾰른에서는 이 문제를 논의하기 위한 회합이 열려 카를, 엥겔스, 빌헬름 볼프와 요제프 몰과 다른 성원들도 참석했다고 한다. 카를은 언론과 출판의 자유가 남아 있는 한 비밀결사는 불필요하다고 생각했으므로 여전히 반대했다.[89)] 하지만 봄이 되자 (아마도 4월 16일경이었을 것이다) 그는 '민주주의 협회'에서 탈퇴했고, 그와 엥겔스도 재건된 '동맹'에 다시 합류했던 것이 분명하다.

일부 논평가들은 1849~1850년의 기간 동안 '공산주의 동맹'에서의 카

✤ 1814년 메테르니히가 주도한 비엔나 조약으로 유럽은 나폴레옹전쟁 이전 상태로 되돌아가게 된다. 비단 국경선의 문제뿐만 아니라, 지배 체제에 있어서도 옛날의 구질서가 그대로 돌아오게 된 것이다. 러시아의 차르는 다른 군주 및 황제들과 함께 동맹을 맺고 이러한 '신성한 질서', 즉 봉건적 구체제가 유지되도록 유럽 전역에 군사적 개입을 포함한 압력을 행사하기로 한다. 이를 신성동맹Holly Alliance이라고 한다.

를의 정치 활동에 대해 '그의 무한한 희망이 무너지면서' 벌어진 정치적 판단력의 상실이라는 안타까운 사태로 다루기도 했다.[90] 하지만 그의 행태는 심리적인 것이라기보다는 그의 이론적 입장에 본질적으로 내재하고 있는 심한 변동성에서 기인하는 것으로 보는 게 더 합리적이다. 그는 당시의 사태가 어떤 발전 단계인가 하는 생각과 현실 정치를 결합시키려고 했고, 그 결과 계속 입장이 갈지자로 오가는 인상을 주었으며, 이 때문에 벗들이나 적들이나 똑같이 당황하기도 했다. 그는 '혁명적 공포정치'를 옹호했고, 그 어떤 '합법적 기초'의 존재도 단호히 거부했으며, 1848년 말이 되면 '부르주아혁명'을 비난하기도 했다. 이런 것들을 생각해 본다면 그의 입장이 도대체 빌리히August von Willich와 같은 비타협적 반란가와 다른 게 무어란 말인가?[91] 주된 차이점은 카를이 이 혁명을 일련의 '단계들'로 구별해야 한다고 주장한 것이었지만, 이는 당시로는 순전히 학술적인 문제에 불과한 것일 수밖에 없었다. 만약 카를이 독일에서 '부르주아혁명'이 불가능하다고 더 이상 믿지 않았다면, 노동자들이 민주주의적 '프티부르주아지'에 대한 종속을 받아들여야 할 이유는 무엇인가? 카를은 재건된 '공산주의 동맹'의 중앙위원회에 기꺼이 다시 합류했을 뿐만 아니라 그 입장을 더욱 왼쪽으로 밀고 가는 데에도 적극적이었다. 이는 그가 1849년 8월 런던에 도착한 이후 가을과 겨울 내내 아우구스트 폰 빌리히와 함께 일했다는 점에서도 강하게 시사되고 있다.

빌리히는 귀족 가문 출신의 전직 포병 장교로, 그의 동료 장교인 프리츠 아네케가 공공연하게 사회주의를 지지하는 것을 옹호하는 편지를 왕에게 보냈다가 불명예 제대를 당하고 말았다. 그는 군대를 떠난 후에는 목수가 되었고, 쾰른의 '공산주의 동맹'에 합류하여 안드레아스 고트샬크와 만나 친구가 되었으며, 1848년 3월 3일 시위대가 쾰른 시의회 건물로 쳐들어갈 때에는 고트샬크와 함께 이를 지휘하기도 했다. 빌리히는 투옥되었고 3월 혁명이 터지자 비로소 석방되었다. 그리하여 그는 바덴으로 진출하여 봉기에 참여했지만 봉기 자체는 실패로 끝났다. 그는 아네케를 통해 봉기에 참여했던 이들을 위한 금전적 지원을 호소했다. 카를과 '민주주의 협회'는 이 호소를 거부했지만, 고트샬크와 '노동자 협회'는 이를 지지했다. 독일제국 헌법을 지지하는 운동 기간 동안 엥겔스는 그의 지휘 아래에서 복무했으며, 빌리히가 1849년 가을 런던으로 왔을 때 엥겔스는 그를 강력하게 추천했다. 카를은 '중앙 권력 기구'의 의장으로 엥겔스뿐만 아니라 빌리히 또한 '중앙위원회'에 들어오도록 하자고 제안했다. 나중에는 독일에서 막 돌아온 샤퍼 또한 '중앙위원회'에 들어오게 된다. 그 또한 혁명적 봉기의 입장을 선호하고 있었다.

따라서 빌리히는 정체불명의 인물도 아니었으며, 카를이 그를 환영했다는 사실은 정치적 입장이 상당히 수렴했다는 것을 시사하고 있다. 이를 보여 주는 세 가지 단서가 있다. 첫째는 이후 '독일 난민들을 위한 사회 민주주의적 지원 위원회Social Democratic Support Committee for German Refugees'라고 불리게 되는 조직에서 카를이 맡았던 역할이었다. 이 위원회는 '독일 노동자 교육 협회'가 설립했고, 여러 도로가 미로처럼 얽혀 있는 레스터 광장Leicester Square과 소호Soho의 결합 지점 중심인 그레이트 윈드밀 스트리트 30번지에 있었다. 1849년이 되면 이 협회가 런던으로 밀려온 다수의 독일 정치 망명객들과 난민들의 목적지가 된다. 많은 이는 곤궁한 상태였고 일자리도 없었으며 가족들과도, 또 다른 이들과도 고립된 상태에 있었다. 하지만 이들에게 도움을 주는 일도 간단한 것이 아니었다. 단순히 돈이 모자랐기 때문만이 아니라 망명객들과 난민들 사이에 정치적인 대립이 격렬했기 때문이었다. 9월 18일의 '노동자 교육 협회'의 총회에서 난민들의 곤란한 처지를 논의하는 자리에서 카를은 자선 구호의 책임을 맡은 위원회의 일원으로 선출되었다. 공산주의자들과 민주주의자들 사이의 협력은 어려운 일이었으며, 특히 카를의 주도로 엥겔스와 빌리히가 이 위원회에 합류하여 그 명칭을 '독일 난민들을 위한 사회 민주주의 지원 위원회'로 바꾸자 그러한 분열은 더욱 날카로워졌다.

두 번째 단서는 '공산주의 동맹'의 '중앙 권력 기구'가 따랐던 노선 자체에서 찾을 수 있다. '기구'는 또한 엥겔스, 빌리히, 샤퍼 등을 일원으로 포함시켰으며, 그다음으로 1850년에는 독일에 있었던 지부들을 다시 재건하려는 노력이 시작되었다. 구두공 하인리히 바우어는 독일의 여러 중심지로 파견되었고, 카를은 담배 제조공 페테르 뢰저Peter Röser에게 편지를 보내 쾰른과 여타 라인란트 도시들에서 지부를 재건하라고 강하게 촉구하고 있었다.

그의 새로운 동맹 관계를 보여 주는 세 번째의 가장 명백한 증거는 '공산주의 동맹'이 내건 정책들이었다. 여기에는 민주주의자들에 대해 충격적일만큼 공격적인 색깔이 담겨 있었다. 쾰른에서의 마지막 몇 주간에는 굳이 민주주의자들과 갈라설 실제적 중요성이 없었지만, 영국으로 오자 카를과 그의 동맹 세력은 마치 혁명의 실패가 모조리 민주주의자들의 책임인 것처럼 행동했다. 이 새로운 입장은 1850년 3월에 나온 「'동맹'에 보내는 '중앙 권력 기구'의 서한Address of the Central Authority to the League」에 명확히 나와 있다. 여기에는 카를, 엥겔스, 빌리히의 서명이 있을 뿐만 아니라 이 글을 쓴 이도 카를이었던 것이 거의 확실하다. 이 문서는 1848년에 취했던 입장에 대한 비타협적인 비판으로 시작하여 비밀결사의 시대가 끝났으니 '동맹'을 해체하자고 생각했던 것이 잘못이었다고 주장하고 있다. 또한 1849년 1월·2월의 선거에서 노동자 독자 후보를 내지 않았던 것도 실수였다고 주장하고 있다. 그 결과 노동계급은 이제 프티부르주아지의 지배 아래에 놓이게 되었다는 것이었다.92)

장래에 프랑스와 영국의 프롤레타리아트는 국가권력을 쟁취하기 위한 직접적 투쟁에 나서야 한다. 하지만 독일에서는 부르주아혁명이 완성될 것이며, 프롤레타리아트와 프티부르주아가 이끄는 두 번째 혁명이 이어질 것이라는 것이다. 이 두 번째 혁명에서 프티부르주아지는 승리를 거두게 될 가능성이 높지만, "민주적 프티부르주아가 혁명을 가급적 빨리 종결짓기 원하는 반면, 우리의 이익과 과제는 이 혁명을 영구적인 것으로 만드는 것이다. … 그리하여 마침내 어느 정도 재산 소유가 있는 모든 계급이 그 지배적 위치에서 쫓겨나고 프롤레타리아트가 국가권력을 장악'할 뿐만 아니라 '전 세계에 걸쳐 프롤레타리아들끼리의 경쟁도 멈추게' 될 때까지 혁명이 계속되어야 한다는 것이었다.[93]

이 문서가 제시하는 전망은 더욱더 초현실적이었다. '프티부르주아 민주주의자들의 새로운 공식적 정부와 나란히 그들도 (즉 노동자들도) 즉각 자신들의 혁명적 노동자 정부를 수립해야만 한다'는 것이다. 그렇게 하기 위해서는 노동자들은 스스로를 무장해야만 한다. 여기에서 승리를 거둔다면, 이 혁명정부는 봉건적 토지를 농민들에게 자유로운 재산 소유로 분배해서는 안 된다. 그러한 토지는 국가 재산으로 유지되어야 하며, '관련된 농업 프롤레타리아트들이 경작하는 노동자들의 정착지로 전환되어야만 한다'는 것이다. 노동자들은 연방 공화국을 반대해야 하며 '불가분의 단일 독일 공화국'을 위해 싸워야 할 뿐만 아니라, '또한 그러한 공화국 안에서는 국가기관의 손아귀에 가장 단호한 권력의 집중이 이루어지도록 해야 한다'고 한다. 만약 민주주의자들이 '완만하게 누진적인 세제를 제안할 경우, 노동자들은 대자본을 파멸시킬 수 있을 정도로 아주 가파른 누진세제를 주장해야 한다'. 노동자들의 '전쟁 구호는 다음과 같은 것이어야 한다. 영구적인 혁명.'[94]

그 한 달 뒤인 6월에는 또 하나의 서한이 나와 '혁명 정당의 강력한 비밀조직'의 필요를 강조한다. 여기서도 다시 특히 바덴, 팔츠, 스위스에서 '동맹'과 '프티부르주아' 민주주의자들 사이에 명확한 경계선을 확립하기 위해 각별한 노력을 기울이고 있다. 영국에 관해서는 '혁명적인 독자적 노동자 정당'과 '오코너 O'Connor가 이끄는 좀 더 유화적인 분파'와 '단절'한 것에 박수를 보내고 있다. 이는 또한 "프랑스의 혁명가들 가운데에서 블랑키가 이끄는 진정한 프롤레타리아 정당이 우리와 힘을 합쳤다"고 주장하고 있다. 이 서한은 '새로운 혁명의 발발이 더 이상 멀리 있지 않다'는 예견으로 끝을 맺고 있다.[95]

이러한 '블랑키적 비밀 결사체들' 그리고 '다음 프랑스혁명을 준비하는 데' '동맹' 성원들에게 위탁된 '중대한 과제들'에 대한 언급은 또한 장래에 형성될

'전 세계 혁명적 공산주의자 협회Universal Society of Revolutionary Communists'에 '동맹' 또한 참여한다는 이야기로 더욱 강화되고 있다. 이 협회는 '여러 특권 계급의 몰락'과 '공산주의(이는 온 인류를 한 가족으로 만들어 주는 최종적 형태가 될 것이다)가 달성될 때까지 그 혁명을 계속적으로 진전시켜서 그 계급들을 프롤레타리아 독재에 무릎 꿇리는 것'에 전념한다는 것이다.[96] 이러한 여러 비밀 결사체들의 국제적 연합을 가능케 한 것은 '민주주의 형제회Fraternal Democrats 내에서 확립된 여러 계약이라고 한다. 이러한 선언에 서명했던 이들을 보면 블랑키주의자 망명객인 비딜Vidil과 아당Adam, 차티스트를 대표한 줄리안 하니, '공산주의 동맹'을 대표한 카를, 엥겔스, 빌리히 등이 있었다.

혁명의 전망이 사라지고 있다는 점을 카를이 깨닫기 시작하면서 혁명의 '여러 단계'를 강조하던 그의 예전의 주장이 되돌아온다. 이미 초여름이 되면 '중앙 권력 기구' 내에서 다툼이 벌어지고 있다는 소문이 '동맹'의 독일인 회원들 사이에 퍼지게 된다. 뢰저가 1850년 7월에 카를로부터 받은 편지에 근거하여 제시한 증거에 따르면, 카를은 이미 그 전 겨울에 '노동자 협회'에서 일련의 강연을 행하면서 당분간 몇 년간은 공산주의의 가능성이 없으며, 따라서 그동안 '동맹'의 주된 과제는 교육과 선전이라고 주장했다고 한다. 또 그 편지에 따르면 이러한 카를의 생각에 대해 빌리히가 거칠게 반대하면서 공산주의 혁명이 다가오고 있다고 강력하게 주장했다고 한다. 8월이 되면 카를도 빌리히의 '공산주의적 몽상'을 공공연히 조롱했으며, 빌리히의 지지자들(이는 런던 지부의 다수였다)은 '노동자들을 졸로 보는' '언론인들과 설익은 지식인들'을 공격했다고 한다. '노동자 협회'의 한 회합에서 빌리히는 드디어 '난민 위원회Refugee Committee'에서 사임했고, 여기에서 양쪽의 지지자들은 실제로 패를 지어 주먹싸움을 벌였다고 하며, 8월 말 '중앙 권력 기구'의 한 회합에서 아우구스트 빌리히는 카를을 거짓말쟁이라고 비난했다고 한다. 그러자 당시 카를의 가장 열정적인 숭모자의 하나였던 콘라트 슈람Conrad Schramm은 빌리히에게 결투를 신청했고, 벨기에에서 실제로 결투가

벌어져 슈람은 가벼운 부상을 입기까지 했다.[97]

'공산주의 동맹'의 런던 지부의 대부분 회원들이 빌리히를 지지한다는 것을 카를은 알고 있었고 또 전체 총회가 임박했다는 것도 알고 있었다. 그래서 카를은 9월 15일 서둘러서 자신이 다수를 점하고 있는 '중앙 권력 기구'의 회의를 소집한다. 카를은 1848년 여름, 캄프하우젠이 혁명적 의지를 보여 주지 못한 것을 자신이 끊임없이 비난했다는 점을 편리하게 망각해 버리고 '중앙 권력 기구'의 소수파(즉 빌리히와 샤퍼)가 혁명을 '현실 상황의 산물이 아니라 의지의 노력을 통해 얻어 낼 수 있는 것인 양' 보고 있다고 선언했다. 자신은 노동자들에게 "여러분은 상황을 바꾸어 내고 권력 행사의 역량을 갖도록 스스로를 훈련하기 위해 15년, 20년, 50년에 걸친 내란의 시대를 거쳐야만 합니다"라고 말했던 반면, 이 소수파는 "우리는 권력을 당장에 취해야 한다"고 주장했다는 것이다. 카를과 다수파는 '중앙 권력 기구'를 런던에서 쾰른으로 이전할 것과 또 기존의 '공산주의 동맹'의 규칙은 무효화할 것을 표결했다. 샤퍼는 이러한 제안 자체가 규약에 반하는 것이라고 선언했으며, 빌리히와 그 지지자 레만Lehmann은 아예 퇴장해 버렸다.[98] 그리하여 이 소수파는 스스로의 '중앙 권력 기구'를 선출했고, 이에 두 집단의 절연은 되돌이킬 수 없는 것이 되어 버렸다. '공산주의 동맹'은 당시 아주 작은 한 분파 집단에 불과했으며, 현실적으로 혁명의 계기가 사라져 버렸다는 것도 종합적으로 이해하지 못했을 뿐만 아니라 그전에 벌어졌던 일들에 대해서도 잘못된 신화에 눈이 가리워져 절망적일 정도로 잘못된 시각과 오해를 가지고 있었다. 따라서 그 내부에서 벌어졌던 학술적인 논쟁에 너무 많은 관심을 기울이는 것은 위험한 일이다. 카를은 마치니, 코슈트Kossuth,✤ 블랑키 등 1848년의 두드러진 혁명 지도자들에 견줄 수 있는 인물이 아니었다. 그는 쾰른 바깥에서는 사실상 무명의 인물이었고, 1850년대와 1860년대에도 무명의 인물로 남아 있었다. 이 기간 동안 그의 추종자라고 해 봐야 기껏 몇십 명을 헤아리는 정도였다. 카를이 전 세계적 명성을 얻기 시작하는 것은 1870년대 들어서 파리코뮌에 대한 옹호가 널리 알려지고 또 사람들이 『자본론』을 독일어, 프랑스어, 러시아어 등으로 읽기 시작한 뒤의 일이었다.

카를이 폭력적 반란에 의지한 공산주의와 맺었던 관계는 1850년 가을에 종식을 고하지만, 그렇다고 해서 그와 '공산주의 동맹'의 관계도 끝났던 것은 아니었다.

1851년, 노트용Nothjung이라는 이름의 양복 제조공이 색소니주의 경찰에 의해 체포되었다. 그는 쾰른의 '공산주의 동맹'과 관련된 문서들을 소지하고 있었다. 쾰른에서도 경찰의 수색이 진행되었고 이를 통해 더 많은 문서가 발각되었다. 경찰 입장에서 특히 가치가 높은 문서는 빌리히가 쾰른의 공산주의자들에게 보낸, 무절제한 과격한 언어로 가득한 편지들이었다. 1850년에 프리드리히 빌헬름 4세에 대한 암살 기도가 있었기에 그 여파로 프로이센 경찰은 특히 잡아들일 대상을 찾느라고 혈안이 되어 있었던 것이다. 혁명을 꾀하는 음모 집단들에 대한 각국 정부의 공포는 어디에나 만연해 있었고, 특히 런던에는 수많은 첩자들의 떼거리가 망명한 혁명 집단들을 감시하고 그들이 세우는 여러 계획(물론 정말로 진행 중인 계획들도 있었지만 이 첩자들이 꾸며 낸 것들도 있었다)에 대해 경쟁적으로 정보를 제공하고 있었다. 오스트리아, 독일의 여러 나라들, 프랑스, 벨기에, 네덜란드, 덴마크 등의 정부가 모두 그 정보를 받아 보고 있었다. 여기에서 불과 한 줌밖에 되지 않는 '마르크스당'은 이 스파이들이 즐겨서 노리는 표적이었던 것이다.

1851년 여름, 그 성원들 중 11명이 감옥에서 재판을 기다리고 있었다. 범

✣ 러요쉬 코슈트Lajos Kossuth는 헝가리의 민족주의자이자 공화주의자로, 1848년 혁명으로 생겨난 헝가리 공화국의 대통령을 역임했다. 그는 합스부르크 왕가와 오스트리아 제국으로부터 헝가리의 완전 독립을 요구했을 뿐만 아니라 신분제의 철폐를 통한 평등한 민주 공화국을 주장했다. 혁명이 실패한 후 영국과 미국으로 망명하여 뛰어난 웅변가로 명성을 날렸다. 감옥에서 셰익스피어로 영어를 배웠기에 그의 연설은 고색창연한 어투에도 불구하고 너무나 호소력이 강하며 미국 언론인 호레이스 그릴리는 "과거와 현재를 통틀어 가장 뛰어난 웅변가"라는 찬사를 바치기도 했다. 영국에서 코슈트의 인기와 영향력은 대단한 것이었다고 한다.

행 동기와 의도에 대한 증거는 아주 미약했다. 기소된 이들 대부분은 빌리히의 주장을 동의할 수 없는 것으로 거부했고, 페테르 뢰저가 자신의 심문 과정에서 표방한 것과 똑같은 입장을 모두 공유하고 있었다. 즉 '공산주의 동맹'의 목적은 교육과 선전일 뿐이라는 것이었다. 이에 당국자들은 이 상태로 가면 사건 자체가 별 내용이 없는 시시한 것임이 밝혀져 라인란트 지역 법정의 배심원들이 유죄 판결을 내릴 리가 없다고 걱정하게 되었다. 그리하여 1851년 말에서 1852년 10월 4일 재판이 시작되는 시점의 사이에 경찰은 '마르크스당'을 유죄로 몰기 위해 여러 문서를 위조한다. 카를은 이러한 문서 위조를 폭로하고 변호인단을 꾸리는 작업에 몰두하는 한편, 여러 신문사에 기고하고 또 모금 활동도 전개한다. 예니는 여기에서 없어서는 안 될 지원을 제공한다. 10월 말 그녀가 워싱턴의 아돌프 클루스Adolf Cluss에게 보낸 편지를 보자. "이제 우리 집은 완전히 사무실이 되었답니다. 두세 명은 글을 쓰고 있고, 다른 이들은 심부름을 하느라 오가고 있고, 또 다른 이들은 **한 푼**이라도 긁어모아 글 쓰는 이들이 계속 끼니를 잇도록 하고 있습니다. 그래야 공무원들의 구세계가 정말 괘씸한 추문을 조작하고 있음을 증명할 수 있으니까요. 그 와중에 우리 세 명의 개구쟁이 아이들이 노래하고 호루라기도 불면서 까불고 떠들다가 아빠한테 딴 데 가서 놀라고 매몰차게 한 소리 듣기도 하고요. 참으로 난리법석이죠!"[99] 이러한 노력의 결과로 기소된 이들 중 네 명은 무죄로 석방되었다. 나머지는 3년에서 6년 형을 받고 복역했다. 카를은 이 재판에 대해 논쟁적인 설명을 담은 팸플릿 「쾰른에서의 공산주의자들의 재판에 대한 폭로Revelations Concerning the Communist Trial in Cologne」를 써서 1853년 1월 바젤에서 출간하지만, 바덴 국경에서 몇 권을 빼고는 거의 다 압수당하고 만다.

카를이 런던에 온 처음 1년 반 동안 골몰했던 또 다른 일은 『신라인 신문』의 새로운 버전을 내는 것이었다. 이 신문을 다시 시작한다는 것은 곧 그의 '당'의 결속을 다지는 일이었고, 이는 특히 혁명이 중단 상태에 있었으므로 더욱 중요한 일이었다. 이 시대에 '당'이라는 말은 '공산당', '지롱드당', '휘그당' 등과 같은 모종의 정치적 단위를 지칭하는 것으로도 쓰였다. 하지만 이 말은 또 카를이 사용한 것처럼 좀 더 긴밀한 집단, 즉 동일한 신문에 근거하여 활동하면서 더 넓은 사회에 지지자들을 조직해 나가는, 생각과 마음이 같은 개인들 집단을 지칭하기도 했다. 여기에서도 프랑스가 전범이 될 것이다. 여기에서 공화주의는 『국민Le National』의 추종자들과 『개혁La Réforme』의 추종자들 사이로 갈라져 있었다. 카를은 『독일-프랑스 연보』, 『전진!』, 『신라인 신문』에서 그와 함께 일했던 이들에 대해서도 이와 같은 방식으로 생각했다. 이 때문에 그가 런던에 와서 제일 우선적으로 하려 했던 일은 어떤 형태로든 『신라인 신문』을 재건하는 것이었다.

카를은 파리에서 런던으로 떠나기 직전 엥겔스에게 보낸 편지에서 이렇게 말한다. "런던에 가면 내가 독일어 신문을 시작할 수 있는 긍정적인 전망이 있다네. 나는 자금의 일부에 대해서도 보장을 받았네."[100] 그는 런던에 도착하자마자 또 프라일리그라트에게도 편지를 보내(그로스베너 광장Grosvenor Square의 페터슨 카페Peterson's Coffee House의 주소를 사용했다) "여기에서 월간지를 시작할 수 있는 좋은 기회가 있다네"라고 편지를 보냈으며, 1850년 1월에도 여전히 그 월간지를 '격주간 혹은 주간지로 전환할 것이며, 상황이 허락한다면 일간지로 되돌릴' 가능성에 대해서도 이야기하고 있다.[101] 마침내 11월 중순이 되면 '공산주의 동맹' 회원인 테오도르 하겐Theodor Hagen의 도움으로 함부르크의 출판가인 슈베르트Schuberth와 월간지 『신라인 신문-정치경제 리뷰Neue Rheinische Zeitung-Politisch-Ökonomische Revue』(이하 『리뷰』)의 출간에 대해 합의가 이루어진다.

하지만 카를이 만들었던 다른 출간물들과 마찬가지로 이 또한 금전적으로나 행정적으로나 조직이 엉망이었다. 콘라트 슈람이 미국으로 건너가서 차티스트들로부터 금전적 지원을 얻어 내고 또 런던에 있는 블랑키주의자들이 호의적인 지원자들로부터 돈을 모으기로 계획이 되어 있었다. 하지만 어느 쪽도 성사되지 않았다. 출간은 1월 1일에 시작하기로 되어 있었지만, 원고도 준비되지 않았고 카를은 몸져누운 상태였기에 출간은 다시 1850년 3월 초로 연기되었다.

5월이 되면 3호까지 출간되지만 그 이후로 아무것도 나오지 않다가 11월에 2호를 합친 마지막 권이 나오고 끝이 난다. 매출은 형편없었고 기부자도 거의 없었다. 이 프로젝트가 얼마나 좌절스러운 것이었는지는 예니가 1850년 5월 바이데마이어에게 보낸 편지에서 명백히 드러난다. 그녀는 『리뷰』의 판매에서 나온 돈이 있으면 얼마가 되었든 전부 보내 달라고 빌고 있다. "우리는 **그걸 절박하게 필요로 하고 있습니다.**" 예니는 쾰른의 친구들에게 카를이 『신라인 신문Rh.Ztg』에 대해 바친 모든 희생에 대해 어떻게 이토록 냉담할 수 있는가 하고 꾸짖고 있다. "이 사업은 너무나 무심하고 엉망으로 운영되어 완전히 망했지만, 도서 판매상이 일을 자꾸 늦추었던 것과 지인들 및 쾰른에서 이 일을 관리하는 이들이 늑장을 부렸던 것, 나아가 민주주의자들 전체의 전반적 태도 중 어떤 것이 가장 큰 해를 입혔는지도 사실 알 수가 없을 지경입니다."[102] 카를은 결국 출판사를 고소하고 『리뷰』를 쾰른에서 스위스로 옮겨서 계속하기로 했고, 이로 이 프로젝트는 종말을 고한다.

이번에도 그 계획 어떤 것도 현실화되지 못했다. 『리뷰』는 몇 개의 중요한 글들을 싣고 있었다. 엥겔스의 『독일제국 헌법 운동The Campaign for the German Imperial Constitution』뿐만 아니라 「1848년에서 1849년까지」라는 제목으로 카를이 쓴 일련의 글들(이는 후에 엥겔스에 의해 『프랑스에서의 계급투쟁, 1848-1850』으로 출간된다)도 담고 있었다. 이는 또한 음모를 비판적으로 논의하는 글도 담고 있었다. 이 글이 각별히 흥미로운 이유는 바로 이 시기에 카를, 엥겔스, 빌리히가 블랑키주의자들의 '전 세계 혁명적 공산주의 협회'에 참여하고 있었기 때문이다. 이 잡지에 대한 수요는 별로 없었다. 그 적지 않은 이유는 이 잡지가 민주주의자들에 대해 아주 호전적인 태도로 임했기 때문이었다. 독일의 많은 지역에서 민주주의자들과 공산주의자들은 아주 드물었기 때문에 그들로서는 계속해서 협력하지 않을 이유가 없었다. 특히 선택이 잘못된 예는 고트프리트 킨켈이 라슈타트Rastatt의 군사 법정 앞에서 행했던 연설을 카를이 조롱하며 공격했던 글이었다. 킨켈은 빌리히의 휘하에서 바덴에서 투쟁했던 민주주의의 영웅이었고, 공공 여론은 그의 재판에 대해 아주 큰 동정을 보내고 있었던 것이다.[103]

『리뷰』는 지구적인 경제 발전에 대해서는 더욱 적극적인 관심을 보내고 있었다. 1849년 12월 15일에 쓰인 안내서에 따르면 『리뷰』는 '정치의 운동 전체의 기초를 형성하는 경제적 조건들에 대한 종합적이고도 과학적인 탐구'를 제공할 것이라고 되어 있다.[104] 그 마지막 호에는 『리뷰』가 '공산주의 동맹'의 혁명적 노선으로부터 멀어지는 것을 정당화하는 내용이 나와 있다. 1848년 이후에 벌어진 경기 상승을 검토한 후, 이렇게 주장한다.

> 이러한 전반적인 번영 속에서 부르주아 사회의 생산력은 부르주아적 관계 안에서 달성 가능한 최고 수준으로 풍성하게 발전하고 있으니, 진정한 혁명을 이야기하는 것은 불가능한 일이다. 이러한 혁명은 오로지 현대적 생산의 **여러 힘들과 부르주아적 생산 형태들이라는 양대 요소 모두**가 서로와 충돌을 일으키는 기간에만 가능하다. … **새로운 혁명은 새로운 위기의 결과로만 가능하다. 하지만 위기는 확실히 찾아오게 되어 있으며, 혁명 또한 마찬가지이다.**[105]

1850년 6월, 카를은 대영박물관 도서관 사용권을 확보할 수 있었다. 이것으로 『자본론』의 집필에서 절정을 이루는 그의 긴 연구 시대가 시작된다. 11월 15일, 엥겔스는 그의 아버지 회사에서 일하기 위해 맨체스터로 떠난다. 7월 30일, 카를은 쾰른에서 처음 만난 적이 있는 『뉴욕 데일리 트리뷴New-York Daily Tribune』의 편집장인 찰스 데이나Charles Dana로부터 호의적인 편지를 받는다. 데이나는 카를에게 『트리뷴』지에 글을 써 달라고 초빙한다.[106] 1852년 11월 17일, 카를의 제안으로 '공산주의 동맹'은 해산한다. 카를의 인생은 새로운 단계로 들어서고 있었다.

9. 1848년의 의미

카를은 런던에서 집필한 두 저작에서 이 19세기 중반의 여러 혁명에 대한 해석을 내놓으려 하고 있으며, 특히 프랑스에 초점을 맞추고 있다. 나중에 엥겔스가 『프랑스에서의 계급투쟁, 1848-1850』이라는 제목으로 내놓게 되는 글 「1848년에서 1849년까지」는 1850년 1월에서 10월 사이에 쓰였으며, 『신라인 신문-정치경제 리뷰』에 여러 번으로 나누어 게재되었다. 그다음 에세이인 「루이 보나파르트의 브뤼메르 18일」은 1851년 12월에서 1852년 3월 사이에 쓰였다.[107)]

카를은 『브뤼메르 18일』을 쓰던 도중에 요제프 바이데마이어에게 보낸 편지에서, '여러 계급의 존재'는 '생산력 발전의 특정한 역사적 단계들'과 연관되어 있다고 쓰고 있다.[108)] 이러한 접근법은 1848년에 벌어졌던 일들과 얼마나 잘 연결이 될까? 20세기 대부분의 기간 동안 카를의 '계급투쟁'의 개념은 비판적인 관심의 대상이 된 적이 거의 없다. 이는 항상 산업화에서 생겨난 자명한 사회·경제적 사실들의 드라마로만 다루어져 왔다. 하지만 지난 30년간의 연구를 통해 이러한 종류의 사회사적 해석이 전제하고 있는 자명한 경제적 사실들이라는 게 존재하지 않았다는 사실이 점점 명확히 드러났다.[109)] 게다가 역사가들은 계급투쟁을 이제 더는 단순한 사회·경제적 현실의 표현으로서가 아니라, 담론적으로 생산되어 정체성을 형성하는 모종의 언어로 이해하게 되었다.[110)] 계급의식이란 그러한 의식이 경험되고 표출되는 여러 다양한 방식과 불가분으로 엮여 있는 한에서만 존재한다는 것이다. 따라서 마르크스가 1845~1846년의 기간 동안 자기 것으로 만들려고 했었던 프랑스 사회주의자들과 공화주의자들의 언어가 1843년과 1844년 독일 급진파들 사이에서 벌어졌던 이론적 논쟁에서 생겨난 것과는 그 전제와 열망에 있어서 사뭇 다른 모습임이 발견된다고 해도 놀랄 일은 아니다.

계급에 대한 카를의 접근법의 기초에는 두 개의 아주 상이한 형태의 담론을 하나로 합쳐 놓으려는 시도가 도사리고 있다. 첫째는 독일의 청년 헤겔파 운동의 발전 과정에서 나온 것으로, 세계의 변혁에서 노동이 차지하는 위치에 대한 목적론적인 설명이다. 그리고 두 번째는 '부르주아지'와 '프롤레타리아트'라는 언어의 담론으로, 이는 프랑스의 루이 필리프 '부르주아' 왕정에 반대했던 공화주의자들, 사회주의자들, 심지어 부르봉 왕당파 반대자들까지 그 기원을 찾을 수 있다.

카를이 부르주아지와 프롤레타리아트에 부여했던 언어는 포이어바흐식 인간주의에 대한 슈티르너의 비판에 비추어 자신의 철학적 입장을 재정립하려는 시도의 일부였다. 그와 엥겔스가 1845~1848년 사이에 제시했던 바의 '공산주의'는 이제 더는 '인간'의 실현을 표현하는 것이 아니었다. 『공산주의 선언』에 따르면 공산주의자들은 '기존의 계급투쟁에서 생겨나는 현실의 관계들을 그저 보편적인 용어로 표현하는 것뿐'이지만, 공산주의는 이제 '현존하는 상태를 폐지하는 현실의 운동'이라는 것이다.111)

1843~1844년에 쓰인 초기 저작에서 마르크스는 사적 소유가 만들어 낸 세상에서 인간의 활동이 소외당하고 있음을 강조한 바 있었다. 그가 그려 낸 프롤레타리아트의 모습은 **탈인간화**의 모습이었으며, 고전 시대가 끝난 이후 나타난 세계, 즉 사적 이익으로 움직이는 시장과 '정치적 국가'의 분열로 인해 두 개로 찢어진 인간의 모습이었다. 『1844년 초고』에 제시되어 있는 논지에 따르면, 사적 소유는 프롤레타리아트를 생산하면서 '인간적 본성과 그 삶의 조건 사이의 모순에 의해 움직이는' 계급을 낳았다고 말하고 있다. "이러한 모순은 그러한 인간적 본성을 전면적이고 단호하고도 총체적으로 부정하는 것이다. … 프롤레타리아트는 그 스스로의 존재를 폐지하고 이를 통해 자신의 대립물인 사적 소유 또한 폐지하도록 추동된다."112)

이러한 그림은 사적 소유가 낳은 인간의 저질화 현상을 바탕으로 하여 구축된 것으로, 정치 영역의 바깥에서 그것과 무관하게 구성된 것이었다. 근대의 대의제 국가에 대한 카를의 적개심은 지속되었고, 그 결과 모든 성인 남성에게 주어지는 보편적 선거권과 민주적 공화국은 그 중요성과 의미가 폄하되고 만다. 영국에서의 프롤레타리아트 계급 형성에 대한 엥겔스의 설명에도 이와 비슷하게 정치적 형식들에 대한 무관심이 스며 있다. 그는 당시 영국의 정치적·법적 시스템을 분석하면서, 그 헌법이라는 게 '거대한 거짓말 이외의 아무것도 아니다'라고 결론을 내리고 있는 것이다. 따라서 비민주적 국가와 맞서 싸우는 차티스트의 전투는 사실 정치적 전투가 아니라 사적 소유의 지배에 맞서는 사회적 전투라는 것이다. "영국에서의 귀족 지배에 맞선 민주주의의 투쟁은 부자들에 맞선 가난한 이들의 투쟁이다. 영국이 지향하여 나아가고 있는 민주주의는 모종의 사회적 민주주의인 것이다."113)

1845년 이후에도 이러한 정치적·법적 형식들에 대한 무시의 태도는 계속 이어지지만 그 용어에 변화가 나타난다. 이제 프롤레타리아트의 계급투쟁의 상대로 사적 소유 대신 '부르주아지'가 들어오게 된다. 이는 노동의 역사적 의미에 대한 새로운 관념으로, 당시 카를의 으뜸가는 목적이었던 정치경제학 비판과 결합되어 있는 것이었다. 이러한 접근법은 애초에 정치경제학이란 사실상 '사적 소유의 논리를 상세히 서술한 것'이라는 엥겔스의 주장에서 영감을 받았던 것이었다. 하지만 그 후 카를의 강조점이 인간 활동과 세계의 물질적 변혁으로 이동하게 되면서 이러한 비판의 용어들 또한 변화하게 된다. 이제 더는 하나의 비인격적 실체로서의 사적 소유와 맞서서 고통을 받으며 자신들을 깨우쳐 줄 철학의 빛만 기다리고 있는 계급의 그림이 아니다. 정치경제학에서 노동과 자본의 관계를 설정하는 방식에 대한 비판이 이제는 부르주아들과 프롤레타리아들이라는 프랑스의 정치 언어와 결합되게 된다. 『공산주의 선언』에서 이 양대 계급의 적극적 역할이 엄청나게 증폭되어 그려지게 된 것도 이 때문이었다.

앞에서 주장한 바 있듯이(407페이지), 『공산주의 선언』은 부르주아들을 각 지역에 존재하는 바의 특수한 모습의 한계로부터 해방된 당당한 보편적 계급의 모습으로 제시하고 있다. 이제 부르주아라는 말은 티에리Augustin Thierry가 말하는 '산업가들industriels'의 생산적 성향뿐만 아니라 기조가 말하는 '중간계급 classe moyenne'의 이른바 합리적인 정치 역량이라는 것, 게다가 랭커셔 면화 공장 주인들의 명성 높은 경제적 역동성까지 한 몸에 지닌 존재로 그려지고 있다.[114] 마찬가지로 **프롤레타리아들** 또한 파리에 있는 블랑키나 라스파유의 추종자들과 같은 전투적 '공산주의자들'✣뿐만 아니라 차티즘과 같은 대중 운동의 회원들까지도 포함하는 모습으로 그려진다. 요컨대 7월 왕정을 통해 가장 능력 있고 합리적인 시민 집단인 '중간계급'의 지배가 도입되었다는(비록 반대파에 의해서는 '부르주아지'의 지배라고 비난받았지만) 기조의 믿음은 이제 카를의 연금술을 거치면서 자본주의 자체의 지구적·사회학적 운명이라는 초월적인 무언가로 변모하게 된다. 비록 여기에는 아직 그 계급의 한 분파에 불과한 '주식 시장의 왕들'밖에는 포함되지 못했지만 말이다.[115] 프랑스의 '제3신분'이 걸어 나갈 것이라고 상상된 정치적 궤적과 영국 산업 자본의 경제적 궤적이 하나로 융합되어 버린 것이다.

『프랑스에서의 계급투쟁』에서 1848년 혁명이 왜 그렇게 이상하게 설명되고 있는지는 바로 이러한 지구적 차원의 세계사적 전망과 매일매일 벌어지는 일상의 역사를 하나로 융합하고자 하는 카를의 시도 때문으로 설명할 수 있다. 여기에는 세부적인 묘사가 풍부하게 나오고는 있지만, 이런저런 투쟁이 벌어지게 된 다양한 정치적 맥락에 대한 언급은 거의 나오지 않는다. 특히 2월 혁명 자체가 '노동할 권리'에 대한 책임 있는 약속과 노동자들의 '결사 및 단결'의 가치를 인정함으로써 '민주주의적·사회적 공화국'으로 '사회문제'를 해결할 수 있다

✣ 블랑키Auguste Blanqui는 1780년대 프랑스 국민공회 시절 바뵈프Gracchus Babeuf 이후의 이른바 '공산주의' 전통을 잇는 혁명가이다. 이 전통은 부르주아가 아닌 무산자들의 해방을 위해 사적 소유를 폐지할 것을 주장했으며, 그 방법으로 '평등자들의 음모'와 같은 비밀결사 조직의 봉기를 통해 혁명으로 권력을 탈취하는 것을 생각했다. 라스파유는 부나로티 등과 함께 블랑키와 가깝게 활동했던 이였다. 이들의 주된 활동 방식은 비밀결사와 봉기 및 암살 등의 폭력 행동의 음모였다.

는 약속을 내걸었던 사실에 대해서는 거의 아무런 언급도 없다.

이와 똑같이 충격적인 것은 2월 혁명이 본래 왜 터지게 되었는가의 사회적·경제적 맥락에 대해 지나가는 간단한 언급 이상의 자세한 논의가 없다는 점이다. 자본주의 위기에 대한 프랑스 사회주의자들의 분석은 과잉생산이라는 현상에 초점을 두고 있었다. 이는 본래 시스몽디가 전쟁 직후인 1819년 위기를 논할 적에 부각했던 논리였다.[116] 경제 위기에 대한 카를의 이해 또한 이러한 논지를 그대로 따르고 있었다. 하지만 19세기 중반의 경제 위기는 이러한 유형의 것이 아니었다. 이는 감자 기근, 밀의 흉작, 면화의 흉작 등으로 인해 랭커셔에 대량 실업이 생겨나면서 시작되었다. 흉작 때문에 빵 값이 올랐고 제조업품에 대한 수요가 줄어들었으며, 이는 단지 도시 지역만이 아니라 유럽의 북쪽 대부분에서 벌어진 일이었다. 결국 농촌의 가내수공업이었던 린넨 생산은 많은 곳에서 완전히 붕괴하여 사멸하고 말았다. 그로 인해 아일랜드, 남서독일, 그리고 정도는 훨씬 덜했지만 프랑스에서도 미국으로 가는 최초의 대규모 이주의 파동이 급작스럽게 나타나게 된다.[117] 1840년대의 경제 위기는 단순히 경제 불황과 예외적 결핍의 결합으로 나타난 것이 아니었다. 이는 서유럽 경제사에 있어서 좀 더 장기적인 관점에서 이해해야 할 하나의 전환점을 대표하는 것이었다. 이를 계기로 그때까지 가내수공업과 농업을 결합시켰던 광범위한 지역이 완전히 목초지 농경지로 바뀌면서 농촌의 탈산업화가 시작되는 결과를 낳게 된다. 물론 영국에서나 다른 곳에서나 도시에서의 소규모 작업장 생산의 중요성이 줄어든 것은 아니었다.[118]

이러한 경제 위기와 1848년의 혁명 사이에 가장 직접적인 관련이 있었다면, 그것은 위기로 인한 대량 실업 사태, 그리고 전례 없는 규모로의 도시 이주민의 물결이었다. 이것이 1848년 2월 프랑스 체제의 붕괴를 낳은 으뜸가는 요인은 아니었을지 모른다. 하지만 이는 분명히 파리에 '국영 작업장Ateliers Nationaux'의 설립과 그 장래를 놓고 정치적 논쟁을 촉발시킨 으뜸의 요인이었다.

카를의 텍스트는 이러한 물질적·경제적 맥락을 사실상 완전히 무시하고 있다. 심지어 '국영 작업장'을 폐쇄하라는 국민의회의 결정 직후인 1848년 6월에 벌어진 파리 봉기가 그 글의 중심 주제였음에도 말이다. 이 봉기에 참여한 이들을 지휘한 것은 대부분 그 '국영 작업장'에서 쫓겨난 이들이었다. 6월 봉기를 카를은 부르주아지와 프롤레타리아트 사이의 계급 전쟁으로 묘사한다. "현대사회를 쪼개고 있는 양대 계급 사이에 치러진… 최초의 거대한 전투였다." 하지만 프롤레타리아트에 대한 정의도, 부르주아지에 대한 정의도 나와 있지 않으며, 이들의 정체성이 마르크스적인 '생산관계'의 개념으로 볼 때 어떻게 되는지도 여전히 불분명하다.[119] '프롤레타리아트'에 대한 언급은 이따금씩 '인민'에 대한 언급으로 빠져 버리며, 반면 '부르주아지'에 대한 언급은 도처에 나오지만 '공화국'이라는 용어로 쉽게 바꾸어 쓸 수 있게 되었다. 현실을 보자면, 이 새로운 공화국의 행정부가 산업적이든 아니든 고용주들로 구성된 것은 아니었으며, 소규모 고용주들 또한 반란에 가담하고 있었던 고로, 반란자들이 임노동자들로만 구성되어 있는 것도 결코 아니었다. 가장 황당한 것은 6월 봉기를 일으킨 쪽이나 그것을 진압한 쪽이나 '프롤레타리아들'이 참여한 정도가 똑같았다는 사실을 감추기 위해 카를이 그 반란에 참여한 사회주의적 전투원들에 대한 묘사를 재배치했다는 점이다. 카를은 6월 봉기에 참여한 이들은 프롤레타리아트였고 이를 진압한 '시민 기동대Garde Mobile'에 참여한 이들은 룸펜프롤레타리아트였다고 구별하고 있지만, 이러한 구별을 정당화시켜 줄 만한 유의미한 사회적 차이는 존재하지 않았다.[120] 또한 이 반란은 비록 중요성이 큰 것임은 분명하지만, 당시 20만~30만을 헤아리던 파리의 노동계급에서 불과 4만~5만 명 정도의 소수만 동원했을 뿐이라는 사실도 기억해야 한다.[121]

좀 더 근본적인 사실이 있다. 카를의 글에는 최초에 이 반란자들의 저항을 촉발시켰던 게 무엇이었는지에 대한 이야기가 없다. 그것은 '국영 작업장'의 폐쇄로 인해 찾아올 궁핍의 위협이었다. 또한 이들의 주된 정치적 불만이 공화국이 '일할 권리'의 약속을 저버렸다는 데 있었다는 사실에 대해서도 아무 설명이 없다. 반란을 야기시켰던 것은 고용주 계급의 행동이 아니라, 국민의회의 일부 의원들이 스스로 '공산주의'라고 두려워했던 것에 대한 혐오로 인해 내렸던 결정이었다.

또한 카를은 공화국이 겪었던 금전상의 또 조직상의 어려움들을 전혀 언급하지 않고 있다. 공화국은 파리 길거리 여기저기에 떼지어 서서 언제 무슨 정치 행동을 벌일지 모르는 엄청난 숫자의 실업 노동자들의 위험을 충분히 인식하고 있었기에 이들 15만 명을 헤아리는 실업자들에게 생계비를 제공해야 할 절실한 필요에 직면해 있었다. '국영 작업장'이 존속했던 4개월 내내 그 14만 명의 성원들 중 90퍼센트는 할 일이 없었다. 노동자들은 도시 여기저기에 흩어져서 술이나 마시고 여인네들과 노닥거리거나 카드놀이를 하다가 오후 4시가 되면 득달같이 달려들어 '치욕스러운 실업수당'을 받아 간다. 만약 이들에게 일이 주어지게 되면 그들을 조직하는 이들 중 하나가 이렇게 떠벌인다. "너희 잘난 체하는 비판가들이여, 우리가 과연 공공 자금을 파먹고 사는 것밖에 못 하는 떨거지들인지 똑똑히 보아라."[122] 따라서 그 어떤 분명한 결과도 내지 못하는 파리의 노동력 3분의 1을 그냥 먹여 살려 주어야 한다는 사실은 사람들의 분노를 불러일으킬 수밖에 없었다. 이는 '부르주아지'들뿐만 아니라 파리 노동 인구의 다수도 마찬가지였다.

6월 봉기에는 전국적으로 인정받는 지도자들도 없었다. 또한 '민주주의적·사회적' 공화국이 2월 혁명 당시에 했던 약속을 지키라는 주장 말고 그것을 넘어서는 요구는 전혀 없었다. 카를은 6월 전투의 성격에 대해서나, 무엇이 그것을 촉발시키게 되었는지에 대해서나 아무런 구체적인 설명을 내놓고 있지 않다. 대신 그는 갑자기 방향을 틀어 파리의 프롤레타리아트에 대한 근거 없는 환상으로 빠져들어 간다. "이들이 내건 요구들은 2월 공화정으로부터 자신들이 뜯어내고자 하는 바를 양보받자는 것이었으니, 비록 형식에서는 활기가 넘치고 있었지만 내용으로 보자면 여전히 프티부르주아적, 심지어 부르주아적인 것을 면치 못하고 있었다. 하지만 이를 뛰어넘는 대담한 혁명적 투쟁의 구호가 나타나서 그런 것들을 대체해 버렸다. '부르주아지를 타도하라! 노동계급의 독재를 쟁취하자!'"123)

카를은 1789~1848년 사이에 벌어졌던 사건들을 잠재적으로 혁명적 성격을 가지고 있는 일련의 사회적·정치적 투쟁들이라고 보았는데, 이는 온당한 것이었다. 이 기간은 영국에서나 프랑스에서나 예외적인 시대였다. 두 나라 모두에서 여러 정치조직들과 사회운동들이 때로는 전국적인 규모로까지 나타나서 보편적 성인 남성 선거권에 기초한 **진정한** 공화국 혹은 **진정한** 헌법의 이름 아래 기존의 정치 질서를 타도하려 했기 때문이다. 하지만 카를은 그러한 예외적인 정치적 갈등의 국면이 나타난 여러 원인과 그 해결책들 모두에 대해 잘못 이해하고 있었다.

영국에서나 프랑스에서나 19세기 전반기에 '노동계급' 혹은 '노동계급들'의 이름으로 발언한다고 주장하는 여러 운동과 조직들이 최초로 출현한 것은 사실이다. 하지만 근대적 산업자본주의가 **경제적으로** 발전한 결과로 나타난 것은 아니었다. 이는 프랑스의 경우 '앙시앙 레짐'이 붕괴된 정치적 결과물이었으며, 영국에서도 미국 혁명과 프랑스혁명, 그리고 오래 끌었던 나폴레옹전쟁과 그 직후의 경제적 불황으로 나타난 유례없는 전 국민적인 정치적 동원의 결과였다.

이 시대에는 '부르주아지' 혹은 '중간계급'이라는 말이 정치적 존재로의 의미를 가지게 되었다. 계급과 관련된 여러 어휘들은 1830년경의 프랑스와 1832년경✣의 영국을 지배하게 되었고, 헌법과 정치체제를 합리적이고 세속적인 방식으로 개혁하면서도 **인민주권**의 가능성은 **차단해야 한다는** 요구와 긴밀하게 연결되었다. 인민주권은 로베스피에르와 공포정치 시절로부터 시작하여 그때까지도 여전히 공포의 대상이었던 것이다. 카를과 그의 '당'이 이해하지 못

✣ 1832년에는 영국 부르주아들에 의한 '개혁 의회Reform Parliament'가 성립되었으며 또한 로버트 오언이 이끄는 전국 노동조합 대연맹Grand Natioanl Trades Union의 투쟁과 좌절이 벌어지기도 했다.

했던 것은 이 시대의 정치의 성격이라는 것이 단순히 계급적 성격의 것이 아니었다는 점이다. 그와 똑같이 중요한 사실이 있었다. 특히 이는 '부르주아들'과 '프롤레타리아들' 혹은 '중간계급'과 '노동계급'으로 불리는 두 집단을 나란히 놓을 때에는 더욱 중요해지는 사실이었다. 그것은 이러한 계급의 어휘들이 대의제 국가의 정치가 낳은 특수한 생산물이라는 점이었다.

애초에 '노동계급'과 '중간계급'의 '투쟁'을 낳았던 것은 모종의 가상적 '부르주아지'라는 존재의 여러 활동이나 전략이 아니었다. 그러한 투쟁을 촉발시켰던 것은 1830년경 영국과 프랑스 모두에서 벌어졌던바, 임노동자들의 정치적 **배제**를 기초로 하여 정치 체제를 건설하려는 시도였다. 영국에서는 투표권이 재산 보유에 기초하여 주어졌으므로 임금 생활자들은 투표에서 배제당했다. 영국의 차티스트들이든, 프랑스의 '민주적·사회적 공화주의자들'이든 그들의 계급의식은 대부분 프롤레타리아트화 혹은 **비인간화**의 결과가 아니라 정치적 배제의 결과물이었다. 오히려 급진적 노동자 운동의 지도자들은 착취가 정치적 배제의 결과라고 보았다. 카를은 대의제와 '정치적 국가'에 대해 적대적인 입장이었으므로 노동계급의 행동을 만들어 냈던 이러한 정치적 결정 요소들을 이해하기에 불리한 위치에 있었다.

1848년의 시점에서 볼 때 이런 형태의 정치적인 근시안은 카를만이 아니라 세간에 널리 퍼져 있는 것이기도 했다. 카를은 계급의 개념에 있어서 자기 당대를 전혀 앞서간 사람이 아니었다. 당시 서유럽의 유산계급 중에는 비록 노동자들에 대해 공감과 동정을 표한다고는 하지만 막상 노동자들 스스로의 담론과 이야기는 전혀 귀 기울여 듣지 않는 이들이 많았다. 이는 1830~1850년의 기간 동안 영국에서나 프랑스에서나 동일했던 현상이었다. 카를은 이러한 유산계급이 일반적으로 가지고 있었던 생각을 공유하고 있었다.[124] 토머스 칼라일 또한 '차티스트운동이라는 뒤죽박죽의 산만한 구현 형태'와 '그 살아 있는 본질인 갈수록 더 맹렬하고 맹목적이 되어 가는 지독한 불만'을 구별한 바 있다. 현실의 노동자들이 실제로 말하는 이야기는 자세히 들을 가치가 없는 것으로 대충 무시하는 경향은 당대의 일반적인 태도였던 것이다.[125] 재산을 소유하고 교육을 받은 관찰자들로는 노동자들 혹은 프롤레타리아들을 거칠고 야수적이며 만사만물의 평등을 지향하는 존재 이외의 무엇으로 생각하기가 힘들었다. 이 점은 토머스 매쿨리Thomas Macaulay가 1842년 차티스트 청원Chartist Petition of 1842을 거부하면서 의회에서 행했던 연설에 명확하게 언명되어 있다. 이 청원을 받아들인다는 것은 곧 정부를 '사적 소유의 안정성에 대해 거대한 규모에서 체계적으로 침범을 자행'하게 될 계급에게 정부를 내어 맡기는 일이 될 것이라는 것이었다. "인간 본성의 원리들을 따라서 생각해 볼 때, 이러한 권능을 그들에게 주었을 때 그들이 그 권능을 십분 활용하지 않는 일이 어떻게 가능하겠습니까?"[126] 토크빌 또한 '기동 방위대'에 대해 이야기하면서 비슷한 두려움을 피력한다. 비록 기동 방위대가 공화국을 지키기 위해 반란군에 맞서 싸웠다고 해도 '그들이 우리를 위해서가 아니라 우리에게 맞서서 싸우기로 결정하는 것 또한 손바닥을 뒤집듯 쉬운 일이다. … 이들은 마치 축제에 가듯이 전쟁을 벌인다. 그렇다면 이들이 자신들이 전쟁을 벌이는 이유나 명분보다 전쟁 그 자체를 더욱 사랑하게 되는 일은 얼마든지 쉽게 벌어질 일이다."[127]

공포정치의 기억들, 범죄자들과 우범자들로 뒤범벅이 된 여러 계급에 대한 으스스한 악몽들, 그리고 '공산주의의 유령'이 1848년의 정치적 상상력에 스멀거리고 있었다. 프랑스에서나 독일에서나 중간계급이 그토록 고집스레 합법성의 한계 안에 머물렀던 이유의 하나도 이것이었다. 카를이 특이한 점이 있었다면, 이러한 계급 갈등을 두려워하기는커녕 희망의 원천으로 생각했다는 것뿐이다. 다니엘 스턴에 따르면, 이러한 깊숙한 공포야말로 1848년에 수립된 공화국이 진정한 기초 위에 서지 못했던 주된 이유였다고 한다.

그 으뜸가는 원인은 글을 읽고 쓸 줄 아는 유복한 계급이 인민에 대해 여전

> 히 무지한 상태에 있었다는 것, 그리고 그들이 프롤레타리아트가 제기한 여러 필요에 대해 잘못된 생각을 품고 있었다는 것이었다. 그들은 그 이전 두 번의 왕정하에서 자신들이 마땅히 수행했어야 할 여러 의무들을 제대로 하지 못했다는 사실을 모호하게나마 의식하고 있었고, 이 때문에 괴로워하기도 했다. 그 결과 이들은 프롤레타리아트들이 분노에 눈이 멀어 피도 눈물도 없는 존재이며 또 세상의 모든 것을 다 먹어 치우고자 하는 탐욕에 꽉 찬 존재라고 여기게 되었다. 1793년의 유령은 이렇게 괴로워하는 그들의 괴로운 영혼에 보이는 헛것이었다.[128]

1848년에 노동계급이 품고 있었던 이상들과 열망들은 전혀 신비한 것들이 아니었다. 그것들에는 정치적 배제의 극복과 단결권에 대한 욕망이 담겨 있었다. 하지만 이는 철저하게 무시되거나, 유산계급 출신 저술가들의 과도한 상상 속에서 만들어진 전혀 다른 형태의 담론으로 대체되어 버리고 말았다.

착취가 아니라 배제 그리고 인정의 결핍이 1848년 유럽 각국에서 인민들에게 반란의 정서를 촉발시킨 으뜸가는 요소였다는 사실은 그 이후에 펼쳐진 서유럽 역사에 의해 입증된다. 프랑스에서는 제2제국이 무너진 후 모든 남성의 보편적 선거권과 대의제 시스템이 확립되었고, 영국에서는 의회 개혁의 논의가 새로 일어나서 노동계급 또한 점차 정치 시스템 안으로 다시 통합되어 들어오게 된다.[129] 이렇게 되자 『공산주의 선언』에서 강력하게 불러일으켰던바, '계급투쟁'이 헌정 질서를 넘어서 갖는 정치적 중요성과 의미는 사라져 버렸다.

9 장

런던

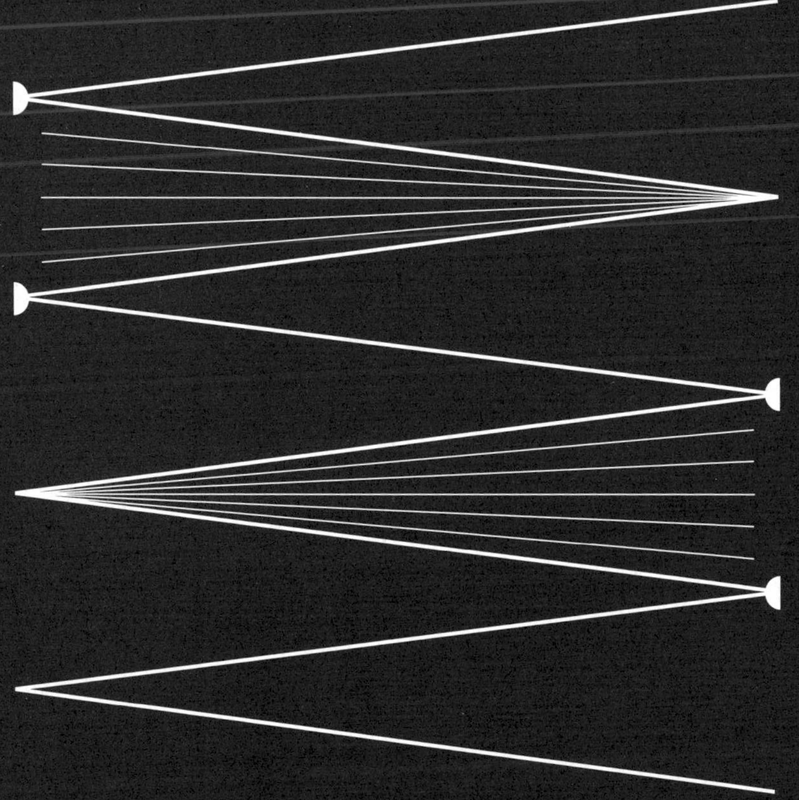

1. 처음 몇 해: '나는 욥만큼 고통을 받고 있다네. 신을 두려워하지 않을 뿐'

마르크스 가족과 그 하녀인 렌첸이 1850년에서 1856년까지 살았던 딘 스트리트Dean Street는 런던 소호의 한 중심에 있다. 그들이 1850년 5월 13일 이사해 들어갔던 집은 딘 스트리트 64번지의 방 두 개짜리 집으로, 이는 어떤 유대인 레이스 제작자의 소유이자 '난민 위원회'의 재무 담당이었던 하인리히 바우어가 살고 있었던 곳이기도 했다. 그해 말이 되면 이들은 64번지에서 28번지로 이주한다.

당시 런던은 이미 '온 세계의 모든 망명객의 피난처 대도시'가 되어 있었지만, 소호는 독일인들이 즐겨 머무는 장소였고 특히 민주주의자, 공화주의자, 사회주의자 들에게 그러했다. 빵 제조소에서 일하는 미숙련 독일 노동자들은 이스트엔드에 살았고, 중상류층 티를 내려는 자들은 세인트존스우드St. John's Wood✤로 들락거렸던 반면, '독일 노동자 교육 협회'가 그레이트윈드밀 스트리트Great Windmill Street에 있었으니 급진파들(특히 기능공들)로서는 소호야말로 가장 당연히 많이 끌리는 장소였다. 언론인이었던 조지 아우구스투스 살라George Augustus Sala에 따르면, 이러한 독일인들은 특히 '레스터 광장Leicester Square 근처의 옥스포드 스트리트의 인근이나 소호의 세인트 앤 교회Saint Anne's Church와 세인트 마틴스 레인Saint Martin's Lane 사이의 꼬불꼬불한 길의 미로 중심지에서' 찾아볼 수 있었다고 한다.1)

살라는 어느 여관 지배인이자 '여단장' 출신인 '브루투스 당나귀 대가리 선생Herr Brutus Eselskopf'이라는 인물을 풍자적으로 묘사하고 있으며, 여기에서 그는 이 독일인들의 생활 방식을 그려 내고 있다. 당나귀 대가리 선생은 '푸른색 술이 달린 터키식 모자를 쓰고, 어마어마한 크기의 콧수염과 턱수염에 덮여 있었다.' 그의 '작은 뒤쪽 응접실'은 '아침이고 오후고 밤이고 할 것 없이 외국인들로 꽉 차 있었다. 이들은 모두 정치적 구름을 두르고 있었고 그 구름의 밀도는 개인마다 달랐다. 하지만 이들 모두는 강력한 담배 연기의 구름만큼은 함께 두르고 있었다. 이 구름은 모두가 물고 있는 각자의 희한한 디자인의 파이프에서 뿜어 나온 온갖 모양의 연기들이 하나로 합쳐진 것이었기에 모두에게 똑같이 두툼하게 덮여 있었다.' 그 손님들 중에서도 살라는 '『일반 신문Allgemeine Zeitung』이나 『동부 독일 포스트Ost-Deutsche Post』를 열렬히 읽고 또 이따금씩 유럽의 오만 군주들에게 낮은 소리로 욕설을 퍼붓는' 모습을 통해 '하이델베르크 대학의 철학 박사였던 스파르타쿠스 부르슈가 열렬한 공화주의자'임을 알아보았다. 그는 '당시 아무런 급여도 받지 못했지만, 프랑크푸르트에서 마차 한 대, 물통 수레 두 대, 도로 포장석 여섯 개로 이루어진 바리케이드를 지켜 명예 진급을 얻어 낸 역전의 용사였다. … 파리를 지난 뒤에는 좌파 공화주의자Red Repulican, 황린 성냥 제조업자, 여러 비밀결사의 회원, 화학 강사, 도로 포장 하청업자, 기숙학교 수위 등을' 전전하다가 '마침내… 백연白鉛에서 식초를 추출하는 특허의 기획자, 담배 가

✤ 런던 북동 쪽의 지구. 부자들이 많이 사는 동네였다.

게 주인, 펜싱 선생, 미용 체조 선생, 독일 문학 선생 등을 거쳐 최근에는 아무런 직업도 없는' 신세가 되었다고 한다. 다른 이들 중에는 '자유를 사랑하는 문필가들, 공화주의 언론인들, 사회주의 노동자들, 자유를 위한 투쟁에 모든 것을 바쳐 그 어떤 고난도 참아 내겠다고 서약한 열성적인 젊은 운동가와 훌륭한 가문 출신의 아들들…. 이런 이들이 유럽 대륙 전체에서 국경선마다 마치 미친개들처럼 왔다 갔다 하며 출몰했다.'

살라는 또한 온건파 망명객들과 비타협적 망명객들 사이의 끝없는 갈등도 암시한다. 이 난민들 중 최소한 대다수는 '조용한 이들'이었다고 한다. 하지만 '시뻘겋게 달아오르다 못해 백열의 광채를 발하면서 포효하고 분노하고 으르렁거리는 이들도 있었다. 또 화약을 꽉 채운 탄산수 병, 말의 발을 다치게 할 깨진 유리병, 황산 등을 계속 만지작거리는 이들도 있었고, 병사들의 머리 위로 2층 창문에서 그랜드피아노를 떨어뜨리는 자들도 있었고, 포병들을 창으로 꿰어 죽이는 자들도 있었다'. 이런 이들은 당나귀 대가리 씨의 집에서 환영받지 못했고, 그래서 대신 런던의 화이트채플 지구에 있는 작은 '독일식 여관Gasthaus'에서 회합을 가졌다. 이 장소는 그전에는 '햄샌드위치Schinkenundbrot'라고 알려져 있었지만, 이제는 '폭군들의 배때기에서 뽑아낸 창자The Tyrants' Entrails'✤라는 새로운 세례명으로 다시 태어났다는 것이다.

1850년대의 소호는 지독하게 인구밀도가 높은 지역이어서 가옥 한 채당 평균 14명이 살았다고 한다. 특히 일부 지역의 물 공급이 오염된 상태여서 건

✤ 이는 프랑스혁명 당시의 '분노한 자들Les Enragés'이 썼던 수사로 알려져 있다. 이들은 최하층 계급인 상퀼로트를 대변한다고 나선 자들로서 1793년 국민공회에서 온건파 지롱드를 쫓아내고 산악파, 즉 자코뱅의 독재가 만들어지는 데 결정적인 기여를 한다. 하지만 이들은 통일된 정치적 당파가 아니라 거의 극단적 아나키스트에 가깝도록 모든 정치 조직에 대해 냉소적이어서 심지어 자기들끼리도 경찰 당국에 밀고하는 일들이 있었다고 한다. 이들을 '분노한 자들'이라는 이름을 지어 하나의 당파인 것처럼 부른 것은 집권 자코뱅 세력이었다고 한다. 한편 1968년 파리 혁명 당시 이들의 이름을 자칭하며 나온 아나키스트 집단도 있었다. 당시에 유행했던 유명한 구절, "마지막 부르주아의 창자를 뽑아 마지막 관료의 목을 매달 때까지!"라는 문장은 이러한 정서의 전통에서 나온 것이라고 한다.

강에 해로운 지역이었다고 한다. 카를이 쓴 바에 의하면, 이 지역이야말로 '콜레라에 걸리고 싶은 이들이 꼭 와야 할 곳'으로 1854년에는 실제로 콜레라가 발병하여 고립되는 일도 있었던 곳이다. "좌파와 우파 모두에서 모인 군중들이(브로드 스트리트의 모든 집에서 평균 세 명씩 나온 셈일세) 연못가의 개구리처럼 꽥꽥거리고 있으니, 그들의 못된 해꼬지를 면할 수 있는 최고의 방어책은 '먹을 것'을 내어주는 것일세."[2)]

카를과 예니는 원래 소호에서 살 생각이 아니었다. 하지만 예니는 가지고 있던 모든 은수저와 은식기를 프랑크푸르트에서 다 팔아 버렸고, 가구는 쾰른에서 다 팔아 버린 상태였으며, 거기에다 파리에서 강제 추방을 겪은 몸이었다. 게다가 런던에 도착했을 때 그녀는 세 명의 아이를 데리고 네 번째 아이의 출산이 한 달 뒤로 임박한 만삭의 몸이었다. 그녀를 맞은 것은 『신라인 신문』 집단의 일원이었던 게오르크 베르트였으며, 그는 그녀를 레스터 광장에 있는 한 하숙집에 집어넣었다. 하지만 그녀가 자서전에 쓴 바 있듯이, '쿵쿵거리지 않는 지붕 아래로 들어가야 할 시간이 다가오고' 있었기에 카를과 예니는 서둘러서 첼시에 있는 더 큰 셋집을 찾아냈다. 아기는 11월 5일에 태어났다. 그런데 그날은 하필 "거리 군중들이 '가이 포크스여 영원하라!'를 외치는 날이었고,✤ 또 '사람이 천을 뒤집어써서 만들어 낸 당나귀 위에 가면을 쓴 어린 남자아이들이 올라타서' 행진하는 날이었네. '그래서 우리는 그 위대한 음모가를 기념하여 그날 태어난 우리 아기를 아가 포크스Little Fawkes라고 불렀네.'"[3)]

카를의 가족은 영국에 올 때 오래 머무르지 않을 것이라고 생각했었다. 이들은 혁명이 다시 그 동력을 회복할 것이라고 예상했고, 『신라인 신문』 편집진도 영국에서 다시 집결하여 쾰른으로 다 같이 되돌아갈 것이라고 생각했다. 이것이 『신라인 신문-정치경제 리뷰』를 1850년 벽두에 창간했던 이유이기도 했다. 하지만 이 신문은 출발부터 여러 문제에 휩싸여 있었다. 이 신문은 『신라인 신문』이 한때 거느렸던 만큼의 독자를 전혀 얻지 못했고, 그해 말이 되면 계획 자체가 엎어지게 된다.

『리뷰』의 발행이 시원치 않고 계속 중단되자 마르크스 가족은 예상치 못한 금전적 곤란에 빠지게 되었다. 그들이 얼마나 절박한 상황이었는지를 보여주는 증거는 예니가 프랑크푸르트에 있는 요제프 바이데마이어에게 5월 20일에 보낸 분노의 편지에서 찾을 수 있다. 한동안 연락하지 못했던 것을 사과한 후, 그녀는 '상황' 때문에 자신도 '어쩔 수 없이' 펜을 들게 되었다고 분명히 말하고 있다. "『리뷰』에서 **들어왔거나 들어오는 돈이 있으면 무조건 곧바로 우리에게 보내** 주시기를 빕니다. 우리는 **그 돈이 절박하게 필요한** 상태에 있습니다."[4)]

다른 급진파 인사들과 마찬가지로 카를과 예니 또한 혁명이 끝났다는 것을 받아들일 생각이 없었다. 따라서 이들은 『리뷰』의 실패 책임을 '도서 판매상이 일을 자꾸 늦추는 것, 혹은… 쾰른에서 이 일을 관리하는 이들이 늑장을 부리는 것'에 돌렸고, 특히 '전반적으로 민주주의자들의 전체적 태도'의 문제로 돌렸다. 그녀는 바이데마이어에게 이렇게 상기시키고 있다. 그녀의 남편은 '민주주의자들에게 돈 통이나 돌리고 다니는 짓을 하면서 스스로를 천하게' 만들지는 않을 것이며, 그는 '그의 친구들', 특히 쾰른에 있는 친구들로부터 '그가 발행하는

✤ 가이 포크스Guy Fawkes는 16세기 말 영국 출신의 독실한 가톨릭 신도(본명은 기도 포크스Guido Fawkes였다고 한다)로, 스페인으로 건너가서 가톨릭의 지원을 통해 영국에서의 종교적 전복을 꾀하기도 했지만 실패한다. 이후 1605년의 이른바 '화약 음모Gunpowder Plot'에서 제임스 1세의 연설을 기하여 상원을 폭파시키는 역할을 맡고 상원 건물 바로 옆에 대량의 화약을 쌓아 두었다가 검거된다. 고문을 당하여 그의 본명이 기도 포크스라는 것이 밝혀졌지만, 계속 당당한 태도를 지키며 "저 스코틀랜드 놈을 고향으로 날려 버리려고 한 일이다!"라고 일갈하기도 했다(엘리자베스 여왕이 후사를 남기지 않아 스코틀랜드의 스튜어트 왕가 출신의 제임스 1세가 영국 왕이 된 상태였다). 또한 그는 본래 대역죄high treason를 확정받은 이들이 겪게 되어 있는 교수형·창자 빼기·4분열형hanged, drawn, and quartered을 피하기 위해 교수대에서 스스로 뛰어내려 목이 부러져 죽어 모여든 대중들에게 강한 인상을 남겼다. 왕실에서는 11월 5일을 기하여 런던 시민들에게 모닥불을 지펴 왕의 안전함을 축하하라는 명령을 내리지만, 가이 포크스에게 동정적이었던 시민들은 오히려 그 모닥불 행사를 그를 추모하는 행사로 바꾸어 화약을 가져와 불꽃놀이를 하기 시작했으며, 이에 영국에서는 오늘날까지도 매년 11월 5일은 본파이어 나이트Bonfire Night 혹은 포크스 나이트Fawkes Night로 내려오고 있다. 이날 사람들은 대중적으로 가장 혐오스러운 인물을 인형으로 만들어 화형식을 하기도 한다(최근의 예는 대처 수상이었다). 가이 포크스는 20세기 들어와서 「복수의 V자V for Vendetta」라는 만화로 그려지면서 미소 짓고 있는 가면 캐릭터로 다시 태어난다.

『리뷰』에 대한 적극적이고도 정력적인 관심을 기대할 자격이' 있다고 말하고 있다. '특히 그가 『신라인 신문』을 위해 얼마나 많은 희생을 치렀는지를 알고 있는 친구들이라면' 더욱 마땅히 그래야 한다는 것이다. 그녀의 남편은 '금전적인 생존 때문에 지극히 쩨쩨하고 자잘한 걱정거리들에 치여서 거의 죽을 지경'이며, 그녀의 아기는 '항상 병을 앓고 있으며 밤이고 낮이고 지독한 고통에 시달리고' 있지만, 유모를 구할 돈이 없어서 그녀가 직접 돌보아야 하기에 그녀 또한 '가슴과 등에 지독한 통증'으로 시달리고 있다는 것이다.5)

상황이 이러했는지라 첼시에서의 생활비를 도저히 감당할 수 없었고 결국 집에서 쫓겨나는 일까지 벌어졌다. 5파운드의 집세 체납금을 낼 수 없었던지라 3월 24일 두 명의 집달리들이 나와 그들의 소유물들을 차압해 버렸다.

> 그다음 날 우리는 집을 떠나야 했습니다. 춥고 축축하고 구름이 잔뜩 낀 날이었습니다. 남편은 다른 숙소를 알아보러 다녔지만 아이가 넷이라고 말하면 그 즉시 다들 우리를 받을 수 없다고 했습니다. 마침내 한 친구가 우리를 돕겠다고 나섰기에 우리는 서둘러 값을 치렀지만, 이번에는 또 서둘러서 우리가 가진 침대까지 모두 팔아야만 했습니다. 집달리가 나오는 등 난리가 벌어지자 그동안 외상값이 밀린 약방 주인들, 빵집 주인들, 푸줏간 주인들, 우유 가게 주인 등이 깜짝 놀라 모두 청구서를 들고 순식간에 저를 빙 둘러싸 버렸기 때문입니다. 그래서 팔린 침대들을 집 밖으로 끌어내어 일단 도로 위에 놓고 손수레 한 대에 실었는데 그다음에는 또 생각지도 못한 일이 벌어졌습니다. 당시는 이미 해가 진 지 꽤 지난 시점이었는데 영국의 법에는 이게 금지된 행동이었던 것입니다. 그래서 집주인은 순경들을 데리고 우리들에게 다가와서는 자기 집 물건들까지 몰래 빼내서 야반도주하여 아예 외국으로 튀려고 하는 게 아니냐는 식으로 으름장을 놓았습니다. 그러자 5분도 채 되지 않아 첼시의 온갖 어중이떠중이들이 모조리 몰려들어

> 순식간에 200~300명이나 되는 군중이 우리 집 문밖에서 웅성거리게 되었습니다. 그래서 침대를 다시 집으로 들여놓아야 했고, 침대를 구입한 이들에게는 다음 날 해가 뜬 다음에야 물건을 넘겨줄 수가 있었습니다. 이렇게 하여 우리가 가진 것들을 모조리 팔아 치운 덕에 모든 돈을 남김없이 지불할 수 있었고, 그다음에는 우리 애들을 데리고서 지금 우리가 살고 있는 '독일 호텔German Hotel'의 작은 두 방으로 옮겨 갔습니다. 이 호텔은 레스터 광장의 레스터 스트리트 1번지에 있으며, 1주일에 방세로 5.1파운드씩을 내고서 겨우 인간적인 대접을 받게 되었습니다.[6]

하지만 여기에서도 오래 머물지는 못했다. 예니에 의하면 "우리 집주인은 나쁜 사람은 아니었지만, 어느 날 아침 드디어 아침밥을 주기를 거부했고, 그래서 우리는 다른 숙소를 찾을 수밖에 없었습니다."[7] 이들은 소호의 딘 스트리트 28번지에 있는 아파트로 이주했고, 결국 여기에서 1850년 12월부터 1856년까지 계속 살게 된다. 1853년의 한 스파이 보고서에는 이 아파트가 그림처럼 잘 묘사되어 있다. 방은 두 개였다.

> 길거리 쪽을 내다보는 방이 거실이었고 그 뒷방이 침실이었다. 아파트 전체에 깨끗하고 튼튼한 가구는 단 하나도 없었다. 모두 다 부서져 있거나 낡아 너덜거리고 갈라져 있었으며, 모든 물건 위에는 반 인치 정도의 먼지가 쌓여 있었고 어디나 더할 수 없이 어질러져 있었다. 거실 중앙에는 커다란 구식 테이블 위에 기름 먹인 천이 덮여 있었고, 그 위에는 '카를의' 손으로 쓴 원고, 책, 신문 들뿐만 아니라 아이들의 장난감, 그의 아내의 바느질 바구니에서 나온 누더기 헝겊 조각들, 이가 빠진 컵들, 나이프들, 포크들, 램프들, 잉크병, 손잡이 없는 텀블러 잔, 흙으로 만든 네덜란드식 파이프, 담뱃재 등 한마디로 모든 것이 뒤죽박죽이 된 채 한 탁자 위에 놓여 있었다….[8]

카를의 가족은 수입과 지출의 균형을 맞추는 감각이 없었다. 애초에 첼시의 비싼 아파트를 선택하게 되었던 것도 그 때문이었다. 이러한 균형 감각의 부재는 계속되었다. 1851년 1월 6일 카를은 엥겔스에게 편지를 보내 빨리 돈을 좀 보내 달라고 말하고 있다. "우리 집주인 여사님은 **너무나 가난**하며, 집세를 못 낸 지 벌써 두 주가 되었기에 그녀는 아주 무시무시한 기세로 내게 돈을 내라고 닦달을 하고 있네." 엥겔스는 그에게 1파운드를 보낸다. 그는 카를에게 전체 액수를 보내지는 못하지만 2월 초까지는 나머지 액수도 보내겠다고 약속했다.[9] 1851년 3월이 되면 카를은 또다시 빚에 쪼들리게 되어 예니로 하여금 장모님에게서 돈을 좀 받아 내라고 부탁하지만, '**예니가 받을 돈**의 남은 액수는' 그녀의 남동생 에드가가 멕시코로 가져갔다는 것을 알게 된다. 그는 이번에는 자신의 어머니에게 편지를 보내 자신에게 날아드는 계산서를 모두 그녀 앞으로 돌리겠다고 협박한다. 하지만 카를의 어머니는 '도덕적 분개에 가득 차서' 그에게 답장을 보내 '가장 **무례한** 어조로' '나에게 와야 할 청구서가 어머니에게 날아간다면 무조건 다 거부할 것이라고 **결연히**positivement 선언'했다고 한다. 카를은 집안에 돈이라고는 땡전 한 푼도 없으며, 그 결과 '상인들의 청구서(푸줏간, 빵집 등등)가 계속 산더미처럼 쌓여 가고' 있다고 불평한다.[10] 이 문제는 엥겔스가 보내 준 우편환 덕분에 일시적으로는 해결된 듯 보였다.[11] 하지만 7월 말이 되면 또다시 카를은 불평을 늘어놓는다. "두 주일 동안 편지를 쓸 수 없었던 것은 내가 도서관에 있는 동안을 빼면 어딜 가나 빚 문제로 시달려야만 했기 때문이었네." 그를 위해 어음을 할인해 주겠다는 약속은 다달이 미루어지더니 이제는 거부되었다.[12] 10월이 되면 그는 지방법원의 판결로 빌리히의 친구인 카를 괴링거Carl Göhringer에게서 꾸었던 5파운드를 갚으라는 압력을 받는다. 엥겔스는 그에게 2파운드를 보내면서 돈을 모두 갚아 버리는 수밖에 없다고 조언한다.[13]

1852년이 되어 카를이 『뉴욕 트리뷴』에 글을 쓰기 시작하면서 아파트에서도 방 하나를 더 세내어 쓰게 되지만, 상황은 더욱 절망적으로 보였다. 2월 20일 카를은 바이데마이어에게 편지를 보내 『브뤼메르 18일』의 약속한 분량의 원고를 보낼 수가 없다고 하면서 그 이유로, "지난 1주일 이상 나는 돈 문제에 시달려서 도서관에서 작업을 할 수가 없었고 글을 쓰는 것은 아예 생각도 할 수가 없었다네."[14] 이 상황은 그다음 주에 더욱 악화된다. "지난주에는 내 외투를 전당포에 잡혔기 때문에 밖에 나갈 수도 없는 아주 유쾌한 지경에 도달했지만, 이제는 외상도 내지 못하여 고기도 먹을 수가 없게 되었네." 그는 이러한 상황이 어떤 시점이 되면 '추문으로 터질' 것을 두려워하고 있다. 오직 남은 희망이라고는 예니의 '강철과 같은 건강을 가진 삼촌'이 빨리 병에 걸리는 것뿐이라고 한다. "그 똥개 같은 자식이 당장이라도 죽어 준다면 이 곤경에서 빠져나갈 수 있을 텐데 말일세."[15]

아마 최악의 바닥은 4월 14일이었을 것이다. 그날 그의 한 살배기 딸 프란치스카Franziska가 사망한다. 카를은 애초에 아이가 세상에 나올 때부터 그다지 신이 나지 않았다. 그가 1851년 4월 2일에 엥겔스에게 보낸 편지에 보면, "아, 슬프게도 내 아내는 사내아이가 아닌 딸을 낳았다네. 게다가 아기는 몸도 아주 약하다네."[16] 하지만 1852년 4월 14일 엥겔스에게 보낸 편지에 보면 카를의 감정이 슬픔에 북받쳐 있는 것을 볼 수 있다. "우리의 귀여운 아기가 오늘 새벽 1시 15분에 죽었다네. 더 글을 쓰지 못하는 것을 이해해 주게나." 엥겔스는 바이데마이어에게 보낸 편지에서 카를의 막내딸이 "런던에 온 뒤에 죽은 두 번째 아이일세. 자네도 상상이 가겠지만 그의 아내는 이 때문에 심히 괴로워하고 있다네"라고 말하고 있다.[17] 예니가 쓴 편지에 의하면, '가엾은 프란치스카는 심한 기관지염을 앓았다'고 한다.

> 사흘 동안 아이는 생사를 오갔다. 아이는 끔찍하게 괴로워했다. 아이가 죽었을 때 우리는 그녀의 생명 없는 작은 몸뚱이를 뒷방에 남겨 두고 앞방으로 와서 바닥에 잠자리를 만들었다. 살아 있는 우리의 세 아이들은 우리 옆

에 누워서 모두 함께 옆방에 창백한 죽은 몸으로 누워 있는 우리의 작은 천사를 슬퍼하며 울었다. 우리의 사랑스러운 아기가 죽었던 당시는 하필 우리가 가장 심한 빈곤을 겪고 있을 때였고, 우리의 독일 친구들도 하필 그때 우리를 전혀 도울 수가 없었다. … 아기를 잃어 마음은 찢어지게 슬펐지만, 나는 허겁지겁 인근에 사는 한 프랑스 출신의 이민자에게 달려갔다. 그는 우리 집에도 이따금씩 방문하곤 하는 사이였으며, 나는 그에게 우리의 끔찍한 빈곤 상태를 털어놓고 도와 달라고 매달렸다. 그는 지극히 친절한 동정을 베풀어 내게 즉시 2파운드를 내주었다. 그 돈을 우리는 관을 사는 데 썼으며, 지금도 나의 아기는 그 관 속에서 평안히 잠들어 있다.[18]

같은 해 9월 8일 카를은 엥겔스에게 편지를 보낸다.

자네 편지를 받은 오늘은 하필 우리 집이 지독히 어수선한 날일세. 아내는 아프네. 딸 예니도 아프다네. 렌첸은 일종의 신경쇠약의 고열 상태에 빠져 있다네. 나는 어제도 오늘도 의사를 부를 수가 없네. 약을 살 돈이 없으니까. 지난 8~10일 동안 나는 우리 **가족**에게 순전히 빵과 감자만 먹였지만, 오늘은 그것조차 구할 수 있을지 어떨지 알 수가 없다네. … 데이나에게 보낼 기사는 전혀 쓰지 못했네. 왜냐하면 **땡전 한 푼도** 없으니까.[19]

이러한 패턴은 다음 해에도 반복되어 나타난다. 4월 27일, 예니는 '엥겔스 씨'에게 편지를 보내 그녀가 이미 "본에 있는 하겐에게도, 게오르크 융에게도, 클루스에게도, 시어머니에게도, 베를린에 있는 내 여동생에게도 편지를 보냈답니다. 끔찍한 편지들이었죠! 하지만 지금까지도 그들 누구도 한마디도 하지 않고 있습니다. … 이곳의 상황이 어떤지는 차마 필설로 담을 수도 없네요." 8월 내내 그리고 10월이 될 때까지도 이렇게 가족 전체가 추레한 처지가 되었고 모든 물건이 전당포로 들어갔으며 '집에 땡전 한 푼 없는' 상태가 되었다는 불평이 반복되었다.[20] 1854~1855년이 되면 똑같은 이야기가 정도만 더 심해진다. 1855년 카를은 브레슬라우에서 발간되는 『신질서 신문Neue Oder-Zeitung』의 모리츠 엘스너Moritz Elsner에게 보낸 편지에서 그 전주에 보내기로 한 글을 못 보낸 이유를 변명하면서 예니의 의사인 프로인트 박사Dr Freund를 피하기 위해 런던을 떠나 있을 수밖에 없었다고 설명하고 있다. 프로인트 박사는 이미 그 전해부터 밀린 미결제의 약값을 받아내기 위해 계속 카를을 쫓아다니고 있었다는 것이다.[21] 그는 처음에는 캠버웰Camberwell의 페테르 이만트Peter Imandt의 집에 머물렀다가 그 다음에는 맨체스터로 가서 12월까지 엥겔스와 함께 머물렀다.

카를과 예니의 만성적인 건강 악화는 많은 부분 환경에 기인했다. 가뜩이나 좁고 비위생적인 거리에 있는 데다 인구도 과밀하고 관리도 잘 안 되는 아파트에서 살았던 것이 원인이었다. 하지만 카를의 여러 습관으로 상황이 더 악화되었다. "마르크스의 방에 들어가 보면 석탄에서 나오는 연기와 담배 연기가 뒤섞여서 눈물이 앞을 가리게 되며, 너무나 심한 연기 때문에 캄캄한 동굴을 더듬고 들어가는 느낌을 잠시 겪는다. 점차 이 연기에 눈이 익숙해지면 몇 가지 물체들이 그것들을 둘러싼 연기에서 서서히 모습을 드러낸다. 모든 것이 더럽고 먼지에 덮여 있기 때문에 어딘가에 앉는다는 것은 아주 위험하기 짝이 없는 일이 된다."[22] 가뜩이나 폐결핵과 여타 기관지 질병의 유전적 성향이 강한 혈통을 이어받은 카를의 가족에게 이러한 상태는 실로 파괴적인 결과들을 가져왔다. 딘 스트리트에서 사는 동안 아이들이 세 명이나 죽어 나갔다. 두 명은 말 못 하는 유아기에 죽었으며, 다른 한 명도 열 살이 채 되지 않은 나이였다.[23] 예니가 바이데마이어에게 말한 바에 따르면 병약했던 한 살짜리 기도Guido는 "세상에 나온 뒤로… 중간에 깨지 않고 잔 날이 하룻밤도 없었다"고 한다. 그 아기가 '경기convulsions'로 죽었던 것이 온 가족이 딘 스트리트 64번지에서 28번지로 이사하게 된 계기였다.[24] 하지만 별로 개선된 바는 없었다. 특히 슬펐던 일은 가족의 유일한 남자아이였던 여덟 살짜리 에드가(가족들은 그를 '무슈Musch'라고 불렀다)의 경우였다. 1854년 초 에드가는 '불치병의 증후를 처음으로 보이기 시작했으며, 그 병으로 1년 후에는 죽음에 이르렀다.'[25] 그다음 3월 카를은 엥겔스에게 이렇게 말한다. "무슈는 복통을 수반하는 위험한 열병을 앓았고 아직도 다 낫지를 않았네(이게 가장 끔찍한 일이야)."[26] 몇 주 동안은 낫는 듯이 보이기도 했다. 하지만 3월 16일 카를은 "아무래도 불쌍한 무슈는 병을 이기지 못할 것 같네. … 아내는 또 한 번 완전히 **무너졌다네.**"[27] 3월 27일, 카를은 다시 한 번 몇 가지 병이 호전되는 증후들을 전하기도 하지만 몇 줄 이상은 쓰지 못한다. "무슈의 간호원 노릇을 하느라고 밤새 한잠도 못 자고 지켜보았기에 지금 너무 피곤하다네."[28] 하지만 3월 30일 그는 체념하고 최악의 사태에 마음의 준비를 한다. "최근에는… 병이 우리 가족의 유전병인 복부 결핵abdominal consumption의 성격을 띠게 되었네. 의사마저도 희망을 버린 듯 보인다네."[29] 1주일 후 종말이 찾아왔다. "가엾은 우리 무슈는 이제 이 세상 사람이 아니야. 오늘 5시에서 6시 사이에 그는 내 품에서 (글자 그대로) 잠에 빠져들었네."[30] 예니는 자신의 비망록에서 이렇게 말한다. "당시 1854년 우리의 작고 건강치 못한 집을 버리고 그 아이를 해변에라도 데려갈 수 있었더라면 살릴 수 있었을지도 모른다. 하지만 이미 벌어진 일이니 어떻게 할 수 있는 것도 아니다."[31]

이미 카를이 병역 면제를 받을 때부터 그가 호흡기 질환의 성향을 가지고 있으며 폐결핵에 걸리기 쉬운 조건이라는 점은 분명히 드러난 바 있었다. 그런데 1849년 이후 그에게 고통을 준 것은 간과 쓸개 문제였다. 예니가 1858년 4월 라살레에게 말한 바에 따르면 카를은 그 당시 라살레에게 편지조차 쓸 수가 없었다고 한다. 왜냐하면 "그가 당시에 이미 고통을 받고 있었던 간 문제(불행하게도 이는 매년 봄만 되면 돌아옵니다)는 너무나 악화되어 끊임없이 약을 복용해야 했기 때문입니다."[32] 카를이 마침내 힘을 차리고 라살레에게 편지를 썼던 5월 31일 그는 이렇게 설명한다.

> 전혀 글을 쓸 수가 없었습니다. 단순히 **문학적인 표현이 아니라 글자 그대로 그랬습니다.** 몇 주 동안이나 그런 상태였고, 내 질병을 이겨 보려고 몸부림쳤지만 허사로 끝나 버렸답니다. … 병 그 자체는 그냥 간이 팽창한 것이었고 위험한 것이 아니었지만, 이번에는 정말로 각별히 역겨운 증상들이 수반되었습니다. 게다가 우리 가족의 병력으로 보자면, 이게 바로 우리 아버지가 돌아가시게 된 질병의 시작 증상이었으므로 특히 그 의미가 얄궂은 것이었습니다.[33]

그 증상들은 두통, 눈 염증, 신경통, 치핵, 류머티스 관절통 등이었다. 카를의 불규칙적인 생활 습관 또한 상황을 악화시켰다. 1852년의 스파이 보고서를 보자.

> 그는 진짜 보헤미안 지식인의 삶을 살고 있습니다. 씻기, 머리와 수염 손질, 침대보 갈기 등은 거의 하는 법이 없으며, 취하도록 술을 마시기를 즐깁니다. 며칠 동안이나 빈둥거릴 때도 많지만, 할 일이 밀려 있을 때에는 며칠 동안 밤이고 낮이고 쉬지 않고 버팁니다. 취침과 기상 시간은 정해진 바가 없습니다. 밤샘을 할 때도 많으며, 그러면 그다음 날에는 오후 한낮에 옷을 갈아입지도 않고 그대로 소파에 쓰러져 세상이 어떻게 돌아가는지 전혀 개의치 않고 저녁까지 죽은 사람처럼 잠을 잡니다.

카를의 간 문제를 감안할 때 그의 식습관 또한 참으로 해로운 것이었다. 블루멘베르크에 따르면 카를은 양념이 센 요리들을 즐겼다고 한다. 훈제 생선, 캐비아, 오이 피클 등을 모젤 와인, 맥주, 각종 술과 함께 먹는 게 그가 좋아하는 밥상이었다고 한다.[34]

1850년대 말이 되면 그의 작업 패턴이 좀 더 규칙적이게 되지만, 그렇다고 건강에 좋아지는 쪽으로 바뀐 것은 아니었다. 그는 낮에는 연구를 하거나 『트리뷴』에 기고할 글을 썼으며, 밤에는 정치경제학 저서의 집필 작업을 계속했다. 그는 새로운 경제 위기가 다가오고 있다고 보았으므로 그에 대한 대응으로 자신의 정치경제학 저서를 빨리 완결 짓고자 했던 것이다. 12월 18일 그는 엥겔스에게 이렇게 말한다. "나는 엄청나게 많은 양의 작업을 하고 있으며 보통 새벽 4시까지 일을 한다네." 하지만 그는 또한 12월 21일에 페르디난트 라살레에게는 이렇게 말하고 있다. "저는… 제 날들을 생활비를 버는 데… 낭비하고 있습니다. **진짜** 작업을 마음껏 할 수 있는 시간은 밤뿐이지만, 그것도 건강 문제로 계속 끊기고 있습니다." 그는 또 이렇게 설명한다. "현재의 상업 위기 때문에 저는 제 정치경제학 연구 작업에 심각하게 임하지 않을 수 없으며, 게다가 현재의 위기에 대해서도 무언가를 준비해야만 합니다."[35]

그의 몸이 이러한 긴장을 견딜 수가 없었다는 것은 별로 놀라운 일은 아니었다. 1858년 4월 말, 그는 엥겔스에게 보낸 편지에서 이렇게 말한다.

> 간 문제로 이렇게 격렬한 공격을 받은 적이 없었으며, **잠시 동안이지만** 혹시 이게 간경화증이 아닌지 걱정하기까지 했네. 의사는 나보고 당장 여행이나 떠나라고 했지만 이건 내 **금전 상태**와는 도저히 양립할 수 없는 일이며, 나는 그저 매일매일 다시 일하게 될 수 있기만을 빌고 있다네. 일에 매달리고 싶은 욕망은 계속 용솟음치는데 그렇게 할 수가 없는 상태이니 정말 미칠 것 같아서 그 때문에 또 건강 상태만 더 악화되고 있다네. … 어쩌다 앉아서 몇 시간이라도 글을 쓰다 보면 그다음 며칠 동안은 그냥 쭉 뻗어 쉬어야만 한다네. 제발 다음 주에는 이런 상태가 끝나기만 빌고 있다네. 하필 이렇게 일하는 게 꼭 필요한 때에 몸이 이 꼴이 되다니 복도 없지. 지난 겨울에 밤마다 그렇게 일을 많이 했으니 이런 결과가 벌어질 수밖에.[36]

1859년 카를은 간 문제로 간헐적으로 고통을 받았고, 1860년의 처음 세 달 동안은 계속해서 병을 앓았다. 1860년 크리스마스 때에는 렌첸을 도와 천연두를 앓는 예니를 간호했고, "지난 수요일에는 기침감기에다가 쿡쿡 찌르는 듯한 통증까지 생겼고, 온몸이 **통증**으로 가득하다네." 하지만 의사를 불렀다가는 '머리털이 쭈뼛거릴 정도의' 큰 액수의 청구서가 날아올 터이니 그는 자기 스스로 치료하기로 결심한다. '금연, **피마자유**, 레모네이드만 마시기, 절식, 독주는 완전히 끊기, 집에서 쉬기.' 하지만 열흘 후 그는 "병이 도졌다"고 말하면서 다시 의사의 치료로 돌아간다. 의사가 그에게 권한 것은 승마와 "**바람 쐬기**였네. … 글을 쓰려면 앞으로 구부정한 자세를 취해야 하는데 이러면 몸이 너무 아파서 계속 글쓰기를 미루고 있다네. 이제 알겠지, 자네도. 나는 욥만큼 고통을 받고 있다네. 신을 두려워하지 않을 뿐."37)

1863년 카를은 발에 여러 개의 큰 종기를 얻게 된다. 이는 간질환의 또 다른 증상이었다. 그해 11월 예니 마르크스는 베를린의 빌헬름 리프크네히트에게 보낸 편지에서 카를이 등에 난 종기 때문에 3주 동안이나 "절망적으로 아팠다"고 말하고 있다. 그때 그는 이미 '몇 달 동안이나 병을 앓고' 있었던 상태였으며, 일을 하는 것은 심히 어렵게 되었고, '보통 때보다 담배를 두 배나 피우고 가지가지 종류의 여러 알약을 평소의 세 배나' 삼켰다고 한다. 그는 이번에는 뺨에 종기를 얻게 되었고, 이를 '보통의 가정 치료법'으로 제거했다고 한다. 하지만 뺨의 종기가 사라지자 이번에는 등에 또 다른 종기가 솟아올랐고, 이는 '찜질'로 치료할 수 있는 게 아니었다는 것이다. "마침내 종기는 제 주먹 크기로 부풀어 올랐고, 등 전체가 기형이 되어 버렸기 때문에 저는 알렌 박사에게 달려갔습니다." 렌첸이 카를을 붙들고 있는 가운데 의사는 '아주아주 깊게 칼로 절개'했으며 여기에서 피가 뿜어져 나왔다고 한다. 그다음으로 의사는 뜨거운 습포로 한 차례 찜질을 했고 이를 밤낮으로 계속하도록 시켰으며, '또 동시에 매일 3~4잔의 포트 와인과 반병의 보르도 와인을 마시고 음식은 평소의 네 배를 먹도록' 했다. '그 목적은 그가 잃어버린 기력을 회복'하는 것이었다고 한다. 렌첸 또한 걱정과 과로로 몸져누웠다.[38] 카를은 이러한 처방에다가 매일 1.5쿼트✤의 '런던에서 가장 센 흑맥주'를 추가했고, 통증과 싸운다고 다량의 아편까지 피워 댔다.[39]

그 후로도 간 문제는 그를 놓아주지 않는다. 1863년 11월 30일 카를의 모친이 사망하자 그는 자신의 상속 문제를 정리하기 위해 트리어로 가야 한다고 생각했다. 알렌 박사는 그에게 '두 개의 엄청난 크기의 약병'을 주면서 가지고 가라고 했다. 그는 트리어에서 유산 문제를 정리한 뒤 잘트보멜에 있는 삼촌 리온 필립스를 보러 간다. "내 삼촌은 참으로 멋진 늙은 **남자**였으며, 자기 손으로 직접 습포제를 붙여서 내게 찜질을 해 주었고 나의 매력적이고 재치 넘치는 사촌(위험할 정도로 검은 눈을 가지고 있다네)은 실로 모범적인 방식으로 나를 갓난아기처럼 살뜰히 돌보아 주었네."[40] 하지만 병은 없어지질 않았고 1864년 거의 내내 끊이지 않고 그를 괴롭힌다. '이가 갈리는 통증'을 겪으며 너무 쇠약해져서 움직일 수도 없었기에 그는 2월 말까지 필립스의 집에 머문다.

예니 또한 몸과 마음에 모두 여러 병을 앓고 있었다. 딘 스트리트에 살다 보니 기관지염의 습격을 반복해서 받게 되었고, 그 결과 걸핏하면 병상에 몸져눕게 되었다. 하지만 그녀는 또한 당시 '신경흥분nervous excitement'이라고 일컬어지던 경향을 가지고 있었다. 그녀가 앓던 여러 병들은 신체적 질병의 산물인 만큼 우울증 혹은 절망의 산물이기도 했다. 이 경우에도 치료법에는 보통 알코올의 사용이 포함되어 있었다 1852년 7월 15일 카를은 엥겔스에게 보낸 편지에서 예니가 감기를 앓으면서 체중이 줄었다고 말하고 있다. 의사는 약뿐만 아니라 '런던의 짐꾼들이 마시는 흑맥주를 다량으로 섭취하도록' 처방했다고 한다.[41] 하지만 병은 호전되지 않았다. 9월 18일 카를의 편지에 따르면, "아내는 신체적으로 그 어느 때보다도 약해져서 완전히 온몸에 힘이 하나도 없는 상태가 되었

✤ 1쿼트quart는 2파인트로 1.14리터.

네. 의사의 명령에 따라 그녀는 지난 사흘 동안 한 시간에 브랜디 한 숟가락씩을 마셔 왔다네. 하지만 그래도 오늘은 최소한 일어날 수는 있게 되었으니 차도는 있었던 셈일세."[42] 1854년 예니는 다시 '아주 안 좋아졌다'. 아마도 이는 병을 앓고 있었던 무슈를 돌보면서 밤새 병상을 지키는 바람에 생긴 결과였을 것이다. 이때에는 예니도 의사를 부르기를 거부했다. "그녀는 스스로 알아서 약을 처방하여 먹고 있다네. 2년 전 그녀가 비슷한 증상의 병을 앓고 있었을 때 프로인트 박사가 준 처방으로 병이 더 악화되었다는 게 그녀의 구실일세."[43] 1860년 겨울, 예니는 천연두로 쓰러지고 말았다. 카를의 편지에 의하면 두 번이나 예방접종을 받았는데도 말이다. "여러 주 동안 아내는 우리의 수많은 **문제들** 때문에 예외적으로 신경이 흥분된 상태에 있었고, 이 때문에 합승 마차나 가게 등 사람들이 많은 곳에서 **감염**이 더 쉬운 상태에 있었네." 이번에도 주된 치료제는 알코올이었다. "의사는 아내에게 보르도 와인을 마시도록 허락했네. 대신 그녀가 정말로 쇠약한 상태였으므로 적은 양으로 말일세." 그리고 12월 초가 되자 의사는 보르도 와인을 그만두고 대신 포트 와인을 처방했다.[44]

예니의 '신경 상태'는 항상 근심거리였다. 1850년 6월, 카를은 바이데마이어에게 자신의 아내가 '너무 흥분한 상태에서 보낸 편지'를 대신 사과하고 있다. "그녀는 아기를 '기도 포크스'로 돌보고 있는 데다 여기에서의 우리 상황이라는 게 지독하게 비참한 것이라 그렇게 그녀가 참지 못하고 성깔을 터뜨렸던 것도 충분히 용서해야 할 일일세."[45] 11월 기도가 죽은 후 카를은 엥겔스에게 이렇게 썼다. "그녀는 흥분과 기진맥진으로 정말로 위험한 상태에 있네."[46] 몇 달 후인 3월 31일 또 다른 아기 프란치스카가 태어난 뒤 카를은 이렇게 썼다. 비록 순산이었지만, "그녀는 아주 안 좋은 상태로 몸져누웠네. 그 원인은 신체적인 것이 아니라 집안 문제 때문bürgerlich일세."[47]

아마도 이 집안 문제란, 딘 스트리트 아파드에서 벌어졌던 참으로 껄끄럽고도 시한폭탄과 같은 상황, 그리고 그 때문에 카를과 예니의 관계가 치러야 했던 대가를 말하는 것일 것이다. 예니는 자신의 글 「짧은 소묘Short Sketch」에서 이렇게 말했다. "한 사건이 벌어졌지만 여기에서 자세히 이야기하고 싶지는 않다. 하지만 이 때문에 인간적으로나 다른 차원에서나 우리의 근심 걱정은 아주 깊어졌다."[48] 이는 1851년 6월 23일 딘 스트리트 28번지에서 렌첸의 아들인 헨리 프레더릭 데무트Henry Frederick Demuth(나중에 프레디Freddy라고 불린다)가 태어난 일을 뜻한다.[49] 비록 명시적으로 인정하지는 않았지만, 이 아이의 아버지가 카를이라는 사실에는 의문의 여지가 없다고 보인다. 프레디와 프란치스카는 세 달 사이로 거의 동시에 태어났다. 똑같은 아버지를 둔 두 명의 만삭이 된 여인들이 방 두 개짜리 좁은 아파트에서 함께 기거하고 있었으니 그 분위기가 어떠했을지는 상상에 맡길 수밖에 없는 일이다. 프레디는 태어나자 곧 보모에게 맡겨졌고 그다음에는 이스트 런던에 사는 노동계급 양부모에 의해 양육된다.[50]

남아 있는 서한들을 보면 이러한 상황에 대한 명확한 언급은 없다. 마르크스 가족은 프레디의 아버지가 엥겔스라고 믿게 되었다. 엥겔스가 죽은 뒤 카를의 딸인 라우라는 엥겔스가 남긴 편지들을 세심히 뒤져서 엥겔스에게나 마르크스에게나 명성에 손상을 입힐 자료는 모조리 제거했다. 하지만 몇 개의 완곡하게 에두르는 언급들이 그 상황을 암시하고 있는 것으로 보인다. 예니가 프란치스카를 낳던 당시 카를은 엥겔스에게 편지로 모종의 '비밀mystère'에 대해 이야기한다. 카를은 그게 무엇인지를 밝히려는 듯하다가 아내를 돌보러 오라는 소리가 들려서 이만 줄인다고 끝내고 있다. 이틀 후 그는 그 '비밀'에 대해 편지로 쓰지 않겠다고 말한다. 그달 말 엥겔스를 만나러 오겠다는 것이었다. "나는 이 집에서 1주일이라도 빠져 나가야겠네."[51] 렌첸의 아기가 태어났을 때, 그 아기에 대한 의심을 무슨 말로 가라앉혔는지는 몰라도 집안에서의 긴장이 증가했을 것임은 분명하다. 7월 말 카를은 엥겔스에게 편지로 자신의 정치경제학 연구 작업의 진척이 느린 것을 사과하면서 이렇게 말한다.

> 나는 도서관 작업을 오래전에 이미 마쳤어야 했네. 하지만 중간에 일들이 너무 많아 자꾸 작업이 끊겼고, 집에 돌아가면 만사가 다 내게는 사면초가였네. 며칠 밤 내내 집안이 온통 눈물 바다여서 나는 좌불안석에다가 화가 머리끝까지 치밀어 오르는 판이었네. 그러니 작업을 제대로 할 수가 있었겠나. 아내에게 미안할 뿐일세. 그녀가 이 짐을 대부분 져야 하는 상황이 되었고, 사실 본질적으로는 그녀가 다 옳다네. 결혼이 무슨 산업처럼 생산성을 추구하는 활동은 아니니까**Il faut que l'industrie soit plus productive que le mariage**.✤ 하지만 다 그렇다고 해도, 나라는 사람의 성격이 그다지 참을성이 있는 편이 못 되며**très peu endurant** 심지어 좀 거칠다는**quelque peu dur** 점을 기억해야만 하네. 그래서 나도 이따금씩 내 평정을 잃곤 하지.52)

카를은 더 이상 어찌해야 할지도 모르게 되었고 또 자기 아파트에 살고 있는 두 명의 산모에 대한 시끄러운 소문 때문에 궁지에 몰릴 대로 몰리게 되었다. 이틀 후에 바이데마이어에게 보낸 편지는 완전히 체념에 가까운 절망 상태를 보여 주고 있다. "자네도 상상할 수 있겠지만, 내 상태라는 게 아주 비참한 것일세. 이런 상태가 오래 더 계속되면 아내는 완전히 침몰해 버리고 말 것이야." '끊임없는 근심거리들'뿐만 아니라 거기에다가 '내 적들이… 나의 문화인으로서의 인격을 의심하게 만드는 여러 오명을' 뒤집어씌우고 있다는 것이다. 길거리에는 마르크스가 '망가진 인간**perdu**'이라는 소문이 돌고 있고, "나의 아내는 아주 안 좋은 상태에 있으며, 아침부터 밤까지 가장 불쾌한 종류의 집안 사정에 붙잡혀 이러지도 저러지도 못하고 있는 데다 신경 시스템까지 손상된 상태일세. 그리고 저 빌어먹을 소문꾼들이 퍼뜨리는 소리 때문에 저 민주주의의 똥창으로부터 풍겨 오는 악취가 그녀를 매일매일 거의 죽여 가고 있다네."53)

✤ 직역하자면 '결혼보다는 산업이 더 생산적인 것은 필연적인 일이다.'

예니는 총명한 여성이었다. 카를의 체면을 살려 주기 위해 프레디가 엥겔스의 아들이라고 뒤집어씌우는 방식에 속아 넘어갔을 것이라고는 믿기 어렵다. 하지만 그 논리가 무엇이었는지는 몰라도 카를과 예니 사이의 근본적인 관계가 충분히 튼튼했다는 것은 분명하며, 렌첸도 꼭 필요한 인물로 여겨졌다.[54) 카를의 경우 그 이후에 연이어 예니에게 보낸 편지들에서 지나칠 정도의 낭만적 이미지들을 마구 퍼부어 대고 있는 것으로 보아, 관계를 다시 확인하고자 하는 과도한 열성 속에서 일정한 불안감을 가지고 있었던 것 같다.[55) 예니의 경우 그 긴장은 그녀의 심하게 변덕스러운 기분의 변화와 걸핏하면 침대에 눕는 성향으로 나타났던 것일 수 있다. 하지만 이 기간에도 그녀는 남편의 정치 활동을 완전히 공유했던 것으로 보이며, 또한 그가 지도할 권리를 완전히 받아들였던 것으로 보인다. 특히 그녀는 카를의 비서로서 일하는 것을 즐겼으며, 카를의 도저히 읽을 수 없는 손글씨 원고를 깨끗한 정서본으로 만들어 냈다. 그녀는 특히 쾰른의 반역죄 재판 시점부터 이 일을 해 왔던 것으로 보인다. 처음에는 그 역할이 카를의 열성적인, 하지만 능력은 떨어지는 경배자 빌헬름 피퍼Wilhelm Pieper에게 주어졌었다. 하지만 곧 예니가 카를의 비서 역할을 떠맡는다. 그녀의 「짧은 소묘」에 보면 "그의 작은 서재에서 그가 마구 갈겨쓴 기사들을 깨끗이 옮겨 쓰면서 보낸 세월의 기억은 내 인생에서 가장 행복했던 시절 중 하나이다."[56)

집안 내부에 어떤 긴장들이 있었든, 지금 남아 있는 이야기들을 맞추어 보면 강고하게 결속된 행복한 가족 생활의 모습이 그려진다. 1852년에 보고서를 쓴 '프로이센 스파이'에 따르면, "마르크스는 그의 난폭하고 거친 성격에도 불구하고 남편으로서, 또 아버지로서는 세상에서 가장 부드럽고 점잖은 남자"라고 말하고 있다. 특히 마르크스 가족과 빌헬름 리프크네히트 부부 사이에 각별한 우정이 자라났다.[57) 예니가 1860년 가을 천연두로 쓰러졌을 때 그 집 아이들을 돌보아 준 것도 리프크네히트 부부였다. 빌헬름 리프크네히트는 훗날 마르크스 가족이 소호에 살던 당시 햄프스테드 히스Hampstead Heath로 떠나는 일요일의 가족 소풍을 생생하게 회상하고 있다.

> 햄프스테드 히스로의 산책! 설령 내가 1000살을 먹도록 오래 산다고 해도 그 산책을 절대로 잊지는 못할 것이다. … 아이들은 1주일 내내 그 이야기를 하곤 했으며, 젊고 늙은 어른들 또한 그 일요일 산책을 학수고대하곤 했다. 그 여행 자체가 그야말로 행복한 잔치였다.
> 산책은 이렇게 이루어졌다. 보통 내가 두 명의 소녀들을 데리고 앞장을 섰다. 나는 그 아이들을 여러 이야기와 곡예술로 즐겁게 했고, 또 야생화들(지금보다 당시에 훨씬 더 풍성했다)을 꺾으면서 함께 즐겼다. 우리 뒤에는 몇 명의 친구들이 따라왔고 그다음에는 본대인 마르크스와 그의 아내, 그리고 그날의 특별 초대 손님인 일요일 방문객 한 사람이 따라왔다. 맨 뒤에는 렌첸이 따라왔고, 또 가장 배고픈 이들은 그녀가 음식 바구니를 운반하는 것을 도왔다.
> 목적지에 도착하면 우리는 먼저 텐트를 펼치고 또 차와 맥주와 관련된 장비들을 늘어놓는 것도 최대한 고려하여 장소를 골랐다.
> 일단 음식과 마실 것을 나눈 뒤에는 남녀 모두 각자 눕거나 앉기에 가장 편한 장소를 찾아다녔다. 그리고 낮잠을 자고 싶어 하지 않는 이들은 오는 길에 사 온 일요판 신문을 꺼내 들고 정치 이야기로 꽃을 피웠다. 아이들은 함께 놀 친구들을 금방 찾아냈고 가시금작화 덤불 속에서 숨바꼭질 놀이를 했다.[58)]

2. 햄프스테드힐스 산자락에서

1850년대 중반부터 가족의 상황이 나아지기 시작했다. 예니는 1853년에 카를이 『뉴욕 데일리 트리뷴』에 1주일마다 두 개의 기사를 써서 정기적인 수입을 얻게 되었다고 자랑스럽게 기록하고 있다. "이렇게 안정적인 소득이 생긴 덕에 우리의 묵은 빚도 어느 정도 갚을 수 있었고 생활의 불안도 덜 수 있었다. … 그해 크리스마스는 우리가 런던에 온 이후 처음으로 즐거운 마음으로 즐겼던 잔치였다."[59)]

1851년 8월에서 1852년 9월 사이에도 카를은 독일에서의 1848년 혁명에 대해 자세히 설명하는 기사들('독일에서의 혁명과 반혁명'이라는 제목의 18개의 기사들)을 기고한 것으로 되어 있었다. 하지만 이 글들은 사실은 엥겔스가 쓴 것이었다.[60)] 1852년 찰스 데이나는 카를에게 '다가오는 혁명적 위기'를 조명하는 기사들을 기고해 달라고 부탁했다. 카를의 첫 번째 기사는 1852년 8월에 실렸다. 그는 아직 영어 실력이 충분하지 못했다. 그래서 글은 독일어로 쓰여졌고 이를 엥겔스가 번역했다. 하지만 1853년 2월이 되면 카를도 영어로 글을 쓸 수 있게 되었다. 데이나는 이 기사들에 좋은 인상을 받았고, 1853년이 되면 카를에게 지급하는 돈을 기사 1건당 1파운드에서 2파운드로 올린다.

데이나는 자신의 편집자로서의 특권을 행사하여 여러 기사들을 사설에 통합시키는 때도 있었고, 기사가 전체적인 신문 편집의 논조와 일치하게 만들기 위해 수정하고 가필하는 경우도 있었다. 카를이 쓴 기사들은 카를의 이름으로 기명이 될 때도 있었고 되지 않을 때도 있었다. 하지만 1855년에는 그의 모든 글들은 무기명으로 하도록 합의되었다.

카를의(그리고 엥겔스의) 기사들에 대한 수요는 미국인들이 유럽에 대해 갖는 관심에 따라 늘기도 하고 줄기도 했다. 1853년과 1854년에는 『트리뷴』이 카를의 기사를 약 80개 정도 게재했다. 이는 1853년의 경우 80파운드, 그리고 1854년에는 160파운드에 달하는 소득을 가져다주었다. 1855~1856년에는 그 양이 줄어들었다. 데이나는 1855년에는 40개의 기사만 게재했고 1856년에는 24개뿐이었다. 이로 인한 소득의 감소는 『신질서 신문』으로부터 얻는 50파운드로 대개 보충할 수 있었다. 하지만 1857년이 되면 데이나가 카를에게 1주일에 기사 하나의 원고료를 게재 여부와 무관하게 지급하기로 합의한다.[61]

마르크스 가족의 경제 상황이 개선된 두 번째 이유는 엥겔스가 갈수록 부자가 되었기 때문이었다. 엥겔스는 맨체스터로 돌아간 후 처음에는 연봉 100파운드로 일을 시작했고 여기에 '접대비expenses and entertainment' 수당으로 200파운드를 더 받았다. 1850년대 중반이 되면 여기에 더하여 5퍼센트의 이윤 배당을 받게 되었고, 이는 1860년이 되면 7.5퍼센트로 늘어난다. 1856년의 경우 이 이윤 배당 총액이 408파운드였고 1860년에는 다시 978파운드로 늘어난다. 이는 곧 그의 총소득이 1860년의 경우 연 1000파운드를 훨씬 넘었다는 것을 뜻했고, 이를 오늘날의 가치로 환산하면 11만 파운드를 넘는 돈이었다. 1860년에는 또한 엥겔스의 부친이 사망했고, 이에 그는 자신이 가진 돈을 더 자유롭게 쓸 수 있게 되었다. 그리하여 마르크스 가족은 면사를 만드는 에르멘앤드엥겔스 회사에서 엥겔스가 차지한 지위로 인해 갈수록 더 후하고 정기적인 지원을 얻을 수 있게 되었다.

마지막으로 마르크스 가족은 1856년에 벌어진 두 차례의 재산 유증으로 혜택을 보았다. 5월에는 예니가 90세로 숨진 삼촌으로부터 150파운드를 상속받았고, 9월에는 트리어의 모친이 사망하여 120파운드를 더 상속받았다.[63] 그 결과 1856년 9월 29일 온 가족이 딘 스트리트를 떠나 켄티시 타운Kentish Town의 하버스톡 힐Haverstock Hill에 있는 그래프턴 테라스Grafton Terrace 9번지로 이사했다. 엥겔스는 이 집에 들일 가구 일부의 비용을 댔으며, 예니에게 편지를 써서 "햄프스테드힐스의 산자락 초원으로 간 것은 참 잘한 일입니다. … 아주 낭만적인 지역이지요"라고 말하기도 했다. 하지만 현실은 그렇게 낭만적이지는 않았다. 켄티시 타운은 1840년대에도 여전히 절반은 농촌 지역이었지만, 철도가 뚫린 덕에 1850년대와 1860년대에 빠르게 개발되어 건물들이 들어서고 있었다. 예니에 따르면 이 새집으로 오는 길이 참으로 험했다고 한다. "이 집으로 오는 좋은 길이 아직 닦여 있지 않은 상태입니다. 주변은 온통 건축 공사판이기에 잡석 더미 사이사이로 길을 잘 골라서 와야 하며, 비가 오는 날에는 끈끈한 붉은 진흙이 장화에 떡이 져 붙어서 우리 집에 도착하고 나면 발이 천근이 되고 진이 다 빠지고 만답니다."[64)]

그래프턴 테라스의 집은 4층 건물에 작은 방이 여덟 개나 있었기에 '우리가 그전에 살던 움집 같은 곳에 비하면 대궐'이었다고 한다.[65)] 하지만 이렇게 분명히 자원도, 삶의 안락도 늘어났음에도 질병과 부채와 금전적 쪼들림은 금세 다시 돌아왔다. 1856년 12월 예니는 다시 몸져누웠다. 카를은 그녀가 '아직도 계속해서 약을 먹고' 있으며, 집은 "너무나 어질러져 있어서 어디 차분히 앉아서 글을 쓰기가 힘들다"고 말하고 있다. 1857년 1월 그는 엥겔스에게 보낸 편지에서 이렇게 말한다.

> 여기에서 나는 아무런 희망도 없이 살고 있으며, 집안 사정에 꽁꽁 묶여 있는 상태일세. 집안 빚은 계속 쌓여만 가고 조금이라도 현금이 생기면 다 쏟아붓고 있지만, 딘 스트리트에서처럼 하루 벌이로 근근이 살아가는 일마저도 이제는 불가능하다네. 이젠 나도 어찌해야 할지 모르겠네. 정말로 5년 전보다 더 절망적인 상태에 처해 있다네. 나는 인생의 가장 쓰라린 지옥을 이미 맛보았다고 생각했다네. 하지만 아니었어! 그리고 가장 끔찍한 점은 이게 그냥 지나가는 위기가 아니라는 것일세. 도대체 어떻게 이 상황에서 벗어날 수 있을지 출구가 전혀 보이질 않아.[66)]

예니 또한 새집에 적응하는 데 많은 어려움을 겪었다. "완전한 고독에 익숙해지는 데에는 많은 시간이 걸렸다. … 나는 사람들이 붐비는 웨스트엔드 스트리트를 오래 산책하던 버릇, 회합들과 클럽들, 우리가 제일 좋아하던 선술집, 그리고 잠시나마 삶의 근심거리들을 잊게 해 주던 따뜻한 대화 등이 너무나 그리웠다."[67]

그해 말 카를은 자기가 얼마나 절망적인 상태에 있는지를 보여 주기 위해 엥겔스에게 자신의 소득과 지출을 항목별로 자세히 적어 편지로 보냈다. 자신의 상황이 '절대로 지속 가능하지 않다'는 것을 보여 주기 위함이었다. 그는 '비참한 집안 상태' 앞에서 더 이상 자신의 '추상적 사유'가 버텨 낼 재간이 없으며, '전반적인 삶의 고통이 아내의 신경을 완전히 망가뜨려 버렸다'고 말하고 있다. 알렌 박사는 '그녀를 해안의 휴양지로 보내 오랫동안 요양이라도 하지 않는다면 뇌염이나 그 비슷한 병에 걸릴' 가능성을 배제할 수 없다고 말했다. 카를은 또 '한편 내 입장으로 보자면' 작업을 계속할 평안만 얻을 수 있다면, '화이트채플✤에 사는 것도 전혀 개의치 않을 것'이라고 말하고 있다. 설령 하녀도 없고 순전히 감자만 먹으면서 '완전히 노동계급이 사는 숙소'에 살게 되는 것을 뜻한다고 해도 말이다. 하지만 그의 아내의 '상태'를 볼 때 이는 불가능한 일이라고 한다. "지금까지 우리가 지켜 온 **품위 있는 외관을 보여 주는 것**이 붕괴를 피할 수 있는 유일한 수단일세."[68] 엥겔스는 이러한 재난 사태를 비켜 갈 수 있도록 자신이 할 수 있는 것을 다 했다. 하지만 그해 말이 되면 상황이 다시 악화된다. 1858년 12월 11일, 카를은 "이 집에서의 상황은 **그 어느 때보다도 더 음울하고 황량해** 보인다네"라고 말한다. 예니는 빚쟁이들에 둘러싸여서 "시내의 전당포로 계속 심부름을 다니고 있네." 카를은 계속해서 말한다. "아내는 이렇게 말하고 있네. 그 모든 비참과 역경을 다 겪은 뒤에 보니 혁명이란 결국 세상을 더 나쁘게 만들 뿐이라고. 그래서 그녀는 한때 이쪽에 있었던 모든 협잡꾼이 반대쪽으로 옮겨 가서 자신들의 승리를 축하하는 것을 바라보는 만족과 기쁨을 누리게 되었다고. 아주 옳은 말일세. 여자들이 그렇지 뭐."[69]

✤ 런던의 이스트엔드의 지역으로, 1840년대 이후에는 범죄, 쓰레기, 오물, 매춘 등 가장 더럽고 살기 힘든 곳으로서 디킨스 소설에 나오는 전형적인 어두운 런던의 모습을 담고 있는 곳이었다.

1860년대가 되면 마르크스 가족의 경제적 상태도 변화하며 사립학교, 피아노 레슨, 좋은 옷, 두 명의 하인 등 중간계급 생활의 온갖 장치들에 갈수록 더 의존하게 되지만, 그 소득과 지출 사이의 기본적인 불비례는 계속된다. 1860년대 초는 참으로 힘든 시절이었다. 왜냐하면 엥겔스의 금전적 지원은 점차 늘어났지만 다른 좀 더 독립적인 소득원이 사라져 갔기 때문이다. 1857년 4월 데이나는 카를에게 『신미국 백과사전New American Cyclopaedia』에 실을 글을 청탁했다. 그는 카를이 페이지당 2파운드로 '군사 문제에 대한 글들을 공급해 줄 것'이라고 믿었고 정치, 종교, 철학에 관련된 항목의 글들은 '어떤 당파성도 절대 띠어서는 안 된다'고 강조했다.[70] 이는 곧 그 『백과사전』에 게재된 67개 항목의 글들 대부분(51개)을 엥겔스가 썼다는 것을 뜻했다. 하지만 1860년 이후에는 더 이상의 글들이 게재되지 않았다. 어째서 그러한 합의가 깨어졌는지는 알 수 없다.

『트리뷴』에 글을 쓰는 것 또한 비슷하게 끝장이 난다. 이미 1857년에 데이나는 카를에게 "유럽 상황의 이야기들은 너무나 지루합니다. 미국 안에서 벌어지고 있는 일들이 훨씬 더 흥미 있고 역동적이어서 유럽 이야기는 우리의 관심에서 밀려난 상태입니다"라는 말을 들은 바 있었다. 1860년대 초에는 미국에서 남북전쟁이 벌어지게 되는 상황이었고, 『트리뷴』 소유자인 호레이스 그릴리Horace Greeley는 카를을 잘라 버리라고 압력을 넣는다. 이에 데이나는 카를의 기사들을 몇 달 동안 보류시킨다. 마침내 1862년 3월 데이나는 자신이 『트리뷴』에서 곧 빠질 것이라고 선언하면서 카를에게 더 이상 글을 보내지 말라고 요구한다.[71]

예니의 심한 감정 기복 또한 계속되었다. 1861년 12월 카를은 엥겔스에게 보낸 편지에서, 아내가 '위험할 정도의 신경 상태'에 있으며 며칠 동안이나 알렌 박사는 '최고의 긴장 상태'에 있었다고 말한다.[72] 그로부터 10일 후 카를은 예니에게 부채 협상 시도에 대해 알려 주었고, 그러자 이것이 그녀에게 '모종의 감정 발작 상태'를 가져왔다고 한다.[73] 그는 엥겔스에게 자신은 아직도 '도대체 이 위기를 어떻게 견뎌 내야 할지' 모르겠다고 말하고 있다. 1862년 2월 말, 그의 열일곱 살 먹은 딸 예니는 몸도 아프고 또 '이 모든 긴장과 우리 상황의 수치스러운 낙인을 느낄 만큼' 충분히 나이도 먹었건만, 배우가 되고 싶은데 어떻게 했으면 좋겠냐고 물어왔다고 한다. 그는 엥겔스에게 "모든 것을 따져 보았을 때, 이런 개 같은 삶은 **살 가치가** 거의 없다"고 말한다. 그리고 몇 달이 지난 뒤에도 상황은 거의 변한 것이 없었다. 마르크스 가족은 여전히 엥겔스가 보내 줄 감로수만 기다리고 있는 형편이었다. "그 희망을 빼고 나면 집안 전체가 대단히 황량하다네."[74] 한 달 후 카를은 '자신의 비참상을 마구 쏟아 놓은 것'에 대해 사과하고 있지만, "어쩌겠나? 매일같이 아내는 한다는 소리가 자기랑 아이들이랑 함께 무덤으로 들어가서 편안하게 있는 게 소원이라는 따위의 말이나 하고 있다네. 나는 사실 그녀를 욕할 수도 없다네. 이러한 상황에서 어떤 모욕과 고통과 괴로운 소리들을 참아 내야 하는지는 실로 필설로 형용할 길이 없으니까."[75] 그해 말 나쁜 일들이 겹쳐서 벌어진다. 빚쟁이들이 돈을 갚으라고 아우성을 치는 것을 참다못해 예니는 파리로 돈을 구하러 갔지만, 돈을 주기로 했던 이가 바로 직전에 뇌졸중으로 쓰러졌다는 것을 알게 되었다. 그녀가 없는 사이에 렌첸의 동생인 안나 Anna(그녀는 그전부터 이 집안의 두 번째 하녀로 일하고 있었다)가 심장마비로 사망했다. 1863년 1월 7일 엥겔스는 자신의 동반자인 메리가 방금 숨을 거두었다고 편지를 보낸다. "이 가엾은 여인은 온 마음을 다해 나를 사랑해 주었다네." 카를은 워낙 자기 코가 석 자인 상황이라서 이 심각한 사건에 대해 제대로 대응할 수가 없었던 것이 분명했다. 1월 8일에 엥겔스에게 보낸 편지에서 그는 메리가 얼마나 '성격 좋고 재치가 넘치며 자네에게 가깝게 결속되어 있었는지'를 건성으로 언급한 뒤, 자기의 '불운'에 대한 한탄을 계속 늘어놓았던 것이다. 전당 잡힐 수 있는 것은 다 전당포로 들어갔으며, 아이들은 옷도, 신발도 없어서 밖에도 못 나가고 있다는 것이었다. 그는 이렇게 자기 고통을 늘어놓는 것이 엥겔스에게 '일종의 동종요법'이 되어 줄 것이라고 주장하면서, 다음과 같은 생각을 위로랍시고 이야기하고 있다. "'죽어 마땅한 것은' 메리 대신에 우리 어머니였어야 하지 않았을까? 우리 어머니도 지금 몸에 온갖 질병이 나 있어 고생하고 있는 데다 이미 살 만큼 산 상태가 아닌가 말일세…." 그는 그다음에 이렇게 말한다. 다시 생각해 보니, "'문명인'이라고 해도 너무나 압박이 심한 상태가 되면 머릿속에 별의별 이상한 생각을 다 하게 된다는 것을 자네도 알 수 있겠지."[76]

엥겔스는 카를이 그의 '불운'을 그토록 '차디찬 시선'으로 본다는 것에 깊은 상처를 받았다. 심지어 '그의 친구들, 그중에서도 완전히 속물 같은 지인들조차도' "내가 기대했던 것보다 더 많은 동정과 우정의 증표를 보여 주었다네." 그는 자신이 '자네가 말하는 그런 큰돈을 마련할' 금전적 상황이 못 된다고 설명하면서, 카를이 서명할 준비가 되어 있는 대출, 생명보험, 혹은 제한어음limited bill 등의 가능성을 타진해 볼 것이며, 그것도 안 되면 네덜란드에 있는 그의 삼촌인 리온 필립스에게 말해 보라고 조언하고 있다.[77] 그로부터 약 열흘 후 카를은 자신의 행동을 정당화하기에 별로 설득력이 없는 변명을 늘어놓는다. '가짜의 품위 유지'를 무한정 계속할 수는 없다는 점을 아내가 인정하기를 거부하는 것을 보고 너무 괘씸한 나머지 순간적으로 자신이 격노에 빠져 제정신이 아니었다는 것이었다. 그러면서 그는 차라리 파산 선언을 하는 것이 어떻겠냐고 말하고 있다. 두 위의 딸은 가정교사가 되어 부잣집으로 들어가고, 렌첸은 다른 집의 하녀로 들어가고, 자기와 예니는 '**도시 모범 숙소**CITY MODEL LODGING HOUSE'로 들어가면 된다는 것이었다.[78] 아마도 이 편지의 목적은 정말로 그렇게 하겠다는 것이 아니라 엥겔스에게 겁을 주려는 것이었을 것이다. 어쨌든 엥겔스는 메리를 잃으면서 또 동시에 자신의 '가장 오래된 가장 좋은 친구'까지 잃은 것은 아니라는 점에 안심했다. 그렇다고 해도 "자네에게 말해 두겠네. 자네의 그 편지는 1주일 내내 내 머리를 떠나지 않았다네."[79]

1863년 3월 이후로는 마르크스 가족의 금전적 압박이 엥겔스와 에른스트 드론케의 노력 덕분에 크게 줄어들었고 그 덕에 카를은 8월 대부분의 시간을 가족과 함께 램스게이트로 휴가를 떠날 수 있었다. 11월 30일, 카를의 모친인 앙리에트가 숨을 거두었다. 그는 엥겔스에게 트리어로 갈 여비를 좀 달라고 부탁했고, 그러면서 뭔가 알 수 없는 말을 덧붙인다. "나도 이미 한 발을 무덤에 넣고 있는 상태일세. 상황이 그랬으니, 아마 무덤에 들어가야 할 것은 내 어머니가 아니라 나였을지도 몰라."[80] 카를은 또다시 간질환으로 고통을 받았기에 잘트보멜에 있는 삼촌 집에 머물면서 2월 말까지 런던에 돌아오지 않았다. 1864년 5월 카를의 가까운 친구였던 빌헬름 볼프(별명이 '늑대Lupus'였다)가 맨체스터에서 사망했는데, 그의 유언장에서 주된 상속인은 카를로 되어 있었다.[81] 여기에 어머니로부터 상속받은 것까지 합쳐서 카를은 약 1500파운드(오늘날로 보면 대략 17만 파운드)의 돈을 얻게 된 것이다.

하지만 이러한 운명의 변화에도 불구하고 마르크스 가족의 버릇은 바뀌지 않았다. 가족은 네덜란드에서 돌아오자마자 3월이 끝나기도 전에 메이틀랜드 파크Maitland Park의 모데나 빌라스Modena Villas 1번지로 이사했다. 3년간의 임대료로 매년 65파운드에다가 4파운드 8실링의 지방세까지 내야 했다. 그래프턴 테라스의 주거 비용에 비해 80퍼센트가 증가한 것이었다. 예니는 가구와 세간에다 500파운드를 썼으며, 여기에는 엥겔스를 위한 '**튼튼한 고기 써는 칼과 포크**'도 포함되어 있었다.[82] 하지만 1년 후가 되자 익숙한 패턴이 또다시 나타났다. 1865년 7월 31일, 카를은 엥겔스에게 자신이 오래도록 침묵을 지켰던 이유를 설명하며 말했다.

> 두 달 동안 나는 완전히 전당포에서 살았다네. 길게 줄을 선 빚쟁이들이 집 문을 두들기는 통에 갈수록 참을 수가 없어졌다네. 이러한 **사실은** 다음과 같은 점을 고려한다면 자네도 전혀 놀랄 일이 아닐세. 첫째 그동안 내내 나는 **단 한 푼도** 벌 수가 없었다는 점, 둘째 빚을 갚고 집에 가구를 들여놓는 일에만 거의 500파운드가량이 들어갔다는 점. … 어떻게 돈이 이렇게 금방 없어질 수 있는지 나도 믿기지가 않는다네.[83]

이렇게 반복해서 빈곤 상태로 떨어지는 것을 도대체 어떻게 설명해야 할까? 런던 사람들은 당시 소득의 불규칙성과 불확실성에 익숙해 있었다. 1850년대의 헨리 메이휴Henry Mayhew는 다음과 같이 결론을 내리고 있다.

> 자신과 가족을 먹여 살리기 위해 일을 해야만 하는 이들의 숫자가 450만 명을 헤아린다. 그중에서… **정규적** 고용의 일자리는 절반에도 미치지 못한다. 그래서 전일제로 안정적으로 고용된 이들의 숫자는 150만 명뿐이며, 다른 150만 명 정도는 절반 정도만 고용된 상태이며, 나머지 150만 명은 완전히 실업 상태에 있기 때문에 다른 이들 중 일부의 노동을 **이따금씩** 대체하는 경우에 한해 일용직 노동의 일자리만 얻을 수 있을 뿐이다.[84)]

이는 또한 육체 노동자들과 노동계급만의 문제가 아니었다. 디킨스의 소설 『황폐한 집Bleak House』에 나오는 전직 장교이자 이따금씩 법률 문서를 대서해 주며 생활비를 버는 호던 대령Captain Hawdon, 즉 '네모Nemo'를 떠올려 보면 된다.

하지만 마르크스 가족의 경우는 이러한 일반적 의미에서의 빈곤 상태가 아니었다. 1862년 라살레는 좋은 의도를 가지고서 자신의 동반자였던 하츠펠트 백작 부인Countess von Hatzfeldt을 위해 일하도록 카를의 딸들 중 한 사람에게 일자리를 주선한 적이 있었다. 카를은 이를 자신의 사회적 지위에 대한 이루 말로 다할 수 없는 멸시로 받아들였으며, 이에 그의 인생에서 가장 추한 인종주의적 욕설을 내뿜는다.[85)] "한번 상상해 보라고! 이 자식은 내 미국 문제 등등을, 즉 『트리뷴』에서 얻던 소득이 없어진 것을 알고 있고, 그래서 내가 어떤 위기 상태에 있는지도 다 알고 있는 거야. 그래서 나더러 내 딸 한 명을 그놈의 하츠펠트 백작 부인에게 '말동무'로 기꺼이 보낼지를 물어보는 시건방을 떨고 있는 거야." 마르크스 가족의 이러한 행태를 정당화할 수 있는 방법 하나는 그들이 아이들의 장래를 안전하게 확보할 필요가 있어서 그랬다는 설명이다. 1865년 7월에 쓴 편지에서 카를도 인정하고 있다. "우리가 살고 있는 집이 내 경제 상태에 비추어 과분하다는 것은 분명한 사실이며, 게다가 올해에 우리가 그전보다 더 호화롭게 살았다는 것도 사실일세. 하지만 이는 아이들의 사회적인 미래를 확보할 목적으로 보자면 어쩔 수 없는 유일한 길이었네." 그는 엥겔스도 동의해 줄 것으로 믿고 있다. "순전히 상업적인 관점에서 보더라도, 이런 상황에서는 완전히 프롤레타리아식으로 집안 살림을 꾸리는 것이 부적절한 일이 아니겠는가. 물론 나와 내 아내뿐이라면 혹은 우리 아이들이 사내아이들이라면 그것도 괜찮겠지만 말일세."[86]

이 마지막 주장은 의문이 간다. '완전히 프롤레타리아식의 집안 살림'을 꾸리는 일은 마르크스 가족과는 전혀 거리가 먼 이야기였다. 예니가 처음에 런던에 도착했을 때 그 가족은 첼시에 집을 잡았는데, 이곳은 나중에 그래프턴 테라스에서 잡았던 집의 비용보다 두 배는 비싼 곳이었다. 마찬가지로 1854년에도 빚더미에 올라앉은 상태였음에도 예니는 어머니를 찾아가는 여행에 맞추어 새 옷을 장만하는 데 상당한 돈을 쓰고 있다. "왜냐하면 그녀가 누추한 모습으로 트리어에 도착할 수는 없는 게 당연하지 않은가."[87] 또한 렌첸의 이복 여동생 마리안느Marianne가 죽었을 때, 마르크스 가족이 그전 5년 동안 하녀를 두 명씩이나 거느리고 있었던 사실도 드러났다. 또한 실상은 아니라 해도 겉모습만이라도 부르주아의 생활수준을 유지해야 한다고 고집을 피운 것은 예니 혼자가 아니었다. 베르너 블루멘베르크Werner Blumenberg에 따르면, 카를은 방문객들, 특히 외국인들에게 자신이 안락한 부르주아적 환경에서 생활하고 있다는 인상을 심어 주고 싶어 했다고 한다.[88] 그의 네덜란드 쪽 친척들, 특히 삼촌인 리온 필립스에게는 그가 자신의 정치적 신념과 무관하게 주식 시장에다 이따금씩 돈을 조금씩 투자하여 돈을 버는 일을 즐기는 모습을 보여 주었다. 1864년 여름에는 빌헬름 볼프의 유산을 상속했다는 사실은 숨긴 채 미국 공채와 영국 주식에 투자하여 한몫잡아 400파운드를 벌어들였다고 주장하기도 했다.[89]

하지만 카를의 경우에는 품위를 유지해야 한다는 고집만으로 그의 행태를 설명할 수가 없다. 심지어 그가 소호에 살던 최악의 시절에도 그의 집단에 속한 사람들은 그를 '정당'의 수장으로 여겨 존경을 바쳤다. 데이비드 매클렐런 David McLellan은 카를이 『트리뷴』지에서 일자리를 얻기 전해에도 150파운드에 달하는 각종 선물을 받았다고 계산했으며(그의 추산에 따르면 이는 당시 하층 중간 계급 가족의 소득에 맞먹는다고 한다), 그 액수라는 것도 오직 특별히 언급된 항목들의 액수만 합산한 것이고 총액은 훨씬 더 컸을 가능성이 크다고 말하고 있다.[90] 선물과 지원금은 엥겔스에게서만 온 것이 아니었다. 그의 쾰른 친구들인 다니엘스와 베르트로부터, 라살레로부터, 그리고 예니의 사촌 중 한 사람으로부터, 또한 최소한 그녀가 첼시에 머무는 동안만큼은 그녀의 어머니인 카롤리네로부터도 왔다.

1848년 혁명이 종식되고 새로운 혁명이 터지지 않게 되면서 카를은 또다시 좌절과 분노에 빠지게 된다. 그의 조급함은 자신이 전혀 인정받는 명사가 되지 못했다는 생각에 더욱 날카로워졌다. 그는 '위대한 망명객들'(마치니, 코슈트, 르드뤼-롤랭) 등이 허세와 가식에도 불구하고 사람들의 갈채를 받는 모습을 보고 있는 대로 열이 받았지만, 특히 같은 독일인 고트프리트 킨켈, 카를 하인첸 Karl Heinzen, 아르놀트 루게 등에 대해서는 한껏 분통을 터뜨렸다. 1852년 이후 카를은 모든 조직으로부터 뒤로 물러나지만, 그가 생각한 바의 '당'은 그대로 남아 있었고 그는 그 '당이' 이후에 펼쳐질 역사의 드라마에서도 각별한 역할을 계속 맡게 될 것이라고 생각했다. 그가 생각하는 이 '당'이란 '공산주의 동맹'이 아니었다. "당의 역사에 있어서 그 '동맹'은 파리의 '계절 결사société des saisons'✤나 그와 비슷한 수백 개의 비밀결사와 마찬가지로 현대사회의 토양에서라면 어디에

✤ 오귀스트 블랑키Auguste Blanqui가 1830년대에 조직했던 혁명적 음모 비밀결사. 1839년 200명을 무장시켜 이틀 동안 파리 시청을 점거했지만 고립되어 실패하고 블랑키는 사형선고를 받게 된다.

서든 솟아나게 되어 있는 에피소드였을 뿐이다."[91] 남는 것은 세계사적 의미에서의 '당'뿐이라는 것이다. 하지만 좀 더 현실적으로 보자면, 이는 카를에 대한 존경, 우정과 정치적 연대, 마르크스 가족을 금전적 궁핍에서 구해 내야 한다는 책임감 등으로 결속된 아마도 기껏해야 30명도 채 안 되는 사람들의 집단에 불과했다.

3. 보나파르트와 보나파르트주의

혁명은 경제적 번영이 되돌아오면서 끝이 나 버렸다. 최소한 이것이 1850년 11월에 출간된 『신라인 신문-정치-경제 리뷰』의 마지막 합본호의 평결이었다. 하지만 그로부터 1년이 지났을 때, 프랑스에서의 혁명이 어째서 그토록 기괴한 종말을 맞이했는지는 여전히 설명해야 할 문제로 남아 있었다. 그 마지막 장은 반대 세력들의 새로운 양극화로 끝난 것이 아니었다. 즉 3월의 패배에서 회복한 파리의 프롤레타리아트가 오를레앙 왕당파, 부르봉 왕당파, 보수적 공화주의자들이 힘을 합쳐 이루어진 질서당party of order과 대결하는 식으로 끝난 것이 아니었던 것이다. 실제로는 루이-나폴레옹이라는 사기꾼이 예측 가능한 계급투쟁의 경로 위로 높이 날아올라 승리를 거머쥐는 것으로 끝나고 말았다. 따라서 '프랑스에서의 계급투쟁이 어떻게 하여 기괴할 정도로 범상한 작자가 영웅의 역할을 맡게 되는 상황과 관계를 낳았던 것인가?'라는 질문을 설명하는 작업이 남게 되었다. 카를은 1851년 12월에서 1852년 3월 사이에 일련의 에세이들을 집필하여 보나파르트의 쿠데타로 이르는 과정을 자세히 서술했거니와, 거기에서의 핵심 테마가 바로 이 질문이었다.

당시의 다른 저술가들, 특히 빅토르 위고와 마찬가지로 카를 또한 삼촌인 루이 보나파르트가 삼촌인 나폴레옹 1세와 비교해 보았을 때 얼마나 대조되는 한심한 인물인지에 큰 충격을 받았다. 이 점을 강조하는 한 방법으로서 엥겔스는 보나파르트가 1851년 12월 2일에 행한 쿠데타와 원래 나폴레옹이 행했던 1799년 '브뤼메르 18일'✣의 권력 장악을 비교할 것을 제안하기도 했다. 쿠데타 다음 날 엥겔스는 카를에게 보낸 편지에서 세계정신World Spirit이 '모든 것을 두 번 벌어지게 한다. 한 번은 장엄한 비극으로 그리고 두 번째로는 썩어 빠진 소극으로'✣✣라는 헤겔의 생각을 상기시킨다. 카를은 이 아이디어를 그대로 받아들이며, 그래서 자신의 글의 제목을 「루이 보나파르트의 브뤼메르 18일」이라고 짓는다.[92)]

이는 카를의 「프랑스에서의 계급투쟁」보다 더 완성도가 높고 많은 사유를 거쳐서 나온 문서였다. 텍스트의 많은 부분은 보나파르트와 국민의회 사이의 갈등을 아주 상세하게 설명하는 내용이다. 보나파르트는 모든 남성의 보편 선거권에 기초하여 시행된 1848년 12월 10일의 선거에서 압도적인 다수로 프랑스 대통령으로 선출된다. 국민의회 또한 두 번 연달아서 남성들의 보편적 선거권에 기초하여 선출된다. 첫 번째의 '제헌 국민의회'는 공화국이 구성되던 기간의 산물로 1848년 5월 4일에서 1849년 5월 28일까지 지속되었다. 두 번째의 '입법 국민회의'는 공화국의 산물로 1849년 5월 28일에서 1851년 12월 2일 보나파르트의 쿠데타가 벌어지는 순간까지 계속되었다.

이 책의 유명한 첫 줄은 두 명의 나폴레옹의 이야기를 비극과 희극으로

✣ 브뤼메르Brumaire는 프랑스혁명 당시 사용되던 새로운 달력에서의 달 이름으로 대략 10월 20일경에서 11월 20일경을 지칭한다. 이때의 파리는 안개가 많이 끼므로 이러한 이름을 얻게 되었다고 한다. 1799년 브뤼메르 18일 나폴레옹 장군은 쿠데타를 일으켜 총재 정부Directoir를 전복시키고 스스로 집정관consul이 된다. 보통 이를 프랑스혁명의 종식으로 본다. 나폴레옹 1세의 조카인 루이 보나파르트는 1848년 왕당파 및 보수파인 '질서당'의 지지로 카베냐크를 물리치고 대통령으로 선출되지만 국민의회와 계속 갈등을 겪는다. 당시의 헌법에 따르면 대통령의 임기는 4년이며 중임은 불가능했다. 이에 루이 보나파르트는 1851년 12월 친위 쿠데타를 일으켜 공화정을 종식시키고 황제로 즉위하여 제2제국을 연다.

✣✣ 고대 로마의 연극 관습에서, 심각하고 장엄한 비극이 상연되는 가운데 그 막간극으로 상스럽고 추잡한 형식의 소극farce이 펼쳐진다. 비극에 나오는 인물과 사건이 우스꽝스러운 모습으로 희화화되어 웃음거리로 패러디되었던 것이다. 헤겔의 언급은 이러한 관습을 염두에 둔 것이다.

대조시키고 있으며, 시작부터 독자들의 주의력을 휘어잡는다. 하지만 달리 보자면, 이 19세기 중반의 위기를 모종의 코미디로 다루는 것은 실로 부적절한 것이었다. 이는 실제 사건의 전개에 있어서 아주 중요한 점을 놓치고 있다. 무엇보다 선거 과정에서 '인민'의(혹은 최소한 성인 남자들의) 직접적 참여에서 생겨난 민주주의 정치라는 새로운 형식이 출현했다는 사실을 놓치고 있다. 단순히 보편적 성인 남성 참정권에 기초하여 국민의회만 선출하는 것이 아니라 미국의 예를 따라 독자적인 행정부의 대통령 또한 선출하게 되었으니, 프랑스 정치는 형식과 내용 모두에 있어서 완전히 변화하게 된 것이다. 정치적 계급 관계로 보면 '부르주아 공화국'이 예상되고 있었지만, 이 새로이 등장한 유권자들은 그것을 선택하지 않았다. 대신 이들은 완전한 국외자를 대통령으로 선택했고, 따라서 그 새로운 대통령의 권력과 정당성은 국민의회가 아니라 투표함에 직접 의존하고 있었다. 더욱이 국민의회가 만들어 낸 새로운 헌법 장치에 따르면 대통령의 임기는 4년으로 제한되어 있었고 또한 연임이 금지되어 있었다.

보나파르트는 자신의 새로운 위치가 품고 있었던 여러 가능성을 능숙하게 이용해 먹었다. 우선 2월에 수립된 공화국은 프랑스의 보수주의자들로서는 공포와 충격의 경험이었고, 그 공화국이 휘둘렀던 사회적·민주주의적 수사학은 7월 왕정 동안 끊임없이 출몰했던 공산주의의 망령에 대한 모든 공포를 정당화시켜 주는 것으로 보였다. 그리고 파리의 6월 봉기는 이를 확증하는 사건임이 분명해 보였다. 1848년 5월에 있었던 선거로 구성된 의회는 전반적으로 온건한 성격을 가지고 있었지만 부르봉 왕당파, 오를레앙 왕당파, 보수적 공화주의자들로 갈라져 있는 상태였다. 카를이 강조한 바 있듯이, 이렇게 경쟁적인 가문을 지지하는 서로 다른 왕당파들처럼 이질적인 집단들이 '질서당'의 울타리로 결합될 수 있었던 것은 오로지 '의회주의 공화국'의 존재 때문이었다. 하지만 이 상황은 여전히 불안한 상태였다. 사회적·민주주의적 좌파('산악당')로부터의 위협이 임박했다고 보이게 되면 질서당 내부의 통일과 단결을 요구하는 압력도 높아졌다. 그러다가 그 위협이 줄어들면 질서당은 다시 그 여러 구성 요소들로 해체되는 경향을 보였다. 외부인들의 입장에서는 이러한 그 내부 갈등과 반목이 지겨워 보이거나 위험한 것으로 보였다. 국민의회 안의 질서당은 또한 투표권에 대해 상당한 제한을 강제함으로써 사람들의 지지를 빼앗기고 말았다.[93]

보나파르트는 대통령으로서 군대를 통제할 뿐만 아니라 또 많은 숫자의 중앙 및 지방정부 공직자들도 마음대로 지휘할 수 있는 특권을 누리고 있었다. 이들의 숫자는 특히 프랑스 절대왕정과 나폴레옹 제국을 거치면서 크게 불어나 있었다. 거기에 더하여 그는 상당한 행정 권력도 쥐고 있었을 뿐만 아니라 이데올로기적인 공간도 넓게 쥐고 있어서 여러 가지 책략을 구사할 여지도 넓었다. 보나파르트의 혁신은 인민주권을 받아들이고 보편 참정권(이는 그때까지도 모든 보수주의자들의 악몽 같은 것이었다)을 회복하면서도 이를 강력한 보수주의와 민족주의의 틀 안에다가 집어넣는 것이었다. 그는 국민의회를 건너뛰어 모든 계급에게 직접 호소했다. 농민들에게나 마찬가지로 중간계급에게도 질서와 평안을 회복해야 한다고 호소했고, 노동계급에게는 보편적 선거권을 회복해야 한다고 주장하면서 동시에 모호하게나마 사회문제를 해결하겠다는 약속을 통해 직접 지지를 호소했다.[94] 우파가 포퓰리즘 정치를 통해 대의제 정부만이 아니라 정치적 민주주의 또한 자기 것으로 만들 수 있다는 생각은 완전히 새로운 것이었다. 이러한 1848년을 단순히 1789년에 있었던 일을 반복하는 소극이나 코미디와 같은 것으로 보는 것은 전혀 가당치 않은 일이다. 이는 보나파르트 정권을 19세기 정치에서 벌어진 엄청난 혁신을 대표하는 것으로 보아야 할 여러 이유의 하나이다.

카를은 정치적 민주주의와 보편적 선거권에 대해 적대적인 태도를 가지고 있었으며, 이는 1848년을 경험하면서 전혀 줄어들지 않았다. 「프랑스에서의 계급투쟁」에서 그는 "보편 선거권은 옛날 학파의 공화주의자들이 부여했던 것과 같은 무슨 마법의 힘 따위를 가진 것이 아니"라고 기쁘게 말하고 있다. 그 큰 장점이 있다면 '계급투쟁을 풀어놓는다'는 데 있으며, 중간계급으로부터 '그들의 환상'을 빼앗아 버리며, 모든 부문의 '착취 계급'으로부터 그 '기만적인 가면'을 벗겨 버린다는 데 있다는 것이다.[95] 그의 입장은 「브뤼메르 18일」에서도 바뀌지 않았다. 그는 먼저 '보편 선거권이라는 성배聖杯'를 언급한 후 이렇게 말한다. "보편적 선거권은 곧 숨이 끊어질 것이다. 그게 아직 숨이 붙어 있는 것은 아직 정신이 온전한 가운데 온 세상이 보는 앞에서 그 마지막 유언을 인민들 스스로의 이름으로 천명하기 위함이다. 이 세상에 태어난 모든 것들은 다 한 푼의 가치도 없는 것으로서 타도하기에 합당하다고."[96]

카를은 제헌 국민의회와 입법 국민의회의 전체 기간을 '공화파와 왕당파 사이의 단순한 투쟁'으로 간주하는 민주주의자들의 관점 대신, 그 일련의 사건들을 계급투쟁의 결과 혹은 생산력과 생산관계의 모순적 관계의 결과로 제시하려고 한다. 그 결과물은 혼합되어 있다. 카를의 주장에 따르면, 벌어진 상황을 좀 더 면밀히 주시한다면 '**계급투쟁**을 은폐하고 또 이 시대의 독특한 형세를 은폐하고 있는 피상적인 겉모습이 벗겨지게 되어 있다.' 그 가장 명확한 예는 부르봉 왕당파와 오를레앙 왕당파 사이의 갈등이라고 한다. '백합이냐, 삼색기냐'✤는 것은 "무슨 이른바 원리 원칙과 같은 게 전혀 아니라 단지 각자의 물질적 존재 조건인 두 가지 다른 종류의 재산 소유에 기반한 것으로, 도시와 농촌 사이의 오래된 대립, 그리고 자본과 토지 소유 사이의 경쟁을 나타내는 것뿐이다." 그는 계속해서 말한다. "이렇게 다른 형태의 재산 소유, 즉 다른 사회적 존재 조건들에 기반

✤ 부르봉왕조의 루이 13세의 아들에게서 뻗어 나오는 방계인 오를레앙 가문은 프랑스혁명에도 적극 호응하고 루이 16세의 사형에도 찬성했다. 이후 나폴레옹 제국의 몰락 이후 부르봉 왕권이 회복되었을 때에도 스스로의 입장을 유지하면서 많은 자유주의자들을 집결시켜 온건한 입헌군주제를 주장하는 입장이었으며, 1830년 프랑스 7월 혁명으로 권력을 잡아 루이 필리프가 왕으로 등극한다. 1848년 혁명으로 루이 필리프 왕정은 타도되었고 공화국이 수립되었지만, 이들은 여전히 입헌군주제의 회복을 주장하면서 공화파는 물론 부르봉왕조의 회복을 요구하는 이른바 적통파Legitimestes와도 갈등을 일으킨다. 삼색기는 자유, 평등, 박애를 상징하는 붉은색, 푸른색, 흰색으로 프랑스혁명을 상징하며 백합은 부르봉왕조의 문장紋章에 나오는 것으로 구체제를 상징한다. 한편 오를레앙 가문의 문장에는 백합이 없으며, 삼색기의 세 가지 색깔로 구성되어 있다.

하여 뚜렷이 구별되는 정서, 환상, 사유 양식, 인생관 등의 상이한 상부구조 전체가 솟아오른다. 계급은 스스로가 서 있는 물질적 기초와 거기에 조응하는 사회적 관계로부터 자신의 계급 전체를 형성하고 창조해 내는 것이다."[97]

카를 스스로도 인정했듯이, 이러한 주장은 무슨 논쟁의 여지가 있는 것이 아니었다. 1820년대의 역사가들인 기조, 티에리, 티에르 등등의 저작 이래로 이렇게 부르주아지와 귀족들의 관계를 도시와 농촌 사이에 벌어지는 모종의 계급투쟁으로 묘사하는 것은 역사가들 사이에서 일반적인 일이었다.[98] 하지만 똑같은 부르주아지 내부에 어째서 왕당파를 지지하는 부분도 있고 공화파를 지지하는 부분도 있는 것일까? 카를은 여기에 대한 '유물론적' 해석을 내놓지 못하고 있으며, 그저 순환 논리로만 일관하고 있다. "그들은 특정한 생산 조건들을 특성으로 삼는 집단도 아니며 부르주아지 공동의 커다란 이해로 결속되지도 않은 분파이다. 이들은 공화주의적 사고를 가진 부르주아 저술가, 법률가, 공직자, 장교들로 구성된 패거리일 뿐이다."[99] 프롤레타리아트는 6월 봉기의 진압으로 시야에서 사라진 것으로 여겨져 논의되지 않고 있다. '프티부르주아' 민주주의자들과 공화주의자들의 경우에는 스스로의 '이기적인 계급 이해를 강제'하기를 원하는 대신, 자신들 스스로의 해방을 위한 특수한 조건들을 사회 전체의 해방이라는 일반적 조건들과 결부시키는 경향이 있다고 주장하고 있다. 이들의 주된 관심사는 노동의 이해와 자본의 이해에 조화를 이루는 것이라고 한다. '프티부르주아지'라는 하나의 용어 안에 가지각색의 전혀 다른 직종 범주들이 모두 들어가 있었다. 한편으로는 민주주의 사상의 저술가들로부터 다른 쪽으로는 작은 가게 주인까지 들어가는 식이었다. 하지만 이들이 어떻게 공동의 입장을 가지게 되었을까? 카를의 주장은 다음과 같다. "이들은 교육에서나 개인적 입장으로 보면… 하늘과 땅만큼이나 차이가 크게 벌어져 있을 것이다. 그런데 이들이 프티부르주아지의 대표가 되었던 것은 이들의 생각이 프티부르주아지가 실제 삶에서 절대로 넘지 않는 한계 안에 머물러 있었다는 사실에 있다."[100] 마지막으로 부르주아지

자체를 보자면, 이들이 부닥친 어려움은 이제 7월 왕정 기간 동안처럼 자신들의 지배를 왕권으로 은폐하는 일이 더 이상 가능하지 않다는 데 있다고 한다. 혁명을 통해 이제 부르주아의 통치가 질서당 내로 결합되어 확연하게 모습을 드러내 버렸다는 것이다. '이 혁명을 통해 부르주아 계급의 지배가 그 가장 폭넓고 가장 보편적이고도 궁극적인 모습으로 표출될 수 있는 형식이 창조되었다. 따라서 이제는 부르주아의 지배 또한 다시는 일어서지 못하도록 철저하게 타도하는 일이 가능해진 것이다.' "'부르주아지'가 자기들 지갑을 부풀리려는 돈독이 오른 나머지, 스스로의 정치가들과 문필가들에 맞서 반란을 일으킨 것이다."[101]

그렇다면 프랑스가 '한 계급의 전제주의'를 피하고 나서 '결국은 한 개인의 전제주의, 그것도 아무 권위도 없는 한 개인 아래에 쓰러지고 말았던 것'을 어떻게 설명할 것인가? 카를은 이를 위해 가설적으로 두 개의 사회집단들을 지적하고 있다.[102] 첫 번째는 농민으로, 이들에 대해 카를은 '이들은 이해관계의 정체성으로 따져 봐야 아무런 공동체도, 아무런 민족적 유대도 가질 수 없는 이들이다'. 이들은 마치 '감자 푸대'에 들어 있는 감자들이나 마찬가지라는 것이다. 이들은 "자기들의 이름을 내걸고 스스로의 계급적 이해를 현실화할 능력이 없다. … 이들은 스스로를 대표할 능력이 없기에 자기들을 대표해 줄 누군가가 있어야만 한다. 이들의 대표는 또 동시에 이들의 지배자로, 이들 위에 군림하는 권력자로, 이들을 다른 계급들로부터 보호해 주는 무제한의 정부 권력으로서 모습을 띠게 된다. … 따라서 소토지 보유 농민들의 정치적 영향력은 사회를 복속시키는 행정부 권력으로 결국 모습을 드러내게 된다."[103]

이러한 설명은 사회학적 천재성을 보여 주고 있지만, 빠진 것이 있다. 첫째, 1848년 보나파르트가 대통령 선거에서 승리를 거둔 것은 농촌에서뿐만 아니라 파리와 다른 도시들에서도 마찬가지였다는 사실이다.[104] 둘째, 카를은 자신의 명제에 중요한 제한 하나를 두고 있다. '보나파르트 왕조는 보수적 농민을 대표할 뿐 혁명적 농민을 대표하지 않는다'는 것이며, '몽매와 미신에 빠져 있는 농민들을 대표할 뿐 계몽된 농민들을 대표하지 않는다'는 것이다.105) 1851년 보나파르트가 쿠데타를 일으켰을 때 여기에 대항하여 일어났던 주요한 유일의 반란이 벌어졌던 곳이 소도시 지역과 농촌 지역이었으니, 마르크스도 이러한 제한을 두지 않을 수 없었을 것이다.

카를의 설명에서 보나파르트주의 운동의 두 번째 주요한 세력은 이른바 룸펜프롤레타리아트였다. 이는 그 당시에 아주 유행하던 주장이었다. 19세기 전반기, 대도시에서 사는 이들은 도시의 엄청난 크기와 익명성에서 오는 불안감을 품고 있었는데, 그러한 불안감은 빈곤과 범죄 사이의 경계선, 즉 당시의 언어로 표현하자면 '노동계급la classe laborieuse'과 '우범계급la classe dangereuse' 사이의 경계선이 애매하여 잘 보이지 않는다는 공포로 표출될 때가 많았다. 1840년대에는 이러한 근심 걱정이 문학 장르로 자리 잡아서 디킨스의 『올리버 트위스트』로부터 외젠 쉬의 『파리의 미스터리들』과 헨리 메이휴의 『런던 노동자와 런던 빈민London Labour and London Poor』에 이르는 다량의 작품들을 낳기도 했다.

카를 또한 이러한 도시 신화를 신봉했던 것으로 보이며, 이는 그가 이 '계급'의 구성 요소들을 묘사하는 방식에서 아주 전형적으로 나타나고 있다.

> 생계 수단도, 또 출신 성분도 의심스러운 맛이 간 술꾼 패거리들, 모험 사업에 뛰어들었다가 폭삭 망해 버린 부르주아 떨거지들, 부랑자, 퇴역 군인, 감옥을 제집처럼 드나드는 전과자들, 탈출한 갤리선 노예들, 시정잡배, 사기꾼, 거지lazzaroni, 소매치기, 사기꾼, 도박꾼, 삐끼maquereaus, 포주, 지겟꾼들, 떨거지 먹물들literati, 거리의 악사,✤ 땜장이, 걸인들, 요컨대 여기저기에 그

✤ 원문은 organ-grinders. 당시 거리의 악사들 중에는 손으로 돌리는grind 오르간을 연주하며 풍자적인 내용을 담은 노래를 부르는 경우가 많았다. 베르톨트 브레히트의 「서푼짜리 오페라Dreigroschenoper」의 첫 곡인 '맥 더 나이프Mack the Knife'도 이 악기를 연주하며 부르는 런던 길거리의 '살인 가요'(무서운 내용과 교훈적인 결말을 담은 길거리 노래)이다.

> 냥 퍼질러져 있는 무차별의 어중이떠중이 집단, 즉 프랑스어로 '떠돌이들la bohème'이라고 일컫는 이들이다.106)

카를 또한 다른 이들처럼 이 집단이 음모를 꾸밀 역량이 있다고 믿고 있었다. 그의 설명에 따르면 이 파리의 룸펜프롤레타리아트가 '비밀 집단들'로 조직되어 보나파르트의 지령을 받고 있었다는 것이다. '이 보나파르트, 즉 스스로를 **룸펜프롤레타리아트의 대장**으로 세운 그 보나파르트',107) 다시 말해 혼자서 유일하게 "이 대중 집단의 형태에서 자기 개인이 추구하는 이익을 재발견한 보나파르트, 모든 계급들이 배설해 낸 이 내다 버린 썩은 내장 같은 인간 쓰레기 족속들이야말로 자신을 무조건적으로 떠받쳐 줄 유일한 계급임을 발견한 보나파르트, 그가 바로 진짜의 보나파르트인 것이다."108)

이렇게 과장된 신파극 같은 이야기 속에 그나마 일말의 사회적 현실이 있다면, 주변화와 실업이 단순히 노동 빈민들뿐만 아니라 모든 계급에 걸쳐 있을 만큼 심각했다는 점일 것이다. 귀족들의 서출 자식에서 시작하여 퇴역 군인과 파산한 사업가들을 거쳐 디킨스의 『황량한 집』에 나오는 횡단보도 청소부인 고아 조Joe에 이르기까지 할 일이 없어서 떠도는 이들은 도처에서 모든 계급 계층에 걸쳐져 있었다. 1850년대의 런던 부둣가를 묘사한 메이휴의 글에도 비슷한 그림이 나오고 있다.

> 교육과 훈련을 받은 직업으로는 도저히 생계를 이을 수 없는 이들은 거기에서 아무런 직업훈련 없이도 생계비를 벌 수 있다. 그래서 부둣가에 가면 가지가지의 모든 직업 출신의 사람들이 일하고 있는 것을 볼 수 있다. 쪼들리다 못해 파산해 버린 푸줏간 장인들, 제빵업 장인들, 호텔 지배인들, 채소 가게 주인들, 퇴역 군인들, 나이 든 선원들, 폴란드에서 온 난민들, 파산한 신사들, 해고된 법률 사무소 직원들, 정직 처분을 당한 관공서 직원들, 영세민

> 들, 연금 생활자들, 하인들, 도둑들, 한마디로 빵을 원하며 그것을 위해 일할 용의가 있는 이들은 모두 다 여기에 모여 있었다.109)

하지만 「브뤼메르 18일」에 자세히 묘사되고 있는 이른바 '12월 10일 협회Society of 10 December'에 모인 1만 명의 시정잡배들과 「프랑스에서의 계급투쟁」에서 카를이 룸펜프롤레타리아트 집단이라고 주장하면서 그런 것으로 묘사했던 '기동 방위대'✣ 사이에는 아무런 분명한 유사점도 없었다. 보나파르트의 추종자들 중에 가지각색의 모험가들이 한몫을 차지하고 있었던 것은 의문의 여지가 없는 사실이다. 하지만 그렇게 다종다기한 개개인들을 하나의 '계급'으로 묘사하는 것은 터무니없이 지나친 일이다.

카를이 보나파르트의 승리를 계급이라는 차원에서 묘사하려고 애를 쓰는 바람에 주된 논점이 빗나가 버렸던 것으로 보인다. 카를 자신도 깨닫고 있었던 것처럼, '보나파르트는 모든 계급에 대해 베풀어 주는 가부장으로 보여지기를 원했다.' 그는 자신을 중간계급의 벗인 동시에 부르주아지들의 위협으로부터 농민들을 보호하는 인물로 치장할 수 있었다. 또한 그는 국민의회의 질서당이 폐지해 버린 보편적 성인 남성 선거권을 회복시킴으로써 자신을 노동계급의 벗으로 나타낼 수도 있었다. 그는 훗날 포퓰리즘이라고 불리는 것을 실행에 옮겼던 것이다. 보나파르트가 질서와 강력한 행정부의 수호자로서 모든 계급들에게 다가갈 수 있었던 것은 부르주아지들이 '지갑을 부풀리고 싶은 돈독이 올랐기' 때문이라기보다는 무정부 상태에 대한 공포, 그리고 1852년 선거에서 사회주의

✣ 1848년 2월 혁명으로 수립된 임시정부는 시민들의 지원을 받아 치안을 유지하기 위해 즉각 이동할 능력을 갖춘 기동대를 조직한다. 이들의 많은 숫자는 노동계급 출신의 젊은이들이었고, 따라서 임시정부는 과연 이 기동대가 철저하게 정부에 충성할 것인지를 의심하고 있었다. 하지만 6월에 급진파 노동자들의 봉기가 일어났을 때 이 기동대는 효과적으로 그 봉기를 진압하고 분쇄하여 공화국 정부는 이들을 영웅으로 떠받든다. 이후에도 이 경험은 공화국이 모든 계급을 넘어서 '국민들' 전체의 것임을 증명하는 상징으로 사용되었다고 한다.

자들이 승리를 거둘 위협에 대한 두려움이 보편적으로 퍼져 있었기 때문이었다.

카를은 텍스트의 처음과 끝 모두에서 보나파르트라는 존재를 좀 더 큰 틀에서 보기 위해 벵자맹 콩스탕Benjamin Constant을 인용하고 있다. 콩스탕은 19세기의 처음 20년에 걸쳐 저술을 하면서 1789~1814년의 혁명에 대해 "처음에는 로마 공화국인 척 치장했다가 나중에는 로마제국인 척 옷을 바꾸어 입었다"고 쓴 바 있다. 카를은 자코뱅이 고대의 자유와 근대의 자유를 혼동했다는 콩스탕의 비판에 의지했다. 근대의 상업 사회에서는 그에 상응하는 자유의 이론이 나타나게 되어 있다고 콩스탕은 주장했다. 고대인들의 자유는 약탈, 노예, 전쟁 등에 의존했지만 이제는 상업과 평화가 그 자리를 대체했다는 것이었다. 그렇다면 평화를 지상명령으로 삼는다는 상업 사회가(18세기의 상업 숭배자들은 '부드러운 상업doux comerce'이라고 부른 바 있다) 어떻게 전쟁꾼이자 폭군인 나폴레옹과 같은 자를 배출할 수 있었단 말인가? 콩스탕은 "전제정을 장기적으로 유지하는 것은 오늘날 불가능하다"고 선언했다. 전제정은 약탈이나 정복과 마찬가지로 '하나의 시대착오'라는 것이었다.110)

카를은 콩스탕과는 달리 루이-나폴레옹 보나파르트가 전쟁 영웅 노릇을 했다고 공격하지는 않았다. 왜냐하면 보나파르트 황제는 군사적 명성이라는 게 아예 없어서 무얼 옹호하고 말고 할 것도 없었기 때문이다. 하지만 보나파르트가 시민사회의 주요 계급들로부터 비교적 거리를 유지하는 반면 군대 및 농민들과는 친밀한 관계를 맺었다는 점을 강조하면서 카를도 콩스탕을 따라 보나파르트가 '시대착오'에 빠져 있다고 비난했다. "누구의 눈에도 명확하다. **모든 '나폴레옹식의 사상'은 소토지 소유 계급이 처음 막 생겨났을 때의 사상이 미발달 상태 그대로 남아 있는 것이다.** 이렇게 말하는 것은 소토지 소유 계급의 시대가 끝나 버린 오늘날 그러한 사상은 전혀 말도 안 되는 부조리한 것이 되었기 때문이다. 그러한 사상은 소토지 소유 계급이 숨을 거두는 단말마의 고통 속에서 어른거리는 환각에 불과한 것이다."111)

카를은 이제 혁명의 시기가 다시 돌아올지는 경기순환에 달려 있다고 예상하게 되었지만, 그의 묵시록적인 낙관주의의 어조는 그대로 남아 있다. "이러한 제국의 패러디는 프랑스 국민 다수를 전통의 무게에서 해방시키고 또 국가권력과 사회의 대립을 순수한 형태로 산출해 내는 데 꼭 필요한 것이었다. 소규모 토지 보유자들이 점차 잠식당하면 그 위에 세워진 국가 구조 또한 붕괴한다."[112) 그리하여 그는 스스로를 위로한다. '혁명은 철저한 것이다. 이는 아직도 연옥을 통과하고 있는 중이다. 그러면서 스스로가 해야 할 작업을 철저하게 꼼꼼히 수행하는 중이다. … 혁명은 의회 권력을 전복하기 위해 먼저 의회 권력을 완벽하게 만들어 냈다.' 이제 혁명은 '**행정부 권력**'을 완벽하게 만들고 있는 중이며, '그것을 그 가장 순수한 표현 형태로' 환원하고 있으니, "그 목적은 그 모든 파괴의 힘을 스스로에게 집중시키기 위해서이다. 그리하여 혁명의 예비 작업의 이 후반부가 완결되고 나면, 유럽은 그 자리를 박차고 뛰어올라 이렇게 열광적으로 외치게 될 것이다. 늙은 두더쥐야, 잘도 파고들어 숨어 있었구나!"[113)]

「프랑스에서의 계급투쟁」에서와 마찬가지로, 여기에서도 카를의 새로운 역사관의 가장 두드러진 특징은 인민들이 구체적으로 어떠한 정치적 관심사를 가지고 있었는지에 아무런 독자적 공간을 부여하지 않는다는 점이었다. 보편적 참정권은 경제에서 교환의 평등의 관념이라든가 나중에 그가 '상품 물신성'이라고 부르게 되는바 경제적 범주들이 자연적인 것으로 보이는 종류의 환상의 형태로 다루어지고 있다. 정치적 민주주의라는 환각이야말로 상업 사회가 갖는 소외/양도의 권력이 보여 주는 또 하나의 증후라는 것이다. 하지만 그는 보편적 참정권이라는 것을 모종의 병리학적 증후 이외의 그 어떤 것으로도 보려 하지 않았고, 이 때문에 당시에 벌어졌던 일련의 사건들을 이해하는 데에도 심각한 한계들을 안게 되었다. 그는 이 때문에 참정권 문제로 인해 혁명의 앞길이 1789년이나 1830년과는 전혀 다르게 잡혀 버리게 되는 점을 과소평가했다.

그 결과 카를은 보편적 참정권이 시행되고 보나파르트가 선거에서 압도적 다수를 차지하여 마침내 쿠데타의 절정으로 치달아 가는 일련의 사건 전개를 참으로 고집스럽게 비비 꼬인 편벽된 방식으로 읽어 내고 있다. 그는 이러한 사건들이 곧 '반란의 당'이 '진정으로 혁명적인 당'으로 성숙했음을 나타내는 것이라고 주장했으며, 제2제국의 수립은 부르주아지의 패배가 아니라 새로운 형태의 부르주아 지배라고 주장했다. 하지만 그는 그보다 훨씬 명백하게 드러난 사실에 대해서는 완전히 침묵하고 있다. 1848년 프랑스에서, 그리고 1860년대의 독일에서 보편적인 남성 참정권이라는 정치적 요구가 받아들여진 결과, 자유주의자들 및 좀 더 전통적인 질서당들 모두를 패배시킨 것은 좌파의 급진적 민주주의자들이 아니라 보나파르트와 비스마르크같이 전통적 왕당파를 탈각하여 나온 독특한 인물들의 참주 선동과 교묘한 책략이었다는 사실이 그것이다.

카를은 자신의 「브뤼메르 18일」이 런던과 뉴욕의 독일인 급진파 망명객들 사이에서 파장을 일으킬 것이라고 기대했었지만 결국 크게 실망하고 말았다. 원래 이 글은 카를의 친구인 요제프 바이데마이어가 뉴욕에서 창간한 새로운 주간지 『혁명Die Revolution』에 연재 기사로 나오기로 되어 있었다. 하지만 이 신문은 2호까지 나온 뒤에 계획을 접게 되었고, 카를의 글은 너무나 늦게 도착하여 그 두 호에 실리지 못했다. 바이데마이어는 이 저작을 1852년 5월에 나온 또 다른 '비정기' 잡지(이 또한 제목이 『혁명』이었다)의 첫 호에 게재했다. 하지만 그는 글의 제목을 「루이-나폴레옹의 브뤼메르 18일」이라고 잘못 붙였다. 카를은 이 글 전체에서 단연코 '루이 보나파르트'라는 이름만을 쓰고 있으며, 그 부분적인 이유는 보나파르트가 '나폴레옹'이라는 이름을 참칭하여 스스로에게 부여한 정당성을 카를이 결연히 부인하고자 했기 때문이다. 따라서 카를로서는 이렇게 잘못 붙은 제목을 보고 짜증이 치밀지 않을 수 없었다. 하지만 바이데마이어는 이미 발행된 잡지를 회수할 만한 돈이 없었다. 미국에서 대서양을 건너 유럽에 도착한 잡지는 거의 몇 권 되지 않았기에 이 텍스트는 사실상 전혀 알려지지 않은 채로 남아 있었다. 사람들이 손에 넣을 수 있는 최초의 판본은 1869년이 되어서야

나온다.114)

그가 엥겔스와 함께 쓴 그다음 에세이인 「위대한 망명객들The Great Men of the Exile」(일부는 런던에서, 일부는 맨체스터에서 1852년 5월과 6월에 쓰였다)이 그렇게 신랄한 어조를 띠게 된 이유 또한 아마 이것으로 일부 설명할 수 있을 것이다. 이 에세이는 처음 시작할 때에는 독일인 민주주의 망명객들을 재치 있는 방식으로 공격하지만, 그 아래에 깔려 있는 짙은 독기가 금세 풍겨 나오기 시작한다. 이 에세이는 시인이자 목사인 고트프리트 킨켈에 대한 풍자적 이야기로 시작한다. 그는 자신의 '진정한 내적 존재'와 진정한 반려자를 찾는 정서적인 모험을 떠나며, 이는 '하인리히 폰 오퍼딩엔'과 '푸른 꽃'을 찾는 그의 모험으로 그려진다.115) 킨켈은 바덴 싸움이 끝날 무렵 라슈타트Rastatt에서 포로가 되어 프로이센 감옥에 갇히지만 그의 경외할 만한 아내 요안나Joanna 덕분에 풀려난다. 그리고 일단 런던에 도착하자 그는 런던 사회에서 영웅으로 떠받들어지며, 심지어 디킨스에게까지 초대를 받는 명사가 된다. 그는 '민주주의의 예수 그리스도' 혹은 '독일의 라마르틴'✤ 등 다양한 방식으로 추앙받는다.

이 첫 부분에서는 가벼운 문체와 어조가 유지되지만, 그 뒤로는 아주 거칠고 무절제한 공격이 쏟아진다.116) 다음은 1848~1849년 바덴 봉기의 지도자 중 하나였던 구스타프 슈트루베Gustav Struve에 대한 묘사이다. "가죽같이 두꺼운 피부, 툭 튀어나온 두 눈과 음흉하면서도 멍청해 보이는 표정, 머리가 벗겨져 뿌옇게 번들거리는 정수리, 절반은 슬라브인 절반은 서몽골족인 얼굴 생김새를 한 그의 모습을 한 번만 보게 되더라도 이 눈앞의 인물이 실로 비범한 자라는 것을 의심할 수가 없다."117) 하지만 더 심한 대접은 한때 그들의 멘토였던 아르놀트 루게에게로 돌아갔다. 그는 '독일 철학을 호위하는 스위스 병정'이라고

✤ 알퐁스 드 라마르틴Alphonse de Lamartine는 1848년 혁명으로 수립된 제2공화국에서 활동했던 정치가이자 시인으로, '일할 권리'와 국영 작업장 등을 제도화하는 데 큰 역할을 했고, 무엇보다 삼색기가 계속 국기로 사용되도록 하는 데 결정적인 역할을 했다.

묘사된다.

> 파리에 있는 그의 지인들은 그의 포메라니아-슬라브인다운 얼굴 생김을 '족제비상'이라는 말로 부르는 데 익숙해져 있다. … 이는 철학, 민주주의, 온갖 미사여구 일반의 갖은 모순들이 모두 이상하게 뒤죽박죽이 되어 있는 시궁창이다. 이런 인간은 게다가 모든 악덕을 실로 푸짐하게 온몸에 두르고 있다. 치사하면서도 쩨쩨하고, 음흉하면서도 멍청하고, 탐욕스러우면서도 눈치 없이 서툴고, 비굴하면서도 거만하고, 신뢰가 안 가면서도 해방된 농노 농민처럼 푸근하다. 속물적이면서도 공론에 찌들어 있고, 무신론자이면서도 슬로건을 숭배하며, 완전히 무식하면서도 완전히 철학자이기도 한 인간, 이 모든 모순을 모두 한 몸에 지니고 있는 이가 바로 이미 1806년에 헤겔이 예언한 바 있는 아르놀트 루게의 모습이다.[118]

「브뤼메르 18일」처럼 이 「위대한 망명객들」 또한 원래는 바이데마이어의 『혁명』지에 게재하기로 하고 쓴 글이었다. 하지만 『혁명』지가 계획을 접게 되자 이 글을 실을 다른 곳을 찾아보아야 했다. 1852년 7월, 헝가리 출신의 망명객이자 코슈트의 절친한 친구인 방야Bangya는 카를과 친분을 맺게 되었고, 카를에게 이 글을 독일에서 출간하고 그 대가로 25파운드를 지불하겠다고 약속했다. 방야는 그 약속을 지키지 않았으며, 오스트리아, 프랑스, 프로이센 경찰의 돈을 받는 스파이로 판명되었다. 이 에세이는 20세기가 되어서야 출간된다.[119]

4. 『뉴욕 데일리 트리뷴』과 1850년대의 저널리즘

카를이 1852년 이후의 기간 동안 생활비를 벌었던 주요한 방법은 『뉴욕 데일리 트리뷴』에 유럽 통신원으로 기고하는 것이었다. 『트리뷴』은 카를이 보낸 기사들 중 487개를 게재했는데, 그중 350개는 그가 쓴 것이며 125개는 엥겔스가, 그리고 12개는 두 사람이 함께 쓴 글이었다. 이는 그가 『신라인 신문』에 쓴 글보다도, 1850년대에 어니스트 존스가 발행했던 차티스트 잡지 『인민의 신문People's Paper』에 쓴 글보다도, 친터키파인 데이비드 어커트David Urquhart의 『자유언론Free Press』에 쓴 글보다도 훨씬 더 많은 숫자이다. 1855년에만 일시적으로 그가 『신질서 신문』에 220개 이상의 글을 써서 『트리뷴』에의 기고 수를 넘긴 적이 있을 뿐이다. 『트리뷴』과의 작업은 또한 아주 긴 기간 동안 지속되었다는 것 때문에도 예외적이었다. 첫 번째 기고는 1852년 8월에 시작되었고 마지막 기고는 거의 10년이 지난 1862년 초에 이루어졌다. 『트리뷴』과의 작업이 소중했던 것은 단순히 소득의 원천을 제공했기 때문만은 아니었다. 1848년 이후의 긴 세월 동안 이는 새롭게 전개되는 세계사와 마주할 수 있는 방법이 되어 주었다. 예니는 소호 시절의 요란법석으로 가득 찬 생활을 회고하면서 이렇게 말한 바 있다. "다행히도 나는 아직 1주일에 두 번씩 『트리뷴』에 보낼 기사를 깨끗이 베껴 쓰는 작업을 해야 했고, 그 덕분에 세계가 어떻게 돌아가며 어떤 일들이 벌어지는지와 계속 접할 수 있었었다."[120]

『트리뷴』의 편집장인 찰스 데이나는 1848년 쾰른에서 카를을 만나 깊은 인상을 받았고, 그에게 유럽 통신원이 되어 달라고 제안했다. 데이나는 그전에 너새니얼 호손, 에머슨 등등과 함께 1842년 브룩 농장Brook Farm에 세워진 푸리에주의의 팔랑스트리 공동체Phalanstery의 일원이었다. 1846년 화재로 인해 그 공동체가 무너진 후, 데이나는 호레이스 그릴리의 후원으로 저널리스트가 되었고, 1848년에는 유럽 통신원으로 파리의 6월 봉기와 베를린의 혁명적 사건 전개를 직접 목격했다. 당시 미국인들은 유럽의 여러 혁명에 대해 큰 관심을 가지고 있었기에 그 결과 『트리뷴』의 발행 부수는 1850년대에는 약 20만 부까지 치솟아 올랐으니, 이는 당시 세계 최대의 발행 부수였다. 데이나가 편집장을 맡아보면서 이 신문은 푸리에주의에 대한 관심을 유지했고 노예제와 사형 제도를 반대했던 한편 보호무역주의와 금주령을 지지했다.

카를이 그토록 오랜 기간 동안 그렇게 많은 기고를 행했다는 것은 곧 카를이 쓴 글들이 『트리뷴』에 있어서 그 명백한 정치적 차이점들에도 불구하고 큰 가치가 있었음을 시사하고 있다. 그리하여 몇 년 동안에는 심지어 그가 쓴 글의 3분의 1이 『트리뷴』의 사설 면에 실리기도 했다. 카를이라는 인물이 『트리뷴』에 중요한 가치가 있다는 점을 포착하는 중요한 역할을 한 것이 바로 데이나였다. 과학자이자 보나파르트 지지자인 카를 포크트Carl Vogt와 분쟁을 겪고 있었던 카를은 1860년 3월 데이나에게 포크트를 상대하는 데 도움이 되도록 추천서를 써 달라고 부탁한다. 데이나는 카를의 저작에 갈채를 보냈다. "제가 당신께 『뉴욕 트리뷴』에 기고하도록 계약을 맺은 것은 거의 9년 전이며, 그 이후 지금까지 계약 관계가 계속되고 있습니다. 제가 기억하는 한 당신은 한 주도 거르지 않고 우리에게 계속해서 글을 보내왔고, 당신은 우리의 가장 가치 있는 필자의 한 사람일 뿐만 아니라 가장 많은 보수를 받는 기고자의 한 사람이기도 합니다." 하지만 데이나의 편지가 특히 흥미로운 것은 그가 바치는 상찬에 마냥 찬사만 있는 게 아니라는 점에 있다. "제가 당신의 글에서 발견하는 유일한 결함은 미국 신문 독자들의 입장에서 볼 때 당신이 이따금씩 너무나 독일 사람의 정서를 노골적으로 내보이곤 한다는 점입니다. 이는 러시아 문제를 다룰 때, 또 프랑스 문제를 다룰 때 모두 나타납니다. 차르 체제와 보나파르트 체제 모두에 관해 당신이 너무나 많은 관심을 보이고 있으며, 독일의 통일과 독립에 대해 너무나 안절부절못하는 모습을 보이기도 한다고 생각할 때가 있습니다."[121] 『트리뷴』에 보낸 글들에서 '차르 체제와 보나파르트 체제'를 논의할 때 카를이 모종의 집착에 가까운 면을 보인다는 것을 데이나가 감지한 것은 온당한 일이었고, 이러한 모습은 그 시기 카를의 다른 저작들에서는 더욱더 강력하게 발견된다. 1848년의 많은 혁명가들은 러시아에 대한 전면전을 요구했다. 그것이 인민들의 혁명적 에너지를 일깨울

가능성이 아주 높다고 보았기 때문이다. 한편 러시아는 1815년의 비엔나 협정을 보존하기 위해 전력을 다할 태세였으며, 1848~1849년의 반혁명을 추동하는 데에도 스스로의 이름을 내걸고 적극적으로 행동했다. 러시아는 슐레스비히-홀슈타인과 포젠 지방에 프로이센이 개입했던 것을 되돌려 놓았으며, 혁명가들은 프로이센 왕이 차르와 처남 매부 사이라는 사실에 주목했고 이는 상당히 일리가 있는 일이었다. 러시아는 1849년 여름 헝가리에서의 혁명을 진압하기 위해 엄청난 규모로 개입하여 파산해 버린 오스트리아 제국을 지탱해 주었다. 친슬라브 입장 또한 좌파로 침투하기 시작했고, 특히 서방에서의 혁명이 환멸로 끝나 버린 것 때문에 침울해 있던 이들을 끌어당겼다. 카를과 다른 혁명가들은 이러한 현상에 격렬하게 저항했고, 바쿠닌, 헤르첸, 브루노 바우어 등이 주도하는 범슬라브주의 운동을 비난했다.[122)]

영국과 프랑스의 정치 계급들 가운데에서도 또한 러시아에 대한 걱정을 갖는 이들이 있었다. 이들의 이유는 러시아가 유럽의 반혁명을 수호하기 때문이 아니라, 쓰러져 가는 오스만제국을 밀어내고 흑해에 대한 접근권을 자기 통제하에 두려는 팽창주의적인 군사 대국이라는 이유에서였다. 1853년 봄 이러한 갈등은 러시아와 오스만제국 사이의 크림전쟁으로 절정을 이루었고, 이때 프랑스와 영국은 오스만제국을 지지했다.

영국에서는 카를의 뼛속 깊은 러시아 혐오증에 호응할 만한 요소가 있었다. 별난 낭만주의 토리 의원 데이비드 어커트의 음모 이론이 그것이었다. 어커트는 한때 그리스 독립을 위해 싸우던 투사였지만 지금은 열성적인 오스만제국 지지자가 되어 있었고, 파머스턴 경의 대외 정책에 반대하여 오랜 세월 동안 지칠 줄 모르고 싸움을 벌여 왔다. 1853년 초 엥겔스는 '파머스턴을 러시아에 매수된 자로 매도하는 이 미친 의원'에게 카를의 관심을 환기했고 카를도 어커트의 글들에 끌리게 된다.[123)] 1853년 가을 카를은 파머스턴에 대해 쓴 8개의 연작 기사들 속에서 어커트의 논지의 많은 부분을 받아들였다. "차르가 그의 군대로 콘스탄티노플을 점령하는 데 빚진 자는 누구인가? 또 '술탄 부두의 조약Treaty of Unkiar-Skelessi'✤으로 오스만제국의 옥좌를 상트 페테르부르크로 옮겨 가도록 하는 데 차르가 빚진 자는 누구인가? 그는 다른 누구도 아닌 존경하는 의원이신 헨리 존 비스카운트 파머스턴이다."124) 1853년 12월 파머스턴이 사임하자, 카를은 어커트의 폭로의 결과로 파머스턴이 '발각되고 말았다'고 반러시아 집회에서의 연설로, 또 활자화된 글로 선언했다.125) 이 당시 어커트의 『자유 언론』은 카를의 팸플릿인 「파머스턴과 러시아」를 1만 5000부나 발행했고, 어커트의 또 다른 간행물인 「셰필드 자유 언론」 또한 똑같은 주제를 다룬 카를의 다른 수많은 글을 다시 게재하고 있었다.

영국과 러시아 관계의 문제에 관해 카를은 자신을 어커트의 편벽된 집착에 동의하지 않는 공정한 균형 감각을 갖춘 연구자로 제시하려고 항상 노력했다. "러시아에 대한, 그리고 파머스턴을 공격하는 어커트의 글들에 흥미를 느끼기는 하지만 큰 설득력은 없다고 본다"고 그는 주장했다. 하지만 그게 최초의 카를의 입장이었을지는 모르지만, 계속 그렇지는 않았다. 어커트의 주장들을 확인하기 위해 "나는 1807년에서 1850년까지의 『의회 의사록 논쟁집Hansard's Parliamentary Debates』과 외교 청서들Blue Books을 분석하는 고된 작업에 착수했다." 그리고 카를의 주장에 따르면, 이는 '파머스턴이 폴란드, 터키, 시르카시아✤✤ 등등과의 거래에 기초하여 러시아 정부의 내각과 내통하고 있었음을 증명'하고 있다고 한다.126) 이러한 카를의 믿음은 심지어 당시 영국이 러시아와 교전 중이라는 사실 앞에서도 흔들리지 않았다. 크림반도에서 지금 벌어지고 있는 전쟁은 그저 겉모습에 불과하다는 것이었다. 1830년에서 1854년까지의 영국 외교 전체는 '무슨 대가를 치르는 한이 있어도 러시아와의 전쟁을 피하라'는 단 하나의

✤ 1833년 러시아와 오스만제국이 맺은 조약으로, 흑해로 들어오는 다르다넬스 해협을 통과하는 전함들 중 러시아가 봉쇄를 원하는 것들이 있으면 오스만제국은 이에 응하도록 하는 내용을 포함하고 있다.

✤✤ 시르카시아Circassia는 코카서스 산맥 북쪽의 흑해 연안 지역이다.

원리로 환원될 수 있다는 것이다. 그리하여 카를은 1854년 말에도 이렇게 선언한다. "러시아와의 전쟁은 터진 적이 없다."127)✤

2년 후인 1856~1857년의 기간 동안 그는 대영박물관에 있는 외교 문서들을 18세기 초까지 거슬러 올라가서 검토했다. 여기에서 그는 '런던의 영국 내각과 상트 페테르부르크의 러시아 내각 사이에 지속적인 비밀 협조'가 이미 표트르 대제 시절에 시작되었다고 주장한다. 표트르 대제는 '몽골 노예들의 정치적 책략의 기술과 칭기스칸이 정복한 세계를 물려받은 몽골 지배자의 거만한 야심을 결합한 자였다'고 한다.128) 그 입문서로 그는 『18세기 외교사의 진실의 폭로Revelations of the Diplomatic History of the Eighteenth Century』를 출간하기도 한다.

1850년대에 영국의 정치 계급 사이에서는 차르가 통치하는 러시아의 팽창 야욕에 대한 근심도 있었지만 그와 똑같이 나폴레옹 3세의 모험주의에 대한 불안감도 팽배해 있었고, 두 경우 모두 공공 여론의 지지를 받고 있었다. 러시아가 오스만제국에 대해 야심을 품고 있을 것이라는 의심은 1853~1856년 사이의 크림전쟁을 촉발할 만큼 높았고, 또 나폴레옹 3세에 대한 적개심 또한 1858년 파머스턴 정부를 무너뜨릴 만큼 팽배해 있었다. 이탈리아의 혁명적 민족주의자인 펠리체 오르시니Felice Orsini가 영국에서 만들어진 폭발물로 프랑스 황제를 암살하려고 시도했던 직후 프랑스 쪽의 부추김으로 파머스턴이 망명의 권리를 제한하는 법안을 도입하려고 했다가 역풍이 일어났던 것이다.

러시아에 대해서와 마찬가지로, 항상 1848년과 1851년의 패배에서 생겨난 실망과 앙심에 가득 찬 카를이 보나파르트에 대해 쓴 글을 보면 항상 이런 식의 적대감이 각별히 이글거리고 있었다. 카를뿐만 아니라 다른 이들도 항상 보나파르트를 모험가이자 도박꾼이라고 묘사했으며, 이 때문에 그들은 보나파르

✤ 크림전쟁은 1853년에 이미 발발했고, 영국은 오스만제국 등 다른 연합국들과 함께 러시아와 교전 중이었다.

트가 다음에는 또 어떤 건곤일척의 행보를 저지를지에 대해 끊임없이 추측을 내놓고 있었다. 1851년에 벌어진 보나파르트의 쿠데타의 시기와 그 이후 1850년대 전반에 걸쳐 이들이 품었던 가장 직접적인 희망은 보나파르트가 군대의 지지에 의존하고 있고, 또 필시 러시아와도 동맹을 맺고 있을 터이니 곧 군사적 모험을 벌이게 될 것이 분명하고 이로 인해 유럽 전체 차원의 전쟁이 촉발될 수 있다는 데 있었다. 그 싸움의 상대가 누가 될지는 오히려 2차적인 문제였다. 그는 예전에 프랑스의 가톨릭 세력을 기쁘게 하기 위해 로마로 파병하여 교황을 복위시켰던 적도 있었다. 또 워털루의 굴욕의 설욕전을 벌일 수도 있고, 이 경우 분쟁의 대상은 영국이 될 수도 있을 것이다. 아니면 '민족성의 원리'를 전투적으로 지지하겠다고 나설 수도 있고, 이 경우에는 이탈리아를 놓고 오스트리아와 전쟁을 벌일 가능성이 높아질 것이다. 하지만 상대가 누가 되었든 보나파르트의 주요한 목적은 군내 내에서의 지지를 강화하는 것이라는 것이다. 쿠데타가 있은 몇 주 후 엥겔스는 카를에게 보낸 편지에서 이렇게 말하고 있다. "루이-나폴레옹께서 전쟁을 시작할 수밖에 없다는 것은 명명백백한 사실이며, 만약 그가 러시아와 일정한 이해에 도달하기만 한다면 아마도 영국과의 싸움을 선택할 가능성이 높네."[129] 1848년에서 이탈리아전쟁이 시작되는 1859년에 이르는 황량한 반동의 시절, 카를과 엥겔스가 '당' 안에 그나마 남아 있는 혁명에 대한 희망의 불씨를 지켜 주기 위해서는 전체 유럽 전쟁의 가능성 아니면 세계경제 위기의 전망밖에 기댈 곳이 없었다.

1856년 2월 카를은 보나파르트가 경제적 난관에 처했을 것이라고 추측했다. 그의 주장에 따르면, "프랑스인들은 그들 역사상 처음으로 자신들의 오래된 취미인 '영광la gloire'✤에 대해 무관심한 태도를 보여 주었다."[130] 하지만 그해 6월이 되면 카를 또한 잠시나마 보나파르트가 그 문제를 해결했다고 인정하지

✤ 서양 역사에서 '영광gloire, glory'이란 주로 군사적 승리와 영토 팽창을 통한 힘의 과시와 관련된 말이었다.

않을 수 없었다. 그의 쿠데타에 기초가 되었던 것은 "두 개의 상극으로 대치되는 거짓 주장이었다. 하나는 1852년 5월 선거에서 만연하게 된 빨갱이들의 무정부 상태에서 부르주아지와 '물질적 질서'를 구축하는 것이 자신의 임무라는 것이었으며, 또 하나는 국민의회에 집결한 중간계급의 폭정으로부터 근로인민들을 구출한다는 것이었다." 이제 그는 이 모순된 두 가지 요구를 모두 동시에 충족시킬 수단을 발견했다고 한다. 한때 생시몽주의자들이었다가 크레디 모빌리에Crédit Mobilier✤를 창업한 이들이 고안한 혁신적인 금융 기법이 성공을 거둔 덕에 사람들은 '모종의 최신 기법의 공공 신용 제도로 창출된 보편적인 부 앞에서 모든 계급 갈등이 사라질 것'이라고 잠시 동안이나마 믿게 되었다고 한다.[131)]

1858년이 되면 카를은 또다시 보나파르트 체제의 종말이 다가오고 있다고 예측하게 된다. 그 기초가 되었던 물질적 번영이 1856~1857년의 상업 위기로 한 방 먹었기 때문이다. '그의 괴상하고 사악하고 심히 해악스러운 행보의 종말'을 늦출 수 있는 방법은 오로지 '또 다른 군사적 모험'뿐이라는 것이다. 1858년 여름이 되면 도처에서 전쟁이 임박했다는 믿음이 팽배했다. "루이 나폴레옹은 급속한 파멸을 회피할 다른 방법이 없다."[132)] 카를은 1859년 초에 이렇게 주장한다. 그 어느 때보다도 취약하고 또 더욱더 군대의 지지에 의존하게 되었는지라, '그가 지독한 위험을 무릅쓰더라도 던질 수 있는 마지막 카드는 전쟁뿐이며, 라인강의 왼쪽 둑✤✤을 다시 정복하기 위한 전쟁이 될 것이다'. 그가 전쟁을 시작

✤ 정식 명칭은 'Société Générale du Crédit Mobilier'이다. 생시몽주의자였던 페레르Pereire 형제는 1852년 유한책임의 주식회사를 세워서 큰 은행을 설립하는 데 정부의 허락을 얻는다. 처음 자본은 대규모 투자자들로부터 왔지만, 곧 대부분의 자금을 중간계급 소규모 투자자들로부터 조달하여 대단히 큰 자금을 조성한다. 이들의 투자는 주로 철도(프랑스 정부의 주된 목적은 유럽으로 팽창하던 영국과 결탁한 로스차일드 자금을 막는 것이었다)나 항만 등 여러 기간 시설에 집중되어 있었다. 새로운 가치평가 기법으로 대규모 자금을 동원하여 장기간의 큰 규모의 투자를 행하는 것을 가능케 하여 한때 배당률이 40퍼센트에 달할 정도로 큰 성공을 거두기도 했고, 프랑스 정부에 대해서도 대규모의 대부를 여러 번 행했다. 1856년 과도한 지폐 발행을 걱정한 정부의 규제로 힘이 꺾이게 되지만, 이후에도 19세기에 걸쳐 세계적으로 중요한 금융기관으로 작동한다. 한편 1870년대 미국의 대륙 횡단 철도 시대에도 똑같은 이름의 금융기관이 설립되어(프랑스와는 아무런 관련도 없었다) 스캔들을 일으키기도 했다.

하는 곳은 이탈리아가 될 것이며, 라인강 왼쪽 둑의 정복이 그 전쟁의 최종 작전이 될 것이라는 것이었다.[133]

『포크트 씨Herr Vogt』(이 저작에 대해서는 다음 절에서 논의할 것이다)나 1860년대의 다른 글들을 보면 유럽이 러시아와 프랑스 사이에서 찢어지게 되는 더욱더 악몽 같은 전망이 그려지고 있다. 『포크트 씨』에 따르면, '슬라브 제국의 자연적 경계'는 보헤미아와 모라비아를 아우른다고 한다.[134] 게다가 1859년 10월 브레슬라우에서 맺어졌다고 주장되는 비밀 조약에 따라서 러시아와 프랑스의 관계는 '더욱더 눈에 띄도록 친밀'해졌다고 한다. 그 결과 보나파르트는 사보이 공국을 장악한 뒤 스위스를 위협하고 있었고, '라인강 경계선을 바로잡는 것'이 불가피하다는 암시를 계속 던지고 있다는 것이다.[135] 『트리뷴』의 데이나 편집장이 이렇게 더욱 과장된 추측이 난무하는 글을 받게 되었을 때 어떻게 반응했을지는 충분히 예측할 수 있는 일이다. 그는 1856년 전반기에 (엥겔스가 쓴) 범슬라브주의에 대한 열넷 혹은 열다섯 개의 기사를 되돌려 보냈다.[136] 이렇게 데이나는 보나파르트 체제와 범슬라브주의 문제에 관해 카를과 다른 유럽 급진파들이 과도하게 나가는 경향을 불신했던 것이 분명하지만, 다른 영역들에 있어서는 괄목할 만큼 견해가 일치했다.

특히 영국 정치의 문제가 그러했다. 카를은 영국 정치를 다룰 때 의회 의사록과 『더 타임스』에 나오는 연설문과 기사들에 크게 의존했다. 경제의 상태에 대해서는 『이코노미스트』를 기초로 하여 엥겔스가 풀어내는 맨체스터 재계의

✤✤ '라인강 왼쪽 둑Linkes Rheinufer, Rive gauche du Rhin'은 오늘날 독일 영토로 되어 있는 라인강 서쪽 지역을 말한다. 이 책의 1장에서 본 바 있듯이, 이 지역은 마인츠, 본, 트리어, 코블렌츠 등의 주요 도시들과 모젤 와인이 생산되며 신성로마제국 선거후들이 있는 가톨릭 지역으로서 독일 역사의 중요한 한 부분이었다. 하지만 프랑스혁명 당시 이른바 '프랑스의 자연적 경계'라는 이론이 대두되면서 라인강 서쪽은 모두 프랑스 영토라는 공격적인 주장이 나오게 되고, 이에 프랑스혁명군과 나폴레옹 군대가 이곳을 점령했던 바 있었지만, 1814년 비엔나 조약 이후 프랑스는 이곳을 다시 포기해야만 했다. 이 지역의 지배권을 놓고 프랑스와 프로이센은 지속적인 갈등을 겪는다.

가십 이야기로 재미나게 양념을 쳤으며, 공장제 산업의 발전과 노동자들의 상태에 대해서는 공장 감독관들의 보고서, 그리고 의학 전문지 『랜싯Lancet』에 나오는 의학적 검사들을 참조했다. 러셀, 파머스턴, 스페인, 인도, 아편 무역 등 좀 더 큰 역사적 배경의 지식이 필요한 기사 연재를 할 때에는 대영박물관 도서관에서 찾아낼 수 있는 모든 것을 다 뒤져 참조했다. 그는 또한 다양한 신문들을 꼼꼼히 탐독했다. 『더 타임스』뿐만 아니라 휘그 신문인 『이그재미너Examiner』, 디즈레일리를 지지하는 보수파 신문 『프레스Press』, 차티스트의 『인민의 신문People's Paper』 등도 자주 활용했다. 그 결과 그가 『트리뷴』에 보낸 기사들 중 영국 정치, 산업 발전, 세계무역에 대해 쓴 기사들은 정보도 풍부하고 또 잘 쓴 글들이었기에 한때는 영국 하원에서 존 브라이트✤가 폭포수처럼 칭찬을 쏟아 놓기도 했다.137)

당연한 일이지만 그가 기사 주제로 선택한 것들을 보면 다른 언론 매체에 나오는 것들과 크게 다르지 않다. 1852년 영국 선거를 예로 들자면, 그도 다른 컬럼니스트들처럼 두 개의 귀족 정당들이 정치적 전투를 치른다고 해도 어느 쪽이든 도시의 중간계급을 만족시켜야만 살아남을 수 있다는 사실은 거의 감출 수 없다고 생각했다. 마찬가지로 나폴레옹 3세가 그의 삼촌의 패러디에 불과하다는 생각 또한 영국 언론 매체에서 널리 보이는 것이다. 자기 스스로가 잘나가기 위해서는 헌법마저 거리낌 없이 어기는 자라고 불신을 받고 있었던 것이다. 1850년대의 영국에서는 보나파르트의 통치 방법에 대한 염려가 널리 퍼져 있었기에 파머스턴의 야심과 전술 또한 프랑스 황제를 닮은 게 아니냐는 의심으로까지 이어졌다. 파머스턴은 보나파르트와 마찬가지로 1855년부터 1858년까지 선거로 구성된 의회를 무시하고 국민들에게 직접 호소하는 방식을 취했다. 게다가 인도에서 벌어진 세포이 반란을 계기로 삼아 그는 민간 영역에서나 군대에서나 자신이 간섭할 권한을 더욱 크게 만들었다. 1857년의 선거가 다가왔을 때, 글래

✤ 존 브라이트John Bright는 퀘이커 하원 의원으로서 곡물법 철폐 등에 있어서 중요한 역할을 했다.

드스턴에서 차티스트인 어니스트 존스에 이르는 모든 이들이 그 선거가 영국을 파머스턴 독재 체제로 만들고 의회를 순종적인 도구로 바꾸는 모종의 쿠데타가 될 수 있다고 생각하게 되었다.[138)]

카를이 영국에 도착했을 때 그가 영국의 계급 시스템에 대해 알고 있는 것은 기조와 엥겔스의 저작에서 읽은 것밖에 없었다.[139)] 하지만 그는 벤저민 디즈레일리의 의회 연설 및 저작, 그리고 어니스트 존스의 『인민의 신문』을 읽으면서 영국 정치에 대해 좀 더 세밀한 그림을 점차 머릿속에 그려 간다. 그는 디즈레일리를 하원에서 '가장 능력이 뛰어난 의원'이라고 생각했으며, 휘그당파와 그들의 '베니스식 헌법'이 너무나 귀족적이어서 더 많은 민주주의를 원하는 북부 중간계급의 열망을 더 이상 붙잡아 둘 수가 없을 것이라고 경멸적으로 대했던 디즈레일리의 관점을 그대로 따랐다. 또한 그는 콥든✤과 브라이트가 주창한 자유무역 추종자들에 대해 디즈레일리가 냉소적으로 부른 '맨체스터 유파Manchester School'라는 이름도 그대로 받아들였다.

다른 한편으로 카를은 어니스트 존스의 『인민의 신문』을 읽으면서 산업적 계급투쟁의 형태가 서서히 모습을 나타내고 있는 양상에 대해 스스로 상을 그려 내게 된다. 1852년 그는 이렇게 쓰고 있다.

> 토리파, 휘그파, 필 지지파✤✤ 등은 대개 과거에 속하는 집단들이지만, 자유무역주의자들Free Traders(맨체스터 유파, 의회 및 금융 개혁가들)은 **현대 영국 사회의 공식적 대표자들**이며, 세계시장의 지배자로 영국을 대표하는 자

✤ 리처드 콥든Richard Cobden은 맨체스터에서 큰 날염 공장을 운영하던 사업주로, 자유무역을 외치고 곡물법 폐지 운동의 선봉에 서서 앞에서 나온 존 브라이트와 함께 1838년 반곡물법 동맹Anti Corn-Laws League을 결성한다. 1841년 의회에 진출한 그는 마침내 1846년 곡물법을 폐지하는 데 성공하며, 1860년에는 프랑스와 콥든-슈발리에 조약Cobden-Chevalier Treaty을 체결하는 데 성공한다. '맨체스터 유파'는 비단 자유무역뿐만 아니라 경제 및 사회정책 전체에 걸쳐서 포괄적으로 자유방임과 계약의 자유를 강조하는 집단으로, 고전파 정치경제학의 교의를 정치적·사회적으로 실현하는 구체적인 세력의 역할을 하게 된다.

> 들이다. 이들이 대표하는 것은 자기의식을 각성한 부르주아지, 즉 스스로의 사회적 권력을 정치권력으로도 전환시키려고 할 뿐만 아니라 봉건사회의 마지막 남은 교만한 잔존 세력들을 뿌리 뽑으려고 분투하는 산업 자본의 당파이다. … 이들이 말하는 자유무역이란 곧 모든 국가와 종교의 족쇄에서 풀려난 자유로운 자본의 운동을 말한다.[140)]

그다음 몇 년 동안 벌어진 상업과 제조업의 '전례 없는 성장'은 이러한 결론을 확증해 주는 것으로 보였다. 카를은 영국의 사회 발전과 관련해서는 자신이 『공산주의 선언』에서 근대 산업의 발전을 묘사했던 구절을 거의 토씨 하나 바꾸지 않고 반복해도 될 정도라고 느꼈다.

> 산업의 군대 전체를 호령하는 백만장자와 그날그날 끼니를 잇기에 바쁜 임금 노예라는 두 극단 사이의 여러 지위와 신분들이 점차 이토록 땅 위에서 완전히 쓸려 나간 나라도 없을 것이다. 유럽 대륙의 나라들에서는 아직도 자신 소유의 재산과 자기 스스로의 노동에 거의 동등하게 의지하는 농민들과 기능공의 계급들이 크게 존재하지만, 이곳에서는 더 이상 존재하지 않는다. 영국에서만큼은 소유와 노동의 완벽한 분리가 현실화되어 있다. 따라서 다른 어떤 나라에서도 현대사회를 구성하는 양대 계급 사이의 전쟁이 이토록 거대한 규모와 이토록 손에 만져질 만큼 뚜렷한 특징을 띠고 있는 곳이 없다.[141)]

✣✣ 필 지지파Peelite란 토리 보수파 내에서 토리 내각의 수상을 역임했던 아들 필Robert Peel을 따르는 집단을 말한다. 이들은 다른 부분에서는 보수주의와 입장을 같이하지만 경제문제에 있어서만은 엄격한 통화주의와 곡물법 폐지를 통한 자유무역과 자유방임 등 경제적 자유주의자들과 의견을 함께했다. 이들은 1846년부터 별개의 집단으로 뭉쳐 1859년 휘그파와 함께 자유당Liberal Party을 형성한다. 후에 수상을 역임하는 글래드스턴 또한 이 집단에 속했다.

카를은 만족스럽게 다음과 같이 주장한다. 과거의 여러 혁명과는 달리, "이른바 1848년의 혁명들이라는 것은 별 볼일 없는 사건들에 불과했다. … 증기기관, 전기, 자동화된 뮬 방적기 등이야말로 실로 위험하기 짝이 없는 혁명가들로, 심지어 바베스Barbès, 라스파유Raspail, 블랑키보다도 위험한 혁명가들이다."[142)]

카를은 또한 자유방임 시대 영국을 지배했던 야수적인 비인격성이 도시뿐만 아니라 농촌에도 현저하게 나타났다는 점을 입증하는 데 신경을 썼다. 특히 미국의 독자들에게 큰 관심이 될 문제는 강제 퇴거였다. 이 때문에 스코틀랜드와 아일랜드에서 자기 땅을 빼앗긴 수많은 사람이 대서양을 넘어 미국으로 올 수밖에 없게 되기 때문이다. 유럽 대륙에서는 그 집행인들이 '손으로 만질 수도 있고 목 매달아 죽일 수도 있는 존재들'이지만, 영국에서 "활동하는 것은… 눈에 보이지도 않고 손에 만질 수도 없으며 소리도 내지 않는 폭군으로, 극단적인 경우에는 수많은 개인들을 가장 끔찍한 죽음으로 내몰며, 순조롭게 일상적으로 작동하는 경우에도 마치 불칼을 휘둘러 낙원에서 애덤을 쫓아낸 천사처럼 모든 인종과 모든 계급의 사람들을 그 조상들로부터 물려받은 땅에서 쫓아내어 버린다. 이 사회적 폭군은 자신의 횡포가 이 후자의 형태를 띨 때에는 **강제 이주**라고 부르며, 전자의 형태를 띨 때에는 **아사**餓死라고 부른다."[143)] 게다가 이 '말 없는 폭군'의 활동은 정치경제학의 교리에 의해 완전히 정당한 것으로 인증을 받는다고 한다. "우선은 한 나라의 주민들을 모두 알거지 빈민으로 만들어 버릴 것이며, 이들로부터 쥐어짤 이윤이 더 남아 있지 않게 되고, 따라서 이들이 그저 수입을 깎아먹는 부담이 되어 버릴 때에는 이들을 내쫓아 버릴 것이며, 그다음에 당신의 '순수입Net Revenue'을 다시 합산해 보라! 이런 것이 바로 리카도가 그의 저명한 저서 『정치경제학 원리』에서 확립한 교의이다."[144)]

이렇게 해서 나타나는 사회는 피도 눈물도 없는 사회이며, 미증유의 부와 무제한의 빈곤이 교차되는 것을 기초로 삼는 사회로, '영국 전역의 노역소에 있는 100만 명의 영세민들은 영란은행Bank of England에 보관되어 있는 1800만에서 2000만 파운드에 달하는 황금과 똑같은 정도로 영국의 부와 불가분의 하나를 이루고 있다.' 이를 추동하는 것은 경기의 순환이며, 이는 먼저 '**흥분**의 국면으로 들어가지만 그다음으로는 과도한 투기의 국면으로 또 마침내 경련의 국면으로 넘어가게 된다'.[145] 1852년 카를은 다가오는 위기가 1847년보다 훨씬 더 위험한 성격을 띠게 될 것이라고 예견했다. '산업의 과잉생산'의 결과로 '제조업 지역들'이 타격을 받을 것이며 '1838~1842년의 유례없었던 경기 침체'를 방불케 하는 사태가 나타날 것이라는 것이었다.[146] 하지만 이러한 위기의 도래는 캘리포니아와 오스트레일리아에서 황금이 발견되면서 중단되었던 것으로 보였다.

1853년 5월 카를은 영국에서 기계제 공장들이 유례없이 늘어나고 있음을 경고하고 있다. 프랑스에서는 국가 기구 전체가 사기와 주식 매매를 전문으로 하는 사업체로 변해 버린 반면, 오스트리아 국가는 파산 직전에 처했다고 한다.[147] 그로부터 2년 후 카를은 다시 한 번 '무역과 산업에서의 위기'에 대해 경고를 날린다. '이는 지난 9월 이후 매일매일 갈수록 더 거칠어지고 더 세계적이 되어 가고 있다'는 것이다. 제일 먼저 무너질 것은 면화 방적업자들이며, 그 뒤는 선박업자들, 오스트레일리아와 캘리포니아의 상인들, 그다음에는 중국의 대상인들과 마지막으로 인도의 대상인들이 차례로 쓰러질 것이라는 것이었다. '몇 달 안으로 이 공장 지역에서의 위기는 곧 1842년 위기 때만큼 심도가 깊어질 것이다.' 그다음에는 '지난 6년간 잠들어 있었던' '정치 운동'이 되돌아올 것이라는 것이었다.[148]

1856년 카를은 1847년 때와 비슷한 통화 위기를 감지해 내지만, 이번에는 그 방향이 서방에서 동방으로가 아니라 동방에서 서방으로 움직이고 있다고 보았다. '멀리 볼 줄 아는 정치가들'은 모두 다 '단지 1847년 위기의 확장판만이 아니라 1848년 혁명들의 확장판 또한' 두려워하고 있다는 것이다.

유럽의 상층 계급은 실망하고 있을 뿐만 아니라 그와 똑같이 강렬한 불안

> 감에 휩싸여 있다. … 보편적 총체적 파산 가능성이 이들의 얼굴을 쏘아보고 있는바, 이들은 이것이 파리에 있는 거대한 전당포에서 있을 청산의 그날에 벌어질 것임을 알고 있다. … 1848년의 혁명을 낳았던 보다 직접적인 운동은 프랑스에서의 개혁 연회들, 스위스 통일 내란,✤ 베를린 통일 주의회에서의 논쟁들, 스페인 왕가의 혼사, 슐레스비히-홀슈타인 분쟁 등 단순히 정치적인 성격을 띤 것들이었다. 그리고 파리의 군인들과 노동자들이 1848년 혁명의 사회적 성격을 분명히 공표했을 때 군대의 장군들과 전 세계는 똑같이 전혀 생각지도 못한 상황 전개에 깜짝 놀랐었다. 하지만 지금은 거꾸로 정치적 혁명이 공표되기 전임에도 사회혁명이 널리 이해되고 있으며, 이러한 사회혁명을 야기하는 주체도 예전처럼 노동계급의 비밀결사체들이 지하에서 꾸민 음모 같은 것이 아닌 지배계급의 공공 기관인 크레디 모빌리에인 것이다. 유럽 상층계급의 이러한 불안을 더욱더 쓰라리게 만드는 사실이 있다. 1848년 혁명 당시 결국 자기들이 승리를 거두기는 했지만, 그 승리는 그저 1848년에는 관념으로만 존재하던 경향들을 1857년에는 현실에 실현할 수 있도록 물질적인 조건을 준비하는 역할로 주어진 것뿐이었다는 사실이다.149)

하지만 『트리뷴』의 입장에서 보자면 이 모든 이야기는 다 훌륭한 돈벌잇감이었을 뿐이다. 『트리뷴』의 소유주인 호레이스 그릴리와 데이나의 정치적 입장은 보호무역주의였다. 영국이 전투적으로 옹호하고 있는(특히 곡물법 철폐 이후) 자유무역이라는 것은 결국 영국이 세계의 상업을 지배하기 위한 수단일 뿐이며, 금본위제를 법령화했던 것도 결국 전 세계의 은행가 노릇을 하기 위한 수

✤ 스위스는 본래 독자성이 강한 주canton들의 느슨한 연방체confederacy였다. 그런데 가톨릭주들이 따로 모여 1847년 독자적인 결합체인 '존더분트Sonderbund'를 결성하며, 이에 내란이 벌어지게 된다. 이를 통해 스위스는 좀 더 결합력이 강한 연방federation으로 거듭나게 된다.

단이었다는 것이 이들의 주장이었다. 『트리뷴』의 보호무역주의의 경제학적 기초를 가장 명료하게 제시했던 이는 미국 경제학자 헨리 케리Henry Carey였다. 그는 성공한 필라델피아 출판업자의 아들로 태어나 아버지와 마찬가지로 영국의 상업적 우월성에 직면한 미국으로서는 자국의 유치 산업들을 보호하는 것만이 살길이라는 알렉산더 해밀턴✤의 논리를 더욱 발전시켰다. 케리는 금본위제를 공격하면서 그 대신 통화를 넉넉하게 공급하는 재정 정책을 주장했다. 그는 자유무역이라는 것이 국가적인 경제 발전을 가로막는다는 이유에서 그것을 비판했다. 자유무역은 국제적인 노동 분업을 장려하게 되는바, 이는 전 세계의 공장이라는 영국의 특권적인 위치를 굳히는 반면 다른 나라들은 계속해서 농업에만 특화되어 있도록 강제한다는 것이었다. 자유무역은 사회에 해로운 결과를 미친다는 점에서도 비난받아야 한다고 한다. 자유무역은 빈부의 격차를 더욱 벌려 놓으며, 영국의 노동자들에게도 도움이 되지 않는다는 것이다. 케리는 미국에 있는 플랜테이션 농장 노예제를 강화시키고 영구화시키는 원인이 영국의 공장 노예제라고 주장했다. 케리에 따르면, "해가 갈수록 소토지 보유자들은 일용 노동자의 처지로 전락하고 있으며, 작은 규모의 사업체를 운영하는 기계 기술자들이나 상인들은 임금노동자의 신세로 전락하고 있으니, 이렇게 전 인민들이 갈수록 두 개의 거대한 계급으로 나누어지는 경향이 뚜렷이 나타나고 있다. 이 두 계급은 대단히 부유한 자들과 대단히 가난한 자들, 주인과 노예들이라는 건널 수 없는 심연으로 갈라져 있는 집단들이다."150)

이런 정책들이 『트리뷴』 그리고 1850년대 당시 막 생겨나고 있었던 공화당의 노선을 결정하는 것이었다고 한다면, 그들이 어째서 카를을 그토록 가치 있는 유럽 통신원으로 여겼는지도 쉽게 이해할 수 있다. 카를은 '부르주아 사

✤ 알렉산더 해밀턴Alexander Hamilton은 미국 독립 당시 13개 주가 단일의 연방 공화국을 형성하도록 만드는 결정적 역할을 했던 인물의 하나로, 미국 건국의 아버지 중 한 사람으로 숭앙된다. 그는 보호무역주의, 중상주의, 탄력적인 재정 및 통화 정책 등을 주장했다.

회'의 '경제적' 기초라는 자신의 개념에서 논리를 도출하여 영국 정당정치가 시대착오적인 것이 되어 버렸음을 강조했고, 상업 위기의 원인들이 산업에 있다는 것을 강조했으며, 자유무역이 경제 위기를 제거하지도 노동자들의 상태를 개선하지도 못했음을 강조했다. 물론 『트리뷴』은 이런 것들을 무엇보다 자유무역의 결과물이라고 보았다. 비록 카를이 영국의 세계시장에서 그러한 위치를 차지하게 된 원인에 대해서는 분명히 그들과 생각이 달랐지만, 그가 묘사하는 '현대의 영국 사회'의 상태는 『트리뷴』이 그려 내는 자유무역의 결과들과 긴밀하게 수렴하는 것이었다.

데이나가 카를을 유럽 통신원으로 쓰자고 결정했던 것은 또한 그가 개인적으로 1848년 유럽 혁명에 공감하고 친숙했을 뿐만 아니라 사회주의에도 관심을 가지고 있었기 때문이었다. 그는 한때 푸리에주의자였으니, 그가 사회적으로나 정치적으로나 무엇에 동감하고 있었는지는 분명했다. 그가 카를에게 쓴 편지들 중에 남아 있는 첫 번째 편지인 1850년 7월의 서한을 보면 이런 이야기가 나온다. 자신은 비록 '이 거대한 화산이 언제 터질지를 예측'할 수는 없지만, "연극은 아직 끝나지 않았습니다. 감사합니다, 하느님!"[151] 1852년 카를의 '독일에 대한 편지' 연재가 끝나 갈 무렵(데이나는 몰랐지만 사실 이 글을 쓴 것은 엥겔스였다), 데이나는 '영국의 시사 문제들'에 대해 글을 쓰겠다는 카를의 제안을 기꺼이 응낙했다.[152]

한편 카를 쪽을 보자면, 그가 1852년 8월 초 『트리뷴』지에 자신이 쓴 첫 번째 기사를 송고할 때까지도 이 신문의 정치적 입장에 대해 제대로 모르고 있었던 것으로 보인다. 엥겔스에게 보낸 편지를 보면, 카를은 『트리뷴』이 다가오는 미국 선거에서 미국의 '휘그' 후보들을 지지하는 것으로 보아서 자기가 기사에서 영국의 휘그를 공격한 것에 불쾌해하는 게 아닐지 모르겠다는 이야기가 나온다.[153] 그로부터 사흘 후 그는 다른 것들로 인해 더 심한 불안감에 시달리게 된다. 유럽으로부터 『트리뷴』에 글을 기고하는 다른 이들과 경쟁이 붙으면 어떻게 할 것인가? 개중에는 그의 오랜 숙적인 하인첸, 루게, 브루노 바우어 등도 있지 않은가? 게다가 "더욱더 불행한 일은 오늘 자 『더 타임스』를 보니 『데일리 트리뷴』은 보호무역주의를 지지하는 신문이라는군. 이 모든 것이 **너무너무 불길하다네.**"[154] 1848년 이전 시절 카를은 역설적인 의미로 자유무역을 지지한 바가 있었다. 자유무역이야말로 부르주아 사회의 가장 발달된 형태로, 이것이 부르주아 사회를 혁명의 경로로 몰고 갈 것이라는 의미였다. 또 카를은 1845년에는 출간되지 않은 한 에세이에서 프리드리히 리스트의 『정치경제학의 국민적 시스템』에서 개진된 보호무역주의의 입장을 조롱(그 대략의 근거는 국민국가의 시대가 끝났다는 것이었다)한 바 있었다.[153]

엥겔스는 카를을 안심시키고 있다. 다른 유럽의 경쟁자들에 대해 걱정할 필요는 없다는 것이다. 이들이 지면을 차지하는 것은 『트리뷴』이 "'모든 관점을 아우르는 정론지'의 성격을 분명히 하고자 하는 욕구 때문일 뿐"이라는 것이었다. 그는 계속해서 이렇게 말한다. "보호무역주의에 대해 보자면, 이는 해가 될 것이 없다네. 미국의 휘그파는 모두 산업 보호를 위해 보호무역주의를 지지하는 자들이지만, 그렇다고 해서 이들이 결코 토지 귀족에 속한다는 말은 아닐세. 더비식✤ 변종이라고 할까. 또 이들은 어리석은 이들도 아니어서 영국의 산업에 다른 어떤 것보다도 딱 들어맞는 것이 **자유무역**이라는 점을 리스트만큼이나 잘 알고 있다네. 어쨌든 내가 자네 대신 글을 쓸 적에 **자유무역론자들**에 대해 그런 취지로 몇 마디씩 집어넣을 수도 있으니, 자네가 읽어 보고 마음에 들지 않는다면 지워 버리도록 하게나. 하지만 그렇게까지 할 필요는 없을 걸세."[156] 카를은 엥겔스의 편지를 잘 새겨 읽었다. 그가 『트리뷴』에 보낸 처음 기사들 중 하나를 보면, '자유무역론자들'을 '세계시장의 지배자인 영국'을 대표하는 자들로 다루고

✤ 더비 백작Lord Derby을 말하는 듯하다. 그는 영국 상원의원으로서 토리의 보호무역 분파를 이끄는 지도자로서 후에 수상을 역임한다.

있다.157) 하지만 그 말의 의미가 무엇인지를 카를이 모두 깨닫고 충격을 받은 것은 그다음 해 6월이 되어서야 벌어진 일이었다. 그때 헨리 케리는 카를에게 자신의 저서 『국내와 외국의 노예제Slavery at Home and Abroad』를 보냈다. 이 책은 카를을 계속해서 '최근의 영국 저술가' 혹은 『트리뷴』 통신원으로 인용하고 있다. 카를이 엥겔스에게 보낸 편지에 따르면, 이 책에서는 "모든 사회악의 근원은 대규모 산업이 갖는 중심으로의 집중화 경향에 있다고 주장하고 있다네. 그리고 그 중심으로의 집중화 경향은 다시 영국 때문이라고 주장하고 있네. 영국이 전 세계의 **작업장**으로 등극하고 다른 모든 나라를 제조업과 분리된 야만적인 농업으로 되돌려 놓았다는 것일세." 그래서 이 "**자유무역론 초월론자들은** 결국 **보호관세**를 제안하고 있네." 그는 또한 『트리뷴』이 '그 정도의 가치밖에 없는 케리의 저서를 계속 선전하고' 있다고 짜증스럽게 적으면서, 케리와 『트리뷴』은 동일체라고 볼 수 있다고 결론을 내리고 있다. "이들은 시스몽디식 박애주의적 사회주의의 반산업주의를 겉모습으로 치장하고 있지만, 사실은 미국 산업 부르주아지의 보호무역주의를 대표하고 있다네." 이것이 바로 "『트리뷴』이 표방하는 그 모든 '이념들'과 사회주의적 수사학에도 불구하고 미국의 '**지도적 매체**'가 될 수 있는 이유일세."158)

카를은 이렇게 케리에 대해 짜증을 내고 있었지만, 그 이후의 기사들을 보아도 카를이 자신의 접근법을 공화당의 보호무역주의자들과 구별하려고 많은 노력을 기울였음을 보여 주는 증거는 전혀 없다. 오히려 그 반대였던 것으로 보인다. 왜냐하면 그의 기사들은 그때 이후로 '부르주아 사회'보다는 '자유무역'이라는 말을 오히려 훨씬 더 많이 언급하기 때문이다. 마찬가지로 그가 상업 위기를 논의할 때에도 경기순환에 대한 통화주의적 해석과 자유무역의 결함을 노골적으로 빈번하게 언급하고 있다. 1853년 9월 9일 그는 1844년 필 은행법*의 여러 오류를 부각시키면서 이 법이 다가오는 위기의 엄혹함을 더욱 악화시킬 것이라고 주장했다.159) 1855년 카를은 무역과 산업의 위기가 "1846년의 곡물법 철폐 이래 몇 년간 시장의 상품 과잉이란 있을 수 없다고 설교해 온 얄팍한 자유무역론자들의 입을 닥치게 만들었다"고 주장했다. 게다가 '이 시장의 상품 과잉'은 새로이 발전하고 있는 유럽 바깥의 시장들에다 재화를 쏟아부으려는 노력 때문에 더욱 날카로운 긴장을 낳고 있다고 말한다. "인도와 중국은 이미 그들 자체도 상품 과잉을 겪고 있건만 계속해서 상품의 배출구로 이용당하고 있고, 이는 캘리포니아와 오스트레일리아 또한 마찬가지이다. 영국의 제조업자들이 더 이상 국내에서 자기들 재화를 판매할 수가 없거나 혹은 그렇게 하기 위해 가격을 인하할 생각이 없을 때에는 그 재화를 외국 특히 인도, 중국, 오스트레일리아, 캘리포니아 등 외국으로 밀어내는 부조리한 방편에 의존한다."[160] 1857년 필 은행법이 상업 위기를 막지 못한 결과 일시 정지되는 일이 벌어지자, 그는 다시 한 번 이렇게 쓴다. "우리는 영국의 자유무역이 모든 것을 바꾸어 줄 것이라는 이야기를 귀가 따갑게 들었지만, 분명하게 증명된 것이 있다면 자유무역을 설파하는 의사 선생님들이 알고 보니 돌팔이라는 것 하나뿐이다."[161]

1858년 8월의 1면 기사에서 그는 통화주의적 접근에 대한 자신의 공격을 다시 내놓았다. "은행들이 부당하게 통화량을 팽창시켜서 폭력적으로 물가 인상을 가져왔으며, 이는 궁극적으로 경제의 붕괴를 통해서 재조정하는 수밖에

✤ 영국은 1810년 나폴레옹전쟁이 끝난 이후 심한 인플레이션과 환가치 절하를 겪으면서 통화 가치의 안정에 대한 논쟁을 겪게 된다. 이때 데이비드 리카도를 시작으로 하는 고전파 정치경제학의 정통파는 통화주의적 접근을 취하여 통화의 남발이 물가 상승의 원인이라고 주장했다. 이들은 실제의 화폐는 금은과 같은 '내재적 가치'를 가진 실제의 상품들이라고 생각했으며, 만약 이것들만이 화폐로 쓰인다면 무역에 따라 유출·유입되는 금은의 양의 변화에 따라 물가가 오르내릴 것이므로 저절로 가격 수준과 국제 수지의 안정이 이루어지는 가격-정금-유동 메커니즘이 작동할 것이라고 주장했다. 그런데 그저 금은의 운반의 불편함을 덜기 위해 고안된 증표일 뿐인 지폐를 영란은행을 비롯한 여러 은행과 정부가 필요와 재량에 따라 마구 남발하게 되면 이러한 시장의 자기조정 기능이 무너지게 된다는 것이었다. 1844년 필의 주도로 통과된 은행법은 영국 내의 모든 금을 영란은행이 보유하고, 2주 간격으로 금 보유량을 점검하여 정확히 그에 일치하도록 지폐 발행량을 조절하고 다른 은행들의 발권은 모조리 금지하는 이른바 '100퍼센트 준비율'의 정책을 취한다. 이는 국제 수지의 변동에 따라 국내의 현금 공급이 불안정하게 변하게 만들어 1847년, 1857년, 1866년의 대규모 뱅크런과 금융 위기의 주범이 되었다고 비판받았다.

없다는 주장이 있지만, 이는 너무나 천박한 방법이어서 모든 위기를 설명할 수 있는 것이 못 된다."[162] 그러면서 경제 위기의 진정한 근원은 산업에서의 과잉 생산이라는 생각이 다시 한 번 언명되고 있다.

이러한 분석은 1857년 선거 당시 공화당의 선거운동에서 핵심적인 위치를 차지하는 것이었다. 따라서 "이 나라 미국의 상업 시스템에 깊숙이 스며들고 있는 전례 없는 재난"으로 인해 "우리 모두가 비용 삭감에 들어갈 수밖에" 없어서 다른 모든 해외 통신원들을 잘라 낼 수밖에 없었음에도 불구하고, 카를만큼은 『트리뷴』이 계속해서 붙잡고 있어야 한다는 게 데이나의 결정이었다. 그는 카를에게 "인도 전쟁, 그리고 내 생각에는 이제부터 유럽 대륙뿐만 아니라 영국에서도 일어날 것이라고 보이는 상업 공황과 같은 가장 중요한 주제들"에만 기사를 집중해 달라고 강력하게 촉구했다.[163]

사실상 그의 입장과 『트리뷴』의 입장 사이에 충돌이 벌어질 수도 있었을 유일한 영역은 아시아를 어떻게 다룰 것인가였다. 왜냐하면 『트리뷴』은 인도가 미국과 마찬가지로 영국이 만들어 낸 지구적 자유무역 시스템의 희생자라고 보았던 반면, 카를은 인도의 전통 사회를 영국이 깨고 들어간 것이 필연적인 세계사의 전개라고 보았다. 1853년 6월 카를은 엥겔스가 스위스에 대해 쓴 기사가 '『트리뷴』의 '**<u>지도자들</u>**'(집중화 반대론자 등등)과 **그들의** 인물인 케리에게 직접 한 방 먹인 것'을 축하하고 있다. 그리고 계속해서 이렇게 말하고 있다. "나도 인도에 대한 내 첫 기사에서 비밀리에 이러한 싸움을 계속하고 있다네. 여기에서 나는 영국이 인도의 토착 산업들을 파괴한 것을 **혁명적**이라고 묘사했으니까. 그들은 이를 아주 **<u>충격적</u>**으로 받아들일 걸세. 그런데 인도에 대해 영국인들이 행하고 있는 전체 행정은 구역질나는 것이었고 오늘날에도 여전히 그렇다네."[164] 1850년대에 걸쳐 마르크스가 인도에 대해 쓴 저작들은 대부분 19세기 전반기 영국 급진주의자들에게서 발견되는 제국에 대한 비판을 반복하고 있다.[165] 카를은 제국의 행정과 동인도회사는 '낡은 부패'의 형태로 마구 비판하고 있지만, 사회와 경제의 관점에서는 식민화를 진보적으로 간주할 때가 많았다. 1853년 6월의 기사는 카를이 인도에 대해 가장 처음에 쓴 기사들의 하나이며, 여기에서 동인도회사는 1688년 혁명 이후 입헌군주정과 '독점화를 노리는 금융적 이익집단' 사이의 협정으로까지 거슬러 올라가서 설명되고 있다. 원래 동인도회사는 상업보다는 '직접적인 착취'를 통해 재화를 획득했으며, 어마어마한 부를 뜯어내어 영국으로 이전했다는 것이다. 7년 전쟁 이후 "과두제가 그 '동인도회사의' 모든 권력을 흡수했고, 아무런 책임도 지지 않으면서 그 권력을 손에 쥘 수가 있었다."166) 동인도회사 치하의 인도는 '영속적인 재정 적자, 전쟁의 정기적인 과잉 공급, 공공사업 공급의 전무, 혐오스러운 조세 시스템, 그리고 그 못지않게 혐오스러운 법률과 사법제도의 상태' 등이 있었다고 한다.167) 동인도회사의 중역 이사회 Court of Directors 스스로가 영국의 상층계급 출신 인사들에게 돈을 받고 관직을 팔고 있으며, 그 액수만 매년 40만 파운드에 달한다고 한다. 또한 그 산하에는 거대한 규모의 관료 조직이 딸려 있지만 그 작동은 지독할 정도로 느리다는 것이다. 카를은 상황을 이렇게 요약한다. "이 과두제는 인도를 이런저런 전쟁에 끌고 들어가고 있으며, 그 목적은 자기들의 둘째, 셋째 아들들에게 일자리를 주기 위함이다. 순전히 돈으로 돌아가는 이 통치 체제는 그러한 일자리를 경매에 부쳐 가장 많은 액수를 부른 자에게 배당한다. 관료 조직은 여기에 복속되어 있으므로 그 행정은 마비되어 있고, 그러한 행정의 오용을 영구화시켜서 또 그것을 자기들 조직을 영구적 유지에 절대적으로 필요한 조건으로 삼는다."168)

하지만 이 모든 것에도 불구하고, 카를은 영국이 인도에 들어오고 또 아시아의 다른 곳으로도 침투하는 것을 궁극적으로 진보적인 것으로 본다. 카를은 제임스 밀, 헤겔, 장바티스트 세 등의 다양한 19세기 전반기 저술가들로부터 아시아는 정체되어 있고 역사도 없는 곳이라는 이미지를 물려받았다. 1850년대와 1860년대의 그의 저작들은 이러한 유럽 바깥의 세계가 운동성이 없고 수동적인 존재라는 이미지들을 그대로 재생산하고 있다. 그가 1853년 6월 초 『트리뷴』에

인도에 대해 처음으로 쓴 기사에는 다음과 같은 구절이 있다. "인도가 정치적인 면에서는 변화무쌍했던 과거를 가지고 있는 것으로 보일지 모르지만, 그 사회적 상태는 까마득한 고대부터 지금까지 전혀 변한 것 없이 그대로이다. … 인도 사회는 역사라 할 것이 전혀 없으며, 최소한 기록되어 알려진 역사는 전혀 없다. 우리가 인도 역사라고 부르는 것은 아무 저항도 없고 아무 변화도 없이 수동적으로 버티고 있는 사회에 차례로 침입하여 그 위에 자기들 제국을 세운 자들의 역사에 불과하다."169)

그다음 10년 동안에도 아시아 제국들에 대한 그의 관점은 근본적으로 변하지 않았다. 1862년 그는 중국을 '저 살아 있는 화석'이라고 묘사했으며, '동양의 제국들은 비록 정치적 상부구조의 통제력을 거머쥔 개인들과 부족들이 끊임없이 바뀐다고 해도 사회의 하부구조는 꿈쩍도 없이 똑같다는 사실을 입증하고 있기 때문'이라고 설명하고 있다.170) 카를은 그의 합리주의와 계몽주의의 선배들과 동렬에 서서 하이네가 '낭만주의 유파'라고 불렀던 이들의 동양에 대한 여러 환상에 대해 혐오감을 표출하고 있다. "우리는 이 목가적인 촌락 공동체들이 비록 양순한 외양을 띠고 있다고 해도 항상 동양적 전제정의 탄탄한 기초 역할을 했다는 사실을 잊어서는 안 된다. 또 이 공동체들이 인간의 정신을 지극히 비좁은 반경 안에 가두어 놓아 미신의 순종적인 도구로 만들고, 전통적인 규율에 짓눌린 노예들로 만들고, 그들에게서 인간으로서의 모든 존엄과 역사를 만들어 나갈 에너지를 빼앗아 버렸다는 점을 잊어서는 안 된다." 이 작은 공동체들은 카스트와 노예제로 '오염되었을' 뿐만 아니라, 카를은 헤겔을 따라서 인도의 종교 또한 '관능의 성찬인 동시에… 자기에게 고문을 가하는 금욕주의'라고 말하고 있다. 무엇보다 이러한 공동체들은 '인간을 상황의 주재자(가 되도록) 격상시키기는커녕 인간을 외부 상황에 복속시켜 버렸다'고 한다. 바로 이러한 '자연에 대한 여만적인 숭배'가 '원숭이 신 하누만과 암소 신 사발라' 숭배를 설명해 준다고 한다.171) 이때 남게 되는 진정한 질문은 하나밖에 없다. '동양 전제정'의 이러한 '불변의' 성격과 역사적 발전을 '여러 생산양식'이 차례로 이어지며 진보하는 것으로 그려 내는 카를의 이론과 어떻게 화해시킬 것인가이다. 1853년, 카를은 엥겔스의 동조에 힘입어 도무지 변할 줄 모르는 아시아의 성격이라는 것을 다음의 몇 가지로 설명할 수 있다고 생각하게 되었다. 첫째, '대규모 공공 사업을 돌보는 과업을 중앙정부에 넘겨준' 결과이며, 특히 관개灌漑 사업이 그 중요한 예라고 한다. 둘째, '촌락 시스템'이 '농업과 여가에 행하는 제조업 일거리를 가정 내에서 결합'하는 것을 기초로 이루어졌기에 여러 작은 중심지들로 뭉쳐 흩어져 있었다는 것이다.[172] 1850년대 말, 그는 토지에서의 사적 소유가 없었다는 것이 그 결정적인 특징이라고 강조하게 되며, 1857~1858년에 걸친 그의 '자본주의 이전의 경제 구성체들'에 대한 연구에 바탕을 두고서 '아시아적' 생산양식이야말로 '사회의 경제 발전에 있어서' 최초의 단계라고 기술할 만큼 자신감을 가지게 된다.[173]

그렇다면 갈수록 광범위하게 침투해 오는 지구적 자본주의로부터 생겨날 혁명에 있어서 유럽 바깥의 세상이 맡을 역할은 무엇인가? 달리 말하자면, 마르크스가 1853년에 생각했던 것처럼 '아시아의 사회적 상태에서의 근본적 혁명 없이 인류가 그 운명의 종착점에 도달하는 일이 가능할까?'[174] 마르크스는 아시아의 변화가 외부로부터 올 수밖에 없다는 1820년대 저술가들의 관점에 동의한다. 『공산주의 선언』에서 그는 '부르주아지'에 대한 굳은 신뢰를 깔고 있으며, 그들의 '저렴한 상품들이야말로 중국의 모든 성벽을 박살 내 버릴 화력을 가진 대포이다. … 부르주아지는 세계의 모든 국민들로 하여금 절멸되지 않으려면 부르주아적 생산양식을 받아들이도록 강제하며, 그것이 문명이라 부르는 것들을 그 국민들 생활의 중심에 도입하도록 강제한다'고 말한다.[175] 카를은 1853년 『트리뷴』에 쓴 기사 중 하나에서 이러한 생각을 자세히 상술하고 있다. "농업과 여가에 행하는 제조업 일거리를 가정 내에서 결합'하는 것에 기초한 이 해묵은 '촌락 시스템'은 '해체'될 것인데, 그 과정은 '영국 징세업자들과 영국 병사들의 야수적인 개입을 통해서라기보다는 잉글랜드✤의 증기기관과 자유무역의 작동' 때문일 것이라는 것이다. 영국의 통치는 인도에 정치적 통일성 유지, 유럽의 과학, 유럽식으로 훈련된 군대, 자유 언론, 영국식으로 훈련된 공무원들, 옛날의 공동 보유지 시스템의 폐지, 인도와 잉글랜드의 항로 단축 등의 장점들을 가져온다는 것이다. 만약 혁명이 아시아의 사회적 변혁에 달려 있다고 한다면, 잉글랜드야말로 '그러한 혁명을 가져오는 역사의 무의식적 도구'였던 것이다."176)

데이나가 '인도 전쟁'이라고 부르기는 했지만, 카를은 세포이의 난Indian Mutiny을 보면서도 큰 영향을 받지는 않았다. 인도에서 벌어진 이 반란은 '영국인들에 의해 고문당하고, 모욕당하고, 헐벗을 정도로 수탈당한' 농민들Ryots이 일으킨 것이 아니라 '영국인들이 잘 먹이고 잘 입히고 살찐 고양이처럼 쓰담쓰담 해주었던 용병들Sepoys'이 시작한 것이라는 것이었다. 따라서 그는 이 세포이 반란을 앙시앙 레짐 몰락 전야에 왕정에 반대하여 프랑스 귀족들이 일으켰던 반란과 비슷한 것이라고 보았다.177) 그의 기사는 주로 양쪽 모두가 저지른 잔혹 행위들과 전투의 세부 사항들로 채워져 있다. 카를은 나중에 가면 이 반란이 단순한 '군대 내의 하극상mutiny'이 아니라 '모종의 국민적 반란'일 수 있다는 점을 기꺼이 인정하게 되지만, 이는 디즈레일리의 연설을 들은 다음의 일이었다.178) 태평천국 반란에 대한 그의 태도는 더욱더 차갑고 또 정보와 지식도 부족한 것이었다. 이는 동양 제국들의 사회적 구조는 변하지 않는다는 그의 신념과 완벽하게 일치하는 것이었다. 반란자들에 대해 카를은 이렇게 말한다. "이들은 왕조를 바꾸는 것 말고는 아무런 과제도 인식하지 못하고 있다. 이들은 구호도 없으며… 보수적인 침체 대신 기괴할 정도로 혐오스러운 여러 형태의 파괴, 즉 새로운 건설의 핵심이라고는 전혀 없는 파괴를 낳는 것 말고는 아무런 사명도 없는 것으로 보

✤ Britain과 England는 모두 '영국'으로 번역될 때가 많지만, 이 둘이 대조되면서 쓰일 때에는 전자는 '영국' 후자는 '잉글랜드'라고 번역했다. 후자는 산업과 세계 정치의 중심 역할로서의 영국을 강조하는 내포적 의미를 담고 있는 듯하다.

인다."[179]

카를은 1852~1854년에 『트리뷴』에 보낸 초기의 기사들에서 1848년 혁명이 끝나 버렸다는 것을 받아들였다. 하지만 그는 영국에서만큼은 '부르주아지'와 '영국 노동계급의 정치적으로 활동적인 부분' 사이의 현대적 계급투쟁이 임박했다고 여전히 확신하고 있었다. 그것은 바로 '맨체스터 유파'와 차티스트들 사이의 투쟁이었다. 당분간 이 투쟁의 중심적인 중요성은 의회에서의 당파 싸움 때문에 잘 드러나지 않을 것이다. 하지만 '토리, 휘그, 필 지지파' 모두가 '정도의 차이는 있어도 다 과거'에 속한 집단들이라는 게 카를의 주장이었다. **'현대 영국 사회의 공식적 대표자들**'은 자유무역주의자들, 즉 '맨체스터 유파'의 사람들로, '잉글랜드 부르주아지의 가장 활동적이고도 정력적인 부분인 제조업자들이 인도'하고 있다고 한다. 그리고 이들을 대적하는 것은 차티스트들로, 이들은 "보편적 선거권을 곧 영국 노동계급의 정치권력과 동의어로 여기고 있다. 영국에서 인구의 대다수를 점하는 프롤레타리아트하에서나마 실로 오랜 내란을 거치면서 스스로를 하나의 계급으로 명확히 인식하는 의식을 획득했으며, 농촌으로 가도 독립적 소농들peasants은 이제 흔적도 없고 오직 지주들, 산업 자본가들(영농업자들), 고용 노동자들밖에는 없다."[180] 1846년 곡물법 철폐로 승리를 거둔 '맨체스터 유파'의 대표자들의 눈으로 볼 때 '귀족 지배'는 '이제 소멸해 가는 반대자들'이며, '노동계급'이야말로 '그들의 떠오르는 적'이라는 것이다. 물론 카를도 인정하는 바이지만 잠시 동안은 그들도 이 '떠오르는 적'과 타협하는 쪽을 더 선호할 것이다.

> 하지만 역사적 필연성과 토리 집단의 압력 때문에 이들도 더 앞으로 나갈 수밖에 없게 된다. 이들은 자신들의 임무를 완수하는 운명을 피할 수 없다. 그것은 옛날의 영국, 과거의 영국을 산산조각 내는 과업이다. 그리고 이들이 배타적으로 정치적 지배권을 정복하게 되는 그 순간, 즉 정치적 지배권

과 경제적 패권이 동일한 손아귀에 통일되는 순간, 따라서 자본에 맞선 투쟁이 더 이상 현존하는 정부에 대한 투쟁과 구별되지 않게 되는 순간, 바로 그 순간이 **영국의 사회혁명**이 시작되는 순간이다.[181]

그다음 해에 산업 지구에서 대규모 파업 운동이 벌어졌다. 1853년, 카를은 아직 부자연스러운 그의 서투른 영어로 이렇게 썼다. "지배자들 쪽에서는 거짓된 허울이 서서히 벗겨져 없어졌으며, 보통 사람들 쪽에서는 어리석은 여러 환상이 사라져 갔다. 이 두 계급 사이의 전쟁은 있는 그대로 적나라하게 드러나게 되었으며, 공공연하게 선언되었고 또 명쾌하게 이해되었다…." 이제 문제는 더 이상 **임금**이 아니라 **지배권**이 되었다는 것이다. "그러자 맨체스터의 자유주의자들은 마침내 자신들의 본모습을 가리고 있었던 허세를 떨쳐 버렸다. 그들이 그러한 허세로 숨기고자 했던 것은 바로 자본에 대한 지배력, 그리고 노동에 대한 노예제이다."[182] 그해 9월 카를은 런던 주식 시장에서의 패닉을 보고 흥분했으며, 그 결과로 나타날 경기 침체가 장기적인 것이 된다면 노동자의 활동이 '곧 **정치적 영역**으로 옮겨 오게 될 것'이라고 기대했다.[183] 1854년, 카를은 차티스트운동의 부활과 비슷한 일이 벌어질 것이라고 낙관했다. 차티스트운동 지도자인 어니스트 존스의 주도로 '노동 의회Labour Parliament'라는 것이 맨체스터에서 회합을 가졌으며, 그 직후인 여름 동안 존스가 제조업 지역들을 순회하며 열었던 연설회는 곳곳에서 많은 군중을 끌어모았다.

1855년, 불황의 조짐이 보였다. 3월이 되자 카를은 이렇게 예견한다. 몇 달만 더 있으면 공장 지역의 위기가 1842년 위기와 같은 깊이까지 도달할 것이다. 일단 이 위기의 효과가 노동계급의 삶에까지 영향을 미치게 되면, 변화가 생길 것이다.

이 계급 속에 지난 6년간 어느 정도 잠자고 있었던 정치적 운동이 새로운

> 선동의 구호를 내세워 다시 일어날 것이며, 이를 따라잡지 못하는 것은 핵심 간부 집단뿐일 것이다. 산업 프롤레타리아트와 부르주아지 사이에 갈등의 불길이 다시 타오를 것이며, 그와 동시에 부르주아지와 귀족들 사이의 갈등 또한 그 절정에 달할 것이다. 그렇게 되면 지금까지 외국인들의 눈에 영국의 정치적 지형의 진정한 특징들을 은폐해 왔던 가면이 떨어져 나갈 것이다.[184]

그해 여름, 그는 하이드파크에서 있었던 대중 집회와 시위를 목격하고 완전히 흥분해 버렸다. 이 시위는 복음주의 기독교인들Evangelicals이 발의한 일요일의 상거래를 불법화하는 법안에 반대하여 일어난 것으로, 순식간에 5만 명에서 20만 명으로 불어났다. 카를에 따르면 이는 1830년 조지 4세의 장례 행렬 이후 런던에서 벌어진 최대의 인파였다고 한다. "우리는 이를 처음부터 끝까지 목격했으며, 다음과 같이 말해도 과장이 아니라고 생각한다. **영국 혁명은 어제 하이드파크에서 시작되었다.**"[185]

1850년대는 '부르주아 생산 시스템'의 지구적 전개에 대한 카를의 신앙이 최대에 달했던 시기였다. 인도와의 관계에서 나타났던 "영국 산업의 파괴적인 효과는 오늘날 구성되어 있는 바의 생산 시스템 전체가 낳은 유기적 결과물들이다. … 부르주아적 산업과 상업은 지질학적인 여러 격변으로 지구의 표면이 형성된 것과 똑같은 방식으로 새로운 세계의 물질적 조건을 창출하고 있다."[186]

> 우리에게 이 19세기에 특징적으로 나타나는 하나의 거대한 사실이 있으며, 이는 그 어떤 당파도 감히 부인할 수가 없는 사실이다. 한편으로는 인류 역사상 그전 어느 시대에도 감히 생각지도 못했던 산업과 과학의 힘이 살아나게 되었다는 것이다. 그리고 다른 한편으로는 로마제국 말기의 기록에나 나오는 끔찍한 공포를 훨씬 뛰어넘는 쇠락의 증후들이 존재한다는 것이다.

하지만, 달리 볼 수도 있다.

우리의 입장에서 보자면, 이 모든 상황에 계속 자신의 모습을 나타내고 있는 명민한 정신의 모습과 의미는 너무나 분명한 것이다. 즉 이 최근에 새롭게 나타난 사회적 힘들은 … 오로지 최근에 새롭게 나타난 인간들에 의해 지배되기를 기다리고 있을 뿐이다. 그 인간들이란 바로 노동하는 인간들이다. 이들은 기계 자체가 만들어 낸 존재이기도 하지만, 또 그것만큼이나 현대의 발명품이기도 하다. 중간계급과 귀족들뿐만 아니라 한심한 퇴행적 예언자들까지도 당황스럽게 만드는 여러 증후들 속에서 땅속을 쏜살같이 들쑤시고 다니는 우리의 오랜 친구인 늙은 다람쥐 로빈 굿펠로Robin Goodfellow✣를 우리는 분명히 알아볼 수 있다. 그것은 바로 저 소중한 개척자인 혁명이다. 영국의 노동자들은 현대 산업이 처음으로 낳은 아들이다. 이들은 분명코 그 현대 산업이 가져올 사회혁명의 선두에 서게 될 것이다. 그 사회혁명은 전 세계의 자신들 계급의 해방을 의미하는 것으로, 자본의 지배 및 임금 노예제와 똑같이 보편적이고 전 세계적인 것이다.

사회의 정의를 바로잡는 심판의 그날이 다가오고 있다는 것이다. 중세 독일에는 '펨 법정Vehmgericht'✣✣이라고 불리는 비밀 법정이 있어서 지배계급의 못된 행동들에 대해 보복을 가하기도 했다. 이는 '펨'에 의해 사형을 언도받은 모든 집에다가 붉은 십자가를 그려 놓곤 했다는 것이다. "유럽의 모든 가옥은 이제 저 신비로운 붉은 십자가 표시가 그려지게 된다. 판사는 역사이며, 그 사형 집행인은 프롤레타리아들이다."187)

✣ 영국 전설에 나오는 마법의 요정. 셰익스피어의 『한여름밤의 꿈』에 나오는 요정 퍽Puck과 동일한 존재이다.

카를이 그려 내는 이 특이한 전망이 비록 초현실적인 것으로 보일 수 있겠지만, 이는 1848년 혁명이 생매장당하면서 인위적으로 조성된 고요의 표면 밑에서 거의 10년 동안이나 분노로 부글거리던 잠들 줄 모르는 정신의 산물이었다. 1850년대가 경제의 새로운 시대를 열었음은 명백하다. 경제 호황의 특이한 에너지가 영국뿐만 아니라 유럽 대륙에 걸친 여러 중요한 제조업 지역들을 휘어잡았으며, 게다가 이를 가로막던 제도적 장애물들과 반동적 정치권력 등도 이제는 사라진 상태였다. 그 어떤 국가도 철도 그리고 그에 수반되는 여러 새로운 형태의 사업과 기업체들 없이는 경제를 꾸려 갈 수 없게 되었다.

하지만 물밑에서 진행되던 여러 정치적 발전이 1850년대가 끝날 무렵 모두의 눈앞에 확연히 드러났을 때, 이는 1840년대의 혁명가들이 예상했던 그런 것이 전혀 아니었다. 상업 위기가 오기는 했지만 이는 1842년의 위기와는 전혀 닮은 점이 없었다. 차티스트운동도 되돌아오지 않았다. '맨체스터 유파'의 지도자들인 콥든과 브라이트는 1857년의 선거에서 대패했다. 토리는 보호무역주의를 버리고 디즈레일리의 지휘 아래에서 스스로의 정체성을 농촌뿐만 아니라 도시에도 기반한 당으로 재규정했다. 휘그와 필 지지파는 단순히 사라진 것이 아니라 몇 명의 아일랜드 의원들 및 '맨체스터 유파'의 잔존 세력과 함께 1859년 자유당을 결성했다. 심지어 『인민의 신문』 편집장이자 차티스트운동 내에서 카

✣✣ 본래 중세 유럽에서 카를 대제 이래로 사형 언도의 권한은 신성로마제국 황제에게만 있었지만 이는 형식적인 것일 뿐 실제로는 각지의 영주들이 행사하고 있었다. 하지만 베스트팔렌 지방은 예외적인 문화가 존재하여 스스로를 신성로마제국 황제로부터 직접 처벌의 권한을 부여받았다고 여기는 비밀 법정이 있어서 사형을 언도할 만큼 심각한 문제와 분쟁이 생길 때 이를 비밀리에 처리했고 그 절정은 14세기와 15세기였지만 이후에도 비밀스러운 형태로 계속 존재하여 1811년 나폴레옹 치하에서 비로소 완전히 불법화되었다고 한다. 각 지역에는 이 '펨 법정'의 의장Stuhlherr이 있었으며 이는 주로 그 지역의 군주 혹은 최고 성직자가 맡았고, 이들을 총괄하는 '최고 의장Oberststuhlherren'은 여러 장소를 거쳐 결국 쾰른의 대주교가 맡았다고 한다. 귀족과 자유민들 가운데에서 일종의 배심원이라고 할 '아는 자들Wissend'이 구성되면 의장은 이들 가운데에서 실제의 재판장 역할을 할 '자유 백작Freigraf'을 선임한다. 고발자가 있을 경우 법정은 피고인을 소환하며, 피고인은 이에 응하지 않을 경우 유죄를 자인한 셈이 되어 비밀리에 사형을 집행당하고(주로 교수형) 재산은 몰수당했다고 한다. 괴테의 희곡 『괴츠 폰 베를리힝엔』에서도 이 펨 법정의 한 장면이 나온다.

를의 유일한 친구이자 동맹자인 어니스트 존스마저도 1857년 중간계급 급진파들과 동맹을 맺게 된다. 1858년 이후 『트리뷴』에 보내는 카를의 글은 영국 노동계급 정치에 대해서는 거의 말할 것이 없어진다. 그의 글은 주로 의회 의사록에 의지하거나 유럽 쪽 소식에 초점을 둘 뿐이었다. 1850년대가 끝날 무렵 카를은 갈수록 고립된 인물이 되어 갔으며, 심지어 독일인들로 이루어진 자신의 '당' 친구들 안에서조차 그러했다. 단일한 공동전선을 계속해서 유지하는 일도 갈수록 긴장과 갈등을 보이기 시작했다.

5. 이탈리아 전쟁과 '당'의 종말

쾰른 공산주의자 재판과 1852년의 '공산주의 동맹'의 해체 직후 빌리히-샤퍼 분파는 내부의 무수한 스파이 혐의와 폭로로 얼룩진 가운데 깨져 버리고 만다. 그 이후 런던의 혁명적 독일 망명객들 사이의 정치 활동은 정지 상태로 들어간다. 1853년이 되면 민주주의자들도, 사회주의자들도 더 이상 혁명이 임박했다고는 믿지 않게 된다. 급진파 정치 클럽들은 회원이 격감하게 되며, 반면 미국이나 오스트레일리아로 이주하는 이들의 숫자가 갈수록 늘어났다.

당연하게도 이러한 정치적 분위기의 변화는 카를의 '당'에도 영향을 미쳤다. 한때 카를을 중심으로 뭉쳤던 전우들(어떤 경우는 1844년의 파리와 『전진!』까지 거슬러 올라갔다)도 점차 정치적 이유에서나 개인적 이유에서 하나둘 사라지기 시작했다. 카를의 쾰른 친구들 중에서 외과 의사인 롤란트 다니엘스Roland Daniels는 1851년에 체포되었다가 1852년의 공산주의자 재판에서 무죄로 석방되기는 했지만, 감옥에서 폐결핵을 얻어 불치의 지경으로 나왔고 1855년 사망했다. 1850년 카를을 대신하여 빌리히와 결투를 벌였다가 기적적으로 살아남은 콘라트 슈람은 1858년 노르망디의 제르제Jersey에서 결핵으로 사망했다.

1848~1849년 동안 『신라인 신문』의 문예란 편집자로 활동했던 게오르크 베이르트는 한 독일 영리 기업의 여행 요원이 되었다가 1856년 아바나에서 '악성 말라리아jungle fever'로 사망했다.

카를의 또 다른 쾰른 친구인 하인리히 뷔르거스는 6년을 감옥에서 복역한다. 카를에 따르면 이는 '그를 아주 온건하게 만드는 효과'가 있었다고 하며, 1860년대가 되면 '국민협회Nationalverein'(이는 자유주의 입장에서 프로이센을 지지하는 조직이었다)와 진보당Progress Party✤ 주변을 맴돌게 된다.[188] 1850년대 초 카를에게 일종의 비서 노릇을 하던 빌헬름 피퍼Wilhelm Pieper는 갈수록 성가신 존재로 여겨지게 되었다. 그는 1857년 크리스마스 기간 동안 마르크스 가족의 집에 머물렀다. 카를은 "그가 술을 잔뜩 마신 다음 날의 우울증 같은 상태로 도착했으며, **그 어느 때보다도** 지적으로 재미없고 지루했다"고 말하고 있다.[189] 몇 년 후에 예니가 루이제 바이데마이어에게 보낸 편지에 보면, 피퍼는 브레멘에 있는 한 학교의 교장이 되었다고 하며, '현실의 세상으로 아프게 내동댕이쳐지면서 바보스러운 푼수 수다쟁이가 되어 버렸다'고 한다. 뷔르거스와 마찬가지로 그는 '국민협회'에 가입했다. 페테르 이만트는 일자리를 찾아 영국의 캠퍼웰을 떠나 스코틀랜드로 갔으며, '붉은 볼프'인 페르디난트 볼프Ferdinand Wolff는 '어느 황량한 벽지'의 교사가 되어 결혼해서 자식을 세 명 낳았고, '평범한 속물philistine aussi이' 되어 버렸다고 한다.[190] 카를과 예니가 경멸적으로 부른 이름인 '쬐끄만little' 에른스트 드론케는 글래스고에서 사업을 시작했다. 예니에 따르면 1865년 그는 '허세와 교만이 가득한 혐오스러운 속물'이 되어 버렸다고 한다.[191] 이미 1858년 초 콘라트 슈람이 숨을 거두었을 때 엥겔스는 이렇게 탄식했다. "이 길고 긴 평화가 지속되는 동안 우리의 창당 멤버들은 빠르게 줄어들고 있구나!"[192]

✤ 프로이센 하원에서 자유주의적 입장으로 비스마르크에 반대하는 의원들이 모인 독일 최초의 정당. 자라나고 있었던 독일 산업 부르주아의 지지를 얻어 1861~1865년의 기간 동안 최대 정당의 자리를 차지했고, 프로이센이 주도하는 대의제 민주주의의 독일 통일을 지지했다.

1858년 프로이센 왕이 선언한 이른바 '새 시대'가 찾아오면서 정치적 관심이 되살아났지만, 정치 논쟁은 이제 더 이상 망명객들 사이의 토론으로 결정나는 것이 아니었다.[193] 런던에 있는 독일인들 사이의 정치적 차이는 이제 독일 내에서의 여론에 따라 형성되었다. 그리고 지배적인 이슈도 이제는 사회문제가 아니었다. 정치를 규정하는 것은 이제 더는 임박한 혁명 같은 것이 아니라 독일의 장래와 프로이센의 지도력을 둘러싼 여러 문제들이었다. 독일의 국가 통일에 대해서는 여러 다른 생각들이 서로 경쟁하고 있었고, 이에 따라 나폴레옹 3세의 기회주의적 모험 행동이 가져올 새로운 전쟁과 갈등에 대해서, 러시아 팽창의 공포에 대해, 그리고 좀 더 일반적으로는 '동방 문제'와 오스만제국의 장래에 대해 각각 다른 반응들이 나오게 되었다. 이러한 상황 전개에 직면하게 되자 카를이 '당'에 대해 가졌던 생각들이 여러 사건들의 압력을 견뎌 내지 못했다는 것도 자연스러운 일이었다.

그 중요한 시험이 닥쳤던 것은 1859년의 이탈리아전쟁이었다. 이탈리아의 민족운동은 20년의 투쟁에도 불구하고 롬바르디아와 베네치아를 점령하고 있는 오스트리아 군대를 몰아낼 수 없었다. 이에 외국의 도움이 필요했고, 가장 가능성이 높은 나라는 프랑스였다. 1858년 피에드몽 왕국의 수상인 카보우르는 프랑스와 피에드몽 모두가 오스트리아와 전쟁을 할 것을 내용으로 하는 조약을 보나파르트와 체결한다. 오스트리아는 이미 약하고 고립된 상태에 있었다. 오스트리아는 1850년 올뮈츠 조약Treaty of Olmutz에서 독일연방을 재구성하고 슐레스비히-홀슈타인에서 프로이센 군대의 철수를 강제함으로써 프로이센과 관계가 소원해진 상태였다. 게다가 1853~1856년의 크림전쟁에서도 러시아의 반대편에 서서 러시아와 관계도 소원해져 있었다.

하지만 급진파 특히 독일 내의 급진파에게 있어서 프랑스 황제가 이탈리아를 돕는다는 것은 문제가 있다고 여겨졌다. 보나파르트는 라인란트를 노리는 계획을 가지고 있을 뿐만 아니라 오스트리아에 맞서서 러시아의 지지에 의존하고 있다는 믿음이 광범위하게 유포되어 있었다. 프랑스는 보나파르트 치하에서 프랑스 내의 가톨릭교도들을 기쁘게 하기 위해 이미 1849년에 이탈리아에 개입하여 마치니의 로마 공화국을 끝장내고 교황을 로마에 복위시킨 적이 있었다. 그래서 독일인들 사이에서는 의견이 분열되어 있었다. 다수는 프랑스의 팽창적 야심에 맞서서 오스트리아를 지원해야 한다고 믿었지만, 프로이센이 이 전쟁을 이용하여 오스트리아를 독일연방에서 배제하는 과정을 가속화시켜야 한다고 믿었던 이들도 있었다. 후자는 소수파였지만 비스마르크 등 영향력이 있는 인물들을 포함하고 있었다. 오스트리아는 독일 내부에서의 지지를 구축하는 데 혈안이 되어 있었는지라 프랑스혁명군과 나폴레옹 1세가 라인란트를 점령했었던 기억을 환기시켜서 프랑스의 팽창주의적 야욕에 대한 공포를 조장했다. 이러한 목적에서 그들은 라인강을 지켜 내려면 포Po강✤도 지켜 내야 한다는 슬로건을 만들어 냈다. 쉽게 말하자면 북부 이탈리아를 오스트리아가 지배하는 것이 독일의 사활이 걸린 이익이라는 것이었다. 그리고 이를 수단으로 하여 프랑스의 위협에 맞서 오스트리아를 지지해야 한다는 쪽으로 독일 내의 여론을 몰고 갈 수 있었다.

1859년 초, 엥겔스는 「포강과 라인강」이라는 제목의 팸플릿을 써서 여기에 개입한다. 그의 논지는 비록 오스트리아가 롬바르디아와 베네치아에 아무런 권리가 없지만 오스트리아가 북부 이탈리아를 점령하는 것이 독일의 안보에 있어서 필수적이라는 것이었다. 따라서 그 주된 논지는 보나파르트의 위협에 맞

✤ 라인강은 프랑스와 독일의 경계를 이루어 프랑스 남쪽까지 이르고, 포강은 알프스 산맥 남쪽의 이른바 롬바르디아 평야를 동서로 가르지르며 아드리아해로 들어간다. 이탈리아 북부의 번창한 도시들은 롬바르디아 평야에 포진해 있다. 결국 통일된 독일의 '자연 경계'란 라인강과 포강으로 이루어져 스위스와 이탈리아 북부까지 포괄해야 한다는 주장이 된다. 알프스를 넘어서 독일이 이탈리아 북부에 개입 간섭한 것은 신성로마제국 황제였던 프리드리히 1세까지 거슬러 올라가는 오래된 일이며, 이탈리아 통일에 최대의 장애가 이렇게 이탈리아 북부를 자기 영역으로 여기는 오스트리아의 합스부르크 왕가와 여기에 밀접하게 연결된 로마 교황청이라는 인식도 오래된 것이었다.

서 싸우자는 것이었다. 엥겔스의 주장에 따르면 나폴레옹의 진정한 야욕은 라인강 지역으로 프랑스의 경계선을 확장하여 옛날 비엔나 회의에서 프랑스가 상실한 영광을 되찾는 데 있다는 것이었다. 카를은 이 팸플릿을 두고 '**대단히 영리하다**'고 생각했지만, 그 '정치적 측면'은 '지독하게 어렵다'는 점을 인정했다.[194]

라살레는 여기에 동의하지 않았다. 그는 「이탈리아 전쟁과 프로이센의 임무」라는 팸플릿을 냈으며, 여기에서 이탈리아전쟁은 독일에 아무런 위협이 되지 않으며 프랑스와 독일 사이의 전쟁은 바람직하지 않으므로 민주주의자들의 입장에서는 여기에 반대해야 한다는 것이었다. 이탈리아에서의 오스트리아의 위치에 대해 독일인들이 지지를 보내는 것은 실수라는 것이었다. 이 때문에 롬바르디아와 베네치아에서의 오스트리아의 위치만 강화될 것이며, 이와 마찬가지로 만약 독일이 프랑스를 공격한다면 프랑스에서 나폴레옹의 위치만 더 강화될 것이라는 것이었다.

카를은 화를 내며 이에 반응했다. "라살레의 팸플릿은 **어마어마한 큰 실수**라네. 자네의 '익명' 팸플릿 출간이 그의 부러움과 질투심을 자극한 모양일세. … 이제 당 기율을 절대적으로 강하게 내세워야만 하네."[195] 1859년, 카를은 보나파르트와 이탈리아 문제에 대한 라살레의 입장을 바로잡으려고 시도했다.

> 제가 보는 한 이탈리아전쟁은 프랑스에서 보나파르트의 위치를 일시적으로 강화시켜 줄 뿐만 아니라, 이탈리아 혁명을 배반하고 이탈리아 통일을 피에드몽 교조주의자들과 그 추종자들의 손에 넘겨주는 일이며, 프로이센으로 하여금 그 하우크비츠✤식 정책 덕에 자유주의자 떼거리들vulgus 사이에 각별히 인기를 얻을 수 있게 해 주는 일이며, 독일에 대한 **러시아의** 영향

✤ 크리스티안 폰 하우크비츠 백작Christian Graf von Haugwitz을 말하는 듯하다. 그는 18세기 말 19세기 초 프로이센의 외교정책의 책임자로, 프랑스의 팽창에 맞서서 라인강 지역을 지켜 내는 것에 정책의 역점을 두었다.

> 력을 증대시키는 일이며, 마지막으로 보나파르트주의와 각국 민족성에 대한 헛소리를 결합한 가장 구역질나는 종류의 전례 없는 탈도덕화를 확산시키는 것입니다.[196]

그러니 리소르지멘토는 그만해 두자![197] 그리고 카를은 계속하여 라살레가 '당'의 관점에서 벗어난 것을 꾸짖고 있다. "누구든 먼저 다른 이들의 견해를 참조하지 않고서 당의 입장으로 말을 할 수는 없습니다. 그게 아니라면 누구나 남들을 아랑곳하지 않고 자기 관점을 내세울 권리를 갖게 되겠죠." 카를은 강력하게 주장한다. 작은 당의 경우 그 안에서 공공연한 논쟁을 벌이는 일은 결코 도움이 되지 않는다는 것이었다. "작은 당은 그 부족한 숫자를 메꾸기 위해서라도 활력과 열의가 넘쳐야만 한다고 저는 희망합니다."[198] 하지만 라살레는 자신의 입장을 굽히지 않았다.

이 '당'의 의미가 무엇이냐는 문제는 1860년에 다시 제기된다. 이번에는 카를 포크트Carl Vogt와 관계에서 카를이 답변을 준비하는 과정에서였다.[199] 포크트 사건은 런던에 있는 망명객들 사이의 여러 차이점으로부터 생겨난 것이었다. 다수파는 최소한 1861~1862년의 헌법 갈등이 벌어지기 전까지는 독일에서 프로이센의 지도력을 지지하는 입장이었다. 이는 런던에서 가장 성공한 독일어 신문인 『헤르만Hermann』의 설립자였던 고트프리트 킨켈의 입장이기도 했다. 킨켈이 이끄는 『헤르만』은 '국민협회'와 동맹 관계에 있었다. 하지만 1859년 7월 『헤르만』의 편집진이 바뀌면서 신문은 강력한 오스트리아 지지로 입장을 바꾼다. 이러한 관련 속에서 이 신문은 또 카를 블린트를 지지하게 된다. 블린트는 1848년 슈트루베와 관련을 맺었던 인물로, 마치니에 영감을 받아 범슬라브주의를 공격하고 독일 문제에서는 공화주의에 입각하여 프로이센에 반대하는 입장이었다. 그는 또한 보나파르트주의와 그 팽창의 야욕에 대해 날카로운 공격을 가하기도 했다. 그는 보나파르트의 앞잡이들이 정치 토론을 좌지우지하고 있다고 믿었으며, 특히 제네바 대학의 지질학 및 동물학 교수인 카를 포크트가 바로 그러한 앞잡이 중에서도 중요한 인물이라고 확신했다.

1858~1859년에 걸친 정치적 관심의 부활은 자유주의적인 '국민협회'의 성장을 가져왔을 뿐만 아니라 '공산주의 노동자 교육 협회CABV: Communistischer Arbeiter-Bildungsverein'의 부활도 가져왔다. 그 회원의 대다수는 바이틀링이나 카베의 추종자들이었으며 또 빌리히-샤퍼 분파 출신이었다. 하지만 카를의 추종자들도 일부 있었으니, 그중에서도 주목할 인물은 빌헬름 리프크네히트였다. 그는 기센Giessen 출신의 철학과 졸업생이자 '공산주의 동맹'의 활동가 출신이었다.[200] 또한 양복 제조공 요한 게오르크 에카리우스Johann Georg Eccarius와 프리드리히 레스너Friedrich Lessner도 있었다. 리프크네히트는 이 조직에서 중책을 맡고 있었다. 매주 정치 상황을 개괄하는 보고서를 제출했을 뿐만 아니라 웨스트엔드 지부의 의장이기도 했다. '노동자 협회'의 정치적 관심이 되살아난 결과의 하나는 『헤르만』을 대체할 경쟁지인 『민중Das Volk』이 1859년에 창간된 일이었다. 『민중』의 1호는 5월 7일에 간행되었다.

카를은 '노동자 협회'의 회원이 아니었고, 브루노 바우어의 동생인 에드가가 '노동자 협회'에 가입하는 것을 허용할 것인지를 놓고 리프크네히트와 언쟁을 벌이기도 했다. 하지만 그는 자신의 정치적 명성을 재건하고자 하는 열망을 가지고 있었다. 1859년 가을 그는 '노동자 협회' 건물에서 '20~30명의 선발된 인원'을 놓고 정치경제학에 대해 '사설 강좌'를 열었다. 그의 『정치경제학 비판을 위하여』의 첫 번째 분권이 막 독일에서 출간된 상태였지만, 그가 라살레에게 말했듯이 그 책이 비평가들로터 '철저하게 무시'당했으므로 책의 판매에 대해서는 완전히 포기하고 있었다.[201] 그는 또한 엥겔스의 팸플릿 「포강과 라인강」이 '지독한 평화의 기간에 완전히 멍청해져 버린… 저 민주주의자 개자식들과 자유주의자 떨거지들'에게 한 방 먹이는 충격이 있을 것이라는 희망을 걸기도 했다.[202] 카를의 주된 희망은 '노동자 협회'가 부활하고 『민중』이 창간되면서 자기 '당'의 정치적 헤게모니를 다시 확립할 수 있는 기회가 오리라는 것이었다. 이러한 이유에서 그는 처음부터 그 신문에 은밀하게 도움을 주고자 했다. 하지만 신문의 정책을 자기 뜻대로 통제하고자 했던 카를의 노력은 실패했고, 되려 그러한 야심이 알려지게 되자 '노동자 협회' 내에서 광범위한 분노만 불러일으키는 바람에 '협회'는 이후 그 신문과 더 이상의 어떤 연관도 갖지 않게 되었다. 이에 『민중』의 독자 수는 급격히 감소했고, 카를과 엥겔스가 이 신문을 구해 내기 위해 상당한 노력을 기울였음에도 8월이 되면 결국 무너지고 만다.

『민중』에 기고했던 카를의 글들은 주로 보나파르트와 어떻게 싸울 것인가의 문제를 다루고 있었다. 그가 이탈리아전쟁에 대해 가졌던 관심 또한 사실상 이 이슈에 국한된 것이었다. 그는 보나파르트가 러시아와 비밀 동맹을 맺고 있다는 자신의 관점을 반복했으며, 보나파르트가 크림전쟁과 이탈리아전쟁에 끼어든 것은 '전쟁이야말로 그가 옥좌를 유지할 수 있는 조건'이라는 사실 때문에 어쩔 수 없는 것이라는 논지도 반복했다.[203] 카를은 심지어 '보나파르트 씨가 집정관으로 자신이 거느리는 떼거리들을 이끌어서 프랑스와 유럽 대륙 대부분 지역에서 최고의 인기를 얻을 수 있는 사업은 다름 아닌 영국 침공'일 것이라는 추측까지 서슴지 않았다. 그리고 이러한 결론에 도달한다. "보나파르트 씨는 침략에 모든 것을 거는 도박꾼일 뿐이다. 그는 판돈을 몽땅 거는va banque 게임을 해야만 하는 인물이다. 조금 먼저 혹은 조금 나중이 될 수 있겠지만, 결국은 그런 게임을 할 수밖에 없다."[204] 카를이 『민중』지 일에 끼어든 것이 중요한 이유는 이 때문에 그가 카를 포크트와 법적 정치적 분쟁에 휘말리게 되었기 때문이다. 카를은 1859년 여름부터 300페이지에 달하는 논쟁서 『포크트 씨Herr Vogt』를 출간하는 1860년 12월까지 내내 이 싸움에만 매달리게 된다.

『포크트 씨』에서 카를은 다음과 같은 이야기를 풀어놓는다. 1859년 5월 9일 데이비드 어커트가 이탈리아 전쟁을 토론하기 위해 준비한 공중 집회에서 「공산주의 동맹」의 회원이었지만 마치니주의자로 전환한 카를 블린트가 카를에게 접근하여 카를 포크트가 보나파르트의 뒷돈을 받는 인물로 의심된다는 이야기를 한다. 포크트는 1848~1849년의 프랑크푸르트 국민의회에서 급진파의 일원이었고, 그 이후 의회가 해산되었을 때에는 다섯 명의 '제국 섭정들imperial regents'의 한 사람으로 지명될 정도로 저명한 인물이었다. 그는 강력한 반오스트리아 입장을 가지게 되었고, 보다 최근에는 오스트리아의 헤게모니를 깨뜨리고 독일 내에서 자유주의적 국민적 발전이 성공할 수 있는 길을 닦기 위해서는 보나파르트를 지지하는 것이 반드시 필요하다고 주장하고 있었다.

카를 포크트는 당대의 가장 유명한 자연과학자의 한 사람이었다. 그는 유명한 화학자 리비히Liebig의 학생이었으며, 제네바 대학에서 지질학, 생리학, 동물학 교수가 되었다. 그는 학자로서의 이력을 시작한 지 얼마 안 되어 두꺼비 올챙이의 발생을 연구하면서 세포 자멸apoptosis(세포의 자발적인 계획된 사멸)의 메커니즘을 찾아내고 이를 연구하여 명성을 얻었다. 다윈은 그의 저서 『인간의 유래The Descent of Man』에서 그를 당대의 진화론의 으뜸가는 대표자의 한 사람으로 인정하고 있다.[205] 그는 이력의 후반기로 들어오면 '다원설poligenism'이라는 이름이 붙은 진화론의 한 변종을 발전시킨다. 이 이론에 의하면, 인류에 여러 다른 인종들이 존재하는 것은 각각의 인종마다 다른 유형의 영장류에서 진화해 나왔기 때문이라고 설명한다. 즉 '백인종'은 '흑인종'과는 다른 유에 속한다는 것이었다.

하지만 정치적으로 포크트가 많은 이들의 의심을 사게 된 특별한 계기가 있었다. 그가 1859년에 출간한 팸플릿 「유럽의 현재 상황에 대한 연구」였다. 이 저작의 목표는 독일의 공공 여론을 향하여 이탈리아 문제에 대한 보나파르트의 태도가 '독일의 통일과 민족으로서의 존재'를 완전히 존중하는 것이니 '독일의 안보라는 관점에서는 가장 만족스러운 것'으로 느끼는 것이 온당하다고 안심시키는 것이었다. 하지만 이 팸플릿에 사용된 일부 구절들은 프랑스에서 행해지는 보나파르트주의자들의 프로파간다를 그대로 번역해 놓은 것으로 보였다. 카를은 "그의 연구는 프랑스 신문 『모니터』의 기사들을 독일어로 **짜깁기**compilation 한 것에 불과하다"고 말하기도 했다.[206] 한편 블린트는 어커트의 신문 『자유 언론』에 익명으로 쓴 기사에서 포크트에 대한 의심을 표명했다. 이 기사에서 블린트는 비록 포크트의 이름을 직접 거명하지는 않았지만, 익명으로 뿌려진 「경고Zur Warnung」라는 제목의 한 장짜리 선전물에서는 분명히 포크트의 이름을 거명한다.

리프크네히트 그리고 『민중』의 편집장인 엘라르트 비스캄프Elard Biscamp는 이 소문을 카를로부터 듣고서 포크트에 대한 그러한 혐의를 『민중』에 그대로 게재했을 뿐만 아니라 포크트가 프랑스의 앞잡이로 바덴의 민주주의자들을 매수하려고 했다는 증거를 자신들이 가지고 있다고 주장했다. 여기에 대해 포크트는 법적 대응을 했다. 하지만 그가 고소한 대상은 『민중』이 아니라 그 주장을 다시 받아 보도했던 『일반 신문Allgemeine Zeitung』(오스트리아 지지 입장으로 아우구스부르크에서 나오는 신문)이었다. 그러자 『일반 신문』의 편집자들은 『민중』 쪽에 그러한 혐의를 뒷받침할 수 있는 증거를 달라고 요청했다. 그러자 『민중』 쪽에서는 카를에게 증거를 요청했고, 카를은 다시 카를 블린트에게 증거를 요청했다. 하지만 블린트는 자기가 「경고」의 저자임을 부인했다. 따라서 카를은 이 이야기를 애초에 시작한 이로 몰릴 수밖에 없게 되었다. 카를은 블린트에게 그 글을 쓴 것을 인정하라고 반복해서 시도했다. 하지만 그는 거부했다.

여기에서부터 이야기는 한층 더 복잡해진다. 리프크네히트는 『민중』을 찍는 인쇄소에서 「경고」의 원본을 발견했으며, 여기에는 블린트의 필적으로 수정한 흔적이 남아 있었다. 결국 이 때문에 「경고」의 저자는 블린트의 친구인 카를 샤이블Karl Schaible이었음이 실토된다. 따라서 카를은 자신이 포크트에 대해 최초로 의혹을 제기한 자라는 혐의를 반박할 수 있게 되었다. 하지만 그 와중에 1859년 12월 포크트는 스스로의 상세한 자기 변론인 『일반 신문에 맞선 나의 행동』이라는 책자를 또 발간한다. 여기에서 그는 자신을 박해한 주범은 블린트가 아니라 '런던 공산주의자들이 짜 놓은 음모의 망'이라고 주장한다. 카를의 말에 따르면, 포크트는 여기에서 아주 영리하게 증거를 매만져서 마치 이 사건이 자유주의자들과 공산주의자들 사이의 분쟁인 것처럼 보이게 만들고 있다고 한다. 카를은 라살레에게 보낸 편지에서 이렇게 말한다. "포크트가 자신을 중상모략한 주범으로 나를 지목한 것은 아주 영리한 일입니다. … 포크트는 내가 독일의 속류 민주주의자들 사이에서 혐오 대상bête noire이라는 사실을 잘 알고 있으니까요."207)

카를의 전기를 쓴 이들은 카를의 자기 변론인 『포크트 씨』가 이렇게 책 1권 분량이라는 과도한 분량이 되어 버린 것을 놓고, 그가 중요한 것과 사소한 것을 구별하지 못했던 사례로 다루거나, 아니면 그 기간 동안 원래 했어야 할 『자본론』 집필 작업에서 옆길로 새어 버린 불행한 사태로 다루는 것이 보통이다. 하지만 포크트가 제기했던 의혹은 아주 심각한 것이었다. 따라서 카를의 행동을 그런 식으로 비판하는 것은 합리적이지 않다고 본다. 포크트는 런던의 공산주의자들이 유럽의 여러 노동자 집단에 호소문을 보냈으며, 여기에 응답을 보내 자신들의 정체를 밝힌 노동자 집단들은 그 이후 협박으로 돈을 뜯겼거나, 아니면 경찰의 손아귀에 떨어졌다고 주장했던 것이다. 포크트에 따르면 이러한 파렴치한 활동의 기원은 스위스라고 한다. 그 본래의 회원들은 1848년 9월에 있었던 구스타프 슈트루베와 공화주의자들의 정권 탈취 시도와 관련된 이들이었다는 것이다. '제국 헌법 운동Imperial Constitution Campaign'이 패배한 뒤 이들은 스위스로 도피하여 하나 혹은 그 이상의 패거리를 형성했다고 한다. '유황파Brinstone Gang'와 '독기파Bristlers'가 그들이라는 것이다(또는 이 둘은 같은 조직의 다른 이름일 수도 있다고 했다). 이들은 런던으로 이주하여 여러 난민 위원회 중 하나에서 적극적으로 활동하게 되었다고 한다. 여기에서 포크트는 1850년에 '공산주의 동맹' 내부에 마르크스 분파와 빌리히-샤퍼 분파 사이에 분열이 벌어졌던 것에는 아무런 주의도 기울이지 않는다. 포크트에 따르면 양쪽 다 '유황파'의 지부들이라는 것이었다.

1858~1859년에 들어와서 정치적 활동이 다시 살아나고 『민중』이 창간되자 이 '유황파'는 또다시 활동을 재개하여 '민주주의 당을 박살 내 버리는' 일에 몰두했다는 것이다. 포크트는 지금 이 패거리를 이끄는 것으로 이야기되는

사람들은 카를, 리프크네히트, 『민중』의 편집자 비스캄프라고 주장했다. 처음에는 포크트도 이들이 무의식중에 반동의 도구 노릇을 하고 있다고 믿었다고 한다. 하지만 이제 "나는 이들이 의도적으로 그렇게 하고 있으며, 방금 언급한 인사들은 스스로가 반동의 도구임을 잘 알고 있을 뿐만 아니라 반동 세력과 대단히 긴밀한 연계를 유지하고 있음을 확신하게 되었다. … 마르크스 및 그의 동지들과 어떤 종류든 정치적인 거래를 맺는 이들은 모두 조만간 경찰의 손아귀에 떨어지게 될 것이다." 보그트가 제기한 의혹의 핵심인 협박 및 금전 갈취 그리고 배반 등의 혐의는 어불성설임이 분명했다. 카를은 여기에 대한 응답으로 '공산주의 동맹'의 역사를 그 1848년 이전의 활동들까지 거슬러 올라가 처음부터 설명한다. 하지만 카를이 아무리 노력한다고 해도 1848년 혁명 이후 공산주의 활동이 어떻게 되었는지에 대해 진짜 사실과 절반의 진실과 완전한 거짓을 마구 뒤섞어 만들어 놓은 포크트의 이야기를 대체할 만큼 명쾌하고도 직선적인 설명을 내놓는 것은 현실적으로 불가능한 일이었다. 당시의 망명객 집단들 내에서는 터무니없는 소문들과 순전히 환상에 불과한 반란의 이야기도 너무나 쉽게 믿는 분위기였고, 실제로 모든 조직과 집단들이 스파이들과 프락치들의 활동에 취약하게 노출되어 있었던 시대이기도 했다. 에드가 바우어(그 자신도 이미 덴마크 스파이가 된 상태였다)는 독일에서 온 이민자들과 비밀 경찰은 '똑같은 나무 줄기에서 뻗어 나온 두 개의 가지'라고 주장했다.[208] 이러한 스파이들, 이중 첩자들의 활동은 1852년 쾰른의 반역죄 재판, 그리고 그 재판의 공소 사실을 입증하기 위해 조작된 증거를 마구 만들어 내던 시점에서 그 절정으로 치닫고 있었다. 이러한 활동은 특히 빌리히-샤퍼 분파의 신뢰성에 깊은 상처를 남겼다. 이 분파 내에 슈르발Cherval, 기퍼리히Gipperich, 히르슈Hirsch, 플뢰리Fleury 등의 경찰 첩자들이 벌인 작업들로 인해 빌리히의 명성 자체가 심각히 위태로워졌던 것이다. 하지만 카를 또한 비밀 요원인 '방야 대령'의 요청으로 우쭐해진 기분에 들떠 『위대한 망명객들』 같은 책자를 쓴 바 있으니 여기에 연루되어 보인 것은 마찬가지였다.

이러한 상당히 우울한 역사에 비추어 볼 때, 카를이 1850년대의 망명객들에 대해 그답지 않게 온화하고 너그러운 해석을 내리고 있다는 것도 놀랄 일은 아니다. "소수의 개인들을 예외로 한다면, 이 이민자들의 죄목이라고 할 것은 기껏해야 환각에 빠져들었다는 것 정도이며, 그것도 그 시대의 정황을 볼 때 상당 정도 정당화될 수 있는 것이었다. 아니면 이런저런 어리석은 짓들을 저지른 정도일 터인데, 이 또한 워낙에 특이한 상황에 처하다 보니 필연적으로 생겨날 수밖에 없는 일이었다."[209] 그 책의 나머지 부분에서 카를은 또다시 보나파르트주의와 범슬라브주의 사이에 불경스러운 동맹이 맺어져 있다는 자신의 믿음을 반복하여 주장하고 있으며, 포크트의 『연구』에서 바로 그러한 동맹의 흔적을 발견할 수 있다고까지 주장하고 있다. 카를은 『브뤼메르 18일』에서 자신이 제시했던 보나파르트에 대한 해석을 간략히 제시하고 또 『18세기 외교사』에서처럼 표트르 대제 이래로 '영국 정부와 러시아 정부 사이에 지속적인 비밀 협력 관계'가 존재해 왔다는 억측 또한 반복하고 있다. 실로 포크트의 음모 이론과 닮은꼴의 음모 이론으로 맞불을 놓고 있는 셈이지만, 그 규모는 필적할 정도가 아니라 훨씬 뛰어넘는 것이라 할 것이다. 카를에 따르면, '러시아 범슬라브주의자'인 포크트가 슬라브 제국의 '자연 경계선' 확립을 지지하고 있으며, 이러한 야심을 지지하기 위해 '러시아가 오스트리아, 잘츠부르크, 스티리아Styria, 그리고 카린티아Carinthia의 독일인 거주 지역까지 모두 병합해야 한다'고 주장하고 있다는 것이다. 보나파르트주의와 관련해서 카를은 나폴레옹이 이탈리아에서 제한전을 벌일 수밖에 없었던 이유는 프랑스 경제의 위태로운 상태에 대한 대응으로 또 흔들리고 있었던 군대의 충성심을 바로 세우기 위해 다른 도리가 없었다고 설명하고 있다. 그다음에는 사보이를 획득한 보나파르트가 스위스에 대해서는 어떤 계획을 가지고 있는지 세세히 논한다.[210]

엥겔스는 『포크트 씨』를 읽은 후 카를에게 보낸 편지에서 이렇게 말한다. "말할 것도 없이 이는 자네가 지금까지 쓴 논쟁적 저작 중에서도 최고의 글일세. 이는 보나파르트보다(즉『브뤼메르 18일』) 간결한 문체로 씌어 있지만 필요할 때에는 아주 효과적인 문제를 구사하고 있네."[211] 리프크네히트 또한『포크트 씨』를『자본론』과『브뤼메르 18일』과 동렬에 놓고 '삼위일체'라고 부르고 있다. 그 각각이 '한 위대한 인격체가 서로 다른 주제들을 놓고 서로 다른 방식으로 스스로를 표출'하는 방식을 보여 주고 있다는 것이었다.[212] 에드가 바우어의 반응은 좀 더 신중했다. 그는 카를이 포크트가 자신에게 내놓은 혐의들을 성공적으로 반박했다는 점에는 동의했다. 그런데 비록 그가 자신의 저작들에 기초하여 포크트에 맞서 설득력 있는 공격을 가한 것은 사실이지만, 포크트가 보나파르트의 앞잡이임을 입증하는 데 성공한 것은 아니며, 따라서 블린트가 원래 포크트에 대해 내놓았던 주장을 반복하는 것 이상은 하지 못했다는 것이었다.[213]

카를 스스로의 평가로 보자면, 포크트와의 싸움은 '당의 역사와 이후 독일에서 당이 차지하게 된 위치에 대한 역사적 해명에 있어서 결정적인 것'이었다고 한다.[214] 하지만 포크트와의 논쟁 그리고 이탈리아에서의 보나파르트의 역할에 대한 더 큰 논쟁이 무슨 의미가 있었다면, 그것은 1850년대가 끝날 무렵이 되자 카를의 '당'이 현실적으로 무의미하게 되었고, '새 시대'가 시작되고 있다는 것을 증명한 사건이었다는 것뿐이다. 포크트 사건은 처음에는 블린트가 포크트를 공격하는 여러 주장을 내놓으며 시작된 민주주의자들 내부에서의 논쟁일 뿐이었다. 여기에서 이슈가 된 것은 혁명도, 프롤레타리아트도 아니었다. 단지 독일의 통일이라는 전망과 관련하여 이탈리아에서 보나파르트의 행동이 어떤 의미를 갖는지였을 뿐이다. 이는 사회주의자들과 민주주의자들로 갈라져서 싸우던 문제도 아니었다. 사회주의자들도 이 문제를 놓고 분열되어 있었으며, 민주주의자들도 똑같이 분열되어 있었다. 이탈리아에 대해 '당'이 합의된 입장에 도달할 수 없었다는 것은 엥겔스와 라살레가 전혀 다르게 이 문제에 접근했다는 사실에서 분명하게 드러나고 말았다.

카를의 '당'이라는 게 현실적으로 무의미해지고 있다는 사실은 카를이 포크트와의 법적 분쟁에서 시인 프라일리그라트의 지지를 얻어 내려고 했을 때 분명해졌다. 비록 프라일리그라트는 카를과의 개인적인 우정을 기꺼이 재확인했고, 카를과 마찬가지로 생시몽이 말하는 '가장 많은 노동을 하지만 가장 빈곤한 계급classe la plus laborieuse et la plus misérable'에 대해 변함없이 헌신할 것이라고 말하고 있지만,[215] 포크트와의 싸움을 '당'의 문제로 받아들여 거기에 끌려 들어가지는 않겠다고 잘라 말하고 있다. 그는 카를에게 이렇게 답한다. "1852년 말 쯤 쾰른 재판의 결과로 '공산주의 동맹'이 해체되었을 때 나는 그런 식의 당에다가 나를 얽어매는 모든 연결 고리들을 다 끊어 버렸다네." 그는 자신이 '동맹'에 가담하기 오래 전부터, 혹은 『신라인 신문』의 편집진에 합류하기 오래 전부터 이미 '혁명과 프롤레타리아트의 시인'이었다고 한다. 그는 시인인 고로 자유를 필요로 했지만, 당은 그를 가두는 '일종의 우리'였다는 것이다. 마지막으로 그가 당과 거리를 두기를 정말로 잘했다고 생각하게 만든 사안이 또 하나 있었다. 그것은 텔러링Tellering, 방야, 플뢰리 등등과 같은 두 얼굴을 가진 천한 족속들이 당과 연계를 맺었다는 사실이었다. 그토록 조심하라고 경고를 보냈음에도 이런 자들이 결국은 당에 밀고 들어오고 말았다는 것이다. 그래서 그는 조직과 관계를 끊어 버렸으며, 따라서 다시는 그런 족속들과 억지로 접촉해야 할 필요도 없어졌다는 것을 상기할 때마다 상쾌함을 느껴 너무나 기쁘다는 것이었다.[216]

1850년대에 프라일리그라트가 벌였던 활동들을 보면 1850년대 후반기 들어 '당'이 깨져 나가도록 만든 힘들이 어떤 것이었는지가 잘 드러난다. 그는 신념에 찬 급진파였지만, 독일 문학과 시의 문화를 매개로 고트프리트 킨켈 주변의 부유한 문인 집단과 가까운 관계가 되었다. 킨켈은 열정적인 시인 지망생이었고 그의 처인 요하나는 재능 있는 작곡가로, 부유층 지역인 세인트존스우드에 살고 있었다. 1858년 당시 런던에서 급진파 독일 노동계급 독자들을 노리고 새로이 창간된 급진파 민주주의자들의 신문 『신시대Die Neue Zeit』는 카를이 익명으로 쓴 기사를 게재했다. 그 기사는 킨켈이 선별된 인사들로 팀을 구성하여 영국의 여러 호수를 돌아다니며 독일의 시를 읽자는 킨켈의 제안을 조롱하는 내용이었다. 킨켈이 내는 자유주의-민족주의 주간지 『헤르만』은 프로이센이 이끄는 독일 통일을 선호하면서 공화주의 및 민주주의 정치를 마구 폄하하고 있었다. 1858년 여름 킨켈은 또한 '노동자 교육 협회'에서 자신의 시를 낭독하러 또다시 모습을 드러내기도 했고, 이를 놓고 카를은 '부활하신 킨켈'이라고 부르기도 했다.

1858년 가을, 요하나 킨켈이 창문에서 떨어져 사망한 일이 있었다. 그녀의 장례식 때 프라일리그라트는 그녀가 자유, 사랑, 시에 대해 굳은 신념을 가지고 있었음을 찬양하는 시를 썼으며, 망명객들의 전투장에서 스러져 간 순교자라고 칭송했다. 카를은 프라일리그라트의 배신 변절에 뇌졸중을 일으킬 지경으로 분노했고, 자기 주변 인물에게는 프라일리그라트가 '입에 악다구니를 물고 사는 저 더러운 년의 죽음'을 놓고 고트프리트가 조직한 '싸구려 신파극' 같은 장례식에 참석했다고 해서 그를 '살찐 속물'이라고 부르기도 했다.[217] 다음 해가 되면 카를에게 더욱 불쾌한 일이 벌어진다. 당시 런던에 사는 독일인들 대부분은 크리스털 팰리스Crystal Palace에서 열리기로 되어 있는 실러 축제에 온통 관심을 쏟고 있었다.[218] 킨켈과 프라일리그라트는 시인으로 그 준비 위원회에서도 가장 두드러진 인물들이었다. 카를은 프라일리그라트가 그의 '당 친구들' 중 누구도 위원회에 초빙하려는 노력을 전혀 하지 않았다는 것 때문에 화를 냈다("물론 그놈은 초빙한다고 해도 내가 거기 갈 사람이 아니라는 것을 아주 잘 알고 있었지만 말일세"). 킨켈의 『헤르만』지가 이 행사를 널리 알렸기에 런던의 독일인 공동체가 사실상 전부 다 이 행사에 참여했었다.

포크트 사건에 대한 프라일리그라트의 편지는 그러고 나서 몇 달이 지난 후에 씌어진 것이었다. 카를은 1850년대에 자신이 생각하는 '당'이라는 게 정확히 무엇인지를 일부러 모호하게 만드는 게 훨씬 더 편리했을 것이다. 하지만 이 편지로 인해 그러한 편리한 모호함은 포기해야만 했다. 그는 프라일리그라트까지 적으로 돌릴 형편은 못 된다고 생각했기에 그의 감정을 달래는 유화적인 답장을 쓰게 된다. 카를 스스로의 설명에 따르면, 그가 말하는 '당'이란 '공산주의 동맹'이나 『신라인 신문』 편집진을 뜻하는 것이 아니라 '폭넓은 역사적 의미에서의 당'이라는 것이었다.[219)]

부록: 프레더릭 데무트

'프레디'라고 불렸던 프레더릭 데무트Frederick Demuth는 카를의 생전에는 자주 보이지 않는 인물이었다. 하지만 1883년 카를이 죽고 렌첸이 엥겔스 집의 하녀로 가고 난 뒤에는 마르크스 집안을 정기적으로 드나드는 사람들 중 하나가 되었다고 한다. 이때가 되면 프레디는 숙련된 설비 기술자이자 엔지니어 총연합회Amalgamated Society of Engineers의 킹스크로스King's Cross 지역 지부의 활동적인 회원이었다. 카를의 딸들은 그를 잘 알았고, 그에게 모종의 부채의식 같은 것을 가지고 있었다. 가족의 공식적인 이야기에 따르면 프레디는 엥겔스의 아들이었다. 하지만 만약 그게 사실이었다면 엥겔스가 그를 너무나 심하게 막 대한다고 카를의 딸들은 생각했을 것이다. 1890년 렌첸이 숨을 거두었을 때 엘리노어 마르크스는 언니인 라우라에게 편지를 보내 "프레디는 정말 모든 점에서 훌륭하고 점잖게 행동했는데 엥겔스 아저씨는 어째서 그에게 그렇게 짜증만 부리는 걸까. 참 이해할 수도 없고 또 참 부당한 일이야. 아마 누구든 자기가 과거에 저지른 일이 그렇게 피와 살을 가진 인간의 모습으로 눈앞에 나타나는 것을 좋아할 수는 없겠지. 그래서 프레디를 만날 때마다 항상 그가 부당한 대접을 받고 있다는 생각 때문에 내가 죄책감이 들 정도야."[220)]

하지만 1895년 8월 엥겔스가 숨을 거두기 며칠 전, 엘리노어는 자신의 가까운 친구 새뮤얼 무어Samuel Moore로부터 사실은 프레디의 아버지가 카를이라는 사실을 듣게 된다. 그는 엥겔스가 자기 아들을 버렸다는 추문을 부인하다가 그러한 사실을 누설했던 것이다. 라우라 또한 이미 알고 있었거나 그게 진실일 것이라고 강하게 의심하고 있었을 가능성이 높다. 하지만 엘리노어는 완전히 충격을 받고 황당한 상태에 빠졌다. 그래서 그녀는 엥겔스에게 직접 확인을 받기 위해 그를 찾아갔다. 하지만 엥겔스는 식도암으로 죽어 가고 있었기에 도저히 말을 할 수가 없었고, 대신 석판에 글을 써서 무엇이 사실인지를 알려 주었다. 그는 무어에게 이렇게 말했다. "투시Tussy가(즉 엘리노어) 자기 아버지를 우상으로 떠받들고 싶어 한다네."221)

이 엥겔스 임종 시에 있었던 일들의 세부적인 내용은 루이제 프라이부르거Louise Freiburger가 아우구스트 베벨에게 보낸 1898년 8월 2일 편지를 카를의 전기 작가 베르너 블루멘베르크가 1962년 암스테르담에서 발견하면서 처음으로 밝혀졌다. 프라이부르거는 칼 카우츠키의 전처로, 1890년에서 1895년까지 엥겔스 집의 하녀로 일했었다. 한편 엘리노어 마르크스의 전기를 쓴 이본느 캅Yvonne Kapp은 카를이 프레디의 아버지라는 것은 받아들이면서도 프라이부르거 편지 내용의 신뢰성에 대해서는 강력한 공격을 가한 바 있다. 캅은 그 편지가 '황당한 공상의 맥락'에서 쓰였다고 주장했으며, 그 편지에 나오는 주장들 몇 개는 거의 말도 안 되는 것임을 보여 주었다.222) 남아 있는 것이 편지 원본이 아니라 타자기로 옮겨 적은 문서뿐인 데다 그 편지가 발견된 시점이 하필 냉전이 절정에 달했던 때였기 때문에 그 편지가 반공주의 선전에 유용하게 쓰일 수 있었던지라, 테렐 카버Terrell Carver 같은 이들은 그 편지가 '아마도 나치 요원들에 의해 이루어진' 조작일 것이라고 믿기도 했다.223) 나 또한 『영국 인명사전The Dictionary of National Biography』에 기고한 '엥겔스' 항목에서 이러한 해석을 받아들인 바 있고, 최근에는 폴 토머스의 연구에서도 이러한 접근법이 이어지고 있다.224)

나는 지금은 다음과 같은 입장이다. 비록 프라이부르거의 편지가 터무니없는 주장들을 여럿 담고 있기는 하지만, 이는 고의적으로 꾸며 낸 거짓말이 아니라 엥겔스로부터 들었던 것들을 그녀가 뒤죽박죽으로 기억했기 때문에 벌어진 일이라는 것이다. 이 문서가 조작된 것이라는 주장에 대해 보자면, 이미 1890년대에 독일 사회민주당의 몇몇 저명 인사들이 프레디의 부친의 정체를 알고 있었음을 확인해 주는 증거가 다비트 리아자노프에 의해 수집된 바 있었다. 하지만 리아자노프가 숙청당한 이후 그 증거들은 소련 공산당 문서고에 숨겨져 있었다. 이 증거는 소련 공산주의 체제가 무너지고 난 뒤인 1990년대가 되어서야 비로소 빛을 보게 된다. 이 증거들을 보면 프레디는 공구 제작자로 1929년에 사망했으며, 자신의 아버지가 카를이었음을 알고 있었다는 사실도 드러난다.[225]

10 장

정치경제학 비판

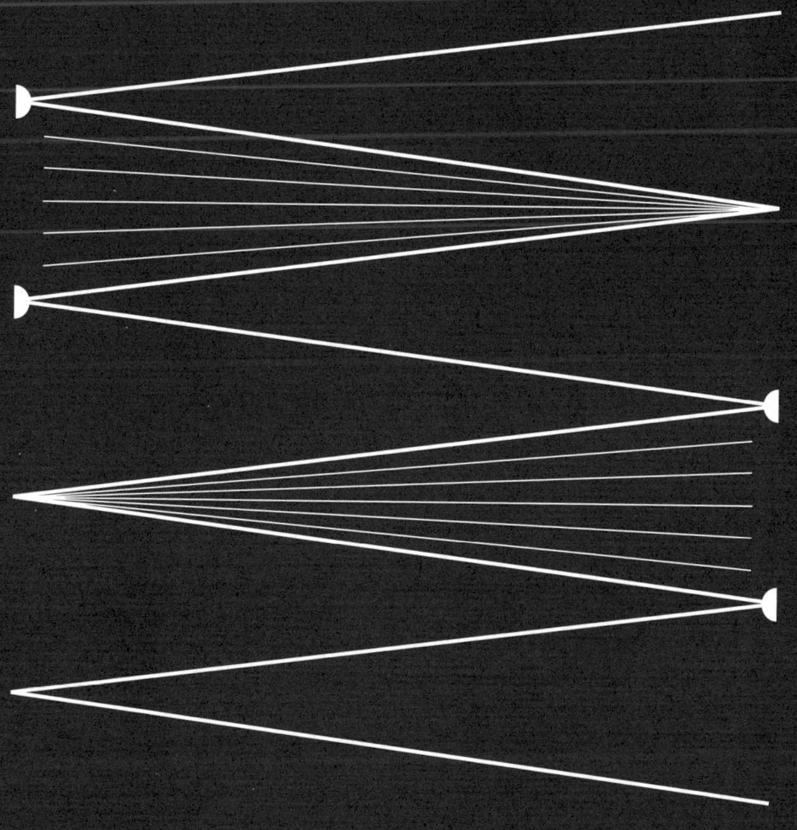

1. 카를의 '1857~1858년의 정치경제학 비판 개요': 이른바 『강요』[1)]

1857년, 카를은 지구적 경제 위기의 전망, 그리고 또 다른 혁명의 가능성이 나타났다고 생각했고, 그러자 마침내 1844년 파리에서 처음 시작된 '정치경제학 비판' 작업의 여러 요소를 하나로 맞추어 내기로 결심했다. "나는 한숨도 자지 않고 미친 사람처럼 내 경제학 연구 작업들을 맞추어 보고 정리하고 있다네." 그는 엥겔스에게 이렇게 알렸다. "그래서 최소한 저 대홍수déluge가 오기 전에 개요라도 정확하게 잡을 수 있도록 해야지."[2)] 또 1858년 2월에는 라살레에게 이렇게 썼다. 자기가 '몇 달간 막바지 단계의 작업'에 골몰했으며 '마침내 15년간의 연구를 거친 끝에 드디어 작업에 착수할 준비'가 되었다고. 그는 '엄격한 시간표'를 정해 놓지 말고 원고의 일부가 완성되는 대로 여러 번에 나누어 출간하기를 원했으며, 라살레가 그러한 형태의 출간을 맡을 용의가 있는 '베를린의 누군가'를 찾아내 자신을 도와주기를 희망한다고 했다. 카를이 라살레에게 자신의 저작을 묘사한 바를 보자.

> 제가 지금 힘을 쏟고 있는 작업은 『경제 범주들의 비판Critique of Economic Categories』입니다. **다른 말로 하자면**, 부르주아 경제체제를 비판적으로 폭로하는 것이지요. 이는 폭로인 동시에 마찬가지로 그 시스템에 대한 비판이기도 합니다. …
> 그 전체 저작은 6개의 책으로 나누어집니다. ① 자본에 대하여(이는 전체 저작의 서론에 해당하는 몇 개의 장들을 포함합니다), ② 토지 소유에 대하여, ③ 임노동에 대하여, ④ 국가에 대하여, ⑤ 국제무역. ⑥ 세계시장. 물론 저는 다른 경제학자들에 대한 비판적 고찰을 완전히 회피할 수는 없습니다. 특히 리카도가 그렇습니다. 그조차도 부르주아였기에 **엄격히 경제학적** 관점에서 보더라도 큰 실수를 저지를 수밖에 없었으니까요. 하지만 일반적으로 보자면 정치경제학과 사회주의의 역사와 그에 대한 비판은 다른 저작의 주제가 될 것이며, 여러 경제 범주들과 관계들의 발전을 다룬 간략한 **역사적 개괄**이 또 다른 책이 될 것입니다.[3)]

훗날 『강요Grundrisse』라고 알려지게 되는 책에 나오는 이야기는 인간이 스스로의 '사회적 본성' 혹은 '인간적 본성'을 상실했다가 지난한 역사 속에서 그것을 만회해 나가는 과정의 이야기이다. 이러한 본성은 시민사회 안에서는 외적 추상적 형식을 띨 수밖에 없었기에 그러한 형식의 배후로 은폐되어 왔다는 것이다. 따라서 그러한 발전 과정을 다시 서술하기 위해서는 '정치경제학 비판'의 형태를 띨 수밖에 없다고 한다. 왜냐하면 여러 경제 범주들(교역, 경쟁, 자본, 화폐 등등)은 '여러 사회적 생산관계를 이론적으로 표현한 추상물들에 불과'하기 때문이라는 것이다.[4)]

하지만 카를의 작업은 순탄하게 진행되지 못했다. 몇 달이 지난 후 그는 라살레에게 자신이 글의 송고가 늦어지는 것을 병 때문이라고 말하고 있다. 그는 또한 '빵과 버터를 벌기 위한 일'로 저널리스트 작업에 시간을 뺏길 수밖에 없었다고 했다. 하지만 연구 조사가 더 필요하기 때문은 아니라고 한다. "자료는 모두 모아 두었고, 제가 신경 쓰는 바는 글의 형식일 뿐입니다." 하지만 "내가 쓰는 모든 글은 모두 나의 간질환에 오염되어 있는 것으로 보인다는 게 문제입니다." 그는 계속해서 말한다. '내 인생에서 최상의 기간이었던 15년에 걸친 연구의 결과물'이 '의학적 이유에서 망쳐지는' 일이 있어서는 안 된다고 그는 굳게 결심했다는 것이다. 게다가 그는 자신이 '정당'의 지도자라는 스스로의 생각을 다시 내세우면서 이렇게 덧붙인다. "사회적 관계에 대한 중요한 관점이 과학적으로 상세히 설명되는 것은 최초의 일입니다. 따라서 당에 대한 나의 의무를 생각해 본다면, 엉망이 되어 버린 내 간 상태에 걸맞은 무겁고 딱딱한 문체 때문에 그러한 과업이 망쳐지는 것은 더더욱 있을 수 없는 일입니다."[5)]

『강요』에 나타난 카를의 논증 방식은 어설프고 논리가 잘 이어지지 않았다. 그 제시의 순서와 방식 또한 지극히 혼란스러웠다. 그는 라살레에게 보낸 편지에서 제시한 계획을 전혀 따르지 않았으며, 마지막 세 권의 책에 대해서는 거의 혹은 전혀 흔적이 없었다. 초고는 약 800페이지로 이루어져 있었다. 미완성의 서문과 두 개의 장이 있었다. 첫 번째 장은 '화폐'에 대한 것으로 120페이지에 달했고, 두 번째 장은 '자본' 에 대한 것으로 약 690페이지에 달했다. 텍스트의 대부분은 전체 6권 중 1권, 즉 '자본'에 대한 책과 관련된 것으로, 이는 다시 '자본의 생산 과정', '자본의 유통 과정', '결실을 맺는 존재로서의 자본. 이자, 이윤(생산 비용 등등)'의 세 부분으로 나누어져 있었다. 주요 주제들은 1848년의 사건들이나 혹은 그의 『뉴욕 트리뷴』 저널리즘에서 생겨난 관심사들과 뒤죽박죽이 되어 있었다. 비록 이 텍스트가 수많은 지적인 질문들이 해결되지 않은 채로 가득 차 있는 것은 사실이지만, 그렇다고 해서 이러한 미조직 상태를 완전히 부정적인 시각으로만 해석하는 것은 그릇된 일이다. 그 부분적인 이유는 엄청난 창의성의 기간에 마구 떠오른 생각들 중에서 첫 번째 책의 주제가 아닌 것들을 일단 휘갈겨서라도 적어 놓으려는 결사적인 노력의 결과물이기 때문이다. 예니가 1858년

4월 '엥겔스 씨'에게 보낸 편지에서 보듯이, 카를의 "쓸개와 간이 또다시 반란 상태에 있답니다. … 그의 상태가 악화되는 원인은 거의 노심초사와 흥분 상태 때문입니다. 이 상태는 그가 출판사와 계약을 마무리 지은 후에 어느 때보다 심해졌고 매일매일 더 심해지고 있답니다. 왜냐하면 그 저작을 종결짓는 것이 전혀 가능치 않다는 것을 알게 되었기 때문이죠."[6] 6주 후 카를은 엥겔스에게 편지를 보내 『트리뷴』에 인도에서의 영국 군대에 대해 대략 일반적인 이야기를 좀 써서 보내 줄 수 없겠느냐고 부탁하는 편지를 보낸다. "왜냐하면 내가 쓴 초고를 다시 읽는 일만으로도 1주일 중 일할 만한 시간이 다 가 버리기 때문일세. 그 원고에서(이 원고는 지금 당장 책으로 내도 묵직한 한 권이 될 걸세) 특히 고약한 점은 정말로 뒤죽박죽이라는 것일세. 그중 많은 부분이 나중에 나올 절들의 내용을 담은 노트이기 때문이지. 그러니 어느 노트북의 어느 페이지가 어느 내용을 다루는지를 짧게 나타내는 색인을 작성할 생각이야. 그래야 자네가 이 전체 초고에서 어느 부분부터 작업을 해야 할지를 알 수가 있겠지."[7]

2. 1844~1857년: 카를의 정치경제학 비판의 발전 과정

1844년 카를이 처음으로 정치경제학자들의 비판을 시작했을 때에는 정치경제학의 내적 논리에 대한 비판이나 상세한 논증 따위는 없었고, 특히 근대의 '부르주아 경제'에만 고유하게 나타나는 모순이라고 할 수 있는 것에 대한 이야기도 전혀 없었다. 거기에서 서술되고 있는 유일한 현실은 사적 소유라는 것뿐으로, 그것 때문에 인간이 경쟁에 의지하게 되며 노동자가 수요의 변화에 따라 창조되기도 하고 파괴되기도 하는 하나의 상품으로 바뀌어 버렸다는 것이 그 내용이었다. 카를은 프루동을 그대로 따라서 사적 소유가 존재하는 한 사물들은 그 진정한 가치보다 더 많은 비용을 치르게 되며, 재화들의 판매 가격은 그 진정한 가치를 웃돌게 된다고 주장했다. 엥겔스도 주장했듯이, 교환이란 '서로에게 사기를 치는 행위'이며 그 결과를 결정하는 유일한 법칙은 '운수'라고 한다. 당시 카를이 전반적으로 대조시켰던 두 가지는 사적 소유에 기인하는 온갖 빈곤과 '인간'이 도달해야 할 진정한 지향점이었다. 여기에서 묘사되는 '인간'이란 정치경제학에서 운위하는 경험적 인간이 아니라, 그 본질적 존재로서의 인간이었다. 즉 '인간적·자연적 존재'로서의 인간의 의미는 인간의 자연적 시원에서 찾을 것이 아니라 인간의 역사를 통해 도달하게 될 종착의 지향점destination에서 찾아야 한다는 것이다.

마찬가지로 1845년과 1846년에 작성된 카를의 저작에서 언급되는 '생산력'과 '생산관계'란 어느 특정한 경제 시스템의 내적 작동에 대한 것이 아니었다. 비록 이 용어 자체는 새로운 것이라고 해도 그 아이디어 자체는 독창적인 것이 아니었다. 사적 소유를 생산력 증대와 연관시키는 생각이나 생산의 형태와 정부의 형태 사이에 친화성이 있음을 시사하는 생각은 이미 17세기에 나타난 것이었다. 예를 들어 유럽의 토지 소유 제도와 미 대륙 원주민들의 수렵 채집 생활을 대조시키는 논의도 있었고, 사적 소유에 기초한 유럽의 체제와 '동양의 전제정oriental despotism'을 대조하는 논의도 있었다.[8]

카를이 '부르주아 경제'에 초점을 맞추는 것은 『철학의 빈곤』에서 비로소 시작된 일이며, 그때에도 피상적인 방식을 넘어서지는 못하고 있었다.[9] 카를은 프루동을 비난하는 데 몰두하면서 대안적인 가치 이론을 내놓기 위해 리카도의 『정치경제학과 조세의 원리』에 의존하고 있다.[10] 프루동은 교환 활동에서 가치와 가격이 일치한다는 리카도의 전제는 현실을 이상화한 것에 불과하다고 보아 반대를 표명한 바 있었다. 부르주아 경제의 주된 문제는 생산물들이 그 가치대로 판매되지 않는 데 있다는 것이었다. 이러한 문제점을 해결하기 위해 프루동은 다양한 조치들을 제안하고 있으며, 그중에는 화폐의 폐지도 포함되어 있었다. 프루동은 화폐라는 것이 진정한 또 정의로운 교환 관계의 확립을 방해하는 주요 장애물이라고 보았던 것이다.

카를은 여기에 응수하면서 리카도를 옹호한다. '프루동 씨는 노동시간으로 가치를 결정하는 것을 미래를 재건할 수 있는 공식으로 우리에게 내놓고' 있지만, 이는 '오늘날 현존하는 사회의 경제적 관계들을 과학적으로 표현한 것에 불과'하다는 것이다. 그다음으로 카를은 영국 정치경제학 저작들에 대한 자신의 독해에 기초하여 프루동이 실제적 제안으로 내놓은 것들이 이미 20년 전 존 프랜시스 브레이John Francis Bray와 다른 이들이 내놓았던 제안과 비슷하다고 주장한다. 그들은 오언주의 사회주의자들로, 노동 지폐 시스템을 도입하여 화폐를 대체한다면 이로써 신용 제한과 디플레이션의 문제들을 해결할 수 있을 것이라고 믿었다.[11] 하지만 『철학의 빈곤』에서 이러한 논지의 전개를 넘어서서 리카도의 경제 이론을 지속적으로 검토하지는 않는다. 카를은 리카도의 저작을 단지 정치경제학이 그 승리의 절정에 도달한 순간에 과학으로 '완성'된 모습으로, 즉 지금은 지나가 버린 한 시대의 결정체로서만 다루고 있다.

혁명의 결과 런던에 정착하게 된 카를은 1850~1851년에 그의 경제학 연구를 재개하며 다시 리카도의 저작을 찾아본다.[12] 그는 이제 리카도의 가치 개념을 사용하면 부에 대한 부르주아적 척도를 얻을 수 있을 뿐만 아니라, '부르주아 경제'(이를 그는 점차 '자본' 혹은 '가치 형태value form'라고 부르게 된다)가 어떻게 해서 생산력을 무섭게 증대시켜 나가는지도 설명할 수 있을 것이라고 생각하기 시작한다. 이미 그는 생산력 발전의 힘과 중심성을 강조하기 시작했던바, 이러한 생각은 그러한 경향을 더욱 강화시켰다. 1847년에는 '계급적 반목 시스템', 특히 '축적된 노동과 직접적 노동'(자본과 노동) 사이의 반목 시스템이 '생산력' 발전을 추동해 온 원동력이라고 주장한 바 있었다.[13] 하지만 『프랑스에서의 계급투쟁』까지의 저작에서 나타나는 바로 볼 때, 그때까지만 해도 카를의 사유에서 생산력은 그 역할이 비교적 대수롭지 않았을 뿐만 아니라 내용도 불분명한 것이었다. 하지만 1850년대 초가 되면 달라진다. 그는 세계적 호황과 번영의 회복으로 인해 그 힘과 역동성으로 유럽 혁명의 씨앗이 말라 버리는 모습을 똑똑히 보게 되었다. 그는 이제 이 생산력 증대의 순환적 성격에 희망을 걸게 되었다. 증기기관과 기계적 공장 시스템과 결부된 근대적 산업은 그 발전이 아주 변덕스러운 성격을 가지고 있으며 과잉생산의 사태가 한바탕 훑고 지나가는 일은 반복해서 나타나게 되어 있다. 그러면 순식간에 실업 사태가 새로이 나타나고, 노동자들의 운동도 다시 출현하게 될 것이며, 혁명도 되돌아올 것이라는 것이다.

카를은 리카도의 가치 개념을 활용하려고 했지만, 그를 통해 구체화하려 했던 이론은 리카도 자신의 관심사와는 전혀 동떨어진 것이었다. 리카도의 이론은 가치를 사회적 필요 노동시간과 연관을 짓는 것으로 오로지 총계 수준에서만 유효하도록 의도된 것이었고, 리카도 스스로도 그 이론의 유효성에 대해 여러 가지 제한을 가한 바 있다. 그의 가치 개념은 일반적 적용 가능성을 갖도록 의도된 것이 아니었다. 그 목적은 아주 제한된 것으로 생산물들의 이질성과 같은 복잡한 요인들을 일단 제거하고 난 뒤, 분배의 변화를 설명할 수 있도록 하는 것일 뿐이었다.

하지만 카를은 리카도의 가치 개념을 단순히 '가장 추상적 형태를 띤 부르주아적 부'라고 보았다.[14] 그는 노동의 가치를 측량 가능한 것으로 만들어 개별 기업에도 적용 가능한 것으로 만들고자 했다. 그는 그 개념을 이용하여 미지불 노동의 원천이 무엇인지를 설명하고 또 어째서 겉으로 볼 때에는 평등하고 공정한 교환에 기초한 듯 보이는 시스템이 알고 보면 항시적으로 교환의 한쪽 당사자에게 잉여를 안겨 주게 되는지를 보여 주고자 했다. 만약 그가 믿었던 것처럼 불평등의 원천이 발견되는 곳이 교환 과정이 아니라 생산 과정이라면, 노동이 행해진 시간 수를 가치 단위로 나타내 이를 노동자라는 집단이 생존을 유지하고 자식을 낳아 스스로를 재생산할 수 있게 하는 데 필수적인 관념상의 노동시간 수와 대조하는 것에 초점을 두는 것이 그러한 주장을 입증하는 한 방법이 될 터였다.

1857년경 카를은 그전까지 서로 무관했던 저작들로부터 수많은 명제들을 뽑아내 하나의 단일한 논지로 묶어 낸다. 1830년대와 1840년대의 프랑스 급진파 경제학 문헌에서 그는 노동자가 판매하는 것은 그의 노동이 아니라 그의 노동 능력, 즉 '노동력labour power'이라는 아이디어를 채택한다. 이 아이디어는 이미 뷔레와 프루동에게서 발견할 수 있는 것이었다. 카를은 이제 이러한 혜안을 그가 읽은 바의 리카도, 즉 상품의 가치는 사회적 필요 노동시간으로 결정되며 노동의 가치는 노동자를 부양하고 재생산하는 데 필요한 것들의 가치라는 이론과 연결시키려 한다. 그는 또한 노동이야말로 부의 유일한 원천이며, 따라서 이윤이란 오로지 산노동에서 도출되는 것일 뿐이라는('노동가치론'), 급진파와 사회주의자들 사이에 널리 퍼져 있었던 믿음도 추가해 넣었다.

카를의 접근법은 자본의 착취적 성격을 입증하는 새로운 방법을 제공했다. 자본가는 노동자의 노동 능력인 노동력을 구매하려 든다. 그 동기는 노동자가 창출하는 가치를 그 노동자를 부양하고 재생산하는 데 필요한 가치보다(여기서 카를은 리카도의 생계비 임금이론subsistence theory of wages✣을 차용하고 있다) 더 크게 증대시키고자 하는 것이다. 다른 말로 하자면, 노동자들로부터 '잉여가치'를 뽑아내는 것이 그 동기라는 것이다. 이를 이루는 방법에는 노동일을 늘리는 방법이 있으며, 여기에서 나온 잉여가치를 카를은 '절대적 잉여가치'라고 불렀다. 하지만 기계와 증기기관이 점점 더 많이 쓰이게 되면서 강조점은 기계를 사용하여 노동자들에게 일을 강제하는 속도를 더 올림으로써 시간당 노동생산성을 증대시키는 쪽으로 강조점이 이동한다. 이는 '상대적 잉여가치'라고 불렸다.✣✣

✣ 리카도는 맬서스의 인구 이론과 수확 체감의 법칙을 받아들여 임금은 일정한 숫자의 노동자들을 굶어 죽지 않는 생활수준에서 부양하고 재생산하는 데 필요한 액수로 결정된다고 보았다. 그보다 임금이 올라갈 경우 노동자들의 인구가 늘어(노동 공급의 증가) 임금이 떨어질 것이며, 반대의 경우 반대의 일이 벌어져서 임금이 올라가 결국 동일한 수준에서 고정될 것이라는 것이다.

카를에 따르면, 이 가치 이론의 큰 이점은 '부르주아 경제'에 고유하게 나타나는 위기에 대한 이론을 발전시킬 수 있다는 데 있다고 한다. 사적 소유, 양극화, 빈곤화 등의 개념을 그냥 막연하게 언급하는 대신, 이 이론을 활용하면 근대 산업과 자본에만 고유하게 존재하는 여러 모순을 정확히 지적할 수 있다는 것이다. 뿐만 아니다. 부르주아적 공론장에서는 여전히 빈곤과 실업의 문제를 인구 과잉과 노동자들의 자기 절제 부족에 돌리는 통속화된 맬서스식 접근법이 받아들여지고 있거니와, 이러한 이론을 사용하면 여기에 맞서는 데에도 특히 효과적이라는 것이다. "자본에 기초한 생산은 노동자들이 갈수록 더 많은 잉여노동을 생산하는 데 의지하고 있으므로 갈수록 더 많은 양의 필요노동이 풀려나오게 된다는 결론이 도출된다. 따라서 노동자가 빈민으로 전락할 확률도 증가한다. 잉여노동의 발전이란 곧 잉여 인구의 발전을 뜻하는 것이다."[15)]

근대 산업의 발전과 노동 절약을 가져올 기계류에 대한 투자가 증가하게 되면, 방금 말한 경향은 두 가지 방식으로 더욱 두드러지게 된다. 첫째, 노동자들에 대한 착취의 생산성이 증가하며, 따라서 그 착취 강도 또한 증가하게 된다. 앤드류 우어Andrew Ure와 찰스 배비지Charle Babbage의 저작에 대한 카를의 독해가 보여 주는바, 생산성의 증가는 단순히 기계 기술의 문제만이 아니라 노동 분업과 공장 공간의 재조직을 함축하는 것으로, 그 결과 노동은 이제 더 이상 노동자들 사이의 분업으로 조직되는 것이 아니라 여러 기계와 그 기계들이 잘 돌아가는지

✤✤ 이 부분에서 저자의 서술은 논란의 여지가 있다. 주지하듯이, 마르크스는 노동의 절대량의 증가에 의해 발생하는 잉여가치를 절대적 잉여가치, 전체의 창출된 노동가치에서 필요노동이 차지하는 상대적 비율의 축소를 통해 발생하는 잉여가치를 상대적 잉여가치로 보았다. 전자의 전형적인 경우는 노동시간 연장이며, 후자의 전형적인 경우는 생산성 증가로 인한 임금재의 가치 하락, 즉 실질임금 하락의 경우이다. 그런데 지금 본문에서 이야기하는바, 기계의 가동 속도 조절을 통한 노동강도 강화에 의한 잉여가치 창출이 둘 중 어디에 속하는가는 다른 견해들이 있다. 일단 동일한 노동시간 안에서 노동강도기 증가한 것도 결국 필요노동시간의 상대적 축소를 낳기 때문에 본문에서 저자처럼 상대적 잉여가치로 보기도 한다. 하지만 이를 '외연적'이 아닌 '내포적' 노동시간의 연장으로 보아 절대적 잉여가치로 보는 것이 더 타당하다고 보는 주장도 있다. 富塚良三, 김무홍 역, 『경제학 원론』(전예원, 1983) 96~99쪽.

를 지켜보는 경비원들 사이의 분업이 되어 버린다.[16] 둘째, 잉여가치를 뽑아낼 수 있는 노동자들의 숫자가 줄어든다. 이를 카를이 쓰는 용어로 표현하자면, '가변자본'(임노동)에 대한 '불변자본'(고정자본투자)의 비율이 증가한다는 이야기가 된다. 카를의 관점에서 볼 때 이윤이란 오로지 산노동에서만 끌어낼 수 있는 것이므로 이는 곧 이윤율도 떨어질 것임을 의미한다는 것이다.

> **이윤율**은 산노동과 교환된 몫의 자본과, 원자재 및 생산수단의 형태로 존재하는 몫의 자본 사이의 비율에 달려 있다. 따라서 산노동과 교환되는 부분이 줄어들게 되면 그에 상응하여 이윤율의 감소가 나타나게 된다. 따라서 그에 비례하여 생산과정에서 자본으로서의 자본이 차지하는 공간 또한 직접적 노동의 공간에 비해 증가하게 된다. 즉 상대적 잉여가치의 증가가 더 커질수록(자본이 가치를 창조하는 힘이 더 커질수록) 더욱더 **이윤율은 감소하게 된다**.[17]

'모든 면에서 보았을 때 이것이야말로 근대 정치경제학의 가장 중요한 법칙이며, 가장 복잡한 관계를 이해하기 위한 가장 필수적인 법칙이다'. 하지만 이는 그때까지 '의식적으로 정식화'되었던 적은 말할 것도 없고, 파악된 적도 전혀 없었다는 것이다.[18] 왜냐하면 이는 다름 아닌 자본 자체 내부에 위기를 낳는 모종의 메커니즘이 본질적으로 내재하고 있다는 사실을 입증하고 있기 때문이라는 것이다.

자본은 이러한 위협에 직면하게 되면 "'이미 정립되어 있는 자본pre-posited capital'에 대해 이윤으로 표현된 바의 잉여가치의 비중이 줄어드는 것을 보충하기 위해 모든 방법을 다 써 보게 된다." 그 결과는 다음과 같다.

> **기존의 부가 최대로 팽창하면서 또 생산력이 최고로 발전하는 동시에**

자본의 감가, 노동자들의 인간적 질적 저하, 그리고 노동자들의 생명력의 지독하고도 완전한 고갈이 벌어지는 것이다.

카를은 주장한다. 이러한 모순들이 결국 이르게 되는 결과는

폭발, 지각변동, 위기들.

이러한 상황에서 자본의 생존을 보장할 수 있는 수단으로 다음이 쓰일 수도 있다.

노동의 고용을 일시적으로 중지시킴.

그리고

큰 몫의 자본을 소멸시켜 버림. … 하지만 이렇게 파국이 정기적으로 다시 찾아오는 가운데 그 규모는 갈수록 더 커지게 되며, 종국에 가면 자본의 폭력적인 전복으로 끝나게 된다.[19)]

이러한 가치 이론을 채택하는 동시에 카를은 질료와 형상의 관계 변화로서의 인간 발전이라는 개념을 제시하여 이를 그 가치 이론과 결합시키고 있다. '질료'란 사람들과 사물들로 구성되어 있다. 형상✣은 사람들과 사물들 사이의 특

✣ 원문의 단어는 form이다. 그런데 이 단어는 우리말로 옮길 때 여러 다른 맥락과 개념에 따라 '형태', 예를 들어 '가치 형태value form' 혹은 '형식'(예를 들어 '사회적 형식')으로 옮겨져 왔다. 이를 억지로 하나의 역어로 통일하면 여러 부자연스러운 일이 벌어질 듯하여 기존의 역어를 그대로 사용한다. 하지만 모두 영어로는 동일한 form이라는 개념임을 기억할 필요가 있다.

정한 관계들 그리고 거기에 따라붙게 되는 여러 세계관으로 구성되어 있다. 흔히 '생산력과 생산관계'라는 용어가 쓰이지만, 그 대신 이 형상/질료라는 용어를 쓰게 되면 상품들의 생산과 가치가 모종의 사회적 형식form을 이룬다는 아이디어가 부각되는 장점이 있다. 인간 발전의 일정한 지점에서 특정한 사회적 형식이 사회 내부의 여러 관계 그리고 사회와 사회 사이의 여러 관계 위에 점진적으로 중첩되어 지배적인 위치를 점하는 일이 벌어져 왔다는 것이다. 단순하게 서로 유용한 생산물들을 주고받던 교환은, 화폐적 관계의 성장에 힘입어서 갈수록 교환가치의 체현물로서의 상품 교환으로 대체되어 갔다. 이렇게 하여 카를이 '가치 형태value form'라고 부른 것의 가호 아래에 그 이후의 생산력 발전이 있어 왔다는 것이니, 다른 말로 하자면 경제활동이 교환가치의 극대화로 정의되었다는 것이다.

따라서 그 이후의 역사는 물질적 생산과 자본의 가치 실현valorization이 중첩된 이중적 과정의 발전이 된다. 처음에는 물질적 생산과정과 자본의 가치 실현과정은 비교적 구별이 분명한 별개의 것들이었다. 하지만 "노동을 자본에 통합시킴으로써 자본은 생산과정이 되지만 최초에는 물질적 생산과정 즉 생산과정 일반이 된다. 그 결과 자본의 생산은 물질적 생산과정 일반과 구별되지 않게 된다. 자본이라는 형식으로서의 규정성은 완벽하게 소멸된다."[20] 이는 곧 자본이 '**이러한 생산과 가치 실현의 통일체가 되는 것이 무매개적**으로 이루어지는 것이 아니라 오로지 일정한 특정 조건들에 결부된 과정으로서만 이루어지는 것'임을 뜻한다는 것이다.[21]

3. 사회적 형식의 기원들

이러한 사회적 형식은 그렇다면 어째서 또 어떤 과정으로 생겨나게 된 것일까? 애덤 스미스는 『국부론』의 서두에서 노동 분업은 "'비록 아주 느리고 점진적인 것이었지만, 인간 본성의 한 특정 성향의 필연적 결과로 나타났다. … 한 물건을 다른 물건과 교역, 교환, 물물교환하려는 성향이다."[22] 통속적 정치경제학 교과서들에서도 이와 비슷한 가정들이 나오고 있으며, 이를 카를은 『강요』의 서문 첫 부분에서 공격하고 있다. 이런 교과서들에서는 인류의 경제생활이 마치 『로빈슨 크루소』처럼 시작되었던 것으로 상상되고 있다는 것이다. 그리하여 '고립된 개인인 사냥꾼과 어부를 가정한다. … 이러한 교과서들에서는 이런 개인들이라는 것이 역사적 과정에서 생겨난 결과물로 보지 않고 오히려 역사의 시발점으로 보고 있으며, 역사의 과정에서 발전되어 나온 무엇으로서가 아니라 자연적으로 정립된 것으로 보고 있다. 왜냐하면 그 교과서들이 품고 있는 인간 본성에 대한 관점에 따른다면 이러한 개인이야말로 자연적 개인이기 때문이다."[23] 카를은 정치경제학을 설명함에 있어서 사적 소유와 개인이라는 것을 적절한 역사적 출발점으로 보는 믿음이 얼마나 부조리한 것인지를 역설한다. "사람들이 서로를 오로지 자기의 사적인 목표를 충족시키기 위한 수단으로서만, 즉 외적 필요로서만 여기는 개개인들이 모여 다양한 형식의 사회적 결합을 만들어 내는 사태는 18세기의 '부르주아 사회'에 와서야 비로소 생겨난 일이다. … 사회의 바깥에 고립된 개인이 존재하면서 생산을 행한다는 생각은, **함께** 살면서 서로 이야기할 개인들이 없는 상태에서 언어가 발전했다는 이야기나 똑같이 말도 안 되는 어불성설이다."[24]

자본 혹은 상업 사회라는 것이 단순히 인간 본성의 표출이 아니라는 점을 분명하게 하려면, 그것이 특정한 사회적 형식의 산물이라는 점을 보여 주는 것이 반드시 필요한 일이다. 『강요』는 '가치형태'가 일정한 생산력 발전 단계의 산물이며 따라서 일단 더 높은 단계의 생산력에 도달하게 되면 지양될 운명에 있는 것임을 증명하기 위해 정교하게 짜여진 역사를 추적해 나간다. 카를이 제시하는 대안적인 그림은 다음과 같은 줄거리에 기초하고 있다. 먼저 사회성이 풍부한 원주민들의 세계를 상정한다. 그러다가 사적 소유가 습격해 들어오고 교환 관계가 발전하게 되면 이러한 사회는 교란을 맞게 되지만, 또한 특수한 발전 방향의 궤적을 밟아 나가도록 추동된다. 인간이 '개인화되어 버린 것은 오로지 역사의 과정 속에서 나타난 결과일 뿐이다'. 본래 인간은 "유적 존재, 부족적 존재, 군집 생활을 하는 동물이다. … 역사의 과거로 거슬러 올라가면 갈수록 개인이 더 큰 전체에 의존하고 귀속되는 정도는 더 컸던 것으로 보이며, 따라서 생산하는 개인의 경우도 마찬가지이다. 최초에는 개인이 여전히 상당히 자연스러운 방식으로 가족의 일원이었으며 그 가족이 확장되어 이루어진 부족의 일원이었다. 나중에 가면 그는 여러 부족들의 갈등과 합병으로 생겨나는 전혀 다른 여러 형태의 공동체의 일원이 된다."[25]

교환은 사람들을 개인으로 만들어 버리는 주된 촉매제이다. 이는 '군집 같은 것의 존재를… 불필요한 것'으로 만들어 버리며, 아예 해체시켜 버린다. 카를이 주장하는바, 만약 '지구가 노동의 수단과 재료 모두를 공급해 주는 거대한 공장이자 무기창이라고 한다면'?

> 살아 움직이는 인간들과 그들이 자연과 질료를 주고받아 자연을 전유해 나가는 자연적 비유기적✣ 조건들의 통일성은 설명할 필요조차 없는 일이다. 또한 당연히 이는 역사적 과정의 결과물도 아니다. 우리가 설명해야 할 사실은 이러한 인간 존재의 비유기적 조건들과 활동적 존재인 인간이 분리된 사태이다. 이러한 분리의 사태는 오로지 임노동과 자본의 관계 안에서만 완성된 형태로 정립된다.[26]

✣ 이 '비유기적inorganic'이라는 개념은 1844년의 『경제학 철학 초고』에서부터 나타나는 마르크스의 독특한 표현이다. 마르크스는 인간의 활동을 통해 인간과 자연이 모두 바뀌어 가는 역동적인 통일 과정을 염두에 두고서, 인간의 뜻과 질서에 따라 작동하는 자연('유기적 자연')과 아직 인간의 존재에 통합되지 않아 인간의 변혁 활동의 대상이 되는 자연('비유기적 자연')으로 나누어 이야기한다. 이러한 사고방식은 아리스토텔레스에서 스피노자에 이르도록 내려오는 바, 자연을 창조의 주체와 객체로 나누는 능산적 자연/소산적 자연의 이분법을 염두에 둔다면 아주 낯선 것이라고는 할 수 없을 것이다.

역사 속에서 보자면, 최초의 역사적 시기에서 가장 자주 발견되는 형태는 공동소유이며, 이는 예를 들어 인도인들, 슬라브인들, 고대 켈트인들에게서 지배적인 위치를 차지하고 있었다고 한다. 그리고 토지가 공동소유가 아니었던 경우라 해도, 근대적 의미에서의 개인들이 토지 소유자였던 것은 아니었다고 한다. '고립된 상태의 개인은 말을 할 수 없는 것과 마찬가지로 토지를 소유할 수도 없다.' 개인이 자신의 노동을 둘러싼 객관적 조건들과 맺는 관계는 '그가 어떤 공동체의 성원의 한 사람이라는 사실에 의해서 매개'된다는 것이다.[27)]

시간이 지나면서 인구의 증가와 교역의 시작이 그러한 초기의 조건들을 파괴해 버린다. 공동체 시스템은 쇠퇴하고 그것의 기초를 이루던 재산 소유 관계와 함께 사멸해 간다. 하지만 이 과정은 점진적인 것이다. "심지어 토지가 사적 소유가 되었던 경우라고 해도 그것이 교환가치가 되는 것은 오로지 제한적 의미였을 뿐이다. 교환가치의 기원은 산업적 수단에 의해(혹은 단순한 전유에 의해) 땅으로부터 분리되어 개체화되어 버린 고립된 자연적 산물에 있다. 이 또한 발전 단계이며, 여기에서 개인의 노동이라는 것이 처음으로 출현한다."[28)] 교환이 최초에 생겨난 곳은 공동체들 내부에서가 아니라 공동체들 사이의 접경 지역이었다고 한다. 유대인들이나 북부 이탈리아인들과 같이 교역에 종사하는 민족들은 '고대 세계의 경계인들intermundia'이었으며 고대의 공동체들을 교란시키지 않으면서 그들과 공존할 수 있었다. 하지만 종국에 가면, 여러 공동체들이 교역의 충격으로 인해 '생산물을 직접 사용하는 것이 아니라 그것을 판매하는 것에 갈수록 생계를 의존하게 됨으로써 생산을 교환가치에 종속시키고 직접적 사용가치는 점점 더 뒷전으로 밀어내게 되었다'는 것이다.[29)]

이러한 일이 벌어지는 속도는 지역에 따라 다양했다고 한다. 아시아에서는 공동체 시스템이 가장 오랫동안 유지되어 카를의 시대에도 여전히 존재하고 있었다. 의사소통 체계가 빈약했던 것도 한 원인이었고 또 촌락 수준에서 제조업과 농업을 통일시켜 자급자족을 추구했던 것도 한 원인이었다고 한다. 이러한 조건들 아래에서는 개인이 공동체와의 관계에서 독립적인 존재가 될 수가 없기 때문이라는 것이다. 한편 고대 로마와 여타 소규모의 전투적 정치체들에서는 공동체의 지속을 결정했던 것이 '그 모든 성원들을 자급자족의 농민으로 재생산할 수 있는지'의 여부였다. 이러한 자급자족의 농민들의 남는 시간은 공동체에 귀속되어 '전쟁 노동 등등'으로 사용되었다. 공동체적 생산이 익숙한 지역에서는 전쟁을 통한 정복이 벌어질 경우 생산자는 자신의 토지와 함께 노획 대상이 되었으니, 이런 곳에서는 노예제나 농노제가 확립되었다. "따라서 노예제와 농노제는 부족주의에 기반한 소유가 더욱 발전한 것일 뿐이다."[30] 이러한 조건들은 "부와 부를 생산하는 양식 모두에서 볼 때, 생산력 발전의 제한적인 일개 역사적 단계의 결과물이었다. … 이 공동체 그리고 그 속에 살아가는 개인들이 (뿐만 아니라 생산 조건 또한) 목적으로 삼았던 바는 그 특정한 생산 조건들과 개개인들을 개인 수준에서나 또 사회적 집단 및 관계의 수준에서나 재생산하는 것이었다. 그러한 조건들의 살아 있는 담지자들로서."[31]

고대사는 '도시들의 역사였지만, 그 도시들은 토지 소유와 농업에 기초한 것들이었다.' '아시아의' 역사는 '도시와 농촌이 무차별하게 뒤섞인 모종의 통일체'였고, 사실상 대도시들은 단지 '황제의 야영지들'이었고, '현실의 경제적 구조물 위에 돋아난 인공적 사마귀 같은 것이었다'. 세 번째의 발전 형태는 중세, 즉 헤겔이 말하는 '게르만의 시대'에 출현했다고 한다. 이는 '토지를 역사의 중심지'로 삼아 시작되었고, 그 발전은 '도시와 농촌의 모순을 통해' 진전되었다고 한다. 근대사는 '농촌의 도시화의 역사로, 고대에 있었던 도시의 농촌화의 정반대이다'.[32]

근대 부르주아 사회의 기원은 여러 공동체적 형식들이 생산력의 발전과 가치 형태의 출현에 직면하여 붕괴하는 것으로 설명된다. 여기서 카를은 이중의 이야기를 풀어놓으려고 시도한다. 한편으로는 인간의 본질적 여러 역량들의 (산업, 생산력) 발전 이야기이며 다른 한편으로는 여러 다른 일련의 사회적 관계가 출현하는 이야기로서, 자본과 가치 형태의 확장은 이러한 일련의 단계를 거쳐 나타난 것으로 이야기된다.

카를은 자신의 초고 첫 번째 절에서 교환가치, 화폐, 가격을 고찰하면서 '상품은 항상 이미 존재하는 것으로 나타'나며, 상품들이 '사회적 생산의 특징들을' 표현한다고 말한다. 비록 상품들의 그러한 규정적 역할이 명시적으로 나타나는 것은 아니지만 말이다.[33] 그 결과로 1859년 출간된 산물인 『정치경제학 비판을 위하여A Contribution to the Critique of Political Economy』에서 카를은 상품으로부터 이야기를 시작하는 방법을 선택한다. 카를은 이렇게 상품을 이야기의 출발점으로 삼는 방법을 1867년에 최종적으로 출간된 『자본론』에서도 그대로 채택하고 있다. 그가 상품을 출발점으로 선택한 이유는 그것이 구체적이면서도 유용한 물체, 즉 '사용가치'뿐만 아니라 사적 소유에 기반한 경제 시스템이 낳은 추상적 구성물인 '교환가치'를 모두 표상하고 있기 때문이다.[34]

상품에서 시작하면 화폐의 출현을 추적하는 것이 가능하다고 한다. 상품과 달리, 추상적 교환가치로서의 화폐는 자연적인 형태의 상품과 전혀 관계가 없다. 교환가치가 인간의 외부화된 사회적 관계를 표상하는 것이라고 한다면, 화폐는 그러한 관계를 가장 추상적 형태로 체현하고 있다. 이는 '보편적인 사회적 성질들'의 순수한 추상물인 것이다. 카를은 자신이 1844년에 내놓았던 바 있는 화폐에 대한 무제한의 저주를 수정하지 않을 수 없게 되었다. 일정한 몇 가지 형태의 화폐(가치 척도로서의 화폐 혹은 교환 매개체로서의 화폐)는 고대의 여러 공동체와도 공존했기 때문이다. 따라서 자본주의 이전의 원초적 공동체들의 존재와 양립 불가능한 것은 화폐 자체가 아니라 '세 번째 규정성'의 화폐, 즉 추상적 교환가치이자 시민사회에서의 외부화된 사회적 관계라는 역할을 하는 화폐인 것이다. '고대의 공동체'는 이 '세 번째 차원의 화폐가 발전'함으로써 산산이 부수어졌다는 것이다.[35] 그 결과는 여러 부족들, 씨족들 그리고 고대적 농촌 공동체들의 해체였다.

이러한 형식을 띠게 되면 화폐는 자본의 출현을 가능하게 만든다. 자본의 출현은 하나의 순환이 다른 순환으로 이행하는 과정에서 그 기원을 찾을 수 있다. 첫 번째 순환에서 화폐는 단지 교환의 매개 수단으로서만 기능한다(C-M-C, 즉 상품-화폐-상품). 이러한 과정은 자본의 존재를 전제조건으로 하지 않으며, 카를은 이를 '단순 유통simple circulation'이라고 불렀다. 하지만 그다음에 나타나는 순환인 M-C-M(화폐-상품-화폐)에서는 교환가치가 분명히 나타나는데, 카를은 이를 상업 자본의 특징이라고 간주했다. 하지만 비록 이런 형태가 사회의 주변부에 존재했고 또 북부 이탈리아인들이나 유대인들이 활용하기는 했지만, 이것이 상품의 생산을 포함하거나 (최소한 그 초기 단계들에서는) 고대 공동체들의 작동을 교란한 것은 아니었다고 한다.

세 번째 차원에서의 화폐가 낳는 도덕적 타락의 결과들에 대해 카를은 1844년과 똑같이 1857년에서도 격정적으로 저주를 퍼붓는다. "모든 생산물들, 활동들, 관계들을 제3의 객관적 단위로 교환할 수 있다는 가능성(그리고 이것은 무차별적으로 모든 것들과 교환될 수 있다), 즉 다른 말로 하자면 교환가치의(그리고 화폐적 여러 관계의) 발전이라는 것은, 돈이면 다 되는 상태의 만연 즉 부패와 동일한 것이라는 것이다. 여기에서 보편적인 매춘업은 하나의 필연적인 단계로 나타난다. … 셰익스피어가 화폐에 대해 적절하게 생각했던 대로 도저히 똑같은 척도로 측량할 수 없는 것들이 동일화되어 버리는 것이다."[36] 하지만 화폐의 역할은 이제 좀 더 큰 경제 발전의 패턴과 좀 더 정교한 방식으로 연결되게 된다. '근대 산업사회 발전 이전의 역사'가 '개인들과 국가들이 전반적으로 갖는 화폐에 대한 탐욕과 함께' 시작되었던 것은 사실이지만, 그러한 욕망은 또한 혁신을 촉발했다고 한다. 금을 찾아 헤매는 과정에서 새로운 여러 욕구가 창출되었고 결국 세계의 멀리 떨어진 대륙 발견으로까지 이어졌다. 게다가 로마제국 때에는 화폐 축적의 수단이 약탈이었고 개인들의 부는 운수에 달린 것이었지만, 이제 화폐는 임노동의 존재를 전제 조건으로 하여 '하나의 발전 요소로' 자리 잡게 된다. 이는 '부르주아 사회의 기초적 전제 조건'의 현존을 지적하는 것으로, 임노동과 자본은 '발전된 교환가치 그리고 그것의 구현물로서의 화폐가 취하는 서로 다른 형태'로 존재하게 된다.37)

이는 농촌에서 특히 중요한 일이었다. 이곳에서 화폐적 관계의 확산과 근대적 자본의 형성의 시작을 알린 것은 봉건영주가 화폐 지대의 수취자로 변신한 것이었다. 유통 영역에서의 교환가치의 운동만으로는 이러한 이행이 벌어질 수 없었을 것이다. 이는 '옛날 형태의 토지 소유의 해체'를 통해 가능해진 일이었다. 봉건적 토지 보유자들은 쫓겨났으며, 애덤 스미스가 주목한 바 있듯이 그 대신 토지 소유자는 수입된 사용가치 물품들과 자신의 곡물과 육축을 교환할 수 있게 되었다. 농업은 '산업적 농업경영술industrial agronomy'로 전환되었고, 농노들cotters, serfs, villeins 등본 보유농들copyholders, 오두막 거주 농부들cottagers 등은 '필연적으로' '일용 노동자들, 임금 노동자들'로 변해 갔다. 이렇게 하여 '총체적 모습을 갖춘 임노동'이 최초에 창출된 것은 토지 소유에 대한 자본의 행동을 통해서였다는 것이다.38)

카를은 자신의 설명에서 '본원적original(혹은 '시초적primitive') 자본 축적' 그리고 비경제적 수단을 통한 자원의 대규모 집중을 정상적인 유통 과정과 별개의 것으로 구별했다. 새로운 여러 형태의 제조업에 대한 투자와 농업의 상업화 등이 가능하게 된 것은 집중된 화폐적 부를 사용할 수 있게 되었던 덕분이었으며, 이러한 화폐적 부는 고리대금업, 교역, 도시화, 정부 재정의 발전 등에다가 또 토지의 울타리 치기enclosure 운동과 교회 토지의 몰수 등이 결합되면서 달성된 결과였다는 것이다.39) 이와 동시에 영국에서는 튜더 왕정이 나서서 임금에 대한 입법과 여타 강제적 조치들을 수단으로 하여 토지에서 쫓겨난 이들(걸인들과 '사지가 멀쩡한 부랑자들')을 임노동자로 전환시켜 버렸다고 한다.

이들이 일단 토지에서 분리되자, 본래 토지 소유가 작아서 부족한 생계를 실잣기나 직물 짜기와 같은 부업으로 보충해서 살아가던 이들은 갈수록 가내

수공업과 그 생산물 판매에 의존하게 되었다. 이들이 얽혀 든 화폐 관계는 상인들이 지배하는 것으로 도시의 밖에 자리 잡고 있는 것이었고, 따라서 길드의 통제 바깥에 있는 것이었다. 결국 이들은 이러한 화폐 관계 속에서 갈수록 빚더미에 앉게 되어 마침내 그나마 가지고 있었던 노동 도구들까지 잃게 된다. 결국에 가면 이 노동자들이 생산물을 스스로 판매하는 독립적 생산자라는 환상까지도 사라지게 된다. 최종 단계는 집에서 행하던 노동이 대규모 작업장으로 결국에는 기계제 공장으로 옮겨 가는 것이다. 겉보기에는 모종의 교환 형태처럼 보였던 것으로 시작했지만, 결국은 '노동과 소유의 완전한 분리'에 기초한 시스템 속의 임노동으로 끝나 버린다는 것이다.[40)]

자본은 이제 교환가치만 품는 것이 아니라 교환가치의 생산까지 내부에 품게 되었고, 여기에 다시 임노동과 자본을 하나로 엮는 종류의 노동 과정의 발전이 수반되었다. 이는 또한 모종의 내적 역동성을 가지고 있는 하나의 순환 주기를 낳게 되었다.

> 교환가치를 생산하고 정립하는 **생산은 유통을 하나의 발전된 계기로서 전제 조건으로 삼으며**, 유통을 정립하고 또 스스로를 새롭게 정립하기 위해서 유통으로부터 끊임없이 자기 자신으로 되돌아오는 불변의 과정으로 나타나게 된다. 따라서 교환가치를 정립하는 운동은 이제는 미리 전제된 교환가치의 운동이나 그것을 형식상 가격으로 정립하는 운동일 뿐만 아니라, 그와 동시에 교환가치를 스스로의 전제로 창출하고 생산한다는 점에서 훨씬 더 복잡한 형태로 모습을 갖추게 된다.[41)]

이렇게 스스로를 지탱하는 생산 및 유통의 순환은 곧 토지 소유(이는 카를의 전체 계획에서 3권으로 다루어질 주제로 되어 있다)를 침식해 들어간다. 이는 또한 임노동(이는 4권의 주제로 되어 있다)의 영역을 계속해서 확장해 간다.

비록 카를의 역사적 예들이 압도적으로 영국 역사에서 가져온 것들로 이루어져 있지만, 영국은 그저 지구적 유기체 시스템의 발전을 보여 주기 위한 예시로 의도된 것뿐이었다. 즉 모든 단위에서 이미 결정되어 있는 발전 경로를 따라가게 되어 있으며, 이를 보여 주는 한 예일 뿐이라는 것이다. 또는 카를 스스로의 표현에 따르면, "인간의 해부학은 원숭이의 해부학을 이해하는 열쇠이다."[42] 자본은 한 번 순환할 때마다 반드시 그 출발점으로 되돌아가게 되어 있고, 그리하여 자본은 자본주의 이전의 형태들(농민들의 생산이든 수공업자들의 생산이든)을 갈수록 더 많이 뒤집어엎고 그 자리에 자본가들과 임노동자들을 계속 새롭게 생산해 내 스스로를 확대재생산할 수 있는 사회적 조건들을 창출한다는 것이다. 그리하여 '온 지구를 정복하여 스스로의 시장으로 삼는' 것이 자본의 지구적 운명이라는 것이다. 애초에는 단순한 상품으로 출발했지만, 그 보편성의 동심원이 갈수록 커져 가면서 결국에 가면 세계시장의 발전과 연결된다는 것이다. 하지만 다른 유기체들과 마찬가지로 자본 또한 태어나고 자라나서 죽어 가는 삶의 주기를 특징으로 삼는다. 이는 곧 그것이 결국 온 지구를 정복하게 되면 그것이 곧 그 해체의 시작을 알리는 이정표가 될 것임을 뜻한다는 것이다.

4. 헤겔과 포이어바흐 사이에서

이 최초의 총체적 규모의 '정치경제학 비판'을 떠받치는 것은 여러 요소의 혼합물이었다. 그러한 혼합은 카를이 자신의 철학 사상 형성에서 가장 깊게 영향을 주었던 사상가들인 헤겔과 포이어바흐와 비판적으로 대결한 결과로 나온 것이었다. 카를이 자신의 여러 글들과 생각들 자료들을 조직하려고 했을 때 처음으로 의지했던 것이 헤겔이었음은 분명하다. 『강요』의 여러 부분에서 카를은 여러 개념들을 변증법적으로 조직하는 헤겔의 방법을 적용하려고 시도하고 있다.[43] 하지만 그는 또한 '어떤 사상을 제시할 적에 마치 그것이 여러 개념들의 정의 그리고 그 개념들의 변증법의 문제에 불과한 것처럼 보이게 만드는 관념론의 방식을 올바르게 교정'하는 것이 반드시 필요하다고 스스로에게 일깨우고 있다.[44] 카를은 헤겔의 『정신현상학』에 대한 1844년의 독해에서 처음에 도출했던 혜안을 여전히 충실히 따르고 있다. 즉 노동의 본질은 인간의 창조를 '인간 **스스로의 노동**의 결과물'로 볼 때 비로소 이해할 수 있다는 것이다.[45] 하지만 1857년이 되면 이렇게 인간을 생산자로 보는 본래의 강조점은, 생산력의 역사적 발전이라는 좀 더 현실에 기반한 관념으로 이미 전환된 상태였다.

카를은 또한 그러한 생산력 발전의 지구적 패턴을 생생하게 그려 내려 시도하는 중에 그가 헤겔의 『대논리학』에서 찾아낸 순환적 논리 전개의 이미지에 매료되기도 한다. 그가 1858년 1월 엥겔스에게 쓴 편지를 보면 "생각과 자료를 다루는 **방법**에서 내게 큰 쓸모가 있었던 것은 헤겔의 『대논리학』이었네. 내가 이 책을 보게 된 것은 **순전히 우연**이었다네. 본래는 바쿠닌의 소유였던 몇 권의 헤겔 책을 프라일리그라트가 발견하여 내게 선물로 보내 준 것일세."[46] 헤겔은 그의 『대논리학』에서 사유의 발전을 하나의 순환적 과정으로, 즉 개념들이 점점 더 보편성을 확장해 가는 나선형적 과정으로 그려 내고 있다. 마찬가지로 카를 또한 『강요』에서 가치 형태의 성장 과정을 일련의 동그라미로, 즉 인간 상호작용이 벌어지는 여러 형식들에 있어서 점점 더 큰 보편성을 획득해 가는 하나의 거대한 나선형적 과정으로 제시하고 있다. 그리하여 단순 상품 유통이 자본으로 발전해 가는 과정을 묘사하면서 카를은 "상품과 화폐의 통일로 정립된 교환가치가 자본이며, 이러한 정립 과정 자체가 자본의 유통이라는 모습을 갖게 된다(하지만 이는 점점 확장되는 나선형의 곡선이며 단순한 원이 아니다)."[47] 이러한 방식으로, 가장 단순하게 출발했던 상품은 원형의 궤적을 그리면서 마침내 세계 시장의 정점까지 뻗어 나가게 된다.

하지만 『강요』에 나타나 있는 변증법은 헤겔의 그것이 아니다. 헤겔에게서도 『강요』에서도 질료 혹은 내용(『강요』의 텍스트에서는 원료**Stoff**, 내용**Inhalt**, 질료 **Materie**가 무차별적으로 섞여 쓰이고 있다)과 형상 사이에 동일한 관계가 제시되고 있다. 그 관계는 겉보기에는 외부적이며 무차별한 것으로 시작하지만, 서로 간의 상호 의존성의 관계를 그 속에 숨기고 있으므로 결국에는 그것을 드러내는 쪽으로 나아가게 된다. 헤겔의 사상에서는 질료와 형상이 갖는 그러한 외부적 성격으로 모습을 나타내는 모순은 그 둘 사이의 내적 관계가 밝혀지는 순간 즉시 극복되게 되어 있고, 질료 안에 이미 형상이 포함되어 있었음이 분명히 드러나게 되어 있다. 마찬가지로 『강요』에서도 사용가치와 교환가치의 관계는 하나가 다른 것 속에✣ 내재하고 있는 것처럼 제시되고 있다. 그런데 헤겔은 이러한 모순과 외부성의 관계가 결국 통일과 종합으로 끝나는 것으로 보는 반면, 『강요』에서는 형상과 질료가 계속 분리되어 있고 서로에게 환원될 수 없는 것으로 끝까지 남아 있다. 어느 하나가 다른 하나에 종속당하며 그 둘의 관계는 계속해서 위계적 관계이다. 그리고 그 안에서 지배적인 계기는 생산이 담당한다.

다른 말로 하자면, 가치 형태(즉 여러 경제적 관계)는 노동 과정에 구현되어 있는 생산력의 운동에 의해 일방적으로 결정되는 것이다. 『강요』의 서문에서 카를은 헤겔에 대한 이러한 자신의 반대를 다음과 같이 언명하고 있다. "헤겔주의자들에게는 생산과 소비를 동일한 것으로 정립하는 것만큼 단순한 일이 없다." 카를에 따르면 생산, 분배, 교환, 소비는 동일한 것이 아니라는 것이다. 이것들은 모두 '단일한 총체의 요소들이며, 하나의 통일체 내부의 구별들'이라고 한다. 하지만 생산이 '지배적 계기이다. 생산의 모순적 결정 속에서 그 자신에 대해서도 그러하며, 다른 계기들에 대해서도 그러하다.'[48] 초고의 나중에 가면 카를

✣ 원문은 the one/the other이므로 전자/후자로 옮긴다면 '교환가치 내부에 사용가치가 내재'로 옮겨야 할 것이다. 그런데 이는 방금 전에 나온 '질료 안에 형상이 내재'한다는 구절과 확실하게 대응하는지도 분명치 않으며, 본문에도 나오듯 마르크스에게서 교환가치와 사용가치의 관계가 무엇인지는 최소한 논쟁거리이다. 그래서 전자/후자보다는 그냥 모호하게 어느 한쪽/다른 한쪽이라는 역어를 쓴다.

이 스스로의 접근법을 헤겔과 구별하면서 이렇게 쓰고 있다. "**개념상**으로 고찰한다면, 명확한 형태의 의식이 해체되는 것만으로도 한 시대 전체를 파괴하기에 충분할 것이다. 그런데 현실에서 보자면, 의식에 대해서는 **물질적 생산력의 구체적 발전 정도**에 따라서 부의 구체적 발전 정도에 조응하는 장애가 존재한다."[49] 서문에서 카를의 '출발점'은 '특정 사회 내에서 생산을 행하는 개인들이며, 따라서 사회적으로 결정된 개인들의 생산'이었거니와, 이는 또한 관습적 정치경제학에 대한 그의 반대가 어떤 것인지를 결정적으로 규정하는 것이었다.[50] 그는 관습적 정치경제학의 주된 결함이 유통, 그리고 교환관계를 우선적인 것으로 전제하는 데 있다고 생각했다. 이것이 프랑스 정치경제학에 대한 그의 주요한 반대였다. 그는 프랑스 급진파들은 동등한 시민권을 부여하게 되면 동등한 교환이 벌어질 것이라고 생각했고 이것이 바로 프랑스혁명이 본래 약속했던 바라고 믿었으며, 프레데리크 바스티아Frédéric Bastiat처럼 자유무역의 도래와 함께 이 약속이 이미 실현되었다고 주장하는 이들까지 있었다. 카를은 이러한 생각을 비웃어 마지않았다. 하지만 카를의 주된 표적은 프루동이었다. 프루동은 다른 사회주의자들과 마찬가지로 교환이 여전히 평등치 못하며 교환 과정을 은행들이 왜곡하고 있다는 반대를 표명하고 있었다. 이것이 『강요』의 1장인 처음 25페이지가 프루동주의자 알프레드 다리몽Alfred Darimon이 제안한 은행 개혁안을 비판하는 데 전념하고 있는 이유이다.[51] 카를은 프루동과 달리 생산물들이 이미 현실에서 그 가치대로 교환되고 있다는 리카도의 주장을 받아들였으므로 이제 그는 생산이 교환 및 유통에 대해 우선한다는 자신의 생각을 상술할 뿐만 아니라 어째서 표면의 현상은 사람의 눈을 속이는 모습을 띠는가도 설명해야 했다.

이렇게 자본을 평등 및 자유와 결부시키는 것은 충분히 이해할 만한 일이다. 부르주아 사회는 봉건제나 노예제 사회에서 발견되는 명시적인 위계 및 종속의 관계들로 방해받지 않았다. 노동의 수행 이전에 노동자와 자본가 사이에 자유롭게 이루어진 계약이 존재했고, 이들은 서로를 겉으로 보면 평등한 조건 아래에서 만나게 된다. 더욱이 그렇게 해서 생산된 상품들은 자유 경쟁이 지배하는 시장에서 판매된다. 부르주아 사회에서 노동자는 또한 자본가를 소비자로 맞닥뜨리게 된다. "그는 무수히 많은 유통의 중심지들 중 하나가 되며, 거기에서 그의 노동자로서의 구체적 성격은 소멸해 버린다."[52] 자본은 이러한 사실들 위에 근거하여 스스로의 정당성을 구축한다. 부르주아 사회의 공식적인 얼굴을 대표하는 것은 교환의 시스템, 즉 시장의 시스템이며, 사회는 무수한 교환 행위자들로 구성되어 있는 것 같은 모습을 띤다. 카를이 훗날 『자본론』에 썼듯이, 이는 "천부인권을 지닌 사람들로 구성된 에덴동산 그 자체이다. 여기에서는 오로지 자유, 평등, 소유, 벤담만이 지배한다."[53]

하지만 만약 교환이 평등하다면, 자본 축적은 애초에 어떻게 가능했던 것일까? 등가교환이란 곧 동일성, 즉 비모순의 원리를 담고 있다. 모순이 없다면 운동도 있을 수 없다. 교환가치의 단순한 운동으로는 결코 자본을 실현할 수가 없다. '**유통…은 그 내부에 자기 갱신의 원리를 담고 있지 않다.**'[54] 이 문제에 대해 카를이 내놓은 해결책은 이러하다. 유통을 '부르주아 사회의 표현에 직접적으로 드러난 것'으로 본다면, 이는 '순전한 겉모습'일 뿐이라는 것이다. 이는 '그 배후에서 벌어지고 있는 어떤 과정의 이미지'일 뿐이라는 것이다.[55] 그 과정은 교역이 생산을 장악하고 상인이 생산자가 되거나 생산자가 상인이 되는 순간에 시작되었다고 한다. 카를은 영국 농촌 경제의 변모를 설명하면서 이 과정을 서술했다. 토지가 수탈당하고, 선대제putting-out system가 출현하고, 그 결과 '재산 소유가 없는 노동자들'에 기초한 임노동-자본 관계의 발전 등이 벌어졌다는 것이다.[56] 프루동과 여타 사회주의자들이 그려 내는 교환의 상은 시대착오적이라고 그는 말한다. 그들은 단순 상품 교환 단계에나 해당하는 소유 및 법적 관계들을 그보다 더 높은 교환가치의 단계에 적용하고 있다는 것이다.[57] 이사회주의자들은 표면적 현상의 모습에 속아 왔다는 것이다. 물론 '등가물들의 교환이 벌어지고 있다'는 것은 사실이지만, 이는 "어디까지나 생산 '시스템'의 맨 위 표면에

덮인 한꺼풀일 뿐이며, **교환이라는 위장된 모습** 아래에서 작동하는 그 생산 '시스템'은 **교환 없이** 낯선 노동을 전유하는 데 기초를 두고 있다. 만약 우리가 이를 자본과 고립시켜 고찰한다면, 즉 표면에 보이는 바대로 그냥 하나의 독자적인 시스템인 것처럼 고찰한다면 우리는 환각에 불과한 모습만을 보게 될 것이다. 비록 비려한 환각의 모습이 **필연적인 것**이기는 하지만."[58]

교환이 이렇게 관찰자를 속이는 환각적 성격을 가지고 있다고 언급하면서 카를은 1844년에 자신이 최초로 개략적으로 틀을 잡았던 논리를 다시 언명할 수 있게 되었다. 자본이 하나의 사회적 형식으로 지배적 위치를 점하면서 나타나는 결과가 종교의 출현에서 빚어진 결과와 비슷하다는 것이다. 이러한 접근은 본래 1843~1844년의 기간 동안 카를이 포이어바흐와 조우하면서 영감을 얻었던 것이었다. 카를은 1846~1847년의 기간 동안 브뤼셀에서 체류하는 동안 포이어바흐의 인간상이 수동적임을 비판했지만, 추상화 혹은 소외/양도라는 포이어바흐의 사상 자체를 멀리한 것은 아니었다. 포이어바흐의 종교 및 철학 비판에 따르면, 인간의 여러 감정과 생각들(개념들)은 신이라는 존재로, 혹은 그 연장으로 신이나 마찬가지로 가공의 것인 몰인격적 존재들로 투사되며, 그러고 나면 그것들은 이제 아예 독자적으로 운동하는 행위자의 성격까지 부여받게 된다는 것이었다. 자본과 가치형태가 지배하는 세상에서도 그와 비슷하게 행위 주체로서의 인간 실체가 공동화空洞化되어 버리는 일이 일상의 경제생활에서 벌어지게 된다는 것이다. 종교의 경우에서는 이제 인간이 신을 창조한 것이 아니라 신이 인간을 창조한 것처럼 보이게 되었다. 이와 마찬가지로 경제 생활에 있어서도 인간들은 더 이상 스스로를 자신들의 여러 사회적 관계를 만든 주체로 바라보지 않으며, 대신 독자적인 의지와 권능을 부여받은 몰인격적인 경제적 힘들이 만들어 낸 피조물로 스스로를 바라보게 된다. 부르주아 사회에서는 '개개인들이 서로에게 무관심하지만 절대적인 상호 의존 관계를 맺고 있으며, 이것이 그들의 사회적 관계를 구성한다. 이러한 사회적 결합이 표출된 것이 교환가치이다. …

인간의 활동이 이루어진 구체적 개별적 형태와 무관한 활동 그 자체, 그리고 그 활동의 특수한 성격과 무관한 그 활동의 생산물, 이것이 바로 **교환가치**이다. 즉 모든 개인성, 모든 특수성이 부정되고 소멸되어 버린 일반적인 무엇인가이다.'

이러한 조건들로 인해 여러 사회적 관계의 위에 모종의 '객관적 환각'이 뒤집어 씌워지며, 특히 포이어바흐가 기독교나 헤겔을 분석할 적에 논의한 바 있는 전도顚倒, inversion 혹은 추상화와 비슷한 과정이 벌어지게 된다. "인간의 여러 활동과 그 생산물들이 보편적으로 교환되는 것은 이제 모든 개개인들에게 있어서 삶의 조건이 되었지만, 그들 스스로가 맺고 있는 상호 결합 관계가 그 개개인들의 입장에서는 낯설고 독자적인 모종의 사물로 보이게 된다. 교환가치를 분석해 보면 인격적 개인들이 맺는 사회적 관계가 사물들끼리 취하고 있는 모종의 사회적 태도로 변형되어 있으며, 개인들이 가지고 있는 능력은 사물들의 능력으로 변형되어✤ 있다."[59] '객관적 사물이 되어 버린 노동objectified labour'으로서의 자본은 계속해서 해롭기 짝이 없는 프랑켄슈타인 박사의 괴물로 그려진다. "노동의 생산물, 객관적 사물이 되어 버린 노동은 살아 있는 노동 자체에 의해서 스스로의 영혼을 부여받게 되며, 그것의 창조자와 대결하는 하나의 낯선 권력으로 스스로를 확립하게 된다."[60]

교환 혹은 유통은 겉으로 드러난 사회의 표면으로, 생산과정은 그 배후에서 힘차게 진행되어 나간다. 이러한 교환 혹은 유통은 자본이 하나의 사회적 형식으로 갖는 경계선 혹은 한계를 나타내는 것이다. 가치는 오로지 교환 활동에서만 '실현'될 수가 있으며, 화폐는 그러한 교환의 매개물이다. 하지만 이러한 교환이 반드시 벌어질 것이라는 보장은 없다. 과잉생산 혹은 생산 부문 사이의 불비례가 벌어지게 되면 이 과정은 금세 교란당한다. 자본은 '생산과 유통의 역

✤ 이 상품의 화폐로의 '변형transformation'은 '변태metamophosis'라는 말로 표현되기도 한다. 누에가 나비로 변하는 과정과 같이 완전히 그 이전을 알아볼 수 없는 다른 모습으로의 '환골탈태'를 뜻하는 말이다. 이 책에서는 '변형'이라는 역어를 사용하기로 한다.

동적인 통일체'인 것이다.61) 유통은 '자본의 본질적 과정'이다. 왜냐하면 '생산과정은 상품의 화폐로의 변형이 완료되고 난 뒤에만 다시 개시될 수가 있기' 때문이다. 그리하여 "이 과정이 **중단 없이 계속되는 것**, 즉 가치가 한 형태에서 다른 형태로 다시 말하면 전체 과정의 한 국면에서 다른 국면으로 방해받지 않고 유순하게 넘어가는 것은 그 이전의 그 어떤 생산 형태보다 특히 자본에 기초한 생산에 있어서 더 절대적인 기본 조건으로 나타나게 된다."62) 그런데 이 과정이 연속적으로 이루어질 수 있을지는 아무 보장도 없이 순전히 운수에 맡겨진 문제이다. 물론 신용의 작동을 통해 이러한 불확실성을 상당히 줄일 수 있다고 해도 말이다. 자본을 추동하는 힘들은 또한 자본을 해체로 밀고 가는 힘이기도 하다. "자본은 보편성을 획득하려고 끊임없이 분투하지만 자본 스스로의 본성에 내재한 여러 장애물들에 맞닥뜨리게 되며, 그 때문에 자본이 일정한 발전 단계에 도달하면 자본 스스로가 그러한 경향을 방해하는 최대의 장애물이라는 점이 널리 인식되도록 만들며, 따라서 자기 자신을 통해 스스로를 지양하도록 밀고 나가는 추동력이 되어 버린다."63) 이에 점차 분명해지는 사실은, '생산 일반에 본질적으로 내재하는 것이 아니라 자본에 기초한 생산에만 본질적으로 내재하는 어떠한 한계가 존재한다'는 것이라고 한다.64)

이러한 다가오는 위기의 여러 증후들은 도처에서 노동자들에게 미치는 여러 결과로 나타나고 있다. '노동자들의 활동은 실제 활동의 추상화에 불과한 것으로 제한된다. 따라서 그들의 활동은 모든 면에서 기계의 운동에 의해 결정되고 지배당하며, 그 반대는 성립하지 않는다'. 하지만 노동시간이 줄어들지는 않는다. 오히려 이윤율의 계속적 저하로 고용된 노동자들에게 가해지는 압력은 더 커진다. '가장 발전된 기계를 도입할수록 노동자들은 야만인들보다도, 또 노동 도구가 가장 단순하고 조잡했을 때의 노동자들보다도 훨씬 더 많은 시간을 일하지 않을 수 없게 된다'는 것이다.65) 그리하여 '자본이라는 관계가 노동의 생산력에 대해 장애물이 되는' 지점이 다가오게 된다. 이 지점에 도달하게 되면, '길드 시스템, 농노제, 노예제가 과거에 그랬던 것처럼 임노동이라는 형태 또한 사회적 부와 생산력의 발전에 있어서 똑같이 하나의 족쇄가 되며, 이에 폐기되기에 이른다'.66)

『강요』에 보면 국가, 국제 무역, 세계 시장에 대해서도 '책들'을 쓰겠다는 계획은 나와 있지만, 막상 그 책들로 들어갈 만한 내용은 거의 혹은 전혀 담겨 있지 않다. 임노동에 대한 언급 또한 드문드문 나올 뿐만 아니라 구체적이지도 않다. 노동에 있어서 "생산물들이 자기 스스로의 것임을 인식하고 또 자신이 자신의 실현 조건들로부터 분리되어 있다는 것이 부적절하며 폭력으로 강제된 상황에 불과하다는 것을 깨닫는 것은 실로 어마어마한 의식의 각성이며, 그 자체가 자본에 기초한 생산양식이 만들어 내는 결과물이다. 노예가 자신이 **타인의 소유물**이 될 수 없다는 것, 그리고 자신이 인격적 개체라는 의식을 각성하게 되자, 노예제라는 것은 인위적으로 명맥을 유지하는 존재로 전락했고 더 이상 생산의 기초를 제공할 수는 없게 되었다. 이와 똑같이 노동이 그러한 의식을 각성하게 되는 것 또한 자본에 기초한 생산양식의 **종말을 알리는 조종**弔鐘이 되는 것이다."67) 생산력이 나아가는 방향을 보면 임노동의 종말이 임박했음을 알 수 있다는 것이다. 로버트 오언이 시사한 바 있듯이, '영국의 제조업 공장들로 물질 기계가 전반적으로 도입된 이후로 인간은 거의 예외없이 부차적이고 열등한 기계로 취급되어 왔다'. 노동자는 이제 '생산과정의 주된 행위자가 아니며, 그 옆에' 서 있는 국외자가 되어 버렸다는 것이다.68)

대규모 산업이 창출한 이러한 새로운 생산의 기초는, '**오늘날 부의 기반인 낯선 노동시간의 절도**竊盜'가 제공하는 현행 생산양식의 '보잘것없는 기초'로부터 탈출하는 게 가능하다는 점을 시사한다. 일단 노동이 그 직접적 형태 그대로 '부의 거대한 원천'이 되는 일이 끝나게 되면 이는, 즉 '**대중들의 잉여노동**'이 '사회 전반의 부가 발전하기 위한 조건이 되는 것도 끝나게 되며, 마찬가지로 **일하지 않는 소수**'라는 것이 '인간 정신의 전반적인 힘이 발전하기 위한 조건'이 되는 일도 끝날 것임을 의미한다. 그렇게 되면 교환가치에 기초한 생산은 무너지게 될 것이며, 직접적인 물질적 생산과정 자체에서도 '궁핍과 적대관계의 형식이 벗겨져 나가게' 될 것이라고 한다.[69] 이러한 조건에서는 인간이 '스스로의 역사를 하나의 과정으로 보는 종합적 이해comperehension와 자연을 자신의 진정한 몸으로 보는 지식을(이 지식은 자연을 실용적으로 통제하는 데에도 유용하다)' 얻게 될 것이라고 한다.[70] 노동은 더 이상 '**외부로부터 강제되는 억지 노동**'이 아니게 될 것이며, 즐길 만한 것으로 될 것이라는 것이다.[71]

바로 이러한 맥락에서 카를은 자신의 셰익스피어에 대한 사랑과 스스로의 신고전주의적 인본주의에 대해 성찰을 전개한다. '예술에 대해 보자면', '사회의 전반적 발전에 전혀 조응하지 않으며, 따라서 사회조직의 그야말로 골간이라고 할 물질적 기초와 전혀 조응하지 않는', 하지만 '광채를 발휘하는 일정한 기간들'이 예술사에 존재하는 일이 어떻게 가능한가? 그 대답은 명백하다. 그리스의 미술과 서사시는 그리스의 신화를 전제 조건으로 삼으며, 모든 신화는 '자연의 여러 힘들을 상상 속에서 또 상상을 통해 무릎 꿇리고 지배하며 새로이 모습을 만들어 내게 되어 있다. 따라서 그러한 힘들에 대한 진짜의 지배가 확립되면 신화는 사라질 수밖에 없다'. 하지만 카를도 인정하는바, 정말로 설명하기 어려운 점은 '신화가 여전히 우리에게 미적 즐거움을 가져다주며, 어떤 특정한 측면들에서는 하나의 표준이자 도달할 수 없는 전범'이라는 사실이라고 한다. 여기에서 그는 '인류의 어린 시절'이라고 하는 구식의 신화로 되돌아갈 수밖에 없게 된다. 모든 신화가 다 매력적인 것은 아니다. '버릇 없이 막 자란 아이들과 조숙한 아이들'도 있게 마련이다. 하지만 그리스인들은 '정상적인 아이들'이었으며, 따라서 '그들의 예술을 낳은 사회가 미숙한 단계의 사회'였다는 사실과 '그들의 예술이 여전히 우리에게 매력을 갖는다'는 사실은 전혀 갈등을 일으킬 이유가 없다고 한다. 아이들의 '때묻지 않은 순진함'과 '진실성'은 항상 어른들에게 즐거움을 주지 않는가?[72]

하지만 다른 곳에서 카를은 좀 더 확고하게 모더니즘의 입장을 취하고 있다. 그는 '비록 종교, 국가, 정치 등 아주 협소한 규정성을 띤 모습이지만 그래도 인간 스스로가 항상 생산의 목적의 모습으로 나타나는' '대단히 고상해 보이는… 옛날의 관점'을 '생산이 인간의 목적으로 또 부가 생산의 목적으로 되어 버리는 근대 세계'와 대조시킨다. 하지만 사실상 '부라는 것도 그것이 지금 뒤집어쓰고 있는 협소한 부르주아적 형식을 벗겨 버린다면, 다름 아닌 전면적 교환을 통해서 발전하게 된 인간의 필요 욕구, 각종 역량, 향유의 능력, 생산력 등이 아니겠는가? 즉 인간의 통제력이 이른바 자연이라는 것의 여러 힘들에 대해 또 자기 스스로의 인간 본성의 힘들에 대해 완전하고 풍부하게 발전하는 것 이외의 무엇이겠는가?"[73] 인간과 자연의 관계는 변화하게 되어 있다는 것이다. 카를이 1844년에 꿈꾼 바 있는 자연의 인간화가 하나의 현실이 될 것이라는 것이다. 이제 최초로 자연은 '순수하게 인간을 위한 대상, 즉 유용성 있는 물질 이상의 아무것도 아니게' 될 것이라고 한다. 사람들은 이제 자연을 '스스로의 독자적 권력으로 인정'하는 일을 그만 두게 될 것이라는 것이다.

5. 생산, 그 여러 한계

카를이 『강요』에 포함시키고자 했던 「바스티아와 케리Bastiat and Carey」라는 제목의 에세이에 보면, 카를은 리카도나 시스몽디 이후 시기의 정치경제학의 발전을 기본적으로 얕잡아보는 태도로 다루고 있다.[75] 1820년대 이후의 경제학 문헌은 존 스튜어트 밀의 저작처럼 '이질적인 내용들을 절충하여 엮어 놓은 개설서'로 끝나든가, 토머스 투크Thomas Tooke의 『물가의 역사History of Prices』처럼 '특수한 분야를 시시콜콜하게 상술'하는 것으로 끝나는 게 고작이었다는 것이다.[76] 이러한 문헌은 '전혀 창의성이 없는' 것들이라는 것이다. 하지만 그와 대조적으로 카를이 자신의 입장이 이들과 뚜렷이 구별되는 이유는 자기가 생산 활동에 우선성을 부여하기 때문이라고 한다. 그 때문에 자신은 생산자들에게 적극적인 정치적 역할을 부여하는 형태의 사회주의를 구성할 수 있었다는 것이다. 생산자들은 이제 더 이상 폭력과 기만으로 억압당하는 역사의 희생자들이나 '고통받는 계급'이 아니라는 것이다. 또 이들은 다윈 이후 시대의 인간상처럼 원숭이에서 기원한 동물적 본능들을 극복하려고 기를 쓰는, 혹은 자연의 경쟁적 투쟁에서 살아남기 위해 본능적으로 떼를 짓는 자연적 존재도 아니라는 것이다.

하지만 이렇게 생산에 초점을 두는 것이 꼭 경제에 대해 만족스러운 이해를 이끌어 주는 것도 아니며, 또 그것에 기초한 설득력 있는 정치 논리를 구축해 주는 것도 아니라는 것이 드러났다. 오히려 다른 여러 형태의 급진주의 및 사회주의가 오히려 좀 더 탄력적이고 유연성이 있다는 사실이 입증되고 있었다. 영국에서는 분배의 불평등 그리고 토지 계급의 정치적 지배에 대해 사람들이 더 많은 주의를 기울이고 있었다. 밀의 '토지 보유 개혁 협회Land Tenure Reform Association'와 '토지 및 노동 연맹Land and Labour League'(두 조직 모두 1869년에 세워졌다)은 토지계급의 지배에 도전하려 했다.[77] 프랑스에서는 생시몽주의자들이 좀 더 폭넓게 상속권에 대해 도전하고 있었다. 사회주의자들 가운데에서는 오언과 프루동의 추종자들이 '싸게 싸서 비싸게 판다'는 원리에 기초한 유통 시스템의 여러 결함들을 강조하고 있었다. 이들은 협동조합 생산으로부터 시작하여 노동화폐의 통화 구상까지 다양한 여러 방안을 제안했고, 좀 더 온건하고 개혁적인 버전으로는 노동조합의 완전한 합법화, 신용의 확대, 은행의 개혁 등의 계획을 내놓기도 했다.

반면 생산자들의 정치라는 것은 국가권력의 획득이나 전복에 각별한 강조점을 두었다. 이는 본래 자코뱅의 정치에서 영감을 받은 것으로, 사회와 국가를 스스로의 이미지로 재창조하는 것을 목표로 했으며, 이러한 목적을 달성하기 위해 폭력적 혹은 권위주의적 수단들을 기꺼이 사용할 준비가 되어 있었다. 카를의 경우 이러한 접근법은 노동의 본성에 대한, 그리고 공장 안에서 벌어지는 일들에 대한 혜안을 지니고 있었다는 점에서는 통찰력과 지각을 발휘했다. 그런데 이를 강조하는 것은 미국의 보호무역주의자들 및 공장 개혁가들도 마찬가지였다. 이들은 자유무역이 국내에 얼마나 위험한 결과들을 가져오는가를 부각시키면서 아동노동을 규제하고 노동시간을 제한하자는 운동을 전개했다. 하지만 생산을 강조하게 되면 교환을 못 보게 되는 셈이니 반쪽 진리로 다른 반쪽을 대체해버리는 것으로 끝날 위험이 있었다. 노동자들은 생산자들이기만 한 것이 아니라 소비자이기도 했다. 좀 더 중요한 사실은 노동자들은 또한 시민의 지위를 열망하고 있었다는 점이었다. 이는 프랑스혁명과 미국 혁명이 제공한 영감이었다. 바로 이 때문에 정치체에 대한 적극적 참여의 배제를 문제로 삼는 것이 현실에서는 착취라는 것보다 훨씬 더 강력하게 사람을 움직이는 신조였을 뿐만 아니라 훨씬 더 다양성이 큰 경험이었던 이유였으며 차티스트, 공화주의, 급진주의 운동 등이 사회주의 운동의 울타리를 넘어서 힘을 발휘했던 이유였다.

카를이 1840년대 중반 자신의 접근법을 처음으로 정식화했을 때 그것이 큰 힘을 가질 수 있었던 것은 부르주아 경제의 힘과 역동성에 초점을 두었기 때문이었다. 급진파 운동과 사회주의 운동이 패배 혹은 불확실성의 순간에 들어서고 있을 때에 카를이 등장한 것이었다. 차티스트운동은 쇠퇴하고 있었고, 최초의 사회주의 시스템들(오언주의, 푸리에주의, 이카리아주의 등)은 위기를 맞고 있었다. 유럽에서나 미국에서나 협동 정신에 입각한 공동체라는 좀 더 원대한 유토피아의 전망들이 실패하고 있었다는 것은 누구의 눈에나 명백했다. 하지만 그것으로 끝난 게 결코 아니었다.

1850년대가 끝날 무렵 새로운 정치 운동이 나타났고, 그 속에서 1840년대의 급진파 및 사회주의 사상이 좀 더 온건하고 현실적인 형태로 다시 모습을 드러냈다. 협동의 이상은 새롭게 정식화되어 노동조합주의가 확산되었고, 노동조합을 위한 좀 더 안정적인 법적 기초를 확보하려는 노력이 나타났다. 자유주의자들과 급진파 또한 개혁적 성향의 참정권 운동으로 서로 협조하기 시작했고, 1830년대에 프랑스와 영국에서 처음으로 나타났던 여성주의 운동 또한 쇄신의 증후를 보이고 있었다. 이렇게 본다면, 카를의 초기 저작과 텍스트에 비교했을 때 『강요』에 노동계급 운동 이야기가 거의 나오지 않는다는 사실도 그리 놀랄 일이 아니다. 카를은 이러한 노동계급 운동들을 무시하려고 무진 애를 썼던 것이다.

또한 정치경제학의 발전 과정에 대해 카를이 기본적으로 얕잡아보는 태도를 취한 것 또한 합당한 일이 아니었던 것으로 보인다. 특히 『강요』에서 그가 펼치는 핵심 논지의 여러 결함을 고려해 보면 더욱 그렇다. 카를의 접근법은 리카도의 노동가치론에 대한 자신의 독해에 크게 의존하고 있었다. 그 이유는 두 가지였다. 첫째 카를은 이른바 평등한 교환이라는 것의 배후에서 노동자들이 착취당하고 있는 현실을 증명해 낼 것을 표방했으며, 둘째 자신이 '자본주의적 생산양식'이라고 부르기 시작한 것에 고유한 형태의 위기인 이윤율 저하의 정체를 밝혀낼 것이라고 주장했기 때문이다. 하지만 카를의 논리에는 근본적인 결함들이 담겨 있었고 그는 이를 전혀 극복할 수가 없었다. 『강요』에서 그가 가치 문제를 다루고 있는 방식은 아주 불투명하다. 『자본론』 1권에서는 논의를 생산의 차원으로 국한시킴으로써 가치 문제를 둘러싼 가장 어려운 질문들을 모조리 회피하고 있으며, 그의 사후에야 출간된 2권과 3권에서도 마지못해 이 문제에 대응하려고 애쓰고는 있지만 그 또한 전혀 성공을 거두고 있지 못하다. 그 이후 가치의 개념을 놓고 얼마나 많은 문헌이 쏟아져 나왔고, 또 얼마나 격렬한 학문적 논쟁이 벌어졌는가를 생각해 본다면 이 문제가 도대체 어디에서 비롯된 것인지를 추적해 볼 필요가 있다.

가치 문제에 대한 혼란은 카를에게서 시작된 것이 아니다. 이는 리카도가 1817년에 출간한 『정치경제학과 조세의 원리』 1판에서 제시했던 논리를 놓고 벌어졌던 논쟁으로 거슬러 올라간다. 리카도에 따르면, 한 상품의 교환가치란 그것이 다른 상품들과 교환될 수 있는 힘이라고 한다. 그리고 이를 측량하는 척도는 균형 상태의 조건 아래에서 그것이 교환될 수 있는 다른 상품들의 숫자라고 한다. 교환가치란 상대적 크기라는 것이다. 한 상품의 교환가치를 떠받치는 것은 그 상품의 가치라고 한다. 가치란 균형 상태에서 여러 상품의 상대가격의 근저에 도사리고 있는 절대적인 크기라는 것이다. 그리고 리카도는 가치의 크기를 결정하는 것이 사회적 필요 노동시간임을 시사했다. 그의 논리에 따르면, 이윤율과 임금율이 획일적으로 통일된 상태에서는 상품들이 그 각자의 자연 가격으로 판매되며 그 교환가치는 그 상품들에 지출된 노동량에 의해 결정된다. 하지만 상품들마다 그 생산에 들어가는 고정자본과 유동자본의 양이 동등하지 않게 되면 이러한 가치론은 더 이상 성립할 수 없게 된다고 한다. 이러한 일이 벌어지게 되면 그 상품들 사이의 상대가격 또한 '생산에 사용된 고정자본의 양과 내구성에 비례하여' 변동하게 되기 때문이라는 것이다.

리카도의 저서가 출간된 직후에는 리카도 또한 자신의 저서에 쏟아진 관심에 크게 흡족했다. 그는 자신의 여러 주장이 어떤 지위를 부여받는지에 대해서도 상당히 너그러웠던 듯하며, 자신이 내세웠던 가설들이 아주 특수한 방식들로 이해될 수도 있다는 사실에 주의를 기울이지 않았다. 이는 특히 그를 경모하는 추종자의 한 사람인 맥컬럭J. R. McCulloch이 1818년에 내놓은 찬사로 가득 찬 서평에 대해 그가 반응했던 것에서 잘 나타난다. 맥컬럭의 서평은 리카도가 자신의 주장에 대해 달아 놓은 여러 제한 조건과 단서들을 모조리 무시하고 있었다.

그럼에도 리카도는 처음에는 맥컬럭의 글을 칭찬하는 쪽으로 태도가 기울어 있었다. 하지만 그의 친구인 허치스 트로워Hutches Trower가 맥컬럭의 글에 그가 붙여놓은 제한 조건 및 단서들이 빠져 있음을 지적하자 리카도 또한 '서평자의 부정확성'을 인정했다.[78] 이 문제가 중요해지는 까닭이 있다. 1835년에 리카도의 『원리』 프랑스어 번역본이 출간되었을 때 그 서문에 해당하는 '비망록Memoir'을 맥컬럭이 썼으며, 이 글에서 맥컬럭은 자신이 처음에 이해했던 바의 리카도 이론을 그대로 고수하고 있기 때문이다. 카를이 처음으로 리카도를 읽었던 것이 바로 이 프랑스어 번역본이었다. 이 '비망록'에서 맥컬럭은 '리카도 씨가 이 위대한 저작에서 주장했던 근본적인 원리는 교환가치, 즉 여러 상품들이 서로서로와 비교하여 갖게 되는 상대적 가치가 오로지 **그 상품들을 생산하는 데 필요한 노동량**으로만 결정된다는 것'이라고 단언하고 있다.[79] 애덤 스미스는 그러한 원리는 오로지 '가장 초기의 야만 단계의 사회'에서만 적용된다는 견해를 가지고 있었지만, 맥컬럭은 그러한 스미스의 견해를 기각하면서 그 똑같은 원리가 현재에도 진리임을 보여 준 것이 바로 리카도라고 주장했던 것이다.

1850~1851년의 기간 동안 카를은 경제학 연구로 돌아와서 1821년에 출간된 리카도의 『원리』 3판을 영어로 읽게 된다. 하지만 이 단계에서조차 카를은 리카도가 자신의 노동가치론에 달아 놓은 여러 제한 조건과 단서들에 대해 아무런 관심도 보이지 않았다. 『강요』에 와서야 비로소 『원리』로부터 관련된 구절들을 인용한다. "상품들에 함유된 노동의 상대량이 상품들의 가치를 결정한다는 원리는, 기계류와 여타 고정 및 내구 자본을 사용하게 되면 상당히 수정된다."[80] 하지만 그는 이 문제를 자신의 접근법에 있어서 중요한 도전으로 다루고 있지는 않다. 그는 '이것은 가치 결정과는 아무 상관도 없다. 이는 가격을 다루는 부분에서 논의할 문제이다'라고 쓰고 있다.[81] 리카도가 달아 놓은 제한 조건 및 단서들에 대해 나중에 『자본론』에서 카를이 내놓은 대답은 이 문제의 본질은 사회적 필요 노동시간에서 가치가 이탈하는 문제가 아니라 가치에서 균형 가격이 이탈하는 문제라는 것이었다. 하지만 그는 그 앞에서 이미 가치를 사회적 필요 노동시간으로 정의해 놓은 상태였다. 다시 말해 그는 리카도의 논지에 전혀 승복하지 않는 듯하면서 사실은 승복하고 있는 것이다.*

이러한 문제가 생겨나게 된 큰 원인은 아주 동떨어진 별개의 담론들로부터 파생된 두 개의 명제를 하나로 합쳐놓은 데 있다. 첫 번째 명제는 사회적 필요 노동시간이 균형가격을 결정한다는 리카도의 잠정적 명제로, 리카도는 상품마다 생산 기간이 다양하다는 점을 고찰할 적에 이 명제에 대해 기꺼이 제한을 가한다. 두 번째 명제는 형태는 첫 번째 명제와 형태는 비슷하지만 사실상 전혀 무관한 것으로, 가치를 창출하는 것은 오로지 노동뿐이라는 명제이다. 이 두 번째 명제는 정치적인 의도가 명확한 것이며, 그렇기에 제한을 가하려 하면 저항이 따를 수밖에 없다.82)

처음 명제는 시장이 어떻게 작동하는가라는 문제에서 나온 것이다. 만약 여러 상품들의 교환이라는 것이 멋대로 벌어지는 것이 아니라 구체적인 시간과 공간 안에서 일정한 비율로 이루어지는 것이라면, 상품들의 균형 가격을 설명해 주는 것은 무엇인가? 1867년에 나온 『자본론』 1권에서 카를은 사람들이 상

✤ 애덤 스미스는 모든 생산물이 대부분 노동을 통해서만 생산되는 원시시대에는 노동시간이 그대로 상품의 교환 가치를 규정한다는 원초적인 (투하) 노동가치론이 적용되었지만, 문명이 발달하여 노동 이외에도 토지와 자본 등의 여러 생산요소가 등장하게 되면 상품마다 그 생산요소들의 결합 비율과 방식이 달라 그러한 노동가치론을 더 이상 적용할 수 없으므로 단순한 생산비 가치이론production cost theory of value으로 후퇴하게 된다고 했다. 반면 리카도의 경우 토지는 상품의 가치에 기여하는 바가 없으며 자본은 옛날에 투하된 노동의 결과물이므로 곧 '날짜 붙은 노동dated labour'으로 환원하여 사회적 필요 노동시간으로 모두 환원할 수 있고, 따라서 상품의 (절대적) 가치가 사회적 필요 노동시간에 따라 결정된다는 노동가치론을 내세웠다. 하지만 리카도 또한 설령 자본의 기여 부분을 '날짜 붙은 노동'으로 환원한다고 해도 생산 기간, 고정자본과 유동자본의 결합 비율, 노동과 자본의 투하 패턴, 이윤율과 임금률의 변화에 따라 동일한 사회적 필요 노동시간을 가진 상품들도 그 가치가 다양하게 달라지며 따라서 상대가격도 변할 수 있다는 것을 인정했고, 이에 그러한 조건들에 좌우되지 않고 상품 안에 체현되어 있는 사회적 필요 노동시간의 양으로 안정된 상대가격 체계를 나타낼 수 있는 '불변의 가치척도invariable measure of value'를 찾고자 애를 썼다. 반면 마르크스는 『자본론』 3권에서 균형 상태에서 모든 자본가들에게 적용되는 평균 이윤율이 형성된다고 보아, 생산가격은 각 자본가들이 각자의 비용에다가 이 평균 이윤율을 곱하여 결정하게 되므로 자본의 유기적 구성에 따라 해당 상품의 가치와 체계적으로 괴리하게 된다고 설명했다. 하지만 마르크스의 경우에는 리카도를 괴롭혔던 문제, 즉 균형 상태에서의 가격이 아닌 (절대적) 가치 그 자체를 어떻게 파악할 것인가의 문제가 사라지거나 모호하게 되는 문제를 안게 된다. 한편으로 마르크스는 (맥컬럭식으로 이해된 단순한 버전의) 리카도의 사회 필요 노동시간 = (절대적) 가치라는 이론을 그대로 받아들이면서 그 안에 내포된 문제, 그래서 리카도로 하여금 오랜 시간 동안 고민하고 많은 제한을 가하게 했던 문제는 회피하면서 그냥 『자본론』 3권에서의 '생산가격으로의 전형'으로 밀어버리는 모순적 태도를 취했다는 것이 저자의 논지로 보인다. 실제로 이러한 마르크스 가치론의 애매함은 그가 제시한 '전형'에서 평균 이윤율을 곱하는 '비용'이 가치냐, 가격이냐는 문제를 다시 낳게 됨은 주지의 사실이다. 이를 해결하기 위해 보르트키에비츠Ladislaus von Bortkiewitcz의 '일반 균형 해법'(모든 상품의 전형 과정을 일련의 연립 방정식으로 엮어 '비용'을 그 투입이자 산출의 '가격'으로 해석)과 카르체디Guglielmo Carchedi 등과 같은 '비일반 균형 해법'(자본주의의 생산 과정을 동태적으로 해석하여 '비용'을 '가격'으로의 전형 이전의 가치 즉 사회적 필요 노동시간량으로 본다) 사이의 논쟁을 낳기도 한다.

품들에 대해 갖는 욕망 즉 효용의 상대적 크기라는 문제, 곧 그의 용어를 쓰자면 상품의 '사용가치'라는 문제를 자의적으로 배제해 버린다. 사용가치는 '모든 부에 있어서 그것이 취하고 있는 사회적 형식과 무관하게 부의 실체'를 이룬다고 한다.[83] 하지만 특히 '자본주의적 생산양식'이 이루는 독특한 사회적 형식에서는 사용가치가 '교환가치의 물질적 보관소depositories'✤이기도 하다. 사용가치는 상품마다 모두 성질이 다르지만, 교환가치의 물질적 보관소로서는 '단지 양적인 차이만을' 가질 뿐이다. 따라서 만약 사용가치를 제쳐둘 수 있다면 카를이 미리 선택해 둔 해법을 내세우기가 쉬워진다. 즉 상품들 사이에는 '단 하나의 공통적 성질만이 남으며' 그것은 바로 '노동의 생산물이라는' 성질이라는 것이다. 따라서 노동은 가치를 창출하는 실체일 수밖에 없게 된다. '이 가치의 크기'는 '그 물품에 함유된 가치 창조의 실체 즉 노동의 양'에 의해 측량된다는 것이다.[84]

이런 논리 전개 방식에는 문제가 있다. 최초에 설정했던 질문, 즉 시장의 균형 상태에서 상품들 사이의 상대 가격은 어떻게 결정되는가라는 질문이 사라져 버렸다는 것이다. 설령 모든 상품들이 다 노동의 생산물이라고 가정한다고 해도 시장 교환에서 그 상품들의 균형가격이 사회적 필요 노동시간 하나만으로 결정된다는 논리가 필연적으로 성립하는 것은 결코 아니다.

또한 문제를 더욱 복잡하게 하는 것이 있다. 리카도의 이론은 가치의 크기를 사회적 필요 노동시간에서 도출하며, 그 크기를 결정하는 것은 **현재 시점에서의** 필요 노동시간이라고 가정한다. 엄밀한 의미에서 보자면, 과거 시점에서의 사회적 필요 노동시간은 더 이상 현재의 가치에 아무런 의미도 갖지 못한다는 것이다. 이러한 입장은 시간과 공간을 초월하여 노동 오로지 노동만이 가치를 창조한다고 주장하는 급진적 담론에서 발견되는 생각과는 모순되는 것이었다. 카를은 리카도가 붙인 제한 조건과 단서(즉 상품마다 생산 기간이 다양하다는 점

✤ 우리나라에서는 '보관소' 대신 '담지자'라는 역어가 전통적으로 쓰였다.

을 볼 때 상품들의 균형가격이 **항상** 사회적 필요 노동시간으로 결정되는 것은 아니다)를 극복하려고 애쓰는 가운데에서 이 두 입장이 서로 모순된다는 것을 일관되게 의식하지 못하고 둘 사이를 마구 오가고 있는 것이다.

카를은 『강요』에서 생산에 생각이 붙들려 있던 나머지 상품이 갖는 여러 성질들 중에서 오직 하나만을 잡아 그것을 교환과 완전히 동일한 것으로 여기게 되었다. 그 성질은 바로 그 상품이 노동 생산물이라는 점, 즉 '대상화된 노동'이라는 점이었다. 애덤 스미스의 원래 논의에서와 마찬가지로 카를의 접근법에서도 한 상품의 가치가 이미 그것이 교환되기 이전에 알려져 있는 것으로 되어 있다. 스미스는 이러한 상황이 오직 원시 사회에서만 존재했었다고 여겼다. 반면 카를은 이를 현재에도 유효성을 갖는 객관적 과정으로 변형시키려고 들었다. 하지만 이는 시장 교환에서 상품들이 갖는 것은 오직 상대적 가치, 즉 다른 상품들과의 관계에서 상대적으로 갖는 가치뿐이라는 사실을 무시하는 것이다. 카를의 접근법에서 가치는 하나의 개별적 수량으로, 즉 가치를 결정하는 노동량의 대상화로 제일 먼저 나타난다. 이는 가치법칙에서 도출된 것이 아니며, 가치법칙에 따라 상대가격으로 표현되는 형태보다 앞서서 이미 존재하는 것이다. 카를의 접근법이 현실성을 갖는 것은 상업 사회가 아니라 봉건 사회이다. 농노의 착취는 명백하게 드러나 있는 사실이다. 그가 생산한 것은 그에게 가는 것이 아니라 그가 속한 봉건적 관계의 상급자에게 가게 되어 있었다. 상업 사회에서는 생산물이 자본가와 노동자 사이에서 나누어지는 것이 아니므로 이에 견줄 만한 과정이 존재하는 게 아니다. 생산물은 모조리 자본가의 것이지만, 그다음으로 곧장 시장에 가서 먼저 판매되어야만 한다.[85]

마지막으로 짚고 넘어갈 것이 있다. 이는 특히 이후 마르크스의 추종자들에게 있어서 하나의 신앙이 되는 명제라는 점에서 특히 중요한 문제이다. '자본주의적 생산양식'의 핵심축이라고 할 '잉여가치' 그 자체에 대해 『강요』는 무어라고 말하고 있는가?

> 만약… 노동자를 노동일 하루 온종일 살아 있도록 만드는 데 필요한 노동일이 하루의 절반뿐이라면 생산물의 잉여가치는 그 자동적 결과이다. 왜냐하면 자본가는 '노동의' 가격을 절반의 노동일에 해당하는 만큼만 지불했는데도 그 생산물에 대상화된 하루 온종일의 노동을 수취하게 되며, 따라서 그 노동일의 나머지 절반에 대해서는 맞바꾸어 내준 것이 **아무것도 없다.** 이는 교환이 아니라 자본가가 아무런 대가 없이 **대상화된 노동시간**, 즉 가치를 획득하는 과정일 뿐이며, 이 과정이 없다면 그는 결코 자본가가 될 수 없다. 자본은 절반의 노동일에 대해서는 **아무런 비용도 치르지 않았다.** 따라서 자본은 아무런 등가물도 내놓지 않은 채 일정한 양의 가치를 수취한 것이다. 가치의 증가가 벌어질 수 있는 유일한 이유는 이렇게 하여 **창출된** 등가물 이상의 가치를 획득하는 것뿐이다.[86)]

만약?… 만약이라고? 아무리 잉여가치라는 개념이 당대에는 그럴법한 것으로 여겨졌다고 하더라도 결국은 이 800페이지에 달하는 초고에 단 한 단락밖에 나오지 않는, 아무런 근거도 없는 사변적 억측에 불과한 것이었다.

6. '도대체 무슨 쓸모가 있는 겁니까?'[87)]: 1859년의 『정치경제학 비판』

1858년 초 라살레는 카를의 『강요』(『정치경제학 비판』 개요)를 내줄 출판사를 베를린에서 찾아보겠다고 제안했다. 하지만 카를이 자신이 발견한 것들을 1859년 『정치경제학 비판을 위하여: 1부Contritution to the Critique of Political Economy: Part One』로 출간하려 시도했던 것은 거의 재앙이나 다름없었다. 예니가 엥겔스에게 보낸 편지에 따르면, 카를의 간 질환은 '정신적 스트레스와 흥분 긴장 상태'로 인해 더욱 악화되었지만, 특히 '그가 이 저작을 끝내는 것이 완전히 불가능하다는 것을 알게' 되었기 때문에 더더욱 악화되었다고 한다.[88] 1858년 여름 카를의 금전 상황은 다시 한 번 완전히 끝장날 정도의 위기 상태에 이르렀고, 엥겔스가 구출해 주지 않았다면 완전히 파국을 맞을 뻔했다. 마르크스 가족의 궁핍 상태는 다음 해까지 계속되었다. 1859년 1월 '저 팔자가 사나운 초고'가 마침내 완료되었지만, 출판사로 보낼 수도 없었다. "왜냐하면 땡전 한 푼 없는 상태라 우표도 보험도 구입할 수가 없었기 때문일세."[89] 예니 또한 '신경과민으로 초주검' 상태에 이르렀고, '돌이킬 수도 피할 수도 없는 파국이 덮칠 것이라는 망령에' 시달리고 있었다. 이들의 의사는 예니를 바닷가 휴양지로 보내 '장기 요양'을 시키지 않는다면 '뇌염'의 가능성도 배제할 수 없다고 보았다.[90]

이것도 부족했는지 런던에서의 카를의 정치적 권위 또한 갈수록 위협에 처하게 되었다. 에드가 바우어가 1858년 런던에 도착하여 『신시대Die Neue Zeit』의 편집장으로 임명되었고, 그다음에는 고트프리트 킨켈Gottfried Kinkel의 잡지 『헤르만Hermann』에서 일하게 되었다. 빌헬름 리프크네히트가 바우어를 '노동자 교육 협회'에 소개했다. 카를은 "그를 조심하게!"라고 경고했다. 저 '속물' 프라일리그라트는 킨켈 부인의 죽음에 대해 감동적인 시를 쓰기도 했다. "독일에서 킨켈의 재생이 벌어지도록 신호를 보내다니 프라일리그라트는 참으로 친절하기도 하지. … 무식한 놈들은 우리가 둘 다 끝장이 나 버렸다고 믿었지. 게다가 요즘은 또 고트프리트 킨켈이 런던의 모든 사람들에게 저 어릿광대 '에드가 바우어' 씨께서 '노동자들의 시선에서' 우리 둘을 '대체해' 버렸다고 말하고 다니고 있으니, 더더욱 그렇게들 믿고 있지."[91]

카를이 자신의 『정치경제학 비판』을 어떤 형태로 출간할지를 처음 생각했을 때에는 원래 라살레의 도움을 받아 베를린의 출판사를 찾아 보려고 했다. 그는 '엄격하게 마감일을 정해 두지 말고 전체 저작을 쪼개어 준비된 분량만큼씩 내기를' 희망했고, 그러면 출판사를 좀 더 찾기 쉬울 것이라고 생각했다.[92] 3주

후 그는 훗날 출간되는 『자본론』의 3권에서 실제로 채택되는 것과 동일한 계획을 라살레에게 편지로 제출한다. "어떤 조건이든 처음으로 나오는 분량은 비교적 온전한 전체를 이루어야만 하며, 이후에 연속해서 나오게 될 모든 내용의 기초가 되는 부분인 만큼 그 분량은 인쇄 전지로 5장이나 6장 이상은 되어야 할 것입니다. 하지만 이건 제가 막상 글을 끝내 봐야 알 수 있는 문제겠지요. 그 내용은 ① 가치, ② 화폐, ③ 자본 일반(자본의 생산과정, 자본의 유통과정, 두 과정의 통일 혹은 자본과 이윤, 이자)입니다. 이 글은 그 자체로 하나의 완결된 팸플릿이 됩니다."[93] 1858년 3월 라살레는 베를린의 출판업자인 프란츠 던커Franz Duncker를 만나 카를의 생각대로 그의 저작을 여러 분권으로 출판하도록 설득한다.[94] 그 첫 번째 초고는 5월 말까지 준비 완료를 마치는 것이 계획이었다.

4월 2일 카를은 엥겔스에게 첫 번째 분권인 『자본 일반Capital in General』의 계획의 개요를 편지로 설명했다. 이는 ① 가치, ② 화폐, ③ 자본 이렇게 세 부분으로 구성되도록 되어 있었다. 먼저 '가치'와 '화폐' 부분 까지 어느 정도 상세하게 내용을 개괄한 후 이야기가 '자본'에 미치자 카를은 엥겔스에게 '여기야말로 이 첫 번째 분권에서 가장 중요한 부분'이라고 하면서 특히 엥겔스의 의견을 필요로 하는 부분이라고 말하고 있다. "하지만 오늘은 더는 편지를 쓰지 못하겠네. 내 쓸개가 난동을 부려서 펜을 놀리기도 힘들 지경이라서 말일세." 그는 '다음 기회'를 기약하고 있다.[95]

엥겔스는 카를에게 4월 9일에 보낸 답장에서 겁을 덜컥 집어먹은 모습을 드러내고 있다. 그는 먼저 6권과 '화폐적 영리 사업의 발전'으로 구성된 전체 체계를 높게 칭찬한다. 하지만 "음, 절반 분권의 **초록**abstract을 자세히 살펴보다가 나는 정말로 불안해지고 말았네. **이건 정말로 지독하게 추상적인 초록**abstract abstract**일세.**"✢ 엥겔스는 '마지막의 자본 일반을 다루는 부분까지를 내가 보게 되면 전체 글의 **흐름과 취지**를 좀 더 잘 알 수 있게' 될 것이며, '자네의 개요가 담고 있는 추상적 변증법의 어조 또한 물론 이렇게 논지가 전개되는 과정에서 사라질

것'이라고 믿는다고 말하고 있다.96)

하지만 4월이 끝나도록 카를은 아무런 글도 보내지 않았고, 29일이 되자 비로소 자신의 침묵에 대해 설명하는 편지를 보낸다. 아팠다는 말은 곧 글을 쓸 수 없었다는 뜻이었고, 심지어 신체적인 의미로도 그러했다. 그는 『트리뷴』에 보낼 기사를 자기 손으로 쓸 수도 없어서 예니에게 구술하여 받아 적게 하기도 했으니까. 의사인 알렌Dr. Allen과 카를의 가족 모두 카를을 맨체스터로 보내야 한다는 데 합의했다. 거기에서 카를은 '**당분간 지적 노동을** 모두 삼가고 주요한 치료법으로 승마에 몰두해야' 한다는 것이다. 그는 라살레가 이러한 사정과 원고의 지연을 출판인 던커에게 설명해 주기를 희망하고 있다.97)

카를은 '완전히 회복되었다'고 주장하면서 런던으로 돌아왔다. 하지만 그는 건강 문제가 계속되어서인지, 그의 아내의 신경쇠약 때문인지, 아니면 그 자신의 금전적 곤란 때문인지는 몰라도 여름 내내 아무런 작업도 새로 내놓지 못했다. 그는 8월이 되어서야 집필을 다시 시작했으며, 11월 말이 되자 엥겔스에게 예니가 이제 '자신이 손으로 쓴 수고를 옮겨 적고 있음'을 알린다. 그래서 그 초고는 '이번 달 말 이후가 되어야 보낼 수 있을 것'이라는 것이었다. 그는 이 첫 번째 분권이 예상보다 길어진 이유로 원래 초고에는 없었던 '상품'의 장이 추가된 데다 두 번째 장인 '화폐, 즉 단순 유통' 또한 예상보다 좀 더 자세하게 다루었기 때문이라고 설명했다. 하지만 그는 가장 결정적인 '자본'에 대한 장에 대해서는 아무 말도 하지 않고 있다.98)

이 세 번째 장의 상태 혹은 실현 가능성에 대해 다른 이들을 속이고 있는 것인지, 아니면 스스로를 속이고 있는지(이쪽이 가능성이 더 높다)는 분명치 않다. 라살레에게 편지를 써서 왜 송고가 늦어지고 있는지 설명하면서 출판인 던커에

✤ '초록abstract' 자체가 이미 본문의 내용을 추려서 담은 '추상적인 글'이라는 뜻이 있으니, 엥겔스는 카를이 보낸 내용이 너무 추상적이라는 점을 강조하기 위해 이 두 말을 겹쳐 쓴 것일 터이다.

게 사정을 알려 달라고 부탁하던 대략 보름 전까지만 해도 카를은 이렇게 덧붙인 바 있다. "하지만 원고가 도착할 때까지 그에게 알리지 말았으면 하는 상황이 하나 더 있습니다. 그 첫 번째 분권인 『자본 일반Capital in General』이 다시 두 권의 분권으로 쪼개어 나올 가능성이 높다는 것입니다. 왜냐하면 그 책을 집필하는 과정에서 제가 깨닫게 된 것은, 여기가 정치경제학에서 가장 추상적인 측면을 논의하는 부분이라서 이 결정적인 대목을 너무 짧게 서술한다면 대중들이 도저히 소화할 수 없는 책이 되어 버리고 말 것이라는 사실입니다." 다른 말로 하자면, 그 세 번째 장인 '자본'은 이번에 보낼 원고에서는 빠져 있을 것이라는 이야기이다. 하지만 혼란스럽게도 그는 또 계속해서 이렇게 말하고 있다. "그 두 번째 분권은 첫 번째 분권과 **동시에** 나와야만 합니다. 그 두 권의 내적인 논리적 일관성을 생각하면 이는 반드시 필요한 일이며, 이 책으로 노리는 바의 효과는 전적으로 거기에 달려 있습니다."[99]

마지막으로 1859년 1월 중순 경 엥겔스에게 보낸 편지에서 카를은 그가 던커에게 보낸 원고의 내용을 누설하고 있다. "이 원고는 **대략** 인쇄 전지 12장 분량일세(3회분). 그리고 (너무 놀라지 말게나!) 비록 제목은 『자본 일반』이지만, 이번에 나올 분권은 아직 자본이라는 주제에 대해서는 **아무것도 담고 있지 않으며**, 단 두 장뿐일세. ① 상품, ② 화폐, 즉 단순 유통."[100]

이 책은 『정치경제학 비판을 위하여Zur Kritik der politischen Oekonomie』라고 제목이 지어졌고, 1859년 6월 베를린에서 1000부가 발행되었다. 이 책 서문에서 카를은 '부르주아 경제 시스템'에 대한 자신의 연구 저작의 계획을 공표했다. 이는 6개의 제목 아래에서 두 부분으로 구성되어 있었다. 첫 번째 부분은 '근대 부르주아 사회를 나누고 있는 3대 계급이 존재하는 경제적 조건들'을 다루는 것으로, '『자본』, 『토지 소유』, 『임노동』' 이렇게 세 권의 책으로 나오게 되어 있었다. 두 번째 부분은 이 3대 계급이 '『국가』, 『외국 무역』, 『세계 시장』'과 관련하여 서로 어떤 관계를 맺게 되는지를 살펴보기로 되어 있었다. 그 첫 번째 부분의 첫 번째 책인 『자본』은 다시 세 장으로 나누어진다. ① 상품, ② 화폐, 즉 단순 유통, ③ 자본 일반. 그런데 이번에 나오는 저서는 이 주제들 가운데 오로지 처음 두 개만 다룬다는 것이었다. 책은 비교적 짧았으며(약 130페이지), 이후 1867년에 출간되는 『자본론』 1권 처음 몇 장의 초고로 읽을 수 있다. 카를이 그 이후에 내놓고 또 공표한 『자본』의 모든 계획에서 이 3부작 체제는 충실히 지켜지고 있으며, 카를이 죽은 후 엥겔스가 『자본론』 2권과 3권을 각각 1885년과 1894년에 출간할 때에도 이러한 3부작 체제를 기본으로 삼았다.

1859년의 『비판』에서 첫 번째 장은 상품, 사용가치, 교환가치, 노동시간 등을 일반적인 용어와 개념으로 분석해 들어가고 있다. 그 방식은 이미 『강요』에서 운을 뗀 바 있는 것이었지만, 『강요』에 나와 있는 세부적 내용은 『비판』에는 전혀 나와 있지 않다. 이러한 설명은 형식만 좀 더 체계적으로 바꾸어 『자본론』 1권에서도 똑같이 반복되고 있다. 이 장 뒤에는 '상품 분석에 대한 역사적 노트'라는 내용이 따라오는데, 윌리엄 페티와 부아기유베르와 같은 17세기 경제 저술가들로 시작하여 스미스 및 리카도로 끝나고 있다. 두 번째 장인 '화폐, 즉 단순 유통'은 상품의 교환가치를 일반적 등가물의 형태로, 그리고 그러한 등가 관계의 척도인 가격의 형태로 검토하고 있다. 가격은 상품들 사이의 관계가 가치 형태 안에서 표현된 바를 표상하는 것인 반면, 그 상품들이 유통 과정에서 갖게 되는 '현실의 형태'는 그 상품들 각각의 사용가치를 구성한다. 그다음에는 화폐의 다양한 기능들(가치 척도, 교환 매개물 등)에 대해 좀 더 자세한 논의가 나오며 그와 함께 지불수단, 축장, 주화, 귀금속 등등의 사항에 대한 절들이 나오고 있다. 교환 관계가 그다음으로 어떻게 발전해 나가는지에 대해서는 아무 논의도 없다. 첫 번째 장에서와 마찬가지로 두 번째 장의 마지막 절 또한 『강요』에서 단순 유통이라고 묘사한 바 있는 순서 배열인 C-M-C, 즉 상품commodity(화폐money-상품)에 속하는 화폐 형태들을 놓고 역사적 설명을 제시하고 있다. 책은 여기에서 끝난다. 결론이나 요약도 없고 주장도 없다.

엥겔스가 생각했던 대로 이 책의 '흐름과 취지'를 너 잘 이해하기 위해 반드시 필요한 것은 '자본 일반'을 다루는 세 번째 부분이었다. 그런데 이 부분이 빠져 있으니, 이는 아주 이상한 책이 되어 버린 것이다. 하지만 더욱 이상했던 일은 카를이 이 책의 결함들에 대해 어쩌면 그토록 아랑곳하지 않는 태도를 유지할 수 있었는지, 그리고 오히려 그 책의 중요성과 의미에 대해 어떻게 그토록 계속해서 환상을 품을 수 있었는지였다. 병 때문이었을 수도 있고, 돈에 쪼들리는 상태였기 때문일 수도 있고, 가족 관계가 위태로운 상태였기 때문일 수도 있지만, 당시 카를의 판단력은 갈수록 어지러워졌으며 그의 기분 상태는 비현실적인 다행증多幸症에서 통제 불능의 피해망상을 거쳐 복수의 환상을 넘나들며 헤매는 아마도 정신질환적인 망상에 가까운 상태였던 것으로 보인다. 엥겔스에게 보낸 편지에서 그는 '자본'에 대한 장을 빼먹은 것이 '좋은' 일인 이유는 첫째 '만약 이 책이 성공을 거둔다면 자본에 대한 세 번째 장은 금방 뒤따라 나올 것'이기 때문이며, 둘째 이 책이 자본까지 모두 다루지 않았으므로 '저 똥강아지들'도 '오로지 자기들의 정치적 입장과 경향에 기대어 비난을 퍼붓는 식의 비판만 할 수는' 없을 것이라는 것이었다. 또한 '이 책 전체가 **과도할 정도로** 진지하고 과학적인 분위기를 띠고 있으므로 저 무식한 놈들도 이제 자본에 대한 나의 관점을 **상당히 진지하게** 받아들이지 않을 수 없을 것'이라고 주장했다.[101)]

2주일 후 그는 미국 밀워키에 있는 바이데마이어에게 보낸 편지에서도 비슷한 어조를 유지하고 있다. 우선 바이데마이어가 작년에 보낸 편지에 대해 1년 동안이나 답장을 하지 않은 것을 변명하면서 카를은 자신의 간 질환과 '과로에 압도당한' 상태였다는 사실을 언급한다. 하지만 그다음에 곧바로 '이제 본론으로 들어가세'라고 말한다. 그는 자신의 『비판』의 내용을 서술하면서 이렇게 말한다. "내가 다시 확고한 위치를 다실 때까지 '자본'에 대한 세 번째 장을 보류하게 된 정치적 동기는 자네도 이해할 걸세."[102)]

카를의 희망은 '우리 당을 위해 과학적 승리를 쟁취하는 것'이었다. 『강요』에서와 마찬가지로 출간된 책에서도 카를의 주된 야심은 1840년대의 그의 주적이었던 프루동에 대해 또 한 방의 결정타를 날리는 것이었던 듯하다. 그는 바이데마이어에게 이렇게 알려주고 있다. "지금 프랑스에서 **유행하고 있는** 프루동식 사회주의를 철저히 부수어 그 주춧돌까지 뽑아내 버렸다네."[103] 마찬가지로 1859년 말 엥겔스에게 그 책의 서평을 쓰라고 설득하면서(엥겔스는 상당히 꺼려했다), 카를은 엥겔스에게 '이 책이 프루동주의를 가지에서 뿌리까지 완전히 뽑아내 버린다'는 점을 강조하라고 부탁하기도 한다.[104]

하지만 이 단계에 이르면 카를 또한 이 책이 자신이 기대했던 만큼의 인정을 전혀 받고 있지 못하다는 것을 깨닫게 된다. 런던의 망명 정객이자 가족의 친구로 매일매일 얼굴을 보는 동지인 빌헬름 리프크네히트는 "자신이 책 한 권 때문에 이렇게 **실망한** 적은 한 번도 없었다"고 말하고 있으며, 『민중Das Volk』의 편집장인 비스캄프는 이 책의 목적이 도대체 무엇인지를 묻고 있다.[105] 이에 대해 카를 자신이 보인 반응은 또다시 이 책의 여러 문제들은 모종의 음모가 있었기 때문이라는 주장을 늘어놓는 것이었다. 우선 던커에게 원고가 도달하는 시점이 지연되었는데 이를 카를은 저 악명높은 프로이센 경찰 간부 빌헬름 슈티버Wilhelm Stieber의 농간 때문이라고 의심했다. 하지만 이러한 카를의 음모론은 던커가 자신의 『비판』보다 라살레의 저작을 먼저 출간하기로 결정한 데다 카를의 책을 선전하는 작업에도 늑장을 피우는 것을 보면서 더욱 강해졌다. 카를은 격노에 빠진 나머지 애초에 그의 『비판』이 출간될 수 있도록 출판사를 확보해 준 것이 라살레였다는 사실에도 아랑곳하지 않고, 즉시 자기 책이 늦게 나오게 된 탓을 라살레에게 돌린다. "나는 이 쬐끄만 유대인 놈이 부린 수작을 절대로 잊지 않을 걸세."[106]

엥겔스는 카를의 경쟁자로 의심되는 이가 보이면 이를 카를에게 일러바치면서 항상 최악으로 치닫는 경향이 있었다. 그 또한 라살레의 마음속에 가장 사악한 꿍꿍이가 들어앉아 있을 것이라고 보았다. 1859년 이탈리아전쟁을 종식시킨 빌라프란카 화약Peace of Villafranca에 대해 논평하는 가운데 엥겔스는 러시아인들과 혁명가들 이외에는 모두 신뢰를 잃게 되었지만, 특히 '책략이 뛰어나신 이프라임 전하께서는(라살레를 말한다) 가장 크게 신뢰를 잃게 되셨다.' 카를 또한 동의했다. 며칠 후 그는 엥겔스에게 자신의 책에 대한 서평을 쓰라고 강력하게 촉구한다. 왜냐하면 엥겔스가 서평을 쓰면 그것이 '이후의 통신원들이 이 책에 대해 쓸 서평의 기조를 결정하게 될 것'이며, 비스캄프가 서평을 쓸 가능성을 예방할 뿐만 아니라 '마찬가지로 나를 **죽이려는** 라살레의 계획을 좌절시키는 데에도 도움이 될 것'이기 때문이라는 것이다.[107]

엥겔스는 카를의 요청에 충실히 응했지만, 그 일을 떠맡는 것을 편치 않게 여겼던 것은 분명하다. 8월 3일 그의 편지에 보면 "연습이 너무 안 되어 있어서 나는 이제 이런 종류의 글쓰기에는 전혀 익숙지 않게 되었네. 그래서 자네 부인이 내 글을 보면 어색하다고 마구 웃을지도 모르겠네. 자네가 좀 멋지게 고쳐줄 수 있다면 그렇게 하게나." 그는 또한 '유물론적인 관점에서 강한 설득력을 갖는 예 몇 개를' 들 수 있기를 소망했다.[108] 『비판』을 홍보하고 널리 알리기 위해 모든 노력을 경주해야 한다는 것이었다. 엥겔스는 그래서 카를에게 번역에 대비하여 저작권 문제를 확실히 해 두라고 촉구했고, 카를은 데이나Dana에게 영어판을 내기 위해 '양키 한사람'을 찾아 줄 수 있는지를 묻고 있다.[109] 카를은 가을이 끝날 때까지도 이 책이 전망이 밝다고 계속 확신하고 있었다. 그는 그 책의 서문이 『민중』지에 게재된 이후 미국에서 뉴잉글랜드부터 캘리포니아에 이르기까지 모든 독일어 신문에서 다양한 논평이 나오고 있다고 주장했고, 11월이 되어서도 여전히 라살레에게 이 점을 반복하여 이야기하면서 그 제1분권이 뉴욕에서 뉴올리언스에 이르기까지 자세히 토론되고 있다고 주장했다. 하지만 그도 라살레에게 인정했듯이, 독일에 있어서는 "나는 완전히 무시되는 것보다는 차라리 공격과 비판을 기대하고 있습니다. 전자의 경우라면 책 판매에 심각한 영향을 주게 될 테니까요."[110]

오늘날 『비판』에서 기억되고 있는 유일한 것이 있다면 오로지 그 서문뿐이다. 마지막 장도 없고 결론도 없는 이 이상한 책의 서문으로 쓰인 5페이지짜리 글이 유일한 유산인 셈이다. 이 서문은 1859년 2월 23일 덴커에게 보내졌다. 카를은 그 인쇄된 판본을 『민중』에 보냈고 엥겔스도 자신의 미완성 서평(이 또한 후에 『민중』에 게재된다)에서 이 서문을 언급한다. 하지만 그 이후 19세기가 끝날 때까지 이 서문은 많은 논평을 받아내지는 못했던 것으로 보인다.111) 하지만 그와는 대조적으로 20세기에 들어오자 이 책 자체는 무시되고 서문만, 그것도 정확하게 말하면 그 서문 안의 한 단락만이 절대적인 권위의 위치에 오르게 된다. 그 핵심 구절의 시작은 이러하다.

> 인류는 그 존재를 사회적으로 생산함에 있어서 불가피하게 구체적 여러 관계를 맺게 되는바, 이는 그들의 의지와는 독자적인 것으로 그들의 물질적 생산력 발전의 주어진 단계에 적합한 생산관계이다. 이러한 여러 생산관계들의 총체가 사회의 경제적 구조를 구성하는바, 이것이 곧 법적·정치적 상부구조가 생겨나는 진정한 기초이자 사회적 의식의 구체적 형태들이 조응하게 되는 진정한 기초이기도 하다. 물질적 생활의 생산양식이 사회적·정치적·지적 생활의 전반적 과정을 조건 짓는 것이다. 사람들의 의식이 그들의 존재를 결정하는 것이 아니라 그들의 사회적 존재가 그들의 의식을 결정하는 것이다. 사회의 물질적 생산력이 일정한 단계에 도달하게 되면 기존의 생산관계, 즉 (똑같은 것을 법적 개념으로 표현한 것에 불과하지만) 그때까지 물질적 생산력이 작동해 온 틀 안의 재산 소유 관계와 갈등을 일으키게 된다. 이 재산 소유 관계는 본래 생산력 발전이 취하게 된 여러 형태로 나타난 것들이지만 이제는 생산력 발전을 제약하는 족쇄가 된다. 그리하여 사회혁명의 시대가 시작된다.112)

이 구절은 훗날 '역사적 유물론'이라고 불리게 되는 것의 원리를 밝혀놓은 권위 있는 언명으로 여겨지게 되었다. 이와 마찬가지로 소외/양도라든가 '상품 물신성'과 같은 주제들은 청년기 시절 카를의 철학적 유물에 불과하므로 이런 것들은 1859년에 공표된 바 있는 '완숙한', '과학적' 역사 이론의 정식화와는 별개의 것으로 떼어 놓으려는 경향이 논평가들 사이에서 점차 커져 갔다. 하지만 이런 식의 독해는 이 텍스트가 쓰인 상황을 전혀 고려하지 않은 것이다. 이 구절에 드러나 있는 것들과 드러나 있지 않은 것들의 독특한 조합이 이 유명한 구절의 언어를 형성하고 있지만, 이러한 독해는 이를 전혀 고려하고 있지 않다. 『강요』와의 관계 속에서 살펴보면 이 점이 좀 더 분명히 드러난다.

『강요』에서 카를은 '가치 형태'의 출현과 발전을 추적한 바 있다. 역사가 시작될 무렵에는 공동소유와 공동체적 형식들이 인간들 사이의 여러 사회적 관계의 특징을 이루었다. 하지만 인구가 증가하고 교역이 증가하면서 교환관계의 확산이 벌어지고 개인화의 과정이 시작되었다. 공동체 시스템들은 붕괴했고, 공동체들 사이 또 공동체들 내부의 개개인들 사이의 관계 모두에서 갈수록 교환가치가 지배적 위치에 서게 되었다는 것이다.

이러한 역사는 질료와 형상 사이, 물질적 생산과정들과 '가치 실현 valorization' 사이의 복잡한 변증법적 상호작용이라는 용어로 개념화되고 있다. 자본, 즉 가치형태는 인간의 생산력 발전의 결과로 나타나게 된 하나의 사회적 형식이다. 이러한 가치형태의 지배는 처음에는 유통의 시스템들 사이에 확산되었고, 그다음에는 노동과정과 생산 시스템들 안으로 침투하기 시작했다. 이것이 확산됨에 따라서 인간들 또한 여기에 휘말려 들게 되었고, 결국 인간이 지배한다는 의미까지 상실되기에 이르렀다. 노예제나 봉건제와 같은 옛날의 시스템들에서는 여러 사회적 관계가 위계제 및 종속이라는 용어로 개념화되었지만, 이제 새로이 나타난 시스템에서는 생산물이 자유로운 시장에서 판매되며 임금은 주인들과 인간들이 자유롭게 맺는 계약의 결과물이 된다. 그렇게 해서 나타난 사회는 사적 개인들 간에 벌어지는 교환의 보편성에 기초한 사회이다. 사람들은 더 이상 인격적 개인들끼리 맺는 관계에 의존하는 게 아니라 낯선 것으로 여겨지는 모종의 시스템에 의존하게 되지만, 이 시스템은 개인들의 결사체가 이룩한 노력의 생산물이 결코 아니다. 교환과 결부된 자유와 평등이 '사회의 공적인 얼굴'을 제공한다 해도 교환 그 자체는 오직 '겉모습'일 뿐이며, '그 배후에서 벌어지는 과정'의 이미지일 뿐이다. 이는 인간들이 스스로를 여러 경제적 힘의 피조물이라고 생각하는 사회이며, 개인들끼리 맺는 여러 관계는 사물들끼리 맺는 관계들로 대체되는 모습을 띠는 사회라는 것이다.

1859년 서문의 문제점은 자본에 대한 장이 빠져 버리는 바람에 결국 카를이 가치형태의 개념을 언급하지 않은 상태에서 자신의 '자본 일반'에 대한 이야기를 시작하고 있다는 데 있다. 이는 곧 본래 그의 이야기에 들어 있었던 질료와 형상 사이의 복잡한 변증법적 관계는 사라지고, 그 자리에 토대와 상부구조의 조잡하고 기계적인 관계가 들어섰다는 것을 뜻한다. 교환이 함축하는 자유와 평등과 관련하여 의식 속에 생겨나는 여러 착각과 환상 그리고 여러 경제적 힘 앞에 개인들이 종속당하는 사태 등 카를이 종교의 경우와 마찬가지라고 생각했던 것들은 이제 '사회적 존재가 의식을 결정한다'는 개념으로 축소되고 말았다. '생산력'이라는 용어에 체현되어 있는 인간 활동과 창조성의 개념 또한 '생산양식'이라는 용어 속에서 그 생산력과 공존하는 사회적 생산관계와 한 몸으로 융합되어 버렸다. 역사는 여러 다른 생산양식이 이어지는 것으로 구성되는바, 이는 독일 역사학파의 저작을 통해, 그리고 더 큰 의미에서 보자면 이미 17세기에 시작된 자연법 전통 전체에서 나오는 것으로, 전혀 새로운 것이 아니었다.[113] 여기에서도 '물질적 삶의 생산양식'이 '사회적·정치적·지적 삶의 일반적 과정'의 조건을 결정하는 것이라고 이야기된다.

『강요』에서 보면 노동 분업에 의해 정해진 자유와 필연의 경계선은 인간의 발명과 생산성이 진보함에 따라 계속 필연의 영역이 축소되는 쪽으로 전진하는 것으로 그려지고 있다. 증기기관과 기계류의 도래를 통해 가능해진 생산력 진보란, 곧 더 이상 대중들의 잉여노동이라는 필요 조건이 충족되어야만 사회 전체가 부를 누리고 소수의 사람들이 일하지 않을 수 있는 게 아니라는 것을 뜻한다. 오늘날에는 '낯선 시간의 도둑질'이 부의 기초가 되어 있지만, 이는 곧 종말을 맞이할 것이며, 인간의 일과 활동은 외부적으로 강요된 노동의 성격을 탈각하게 될 것이라고 한다.

서문에서 카를은 '부르주아적 생산관계'가 '사회적 생산과정에 있어서 최후의 적대적 형태'라고 언명한다. 하지만 막상 이 글은 자본을 하나의 생산양식으로 언급하고 있지도 않으며, 계급 간의 투쟁에 대한 언급도 없으며, 잉여가치의 추출에 들어있는 과잉 노동에 대한 언급도 없다. 또한 정치에 대한 언급도 국가에 대한 언급도 없다. 이런 맥락에 놓여 있다 보니 그 '적대적 형태'라는 말의 의미 또한 추상적이고 모호한 채로 남아 있게 되었다.

서문에서 카를이 사용한 언어가 엥겔스에게 크게 빚지고 있는 것일 가능성이 크다. 카를은 1858년 5월 엥겔스와 함께 맨체스터에 머물렀는데, 당시 엥겔스가 카를에게 독일에서 헤겔에 대한 관심이 모두 사라지고 대신 자연과학에 영감을 받은 형태의 유물론이 그 자리를 차지하고 있다고 강조했을 가능성이 높다. 엥겔스는 『민중』에 기고한 글에서 '헤겔주의는 점차 잠에 빠져들었고… 독일은 아주 놀라운 에너지로 자연과학에 몰두했으며', 여기에서 특히 화학 및 생리학에 영감을 얻은 '모종의 새로운 유물론'이 함께 나타나게 되었다고 말하고 있다. '독일 정치경제학의 필수적 기초'는 '유물사관으로, 그 주요한 특징들'은 '서문에 간략하나마 개요가 제시되어 있다.'

그리고 이 유물론적 관점이 이제 헤겔 변증법과 성공적으로 결합되었다고 여겨지게 된다. 엥겔스는 카를이야말로 '헤겔의 논리학으로부터 그 분야에서 헤겔이 이룩한 진정한 발견의 핵심을 추출하는 작업, 그리고 변증법적 방법을 그 관념론의 포장지에서 벗겨 내 그것을 유일하게 올바른 사유 전개 양식이 되는 간명한 형태로 확립하는 과업을 떠맡을 유일한 인물'이라고 선언한다.114) 카를이 『비판』의 서문에서 자기의 생각을 제시하는 방식에 있어서 어느 만큼이나 엥겔스의 견해를 고려했는지는 추측해 볼 수밖에 없는 문제이다. 카를 또한 지적인 분위기가 변화하고 있음을 이미 감지하고 있었고 그래서 헤겔을 활용하는 것도 좀 더 조심스러워하기 시작한 상태였다. 특히 1848년 이후의 새로운 세대를 대상으로 삼을 때는 더욱 그러했다. 하지만 1857년에서 1859년 사이에 카를의 관점에 근본적인 변화가 벌어진 것은 아니었다. 심지어 1859년에 쓴 문단 안에서도 그는 '자연과학의 정밀성으로 결정될 수 있는 생산의 경제적 조건의 물질적 변형과 인간이 그러한 갈등을 의식하고 싸워 내는 법적·정치적·종교적·예술적 혹은 종교적 형태들, 요컨대 이데올로기적 여러 형태들'을 구별하기 위해 주의를 기울이고 있다.[115] 일단 저 '협소한 부르주아적 형식'을 '벗겨 내 버린다면', 역사는 여전히 인간의 본질적인 사회적 존재가 실현되는 과정이라고 한다. 세계사의 궤적은 겉보기에는 단순한 것이다. 최초의 인간이 가지고 있었던 사회성이 무너졌다가 전체 과정의 끝에 가면 그것을 다시 회복하는 이야기인 것이다. 하지만 그 과정이 실제로는 이렇게 단순하고 직선적인 게 아니라는 것이 갈수록 분명해 졌다. 카를은 그래서 그 빠진 세 번째 장인 '자본 일반'을 다시 정식화하려는 노력에 다시 8년이라는 세월을 더 소모하게 된다.

7. 『자본론』을 쓰다

1861년 8월, 카를은 1859년의 『비판』이 끝난 지점인 세 번째 부분, 즉 '자본 일반'의 작업을 재개했다. 1863년까지는 전체 텍스트의 두 번째 초고를 작성하는 작업에 몰두했다. 이 초고는 '화폐의 자본으로의 변형'에 대한 장으로 시작한다. 이는 노동이 어떻게 상품 안으로 '대상화되는지'를 더욱 자세히 설명한다. 카를은 『강요』에서와 마찬가지로 물질적 생산과 가치 실현 과정을 구별한다. 하지만 이제 그는 좀 더 정밀한 그림을 내놓을 수 있게 되었다. 그는 먼저 모든 생산양식에서 발견되는 '노동과정'의 보편적이고 기초적 요소들을 규정하며, 그다음에는 화폐가 살아 있는 노동능력과 교환되어 자본이 된 이후, 자본이 노동과정을 전유하는 특수한 방식을 검토해 나간다. 카를에 따르면 자본은 '노동과정 일반'만을 통제하는 것이 아니라, '현존하는 기술'에서 자본이 찾아내는 바의 그리고 '비 자본주의적 생산관계를 기초로' 발전해 온 형태의 '특정한 실제 노동과정들' 또한 통제한다. 그는 이러한 과정을 노동의 자본으로의 '포섭subsumption(혹은 예속subordination)'이라고 불렀다.[116)]

이 포섭의 개념을 사용한다면, 자본이 노동과정을 통제하고 또 임노동의 생산성에 대해 압력을 가할 수 있게 된 점진적 단계들을 묘사하는 것이 가능해진다, 카를은 이를 역사적으로 자본에 의한 노동의 '형식적' 포섭에서 '실질적' 포섭으로의 이행이라는 방식으로 묘사한다. 그는 노동생산성 증가의 역사적 단계를 협동, 노동 분업, 기계류라는 세 개의 단계로 묘사한다. 노동의 생산성을 올리는 가장 오래된 수단은 협동으로, 이는 현대인들에게서나 고대인들에게서나 똑같이 발견된다. 반면 노동 분업은 자본의 시작 그리고 시민사회의 출현에 고유한 현상이라고 한다. 왜냐하면 노동 분업은 자본에 의한 노동의 형식적 포섭과 상품 생산의 보편적 확산을 전제 조건으로 삼는 것이기 때문이다. 그 세 번째 단계인 기계류는 자본주의적 생산양식의 발전의 완성된 모습에 조응하는 것으로, 여기에서 자본에 의한 노동의 '실질적' 포섭이 증가하게 된다.

'형식적 포섭'은 또한 가치에 대한 리카도적인 정의를 적용할 수 있는 조건들을 서술하는 것이기도 하다. 왜냐하면 "상품과 관련하여 정식화된 일반 법칙들 즉 상품의 가치는 그 안에 함유된 사회적 필요노동시간으로 결정된다는 법칙은 자본주의적 생산양식의 발전 즉 자본의 발전과 함께 처음으로 현실화되기에 이르렀다."[117)] '자본가들은 노동자들이 정말로 일을 하고 또 노동시간 전체에 걸쳐 일을 하도록 챙기며, 또한 필요 **노동시간만** 비용으로 지불하도록 확실하게 챙긴다. 즉 일정한 시간 안에 정상적인 양의 노동을 행하도록 확실하게 챙기는 것이다.' 이 단계에서 자본은 오로지 노동과정을 '**형식적으로**'만, 즉 '그 고유의 기술적 성격에 있어서는 아무런 변화도 일으키지 않으면서' 포섭한다. 하지만 자본은 그 발전 과정에서 "노동과정을 형식적으로 포섭할 뿐만 아니라 그것을 변형시키며, 그 생산양식 자체에 새로운 모습을 부여하여 자기에 고유한 생산양식으로 창출해 낸다."[118] 이것이 자본에 의한 노동의 '실질적' 포섭이며, 여기에는 공장제 생산과 기계 기술이 모두 포함된다.

형식적 포섭은 주요한 사회적 변화들을 동반했다. 노동의 '강제' 또한 그 성격이 바뀌게 된다. 노동자와 자본가는 이제 형식적으로 '상품 소유자로, 즉 구매자와 판매자로서 만나게 되며, 결국 형식상 자유로운 개인들로' 만나게 된다. 도시의 제조업에서는 장인, 부유 장색journeyman,✤ 도제로 이루어지는 길드의 위계제로부터 자본가와 임노동자의 관계로 이동이 벌어진다. '지배와 복속의 형식'은 더 이상 '정치적으로나 사회적으로 고정된 모습이 아니다'. 특히 중요한 것은 농업에서 벌어진 사회적 형식의 변화로, '예전에 농노 혹은 노예'였던 이들이 이제는 자유로운 임노동자들로 변형된다. 하지만 형식상 '자급자족의 농민'이었던 이들의 경우, 이러한 똑같은 이행 과정이 곧 '이전의 **독립성**을 상실'하고 그 뒤에 '지배와 종속의 관계'가 따라오는 것을 의미했다고 한다.[119]

하지만 이 때 쓰인 초고는 그중 압도적인 분량이 정치경제학의 역사를 비판적으로 서술하는 데 바쳐지고 있다. 즉 '잉여가치 학설사'이다. '자본의 화폐로의 변형'에 대한 장들과 '절대적 잉여가치'와 '상대적 잉여가치'에 대한 장들은 약 350페이지 정도인 데 반하여, 정치경제학의 역사에 대한 초고의 분량은 1200페이지 이상에 달하고 있다. 『강요』에서와 마찬가지로, 주된 구분선은 정치경제

✤ 길드에서 도제 수업을 마친 이들은 일자리를 찾아 이곳저곳을 돌아다니며 다른 기술을 배우기도 한다. 이렇게 아직 장인master의 인정을 받지 못한 상태에서 돌아다니며 일하는 숙련 생산자를 뜻하지만, 여기에 해당하는 합의된 번역어를 찾기 어려워 '부유 장색浮遊 匠色'이라는 역어를 썼다.

학을 과학으로 발전시키는 데 독창적인 이정표를 이룩한 이들과(이 전통은 스미스, 리카도, 시스몽디에 결부된 여러 혜안으로 끝이 난다) 그 이후의 이들 사이로 그어진다. 카를은 전자를 '고전classical' 정치경제학자들이라고 부르며 후자를 '속류vulgar' 정치경제학자들이라고 부른다. 그리하여 1820년대 이후로는 정치경제학이 알쏭달쏭한 요설 혹은 자본주의 현실의 변호론이 되어 버렸다고 그는 주장한다. 이러한 변화는 생산력의 발전으로 인해 갈수록 계급 적대로 치닫는 시대에 들어서자 잉여가치의 존재를 인정하고 정의하는 데 무수한 문제들이 생겨나고 이를 해결할 수 없게 되면서 빚어진 것이라는 게 글의 논지였다. '속류' 정치경제학의 신봉자들로 분류된 이들은 바스티아와 같은 노골적인 선전가뿐만 아니라 장바티스트 세, 존 스튜어트 밀, 존 맥컬럭, 윌리엄 나소 시니어 등과 같이 실질적인 이론을 제시한 이들도 포함되어 있었다. 카를은 이러한 역사적 개괄을 자신의 정치경제학 비판의 마지막 권으로 삼으려고 했다. 이는 나중에 1905년에서 1910년 사이에 카를 카우츠키에 의해 『잉여가치 학설사』라는 제목으로 세 권으로 묶여 출간된다.[120)]

『자본 일반』의 초고 작성 작업으로 되돌아오는 일은 아주 어려웠다. 1862년 4월에는 작업의 진척이 '아주 더뎠고', 그해 여름 내내 카를은 심히 낙심하여 심지어 자신의 인생을 이 작업으로 보내야 하는지를 의심하기까지 했으며, 가을에는 철도 사무원 일자리에 지원하기도 했다. 온갖 집안 문제와 급박한 금전 문제들도 있었지만, 7월에 마르크스 가족과 3주간 머물렀던 라살레가 카를의 아이디어들을 일부 사용하여 자기 스스로의 정치경제학 비판을 내놓을 지도 모른다는 불안감도 있었다.[121)] 이러한 이유에서 그는 대부분의 시간을 자기 자신의 이론적 작업을 밀고 나가는 것이 아니라 경제 사상사를 연구하는 작업에 보냈다. 병도 갈수록 심해져서 1863년 봄 내내 창조적인 작업은 완전히 불가능해졌다.

그럼에도 1862년 말이 되자 카를은 그의 숭배자인 하노버의 쿠겔만 박사에게 편지를 보내 말한다. 1859년 저서의 뒷부분 2부가 이제 완성되었고, "정서본을 만들어 마지막으로 다듬는 일만 남았습니다. … 이는 1부의 속편이지만 그 자체가 독립적인 저서로 『자본』이라는 제목으로 출간될 것이며, '정치경제학 비판을 위하여'는 그저 부제로만 붙일 것입니다."[122] 그는 이미 '자본 일반'의 첫 번째 부분과 세 번째 부분의 새로운 버전을 위한 계획을 거의 동시에 짜 놓은 바 있었고, 이는 곧 설명의 순서가 대략 두 번째 초고를 따르게 될 것임을 암시하고 있었다.[123] 그럼에도 1863년 7월 카를은 전체 저작의 새로운 초고를 작성하는 작업에 착수한다.

이 세 번째 초고에서 오늘날 남아 있는 유일한 부분은 '6장. 직접적 생산과정의 결과들'이다. 하지만 이 장은 특별한 중요성이 있다. 왜냐하면 이는 그 앞에 나온 생산의 설명을 요약하고 결론지으면서 '자본의 유통과정'으로 넘어가도록 계획되어 있기 때문이다. 이 장은 자본주의적 생산에서 '상품'이 차지하는 중심성을 강조하는 것으로 시작한다. '상품 유통'과 '화폐 유통'은 '**자본 형성**과 자본주의적 **생산양식의 전제 조건이자 출발점**'이라고 한다. 자본주의적 생산양식은 '상품이라는 형식을 모든 생산물의 일반적 형식으로 만들어 버린' 최초의 생산양식이라고 한다.[124]

자본주의 이전의 여러 형식들로부터 '형식적' 포섭으로의 이행 과정에 대한 설명은 두 번째 초고에서 쓰여진 것을 약간 확장해 놓고 있다. 그 주된 특징들 중 하나는 생산의 규모가 증대되었음을 강조하는 것이다. 수공업 생산에서 도제들과 부유 장색들의 생산의 최대치라고 여겨졌던 것은 '자본-관계에서는 그 최소한에도 미치지 못한다.' 또한 '포섭'이 '농촌 및 가내 산업 직종들에' 끼친 영향에도 주의를 기울인다. 이런 것들은 '본래 가족의 필요를 충족하기 위해 행해졌던 것들'이었지만, 점차 '독자적인 자본주의적 노동 분야로 변형'된다는 것이다.[125]

카를은 그가 1840년대에 처음 마주쳤던 주제 하나를 반복한다. '대상화된 노동이 스스로를 자본으로 전환'할 능력, '즉 생산수단을 산노동에 대한 명령과 착취의 수단으로 전환시키는 능력'은 자본주의적 생산에서는 '생산수단에 본질적으로 내재한 특징'인 것처럼 보이게 되며, 이 특징은 '그 생산수단이 사물로 갖는 하나의 **성질**quality로 그 생산수단과 불가분인 것으로 여겨지게 된다. … 노동이 화폐 안에서 취하게 되는 사회적 형식은 어떤 사물의 여러 성질로 스스로를 표현하게 된다.' 이러한 관점에서 보자면, '자본가는 오로지 인격화된 자본으로서만 기능하는 것이며, … 이는 노동자가 오로지 노동의 인격화로서만 기능하는 것과 똑같다. … 노동자에 대한 자본가의 지배는… 곧 인간에 대한 사물의 지배이며, 산노동에 대한 죽은 "노동의 지배이며, 생산자에 대한 생산물의 지배이다.' 그는 주장한다. 이 "물질적 생산의 영역에서, 실제의 사회적 생활과정인 생산과정에서 나타나는 관계는 이데올로기 영역에서 종교로 대표되는 관계와 정확히 **똑같은** 관계이다. 주체가 객체로 전도되며 또 객체가 주체로 전도되는 것이다."[126]

카를은 이렇게 주장한다. '역사적으로 보자면' '이렇게 적대적인 형식을 통과하는 것'이 필연적인 일이었다고. '인간이 처음에는 스스로의 영적인 힘을 종교적 형식으로, 즉 자신에게서 독립된 힘으로 모습을 형성할 수밖에 없었던 것과 마찬가지이다.' 이러한 '전도'는 '처음에는 다수를 희생시켜 부 그 자체, 즉 사회적 노동의 맹목적 생산력의 창출을 강제하기 위한 어쩔 수 없는 필연으로' 보이게 된다. '자유로운 인간 사회는 오로지 이러한 맹목적 생산력이 기초가 될 때에만 형성할 수 있는 것이다.' 이러한 '양도/소외 과정'과 관련하여 본다면, 노동자들은 '애초부터 자본가들보다 더 높은 위치에' 서 있는 것이다. 왜냐하면 자본가는 '그 양도/소외 과정에 뿌리를 두고 있으며 여기에서 절대적인 만족을 얻고 있는 반면, 노동자는 그 희생물로 애초부터 그것에 대해 반란을 일으키는 자의 관계에 있고, 그것을 노예화의 과정으로 감지하게' 되기 때문이라는 것이다.[127]

절대적 잉여가치의 생산을 형식적 포섭의 물질적 표현으로 간주할 수 있는 것과 마찬가지로, 상대적 잉여가치의 생산은 자본 아래로 노동이 실질적으로 포섭되는 것의 물질적 표현으로 간주할 수 있다. 이러한 이행이 실제로 벌어지게 되면, '생산양식 그 자체에 있어서, 노동 생산성에 있어서, 또 자본가와 노동자 사이의 관계에 있어서 완벽하고도 끊임없는, 지속적이고도 반복적인 혁명'이 벌어진다고 한다. 자본주의적 생산양식이 완전히 자리를 잡게 되면,

> 새로운 사업 분야가 계속해서 생겨나게 된다. 여기에서 자본은 다시 작은 규모로 작동하다가 또 앞에서 개괄한 여러 다른 발전 단계들을 다시 밟아나가 마침내 새로운 사업 분야가 사회적 규모로까지 발전하여 수행되게 된다. 이는 지속적인 과정이다. 이와 동시에 **자본주의적 생산**이 아직 자기 통제 하에 두지 못한 그래서 오직 **형식적 포섭**만이 벌어지고 있는 모든 **산업 분야**를 정복하게 된다. 농업, 광업, 주요 옷감 제조업 등등을 일단 통제하게 되면, 포섭이 그저 **형식적**으로만 머물고 있는 그래서 아직도 심지어 독립적 기능공들이 존재하고 있는 다른 영역들로 장악해 들어가게 된다.[128]

요컨대 '완벽한 경제적 혁명이 벌어지고 있다'. 그리고 여기에서 그 시나리오는 다시 『공산주의 선언』에서의 시나리오로 되돌아간다. 자본은

> 자본만을 생산하는 것이 아니라, 그 숫자가 갈수록 불어나는 노동자 대중 또한 생산하는바, 자본이 증식하는 자본으로 기능할 수 있게 만들어 주는 유일의 재료가 바로 이들이다. 따라서 노동은 노동의 여러 조건을 자신에 대립되는 자본으로, 그것도 점점 더 큰 규모로 생산하게 되지만, 자본 또한 마찬가지이다. 자본은 자신이 필요로 하는 **생산적 임노동자들**을 갈수록 더 큰 규모로 생산하기 때문이다. … 자본주의적 생산은 관계의 재생산일 뿐만 아니라… 자본주의적 생산양식과 더불어… 갈수록 큰 규모로 스스로

> 를 재생산하는 것이기도 하며, 노동자들과 적대적으로 대결하는 부의 집적이 증가하며, 노동자를 **지배하는 부**로서, **자본**으로서, 노동자에 대해서는 소외와 지배를 낳는 세계로서의 부의 세계 또한 계속 팽창해 간다. … 노동자의 **빈곤화**와 자본의 **풍부함**은 서로와 조응하면서 발맞추어 함께 나간다.

하지만 이 혁명은 새로운 생산양식의 현실적 조건들을 창출하며, '자본주의적 생산양식의 적대적 형태를 뛰어넘으며', '새로운 모습을 갖춘 사회적 삶의 과정을 위한' 기초를 놓게 된다고 한다.[129]

6장의 목표는 자본의 생산과정에 대한 연구 결과를 요약하는 동시에 그 유통 과정의 연구로의 이행을 마련하는 것으로, 후자는 이 책의 두 번째 부분에서 분석될 예정이었다. 카를은 1866년 10월이 되어서야 이 저작 전체의 그림을 그릴 수가 있었으며, 이에 따르면 책 한 권 안에서 자본의 생산과 유통을 모두 다루게 되어 있었다. 쿠겔만 박사에게 보낸 편지에서 그는 다음과 같은 계획의 개요를 제시하고 있다.

> 전체 저작은 다음의 부분들로 나누어진다.
>
> 1권 자본의 생산과정
>
> 2권 자본의 유통과정
>
> 3권 전체 과정의 구조
>
> 4권 이론사에 대하여[130]

6장에서 제시되고 있는 요약은 이전에 있었던 여러 초고들에 근거하고 있다. '화폐의 자본으로의 변형', '절대적 및 상대적 잉여가치', '자본의 축적' 등을 다룬 장들은 포섭의 분석과 더욱 밀접하게 연결되어 있으며, 이제는 포섭이 농업에 미치는 여러 결과들, 포섭과 생산자들의 '양도/소외', 그리고 생산적 노동과 비생산적 노동의 관계에 대한 논의까지 통합하고 있다. 1859년의 『비판』에서는 본래 이야기 줄거리에서 벗어난 역사 이야기가 상당한 부분을 차지했으나 이제 이는 별개의 책으로 옮겨져 있다.

카를은 여러 다양한 점에서 생산과 유통의 관계를 언급하고 있다. 상품 유통과 화폐 유통은 '자본 형성 및 자본주의적 생산양식의 **전제 조건이자 출발점**'이라고 한다. "상품은 자본주의 생산의 요소이며 또 그 생산물이고, 생산과정의 종착점에서 자본은 다시 상품이라는 형태로 모습을 드러내게 된다."[131] 『강요』에서와 마찬가지로 유통 과정을 통한 자본 팽창의 분석은 그 순환적 형식에 초점을 두고 있다. "처음에는 그 구성 요소로 보였던 것이 나중에 가면 그 스스로의 생산물이라는 것이 밝혀지게 된다. … 자본주의적 생산으로부터 나타나는 바의 상품은 그 전에 자본주의적 생산의 요소이자 전제 조건으로 존재했던 상품과는 다르게 결정된다."[132]

자본주의적 생산은 독립적 생산에 기초한 상품 소유자들 사이의 등가교환이라고 하는, 상품 생산 본래의 기초를 이미 소멸시켜 버렸다. 원래 자본, 자유, 평등이라는 세 가지가 서로 결부될 수 있었던 것은 바로 이러한 등가물들의 교환에 기원했던 것이었다. 하지만 이는 더 이상 현실에 존재하지 않는다. '단순 유통'으로부터(즉 상품의 화폐로의 전화, 그리고 다시 상품으로의 재전화) 상품이 '자본의 저장소'가 되고 또 동시에 '상품이 잉여가치를 잉태한 채로 가치가 실현되는 자본 그 자체가 되는' 상황으로의 이행이 그전에 벌어졌던 것이다.[133]

잉여가치가 끊임없이 자본으로 변형되면서 새로운 자본 그리고 새로운 임금 소득자들이 창출된다. 따라서 자본의 성장과 프롤레타리아트의 성장은 서로 연결되어 있다. 경제적 관계들이 갈수록 자본주의적 성격을 띠게 됨에 따라서 노동자-자본가 관계는 갈수록 광범위한 규모로 재생산되며, 점점 더 많은 생산 분야들을 그 속에 포함시키게 된다. 이러한 방식으로 자본주의적 생산양식의 규모는 마침내 지구적 차원에 도달하게 된다. 자본은 이제 그 정점에 가까워지게 되지만, 또한 그렇게 세계 시장에 대한 지배력이 증가하는 가운데에서 과잉 성장으로 인한 종착점에도 가까워지게 된다.

1864년 여름 카를은 6장을 완성한 후 다시 전체의 초고의 전체 계획으로 되돌아오며, 이를 1866년 쿠겔만 박사에게 보낸다. 그는 3권인 '전체 과정의 여러 형태들'부터 쓰기 시작했다. 이는 더 단순하고 더 서술적인 내용을 담은 책으로, 이윤, 이자, 지대 등 자본의 다양한 형태들이 어떻게 모두 잉여가치의 산물로 이해될 수 있는지를 항목별로 적고 있다. 1권에서 3권까지의 전체 계획은 추상적인 것에서 구체적인 것으로 나아가는 것이었고, 이는 그가 1857년의 『강요』 서문에서 생각했던 방법과 일치한다. '1권: 자본의 생산과정'은 자본의 '운동 법칙'을 증명하는 데 필요한 추상적 개념들의 얼개를 제시하도록 되어 있다. 3권은 그 운동 법칙의 전개를 구체적이고 경험적인 용어로 분석하는 것을 내용으로 한다. '유통'을 다루는 2권은 1권에서 정립된 자본의 팽창과 발전에 대한 추상적 묘사에다가 시간과 공간의 차원을 도입함으로써 그 분석의 시작과 끝을 연관짓도록 되어 있었다.

1865년이 되면 3권의 첫 번째 부분은 거의 최종적인 초고가 완성된다. 그 뒤에는 일련의 노트들과 파편들이 이어졌거니와, 카를이 2권의 초고를 준비하기 위하여 3권 작업이 자꾸 중단되었기 때문이었다. 이 미완성의 3권을 쓰는 작업의 많은 부분이 그해가 가기 전에 완결되었고, 이 형태 그대로 큰 수정을 거치지 않고서 엥겔스가 이를 1894년 3권으로 출간한다. 3권은 잉여가치의 이윤으로의 전형을 논하며, 가격은 가치를 무게중심으로 삼아 그 위아래로 등락하게 되어 있다고 주장함으로써 여러 상품의 가치와 가격 사이의 불일치를 설명하려고 시도했다. 3권은 카를의 이윤율 저하 개념을 또한 반복하고 있다.

엥겔스가 1894년에 내놓은 3권은 출간 즉시 근본적인 비판에 맞닥뜨리게 되며, 그중 주목할 만한 것은 오이겐 폰 뵘바베르크Eugen von Böhm-Bawerk의 비판이었다.[134] 잉여가치의 이윤으로의 전형이라는 문제에 대해 카를이 내놓은 해법이 조잡하고 피상적인 것이라는 것이었다. 하지만 그건 나중에 벌어진 일일 뿐, 그보다 30년 전 막상 카를이 3권을 작업하던 당시에 그를 괴롭혔던 문제는 자본의 생산을 어떻게 그 유통이라는 것과 확대재생산의 개념과 연결시키는가였다. 이것이 그가 3권의 초고 작업을 마지막까지 내버려 두었던 이유였다.

『강요』에서와 마찬가지로 카를이 2권의 초고에서 유통을 서술할 적에 출발점이 되는 것은 자본이 어떻게 순환적으로, 혹은 나선형으로 진전하는가를 묘사하는 것이었다. 이러한 자본의 진전은 그 자체의 동력을 통해 이전에 존재했던 경제적 형태들을 해체하면서 노동자들과 자본가들을 갈수록 더 큰 규모로 생산하게 된다. 이러한 분석이 특히 목적으로 삼았던 것은 1권에서 이야기한 상품 생산의 출현 과정을 3권에 나오는 봉건적 혹은 여타 전 자본주의적 형태의 토지 보유로부터 자본주의적 지대로의 이행과 연결시키는 것이었다. 하지만 자본의 확대재생산에 대한 추상적인 묘사와 현실에서 벌어진 여러 자본주의적 관계의 역사적 팽창 사이에 어떻게 필연적인 관계를 수립할 수 있단 말인가? 엥겔스가 1885년에 출간한 『자본론』 2권은 이 문제에 대한 카를의 글들을 서로 이어진 일련의 장들로 제시하고 있다. 하지만 그 글의 초고 자체는 똑같은 문제에 대해 만족스러운 해법을 끌어내기 위한 시도의 반복을 보여 주고 있을 뿐이다. 왜냐하면 유통과 확대재생산에 대한 논의가 이런저런 추상적 개념들의 수준을 전혀 넘어서지 못하고 있기 때문이다. 카를은 1865년에서 1880년 사이에 유통과정에 대한 부분을 놓고 여덟 개나 되는 초고를 남기고 있으며, 이는 곧 그가 이 문제에 대한 해법을 찾아낼 희망을 포기하지 않았음을 시사하고 있다. 하지만 그가 막상 『자본론』을 준비하던 시점에서는 아무런 해법에도 이르지 못했다는 사실이 1867년에 출간된 『자본론』 1권이 어째서 그러한 모습을 띠고 있는지를 설명하는 데 큰 도움이 된다.

8. 1867년 출간『자본론』1권

『자본: 정치경제학 비판』은 1867년에 출간되었다. 이는 카를이 1866년 10월이라는 늦은 시점에서 쿠겔만 박사에게 보낸 편지에서 그렸던 바와 같은 3권 짜리 저작이 아니라『자본의 생산과정』이라는 제목이 붙은 단 한 권이었다. 1863년 3월 카를은 예전에 '공산주의 동맹'의 성원이었고 함부르크를 정기적으로 방문했던 빌헬름 슈트로온Wilhelm Strohn의 도움을 얻어 함부르크에서 학교 교과서와 의학 서적을 주로 출간하는 곳인 마이스너Meissner와 계약을 성사시켰다.[135] 처음에는 마감 일자가 1865년 5월로 정해졌지만, 7월에 카를은 엥겔스에게 편지를 보내 이론 부분을 완성시키려면 3개의 장을 더 써야 한다고 말한다. "나는 전체 물건을 내 목전에 두기 전에는 아무것도 보낼 수가 없다네. **내가 쓴 저작들의 단점이 무엇이건 간에**, 그 장점은 하나의 예술적 전체라는 점일세. 그리고 이는 오로지 내가 쓴 글들을 내 목전에서 **전체의 모습**으로 두었을 때에만 인쇄를 허락하는 나의 버릇 덕분에 성취된 것일세."[136]

엥겔스는 답장에서 '곧 나올 예술 작품'을 놀리고 있는 게 분명하지만, 8월에 들어서도 카를은 여전히 전체 저작을 동시에 출간하는 아이디어를 고수하고 있다.[137] 그는 1866년 2월 초에 마음을 바꾼다. 엥겔스는 편지로 카를에게 경고한다. "잠시나마 밤에 일하는 짓 좀 그만 두고 정상적인 생활을 하게나. … 만약 자네 머리 돌아가는 상태가 이론적 부분을 쓸 만큼의 **기대에 부응**하지 못하는 상태라면, 그렇게 고차적인 이론은 내버려 두고 좀 쉬게나. … 최소한 첫 번째 권이라도 먼저 출간하도록 원고를 송고하고 몇 달 있다가 2권 원고를 보내도록 할 수는 없겠나?" 며칠 후 카를은 '첫 권을 가급적 빨리 마이스너에게 보내겠다'고 동의한다.[138] 카를의 몸 상태로 보았을 때에 이는 합리적인 결정이었다. 2월 26일 예니가 쿠겔만 박사에게 쓴 편지이다.

> 무려 4주 동안이나 가엾은 제 남편은 그 해묵은 아주 고통스럽고 위험한 불평을 늘어놓으며 드러누운 상태랍니다. … 1월 초가 되자 그는 바로 자신의 전체 저서의 인쇄 준비 작업에 착수했고, 정서 작업도 놀랄 만큼 빨리 진척을 이루어 눈 깜짝할 사이에 초고가 산더미처럼 쌓였습니다. 카를은 '사기'가 최고에 달하여 무척 행복해했지만, 마침내 큰 종기가 갑자기 터져 나왔고 곧 두 개가 더 생겼답니다. 마지막 것은 특히 심했고 낫지 않았을 뿐만 아니라 아주 애매한 곳에 생겼기 때문에 전혀 걷지도 움직이지도 못하게 되었답니다. 오늘 아침에는 피가 더 많이 나와서 그도 한숨 돌릴 수 있게 되었어요. 이틀 전에 우리는 비소砒素 치료를 시작했고 카를도 좋은 효과를 기대하고 있었습니다. 카를이 저서를 완결 짓는 데 또다시 이런 훼방이 벌어진 것은 정말 무서운 일이고요. 그는 밤만 되면 안절부절 못하고 마구 헛소리를 하면서 자기 머릿속에 계속 떠도는 여러 다른 장들을 끊임없이 혼잣말로 떠들고 있어요.[139]

이 병이 실제로 위협적이었던 것은 분명하다. 애매한 지점은 이 병이 과연 카를이 책을 끝내면서 겪은 여러 어려움의 결과인가 원인인가 하는 지점이다. 왜냐하면 그 자신의 언급에도 암시되어 있듯이, 이 병이 가장 심하게 덮칠 때는 하필이면 항상 그가 '고차적인 이론'과 씨름할 수밖에 없는 순간이었기 때문이다.

2권과 3권의 출간을 미루기로 했던 결정은 분명히 혜택을 가져왔다. 1866년 11월이 되면 그는 초고의 첫 회분을 출판사로 보내며, 1867년 3월 말에는 1권 전체가 완성된다. 4월 중순 카를은 배를 타고 함부르크로 가서 마지막 단계의 원고 수정을 위해 사나흘을 보낸 후 하노버에 있는 쿠겔만 박사에게 가서 5월 14일까지 거기에 머문다. 첫 번째 교정쇄는 5월 5일이 되어서야 도착했다. 그로부터 열흘 후 그는 영국으로 돌아왔으며, 마지막 교정쇄는 8월 말이 되어서야 보내졌다. 9월 말이 되면 마침내 책이 완성된다.

『자본론』 1권은 여덟 개의 부분들을 담고 있다.

1. 상품과 화폐, 1~156쪽
2. 화폐의 자본으로의 변형, 157~186쪽
3. 절대적 잉여가치의 생산, 187~316쪽
4. 상대적 잉여가치의 생산, 317~508쪽
5. 절대적 및 상대적 잉여가치의 생산, 509~534쪽
6. 임금, 535~563쪽
7. 자본의 축적, 564~703쪽
8. 이른바 본원적 축적, 704~761쪽

이 부분들은 『강요』와 1861~1863년의 두 번째 초고로부터 나오는 원고들을 다시 손본 버전들이지만, 그 전에 쓰인 적 없는 경험적 자료들을 상당히 많이 첨가하고 있다. 또한 세 번째 초고에 남아 있는 것과(즉 '6장'에 요약되어 있는 원고) 막상 출간된 책 사이에는 상당한 차이들이 있었다.

첫 번째 부분인 '상품과 화폐'는 상품으로 시작한다. 먼저 사용가치와 교환가치를 구별하고(이 구별은 아리스토텔레스까지 거슬러 올라가는 것이다), 그다음에는 어떻게 하나의 단일한 상품이 교환 과정에서 다른 모든 상품들의 등가물이 될 수 있는지, 즉 다른 말로 하자면 화폐의 기능을 수행할 수 있는지를 설명하고 있다. 화폐 그리고 교환가치의 형태를 띤 상품은 모종의 논리적 순환 고리를 이루고 있으며, 그 결론은 또한 그 출발점으로 돌아오는 것이기도 하다는 주장이 나오고 있다. '가치형태'에서 사용가치는 보편적 교환가치의 추상적인 표상물로 나타나고 있다. 가치관계란 그 근저를 이루고 있는 사회적 관계를 특수한 또 왜곡된 방식으로 반영하고 있는 것으로, 또한 카를이 '상품 물신성'이라는 개념으

로 전달하고자 한 대상화된 착시 현상의 원인이기도 하다. 이러한 '상품 물신성'으로 인해 사람들 사이의 여러 관계가 사물들 사이의 여러 관계의 모습을 띠고 나타난다는 것이다.

엥겔스는 이 '가치의 형태'를 다룬 첫 부분에서의 논지가 헤겔을 잘 모르는 헤겔 이후 세대에게는 너무나 이해하기 어려울 것이라고 문제를 제기했다. "평민들populus, 심지어 학자들이라고 해도 더 이상 이런 사유 방식에는 전혀 익숙치가 않다네. 따라서 그들을 위해서는 가급적이면 쉽게 설명해야 한다네."[140] 카를은 그의 첫 장이 '가장 어려운 부분'이라고 인정했고, 엥겔스뿐만 아니라 비슷한 문제를 제기한 쿠겔만에게도 자신이 '비변증법적 독자'를 돕기 위해 쓴 '가치형태'에 대한 부록을 새로이 마련했다고 대답했다.[141] 하지만 이 부록이 얼마나 도움이 되었을지는 의심스럽다. 이 책의 나중 판본에 보면 그 부록이 아예 빠져있기 때문이다. 만약 단순히 교환을 시작으로 하여 논지가 전개되었다면 그러한 어려움의 대부분을 피할 수 있었을 것이다. 하지만 카를에게 있어서 '상품'을 출발점으로 삼는다는 것은, 화폐 형태를 띤 교환가치가 고대의 공동체들을 야금야금 침식하여 파괴시킨 물질이었다는 그의 최초의 접근법으로부터 더 앞으로 전진한 것이었다. 이는 다시 'C-M-C'에서 'M-C-M'으로의 이행이라고 하는 카를의 개념과도 연관되어 있었다. 하지만 이제 고대 공동체들의 파괴는 거의 언급되지 않는다. 대신 그는 이제 '가치형태'의 출현을 연역적 과정을 통해서 추론하고자 희망한다. 그렇게 할 경우 교환가치와 상품 생산의 발전을 가져온 것은 화폐 그 자체가 아니라는 것이 입증될 것이다. 화폐가 아니더라도 다른 어떤 상품이든 보편적 등가물의 역할을 할 수 있었을 터이니까.

사회적 필요노동시간의 이론은 여러 난제로 둘러싸여 있지만, 카를은 이 문제들을 해결하려는 시도는 거의 하지 않는다. 그는 단지 "어떤 이들은 상품의 가치가 그 생산에 지출된 노동량으로 결정된다는 말을 들으면 노동자가 게으르고 저숙련일수록 그가 생산한 상품이 더 많은 가치를 가진다는 말이라고 생각할 수도 있겠다. 그 생산에 더 많은 시간이 들어갔으니까."[142] 그는 이러한 반론을 간단하게 무시해 버리면서 다음과 같이 말한다. 자신이 문제로 삼는 노동은 '동질적인 인간 노동'이며, 자신의 이론이 지칭하는 것은 '인간 노동력의 하나의 동질적인 덩어리로, 물론 무수히 많은 개별 단위들로 구성되어 있기는 하다. … 가치 형태를 둘러싼 미스터리 전부는' 아마포 20야드=저고리 1벌이라는 등식 안에 감추어져 있다고 한다. 일단 이러한 미스터리를 제거하고 나면, '상품들의 교환이 그것들의 가치의 크기를 조절하는 것이 아니다. 그 반대로 그들 가치의 크기로 그들 간의 교환 비율이 통제되는 것'이라는 사실이 명백히 드러난다는 것이다.[143]

하지만 여전히 남는 문제가 있다고 한다. '사회적 삶의 여러 형태에 대한 인간의 성찰'이 역사적 발전과 보조를 함께 하여 진전되는 게 아니라는 것이다. 인간의 성찰은 '일이 다 끝나고 난 뒤post festum'에 비로소 시작되는 것이다. '생산물에다가 상품이라는 인장을 찍어버리는 특징들, 상품의 유통이 이루어지기 위해서 반드시 먼저 확립되어야 할 특징들이 이미 사람들 사회에서 사회적 삶의 자명하고도 자연적인 것으로 안정성을 획득하는' 시점에서 비로소 사람들의 성찰이 시작된다는 것이다. 따라서 가치의 크기를 근저에서 결정하는 요소가 발견되었음에도 불구하고 일상적인 관행과 사람들의 통념은 바뀌지 않고 예전과 동일하게 계속된다고 한다. 왜냐하면 '이러한 상품 세계의 궁극적인 화폐 형태는' '사적 노동의 사회적 성격, 그리고 생산자 개인들 사이의 여러 사회적 관계'를 드러내는 게 아니라 은폐하기 때문이다. 이러한 은폐 혹은 전도의 특징을 갖는 여러 형식들이 '부르주아 경제를 이루는 여러 범주들'의 특징이며, 그 범주들은 '그러한 형식들'로 구성된다. 이 형식들은 "'구체적이고도 역사적으로 결정된 생산양식, 즉 상품 생산에 따라오는 여러 조건들과 관계들을 사회적으로 유효하게 표현하는 사유 형식들'이라고 한다. 하지만 '상품을 둘러싼 미스터리의 전체', 노동 생산물이 상품의 형태를 띠고 있는 한 그것을 둘러싸게 되는 모든 마술과 강신술necromancy은… 우리가 다른 여타의 생산 형식들에 도달하는 바로 그 순간… 소멸하고 만다."[144]

두 번째 부분인 '화폐의 자본으로의 변형'은 생산과정에서 노동자들로부터 잉여가치가 어떻게 추출되어 유통과정에서 자본으로 변형되는지를 검토한다. 이 부분의 논지는 『강요』 이후에 쓰인 여러 초고들에서 쭉 그래왔던 바대로 등가교환에서 어떻게 불평등이 생겨날 수 있는가라는 수수께끼에 대한 해법으로, 노동의 판매와 노동력의 판매를 구별할 것을 해법으로 제시하고 있다. 2부의 끝에 보면, 그 수수께끼와 그 해답 모두를 마치 그 전에 누구도 생각해 낸 적이 없었으며 이를 자신이 단번에 밝혀 보이는 것인 양 고도로 꾸며낸 수사학적 수법을 구사하고 있다. "그전까지는 자본가의 맹아에 불과했던 부자들은 이제 자신의 상품들을 가치대로 구입해야 하며, 가치대로 판매해야 하지만, 그러면서도 이 과정이 끝났을 때에는 자신들이 애초에 집어넣은 가치보다 더 많은 가치를 유통에서 끌어내야만 한다. 부자들이 완전히 성숙한 모습의 자본가로 발전하는 일은 그래서 유통 영역의 내부와 외부 모두에서 벌어져야만 한다. 이것이 풀어야 할 문제의 조건들이다. '여기가 로두스섬이다. 여기에서 뛰어 보아라!'"[145] 하지만 그 이전의 여러 초고에서와 마찬가지로, 일단 생산에서 잉여가치를 추출해 낼 가능성이 확립되고 나면, 노동일이 필요노동 기간과 잉여노동 기간으로 나누어지는 것(이것이 이른바 잉여가치율이라고 하는 것이다)은 그냥 당연한 것으로 전제된다.

『자본론』을 이해하는 데 아주 큰 의미를 갖는 변화는 유통과 확대재생산에 대한 논의를 포함시키지 않은 채 1권을 출간하기로 결정한 것이었다. 『강요』에서는 자본이 생산과 유통의 역동적 통일체로 정의된 바 있었다. 하지만 『자본론』 1권에서는 '자세한 분석'은 뒤에 나올 것이라고 미루어 놓고 있으며, 그동안에는 단순히 '자본이 정상적인 방식으로 유통된다'고 가정하자는 것이다.[146] 이는 단지 주어진 시간 안에 글을 다 쓸 수 없었기 때문만은 아니었다. 이는 또한 자본의 유통과 확대재생산에 대해 『강요』에서 채택한 접근법을 그대로 취할 때 제기되는 질문들을 피할 수 있는 한 방식이기도 했다. 하지만 이러한 논의들이 빠지게 된 결과 결국 본질적인 질문들은 전혀 대답이 없는 상태로 남아 있게 되었다. 예를 들면 자본이 지구적 현상이라는 것은 어떤 의미에서인가? '자본주의적 생산과정'과 자본주의의 임박한 위기라는 주장 사이에는 어떤 연관이 있는 것인가? 이윤율 저하에 대해, 그리고 지구적인 자본주의 위기와 자본 순환의 지속적인 확대 사이의 관계에 대하여 카를이 가지고 있었던 생각들은 그 이후에 나올 2권과 3권으로 지연되었다. 게다가 이 책들은 사실 카를의 생전에 출간되지도 못한다.

이러한 변화의 결과는 특히 1권의 3부와 4부에서 눈에 띄게 나타난다. 3부의 '절대적 잉여가치의 생산'에 대한 장에서는 생산과정과 가치 실현 과정의 구별이 남아 있지만, 두 번째 초고에서 그토록 두드러진 역할을 했던 자본에 의한 노동의 '포섭' 개념은 거의 제거되어 있다. 마찬가지로 '절대적' 잉여가치와 '상대적' 잉여가치를 대조하는 부분에서는 '형식적 포섭'에서 '실질적 포섭'으로의 이행에 대해 짧은 언급만이 있을 뿐, '포섭'에 대한 다른 언급은 대부분 제거되어 있다. 그리하여 노동생산성을 증대시키는 세 가지 방법(협동, 노동분업, 기계류)의 사이에 대한 구별은 더 이상 자본에 의한 노동의 포섭이 진전하면서 나타나는 여러 단계들로 제시되지 않는다.

그전의 여러 버전에서 카를의 이야기를 추동하는 핵심 주제는 '가치형태'의 진보였다. 이것의 확산과 발전이야말로 고대의 여러 공동체들이 파괴된 원인으로 제시되었던 것이다. 그리고 그 단일한 과정의 궤적에 있어서 가치형태의 성장과 역사적 발전이 두 부분을 이루는 것으로 그려졌다. 그 전반적인 발전은 질료와 형상 사이의, 인간 활동과 그 의도치 않은 결과들 사이의 복잡한 변증법이라는 외양을 쓴 모습으로 그려졌다. 인간들은 모종의 과정으로 들어서게 된다. 이 과정은 처음에는 교환이었지만 나중에는 생산까지 포괄하게 되며, 갈수록 그들의 활동과 그들이 서로 맺는 관계를 지배하게 되었다는 것이다. 이들은 그리하여 인격적 개인들 사이의 관계가 사물들 사이의 관계인 것처럼 나타나는 과정 속에서 스스로가 희생물이 되었다고 믿게 된다. 그 결과 이들은 점점 자신들이 마주하고 있는 상황이 자기들 스스로가 만들어 낸 것이라는 감각조차 잃게 된다. '노동 생산물, 즉 대상화된 노동은 그 스스로의 영혼을 부여받게' 되며 '자신의 창조자에 맞서는 낯선 권력'으로 스스로를 확립한다는 것이다.[147] 즉 '상품의 물신성'은 '가치형태'의 산물이라는 것이었다.

유통에서 생겨나는 문제들을 회피하고자 하는 바람뿐만이 아니었다. 자본의 발전을 연속적이면서도 막을 수 없는 전진으로, 즉 고대에 씨앗이 뿌려진 이래 마침내 전 지구 위에 세계 시장을 확립하는 승리를 거두고, 결국은 붕괴와 해체로 귀결되는 유기체의 발전 과정으로 그려 내는 과제로부터 카를은 분명하게 후퇴하고 있다. 이제 가치의 개념 또한 유기적 발전으로서가 아니라 모종의 논리적 연역으로 제시하려는 시도가 이루어지고 있다. 이와 마찬가지로 그 이후의 장들 또한 일련의 발전 과정의 순서를 따르는 형태가 아니라 분류상의 배열의 형태에 따라 병렬적으로 나열되고 있다. 따라서 비록 이 책의 구성에 있어서 그 저변에는 모종의 역사적 논리가 계속 깔려 있음에도 그것이 명시적으로 드러나지는 않고 있다. 출간된 『자본론』 1권의 목차와 구성을 보면, 헤겔적인 도식과 너무나 쉽게 동일시될 수 있는 방식을 피하려는 의도가 있었던 것으로 보인다.

이는 어쩌면 그 '포섭'의 과정에 걸쳐 고대의 공동체들이 파괴된 것에 대한 일반적 설명이 초기의 여러 초고에는 나오다가 어째서 『자본론』에서는 나오지 않는지를 설명해 줄 수 있을 것이다. 최종적으로 출간된 1권에서 그러한 공동체 파괴의 유일한 사례는 명시적으로 역사를 다루는 8부, '이른바 본원적 축적'에서만 나오고 있다. 이 부분은 15세기에서 19세기에 이르는 기간 동안 영국에서 벌어진 농민들과 독립 생산자들의 수탈을 논하고 있다. 하지만 이러한 과정에 있어서 그 공동체들을 파괴한 것은 『자본론』에서도 묘사되고 있듯이, 자본이 아니라 왕정 권력의 의식적인 행동이었다. 또한 전통적 농촌 공동체를 자본이 침식해 들어가는 또 다른 예라고 카를이 처음에 생각했던 러시아의 농노 해방 또한 마찬가지로 사실 정치적 힘의 산물이었음이 그 이후에 이 문제에 대해 러시아에서 벌어진 논쟁을 통해 곧 드러나게 된다.

이렇게 1권의 목차와 배열은 새로운 모습을 띠고 있지만 그 아래를 들여다보면 본래 계획의 파편들이 그대로 살아 있음을 알 수 있다. 하지만 이제는 그 내용을 지지해 줄 역사적 혹은 철학적 분석이 없으므로 그 파편들은 그저 교조적인 단언과 주장으로만 보일 뿐이었다. 더 상세한 논의도 없이 "자본주의적 생산이 스스로의 힘으로 설 수 있게 되면, 그 순간부터 그로 인해 이러한 '노동자와 생산수단 사이의' 분리가 유지될 뿐만 아니라 그 분리를 계속 더 팽창하는 규모로 재생산하게 된다."[148] 마찬가지로 자본의 지구적 팽창에 대해서도 서문에서 이렇게 말하고 있다. "본질적으로 자본주의적 생산의 자연적 법칙들로부터 생겨나는 문제는 여러 가지 사회적 적대와 대립의 발전 정도가 높으냐, 낮으냐가 아니다. 문제가 되는 것은 바로 이 법칙들 자체, 이러한 경향들 자체가 강철같은 필연성으로 작동하면서 승승장구의 길을 걸어간다는 것이다. 산업적으로 더욱 발전된 나라는 덜 발전된 나라들에게 스스로의 미래의 모습을 보여 줄 뿐이다."[149] 또한 이 책의 결론 부분에는 '자본주의적 사적 소유 제도에 조종弔鐘이 울리게 된다'거나 '수탈자들이 수탈당하게 된다' 등 유명한 연설조의 마무리가 나오고 있지만, 책 본문 자체에는 그러한 결론을 정당화해 줄 수 있는 내용이 거의 없다.[150] 그 대신 『공산주의 선언』과 『강요』에서 발견되는 주제들이 그저 똑같이 반복되고 있을 뿐이다. 마지막으로 그러한 일련의 발전 단계들을 논의에서 제거해 버린 결과 질료와 형상의 변증법이라는 의미 또한 크게 약화되었다. 비록 '노동계급의 반란'에 대한 언급이 나오기는 하지만, 자본의 종말에 대한 전반적인 그림은 몰인격적이고 불가피한 여러 과정들이 겹치는 모습으로 그려질 뿐, 인간 행위자들의 구체적인 여러 행동과는 사뭇 동떨어져 있는 것이었다.

실제로 출간된 『자본론』과 그 초기의 여러 초고들 사이에 이러한 입장 차이가 있다는 것은 카를이 1873년에 쓴 '독일어 제 2판의 후기'에서 훨씬 더 크게 두드러지게 나타나고 있다.[151] 이 글은 『자본론』에 대해 1872년 러시아에서 나온 한 서평을 명백히 승인하고 인정하는 태도로 인용하고 있다. 이 서평에 따르면, 카를의 저작에서 중요한 것은 '저자가 연구하고 있는 현상들의 법칙'이며, 더욱이 '그 현상들이 다양한 모습으로 나타나거나 발전하는 법칙 즉 그 현상들이 한 형태에서 다른 형태로 이행하는 법칙'이라는 것이다. 이 법칙은 '현존하는 사물의 질서가 나타날 수밖에 없었던 필연성뿐만 아니라 그 질서가 또 다른 질서로 불가피하게 이행하게 되는 필연성'을 증명한다는 것이며, 이는 '인간들이 그 법칙을 의식하든 의식하지 못하든' 아무 상관이 없다는 것이다. 이 서평가에 의하면, '마르크스는 사회 운동을 모종의 자연사적 과정으로 다루고 있다. 이 과정을 지배하는 여러 법칙은 인간의 의지, 의식, 지성으로부터 독립되어 있을 뿐만 아니라 오히려 그러한 의지, 의식, 지성을 결정한다는 것이다'. 문명의 역사에 있어서 '의식'이 수행하는 것은 '종속적인 역할이다. 다시 말하면 관념이 아니라 물질적 현상만이 그러한 역사의 출발점으로 복무할 수 있다는 것이다'. '사회 유기체가 식물 및 동물과 다른 것만큼이나 여러 사회 유기체들은 서로와 차이를 가지고 있다'. 이러한 탐구의 '과학적 가치'는 '주어진 특정한 사회 유기체의 기원, 존속, 발전, 죽음뿐만 아니라 그것이 다른 더 고차적인 유기체로 대체되는 과정을 조절하는 특별한 법칙들을 밝혀 내는 데' 있다는 것이다. 카를은 이 서평에 대해 이렇게 말한다. "서평가가 묘사하고 있는 것이야말로 변증법적 방법이 아니고 무엇이겠는가?"[152]

애초에는 카를의 접근법에 변화가 나타난 것이 본래의 프로젝트 대신 '자본의 생산과정'만을 다루는 한 권을 출간하는 것으로 계획을 변경하는 바람에 어쩔 수 없이 필요한 일이었다. 하지만 유동 과정 그리고 자본의 지구적 팽창 등에 대한 논의를 뒤로 미루기로 선택하게 된 동기는 비현실적인 원고 마감 시기를 도저히 맞출 수 없었다는 것만은 아니었다. 지적인 분위기 자체가 1840년대 이후로 얼마나 많이 바뀌었는지를 카를이 점점 더 의식했던 것도 중요한 이유였다. 『자본론』 1권만 준비하게 되면서 그는 자본의 생산, 유통, 팽창 사이의 격차를 메꾸기 위해 고안된 여러 개념들을 가급적 많이 제거해 버렸다. 그 적지 않은 이유는 이 영역이야말로 그의 개념들이 본래 철학적으로 도출된 것임이 가장 명백하게 드러나는 부분이기 때문이었다. 1867년에는 이렇게 그의 이론의 범위를 축소한 것이 어쩔 수 없는 불행으로 보였을 것이다. 하지만 1872년이 되면 카를 자신마저도 그 1권을 자신의 전체 이론을 충분히 언명한 것으로 받아들이는 듯했다.

또한 '포섭'의 개념이 차지하는 위치에 변화가 생긴 것 또한 이 점을 시사하고 있다. 『자본론』 1권이 나오기 두 번째 전 초고에서는 이 개념이 두드러진 위치를 부여받고 있었지만, 그다음에는 거의 망실된다. '포섭'이라는 생각은 본래 셸링과 헤겔의 철학에서 나타났던 것이었다. 헤겔은 근대국가와 상업 사회를 하나로 묶으려고 노력했던 초기 저작에서 '윤리적 생활'을 유기체의 구성물로서의 비유기적 자연과 대조시켰던 바 있다. 헤겔이 나중에 생각했던 국가의 여러 성질들이라는 것 또한 '유기체'의 성질들이었다. 이러한 성질들은 헤겔의 『백과전서』의 첫 권인 『소논리학』에 나오는 '생명체'에 대한 절에서 가장 명확하게 설명되고 있다. '생명체란 내적으로 여러 시스템과 삼단논법을 그 스스로의 계기로 삼는 삼단논법'이며, '자기 스스로를 스스로와 함께 종결짓는con-cluding 과정으로 세 개의 과정들을 거치게 된다.' 그 첫 번째 그리고 가장 관련이 깊은 과정은 '그 생명체 내부에서의' 과정이다. '이 과정에서 그 생명체는 스스로를 찢어내 스스로의 신체성을 대상으로 혹은 스스로의 비유기적 자연으로 만들어 낸다'. 헤겔은 여기에 더하여 (셸링과 마찬가지로) 시인이자 생물학자인 할러A. von Haller를 인용하면서 이 '생명체 내부에서의' 과정을 다시 '감수성sensibility, 자극 민감성irritability, 재생산reproduction'이라는 세 개의 형태로 나눈다. "감수성으로서의 생명체는 자기 스스로와의 즉자적인 단순한 관계로, 그 신체 모든 곳에 편재하는 영혼이다. 그리하여 서로 외적인 성격을 갖는 여러 신체 부분들은 그것에 대해서는 아무런 진리도 갖고 있지 않다. 그리고 자극 민감성으로서의 생명체는 그 내부에서 찢어진 상태로 나타나며, 재생산으로서의 생명체는 그 신체 부분들 및 장기들의 내적 구별로부터 끊임없이 스스로를 다시 확립한다. 생명체는 오로지 이렇게 끊임없이 쇄신되는 내적 과정으로서만 존재하는 것이다."[153] 달리 말하면, 헤겔이 『법철학』의 최초의 버전에서 말한 바 있듯이, "살아 있는 유기체는 처음이자 끝이다. 왜냐하면 이는 그 자체가 그 스스로의 활동의 산물이기 때문이다."[154]

이러한 '생명체'에 대한 설명이 얼핏 보면 아주 동떨어진 것으로 보일지 몰라도, 이는 헤겔이 가진 국가상의 표본을 제공하고 있다. 이는 18세기 말 최초의 낭만주의자들이 당대의 생물학의 성장에 매료되던 당시에 함께 나타났던 철학적 사변의 산물이었다. 국가란 특수자와 보편자, 비유기적인 것과 유기적인 것, 시민사회와 국가, 경제적인 것과 정치적인 것의 관계를 아우르는 하나의 유기체라는 것이었다. '포섭'이란 특수자를 보편자의 내부로 통합시키는 과정을 끊임없이 갱신함으로써 특수자가 보편자와 관계를 맺는 수단이었다.[155] 카를은 『강요』의 초기 초고로부터 계속해서 이러한 접근법을 스스로의 목적에 맞게 적응시켜 나가려고 계속해서 시도했다.

『자본론』 1권에서 이 '포섭'의 개념이 실질적으로 제거되자 그 책은 훨씬 더 서술적인 성격의 저작이 되었으며, 이제는 변증법적 논리 전개보다는 통계적 경험적 데이터에 훨씬 더 많이 의존하게 되었다. 질료와 형상 사이의 본래의 변증법에는 인간 행위자의 개념이 보존되어 있었다. 비록 그 활동의 결과물들이 낯선 형식으로 나타나 스스로와 대결하게 된다고 해도 말이다. 이와는 대조적으로, '이상적인 것들'을 '물질적 세계가 인간 정신에 반영되어 사유의 형식들로 바뀐 것 이외의 아무것도 아닌 것'으로 만들게 되면 언어 또한 활동의 반영에 불과한 것이 되며, 활동('의식적인 것이든 무의식적인 것이든')은 또한 필연성의 산물이 되고 만다.[156] 이러한 공식들이 품고 있는 애매모호함 때문에, 뒤로는 다시 인간을 본능적 충동과 자연의 명령에 지배당하는 자연적 존재로 이해하는 방식의 길이 열리게 되며, 앞으로는 20세기에 통상적으로 이해되는 바의 '마르크스주의'로 나아가는 길이 열리게 된다.

자신의 저작을 이런 식으로 해석하는 행태를 어째서 카를이 그대로 용납했는지는 전혀 분명하지 않다. 하지만 그는 새로운 세대는 헤겔에 대해서는 거의 모를 뿐만 아니라 변증법적 논리의 본래 전제들을 (받아들이는 것은 고사하고) 파악할 가능성도 없을 것이라는 엥겔스의 지적에 큰 영향을 받았을 가능성이 높다고 보인다. 카를이 1873년에 쓴 『자본론』의 독일어판 서문에 보면, 그가 한편으로 사상가로서의 헤겔의 위대함에 경의를 표하고 있지만 다른 한편으로는 헤겔 철학과 거리를 두기 위해서 애쓰고 있음을 볼 수 있다. 그는 '나의 변증법적 방법은 헤겔의 방법과 다를 뿐만 아니라, 그 정반대'라고 주장하고 있으며, 그저 자신이 이따금씩 '그에게 고유하게 나타나는 표현 양식들을 사용하여 아양을 떠는 것'뿐이라고 말하고 있다.

9. 『자본론』과 역사의 서술

하지만 『자본론』의 위치와 그를 둘러싼 여러 문제들을 철학적 차원에서만 초점을 둔다면, 그 책의 가장 독특하면서도 오랫동안 영향을 끼쳤던 특징들을 놓치게 될 것이다. 이 책의 3분의 2 정도는 주로 영국을 무대로 하여 자본과 노동 사이의 관계가 어떻게 발전했고 당대에 어떤 상태에 있었는지를 사실에 기초하여 묘사하는 데 바쳐지고 있다. 자본주의적 생산양식이 출현하기 위한 전제 조건은 '농업 생산자들의 수탈, 농민들을 땅으로부터 떼어내는 것'이었다고 한다. 이것이야말로 '모든 과정의 기초'였다는 것이다. 그가 영국을 선택한 이유는

"다른 나라에서는 이러한 수탈의 역사가 여러 다른 측면들을 가지며, 그 다양한 단계와 국면들이 이어지는 순서도 다르고 시대도 다르게 나타나지만… 우리가 예로 삼은 영국에서만큼은 그것이 고전적 형태를 띠고 있기 때문이다."158)

'자본의 축적'을 다룬 7부는 1860년대 영국 경제의 여러 부문에서 임노동자들의 상태를 자세히 설명하고 있다. 이는 농업 그리고 여러 부문의 산업에서의 상태를 묘사하고 있다. 놀랄 정도로 풍부한 통계 숫자, 정부 보고서, 신문 기사들을 조합하여 그가 그려낸 전체상은 오늘날에 보아도 실로 대단한 것이다. 공장 감독관, 보건 당국자, 정부 조사관들의 보고서들이 광범위하게 사용되었다. 노동일을 연장하거나 노동 속도를 올리려는 압력으로부터 아동 노동의 광범위한 활용에 이르도록 당시의 영국 경제가 가지고 있었던 수많은 특징들이 이러한 보고서들을 사용하여 세세히 입증되고 있었다. 카를은 당시 노동시간을 둘러싼 싸움이 가장 격렬하게 전개되고 있었던 면화 섬유 부문만이 아니라, 군복, 도자기, 모직 제조업, 제빵, 날염, 표백 등의 제조업도 자세히 조사했다. 그리고 특히 농업 노동자들의 식단, 주거, 건강 상태에 각별한 주의를 기울였다. 자본주의의 발전은 '가변' 자본에 대한 '불변' 자본의 비율을 증가시켰을 뿐만 아니라, 그렇게 하는 가운데 상대적으로 작은 규모의 자본가들을 파산시키고 '노동 예비군'을 증가시켜서, 이것이 경기순환의 등락에 따라 고용 상태를 아래 위로 조절하는 역할을 하게 된다는 것이다.159)

가치와 이윤율 저하 같은 복잡한 문제들과 무관하게 카를은 이 부분에서만큼은 위기와 반란의 가능성에 대해 가장 구체적이라고 할 만한 평가를 내놓고 있다. 그가 특히 농업의 발전에서 충격을 받았던 점은 생산성의 증가가 농업 노동자들의 비참상과 결합되면서 결국 도시로 탈출하는 흐름이 갈수록 커진다는 점이었다. "농촌 노동자들은 넓은 지역에 걸쳐 퍼져 있어 자신들이 가진 저항의 힘을 발휘할 수가 없게 되는 반면, 도시에서 일하는 이들은 집중되어 있으므로 그 저항의 힘이 늘어나게 된다."160)

그 마지막 부분인 '이른바 본원적 축적'은 영국에서 자본주의의 발전이 14세기 말 봉건적 관계의 해체로부터 시작되어 19세기의 빅토리아 중기에 이르러 완전한 승리를 거둘 때까지의 과정에 대한 역사적 설명을 제시하고 있다. 이는 근대 초기의 농민들 혹은 기능공들의 경우에 있어서 '자유'라는 관념이 가진 모호성을 보여 주고 있다. 이들은 농노제에서 해방되었다는 의미에서도 자유였지만, 생산수단에 대한 독립적 접근을 빼앗겼다는 의미에서도 자유로웠다.✤ 이렇게 하여 이 독립적인 농민들과 기능공들은 이제 가진 것이라고는 자기들 노동력 밖에 없게 되었으니, 살아남기 위해서는 끊임없이 자신들의 노동력을 팔고 또 팔아야만 했다. 이 부분은 노동과 생산수단의 분리라는 상태가 본원적 축적 과정 속에서 어떻게 유지되었고 또 강화되었는지를 추적한다. "폭력과 공포가 멋대로 날뛰는 상황 속에서 교회 토지를 노략질하고, 국가 토지를 사기로 양도하고, 공유지를 강탈하고, 봉건적 토지와 부족 토지를 탈취하는 등 이런 것들은 본원적 축적이 이루어진 평온하고 목가적인 방법들 중 일부일 뿐이다. 이러한 방법들을 통해 들판은 자본주의 농업이 정복해버렸고, 토지는 자본의 본질적인 부분이 되었고, 도시의 제조업을 위해 꼭 필요한 '자유롭고' 불법화된 존재인 프롤레타리아트의 공급을 창출해 주었다."[161] 여기에서 한 번 더 이야기는 홀린셰드Holinshed, 토머스 모어, 프란시스 베이컨에서 리처드 프라이스, 윌리엄 코베트, 토머스 매컬리와 제임스 토롤드 로저스James Thorold Rogers에 이르기까지 다양한 저자들과 출처를 동원하면서 풍부하게 불어난다.

『자본론』이 19세기 사상의 한 이정표가 되었다고 한다면, 이는 그 책이 자본의 '운동 법칙'을 밝혀내는 데 성공했기 때문은 아니었다. 카를은 자본주의 생산양식의 시작에 있어서도 또 그것의 이른바 다가올 종말이라 하는 것에 대해

✤ '자유'를 뜻하는 영어의 free나 독일어의 frei나 본래 '없다'는 뜻을 가지고 있다('설탕 없음sugar free'을 생각하라.) 마르크스의 이 유명한 근대 노동자들의 '이중적 의미에서의 자유'는 이를 이용한 언어 유희이다.

서도 확실한 그림을 전혀 내놓지 못했다. 그는 정치경제학의 몇 가지 특정 교리들에 대해 일정하게 강력한 비판들을 내놓았다. 그는 나소 시니어가 공장 노동시간 제한을 옹호하는 자들에 맞서서 '마지막 1시간'을 옹호했던 것을 조롱했으며, '임금 기금설'과 맬서스의 인구 과잉론이 생계수단이 아닌 고용수단과 관련된 것임을 보여줌으로써 그 오류를 밝혀냈다.[162] 하지만 그는 정치경제학 전체에 대한 내재적 비판을 내놓는 데에는 성공하지 못했다. 마찬가지로 그는 아동노동의 참상, 농업 노동자들을 인간 이하의 존재로 만들어 버리는 조건들, 영국 노동자들 대부분의 형편없는 음식 섭취와 주거 상태 등을 무서운 설득력으로 절절하게 그려냈지만, 자본주의적 생산의 도래와 생산자들의 빈곤화가 어떤 관련을 맺고 있는지에 대해 논리적으로 분명한 설득력을 가진 관계를 확립하는 데에는 성공하지 못했다.

카를이 이룬 성취는 오히려 그가 가장 신경을 덜 썼던 영역에서 나타났다. 그것은 그가 『뉴욕 데일리 트리뷴』지에 기고하기 위해 조사하고 연구했던 작업들, 그리고 1840년대 말 이래로 행했던 다양한 강연 준비 작업들이었다. 그는 당대의 자본주의 경제에 대한 비판적인 분석을 그 장기적인 역사적 근원과 연결시킬 수가 있었다. 생산을 전면에 내세운 덕에 그는 근대의 작업장이나 자동화된 기계제 공장 내에서 벌어지는 새로운 긴장들을 포착할 수가 있었다. 자본주의 경제 전체의 진보 특히 새로운 생산력이 낳은 여러 결과들을 추적하겠다는 굳은 결의를 통해서 그는 (비록 무의식중이었지만) 사회경제사의 체계적 연구라는 역사학의 새롭고도 중요한 영역의 으뜸가는 창시자의 한 사람이 되었다.[163] 그는 이후 오늘날까지의 근대사에서 중심적인 경제적·사회적 이정표가 되는 사건들에 대한 논쟁을 시작한 인물인 것이다.

카를의 정치경제학 비판은 1867년에 출간된 『자본론』 1권으로 결실을 보았다. 그런데 카를의 정치경제학 비판을 분석하면서 『자본론』 1권을 그냥 하나의 지적인 실패라고 치부해 버린다면 이는 카를 스스로가 1867년 당시 자신의 희망과 기대를 새롭게 재조정했다는 사실을 부당하게 무시하는 것이다. 비록 그가 인정할 수는 없었지만, 최초의 접근법은 실패했다. 그는 처음에는 자본을 하나의 유기체로 묘사했고, 자본이 그다지 눈에 띄지 않는 모습으로 고대사회에 출현하여 전 지구를 정복했다가 곧 전 세계적 차원에서의 붕괴를 맞게 되는 연속적이고도 막을 수 없는 성장의 순환 과정으로 보았다. 영국에서의 자본주의적 관계가 지구적으로 발전해 가는 과정을 검토해 보면, '본원적 축적'의 기간 동안 정치적 개입이 경제적 발전 과정을 결정적으로 지원했다는 것이 분명히 드러난다. 하지만 같은 이유로 볼 때, 이는 곧 서유럽 바깥 지역에서는 자본주의적 생산의 승리를 회피하거나 그것에 저항하는 일이 가능하다는 것을 뜻하는 것이기도 했다.

시야를 가까이로 좁혀 보면, 책이 출간되기 이전에 장들의 순서에 변화가 생긴 것은 1864년 이후 영국에서의 새롭게 전개된 정치 상황에 대한 대응으로 볼 수도 있다. 상업 사회의 성장, 제1인터내셔널의 창립, 공장법 운동의 성공, 협동조합 생산의 성장, 그리고 무엇보다도 (정치적) 개혁을 향한 대중운동의 증가 등 이 모든 것들이 카를로 하여금 급격한 혁명적 변화를 가져올 수 있는 새로운 비폭력적 방식이 있을 수 있다고 상상하도록 만들었다. 1850년대에는 지구적 차원에서의 위기가 다가온다고 상상하는 것이 너무나 추상적이고 동떨어진 이야기였다. 혁명적 변화의 상이라는 것도 아직은 프랑스혁명으로부터 도출된 옛날의 그림을 벗어나지 못하고 있는 상태였다. 하지만 1860년대 중반이 되면 1792~1793년의 프랑스에서 벌어졌던 것과 같이 하나의 사회질서를 그냥 무지막지하게 다른 질서로 대체해 버리는 것과는 다른 형태의 이행의 전망이 모습을 드러내기 시작한다. 이제 변혁이란 숨막히게 전개되는 혁명의 나날들로서가 아니라, 훨씬 더 장기적인 기간에 걸쳐 여러 정치적 발전과 사회적 발전으로 구성되는 누적적 과정으로 그려졌다. 이러한 의미에서 보면 자본으로부터 '생산자들의 연합'의 지배로 넘어가는 과정 또한 14세기에서 19세기까지 걸쳐서 펼쳐졌던 봉건제에서 자본의 지배로의 이행 과정과 더욱 닮은 것일 수 있다는 것이다. 『강요』에서는 가치형태에 의해 고대의 공동체들이 파괴되었다는 사변적 이야기를 늘어놓았던 카를이 『자본론』 1권의 마지막 장에서는 자본의 '이른바 본원적 축적'이라는 이름 아래에 중세와 근대 초기에 걸쳐 벌어진 더욱 인상적인 역사를 이야기했었던 이유의 하나는 바로 그러한 비교를 용이하게 하기 위해서였다.

11 장

『자본론』, 사회민주주의, 인터내셔널

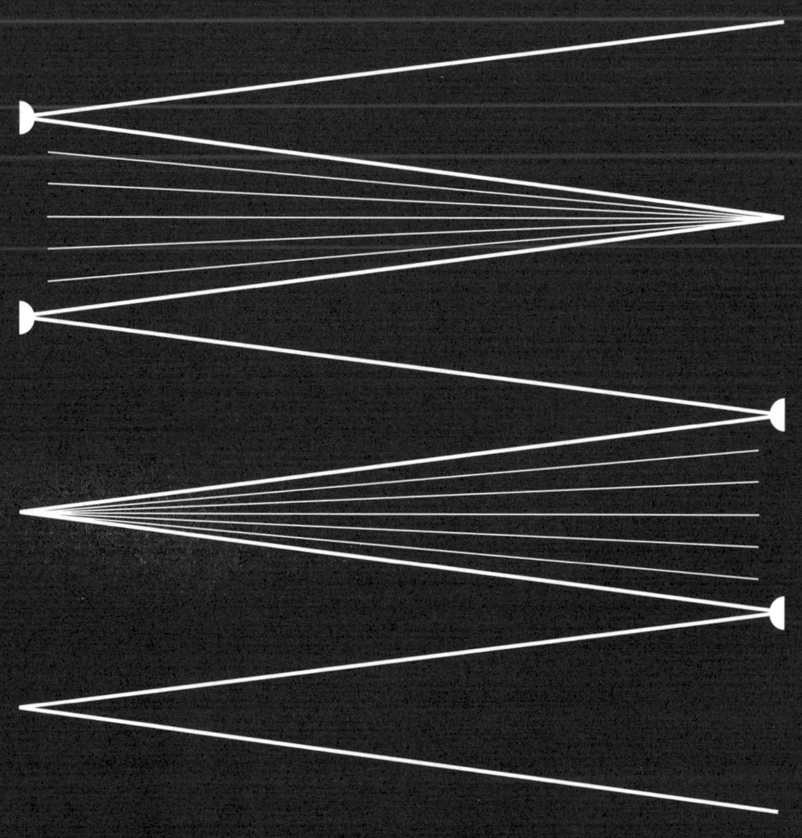

1. 새 시대와 친숙해지기

1848년의 여러 혁명이 모두 실패하고 1850년대에 들어 반동 세력의 승리가 유럽 대륙 전역을 휩쓸었다. 하지만 그 후인 1860년대에 들어오면 민주주의의 희망이 되살아났을 뿐만 아니라 일정하게 현실적 성과물들을 얻어 내기도 했다. 독일에서는 1862~1863년의 기간 동안 독립적인 노동자 운동이 발전했고, 프랑스에서는 아직 확연히 드러나지는 않았지만 보나파르트에 대한 노동자들의 저항이 시작되고 있었다. 영국에서는 세 가지 흐름의 발전이 특히 중요했고, 이 흐름들이 없었다면 국제노동자협회IWMA: International Working Men's Association, 즉 제1인터내셔널은 결코 생겨날 수 없었을 것이며, 그것이 현실에 가져왔던 충격은 더더욱 상상할 수 없었을 것이다. 그 첫 번째는 공화주의적인 초국가적 연대였다. 이는 합스부르크 왕가, 부르봉 왕가, 러시아 로마노프 왕가의 전제정에 맞서 이탈리아, 폴란드, 그 밖의 지역에서 벌어진 감동적이고 영웅적인 민족 투쟁에 사람들이 자기를 동일시하는 형태로 나타났다.[1] 두 번째의 똑같이 중요한 흐름은 노예제 폐지에 대한 사람들의 지지가 늘어났다는 점으로, 이 때문에 마침내 북아메리카에서 미국의 남북전쟁까지 벌어지게 되었다. 남북전쟁으로 미국 남부의 면화 수입이 끊어져 '면화 기근'이 발생했다. 이 때문에 랭커셔의 면화 산업 노동자 다수가 실업을 겪게 되었음에도 노동자들은 노예제 폐지 운동의 대의를 포기하지 않았다. 이러한 모습을 보면서 유산계급의 많은 이가 노동자들 또한 마땅히 참정권을 위시한 모든 시민권을 부여받을 자격이 있다고 믿게 되었으며, 결국 1867년의 정치 개혁 운동의 성공에도 크게 기여하게 된다. 하지만 이러한 운동들 어떤 것도 세 번째의 근본적인 흐름이 없었다면 그렇게까지 큰 충격을 줄 수는 없었을 것이다. 그것은 노동조합이 역량을 확장하고 정치적 존재감을 키우면서 생겨난 변화였다.

이러한 흐름들을 카를은 빨리 포착하지 못했다. 1863년까지도 그는 1848년이 새롭게 시작될 가능성에만 집착하고 있었던 것으로 보인다. 하지만 일단 그가 정치의 이러한 새로운 모습을 이해하기 시작하자 그것을 통해 열리게 될 새로운 기회들에 곧 흥분을 느끼게 된다. 1864~1869년 사이의 기간은 카를의 인생에서 가장 성과도 많고 성공적인 시기였다. 이 기간 동안 그는 자본주의의 역사 및 구조의 해명에서나, 유럽 노동운동의 발전에 대해서나 오래오래 지속되는 위대한 기여를 이룬다. 『자본론』은 1867년에 출간되었고, 국제노동자협회의 전체 평의회General Council에서 그가 수행했던 가장 지속적으로 가치를 갖는 작업 또한 1870~1871년 보불전쟁 이전의 시기에 이루어진 것들이었다. 이러한 작업들은 망명자 집단들과 분파정치라는 협소한 세계를 넘어서서 이루어 낸 성취물들로, 비단 카를 주변의 집단들에서뿐만 아니라 그 너머의 세계에서도 널리 인정을 받게 되었다. 또한 이 기간은 카를이 다양한 스펙트럼의 영국 급진주의자들(오언주의자, 실증주의자, 평화주의자, 예전의 차티스트운동가, 여성주의자, 노동조합 활동가 들)을 처음으로 직접 만나 개인적 친분을 쌓는 기간이기도 했다.

국제노동자협회에의 참여, 그리고 『자본론』의 출간이 있기 전 4년 혹은 5년의 기간은 좌절과 불안의 시기였다. 카를은 이론가로서도, 정치 지도자로서도 성공하지 못했었다. 이론가로서 보자면 그가 1859년의 『정치경제학 비판을 위하여』에 너무나 과장된 희망을 걸었던 게 전혀 비현실적인 꿈이었다는 점만 입증되고 말았다. 그의 논쟁적 저작 『포크트 씨Herr Vogt』는 더 많은 관심을 받을 수 있었다. 하지만 한 집단의 정치적 단결을 확인하는 수단으로 평가한다면 이 책은 실패작이었다. 『포크트 씨』에 대한 반응이 엇갈렸다는 사실 자체가 이미 '당' 내에서 불거진 바 있는 이탈리아 문제에 대한 의견 불일치만 더욱 돋보이게 만들었기 때문이다. 카를은 여전히 '당'이라는 게 있다고 상상하고 싶어 했지만, 이미 그런 것은 존재하지 않았다.

그가 족적을 분명하게 남겼던 분야가 있었다면 그것은 저널리스트로서의 역할이었지만, 그는 간혹 이 직업을 경멸하는 척할 때가 있었다. 1850년대가 끝날 무렵 카를의 저작을 읽는 가장 큰 독자층은 바로 『뉴욕 데일리 트리뷴』(이하 『트리뷴』)을 읽는 영어권 독자들이었다. 『트리뷴』은 또한 마르크스 집안의 밥줄이기도 했다. 이는 카를의 인생 경험 중 진정한 근로소득에 가장 근접한 경우였으며 예니에게는 상당한 자부심의 원천이기도 했다. 하지만 미국에서 남북전쟁이 터지게 되자 카를의 기고에 대한 『트리뷴』의 수요가 줄어들게 되었다. 1861년 2월에는 일거리가 1주일에 기사 하나로 줄어들었고, 1862년에는 아예 끝이 나 버렸다.

또한 이 기간은 카를의 건강 문제가 아주 심각했던 시기이기도 하다. 정말로 놀라운 것은 카를이 『자본론』을 완성하지 못했다는 것이 아니라 그가 어떻게 해서든 『자본론』의 버전 하나를 결국 만들어 내어 출간에 성공했다는 사실이다. 왜냐하면 정치경제학 비판 집필을 완료하려고 너무 기를 쓴 나머지 그 노심초사 때문에 병만 더 악화되었던 것으로 보이기 때문이다. 1863년 11월경 카를은 온갖 종기로 인해 '소파에 꽁꽁 묶여' 있는 상태였으며 당시 예니가 '엥겔스 씨'에게 보낸 편지에는 이런 말이 나온다. "이 일 때문에 그가 얼마나 풀이 죽어 있는지 당신도 상상하실 수 있을 겁니다. 이 지긋지긋한 책은 절대로 완성되지 않을 것 같아요. 그게 악몽처럼 우리 모두를 짓누르고 있습니다. 정말 **괴물딱지**Leviathan 같은 일을 시작했나 봐요!"[2] 다음 해에도 그의 건강은 기복이 심했다. 1863년 12월에서 1864년 2월까지 카를이 잘트보멜에 있는 삼촌 집에서 회복한 뒤 그의 몸 상태가 개선되었다. 그와 그의 가족은 하버스톡 힐Haverstock Hill에 있는 메이틀랜드 파크Maitland Park의 모데나 빌라스Modena Villas로 이사했지만, 5월과 7월이 되면 카를은 다시 몸이 아프게 된다. '전혀 일을 할 수 없게' 되었는지라 그는 해부학과 생리학에 대한 책들을 읽었다.[3] 7월 말과 8월 초, 그는 딸들과 함께 해변가 휴양지인 램스게이트Ramsgate로 가서 건강을 되찾으려고 했다. 하지만 병은 겨울까지 계속되었다. 11월 4일 카를은 엥겔스에게 모든 게 다 괜찮았다가 이틀 전에 또 종기가 하나 튀어나왔다고 전한다. "만약 빨리 상황이 호전되지 않고 또 다른 종기들이 튀어나온다면 나는 이번에는 굼퍼트Eduard Gumpert 박사가 권하는 비소 치료법을 써 볼 생각이야." 11월 14일 카를은 비록 이제 종기가 '깨끗해지고' 있지만, 거의 1주일을 병상에 누워 있어야 했다고 말하고 있다. 이틀 후 엥겔스는 카를이 나아지고 있어 기쁘다고 답장을 보낸다. "이게 마지막일 것이라고 기대해 봄세. 하지만 비소 요법도 꼭 해 보게." 11월 2일, 그는 엉덩이에 또 다른 종기가 솟아오르고 있다고 말하고 있다. 그는 비소 치료법을 인정하지 않는 그의 현지 의사가 자기 모르게 자가 치료를 행했다고 해서 '아주 무시무시하게 야단'을 칠 것 같아 무서워 죽겠다고 하고 있다.[4]

1860년대 초의 정치 상황 또한 실망스러운 것이었다. 1850년대의 상황 전개는 카를이 기대했던 대로 흘러가지 않았다. 1857~1858년의 세계적 경기 침체는 새로운 혁명의 물결을 불러오지 않았다. 프랑스에서 보나파르트의 경찰 국가는 반대 목소리가 공공연하게 표출되는 것을 질식시켜 버렸다. 보나파르트는 예외적일 정도의 경제성장에 힘입어 자기 체제에 대한 지지를 특히 농촌에서 강화하는 데 성공했다. 그의 인기는 계속되어 1870년에 시행된 국민투표에서 160만 표의 반대에 대해 740만 표의 지지를 얻기도 했다.

파리 도시 자체에도 여러 변화가 있어서 혁명의 가능성은 갈수록 희박해 보였다. 1850년대와 1860년대에 인구는 거의 두 배로 늘었다. 대단한 건설 호황이 벌어져 많은 이주 노동자들이 파리로 몰려왔고, 이들은 새로운 교외의 산업 지역 아니면 다 쓰러져 가는 인구 과밀의 도심에서 붐비게 되었다. 당국자들은 이 거대한 새로운 도시의 여러 위험을 잘 알고 있었으며, 그 거주자들의 4분의 1은 '빈곤층'으로 분류되었다. 1853년 이후 보나파르트 황제는 그의 파리 도지사 오스만 남작Baron Haussmann의 조력을 얻어 파리 중심부의 많은 부분을 재개발했다. 그리하여 집이 빽빽이 들어선 옛날 도시의 좁은 길들이 넓직한 대로로 바뀌었고, 여기에 휘황찬란하게 불을 밝힌 카페, 술집, 최초의 백화점 들이 줄지어 들어섰다. 이 때문에 바리케이드를 치고 반란을 일으킬 수 있는 가능성은 줄어들었다. 이에 수반하여 위생과 교통에 여러 개선이 이루어져 콜레라를 퇴치했을 뿐만 아니라 경제활동의 속도도 더 빨라지게 되었다.

파리에서 반대 세력이 모습을 드러내는 일 또한 새로운 행정 구조에 의해 더욱 제한당했다. 도시에는 시장이 없었고, 그 20개에 달하는 시의회들은 선출이 아니라 지명으로 구성되었다. 게다가 반대 세력 또한 분열되어 있었다. 하지만 이러한 모든 장애물에도 체제에 대한 위협은 사라지지 않았다. 경찰이 파리 주민들 중 잠재적으로 반란에 가담할 위험 분자로 보아 사찰했던 대상은 17만 명에 달했고, 작지만 좀 더 눈에 띄는 집단 하나는 감옥에 갇혀 있는 오귀스트 블랑키의 혁명적 정치와 계속해서 입장을 같이하고 있었다.[5]

이는 카를에게는 전혀 위로가 되지 못했다. 그는 1840년대부터 프랑스인들에게 자신의 관점을 알리기 위해 그토록 애를 썼지만 그의 저작은 거의 읽히지 않았다. 그의 프루동 비판서인 『철학의 빈곤』은 프랑스에서 출판되었을 뿐만 아니라 아예 프랑스어로 쓰였지만 정치 활동가들조차 이 책을 잘 알지 못하고 있었다. 마찬가지로 그의 1848년 혁명에 대한 저작인 『프랑스에서의 계급투쟁』, 그리고 『브뤼메르 18일』은 아예 번역도 되지 않았다.

카를은 프랑스 황제가 군대에 의존하고 있다는 사실이 결국 그를 몰락으로 몰고 갈 것이라고 믿었다. 그리고 실제로 그렇게 되었다. 하지만 이는 어디까지나 1870년 여름 프로이센과의 전쟁이 벌어지고 난 뒤의 일이다. 그전인 1859년 이후의 기간은 보나파르트의 체제가 1850년대 초기의 노골적인 억압에서 좀 더 진보된 모습을 보이기 위해 많은 전략을 채택했던 기간이었다. 좀 더 자유주의적인 제국의 이미지를 만들어 내기 위해 황제는 노동자들에게 아부하면서 이들을 자신의 자유주의 반대파들에 대한 방패로 써먹었다. 그는 1859년 사면령을 내렸고, 1864년에는 파업을 합법화했으며, 1860년대 말에는 출판 검열을 완화했다.

이러한 전술의 일환으로 보나파르트는 프랑스 노동자들이 선출한 대표단이 1862년 런던 박람회를 방문할 때 그 자금을 지원하기까지 했다. 이 대표단이 런던의 노동자들과 만나게 되었던 것이 마침내 1864년 국제노동자협회의 결성까지 이어지게 되는 과정에서 아주 중요한 사건이었음이 입증되었다. 하지만 이는 어디까지나 나중에 돌아보았을 때에만 분명해지는 일이었다. 당시로서는 보나파르트가 노동자 대표단을 지원하는 것을 급진파들이 아주 의심쩍은 눈으로 바라보았고 또 충분히 그럴 법한 일이기도 했다.

영국에서는 대규모 산업 및 무역의 발전에도(혹은 아마도 그것 때문에) 대중 운동으로서의 차티즘은 사라지고 만다. 카를은 이 변화된 정치 환경에 적응하기가 어려웠다. 토리당은 보호무역주의를 버렸고, 1857년의 경기 불황에도 차티스트운동은 돌아오지 않았던 데다 그렇다고 해서 '맨체스터 유파'의 급진파들이 승리를 얻게 된 것도 아니었다. 오히려 1857년 총선거에서 반反곡물법 동맹의 지도자들이었던 콥든과 브라이트는 낙선했다. 그리고 이들은 1859년에는 휘그, 필 지지파, 아일랜드 의원들과 뭉쳐서 자유당을 창당한다. 카를이 생각했던 것처럼 '맨체스터 유파'와 차티스트운동의 프롤레타리아 급진파들이 서로 투쟁하는 단순한 구도가 나타난 게 아니라 오히려 이 재구성된 자유당은 중간계급

과 노동계급 사이에 새로운 동맹을 형성한다.[6]

이러한 변동의 충격은 카를의 친구이자 이전에 차티스트운동의 지도자였던 어니스트 존스의 정치적 행보에서 명확히 드러난다.[7] 1850년대 초에 존스는 차티스트운동을 부활시키려고 시도했지만 허사로 끝나고 말았다. 그의 『인민의 신문』을 이용하여(여기에 카를은 몇 개의 기사를 기고하기도 했다) 그는 북부로 연속적인 순회 강연을 행했고, 여러 번 출마하기도 했지만 성공하지 못했다. 하지만 1857년 존스는 이러한 전략을 포기한다. 그는 남아 있는 차티스트 지도자 대부분과 절연하고 1858년 2월 런던의 세인트 마틴스 강당St Matin's Hall에서 의회 개혁을 위한 회의를 소집하며, 여기에 고참 사회주의자 로버트 오언부터 중간계급 급진주의 지도자들인 존 브라이트와 뢰벅J. A. Roebuck 등 온갖 다양한 '개혁가들'을 초대한다.

카를은 존스가 차티스트운동을 부활시키려고 이미 여러 번 시도했다가 실패했다는 사실은 전혀 기억하지 않고서 계속 이렇게 주장했다. "그 멍청한 녀석은 당을 **창당**하는 것으로 시작해야 하며, 그러한 목적이라면 제조업 공장 지역들로 가야만 하네. 그러고 나면 그다음에 급진파 부르주아들이 그를 찾아와 타협을 하려고 들겠지."[8] 비록 그는 여전히 존스를 '정직한 사람'이라고 생각했지만, 그의 새로운 역할은 '무의미한 것'이라고 여겼다. 그는 차티스트운동이 사라졌다는 생각에 여전히 강하게 저항하면서 1840년대의 프롤레타리아 당과 닮은 새로운 당이 출현하는 것은 시간문제라는 신념을 고수했다. 1863년 4월 그는 존 브라이트가 의장을 맡은 한 노동조합 회합에 참석했다. "노동자들은 부르주아의 수사학을 전혀 쓰지 않으면서도 자본가들에 대한 자신들의 반대를 숨기려고 들지 않으면서도 **정말로 훌륭하게** 말할 줄 알더군(그런데 이들은 브라이트 대장님으로부터 야단을 맞았네)." 카를은 '영국 노동자들이 부르주아적 오염이라고 보이는 것을 얼마나 빠르게 벗어던지게 될지' 확신할 수 없었다. 하지만 엥겔스의 1844년 저서인 『영국 노동계급의 상태』를 다시 본 후 그는 자신의 벗에게 자신

있게 다음과 같이 말한다. "자네 저서의 주요 명제들은 1844년 이후에 벌어진 사건 전개에 의해 그 가장 세세한 부분까지도 모두 사실로 입증된 바 있네."[9] 그러나 엥겔스는 동의하지 않았다. 그는 자기 책의 새 판을 내는 것이 이 시점에 적절하지 않다고 생각했다. "지금은 적당한 때가 아닐세. … 왜냐하면 영국 프롤레타리아트의 혁명적 에너지가 거의 완전히 증발해 버렸고 영국 프롤레타리아들은 부르주아지의 지배에 완전히 동의한다고 선언한 상태이니까."[10]

2. 라살레와 '당'의 종말

독일에서는 10년간의 반동의 세월 뒤에 이러한 '새 시대'가 찾아오면서 다시 한 번 정치적 기회들이 열리게 된다. 하지만 카를에게 그 결과는 다시 한 번 좌절스럽고 실망스러운 것이었다. 1860년대 초에 들어서자 독립적인 노동계급 정치가 분명히 출현하기는 했다. 하지만 그것의 발전은 카를의 '당' 결과물이기는커녕 그것을 극복하고 넘어서 나타난 것이었다.

카를과 마찬가지로 1848년 독일에서 가장 활동적이었던 혁명가 다수는 미국, 영국, 스위스 등 외국으로 떠나 버렸다. 독일 안에서 보자면 카를이 그 전에 썼던 저작들은 대부분 잊혀졌거나 아예 알려지지도 않았다. 기껏해야 『공산주의 선언』이 1848년 혁명 출신의 수백 명 정도의 투사들에게 익숙할 뿐이었다. 그 책은 순전히 우연적인 상황 때문에 1872년 그 책이 다시 출간되면서 비로소 이름을 얻게 된다.[11]

카를은 라살레가 이탈리아에 대해 취했던 독자적인 정치 노선뿐만 아니라("다른 이들의 견해를 묻지도 않고 당의 입장을 대변하는 것은 용납할 수 없습니다"), 그가 포크트 문제에서 공동 대응을 하기를 거부한 것에도 똑같이 격노했다.[12] 이 언쟁의 과정에서 카를은 갈수록 거만한 자세를 취하게 되고, 라살레의 이른바 잘못된 행동이라는 것을 모호하게 싸잡아서 언급하고 있다. 카를은 자기가 이러한 비난에 가담하는 것은 절대 아니라고 부인하면서도 다른 이들이 라살레를 '믿지 못하는' 이유들을 이야기하고 있으며, 또 볼티모어에서 온 라살레를 비난하는 편지(발견되지 않았다)를 언급하기도 한다. 그는 계속해서 이렇게 말한다. "당신에 대한 공식적인 혐의 제기는 … '동맹'의 문서 파일에 있으며 저는 그걸 갖고 있지도 않고 그 파일을 열어 볼 권한도 없습니다."[13] 라살레의 반응은 분노였다. "카를 당신은 전혀 상관없다고 하면서 이 뻔히 말도 안 되는 '협잡'의 내용을 나에게 전하는 이유가 무엇인가? 도대체 무얼 증명하고 싶은 것인가?" 라살레가 볼 때 이는 카를이 최악의 인간들이 떠드는 소리를 곧이곧대로 믿는 귀가 얇은 인간임을 증명하는 것이라고 한다. 그러면서 단지 이번 경우에 한해서만 라살레 자신이 연루되어 있기 때문에 믿지 않는다고 말하고 있으니, 이걸 무슨 미덕으로 내세우는 것이냐는 것이었다.[14]

1850년대 말경 독일에서 카를이 유지하고 있는 유의미한 정치적 접촉선은 라살레가 유일한 인물이었기에 이러한 카를의 행동은 정말로 삐뚤어진 것이라고 할 수밖에 없는 것이었다. 라살레는 1848년 이후 '공산주의자동맹'의 회원이었으며, 프로이센 정부가 국민의회를 해산했을 때 그 대응으로 뒤셀도르프의 시민들에게 무장 봉기를 준비하라고 촉구하다가 체포되어 다행히도 가벼운 형량으로 풀려난 인물이었다. 그 1850년대에 있었던 소피 폰 하츠펠트Sophie von Hatzfeldt 백작 부인의 오래 끈 이혼소송에서 법적 변호인으로 활약하면서 유명해졌다. 이혼소송은 1854년에 끝났고 라살레는 매년 5000탈러의 수입을 확보하여 안락한 삶을 살 수 있었다.

카를이 자신의 운명을 스스로 위대한 시인, 위대한 비평가 혹은 타고난 지도자 등으로 꿈꾸었다고 한다면, 라살레야말로 그 경쟁자라고 할 만했다. 라살레는 법 이론의 발전에도 중요한 기여를 하고자 했으며, 또 고전 연구자, 극작가, 정치 지도자로서도 인정받고자 했다. 그의 여러 프로젝트 중에는 스스로의 독자적인 정치경제학 비판을 내놓겠다는 야심도 있었거니와, 카를은 이를 자신에 대한 심대한 위협이라고 여겼다.15) 라살레 또한 헤겔의 추종자였고 또 '만물의 사변적 구성을 달성하고자 하는 욕망'을 가진 급진적 활동가였지만, 사람들 앞에서 자신은 카를의 숭모자라고 공언하기도 했다. 그가 고백하는바, 카를에 대한 자신의 흠모에 비추면 심지어 그의 반려자인 소피 폰 하츠펠트조차 상대가 될 수 없다는 것이었다. 카를이야말로 그의 '사나이로서의 마지막 친구'라는 것이다. "백작 부인은 모든 면에서 대단히 뛰어나고 또 그녀의 우정은 내게 무한히 소중합니다. 하지만 그녀는 어쨌든 여자이기 때문에 정말로 창조적인 이해를 낳는 남성적 사유의 여러 신비를 다 따라올 수는 없습니다."16)

라살레는 그 야심의 규모가 엄청났을 뿐만 아니라, 남이 무어라고 하건 스스로를 더욱 높은 곳에 있는 섭리를 실현하는 도구로 여겼었기에 항상 쉬지 않고 무언가를 하는 인물이었다. 이러한 그의 특징은 1859년 3월 그가 카를에게 쓴 편지에 명확히 드러나고 있다. 당시 그는 소크라테스 이전의 그리스 철학에 대한 연구 작업에 몰두하고 있었다. 이 편지에 따르면 그는 연구 작업의 말미에 두 권짜리 연구서인 『헤라클레이토스의 철학』에 몰두하게 되었고,17) 게다가 전혀 예상치도 못했던 어떤 힘에 밀려 어쩔 수 없이 희곡까지 하나 쓰게 되었다고 한다. 이 희곡은 16세기 초의 황제 기사단✤의 일원이자 루터의 수호자이며 민족적 영웅이었던 프란츠 폰 지킹겐Franz von Sickingen에 대한 것이었다. "제가 보낸 희곡을 받아 보시면 놀라게 될 겁니다. 저도 이걸 쓰겠다는 생각을 했을 때(아니, 그러한 생각이 제게 찾아왔을 때) 똑같이 놀랐으니까요. 왜냐하면 내가 기억하는 바로는 내 스스로의 자유의지로 무언가를 쓰겠다고 결정을 내렸던 것이 아니라, 내가 도저히 비켜 갈 수 없는 어떤 운명적 힘이 나를 완전히 사로잡아 이 글을 쓰

✤ 황제 기사단imperial knights은 15세기 이후 신성로마제국 황제의 휘하에 직속으로 소속된 자유로운 귀족과 음유시인들 출신의 기사들을 말한다.

게 만든 것이었기 때문입니다."[18]

1848년 혁명을 통과한 이들은 모두 '회색의 이론'과 '오늘 당장 우리의 뺨을 발갛게 물들이는 실질적인 일들'로 이루어진 삶의 생생함이 얼마나 대조되는 것인지를(헤겔로 인해 유명해진 대조이다) 맛보고 좌절한 이들이었다. 라살레 또한 순전히 헤라클레이토스 연구에만 집중하는 것을 힘들게 여겼다. "어쩔 수 없이 그 사상의 세계에서 끊임없이 사유를 반추해야 하지만, 그러다가 생각의 연상이 꼬리를 물다 결국 오늘날의 절박한 문제들로 치달을 때가 너무나 많습니다. 이러한 지금의 큰 문제들은 비록 겉보기에는 불거져 나오지 않은 듯 보이지만, 제 마음속은 이런 문제들 때문에 계속 부글부글 끓고 있습니다. 그래서 글을 쓰던 책상에서 벌떡 일어나 펜을 던져 버린 적은 또 얼마나 많았는지요. 마치 온몸의 피가 거꾸로 솟는 듯하여 반 시간은 족히 몸부림치다가 겨우 마음을 가라앉히고 다시 억지로 자리에 앉아 이 작업이 필요로 하는 고된 집중에 매진하곤 합니다." 어느 날 밤 라살레는 헤라클레이토스 저작 작업에서 잠깐 쉬면서 중세와 종교개혁 시기의 저작들을 정독하고 있었고, 특히 울리히 폰 후텐UIrich von Hutten의 저작을 꼼꼼히 읽게 된다. 그는 또 '어느 지독하게 못 쓴 현대 희곡'을 설렁설렁 넘겨 보다가 갑자기 희곡을 써야겠다는 생각이 불현듯 들었다고 한다. 이는 '순수 이론'의 세계에서 온 인물인 후텐에 대한 희곡이 아니라, '위대한 극적 영웅'인 프란츠 폰 지킹겐에 대한 연극이라는 것이다. "이러한 생각이 들자 그 즉시 내 머리에는 작품 전체의 계획이 직관적으로 떠오른 듯했고, 또 그와 동시에 불가항력의 힘이 나에게 명령을 내리는 것 같았습니다. '이건 꼭 써야 돼.'" 그래서 라살레는 '심장으로부터 쓸 수' 있었다는 것이었다. 그가 카를에게 인정하는 바, 그는 그 희곡이 '대단히 뛰어나다'고 여기고 있지만 다시는 희곡을 쓰지 않겠다고 말하고 있다. "이 작품 하나가 마치 숙명의 명령처럼 내게 떨어진 것일 뿐, 그 이상은 없습니다."[19]

1860년이 지나면서 이탈리아 문제를 둘러싼 언쟁은 봉합되었다. 라살레는 여전히 카를과 함께 일할 수 있기를 희망했고, 카를 또한 그의 『정치경제학 비판을 위하여』의 출판사와 거래하는 데 그의 도움을 필요로 했다. 그해 나머지 기간 동안 오간 편지들은 우호적이었다. 라살레는 실제로 벌어진 여러 사건들로 볼 때 이탈리아 문제에 대한 자신의 독해가 옳은 것으로 입증되었다고 강조했다. 카를은 자기의 입장을 여전히 반복했지만, 과거는 더 이상 자신의 관심사가 아니며 지금 무엇보다 중요한 일은 '**우리가** 하나의 강령에 대해 동의를 보아야 한다는 것'이라고 단언했다. 그는 또한 라살레가 카를의 정치경제학 저서를 상찬한 것에 감사하고 있다.[20] 그 밖에 두 사람은 카를이 앓고 있는 여러 질병, 예니의 천연두, 라살레의 통풍 등에 대해 이야기를 주고받았다.

1860년 3월 11일, 라살레는 카를과 엥겔스에게 프로이센 왕이 죽고 나서 사면령이 선포되면 프로이센으로 되돌아올 생각이 있는지를 묻고 있다.[21] 당시 이미 프리드리히 빌헬름 4세는 연로하여 치매에 걸린 상태였고 1년 후에는 죽음을 맞는다. 그의 뒤를 이은 동생 빌헬름 1세는 곧바로 정치적 사면령을 선포한다. 1861년, 라살레는 자신의 초대를 반복하면서 『신라인 신문』을 복간하자고 제안한다. 폰 하츠펠트 백작 부인은 그 신문에 2만~3만 탈러를 투자할 준비가 되어 있다고 했다. 편집장은 카를과 라살레가 함께 맡을 것이며, 카를이 고집한다면 엥겔스도 들어올 수 있다는 것이었다.

카를은 프로이센으로 돌아가는 것을 썩 내키지 않아 했다. 엥겔스에게 말한 바에 의하면, "지금 같은 상황에서는 지푸라기라도 잡을 심정이지만, 아직 독일에서의 물결은 우리의 배를 띄울 수 있을 만큼 높게 일어나지는 않은 상태일세. 일이 처음부터 다 허사로 돌아가 버릴 수도 있어."[22] 하지만 다른 한편으로 보자면, 『트리뷴』의 일자리를 잃은 것은 실로 두려운 일이었다. 카를이 라살레에게 말한 바에 의하면, 이는 '재정 위기'였다고 한다. 따라서 그는 '자신의 재정 문제를 정리하기 위해' 잘트보멜의 삼촌 리온 필립스를 방문한 뒤 '당신과 얼굴을 맞대고 정치적 문필적 사업의 가능성을 논의하기 위해' 베를린으로 가겠다고 결정한다.[23] 그는 또한 이 기회를 틈타 라살레 앞으로 20파운드짜리 수표를 인출한다. 그 수표의 만기일이 돌아오기 전에 네덜란드로부터 돈을 갚든가, 아니면 '베를린으로 직접 돈을 가져가겠다'고 약속한다.[24]

1861년 3월 16일에서 4월 13일 사이에 카를은 라살레와 함께 베를린에 머문다. 그는 그때의 여행을 자신의 네덜란드인 사촌인 앙트와네트 필립스Antoinette Philips에게 자세히 이야기한 바 있다. 라살레는 그에게 '지극히 우호적인 환영'을 베풀었고, 동시에 하츠펠트 백작 부인에게 소개시켜 주었다고 한다. "내가 곧 알게 된 일이지만, 그녀는 매일 오후 4시에 라살레의 집에서 식사를 하고 그와 함께 저녁을 보낸다." 카를은 그녀의 신체적 외모를 자세히 묘사하고 있지만 그다지 칭찬을 하고 있지는 않다. 하지만 그녀가 '아주 특출한 여성'이라는 점만큼은 인정하고 있다. "사상과 학문에 큰 관심을 가진 이는 아니었지만 타고난 지성이 아주 뛰어났고 생기 넘치는 성격일 뿐만 아니라 혁명 운동에도 깊은 관심을 가지고 있어. 그리고 귀족답게 웬만한 문제들은 그냥 훌훌 넘겨 버리는 태도를 가지고 있는데, 이게 사교계에서 재치를 부리는 것을 전문으로 삼는 여성들femmes d'esprit이 까다롭게 우거지상을 하고 있는 것보다는 훨씬 더 낫더구나."[25]

라살레와 함께 신문을 만드는 일의 성사 여부는 카를이 프로이센 시민권을 다시 획득할 수 있는지에 달려 있었다. 왜냐하면 카를은 시민권을 자발적으로 버렸던지라 사면령으로는 문제가 해결되지 않았던 것이다. 라살레는 카를을 위해 정부의 최고위 공직자에게 강력히 로비를 했으며, 협상이 진행되는 동안에는 백작 부인을 데리고 카를에게 최고의 도시 관광을 시켜 주기 위해 애를 썼다. 하지만 카를은 그다지 감명을 받지 못했다. "화요일 저녁 라살레와 백작 부인은 나를 한 베를린의 극장으로 데려갔어. 여기에서 베를린 코미디를 상연하고 있었는데 내용은 프로이센 잘났다는 자화자찬으로 가득 차 있었어. 한마디로 완전히 재수 없는 공연이었지. 수요일에는 그들 때문에 어쩔 수 없이 오페라 하우스에서 공연하는 발레를 보러 갔어. 우리는 (참 말하기도 끔찍하지만horribile dictu) 왕의

'관람석' 옆의 박스 하나를 차지했지. 아주 전형적인 베를린식 발레였어. 파리나 런던에서는 발레가 오페라의 중간이나 결말 부분에 나오는데 베를린에서는 아예 온 저녁을 다 잡아먹더구나. … 사실 지독하게 지루했다."

그는 또한 푸엘 장군General von Pfuel, 역사가 호프라트 푀르스터Hofrath Förster, 파른하겐 폰 엔제Varnhagen von Ense의 질녀이자 바른하겐 서한집의 편집자인 루트밀라 아싱Ludmila Assing 등이 참여한 한 만찬에서 귀빈으로 초대되기도 했다.[26] 아싱 부인은 카를의 바로 옆자리에 앉았는데, 카를은 그녀에 대해 쓸데없는 악의적 묘사를 늘어놓는다. "이 부인께서는 내게 정말 엄청난 친절과 호의를 쏟아부었지만, 내 인생에서 본 가장 못생긴 흉물이었다. 지독하게 못생긴 유대인 얼굴 생김이었지. 날카롭게 튀어나온 가느다란 코, 항상 미소와 웃음을 잃지 않으면서 입만 벌리면 시적인 산문을 말로 하는 데다 끊임없이 무언가 특별한 걸 말하려고 기를 쓰며 그릇된 열정으로 장난을 치면서 자기 황홀경에 빠진 상태에서 들리는 환청을 내뱉는 사람이야." 하지만 정말로 마음을 풀고 즐길 수 있는 순간들도 있었다고 한다. 그는 자신의 학창 시절 친구이자 동양 연구자인 프리드리히 쾨펜Friedrich Köppen을 찾아보았다. "나는 그와 함께 두 번씩이나 고주망태가 되도록 진탕 마셨는데, 그건 정말 내겐 즐거운 일이었어."[27] 그는 프로이센으로 귀화하겠다는 자신의 청원에 공식적 답변을 받을 때까지 베를린에서 체류할 생각이었다.[28]

하지만 실제로는 결정이 내려지기도 전에 떠나야만 했다. 그는 4월 14일경 베를린을 떠나 런던으로 가는 길에 라인란트를 경우하여 트리어의 어머니 집에 이틀간 머물렀고, 어머니는 카를의 묵은 차용증서 중 일부를 변제해 주었다.[29] 그다음으로 카를은 잘트보멜로 가서 삼촌으로부터 상속으로 150파운드를 현금으로 받아 5월 초에 만기가 돌아오는 수표들을 결제했다. 분명히 그의 압도적인 관심사는 돈이었다. 런던으로 돌아온 그는 라살레에게 편지를 보내 이렇게 말한다. "미국에서의 상황(이는 곧 그의 일자리 전망을 말한다)으로 볼 때 설령 신문 사업에 진척이 없다고 해도 저는 아마 몇 달 정도 베를린으로 가 있을 수도 있습니다." 이는 그의 귀화 신청이 어떻게 되느냐에 달린 문제였다. 하지만 그렇다고 해도 그는 런던에 남는 쪽을 더 원했다. "**부인할 수가 없습니다.** 런던이라는 도시는 제게 실로 특출한 매력을 가지고 있습니다. 비록 이 거대한 장소에서 저는 어느 정도는 은둔자의 삶을 살고 있지만 말입니다."30)

6월 18일, 카를은 하츠펠트 백작 부인으로부터 자신의 귀화 신청이 거부되었다는 소식을 들었다. 애초부터 이 계획 전체가 비현실적인 느낌이 너무 강했다. 애초부터 라살레에 대해 훨씬 부정적인 태도를 가지고 있었던 엥겔스는 맨체스터에서 자신이 누리고 있는 위치를 버릴 생각이 전혀 없었다. 이는 '심각한 금전적 손해'에다가 '프로이센 보통법의 옥죄임 속으로 빠져들어 가는 것'을 뜻한다는 것이었다. 그는 또한 상황이 '아직 신문을 시작할 만큼 무르익지 않았다'고 생각했다.31)

한편 예니는 이 프로이센으로의 이주라는 생각에 아연실색했다. 4월 초경에 그녀가 엥겔스에게 보낸 편지를 보면, 신문에 실린 소문들과는 달리 '가족 전체가 베를린으로 이주하여 정착한다는 것은 카를이 생각도 하지 않은' 일이라고 했다. 카를이 다시 프로이센으로 귀화하는 데 관심을 둔 것은 사실이지만, 그녀도 그 이유는 도무지 모르겠다고 인정하고 있다. 또한 그녀는 신문을 창간한다는 전망에 흥미를 느끼지도 못하고 있다. "일간지라고요, 그것도 백작 부인의 재산을 토대로 해서요! 이건 카를에게는 너무 위험한 모험입니다." 예니 자신은 '소중한, 사랑스러운, 믿음 가는 조국 독일에 대한 그리움이 크지 않으며', 딸들로 말하자면 "그녀들의 소중한 셰익스피어의 나라를 떠난다는 생각에 끔찍해하고 있습니다. 이 아이들은 뼛속까지 영국인이 되었으며, 영국의 흙에 거머리처럼 달라붙어 있답니다."32)

카를의 태도는 좀 더 애매했다. 6월 11일, 그는 라살레에게 프로이센 귀화 허가를 받지 못한다고 해도 외국 여권으로라도 가족과 함께 베를린을 여행하여 겨울을 그곳에서 보낼 생각을 하고 있다고 말했다. 또한 그는 라살레의 최근 저작인 상속법에 대한 두 권짜리 연구서를 전반적으로 상찬하는 반응을 보임으로써 라살레를 격려했다.[33] 그는 아마도 러시아에서의 위기가 그에게 새로운 소득 원천을 찾아 줄 뿐만 아니라 자신이 1848년에 누렸던 정치적 위치를 상당히 되찾아 줄 것이라고 믿었던 듯하다. 그는 베를린에 있는 동안 국회 안의 기자석에서 프로이센의 상원이 열리는 것을 보았다. 그가 엥겔스에게 말한 바에 따르면, 이는 거의 예외 없이 '난장이 피그미들의 모임'이었다고 한다. 하지만 베를린에서의 정치 상황은 희망이 없지 않았다. '부르주아 모임들'에서는 지주들의 세금 면제와 군대의 지위에 대해 불만이 있었다.[34] 그가 앙트와네트 필립스에게 말한 바에 따르면, "이곳의 상황은 지배 권력의 입장에서는 불길해 보일 만한 것이야. 프로이센의 재무상은 적자에 고생하고 있으며, 모든 당들은 해체가 진행되고 있어. 하원은 이 계절 동안에 다시 선출되어야 할 것이며, 그 과정에서 큰 운동이 일어나 온 나라에 파고들 확률이 아주 높아." 그는 또한 다음과 같이 믿고 있다. '내 친구 라살레가 생각하는 바와 같이 이렇게 될 경우 이는 여기 프로이센의 수도에서 신문을 창간하기에 아주 적절한 시점이 된다. … 나는 아직 확고한 결단에 이르지는 못했어.' 이것이 카를의 결론이었다.[35] 카를은 백작 부인에게서 받은 편지에 아랑곳하지 않고 7월에도 여전히 자신이 '베를린에서 추진하는 일'이 '아직 확실하게 종결되지 않았으며' 또 향후 몇 년간 자신의 지금 여권으로도 여행할 수 있을 것이라 믿고 있었고, 그 뒤에는 "아마도 프로이센 내의 상황이 바뀌어 그들의 허가가 없어도 될 거야."[36]

이러한 여러 희망 사항은 그의 금전적 불안함의 산물이었음이 거의 분명하다. 믿을 수 있는 인물인지의 여부와 무관하게 라살레는 카를이 독일 안에 두고 있는 가장 중요한 정치적 동맹자였을 뿐만 아니라 그를 금전적으로 도울 수 있는 몇 안 되는 인물 중 하나였다. 따라서 1862년 4월 그가 라살레에게 쓴 편지가 패닉의 어조를 담고 있었던 것도 이해할 수 있다. 1861년 라살레에게 꾼 돈을 베를린에 도착하기 전에 빨리 갚겠다고 약속한 바 있었지만, 1년이 지난 뒤에도 아직 10파운드를 채 갚지 못한 상태였고, 여기에 또 다른 재난이 덮쳐 왔다. 『트리뷴』이 마침내 모든 외국 통신원들과의 계약을 끊어 버린 것이다. "그래서 저는 이제 완전한 진공 상태에 떨어지게 되었습니다. 당신에게 그런 하소연 이야기를 길게 늘어놓을 생각은 전혀 없습니다. 그저 제가 아직 **미치지** 않았다는 게 놀라울 뿐입니다. 제가 이 끔찍한 상태를 언급하는 이유는 그저 당신이 오해를 하는 바람에 가뜩이나 가지가지 불행에 둘러싸인 제 상황이 더 나쁘게 되는 것을 막기 위함일 뿐입니다."[37] 그다음 몇 달 동안 카를의 절망적인 금전 상태는 계속되었다. 예니는 차라리 아이들과 함께 무덤 속으로 들어가 버리는 게 낫겠다고 하고 있었다. 『트리뷴』에서 생긴 수입의 공백은 부분적으로는 비엔나의 『신문Die Presse』에 기고한 기사들로 메꾸어졌지만, 그 원고료가 워낙 적었을 뿐만 아니라 그가 기고한 글 중 실제로 게재되는 비율은 3편 중 하나에도 미치지 못했다. 게다가 정치적인 입장까지 일치하지 않아 계약 관계가 끝나게 되었고, 11월 이후 그의 기사는 실리지 않는다.

이 상황을 더욱 악화시켰던 것은 라살레가 1862년 여름 사우스 켄싱턴South Kensington의 국제 박람회에 올 계획이며 런던에 오면 카를의 집에 머물 생각이라고 공표한 것이었다.[38] 카를에게는 그 전해에 베를린에서 라살레에 의해 왕처럼 대접을 받았으니 체면을 지키기 위해서는 이를 거절할 수가 없는 일이었다. 그는 라살레에게 환영의 편지를 보냈다. 그는 이렇게 선언했다. 정치적으로 보자면 "우리는 비록 숫자는 적지만 바로 거기에 우리의 힘이 있습니다." 한편 사회적인 면에서는 그의 가족이 그 새로운 교외의 주거 환경에서 고립되어 있는 상태임을 무심코 드러낸다. "우리는 당신을 여기에서 만날 수 있다면 아주 기쁠 것입니다. 나는 말할 것도 없고, 내 가족 전부가 당신을 보면 크게 기뻐할 것입니다. 이제 저의 영국, 독일, 프랑스 지인들이 모두 런던 **외곽**에 살고 있으므로 우리 가족은 도대체가 '인간'을 보는 일조차 힘들 지경이니까요."[39] 카를의 딸들은 특히 라살레가 베를린에서 선물로 보냈던 멋진 외투를 받은 후 그를 만나기를 기대하고 있었다. 예니 또한 딸들이 새 옷을 입은 덕에 '이 속물 동네의 이웃들에게' 뽐낼 수가 있었고 '존경과 신뢰를 얻을 수' 있었기에 무척 기뻤다고 밝히고 있다.[40]

하지만 라살레를 묵게 한 덕에 카를 가족의 삶은 금전적으로나 심리적으로나 거의 참을 수 없을 지경의 상태에 몰리게 된다. 라살레는 7월 9일에 도착하여 몇 주간 머물겠다고 제안했다. "이 녀석 앞에서 일정하게 멋진 외양dehors을 유지하기 위해 내 아내는 벽에 못이나 나사로 박아 놓은 것 말고는 몽땅 다 전당포에 잡혀야만 했네."[41] 하지만 카를은 이미 라살레에게 미국에서 오던 자신의 수입이 끊겼다는 것을 편지로 이야기한 바 있으므로 가족의 진정한 상태를 숨기기는 어려웠다. 라살레는 좋은 의도로 답장을 보냈지만 오히려 카를의 분노만 샀다. 카를은 엥겔스에게 보낸 편지에서 라살레가 "그래서 나더러 내 딸 한 명을 그놈의 하츠펠트 백작 부인에게 '말동무'로 기꺼이 보낼지를 물어보는 시건방을 떨고 있는 거야"라고 분통을 터뜨리고 있다. "이 녀석은 내 아까운 시간을 빼앗아 갔네. 게다가 이 멍청이 같은 놈이 기껏 한다는 소리가 내가 지금 당장은 내 '사업'이랄 게 없고 그저 '이론적 작업'만 하고 있는 중이니 자기와 함께 시간이나 죽이는 편이 좋지 않겠냐는 걸세." 이 이야기를 풀어놓으면서 갈수록 열이 받은 카를은 마침내 자신이 생각하는 가장 저질의 형태로 인종주의적 모욕을 퍼붓는 인격의 바닥을 드러내고 만다. "그놈 머리통의 모습과 그놈 머리카락이 자라는 방식을 보면서 이제는 아주 내게 분명해진 사실이 있다네. 그는 모세가 이집트에서 빠져나올 때 데리고 나온 흑인들의 후손임에 틀림없네. … 이 자식의 끈덕진 성격도 깜둥이들을 닮았다고."[42] 예니의 『비망록』에 나오는 라살레의 묘사 또한 신랄한 독설로 잔뜩 독기가 올라 있다. "올림피아와 암브로시아의 신들을 연상케 하는 그의 이마와 머리 위에, 아니 그의 깜둥이들과 같이 뻣뻣하게 일어선 머리카락 위에 월계수 이파리가 신선하다." 하지만 그녀는 라살레가 집 안에 있을 때 어떤 모습이었는지에 대해 잊을 수 없는 묘사도 남겼다. "그는 바람처럼 이 방 저 방을 돌아다니면서 큰 소리로 장황한 연설을 했고, 요란한 손짓과 함께 목소리의 톤도 있는 대로 올려서 끔찍하게 소리를 질러 댔기에 우리 이웃들이 겁을 집어먹고 우리에게 무슨 일이 있느냐고 물을 지경이었다. 이는 이 '위대한' 인간의 내면에서의 투쟁이 끔찍한 불협화음을 내면서 폭발하는 소리였다."[43) 1862년 카를과 예니가 라살레에 대해 보인 못된 태도는 그들의 절망적인 금전 상태 때문에 더욱 악화되었음은 의심의 여지가 없다. 카를도 인정한 바 있듯이, "만약 내가 그렇게 끔찍한 상태에 있어서 그 졸부 녀석이 자기의 두둑한 돈 지갑을 뻐겨 대는 방식에 짜증이 난 상태만 아니었다면 그는 나를 무척이나 재미있게 해 주었을 것일세."[44) 카를은 또한 라살레가 지난번 베를린에서 만난 이후로 변했다고 생각했다. 그는 '상당히 미쳐' 버린 상태였기에 카를은 그가 '높은 가성假聲을 써서 미학적· 연극적 몸짓과 교조적인 어조로 끊임없이 재잘대는 것'을 도저히 참을 수가 없었다고 한다. 그는 라살레가 '말도 안 되는 투기로 5000탈러를, 또 아무렇지도 않게 태연히 날려 버린' 것을 보고 '돈을 친구에게 꿔어주느니 차라리 하수구에 처박아 버리는' 자라고 분노했다.[45)

라살레의 체류가 끝나 갈 때쯤 카를은 라살레에게 자신의 절망적인 금전 상태를 털어놓았다. 그러자 라살레는 그에게 15파운드를 빌려주었고 또 엥겔스가 보증을 선다는 조건으로 60파운드를 더 미리 빌려주었다. 카를은 그 60파운드를 기꺼이 받아 썼지만 라살레가 엥겔스로부터 서면으로 보증을 받아야겠다고 고집을 피우자 화를 내며 반응했고, 그 돈을 확실히 갚는 데 필요한 조치들을 전혀 하지 않았다. 라살레는 이에 대해 자신의 당황과 짜증을 표출했을 뿐만 아니라 카를이 빌헬름 로셔Wilhelm Roscher의 『정치경제학 시스템』을 보내 주겠다는 약속을 왜 지키지 않느냐고 나무랐다.[46) 카를은 이에 대해 라살레가 '앙심'을 품었음을 알겠다고 말하면서 자신의 행동에 대해 마지못해 사과를 내놓는다. 하지만 그러고 나서는 곧바로 라살레가 자신의 심정 상태를 전혀 감안해 주지 않는다고 비난을 퍼붓는다. 자신은 '소원이라고는 자기 머리통을 날려 버리는 것밖에 없는' '화약통 위에 올라선 사람'이라는 것이었다. 그러고 나서 카를은 이 모든 것에도 자신들의 오래된 관계가 '문제없이 계속될 것'으로 믿는다고 말하고 있다.[47] 하지만 그때 이후로 이들의 개인적 서신 교환은 끝나 버린다.

그런데 이러한 관계 단절 사태에는 단순히 라살레의 연극적 태도나 곤경에 처한 카를의 위태로운 금전 상황 같은 문제만 있었던 게 아니었다. 라살레는 철학에서나 정치에서나 자신과 카를의 거리가 얼마나 멀리 떨어져 있는지를 1862년 여름 런던에서 카를의 집에 머물게 된 뒤에야 비로소 깨닫게 되었다. 이들의 의견 불일치가 표면에 드러나게 된 계기는 프로이센에서의 변화된 상황이었다. 1861년 겨울 라살레는 이탈리아로 갔으며, 여기에서 그는 가리발디에게 오스트리아 군대에 대한 공격을 시작하도록 설득하려고 했다. 이렇게 되면 독일 안에서 혁명적 상황이 촉발될 수 있을 것이라는 게 그의 희망이었다. 이 계획은 실패했다. 하지만 1861년 12월 프로이센 의회 선거에서 헌법당Constitutional Party은 진보당Progressives에 패배했다. 조세 문제와 군대의 역할을 놓고 정부와 의회가 벌여 온 갈등은 이제 결정적 단계에 도달했다.

라살레는 진보당이 혁명적 상황을 일으키기에는 너무나 소심한 집단이라고 믿었다. 이들은 이 갈등을 무력과 정의 사이의 갈등이라고 규정했지만, 아무런 행동 계획도 없었다. 라살레에 따르면, 권리의 청구라는 것은 오로지 민주적 국가 안에서만 가능한 것이었다. 거의 학술적 강연에 가까운 한 연설에서 라살레는 주의를 기울여야 할 대상은 종이에 쓰여진 헌법이 아니라 현실적 헌법, 즉 권력의 관계라고 주장했다. 그리고 1848년 3월 혁명은 국민의 권력이 정부와 군대의 권력보다 더 크다는 것을 보여 주었다고 한다.[48] 현실적인 의미로 보자면, 이는 곧 의회가 무기한 휴회로 들어감으로써 정부에 도전해야 한다는 말이었다. 1862년 봄이 되면 그는 더 나간 입장에 선다. 그는 당시 프로이센에 시행되고 있었던 3계급 선거 시스템을 자유무역과 간접 조세에 기초한 모종의 부르주아 체제라고 규정했다. 하지만 프랑스혁명을 통해 새로운 시대가 왔으니, 이제는 새로운 기초 위에서 사회를 형성할 주체로 노동계급이 부름을 받고 있다는 게 그의 주장이었다. 또 그는 계속해서 주장한다. 국가의 진정한 임무는 부르주아지가 믿고 있듯이 야경꾼 노릇이나 하는 게 아니라, 개개인들이 단일의 도덕적 전체로 결합되는 통일체를 형성하는 것이라는 것이었다.[49]

카를과 마찬가지로 라살레 또한 본래 헤겔에게서 영감을 얻은 이였다. 하지만 그는 카를보다 일곱 살이나 어렸고, 따라서 1840년대 중반 헤겔의 국가 개념을 놓고 치러진 급진파의 논쟁을 거의 놓치고 말았다. 현실적으로 보자면 이는 라살레가 국가를 시민사회의 산물이라고 믿지 않았음을 뜻하며, 이 점에서 카를과 차이를 보이고 있다. 헤겔의 『법철학』에서 개진된 입장과 마찬가지로 라살레 또한 시민사회가 국가 아래에 포섭되어 더 큰 사회·정치적·정신적 전체를 이루게 된다고 믿었다. 따라서 결정적인 목표는 국가의 성격을 전환시키는 것이며, 이를 통해 사회를 완성하는 것이었다. 노동자들의 상태를 근본적으로 개선하는 일은 슐체 폰 델리치Schulze von Delitzsch와 같은 자유주의자들이 주장하는 것처럼 자립과 자조自助를 실천한다고 되는 것도 아니며, 심지어 노동조합이라는 기관을 통해 이루어지는 것도 아니라고 한다. 근본적인 개선의 방법은 오로지 보편적 선거권에 기초하여 변형된 국가, 따라서 국가의 도움을 얻는 협동적 생산으로 시장의 변덕을 대체해 버릴 수 있는 국가의 활동을 통해서만 가능하다는 것이었다.

카를과 라살레의 차이점들이 어느 정도나 되는지는 1862년 7월 라살레가 마르크스 가족과 함께 지내게 되면서 비로소 분명해졌다. 어떤 수준에서 보자면 라살레의 강령은 1848년에 존재했었던 급진적 사회민주주의의 요약판을 대표하는 것이었다. 카를이 훗날 회고하듯이, 그의 강령은 국가가 생산자 연합체를 도와야 한다는 프랑스인 뷔셰Buchez의 요구(이는 1834년으로 거슬러 올라간다)를 모든 남성에게 선거권을 주어야 한다는 차티스트의 요구와 결합시킨 것이었다. 하지만 이는 그러한 강령이 프로이센이라는 상황에서 어떤 특별한 의미를 갖는지를 무시하고 있었다. 카를이 지적하고 있듯이, 라살레는 자기의 강령이 '현실적임'을 강조하는 바람에 그 '국가'가 '프로이센 국가'가 되어 버리고 있었던 것이다. 카를에 따르면, 그는 라살레에게 '**프로이센** 국가가 직접 **사회주의적** 개입을 행한다는 것은 어불성설'임을 '증명'했다고 한다.[50] 훗날 카를이 요한 밥티스트 폰 슈바이처Johann Baptist von Schweitzer에게 쓴 편지에서 말하고 있듯이, 이는 곧 라살레가 프로이센 왕정, 프로이센 반동 세력('봉건당'), 심지어 '성직자들'에게까지도 여러 가지를 양보할 수밖에 없을 것임을 뜻하는 것이었다.[51] 카를에 따르면, "라살레는 1862년 런던에 왔을 때 나에게 자기와 함께 이 새로운 운동의 수장 자리에 앉아야 한다고 요구했다. 그때 나는 이 모든 사실을 그에게서 예견했다." 하지만 카를이 자신의 추종자들 중 한 사람인 쿠겔만 박사에게 말했던 것처럼, "그가 런던에서 (1862년 끝 무렵) 나와 **함께** 그의 게임을 할 수 없음을 확신하게 되자 그 즉시 그는 나와 우리의 옛 당과 **맞서서** 스스로를 노동자들의 독재자로 세우기로 결심했다네."[52]

라살레가 주도하여 시작된 운동으로 마침내 1863년 5월 노동자들의 독자 정당인 일반 독일노동자협회ADAV: Allgemeiner Deutscher Arbeiterverein가 생겨났다. 카를과 엥겔스는 자신들의 1848년의 입장을 되풀이했다. 엥겔스는 「프로이센의 군사 문제」라는 에세이에서 지금 헌법을 놓고 비스마르크가 주도하고 있는 자유주의자들과 정부 사이의 갈등은 귀족적인 봉건주의와 부르주아 자유주의 사이의 투쟁이 더욱 심화되어 표출된 것뿐이라고 주장했다. 따라서 ADAV는 자유주의자들을 정부에 반대하도록 더욱 밀어붙여야 하며, 봉건주의의 패배가 최종적이 된 이후에 비로소 부르주아들과 싸움을 시작해야 한다는 것이었다.[53]

하지만 라살레가 채택한 전략은 이와는 완전히 대조적인 것이었다. 이는 자유주의자들에 맞서는 전략으로, 그들이 정부에 맞서는 것을 꺼리며 또 육체 노동자들에게 투표권을 주는 것을 지지하지 않겠다고 한 것에 초점을 두고 있었다.

새로이 생겨난 노동자 정당의 으뜸가는 요구는 모든 남성에게 선거권을 부여하라는 것으로, 이는 자유주의 헌법 운동이 표방하는 여러 목적을 한 방에 무력화시키는 것이었다. 그런데 이것만이 아니었다. 이는 또한 중간계급에 맞서 노동자들과 왕권이 암묵적인 동맹을 맺는다는 상당히 불편한 가능성도 암시하는 것이었다. 카를은 라살레의 성공을 경탄, 짜증, 불신이 뒤섞인 시선으로 바라보고 있었다. 리프크네히트는 카를에게 라살레가 허영에 가득 찬 인물이므로 그에게 너무 가까이 가는 게 위험하다고 보고했다.[54] 카를도 리프크네히트의 경고에 동의했다. "당분간은 라살레가 하고 싶은 대로 하도록 완전히 내버려 두는 것이 현명한 일이지만, 우리는 어떤 점에서도 그와 동일시되는 일이 없도록 해야 하네."[55]

라살레에 대한 카를의 태도는 피해망상증과 내키지 않는 경탄의 사이를 오가는 것이었다. 하지만 1864년 9월 초 프라일리그라트가 와서 라살레가 결투에서 얻은 복막염으로 죽었다는 소식을 전했을 때 카를은 깊은 충격을 받았다. 카를이 라살레에 대해 심술궂은 이야기를 그토록 많이 했지만 그가 엥겔스에게 인정했듯이, "지난 며칠간 나는 라살레의 불행에 대한 생각을 도저히 떨쳐 버릴 수가 없었네." 그는 "우리의 적의 적이었지. … 그렇게 시끄럽고, **에너지가 넘치고, 추진력이 강한** 사람이 지금 주검이 되어 있다니 도저히 믿을 수가 없네." 그는 계속해서 자기와 라살레의 관계가 '근년에 들어와서 애매하게 된' 것을 유감스럽게 여기고 있다. 물론 '잘못은 그에게 있지만.'[56] 그가 소피 폰 하츠펠트에게 보낸 조문의 편지에서도 자신이 라살레와 멀어졌던 것을 후회하고 있으며, 그 원인을 자신의 병 때문으로 솜씨 좋게 둘러대고 있다. "이 병은 지난 1년간 계속되었고 겨우 며칠 전에 완쾌되었습니다."[57]

하지만 불신이 사라진 것은 아니었다. 라살레의 실질적인 후계자이자 『사회민주주의자Der Sozial-Demokrat』의 편집장인 요한 폰 슈바이처와 처음에는 신실한 관계를 가지고 있었다. 이 신문은 국제노동자협회에서 카를의 취임 연설과 카를이 쓴 프루동의 추도사를 게재했다. 하지만 1865년 1월 말 카를과 엥겔스는 자신들이 가지고 있었던 가장 깊은 의심이 사실로 드러났다고 확신하게 된다. 리프크네히트가 작성한 보고서는 슐레스비히-홀슈타인을 병합하려는 비스마르크의 계획을 라살레가 지지하면서 그 대가로 보편적 선거권을 도입하려고 했다는 내용을 담고 있었고, 카를은 이를 기초로 하여 다음과 같이 말했다. "이제 우리는 이지Izzy가 '라살레' 노동자 정당을 비스마르크에게 팔아먹으려고 했다는 것을 알게 되었네." 그로부터 몇 주 후 그와 엥겔스는 『사회민주주의자』에 대한 협조를 철회했고, '프로이센 정부의 왕립 사회주의'를 비난하는 서한의 초안을 작성한다.[58] 슈바이처는 이론 문제에서는 기꺼이 카를을 따르겠지만 현실 문제들에서는 카를의 지도를 받아들일 준비가 되어 있지 않다는 내용으로 답장을 보낸다.[59]

라살레와 절연하고 또 그가 갑자기 죽은 뒤에 세워진 그의 새 정당과도 절연했으니 카를의 고립감은 더 커져만 갔고, 게다가 1848년 세대가 사라지는 것을 그 스스로 느끼게 되면서 그러한 고립감은 더욱 증폭되었다. "우리 집단의 성원들은 계속해서 사라지고 있네." 카를은 탄식한다. "그리고 증원 병력은 눈에 보이지 않는군."[60]

3. 초국가주의와 1860년대의 새로운 정치

카를은 이렇게 1848년 당시 처음에 가지고 있었던 희망의 끈을 놓으려 하지 않았으므로 1860년대에 출현하고 있었던 새로운 여러 형태의 사회 정치 운동의 의미와 중요성을 처음에는 과소평가하고 있었다. 그러다가 국제노동자협회에 나가 보기로 한 직후 그는 완전히 깨닫게 된다. 10년에서 15년 동안에 걸친 정치적 고요의 세월이 끝나고 정치의 시대가 영국, 유럽, 북미에서 다시 돌아오고 있을 뿐만 아니라 그 성격과 야심 또한 1848년의 그것과는 크게 다르다는 것이었다.

1860년대에 나타난 새로운 정치적 분위기가 가장 두드러지게 구현된 형태는 유럽의 앙시앙 레짐 강대국들, 특히 러시아와 오스트리아에 맞서서 자유와 독립을 얻어 내려는 피억압 민족들의 투쟁에 대한 광범위하고도 열성적인 지지였다. 이러한 헌신적인 초국가적 공화주의라는 운동과 그 명분은 19세기 초까지 거슬러 올라가는 것으로 희생과 영웅적 기풍의 사상에 영감을 받은 것이며, 카를의 '인터내셔널'이라는 비전에 묘사된, 계급에 기초한 초국가주의에 대해 여전히 가장 중요한 대안적 형태로 남아 있었다.

급진파 정치의 한 측면으로서 초국가주의의 기원은 프랑스혁명과 나폴레옹전쟁 기간 동안 벌어졌던 유럽 국가 시스템의 변형으로 거슬러 올라간다. 여기에서 나폴레옹이 혁명의 약속을 온 유럽에 퍼뜨렸던 방식이 대단히 중요한 역할을 했다. 그 결과 이제 국가란 더는 이런저런 왕조의 소유물이 아니라, 현실에 존재하거나 혹은 잠재적인 형태로 존재하는 여러 민족의 것으로서 상상되기 시작했다. 이러한 초국가적인 이상을 온 유럽에 전달한 것은 나폴레옹의 군대였으니, 자유롭고 민주적인 국민의 구현체로서 공화국을 창설하는 것이야말로 모든 민족의 운명이라는 이상이었다. 스탈 부인✤의 말대로 나폴레옹은 '말 위에 올라탄 로베스피에르'였던 셈이다.

1818년 이후에도 이러한 공화주의의 기풍은 그 힘을 유지하고 있었고, 이는 비엔나 회의로 반동 체제가 복구된 유럽과 그것을 떠받치는 이른바 신성동맹에 맞서서 일어났던 무수한 반란과 음모 시도에서 분명히 드러났다. 남미에

✤ 스탈 부인Madame de Staël은 스위스 출신으로 프랑스혁명과 나폴레옹전쟁, 그리고 왕정복고 기간 전체에서 낭만파 문인으로 당대의 중요한 관찰과 비평을 남겼다. 그녀의 살롱은 유럽 최고의 지식인들과 예술가들로 붐볐으며, 생시몽의 청혼을 받기도 했다(거절했다).

서는 스페인의 통치에 맞선 반란이 일어나 여러 공화국이 형성되었던 반면, 그리스는 오스만제국으로부터의 독립 전쟁을 시작하여 1832년에 승리를 거둔다. 1820년대에도 스페인, 나폴리 왕국의 법통파✤ 왕정들, 그리고 피에드몽과 러시아 등에서의 왕정 등을 전복시키고자 하는 여러 시도가 있었다. 프랑스와 이탈리아에서는 여러 부르봉 왕가와 비엔나 체제를 전복하는 데 헌신하기로 결의한 비밀 결사인 카르보나리Carbonari가 무수한 음모와 반란을 획책하고 있었다. 그중 가장 유명한 1822년의 '라 로셸의 네 하사관' 음모는 젊은 오귀스트 블랑키의 마음에 깊은 감동을 주어 그의 남은 생애 전체를 혁명 투쟁에 바치도록 만든다.[61)]

이 초기의 여러 음모와 반란에서 지도자 역할을 맡았던 이들 중 많은 숫자가 나폴레옹의 대육군Grande Armée 출신의 군인들이었다. 이는 프랑스와 스페인뿐만 아니라 폴란드에서도 마찬가지여서 1830년 11월에 일어난 폴란드 봉기를 지도했던 것도 바로 나폴레옹 군대 출신의 인물들이었다. 비록 모두 실패했지만 이렇게 수많은 음모와 봉기가 쌓이고 쌓이면서 갈수록 많은 활동가들이 모국을 떠나 망명할 수밖에 없었다. 정치적 망명객들의 숫자는 산더미처럼 불어나기 시작했다. 이들은 주로 다른 나라의 수도에 정착하여 안정된 일자리 없이 간신히 생계를 꾸려 가는 게 보통이었고, 아주 불안정하고 일촉즉발의 행태를 보이는 집단을 형성했으며, 그중 다수는 어디에서든 전투가 벌어지기만 하면 곧바로 공화국 만세를 외치며 싸움에 뛰어들 의사가 있었다. 1830년 프랑스 7월 혁명이 벌어졌을 당시 파리의 정치적 난민들의 숫자는 5000명이 넘었던 것으로 추산되었다. 독일의 수동성을 비판하던 급진파 루트비히 뵈르네는 혁명 직후 파리에 도착했을 때 "영국인들, 네덜란드에서 온 이들, 스페인인들, 포르투갈인들, 인도인들, 폴란드인들, 그리스인들, 미국인들, 심지어 흑인들까지 있었고, 딱 하

✤ 법통파Legitimist는 부르봉 왕정의 법통을 주장하며 복고를 꾀하는 집단이다. 스페인과 나폴리 왕국의 왕은 혁명 이전 부르봉 왕가였다. 피에드몽은 사보이 가문이며 러시아는 로마노프 왕가이다.

나 빠진 나라 사람들은 독일인들이었다"고 말하고 있다. 그에 따르면 이 다양한 국적의 사람들 모두가 "프랑스의 자유를 위해 싸우고 있었다. 이는 모든 민족의 자유임이 분명하기 때문이다."[62] 1830년 벨기에 공화국을 수립하는 싸움에 참여했던 고드프루아 카베크Godefroi Cavaignac가 자신의 '신성한 부대Sacred Battalion'를 구성할 수 있었던 것도 이러한 활동가들이 있었기 때문이었다.

1820년대만 해도 아직 상당히 다듬어지지 않은 초기 상태에 있었던 공화주의는 1830년대 이후 20년을 거치면서 마치니와 여러 다른 이들에 의해 새로운 모습으로 개조되어 자유로운 공화국들로 구성된 단일의 유럽을 확립할 것을 목표로 삼는 다양한 형태의 초국가주의로 변모한다. 마치니의 경우 공화국을 건설하기 위한 투쟁은 '여러 민족들로 이루어진 하나의 신성 동맹'을 지향하는 신의 섭리를 대표하는 운동이라고 상상되었다.[63] 방점은 주의주의主意主義, voluntarism✤에 있었다. '인간의 의무'✤✤를 신성시했던 마치니의 생각을 공유하지 않는 이들이라고 해도 공화국의 달성은 의지에서 나온 행동과 결부되었다. 마치니가 천명했던 목적은 '사상이 아니라 행동을' 조직하는 것이었다. 그리고 다시 행동은 미덕virtue의 능동적 실천과 동일한 것으로 여겨졌다. 마치니가 조직한 '청년 이탈리아'의 회원들 한 사람 한 사람이 행했던 서약에 따르면, '미덕의 본질은 행동과 희생에 있다.'[64]

1848년이 되면 공화주의에 대한 열광이 파리에 거주하는 가지가지의 정치 망명객들과 이주 노동자들로 구성된 7000명 정도의 독일인들에게도 확산된다. 이 집단에서 한때 카를의 친구였으며 공화주의자 시인인 게오르크 헤르베크가 자원자들로 군단을 구성했지만 그 조직은 형편없었다. 이 군단은 스트

✤ 객관적인 법칙과 필연이 아니라 주체의 의지를 세계의 실체라고 보는 존재론적 입장. 이탈리아에서 이러한 전통은 이후 정도는 차이가 있어도 스파벤타, 그람시, 라브리올라, 소렐 등을 거쳐 파시즘 사상 운동으로까지 연결되기도 한다.

✤✤ 마치니의 저서 제목이기도 하다.

라스부르에서 라인강을 건서 바덴의 봉기에 합류하여 독일 공화국을 선포할 예정이었다. 하지만 카를이 당시에 이미 경고한 바 있듯이, 이 출정은 완전히 재앙이었고 군단은 4월 말 뷔르템베르크 군대와 처음 조우하자마자 산산이 흩어져 버렸다.[65)]

하지만 독일 안에서는 1848년에도 공화주의의 영향이 거의 없었다.[66)] 공화국의 혁명적 이미지는 오히려 폴란드인, 헝가리인, 이탈리아인 들과 결부되었다. 가장 인상적인 예는 1849년 2월 교황 피우스 9세가 로마에서 도망친 뒤에 선포된 로마 공화국이었다. 이는 마치니를 포함한 '삼두정치'에 의해 다스려졌지만, 곧 교황의 호소에 호응한 유럽의 여러 가톨릭 강대국들의 공격을 받게 된다. 북쪽에서는 오스트리아 군대가 쳐들어왔고 남쪽에서는 나폴리 왕국의 군대가 쳐들어왔다. 가장 충격적이었던 것은 자매 공화국으로 여겼던 프랑스에서도 군대가 공격해 들어왔다는 것이었다. 로마 공화국은 이탈리아와 여러 다른 곳에서 모인 많은 자원자에 의해 지지되었고, 가리발디가 조직한 저항군이 처절하게 싸웠지만 결국 프랑스 군대에 의해 무너지고 만다.

1850년대가 되어도 가리발디는 초국가적 영웅으로서의 이력을 계속 쌓아 간다. 한동안 선장으로 바다를 항해하다가(그중에는 1854년의 유명한 타인사이드 방문도 있었다)✤ 1859년에는 다시 제2차 이탈리아 독립 전쟁에 참가한다. 1860년 4월에는 메시나와 팔레르모에서 봉기가 있었다. 가리발디와 그의 '1000인' 자원병들은 시칠리아에 상륙했고, 수많은 고된 전투를 겪은 끝에 나폴리와 시칠리아를 새로운 이탈리아 왕국에 통합시키는 데 성공한다. 비록 그는 피에드몽 왕국이 이탈리아 통일의 중심이 될 수밖에 없다고 인정함으로써 자신의 공화주의적 이상으로부터 후퇴할 수밖에 없었지만, 그는 여러 면에서 19세기 초기에 발전된

✤ 가리발디는 1848년 로마 공화국의 반란군 사령관으로 싸우다가 패배한 뒤 뉴욕으로 도망친다. 다시 유럽으로 돌아가면서 여러 나라를 순방하며 이탈리아 공화주의 혁명을 선전하는데, 영국의 타인강 어귀를 방문했다고 본인도, 누구도 예상하지 못했던 열정적인 군중들의 환대를 받는다.

공화주의의 초국가적이며 영웅적인 이상을 체현하고 있는 인물이었다. 그는 이탈리아와 남미에서 싸웠을 뿐만 아니라 10년 후에는 보불전쟁에서 보나파르트가 패배한 이후 프랑스 공화국을 위해 보즈Vosges에서 비정규 게릴라francs-tireurs 군대와 함께 프로이센에 맞서 싸우기도 했다.✣ 그가 『자서전』에 썼듯이, "자기 자신의 조국을 지키기 위해 혹은 남의 나라를 공격하기 위해 싸우는 사람은 군인에 불과하다. 전자의 면에서 보자면 숭고한 존재이지만 후자의 면에서 보면 정의롭지 못한 자이다. 하지만… 스스로를 세계시민으로 만들어 폭정에 저항하여 싸우는 인민들 누구에게든 자신의 칼과 피를 기꺼이 내놓는 이는 군인 이상의 존재다. 그는 영웅이다."67)

영국에서는 가리발디의 '1000인' 부대의 영웅적 위업이 대중들의 상상력을 사로잡았고, 1863년 이후에는 유럽과 더 넓은 바깥 세계의 정치적 사건들에 대한 관심과 흥분이 전례 없는 수준에 도달했다. 카를은 자신이 생각하는 방향의 혁명으로 나아가는 것이 아니라면 민족 투쟁이든 초국가적 투쟁이든 의심쩍은, 심지어 적대적인 태도를 유지했다. 폴란드와 아일랜드에서의 반란은 러시아와 영국의 안정성을 흔들 수 있다고 여겨 관심을 두었지만 이탈리아, 스페인, 다른 슬라브 지역에서의 공화주의 봉기에 대해서는 부정적이었고 관심도 두지 않았다. 특히 슬라브 지역의 경우 탈옥한 시베리아 정치범 미하일 바쿠닌이 이끄는 1860년대의 운동에 대해서는 아주 냉소적이었다.

✣ 가리발디는 비단 이탈리아뿐만 아니라 유럽의 모든 피억압 민족들의 무장 투쟁의 연합체를 만들어 이를 전체적으로 지지하여 유럽에서의 볼리바르와 같은 역할을 하고 있었다. 1860년대 말 이탈리아는 프로이센과 동맹 관계를 맺어 함께 오스트리아를 몰아냈고, 프랑스 보나파르트 체제에 대해서는 공동으로 적대 관계에 있었기에 보불전쟁 당시에도 프로이센 편이었다. 하지만 제3공화국이 프랑스에 성립하고 비스마르크가 프랑스에 알자스를 요구하면서 이러한 이탈리아의 여론에 큰 변화가 생겼으며, 특히 가리발디는 그 즉시 공화국을 사수해야 한다고 외치면서 프랑스 정부에 자신도 공화국 사수를 위해 싸우겠다고 서신을 보낸다. 이후 보즈에 도착한 가리발디는 프랑스군의 냉대 속에서 자기 스스로 자원병들을 모아 1만 명이 넘는 군대를 조직한다. '프랑 티뢰르', 즉 '자유로운 포수들free shooters'은 보불전쟁 기간 동안 형성된 민간인들의 자발적인 게릴라 부대이다.

하지만 이러한 불신은 대중들의 정서와는 전혀 다른 것이었다. 1848년의 귀결로, 그리고 마치니나 코쉬트와 같은 피억압 민족들의 망명 지도자들이 런던에 있게 되면서 공화주의자들, 민주주의자들, 사회주의자들, 심지어 많은 자유주의자들까지 급진주의와 초국가주의는 동일한 것이라고 여기게 되었다.[68] 1864년 봄 리소르지멘토의 영웅인 가리발디가 런던을 방문하자 50만 명을 헤아리는 인파가 그를 맞아 거리로 쏟아져 나왔으며, 노동조합은 거대한 행렬을 만들어 그를 런던 중심인 시티City까지 호위했다. 이러한 가리발디에 대한 열렬한 호응이야말로 전반적으로 정치에 대한 관심이 크게 늘어난 것, 그리고 종속된 민족들에 대한 연대의 감정이 표출된 예였다. 가리발디는 단순히 한 나라의 민족 지도자로서뿐만 아니라 '인민의 사람'으로서 높이 받들어진 것이었으며, 이러한 지지는 곧 영국의 '귀족 정부'가 가리발디의 영국 지방 순회를 가로막기 위해 음모를 꾸미고 있다는 것이 분명해지자 강력한 항의 운동으로 돌변하게 된다.[69] 이 운동이 계기가 되어 선거권을 개혁하자는 운동이 촉발되었고, 이는 1865년의 '개혁 연맹Reform League'의 설립과 함께 최고의 힘을 모으는 운동이 된다.

1863년에는 또한 그해 초 미국의 링컨 대통령이 노예제 폐지를 선언하면서 이에 대한 대응으로 진보적인 정서가 크게 일어나게 된다.[70] 영국 내에서는 관료들, 귀족들, 재계 인물들로 구성된 소집단들 내부에서 노예제를 고집하는 미국의 남부 연합Southern Confederacy을 지원하려는 음모가 진행 중이라는 의혹이 팽배해 있었고, 이에 대한 대응으로 존 브라이트를 지도자로 하여 민주주의를 받드는 미국 북부군을 지원하자는 운동이 형성되었다. 이 운동에서도 노동조합 지도자들은 가리발디를 환영하는 운동에서와 마찬가지로 두드러진 역할을 맡았다. 나중에 카를은 이렇게 주장한다. "파머스턴은 **미국에 전쟁**을 선포하기 직전이었지만, 세인트제임스 강당St James's Hall에서 브라이트가 주재하여 열린 '괴물같이 거대한 집회가 그것을 막았다'"라고. 마르크스 가족 중에서는 막내딸인 열 살짜리 엘리노어가 링컨에게 편지를 보냈고, 그녀를 스스로 링컨의 정치 자

문으로 임명하기도 했다.[71]

1863년의 처음 몇 달 동안 러시아 통치에 반대하는 폴란드인들의 봉기가 일어났고, 이를 통해 1848년 이전 '민주주의 형제회'의 선언과 1830년의 반란에서 이미 뚜렷하게 사람들에게 알려진 폴란드의 처지에 대해 새로운 관심이 살아나게 되었다. 폴란드에서의 반란은 리소르지멘토 운동의 대중적 인기와 링컨에 대한 열광과 결합되어 영국에서나 프랑스에서나 정치적으로 활동적인 노동자들과 중간계급 급진주의자들의 초국가적 관심을 더욱 강화시켰다.

본래 프랑스 정부는 1862년 런던에서 열리는 국제 박람회에 프랑스 노동자들이 방문하는 것을 전혀 위험한 것으로 보지 않고 공식적으로 지원까지 하고 있었다. 그런데 폴란드에서 여러 사건의 결과로 이들의 방문이 전혀 예상치 못한 종류의 결실을 내게 된다. 프랑스 대표단이 도착하자 이들은 협동조합 운동과 연결된 신문인 『노동하는 사람Working Man』의 편집 위원회에 의해 다과회에 초대받게 된다. 이 모임 또한 섀프츠베리와 파머스턴의 후원으로 열린 것으로, 문화와 우애를 나눈다는 관심 이외에는 어떤 의도도 없었다. 하지만 그 후원자들은 전혀 모르는 사이에 이 모임에 급진파 프랑스 노동자들과 정치 망명객들인 톨랭Tolain, 프리부르Fribourg, 탈랑디에Talandier, 보케Bocquet 등이 참여하고 있었다. 이들은 모두 나중에 만들어지는 제1인터내셔널에서 활동적으로 참여하는 인물들이 된다. 마찬가지로 영국 쪽에서도 해리스G. E. Harris, 찰스 머레이Charles Murray, 브론테르 오브라이언Bronterre O'Brien의 차티스트-여성주의 정치의 추종자들까지 참가하고 있었다. 모임 중에 프랑스 망명객의 한 사람인 보케가 '프랑스 노동자들과 여러 아이디어와 사상을 교류하는 목적으로 런던에 통신 위원회를 둘 것'을 제안했다.[72] 1862년의 시점으로만 보자면, 이러한 제안에서 무슨 정치적인 성격을 띤 결과물 같은 것이 나올 것이라고는 전혀 생각할 이유가 없었다.

하지만 이러한 위원회의 의미는 1863년 들어 폴란드에서 차르 통치에 저항하는 반란이 벌어지자 완전히 변화하게 된다. 영국 노동자들과 프랑스 노동자들 사이에 교신이 이루어진 뒤 폴란드인들을 지지하는 대중 집회가 7월 22일 세인트제임스 강당에서 열리게 된다. 여기에는 '파리 노동자들의 폴란드 위원회Paris Working Men's Polish Committee'에서 다섯 명의 대표자들이 참석한다. 그다음 날 영국 및 프랑스 노동자들은 벨 여관Bell Inn에서 모여 폴란드를 위해 공동 행동을 시작하기로 합의한다. 8월 5일 이는 드디어 '폴란드 독립을 위한 전국 연맹Naitonal League for the Independence of Poland'의 설립을 낳게 되었고, 여기에서 '런던 노동조합 위원회London Trades Council'의 의장인 조지 오저George Odger가 초안을 잡은 연설이 프랑스 노동자들에게 행해진다. 이 연설은 '프랑스, 이탈리아, 독일, 폴란드, 영국, 그리고 인류의 공동선을 위해 협조하고자 하는 의지가 있는 모든 나라로부터 대표자들이 함께 모일 것'을 요구하고 있었다.

이 '전국 연맹'은 정치적으로 활동적인 노동자들의 독자적 운동이 다시 출현하는 데 중요한 계기를 나타낸다. 그 선전 활동의 일환으로 런던의 타워 햄릿 지구의 노동자들은 대표단을 파견하여 파머스턴과 만나 그에게 폴란드의 '억압된 민족'을 지지하기 위해, 필요하다면 러시아와 맞서 전쟁을 벌여야 한다고 촉구했다. 이와 비슷하게 7월 회의에서 조지 오저는 "만약 이 문제에서 정부가 움직이지 않는다면, 이 나라의 노동자들이 모두 일어서서 그들로 하여금 적극적인 역할을 맡으라고 촉구해야만 합니다."73) '전국 연맹'은 예전의 차티스트운동가들, 노조 지도자들, 또 존 스튜어트 밀과 프레더릭 해리슨 등의 중간계급 급진파 활동가들의 지지에 의지했다.

초국가적 협조라는 주제는 1864년 4월 '잉글랜드 노동자 가리발디 위원회English Working Men's Garibaldi Committee'의 회합에서 다시 제기되었다. 이 조직의 성원들은 '전국 연맹'과 중첩되었고, 또한 프랑스 노동자들의 대표단도 포함되어 있었다. 여기에서 '유럽 대륙과 잉글랜드의 노동자들'이 런던에서 회합을 갖자는 제안이 나왔으며, 이는 8월 27일 '런던 노동조합 협의회London Trades Council'의 신문인 『벌통Beehive』은 9월 28일 국제적 회합이 열릴 것이라고 공표한다. 이는 이후 '국제노동자협회'가 되는 최초의 회합이었다. 9월 19일경 카를 또한 이 회합에 독일 대표의 한 사람으로 참여하도록 초청받는다. 그는 또한 독일 노동자 한 사람을 골라 달라고 부탁을 받아 자신의 오랜 동맹자이며 옛날 '공산주의자 동맹'의 회원이었던 양복공 요한 게오르크 에카리우스를 추천한다.

롱 에이커Long Acre에 있는 세인트마틴 강당St Martin's Hall에서는 예정대로 집회가 열렸고 수많은 사람이 운집했다. 여기에는 판화가인 앙리 톨랭Henri Tolain이 이끄는 파리에서의 대표단도 참석했다. 카를은 전체 평의회의 한 사람으로 선출되었다. 하지만 건강 문제 때문이었는지, 아니면 자기 작업에 골몰하고 있었던 때문인지 카를이 이 '국제노동자협회'의 잠재적 중요성을 충분히 이해하는 데는 몇 주가 걸렸다. 그는 전체 평의회의 한 사람으로 선출되었을 뿐만 아니라 '원칙 선언문'과 임시 내규의 초안을 작성하는 하부 위원회에도 임명된 상태였지만, 그는 그다음에 열린 전체 평의회에도 나갈 수 없었고 하부 위원회의 처음 두 모임도 빠졌다. 에카리우스가 그에게 리비우스의 고전을 인용하여 그러한 행동은 '늑장 부리면 위험이 온다periculum in mora는 경우'라고 경고하면서 빨리 회의에 나오라고 촉구한 뒤에야 카를은 하부 위원회에 나타난다.

하지만 11월 초 그가 엥겔스에게 보낸 편지를 보면 그동안 일어났던 일들에 대해 열성적으로 이야기하고 있다. 9월 28일의 회합은 **'꽉 찼다'**고 한다. 카를에 따르면, 이는 '이제 분명히 노동계급의 부활이 벌어지고 있음이 명백하다'는 지표라는 것이다. 그는 또 계속해서 말하고 있다. "이를 계기로 '정말로 중요한 사람들'이 런던과 파리 모두에서 나타나고 있다는 것을 알게 되었네. 그래서 나는 보통 그런 **초청들은 무조건 거절한다**를 원칙으로 준수하지만, 이번에는 그것을 철회하기로 결정했네."74)

4. 노동조합 그리고 '국제노동자협회'

이 '정말로 중요한 사람들'이란 노동조합 활동가들이었다. '국제노동자협회'가 '민주주의 형제회'와 같은 그전의 국제적 협회들과 다른 점은 런던의 가장 중요한 노동조합들trade societies의 지도자들이 참여하여 출석했다는 것이다. 1860년대 런던에 제1인터내셔널이 자리 잡았던 것은 그 정치 망명객들의 거주지가 런던에 집중되어 있었기 때문은 아니었다. 물론 그 때문에 런던이 당연한 선택지가 되었던 것은 사실이지만. 또한 이는 단순히 영국이 자유주의적인 나라로 명성이 높았던 결과도 아니었다. 이는 1850년대 말 이후 런던에서 새로운 형태의 노동조합이 급증하면서 나타난 결과였다. 이 자체 또한 1848년 이후 영국과 다른 곳에서 벌어졌던 급격한 생산 증대에 대한 대응으로 나타난 것이며, 이 새로운 런던의 노동조합들의 꿈과 야심이 갈수록 커져 갔던 것이야말로 '국제노동자협회'의 형성이 시작될 수 있었던 이유였다.

1850년과 1890년 사이에 세계의 산업 생산은 4배가 늘어났고 세계 무역량은 6배가 늘어났다.[75] 이러한 증가에서 가장 장관을 이루었던 것들은 철도, 증기선, 탄광, 공장 도시 등의 성장에서 찾아볼 수 있었다. 하지만 각국의 도시에서도 놀랄 만한 변화들이 벌어졌고 또 급속하게 팽창했다. 이는 1850년대와 1860년대의 건설 호황으로 나타났다. 마르크스 가족이 정착했던 켄티시 타운도 이러한 호황기에 나타난 신규 주택 개발 지역의 하나였다.

이 호황과 함께 소비재 생산에는 더욱더 놀라운 변화들이 나타났다. 건설뿐만 아니라 의복, 신발, 가구 등에서 1850년대에 걸쳐 모종의 기술적 혁명이 벌어졌다. 1846년의 재봉틀 발명과 1858년의 띠톱 발명, 그리고 1850년 이후의 재봉과 자르기에서 대규모 생산이 채택되면서 대규모의 기성복 산업이 크게 일어나는 기초가 마련되었다. 1857년에는 또한 신발의 바느질에도 재봉틀이 사용되면서 그전처럼 손으로 바느질을 하는 바람에 어쩔 수 없이 생겨나던 병목이 제거되었다. 이와 동시에 1840년대 끝 무렵부터는 제재소에서도 증기력을 사용하는 기계들을 도입하여 가구 생산의 속도가 엄청나게 올라가게 된다. 건설업에서도 기계화된 벽돌 제작, 자동적 자물쇠 제작, 그 밖의 다른 여러 혁신들이 나타나면서 생산의 속도가 비약적으로 올라가게 된다.[76)]

런던의 건설 노동자들 사이에서는 이러한 작업 속도의 변화와 그에 따른 작업에 대한 통제력 상실 때문에 생겨난 긴장이 1859년에 큰 문제가 되었다. 이 해에 런던 도심의 건설 노동자들은 노동시간을 9시간 이하로 제한할 것을 요구했다. 이에 대한 대응으로 고용주들은 노동자들이 노동조합과의 모든 관계를 끊는다는 '문서document'✤에 서명할 것을 요구했다. 건설 노동자들은 여기에 순응하기를 거부했고, 이 때문에 6개월간 작업장 폐쇄가 단행되었으며 이로 인해 직장을 잃은 석공들, 벽돌공들, 소목장小木匠, 노동자들은 2만 4000명에 달했다. 본의 아니게 파업을 하게 되어 생계가 막연해진 이들은 전국적인 차원에서 자신들에 대한 금전적 지원을 호소했고, 이에 호응하여 런던의 다른 직종의 노동조합 대표자들 또한 전국적 차원의 지원을 조직했다. 이 싸움은 결국 무승부로 끝나게 되었다. 노동자들은 1일 9시간 노동이라는 요구를 철회했고, 고용주들은 '문서'의 요구를 철회했다.

건설 노동자들이 항복하지 않고 이 작업장 폐쇄를 견딜 수 있었던 이유의 하나는 이들이 '엔지니어 전국 연합Amalgamated Society of Engineers'으로부터 받은 상당한 금전적 지원(3000파운드) 때문이었다. 이 조직은 차티스트운동이 끝난 이후의 시기에 이루어진 또 다른 새로운 성취였다. 1850년에 창설된 '엔지니어 전국 연합ASE'은 노조 운동의 새로운 형태를 구현하고 있었다. 전통적인 노동조합의

✤ 이는 단결금지법Anti-combination Act이 철폐된 이래 영국의 고용주들이 노동자들의 조직화를 막기 위해 개발한 수법으로, 고용하려는 노동자에게 자신은 노동조합에 가담한 적도 없고 앞으로도 그럴 생각이 없음을 밝히는 일종의 서약서를 받아 두는 것이다. 1832년 로버트 오언의 '전국 노동조합 총연맹Grand National Consolidated Trades Union'이 조직되던 때에도 이를 분쇄하는 것이 큰 과제였다.

관행은 규모도 작고 범위도 지역에 국한된 것이었지만, ASE는 무려 2만 1000명의 회원을 거느린 전국적 조직을 구축한 것이었다. 이는 회비와 자금을 중앙에서 조직하여 금융 조직을 가지고 있었으며, 노사 쟁의 또한 전국적 차원에서 합의된 엄격한 규칙에 따라서 수행했다. 다른 모든 런던의 노동조합 지도자들 또한 자신들의 조직을 이 엔지니어들이 개척한 노선에 따라서 개혁했다. 조지 하월George Howell은 벽돌공 협회Operative Bricklayers' Society를 다시 조직했고, 랜덜 크레머Randall Cremer와 로버트 애플가스Robert Applegarth는 목수들을 전국 단위의 '총연합' 노조로 전환시켜 그 회원 수는 1862년에서 1871년 사이에 949명에서 1만 475명으로 불어나고 지회 또한 207개가 된다. 이 '새 모델 노조'는 그 성원들에게 더 큰 혜택을 가져다줄 수 있었다. 조직의 크기로 보나 조직화의 효율성으로 보나 이들의 협상력이 그전보다 훨씬 더 크게 강화되었던 것이다.[77] 이것이 카를의 말대로 그 지도자들이 '정말로 중요한 사람들'인 이유였다.

파업의 경험을 통해 런던의 노조 지도자들은 좀 더 긴밀하게 협조가 이루어지는 새로운 형태의 노동 조직이 필요하다고 생각하게 되었다. 1860년, 런던의 노조 대표자들은 영구적 조직인 '런던 노동조합 협의회London Trades Council'를 만든다. 그 성원들은 새 세대 노조 지도자들을 포함하고 있었다. 벽돌공 조합의 조지 하월, 웨스트런던의 구두공들의 대표로 조지 오저, 목수 조합의 대표로 랜덜 크레머, 그리고 조금 후에는 로버트 애플가스까지 가세했다. 이들을 훗날 웹 부처는 '비밀 실세the Junta'라고 부르는데, 실제로 곧 미국 남북전쟁, 이탈리아 독립 운동, 폴란드 독립 운동 등의 선전에서 지도적 인물들이 된다.[78] 이들은 다른 도시에서도 노동조합 협의회의 형성을 장려했고, 1868년에는 노동의 사회적 목표들뿐만 아니라 정치적 목표들 또한 전진시킨다는 야심을 품고 '노동조합 회의Trades Union Cogress'를 설립한다. 이미 1861년의 '런던 노동조합 협의회'의 선언문에서 그 목표는 '사회적 차원과 정치적 차원 모두에 있어서, 또 의회 내의 문제와 바깥의 문제 모두에 있어서 노동의 전반적 이해를 살피는 것이며, 또한 노동

조합을 이롭게 할 가능성이 있는 것이라면 어떤 조치이든 지지하기 위해 그 영향력을 사용하는 것이다.'79)

'협의회'는 특정한 파업들에 대한 지원을 권고할 수 있으며, 공적인 이해가 걸린 문제들을 놓고 대의원 대회를 소집할 수 있고 또 성명서를 낼 수도 있었다. 1861년에서 1862년 사이의 최초의 비서는 조지 하월이었고, 그 후임은 조지 오저로, 그는 1871년까지 비서 역할을 계속했다.

'국제노동자협회'를 실질적으로 일구어 낸 것은 노동조합 지도자들이었다. 오저가 초안을 작성하고 크레머 등등이 서명한 '프랑스 노동계급에 보내는 성명서Address to the French Working Classes'가 제1인터내셔널의 창립으로 이어졌던 것이다. 이 '성명서'는 1863년 12월 5일 『벌통』에 게재되었거니와, 여기에는 다음과 같은 언명이 나온다. "노동운동의 대의를 위해서는 여러 민족 간의 형제애가 반드시 있어야 합니다. 왜냐하면 우리는 노동시간 단축이나 임금 상승으로 우리의 사회적 조건을 개선하고자 할 때마다 고용주들이 프랑스, 벨기에, 그 밖의 다른 나라 노동자들을 불러들여 우리가 하던 일을 더 싼 임금으로 시키겠다고 우리를 협박하는 소리를 듣기 때문입니다." 이는 '모든 나라의 일하는 계급들 사이에 정기적이고 체계적인 의사소통이 없기 때문으로, 이를 우리는 조속히 성립시키고자' 한다는 것이었다.80)

마찬가지로 '개혁 연맹Reform League'의 전신이라 할 '보편적 성인 남성 선거권과 무기명 투표 협회Manhood Suffrate and Vote by Ballot Association'의 창설로 이어졌던 것도 조지 오저가 노동자들의 참정권 운동을 벌일 것을 호소하는 내용의 공개 서한을 노동조합 활동가들에게 보낸 것이 시발점이 되었다.

'국제노동자협회'의 창설자들은 정치적 목적과 경제적 목적 사이에 날카로운 구별을 두지 않았다. 이들은 다른 급진파들과 똑같이 초국가적 공화주의 운동에 감화를 받았다. 그리하여 이들의 '최초의 집단 행동'은 '폴란드의 해방을 위한' 것이었다. 하월은 가리발디를 '우상'으로 여겼으며, 1860년대 초 하월과 크레머 모두 마치니의 친구들이었다. 제1인터내셔널의 창립 집회에서 오저가 했던 말들은 노동운동만큼이나 마치니 운동의 색조를 띠고 있다. 노동자들은 도덕과 정의에 기초한 외교 정책을 요구하는 운동을 주도해야 하며, 오스트리아와 러시아에 맞서서 이탈리아, 헝가리, 폴란드 등 종속당한 민족들의 동맹을 이끌어야 한다는 것이었다.[81] 또 국내적으로는 '인민 다수 대중의 참정권 부여가 영국 지부의 첫 번째 목표'라고 한다. 그리고 이 목표는 실제로 1867년의 선거법 개혁법안으로 달성되었다.[82]

경제 영역에서도 '협회'의 목적은 마찬가지로 아주 원대한 것이었다. 당시 영국과 유럽 대륙 사이에 상업이 팽창했을 뿐만 아니라 교통도 갈수록 편리해졌으므로 고용주들은 영국 노동자들이 파업을 벌일 때에는 그 대체 인력으로서 유럽의 노동자들을 데려다가 써먹는 새로운 현상을 보여 주었다.[83] 하지만 '협회'의 목적은 단순히 이러한 고용주들의 행태와 싸우는 것만을 목표로 하는 게 아니었다. 노동조합 지도자들은 이러한 현상을 영국과 유럽의 노동 조건 사이에 더 근본적인 불일치로 인해 나타난 증상일 뿐이라고 생각했다. 따라서 영국 노동조합 지도자들이 생각했던 바의 '국제노동자협회'의 근본적인 목적은 영국에서 달성된 사회 입법의 각종 혜택들(노동시간 제한, 청소년 노동의 제한 등)뿐만 아니라 자신들의 새로운 '전국 산별amalgamated' 노조의 새로운 성과물들을 유럽과 전 세계의 다른 모든 나라에 수출하고자 함이었다.[84]

'국제노동자협회'는 여러 이질적인 조직들이 모여 있었을 뿐만 아니라 이념적으로도 전혀 통일되어 있지 않았다. 이를 다스리는 것은 전체 평의회였으며 그중 대다수인 34명 중 27명이 영국인이었다.[85] 반대로 영국을 제외하면 다른 모든 나라의 지부들은 전체 평의회에 대표를 두고 있었으니, 카를과 에카리우스는 독일을 대표하고 있었다. '협회'는 1864년 11월 '개최 성명서Inaugural Address'와 '임시 규칙'을 발표했다. 그 전체적 목적은 형제애의 증진과 전쟁의 종식이었다.[86] 하지만 '협회'는 처음에도 그랬고 나중에도 대단히 취약한 기구였다. 당시에 돌았던 소문과는 달리 '국제노동자협회'는 사실상 아무런 재원도 없었고 한때는 집세를 내지 못해서 사무실이 쫓겨난 적도 있었다. 게다가 거기에 가맹으로 참가한 회원들도 그저 이름만 올려놓은 경우가 많았다. 조지 하월에 따르면, "이 '가맹affiliation'이라는, 즉 어떤 단체나 협회에 가입한다는 시스템 전체가 모종의 형식적 결의에 의해 일정한 무정형의 명제들에 대해 모호하게 합의하는 것에 불과했다. 그 으뜸가는 목적은 모든 나라의 노동자들을 다 품어야 한다는 절박한 연대의 필요였다." 따라서 전체 평의회가 1만 8000의 가입 단위들을 획득했지만 영국 내에서 실제로 회비를 내는 회원들은 500을 넘지 않았다는 보고가 있다. 프랑스, 벨기에, 스위스 등에도 가입 단위들이 있었지만, '어떤 나라에서도 그 숫자는 대단하지 않았다.'[87] 전체 평의회는 소호에 있는 그릭 스트리트Greek Street에서 매주 모였고, 그 주된 업무는 개인이든 결사체이든 새로이 가맹을 신청한 지회들을 승인하는 것이었다. 다른 하나의 업무는 정책 문제들에 대한 표결이 행해지는 연례 총회를 준비하는 것이었다. 카를은 총회 때마다 그 의제를 준비하는 데 중심적 역할을 맡았지만 본인이 직접 총회에 참석한 것은 1872년의 헤이그 총회뿐이었다.

1865년 9월 런던에서 있었던 준비 모임에서 정해진 임무는 1866년 9월 제네바에서 열리게 된 첫 번째 총회의 의제를 정하는 것이었다. 여기에서 제기된 주된 이슈는 폴란드 문제였고, 이는 제네바에서도 마찬가지였다. 프랑스인들과 벨기에인들은 폴란드 문제를 '경제' 회의에서 논의하는 것은 옳지 않다고 생각했으며, 러시아의 폭정을 특별히 비난하는 것에도 크게 기뻐하지 않았다. 굳이 결의를 채택할 필요가 있다면 이는 모든 종류의 폭정 일반에 대해 행해져야 한다는 것이었다. 이 문제는 타협적 수정안이 나오면서 해결되었다.

자연스러운 일이지만, 제네바 총회 때에 모인 60명의 대표자들은 주로 프랑스와 스위스에서 온 이들이었다. 그래도 프랑스 대표들 일부가 국가의 개입에 반대했지만 총회는 영국 노동조합 활동가들의 목적과 부합하는 여러 결의를 통과시켰고, 특히 8시간 노동제의 요구와 청소년 노동에 대한 제한 등이 주목할 만했다. 톨랭이 대변했던 프랑스 대표들의 요구는 총회에 참여하는 대표자들은 오로지 노동자들로만 제한되어야 한다는 것이었지만, 영국 노동조합 활동가 랜덜 크레머는 여기에 반대했다. 하지만 여성 노동의 금지를 권고하는 동의는 채택되었다.

1867년 9월, 두 번째 총회가 로잔에서 열렸다. 그 전해와 마찬가지로 프랑스 정부의 집요한 방해가 있었음에도 여기에서도 프랑스 쪽의 대표자들이 대거 참석했다. 영국 쪽의 전체 평의회 성원들은 선거법 개혁 법안 운동에 정신을 쏟고 있었고, 카를은 『자본론』의 출간에 골몰하고 있는 상태였다. 영국에서의 선거법 개혁 투쟁과 유럽 여러 나라에서의 두드러진 일련의 파업 투쟁들(파리에서 청동 노동자들, 제네바의 건설 노동자들, 바젤의 비단 제조 노동자들)이 결합되면서 노동계급의 열망에 대한 국제적인 관심이 갈수록 높아지고 있었다. 로잔 총회의 진행 사항들은 『더 타임스』지에 보도되었고, 유럽의 다른 개체들도 이 보도에 기초하여 다시 기사를 게재했다. 『더 타임스』지의 사설은 이렇게 말하기도 했다. "만약 영국인들과 외국인들이 함께 힘을 뭉칠 수 있다고 한다면 완전히 새로운 세계가 오는 것이라고 우리는 믿는다." 33개의 노동조합이 추가적으로 제1인터내셔널✤에 가입했고, 1868년 봄이 되면서 그 숫자가 120개에 달한다.

로잔 총회에서 지배적으로 논의된 문제는 두 가지였다. 첫째는 사회적 소유권이라는 문제였다. 벨기에 대표자들은 교육과 철도의 소유권을 국가 책임으로 하자는 제안을 내놓았지만, 프랑스인들의 반대에 부딪혀 수정을 거치게 되었다. 또한 프랑스 대표자들과 벨기에 대표자들은 토지 소유권의 문제에 대해서

✤ '국제노동자협회'는 '인터내셔널'이라는 이름으로 불릴 때가 많았다. 1889년 독일과 프랑스 노동자들이 중심이 되어 마르크스주의적인 내용으로 일치를 보았던 제2인터내셔널과 1922년 레닌과 볼셰비키의 주도로 제2인터내셔널과 단절한 공산주의자들의 '코민테른'인 제3인터내셔널 등과 구별하여 원문에서 '인터내셔널'을 언급할 때는 이를 '제1인터내셔널'로 옮기도록 한다.

도 농민들의 소토지 소유에 기반해야 하느냐, 아니면 사회화되어야 하느냐의 논쟁을 벌였지만, 이 문제의 결정은 다음 총회로 연기된다.

로잔 총회에서 제기된 두 번째 문제는 제1인터내셔널과 바로 인근의 제네바에서 창립 총회를 열기로 되어 있었던 '평화와 자유를 위한 연맹League of Peace and Freedom'과의 관계를 어떻게 설정할 것인가였다. '연맹'은 존 스튜어트 밀, 빅토르 위고, 주제페 가리발디, 루이 블랑, 알렉산더 헤르첸, 미하일 바쿠닌 등등의 지지를 얻고 있었다. 6000명의 지지자들이 이 회의에 참석했으며, 그 목표를 추진하고자 하는 탄원서에 유럽 전체에 걸쳐 1만 명이 서명했다. '연맹'은 로잔 총회에 참석한 대표자들이 자신들의 회의에 참석할 수 있도록 그 개최일까지 바꾸었다. 1867년 8월 13일에 열린 전체 평의회에서 카를은 이렇게 주장한 바 있다. '시간이 되는 이들이라면 가급적 많은 대표자들이 개인 자격으로 평화 회의에도 참석하는 것이 바람직'하지만, "'국제노동자협회'의 대표로서 공식적으로 참석하는 것은 온당한 일이 아닐 것입니다. '국제노동자협회'의 총회 자체도 평화 회의의 하나입니다. 여러 나라의 노동계급이 하나로 뭉친다면 결국에는 국가 간 전쟁이라는 것도 불가능해질 것이니까요."[88] 로잔 총회에 모인 대표자들의 다수는 '연맹'과의 협조에 우호적이지만, 전쟁은 정의로운 부의 분배에 기초한 새로운 사회 시스템에 의해 중지되어야 한다는 톨랭이 제안한 동의가 추가되었다. '연맹'은 이에 전혀 개의치 않았고 이러한 수정 조항을 받아들였다. 하지만 더 이상의 행동이 취해지지는 않았다.

1868년의 브뤼셀 총회에는 91명의 대표자들이 모였다. 영국에서 온 12명뿐만 아니라 스페인, 이탈리아, 독일 등에서도 대표자들이 참가했다. 벨기에 대표단도 큰 규모였으며, 총회는 벨기에 대표단의 결의로 시작되었다. 이는 제국을 확장하고자 했던 보나파르트의 멕시코 침략이 실패한 후에 그 여파로 나온 선언으로, 전쟁의 근본적 원인은 경제 시스템에서 찾아야 하며, 따라서 전쟁이란 결국 생산자들 사이에 벌어진 전쟁이므로 사실 하나의 내전이라는 것이었다. 따라서 선전포고가 벌어지는 경우 이에 대해 총파업으로 맞서야만 한다는 것이었다. 정당한 파업이라면 이를 원조할 필요가 있다는 것에는 전반적인 합의가 있었다. 노동조합을 지원해야 하는 이유는 노동조합 자체의 가치뿐만 아니라 '협동cooperation이라고 하는 더 높은 이상을 달성하기 위한 수단'이라는 것에서도 찾아야 한다는 것이었다. 또한 총회는 최근에 출간된 카를의 『자본론』에 찬사를 바쳤으며, 에카리우스가 이끌었던 기계에 대한 토론에서도 『자본론』에 나오는 카를의 분석이 사용되었다. 영국 대표단의 숫자가 늘어났음에도 '영국에서는 정치의 불안정한 상태, 옛 정당들의 해체, 다가오는 총선거 준비 등으로 우리의 가장 활동적인 성원들 다수가 다른 곳에 몰두하고 있는지라 우리의 선전 활동은 상당 정도 뒤처져 왔다'는 점이 지적되었다.89) 무상 신용과 국가 교육의 제안 등은 더 많은 토론이 필요한 것으로 돌려졌다. 토지, 철도, 광산, 삼림의 집단적 소유권을 주장하는 결의는 많은 논란이 있었지만, 찬성 9표와 반대 4표, 그리고 기권 15표라는 적은 차이로 결국 통과되었다.

프랑스-프로이센 전쟁 발발 이전의 마지막 총회는 1869년 9월의 바젤에서 개최되었다. 여기에는 78명의 대표자들이 참가했고, 그중에는 독일에서 빌헬름 리프크네히트가 이끄는 새로 창립된 아이제나흐 사회민주당Eisenach Social Democratic Party✣에서도 12명의 대표단이 참가했다. 영국에서는 선거법 개혁이 성공을 거둔 데다 노동조합의 법적 지위도 개선될 것이라는 희망적 증후들이 나타나다 보니 제1인터내셔널에 대한 관심은 계속해서 감소했고, 연례 보고서에서도 영국에 대한 언급은 거의 없다. 브뤼셀 총회에서와는 달리 바젤 총회에서는 토지에 대한 공적 소유가 강력하게 재확인되었다. 하지만 어떤 조건에서 토지가

✣ 앞에서 언급한 대로 최초의 노동자 정당은 1863년 라살레에 의해 만들어진 '전국 독일 노동자 협회'였다. 하지만 라살레와 견해를 달리하며 마르크스 및 엥겔스의 이론적 입장에 더욱 많은 영향을 받은 빌헬름 리프크네히트 등은 1869년 아이제나흐에서 사회민주노동당을 따로 창당한다. 1875년 두 당은 합당하여 독일 사회민주당을 창당한다.

보유되어야 하는가는 여전히 논쟁의 문제로 남아 있었다. 또한 영국 대표단이 지지했던 제안인 국가 감독하에 벌어지는 세속적 의무 교육 또한 여러 다른 견해가 엇갈렸다. 여기에서도 바쿠닌은 본래 생시몽이 요구했던 상속제의 폐지라는 문제를 들고 나왔지만, 3분의 2 찬성이라는 조건을 충족시키는 데에는 실패했다.[90] 그다음 해의 총회는 파리로 계획되었지만, 개회 2주 전에 나폴레옹이 프로이센에 선전포고를 하는 바람에 총회는 취소되었다.

제1인터내셔널의 역사를 다룬 최초의 저자는 런던의 유니버시티 칼리지의 실증주의자Positivist 교수인 에드워드 비즐리Edward Beesly로, 그 자신이 1864년의 제1인터내셔널 창립 회의의 의장이기도 했다. 그가 분명히 천명한 바에 따르면, '인터내셔널이 주장했던 정치적·경제적 원리들에 대한 설명'은 '그 협회가 실제로 수행했던 작업에 비하면 중요성이 거의 없다'고 한다.

제네바 총회가 있은 지 5개월 후인 1867년 2월 초, 파리의 청동 노동자 5000명이 고용주들의 직장 폐쇄에 직면한다. 이들은 제1인터내셔널의 전체 평의회에 자신들의 처지를 호소했고, 이는 다시 고용주들을 패배시키기에 충분한 지원의 약속을 낳았다. 그다음 해에도 제1인터내셔널은 다수의 파업을 지지하고 직장 폐쇄에 대한 저항을 지원했는데, 그중에서도 괄목할 만한 것은 런던의 도서 제본공들과 양복 제조공들의 파업이었다. 1868년 봄에는 제네바의 '장인 건축가들master builders'이 자신들이 고용한 노동자들이 제1인터내셔널과의 관계를 끊기를 포기한다는 이유에서 직장 폐쇄를 단행하는 일이 있었다. 하지만 이에 관련된 여러 노동조합에 대해 국제적인 지원이 이루어지는 바람에 이 장인들은 결국 자기들의 요구를 철회할 수밖에 없었고, 임금과 노동시간에 대해서도 양보를 할 수밖에 없었다. 이는 스위스에서 제1인터내셔널의 평판과 명성을 크게 확대시키게 된다. 1868~1869년에 '유럽 전역에 걸친 산업 전쟁'이 벌어졌다고 이야기된다.[91] 이 노사 갈등의 대부분은 제1인터내셔널과는 사실 무관한 것이었지만, 그럼에도 공공의 의식 속에서는 서로 긴밀한 것으로 연상될 수밖에 없었다.

1860년대 말이 되면 산업 노동자들의 쟁의 활동 또한 제1인터내셔널과 직접 연관되게 되며, 특히 노르망디 루앙 지역의 방직공 및 방적공들의 경우는 주목할 만하다.[92] 하지만 대부분의 경우 제1인터내셔널의 투쟁들은 건설 현장이나 작업장에서 벌어졌으며 숙련된 기능공들의 관심사와 연관되어 있었기에 유럽으로부터의 저렴한 노동력 수입은 규범이 될 수 없었다. 제1인터내셔널이 이 부문에서 거둔 성공의 전형적인 예는 버몬지Bermondsey의 바구니 제조공들의 경우였다.

> 1867년 런던의 바구니 제조공들이 쟁의를 벌이고 있을 당시, 버몬지의 블루 앵커 레인Blue Anchor Lane에 있는 기찻길 굴다리 아래에서 여섯 명의 벨기에 노동자들이 작업을 계속하고 있다는 정보가 입수되었다. 이들은 마치 수녀원에 납치 감금된 소녀처럼 외부와 접촉하지 못하도록 철저히 감시당하고 있었다. 전체 평의회의 성원 중 플레미시어✤를 쓰는 이 하나가 책략을 부려서 마침내 이들과 대화할 수 있는 기회를 얻어 냈다. 이들은 자신들의 근로계약이라는 게 어떤 성격의 것인지를 알게 되자 그 즉시 일을 때려치우고 고국으로 돌아가겠다고 나섰다. 이들이 배를 타고 떠나려는 찰나에 증기선 하나가 도착했는데 그 안에는 벨기에에서 신규로 공급해 오는 노동자들이 타고 있었다. 떠나려던 노동자들은 이들과 즉시 이야기를 시작했고, 이들 또한 자신들의 계약을 거부하고 고국으로 돌아가 버렸을 뿐만 아니라, 벨기에에서 더 이상 아무 노동 공급도 이루어지지 못하게 힘껏 노력하겠다고 약속까지 했다.[93]

✤ 벨기에의 언어는 프랑스어를 사용하는 남부와 플레미시어Flemish를 쓰는 북부, 독일어를 사용하는 서부로 나뉘어 있다. 플레미시어란 이 벨기에 북부 지역에서 쓰이는 네덜란드어를 말한다.

'국제노동자협회'의 경제적 영향력의 범위와 효과는 비록 제한적인 것이었지만, 그것이 가져온 충격과 유산은 그보다 훨씬 폭넓은 것이었다. '국제노동자협회'가 거둔 가장 위대한 성과는 사회민주주의라고 하는 언어를 만들어 이를 유럽과 미대륙 전체에 확산시킨 것으로, 이 언어는 새로운 언어였을 뿐만 아니라 이후로도 오랜 생명력을 지니게 되는 언어였다. '연대solidarity', '파업', '회의meeting', '노동조합trade union' 등의 용어들이 완전히 새로운 나라들도 있었고, 이 나라들에 이런 용어들이 쓰이게 된 것도 제1인터내셔널의 공로였다. 영국의 급진파들과 노동조합 활동가들은 유럽 전역에 걸쳐 전범의 모습으로 여겨졌다. 그 지도자들 중 일부는 (조지 오저, 벤저민 루크래프트Benjamin Lucraft, 조지 하월 등) 그전에 차티스트운동이라고 알려져 있었던 정치 참여의 사상을 대표하는 기수들로 여겨졌다. 튼튼히 뿌리를 내리고 기금도 잘 조성된 새로운 형태의 영국 노동조합의 상은 지역마다 파편화되어 있고 노조의 여러 권리가 인정되지도, 보호받지도 못하는 프랑스 노동조합의 상황과 크게 대조되었다.

5. 제1인터내셔널의 목적을 밝히다: '출범 선언문'

카를이 제1인터내셔널에 참여하던 당시 그의 정치적 관점은 사실상 세간에 전혀 알려져 있지 않았다. 그는 1860년대에 새로운 정치가 나타나는 데 거의 혹은 전혀 역할을 한 바가 없었기 때문이다. 게다가 그 스스로가 명확하게 설명한 바 있듯이, 그가 노동계급의 상태를 부각시키고 '국제노동자협회'의 여러 목적을 정식화하는 데 중심적 역할을 하게 된 것도 거의 우연이었다. 카를은 '원리 원칙과 임시 규칙의 선언문'을 작성하도록 위임된 하부 위원회의 일원으로 임명되었었다. 그 '선언문'의 잠정적인 초안은 오언주의자 공장주인 존 웨스턴John Weston이 작성했고, 임시 규칙은 마치니의 비서였던 루이지 볼프Luigi Wolff '소령'이 작성했다.

카를에 따르면, 웨스턴이 작성한 '강령은 지독한 혼동으로 가득 차 있는 데다 그 범위 또한 형언할 수 없을 만큼 넓었다'고 한다. 볼프가 작성한 임시 규칙은 '이탈리아 노동자 협회'의 여러 법령집을 그대로 따온 것이었지만, 카를에 따르면 '이탈리아 노동자 협회'는 일종의 공제조합에 불과한 것이었다고 한다. 이 하부 위원회의 처음 두 모임에 카를은 출석하지 않았고, 이때 다시 제르제Jersey에서 태어난 프랑스 공화주의자 망명객인 빅토르 르 뤼베즈Vicotr Le Lubez가 새로운 초안을 준비했다. 그다음 모임에는 카를도 출석했고, 여기에서 이 새로운 초안문이 모든 위원에게 낭독되었다. 카를은 정말로 '충격을 받았다.' 이는 "원리의 선언문이랍시고 나온 글이지만, 실로 두려울 정도로 뻔한 명제들로 가득 차 있는 데다 형편없이 쓰이고 전혀 다듬지도 않은 전문에 불과했고, 프랑스 사회주의에서 그것도 가장 시시한 명제 쪼가리들만 모아 붙인 껍데기 아래로 마치니의 사상이 전체를 관통하고 있는 게 뻔히 보이고 있다네." 그는 또한 이탈리아 노동자들로부터 영감을 받은 임시 규칙이라는 것에 대해서도 똑같이 경멸의 태도를 보였다. 그는 이것이 '**유럽 전체의** 노동계급의 일종의 중앙정부라고 하는 불가능한 무언가(물론 그 배후에는 마치니가 있네)'를 준거점으로 삼고 있다고 생각했다.

카를 스스로의 설명에 따르면, 그는 이 초안문에 대해 '부드럽게 항의'했고 그 결과 초안문은 더 손을 보도록 하부 위원회로 되돌아왔다고 한다. 하지만 르 뤼베즈의 선언문에 표출된 '정서'만큼은 그대로 유지되어야 한다는 훈령이 붙어 있었다. 이틀 후인 10월 20일에 카를의 집에서 하부 위원회가 열렸으며, 이 회의는 새벽 1시까지 계속되었지만 40개의 규칙들 중 다시 정식화하는 데 성공한 것은 한 개에 불과했다. 크레머는 폐회를 선언하면서 10월 27일에 있을 하부 위원회에서는 새로이 정식화된 문서에 모두가 합의하기를 희망한다고 말했다. 이제 카를은 그 '문서'를 꼼꼼히 다시 살펴보도록 '물려받게' 되었다.[94)]

카를은 르 뤼베즈의 '정서'를 받아 안으면서도 그 마치니식 틀을 교묘하게 떼어 내 버리는 목적을 달성하기 위해 '원리의 선언문' 대신 1840년대 중반 이후 노동계급 운동의 발전을 다시 설명하는 '출범 선언문Inaugural Address'으로 대체해 버렸다. 카를의 글이 천명하고 있는바, 세계경제의 급속한 성장에도 노동자의 참상은 1848년에서 1864년 사이에 전혀 줄어들지 않았다는 것이다. 그는 영국 의회의 「공중 보건 보고서Public Health Reports」에 근거하여 농업 노동자, 비단 및 스타킹 직조공, 바느질 여성 노동자 등등의 다종다기한 노동자 집단들 사이의 임금 수준이라는 게 사실상 그들을 기아선상으로 내모는 것임을 지적했다.[95] 그는 또한 1853~1861년에 영국의 조세 기반이 되는 소득이 20퍼센트나 증가했다는 재무장관 윌리엄 글래드스턴의 공표를 인용했다. '이렇게 아찔할 정도의 부와 권력의 증대는 거의 전적으로 유산계급에게만 국한'되었다고 글래드스턴은 덧붙이고 있다.[96] 카를의 '출범 선언문'에 따르면, 영국과 유럽의 모든 곳에서 '노동계급의 다수 대중들은 그들 머리 위에 있는 자들이 사회적 지위를 더 높여 가는 속도보다 더욱 빠른 속도로 바닥 모를 밑으로 가라앉고' 있다고 한다. '임금이 약간 오른 이들은' 소수에 불과하다고 한다. 산업화와 자유무역이 약속했던 것과는 반대로 '기계의 개선, 생산 활동에의 과학의 적용, 통신수단의 발명, 새로운 식민지, 이주, 시장 개척, 자유무역 그 어떤 것도, 심지어 이들 모두를 합친다고 해도 노동자들의 비참과 빈곤은 제거하지 못할 것'으로 보인다는 것이다.[97] 하지만 상황이 절망적인 것은 아니라고 한다. 이 기간에는 또한 '이런 것들을 상쇄하는 여러 특징들'이 나타났기 때문이라는 것이다. 첫째, (공장 가동 시간을 제한하는) 10시간 노동법Ten Hour Bill이 성공적으로 통과되었다. 이는 '백주대로에서 중간계급의 정치경제학이 노동계급의 정치경제학 앞에 무릎을 꿇은 최초의 사례'라는 것이다. 둘째, 협동조합 운동이 나타났다. '이는 사적 소유의 정치경제학에 대해 노동의 정치경제학이 거둔 훨씬 더 큰 승리'라고 한다.

물론 '토지의 주인들과 자본의 주인들'은 '자신들의 여러 경제적 독점'을 수호하기 위해 그들의 '여러 정치적 특권'을 사용하려고 들 것이다. 수상인 파머스턴 경이 아일랜드 소작인 권리 법안Irish Tentant's Right Bill✤을 주장한 이들을 패배시켰을 때 '조롱조로' 말한 바 있듯이, '영국의 하원은 어디까지나 토지 소유자들의 의회'라는 것이었다. 이러한 이유에서 '정치권력을 정복한다는 것이… 노동계급의 큰 의무가 된 상태'라고 한다. 노동계급의 '형제애에 입각한 의견 통일'이 필요한 부분이 또 있다고 한다. 각국의 지배계급은 범죄나 마찬가지의 목적을 추구하기 위해 외교정책을 수립하고 있는바, 여기에 맞서 싸워야 한다는 것이다. 그래서 대서양을 넘나들며 작동하는 노예제를 보존하려는 책동에도 맞서 싸워야 하며, '상트 페테르부르크에 머리를 두고 유럽 각국의 내각에 손을 두고 있는 저 야만의 권력'에 맞서 싸우는 '영웅 폴란드'를 지지해야 한다는 것이었다. 이 단계에서 마치니를 상기시키는 논점 하나가 추가된다. 외교정책에 있어서의 목표는 '사적 개인들의 관계를 마땅히 지배해야 할 도덕과 정의의 단순명료한 법칙들이 국민들 간의 상호 관계에 있어서도 최고의 규칙이 되도록 그 정당성을 입증하는 것'이라는 것이다. 하지만 이 글을 끝맺는 문장은 『공산주의 선언』의 글을 그대로 반복하고 있다. "만국의 프롤레타리아여, 단결하라!"[98]

'임시 규칙'에서도 '출범 선언문'과 동일한 전략을 쓰고 있다. 마치니식의 관점에 대해 여러 가지 양보를 하고 있지만, '그러한 양보들은 해를 끼치지 않는 방식으로 배치'했다고 한다. '국제노동자협회'의 회원들은 '인종, 신앙, 국적과 관계없이 모든 사람에게 진리, 정의, 도덕이 서로에 대한 행동의 기초가 되어

✤ 1840년대의 감자 기근 이후 아일랜드의 불안한 정치사회 상황을 안정시키는 것이 글래드스턴 등 영국 자유주의 진영의 중요한 목표였고, 이들은 '아일랜드 문제'의 큰 원인은 대부분의 토지를 잉글랜드의 상층 계급이 소유하고 아일랜드인들은 소작인으로 전락한 상황에서 전자가 압도적으로 전횡적인 권력을 행사하여 후자를 착취하는 데 있다고 보았다. 따라서 아일랜드 소작인들의 권리를 보장하기 위한 법안을 통과시키려고 노력하며, 글래드스턴이 마침내 수상이 된 이후 1869년과 1870년에 결국 아일랜드 소작인들이 지대를 지불하는 한 토지에서 쫓겨나지 않을 것, 그리고 토지를 개선하여 발생한 이익에 대해 지주로부터 지불받을 것 등을 시작으로 여러 권리를 보장하는 법이 통과된다.

야 함을 인정'한다고 되어 있다. 하지만 거기에서 가장 우선적이고 근본적인 원칙은 '노동계급의 해방은 노동계급 스스로의 손으로 쟁취해야 한다'는 것이라고 한다. 카를은 또한 이 글에서 자신이 러시아의 폭정을 전면에 부각시켰으며 또한 '민족체들nationalities' 대신 '나라들countries'이라는 용어를 사용했다는 점을 만족스럽게 여기고 있었다. 그는 '우리의 관점을 현존하는 노동자들 운동의 세계관에서 **받아들일 수 있는 것**으로 만들기 위해 이야기의 틀을' 짤 수밖에 없었고, 그래서 자신이 '옛날처럼 대담한 언어'를 구사할 수 없었다는 사실을 한탄하기도 한다.[99]

하지만 사실을 보자면 그 문서가 가진 강점의 상당 부분은 바로 그러한 사실에 기인하는 것이다. 이 문서는 노동계급의 해방을 모종의 전 지구적 프로젝트로 개념화하면서 노동자들의 이해가 국경을 넘어서는 단일의 공동체임을 명확히 하고 있을 뿐만 아니라, 이를 정치적으로 각성한 당대의 노동자들이 충분히 공감하고 내면화할 수 있는 언어로 표현하고 있다. 마찬가지로 그전 15년 동안 노동자들이 어떤 상태에 있었는지를 논의함에 있어서도 하월과 애플가스 같은 노동조합 활동가들이 그 시대를 이해하는 바를 반영하도록 주의를 기울이고 있다. 이 문서는 또한 '게으른 자들이 응당 치러야 할 대가로서의 빈곤'이 아니라 '열심히 일하는 다수 대중의 빈곤'을 문제 삼는다는 것을 강조함으로써 정의와 인간 가치에 대한 관습적인 통념에 호소하고 있다.

웨스턴, 볼프, 르 뤼베즈 등의 여러 초안문을 가지고 카를이 재정식화한 이 초안은 한두 가지의 소소한 수정만을 거친 뒤 전체 평의회에서 만장일치로 채택된다. 에드워드 비즐리에 따르면, "이에 발표되는 성명서는 중간계급에 맞서는 노동계급의 논리를 10쪽 남짓의 짧은 길이로 언명한 가장 강력하고도 충격적인 문서일 것이다."[100] 당시의 사람들에게 특히 깊은 인상을 남겼던 것은 정부가 발표한 공식 자료들을 마음껏 활용하면서도 그 주장들을 오로지 역사적 사실로만 국한시켰던 점이었다. '개혁 연맹'의 총비서였던 조지 하월의 말은 분명히 과장된 것이지만 충분히 납득할 만한 것이었다. "심지어 글래드스턴이나 브라이트라고 해도 이 문서를 한 점 거리낌없이 받아들였을 것이다."[101)]

6. 『자본론』과 1860년대의 정치

카를이 제1인터내셔널에 내놓은 가장 큰 기여는 1860년대 중반의 시점에서 이렇게 완전히 새로운 사회민주주의의 언어를 정식화한 데 있다. 이러한 사회민주주의의 언어는 '협회'의 목적을 정의하는 데에서나 노동자들의 상태를 전 지구적 차원에서 진단하는 데에서나 나타나고 있다. 이 시기(1863~1867년)는 또한 카를이 『자본론』 1권의 집필을 완결 짓게 되는 시기이기도 하다. 제1인터내셔널의 '출범 선언문'과 '규칙들'을 공표하는 과정은 그가 당시 작업하던 『자본론』 1권에서 내놓은 분석과 긴밀하게 연결되어 있다. 하지만 양자의 근접성을 충분히 인식하기 위해서는 먼저 카를의 혁명 이론에 대한 20세기의 표준적인 독해를 해체해야만 한다.

1917년에서 1970년대에 이르는 20세기의 혼란스러운 역사 속에서 카를은 이른바 '마르크스주의'라는 혁명의 언어와 거의 불가분의 관계에 있는 존재로 엮이고 말았다. 여러 혁명 정당의 지도자들은 미리 목록이 정해져 있는 소수의 마르크스 텍스트들에 대한 이른바 올바른 독해라는 것에 근거하여 자신들의 전략을 구축했다. 특히 강조되었던 텍스트는 『공산주의 선언』, 1859년의 『정치경제학 비판을 위하여』, 『프랑스 내전』, 그리고 『고타 강령 비판』이었다. 참으로 의미심장한 일은 카를이 가장 위대한 성취를 이룬 시기인 1864~1869년의 저작들이 이러한 정전의 목록 속에서는 의무적으로 간단히 언급하는 것 말고는 전혀 포함되어 있지 않다는 점이다. 이 기간 동안 그는 『자본론』 1권을 출간했으며, 또한 '국제노동자협회'의 목적들을 정식화하는 문서를 집필했는데도 말이다.

1860년대를 거치면서 혁명적 변혁에 대한 카를의 개념은 변화를 겪게 된다. 하지만 20세기에 나타난 것과 같은, 카를과 혁명을 동의어로 연관 짓는 관성 때문에 이러한 변화는 지금까지 잘 인식되지 않았다. 당시 카를을 흥분시켰던 것은 혁명이 터지면서 '자본주의적 사적 소유에 조종弔鐘이 울리며' 또 '수탈자들이 수탈당하는' 모종의 심판의 그날과 같은 묵시록적 대사건을 기대했기 때문이 아니었다.[102] 오히려 그가 생각했던 바는 자본주의적 생산양식이 생산자들의 연합에 기초한 사회로 이행하는 과정이 이미 시작되었다는 것이었다.

카를이 당시 그러한 생각을 품고 있었다는 사실은 1867년에 그가 『자본론』을 모두 출간하지 못했다는 사실 때문에 잘 드러나지 않게 되었다. 『자본론』 2권의 출간이 그토록 늦추어졌던 것은 전혀 생각한 바가 아니었다. 1867년 5월 7일 카를이 엥겔스에게 보낸 편지에 보면, 그의 출판사인 마이스너가 2권의 원고를 늦어도 8월 말까지 보내라고 요구하고 있음을 알 수 있다. "그러니 이제 미친 듯이 작업하는 일을 가급적 빨리 시작해야겠네. 2권 원고를 다 쓴 다음에 다량의 새로운 자료들이 나왔고, 특히 신용에 관한 장, 그리고 토지 소유에 관한 장에 관련하여 중요한 자료들이 많이 나왔기 때문일세. 겨울에는 3권을 완성해야만 하겠네. 그래서 내년 봄이 되면 이 대작opus 전체를 떨쳐 버릴 수 있게 되기를."[103] 엥겔스는 첫 번째 권을 완결했으니 '자네가 6주간은 쉬어야' 한다는 것을 '당연한' 사실로 여겼다. 하지만 '책을 처음부터 끝까지 읽고 난' 8월이 되자 그는 '제2권이 또한 **없어서는 안 될** 책이며, 따라서 이를 빨리 완성할수록 좋다'는 게 '분명하다'고 여기고 있다.[104]

하지만 실제로는 2권과 3권의 원고는 1885년과 1894년이 되어서야 엥겔스의 손으로 출간된다. 즉 그 글들이 본래 쓰인 지 20~30년이 지난 뒤에 출간되었던 것이다. 게다가 그 2권과 3권에 붙인 엥겔스의 서문은 1880년대와 1890년대의 주된 관심사들(카를이 로드베르투스의 정치경제학을 표절했다는 억측, 잉여가치와 이윤을 연결시키는 문제에 대해 엥겔스가 제시한 해법 등)에 초점을 두고 있었으므로 그 책들이 본래 특정한 정치적 의도를 가지고 있을 수 있다는 연결 고리를 완전히 끊어 버리고 말았다. 특히 이 책들이 카를의 사후에 출간되는 바람에 사람들은 이 책이 제1인터내셔널의 '출범 선언문'과 직접적 연관이 있을 수 있다는 생각을 전혀 할 수 없게 되었고, 1867년 당시 출간되지 못한『자본론』의 남은 부분에서 나오는바, 부르주아 사회가 이미 생산자들의 연합에 기초한 사회로 이행하고 있음을 암시하는 여러 부분도 전혀 음미할 수 없게 만들어 버렸다.[105)]

1860년대에 카를이 혁명에 대해 가지고 있었던 관념의 가장 뚜렷한 특징은 사건이 아니라 과정에 그 초점이 있었다는 점이다. 그가 1867년의『자본론』1권의 서문에서 영국에서만큼은 '혁명의 과정'이 현실성을 가지고 있다고 쓸 수 있었던 이유가 바로 여기에 있었다.[106)] 거기에서 제시되고 있는 혁명적 변혁의 상은 바스티유 감옥의 함락이라든가 겨울 궁전의 습격과 같은 극적인 사건들로서의 혁명이 아니었다. 성공적인 혁명이란 곧 시민사회에서 지금 벌어지고 있거나 혹은 이미 벌어져 있는 여러 변화를 정치적으로 재가하는 것을 뜻하는 것이었다.

이렇게 사회의 여러 변화가 먼저 선행하게 되어 있으며, 그러한 변화의 정도가 크면 클수록 그 정치적 변혁 과정에 수반되기 십상인 폭력의 정도도 덜하게 되어 있다는 것이다. 카를이 영국의 노동자들만큼은 '새로운 노동의 조직을 확립하기 위해 정치적 우위를' 정복하는 과업을 '평화적인 수단을 통해' 이룰 수 있다고 믿었던 것도 바로 이러한 이유에서였다.[107)] 1867년 1월, 카를은 폴란드의 독립을 지지하는 연설에서 노동자들과 자본가들 사이의 투쟁이 '영국과 프랑스에서 봉건영주와 자본가 사이에 벌어졌던 투쟁들만큼 극렬한 유혈극이 되지는' 않을 수 있으며, '그렇게 되기를 희망'한다고 말하고 있다.[108)] 이러한 그림은 '체제 외부로부터의 압력'에 의해 추동되는 사회민주주의적인 과정의 상이지 20세기의 공산주의와 결부되어 있는 것과 같은 폭력을 통한 권력의 장악이라는 그림이 아니다.[109)] 카를이『자본론』1권의 '노동일'에 대한 장에서 내리고 있는 다음과 같은 결론도 그러한 정신에서 나온 것이다. "격식을 차리면서 무게만 잡는 그 '1789년의' '인간의 양도 불능의 권리들'이라는 목록은 사라지고 그 자리에 법에 의한 노동일의 제한이라는 지극히 겸손한 대헌장이 찾아오게 된다. … 도저히 옛 모습을 알 길이 없도록 변했구나**Quantum mutatus ab illo!✤**"[110)]

자본주의에서 사회주의로 넘어가는 이러한 이행의 그림은 봉건제에서 자본주의로 넘어가는 이행의 그림과 닮은 것이다. 『자본론』에 나오는 자본주의적 생산양식의 출현과 진보에 대한 묘사는 먼저 시민사회의 발전에 있어서 결정적인 변화들이 나타나고 난 뒤에 부르주아 국가의 달성과 산업혁명의 기술적 승리가 모두 비로소 따라오는 것이었음을 보여 주고 있다. 카를은 생산양식의 발전이라는 그의 유기적 발전의 비전에 맞추어 다음과 같이 주장한다. "자본주의 사회의 경제적 구조'는 '봉건사회의 경제적 구조로부터 성장해 나온 것'이며, '후자의 해체'는 곧 '전자의 여러 요소를 자유롭게 해방시켰다'는 것이다.[111)] 봉건시대에는 '고리대와 상업을 수단으로 하여 형성된 화폐자본이 산업자본으로 전환되는 일이 농촌에서는 봉건적 사회 구성으로 인해, 그리고 도시에서는 길드 조직에 의해 가로막혔다. 그런데 봉건사회가 해체되고 또 농촌 인구가 수탈과 부분적인 쫓겨남을 겪게 되면서 이러한 족쇄들도 사라졌다.' 지구적 차원에서의 발전 또한 이러한 자본주의적 발전을 더욱 지원했다. "미 대륙에서 금은이 발견되고, 그곳의 원주민들을 살던 곳에서 뿌리 뽑아 광산의 노예로 만들어 송장이 되도록 혹사시켜 파묻어 버리고, 인도의 정복 및 약탈을 시작하고, 아프리카를 흑인들을 사냥하는 사육지로 바꾸어 버리는 등의 일들은 자본주의적 생산이 깨어나는 장밋빛 새벽을 알리는 닭 울음소리였다. 이러한 목가적인 일련의 사건들이 바로 본원적 축적의 으뜸가는 계기들이었던 것이다."[112)] 중세 후기에는 도

✤ 이는 서사시 「아이네이스」에 나오는 표현이다. 아이네이아스의 꿈에 트로이전쟁의 영웅 헥토르가 피와 상처로 범벅이 되어 도저히 알아볼 수 없는 모습으로 나타났을 때 아이네이아스가 하는 말이다.

시들이 자치 공동체를 지향하는 운동이 나타났고, 이를 통해 도시의 직능 단체들corporations은 봉건적 구조에서 해방되었으며, 이와 궤를 같이하여 국제무역이 팽창하고 새로운 대륙들도 발견되었다. 이러한 변화들을 효시로 하여 시민사회가 새로운 형태의 상품 생산과 나란히 발전하게 되었다. 15세기와 18세기의 사이에 '농업인구와 토지를 떼어 놓는 것'에 힘입어 새로운 법적·제도적 장치들이 나타났으며, 이를 통해 자본의 축적이 가능해졌다고 한다. 이러한 사회적 변화의 과정은 결국 1688년의 '부르주아 혁명'✣에서 법적·정치적인 재가와 승인을 얻게 되며, 이 혁명을 통해 사적 소유의 상속에 대해 남아 있었던 여러 제약도 제거되었다는 것이다.[113)]

부르주아적 소유에서 '생산자 연합'의 소유로 이행하는 과정 또한 유사한 예들을 1860년대에 카를이 그렸던 그림에서 찾아볼 수 있다. 당시에는 출간되지 못했던 『자본론』 3권에 보면 카를이 주식회사의 변형에 대해 이렇게 말하고 있는 것을 볼 수 있다. "주식회사는 재생산 과정 속에서 아직 자본주의적 소유와 연관된 상태로 남아 있는 모든 기능들이 생산자들의 연합체의 여러 기능에 불과한 것으로, 즉 사회적 기능들로 전환되고 있음을 보여 주고 있다."[114)] 카를은 계속해서 이렇게 말한다. 이는 "자본주의적 생산양식 자체 내에서의 자본주의적 생산양식의 폐절이며, 따라서 스스로를 해체시키는 모순으로 이는 일단은 새로운 생산 형태로의 이행에 있어서의 한 국면에 불과한 것을 대표하는 것으로 보인다."[115)] 하지만 이러한 예들에 있어서 가장 인상 깊은 점은 협동에 기초한 공장들의 발전으로, 이는 '옛날의 형식 내에서 새로운 형식이 최초로 발아하고

✣ 크롬웰이 이끄는 청교도혁명에 의해 수립되었던 공화국Commonwealth은 17세기 후반 다시 스튜어트 왕조로 대체된다. 하지만 17세기 전반기의 스튜어트 왕조 통치 기간 동안에 고질적으로 나타났던 왕의 일방적인 징세와 이에 맞서는 부르주아들의 대립은 다시 나타나게 되고 이에 1688년 이른바 '명예혁명Glorious Revolution'에 의해 네덜란드의 오라녀 공, 즉 윌리엄 3세와 연합한 의회에 의해 제임스 2세가 축출되는 일이 벌어진다. 이후 영국에는 '왕은 군림하되 통치하지 않는다'는 입헌주의의 원칙이 확립되고, 실권을 쥔 의회는 왕에 맞서서 상업과 사적 소유의 확립에 기초한 통치를 시작한다.

있음을 표상하는 것으로… 자본과 노동의 반정립이 그들 내부에서 지양되고 있음을 보여 준다. 비록 최초에는 노동자들의 연합이 스스로를 자신들의 자본가로 만드는, 즉 스스로 생산수단을 사용하여 자신들의 노동을 고용할 수 있도록 만드는 방법을 통해서일 뿐이지만.' 이러한 협동 공장들은 '물질적 생산력과 그에 조응하는 사회적 생산의 형식들이 특정한 단계에 도달했을 때' 어떻게 해서 '낡은 생산양식으로부터 새로운 생산양식이 자연적으로 성장해 나오게 되는지'를 보여 준다는 것이다.116)

'출범 선언문'에서도 카를은 동일한 사유를 전개하고 있지만, 그 정치적인 논점은 훨씬 더 강력하고 날카롭다. 협동 공장들이야말로 '일꾼들의 계급을 고용하는 주인님의 계급이 존재하지 않는다고 해도 현대 과학의 요청과 조응하는 대규모의 생산이 얼마든지 가능하다는 것, 다시 말해 노동수단이 결실을 맺기 위해 반드시 노동하는 인간 자신을 지배하면서 그를 쥐어짜는 수단으로서 독점되어야만 하는 게 아니라는' 사실을 '주장이 아니라 행동으로' 보여 주었다는 것이다. 이는 곧 '고용된 노동이라는 것도 노예노동이나 농노의 노동과 마찬가지로 일시적이고 열등한 형태에 불과한 것으로, 준비된 정신과 기쁜 마음과 활기찬 손으로 스스로의 힘을 부지런히 발휘하는 노동자들의 연합체 앞에서는 소멸하게 될 운명에 있는 것이다.' 노동자들의 연합체가 수행하는 협동적 생산의 도래는 영국에서 오언주의Owenism가 발전하는 과정에서 중심적 위치를 차지한 문제였을 뿐만 아니라, 1848년 혁명 당시에도 노동 해방을 위해 시도된 여러 계획의 합리적 핵심이었다는 것이다. "영국에서는 협동적 시스템의 씨앗을 로버트 오언이 뿌린 바 있으며, 유럽 대륙에서 시도되었던 노동자들의 실험은 사실 새로 발명된 것이 아니라 이러한 여러 이론의 실천적 귀결로서 1848년에 아주 큰 소리로 선포되었던 것이다."117)

7. 계급 정치 만들기:
제1인터내셔널 전체 평의회에서 카를의 활동

카를은 매주 열리는 전체 평의회의 회합에 꼬박꼬박 참석했고, 그 내에서 지적으로 지도적 역할을 수행했다. 그는 영국의 사조와 유럽의 사조를 매개할 수 있는 독특한 위치에 있었기에 국내와 외국에서 벌어지는 여러 사건의 발전에 대해 의미를 부여할 수 있었다. 그는 또한 사건이 전개되는 과정에 대해 일관성 있게 성명서의 초안을 마련할 능력도 있었다. 따라서 프랑스-프로이센 전쟁 이전의 기간 동안 그가 전체 평의회에서 수행했던 역할이 높게 평가되었다는 것은 당연한 일이었다. 그가 수행했던 작업이 얼마나 가치 있는 것인지를 보여 주는 사례가 있었다. 제네바 총회에서 프랑스 노동자들은 제1인터내셔널 총회에 참가할 수 있는 대표자의 자격을 노동자들에게만 주자는 동의를 내놓았지만, 영국의 노동조합 활동가 랜덜 크레머는 이에 반대하면서 영국에서의 운동이 육체 노동자가 아닌 전체 평의회 성원들에게 크게 빚지고 있음을 지적한 바 있다. "그들 중에서도 저는 꼭 한 사람, 즉 자기 온 생애를 오로지 노동계급의 승리에 바쳐 온 시민 마르크스를 언급하고자 합니다."[118] 그의 동시대인들은 경제학과 통계에 걸친 그의 놀라운 박식에 특히 충격을 받았다. 에드워드 비즐리에 따르면, "실제적인 일들에 관심을 두는 영국인들이 참여하고 있었기에 경제와 정치의 여러 이론을 두고 갈갈이 찢겨져 분열되는 일은 막을 수 있었다. 그런데 유럽 대륙 각국과의 통신은 당연히 외국인 성원들이 맡을 수밖에 없었거니와, 이들은 능력에 있어서도, 정보에 있어서도 대단히 뛰어난 이들이었고 인터내셔널의 창립부터 헌신적으로 일해 온 이들이었다. 그중에서도 우리 **국제노동자협회**의 성공에 있어서 누구보다 더 많이 기여한 이가 바로 카를 마르크스 박사이다. 그는 유럽 전역에서의 산업 운동에 대한 역사와 통계를 통달하고 있으며, 내 생각으로는 그 점에서 감히 그에 필적할 사람은 어디에도 없다."[119]

이 영역에서 카를의 지적인 권위는 1865년 봄과 여름에 전체 평의회 내에서 '시민' 웨스턴이 임금에 대해 던졌던 '문제 제기proposition'로 촉발된 논쟁에서 입증된 바 있다. 웨스턴은 임금이 올라 봐야 그 때문에 물가를 올리게 될 뿐이니 노동조합이라는 게 과연 무슨 가치가 있는 것인가 하는 의문을 던지면서, 노동자들의 생활수준을 향상시킬 수 있는 방법은 오로지 생산자-협동조합뿐이라고 주장했다. 카를은 당시 『자본론』을 놓고 작업하던 바에 기초하여 두 번의 회합에 걸쳐 임금 인상은 이윤율의 저하를 가져올 뿐 상품들의 가치는 불변으로 놓아 두게 될 것이라고 주장했다. 하지만 전반적인 생산의 경향은 임금을 낮추는 데 있다고 보았다. 따라서 노동조합은 비록 일시적이나마 임금률의 저하를 막고 노동일에 제한을 두는 데에서 그 가치를 찾을 수 있다는 것이었다. 하지만 무엇보다 노동조합의 가치는 '노동계급을 단일의 계급으로 조직'하는 데 있다고 그는 주장했다. 노동조합은 일반적으로 '현존하는 자본과 노동 관계를 폐절하기 위해 노력하는 대신 그것을 영구적인 것으로 받아들일 때' 실패하게 된다는 것이었다.[120] 이 시점에서 전체 평의회의 총서기인 랜덜 크레머는 웨스턴의 주장에 대해 '시민 마르크스는 시민 웨스턴이 내놓은 입장을 완전히 분쇄해 버리는 두세 가지의 현실적인 예증, 아니 사실들을 제시'했다고 자기 생각을 피력한다.[121]

전체 평의회에서 카를이 선택한 전략은 이 새로이 나타난 노동조합 지도자들의 입장과 최대한 자신의 입장을 가깝게 만드는 것이었다. 그가 1864년 11월 말 쿠겔만 박사에게 보낸 편지에서 보이듯이, '국제노동자협회'는 '런던 노동조합의 지도자들이 거기에 소속되어 있으므로 중요성을' 갖는 것이었다.[122] 1년 이상이 지난 뒤에도 그의 관점은 변하지 않는다. "우리는 정말로 큰 노동자 조직으로서는 유일한 조직인 영국의 '**노동조합**'을 우리 운동으로 끌어당기는 데 성공했다네. 이 조직은 그 전에는 **오로지** 임금 문제에만 관심을 두는 조직이었지."[123]

20세기의 마르크스주의는 당의 중심적 위치를 차지한다는 것을 당연한 전제로 삼고 있었다. 그 때문에 이것이 1860년대에 카를이 생각했던 바와 얼마나 **달랐는지**는 감추어지고 말았다. 당이야말로 혁명의 효과적 도구라는 카를의 믿음은 그 이전 15년간의 상황 전개 속에서 잠식되고 말았다. 또 차티스트운동이 되살아날 것이라는 그의 희망도 결국은 허사가 되고 말았으며, 망명 상태에서도 그 자신의 '당'을 보존하고자 했던 노력은 독일에서 라살레와 슈바이처가 지휘하는 '정부의 사회주의'(카를이 붙인 이름이다)가 출현하면서 모두 무너지고 말았다. 1860년대에 걸쳐 카를은 노동조합이야말로 노동계급의 정체성을 형성하고 행동을 단결 통일할 수 있는 수단이라는 신앙을 가지고 있었다. 1869년 카를은 하노버에서 라살레파의 한 금속 노동자 대표자에게 이렇게 말한 바 있다. "정당은 어떤 것이든 노동자 대중들에게 영감을 주는 것이 일시적일 뿐이며, 여기에는 예외가 없습니다. 하지만 노동조합은 노동자 대중에게 영원한 최면 효과를 가집니다. 따라서 노동자들의 당을 진정으로 대표하고 또 자본의 권력에 맞서는 요새가 될 수 있는 것은 노동조합뿐입니다." 그는 계속해서 말한다. 노동조합은 '사회주의의 학교'라고. 노동조합을 통해 노동자들은 사회주의자들로 자라난다는 것이다. 왜냐하면 '여기에서는 자본에 맞서는 투쟁이 그들의 눈앞에서 매일매일 벌어지기 때문'이라는 것이었다.[124]

1865년 초 쿠겔만 박사에게 쓴 편지에서 카를은 먼저 자신이 프로이센 정치에 참여할 수 없게 된 이유를 설명하고 나서 계속하여 이렇게 말한다. "나는 여기에서 '**국제노동자협회**'를 통해 나의 선동 활동을 하는 쪽을 100배는 더 선호한다네. **영국** 프롤레타리아트에 직접적인 효력을 미칠 수 있으며, 이것이 가장 중요한 일이기 때문이지."[125] 하지만 '국제노동자협회'를 통상적인 사회주의의 의제 쪽으로 몰고 가는 것은 그의 주된 관심사가 아니었다. 훗날 그가 강조하듯이, 1868년 브뤼셀 총회에서 광산, 철도, 삼림의 국유화를 요구하기로 결정했던 것은 전체 평의회가 '원인을 제공'한 것이 아니었다고 한다. 이를 주도했던 것은 브뤼셀에서 온 노동자 대표단이었다. 카를이 쿠겔만 박사에게 설명한 바에 따르면, 1866년 제네바 총회의 프로그램과 관련하여 그는 오히려 자신의 목표를 '노동자들의 여러 활동이 서로 간에 직접 동의와 결합을 이룰 수 있도록 할 뿐만 아니라 계급투쟁의 여러 요건을 만족시킬 수 있도록 직접적인 동력과 지속성을 부여하여 노동자들을 단일의 계급으로 조직해 내는 것들'로만 국한했다고 한다.[126] 실제로 그가 제네바 총회를 위해 초안을 작성했던 '임시 전체 평의회 대표자들을 위한 훈령Instructions for the Delegates of the Provisional General Council'을 보면, 노동자들 사이에 분열을 가져올 정치적 투쟁을 촉발할 법한 문제들을 피해 가려는 의도가 역력히 드러나고 있다. 이 '훈령'은 노동자들의 상태에 대한 통계적인 조사, 노동일의 제한, 청소년 및 아동 노동의 문제, 생산자 협동조합과 노동조합의 문제 등에 관심을 집중하고 있다. 국제적 신용이나 종교 등과 같이 논란의 소지가 있는 문제들에 대해 카를은 '프랑스인들에게 주도권을 넘겨줄 것'을 권고하고 있다.[127]

카를은 계급 형성에 최우선성을 두었기에 이를 방해할 수 있는 분파적 싸움을 회피하고자 했으며, 그러한 목적에 필요하다면 어떤 종류의 타협도 마다하지 않았다. 그가 '출범 선언문' 안에 마치니식의 명제들을 포함시킨 것이 바로 그의 이러한 접근을 보여 주는 좋은 예였다. 또 다른 예를 보자면, 노동자 요한 게오르크 에카리우스가 짧은 기간이나마 제1인터내셔널의 공식 일간지였던 『공영체The Commonwealth』의 편집진에서 배제되었던 사건을 들 수 있다. 에카리우스는 카를이 후견인으로서 키우고자 했던 이였지만, 그가 『공영체』의 편집진에 참여하는 것에 대해 자유주의자들 및 비국교도들Nonconformists의 반대에 부닥치자 카를은 기꺼이 에카리우스를 제거하는 것을 받아들였던 것이다. 1866년 1월까지만 해도 카를은 에카리우스를 편집진에 임명함으로써 자유주의자들 및 비국교도들이 지지하는 편집자들의 영향력을 견제할 수 있기를 희망했었다. 하지만 카를이 건강 문제 때문에 오랫동안 마게이트Margate로 요양을 떠나 있었던 3월이 되자 편집 감독 위원회가 에카리우스를 해임해 버리는 일이 벌어졌다. 이런 식의 퇴짜가 유쾌할 리 없었지만, 카를은 "비록 에카리우스의 야심은 상당히 정당한 것이지만 그것을 충족시켜 주는 것보다는 영국인들과 좋은 관계를 유지하는 게 우리에게는 더욱 중요한 일이라는 것은 말할 것도 없지."[128] 국제 문제에서도 카를은 내부의 분쟁에 휘말리는 것을 회피했다. 그는 프랑스에서 공화주의자들과 프루동주의자들 사이에 벌어진 논쟁에서도, 또 독일에서 라살레파 정당과 아이제나흐 정당 사이의 논쟁에서도 중립적 위치를 유지하기 위해 온갖 노력을 기울였다.

제1인터내셔널의 처음 몇 년 동안 카를과 영국의 노동조합 지도자들 사이에는 전체 평의회에서나 연례 총회에서나 주요한 문제들에 대해 사실상 완전한 동의가 있었다. 특히 1865년 런던 총회와 1866년의 제네바 총회, 그리고 1867년의 로잔 총회에서 양측은 프랑스인들의 여러 다양한 입장에 대해 반대해야 한다는 견해를 공유하고 있었다. 거기에는 폴란드에서의 러시아의 행태를 비난하는 것을 거부할 것인가의 문제(프랑스인들에 따르면 이는 '경제적' 협회가 다룰 문제가 아니라는 것이었다), 노동조합 운동에 대한 무관심(노동운동의 목적은 임노동 시스템 자체를 완전히 제거하는 것이 되어야지 파업을 장려하는 것이어서는 안 된다는 것이었다), 8시간 노동제나 국가 교육에 대한 반대(이런 것들은 계약의 자유를 국가가 훼방하는 것을 승인한다는 의미이다), 그리고 노동력에서의 여성 배제 등의 요구가 포함되어 있었다.

카를의 접근법은 성공을 거두었으며, 특히 영국인들의 접근이 외국으로부터의 도전에 직면하는 이슈들에서 그러했다. 그 결과 카를은 갈수록 '국제노동자협회'와 자신을 열성적으로 동일시하게 되었다. 1865년 초 카를은 이제 스스로를 전체 평의회의 일부라고 부르면서 쿠겔만 박사에게 이렇게 통지하고 있다. "우리는 이제 이곳에서 **보편적 선거권 문제**를 **선동**하고 있다네."[129] 거의 같은 시기에 엥겔스에게 보낸 편지에서는 새로운 '개혁 연맹'의 설립을 이야기하면서 '그 **전체의 지도권**은 우리의 손에 있다'고 이야기하고 있다.[130] '국제노동자협회'의 위대한 성취는 '개혁 연맹' 내부에 유럽 정치를 완전히 바꾸어 놓을 수 있는 종류의 운동을 창출해 놓았다는 데 있다는 것이었다. "'**개혁 연맹**'은 **우리의 작품**일세. … 거기에 참여하는 **노동자들은**… **모두 우리 전체 평의회의 성원들**일세.… 우리는 **노동계급을 그릇되게 이끌고자 하는** 중간계급의 모든 시도를 **좌절시켰다네**. … 만약 우리가 **영국 노동계급**의 **정치 운동**을 다시 힘차게 끌어올릴 수만 있다면, 우리의 **'국제노동자협회'**는 **아무런 법석도 떨지 않으면서도** 유럽 노동계급을 위해서 **다른 그 어떤 방식**보다 더 많은 기여를 하게 될 것이야. 그리고 이 일이 성공할 전망은 아주 밝다네."131)

1866년 초에도 노동자들의 활동을 전체 평의회가 올바른 방향으로 이끌 능력이 있다는 카를의 신뢰는 전혀 줄어들지 않았다. 1866년 1월, 그는 쿠겔만 박사에게 이렇게 말한다. "우리가 **보편 선거권**을 쟁취하기 위해 설립한 영국 협회는(그 중앙위원회의 절반은 노동자들로, 우리 중앙위원회의 성원들일세) 몇 주 전에 거대한 집회를 열었고, 여기에서 발언자들은 전부 노동자들이었네.132) 이 당시 카를은 스스로가 모종의 통제권을 쥔 역할을 하고 있다고 상상하기를 즐겼다. 이는 '공중 앞에서는 뒤로 물러나 막후에서 **행동**'한 결과라는 게 그의 주장이었다. 그는 이를 '공중 앞에서는 온갖 허세를 부리면서 **아무것도 하지 않는** 민주주의자들의 버릇'과 대조되는 것으로 보고 있다.133) 1866년 10월 9일, 카를은 쿠겔만 박사에게 이렇게 말한다. "이곳의 선거법 개혁 운동은 우리의 중앙위원회에(여기에서 나는 큰 역할을 맡고 있네quorum magna pars fui)✤ 의해 만들어졌으며, 이제는 감히 저항할 수 없는 엄청난 규모를 가지고 있다네."134) 10월 13일, 그는 '런던 노동조합 협의회'가 스스로를 제1인터내셔널의 영국 지부로 선언할 것을 고려하고 있다고 선언했다. 그는 쿠겔만에게 비밀로 부쳐 줄 것을 요구하면서

✤ 베르길리우스의 「아이네이스」에 나오는 구절로, 트로이의 몰락과 약탈이라는 끔찍한 상황에 자신도 있었다는 아이네이아스의 회상이다.

이렇게 말했다. "만약 그렇게 된다면 노동계급에 대한 통제력은 **어떤 의미에서는** 우리의 손으로 들어오는 셈이며, 우리는 이 운동에 강력한 '**추진력**push on'을 줄 수 있게 될 걸세.'135)

1867년 여름의 카를은 『자본론』의 출간에 너무나 정신이 팔려 있어서 국내의 정치적 사건들에 주의를 기울일 수 없었다. 하지만 그는 계속해서 낙관적인 태도를 가지고 있었다. 그가 확신하기로, 영국의 경우에는 '체제 바깥으로부터의 압력'이 혁명적 변혁을 낳을 수 있으며, 그러한 혁명은 반드시 폭력적인 것이 될 이유가 없다는 것이었다. 1867년 9월 그는 엥겔스에게 쓴 편지에서 이렇게 말한다. "다음 혁명이 찾아왔을 때(이는 보기보다 더 빠르게 올 가능성이 높다네), **우리**(즉 자네와 나)**는** 이 강력한 **엔진**을 **우리 재량대로** 쓸 수 있게 될 걸세. **이것을 30년 전부터 마치니 등등이 이루어 놓은 결과물들과 비교해 보게!** 게다가 이들이 무슨 구전을 챙긴 것도 아니지 않은가! 그리고 이를 파리의 프루동주의자들, 이탈리아의 마치니, 런던의 질투심 가득한 오저, 크레머, 포터, 독일의 슐체-델리치Schulze-Delitzsch✤ 와 라살레 패거리와 비교해 보게! 우리는 정말 남는 장사를 한 것일세."136) 초기에 거둔 여러 성공 때문에 카를은 영국의 급진파 정치에서 '국제노동자협회'가 차지하는 중요성을 과대평가했을 뿐만 아니라, '협회' 내에서 자신이 차지하는 중요성까지 과대평가했다. 하지만 카를도 눈치를 채기 시작한 사실이 있었다. 노조 지도자들이 선거권 문제에 갈수록 골몰하게 되고 또 이와 궤를 같이하여 노사 쟁의에서의 노동조합 활동의 합법성을 수호할 필요가 생기면서 그들이 이제는 대부분의 시간을 '개혁 연맹'과 의회 로비에 바치고 있다는 사실이었다. 이들의 전체 평의회 출석률은 이미 크게 떨어져 있었다. 1866년 10월, 카를은 자신이 '국제노동자협회' 전체를 혼자서 운영해야 했다고

✤ 프란츠 헤르만 슐체-델리치Franz Hermann Schulze-Delitzsch는 독일의 몰락해 가는 소생산자들을 돕기 위해 자본의 접근이 보장되어야 한다고 믿었고, 이에 최초로 신용조합을 발명하여 이를 크게 부흥시킨 이다. 또한 그는 자유주의 정당인 진보당의 정치인이기도 했다.

주장했다.[137)]

게다가 1866~1867년부터 카를은 그렇게 모든 견해를 다 포용하는 입장을 유지하기가 갈수록 어려워지게 되었다. 전체 평의회 내부에서도 여러 다른 입장들이 나타나고 있었던바, 특히 정치 개혁 운동의 문제와 아일랜드에서 공화주의 독립 운동이 다시 나타나게 된 것이 뜨거운 쟁점이었다. 이 두 문제 모두 '국제노동자협회'의 정치적 역할과 그 내부의 가장 중요한 노조 지도자들의 정치적 역할에 대해 문제를 제기하는 것이었다. '협회'는 독자적 입장을 유지하는 것을 목표로 해야 하는가, 아니면 이제 글래드스턴 씨의 카리스마 넘치는 지도력 아래에 있는 자유당과 동맹을 맺은 여러 진보적 정치 세력들과 함께 가는 것을 목표로 삼아야 하는가?[138)]

8. 제2차 의회 개혁 법안과 아일랜드에서의 반란

『자본론』 1권의 서문은 1867년 7월에 쓰였는데, 이 시점은 모든 남성에게 선거권을 부여하라는 문제를 놓고 1년간 벌어졌던 정치 선전이 끝나 가는 때였다. 급진적이며 노동계급이 지배적 위치를 차지했던 조직인 '개혁 연맹'이 선거법 개혁을 놓고 운동을 벌여 왔으며 이를 여러 노동조합과 제1인터내셔널 또한 지지했다. 그 운동이 절정에 달했을 때에는 지회가 600개를 넘어서기도 했다. 이 운동은 1865년에 시작되었고, 러셀과 글래드스턴의 자유당 정부가 발의한 온건한 의회 개혁법안Reform Bill과 나란히 진행되었다. 하지만 이 문제에 대한 사람들의 관심이 집중되기 시작한 것은 1866년 6월 이 자유당 정부가 무너지고 더비Derby 및 디즈레일리의 토리 내각이 들어선 이후의 일이었다. 그다음 달이 되자 트라팔가 광장에서 개최된 일련의 선거법 개혁 집회는 갈수록 더 크기가 불어났으며, 마침내 하이드파크에서 시위를 행하기로 결정하면서 절정에 달했다.

하이드파크는 왕실 소유의 토지로, 그때까지만 해도 대개는 로튼 로Rotten Row 거리에서 벌어지는 귀족들의 고상하고 품위 있는 승마 장소로만 쓰였었다. 이 집회는 금지되었고 런던 경찰청이 군대까지 뒤에 업고서 공원을 지켰지만, 모여든 군중들은 철책을 뜯어내 버리고 공원으로 들이닥쳐서 경찰 및 군대와 소소한 마찰과 전투를 사흘 동안이나 계속 벌였다. 마침내 '개혁 연맹'은 내무부 장관인 스펜서 월폴Spencer Walpole과 면담을 갖고, 군대와 경찰이 철수하기만 한다면 자신들도 공원을 깨끗이 비워 주겠다고 제안한다. 내무부 장관은 이 제안을 받아들였으며, 고맙다고 눈물까지 흘렸다고 전해진다. 이는 정부가 완전히 꼬리를 내린 창피한 일이라고 여겨졌으며, 이 때문에 '개혁 연맹'의 힘과 명성은 더욱 커지게 된다.

하지만 이 월폴 장관이 이렇게 군사력을 사용하기를 거부했던 것이 얼핏 보면 아주 우스꽝스러워 보일지 모르겠으나(카를은 그를 '질질 짜는 약골weeping willow'이라고 불렀다), 이는 오히려 영국 정치체의 약함이 아니라 강함을 보여 주는 것이었다. 당대의 실증주의자였던 프레더릭 해리슨은 이렇게 말한다.

> 중앙화된 관료 시스템은 행정부를 명령하는 권력에 맞서는 강력한 힘이 된다. 우리의 행정부는 의지할 것이 아무것도 없다. … 상놈들이 난동을 부릴 경우에는 일부 군대를 출동시켜 진압할 수 있겠지만, 정말로 많은 사람이 참여하는 운동의 경우에는 군대가 출동하여 인민에게 피 한 방울이라도 흘리게 했다가는 영국인Briton의 피가 끓어오르게 되며, 그것도 아주 극악한 방식으로 끓어오르게 된다는 것은 우리가 다 아는 바이다. …
>
> 사실을 보자면, 우리와 같은 헌정 체제에 입각한 정치적 유기체는 무력에 기초한 정치적 유기체와는 전혀 다른 이론에 기초를 두고 있다. 지배하는 계급은 절대로 무력에 의존하는 모습을 보이지 않는다. 그들은 자신들의 사회적 권력의 우위를 유지하는 데 정치 기제를 작동시키는 자신들의 숙달

된 솜씨에 의지했다. 지역 자치, 인민의 대표, 시민의 자유 등과 같은 사상이 대유행이었고, 그러다가 마침내 영국의 공적 생활은 무력이 아닌 동의에 의한 지배라는 사상에 푹 젖어들게 된 것이다. … 조금이라도 무력을 행사하겠다는 암시만 주더라도 지배계급은 사람들에게 큰 분노를 일으키는 그릇된 입장에 서게 되며, 그들 스스로가 통치 명분의 기초로 삼는 자유라는 고상한 감정을 사람들 마음속에 온통 들쑤셔 놓아 그들 모두를 적군으로 만들어 버린다.[139)]

이는 또한 '개혁 연맹'의 지도자들이 자신들이 얻어 낸 유리한 위치를 그 극단까지 밀어붙이는 일을 삼갔던 정서이기도 했다. 급진파 의원들과 '개혁 연맹'의 지도자들이 모인 회합에서 존 스튜어트 밀은 '연맹'이 하이트파크를 점거하여 '군대와의 충돌을 낳아서는' 안 된다고 강하게 촉구했으며, 글래스고와 리즈와 버밍햄 및 맨체스터에서 일련의 선거법 개혁 시위를 이끌었던 존 브라이트 또한 그다음 달이 되자 더 이상 런던에서의 시위를 격화시켰다가는 자발적으로 무장한 사람들을 끌어들일 가능성이 있다고 경고했다. 이렇게 될 경우 '이 나라의 평화는 화산 폭발로 이글거리는 땅 위에 놓이게 될 것'이라는 것이었다.[140)]

당시의 상황이 전개되어 나아갈 바에 대해 카를이 어떻게 예측했는지는 분명하지 않다. 그는 영국이 프랑스가 아니라는 점을 잘 알고 있었다. 이미 1866년 4월 그는 마게이트에서 엥겔스에게 보낸 편지에서 이렇게 투덜거렸다. "영국의 모든 운동에 나타나는 저 빌어먹을 놈의 전통적 성격이 **선거법 개혁 운동**에서도 명확히 나타나고 있네. 몇 주 전만 해도 인민의 당이 극도의 분노로 거부했었던 바로 그 **찔끔 내어준 만큼의 양보**instalments를(그들은 심지어 **가족 단위 선거권**household suffrage이라는 브라이트의 최후통첩마저 거부했다네) 이제는 무슨 가열찬 투쟁으로 쟁취할 가치가 있는 목표로 여기고 있다네. 왜 그런지 아나? 왜냐하면 토리당이 험악한 함성을 질러 대고 있기 때문일세." 하지만 그는 여름에 걸쳐 벌어진 사건 전개에 크게 고무되었다. 7월 7일, 카를은 흥분하여 이렇게 보고한다. "런던에서의 노동자들의 시위는 1849년 이후 영국에서 벌어진 그 어떤 것과 비교해 보아도 환상적일세. 그리고 이 시위들은 오롯이 **인터내셔널**이 이룬 작품일세. 트라팔가 광장의 지도자인 루크래프트 씨Mr. Lucraft FI는 **우리 위원회의 일원**일세." 그는 하이드파크에서의 철책 사건에서 월폴 장관이 '개혁 연맹'을 대한 태도에 대해서는 복잡한 감정을 가지고 있었다. "정부는 이번에 거의 반란을 야기했었네." 하지만 "영국인들은 우선 혁명적 교육을 받을 필요가 있다"고 그는 계속해서 말한다. 만약 군대가 "그저 행진만 하는 것이 아니라 실제로 개입한다면, 아주 화끈한 상황이 오게 되겠지. … 이것만큼은 분명하다네." 계속해서 이렇게 이야기한다. "저 목이 뻣뻣한 존 불스John Bulls도✣… 무언가 얻어 내려면 결국은 권력자들 앞에서 정말로 유혈이 낭자한 충돌을 겪는 수밖에 없다네."[141)]

상황은 아직 여러 가능성이 모두 열려 있는 상태였다. 하지만 이 운동의 시작부터 카를은 전체 평의회의 지도적 노조 지도자들이 우선으로 삼고 있는 과제들이 카를 자신의 것들과 같지 않다는 것을 똑똑히 의식하고 있었다. 하이드파크 철책 사건이 벌어지던 당시 카를은 선거법 개혁 운동의 지도자들이 '옛날 차티스트운동가들의 **패기**'를 결여하고 있다고 한탄했다.[142)] 그가 에카리우스를 『공영체』의 편집진에 꽂아 넣는 데 실패했다는 것은 곧 중간계급이 제1인터내셔널에 참여하는 것에 대해 그가 가졌던 적개심이 전반적으로 공유되는 게 아니었음을 보여 주고 있다. 또한 '개혁 연맹'의 지도자들이 과연 '모든 성인 남성들의 선거권'이라는 최초의 요구를 고수하기 위해 어떤 형태로든 가족 단위 선거권을 거부했을 것인지도 전혀 분명치 않았고, 최소한 급진파 자유주의자들은 이에 대해 동의했을 것이다. 1866년 8월 카를은 요한 필립 베커Johann Philipp Becker(제네

✣ 존 불John Bull은 영국인이라는 존재를 환유적으로 일컫는 이름이다. 즉 본문은 '영국인들'이라고 번역할 수 있다. '와타나베 부인'이 일본의 중산층 주부를 일컫는 이름으로 쓰이는 것과 비슷하다.

바 총회에서 제1인터내셔널의 가장 정력적인 지지자의 한 사람이었다)에게 이렇게 불평했다. "크레머와 오저 두 사람 모두 '개혁 연맹'에서 우리를 배신했습니다. '연맹'에서 그들은 우리의 소망과는 달리 부르주아와 타협하고자 했으니까요."[143)]

설령 영국에서 무슨 심각한 정치적 위기의 가능성이 정말로 있었다고 해도 1867년 봄이 되면 이미 끝난 이야기가 되고 만다.[144)] 그 불길은 이미 의회 스스로가 진화해 버린 상태였다. 1866년의 처음 몇 달 동안 러셀과 글래드스턴이 제안한 온건한 개혁은 토리 당원뿐만 아니라 자유당 내부의 이른바 아둘람파✣의 반대에 부닥쳤다. 그리고 새로 들어서는 더비와 디즈레일리의 내각은 애초부터 개혁에 대한 계획이 전혀 없었다. 하지만 1866~1867년의 겨울이 되자 경제 침체와 콜레라의 재발을 배경으로 하여 선거법 개혁 시위가 계속되었을 뿐만 아니라 그 강도가 전혀 줄어들지 않았고, 게다가 아일랜드에서는 봉기의 위험이 나타나고 있었기에 정부로서도 그 우선적인 목표를 근본적으로 바꾸지 않을 수 없었다.[145)] 디즈레일리의 말처럼, "우리는 현재의 시위와 소요 사태를 때려잡고 글래드스턴 패거리를 절멸시켜 버릴 조치를 취할 수도 있다."[146)]

1867년 1월, 디즈레일리는 여러 개혁안을 도입했고 당리당략의 계산에서였는지, 아니면 끊임없는 체제 바깥으로부터의 압력 때문이었는지는 몰라도 그 법안에 점점 더 급진적인 수정이 가해지는 것을 기꺼이 받아들였다. 그 절정은 호지스킨슨Hodgskinson이 발의한 수정으로, 이는 가정 단위의 선거권을 도시에서 자기 집 없이 세들어 사는 주민들에게까지 확장하는 것을 내용으로 삼고 있었다. 이는 몇 달 전까지만 해도 전혀 꿈도 꿀 수 없었던 양보로, 심지어 어니스트 존스마저 카를에게 이 수정된 법안은 지지할 가치가 있는 것이라고 열성적으로 설득하기도 했다. 그 결과로 투표권은 처음에 의도했던 것보다 네 배가 더

✣ 아둘람파Adullamites는 자유당 내에서 글래드스턴이 추진하던 선거법 개혁에 반대하던 보수적 분파로, 1866년에 반대표를 던지고 자유당의 러셀 내각을 무너뜨려 버린 뒤 보수당과 손을 잡고 더비 내각을 성립시킨다. 나중에는 다시 자유당으로 대부분 복귀한다. 아둘람은 다윗이 사울 왕을 피해 숨었던 동굴을 뜻한다.

늘어났으며, 조너선 패리Jonathan Parry의 말을 빌리자면 '영국 정치사에서 가장 의도하지 않았던 혁명'이었다고 한다.[147)]

양당 모두가 선거법 개혁의 문제를 해결하고 싶어 했던 이유 중의 하나는 아일랜드에 대한 불안감이 계속 높아 갔기 때문이었다.[148)] '아일랜드 공화주의 형제회Irish Republican Brotherhood'(대중적으로는 피니언Fenians으로 알려져 있었다)는 미국에 거주하는 아일랜드인들 사이에서 생겨났다. 이는 1865년 반란을 일으키면서 여기에 미국 남북전쟁 출신의 군인들이 참가해 줄 것을 기대했었다. 피니언들은 6000정의 총기를 모았으며 5만 명의 자원자들이 지원했다고 주장했다. 하지만 그해 9월 정부는 피니언 신문인 『아일랜드 인민The Irishi People』을 폐쇄했으며 그 지도자들 대부분을 체포했다. 하지만 피니언들은 이에 아랑곳하지 않고 1867년 초에 반란을 개시하려고 했다. 이들은 보편적인 (남성) 선거권, 지배계급의 자리를 차지한 토지 소유자들의 과두제를 폐지하고 그 토지를 몰수할 것, 종교의 자유, 국가와 종교의 분리 등에 기초한 공화국을 내걸었다. 먼저 케리주County Kerry에서 반란이 일어났고 그 뒤를 이어 코르크Cork, 리머릭Limerick, 더블린 등에서 반란이 벌어졌지만 모두 실패했다. 영국 지배계급의 입장에서 더욱 불길했던 것은 이 반란의 조직가들이 영국 안에 살고 있는 아일랜드인들의 지지도 끌어내고자 했다는 것이었다. 이들의 계획에는 체스터 캐슬Chester Castle✣에 있는 무기를 포획할 것과 더블린으로 연결되는 철도와 선박을 점거하는 것까지 포함되어 있었다. 하지만 이들의 봉기는 계획도 엉망이었고 또 밀고자들에 의해 새어 나가 버리고 말았다.

1867년 9월 18일, 체포된 반란 지도자 두 사람을 맨체스터의 법원으로 이송하던 감옥 마차가 무장한 피니언 단원들에게 습격을 받았다. 죄수들은 탈출

✣ 잉글랜드의 서쪽 끝 바닷가에 있는 중세의 성. 해안 및 강어귀 지역의 수비를 위한 군사기지로 사용되었다.

했지만 그 싸움에서 경찰관 한 사람이 죽었다. 11월에 벌어진 한 재판에서는 세 명의 피니언 단원들이 사형선고를 받아 23일에 처형되었다. 12월 13일에는 클러큰웰Clerkenwell 감옥에 갇혀 있었던 피니언 지도자들의 탈출을 돕기 위해 폭탄이 설치되었고, 이 때문에 12명이 죽고 120명이 부상을 입었다. 이 사건으로 인해 피니언에 대한 지지가 사그라들고 말았는데, 이는 놀라운 일이 아니었다. 카를이 엥겔스에게 편지로 쓴 것처럼, "최근에 클러큰웰에서 벌어진 피니언의 대담한 행동은 사실 크게 어리석인 짓이야. 런던의 대중들은 지금까지 아일랜드에 대해 큰 동정심을 보여 주고 있었지만 이 사건 때문에 격노하여 정부 쪽의 입장으로 돌아서고 말았네. 런던의 프롤레타리아들이 피니언 특사들을 위해 스스로 폭탄에 몸이 박살 나는 꼴을 참을 것이라고는 기대할 수는 없는 일이지. 이런 종류의 멜로드라마 같은 비밀 음모들은 일반적으로 거의 다 실패로 끝날 운명에 있다네."149)

아일랜드에서의 소요와 맨체스터 및 클러큰웰에서 벌어진 피니언의 폭력 사태로 정치 논쟁의 성격이 완전히 변하게 되었다. 아일랜드의 중간계급 사이에는 피니언 운동과는 전혀 별개로 큰 불만이 있었는데, 이는 '국민 협회National Association'의 결성으로 이어지게 된다. 이 조직은 아일랜드 (성공회) 교회의 국교로서의 지위를 폐지할 것과 토지에 대한 소작인들의 권리, 그리고 가톨릭 대학의 설립을 요구했다. 글래드스턴은 비록 피니언의 활동에는 깊은 불안감을 가지고 있었지만, 이러한 아일랜드 중간계급의 요구에 대해서는 1868년 총선에서 명시적으로 호응한다. 아일랜드의 성공회 교회를 폐지하자는 그의 동의는 아일랜드 가톨릭 신자들의 주된 불만 사항에 대답한 것일 뿐만 아니라 영국 내의 비국교도들의 열성적인 지지 또한 얻어 냈다. 1867~1868년의 겨울 내내 토론을 지배했던 주제는 아일랜드 문제, 그리고 아일랜드 성공회 교회를 폐지하자는 글래드스턴의 제안이었다. 1868년 4월, 카를은 쿠겔만 박사에게 이렇게 말하고 있다. "지금 여기에서는 아일랜드 문제가 모든 논의를 다 잡아먹어 버렸네.

이 문제는 이제 자연스럽게 글래드스턴과 그 무리들이 다시 주도권을 잡는 데 이용되고 있을 뿐이며, 특히 다음 선거(이는 **가정 단위 선거권**에 근거하여 치러지게 되어 있네)에서 그들이 **선거 구호**로 사용할 것으로 보인다네."[150]

나라 전체가 그런 것처럼, 카를의 가족 또한 이 아일랜드 문제에 대한 논의에 빠져들었다. 엥겔스 집안의 경우 아일랜드의 독립에 대해 오래전부터 강력하게 지지하는 입장이었으며, 피니언 운동에 대해서도 열정적인 지지를 보내고 있었다. 리지 번스✤는 언제나 아일랜드 독립의 격렬한 지지자였다. 엥겔스 자신도 오랫동안 아일랜드 독립 운동에 깊은 관심을 가지고 있었으며, 1869~1870년 겨울에는 『아일랜드의 역사』를 쓰고자 하는 야심 찬 계획을 세우기도 한다(완성은 하지 못했다).[151] 무장한 피니언 단원들이 맨체스터에서 구출 작전을 펼친 닷새 후 그는 라우라 마르크스의 반려자인 폴 라파르그를 데리고 '저 위대한 피니언 해방 전투가 펼쳐졌던' 기찻길 굴다리를 보여 주었다. 그는 쿠겔만 박사에게 보낸 편지에서 이렇게 말하기도 한다. "이 사건은 조직에서나 실행에서나 실로 눈부신 것이었습니다." 하지만 불행하게도 "그 우두머리는 잡히고 말았습니다."[152]

카를은 좀 더 조심스러워야만 했다. 그는 '내가 쓸 수 있는 모든 수단을 동원하여 영국 노동자들로 하여금 피니언주의를 지지하는 시위를 벌이도록 자극'하고자 했으며, 결코 '완전히 침묵'하지는 않았다. 그는 이렇게 주장한다. "하지만 사람들이 내가 대중 선동가라는 말만 반복하면서 그걸로 내 저서에 대한 비판을 채우는 꼴은 절대로 내가 원하는 바는 아닐세."[153] 두 집안 모두 맨체스터 구출 사건에서 체포된 피니언 단원들 세 명의 처형을 비극으로 받아들였다.

✤ 리지 번스Lizzie Burns는 엥겔스의 반려자였던 메리 번스Mary Burns의 여동생. 두 사람 모두 아일랜드의 노동계급 출신으로 또한 노동자이기도 했다. 언니인 메리가 엥겔스와 함께 살게 되면서 리지 또한 그 집의 가정부로 일하게 된다. 1863년 메리가 세상을 떠난 뒤 엥겔스의 반려자가 된다. 두 자매와 엥겔스 모두 결혼 제도를 부르주아적 관습으로 경멸했지만, 엥겔스는 1878년 리지가 죽기 몇 시간 전에 그녀와 정식으로 결혼한다.

"예니는 맨체스터 처형이 있은 후 검은 옷을 입고 돌아다니고 있으며 녹색 리본✤ 위에 그녀의 폴란드식 십자가를 달고 있다네." 그러자 다음 날 엥겔스는 답장에서 이렇게 말한다. "자네에게 굳이 말할 것도 없겠지만, 우리 집도 온통 검은색과 초록색으로 뒤덮여 있다네."[154)]

피니언 단원들에 내려진 선고에 대한 분노의 감정은 제1인터내셔널의 전체 평의회에서 널리 공유되고 있었다. 1867년 11월 19일, 피니언주의 운동에 대해 토론하기 위해 소집된 회의에서의 분위기는 스위스의 시계 제작자인 헤르만 융Hermann Jung의 말이 대변하고 있다. 그는 비록 자신이 "물리적 폭력을 사용하는 운동을 사주하는 사람이 아니지만… 아일랜드인들은 자신들의 처리를 널리 사람들에게 알리기 위해서는 폭력 말고 다른 수단이 없다"고 주장했다. '개혁 연맹'이 '도덕적 힘'으로 많은 것을 성취한 것은 사실이지만, 이는 어디까지나 '정부가 하이드파크 집회를 계기로 하여 이들이 물리적 폭력에 호소할 수도 있다는 위협을 느꼈기' 때문에 가능한 일이었다는 것이다. "가리발디는 위대한 애국자라고 칭송되고 있습니다. 하지만 가리발디 운동에서 인명 희생이 없었던가요? 아일랜드인들도 이탈리아인들과 똑같이 반란을 일으킬 권리가 있습니다…(좌중은 큰 소리의 찬사로 호응)."[155)] '개혁 연맹'의 회합에서도 똑같이 감정이 격앙되어 있었다. 오저는 심지어 자신이 아일랜드인으로 태어났더라면 자기도 피니언 운동에 가담했을 것이라고 선언하기까지 했다.[156)]

카를은 늦게 도착하여 11월 19일 전체 평의회에 나갔다. 그는 여전히 열이 있었고, 기자들이 나와 있었으므로 발언하지 않아도 좋았다. 그는 그다음의 11월 26일 회의에서 발언을 준비했지만, 이번에도 다른 성원인 피터 폭스Peter Fox가 대신 발언할 수 있도록 기꺼이 양보했다. 영국 정부의 아일랜드인들에 대

✤ 1641년 아일랜드 북부의 가톨릭 지주들이 영국 왕실에 의해 토지에서 쫓겨나면서 대반란Great Rebellion을 일으키던 당시 상징으로 채택한 색이 녹색이었다. 훗날 프랑스혁명 이후 아일랜드에서 공화주의자들과 가톨릭교도들의 색깔이 녹색이 되었다.

한 처우를 비난하는 일은 전체 평의회 내에서 무엇보다 우선 자신과 같은 유럽인이 아니라 영국인에 의해 이루어져야 한다는 게 그의 생각이었다. 따라서 그가 1868년 1월부터 여름까지 반복해서 병치레를 겪었다는 것은 곧 그가 위원회 모임에 나가지 않았다는 것을 뜻했다. 그가 위원회에서 행하려 했던 연설은 12월 16일 '독일 노동자 교육 협회'에서 좀 더 은밀하게 행해졌다.[157]

그가 이미 말한 바 있듯이, 그는 아일랜드 문제에 대한 자신의 관점 때문에 『자본론』 출간이라는 과제에서 주의력이 분산될까 봐 불안해했음은 분명하다. 하지만 이렇게 카를이 조심스러웠던 데에는 또 다른 이유들이 있었다. 그가 아일랜드에 대해 발전시키게 된 관점은 영국 정치 전체가 어떤 가능성을 갖고 있는지에 대한 그의 관점 자체를 좀 더 기본적으로 수정하는 과정의 일부였던 것이다. 그는 11월에 엥겔스에게 보낸 몇 통의 편지에서 아일랜드 문제를 논하면서 자신의 새로운 접근법의 핵심을 전달한다. 11월 2일, 그는 '수천 명의 사람들을 집에서 쫓아내는' 강제적 방법을 언급한다. 그중에는 '유복한 소작인 농부들'도 있으며, 심지어 그들이 '일구어 놓은 토지의 개선 및 개간과 자본 투자까지' 모두 몰수해 버렸다고 한다. 그의 말에 따르면, "다른 어떤 유럽 나라에서도 외국의 지배가 이렇게 토착민들에 대한 직접적인 수탈의 형태를 띤 곳은 없다네." 그러면서 그는 이렇게 결론을 내린다. "나는 그전에는 아일랜드를 영국에서 분리해 내는 일은 불가능하다고 믿었네. 하지만 이제는 그러한 분리가 불가피한 일이라고 본다네. 물론 분리 이후에 **연방** 같은 것이 따라올 수는 있겠지만."[158] 11월 30일, 엥겔스에게 보낸 편지에서 그는 자신의 논지를 더욱 상세히 전개한다. 그의 주장은 1846년 이후 영국 지배의 경제적 내용과 정치적 목적이 '완전히 새로운 단계로 진입'했다는 것이다. 아일랜드는 영국 곡물 시장에 대한 스스로의 독점을 상실하고 말았다. 따라서 이제 아일랜드의 토지는 농업을 위한 경작이 아니라 목축으로 그 목적을 바꾸게 되었다는 것이다. 이는 곧 '아일랜드의 토지 재산을 깨끗이 비우는 것'을 뜻하며, '양떼, 돼지들, 황소들을 수단으로 하여' 아일랜드인들을 토지에서 다음과 같이 믿고 있었다. '피니언주의는 사회주의적(물론 **농작지**의 **몰수**를 반대한다는 부정적인 의미에서) 경향과 **하층 신분들의 운동**이라는 특징을 띤다'고 믿고 있었다. 영국 노동자들은 영국 연합(즉 1801년에 있었던 영국 의회와 아일랜드 의회의 연합)의 철폐를 지지하는 입장을 천명해야 한다는 게 그의 결론이었다. 아일랜드인들이 필요로 하는 것은 '자치 정부와 독립', '농업혁명', 그리고 영국 상품의 범람을 막는 보호관세라는 것이었다.[159]

아일랜드에 대한 그의 관점이 완전히 바뀌게 되는 과정과 궤를 같이하여 그가 '개혁 연맹'과 런던 노동조합 지도자들에 대해 애초에 품었던 희망도 사그라들게 된다. 1868년 4월 그는 쿠겔만 박사에게 보낸 편지에서 이렇게 말한다. "**현재의 국면에서는** 이러한 사건의 전환이 노동자 당에는 해로운 것일세. 왜냐하면 노동자들 중에서 음모를 꾸미고 있는 오저, 포터 등등의 인간들은 다음 총선에서 의회에 진입하기를 원하고 있으므로 이제 부르주아 자유주의자들과 꼭 붙어 다닐 훌륭한 구실을 새롭게 얻게 된 셈이니 말일세."[160] 그는 특히 글래드스턴이 피니언 반란에 대해 관대한 처분을 거부했을 뿐만 아니라 1862년이 되어서까지도 미국의 남부 연합과 대통령인 제퍼슨 데이비스의 입장에 대해 지지를 표명하고 있었음에도 이 노조 지도자들이 글래드스턴에게 열성적인 지지를 보내는 것에 격분했다.

노동자들이 독자적인 정치 활동을 하게 될 가능성은 1868년 총선을 치르면서 더욱 줄어들었다. '개혁 연맹'은 독자적인 후보를 내지 않았다. 그렇게 할 만한 돈도 없었을 뿐만 아니라 그러한 시도에 대해 사람들의 지지도 거의 없었다. 자유주의자-노동자 동맹은 확고하게 승리를 거두고 있었다. 비즐리가 주장한 바 있듯이, '어떤 노동자도 브라이트, 밀, 글래드스턴과 같은 이들에게 반대표를 던져서 그 반대 후보를 밀어주는 짓은 하지 않을 것'이었다.[161] 더욱이 아일랜드의 성공회 교회를 폐지하자는 운동도 인기를 얻고 있었고, 카를 자신조차 '장기적으로는' 그것이 영국 노동계급에게 이득이 될 것이라고 생각했다. 왜냐하면 "아일랜드에서 국교회가 전복된다면 이는 곧 잉글랜드에서도 전복된다는 것을 뜻하며, 그 두 교회가 무너지는 과정에서 그 뒤를 이어 영주들의 지배landlordism도 처음에는 아일랜드, 그다음에는 잉글랜드에서 무너지게 될 것이야. 그리고 나는 항상 사회혁명이 **진지하게** 시작되는 것은 땅으로부터, 즉 토지 소유로부터라고 확신해 왔네."[162)]

1869년이 되자 아일랜드 문제는 다시 수면 위로 올라오게 된다. 1867년에 투옥된 피니언 운동 지도자들에 대한 사면을 요구하는 운동이 아일랜드 본토에서 나타나게 된 것이다. 이 운동을 통해 1869년에 티퍼러리Tipperary에서 있었던 보궐선거에 제러미아 오도노번 로사Jeremiah O''Donovan Rossa가 옥중 출마하여 당선되는 특별한 전과를 올리기도 했다. 짧은 기간이나마 피니언 운동은 단순히 활동가들만이 아니라 사면 운동을 기꺼이 지지하는 아일랜드의 온건주의자들, 그리고 마르크스 가족부터 뉴먼Newman 추기경에 이르는 영국 내의 폭넓은 동정적 지지자들의 상상력을 완전히 장악해 버렸다. 9월이 되자 막내딸 '투시Tussy'가 엥겔스 및 리지 번스와 함께 아일랜드 전역을 돌며 여행을 했고, 그다음 해에는 맏언니 예니가 윌리엄스J. Williams라는 가명을 사용하여 『라 마르세유』지✤에 피니언 운동을 지지하는 일련의 기사를 투고한다. 예니는 10월 피니언 죄수들의 석방을 요구하는 대중 집회 및 시위를 묘사하는 편지를 쿠겔만 박사에게 보내기도 한다. "투시가 아일랜드 여행에서 돌아왔을 때 그 아이는 그 이전보다 훨씬 더 독실한 아일랜드 사람으로 변해 있었고, 무어Moor,✤✤ 엄마, 그리고 나까지 함께 하이드파크로 가자고 쉬지 않고 졸라 댔습니다. … 이 공원은… 무수히 많은 남자, 여자, 아이 들이 하나로 엉켜 꽉 차 있었고 심지어 나무 위 제일 높은 가지까지 사람들이 달라붙어 있었습니다."[163)]

✤ 1869년에 창간된 프랑스 일간지.

✤✤ 마르크스는 검은 피부를 가지고 있어서 가족과 가까운 친구들로부터 북아프리카의 흑인들을 뜻하는 '무어'라는 애칭으로 불렸다.

카를은 이 사면 운동을 글래드스턴에 대한 전면 공격으로 활용하고 싶어 했다. 그는 이제 아일랜드에 대한 영국 노동계급의 태도를 완전히 바꾸는 것이 절대적인 과제라고 생각했지만, 그렇게 할 수 있으려면 자유주의자들에게 푹 빠져 있는 노조 지도자들에게 도전해야만 했다. 11월 1일, 그는 전체 평의회에서 '아일랜드인들의 사면 문제에 대한 영국 내각의 태도'에 대해 토론을 시작했다. 그는 한 시간 15분에 걸쳐 발언했다. 그는 '투옥된 아일랜드 애국자들의 석방'이라는 아일랜드인들의 요구에 대해 이렇게 주장했다. "글래드스턴 씨는 고의적으로 아일랜드 민족을 모욕하고 있습니다." 자신의 결의의 정당성을 입증하기 위해 카를은 이렇게 주장한다. "글래드스턴은 선거 기간 동안에는 피니언 운동의 반란을 정당화하면서 어떤 민족이든 비슷한 상황에서라면 반란을 일으켰을 것이라고 말했습니다." 그는 또한 글래드스턴이 '미국 노예 소유주들의 반란'을 지지했던 것과 그가 아일랜드 사람들에게 '수동적 복종'을 설파한 것을 대조시켰다.[164] 11월 23일에 있었던 그다음 전체 평의회에서 오저는 글래드스턴을 옹호하면서 만약 목적이 투옥된 이들의 석방을 확보하는 것이라면 그렇게까지 심한 언어를 사용하는 것이 '현명치 못한impolitic' 일이 아니냐고 문제를 제기했다. 그리고 직조공 조합의 토머스 모터스헤드Thomas Mottershead는 아일랜드가 프랑스에서 영국을 지키기 위해 필요하다는 점을 근거로 아일랜드의 독립 요구를 완전히 거부했을 뿐 아니라 글래드스턴의 정치적 이력을 강력하게 옹호했다. 마지막으로 오저가 나서서 만약 그 '고의적으로'라는 말만 삭제한다면 카를이 제출한 결의를 만장일치로 통과시킬 수 있을 것이라고 시사했다.[165]

"나는 이제 글래드스턴을 공격했네." 카를은 11월 29일 쿠겔만 박사에게 보낸 편지에서 이렇게 말한다. 카를의 설명에 따르면, 자신이 제출한 결의에 숨은 의도는 "당연히 억압받는 아일랜드인들을 위해 결연하고 뚜렷한 목소리를 내는 것 말고도 다른 이유가 있었다네." 그는 계속해서 말한다. "나는 갈수록 더욱 확신하게 되었네. 이제 문제는 이러한 확신을 북소리로 울려서 영국 노동계급 전체에 똑똑히 알려야 한다는 데 있다네. 즉 그들이 아일랜드 문제에 대한 태도를 놓고 지배계급과 확연하게 갈라서지 않는 한 영국에서 노동계급이 확실하게 이룰 수 있는 일은 아무것도 없을 것이라는 것일세. 그래서 영국 노동계급은 단순히 아일랜드인들의 운동을 공유할 뿐만 아니라 심지어 한 걸음 나아가 영국 연합을 해체하는 작업을 주도해야 한다는 것일세."[166] 하지만 카를은 자신이 아일랜드와 영국 노동계급의 문제에 대한 토론을 열기로 되어 있었던 12월 7일의 회합에 나가지 못한다. "**안개**가 너무 심하고 당시의 내 **건강 상태**가 너무 좋지 않아서 가족들이 내가 나가는 것을 허락하지 않았다네."[167]

그래서 아일랜드와 영국 노동계급에 대해 카를이 제출했던 결의는 그 모임에서 논의되지 않았을 뿐만 아니라, 그 이후에도 전혀 논의되지 않았다. 전체 평의회는 아일랜드의 독립 요구를 기꺼이 지지했지만 그 이상의 무언가를 하는 것은 꺼렸다. 오저와 같은 노조 지도자들은 피니언 단원들의 폭력 사용을 정당화하는 것에 대해서는 철저히 선을 그었다. 이들은 또한 글래드스턴에 대한 무조건적 공격에 참여하는 것도 꺼렸다. 그들은 글래드스턴의 교회 개혁 법안뿐만 아니라 그의 토지개혁 법안 또한(이것이 정부의 입법 프로그램을 지배했다) 지지했던 것이 중요한 이유였다.[168] 게다가 1870년대가 되면 피니언 운동 자체가 후퇴하게 된다. 피니언 단원들 대부분이 무장투쟁의 정치에서 물러서서 1874년에는 자치를 위한 의회 운동을 지지하는 쪽으로 입장을 바꾼다.

1870년대에 들어서서 전체 평의회는 이 문제를 기쁘게 한쪽으로 밀어놓는다. 이들이 이 문제에 대해 관심을 가졌다는 유일한 증거는 전체 평의회가 '프랑스어 사용 스위스 지역의 연방 위원회'에 보낸 것이라고 주장되는 '회람문 Circular'뿐으로, 그것이 표방하는 목적은 제네바에서 출간되는 바쿠닌 쪽의 신문인 『평등Egalité』에서 전체 평의회가 정관에 어긋나는 행동을 했다는 공격을 내놓은 데에 대해 답변하는 것이었다.

이 '회람문'의 주된 목적은 현존하는 전체 평의회를 연방 위원회와 분리하여 제1인터내셔널의 영국 지부로 활동하게 만들자는 제안✤에 반대하는 것이었다. '회람문'은 현재 전체 평의회의 입장을 변호하면서 순전히 추측에 기반하여 대영제국과 세계 시장의 몰락이라는 거대한 규모의 분석을 내놓는다. 혁명이 시작되는 것은 프랑스일지 모르지만, "진지한 **경제적** 혁명을 일으킬 지렛대 역할을 할 수 있는 나라는 영국뿐"이라고 언명한다. 영국은 인구의 대부분이 임노동자들인 나라로, 여기에서 노동조합에 의한 노동계급의 조직화와 계급투쟁은 '일정한 정도의 성숙도와 보편성을 이미 획득한 상태'라는 것이었다. 그리고 영국은 세계 시장을 지배하고 있을 뿐만 아니라, 토지 소유자의 지배와 자본주의의 세계적 중심지이기도 하다고 한다. 그리고 그 약한 지점은 바로 아일랜드에 있다고 한다.

제1인터내셔널의 으뜸가는 관심사는 "영국에서의 사회혁명을 진전시키는 것입니다. 이러한 목적에서 볼 때, 아주 센 일격을 아일랜드에 가해야만 합니다." 영국의 토지 소유자 지배의 권력은 아일랜드 토지에 대한 부재 지주제가 중요한 기초가 되어 있으며, 또 영국 부르주아지는 가난한 아일랜드 노동자들을 영국으로 이민 오도록 강제함으로써 그 힘을 강화하고 있다고 한다. 그리고 이 때문에 영국의 프롤레타리아트는 두 개의 적대적 진영으로 분열되어 버렸다고 한다. "평균적인 영국 노동자들은 아일랜드 노동자들을 임금과 **생활수준**을 끌어내리는 경쟁자들이라고 봐서 증오합니다. 민족적으로도 종교적으로도 적대감을 키우고 있습니다. 또한 영국 노동자들이 아일랜드 노동자들을 바라보는 방식은

✤ 이 '프랑스어 사용 스위스 지역의 연방 평의회Federal Council of Romance Switzerland'는 1869년 가을에 바쿠닌 일파에 의해 장악된 상태에 있었고, 『평등』지는 그 공식 기관지였다. 바쿠닌은 처음에는 전체 평의회를 런던에서 제네바로 가져옴으로써 자신이 제1인터내셔널을 장악하려는 계획을 추진했다. 하지만 이것이 실패하게 되자 런던의 전체 평의회가 제1인터내셔널 전체의 전체 평의회답게 각국의 노동자들의 상태를 돌보고 정보를 교환하는 대신 영국의 상황에 너무 몰각되어 있다는 공격을 『평등』지의 여러 기사를 통해 감행했다. 그리고 그렇게 할 바에는 별개의 영국 연방 평의회Federal Council를 설립해야 한다고 주장했다. 결국 영국을 따로 맡아보는 '연방 평의회Federal'는 1871년 런던 총회의 결의로 생겨난다(마르크-엥겔스 영어 전집 21권의 각주 118번 참조).

북미 지역의 남부 주들에서 **가난한 백인들**이 흑인 노예들을 바라보는 방식과 상당히 비슷합니다." 아일랜드의 독립을 앞당긴다면 토지 소유자들의 지배 체제의 권력 또한 깨어질 것이며, 이에 영국 지배계급의 몰락도 가능해질 것이라는 것이다. 따라서 영국 노동계급이 아일랜드와 영국의 연합을 철폐하는 쪽으로 나아가도록 만드는 것이 절대적인 지상 과제가 되었다고 한다. 왜냐하면 이러한 연합의 철폐야말로 '**영국 노동계급이 해방되어** 현존하는 **강제된 연합**을(즉 아일랜드의 노예화) 가능하다면 **평등하고 자유로운 더욱 느슨한 연합체**confederation로, 혹은 필요하다면 **완전한 분리**로 바꾸어 내는 전제 조건'이라고 주장한다.

이 '회람문'은 프랑스어로 쓰여 있으며 '비밀' 문서로 규정되어 있지만, 공식 문서가 정상적으로 따르게 되어 있는 기초적인 주의 사항조차 지키지 않고 있다. 이 문서에 나타난 영국 노동계급과 아일랜드 사이의 관계에 대한 독해가 어떤 장점을 가지고 있는지와 무관하게 이러한 정치적 목표를 어떻게 달성할 수 있을지에 대한 논의는 없이 완전히 고삐 풀린 상상의 날개를 펼쳐 환상의 세계로 날아가고 있으니, 이는 순전히 사적인 서한에서나 용납될 수 있는 일이다. 이 문서는 이렇게 주장한다. 혁명을 영국인들에게만 맡겨 놓을 수는 없는 일이라고. "전체 평의회는 이제 **프롤레타리아혁명의 이 거대한 지렛대에 직접 손을 올려놓은 행복한** 위치에 있습니다. 그런데 이 지렛대를 순전히 영국인들의 손에만 맡겨 두는 것은 얼마나 어리석인 일입니까? 아니, 저는 범죄라고까지 말하고 싶습니다!" 문서는 계속해서 말한다. "영국인들은 사회혁명의 모든 **물질적** 필수 요건들을 갖추고 있습니다. 그들에게 결여된 것은 보편화의 정신 그리고 혁명의 열정입니다." 이것을 제공할 수 있는 게 바로 전체 평의회이니, 이 조직이야말로 '이 나라에서 그리고 결과적으로 **모든 나라에서** 나타나고 있는 진정한 혁명적 운동을 가속화'시킬 수 있다는 것이다.[169] 이 회람문은 전체 평의회에서 나온 것임을 표방하고 있다. 이 회람문의 초두에 다음과 같은 언명이 나온다. "1870년 1월 1일의 비상 회의에서 **전체 평의회**는 다음과 같이 결의했습니다…." 하지만 그러한 회의가 열렸다는 증거는 존재하지 않는다.[170] 또한 전체 평의회의 여러 성원들이 이러한 문서를 승인했을 것이라고는 도저히 볼 수가 없다.

카를의 접근법에서는 아일랜드 상황이 가지고 있었던 여러 복잡한 요소들이 깨끗이 씻겨져 있다. 그의 분석은 종교와 분파에 기반한 무수한 분열이 금방 사라질 것이라는 비현실적인 전제에 기초해 있다. 쿠겔만에게 보낸 1868년의 편지에서 카를은 말하고 있다. 일단 아일랜드의 성공회 교회만 제거한다면, "울스터Ulster 지방의 개신교 아일랜드 소작인들은 가톨릭 소작인들과 공동의 운동을 만들어 낼 것이며, 이들의 운동은 아일랜드 내의 다른 세 개의 지방에서도 일어날 것이야. 지금까지는 **토지 소유주의 지배**가 그들의 이러한 **종교적** 적대 관계를 이용해 먹을 수 있었지만 말이야."[171] 1870년 내내 카를은 이렇게 아일랜드야말로 우선은 영국, 그다음에는 그 연장선에서 전 세계의 사회혁명이 오도록 만들 열쇠라는 생각을 고집했다. 1870년 3월, 그는 라파르그에게 보낸 편지에서 이렇게 말한다. "유럽에서의 사회적 발전의 속도를 올리고자 한다면, 우리는 공식적인 영국 체제가 파국을 맞도록 밀어붙여야만 한다네. 그렇게 하려면 영국에 대한 공격은 아일랜드에 집중되어야 할 일일세. 여기야말로 영국의 가장 약한 지점이니까. 아일랜드를 잃으면 대영'제국'도 사라질 것이며, 영국 내의 계급 전쟁 또한 비록 지금까지는 만성적 상태로 잠들어 있었지만 이제 급성질환의 형태를 띠게 되겠지. 하지만 영국은 전 세계의 토지 소유주 지배와 자본주의의 중심 도시가 아닌가."[172] 그렇지만 1866~1867년의 희망에는 '체제 바깥으로부터의 압력'이라는 것이 어느 정도의 실체로 작용했지만, 이번의 분석에는 그런 것도 전혀 없으며 따라서 분석 자체가 추상적이고 교조적인 모습을 띠고 있다.

아일랜드에 대한 초점은 부분적으로는 영국에서 더 이상의 비판적 발전이 보이지 않는다는 데 대한 좌절의 결과이기도 하며, 또 부분적으로는 노동조합이 그 최초의 입장을 넘어 더 이상 전진하기를 꺼린다는 데 대한 실망의 결과이기도 했다. 1871년까지도 카를은 전체 평의회 내에서 비록 좀 고립되기는 했어도 충분히 존중받는 인물이었다. 영국 토착의 급진주의 전통들 이외에도 마치니파의 성원들이 있었지만, 마르크스파는 없었다. 또 콩트파도 있었으니, 콩트와 씨름을 벌였던 밀이나 콩트식 실증주의자가 된 에드워드 비즐리나 프레더릭 해리슨과 같은 지식인들은 콩트파라고 할 만한 이들이었다. 카를이 널리 알려진 인물이 되는 것은 파리코뮌, 그리고 1871년의 『프랑스 내전』 출간 이후의 일이었다. 훗날 조지 하월이 주장했듯이, 제1인터내셔널이 관심을 두었던 실제적 문제들을 넘어서서 카를이 얼마나 큰 관점을 가지고 있었는지는 거의 알려지지 않았을 가능성이 크다. 카를의 관점은 전체 평의회의 노조 지도자들의 관점은 중요한 많은 문제(공장 노동시간과 청소년 노동의 제한, 교육의 세속화와 토지 소유권 등의 문제)에서 서로 수렴했다. 하지만 영국 노조 지도자들이 구사했던 계급의 언어는 카를이 상상했던 것과는 내용상 크게 다른 것이었다.

카를은 예전에 엥겔스가 그랬던 것과 마찬가지로 차티스트운동과 영국 급진주의가 내놓은 바의 계급 언어를 절반밖에는 이해하지 못했다. 카를은 계급이라는 것을 순전히 사회적 현상으로 생각했던 반면, 영국 급진파들에게 계급이란 비뚤어진 헌정을 낳은 정치적 억압과 불가분으로 하나가 된 문제였다. 사회적으로 보자면 고용주는 좋은 이도 있고 나쁜 이도 있는 법이며, 고용주들 전체에 대한 적개심이라면 이는 어디까지나 정치적인 문제였다. 즉 고용주들 집단은 토지 귀족이 지배하고 있는 국가와 공모하는 존재라는 것이었다. 노조 지도자들은 개혁을 지지하는 이들, 이를테면 존 스튜어트 밀과 같은 '진보적 자유주의자들'과 기쁘게 협력했다. 노조 지도자들은 가능할 경우에는 누군가가 중재에 나서는 것을 인정했고, 파업을 지지하는 것은 그것이 꼭 필요한 경우로 국한되었다. 더욱더 증오에 찬 격렬한 형태의 계급적 적개심이라면 이는 토지 귀족들에 대한 것이었다. 그들의 지위는 노동이 아닌 정복에 기초한 것이었으니까. 밀의 '토지 보유 개혁 협회Land Tenure Reform Association'가 권고하는 장자 상속권 폐지의 형태로든, 아니면 '토지 및 노동 연맹Land and Labour League'이 추구하는 바의 공적인 토지 소유로든 급진파 전통 내에서 토지개혁의 문제는 실로 오래된 과제였다.

제1인터내셔널 내에서 카를이 상대해야 했던 노조 지도자들(조지 오저, 조지 하월, 윌리엄 크레머, 로버트 애플가스, 토머스 모터스헤드, 존 헤일스John Hales 등등)은 모두 독특한 세대에 속한다. 이들이 노사 쟁의에 대해 갖는 태도는 1850년대의 정치적 분위기에서 형성되었다. 그 전환점은 1853~1854년의 거대한 파업의 물결이었고, 특히 디킨스로 하여금 『힘든 시절Hard Times』을 쓰도록 영감을 줄 정도로 중요한 사건이었던 프레스턴Preston에서의 파업이 컸다. 이 파업은 1848년 이후 대규모의 노동계급 행동이 되살아났음을 알리는 첫 번째 사건이었다. 하지만 이 운동을 차티스트운동과 연결시키려는 시도들은 모두 실패하고 말았다. 급진파 매체들뿐만 아니라 이들에 맞서는 유산계급 쪽 매체들 또한 이 투쟁을 새로운 용어들을 써서 묘사하고 있었다. 이들은 모두 '자본'과 '노동' 사이의 조화 혹은 이해 상충을 이야기하고 있었으니, 이는 1837년에서 1842년 사이에 있었던 차티스트운동에서 형성된 것과는 전혀 다른 경제적 수사학이었다.[173] 이는 노동계급이 정치체 내에서 정당성을 가진 협상 주체로 인정되어 가는 과정의 첫 발자국의 이정표가 되었다. 유산계급의 매체들은 처음으로 노동계급을 정당한 이해와 요구 사항들을 품고 있는 '제4신분'으로 이야기했다.[174]

노사관계에 대한 이러한 새로운 태도는 1848년 차티스트운동이 사멸한 이후의 정치적 분위기의 변화의 산물이었다. 영국의 국가는 1830년대와 1840년대의 대대적인 재구조화를 겪고 난 뒤 예전에 노동시장에서 맡고 있었던 두드러진 역할에서 완전히 철수했다. '자본'과 '노동' 사이의 갈등은 이제 더는 직접적인 정치적 함의를 갖는 것이 아니게 되었다. 차티스트운동은 임노동 체제 자체에 대한 투쟁이 아니라 그것의 남용 및 오용에 맞선 투쟁이었으며, 그러한 남용 및 오용을 부패한 국가가 사주하고 촉진하는 데 맞선 투쟁이었다. 그런데 1850년대와 1860년대에 들어 국가의 입장에 변화가 생기면서 노동계급 쪽에서도 태도의 변화가 생겨난 것이었다.

카를은 1850년대에서 1870년대 사이에 영국 경제 내에서 벌어진 여러 발전에 대해 많은 관심을 기울였지만, 그는 국가와 정치 시스템의 성격 변화에 대해서는 거의 눈치채지 못했다. 1844년 엥겔스는 영국에서 '생득권birthrights'의 개념이 갖는 중요성을 심각하게 과소평가했지만, 카를은 이러한 엥겔스의 입장에 의문을 던지지 않았다. 1848년의 사건이 나타내고 있듯이, 유럽 대륙 어디에도 언론의 자유와 결사의 자유가 존재하지 않았던 당시에 이러한 자유가 영국에는 존재했었고, 이는 영국의 정치 시스템을 정당화해 주는 특징으로 상당히 중요한 역할을 했던 것이다.

그다음 20년간 국가와 정치 시스템의 도덕적 정당성은 상당히 증대되었다. '옛날 부패'의 과도한 방종은 크게 줄어들었고, 공직과 고등교육을 성공회 교회가 독점하는 것도 깨져서 비국교도들도 포용하게 되었고, 노동시간은 제한되었으며, 노조 자금도 법적으로 보호되었고, 파업 또한 갈수록 더 너그럽게 용납되었으며, 1867년에는 노동계급의 상당한 비중이 선거권까지 얻게 되었다. 영국과 유럽 대륙의 정치적 분위기가 어떤 차이를 가지고 있었는지는 목수 및 소목장 전국 노조Amalgamated Society of Carpenters and Joiners의 지도자인 로버트 애플가스가 1869년 바젤에서 열린 제1인터내셔널 총회에서 강조한 바 있다. "다행스러운 일은 영국에서는 경찰들이 우리를 감시할까 봐 비밀리에 활동할 필요가 없다는 점입니다."[175]

9. 프랑스-프로이센 전쟁

1870년의 제1인터내셔널 총회는 파리에서 열리기로 잡혀 있었지만, 프랑스 정부가 계속해서 제1인터내셔널을 박해하는 통에 총회는 다시 마인츠에서 열기로 결정되었다. 하지만 총회가 열리기 2주 전인 1870년 7월 19일 프랑스는 프로이센에 전쟁을 선포하게 되며 이에 총회도 취소된다. 전쟁은 왕조 간의 야심에다가 민족주의 감정의 발흥이 복잡하게 얽히며 나타난 일이었다. 프랑스인들은 가뜩이나 영토상으로 포위 상태에 처하는 게 아니냐는 두려움을 가지고 있었는데, 여기에다 호엔촐레른 왕가가 스페인 왕위를 주장하고 나선 것을 비스마르크가 지지하면서 이러한 공포는 더욱 심해졌다. 비스마르크가 프랑스와의 전쟁 분위기를 조성했던(하지만 그 스스로 전쟁을 시작하지는 않았다) 목표는 남부 독일을 프로이센이 지배하는 북부 독일 연합North German Confederation에 더 가깝게 끌어당기기 위함이었다. 호엔촐레른 왕가는 스페인 왕위에 대한 주장을 거두어들였다. 하지만 그렇게 하는 과정에서 프로이센 왕이 프랑스에 모욕을 가했다고 여겨지면서(엠스 전보 사건Ems Telegram으로 유명하다)* 프로이센에 본때를 보여 주어야 한다는 여론이 프랑스에서 불타올랐다. 하지만 프랑스가 전쟁의 이유라고 내건 것이 워낙 하찮은 일인 데다 보나파르트는 군사적 모험주의자로 평판이 높았던 자이므로 애초에 전체적인 분위기는 프로이센인들에게 동정적이었다. 이들은 어쩔 수 없이 조국 방위전을 치러야 할 상황에 몰리게 되었다는 것이었다. 카를의 딸 예니가 쿠겔만 박사에게 쓴 바 있듯이, "일이 이런 식으로 벌어지다니 우리는 아직도 충격과 분노에 휩싸여 있습니다. … 보나파르트의 제국을 박살내기 위해 싸워야 할 프랑스 인민들이 오히려 그의 제국을 더 넓혀 주기 위해 스스로를 희생하고 있다니요. 19세기에 이런 식의 맹목적 애국심이 되살아난다는 것은 정말로 잔인무도한 코미디입니다."[176] 카를도 처음에는 단연코 프로이센을 지지했다. "프랑스는 보이지도 않게 될 것이야. 만약 프로이센이 이긴다면 **국가권력**의 집중으로 인해 독일 노동계급이 혜택을 보게 되겠지. 그렇게 되면 독일의 우세함으로 인해 서유럽 노동운동의 중심 또한 프랑스에서 독일로 이동할 걸세." 계속해서 그는 말한다. 1866년 이후 독일 노동계급은 '이론에서나 조직에서나 프랑스 노동계급보다 우월'했다는 것이다. 프로이센의 승리는 '프루동의 이론을 누르고 **우리의** 이론이 지배력을 갖도록' 보장할 것이라는 것이다. 그는 또한 보나파르트의 패배가 프랑스 내에서는 혁명을 촉발시키겠지만, 독일의 패배는 '현재의 상태를 20년간 지연시킬 뿐'이라고 말한다.[177]

7월 23일, 카를은 전체 평의회로부터 권한을 위임받아 전쟁에 대한 '성명서'의 초안을 작성한다. 이 '성명서'가 천명하는바, 보나파르트는 순전히 '왕조

✣ 1870년 당시 라인란트의 바트 엠스Bad Ems의 휴양지에 있었던 프로이센의 빌헬름 1세에게 프로이센 주재 프랑스 대사가 접근하여 다시는 호엔촐레른 왕가에서 스페인 왕위를 주장하는 일이 없을 것이라고 보장해 달라고 요구했으나 왕이 거절하는 일이 있었다. 이 대화는 서로 간에 외교적 절차와 예의를 지키면서 우호적으로 이루어졌으나, 이를 양국 간의 관계 악화와 프랑스의 선전포고를 유도하기 위한 구실로 삼고자 했던 비스마르크는 이 전보의 내용을 쌍방 모두 아주 거칠고 무례하게 행동했던 것처럼 조작하여 언론에 내보낸다. 그 결과 양국 내부에서 모두 전쟁 지지 여론이 높아졌으며, 프랑스가 선전포고를 하게 된 직접적 계기로 여겨진다. 이를 두고 비스마르크는 "갈리아의 황소를 끌어내기 위한 붉은 천"이라고 부르기도 했다.

의 이익을 위한' 전쟁에 몰두하고 있으며, 이는 곧 '제2제국에 울리는 조종이 될 것'이라고 한다. 한편 독일인들은 '방어전'을 벌이는 것뿐이라고 한다. 만약 독일 노동계급이 '이 전쟁이 현재 띠고 있는 철저하게 방어적 성격을 잃도록 허용'한다면 재앙이 되겠지만, '인터내셔널의 여러 원리들'은 '독일 노동계급에게 아주 튼튼하게 뿌리를 박고 있기에 그러한 슬픈 결말을 걱정할 필요는 없을 것'이라고 말한다. '경제적 빈곤과 정치적 망상으로 가득한 낡은 사회'와는 대조되는 '새로운 사회'가 출현하고 있으며, 그 '국제적 규칙'은 **평화**와 **노동**이라는 것이 이 글의 결론이었다.[178] 영국에서는 이 '성명서'에 대한 반응이 대단히 좋았다. 8월 2일의 전체 평의회 회의에서 보고된 사항으로, 존 스튜어트 밀은 "이 성명서에 대단히 만족했다고 한다. 뺄 말도, 더할 말도 한마디도 없는 완벽한 글이라는 것이었다."[179]

프랑스 군대는 움직이는 것도 느렸으며 독일의 군사적 우위는 금세 분명해졌다. 이미 8월 첫 번째 주가 되면 '군사 문제를 전혀 모르는' 카를조차 프랑스가 패배로 치닫고 있다는 것을 분명히 느낄 정도였다. '이렇게 아무 생각도, 아무 계획도 없이 뻔한 방식으로 이루어지는 군사작전은 본 적이 없다'는 것이었다. 하지만 노동운동이 전쟁을 제한하는 영향을 미칠 것이라는 희망은 금세 찌그러지고 말았다. 엥겔스는 애초부터 훨씬 더 우울한 평가를 내놓고 있었다. "루이 보나파르트는 자기가 얼마나 계산을 잘못했는지를 깨닫고 있네." 이 군사작전은 절대로 그에게 좋게 끝날 수 없다는 것이었다. 프로이센이 '전쟁 흉내'만 내다가 말 것이라고 기대하는 것은 전혀 무망한 짓이라고 한다. "이 전쟁은 완전히 끝장을 봐야 끝날 것이야On ira au fond."[180] 이는 곧 프로이센의 요구가 무엇인지를 통해 분명히 밝혀졌다. 무려 5억 프랑의 전쟁배상금 지불과 알자스, 그리고 대부분의 로렌 지방을 내놓으라는 것이었다.

카를은 프로이센이 이렇게 돌변하게 된 것을 '프로이센 궁정에 도사린 비밀 도당Camariolla'과 '남부 독일의 맥주에 전 애국주의자들' 탓으로 돌렸다. 그는 또한 '알자스와 로렌에 대한 욕심이… 유럽에 떨어지게 될 최악의 불행이지만, 무엇보다 그 불행을 뒤집어쓰게 될 당사자는 독일'임을 분명히 보고 있었다.[181] 또한 이 전쟁은 카를이 예상했듯이 제2제국의 종식을 가져왔다. 9월 2일, 보나파르트는 12만 명의 군대와 함께 스당Sedan에서 항복했다. 9월 4일, 프랑스의 하원Corps Législatif은 제국이 끝났음을 선언했고, 한 무리의 공화주의자 의원들은 공화국을 선포했다. 이 전쟁의 책임은 모두 보나파르트에게 있는 것으로 돌려졌지만, 비스마르크의 여러 요구는 그대로 남아 있었다. 이제 전쟁이란 곧 프랑스 국민과 공화국을 수호하는 전쟁을 뜻하게 되었다.

사태의 전개에 대한 대응으로 9월 9일 전체 평의회는 '두 번째 성명서'를 발표했고 이 또한 카를이 초안을 마련했다. 이 성명서는 독일이 '정복 정책'으로 전환한 원인을 '대학교수, 자본가, 시의원, 문필가 들'을 갖춘 독일의 자유주의 중간계급에게로 돌리고 있다. 1846년 이후 시민적 자유를 위한 투쟁에는 비겁하게 굴던 이들이 이제 '독일 애국주의라는 성난 사자의 등에 올라타서 우쭐거리며 유럽 전체를 깔고 앉으려' 들고 있다는 것이다. 알자스와 로렌을 병합하겠다면서 독일 군대가 주장이랍시고 내놓은 이른바 '물질적 보장'이라는 것에 대해서도 조롱을 쏟아 놓는다. 프랑스는 '러시아의 팽창을 위한 도구임을 **공언**하게 되든가, 아니면 짧은 휴지기를 가진 뒤' 또 다른 준비를 할 수밖에 없게 될 것이라는 것이다. 그리고 이 전쟁은 "새로이 유행하게 된 '국지화된' 전쟁이 아니라 슬라브 인종과 라틴 인종 전체가 합쳐서 벌이는 **인종 간의 전쟁**이 될 것이라는 것이었다."[182]

이와 거의 같은 시기에 카를이 프리드리히 조르게Friedrich Sorge에게 보낸 편지를 보면 좀 더 명시적으로 말하고 있다. "독일 멍청이들이 모르는 게 있네. 1866년 전쟁이 이번 프로이센과 프랑스의 전쟁으로 이어졌던 것과 똑같이 이번 전쟁도 독일과 러시아 사이의 전쟁으로 반드시 이어지게 될 것이라는 점일세." 그러한 전쟁에서 나올 수 있는 '최상의 결과'라는 것은 '프로이센'의 종말이 될 것이라는 것이다. 왜냐하면 '프로이센주의'란 오로지 '러시아에 대한 종속적 동맹으로서'만 존재할 수 있기 때문이라는 것이다. 둘째, 그러한 전쟁은 '러시아에서의 필연적인 사회혁명을 가져올 산파'의 역할을 할 것이라는 것이었다.183)

이 '두 번째 성명서'는 계속해서 '프랑스에서의 공화국의 도래'를 경축하고 있지만, 그와 동시에 이 새 프랑스 정부가 오를레앙 왕당파들과 중간계급 공화주의자들로 구성되어 있으므로 그저 오를레앙 왕정복고로 가기 위한 '임시방편에 불과한 것'이 될 수도 있음을 경고하고 있다. 하지만 '프랑스 노동자들'은 이 새로운 행정부를 방해하려고 해서는 안 된다고 한다. '적군이 거의 파리의 문 앞에까지 육박해 있는 현재의 위기 속에서 새로 들어선 정부를 전복시키려는 그 어떤 시도도 자포자기의 발악과 같은 어리석은 짓이 될 것'이라는 것이었다. 프랑스가 패배할 확률이 늘어나고 있었던 당시 이러한 위기는 현실적인 위험으로 보였다. 보나파르트가 스당에서 패배하기 전부터 이미 프랑스 군대는 사기가 땅에 떨어져 있는 것으로 보였다. 8월에 프랑스 군대가 줄줄이 패배를 겪으면서 프로이센에 의한 파리의 포위는 불가피한 것으로 보였다. 하지만 보나파르트는 보수파 루이-줄 트로쉬Louis-Jules Trochu를 파리 지역의 군대 총사령관으로 임명하는 한편 바젠Bazaine이 이끄는 프랑스 군대를 파리를 수호하도록 후퇴시키는 것은 거부했으니, 이를 보아 황제의 주된 관심사는 파리를 보호하는 것이 아니라 도시 내의 내란과 소요 사태를 억누르는 것이라고 사람들은 믿게 되었다.

제국은 끝장이 났고 프로이센 군대가 파리로 진격해 오는 상황에서 수도를 방위할 수 있는 믿을 만한 군대는 오로지 국민 방위군뿐이었다. 이들은 무장하고 있었을 뿐만 아니라 도시의 방어를 위해 사용할 대포들도 가지고 있었다. 제국 군대나 트로쉬의 1만 5000명의 기동 방위대와는 달리 국민 방위군은 전쟁 기간 동안 갈수록 더 잘 조직되고 있었다. 이들은 이미 공화국을 전투적으로 지지하는 세력이 되었다. 이들은 17만에서 20만 명에 이르는 남성들로 구성된 134개 대대로 불어나 있었고, 9월 첫째 주에는 더 많은 대대가 추가되어 총

병력 수는 34만 명에 달하고 있었다. 국민 방위군은 중대장을 선거로 뽑았다. 노동자들 그리고 하층 중간계급 출신의 남성들이 지배적으로 많았고, 각자가 사는 지구 밖에는 알려진 인물이 없었다. 이들은 매일 1.5프랑을 지급받았고, 배우자와 아이들이 딸려 있는 경우에는 추가로 돈을 받았다. 이 임금은 결정적인 중요성을 가진 것이었다. 왜냐하면 평화 시에 행해지던 경제활동이 중단되면서 가난한 파리 주민들은 자기들 가족을 부양하기 위해 갈수록 매일 주어지는 이 '30수sous'의 돈에 의존할 수밖에 없었던 것이다.

독일인들은 도시를 포격하는 대신 굶주림에 지쳐 무릎을 꿇게 만드는 쪽으로 결정을 내렸다. 그래서 포위전은 1870년 9월 18일에 시작되어 1871년 1월 28일의 휴전까지 계속되었다. 파리 주민들은 메스에 주둔하고 있는 바젠의 군대가 와서 자신들을 구출해 주는 데 희망을 걸고 있었다. 하지만 10월 31일 메스는 함락되고 15만 명의 군대가 항복하고 말았다. 이와 동시에 보수파 전쟁 용사 아돌프 티에르Adolphe Thiers가 프로이센과의 휴전 협상을 이미 진행하고 있는 것으로 보였다. 이제 남은 것은 파리 주민들이 순순히 패배를 받아들이도록 만드는 것뿐으로 보였다.

하지만 파리 주민들은 전혀 다른 방식으로 상황을 이해하고 있었다. 이들은 1863년 이래로 선거 때마다 보나파르트에 반대표를 던졌으며, 자기들이 파리 시의 자치 정부를 갖지 못하게 된 사실에 크게 분개하고 있었다. 하우스만 건설 호황이 벌어졌지만, 이 때문에 도시로의 엄청난 인구 유입이 벌어져 파리의 더욱 부유한 주민들 사이에서는 불안과 공포가 야기되었다. 이제 건설 노동자가 파리 인구의 20퍼센트를 차지하게 되었고, 파리의 경제는 또한 갈수록 더욱 불안정해졌다. 1867~1868년의 경기 하락 이후에는 1869~1870년의 파업 물결이 따라왔으며, 그 결과로 소규모의 장인 생산자들은 다수가 파산하고 말았다.

노동자들은 대부분 공화파였고 또 반교권주의의 입장에 있었다. 보나파르트와 가톨릭교회의 동맹은 특히 혐오의 대상이었다. 1848년 이후 가톨릭교회는 프랑스의 도움에 힘입어 이탈리아 내부의 그 세속적 소유물들을 계속 움켜쥠으로써 이탈리아 통일을 결정적으로 가로막았다. 그뿐만 아니라 가톨릭교회는 루르드의 기적✣이라는 것들을 공식적으로 인정하고 치켜들었으며, 1864년에 발표한 '오류 요목Syllabus of Errors'에서는 자유주의나 계몽주의와의 그 어떤 타협도 위압적으로 거부하고 있었다.[184] 파리에서는 이러한 교회의 반동적인 전환과 궤를 같이하여 모종의 급진적이고 전투적인 세속주의가 자라나고 있었다. 이를 명시적으로 표명한 것은 새로운 세대의 급진파 학생들로, 이들은 프루동의 무신론, 오귀스트 콩트의 실증주의, 르낭Renan의 종교 비판, 여기에 다시 다윈주의 및 여타 자연적 유물론자들의 주장까지 결합하여 자신들의 영감의 원천으로 삼고 있었다.

하지만 최소한 프로이센과의 휴전이 맺어지기 전까지는 파리의 분위기가 혁명적인 것은 아니었다. 메스가 함락되었을 때 블랑키주의자들에 의한 정부의 전복 시도가 한 번 있었지만 이는 지지를 받지 못하여 실패해 버렸고, 그 직후 정부는 스스로의 신임을 묻는 국민투표와 같은 것을 시행하여 다수표를 획득한다(22만 1374표 대 5만 3585표). 정부는 시 자치 정부의 선거도 시행했는데 비록 일부 노동계급 거주 지구에서는 혁명가들이 중요한 발판을 얻기도 했지만 전체 선거로 보면 패배가 확연했다.

포위 상태에 빠져 외부와 단절된 파리 내에서는 포위전을 얼마든지 버텨 내어 마침내 최후의 승리를 얻어 낼 수 있다는 자신감이 강력하게 유지되고 있었다. 급진파들 사이에서는 포위로 인해 혁명적 애국주의라는 새로운 언어가 탄생하고 있었으며, 여기에서 점점 더 사람들이 호소하게 된 단어가 있었으니 바로 코뮌Commune이었다. 이는 1792년 8월 파리에 나타났던 '혁명적 코뮌'을 뜻하

✣ 1858년 프랑스의 루르드Lourdes 지역에서는 농촌의 소녀들 앞에 성모마리아가 현신하는 기적이 18번이나 벌어졌다. 1862년 교황 피우스 9세는 이를 교회가 인정하는 기적이라고 공식적으로 발표한다.

는 것으로, 당시 적군에 의해 포위되어 있었던 프랑스도 예외적일 만큼의 애국주의의 폭발을 통해 마침내 포위를 이겨 내고 승리를 쟁취했던 것이다. 바로 그 코뮌이야말로 프랑스혁명의 결정적인 전환을 주재했던 사건이었다. 이를 통해 왕정이 전복되고, 보편적 징병제**levée en masse**가 도입되어 국민 방위의 성격이 변화했고, 이른바 9월 학살을 통해 혁명의 적이라고 의심되는 자들에 대한 학살이 촉발되었다. 이 '코뮌'이라는 말이 가진 강력한 힘은 국가 수호, 지역 민주주의, 혁명이라는 거대한 사상들이 모두 이 한마디의 말에 집약되어 있다는 사실로부터 나오는 것이었다. 이러한 언어는 헌신적인 공화국 시민들이 왕정이 거느린 사기 떨어진 군대를 얼마든지 극복할 수 있다는 믿음을 장려했다. 혁명적 지도자들과 국민 방위군 사령관들은 '사실상 매일같이 연설, 시, 팸플릿, 포스터, 신문 기사를 통해 성난 파도와 같은 탈출**sortie torrentielle**✤을 감행할 것, 항복하느니 차라리 죽을 것, 결사 항전**la résistance a outrance**을 시도할 것 등의 결의를 밝히고 있었다.'[185)]

11월 30일 6만 명이 루아르의 프랑스군과 합류하기 위해 탈출을 감행했지만 독일의 포위선을 뚫는 데 실패했고 1만 명의 사상자가 발생했다. 1871년 1월, 비스마르크는 도시를 포격하여 항복시키고자 했지만 성공하지 못했다. 이에 대응으로 트로쉬는 마침내 공화파 애국주의자들의 주장에 양보하여 국민 방위군으로부터 전투 부대를 차출하여 베르사유에 있는 프로이센군 본부를 공격하기 위한 탈출 작전을 감행했다. 하지만 4만 2000명의 국민 방위군을 포함한 9만 명의 프랑스 군대는 곧 저지당했고 4000명이 죽거나 다쳤다. 국민 방위군의 급진파 부대들은 모욕감과 분노에 떨면서 더 버티겠다고 우겼다. 하지만 파리 바깥

✤ 독일의 포위망에 파열구를 내어 거기로 국민 방위군 전체가 빠져나간다는 계획으로 혁명 진영에서 강력하게 주장한 전술이었다. 하지만 몇십만 명의 인원이 그런 좁은 통로로 순식간에 빠져나간다는 것이 전혀 비현실적인 망상이라는 비판을 정부군으로부터 받기도 했다. Robert Tombs, *Paris Commune, 1871* (London: Routledge, 1999) p. 48.

의 프랑스 국민들 대부분의 지지를 받고 있었던 정부는 마침내 프로이센군과 휴전하는 쪽을 택하여 1871년 1월 28일에 결국 휴전이 이루어진다.

파리는 4달 동안이나 봉쇄를 견뎌 냈지만 모두 허사였던 셈이다. 사람들은 패배를 모두 정부 탓으로 돌렸다. 2월 8일, 평화의 조건을 승인받기 위한 전국적 선거가 열렸다. 농촌의 유권자들이 지지하는 보수파 후보들은 평화를 주장하며 선거운동을 펼쳤다. 도시 지역, 무엇보다 파리에 기초를 둔 공화주의자들은 전쟁을 계속해야 한다는 주장을 밀어붙였다. 하지만 결과로 구성된 국민의회는 400명의 보수파(그 대부분은 왕당파였다) 의원을 포함하고 있었고, 공화파는 150명에 불과했다. 파리 주민들은 이 '시골 것들les ruraux'이 지배하는 국민의회에 지독한 적개심을 품게 되었다. 특히 가톨릭 교회가 고해성사라는 제도를 악용하여 무식한 시골 것들의 고집불통과 공화국에 대한 적개심을 유지하고 있다고 이들은 주장했다.

이후의 사태 전개는 파리의 위치와 입장을 더욱더 위협하는 것이었다. 온건파 공화주의를 표방하는 국민 방위 정부Government of National Defense는 이제 불신임을 당하게 되었으며, 국민의회가 구성하고 아돌프 티에르가 이끄는 새로운 보수주의 정부가 들어서게 되었다. 3월 10일에는 보르도에 있었던 국민의회 스스로도 파리가 아닌 베르사유로 이동했다. 파리의 '폭력적 떼거리'로부터 안전한 거리를 유지하기 위함이었다. 게다가 국민의회는 상업에서 현금처럼 유통되고 있었던 환어음들의 현금 결제를 단계적으로 도입하기로 결정하는데, 이는 특히 파리의 소규모 사업자들 사이에 경악과 공포를 야기하는 조치였다. 이러한 조치 뒤에는 밀린 집세의 지불을 법으로 강제하고 또 국민 방위군에게 지불되던 일당 30수의 임금까지 끝내 버리는 입법이 뒤따를 것이라는 공포가 확산되었다. 또한 국민의회는 결국 왕정을 다시 확립하는 것을 궁극적 목적으로 삼고 있으며, 그렇게 할 수 있는 기회만 엿보고 있는 게 아니냐는 의심도 확산되었다.

3월 1일, 프로이센 군대는 샹젤리제 거리에서 개선 행진을 거행했다.

도시의 방벽 안으로 프로이센 군대를 들이게 된 수치심과 위협감에 대한 대응으로 국민 방위군은 스스로를 공화주의 연방Republican Federation으로 다시 확립했다. 그 목적은 예상되는 무장해제에 저항하고 전쟁을 다시 시작하기 위한 준비를 서두르는 것이었다. 국민 방위군은 1848년 혁명이 시작된 기념일인 2월 24일부터 대규모의 애국주의 및 공화주의 시위들을 개최했다. 이는 또한 라이플 장총과 탄약이 독일군의 손에 떨어지지 않도록 수거했다. 마지막으로 300~400문에 달하는 대포들을(이는 정부의 것이 아니라 파리 인민들의 것이라는 게 그들의 주장이었다) 공식적인 무기창에서 꺼내어 벨빌의 몽마르트르 언덕 위로 끌고 가 버렸다.

정부는 대포를 넘겨받기 위한 협상을 여러모로 시도했지만, 국민의회는 파리에 대한 적개심을 그대로 드러내는 조치들을 취하여 이를 어렵게 만들었다. 하지만 대포를 넘겨받는 것은 꼭 필요한 일이었다. 왜냐하면 파리의 국민 방위군이 스스로를 지킬 수 있는 충분한 수단을 소지하고 있는 한 파리에 대해 정부는 아무런 통제력도 행사할 수 없었기 때문이다. 이러한 꽉 막힌 사태를 풀기 위해 티에르는 기습적으로 무기를 회수하기로 결정했다. 3월 18일 동이 트기 전에 정규군을 몽마르트르 언덕으로 파병하여 대포를 가져오게 했던 것이다. 하지만 수천 명의 국민 방위군들뿐만 아니라 여자들 및 아이들까지 뛰쳐나와 이들을 가로막았다. 군인들은 군중들에 막혀 더 나갈 수 없게 되자 시위대를 무력으로 해산시키라는 장교들의 명령을 무시해 버리고 군중들과 어깨를 걸고 한편이 되어 버렸다. 그 뒤에는 두 명의 인기 없는 장군들(한 명은 국민 방위군위 지휘관이었지만 인기도 없이 그냥 임명된 이였고, 다른 한 명은 군대로 하여금 시위대에 발포하라는 명령을 내린 책임자였다)은 끌려 나와 총살당했다. 정부와 군대의 고위 지도부는 모든 군대를 베르사유로 퇴각시켜 버렸다. 이제 파리는 국민 방위군의 손으로 들어온 것이다. 그리고 국민 방위군이 내걸었던 공화주의 연방의 중앙위원회는 파리의 사실상의 지배자로서 파리 시청 건물에 똬리를 틀게 되었다.

10. 코뮌과 프랑스 내전

파리코뮌은 전쟁과 파리의 포위 및 봉쇄라는 사실상 전무후무한 상황의 산물이라고 보지 않으면 이해할 수 없는 사건이었다. 세계의 중심적 도시 한곳이 불현듯 그 스스로의 법과 정부의 형태를 완전히 원점으로부터 구축해야 하는 사태 혹은 구축할 수 있게 된 사태란 실로 전례도 없는 것이며 모방할 수 있는 것도 아니다. 이러한 자유는 또한 비극으로 끝나도록 그 틀이 정해져 있었다. 파리코뮌은 19세기의 가장 악명 높은 학살 중 하나로 끝나고 말았다. 이러한 일이 벌어진 가장 큰 이유는 양측 모두가 잔뜩 무장한 상태였는 데다 학살을 하나의 전쟁 행위라고 이해하고 있었기 때문이었다. 제국이 붕괴한 뒤 몇 개월 동안 양쪽의 입장이 극단적으로 갈라지면서 생겨난 적대 감정은 사실 그보다 훨씬 장구한 연혁을 가진 적대 관계를 기초로 삼고 있었다. 공화주의 연방은 1848년 2월 24일에 있었던 '민주주의적 사회 공화국La République démocrate et sociale'을 성대하게 기념하면서 지지를 확장했다. 반면 베르사유와 프랑스 농촌 대부분이 그때까지도 지지를 보내고 있었던 보나파르트는 혁명적 파리에 반대하는 농촌 세력의 지도자로, 1848년의 대통령 선거에서 권좌에 올랐으며 1870년의 국민투표에서 그러한 지지를 다시 확인하면서 개가를 올렸던 이였다.

3월 18일 직후의 며칠 동안은 사람들이 '코뮌'이라는 용어를 쓰기를 꺼렸다. 정부가 급작스럽게 완전히 파리를 비우고 흔적도 없이 사라졌으니 사람들은 당혹할 수밖에 없었다. 한편 국민 방위군의 중앙위원회는 자신들의 무릎 위에 떨어진 권력을 움켜쥐고자 하는 욕망도 거의 없었다. 언론 매체에서나 또 국민 방위군 내에서나 정부와 모종의 협정을 맺을 것을 희망하고 있었다. 파리 내의 여러 지구의 구청장들이 합의한바, 이를 확보하기 위한 최상의 방법은 국민의회에 나가 있는 파리 출신의 의원들과 중앙위원회 스스로가 나서서 시의원 선거를 마련하고 이렇게 조직된 시의회로 하여금 정부와의 협상에 나서도록 하는 것이었다.

그리하여 3월 26일에는 선거가 시행되었다. 하지만 이러한 계획에는 예상치 못한 부작용이 나타났다. 베르사유 정부는 이 선거의 합법성을 인정하려 하지 않았으며, 이 때문에 많은 보수주의자들이 파리를 떠나든가, 아니면 선거 자체를 거부하게 되었다. 그 결과 선거 결과를 보면 급진적인 공화주의 좌파들에 대한 지지가 엄청나게 늘어나게 된다. 이렇게 해서 구성된 새로운 시의회는 급진파가 73명에 온건파는 19명에 불과했고, 신속하게 '파리코뮌'이라는 명칭을 채택하게 된다. 국민 방위군의 방어 활동에서 시작된 일이 이제는 하나의 혁명으로 전환한 것이다. 하지만 베누아 말롱Benoît Malon이 말한 바 있듯이, "이렇게 혁명가들을 놀라게 만든 혁명은 결코 없었다."[186] 협상을 트기 위해 의도되었던 선거가 오히려 가뜩이나 험악한 대결 국면을 더욱 험악하게 만든 것이다. 하지만 사실을 보자면, 어떤 종류의 타협이 가능했을지는 애초부터 분명하지도 않았다. 국민의회에 대고 파리의 자율적인 시정과 공화국의 승인을 요구하는 것 자체가 사실 국가 안에 또 다른 국가를 세우겠다는 요구나 마찬가지인 것이다. 티에르는 파리코뮌 자체가 아무런 합법성도 없는 존재이므로 협상이고 뭐고 할 것도 없다고 주장했다. 파리코뮌 지지자들은 한마디로 즉각 무기를 내려놓고 항복하라는 것이었다.

파리코뮌은 정부를 수립해야 한다는 전혀 예상치 못한 작업을 맡게 되었고, 이에 뒤늦게나마 1월 19일 '프랑스 인민들에 대한 선언문'을 내놓고 '파리 강령'도 정한다. 이들의 요구를 보면 '공화국을 인정하고 공고하게 할 것'과 '코뮌의 절대적 자율성'을 프랑스의 모든 지역 단위들로 확장할 것이 포함되어 있다. 프랑스는 이제 여러 코뮌으로 이루어진 하나의 연방체가 될 것이며, 그 각각의 코뮌은 경제·행정·안보·교육 등의 문제에서 절대적인 통제력을 갖게 된다는 것이었다. 이는 곧 '실증적이면서도 과학적인 정치를 실험하는 새로운 시대'를 여는 이정표가 될 것이라고 한다. "이는 정부가 지배하며 성직자들이 설쳐 대는 군사주의, 관료제, 착취, 시장에서의 사기, 독점체들, 각종 특권 등으로 얼룩진 옛날의 세계, 그래서 프롤레타리아트는 농노가 되어 버리고 조국은 고통과 재앙에 시달리는 옛날의 세계가 끝났다는 것을 뜻한다."[187]

베르사유 측과의 협상의 가능성은 원래부터 없었지만, 4월 2일 파리 서쪽 근교에서 최초의 군사적 충돌이 벌어지면서 이는 완전히 물 건너가 버리고 만다. 티에르의 군대는 쿠르브부아Courbevoie에 있는 국민 방위군 숙사를 공격하여 교전을 벌이고 결국 승리를 거둔다. 30명의 코뮌 전사들이 포로로 잡혀 즉결처형을 당하고 만다. 여기에 대해 파리코뮌 측은 2만 명의 병사를 집결시켜 베르사유 방향으로 4열(그중 한 사령관은 예니의 친구인 귀스타브 플루랑스Gustave Flourens였다)을 이루어 행진시킨다. 파리를 떠나 베르사유로 행진하는 국민 방위군의 모습을 보았던 소령 한 사람은 그들이 얼마나 무질서한 상태였는지를 이야기한다. 모두 제각각 소시지, 빵, 포도주를 지참하고 있었다. 어떤 이들은 술에 취해 노래를 부르고 있었고, 또 꾀 많은 상인들은 그 틈을 타서 대열 속으로 파고들어 가 아주 독한 브랜디를 팔고 있었다고 한다.[188]

코뮌 지도자들은 국민 방위군에게 베르사유의 군인들이 싸우지 않으려 들 것이라고 안심시켰다. 그들은 3월 18일에 그랬던 것처럼 총을 땅으로 겨눌 것이라는 것이었다. 하지만 그렇게 되지는 않았다. 돌격대는 끊임없는 포격에 직면해야 했고, 그나마 어느 정도 성공을 거둔 것은 한 열뿐이었지만, 그 뒤에 지원군이 없어서 결국 후퇴해야만 했다. 유능하고 정력적인 사령관이었던 플루랑스는 붙잡혀서 헌병대에 의해 무참하게 살해당했다. 항복한 다른 사령관들도 처음에는 살려 줄 것처럼 약속했지만 결국 모두 총살당했다. 4월 4일에는 베르사유의 군대가 반격을 시작하여 도시를 둘러싼 다양한 거점들을 점령했다. 파리코뮌의 투사들은 3000명 정도가 살해당하거나 붙잡혔다. 하지만 파리는 튼튼한 요새를 이루고 있었으므로 그 안의 분위기는 당분간은 계속 낙관적이었다.

불과 며칠 만에 새로운 정부 시스템을 임기응변으로 만들다 보니 많은 문제가 해결되지 않은 채로 남아 있었고, 특히 여러 권위체들 간 권한의 경계선 문제, 그리고 여러 기능의 분담 문제가 해결되지 않은 상태였다. 국민 방위군의 중앙위원회는 3월 26일에 선출된 코뮌의 평의회에 선출된 이들에게 권력을 이양한 것으로 되어 있었다. 하지만 사실을 보자면 중앙위원회는 그 이후에도 계속 코뮌과 나란히 존속했을 뿐만 아니라 '혁명의 수호자'로 독자적인 권위를 계속 행사했다. 여러 권위체의 활동들이 서로 중첩되면서 전체의 효율성을 갉아먹는 예들은 이것 말고도 무척 많았다. 코뮌의 평의회는 시청 건물에서 거의 매일 회의를 열였지만, 그 권위는 파리를 구성하는 여러 하부 행정 구역의 장들에 의해 제한당했다. 코뮌은 관습적인 입법부와 행정부의 구별 대신에 행정 '위원회들commissions'을 설립했고, 그 각각을 한 명의 '대표자'가 이끌도록 했다. 이러한 '위원회들'은 시청 건물에서 매일 두 번씩 회의를 가졌다. 하지만 민주적 책임성이 요구되면서 길고 또 비생산적일 때가 많은 회의만 끊임없이 열리는 결과가 나왔고, 쓸데없는 문제들을 논의하느라고 대부분의 시간이 소모되기도 했다.

그렇게 해서 의사 결정이 이루어진다고 해도 이를 어떻게 현실에 집행할 것인가의 문제가 또 있었다. 평의회는 각 지구의 지구장들mayors, 부지구장들, 경찰서장, 국민 방위군 등의 호의에 의존하고 있었다. 이 공직자들 대부분은 협조적이었지만, 일부는 효율성이 떨어지거나 심지어 방해를 하기도 했다. 하지만 이러한 장애물들이 있었음에도 코뮌은 대다수의 지지를 받고 있었기에 파리의 평범한 주민들의 이해를 효과적으로 대변하여 활동할 수 있었다. 코뮌은 밀린 집세를 낼 수 없는 임차인들을 쫓아내는 것을 금지했고, 채무의 변제를 (국민의회가 법으로 명령한 3개월이 아니라) 3년 이상 연장했고, 지자체에서 운영하는 전당포에 잡혀 있는 물건들의 매각 처분을 중지시켰다. 코뮌은 또한 빵집의 야간 노동을 금지했다. 어떤 이들은 이를 두고 '사회주의적'인 조치라고 보기도 했지만 이는 사실 영국 의회가 강제했던 공장 노동시간의 제한보다 더 급진적이라고 할 것도 없는 조치였다. 마지막으로 코뮌은 프랑스 은행the Bank of France과의 대출 협상에 기초하여 국민 방위군들에게 매일 지급되는 30수의 임금을 유지할 수 있었다.

코뮌 전사들 대부분은 오래된 직종과 소규모의 수공업에서 일하는 숙련공들이었으며, 여기에 소규모 고용주들, 화이트칼라 직원들, 여성들(구급차 간호사ambulancieres로, 또 이동식 주보酒甫의 여자 관리인으로 활약했다), 급진파 학생들이 합류했다. 이들은 생계를 위해 일하는 이들이었으니, 당대 프랑스어의 어휘 용법으로 보자면 '프롤레타리아'들이 맞았다. 주된 정치적 구별의 선은 '부르주아지'와 '프롤레타리아트' 사이가 아니라 '생산자들'과 '유한자들' 사이에 그어져 있었다. 1871년에 터져 나온 공화주의자들과 혁명가들의 문서들을 보게 되면 '제2제국'은 '우리의 용감한 프롤레타리아들'과 '우리의 선량한 부르주아들' 사이에 '증오를 심어 놓았던' 반면, 공화국 아래에서는 '인민들과 열심히 일하는 부르주아지는 한 몸'이라고 선언하고 있다. 부르주아지 가운데에서 인민에 속하지 않는 자들은 제2제국의 부패한 정치 시스템을 이용한 자들, 투기꾼들, 인민의 착취자들뿐이라는 것이다.

무엇보다 코뮌 전사들은 '민주적 사회 공화국'을 전투적으로 지지하는 이들이었다. 1789년 혁명에서 부르주아지들이 해방되었고, 1848년 혁명은 프롤레타리아트를 해방시키고자 했다. 그들의 적은 국가, 특히 제2제국이라는 권위주의적 국가였고 군인, '법정에서 거짓말하는 경찰관', 가혹한 세금 징수인, 무책임한 공직자, '철밥통 치안판사' 등이 증오의 대상이었다.[189] 이들의 이상은 '연방'이었다. 정치권력은 여러 민주적 공동체들로 내려가야 하며, 생산 활동은 노동자들의 협동체의 손으로 이루어져 착취를 폐절해야 한다는 것이었다. 하지만 파리의 소규모 장인들과 고용주들이 끼어들 자리도 아직 있었기에 이들 또한 코뮌을 지지하는 중요한 일부를 형성한다.

이러한 이상들은 무엇보다 프루동의 이름과 연관되어 있었다. 화가인 귀스타브 쿠르베에 따르면, 프루동은 코뮌 전사들의 사회주의에 있어서 '예수 그리스도'였다고 한다. 하지만 1860년대에는 공화주의, 상호주의mutualism*, 사회주의 모두 워낙 다양한 형태들이 출현한 바 있었기에 이들 사이에 너무 정밀한 경계선을 긋는 것은 실수가 될 것이다. 코뮌의 지도자들은 일반적으로 전쟁이 터지기 3~4년 전부터 정치에 열중하게 된 이들이었고 그들의 신념 또한 절충적이었다. 탈퇴한 이들까지 감안해서 본다면 코뮌 평의회의 성원 79명 중 25명은 프리메이슨이었고, 34명은 제1인터내셔널 소속이었으며, 43명은 과거나 현재의 국민 방위군 중앙위원회 소속이었다.[190] 많은 활동가가 프루동의 이름을 높이 받들었지만, 여성들은 집 밖에서 일하지 못하도록 해야 한다든가, 현실에서 벌어지는 파업들을 무시한다든가, 정치적 혁명의 효력을 인정하지 않는다든가 하는 프루동의 태도에 대해서는 1860년대 말이 되면 대부분의 운동 지도자가 거부를 표명한다. 제1인터내셔널의 파리 지부의 기풍이 그 전형이었다. 이곳은 전쟁으로 이어지는 시기에 걸쳐서 사회주의 사상, 노동조합주의syndical** 사상, 협동주의 사상 등이 뒤섞이게 된다. 하지만 이들 모두가 동의하는 한 가지 공통점이 있다면, 제1인터내셔널의 법령집 전문에 나오는 '노동자들의 해방은 노동자들 스스로의 노력으로 이루어져야 한다'는 명제였다. 이를 기초로 하여 노동자들은 노동자들 스스로가 통제하는 조직들(협동조합, 노동조합 연합체chambres syndicales)에 믿음을 두었고, 여기에 중앙집권화된 권위주의적 국가에 대한 전반적 반대를 결합했다.[191]

1860년대 말이 되면 상호주의자들, 집산주의자들Collectivists***, 반권위주의적 공산주의자들, 그리고 심지어 블랑키주의자들까지도 포함하여 여러 다른 집단들 사이에 수렴이 벌어지게 된다. 하지만 1871년 4월에 벌어진 일련의 사건들 속에서 파리코뮌의 위치가 갈수록 위험스러워지면서 자코뱅들과 블랑키주의자들을 한편으로, 그리고 연방주의자들, 민주적 사회주의자들, 프루동주의자들을 다른 편으로 하여 분열이 일어나게 된다. 4월 2일부터는 베르사유 측에서 파리의 포격을 개시했고 그때 이후로 포격의 강도는 계속 높아 간다. 4월 말경에는 군사적 상황이 더욱더 절망적이 되어 간다. 클루즈레Cluseret가 국민 방위군을 재조직하려고 시도했지만 그조차 실패하게 되며, 그 이후로는 공안 위원회를 설립하자는 제안까지 나오게 되었다. 1793년의 성취물을 복제해 보려는 시도가 또다시 나타난 것이다. 이는 자코뱅-블랑키주의자들의 제안으로, 여기에 대해 연방주의자들과 세속주의자들, 그리고 중간계급 활동가들은 이를 독재적이라고 비난했다. 하지만 코뮌 내의 의견은 전자가 후자에 대해 34 대 28로 다수를 차지했다. 결국 후자의 소수파는 5월 15일 이후 코뮌 회의에 참석하기를 중단한다. 하지만 이후 전개된 사건들은 코뮌 지지자들로 하여금 1871년은 1793년이 아니라는 사실을 다시 한 번 상기시키며, 1주일이 지나고 난 뒤 얼마 되지 않아 위원회 자체가 대체되고 만다.

티에르가 그토록 급작스럽게 정부와 군대를 파리에서 빼낸 것은 그가 반란을 진압하기에 충분한 군대가 없다는 것을 깨달았기 때문이었다. 스당과 메스에서 항복한 병사와 장교 들이 30만 명 이상 독일의 여러 나라에 억류된 상태였다. 4월 초의 시점에서 베르사유가 지휘하는 군대는 5만 5000명이었지만 티에르의 계산에 따르면 파리를 되찾기 위해서는 최소한 10만 명이 필요하다는 것이

✤ 프루동의 경제 이론에 기초한 경제적 질서. 그는 노동가치론에 근거하여 모든 소생산자들이 자기가 노동한 시간에 비례하여 정확히 그 등가를 이루는 다른 이의 생산물과 정당하게 교환할 수 있는 투명한 시장 교환 질서를 상정하며, 이에 따라 온갖 불로소득의 형태가 사라질 것을 기대했다. 즉 모든 생산자들이 자기 스스로의 생산 활동에 필요한 생산수단과 자원을 소유하고 평등하게 교환하는 시장 질서를 상정한 것이며, 이 점에서 마르크스주의적 사회주의는 물론 바쿠닌 등의 집산주의collectivism와도 구별된다.

✤✤ '생디카'란 프랑스와 스페인 등에서 노동조합을 일컫는 말이다. 생디컬리즘은 노동조합을 중심으로 노동자들이 총파업을 통해 생산을 장악하여 산업사회를 재구성하자는 사상으로 국가의 폐지로도 연결이 되어 아나키즘과 닿기도 한다. 하지만 이는 1890년대 이후에 본격적으로 모습을 드러내므로 1860년대 파리의 노동자들의 생각을 '생디컬리즘'이라고 번역하는 것은 무리일 것으로 보인다.

✤✤✤ 이 경우 집산주의는 미하일 바쿠닌의 경제 독트린을 의미하는 것으로 보인다. 바쿠닌은 프루동의 소생산자들의 자발적 교환에 근거한 시장 질서인 상호주의도 반대했을 뿐만 아니라, 마르크스나 라살레 등이 생산수단의 국가 소유에 근거한 사회주의를 꿈꾼다고 보아 이에도 반대했다. 대신 그는 생산자들 스스로가 집단적인 회의체를 만들어 생산수단을 이러한 집단체가 직접 소유하고 운영하는 질서를 제시했다. 여기에서는 소유가 소멸한 것이 아니라 집산체에 의해 여전히 존재하고 있을 뿐만 아니라 노동자들은 노동시간에 비례하는 노동 화폐로 임금을 받아 생산물을 구매하기로 되어 있으므로 이후 크로포트킨이 제시하는 공산주의적 아나키즘과도 구별된다.

었다. 따라서 그사이에 그가 할 수 있는 일은 포격으로 도시의 일부에 겁을 주고 도시 성벽 너머에 있는 중요한 거점들 몇 개를 되찾는 정도뿐이었다. 5월 10일이 되어 프로이센과 프랑크푸르트 조약이 체결된 뒤에야 패배한 프랑스군들이 풀려나 되돌아올 수 있게 되었다. 이 되돌아온 군대는 이후 티에르가 파리에 마지막 공격을 가할 때에 동원한 13만 군대의 4분의 1을 이루게 된다.

한편 그사이에 파리코뮌은 10주간 지속되었고, 대부분의 파리 주민들은 비현실적이라 말할 정도의 자유 감각을 즐기게 된다. 일상생활에서 가장 눈에 띄는 변화는 종교의 위치와 관련된 것이었다. 교육은 완전히 세속화되었고 반종교적 연극이 거리에서 버젓이 공연되었다. 여성들의 클럽들이 생겨났고 여성들은 서로를 호칭할 때 '부인Madame'이 아니라 '시민Citoyenne'이라는 말을 썼다. 음악 공연이 넘쳐났으며, 부상자들을 돕기 위한 시 낭독회와 튀일리에서의 대규모 음악회들도 있었다. 공쿠르Goncourt는 당시 거리의 분위기를 구역질을 느끼며 묘사하고 있다. "어중이떠중이들이 군인인 척 가장하고 길거리에서 온갖 횡포를 부리는 바람에 얼마나 고역을 치르고 있는지 상상도 못 할 것이다." 물론 축제 때와 같은 날에는 벨빌과 몽마르트르의 노동계급이 파리로 '내려오기도' 했으며, 또 국민 방위군 중에는 술에 취해 난동을 부리는 자들이 있어서 불평이 나오기도 했지만, 전반적으로 사람들의 행실은 좋은 편이었고 심지어 고지식할 정도로 단정했다고 할 지경이었다. 대규모 음악회는 점잖고 예의 바른 공연이었으며, 오펜바흐✣는 더 이상 연주되지 않았다. 길거리 범죄도 늘어나지 않았다. 대신 사람들의 자정 노력으로 성매매는 엄격히 통제되었다.

5월 22~23일의 밤 파리 시내는 완전한 혼란에 빠진다. 베르사유 측의 군

✣ 오펜바흐Jacques Offenbach는 캉캉 춤과 결부되어 있는 1858년에 발표된 오페레타 「천국과 지옥」으로 유명하며, 1860년대 파리에서 풍자와 익살로 가득찬 오페레타를 다수 발표하여 당대를 풍미한다. 독일 출신인 그는 제2제국 시절 보나파르트 정부로부터 레종 도뇌르 훈장까지 받으며 우호적인 관계였지만 프랑스-프로이센 전쟁 발발 후 독일로 돌아가기도 했다.

대가 국민 방위군이 버리고 간 방벽들을 건너 남서쪽으로부터 침입해 온 것이다. 파리코뮌은 전원 징병levée en masse을 소집했지만 거의 아무런 반응도 얻지 못했다. 대부분의 병력은 자기들 구역의 거리를 지키려고 했을 뿐이며, 몇 번 총격전을 주고받은 뒤에는 보통 도망가 버렸다. 코뮌 전사들은 공공 건물들에 불을 질렀고, 스스로가 가진 무기, 유니폼, 그 밖에 잡혀갈 소지가 있는 모든 물건을 없애려고 기를 썼다. 하지만 이들은 곧 '핏빛의 1주일La Semaine sanglante'이라고 알려지게 되는 1주일 동안의 대량 학살에 휘말려 희생당하고 만다. 사병들은 무식한 시골 사람들일 때가 많았고, 장교들은 이들에게 코뮌 전사들이 무법자 반란군들이며 범죄자들이라고 훈시했다. 따라서 많은 이들은 포로로 잡은 반란자들을 마음껏 죽여도 장교들이 기뻐할 것이라고 믿게 되었다. 누구든지 불러 세워 몸수색을 해서 무기가 나온다거나 반항하려는 기색을 보이는 자는 그 자리에서 총살되었고, 이른바 '페트롤루즈pétroleuses(집집마다 불을 지르고 다닌다는 혐의를 받은 여성들)'도 마찬가지로 총살당했다. 코뮌 전사들 쪽에서도 약간의 학살 사건이 있기는 했지만 이는 주로 블랑키주의자들이 벌인 일이었다. 파리 대주교였던 다르부아Darboy는 블랑키주의자들에 의해 체포당했고 감옥에 갇힌 블랑키를 빼내기 위한 교환 조건으로 사용되었지만, 그러한 노력이 실패하자 이들은 다르부아 대주교와 다른 세 명을 5월 24일에 처형하고 만다. 5월 25일에는 도미니카회 수도승들의 학살이 있었고, 5월 26일에는 벨빌에서 50명의 인질이 총살당하며 이때에도 이를 주도한 것은 블랑키주의자들이었다. 하지만 이에 비해 코뮌 전사들이 처형당한 숫자는 1500명에서 4000명으로 추산되고 있다.[192] 4만 명은 모두 모아서 뉴칼레도니아로 이송당하고 만다.

한편 제1인터내셔널의 전체 평의회가 파리코뮌을 처음으로 논의한 것은 3월 21일이었다. 이때 엥겔스와 프랑스 구두 제조공 오귀스트 세렐리에Auguste Serraillier는 대포를 둘러싼 전투에 대해 매체에서 그릇되게 보도된 바를 바로잡으려고 노력했다.[193] 그 이후 전체 평의회가 파리 상황에 대해 성명서를 내야 한다는 것은 갈수록 분명해졌다. 하지만 4월 18일 위원회 의장인 헤르만 융이 말한 바 있듯이, 문제는 '파리와 직접 연결된 소식통이 없어서 잘못된 신문 보도밖에는 읽을 수 없다'는 데 있었다.[194] 카를 또한 여기에 동의했다. 따라서 이런 상황에서는 일반적인 결의만 가능할 뿐이며 공식 성명서는 나중에 내놓을 수밖에 없다는 것이었다. 하지만 카를은 개인적으로는 코뮌의 생존 가능성에 대해 회의적이었다. 4월 12일 쿠겔만 박사에게 보낸 편지에서 카를은 이미 애초부터 결정적인 실수가 저질러졌다고 주장한 바 있다. 국민 방위군의 중앙위원회가 너무 조급하게 권력을 코뮌에 이양했으며, 코뮌 성원들을 선거로 뽑는 데 소중한 시간을 잃고 말았다는 것이었다. 그는 코뮌 전사들이 너무나 '점잖았다'는 것을 비난하면서 "그들은 당장에 베르사유로 쳐들어갔어야 했네"라고 주장했다.[195]

4월 25일의 전체 평의회 회합에서 카를은 계속해서 최신 소식을 알 수 있는 서신과 문서 들이 없다는 불평을 늘어놓았지만 그로부터 1주일 후에는 그 자신이 사라져 버렸다. 엥겔스는 「성명서」가 아직 준비되지 않았으며 카를은 건강 문제 때문에 도시를 떠나라는 의사의 조언을 받았다고 알렸다. 카를이 떠나 있는 기간은 5월 9일에서 16일까지 계속되었다. 하지만 5월 23일 그는 다시 나타났다. 그는 '종말이 다가왔음'을 두려워했지만, 「성명서」는 다음 주까지 준비하겠다고 말했다. 마침내 5월 30일 카를은 「성명서」를 완성했고, 이를 전체 평의회에서 낭독했다. 이는 만장일치로 채택되었다. 하지만 이 당시 이미 파리코뮌은 끝나 버린 상태였다.

약 40페이지 정도의 팸플릿인 「프랑스 내전」은 카를이 상당히 조심스럽게 작성한 글이었다. 출간된 버전뿐만 아니라 두 개의 초고 버전들이 오늘날에도 남아 있다. 이는 네 부문으로 나누어져 있었다. 첫 번째는 티에르 정부의 인물들 하나하나를 묘사하고 있으며, 이는 악당들의 초상화를 걸어 놓은 미술관과 같은 형태로 제시된다. 겉으로는 독일과 싸우는 척하면서 실제로는 파리의 노동계급을 짓누르는 음모에만 몰두하는 악당들의 파당으로 묘사되는 것이다. 티에르 자신은 '괴물 같은 땅꼬마 난쟁이'로, 프랑스 부르주아지의 '계급적 부패'를 50년간이나 '가장 완성된 형태로 보여 주는 인물'이라고 그려진다. 외무부 장관인 줄 파브르Jules Favre의 초상화 또한 마찬가지로 비하로 가득하며, 제1인터내셔널에 맞선 십자군 전쟁을 벌이기 위해 독일과 평화 조약을 맺은 원흉으로 그려지고 있다. 그 밖에도 재무 장관인 피카르Ernest Picard는 기결수 절도범이자 금융 사기꾼인 그의 형제 아르투르Arthur의 긴밀한 동업자로 그려진다.

그다음 부분은 파리코뮌으로 치닫게 된 직접적인 정황을 검토하고 있으며, 이에 따르면 파리에 대한 베르사유 측의 공격을 촉발한 것은 증오뿐만 아니라 부패가 밑거름이었다고 한다. 공화국 정부는 20억 프랑의 대출을 받아 낼 협상을 이룬 상태였다. 여러 신문의 주장에 따르면, 이 대출액 가운데에서 장관들 스스로가 커미션으로 가져갈 액수가 3억 프랑에 달했지만 그 조건은 파리의 저항 세력을 완전히 분쇄한 뒤에만 가져갈 수 있다는 것이었다고 한다.[196] 카를은 파리의 대포가 국가 재산이라는 티에르의 거짓 주장은 그저 도시에 대한 통제력을 다시 확립하기 위해 필요한 구실을 제공하는 것뿐이었다고 주장했다.

세 번째 부분에서는 파리코뮌의 정치적 성격을 묘사하려는 시도가 이루어지고 있다. 코뮌은 국가권력 일반이 아니라 프랑스 국가에 대한 반작용이었다고 한다. 프랑스 국가가 태어난 기원은 '절대주의 왕정 시절에 있으며, 이는 당시 막 생겨나고 있었던 중간계급 사회가 봉건주의에 맞서 싸우는 강력한 무기로 기능했다'는 것이다. 따라서 이러한 종류의 '기성 국가 장치'를 노동계급이 그냥 인수하여 '스스로의 목적으로 활용'하는 것은 불가능한 일이었다는 것이다. 따라서 '도처에 상비군, 경찰, 관료제, 성직 조직, 사법 조직들을 거느리고 있는 이 중앙 집권화된 국가권력'은 제거되었다는 것이다.[197] 상비군은 인민의 군대로 전환되었고, 입법부와 행정부는 결합되었을 뿐만 아니라 이는 보편적 선거권으로 선출되었으며 그렇게 선출된 이들은 노동자들의 임금에 해당하는 보수만 지급받았고, '선거인들에 대해 책임을 질 뿐만 아니라 단기간 내에 선출이 취소당할 수도 있었다'고 한다. 교회는 국가로부터 분리되었으며, 교육은 해방되어 너는 교권주의의 간섭에 종속당하지 않았다고 한다. 판사들과 보안관들은 인민에 의해 선출되었다고 카를은 말하고 있다.

이러한 목록을 파리코뮌이 실제로 일상적으로 작동했던 절차의 헌정 구조를 사실대로 묘사한 것이라고 보는 것은 잘못이다. 이는 파리코뮌이 실제로 존재했던 바에 대한 설명이 아니라 그것이 될 수도 있었을 모습의 가능성에 대한 묘사에 불과했다. 이렇게 코뮌의 사실과 그것이 의도했던 바라고 카를이 가설적으로 묘사했던 바는 수많은 불일치를 안고 있었으며, 이는 그가 사용하고 있는 가정법의 언어에서도 충분히 분명하게 드러나고 있다.[198] 사실을 보자면, 대표자들이나 공직자들 모두 노동자들의 임금을 받은 것도 아니었으며 판사들과 보안관들 또한 인민에 의해 선출되지 않았다. 또한 파리코뮌이 '여러 계급의 존재가 의존하는, 따라서 계급 지배 자체가 의존하는 경제적 기초를 뿌리 뽑기 위한 지렛대로 기능'해야 한다는 생각은 실제로 코뮌에 참여했던 이들 누구도 기록으로 남긴 바가 없다.[199]

카를이 제시한 목록은 부분적으로는 코뮌에 대한 사실적 묘사이지만, 부분적으로는 자신의 상상을 투사한 것에 불과했다. 그 상상은 '모든 이가 노동하는 인간이 되고 생산적 노동이 더는 한 계급의 속성으로 머무르지 않게 되는' 생산자 연합의 지배로 이행하는 과정에서 어떤 변화들이 수반될 수 있을 것인지에 대한 상상일 뿐이었다.[200] 코뮌과 동일시되었던 '사회적' 조치들은(예를 들어 자주 인용되는 빵집의 야간 작업 금지) 카를 자신도 그 팸플릿의 한 초고에서 썼던 바와 같이 포위 상태에 처한 정부라면 어디에서든 취할 만한 것으로, '무엇보다 파리와 그 식량 재고의 군사적 보호에 국한'되었던 것이다.[201]

그 마지막 부분은 '외국 침략자들의 후견 아래에서 수행된 내전으로 혁명을 무너뜨린 지배계급의 음모'에 대한 카를의 설명을 완결 짓고 있다. 이는 '마크마옹MacMahon의 근위대가 생클라우드St. Cloud의 문으로 진입'한 것과 그 뒤를 이은 '파리의 살육'으로 끝났다. 이는 티에르가 농촌에 가서 파리에 맞서는 지방의 국민 방위군을 모집할 때 경험했던 여러 어려움과 국민의회의 새로운 선거가 낳은 실망스러운 결과를 다시 이야기하고 있다. 마지막으로 오늘날의 '술라'✤인 티에르의 '형언조차 할 수 없는 악행'을 묘사한다. 그의 '빛나는 문명'은 우선 '전투가 끝나자 산더미처럼 쌓이게 된 시체들을 치우는 것'으로 시작해야 했다고 한다.202)

「프랑스 내전」은 영어로 쓰였을 뿐만 아니라 영국인들을 독자로 상정하고 쓰였다. 이는 카를이 알기 쉬운 일상적 구어체의 언어로 스스로를 표현하고자 했던 가장 뛰어난 작품이었다. 19세기 말의 성실한 번역가들이었다면, 이 책에 나오는 '가출옥자들ticket-of-leave men', '남자 몸종gentlemen's gentlemen', '목사의 권력parson-power', '태생적인 상급자들natural superiors', '조잡한 사기꾼shoddy man'과 같은 말들을 정확히 어떻게 번역해야 할지 곤혹스러워했을 것이며, '조 밀러Joe Miller'✤✤가 도대체 누구인지 의아해했을 것이다. 만약 그들이 출간되지 않은 초고까지 보았다면 도대체 '탐욕스러운 시의원들turtle-soup guzzling aldermen', '관공서의 번문욕례the circumlocution office', '최상류 계층the upper ten thousand', '하인방servant's hall', '런던 어시장의 욕지거리billingsgate' 등이 무슨 소리인지 의아해했을 것이다.

카를이 의도했던 바는 단순히 통속적인 구어의 어조를 이용하려는 것만은 아니었다. 이는 또한 베르사유와 제2제국의 파리를 코뮌의 파리와 도덕적 관점에서 대조하여 보여 주고자 하는 것이었다. 제국 시대의 파리를 빅토리아조 영국의✤✤✤ 비도덕적 **타자**로 제시하고자 했던 것이다. 카를은 줄 파브르를 1848년

✤ 술라Sulla는 로마 공화국의 장군으로, 원로원과 민중파가 첨예하게 대립하던 시점인 기원전 81년 쿠데타를 일으켜 포에니전쟁 이후 사라졌던 독재관dictator의 자리를 되살려 스스로 취임하여 원로원에 유리한 일련의 조치들을 통과시킨다.

✤✤ 18세기에 유행했던 농담집으로 『조 밀러의 헛소리Joe Miller's Jest』라는 책이 있다. 썰렁한 옛날 농담을 일컫는 말로 쓰인다. 앞에 나온 표현들은 모두 19세기 당대의 영국인들에게 친숙한 구어 표현에 나오는 말들이다. 한 예로 '목사의 권력'이라는 말은 19세기 초 소설가였던 메리 에지워스Mary Edgeworth가 쓴 표현이었다.

✤✤✤ 19세기의 대부분을 차지하는 빅토리아시대의 영국은 도덕적인 엄숙주의의 시대로 알려져 있다.

의 6월 봉기를 진압한 책임자인 '부르주아' 공화파의 한 사람으로 증오했겠지만, 이 글에서는 '알제리의 주정뱅이 아내를 두고 축첩 생활을 하는 자'로 낙인을 찍고 있으며, 또 간통으로 낳은 사생아로 대를 잇는 놈이라는 식으로 묘사하고 있다. 티에르도 마찬가지로 루이 필리프에게 환심을 사려고 '베리 공작 부인에게 스파이질을 하면서 감옥에서 산파 역할까지 한 자'라고 인신공격을 가하고 있으며, 파리의 시장이었던 줄 페리는 "기근을 이용하여 큰돈을 벌었다"라고 말하고 있다. 이러한 자들의 파리는 곧 '허깨비 파리'라는 것이다.

> 화려한 가로수로 꾸며진 대로大路의 파리, 남자들과 여자들, 부자들과 자본가들, 돈 많은 신사들과 유한계급의 파리, 하인들과 파업 방해자들과 떠돌이 문필가들과 베르사유, 생드니, 로이에Rueil, 생제르맹의 매춘부들concottes의 파리. 이들은 내전을 그저 재미난 구경거리 정도로 여겼고, 망원경으로 전투 현장을 구경하면서 대포를 몇 방이나 쏘았는지를 세면서 옛날 포르트 생마르탱에서보다 훨씬 더 잘들 하고 있다고 자기들과 자기들의 매춘부들의 명예를 걸고 맹세하는 자들이었다. 하지만 쓰러진 이들은 정말로 시체가 되었고, 부상을 입은 이들의 비명은 정말로 절박한 고통의 비명이었다. 게다가 이 모든 것들이 정말로 격렬한 역사의 현장이었던 것이다.[203]

하지만 코뮌이 성립하자 매춘부와 첩들concottes은 자기들의 보호자들 꽁무니를 좇아 사라졌지만('가족, 종교, 그리고 무엇보다 소유 재산을 중시하는 남자들은 자취를 감추었다'), 그 자리에 나타난 것은 '파리의 진정한 여성들… 고대의 여성들과 마찬가지로 고귀하고 헌신적이고 영웅적인 여성들이었다.'[204]

제2제국이 무너진 순간부터 카를은 혹시라도 새롭게 수립된 공화국을 전복시키려는 어리석은 시도가 벌어지는 게 아닐까 하여 노심초사했다. 9월 6일, 그는 당시 런던에 와 있었던 제1인터내셔널의 프랑스 지부 전체가 파리로 떠나면서 "인터내셔널의 이름으로 온갖 종류의 어리석은 짓을 저지를 것"이라고 말한 바 있었다. '이들의' 의도는 '임시정부를 무너뜨리고' **파리의 코뮌**commune de Paris을 확립하려는 것'이라는 것이 카를의 걱정이었다.[205] 리옹에서 바쿠닌과 그 지지자들도 비슷한 일을 시도하고 있었다는 것을 카를은 알고 있었다. 그는 에드워드 비즐리에게 보낸 편지에서 그 사건을 서술하면서 리옹에서는 애초에 '모든 것이 잘 돌아가고 있었고' 공화국도 파리보다 먼저 선포되었음을 강조했다. 하지만 그때 "바쿠닌과 클루즈레 같은 멍청한 놈들이 도착하여 모든 것을 망쳐 버렸습니다. … 시청이 장악당했고(짧은 시간 동안이나마), **국가를 폐지한다**abolition de l'état는 법령과 그 비슷한 헛소리들이 발표되었습니다. 러시아인 한 사람(중간계급 신문들은 그를 비스마르크의 비밀 요원이라고 합니다)이 스스로를 프랑스 공안위원회의 지도자라고 내세우고 있다는 사실만으로도 공공 여론의 균형이 나쁜 쪽으로 돌아가기에 충분하다는 것은 잘 아실 것입니다."[206] 실제의 파리코뮌은 우연('파리의 문 앞까지 프로이센 군대가 치고 들어왔다는 것')의 결과물이었다는 것이다. 이는 "결정적으로 불리한 '우연적인 사고'"였으며, 이 때문에 파리에 남은 선택지는 '싸움을 계속하든가, 아니면 아무 저항 없이 무릎을 꿇든가'뿐이었다는 것이다. 카를은 파리의 전망을 아주 어둡게 보았으며, 그 며칠 후 비엔나에 보낸 편지에서는 파리가 취한 선택이 '모든 성공의 전망을 다 닫아 버렸다'는 생각을 피력한 바 있었다. 이제 기대할 수 있는 최선은 파리와 베르사유 사이의 명예로운 평화뿐이라는 것이었다.[207] 하지만 불과 1개월 후 그의 어조는 완전히 뒤바뀐다. 이제 그는 이렇게 말한다. 그 직접적인 결과들이 어떻게 나오든 '자본가 계급과 그 국가에 맞선 노동계급의 투쟁'은 '새로운 단계에 진입'했으며, '세계사적인 중요성을 갖는 새로운 출발점이 마련되었다'는 것이었다.[208] 이러한 심경 변화는 도대체 어떻게 해서 벌어진 것이었을까?

반란의 사회적 성격 때문은 아니었다. 코뮌은 시종일관 순전히 정치적 사건이었다. 이는 노동자들이 만들어 낸 것이었을 뿐만 아니라 똑같은 정도로 부채를 청산하라는 위협에 내몰린 상점 주인들과 소규모 장인들의 분노와 불안에 의해 만들어진 것이었다.[209] 게다가 '공화주의 연합Union Républicaine'을 내세워 이러한 집단들은 똑같이 운동의 지도부에서도 활동적인 위치를 점했다. 비록 『프랑스 내전』은 코뮌이 '본질적으로 노동계급 운동이며 소유 계급에 반대한 생산 활동의 산물'이라고 주장했지만, 이는 영국에서나 프랑스에서나 주된 정치적 구분선은 노동자들과 고용주들 사이에서가 아니라 생산자들과 유한계급 사이에 그어져 있었다는 비마르크스주의적인 의미에서만 사실이었다.[210] 이는 넓은 의미에서의 '노동계급'이었으며, 그들의 목적은 1848년과 마찬가지로 '민주적 사회 공화국'을 실현하는 것이었다. 이는 카를 스스로도 명확히 인식하고 있었던 바였다. 그가 네덜란드 사회주의자 도멜라 니우엔하위스Domela Nieuwenhuis에게 1881년에 보낸 편지에서 보듯이, "코뮌의 대다수는 어떤 의미에서도 사회주의자가 아니었으며, 또한 그럴 수도 없었습니다. … 사회주의 정부가 한 나라에서 권력을 잡기 위해서는 그것이 영속적 활동을 펼칠 수 있도록 할 시간을 충분히 확보할 만큼(이것이 첫 번째 필수 요건입니다) 부르주아지 대중들에게 겁을 주는 데 필요한 조치들을 즉각 취할 수 있을 만큼 상황이 무르익어야만 합니다."[211]

카를이 파리코뮌에 대해 흥분했던 것은 '그것이 스스로를 계속 만들어 가는 존재'였다는 점이었다. 이것이야말로 그것의 '위대성을 보여 주는 사회적 척도'였다고 한다.[212] 현실적인 차원으로 표현하자면, 이는 곧 이 혁명이 단지 노동자들을 **위한** 혁명이기만 한 것이 아니라, 노동자들 스스로에 **의한** 혁명이기도 하다는 것을 뜻했다. 그의 '첫 번째 초고'에서 설명되어 있다.

> 혁명이 다수 대중, 즉 생산 활동에 종사하는 대중들의 **이름으로**, 그리고 그들을 **위해** 이루어진다는 것을 표방하고 있다는 것은 이 혁명이 그 이전의

모든 혁명들과 공유하는 점이다. 새로이 나타난 특징은 인민들이 최초에 일어선 이후로 자신들을 무장해제하고 자신들 손의 권력을 지배계급의 공화파 사기꾼들의 손에 넘기지 않았다는 점이다. 대신 이들은 코뮌의 헌정 체제에 따라 혁명의 실질적인 관리를 스스로의 손으로 맡았을 뿐만 아니라, 또한 성공적인 경우에는 그것을 주권자인 인민 스스로의 손으로 장악하기 위한 수단까지 발견하여 이를 통해 자신들 스스로의 정부 장치를 마련하여 그것으로 지배계급의 국가 및 정부 장치를 대체해 버렸던 것이다.213)

이러한 파리코뮌에 카를이 그토록 흥분했던 것은 이것이 전혀 예상치 못한 가운데 그의 정치적 비판의 출발점이었던 것을 그대로 입증하는 예를 제시했기 때문이었다. 카를은 이미 1843~1844년에 인간의 역사를 다른 것과 구별 짓는 특징은 다른 무엇보다 그것이 인간의 자기 활동이라는 점에 있다고 주장한 바 있다. 카를은 헤겔이 '하나의 과정으로서 인간의 자기 창조'라는 것을 파악했던 것을 『정신현상학』에서의 가장 위대한 성취라고 보았고, 이를 자신의 역사 이론의 출발점으로 삼은 바 있었다. 인간은 단순히 자연의 존재natural being가 아니라 '인간적 자연의 존재, 즉 인간적 본성을 지닌 존재a human natural being'로, 자연이 아니라 역사에 기원을 둔 존재이며, 스스로의 활동을 '스스로의 의지의 대상'으로 삼을 능력이 있는 존재라는 것이었다. 하지만 헤겔은 인간의 여러 능력이 완전하게 표출되는 폴리스polis의 비전을 버리고 국가와 시민사회의 분리에 기초한 근대국가라는 개념으로 옮아감으로써 자신의 혜안이 가진 이러한 힘을 스스로 애매하게 만들어 버렸다는 것이다. 그리고 이러한 국가와 시민사회의 분리에 도전하는 것이야말로 카를이 1843년에 내놓은 저서 『헤겔 법철학 비판을 위하여』에서 처음으로 완성된 규모로 내놓은 정치적 비판에서 착수했던 작업이었다.

그런데 1871년의 파리에서 군대, 경찰, 관료제, 성직 조직, 사법 체계 등이 일시적으로나마 제거되어 버리는 비현실적 상황이 창출되었고, 이 때문에 카를은 자신의 출발점으로 되돌아와 국가와 시민사회의 구별이 소멸해 버린 종류의 정치체를 상상할 수 있게 된 것이다. 특히 카를을 흥분시켰던 점은 코뮌이 단순히 저절로 출현한 게 아니라는 사실이었다. 코뮌은 스스로의 행위자를 가지고 있었고, 이를 통해 스스로를 출현시켰던 것이다. 카를이 그의 '첫 번째 초고'에서 썼던 바 있듯이, "코뮌이 취했던 개별 조치들이 어떤 장점을 가지고 있었는지를 떠나, 그 가장 위대한 조치는 바로 코뮌이라는 조직 그 자체였다. 이 조직은 앞문으로는 외국의 적이 들이닥치고 있으며 뒷문으로는 자신들의 계급의 적이 밀어닥치고 있는 상황에서 스스로의 목숨을 내걸어 스스로의 생명력을 입증했을 뿐만 아니라 스스로의 행동으로 스스로가 내건 명제를 확인했던 것이다." 이러한 상황에서라면 입법부와 행정부의 구별의 폐지를 상상하는 일도 그전에 의회가 맡았던 역할을 민주적으로 선출된 작업 조직이 떠맡는 것을 상상하는 일도, 또 그 조직이 그저 노동자들의 임금만 받는 헌신적인 성원들의 노력으로 낮은 비용으로도 효율적으로 그 기능을 수행할 수 있다고 상상하는 일도 얼마든지 가능한 것이었다. 그는 자신의 생각을 이렇게 상술한다.

> 코뮌, 이는 사회가 국가권력을 다시 흡수하는 것이다. 다수의 대중들이 자신들을 억압하는 조직된 힘 대신 스스로의 힘을 형성하여 사회를 종속시키고 통제하는 힘으로서의 국가가 아니라 사회 스스로가 가진 생명력으로서의 국가를 만들어 내는 것이다. 이는 그들의 적들이 그들을 억압하기 위해 휘두르는 인위적인 사회적 힘이 아니라(이 힘은 억압자들이 몽땅 전유해 버린다) (다수 대중들은 이러한 인위적인 힘에 반대하여 맞서기 위해 스스로의 힘을 조직한다), 그들의 사회적 해방을 담아내는 정치적 형식인 것이다. 다른 모든 위대한 것들이 그러하듯이, 이 형식 또한 단순하다.[214]

카를은 또한 코뮌의 성격에 기대어 장래에 성취될 정치체 및 사회의 형태에 대한 1848년 이후의 논의에서 독특한 기여를 내놓을 수 있게 된다. 그는 『공산주의 선언』에서 내놓았던 정식화를 반복하지 않았다. 거기에서 그와 엥겔스가 국가에 대해 정식화했던 바는 제2제국을 연상시키는 권위주의적 국가 형태들로 오인되기가 아주 쉬웠던 것이다. 또한 그는 약한 입법부를 전능한 행정부에 종속시킬 것을 주장하는 종류의 의회주의(최소한 이것이 비스마르크가 만든 '제국의회Reichstag'의 이상이었다)를 단순히 재생산한 것도 아니었다.[215] 그는 코뮌 지도자들이 신봉했던 연방주의의 여러 이상을 자기 식으로 수용하기 위해 긴 우회로를 돌아간다. "비록 코뮌이 제대로 발전시킬 시간은 없었지만 그것이 제시한 전국적 조직의 상을 거칠게라도 그려 본다면, 심지어 가장 작은 시골 마을조차도 그 정치적 형태가 코뮌이 되어야 한다고 명확하게 언명하고 있음을 알 수 있다. … 모든 지구의 농촌 공동체들은 중심 도시에 대표자들을 보내 의회를 구성하여 공동의 문제들을 처리하고 관리하도록 되어 있으며, 이 지구의 의회들은 다시 대표자들을 파리의 전국 대표자 회의National Delegation로 보내게 되어 있다. 그 모든 대표자 개개인은 언제든 소환과 자격 취소가 가능하며, 해당 지역구민들의 '공식적 훈령mandat impératif'으로 그 언행에 구속을 받게 된다."[216] 하지만 그는 또한 다음과 같은 점을 조심스럽게 강조하고 있다. "중앙정부가 수행해야 할 중요한 몇 가지 기능들이 남게 되며, 이는 의도적으로 잘못 언명된 것처럼 묵살되는 것이 아니라 중심 코뮌의 기관들에 의해 수행된다. 이 기관들은 중심 코뮌의 기관들이므로 철저하게 책임성을 띠게 된다. 국가 전체의 통일성은 깨어지는 것이 아니며, 오히려 코뮌의 헌법에 따라 새로이 조직된다."[217]

1860년대에 쓴 그의 저작들에서와 마찬가지로 그는 또한 사람들의 오해를 불식시키기 위해 '협동주의 결사체들의 연합체'가 '공통의 계획에 따라 전국적 생산을 조정하는' 상황(그는 이를 '가능한 공산주의'라고 불렀다)으로 이행하는 것은 오랜 시간이 걸리는 장기적 과정임을 힘주어 강조한다. "노동계급은 파리 코뮌으로부터 기적을 기대하지 않았다." 이들은 '미리 만들어져 있는 유토피아를 도입하려' 했던 게 아니었다는 것이었다. '이들은 자신들 스스로의 해방을 일구어 내고 또 그와 함께 현존하는 사회가 그 스스로의 경제적 기구들에 의해 불가항력의 힘으로 지향하고 있는 더 고차적 형식을 일구어 내려는 목적을 가지고 있지만, 이를 위해서는 일련의 역사적 과정을 관통하여 오랜 기간 동안 수많은 투쟁을 통과해야 하며 그 와중에 인간들과 인간들의 환경 모두를 변혁해야 한다는 사실을 잘 알고 있다'는 것이었다.[218]

출판이라는 관점에서 보면 『프랑스 내전』은 큰 성공이었다. 이는 두 달 만에 3판을 찍게 되었고, 제2판은 8000부나 팔렸다.[219] 카를은 갑자기 유명 인사가 되었다. 그가 6월 18일 쿠겔만 박사에게 보낸 편지에서 말하듯, "「성명서」는 악머구리 끓는 듯한 소란을 불러일으켰으며, 나는 요즘 런던에서 가장 많은 중상과 협박을 받는 사람이 되는 명예를 안게 되었네. 숲속에서 20년간이나 지루하게 초야에 묻혀 살던 사람에게는 참으로 큰 도움이 되는 일이지."[220] 그의 명성(차라리 악명이라고 해야 할 것이다)은 이미 「성명서」가 출간되기 전부터 시작되었다. 파리코뮌이 시작된 다음 날인 3월 19일, 베르사유의 우익 신문인 『파리 일간지Journal de Paris』는 '붉은 박사' 카를이 파리의 제1인터내셔널 성원들에게 반란을 일으키도록 훈령을 내리는 편지를 입수했다고 주장했다. 카를은 이러한 편지 위조가 프로이센의 정치 경찰 총수이자 베르사유 측에 독일이 보낸 자문이면서 그보다 20년 전에는 쾰른의 공산주의자 재판에서 검찰 측의 으뜸가는 증인이었던 빌헬름 슈티버Wilhelm Stieber의 작품이라고 믿었다.

그런데 당시의 유럽과 영국의 대부분 매체들은 이러한 억측을 그대로 받아들였다. 그뿐만 아니라 여기에다 더욱 선정적인 다양한 이야기들을 꾸며 내 장식을 덧붙였다. 『더 타임스』의 보도에 따르면, 제1인터내셔널은 바쿠닌의 '동맹'✤과 통합했으며, 종교와 결혼 제도의 폐지를 요구하고 있다고 했다. 이와는 달리 보나파르트주의자들의 매체에서는 파리코뮌의 진정한 배후는 비스마르크이며 카를은 그의 앞잡이라 믿고 있었다. 4월 2일, 『석간Le Soir』지는 제1인터내셔널의 주요 지도자의 한 사람인 카를 마르크스가 1857년 비스마르크의 비서로 일했으며 지금도 여전히 그를 섬기고 있다고 보도했다. 하지만 베르사유 정부 쪽이 더욱 선호했던 것은 슈티버가 만들어 낸 이야기였다. 6월 6일, 베르사유 정부의 외무부 장관인 쥘 파브르는 각국 정부에 회람문을 보내 파리코뮌이 제1인터내셔널의 작품이라고 선언했고, 모든 정부에 제1인터내셔널을 제압하는 데 협조할 것을 요청했다. 그때 이후로 이야기는 프랑스 정부, 오스트리아 정부, 독일 정부에 의해 다양한 내용으로 변주된다.

이러한 억측들이 이미 퍼져 있었기 때문에 6월 20일 카를이 「성명서」의 저자임이 밝혀졌을 때 그 문서에 있는 좀 더 취약하고 의문의 여지가 있는 명제들 일부에 대해 사방에서 십자포화가 쏟아지게 된다. 가장 취약했던 부분은 그 「성명서」 말미에서 파리코뮌과 제1인터내셔널의 관계를 언급하는 부분이었다. "어디에서든, 어떤 모습으로든, 또 어떤 조건에서든 계급투쟁이 분명한 일관성을 획득하고 있다면, 우리 협회의 성원들이 전면에 나서야 한다는 것은 너무나 당연한 일이다."[222] 그리고 그전에 쓰였던 초고들에서는 인터내셔널의 역할에 대해 더욱더 큰 주장이 나오고 있으며, 엥겔스는 그러한 주장을 영구화시킨 바 있다. 하지만 실제의 사실을 보자면, 제1인터내셔널의 성원들이 했던 역할은 주변적인 것이었다. 보나파르트 시대의 경찰은 아주 효율적이어서 제1인터내셔널의 파리 지부는 1869년 폐쇄된 바 있다. 그리고 카를이 여러 번 반복해서 지적했던바, 제1인터내셔널은 위계적 명령 체계를 가진 비밀 결사가 아니었다.[223] 하지만 파브르 외무부 장관이 마구 우기는 데다 대부분의 매체들도 적대적인 태도를 취하고 있었던지라, 파리코뮌이 제1인터내셔널의 음모라는 그림을 반박하는

✤ 바쿠닌은 1868년 자파 세력을 모아 '사회주의적 민주주의를 위한 국제 동맹International Alliance for Socialist Alliance'을 조직하여 제1인터내셔널에 가입하려고 하지만, 인터내셔널 측에서는 자체 내에 또 다른 국제 조직을 회원으로 둘 수는 없다는 이유에서 승인을 거부했다. 결국 이 조직은 곧 해체하고 성원들은 각국의 제1인터내셔널 가입 조직으로 들어간다.

것은 사실상 불가능했다. 카를이 쿠겔만 박사에게 쓴 바 있듯이, "일간지와 전보가 발전한 오늘날 이런 것들이 꾸며 낸 이야기들은 순식간에 온 지구로 퍼져 나가게 되어 있으며, 이들은 지난 1세기 동안 만들어졌던 것보다 더 많은 양의 거짓 이야기들을 단 하루 만에 만들어 낸다네(그리고 부르주아 가축 무리들은 그걸 그대로 믿고 더욱더 널리 퍼뜨리지)."[224)]

「성명서」가 특히 공격을 많이 받았던 두 번째 영역은 코뮌 전사들의 폭력을 다루는 방식이었다. 베르사유 군대가 수백 명, 아니 아마도 수천 명을 총살해 버렸다는 점을 생각해 볼 때, 코뮌 전사들이 저지른 잔혹 행위를 놓고 적대적인 논평가들이 너무 난리를 떨었던 것은 아마도 합리적인 일이 아닐 것이다. 하지만 카를이 코뮌 전사들의 행동을 변호했던 논리는 적절치 못했다. 3월 18일에 대포를 놓고 갈등이 벌어졌고, 그 직후에는 토마Thomas와 르콩트Lecomte 두 장군이 총살당하는 일이 벌어졌었다. 그런데 재판도 없이 벌어진 이 즉결 처분을 카를은 참으로 설득력 없는 논리로 변호하고 있다. 코뮌은 사실상 그들의 죽음에 대해 아무런 책임도 없다는 것이다. "클레망 토마와 르콩트의 죽음에 대한 책임을 중앙위원회와 파리 노동자들에게 돌리는 것은 웨일스 공주가 런던에 들어오던 날✤ 군중에 깔려 죽은 이들의 운명을 웨일스 공주에게 돌리는 것과 마찬가지이다."[225)] 마찬가지로 다르부아 대주교의 처형 또한 베르사유 측이 그를 불굴의 혁명가 오귀스트 블랑키와 교환하기를 거부한 뒤에 벌어진 일이므로 「성명서」는 '다르부아 대주교의 진정한 살인자는 티에르'라고 주장하고 있다.[226)] 다른 성직자들도 함께 총살되었다는 사실은 아예 언급하지도 않는다. 마찬가지로 코뮌 지지자들 쪽에서 방화 행위에 호소했던 것도 마치 그것이 순전히 어쩔 수 없는

✤ 웨일스 공주Princess of Wales는 여왕 메리 1세를 뜻한다. 헨리 8세의 혈육인 그녀는 왕위에 오른 뒤 종교개혁을 철폐하고 가톨릭을 복구했고, 수많은 저항자를 죽여서 '피의 메리Bloody Mary'라는 별명을 갖고 있기도 하다. 하지만 막상 그녀가 왕위에 올라 런던에 들어오던 1553년 8월 3일에는 아직 사람들의 지지가 높아서 많은 군중들이 운집하여 그녀의 입성을 반겼다고 한다.

필연적인 방어의 문제였던 것처럼 옹호하고 있다. 이런 것을 주장하고 있으니 무슨 말을 하더라도 사람들에게 설득력을 가질 수 없었다. 차라리 이보다는 변호할 수 없었던 행동들의 경우에는 솔직히 인정하고 유감을 표하면서 그를 통해 베르사유 측이 저질렀던 훨씬 더 광범위하고 무차별적이었던 학살을 자세히 살펴보자는 쪽으로 이야기를 돌리는 편이 나았을 것이다.

프레더릭 해리슨과 에드워드 비즐리 같은 실증주의자들은 용감하게 파리코뮌을 옹호하려고 노력했다. 또한 노동자들 중에는 코뮌 전사들에게 동정심을 품은 이들도 있었으니, 이들은 '엄밀히 말해 공산주의의 이유에서'가 아니라 "그들이 '코뮌 전사들이' 철저한 애국자요 진정한 공화주의자들"로, '전 세계에 걸쳐 노동계급의 이익을 하나로 융합'시키도록 한다는 제1인터내셔널의 목적을 지지했던 이들이라고 믿었기 때문이었다.[227] 하지만 이들은 소수에 불과했다. 심지어 급진파들 사이에서도 이 문제를 놓고 의견 대립이 극심했다. 유명한 이들만 거론해 보아도 톨랭, 마치니, 홀리요크,✤ 브래들로✤✤ 등은 파리코뮌을 공격했다. 6월 20일의 전체 평의회 회의에서는 험악한 언사가 오가는 가운데 제1인터내셔널을 창립한 노조 활동가들 중 가장 저명한 인사의 하나인 조지 오저가 이렇게 말했다. 자신은 「성명서」가 낭독되던 자리에 없었으며, 그 문서에 서명자로 이름을 올린 모든 이들에게 직접 제출되었어야 했다고. 카를이 그에게 의사진행 절차를 상기시켜 준 뒤, 오저는 "저는 누가 하라는 대로 하지 않습니다. 마르크스 박사를 졸졸 따르는 이들이라면 그가 시키는 대로 하겠지요. 하지만 저는 절대로 하지 않습니다"라고 응수했다. 그는 자신이 사임하러 이 자리에 온 것은 아니었지만, '이제 전체 평의회에 아무런 이성도 남아 있지 않으므로' 사임하

✤ 홀리요크George Jacob Holyoake는 오언주의의 후계자로서 협동조합 운동을 적극적으로 전개했을 뿐만 아니라 무신론과 세속주의secularism 운동의 지도자로서 큰 영향을 끼쳤다.

✤✤ 찰스 브래들로Charles Bradlaugh는 홀리요크의 영향으로 무신론과 세속주의 운동을 적극적으로 펼치지만 철저하게 반사회주의의 입장에 선 자유주의 정치가로 활동했다.

고자 한다고 언명한다. 그는 지도적인 공화주의 활동가로, 파브르와 티에르의 오를레앙파 정부가 내건 공화주의의 명분과 동일한 입장에 있었던 것이다. 둘째, 그가 다른 곳에서 말한 바 있듯이, 제1인터내셔널의 주된 목적은 유럽 전체에 걸쳐 평화와 임금 상승을 가져오는 것이었다는 것이다. 전체 평의회의 또 다른 저명한 성원인 벤저민 루크래프트(장식장 제작공이자 런던 교육 위원회London School Board 성원이었다)도 사임했다. 그는 6월 20일 회의에서 「성명서」를 언급하면서 "저는 아주 많이 반대합니다. 우리 인터내셔널이 제가 극도로 혐오하는 행위들을 저지른 저 흉악무도한 악당들, 우리 인터내셔널에 소속되지도 않은 악당들을 옹호한다니요. 저는 살인과 방화를 결코 용납하지 않을 것입니다."[228]

『프랑스 내전』 또한 여론의 적대 감정의 물결을 막아 내는 데 성공하지 못했다. 20년도 넘게 지난 나중이 되어서도 카를의 막내딸 엘리노어는 그 당시의 분위기를 생생하게 기억하고 있다. "전체 중간계급은 파리코뮌에 반대하여 완전히 광란에 가까운 격분 상태에 있었다." 파리코뮌과 코뮌 전사 피난민들에 대한 적대감이 얼마나 강했는지를 보여 주는 사건이 있었다. 파리코뮌 1주기를 기념하기 위해 행사를 열려고 강당을 하나 예약했지만 그 강당 소유주가 예약을 취소해 버린 것이었다. 그 소유주는 "계약금을 돌려주고 또 위약금까지 물어 주는 한이 있어도 자신의 점잖은 강당에다 그런 '악당들' 무리를 들일 수는 없다는 것이었다." 그녀는 계속해서 말한다. "가장 슬픈 일은 영국 내의 노동자들 또한 아주 드문 예외를 제외하면 (콩트주의자들과 같은 일부 중간계급에도 예외는 있었다) 모두 그들의 착취자들이나 똑같이 파리코뮌에 대해 지독히 적대적이었다는 점이다."[229]

11. 연방주의를 둘러싼 싸움, 그리고 제1인터내셔널의 종말

영국 정부는 파리코뮌 전사 난민들에 불리한 행동을 취하지는 않았다. 하지만 파리코뮌에 대한 적개심은 사방에 깊이 침투해 있었다. 급진파들 사이에서 보자면, 전체 평의회의 지도적 인사들이 사임하기도 했으며 또 코뮌을 지지하는 시위가 전혀 없었다는 점들이 이러한 적개심을 잘 보여 주고 있다. 엘리노어의 큰언니인 예니는 파리코뮌이 끝난 뒤 6개월 동안 런던으로 도망쳐 온 코뮌 난민들을 돕는 일을 했으며, 그들의 비참한 상태를 이렇게 보고하고 있다.

> 고용주들은 그들과 전혀 상종을 않으려 들었다. 가명을 써서 겨우 일자리를 얻는 데 성공한 이들도 있었지만, 그들의 정체가 밝혀지는 순간 즉시 쫓겨났다.
> 난민들이 일자리를 얻을 수가 없었으니, 그들이 어떤 곤경에 처하게 되었는지는 충분히 상상할 수 있을 것이다. 이들의 고통은 필설로 형용할 수가 없는 것이었다. 그들은 글자 그대로 이 거대 도시의 길거리 위에서 굶주리고 있었다. '각자도생chacun pour soi'이라는 원리가 극단까지 도달한 이 런던의 길거리 위에서 누가 그들을 돌보겠는가. 영국인들은 굶어 죽는 경우들이라는 것을 자기들의 영광스러운 헌법의 필수불가결의 일부라고 생각하는 자들이니, 그들이 동정심이라고는 눈꼽만큼도 느끼지 못하는 이름 없는 외국인들의 빈곤에 전혀 신경을 쓰지 않는다는 것도 이상한 일은 아니다.230)

이와는 대조적으로 스페인과 이탈리아에서 스위스와 벨기에에 이르는 공화주의자들 및 사회주의자들에게는 1848년 이후의 유럽에서 가장 중앙집권화되고 가장 경찰의 압제가 심했던 체제의 하나에 맞서 감히 도전을 감행했던 파리코뮌은 영감의 원천이었다. 파리코뮌의 선사들이 꿈꾸었던 유럽은 연방체들로 이루어진 유럽이었으며, 경찰과 관료제의 짓누르는 억압으로부터 해방된 유럽이었다. 파리코뮌이 제안했던 공화국은 '파리코뮌의 절대적 자율성을 프랑스 내 모든 지역체들로 확장하며 그 각각에게 자신들 권리의 완전성을 보장'하는 것을 수반하게 되어 있다. "여러 코뮌들은 함께 연합하여 프랑스의 통일성을 보장하게 되어 있으며, 각각의 코뮌의 자율성에 대해 주어지는 제한은 그 계약을 준수하는 다른 모든 코뮌들의 자율성과 동일한 권리를 갖는다는 것 하나뿐이다."[231] 얼핏 보면 『프랑스 내전』에서 카를은 연방주의의 입장에 대해 완전히 지지를 보내는 것처럼 보인다. '심지어 가장 작은 시골 마을조차 그 정치적 형태가 코뮌이 되어야 한다.' 이는 바쿠닌의 동맹자이자 스위스 쥐라Jura의 가내 수공업자들의 지도자인 자므 기욤James Guillaume의 입장이기도 했다. "마르크스는 연방주의 사상의 진영에 합류하기 위해 자신의 강령을 버린 것으로 보입니다."[232] 하지만 카를은 '중앙정부'의 존재를 유지하기 위해 세심히 주의를 기울였을 뿐만 아니라, 코뮌 프랑스의 정부를 설명함에 있어서도 '연방'이라는 용어를 사용하는 것은 조심스럽게 회피하고 있다.[233]

연방의 이상이 가장 또렷이 제시되어 가장 큰 영향을 발휘한 것은 프루동의 후기 저작들 특히 1865년의 『노동계급의 정치적 역량De la capacité des classes ouvrières』이었다.[234] 이 저작에서 프루동은 자신의 『19세기 혁명의 일반적 사상』에서 제시했던 '상호주의자Mutualist'의 입장에 단서들을 붙인다. 자유로운 신용을 제공할 것, 프랑스 국가의 여러 정치적 기능을 엄격하게 축소할 것, 그리고 궁극적으로는 여러 경제적 계약과 사회적 협약들로 대체할 것 등이었다. 그는 제2제국을 경험하면서 민주적 헌법과 보편적 선거권이 자의적 법령과 선거권의 박탈보다는 훨씬 나으며, 최소한 당장에 닥친 미래에는 모종의 연방 국가가 가장 현실적인 해법이라고 결론을 내리게 되었다. 그는 후기의 저작에서 보나파르트 체제에 대한 저항으로 선거권의 기권을 주장하기도 했다. 노동자들은 스스로의 협동조합과 상호 부조회를 형성하여 작업장과 공장과 농장에서 지배력을 획득해야 하며 궁극적으로는 자기들 스스로의 민주적 연방체로서 기존의 정치적·경제적 시스템을 대체해 버려야 한다는 것이었다. 하지만 파리에 있는 그의 추종자들은 비록 여전히 그의 큰 비전에는 영감을 받고 있었지만 선거의 기권에 대한 주장에는 동의하지 않았고, 노동계급의 자기 해방이란 오히려 선거 과정에 대한 적극적인 참여를 뜻한다고 생각하고 있었다.[235]

제1인터내셔널 초기의 몇 번의 총회에서는 참석자의 거의 3분의 1이 넓은 의미에서 프루동주의자들이었다. 하지만 이미 1867년 로잔 총회가 되면 프루동주의자 내부에서 분열이 시작되었다. 톨랭이 대표하는 엄격한 프루동주의의 입장은(사회 입법에 반대, 노동조합에 반대, 정치적 참여에 반대) 파리의 제본공 유진 발랭Eugène Varlin과 벨기에의 식자공 출신 의사인 세자르 드 페페César De Paepe를 중심으로 모여든 집단에 의해 도전받게 된다.[236] 이 집단의 지도자들은 여전히 '상호주의자'의 이상들을 신봉하고 있었지만, 이제는 '집산주의collectivism'(이러한 이름을 처음으로 붙인 이 중 하나가 드 페페였다)의 방향으로 이동하고 있었다. 생산수단의 집단적 소유와 노동조합의 인정을 그 내용으로 하는 것이었다.[237] 발랭은 파업이라는 게 경제적으로 볼 때 자멸적인 행위라는 데에는 톨랭과 견해가 같았지만, 이제는 그럼에도 불구하고 파업을 통해 노동자들의 단결을 증대시키고 도덕적 저항의 수단을 조달할 수 있다고 주장하게 된다.[238]

톨랭 및 그의 추종자들과 결부된 엄밀한 프루동주의 입장은 1869년 바젤 총회에서 패배한다. 그전 브뤼셀 총회 때 제기되었던 집산주의의 결의안들은 압도적인 지지로 통과되었고, 토지의 즉각적인 사회적 집산화를 요구하는 동의 또한 함께 통과되었다. 그 결의안들은 '사회적' 소유 혹은 '공적' 소유이지 '국가 소유'가 아니라고 구체적으로 밝히는 데 세심한 주의를 기울이고 있다. 발랭과 드 페페 주변의 프랑스와 벨기에 노동자들이 톨랭과 그 지지자들에 대해 얻은 승리는 바쿠닌과 그의 10명 남짓한 추종자들의 정력적인 옹호로 더욱 증폭되었다. 그 논쟁 과정에서 바쿠닌은 집산주의의 입장을 총회에서 대변하는 지도자의 한 사람으로 떠올랐다. 톨랭과 프리부르Fribourg는 바쿠닌과 전체 평의회 내부의 카를의 동맹자들이 파리의 상호주의자들로부터 통제력을 빼앗아 가 버렸으며 '러시아-독일 공산주의'의 승리를 가져왔다고 불평했다.[239)]

그런데 이렇게 정치적 참여와 노동조합주의에 대한 프루동의 적대감을 총회에서 거부한 것은 중요한 전진이었지만, 바쿠닌이 깊이 끼어들게 된 것은 카를이 그리는 제1인터내셔널의 상에서 다른 종류의, 그리고 궁극적으로 더욱 불길한 위협을 가져오게 되었다. 차르에 의해 시베리아에서 12년간이나 감옥 생활을 한 바쿠닌은 1861년 탈출에 성공한다. 그는 샌프란시스코를 거쳐 유럽으로 왔으며, 1862년 초 런던에 있는 헤르첸의 집에 도착한다. 헤르첸은 그의 일기에 이렇게 썼다.

> 우리의 작업장에 우리 두 사람으로 구성된 클로즈드 숍에 새로운 요소 하나가 끼어들었다. 아니, 이는 40년대 그리고 무엇보다 1848년의 그림자가 다시 살아난 것이니 낡은 요소라고 하는 것이 맞겠다. 바쿠닌은 전혀 변한 것이 없었다. 그는 몸만 늙었을 뿐 정신은 옛날 모스크바에서 호먀코프Khomyakov와 밤새 논쟁을 벌이던 시절과 똑같이 젊고 열성적이었다. 그는 그때나 똑같이 오직 하나의 사상에 헌신하고 있었고, 그것에 완전히 온몸을 던질 수 있었으며, 눈에 보이는 모든 것에서 자신의 이상들과 열망들이 실현되고 있음을 발견할 수 있었으며, 모든 경험과 모든 희생에서는 더욱 더 기꺼이 그런 것을 발견해 낼 수 있었고, 자신이 그렇게 오래 살 것 같지 않다는 느낌을 가지고 있었던지라 더욱 서둘러야 하며 한순간도 그냥 보내서는 안 된다고 느끼고 있었다. … 그는 1849년 쾨니히슈타인Königstein에서 투옥되던 당시에 품고 있었던 환상들과 이상들을 그대로 간직하고 있었으며, 1861년 일본과 캘리포니아를 건너올 때에도 이를 온전히 가슴에 품

고 있었던 것이다. 심지어 그가 쓰던 언어까지도 1848년 당시의 「개혁」과 「진정한 공화국La Vraie République」의 가장 뛰어난 기사들, 그리고 「유권자La Constituante」와 블랑키의 클럽에서 볼 수 있었던 충격적인 연설들의 언어를 상기시켰다. 그 시절의 여러 당파의 정신, 그 폐쇄성, 그 개인적인 동정심과 적대감, 그리고 무엇보다 혁명이 재림할 것이라는 신앙, 그 모든 것이 고스란히 담겨 있었다.[240)]

미하일 바쿠닌은 카를보다 4년 연상으로, 러시아의 귀족 가문 출신이었다. 그는 처음에는 포병 장교였지만 1830년대 중반 헤겔의 열성적 신봉자가 되어 1840년 베를린으로 유학한다. 베를린에 있을 동안 그는 헤겔 좌파 서클들을 자주 드나들면서 아르놀트 루게와 가까운 사이가 된다. 헤겔은 그 이후에도 계속해서 그의 사유에 영향을 주는 원천이 된다. '추상적인 논리적 정식화에 생명을 불어넣고 또 거기에서 삶에 적용 가능한 결론을 끌어내려면 반드시 필요한 것이 변증법에 대한 재능'인바, 바쿠닌이야말로 당대의 러시아인들 가운데에서도 '그러한 변증법에 대해 최상급의 재능을' 가진 인물로서 여겨졌다는 것이다.[241)] 1840년대의 다른 이들과 마찬가지로 그 또한 종교가 인간소외/양도의 원천이라는 포이어바흐의 비판에서 깊고도 지속적인 인상을 받았다. 그는 진정한 자유는 포용적인 윤리적 공동체로 구성된 헤겔의 유기적 국가에서 찾아야지 니콜라스 1세의 억압적인 러시아 전제정은 물론 프로이센의 '보호자 국가tutelary state'✤에서 찾을 수 있는 게 아니라고 믿었다. 바쿠닌은 1842년 에세이 「독일에서의 반동」에서 '민주주의라는 종교'를 주장한다. 이는 프랑스 사회주의자인 피

✤ '보호자 국가Erziehungsstaat' 혹은 '문화 국가Kulturstaat'는 19세기 초 프로이센의 국가 이념으로, 국가가 모든 국민들에게 일정한 지적 문화적 수준에 도달할 수 있도록 교육과 지식을 베풀어야 하며, 이를 통해서만 국가의 통일성과 힘을 강화할 수 있다는 내용의 국가관이다. 하지만 이 교육과 지식은 어디까지나 보수적인 종교의 틀 안에 있는 것으로서 분명한 정치적·사상적 한계가 있는 것이었다.

에르 레루Pierre Leroux가 내놓은 형제애라는 기독교의 이상을 세속적으로 바꾸어 놓은 것이었다.

바쿠닌의 정치 사상을 형성하는 데 결정적이었던 두 번째 계기는 1848년 혁명의 경험이었다. 1848년 봄에는 민주주의 혁명에 대한 열성으로 가득했지만 이는 가을이 되자 환멸로 바뀌어 버렸다. 그는 부르주아지라는 존재를 반동적 정치와 동일한 것으로 결부시키게 되었던 것이다. 이러한 동일 관계를 잘 보여 주는 예가 바로 프랑크푸르트 의회의 기록으로, 이를 보면 민주주의만으로는 결코 충분치가 않다는 것이 잘 드러난다는 것이었다. 1849년이 되면 바쿠닌은 '붉은 공화국'을 수립하기 위한 두 번째의 민중 혁명을 지지하게 된다. 드레스덴에서 일어난 반란에서 그는 리하르트 바그너Richard Wagner와 어깨를 나란히 하고 바리케이드를 누비며 싸웠다. 그는 포로가 되어 투옥되었다. 처음에는 스니의 쾨니히슈타인이었으며 그다음에는 러시아로 이송되었다.

하지만 그 이전인 1848년 가을에 그는 이미 프라하에서 열렸던 최초의 슬라브 회의에 참가한 바 있었다. 1848년의 혁명들이 줄줄이 실패하는 과정에서 보수적 슬라브주의(피요트르 대제의 개혁 이전의 옛날 러시아를 이상화하는 흐름)는 급진적인 방식으로 변형된다. 아우구스트 폰 학스타우젠August von Haxthausen의 1846년 저서 『러시아 내지의 연구Studies of the Interior of Russia』에서 이루어진 고찰들을 기반으로 하여 러시아의 농민 코뮌이 모종의 자연적 도덕률을 담고 있을 뿐만 아니라 그 전제들에 있어서 본질적으로 '사회주의적'인 것이라는 주장이 나오게 되었다. 서유럽에서의 혁명 실패를 배경으로 하여 점차 많은 이가 러시아에 혁명적 변화의 희망을 두게 된 것이다. 이러한 급진적 버전의 슬라브주의의 입장을 지지하는 과정에서 농민 코뮌의 자급자족성에 대한 믿음, 그리고 피요트르 대제가 도입한 차르정 국가권력의 중앙집권화 활동에 대한 거부가 함께 나타나게 되었다. 바쿠닌의 경우, 헤겔 좌파식의 유기적 성격의 국가관을 이제는 농민 코뮌에 적용하게 된다. 바쿠닌의 연방주의가 러시아적 뿌리를 갖게 된 것

은 이러한 정황들에서 나온 것이다.[242)]

1861~1862년에 다시 유럽으로 돌아온 바쿠닌은 그 이전 10년 동안 있었던 지적·정치적 발전을 놓치고 있었으므로 헤르첸이 보았던 것처럼 그가 1849년에 세상과 유리되던 정확히 그 지점에서 다시 시작하고 있었다. 그는 우선 폴란드에서의 반란을 준비하기 위해 투신하는 것을 목표로 삼았다. 그가 유럽으로 돌아오던 길에 샌프란시스코에서 1861년 10월에 헤르첸에게 보낸 편지에서 보듯이, "돌아가는 즉시 저는 작업을 시작할 것입니다. 저는 당신과 함께 폴란드-슬라브 문제를 놓고 함께 일하고자 합니다. 이는 1846년 이후 제 머리를 떠나지 않는 생각idée fixe이었으며, 실제로도 1848년과 1849년에 제 전문 분야이기도 했습니다."[243)] 1862년, 그는 여전히 자연적인 슬라브 사회주의가 프랑스나 독일인들의 사회주의보다도, 또 노동계급의 유토피아적 공산주의보다도 더 많은 가능성을 담고 있다고 믿고 있었다. 하지만 1863년 여름 폴란드의 반란이 실패하면서 그는 자신의 입장을 다시 생각하게 된다. 그는 범슬라브주의와 단절했을 뿐만 아니라 농민 코뮌이라는 것은 불의와 불평등에 기초한 가부장적 제도에 불과하다고 비판하기 시작한다. 1864년 그는 자신의 저서 『한 민주주의자의 편지』에서 다시 한 번 유럽에 희망을 걸고 있지만, 정치 사상에 있어서는 종교에 기초한 '보호자 국가'를 비판하던 자신의 헤겔 급진파적 입장으로 되돌아간다. 그의 프로그램은 상속권의 폐지, 자유로운 결혼, 여성의 평등한 권리, 사회에 의한 양육 등의 유토피아적 비전을 결론으로 내놓고 있다. 하지만 '보호자 국가'의 폐지가 꼭 정치의 폐지를 수반하는 것은 아니었다. 지방의 여러 주는 그 내부의 여러 코뮌들로 구성될 것이며, 전체 국가는 그 여러 주로 구성될 것이며, 그 국가들은 다시 스스로의 의지에 의해 국제적 연방체에 가입하게 될 것이라는 것이었다. 1865년, 그는 좀 더 현실적인 관점에서 이 주제를 논하면서 나폴레옹 3세와 여타 유럽 나라들에서 강제된 종교에 기초한 공식적 도덕을 영국 및 미국에 존재하는 '진정한 자유'와 대조하면서 미국이야말로 연방 정부의 가능한 모델의

하나라고 들고 있다.

이러한 입장은 1866년에 나온 그의 『혁명적 문답Revolutionary Catechism』에서 더욱 깊게 개진되고 있다. 그는 '중앙화된 권위주의적인 보호자 국가를 근본적으로 해체하고, 그와 함께 군사 제도, 관료 제도, 정부 제도, 행정 제도, 사법 제도, 관공서 제도까지 모두 해체'할 것을 요구하고 있다.[244] 그전에 쓴 글들에서 그는 '진정한 민주주의'야말로 '인민들 내부'로부터 나온 기초적 정서라고 높게 들어 올린 바 있었다. 이제 그는 여기에다 노동을 추가한다. 이는 단순히 인간 존엄의 으뜸가는 구성 요소일 뿐만 아니라 그가 그전에 농민 코뮌과 동일시했었던 연대라는 것의 기초로 노동을 든 것이었다. 1년 후 그가 범슬라브주의자들에 대한 자신의 이견을 설명하는 글에서 그들은 차르 제국의 팽창과 슬라브인들의 해방을 결부시키는 반면, 자신은 그것을 슬라브인들의 파멸과 연결시킨다고 언명한다. 그다음으로 그는 또 다른 '커다란 차이점'이 있다고 추가한다. "그들은 항상 자유보다 공공질서를 선호하므로 어떤 대가를 치르더라도 통일을 유지하고자 한다. 하지만 나는 아나키스트로서 공공질서보다 자유를 선호한다. 혹시나 나의 적들이 이러한 언명을 너무 쉽게 나를 비난하는 데 오용할까 봐 다르게 표현하자면, 나는 머리끝부터 발끝까지 철두철미한 연방주의자이다."[245]

바쿠닌은 신체적으로나 인격적으로나 카리스마가 넘치는 인물이었음을 수많은 그의 동시대인들이 증언한다. 그는 신장이 6피트 5인치에 달했고 힘이 엄청난 장사였다고 한다. 결코 굴하지 않는 활동가이자 1848년 이전 기간에 정치적인 전망을 형성했던 이로, 그는 나폴레옹의 시대와 프랑스-프로이센 전쟁 시대 사이의 유럽 발전에 수반하여 나타났던 초국가적 공화주의의 주요한 마지막 대표자의 한 사람이었다. 하지만 1848년의 경험과 범슬라브주의의 여러 문제점을 보면서 그는 공화국, 민주적 제도들, 대의제 정부, 민족 해방 등으로는 충분치가 않다고 확신하게 되었다. 유럽의 피억압 민족들이 해방을 얻을 수 있는 유일한 수단은 사회혁명이라는 것이었다. 그가 1864년에 강조한 바 있듯이, 이러한 유럽의 자유라는 것이 오스트리아, 프로이센, 러시아의 군국주의 전제정의 붕괴를 반드시 필요로 한다는 것은 말할 필요도 없는 일이었다. 하지만 이와 함께 또한 분명해졌던 것은 민족 통일만으로는 결코 사회적 해방이나 정치적 해방이 반드시 따라오는 게 아니라는 사실이었다. 1864년 초 바쿠닌은 이탈리아로 이주했던바, 이곳에서 특히 남부 지역에서는 무역 자유화와 피에드몽 왕국의 조세에 대한 환멸감이 빠르게 자라나고 있었다. 이탈리아에서 바쿠닌은 온건한 정치적 공화국이라는 마치니의 사상을 비판함으로써 이러한 환멸감에 호응했던 첫 번째 인물의 하나가 되었다.[246)]

1867년 그는 이탈리아에서 스위스로 이주했고, 여기에서 그는 제네바에 기초를 둔 '평화와 자유 연맹'의 개최 총회에 참석한다. 이 당시가 되면 그는 유럽 전역에서 명성을 누리고 있었다. 그가 발언하기 위해 일어나자 "사람들의 입에서 입으로 탄성이 퍼져 나갔다. '바쿠닌이다!' 의자에 앉아 있던 가리발디는 벌떡 일어나 몇 발자국을 걸어와서 그를 포옹했다. 이 두 명의 온갖 시련을 다 겪은 나이 든 혁명의 전사들이 만나는 엄숙한 광경 앞에서 사람들은 모두 놀라울 정도의 인상을 받았다. … 모든 이가 기립했고, 열정적인 박수 소리가 끝없이 이어졌다."[247)] 바쿠닌은 국제주의, 사회주의, 반국가주의, 연방주의를 옹호하는 연설로 좌중을 흥분시켰으며, 그다음 해에는 '연맹' 전체가 사회주의적 강령을 채택하여 제1인터내셔널(그는 그 제네바 지부에 막 가입한 상태였다)과 연계를 맺자고 설득하려 시도했다. 1868년 베른Berne에서 열린 두 번째 회의에서 바쿠닌이 '여러 계급의 평등화'에 대한 논쟁을 시작하자고 제안했을 때 그는 '공산주의'라는 혐의를 받게 되었다. 그는 이에 대한 응답으로, 브뤼셀에서 열리는 제1인터내셔널의 '노동자들'과 함께 '집단적 소유'를 주장하는 것은 '공산주의'가 아니라 '집산주의'라고 주장했다. "저는 공산주의를 혐오합니다. 왜냐하면 그것은 자유의 부정이기 때문입니다. … 공산주의는 사회의 모든 권력을 집중시켜서 국가가 흡수해 버리도록 만드는 것이므로 저는 공산주의자가 아닙니다. … 저는 국가의 폐지를 원합니다. … 저는 그 어떤 종류이든 권력을 수단으로 하여 위에서 아래로가 아니라, 사람들의 자유로운 연합을 통해 아래에서 위로 사회를 조직하고 집단적 혹은 사회적 소유를 만들기를 원합니다."[248]

'연맹'은 그의 제안을 거부했다. 그러자 바쿠닌과 그의 추종자들은 '사회민주주의를 위한 국제 동맹'을 창립한다. '동맹'은 시작부터 스스로를 제1인터내셔널의 지회라고 여겼으며, 그 규칙과 법령을 받아들이는 작업에 착수했다. 1868년 12월 '동맹'은 공식적으로 인터내셔널에 가입을 신청한다. 이 신청은 '국제 지구들을' 둘 수는 없다는 이유에서 전체 평의회에 의해 거부되었다. '인터내셔널의 안팎에서 작동하는 두 번째의 국제기구가 존재'한다는 것은 '인터내셔널의 해체를 가져올 가장 확실한 수단'이 될 수 있다는 이유로 전체 평의회에서 거부되었다(이러한 사유서의 초안은 카를이 작성했다).[249]

1869년 2월, '동맹'이 다시 가입을 신청하여 이번에는 성공한다. '국제기구'로서는 해산을 하고 스위스, 스페인, 스페인, 이탈리아에 있는 그 지회들이 제1인터내셔널에 등록한 것이다. 다른 말로 하자면 일종의 이중 회원제가 허용된 셈이지만, 바쿠닌이 1864년 이후로 비밀결사를 결성하려는 야심을 품고 있었다는 점을 생각해 보면 위험한 양보였다. 제1인터내셔널처럼 폭넓은 조직들에 기초한 더 큰 조직 내부에 그러한 보다 작고 동질적인 조직이 존재한다면 변화의 속도를 더 올릴 수가 있다는 것이었다. 1872년에 바쿠닌이 설명한 바에 따르면, '인터내셔널에다가 하나의 혁명 조직을 부여하여 그것을 변형시킬 뿐만 아니라 그 밖에 존재하는 대중들까지도 단일의 세력으로 묶어 내야 한다. 그리하여 국가-교회 조직-부르주아의 반동을 분쇄할 뿐만 아니라 국가의 경제적·사법적·종교적·정치적 제도들까지 모두 파괴하기에 충분한 힘으로 조직해 내야 한다'는 것이다. 그리고 이를 위해 필요한 것은 '인터내셔널의 핵심부에 모종의 비밀결사체를 만들어 내는 것'이라는 것이었다.[250] 물론 이러한 계획이 환상을 넘어 조금이라도 실현된 적이 있었던 것 같지는 않다. 하지만 인터내셔널 내부에서 연방주의와 집산주의라고 하는 바쿠닌의 혁명적 비전이 힘과 영향력을 늘려 가고 있었다는 것만큼은 부인할 수 없는 사실이었다. 바젤 총회 당시 참여한 대표자들의 6분의 1은 바쿠닌 쪽 사람들이었다. 게다가 바쿠닌은 상속권의 문제에서도 비록 통과에 필요한 3분의 2라는 다수는 충족시키지 못했지만, 그래도 전체 평의회를 패배시키는 데는 성공했다.

좀 더 일반적으로 보자면, 1867년 이후 영국과 독일에서는 인터내셔널에 대한 가입과 참여가 정체 혹은 감소 상태에 있었던 반면 제네바, 르로클Le Locle, 리옹, 나폴리, 바르셀로나 등에서 나오는 신문들은 도처에 바쿠닌의 사상을 퍼뜨리고 있었다. 1870년 초에는 마드리드에서 2000명이 인터내셔널에 가입했고, 6월에는 스페인의 36개 지역에서 150개 조직들이 단일의 지역 연맹을 형성하여 바쿠닌의 강령을 채택했다.[251] 엥겔스는 바쿠닌의 호소력이 '후진적인' 농업 지역에 국한되어 있다고 보았지만, 실제로는 프랑스에서도 또 산업화된 벨기에에서도 똑같이 강세를 보이고 있었다. 게다가 프랑스-프로이센 전쟁과 그 여파로 프랑스와 인근 국가들의 관계가 불안정해지자 스페인에서는 바쿠닌의 지지자들이 크게 증가했고, 이것이 1871년에 벌어진 큰 파업 물결의 중요한 한 요인이 된다. 그 영향력은 또한 이탈리아에서도 느낄 수 있었고, 마치니가 파리코뮌을 비난한 데 대해 바쿠닌과 가리발디는 정력적으로 싸움을 걸어 맞서기도 했다.

바쿠닌의 연방주의와 집산주의가 남유럽에서 큰 호소력을 가지고 있었다는 사실은 이곳에 언론과 결사의 자유가 없었고 노동조직도 없었으며, 따라서 공개적인 선전 활동이 용인되지 않았다는 점을 생각해 보면 자연스럽게 이해가 된다. 이러한 지역들에서는 당연하게도 카르보나리, 프리메이슨 등등의 비밀결사체들이 더욱 효과적이라고 여겨졌던 것이다. 하지만 바쿠닌의 호소력은 이른바 후진적이고 산업화되지 않은 남유럽에만 국한된 것이 아니었다. 1848년의 여러 혁명들이 진압된 뒤에 들어선 군사화된 비민주적 국가들에 대해서는 전 유럽에 걸쳐 뿌리 깊은 적개심이 존재했고, 이것이 연방주의가 가졌던 호소력으로 표출되었던 것이다.

이러한 상황 전개는 카를 쪽에서 보자면 전혀 호의적으로 이해해 줄 수 있는 일이 아니었다. 카를에게 원래부터 제1인터내셔널에 뛰어들게 된 이유는 생산자 연합의 사회로의 이행이 현실적 가능성으로 보이는 유일한 나라였던 영국의 노동계급과 관련하여 자신이 무언가 핵심적인 역할을 맡을 수 있다고 생각했기 때문이었다. 스페인이나 이탈리아에서 벌어졌던 일들은 카를의 중심적인 관심사가 아니었다.

1864년, 카를이 1848년 이후 처음으로 바쿠닌을 만났을 때 그는 좋은 인상을 받았었다. "나는 그가 무척 좋아. 이전에 좋아했던 것보다 더라고 해야 할 걸세. … 16년이 지난 뒤 다시 만났을 때 후퇴하지 않고 더 앞으로 나아간 실로 드문 이들 중 하나일세." 몇 달 후 카를과 바쿠닌은 또한 제1인터내셔널을 장악하려는 마치니의 시도에 맞서 싸울 필요가 있다는 점에 합의한다.[252] 하지만 일단 바쿠닌이 이탈리아를 떠나 제네바로 가서 '평화와 자유 연맹'에 합류하자 그에 대한 카를의 여러 의구심(이는 1848년까지 거슬러 올라간다)이 되돌아왔다.[253] 평화와 비무장이 현실화될 경우 유럽은 러시아 군대 앞에서 속수무책이 될 수밖에 없다는 것이다. 따라서 "제네바의 평화 회의라는 것은 말할 것도 없이 러시아인들이 꾸며 낸 일이야. 그래서 그들이 **저 닳고 닳은 앞잡이** 바쿠닌을 보낸 거지."[254] 한편 '동맹' 쪽을 보자면, 바쿠닌이 나서서 자신은 카를의 '제자'이며, '카를 당신이 경제적 혁명의 위대한 길을 먼저 따르면서 또 우리 모두에게도 함께 따라오도록 이끈 것이 얼마나 옳은 일이었는지를' 이제야 이해하고 있다고 억지스러운 소리까지 하면서 아첨을 늘어놓고 있었다.[255] 하지만 카를은 꿈쩍도 않았다. 그는 '동맹'의 규칙을 엥겔스에게 보내면서 논평을 가하고 있다. "바쿠닌 씨께서는 황송하옵게도 노동자들의 운동을 **러시아**의 지도 아래에 두기로 하셨다네요."[256]

바쿠닌의 연방주의 및 집산주의의 메시지가 호응을 얻은 지역들에서는 그에 따라 제1인터내셔널에 대한 지지도 증가했지만, 이는 카를에게는 그저 조롱의 대상이었을 뿐이다. 카를은 1860년대 끝 무렵 유럽의 정치적 성격에 큰 변화가 벌어지고 있었다는 사실을 거의 놓치고 있었다. 카를은 '동맹'의 회원들이 작성한 한 문서를 언급하면서 다음과 같은 아이러니를 말하고 있다.

> 이들의 '혁명적' 강령은 스페인, 이탈리아 등등의 지역에서 지난 몇 년간 '국제노동자협회'가 미쳤던 것보다 더 큰 영향을 불과 몇 주 만에 획득했다네. 만약 우리가 그들의 '혁명적 강령'이라는 것을 거부한다면 우리는 **혁명적 노동운동**이 존재하는 나라들(여기 속하는 나라들을 열거하자면, 우선 프랑스에서는 두 명의 통신원들 모두가 저들 편이며, 스위스와 **이탈리아**에서는 우리 편에 속한 노동자들 말고는 다들 그저 마치니 뒤를 졸졸 따르는 것들이며, **스페인**에서는 노동자들보다 성직자들의 숫자가 많지.) 노동계급이 **보다 점진적으로 발전**하고 있는 나라들(즉 영국, 독일, 미국, 벨기에) 사이에 하나의 **분열**을 '낳게' 될 걸세. …
> 스위스가 이 혁명적 유형의 나라들을 대표하고 있다는 것은 참으로 재미난 일일세.257)

하지만 바쿠닌 때문에 생겨난 문제는 그냥 넘어갈 수 있는 게 아니었다. 이 새로운 지역들에서 제1인터내셔널이 성장하면서 다음 총회에서 바쿠닌 추종자들이 다수를 점하게 될 가능성이 높았고, 이렇게 되면 영국이나 다른 서유럽의 선진 지역들에서 벌어져 온 사회민주주의적 성장에 기초한 전략은 폐기될 수도 있는 일이었다. 게다가 이 문제가 더 절실해지는 이유가 있었다. 제1인터내셔널이 영국 노동조합과 노동계급 지도자들 사이에서 관심을 잃어 가고 있었다는 게 그것이었다.

전체 평의회가 '동맹'의 개별 지회들이 등록하는 것을 허락한 이후 제네바 지회가 가입을 시도했다. 하지만 이미 그전부터 존재했던 제네바 연맹Geneva Federation은 이들에 대해 적대적이었기에 그 가입 신청을 거부했다. 이러한 이유에서 바쿠닌은 바젤 총회 당시 전체 평의회가 좀 폭넓은 권능을 가져서 새로운 지회의 가입 신청의 승인 여부 권한까지 갖는 것을 지지했다. 그리하여 전체 평의회는 제네바 지부의 거부권을 기각할 수 있었다.

하지만 이 문제를 결정해야 할 시점이 되었을 때 전체 평의회의 태도는 달라져 있었다. 바쿠닌은 바젤 총회에서 상속권의 폐지 문제를 놓고 카를과 다투면서 이미 자기 쪽으로 다수의 표를 끌어모은 바 있었다.✣ 이것이 바쿠닌과 카를 및 그의 동맹자들 사이의 전투 개시를 알리는 효시였다. 바젤 총회 직후 리프크네히트는 바쿠닌을 슬라브주의자이며 제1인터내셔널의 적이라고 비난했던 반면, 모제스 헤스는 바쿠닌과 전체 평의회의 갈등을 문명과 야만의 싸움이라고 묘사했다.✣✣ 바쿠닌은 이를 독일 유대인들의 책동이라고 몰아붙이며 응수했다. 그는 이제 카를 및 그 지지자들과의 '생사를 건 투쟁'을 예견하고 있었다. 1869년 말 바쿠닌 자신은 제네바를 떠나지만 제네바의 바쿠닌 지지 일간지 『평등』은 계속해서 전체 평의회를 공격한다. 카를은 또 이러한 공격과 특히 거기에 스며 있

✣ 바젤 총회에서 상속권 폐지 요구를 놓고 바쿠닌과 마르크스의 대립이 있었다. 바쿠닌파는 상속권의 폐지를 제1인터내셔널의 요구에 포함시켜야 한다고 주장했던 반면, 마르크스는 그럴 필요가 없다고 보았다. 마르크스의 입장에서 보자면 이미 제1인터내셔널의 모든 요구가 착취의 종말과 더불어 그 법적 장치까지 폐지할 것을 내세우고 있으니 굳이 상속권 폐지의 요구를 덧붙일 필요는 없는 것이었다.

✣✣ 모제스 헤스는 바젤 총회 당시 저널리스트로서 참가하여 총회에서 있었던 일들을 기사로 썼고, 이를 리프크네히트가 자신이 발행하는 『주간 민주주의Demokratisches Wochenblatt』에 게재한다. 헤스와 바쿠닌은 그전부터 알던 사이였지만 이 기사에서 헤스는 바쿠닌에 대해 지극히 비판적인 논조를 유지한다. 바쿠닌이 총회에 참여한 의도는 순전히 제1인터내셔널의 전체 평의회를 자신이 장악한 제네바 지부로 옮기는 것이었으며, 그를 통해 노동운동 전체를 장악하는 지배자가 되려 한다는 것이었다. 한편 리프크네히트는 마르크스의 바쿠닌 공격 명령에 순종하는 태도를 유지하면서도 지나친 행동은 삼가려는 조심스러운 태도를 보이며, 헤스의 기사 원고 중 그러한 제네바 지부를 이용한 인터내셔널 장악 음모 부분은 기사에서 삭제하기도 했다. Wolfgang Eckhardt, *The First Socialist Schism: Bakunin vs. Marx in the International Working Men's Association* (PM Press, Edmonton, Alberta, 2016), pp.25-26.

는 바쿠닌과 그의 '코사크 기병들'의 '진정한 프롤레타리아주의의 수호자' 행세를 들어 바쿠닌에 반격하는 빌미로 삼는다. 카를은 전체 평의회를 부추겨서 자신의 공격에 가담하게 만들었고, 1870년 3월 전체 평의회는 독일의 여러 지회에 바쿠닌을 '가장 위험한 음모가'라고 비난하는 비밀 회람문을 돌리기도 한다.

1870년 봄, 바쿠닌의 '동맹' 제네바 지회는 다시 한 번 자기 지역의 제네바에 있는 프랑스어권 스위스 지부의 지부 평의회에 가입 신청을 낸다. 제1인터내셔널의 규칙에 맞추어 이 신청은 쇼-르-퐁Chaux-les-Fonds의 지부 연차 총회에서 승낙을 받게 되지만, 3표 차이로 아슬아슬하게 성사된 승낙이었다. 그래서 바쿠닌에 반대했던 쪽은 아예 지부에서 탈퇴하여 따로 자기들의 회의를 구성한다. 그리하여 이 갈라진 양쪽 모두가 프랑스어권 스위스 지부의 진정한 대표 자격을 주장하게 된다. 하지만 1870년 6월 전체 평의회는 바쿠닌에 반대하는 소수파 쪽의 손을 들어준다. 전체 평의회는 다수파 쪽이 이름을 바꾸어야 한다고 명령을 내린다. 하지만 이는 분명히 제1인터내셔널의 헌법으로 정해져 있는 전체 평의회의 권한을 넘어선 것이었다.

제네바의 바쿠닌주의자들은 그해 여름 명칭을 쥐라 지부Jura Federation로 바꾼다. 하지만 이러한 전체 평의회의 월권 행위에 대해 스위스는 물론 다른 여러 지부에서도 분개한 반응을 보인다. 게다가 3월에 전체 평의회가 카를의 동맹자이자 바쿠닌 반대파 러시아인들의 지도자인 니콜라스 유틴Nicholas Utin이 조직한 제네바 러시아 지회의 가입을 승인한 이후로 그러한 분노의 반응은 더욱더 커졌다. 한편 바쿠닌과 연방주의에 대한 지지(최소한 전체 평의회의 자의적인 운영에 대한 적대감)는 더욱더 커져 갔으며, 특히 스페인, 이탈리아, 프랑스 남부, 스위스 등의 '라틴' 지회들 사이에서 그러했다. 이렇게 저항이 점점 쌓여 가자 카를은 그다음 총회를 이러한 압력에서 멀리 떨어진 장소인 마인츠에서 열도록 계획한다. 하지만 전쟁이 벌어지는 바람에 이 계획은 망가져 버렸다.

카를의 『프랑스 내전』은 연방주의를 지지하는 이들을 전체 평의회 쪽으로 더 가까이 끌어들이려는 시도였다. 하지만 엉뚱한 부작용만 낳고 말았다. 가뜩이나 줄어들고 있었던 영국 노동자들의 제1인터내셔널 참여만 더 줄여 버린 것이다. 1871년 여름의 시점이 되면 영국 노동계급의 정치적 '무관심'은 명확한 사실이 되었다. 8월 8일의 전체 평의회 회의에서 엥겔스는 자신의 좌절감을 터뜨리고 만다. "영국의 노동계급은 참으로 수치스럽게 굴고 있소. 파리 사람들은 자신들의 목숨을 걸었건만 영국 노동자들은 그들을 돕거나 공감하려는 어떤 노력도 한 적이 없습니다. 이들에게는 정치적 삶이라는 게 아예 없는 겁니다."[258] 엥겔스는 제1인터내셔널 조직 전체가 다수를 차지한 바쿠닌파의 손에 떨어지는 것을 막으려고 시도한다. 1871년 7월 25일, 엥겔스는 그해 여름 늦게 '국제노동자협회의 비공개 총회'를 소집해야 한다고 강력하게 주장하며, 카를은 그 비공개 총회가 '조직 문제와 정책 문제로 국한될 것이라고' 구체적으로 밝힌다.[259] 이 총회는 9월 중순 토트넘 코트 로드Tottenham Court Road에서 조금 떨어진 한 대중 주점pub에서 개최된다. 그 참가자를 보면 독일의 대표자는 아무도 없었고, 영국에서는 두 명의 대표자, 프랑스에서는 코뮌 전사 피난민들 중 몇 명, 스위스에서는 예전의 바쿠닌 지지자들 두 사람(그중 하나는 유틴이었다), 벨기에에서 여섯 명의 대표자 등이 전부였다. 쥐라 지부는 아예 초청 자체를 받지 못했다. 전체 평의회의 명령을 어기고 '프랑스어권 스위스 지부Fédération Romande'라는 명칭을 전혀 포기하지 않았다는 허울 좋은 이유에서였다.

이 총회는 토론을 위한 포럼이었던 제1인터내셔널을 정당과 같은 것으로 전환시키려고 했다. 결의가 일단 이루어지면 이는 모든 지부에 구속력을 갖는다는 것이었다. 정치적 행동은 본래 '사회적 해방을 위한 수단'이었지만 이제는 의무적인 것이 되었다. 노동계급의 전투적 활동 속에서 '그 경제적 운동과 정치적 행동은 불가분으로 결합'되어 있기 때문이라는 것이었다. 이러한 행동은 '가능한 경우에는 평화적으로, 그리고 필요할 경우에는 무력을 통해' 앞으로 나가게 될 것이라고 한다.[260] 전체 평의회는 다음 총회의 시간과 장소를 선택할 권한을 부여받았을 뿐만 아니라, 개별 지회들의 가입 여부를 결정할 수 있도록 바젤 총회에서 부여한 권한을 이용하여 이제는 스위스의 바쿠닌주의자들을 떨구어 낸다. 전체 평의회의 의견은 총회의 결정과 동일하다는 것이었다. 이러한 속임수를 통해 바쿠닌주의는 이제 하나의 이단으로 쫓겨나고 말았다. 카를은 또한 (결국 실패하지만) 바쿠닌을 네차예프의 범죄 활동들과 결부시키려고 시도한다. 그는 게다가 '동맹'에 대한 규탄 성명까지 확실히 얻어 내려고 들었지만, 사람들은 '동맹'은 이미 스스로 해체한 조직이니 그럴 필요가 없다고 카를에게 상기시켰다. 두 경우 모두에서 일정하게 카를을 주저앉히는 역할을 한 것은 드 페페가 이끄는 벨기에 대표단이었다. 카를은 전체적으로 볼 때 이 총회가 큰 성공이라고 여겼다. 그가 예니에게 쓴 편지에서 보듯이, "참 힘이 드는 일이었소. … 하지만 그전에 있었던 모든 총회를 합친 것보다 더 성과가 컸다오. 아무 청중도 없으니 무슨 수사학적인 코미디 판을 벌일 필요도 없었기 때문이지요."[261)]

하지만 연방주의자들은 이 총회가 비겁한 누명 씌우기 작전일 뿐이라고 올바르게 지적했다. 1871년 11월, 쥐라 지부는 송빌리에Sonvilliers에서 회의를 열고 다른 모든 지부에 돌리는 회람문을 발송한다. 런던에서 있었던 회의는 무효이므로 총회를 새로 열어야 한다는 것이었다. 런던 회의에 모인 자들은 감히 제1인터내셔널의 헌법으로 볼 때 분명한 월권을 저질렀으므로 거기에서 결정된 사항들은 대표성이 없다는 것이었다.[262)] 제1인터내셔널의 규칙으로 볼 때 런던에서 열린 것과 같은 '비밀 회의'는 절대로 허용될 수 없다는 것이었다. '국제노동자협회'는 '자율적인 지회들의 자유로운 연맹'으로 구성되는 것이지 전체 평의회의 통제 아래에서 모든 지회가 훈육당하는 위계적 권위주의적 조직이 아니라는 것이었다. 전체 평의회는 그 본래의 목적인 '단순한 통신 교환과 통계 수집 업무'로 돌아와야 한다는 것이었다. 이 회람문은 '권위주의적인 조직에서 어떻게 자유롭고 평등한 사회가 생겨날 수 있겠습니까?'라는 질문으로 끝을 맺고 있다.

이에 대해 카를과 엥겔스가 전체 평의회의 이름으로 함께 작성한 응답문이 1872년 3월에 나왔다. 그 제목은 '인터내셔널의 분열이라는 허구적 주장에 대하여Les prétendues scissions dans l'Internationale'였다. 이 문서는 '출발부터 우리 인터내셔널에 대해 적대적이었던 한 결사체와 우리 인터내셔널 사이에 고의적으로 혼란과 혼동을 일으키려는 특정 거간꾼들의 집요한 노력'의 역사를 파헤치겠다고 한다. 이 결사체(즉 '동맹')는 '미하일 바쿠닌이라는 러시아인을 아버지로 하여 태어난' 단체로, 바쿠닌의 야심은 그 단체를 자신의 도구로 삼아서 전체 평의회를 자신의 독재로 대체하는 데 있다는 게 이 문서의 주장이었다.263) 그리고 이 글의 저자들은 바쿠닌의 신뢰성을 부인하기 위해 두 가지 주장을 펼친다. 첫째 그의 지지자들 중 두 명이 보나파르트의 스파이들이었으며, 둘째 그가 네차예프의 여러 범죄 활동들과 연관되어 있다는 것이었다.

세르게이 네차예프Sergei Nechaev는 한 시골 성직자의 아들이었다. 그는 특히 다음의 두 가지 이유에서 악명이 높았다.264) 첫째, 그는 러시아 내에서 혁명을 모의하는 비밀 결사체를 구성하려 했는데, 이는 5인이 한 단위가 되는 여러 집단들이 오로지 네차예프 한 사람을 통해 서로 연관을 맺는 구조로 설계되어 있었다. 그런데 모스크바에서 그러한 집단들 중 하나에 소속되어 있었던 이바노프Ivanov라는 이름의 한 학생이 네차예프가 과연 그럴 만한 권위가 있는가를 문제 삼았다. 그러자 네차예프는 하극상의 가능성을 완전히 차단하고 집단의 결속을 강화하기 위해 공동의 범죄로 모두를 공모자로 끌어들인다. 이바노프가 권력 당국에다 그 집단을 고발하려고 한다는 구실로 이바노프의 살해 행위를 조직한 것이다. 1869년 11월 21일에 저질러진 이 살인 사건이 도스토예프스키의 소설 『악령들』의 줄거리가 되기도 했다.

둘째, 1870년 1월 네차예프는 로카르노에 있었던 바쿠닌을 찾아간다. 당시 바쿠닌은 『자본론』의 러시아판을 번역하는 일에 몰두하고 있었다. 항상 돈이 부족했던 바쿠닌은 1200루블을 받고 이 책을 번역하기로 했고, 300루블을 선금으로 이미 받은 상태였다. 하지만 바쿠닌은 곧 이 작업에 싫증을 느끼고 있었던

지라 네차예프가 나타나서 출판가를 만나서 그를 계약에서 풀어 주도록 설득하겠다고 약속하자 크게 기뻐했다. 그 후 네차예프는 출판가를 만나 '인민 재판소 People's Justice'의 비밀 위원회 이름으로 바쿠닌을 편히 내버려 둘 것이며 선금으로 지급한 돈도 되돌려 달라고 하지 말 것을 요구했다. 만약 불응할 시에는 불미스러운 일이 따라올 것이라는 위협이었다. 아마도 출판사는 이바노프가 어떤 운명을 맞았는지를 알고 있었을 것이며, 곱게 순응했다.

1860년대 말의 일정 기간 동안 바쿠닌이 네차예프가 자신을 혁명적으로 그려 냈던 것에 홀딱 빠져 있었던 것은 분명하다. 하지만 바쿠닌이 네차예프의 여러 범죄에 연루되었다거나 심지어 그런 사실들을 알고 있었다는 것조차 보여주는 증거는 전혀 없다. 따라서 바쿠닌과 네차예프가 러시아의 '학생들 사이에서 비밀 결사체'를 설립했다고 카를이 누누이 언급했던 것은 아무 근거도 없는 중상모략일 뿐이었다.[265]

이 반박 회람문의 주된 약점은 송빌리에 회의에서 나온 주요한 비판 논점, 즉 1871년의 전체 평의회는 스스로가 정한 본래의 '규칙'에 합당치 **못한** 권력을 휘두르는 월권을 범했다는 주장에 대해 답하지 못했다는 데 있었다.[266] 그 결과 엥겔스가 주도한 '조직 개혁'은 연방주의자 반대파들을 잠재우기는커녕 제1인터내셔널 내부의 여러 분열만 더욱더 심화시켜 놓고 말았다.

그다음 총회는 1872년 9월 1일에서 7일 사이에 헤이그에서 열리기로 안배되었다. 그런데 이 장소는 바쿠닌에게는 불가능은 아니라 해도 가기가 몹시 어려운 곳이었다. 게다가 총회에 참석할 대표자들을 심사하는 권한이 카를의 동맹 세력의 손에 있었다. 아니나 다를까 카를은 세자르 드 페페에게 보낸 편지에서 자신에게 유리한 세력과 불리한 세력을 어림잡아 평가하고 있다.

> 영국, 미국, 독일, 덴마크, 네덜란드, 오스트리아, 프랑스 집단의 대부분, 북부 이탈리아, 시칠리아, 로마, 프랑스어권 스위스의 대다수, (바쿠닌과 연관

> 된 일부 외국 거주 러시아인들이 아닌) 러시아 국내에서 온 러시아인들은 전체 평의회와 보조를 맞추어 나갈 것입니다.
> 반면 스위스의 쥐라 지부(즉 이 이름으로 정체를 숨긴 '동맹'의 작자들), 나폴리, 아마도 스페인, 벨기에 일부, 프랑스 피난민들의 특정 집단들…. 그리고 이들은 반대파 진영을 형성할 것입니다.[267)]

총회가 시작되기 직전 카를은 쿠겔만 박사에게 총회에 참석하라고 강력하게 촉구하고 있다. 이 총회가 제1인터내셔널의 '생사가 걸린 문제'이며, 그 목적은 인터내셔널을 '해체시키려는 분자들로부터' 지켜 내는 것이라는 주장이었다.[268)] 양쪽 모두 경쟁적으로 대표자들을 파견했지만, 이렇게 한 표 한 표가 절실한 상황에서 바쿠닌 지지자들 쪽에서는 스스로 지지자들을 떨구어 버리는 짓을 벌였다. 이탈리아인들이 카를과 엥겔스가 전체 평의회의 이름으로 내놓은 '인터내셔널의 분열이라는 허구적 주장에 대해'에 분개한 나머지 헤이그 총회를 거부하고 뇌샤텔Neuchâtel에서 별개의 회의를 열기로 했기 때문이다.

총회에 앞서 대표자들의 참가 자격에 대한 조사가 시작되었는데, 이는 특히 바쿠닌의 잠재적 지지자들에 대해 심하게 이루어졌다. 이로써 카를은 시작부터 자신을 지지하는 이들이 다수가 되었음을 확인할 수 있었으며, 이러한 자신의 이점을 유감없이 이용해 먹었다. 총회는 전체 평의회가 단순히 통신 교환과 통계 수집에만 집중하는 사무국이 되어야 한다는 바쿠닌 측의 제안을 부결시킨다. 게다가 런던 회의에서 이루어진 결의 사항들을 인터내셔널의 규칙에 포함시키는 일도 성사된다. 더욱이 엥겔스의 친구인 테오도어 쿠노Theodor Cuno가 의장을 맡은 조사 위원회는 바쿠닌이 비밀 조직의 수장 노릇을 하고 있다는 것을 밝혀냈으며, 이에 바쿠닌과 기욤을 인터내셔널에서 축출할 것을 권고한다. 바쿠닌을 완전히 망가뜨리는 데 혈안이 된 카를은 여기에다 또 바쿠닌이 자신의 출판가를 협박하는 범죄에 가담했다고 주장하는 편지까지 공개한다.

마지막으로 엥겔스는 카를과 샤를 롱게Charles Longuet✤ 등등의 지지를 업고 전체 평의회를 뉴욕으로 옮기자는 깜짝 제안을 내놓는다. 좌중은 침묵에 빠졌고 그다음에는 일대 혼란이 벌어졌다. 특히 그 시점까지는 바쿠닌에 대한 전투를 신나게 지지해 주었던 독일인들과 프랑스의 블랑키주의자들의 혼란이 더욱 심했다. 하지만 이 제안은 결국 26 대 23과 9명의 기권으로 가까스로 통과된다. 정당화의 논리는 이랬다. 만약 이 제안이 통과되지 않을 때에는 인터내셔널 전체가 블랑키주의자들 아니면 바쿠닌주의자들의 손에 떨어지고 끝날 것이라는 것이었다. 그렇게 될 경우 이는 아무에게도 신뢰를 얻지 못하는 음모 조직이 될 것이며, 사회적으로나 정치적으로나 중요성과 의미를 확대할 수 없게 될 것이라는 것이었다.

그로부터 1년 후 바쿠닌은 『국가주의와 아나키』라는 저서를 통해 인터내셔널을 집어삼켰던 이 갈등에 대한 자신의 관점을 제시했다. 그의 저서에는 비스마르크가 덴마크, 오스트리아, 프랑스와 전쟁을 벌여 승리를 거두고 마침내 베르사유 궁전 거울의 방에서 새로운 독일제국을 선포하는 과정에서 유럽이 얼마나 충격을 받았는지가 절실하게 표출되어 있다. 루이 14세 이후 나폴레옹전쟁에 이르도록 유럽 대륙에서 가장 센 강대국은 항상 프랑스라고 여겨져 왔다. 『국가주의와 아나키』에서는 '프랑스 국가의 역사적 우위가 박살'이 나고 그 대신 '국가의 지원 아래에 있는 범게르만주의라는 훨씬 더 불길하고 해로운 것의 우위'가 나타난 사태를 누누이 논하고 있다.269) 1848년 혁명 당시 독일에서 벌어졌던 일들에 대한 분석은 여러 면에서 루이스 나미에의 저서 『1848: 지식인들의 혁명』의 주장들을 선취하고 있다.270) 바쿠닌은 여기에서 프랑크푸르트 의회가 지식인들 집단이라는 성격을 띠고 있었고 폴란드인들과 체코인들을 부당하게 대

✤ 프루동주의자로서 파리코뮌에 열정적으로 참가했을 뿐만 아니라 제1인터내셔널에도 열성적으로 활동한 언론인이자 노동운동가. 마르크스의 첫째 딸 예니와 1871년 런던에서 결혼했다.

우했던 점, 그리고 프랑크푸르트 의회뿐만 아니라 프로이센 의회 또한 국가에 도전할 능력이 없었던 점을 강조하고 있다. 바쿠닌에 따르면 그 적지 않은 이유는 '모든 독일인 한 사람 한 사람의 의식 혹은 본능' 속에 '독일제국의 영토를 더 멀리 더 넓게 팽창시켜야 한다는 욕망'이 지배하고 있기 때문이라는 것이다.[271)]

바쿠닌에 따르면, '이러한 게르만의 사상을 전파하는 것'은 또한 "이제 마르크스의 주된 열망이기도 하다. 그는··· 비스마르크 대공이 거둔 여러 위업과 승리를 인터내셔널 내에서 똑같이 성취하여 자신의 이익으로 취하려고 한다."[272)] 바쿠닌은 카를의 이론에서 또 전체 평의회에서 카를이 했던 작업에서 항상 중심을 차지했던 것이 영국이라는 사실을 언급하지 않는다. 그는 또한 카를이 『프랑스 내전』에서 연방주의에 얼마나 중요한 위치를 부여했는지도 언급하지 않으며, 오로지 『공산주의 선언』만 들어 거기에 보이는 이론적 접근만 카를의 것으로 만들고 있다. 그는 카를이 이론가로서 뛰어난 재능을 갖고 있다는 점을 인정했고 그의 프루동 비판에도 동의했다. 하지만 그에 따르면 독일인들은 혁명가가 될 수 없다. 그들은 혁명가가 될 수 있는 '성격' 자체가 결여되어 있다는 것이었다. 독일인들은 삶에서 사유로 나아가는 것이 아니라 헤겔 자신과 마찬가지로 사유에서 삶으로 나아가는 사람들이라는 것이었다. 심지어 카를이나 또 자연적 유물론자였던 루트비히 뷔히너Ludwig Büchner와 같은 '유물론 혹은 실재론 학파'조차 '추상적 형이상학적 사유에 휘둘리는 데에서 벗어날 수가 없었고 지금도 마찬가지'라는 것이었다.[273)]

카를의 사상은 라살레의 사상과 대충 짝을 이루는 것으로 그려진다. 두 사람 모두 대의제 민주주의를 옹호했을 뿐만 아니라 라살레의 실천에 기초가 된 것이 카를의 이론이었다는 것이다. 라살레의 강령에서 근본을 이루는 지점은 '**오로지 국가를 수단으로 하여** 프롤레타리아트를 (오직 상상 속에서) 해방'하는 것이라고 한다. 이것이 라살레가 '마르크스가 만들어 낸 공산주의 이론'에서 취한 것이라는 것이다. 또한 카를 자신은 '(루이) 블랑의 직계 제자'라고 주장한다. 따라서 카를은 라살레 그리고 이전의 블랑과 마찬가지로 '무제한의 신용'을 '노동자들의 생산자 조합과 소비자 조합'에 제공하는 것을 주장한다는 것이었다(물론 이 부분은 바쿠닌의 그릇된 주장이다).[274]

이론적 차원에서 보자면 『국가주의와 아나키』는 설득력이 떨어지며, 합리적인 근거를 대기보다는 주로 일방적 주장으로 이루어져 있다. '사회혁명에 대한 열정'은 오로지 부르주아의 이해를 지켜 내는 최후의 방벽인 국가의 강제력이 붕괴했을 때에만 만족스러운 결과를 볼 수 있다고 한다. 왜냐하면 국가는 필연적으로 '지배 그리고 그 결과인 노예제'를 가져오게 되어 있기 때문이라는 것이다.

> 이것이 우리가 국가를 적으로 삼는 이유이다. … 아무리 민주적인 형식을 띤 국가라고 해도… 인민이 필요로 하는 것을 줄 능력은 없다. 그들이 필요로 하는 것은 위로부터의 간섭, 후견, 강제가 전혀 없는 상태에서 아래로부터 스스로의 이익을 자유롭게 조직하는 것이다. 왜냐하면 가장 민주적이고 공화주의적인 국가, 심지어 마르크스가 꿈꾸는 사이비 민중 국가라고 해도 본질적으로는 아무것도 대표하고 있지 않으며 그저 위로부터 아래로 정부가 대중들을 통제하는 것에 불과하며, 그것을 이끄는 자들은 교육을 받았다는 것을 명분으로 삼아 인민들의 진정한 요구를 인민들 자신보다 더 잘 이해하고 있다고 여겨지는 소수의 특권자들일 뿐이다.[275]

이 책의 후반부로 가면 이런 질문이 나온다. 프롤레타리아트가 지배계급이 된다면 그들이 지배하는 대상은 도대체 누구인가? 바쿠닌은 여기에서 자신의 추측을 내놓는다. 만약 그것이 '문화적 수준'에서의 문제라면 그 대상은 '농민 폭도들'일 수도 있고, 만약 한 민족의 차원에서 본다면 그 대상은 슬라브인들일 수도 있다. 마지막으로 『공산주의 선언』에 나오는 한 문장이 제기하는 문제가 있다. '프롤레타리아트가 통치 계급의 위치로 올라선다'는 것이다. 그렇다면 과연 '프롤레타리아트 전체가 정부의 수반이 될까? 4000만 명의 프롤레타리아트 전원이 정부의 각료가 될 것인가?' 카를과 다른 이들이 내놓은 대답인 '인민들이 선출한 소수의 대표들에 의해 인민의 통치가 이루어질 것'이라는 말은 거짓말이며, 그 뒷면에는 '소수의 지배라는 전제정'이 '은폐'되어 있으며, 이는 '가짜의 인민 의지'의 표출에 불과하다는 것이다.[276]

이제 바쿠닌이 카를의 인격 자체에도 공격을 가하고 있는 것이 전혀 이상하지 않다.

> 그는 실로 신경질적인 인간이며, 어떤 이들은 그게 지나쳐서 겁쟁이가 될 정도라고 그를 욕한다. 하지만 그는 지독하게 야망이 크며 허영심도 강하고, 싸움을 좋아하고, 관용이 없으며, 그의 조상들의 유일신이었던 여호와와 마찬가지로 광기에 가까운 복수심으로 가득 차 있다. 어쩌다 재수 없게 그의 질투심이나 증오심을 유발하는 이가(어느 쪽이든 그에게는 똑같다) 있다면, 그는 아무리 황당하고 저질적인 거짓말이나 중상모략도 거침없이 조작하여 퍼뜨리는 인물이다. 그리고 만약 그의 견해로 볼 때(그의 견해라는 건 대부분 잘못된 것이다) 자신의 위치와 영향력을 강화하거나 자신의 권력을 확장하는 데 도움이 된다고 보이면 아무리 더러운 음모와 책략도 서슴지 않는 자이다. 이 점에서 볼 때, 그는 속속들이 정치적인 인간이다.[277]

하지만 제1인터내셔널의 지도자가 되기를 열망하는 '정치적 인간'으로서 보자면 카를은 실패한 라살레에 불과한 자라고 묘사된다. 비록 그는 이론에는 강하지만 '공공의 전투장에 서게 되면 아무런 중요성도 힘도' 발휘하지 못하는 자라는 것이다. 바쿠닌에 따르면, "그는 이 점을 스스로 입증했다. 인터내셔널에 대해, 또 그를 통해 유럽과 미 대륙의 프롤레타리아트의 전체 혁명 운동에 대해 자신의 독재를 확립하고자 했지만, 이는 불운한 전투로 끝나고 말았던 것이다." 바젤에서와 마찬가지로 제1인터내셔널의 강령의 '진정성'은 독일인들, 그리고 '부르주아 정치'를 도입하고자 했던 그들의 시도에 굴하지 않고 제대로 수호되었으며, 그 결과 1872년 '마르크스는 스스로 당해도 싼 총체적인 패배를 맛보게 되었다'고 한다. 바쿠닌에 의하면, 이것이 바로 제1인터내셔널 내부의 분열이 시작된 과정이었다고 한다.[278]

카를은 1874년 4월에서 1875년 1월 사이에 바쿠닌의 책에서 노트도 취하고 또 거기에 논평도 가한 글을 남겼다. 그는 러시아어를 그대로 받아쓰거나 독일어로 번역하여 적어 놓았다. 그의 주된 비판은 '급진적 사회혁명이 경제적 발전의 구체적인 역사적 조건들과 불가분으로 엮여 있다는 사실, 그래서 그러한 조건이야말로 급진적 사회혁명의 전제라는 사실을' 이해하지 못한다는 것에 집중되어 있었다. 그의 주장에 따르면, 바쿠닌은 '사회혁명에 대해서는 아무것도 이해하지 못하고 있으며 오직 그것의 정치적 수사학만 알고 있을 따름'이라는 것이었다. 따라서 바쿠닌은 '**급진적 혁명**이 모든 (사회) 구성체에서 똑같이 가능하다'고 상상한다는 것이다. 초국가적인 급진파 전통에 서 있는 다른 낭만주의의 대표자들과 똑같이 바쿠닌 또한 '경제적 조건들이 아니라 오로지 의지력'이 '그가 말하는 사회혁명의 기초'가 되고 있다는 것이었다.[279]

카를은 또한 대의제 원리에 대한 바쿠닌의 비판에 대해서도 비판을 가하고 있다. 바쿠닌이 던진 '프롤레타리아트 전원이 정부의 수반이 된다는 말인가?'라는 질문에 대해 카를은 이렇게 답한다. "예를 들어 노동조합의 경우 전체 조합원들이 그 집행 위원회를 구성하는가?" 마찬가지로 4000만 독일인들이 지배자가 될 수도 있지 않느냐는 질문에 대해서도 카를은 이렇게 답한다. "당연히 될 수 있다! 왜냐하면 우리의 시스템은 여러 공동체가 모두 자치를 이루는 것에서 시작하기 때문이다." 그는 또한 오직 프롤레타리아트가 '스스로의 임노동으로서의 성격을 폐지'하기 위한 투쟁에서 승리를 거둘 때 비로소 '일반적 기능들의 배분'

이 '일상적인 문제가 되어 아무런 지배도 수반하지 않게 될 것'이며, 이런저런 선거는 '그 현재의 정치적 성격을 잃게 될 것'이라고 설명한다.[280] 이러한 상황에서는 여러 기능들을 배분하는 것이 협동조합 공장의 경우에서와 마찬가지로 그저 적합성에 따라 이루어지게 되어 있다는 것이다. 그리고 바쿠닌이 말하는 '지배와 관련된 온갖 환상들은 다 무너지게' 될 것이라고 한다. 카를은 30년 전에 자신이 내놓았던 논쟁들을 상기하면서 이렇게 말한다. "바쿠닌 씨는 그저 프루동과 슈티르너의 아나키를 타타르족의 야만적 관용구로 바꾸어 놓았을 뿐이다."[281]

바쿠닌도 카를도 자기들 스스로 '의회주의'라고 생각한 것에 대한 비판을 내놓았다. 하지만 어느 쪽도 설득력 있는 대안을 내놓는 데 완전한 성공을 거두지는 못한다. 바쿠닌의 대의제 원리 비판과 그의 '아래에서 위로' 구성되는 권력의 개념에 내재해 있는 주된 난점은 그것을 어떤 안정된, 혹은 지속 가능한 제도적 형식으로 구현할 수 있는가의 문제였다. 이러한 이유 때문에 1860년대 말엽에 그토록 강력했던 연방주의에 대한 신앙은 그 이후 10년간에 걸쳐서 사그러들게 된다. 그 대신에 대의제의 원리를 고수하는 사회민주주의 정당들이 갈수록 사람들의 관심을 끌어당기게 된다.

카를이 『프랑스 내전』에서 시도했던 국가와 시민사회의 종합은 선출된 의회의 형태를 띠고 있었고, 이는 민주주의와 대의제의 원칙들을 기초로 형성되는 것이었다. 일단 프롤레타리아트가 승리를 거둔 뒤에는 '협동적 공장에서 적합성에 따라 여러 기능을 배분하듯이, 일반적 기능들이 사람들에게 배분'되게 될 것이라고 그는 주장했다. 이렇게 각자의 특수한 기술에 따라 선발된 대표자들이라는 이미지는 마치 고용주들이 특수한 작업을 수행할 최상의 노동자들을 찾아내는 것과 닮아 있으며, 1840년대 이후 카를의 저작에서 계속 반복되며 나타나는 주제이기도 하다. 이러한 생각에서 결여되어 있는 것이 있다. 사람들은 여러 기능에서도 다르지만 각자의 의견과 견해에서도 차이가 나는 법인데, 후자의 다수성을 표출할 수 있는 사회적·정치적 공간이 보이지 않는 것이다. 1848년 이후의 시대에 사회주의의 도전이란 존 스튜어트 밀이 주장한 바 있듯이, '개개인들에게 최대의 행동의 자유를 허락하고, 지구에서 나오는 원자재를 모든 이들이 동등하게 소유하고, 결합된 노동에서 나오는 여러 혜택과 이익의 분배에도 모든 이들이 평등하게 참여할 수 있도록 하는 것'이었다.[282] 그런데 이러한 문제에 대해 카를은 아무런 대답도 내놓지 못하고 있다.

바젤 총회 이후 몇 년간 바쿠닌에 대한 카를의 행동에 대해 공정한 판단에 이르기는 쉽지 않다. 우선 바쿠닌은 1870년 가을 리옹에서 오페라 같은 혁명 시도를 벌였을 뿐만 아니라 비밀결사를 선호하는 선향을 계속 가지고 있었으니, 이 둘은 그를 신뢰하기 힘든 두 가지 충분한 이유가 된다. 게다가 아무리 결사의 자유가 없는 곳에서는 그런 조직들이 적합하다고 해도, 제1인터내셔널의 법령은 공개적인 조직 활동과 선전 활동을 공언하고 있는 것이다. 하지만 다른 한편으로 카를 쪽을 보자면, 제1인터내셔널의 헌법으로 볼 때 1871년 가을 런던에서 열렸던 총회는 규칙과 목적을 수정할 권한을 갖고 있지 않았으므로 거기에서 새로운 규칙과 목적을 내걸었던 것은 본래의 법령을 어긴 것이었다.

제1인터내셔널을 헤이그 총회에서 그토록 서둘러서 불명예스럽게 끝내버린 중요한 정치적 이유는 카를이 더는 전체 평의회에 있는 영국 노조 지도자들로부터 의미 있는 지지를 기대할 수 없었기 때문이었다. 그렇다고 해서 그 노조 지도자들 대신에 프랑스 피난민들로 대체하는 것도 하나의 대의 기관으로서 인터내셔널의 위상을 강화하는 데에는 도움이 되지 못했다. 카를이 두려워했던 것은 제1인터내셔널 자체가 영국 정치와 동떨어져서 블랑키주의자들과 바쿠닌주의자들 사이에 국외자는 전혀 이해할 수도 없는 투쟁으로 날밤을 세우는 하나의 분파로 전락하는 사태였다. 그보다 두 해 전인 1870년 초만 해도 인터내셔널의 잠재성에 대해 그는 강력한 확신을 가지고 있었다. 바쿠닌주의자들이 『평등』을 통해 불평을 늘어놓는 것에 맞서서 인터내셔널의 유럽 지회들을 동원하려고 했을 때에도 그는 전체 평의회가 영국의 대표성을 유지하는 것이 절대적으로 중요하다고 생각했었다. 영국이야말로 '인구의 대다수가 임노동자로 이루어져 있으며 계급투쟁 그리고 노조를 통한 노동계급의 조직화가 일정한 보편성과 성숙 단계에 도달한' 유일한 나라이기 때문이었다. "영국인들은 사회혁명의 모든 물질적 필수 요건들을 갖추고 있습니다. 그들에게 결여된 것은 보편화의 정신, 그리고 혁명의 열정입니다." 하지만 다행히도 전체 평의회가 '이 프롤레타리아혁명의 거대한 지렛대를 직접 손에 쥐고 있는 행복한 위치'에 있다는 것이었다.[283] 이러한 이유에서 영국의 대표권은 전체 평의회의 손에 계속 두는 것이 절대적으로 중요한 일이었다.

하지만 그는 2년도 지나지 않아 이러한 생각을 버리게 되며, 1871년 런던 회의 당시에는 전체 평의회와는 별도의 영국 지부 평의회를 분리하자는 제안에 대해 아무런 반대도 하지 않는다. 그해 초 카를은 글래드스턴 정부가 무너지고 또 다른 위기의 시대가 임박했다고 믿었다. 그의 낙관주의의 근거는 러시아와 갈등이 벌어질 것이라는 희망에 근거하고 있었다. 1856년 크림전쟁을 종식시킨 파리 조약에 따르면, 흑해는 비무장지대로 러시아의 군함이 다닐 수 없게 되어 있었다. 하지만 프랑스-프로이센 전쟁 기간 동안 러시아는 프로이센의 묵인과 방조 아래에 프랑스가 무력화된 상황을 이용하여 다시 흑해를 군사 지역으로 만들어 버렸다. '폴 몰 가제트Pall Mall Gazette'가 이끄는 런던의 중간계급은 이 조약의 침범에 대해 분개했고 전쟁을 요구하고 나섰다. 글래드스턴 또한 1854년 당시 휘그-자유당 정부가 러시아에 선전포고하던 당시 내각의 일원이었다. 그는 러시아와 전쟁을 벌일 의도가 전혀 없었다. 게다가 당시 유럽에는 영국의 동맹국도 없는 상태였다. 하지만 그는 조약의 파기를 용납할 수도 없었다. 그래서 정부가 이러지도 저러지도 못하고 있는 상태를 두고 많은 이가 국가적 망신이며 파머스턴 시절에는 절대로 일어날 수 없었을 일이라고 받아들였다. 자유당 정부는 국익을 제대로 수호할 능력이 없는 듯했다. 카를은 글래드스턴이 러시아인들을 무력으로 몰아내지 못한 것이 1874년 선거에서 그가 대패하게 된 요인들 중 하나라고 보았거니와, 이는 어느 정도 일리가 있는 이야기였다. 하지만 그렇다고 해서 노동계급이 거리로 쏟아져 나온 것은 아니었고, 카를이 상상했던 종류의 사회적 위기를 촉발시킨 것은 더더욱 아니었다.

노동계급은 지독하도록 '무관심한' 상태에 머물고 있다고 엥겔스는 불평했다. 이들은 러시아 문제에 대한 싸움에 참여하지 않았을 뿐만 아니라 파리코뮌에 대해서도 거의 혹은 전혀 지지를 내놓지도 않았다. 1871년 9월의 런던 회의 당시 카를은 자신이 그 전에 자기 동맹자들이라고 여겼던 이들에게 분통을 터뜨리기도 했다. "노조는… 소수의 귀족들입니다. 가난한 노동자들은 노조에 가입할 수도 없습니다. 경제 발전으로 매일매일 농촌에서 도시로 사람들이 몰려들고 있지만, 이들은 오래전부터 노조에서 배제되어 있었고, 가장 비참한 지경에 처한 대중들은 결코 노조에 소속된 적이 없습니다. 이는 런던의 이스트엔드에서 태어난 노동자들에게도 똑같이 적용되는 이야기입니다. 노조에 가입되어 있는 이들은 열 명 중 한 명꼴에 불과하며, 농민들과 일용직 노동자들은 전혀 노조에 조직되어 있지 않습니다." 그래서 그는 노골적으로 도전적인 태도를 보이며, 이렇게 주장한다. "노조는 혼자서는 아무것도 할 수 없소. 그들은 앞으로도 영원히 소수일 것이며, 프롤레타리아 대중들에 대해 아무런 권력도 갖지 못할 것이오. 하지만 우리 인터내셔널은 프롤레타리아 대중들에게 직접 영향을 미치고 있습니다."[284)]

1872년 헤이그 총회에서도 그는 마찬가지로 거칠게 분노를 폭발시킨다. 그는 괴짜 보수당 언론인으로서 어찌어찌하여 시카고의 독일어 사용자 지회의 대표자로 임명된 몰트만 배리Maltman Barry와 힘을 합치게 된다. 영국 노조 지도자이자 예전의 차티스트운동 지도자였던 토머스 모터스헤드는 배리가 영국 노동계급을 대표하는 일원으로서 참가하는 게 자격에 맞는 일이냐는 의문을 제기했는데, 이는 아주 온당한 일이었다. 그런데 이때 카를은 격분하여 그를 꾸짖는 장광설을 시작한다. 만약 배리가 '영국 노동자들의 인정받는 지도자'가 아니라면, "이는 오히려 명예라고 해야 하겠죠. 왜냐하면 영국 노동자들의 인정받은 지도자라는 자들이 거의 모두 하나같이 글래드스턴, 몰리, 딜크 등등에게 매수당한 상태니까."[285] 6년이 지난 뒤에도 '글래드스턴, 브라이트, 먼델라, 몰리 등의 주변에 몰려든 것들과 공장 소유주 패거리 전체'에 대한 그의 적개심은 줄어들지 않았다. 1878년 2월 11일, 카를은 리프크네히트에게 편지에서 이렇게 말한다. "영국 노동계급은 1848년 이후 부패와 타락의 기간을 거치면서 그 결과로 점차 정신이 갈수록 해이해졌고, 마침내 자기들의 **억압자들**인 자본가들의 정당인 저 거대한 자유당에 매달려 달랑거리는 부속물에 불과한 단계에 이르고 말았다네. 그들을 지휘하는 힘은 저 매수당한 노조 지도자들과 전문 시위꾼들의 손아귀에 완전히 장악당하고 말았네."[286]

따라서 제1인터내셔널 자체를(아니면 최소한 거기에 자신이 깊이 관여하는 것이라도) 끝내는 것이 훨씬 나은 일이었다. 헤이그 총회의 마지막 날, 몰트만 배리는 보고를 통해 전체 평의회가 어째서 런던에서 다른 곳으로 옮겨 가야 하는지를 설명했다. "전체 평의회의 여러 일들 때문에 마르크스는 시간과 생각의 여유를 빼앗기고 있으며, 또 그는 그의 위대한 저서를 다양한 나라의 번역본으로 준비해야 하는 고된 일까지 하고 있습니다. 따라서 인터내셔널 전체를 총괄하는 것은 그를 완전히 고갈시킬 뿐만 아니라 그의 건강에도 무척 해로운 일입니다. 작년 이후 수많은 영국인 '대표'가 전체 평의회의 일원으로 취임한 이후로 마르크스는 전체 평의회가 제대로 돌아가게 만들기 위해 전력을 다 쏟아부을 수밖에 없었으며, 그러고도 성공하지 못할 때도 있었습니다."[287]

카를 자신에게 제1인터내셔널이 종말을 고하는 것은 해방이나 다름없었다. 헤이그 총회가 열리기 세 달 전에 카를이 드 페페에게 보낸 편지에 보면, "다음 총회가 어서 열리기만 손꼽아 기다릴 뿐입니다. 그렇게 되면 나의 노예 상태도 끝날 테니까요. 그다음에는 나도 다시 자유인이 될 겁니다. 이제 전체 평의회를 위해서든, 영국의 지부 평의회를 위해서든 행정 업무는 절대로 안 할 겁니다."[288]

제1인터내셔널이 프랑스-프로이센 전쟁과 파리코뮌 문제에 관여하려고 했던 기간 전체에 걸쳐 그는 건강 악화로 계속해서 시달려야 했다. 1870년 8월 17일, 그는 엥겔스에게 이렇게 불평한다. "나흘 연속 한숨도 못 잤다네. 류머티즘이 너무 심했고 또 깨어 있는 동안 파리 등등에 대한 온갖 환상이 머리에서 떠나지를 않는 거야. 아무래도 오늘 밤에는 굼퍼트 박사가 준 수면제를 옆에 두고 자야겠네."289) 1871년 1월 21일에는 뉴욕에 있는 자신의 동맹자인 지그프리트 마이어Sigfrid Meyer에게 편지를 쓴다. "저의 건강이 또다시 몇 달째 끔찍한 상태에 있습니다. 하지만 이토록 중요한 역사적 사건들이 터지고 있는 시점에 그런 시시한 문제나 생각할 사람이 누가 있겠습니까!"290) 파리코뮌의 기간 동안에도 그는 병환 때문에 전체 평의회에 참석하지 못할 때가 있었으며, 결국 그의 『프랑스 내전』도 완성이 늦추어지게 된다. 하지만 6월 13일 그는 딸들에게 이렇게 말할 수 있게 되었다. "6주간이나 앓은 끝에 이제 겨우 괜찮아졌다. 현재의 정황으로 볼 때 이 상태가 얼마나 갈지는 잘 모르겠지만 말이다."291)

그를 노심초사하게 만든 문제는 파리코뮌 말고도 또 있었다. 이번에는 그의 가족 문제였다. 5월 1일 예니와 엘리노어는 라우라를 돕기 위해 프랑스의 보르도로 여행을 떠났다. 라우라는 2월에 세 번째 아이를 낳았지만 그 아이는 생명이 위독할 정도로 병을 앓게 되었던 것이다. 라우라의 남편인 폴 라파르그Paul Lafargue는 보르도에서 혁명군을 조직할 '전권'을 부여받고 파리에서 돌아왔었다. 하지만 파리에서 베르사유 정부군에 의해 코뮌이 무너지게 되자 폴은 오히려 수배 상태에 처하게 되며, 가족 전체가 피레네산맥에 있는 동떨어진 작은 도시 바녜르-드-뤼숑Bagnères-de-Luchon으로 이주했고, 여기에서 숨을 죽인 채 감시의 눈을 피하고 있었다. 6월 13일 카를은 폴에게 암호화된 편지를 보내 체포가 임박했다고 경고한다. 이 편지는 폴의 가족에게 국경을 넘어 피레네산맥의 기후가 더 좋은 스페인 쪽으로 넘어가라고 조언하고 있으며, 특히 폴의 경우 '만약 그가 의사들의 조언을 따르는 일을 조금이라도 더 지체했다가는 상태가 악화될 뿐만 아니라 아주 큰 위험을 무릅쓰게 될 것'이라고 말하고 있다.[292] 하지만 아기가 몸이 아픈 상태라서 폴은 뤼숑에서 6주를 더 머문다. 하지만 7월 26일 아기가 숨을 거두었고, 그 직후 폴은 국경을 넘어 스페인으로 간다. 8월 6일에는 카를의 세 딸들과 라우라의 어린 아들 쉬내피Schnappy가 폴을 보러 스페인으로 간다. 예니와 엘리노어는 거기에서 영국으로 돌아오려고 했지만, 프랑스 국경에서 검문을 당하여 수색과 함께 엄혹한 심문을 받게 된다. 예니는 특히 살해당한 코뮌 전사인 귀스타브 플루랑의 편지를 지니고 있었으므로 위험한 상태에 처했다. 다행히도 경찰서에서 그녀는 편지를 잘 숨길 수 있었으며, 결국 8월 26일 두 자매는 집으로 돌아오게 된다.[293]

하지만 이 문제를 빼면 1871년 여름 동안 카를은 놀랄 정도로 힘이 넘치는 생활을 누리고 있었다. 그는『프랑스 내전』의 출간으로 생겨난 자신을 둘러싼 추문을 즐기고 있었으며, '런던에서 가장 많은 위협과 중상모략에 시달리는 사람'이라는 자신의 평판을 음미하고 있었다. 7월 말에도 그의 기분은 여전히 상승곡선을 그리고 있었다. 그가 당시 쿠겔만 박사에게 쓴 편지를 보면, "인터내셔널의 업무가 어마어마하며, 거기에다가 런던에는 우리가 돌보아야 할 피난민들이 우글거리고 있다네. 게다가 나의 경우는 신문 기자들을 위시한 온갖 종류의 사람들에 완전히 둘러싸여 있네. 이들은 그 '**괴물**'을 자기들 눈으로 보고 싶어 내게로 오는 것일세."[294]

또한 그을음과 스모그로 꽉찬 런던을 떠나서 해변으로 나가 건강한 여가를 즐기기도 했다. 카를은 브라이튼 해변도 좋아했지만, 그가 가장 좋아했던 휴양지는 램스게이트Ramsgate였다. 엥겔스는 자신의 모친에게 램스게이트를 이렇게 묘사한다. "제가 아는 가장 중요한 휴양지입니다. 지극히 편안한 분위기에 아주 가파른 백악질 절벽 바로 아래에 있는 아주 예쁘고 단단한 해변입니다. 여기에는 가짜로 흑인으로 분장한 거리 악사들, 마술사들, 불을 뿜는 묘기꾼들, 펀치와 주디 부부가 맨날 싸우는 코미디 인형극Punch and Judy 등등 재미난 것들이 넘처납니다. 이곳은 그다지 유행이 빠른 곳은 아니지만 돈도 많이 안 들고 마음도 편한 곳이죠. 해수욕을 하기에도 아주 좋습니다."[295] 1870년 여름 카를은 류머티즘과 불면증으로 시달리는 가운데에서도 램스게이트에 대해 편지에 쓰고 있다. "가족 전체가 여기에서 아주 멋지게 즐기고 있다네. 투시와 예니첸은 바다에 한번 들어가면 아예 나올 생각을 하지 않으면서 몸을 튼튼히 하고 있다네."[296]

이러한 낙관적인 분위기는 엥겔스가 9월 후반에 조직했던 런던 회의 때까지도 계속되었다. 하지만 그 후 가을과 겨울이 되자 런던 회의에서 거둔 것으로 보였던 여러 승리가 속 빈 강정이었다는 게 점차 분명해진다. 바쿠닌의 추종자들은 패배를 받아들이지 않았던 것이다. 바쿠닌 스스로가 나서서 전체 평의회가 '범게르만주의(혹은 비스마르크주의)'에 지배당하고 있다는 혐의를 씌워 반격에 나서고 있었다. 그의 추종자들은 제네바에서 신문을 발간하고 있었고, 런던에도 프랑스 지회를 하나 새로 만들고 뉴욕에서도 독일 지회를 하나 새로 만들려고 하고 있었다.[297] 이와 나란히 전체 평의회와 영국 지부 평의회 사이에도 여러 긴장과 갈등이 생겨나고 있었다. 요한 게오르크 에카리우스와 존 헤일스와 같은 예전의 동맹자들은 아주 비타협적인 반대자들이 되어 가고 있었다.

이러한 상황 전개에 직면하자 카를의 어조는 갈수록 어두워졌고, 또 자신에게 몰리는 과도한 업무에 대해 점점 불평을 하기 시작한다. 리프크네히트에게 보낸 편지에서 그는 자기와 엥겔스가 '인터내셔널의 업무로 깔려 죽을 지경'이며, 총회에 독일 대표자들의 참석을 확보하려는 노력을 전혀 하지 않는 바람에 '마르크스가 심지어 독일에서도 영향력을 잃어버렸다!'는 소문이 퍼지는 데 일조하고 있다는 불평이었다.[298] 물론 반쯤 농담으로 자신이 '범게르만주의자'라는 공격에 대해 반쯤 농담으로 한 말이기는 했지만, 11월 24일 그는 드 페페에게 보낸 편지에서 처음으로 자신의 사임 가능성을 공공연하게 언급한다.[299] 1872년 봄, 그는 '너무 일이 과도하여' 라우라나 '예쁜 쉬내피'에게도 편지를 쓸 수 없을 지경이 되었으며, 라파르그에게 이렇게 그 사정을 이렇게 설명하고 있다. "인터내셔널의 업무 때문에 내 시간을 너무나 많이 뺏기고 있다네. 전체 평의회가 지금 갈등의 시기를 거치고 있으니 내가 꼭 있어야 한다는 확신 때문에 이러고 있을 뿐, 그게 아니라면 오래전에 다 그만두었을 걸세."[300] 따라서 전체 평의회를 뉴욕으로 옮기는 것은 그의 사임을 달성하기 위한 수단이었고, 그래서 헤이그 총회가 열리기 전까지는 전혀 발설하지 않았던 것이다. 하지만 그는 이미 5월 말경이 되면 자신의 러시아 번역자인 니콜라이 다니엘손Nicolai Danielson에게, 또 세자르 드 페페에게 인터내셔널에서 자기가 사임할 날이 임박했으며 자기의 '노예 상태'도 곧 끝나게 될 것이라고 말하고 있었다.

1872년의 제1인터내셔널은 그보다 8년 전 처음 설립되었던 조직과는 아주 다른 조직이 되어 있었다. 그리고 그것을 둘러싼 세상도 전혀 다른 세상이 되어 있었다. 1860년대에 헌법을 둘러싼 혼란은 종식되었다. 초국가적 공화주의자들의 동년배들 다수는 파리코뮌에서 싸우다가 전장에서 죽어 사라져 갔다. 프랑스공화국을 위해 가리발디가 벌였던 게릴라 전투도 중단되어야 했다. 바리케이드의 시대는 끝이 났다. 베르사유 정부군이 파리를 공격할 때 분명해졌듯이, 이제 바리케이드는 공격을 막는 데 거의 쓸모가 없었고, 일부 군대는 기관총과 같은 새로운 장비를 갖추고 있었다. 파리코뮌이 무너지면서 초국가적 공화주의의 유산도 그 끝에 도달한 것이었다.

그리고 일단 국가의 형성이라는 것이 더는 공화국 수립의 꿈과 동의어가 아니게 되면서 초국가주의 또한 그 의미를 크게 잃게 된다. 민족주의와 공화주의는 이제 별개의 것이 되어 버렸다. 이탈리아와 독일에서 형성된 국민국가는 세습 왕정과 강력한 귀족정을 동반하고 있었다. 자유무역 또한 도처에서 도전에 처했고, 독일에서는 토지 세력과 산업 세력이 자유주의에 반대하여 맺은 동맹인 이른바 '철과 호밀의 결혼marriage of iron and rye'은 보호관세를 관철시키면서 그 절정을 이룬다. 국가가 공고화되면서 또한 초등교육이나 징병제 등의 형태로 시민들의 일상생활 영역에도 직접적으로 침투해 들어오기 시작한다. 반대로 국경을 넘어서서 노조가 연대할 수 있는 경제적 기초는 경제공황✣ 앞에서 축소되어 버린다.

영국에서는 정치적 분위기 또한 변했다. 1872년경의 영국을 진저리를 치면서 묘사하고 있는 트롤럽Anthony Trollope의 소설 『우리는 지금 어떻게 살고 있는가The Way We Live Now』를 보면 파머스턴 시절의 자신감과 자유스러움은 옛말이 되었음을 알 수 있다. 농촌의 '명예로운' 전통들은 국제금융이라는 비도덕적인 책략들이 지배하는 세상 속에 파묻혀 버리고 만다. 도대체 어디서 왔는지도 알 수 없는 국제적 모험가들이 런던 사회를 지배하게 되었으며, 이는 아우구스투스 멜모트Augustus Melmotte로 상징되는✣✣ 금권정치의 모습을 띠고 있었다.

카를이 우선성을 부여하는 일들의 순서도 변한다. 1860년대에 그는 두 권으로 된 『자본론』 전체가 다 출간될 것이라고 충분히 기대하고 있었다. 하지만 실제적 문제 때문에, 또 이론적 문제 때문에 수많은 난제들에 부닥치게 되면서 그 프로젝트는 진전이 가로막히게 되었다. 물론 그가 제1인터내셔널을 위해 일했던 것이 그의 시간의 큰 부분을 잡아먹었다. 하지만 그 프로젝트의 성격 자체도 1867년에서 1872년 사이에 큰 변화를 겪었던 것으로 보인다. 그는 여전히 "결국 어떻게 해서든 『자본론』을 끝내고 말았다"고 말하고 있었지만, 거기에 따라오게 되어 있는 제2권에 대해서는 아무런 언급이 없었다. 그 부분적인 이유는 카를이 본래 착상했던 형태의 논지가 더는 유지될 수 없게 되기도 했지만, 또한 자본주의의 지구적 성격에 대한 그의 생각이 달라지게 된 것도 이유였다. 아마

✣ 1873년에서 1886년까지 미국과 유럽의 경제는 지속적인 가격 하락을 동반한 불황으로 접어든다. 1930년 이전까지는 이를 '대공황Great Depression'이라고 불렀다. 이 기간의 경제 불황은 자본주의의 종말이 임박했음을 주장하는 마르크스주의가 노동운동과 사회주의 운동을 지배하게 되는 데에 중요한 경제적 배경이 된다.

✣✣ 트롤럽의 소설 『우리는 지금 어떻게 살고 있는가』는 1870년대에 실제로 터졌던 금융 스캔들을 기초로 하여 당시의 런던 사회가 작동하는 방식을 비판적으로 묘사하고 있다. 주인공인 멜모트는 국적도 기원도 알 수 없는 사업가로, 온갖 탐욕과 부정으로 가득한 금융 사기를 진행하면서 런던 사회를 막후에서 주무르는 인물로 그려진다.

도 서유럽의 자본주의 발전은 특수한 경우라는 것이었다. 그래서 자본주의가 세계 전체로 팽창하는 것을 피할 수 있을 것이라고 여겼다. 그는 러시아 그리고 아직 자본주의 이전 상태에 머물고 있는 세계의 다른 부분에서 어떤 일들이 벌어질 것인가에 대해 점점 더 큰 흥미를 가지게 되었던바, 최소한 방금 말한 것들이 그의 관심을 지배했던 생각이었던 것으로 보인다.

12 장

미래로 돌아가서

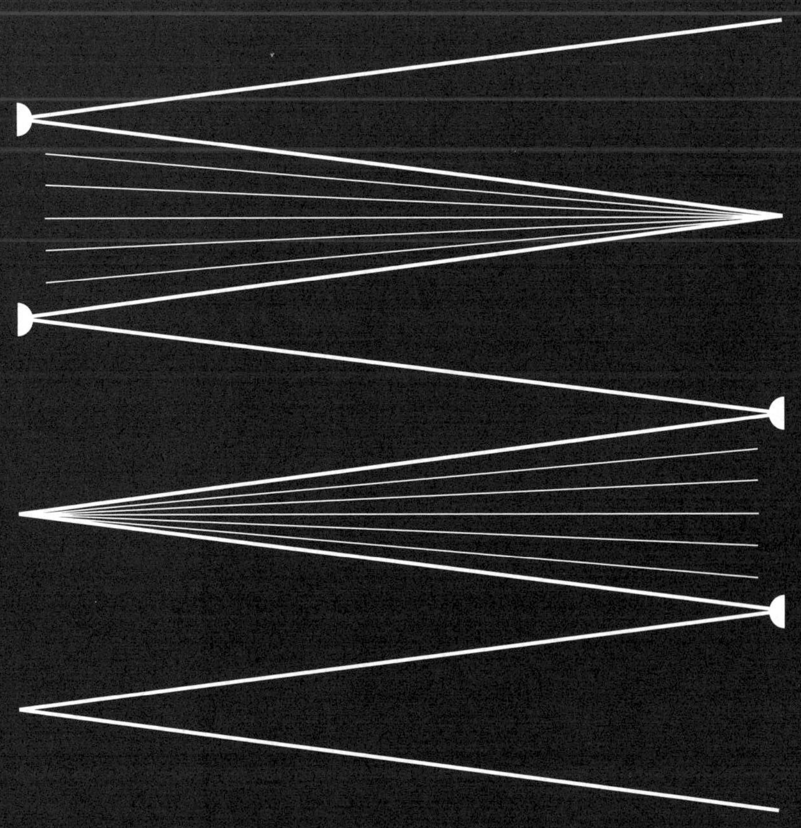

1. 『자본론』 후반부[1)]

영국에서 정치 개혁 운동도 끝났고 또 자유주의자들과 노조 지도자들 사이의 동맹도 공고해졌으니 카를이 그곳에서 할 일도 사라진 셈이다. 따라서 이제는 『자본론』 후반부를 빨리 내라는 압력에서 도망갈 구실도 사라져 버렸다. 아일랜드 문제도 안정이 되었다. 1권의 출간에 대한 반응은 영 부진했으며, 아주 열성적인 반응을 보인 유일한 집단은 러시아의 체르니솁스키✣의 추종자 집단들뿐이었지만, 이들의 주된 관심사는 서유럽의 위기가 아니었다. 프랑스에서는 파리코뮌의 재앙이 지나간 뒤였는지라 카를은 『자본론』의 프랑스어 번역본을 준

✣ 니콜라이 체르니솁스키Nikolay Cherneychevsky는 러시아의 (유토피아) 사회주의자로, 1860년대에 러시아의 혁명적 민주주의 운동의 지도적 인물이었다. 그는 피억압 민중들이 착취에 시달릴수록 계급적 각성을 통한 혁명의 가능성이 높아진다고 보았으며, 역사의 주체로서 이들 피억압 민중들의 계급투쟁을 중심에 놓았다. 러시아의 인민주의Narodism는 그가 창시한 것으로 여겨지며, 굳이 자본주의의 단계를 거칠 것이 없이 러시아 농촌의 코뮌 공동체가 사회주의 건설의 기초가 될 수 있다고 보았다. 이후 러시아혁명에 이르기까지 레닌을 포함한 수많은 혁명가들에게 중대한 정신적 영감의 원천이 된다. 레닌의 『무엇을 할 것인가?』는 체르니솁스키의 소설 제목을 따온 것이며, 도스토옙스키의 『지하 생활자의 수기』는 이 작품에 대한 반감에서 나온 것으로 알려져 있다.

비하면서 영국의 특수한 상황에 기초한 '정치경제학 비판'의 날카로움을 조절하려고 신경을 쓰고 있었다. 특히 그는 『자본론』 후반부의 출간을 연기할 수 있다는 사실에 크게 안도했다. 왜냐하면 애초에 후반부를 1권과 함께 출간하지 못하게 만들었던 지적인 문제들이 그 이후로도 해결되지 않고 오히려 더욱 심각해졌기 때문이다.

1870년, 카를은 훗날 『자본론』 후반부가 되는 초고의 거의 절반을 새롭게 내놓는 데 성공했지만, 문제를 다루는 방식은 여전히 추상적인 수준에만 머물러 있었으며 그 이후에도 소소한 수정 말고는 추가적으로 덧붙여진 것이 거의 없었다.[2] 1871년 함부르크에 있는 그의 출판사 마이스너 쪽에서 1권의 재고가 거의 소진되었음을 알리면서 더욱 저렴한 2판을 준비해 달라고 요청했다. 그때부터 1873년 사이에 카를은 이 일에만 몰두하며 대부분의 시간을 수정된 2판을 준비하는 데 보낸다. 그리고 여기에서 중요한 몫을 차지했던 작업은 제1장의 논지를 단순화하는 것이었다. 1872년에는 상트페테르부르크의 카를 경모자들이 러시아어판 출간 작업에 착수한다. 번역을 처음에 맡은 것은 헤르만 로파틴Hermann Lopatin이었지만 완성한 것은 니콜라이 다니엘손이다. 러시아판은 큰 성공을 거두었다. 이와 동시에 카를은 모리스 라샤트르Maurice Lachâtre와 프랑스어판 출간 계약을 맺는다. 프랑스어판은 여러 권으로 쪼개어 내기로 했다. 카를의 생각으로는 이러한 형태가 '노동자들에게 더 접근성이 좋을 것'이며, '그의 입장에서 보면 **그 점이 다른 어떤 것보다 중요**'한 것이었다.[3] 번역을 맡은 것은 요제프 루아Joseph Roy로 그는 포이어바흐의 번역자이기도 했다. 카를도 처음에는 딸에게 보낸 편지에서 루아를 '나의 목적에 완벽하게 들어맞는 사람'이라고 말하기도 했다. 하지만 번역 과정은 대단히 속도가 느렸다. 루아는 카를이 손으로 쓴 독일어 2판의 수고를 저본으로 작업해야 했던 데다 카를도 루아의 번역문에서 못마땅하게 여긴 부분이 많았기 때문이었다. 그가 러시아어판 번역자인 니콜라이 다니엘손에게 쓴 편지를 보면, "비록 프랑스어판의 번역을 맡은 이는 독일어와 프랑스어 모두에 있어 아주 뛰어난 전문가이지만(그는 포이어바흐의 번역자이기도 한 루아 씨입니다), 너무 글자 그대로 옮길 때가 많습니다. 그래서 저는 이런 경우에는 프랑스 독자들이 좀 더 읽기 쉽게 만들기 위해 아예 문장 전체를 다시 프랑스어로 써야 했습니다. 이제부터는 이 책의 영어본이나 다른 라틴 계통의 언어들 판본을 만들 때 프랑스어판을 저본으로 삼는 게 더 쉬울 것입니다."[4] 카를은 프랑스어 번역본 원고를 다시 쓰고 손보는 데 그다음 2년의 대부분의 시간을 보내며, 결국 프랑스어판은 1875년이 되어야 출간된다. 이렇게 번역을 바로잡는 작업도 느릿느릿 진행되었던 데다 제1인터내셔널을 뉴욕으로 옮기면서 남겨진 업무들까지 겹치면서 프랑스어판 출간이 계속해서 늦어졌던 것이다. 게다가 1873년 카를의 건강이 심각하게 무너지면서 문제가 더욱 악화되었다.

카를의 상태가 심각하다는 것은 그해 6월 말 널리 알려지게 되었다. 급진적인 영국 보수당원이자 카를의 지도자인 몰트만 배리가 『스탠더드Standard』지에 카를이 위독하다는 기사를 냈던 것이다. 쿠겔만 박사는 이 소식을 『프랑크푸르트 신문Frankfurter Zeitung』에서 읽고 크게 놀랐고, 그 때문에 엥겔스는 그에게 편지를 보내 그 기사가 과장된 것이라고 안심시켜야 했다. 하지만 이때의 이야기를 들어 보면 카를의 건강이 심각한 상태였다고 생각할 수밖에 없다. 엥겔스가 설명하는 바에 따르면, "지난 몇 년간 마르크스는 불면증으로 고생해 왔습니다. 물론 이따금씩이기는 했지만 그 정도가 점점 심해져 왔습니다. 그는 이를 항상 기침이 끊어지질 않아서 그렇다든가 하는 온갖 미덥지 않은 핑계로 둘러댔지요.… 그는 일을 했다 하면 과도할 정도로 계속하며, 그러다가 머리가 지나친 압력으로 터지기 직전이 될 때까지는 누가 멈추게 할 수도 없습니다. 그리고 그의 불면증이 참을 수 없을 정도로 심해져서 이제는 아주 강력한 클로랄 마취제도 소용이 없을 정도랍니다."[5] 그러다가 일정 기간 동안 회복이 좀 되는가 싶으면 다시 만성적 질병이 도져 그를 좌절 상태로 몰고 간다는 것이었다. 이미 그전인 1871년 4월에도 엥겔스는 쿠겔만 박사에게 카를의 상황을 '너무 절망적인 것'으로 볼 필요 없다고 안심시키려 한 적이 있었다. 당시에 엥겔스가 쓴 편지에 보면, 불면증과 기침과 간 문제 등은 '이미 지난 26년 동안이나 거의 영속적으로 붙어 다닌 병들이니 무슨 신속한 치료법 따위가 있을 수 없다는 것을 잘 아실 것'이라는 것이었다. 하지만 그는 카를의 기침이 폐가 아니라 '순전히 후두에서' 나오는 것이라는 사실을 기뻐하고 있다.

1871년의 엥겔스가 낙관적인 태도를 가질 수 있었던 것은 카를이 생활 방식을 바꾸고 있다고 믿었기 때문이었다. 비록 프랑스와 프로이센의 전쟁, 그리고 뒤이은 파리코뮌 등의 큰 사건들이 계속되었지만, '그는 무거운 이론적 문제들에 대한 작업을 놓아 버렸고 상당히 합리적인 방식으로 생활'하고 있다는 것이었다. 카를은 심지어 '제가 그에게 억지로 시키지 않아도' 한 시간 반에서 두 시간씩 산책을 하기도 하며 어떨 때에는 '몇 주 내내 맥주를 한 방울도 마시지' 않기도 했다는 것이었다. 하이게이트를 거쳐 햄프스테드까지 가는 산책로는 "독일 마일✣로 치면 약 1과 2분의 1마일 정도 되며, 몇 개의 가파른 언덕을 오르내리게 되어 있습니다. 거기에다가 그곳의 공기는 하노버 공기와는 비교도 할 수 없을 정도로 신선합니다."[6)]

카를이 두통과 불면증과 간 질환에 시달리게 된 원인은 운동 부족 때문이라기보다는 이론적 난제들을 해결해야만 했기 때문이라는 점은 분명해 보인다.[7)] 카를이 1874년 8월 4일 프리드리히 조르게에게 쓴 편지를 보면, "이 빌어먹을 놈의 간 문제 때문에 프랑스 번역본 수정 작업을 계속하는 일이(사실상 거의 책을 완전히 새로 쓰고 있다네) 전혀 불가능해져서 진척이 전혀 없다네."[8)] 8월 12일에는 니콜라이 다니엘손에게 이렇게 말하고 있다. "저는 과로로 인해 지난 몇 달 동안 심하게 아팠고 얼마 동안은 위독할 지경이었습니다. 특히 머리가 너무 심하게 아파서 뇌졸중paralytic strike이 걱정될 정도였습니다. 그래서 지금도 몇

✣ 독일 마일은 약 7.5킬로미터. 영국 마일은 1.6킬로미터.

시간 이상은 일을 할 수 없습니다."[9] 카를에 대한 대부분의 전기에서는 그가 자신의 일생일대의 저작을 완성하지 못하게 된 원인이 이러한 여러 질병에 있다는 설명을 곧이곧대로 받아들이고 있다. 물론 카를이 삶의 마지막 10년간 이런저런 건강 문제와 병을 치료하느라고 많은 시간을 보냈다는 것은 부인할 수 없는 사실이다. 하지만 이러한 설명은 중요한 사실 하나를 빼놓고 있다. 카를이 실증적으로 입증하고자 하는 이론이라는 것이 그가 1850년대에 그 이론을 구성하기 위해 사용했던 헤겔식의 서사 구조를 빼고 나면 도저히 증명이 불가능하다는 악몽 같은 상황이었다는 것이다.

1850년대에 카를은 『강요』에서 '이윤율의 저하'라는 아이디어를 비교적 단순한 방식으로 제시하고 있다. 하지만 그는 1864~1865년경 이 이론을 글로 구성하는 원고 작업을 진행하면서(이것이 나중에 1894년 엥겔스가 편집하여 『자본론』 3권으로 묶어 내는 원고이다), 이미 그의 머릿속은 이 이론에 대한 무수한 의문으로 가득 차게 된다. 원래 아주 단순한 것으로 여겨졌던 이 '법칙'의 현실 작동이 이제는 '여러 상쇄 경향들' 안에 묻혀 버리게 되며, 도대체 이게 최종적으로 현실에 무슨 영향을 미치게 된다는 말인지조차 분명치 않게 되고 만다. 기껏 주장할 수 있는 바는 그저 '이 법칙과 그 여러 상쇄 경향들은… 과잉생산, 투기공황, 과잉인구와 더불어 과잉자본 등을 낳게 된다'는 정도뿐이었다.[10] 또한 카를은 본래 자본의 순환 과정과 확대재생산 과정을 헤겔의 『대논리학』에 나오는 것과 비슷한 나선형의 과정으로 엮으려 했지만, 이제는 이를 형식적인 논리 이상의 것으로 제시할 수 없게 되었다. 이러한 자본의 운동을 재구성하고 모종의 경험적 서사로 재구성하여 삽입하는 작업도 전혀 성공하지 못했다.

카를이 이러한 문제들을 풀지 못했다는 사실은 『자본론』을 처음으로 진지하게 읽은 독자라면 품을 수밖에 없는 핵심적엔 질문과 맞닿아 있다. 『자본론』은 모든 나라가 밟아 나갈 수밖에 없는 자본주의 발전의 보편적인 이론을 밝힌 것인가, 아니면 주로 영국과 서유럽으로 의미가 국한되는 역사적 설명일 뿐인가?[11] 카를은 자신이 본래 가지고 있었던 이론적 입장을 다시 반복할 수 있는 방법도 찾지 못했지만, 그가 마음을 바꾸었다는 점을 솔직하게 인정하는 것도 마찬가지로 전혀 받아들이려 하지 않았다. 이러한 이유 때문에 그가 슬며시 바꾼 입장이 어떤 것인지를 알기 위해서는 독일어 제2판이나 프랑스어판의 텍스트를 뒤져서 거기에 묻혀 있는 여러 단서 조항들과 제한을 파내는 작업을 해야만 한다.

카를은 이러한 문제들에 대한 명시적인 논의를 회피 혹은 최대한 나중으로 미룰 수 있게 되어 크게 안도했다. 하지만 이는 『자본론』 후반부를 출간하려면 해결해야만 할 문제들이었다. 게다가 이 문제는 시간이 갈수록 더욱 악화되었다. 『자본론』은 원래 1860년대에 쓰인 글이었다. 그 당시에는 자본주의적 생산양식이 새로운 생산양식으로 대체되는 일이 이미 벌어지고 있는 여러 방식들을 지적하는 것만으로도 충분했을 수 있으며, 이에 따라 1860년대 중반의 짧은 기간 동안이지만 현실에서 전개되고 있었던 노동자들의 정치 운동을 내세우면서 모종의 정치적 순간이 다가오고 있음을 암시하는 것으로 충분할 수도 있었다. 하지만 이제 그러한 순간은 분명히 옛날이야기가 되어 버린 지 오래였다. 따라서 『자본론』의 논지가 성립하려면 자본주의 생산양식의 전반적인 작동에서 모종의 거대한 구조적 모순에 대한 압력이 누적되고 있음을 밝히는 일이 필수불가결하게 되었다. 1870년대 내내 그는 1권의 텍스트를 다시 손보거나 막내딸 엘리노어가 리사가레Lissagaray의 『1871년 파리코뮌의 역사』를 번역하는 작업을 돕는 데 시간을 보내는 쪽을 더 선호했다. 그가 정말로 몸이 아팠다는 사실은 의문의 여지가 없지만, 그 덕분에 그 최후의 심판을 계속해서 뒤로 미룰 좋은 구실을 얻었다는 것 또한 너무나 분명한 사실이다.

카를이 『자본론』 후반부의 내용에 대해 누가 단도직입적으로 물어볼 때마다 짜증을 냈다는 것 또한 이러한 정황을 시사하고 있다. 이는 카를의 가장 진득한 경모자였던 쿠겔만 박사의 경우에 해당한다. 카를은 1867년 『자본론』 1권이 출간 준비 중에 있을 때 쿠겔만과 함께 하노버에 머물고 있었다. 쿠겔만의 딸인 프란치스카Franziska의 기억에 따르면, 그녀의 아버지는 카를이 '자기 시대를 100년 앞서가는 인물'이라고 생각했다고 한다. 그래서 그는 『자본론』 후반부의 내용에 대해 너무나 궁금해할 수밖에 없었을 것이다. 그런데 이에 대한 카를의 반응은 갈수록 방어적이 되어 갔다. 1874년 5월의 편지를 예로 들자면, 그는 먼저 쿠겔만과 그의 가족이 자기 작업의 진척에 관심을 보여 준 점을 감사한 뒤 계속해서 이렇게 말한다. "하지만 내가 그 책을 쓰지 못하고 있는 이유가 내 위태로운 건강 상태 말고 다른 것이 있는 양 말하는 건 나를 모욕하는 일일세. 내 건강 문제가 끊임없이 내 작업을 중단시켰고, 그렇게 해서 축난 시간을 보충하느라고 나는 내 다른 의무들까지도(편지를 쓰는 일도 포함하여) 무시할 수밖에 없었네. 그래서 나는 완전히 일에 치여 무뚝뚝하고 아무 활동도 하려 들지 않는 사람이 되고 말았네." 카를은 칼스바트에서 쿠겔만을 만나기를 고대하고 있다고 한다. 맨체스터의 의사 굼퍼트가 카를에게 요양지에 가서 병을 고치고 오라고 권고했다는 것이다. 하지만 그 책에 대해 보자면, "비록 내가 집필에 들어갈 수는 없었지만, 『자본론』 후반부를 위한 중요한 자료들을 많이 섭렵했네. 하지만 실제로 집필 작업을 시작하려면 먼저 프랑스어판을 완성하고 내 건강도 완전히 회복해야지."[12)]

그해 여름 쿠겔만은 카를과 엘리노어가 칼스바트의 호텔 게르마니아에서 자기 가족과 합류하도록 안배해 놓았다. 하지만 이 휴가는 좋은 기억을 남기지는 못했다. 카를은 쿠겔만이 '엄숙하고도 장황한 헛소리를 그의 굵은 목소리로 끝도 없이 늘어놓는 것'에 '진저리'를 냈으며, 이 '쓸데없는 것들에 집착하는 이 극도의 고지식한 자'가 자신의 아내에게 끊임없이 욕을 퍼붓는 것에 분개했다. '더 고상한 세계관을 열망하는 자신의 파우스트적 본성을 제대로 이해하지 못한다'는 것이 아내를 욕하는 이유였다는 것이다. 엘리노어는 좀 더 속물적인 면에서 충격을 받는다. 쿠겔만 박사는 아내인 게르트루드를 돈도 없이 자신과 결혼한 주제에 자신이 베풀어 준 온갖 '친절Wohltaten'에 도무지 감사할 줄을 모른다고

1분에 한 번씩 호되게 꾸짖고 있다는 것이다. 엘리노어의 이야기에 따르면, 카를은 '원치 않아도 이 지극히 혐오스러운 장면들에서 나오는 소리를 모두 들을 수밖에' 없었다고 한다. '그 방들 사이에 문 하나밖에 없었기 때문'이었다. 그래서 카를도 어쩔 수 없이 자신과 함께 위층으로 피난을 갈 수밖에 없었다고 한다.[13)]

이러한 설명을 의심할 이유는 없다. 하지만 이 이야기에는 다른 측면도 있으며, 특히 『자본론』 후반부에 쿠겔만이 큰 관심을 가지고 있었다는 점을 보면 중요한 사실이기도 했다. 프란치스카 쿠겔만은 자신이 17세에 보냈던 휴가를 1926년에 회고하며 쓴 글에서 카를과 쿠겔만이 긴 산책을 하면서 '전혀 옆에서 말릴 수 없을 만큼 격렬하게' 언쟁을 벌였다고 한다. 쿠겔만은 카를에게 정치적 선전 활동을 모두 삼가고 다른 모든 것 이전에 『자본론』 3권을 완성하라고 설득하려 했다는 것이다.[14)]

그다음 해인 1875년 10월, 엥겔스는 빌헬름 브라케Wilhelm Bracke에게 쓴 편지에서 카를이 칼스바트에서 돌아왔음을 전하고 있다. "강하고, 힘이 넘치고, 명랑하고, 건강한 완전히 다른 사람이 되어서 돌아왔습니다. 그리고 곧 본격적으로 작업에 들어갈 것입니다."[15)] 그다음 해에 엥겔스는 쿠겔만 박사에게 말한다. "2권 작업이 며칠 내로 시작될 것입니다."[16)] 1878년, 카를은 러시아판 번역자인 다니엘손에게 편지를 보내 2권의 초고가 준비되는 대로 보내 주겠다고 약속하지만, 이는 '1879년 말이나 되어야' 가능할 것이라고 말하고 있다.[17)] 하지만 1879년 4월 비스마르크의 반 사회주의 법률이 통과되면서 카를은 2권 작업을 무한히 연기할 수 있는 공식적인 구실을 얻는다. "이렇게 말씀드려야 하겠습니다(꼭 비밀을 지켜주십시오cela est tout a fait confidentiel). 독일에서 알려 오건대, 저의 2권은 현재의 체제가 지금의 엄격성을 유지하며 존재하는 한 **출간될 수 없다**고 합니다." 이따금씩 카를은 『자본론』 후반부의 작업으로 되돌아가려고 시도했다. 1878년 7월 그는 최종본을 마련하는 작업을 시작했지만, 단 7페이지를 쓴 후 포기해 버렸고 이후 이 작업으로 다시 돌아오지 않는다.

카를은 그의 인생 마지막 7년 동안 점차 자신이 어떤 지적 문제들에 몰두하고 있는지를 남에게 알리지 않으려 하게 된다. 그는 엥겔스에게조차 자신의 작업에 대해 별로 이야기하지 않는다. 엥겔스가 런던으로 이주하여 바로 인근에 살게 되었는데도 말이다. 1883년, 카를이 죽기 직전 엥겔스는 2권의 작업이 새로 이루어진 것이 거의 없다는 사실을 발견하고 충격을 받는다. 그해 8월 말 엥겔스는 베벨에게 쓴 편지에서 이렇게 말한다. "돌아가는 즉시 나는 정말 본격적으로 2권 작업에 몰두해야겠네. 이미 완성된 부분들도 있지만 그냥 대략의 개요에 불과한 부분들도 있어서 아마도 두 장 정도를 제외하면 전체가 모종의 **스케치**brouillon 상태일세." 엥겔스는 계속해서 인용문들이 엉망으로 뒤섞여 있다는 것과 카를의 끔찍한 손글씨에 대해 불평을 늘어놓는다. "그의 글씨는 아마도 **나** 이외에는 아무도 해독을 못 할 걸세. 그리고 나조차도 그의 글씨를 알아보는 것은 아주 힘든 작업이야." 그는 또한 당연한 문제를 제기한다. "자네는 어째서 다른 사람은 몰라도 나조차 카를의 작업 진척 정도에 대해 들은 바가 없는 것이냐고 묻겠지. 이유는 간단해. 내가 그 상태를 알았다면 나는 그가 책을 완성하여 인쇄본이 나올 때까지 아마 낮이고 밤이고 그를 들들 볶았겠지. 그리고 마르크스는 이를 누구보다도 잘 알고 있었지."[19]

2. 가족 전체의 운명

1874년, 카를의 제1인터내셔널 마무리 작업도 끝이 난다. 이와 비슷한 시기에 엥겔스는 파리코뮌의 프랑스 피난민들에 대해서도 더 이상 걱정할 이유가 없다고 한다. "이제 우리는 그들을 완전히 떨구어 버렸네."[20] 마르크스의 가정은 급진파 망명객들의 피난처 혹은 집결지를 면하게 되었다. 1875년이 되면 가족 전체가 좀 더 작은 집인 켄티시 타운Kentish Town의 메이틀랜드 파크 로드

Maitland Park Road 41번지로 이주한다. 그래도 일요일은 항상 친구들이 마음껏 방문할 수 있는 시간이었다.

카를 자신은 주로 자신의 서재에 머물렀다. 이제 생활도 더 조용해졌고 정치적인 갈등에 시달리는 일도 적어졌다. 이러한 변화는 예니에게는 아주 큰 위안을 안겨 주었다. 그보다 3년 전 그녀가 리프크네히트 부부에게 보낸 편지를 보면, 그녀는 두 사람이 프랑스-프로이센 전쟁을 반대하고 또 파리코뮌의 가치를 인정한 것에 대해 비난 여론이 들끓은 데 대해 '꿋꿋하고 재치 있고 솜씨 좋게' 맞선 것에 대해 경탄을 표하고 있다. 그러면서 그녀는 계속하여 자신의 경험을 이야기하면서 정치 운동에 가담한 여성이 겪는 좌절감에 대해 표출하고 있다.

> 이 모든 투쟁 속에서 우리 여성들은 더 감당하기 힘든 부분을 맡게 되죠. 왜냐하면 그건 더 시시한 부분이니까요. 남자들은 바깥세상과의 싸움에서 힘을 얻고 적들의 숫자가 설령 1개 군단이라고 해도 그 광경을 보면서 용기를 끌어내죠. 하지만 우리 여성들은 집에 앉아서 양말을 꿰매야 합니다. 그런다고 해서 우리의 공포가 사라지는 것도 아니며, 우리를 매일매일 천천히 갉아먹는 걱정거리들이 없어지는 것도 아니지만, 우리의 용기와 기개는 확실하게 사그러들게 됩니다. 제 30년의 경험을 바탕으로 하는 얘기이며, 저는 쉽게 낙심하고 힘이 빠지는 인간은 절대로 아니라고 주장합니다. 이제 저는 많은 것을 기대하기에는 너무 나이가 많고, 최근에 벌어진 끔찍한 사건들은 제 마음의 평정을 완전히 깨뜨려 버리고 말았습니다.

> 파리코뮌은 카를 가족의 삶에 어마어마한 긴장을 가져왔다.

> 두 분은 파리코뮌이 무너진 뒤 이 곳 런던에서 저희가 무슨 일을 겪어야 했는지 상상도 못 하실 겁니다. 그 입에 담을 수도 없는 비참과 빈곤, 그리고

> 끝날 줄 모르는 고통! 게다가 거기에 더해 인터내셔널을 위해 거의 견딜 수 없을 만큼의 일까지 해야 했으니까요.

그녀는 카를이 감내해야 했던 운명에 대해 억울한 심정을 품고 있었다. 카를은 인터내셔널의 여러 지회 사이에 벌어진 싸움을 적당히 숨기고 덮었고, 그들을 떼어 놓아 인터내셔널이 망신당할 사태를 미연에 방지했다. 하지만 그러면서도 스스로는 드러나지 않게 숨어 있었기에 그 결과 '폭도들도 잠자코 있었다'고 한다.

> 하지만 이제는 그의 적들이 그를 밝은 빛 아래로 노출시켜 버렸고 그의 이름을 주목의 대상으로 만들어 버렸으므로 경찰과 민주주의파까지 포함하여 모두가 한패가 되어 그의 '폭군과 같은 성격, 그의 권력에 대한 참을 수 없는 욕망, 그의 야망!'에 대해 똑같은 후렴구를 한목소리로 읊어 대고 있습니다. 만약 그가 그저 계속 조용히 일하면서 싸우는 이들을 위한 투쟁의 이론을 발전시킬 수만 있었다면 얼마나 그가 더 행복해했을까요![21]

이러한 긴장과 갈등을 모두 뒤로한 그녀는 이제 스스로의 목소리를 찾을 수 있었다. 그녀의 열정은 연극이었고, 특히 헨리 어빙Henry Irving✢이 1874년 10월에 제작한 「햄릿」과 1875년 9월에 제작한 「맥베스」에 심취해 있었다. 그녀의 평론과 여러 더 짧은 글들이 1875년 이후로 『프랑크푸르트 신문』에 게재되었다. 연극에 대한 그녀의 관심은 또한 사적인 셰익스피어 독회 모임인 '도그베리Dogberry'✢✢로도 표출되었다. 그녀가 어빙의 공연 개막일에 가장 앞자리에 앉을

✢ 19세기의 전설적인 배우이자 연극 제작자. 그가 운영한 극장의 지배인이었던 브람 슈토커는 그를 모델로 드라큘라 백작의 인물을 창조했다고 한다.

✢✢ 도그베리는 셰익스피어의 『헛소동Much Ado about Nothing』에 나오는 인물.

수 있었던 것도 '도그베리'의 일원이었기 때문이었다. 이 모임은 마르크스의 집에서 자주 있었고, 그 성원들은 희곡 읽기에 참여했다. 이따금씩은 카를과 엥겔스도 참가했다.

예니와 엥겔스의 관계는 여전히 항상 서먹서먹했으며, 이는 그들이 서로를 부를 때 여전히 딱딱한 형식적 관계를 유지했다는 데에서 드러난다. 하지만 엥겔스 집안이 런던으로 이주한 뒤 그녀와 엥겔스의 동반자인 리지 번스 사이에 뜻밖의 우정이 피어난다. 리지는 건강이 악화되고 있었고(그녀는 1878년 종양으로 사망한다), 엥겔스가 제시한 주된 해법은 그녀를 해변의 공기와 여러 다른 장소에 최대한 많이 노출시키는 것이었다. 예니는 리지에게 1873년 함께 해안에서 휴가를 보내자고 제안하며, 1875년에는 와이트 섬Isle of Wight의 솅클린Shanklin으로, 그다음에는 램스게이트로 함께 여행한다. 엥겔스는 매일 아침 두 여성을 기차역의 술집으로 데려가서 작은 잔의 포트 와인 한잔씩을 대접하고 온종일 그들끼리 함께 시간을 보내도록 두었다고 한다.[22)]

1877년에는 예니의 건강이 악화된다. 그녀는 맨체스터로 가서 엥겔스의 친구인 샘 무어Sam Moore와 함께 머물렀고, 굼퍼트 박사를 찾아가 상피성 암 진단을 받는다. 1878~1879년, 그녀의 상태는 더 악화된다. 하지만 이 마지막 몇 해 동안 그녀가 어떠했는지에 대한 이야기들을 들어 보면 그녀가 스스로를 가지고 농담도 슬슬 할 줄 알았고 '밝은 정신과 좋은 마음'을 유지하고 있었음이 강조되고 있다. 아마도 그녀가 이 기간에 더 자기실현의 충족감을 느꼈기 때문이었을 것이다.[23)]

예니와 그녀의 딸들 특히 막내인 엘리노어는 끈끈하지만 기복이 심했던 관계로 보인다. 일상적인 집안 관리는 대부분 렌첸에게 맡겨졌다. 예니는 그녀의 사위들이 모두 프랑스인이라는 사실에 심란해했으며, 게다가 나폴레옹 3세의 제국 말년기에 급진파 학생운동과 프로이센과의 전쟁, 그리고 파리코뮌까지 겪으면서 그 두 사위들 사이에 갈등의 소지가 많이 있다는 사실에 더욱 심란해했다. 라우라는 1868년 4월 폴 라파르그와 결혼했다. 첫째 딸 예니는 1872년 3월 샤를 롱게와 약혼했고 9월 9일에 결혼식을 올렸다. 예니가 1872년 5월 리프크네히트에게 보낸 편지에 보면, "저는 그 결혼을 생각할 때마다 아주 불편함을 느낀답니다. 예니가 (변화를 주어) 프랑스 남자 대신 영국이나 독일 남자를 선택했더라면 훨씬 더 좋았을 거예요. 프랑스 남자는 물론 그 나라의 온갖 매력적인 성질들을 다 가지고 있지만, 그 약점들과 부족한 점들도 없지 않으니까요. … 예니도 정치 의식을 가진 여성이기 때문에 그에 필연적으로 수반되는 온갖 불안한 일들과 고생들에 노출될 것이라는 걱정을 떨쳐 버릴 수가 없네요."[24] 그렇지만 '그는 아주 재능이 많은 사람이고 선량하고 정직하며 점잖은 이'라고 말하고 있다. 또한 그녀는 "그 젊은 부부 사이에 여러 의견과 신념이 조화를 이루고 있으니 (즉 그들이 종교가 다르거나 하지 않으니) 이는 분명히 장래에도 행복할 수 있을 것이라는 보장이라고 할 수 있겠죠."[25] 엥겔스는 롱게가 '대단히 다정한 벗'이라는 점에 동의하고 있다.[26]

롱게는 라파르그의 동료 학생이었지만 그보다 세 살이 많았다. 1839년 캉의 보수적인 부르주아 지주 가정에서 태어난 그는 인터내셔널 프랑스 지부에서 활동하게 되었고, 거기에서 발행하는 반보나파르트 학생 신문인 『왼쪽 편La Rive gauche』을 편집했고, 1866년에는 8개월간 감옥 생활을 하기도 했다. 그는 카를의 '국제노동자협회'의 '출범 선언문'과 『프랑스 내전』을 프랑스어로 번역하기도 했다. 파리코뮌 당시 그는 코뮌의 노동 위원회 성원으로 복무했고 또 그 공식 기관지의 편집장으로 활약하다가 그 이후에 들이닥친 진압을 간신히 도망쳐 벗어날 수 있었다. 빈털터리 난민으로 런던에 도착한 그는 옥스퍼드 대학에 개인 지도 교사tutor 자리를 얻으려 했지만 성공하지 못했다. 하지만 1874년에는 런던 대학의 킹스 칼리지에서 프랑스어를 가르치는 평교사 자리를 얻는다. 한편 첫째 딸 예니는 1873년 임신한 몸으로 매닝Manning 가족의 가정교사로 일하면서 또한 성악과 웅변 레슨으로 돈을 벌기 위해 광고를 내기도 한다. 그녀의 건강은 항상 위태로웠고, 그녀의 첫아이는 1874년에 죽는다. 하지만 그다음 몇 년 동안 그녀는 다섯 명의 아이를 더 낳으며, 마지막 아이를 낳았을 때는 그녀가 1883년 38세의 나이로 숨을 거두기 1년도 채 되기 전이었다.

런던에 망명해 있는 동안 마르크스 가족과 폴 및 라우라 부부의 관계는 불안의 원천이었다. 하지만 이 경우에 그 부담을 주로 진 쪽은 엥겔스였다. 라우라는 파리에서 폴과 결혼한 처음 몇 년 동안 세 명의 아이를 낳았지만, 에티엔만이('슈냅스Schnaps') 세 살이 될 때까지 살아남았고 다른 두 아이는 태어난 첫해에 죽었다. 폴은 의사로 일할 여러 자격을 갖추고 있었음에도 의사 일은 하려 하지 않았다. 그는 파리코뮌의 대표로 보르도에서 활동했고 제1인터내셔널의 대표로 스페인에서 활동한 뒤 영국에 도착하자 일련의 사업 활동에 몰두했지만 계속 실패하여 마르크스 부부를 실망시켰다. 그 원인은 주로 참을성이 없고 세세한 사항에 대해 부주의했기 때문이었다. 그는 새로운 기술을 이용한 사진 석판술 사업체를 만들기 위해 다양한 합자회사를 만들었다. 예니 마르크스는 1877년 조르게에게 보낸 편지에서 폴이 차라리 의사 일을 계속했어야 했다고 말하고 있다. "이들의 사업은 기요 기법Procédé Gillot을 사용한 사진 인쇄인데 영 신통치 않습니다." 물론 일정한 개선도 있었다. 하지만 "라파르그는 만사를 항상 장밋빛 안경을 통해 보는 사람이기에 이제는 무언가 **큰일**을 할 때가 되었다는 희망에 부풀어 있습니다."[27] 말할 것도 없이 이 사업도 또다시 실패했고, 이들을 구출해 준 것도 또다시 엥겔스였다. 이미 그보다 2년 전에 엥겔스 자신은 (아마도 라파르그를 염두에 두고) 프랑스 피난민들에 대해 비판의 화살을 돌린 바 있다. "프랑스 피난민들은 완전히 혼란 상태에 빠진 자들이야. 이들은 서로서로 나아가 다른 모든 이들과도 사이가 다 틀어져 버렸고, 그 이유는 대부분 **아주 개인적인 것들**이거나 돈 문제이지. 우리는 이제 이들을 거의 완전히 다 떨구어 버렸네. 이들은 모두 진짜 일은 전혀 하지 않으면서 살아가기를 원하며, 이들의 머리는 온갖 상상 속의 발명품으로 꽉 차 있다네. 그래서 누군가 자신들이 발견한 것들을 활용할 수 있도록 딱 몇 파운드만 투자해 줄 사람이 나타난다면 금방 몇백만 파운드가 쏟아질 것이라는 생각만 하고 있다네. 하지만 그들의 말을 곧이곧대로 믿는 순진한 이들이 있다면 금방 돈을 다 털리게 될 뿐만 아니라, 거기에다 더러운 부르주아라는 욕까지 덤으로 얻어먹게 될 걸세."[28] 아이가 없었던 엥겔스는 마르크스 집안의 아이들에게 항상 관대했고 무슨 부탁이든 들어주었다. 그래서 라파르그 부부의 부탁도 절대 거절하는 법이 없었고 이는 그가 죽을 때까지 계속되었다. 1874년에서 1880년 사이에 엥겔스가 답해 준 라파르그의 요청은 거의 40개에 이르며, 게다가 세월이 흐르면서 그 요청의 간격은 점점 더 짧아졌다.[29] 그래서 심지어 엥겔스조차 이들이 너무 성가시게 졸라 대는 것에 질색을 할 때가 있을 정도였다. 그가 1880년 라파르그에게 보낸 편지에 보면 이런 말이 있다. "모든 관련 정보를 내게 사후적으로만 알려 주면서 나보고 사업에 대해 조언을 해 달라니, 나보고 어쩌란 말인가?"[30]

제1인터내셔널 일이 정리된 후의 기간에 마르크스 가족에게 위기가 있었다면 이를 촉발한 것은 두 언니들이 아니라 막내딸이었다. 또한 카를이 1873년에 끝없는 두통과 불면증, 게다가 지속적인 간 질환을 앓게 된 것이 그저 과로 때문이 아니라 이러한 가족의 위기 때문이었음도 분명해 보인다. 이 위기는 카를의 막내딸인 18세 엘리노어, 즉 '투시'의 여러 야심 찬 꿈과 욕망 때문이었고, 그것들을 가로막으려는 부모의 결연한 태도 때문이었다. 마르크스 부부는 비록 라우라와 예니의 결혼에 대해 냉담한 태도를 가졌지만, 그렇다고 해서 그들의 결합을 적극적으로 가로막으려 했던 것은 아니었다.

그런데 투시의 경우에는 이들의 태도가 달랐다. 1872년 봄경 투시는 런던에 살고 있는 또 다른 프랑스 망명객인 프로스페르-올리비에 리사가레Prosper-Olivier Lissagaray와 약혼한다. 리사가레는 급진파 언론인이며 민주주의 사회 공화국의 열렬한 지지자였다. 이미 33세의 나이였던 그는 파리코뮌의 전투에서 영웅적 전사로 명성을 얻었으며, 대담하고 화려한 개성의 소유자였다. 하지만 그는 어떤 당에도 소속되어 있지 않았고 그렇게 할 생각도 전혀 없었다. 어쩌면 이것이 그와 폴 라파르그의 사이가 그토록 나빴던 이유였을 수도 있다.[31] 엘리노어는 예니 롱게에게 라파르그가 마르크스 집에 와 있을 때 어쩌다가 리사가레가 나타나면 아예 리사가레와 악수조차 하기를 거부했다고 불평한다.[32] 카를과 예니 모두 엘리노어와 리사가레의 결합을 반대했다. 예니는 아예 편지에서 리사가레라는 이름조차 언급하기를 회피했고, 카를 또한 리사가레의 저작 『파리코뮌의 역사』가 1877년에 출간되었던 것과 관련해서 단 한 번 그를 언급할 뿐이었다.

1873년 봄 카를과 엘리노어는 브라이튼에서 3주를 함께 보낸다. 카를은 런던으로 돌아왔지만 엘리노어는 브라이튼에 남아 거기에 살고 있었던 카를의 오랜 적인 아르놀트 루게의 도움을 얻어 홀 자매가 운영하는 여자 '전문학교 seminary'에서 일자리를 얻게 된다. 예니 마르크스는 엘리노어가 과연 '기숙학교의 쳇바퀴 같은 일상'을 견뎌 낼 만큼의 건강이 될지를 걱정했다. 그녀는 흉부도 약했고, 등에도 통증이 있었으며, 식욕은 '망가진 상태'였기 때문이다. 한편 카를은 엥겔스의 조언에 따라 굼퍼트 박사의 진단을 받기 위해 맨체스터로 간다. 굼퍼트 박사는 카를의 문제가 '간이 일정하게 늘어났기 때문'이라고 진단했고, 그에게 칼스바트로 가서 요양하는 것을 최상의 치료법으로 제안한다.

카를이 맨체스터에 있었던 동안 예니는 엘리노어를 보러 브라이튼으로 갔다가 거기에 이미 리사가레가 찾아와서 머물고 있다는 것을 발견했다. 그녀는 카를에게는 말하지 않기로 했다. 맨체스터에서 카를은 엘리노어와 리사가레 모두에게 편지를 쓴다. 그가 무슨 말을 했는지는 남아 있지 않다. 그 편지들의 다수가 파기되었기 때문이다. 하지만 카를이 엥겔스에게 보낸 편지에 보면 "당분간 L. 씨는 아주 불리한 상황을 극복해야 할 걸세"라는 말이 나온다.[33] 그런데 엥겔스는 카를이 엘리노어에게 보낸 편지를 어머니 예니에게 보여 주었다. 엘리노어의 운명에 관한 한 마르크스 부부가 서로에게 모든 것을 있는 그대로 털어놓고 의논한 게 아니라는 점은 분명했다. 카를은 이런 말을 했다. "정말 힘들었던 일은 내가 이 아이를 위해서 아주 사려 깊고 조심스럽게 처신해야 했다는 점일세." 한편 어머니 예니는 홀 여사에게 독일에 사는 엘리노어의 언니가 죽어 가고 있으므로 학기 중에 부득이 교사 일을 사임하고 렌첸과 함께 독일로 가야 한다고 말해 홀 여사에게 충격을 안기기도 한다.

엘리노어는 이러한 부모의 압력에 저항하여 학기가 끝날 때까지 브라이튼에 남는다. 하지만 9월이 되면 결국 런던으로 되돌아오며, 11월에는 아버지와 함께 어머니 예니가 '귀족적인 독일의 해러게이트Harrogate✤'라고 묘사했던 곳에서 3주 동안 요양을 한다. 엘리노어는 아무 일도 하지 말고 휴식을 취하면서 '키싱겐✤✤ 온천수Kissingen water'를 사용하라는 처방을 받는다. 카를은 격렬한 운동을 하게 된다. 굼퍼트 박사가 일은 절대로 하지 말라고 금지했으므로 그는 운동을 하지 않는 시간 동안은 투시와 체스를 두거나 샤토브리앙('내가 항상 싫어했던 작가')에 대해 생트뵈브Sainte-Beuve가 쓴 책을 읽었다.[34]

하지만 다음 해가 되면 모든 갈등이 다시 돌아온다. 1874년 1월 19일, 카를은 쿠겔만에게 보낸 편지에서 '간헐적으로 도지는 내 병'이라고 대수롭지 않은 듯 말하면서 종기가 다시 나타났다고 알린다.[35] 여기에다가 두통과 불면증까지 되돌아오는 바람에 카를은 4월과 5월을 램스게이트에서 보내지 않을 수 없었다.[36] 게다가 이 시기에도 엘리노어는 변함없이 리사가레를 보고 싶어 하는 마음으로 몸부림쳤다. 1874년 3월 23일, 그녀는 아버지에게 'L.'을 다시 만나게 허락해 달라고 편지를 보낸다. "제가 브라이튼에서 아주 심하게 아팠을 때(저는 1주일 동안 하루에 두세 번씩 기절해서 쓰러졌습니다), L.이 저를 보러 왔었고, 그때마다 저는 더 행복해지고 힘을 얻었어요. 그리고 제 어깨 위의 무거운 짐도 거뜬히 지고 나갈 수 있게 되었고요."[37] 1874년 7월, 투시는 다시 한 번 3주에 걸쳐 더욱

✤ 영국 북부에 있는 관광도시.

✤✤ 키싱겐Bad Kissingen은 온천으로 유명한 휴양지이다.

심각한 건강 상태에 처하게 되며, 영국 최초로 외과 의사 자격증을 얻은 여성인 엘리자베스 개럿 앤더슨Elizabeth Garret Anderson의 치료를 받는다. 8월 14일 카를은 그녀가 '훨씬 좋아졌고, 그녀의 식욕은 기하급수적인 **비율**로 증가하고' 있다고 보고한다. 하지만 그는 계속해서 말한다. "여자들의 질병에는 히스테리가 일정한 역할을 한다는 특징이 있으므로 병자들도 땅에서 나온 것들을 섭취하면 다시 살아나게 되어 있다는 사실을 보고도 못 본 체해야 한다네. 하지만 일단 회복이 완료되면 이런 짓도 필요 없겠지."[38)]

칼스바트로의 여행이 정해지고 상세한 준비가 이루어졌으며, 이번 기회에 카를의 영국 국적도 신청하기로 했다(성공하지는 못했다). 따라서 8월 중순에서 9월 21일까지 그와 투시는 칼스바트의 게르마니아 호텔에 머물렀다. 이 여행은 카를이 쿠겔만과 언쟁을 벌이는 바람에 유쾌하지 못한 것이 되었지만, 그래도 카를은 칼스바트에 아주 만족했고 그다음 해에는 혼자서 한 달 동안 다시 찾아가기도 했다. 그리고 그때가 계기가 되어 카를은 러시아 귀족이자 토지사가인 막심 코발렙스키Maxim Kovalevsky를 알게 된다. 코발렙스키는 런던에 살고 있어서 그때 이후로 카를과 자주 접촉하게 된다. 1876년 카를은 다시 한 번 엘리노어와 함께 칼스바트로 여행을 떠난다. 이번 여행에는 크고 작은 많은 사고가 따라왔으며, 특히 누렘베르크에서 부득이하게 하룻밤을 머무는 일까지 벌어졌다. 이 도시는 당시 사람들로 꽉 차 있었다. 제분 업자들과 제빵 업자들의 회의가 있었기 때문이기도 했지만, '인근 도시 바이로이트Bayreuth에서 열리는 바그너 축제에 참가하기 위해 온 세계의 바그너 팬들이 몰려들고 있었기 때문'이었다. 그는 '투시첸'이 여행 동안 상당히 몸이 안 좋았지만 눈에 띄게 회복하고 있다고 했다.[39)]

1877년, 이번에는 여행지가 흑림Black Forest에 있는 더 저렴한 휴양지인 노이에나르Neuenahr였다. 카를이 엥겔스에게 설명한 바에 따르면, "나야 어쨌든 투시(또 병이 나쁘게 도졌다네)를 데리고 가야 하지만, 자네도 알다시피 아내는 심각한 소화불량으로 고통받고 있기 때문에 그녀를 혼자 집에 남겨 두고 간다면 크게 항의하겠지."[40] 결국 세 사람이 함께 떠나게 되었으며, 도착하자마자 카를과 예니는 슈미츠 박사Dr Schmitz의 진단과 치료를 받게 된다. 슈미츠 박사는 카를의 간이 이제 더는 팽창되어 있지 않다고 안심시켰다. "소화기관이 좀 무질서 상태에 있기는 합니다. 하지만 실제로 증상이 나타나는 것은 신경성입니다." 예니는 '문제가 악화되기 전에' 약을 먹어야 한다고 했으며, "투시첸의 식욕은 개선되고 있다네. 이건 그녀에게 가장 좋은 신호일세."라고 말했다.[41]

1881년 여름이 되면 예니의 건강이 현저하게 악화되며, 투시는 또다시 쓰러진다. 카를은 그의 아픈 아내를 데리고 아르장퇴유Argenteuil에 있는 롱게 부부와 손자·손녀들을 보러 갔기 때문에 런던에 홀로 남겨진 투시는 심한 불면증에다 먹는 것도 중지해 버렸다. 상황이 너무 심각해져서 그녀의 친구인 돌리 매이틀랜드Dollie Maitland가 카를을 프랑스에서 다시 불러들였다. 카를은 아르장퇴유에 있는 딸 예니에게 편지를 보내 투시가 '몇 주 동안이나 거의 아무것도 먹지 못하여 창백하고 메말라' 보였다고 했다. 그녀의 '신경 시스템'은 '완전히 실의와 낙담에 빠진 상태이며, 그 때문에 지속적인 불면증, 수전증, 계속해서 잠을 못 자고 신경통성 안면 경련 등등의 증세가 나타나고 있어'[42] 그녀의 어머니의 죽음이 임박하면서 그녀는 무너져 버리게 되었다. 그녀는 27세였으며, 리사가레가 1880년의 사면령으로 프랑스로 돌아가 버렸으므로 짝도 없는 상태였고 과연 자기가 배우로 성공할 수 있을지 불안해하고 있었다. 나중에 그녀가 친구인 올리브 슈라이너Olive Schreiner에게 쓴 편지에 보면, 이것이 그녀의 인생에 중요한 전환점이 되어 마침내 '오랜 비참한 세월 동안' 짐이었던 약혼 관계를 마침내 청산해 버리도록 재촉했다고 한다. 그 약혼 때문에 그녀는 아버지와도 소원해져 버렸던 데다 어머니까지 자신을 '매정하고 잔인하다'고 생각하면서 죽으면 어떻게 하나 하는 죄의식을 느꼈다는 것이다. 하지만 그녀의 슬픔에는 '내가 그녀와 아버지의 슬픔을 덜어 주기 위해 내 인생의 가장 발랄하고 좋은 때를 다 희생해 버렸다는' 것을 어머니가 상상도 못 한다는 것에 대한 분노가 뒤섞여 있었다.[43]

한 달 후 예니 마르크스는 숨을 거두며, 카를과 투시는 벤트너Ventnor에 있는 휴양지로 떠난다. 하지만 이 여행은 성공적인 것이 아니었다. 카를이 라우라에게 쓴 편지에 보면, "나와 함께 온 투시는(이는 **꼭 우리 둘만 아는 것으로 하자**) 거의 아무것도 먹지 않으며, 신경성 경련을 심하게 앓고 있으며, 하루 종일 읽고 쓰기만 한다. … 그녀는 전혀 말이 없고, **정말로** 나와 함께 있는 것을 순전히 의무감으로 일종의 자기를 희생하는 순교자 같은 태도로 참고 있어 보인다."[44] 이 슬픈 이야기에는 아직도 분명치 않은 채로 남아 있는 많은 측면들이 있다. 왜냐하면 그 관련된 편지들의 다수가 파쇄되었기 때문이다. 어째서 마르크스 부부는 리사가레를 그토록 반대했던 것일까? 그냥 나이가 너무 많다는 이유였을까? 이는 1873년 당시 투시가 아직 불과 18세였을 때에는 설명이 되는 일이지만, 왜 그 이후로도 오랫동안 계속 두 사람의 관계를 막았으며 게다가(물론 분명한 것은 아니지만) 엘리노어 또한 이를 받아들였던 것으로 보이는지는 설명하지 못한다.

정치적 차이 또한 답을 주지 못한다. 카를은 다른 두 명의 사위에 대해서도 불편하게 느끼고 있었다. 1882년 11월에 그는 이렇게 탄식한다. "롱게는 마지막 프루동주의자이며 라파르그는 마지막 바쿠닌주의자야. 귀신은 저것들 안 잡아 가고 뭐하는지 몰라Que le diable les emporte!"[45] 롱게는 자신의 프루동주의를 한 번도 버린 적이 없었고, 그저 '마르크스주의'의 여러 아이디어로 그것을 보완했을 뿐이었다. 1880년 사면령이 떨어진 뒤 그는 프랑스로 돌아갔으며 자신의 친구 클레망소와 뭉쳐서 급진파 공화주의 신문 『정의La Justice』를 창간한다. 그는 자신의 성장 배경의 영향으로 프랑스 농민들의 힘과 보수주의를 의식하게 되었고, 결국 그의 사회주의도 갈수록 더 온건해졌으며 독자적인 노동자 정당의 필요를 부인하게 된다.

라파르그는 세계관에서 보자면 훨씬 카를에 가까웠다. 그는 스스로를 '마르크스주의자'라고 자칭하고 다녔다.[46] 하지만 라인강 서쪽 지역 독일의 반종교적 유물론, 『공산주의 선언』, 엥겔스의 『반듀링론』을 뒤섞어 놓은 그의 사상은 실질적으로 보면 카를의 접근법과는 닮은 데가 없었다. 엥겔스가 1882년 베른슈타인에게 편지로 말한 바와 같이 프랑스의 '마르크스주의'라는 것은 '완전히 독특한 산물'이었다. 카를이 라파르그에게 "만약 분명히 말할 수 있는 게 있다면, 나 자신은 마르크스주의자가 아니라는 것일세"라고 했던 유명한 말은 바로 이러한 맥락에서 나온 것이었다.[47]

오히려 반대로 카를은 리사가레의 파리코뮌 관련 저서를 대단히 훌륭한 것으로 경모했을 뿐만 아니라 1877년과 1878년의 대부분의 시간은 투시가 그 책을 영어로 번역하는 것을 돕고, 또 그 독일어 번역과 출판을 총괄하는 데 보냈다. 투시는 자신의 리사가레와의 관계를 카를이 이렇게 활용하는 것에 동의했던 것으로 보이며, 영어판에서는 자신이 "이 저작을 어떤 식으로든 바꿀 생각이 전혀 없다"고 말하고 있다. 왜냐하면 "이는 나의 부친에 의해 전적으로 개정과 교정을 거쳤기 때문이다. 나는 그가 고친 그대로의 모습으로 이 책을 유지하고자 한다."[48]

리사가레의 본심이 어떠했는지는 몰라도 그도 투시와 마찬가지로 카를의 압력을 받아들였으며, 그가 1880년 프랑스로 돌아갈 때쯤에는 그 관계가 끝나 있었다. 엘리노어는 가끔 그녀의 아버지와 전혀 맞설 수 없었을 뿐만 아니라 완전히 무비판적인 경모자로 남아 있었다. 그렇기에 그녀가 결국 프레디 데무트가 카를의 묻어 둔 아들이라는 사실을 알게 되었을 때 그토록 속상해했던 것이다. 그녀는 이런 이야기를 믿지 않겠다고 하면서 엥겔스가 거짓말을 하고 있다고 주장했다. 하지만 엥겔스는 병상에서 죽어 가면서도 자신의 언명을 고수했다. 그녀는 완전히 무너졌고 쓰라리게 눈물을 흘렸다. 하지만 엥겔스는 그의 친구 샘 무어에게 돌아서서 이렇게 말했다. "투시는 아버지를 우상으로 만들고 싶어 하는군."[49]

3. 독일에서의 사회민주주의의 도래

1870년대에 걸쳐 카를은 『자본론』의 저자로 명성을 꾸준히 쌓아 갔다. 자본이 노동력의 구매와 판매에 기초하고 있다는 주장은 상업 사회의 변호론자들이 강조하는 교환의 평등성이라는 것이 알고 보면 임노동자들의 착취와 불평등의 증가와 함께 가는 것임을 설명할 수 있었던 것이다. 『자본론』은 눈에 생생히 그려지면서도 냉철한 분석으로 공장 내부에서 벌어지는 갈등을 보여 주었고, 여러 다른 산업마다 노동자들이 처한 끔찍한 상태의 그림도 제시했다. 이는 자본주의적 생산양식의 역사적 발전에 대해 문서 근거를 훌륭히 갖춘 설명을 제시하고 있었다. 이제 현존하는 지배적 경제 상태에 대한 사회주의자들의 비판이 더는 도덕적 비난이나 유토피아적 사변에만 기초한 것이 아니게 된 것으로 보였다. 사회주의자들의 비판은 이제 경제학적 분석과 역사적 예측에 기초한 것이 되었다. 독일에서의 제1판 판매는 훌륭했고, 제2판은 1872년에 나왔으며, 제3판은 1883년에 나오기로 되어 있었다. 프랑스어판과 러시아어판은 1872년과 1875년에 나왔다. 러시아어판은 3000부를 찍었는데, 놀랄 정도로 잘 팔렸다. 카를에 따르면 이는 '특출한 성공'이었으며, 1873년에 제2판을 기대하고 있다고 했다.[50]

하지만 카를의 정치학에 대해서는 관심을 가진 이가 드물었다. 그는 애초에는 프랑스혁명 당시 1792~1793년의 혁명적 국민공회의 여러 활동에 생각이 고착되어 있었지만 이는 어디까지나 1848년 이전 몇십 년간의 이야기였다. 물론 그는 여전히 유럽 전체를 아우르는 해방과 반동 사이에 벌어질 최후의 결전을 꿈꾸고 있었다. 그러한 전쟁이 벌어지게 되면 주요 국가들 중 최소한 하나가 러시아와의 전쟁 과정에서 왼쪽 입장을 취할 수밖에 없게 될 것이며, 결국 그 내부의 혁명적 혼란 과정이라는 그물에 걸리게 되면서 이로부터 해방의 과정이 시작되게 될 것이라는 것이었다. 1870년대 말까지도 그는 모종의 유럽 전체 차원의 전쟁을 계속해서 꿈꾸었다. 1874년 8월 그가 호보켄Hoboken에 있는 프리드리히 조르게에게 보낸 편지에 보면 다음과 같은 말이 나온다. "유럽의 전반적 상황을 보면 갈수록 **유럽 전체 차원의 전쟁**을 치르게 될 가능성이 높아지고 있다네. 유럽 노동계급이 단호하고 명시적인 활동을 보일 가능성이 조금이라도 있다면 우리는 먼저 이 전쟁을 통과해야만 한다네."[51] 프랑스혁명에서 벌어졌던 정치 투쟁을 재현할 생각을 여전히 품고 있었던 다른 정치 집단은 오직 블랑키주의자들밖에 없었고, 그들 다수는 런던의 망명객 상태였다. 하지만 프랑스 제3공화국이 1880년 예전의 파리코뮌 전사들에게 사면령을 내린 뒤 그러한 입장에 대한 지지는 급작스럽게 줄어들어 버렸다.[52] 더욱 젊은 혁명 활동가들은 아무리 혁명적 성격의 것이라고 해도 더는 중앙집권적 국가라는 생각에 매력을 느끼지 못했다. 이들은 대신 프루동이나 바쿠닌과 결부된 코뮌이나 연방주의 등의 반국가적 사회주의의 비전에 끌리고 있었다.

1870년대에 들어서게 되면 카를은 한편으로는 자본 분석가로서 명성을 얻게 되지만, 다른 한편으로는 너무 낡아서 도저히 받아들이기 힘든 형태의 정치라고 여겨지는 것을 주장하는 이라는 악명도 얻게 되며, 이 두 가지의 평판이 불편하게 공존하게 된다. 그가 나중에 여러 번 해명을 했음에도 그에게는 여전히 제1인터내셔널의 '괴수'이며 파리코뮌을 선동한 자라는 명성이 꼬리표처럼 달라붙어 있었다. 하지만 카를은 그러한 명성 때문에 대가를 치러야 했다. 헨리 힌드먼Henry Hyndman✣은 1880년대가 되어서도 "마르크스는 영국의 대중들에게는 사실상 미지의 인물이었다고 해도 과언이 아니다. 그가 알려진 바가 있었다면 이는 오직 위험하고, 심지어 결사적인 혁명주의자로 '인터내셔널'을 조직하여 저 끔찍한 파리코뮌을 야기한 원인의 하나를 제공한 인물로서만 알려져 있었다.

✣ 영국 최초로 마르크스주의를 소개하고 1881년 최초의 사회주의 정당인 사회민주주의 연맹Social Democratic Federation을 결성한 인물이다. 그는 권위주의적 태도로 비난을 받으며, 이 당은 결국 찢어지게 된다.

점잖고 정상적인 사람들은 모두 파리코뮌에 대해서 소름끼치도록 혐오하는 태도를 가지고 있었다."[53] 힌드먼은 『자본론』을 프랑스어판으로 읽었고, 그의 저서 『모두를 위한 영국England for All』에서 '현존하는 지주 및 자본가의 시스템 아래에서' 노동자들이 겪고 있는 고통을 이야기하면서 『자본론』에서 묘사된 바에 의존하고 있지만, 그 저자인 카를의 이름은 언급하지 않는다. 그는 대신 "이 위대한 사상가이자 독창적인 저술가의 저작은 조만간 우리 영국인 다수가 읽을 수 있도록 번역될 것이라고 나는 믿는다"라고 말하고 있다.[54] 마찬가지로 1880년 프랑스에서도 카를의 사위인 폴 라파르그와 쥘 게드Jules Guesde가 '사회주의 노동자 정당 연맹Fédération du Parti des Travailleurs Socialistes'을 결성할 때 그 창당 강령의 전문을 카를의 저작에 의지했으면서도 게드는 베누아 말롱Benoît Malon에게 그 저자로 나서 달라고 부탁하고 있다.[55]

『브뤼메르 18일』에서 카를은 1848년의 여러 혁명을 '희극'으로 무시하고 있다. 과거에 벌어졌던 진정한 부르주아혁명도 아니지만, 그렇다고 해서 장래에 나타날 프롤레타리아혁명도 아직 아니었다는 것이다. 그는 이 혁명들을 과거의 희화화된 재판이라고 보았다. 따라서 그는 1848년 혁명이 유럽 대륙에서의 대중들의 정치 참여의 성격을 어떻게 바꾸어 놓았는지를 빨리 파악하지 못하게 된다. 그는 남성들 전체의 보편 선거권의 요구를 의심쩍게 바라보았고, 그것이 새로운 유명의 정치 참여를 동원할 능력이 있음을 거의 의식하지 못했다. 이는 노동계급 다수 대중이 정치 영역에 나타나는 경우를 제외하고는 정치 영역에 그 어떤 독자성도 부여하기를 원치 않았으며, 앞에 말한 문제는 바로 그의 이러한 특성의 한 측면이었다. 그는 여전히 보편적 선거권이라는 것이 자본주의 경제에서의 등가교환이라는 개념과 마찬가지로 비슷한 것이며, 심지어 그것에 의해 생겨난 환상에 불과하다고 여기는 경향이 있었다.

하지만 런던에서 생활하며 『뉴욕 트리뷴』지에 글을 쓰고 또 영국 노조 지도자들과 교류하게 되면서 카를도 이러한 입장을 수정하게 된다. 특히 1867년 이후의 영국 상황은 그의 생각을 크게 바꾸어 놓는다. 1871년 미국의 한 신문에 게재된 인터뷰에서 카를은 보편적 선거권을 통해 영국 노동자들은 폭력 혁명을 거치지 않고도 정치권력을 얻을 수 있을지 모른다고 언명한다.[56] 마찬가지로 1872년 9월의 제1인터내셔널 헤이그 총회의 결말에서도 카를은 이렇게 말한다. "우리는 나라마다 다른 여러 제도, 관습, 전통 들을 고려해야만 합니다. 그리고 미국, 영국 그리고 그 나라의 제도에 대해 여러분보다 제가 좀 더 알고 있다면 네덜란드까지도 포함시키고 싶습니다만, 이런 나라들처럼 노동자들이 평화적 수단으로 그 목적을 달성하는 일이 가능한 곳이 존재한다는 것을 우리는 부인하지 않습니다." 하지만 이는 '유럽 대륙 대부분의 나라'에는 적용되지 않는다고 말한다. 이곳에서는 "폭력을 우리 혁명의 지렛대로 삼아야만 합니다. 노동자들의 지배를 확립하기 위해서는 최소한 일정 기간 동안에는 폭력에 의존하는 수밖에 없는 것입니다."[57]

1848년의 '코미디'를 거친 이후 카를은 1850년대 끝 무렵 중부 유럽과 남유럽에서 나타났던 정치적 발전에 대해서도 회의적이었다. 그는 이탈리아의 리소르지멘토 운동에 대해서도 냉소적이었고 특히 독일에서 '새로운 시대'가 시작되었다는 데 대해서도 회의적이었다. 하지만 이 '새로운 시대'라는 말이야말로 1848년으로 인해 사람들의 정치적 기대가 어떻게 변화했는지를 잘 보여 주는 말이었다. 독일의 경우 그 출발점은 '정의자 동맹'과 같은 비밀 결사체도 아니었고, '공산주의 동맹'과 같은 명확히 정의된 혁명 정당도 아니었다. 이 새로운 운동이 자라나게 된 모태는 1848년 도처에서 생겨났던 '노동자 교육 협회 Arbeiterbildungsvereine'로, 이는 1858년 이후 '국민 연합Naitonalverein'에서 '독일 인민당Deutsche Volkspartei'에 이르는 다양한 자유주의 및 민주주의 조직들과 나란히 다시 부활했던 것이다.

프로이센을 지지하는 자유주의 조직인 '국민 연합'은 '노동자 교육 협회'가 자신들에게 붙어 있을 것이라 기대했고 또 여기에 의존하고 있었다. 하지만 노동자들이 스스로를 정치적으로 대표하겠다는 요구는 들어줄 준비가 되어 있지 않았다. 그리하여 페르디난트 라살레는 이들의 거부에 대응하여 1862~1863년의 기간 동안 '노동자 교육 협회'에 자유주의자들은 물론 민주주의 정당들과도 협력을 거절하고 대신 스스로의 정당을 건설해야 한다고 촉구했다. 그리하여 '일반 독일노동자협회ADAV: Allgemeiner Deutscher Arbeiterverein'가 생겨났으며, 이는 유럽에서 최초로 나타난 독자적인 노동자 정당이었다.

그런데 프로이센 바깥으로 나가면 특히 남부 독일에서는 대부분의 단체들이 독일 인민당에 강력한 친화성을 가지고 있었다. 독일 인민당은 프로이센 지배하의 독일 통일에 반대하면서 민주적 연방 국가를 주장하고 있었다. 이들은 '독일 노동자 교육 협회 연합Verband Deutscher Arbetiervereine'을 결정했고 이 조직은 인민당과 긴밀한 동맹 관계를 유지했다. 하지만 1868년 빌헬름 리프크네히트와 아우구스트 베벨은 '연합'에 '국제노동자협회'에 가입하라고 촉구했다. 이를 통해 '연합'은 인민당과 단절하고 1869년 아이제나흐에서 '사회민주주의 노동당 Sozialdemokratische Arbeiterpartei'을 창설한다. 따라서 1860년대 말경에는 라살레파와 아이제나흐파 두 개의 노동자 정당(양쪽 모두 사회주의적 지향성을 가지고 있었다)이 서로 경쟁하는 형국이 된다. 이 정당들은 1848년의 자유주의 및 민주주의의 원칙들을 공유하고 있었고, 여기에는 의원내각제, 보편적 선거권, 민병대, 결사의 자유, 국가와 교회의 분리 등이 포함되어 있었다. 이러한 변화를 보여 주는 지표 하나는 '공산주의'라는 말이 사라지고 그 대신 '사회주의' 혹은 '사회민주주의'라는 말이 그 자리를 채운 것이었다.

라살레는 카를보다 일곱 살 어렸고, 1848년의 독일 혁명에서 활동하여 6개월간 투옥되기도 했으며, 이때의 경험을 통해 정치적 관점을 형성한 사람이었다. 카를은 2월 혁명을 조롱했지만, 라살레는 1848년 2월 24일이야말로 새로운 역사적 시대의 여명이라고 선언했다.[58] 그에 따르면, 세계사의 흐름에는 세 개의 큰 시대가 있었다. 각 시대는 그 지배적 사상에 의해 통치되었고, 이 사상은 그 당대의 사회·정치적 제도들로 표출되었을 뿐만 아니라 그것을 체현하는 특정 신분이나 계급이 존재했다. 중세에는 토지 재산의 소유라는 사상이 봉건적 지배의 전제 조건이었으며, 이것이 당시의 모든 제도에 속속들이 스며 있었다. 이 시대는 1789년에 끝장이 나고 부르주아적 재산과 자본의 지배가 대신 우위를 점하게 되었다.

1789년은 '제3신분'의 혁명이었지만 1848년은 '제4신분'의 혁명이었다. '제3신분'은 스스로가 인간성에서 우러나온 여러 주장을 대표하는 존재임을 주장했지만, 사실 알고 보면 부르주아지의 정치적 야심을 대표한 것에 불과했으며, 따라서 자유 경쟁과 '야경 국가'를 얻게 되자 만족하고 주저앉아 버렸다. 이렇게 봉건귀족들은 말할 것도 없고 '제3신분' 또한 자신들이 보편적인 존재임을 주장하지만 알고 보면 그들의 분파적 자기 이익을 좇는 것에 불과한 존재라는 모순을 안고 있다는 것이다. 반면 노동자들의 주장은 진정으로 보편적인 것이다. 라살레는 『공산주의 선언』에 의존하여 이렇게 주장한다(카를은 이에 대해 짜증을 냈다). 노동자들은 그 위의 계급들과는 달리 특별히 수호해야 할 특권 따위가 없는 존재이다. 하지만 이것이 의미하는 바는 '잃을 것은 쇠사슬뿐'이라는 것이기보다는 노동자들이 새 시대의 물질적 원리뿐만 아니라 도덕적 원리까지 체현하는 존재라는 점이다. 노동자들의 관심사는 곧 인류 전체의 관심사라는 것이다. 이것이야말로 독자적인 노동자 정당의 기본 원리가 곧 모든 남성의 **보편적 선거권** 그리고 이에 수반하는 직접, 비밀선거에 대한 요구가 될 수밖에 없는 이유다.

라살레가 독자적 노동자 정당을 창립해야 한다는 주장을 펴게 된 이유는 자유주의적 중간계급에 대한 그의 불신 때문이었다. 중간계급은 1848년에 '제4신분'을 배반한 바 있었고, 1862년 들어 군대의 통제권 문제를 놓고 헌법상의 싸움이 벌어졌을 때에도 프로이센의 절대주의 체제의 권력을 깨부술 능력이 없음을 또다시 드러냈다는 것이다. 그는 프레데리크 바스티아와 헤르만 슐체-델리치와 같은 정치학자들과 사회 개혁가들의 촉구에도 중간계급과 자유주의적 동맹을 맺어야 할 정치적 논리는 물론 경제적 논리 또한 성립하기 어렵다고 보았다. 노동자들과 고용주들의 이익은 동일하지 않다. 개개인들 차원에서는 저축, 은행, 소비자 협동조합, 각종 보험, 상호 공제회 등을 통해 자력구제self-help로 삶을 꾸려 갈 수도 있겠지만, 이는 노동계급 전체에는 해당될 수 없는 이야기라는 것이다. 왜냐하면 이렇게 집단적인 차원에서 보면 라살레가 '임금 철칙'이라고 부른 것(리카도 경제학에서 도출한 논리로, 임금은 결코 생계비 수준을 크게 넘을 수 없다)이 작동하기 때문에 노동자들이 스스로를 향상시키고자 하는 모든 노력은 항상 좌절될 수밖에 없다는 것이다.

이는 결국 충분한 해결책이 보편적 선거권이 될 수밖에 없다는 또 하나의 이유가 된다고 한다. 영국의 반곡물법 동맹이 치렀던 싸움처럼 강력하고 대규모의 운동을 펼치면서 노동계급이 앞으로 밀고 나간다면 얼마든지 승리를 거둘 수 있다고 한다. 일단 보편적 선거권을 얻게 된다면 국가는 노동자들의 지지에 의존하게 될 것이며, 따라서 국가가 지원하는 생산자 협동조합을 통해 노동자들의 해방을 실행에 옮길 수 있는 길이 열리게 된다는 것이었다. 이러한 국가는 고용주와 피고용자 사이의 차별을 제거하게 될 것이며, 보편적 교육과 문화적 발전의 길도 열어젖히게 될 것이다. **보편적** 선거권이야말로 이러한 국가를 만들어 낼 수 있는 수단이 될 것이라고 한다. 여기에 미치지 못하는 모든 주장은 다 '거짓말'이며, '국가 스스로가 비록 입헌주의 국가임을 천명하지만 현실에서는 절대주의 국가로 남아 있는 사이비 입헌주의'의 한 형태만 만들어 낼 뿐이라는 것이었다.[59] 라살레는 ADAV의 지도자로 선출되어 5년의 임기를 시작하며, 이 4600명의 당원을 새로 가입시킨다. 하지만 1864년 8월 그는 결투에서 입은 상처로 숨을 거두게 된다.

카를은 라살레에 대해 적개심의 복잡한 감정을 가지고 있었지만(걱정, 질투, 경멸의 혼합), 그가 성취한 바를 인정하지 않을 수 없었다. 1868년 그는 라살레의 후계자인 요한 밥티스트 폰 슈바이처에게 보낸 편지에서 라살레의 정당이 '반동의 시대를 뚫고 창설'되었음을 이야기한다. "라살레는 15년 동안 깊은 잠에 빠져 있었던 독일의 노동운동을 흔들어 깨웠으며, 이것이야말로 영원히 지워지지 않을 그의 위대한 업적입니다." 하지만 그는 이어서 슐체-델리치와의 분열, 국가가 지원하는 협동조합의 주장, '국가'를 현존하는 프로이센 국가와 혼동한 점, 보편적 선거권이라는 차티스트운동의 요구를 채택한 점들을 비판해 나간다.[60]

아이제나흐 사회민주당은 카를이 좀 더 받아들일 수 있는 정당이었다. 그것이 철저하게 반프로이센의 입장을 가지고 있었던 이유도 있었고, 또 런던에서 1850년대 이후 카를의 가족과 돈독한 친구 관계에 있었던 빌헬름 리프크네히트가 그 지도자의 한 사람이었기 때문이다. 하지만 리프크네히트는 런던에 있었을 때에도 카를이 믿을 수 있는 정치적 동맹자는 아니었다. 1865년 엥겔스는 카를에게 이렇게 불평한다. 리프크네히트는 스스로의 주도로 행동해야 할 때가 되면 "거기에 발을 담그는 일을 삼가지 못한다네." 하지만 엥겔스도 '지금으로서는 우리가 독일에 가지고 있는 유일한 믿을 만한 연결 고리가 그뿐'이므로 '투덜거린다고 해 봐야 도움이 되지는 않는다'고 인정하고 있다.[61]

다른 말로 하자면 1860년대와 1870년대에 걸쳐서 카를과 독일의 접촉은 거의 없었을 뿐만 아니라 독일의 두 노동자 정당 어느 쪽에서도 그 내부 발전에 있어서 그가 끼친 영향은 아주 적었다는 것이다. 아이제나흐 사회민주당은 1868년 색소니의 인민당으로부터 갈라져 나온 뒤 제1인터내셔널에 가입했다. 하지만 그럼에도 '인민의 국가Volksstaat'라는 이상에 대한 신념은 전혀 흔들리지 않고 계속되고 있었다. 라살레파나 아이제나흐파나 노동자들의 해방을 국가의 민주화를 통해 가져올 수 있으며 선거를 통해 이를 달성할 수 있다는 믿음은 똑같았다. 마찬가지로 아이제나흐파는 비록 라살레의 '임금 철칙'을 신봉하지는 않았지만, 두 정당 모두 국가가 지원하는 협동조합을 주장했다.

이 두 정당의 주요한 의견 차이는 비스마르크가 추진하는 프로이센 지배의 '독일제국'에 대해 지지하느냐, 반대하느냐에 있었다. 라살레파는 비스마르크의 통일 정책을 지지했지만, 아이세나흐파는 지독한 반프로이센의 정치적 입장에 서서 이를 반대했다. 이 논쟁은 1870~1871년의 프랑스-프로이센 전쟁에서 전면에 드러난다. 이는 국가 수호의 전쟁인가? 북부 독일 연합North German Confederation✤의 제국 의회에서 전쟁 부채의 의제가 표결에 부쳐졌을 때 라살레파의 슈바이처와 아이제나흐파의 프리체Fritzsche는 찬성표를 던졌지만, 훗날 독일 사회민주당의 지도자가 되는 리프크네히트와 아우구스트 베벨은 기권했다.

하지만 전쟁이 진행되면서 두 정당 사이의 적대 관계는 점차 가라앉고, 이는 5년 후 고타Gotha에서의 당 통합의 길을 닦게 된다. 왜냐하면 각자가 전쟁 초기에 취했던 입장과 무관하게 나폴레옹 3세가 패배하고 퇴위했는데도 프로이센이 알자스와 로렌을 병합하겠다고 나선 것을 보고 아이제나흐파와 라살레파가 모두 전쟁 반대의 입장으로 돌아섰기 때문이었다.

두 당은 또한 1871년 3월 18일 파리코뮌과의 연대를 선언했다. 이 상황에서 두 당은 카를의 입장과 잠깐 일치를 보인다. 카를은 파리코뮌에 대해 이런저런 의구심이 없었던 것은 아니었지만, 일단 그 모든 것을 제쳐 두고서 '국제노동자협회'의 비서 자격으로서 파리코뮌이야말로 '노동의 경제적 해방을 일구어 낼 수 있는 형식이 마침내 발견된 것'이라고 천명했다.[62] 1871년 5월 말 아우구스트 베벨은 의회에서 파리 주민들의 반란 진압에 수반된 1주일간의 학살에 대한 반응으로 다음과 같이 선언한다. "파리 프롤레타리아트의 '왕들의 궁전에는 전쟁을, 서민들의 오두막에는 평화를, 빈곤과 나태에는 죽음을!'이라는 슬로건은 머지않아 전체 유럽 프롤레타리아트의 슬로건이 될 것입니다."[63] 파리코뮌에 대해 사회주의자들이 지지를 표명한 결과, 새로이 성립한 독일제국 내에서 사회민주주의 정당과 자유주의 정당의 거리는 더욱 멀어졌다. 파리코뮌에서 벌어진 과도한 행동들에 대한 선정적인 이야기들이 유산계급에게 큰 충격을 주었

✤ 1866년 오스트리아가 프로이센에 패한 이후 북부 독일에 성립한 연합체로, 그 수장은 프로이센이었다.

으며, 비스마르크는 이를 이용하여 자신의 국민자유당National Liberal과의 동맹을 더욱 강화하는 데 이용해 먹는다. 하지만 파리코뮌이 진압당하는 순간에 그에 대한 연대를 표명했다고 해도(이것이 비록 유산계급에게는 큰 충격이었지만), 이는 독일 사회주의의 국내 정책과 직접 닿아 있는 문제는 아니었다. 1872년 라살레파 쪽에서 먼저 두 당의 통일 문제를 제기했다. 하지만 독일의 통일 문제와 국가의 역할 문제에 대해 두 당의 알력이 여전히 너무나 심했다. 그래도 베벨이 말했듯이, '우호적인 협상으로는 얻어 내지 못했던 결과가 마침내 핍박에 의해서 달성'되었다.64)

비스마르크스가 설계한 대로의 '제국'이 확립되는 것은 이제 기정사실이었다. 라살레파이건 아이제나흐파이건 사회주의자들에 대한 억압은 이제 그 규모가 훨씬 더 커졌고, 국가 사회주의를 세울 수 있을 것이라는 라살레파의 희망은 이에 따라 크게 줄어들었다. 게다가 라살레의 후계자로서 ADAV의 의장 역할을 맡고 있었던 슈바이처가 사임함으로써 두 당의 잠재적 갈등의 소지는 더욱 줄어들었다. 마지막으로 1873년 경제공황이 덮치면서 파업과 주택문제 시위 등에서 단결된 행동을 취해야 한다는 압력이 일반 노동자들 사이에서 더욱 크게 나타났다. 그 결과 두 당은 1875년 5월 고타에서 단일 강령을 채택하면서 통합할 수 있게 되었다.

카를은 이러한 합의에 대해 크나큰 분노로 반응했다. 이를 라살레파에 대한 비굴한 항복이라고 여겼기 때문이었다. 물론 이 강령에서 결정적인 구절들이 충분히 숙고를 거치지 않았거나 애매하게 표현된 것은 사실이다(하지만 이는 라살레파가 아니라 리프크네히트 때문이었다). 카를은 노동가치론이 너무 느슨하게 정식화되어 있다는 점, 특히 노동력이라고 해야 할 부분에서 '노동'이라는 말을 썼다는 점을 공격했고, '자유 국가'라는 용어의 사용이 애매하다는 점, 그리고 프롤레타리아트 이외의 계급들을 '한 덩어리의 반동 집단one reactionary mass'이라고 묘사한 것 등에 대해 의문을 제기했다. 그는 또한 국가의 도움을 받는 생산자 협동조합, 임금 '철칙', 노동조합 무시 등 라살레의 익숙한 엉터리 처방에 대한 자신의 반대를 다시 천명했다. 그는 빌헬름 브라케Wilhelm Bracke에게 쓴 편지에서 '독일 노동자 교육 협회 연합'의 총회가 일단 끝나고 나면 그와 엥겔스는 '원칙적 강령'과 자신들이 '완전히 무관하다는 것'을 분명히 할 것이며, '그것과 모든 관계를 절연할 것'이라고 말하고 있다.[65)]

이는 모두 합리적인 논리를 가진 반대였다. 하지만 좀 더 큰 정치적 의미에서 보자면, 카를과 엥겔스는 이러한 강령 채택 행위의 목적이 무엇인지를 제대로 이해하지 못하고 있었다. 이제 더 이상 그 목적은 '공산주의 동맹'과 같은 혁명적 분파의 교리를 명시하는 것이 아니라, 사람들에게 신뢰를 줄 만한 선거 프로그램을 구축하여 사회민주당을 대중정당으로 의회에 진출시키는 것이었다. 카를은 1848년 이후에 유럽 대륙에 나타난 사회민주주의의 열망을 이해하려는 시도를 전혀 하지 않았다. 그 대신 그는 '보편적 선거권, 직접적 입법, 인민의 권리, 민병대 등등 모두가 지겹도록 들어 온 해묵은 민주주의의 주문들'의 논의를 그냥 무시해 버린다. 마치 비스마르크의 제국에서 이러한 요구들이 '이미 시행되고' 있는 것처럼 말이다.

마지막으로 카를은 국가의 민주주의적 변형을 논의하는 대신 갑자기 자본주의에서 공산주의 사회로 넘어가는 혁명적 이행기라는 것으로 논의를 비약시키고 있다. 이는 순전히 추상적인 개념상의 기간으로, 이때 '국가는 **혁명적 프롤레타리아트 독재**에 불과한 것으로 될 수 있다'고 한다.[66)] 나중에 엥겔스 또한 마찬가지로 민주공화국을 '특정한 형태의 프롤레타리아트 독재'라고 규정하려고 시도하는바, 이러한 주장 또한 1860년대와 1870년대의 정치적 현실과도, 또 사회민주주의의 이상과도 크게 동떨어진 야심을 시사하는 것이었다.[67)] 따라서 이들의 가혹한 비판과 탈퇴 위협이 모두 묵살당했던 것도 놀라운 일이 아니었다.[68)]

4. 유럽 '마르크스주의'의 이상한 기원

이 새로이 생겨난 사회민주주의가 1870년대에 어떤 형국으로 존재했는지를 보면, 카를의 정치 및 정당에 대한 사상이 얼마나 주변적이었는지가 실로 확연하게 드러난다. 하지만 불과 10년 후에는 사회민주당 지도부의 지배적 담론은 모종의 '마르크스주의'가 된다. 게다가 1870년대 끝 무렵에서 1890년대의 초입까지 유럽의 모든 주요 국가에서는 독일 사회민주당을 모델로 삼으면서 '마르크스주의' 사상과 스스로를 동일시하는 집단들 및 맹아적 정당들이 우후죽순으로 나타난다. 1879년 '프랑스 노동당Parti Ouvrier Français', 1883년 러시아의 '노동자 해방 투쟁 동맹', 1884년 영국의 '사회민주주의 연맹', 1885년 벨기에의 '노동당Parti Ouvrier Belge', 1888년 오스트리아와 스위스의 사회민주당, 1892년 이탈리아 사회주의당 등이다. 1888년 엥겔스가 "마르크스주의의 세계관은 이제 독일과 유럽의 경계선을 훌쩍 넘어 세계의 모든 언어로 번역되어 추종자들을 얻고 있다"고 주장했는데,[69] 이는 물론 과장이지만 충분히 이해해 줄 만한 것이었다. 그렇다면 이러한 놀라운 변화를 가져온 것은 대체 무엇이었을까?

독일식의 사회민주주의 정당이 여러 다른 나라에서도 설립되었던 이유는 아주 자명하다. 독일 사회민주당이 선거에서 거둔 놀랄 만한 성공을 복제하고 싶은 욕망이었다. 1871년 제국 의회 선거에서 두 개의 사회주의 정당이 얻은 표는 12만 4000표였다. 1877년에는 통합된 정당이 49만 3000표를 얻었다. 1881년에는 비스마르크의 탄압의 여파로 득표수가 31만 2000표로 줄었다. 하지만 1884년이 되면 다시 55만 표로 늘어난다. 1887년에는 76만 3000표가 되며, 1890년에는 마침내 142만 9000표로 늘어난다.

이러한 지지율 증가는 1870년대 중반에서 1880년대까지 이르는 독일 제국에서의 변화를 생각해 보면 더욱 놀라운 일이었다. 1870년대 말이 되면 사회민주당이 본래부터 가지고 있었던 두 가지 전략 모두가 완전히 무용지물이 된다. 라살레의 비전은 보편적 선거권과 '임금 철칙'의 철폐였고, 그 기초는 부르주아 자유주의자들에 반대하여 왕정 및 귀족들과 전술적인 동맹을 맺는 것이었지만, 이는 빠르게 무력화되어 버린다. 비스마르크는 실제로 1863년에는 헌법을 둘러싼 위기로부터 빠져나갈 수단의 하나로, 이러한 아이디어를 잠시 만지작거렸던 것이 사실이었다. 하지만 그는 프로이센이 1866년 사도바 전투Battle of Sadowa에서 오스트리아에 승리를 거둔 뒤에는 더 이상 관심을 두지 않았고, 또 1871년의 파리코뮌이 벌어진 뒤에는 전혀 생각할 필요조차 없는 것으로 여겼다. 베벨의 연설을 접한 뒤 비스마르크가 주장한 바에 의하면 그는 이제 완전히 생각을 바꾸어 사회주의의 해악에 전율하게 되었고, 사회적 위험으로서나 국가에 대한 위협으로서나 사회민주주의와 싸울 수 있는 반사회주의 법률이 반드시 필요하다고 확신하게 되었다고 한다.

한편 아이제나흐파가 본래 가지고 있었던 전략은 좀 더 희망이 있는 것처럼 보였다. 비스마르크는 자유주의 부르주아지의 가장 강력한 분파인 국민자유당과의 동맹을 통해 제2제국을 창설했다. 그는 이 제국의 정치적 구성이 절대주의의 본질적 메커니즘을 모조리 놓아두도록 확실하게 보장하기 위해 세심히 주의를 기울였다. 군대와 관료 기구에 대한 왕의 통제, 제국 의회에 대해 각료가 아무런 책임도 지지 않는 것, 프로이센 내에서의 3계급 선거권 제도의 유지, 독일 하원Bundestag을 통해 프로이센이 독일 연방 시스템을 지배할 것 등이었다. 하지만 그는 또한 자유주의자들의 모든 주요한 요구들도 그 경제적 기초에 포함시켰다. 무엇보다 자유로운 이동과 결합된 자유무역, 고리대 금지법의 폐지, 길드 규제의 폐지, 주식회사에 대한 국가 규제의 폐지 등이었다.

자유주의자들은 보편적 선거권에 반대했지만, 그들은 비스마르크의 '문화투쟁Kulturkampf'(독일 가톨릭을 입법을 통해 공격했던 것)에 스스로를 동일시했고, 이는 많은 사회민주주의자 사이에서도 지지를 얻었다. 특히 사회민주주의자들은 교권주의, 특수주의, 맹목적 교황 추종자들ultra-montanists, '중세적' 미신 등에 반대하여 세속적 교육, 중앙집권화, 합리주의 등을 장려하고자 했다. 자유주의자들은 여전히 '제국의 적들Reichsfeinde'에 맞서 비스마르크와 동맹을 맺으면 모종의 입헌 국가가 생겨날 것이라는 희망을 품고 있었다. 사회민주주의자들이 고타 강령에서 '자유국가'를 내걸고 있었던 것도 이러한 희망을 전제로 하면 충분히 이해할 수 있는 것이었다.

이러한 기대의 기초가 무엇이었든 1870년대 말의 여러 사건은 헌법적 변화의 희망을 제1차 세계대전이 터질 때까지 완전히 뭉개 버렸다. 그 사건들 중 으뜸가는 것은 1873~1896년의 대공황이었다. 1870년대 초의 호황 뒤에는 1873년의 처참한 금융공황이 찾아왔다. 도매 가격, 석탄, 철강, 면화, 섬유 등의 가격은 급격히 떨어졌다. 게다가 알자스와 로렌이 독일에 병합되면서 상황이 더욱 악화되었고, 이러한 산업들에서는 1873~1874년의 기간 동안 최초의 보호무역 결사체들이 출현하게 된다.

하지만 1876년이 되면 가격 하락의 충격이 농업에 미치게 된다. 저렴한 미국 곡물이 영국으로 들이닥치기 시작했고, 그러자 프로이센은 그 전통적인 곡물 수출 시장을 잃어버리게 된다. 이와 동시에 러시아와 헝가리의 저렴한 곡물이 독일의 국내시장으로도 쏟아져 들어오게 된다. 1875년과 1876년에는 흉작이었음에도 농산물 가격의 지속적 하락은 멈추지 않아서 많은 농부를 공포로 몰아넣었고, 그 여파로 파산의 물결이 휩쓸고 지나가게 된다. 이제 보호무역주의 운동은 프로이센의 곡물 지대Corn Belt를 걸쳐서 지지를 얻게 되었고, 저 유명한 '철과 호밀의 결혼'에 기초하여 1879년의 관세 조치의 조건이 마련된다. 이를 어떤 역사가들은 '제국의 두 번째 창립'이라고 부르기도 했다.

이러한 사건들의 반작용은 경제에만 국한되지 않고 그 너머로 멀리 나아갔다. 자유무역을 버리게 되자 자유주의 동맹도 끝장나게 되었다. 자유주의의 사회적 기초는 이미 전통적 중간계급(교사, 소상인, 하위 공무원 들)의 가치 및 생활 방식과 새롭고도 눈부신 부를 자랑하면서 전통적 지배계급에 동화되려고 열심이었던 산업 엘리트들의 가치 및 생활 방식의 차이가 갈수록 벌어지면서 균열을 보이기 시작했다. 군대, 관료, 지주, 산업가 들로부터 이끌어 낸 새로운 보수주의 블록이 공고화되었으며, 이는 또한 파리코뮌에 대한 경각심과 점증하는 노동운동에 대한 공포로서 더 크게 강화되었다. 비스마르크는 '사회주의의 위협red menace'에 대해 특히 불안해했다. 이미 1870년대 초 그는 사회주의자들의 기소를 용이하게 하기 위해 언론 관련법과 형법을 바꾸려고 시도한 바 있었다. 1848년에는 황제 암살 시도가 두 번이나 있었다는 구실로 그는 제국 의회를 해산하고 반사회주의 캠페인을 일으켰고, 반사회주의 법을 통과시켜 사실상 사회민주당을 불법화해 버렸다.[70)]

또한 독일 정부는 프랑스에서 반교권주의를 표방하는 제3공화국이 들어서면서 프랑스-오스트리아의 가톨릭 동맹의 위협이 사라지자 그때까지 해 오던 반가톨릭 캠페인도 그만둔다. 그 이후 정부가 취한 새로운 기본적 방향의 핵심은 영국과 동유럽에 대한 보호관세, 사회보장 조치들의 도입, 오스트리아와의 동맹, 교황청과의 관계 회복, 가톨릭 중앙당(사회민주당 이외의 대규모 대중정당)의 용인 등이었다. 1879년 이후 자유주의는 다시는 회복되지 못한다. 보수적 권위주의를 공공연하게 표방하는 국가가 탄생했으며, 여기에서 자유주의자들, 민주주의자들, 사회주의자들이 헌법의 틀 내에서 권력을 쥘 수 있는 경로는 영원히 가로막히게 된다.

이러한 새로운 상황에서 아무리 시간이 걸린다고 해도 헌법의 틀을 지키면서 '인민의 국가' 혹은 '자유국가'를 쟁취한다는 꿈은 완전히 비현실적인 것이 되어 버렸다. 사회민주당에 있어서 비스마르크가 만든 제국을 인정한다는 것은 있을 수 없는 일이었다. 하지만 그렇다고 해서 헌법을 무시하는 전략이나 혁명 활동의 노선으로 갔다가는 당 전체가 완전히 박살이 날 판이었다. 이것이 바로 모종의 '마르크스주의'라는 형태가 나타나서 사회민주당의 문제들에 대해 적합한 해결책을 제시하게 된 정황이었다.

그 전환점은 엥겔스가 『오이겐 듀링 씨의 과학 혁명』(일반적으로는 『반듀링론』으로 알려져 있다)을 출간했던 1878년으로 거슬러 올라간다. 듀링은 베를린 대학의 인기 있는 사강사Privatdozent였다.✣ 그는 대학과 모종의 분쟁을 일으켜 쫓겨나게 된다. 그는 젊은 사회주의자들 사이에서 많은 추종자들을 거느리고 있었고, 그중에는 에두아르트 베른슈타인, 요한 모스트, 그리고 짧은 기간이지만 아우구스트 베벨도 있었다. 게다가 듀링은 한창 일할 나이에 완전히 시력을 잃어버리는 일까지 겹쳐서 더욱 사람들의 동정심을 끌었다. 듀링은 철학에 대해 많은 저작을 남겼으며, 경제학에 있어서는 리스트와 케리 등의 보호무역론의 추종자였다. 그는 『자본론』에 대해 비판적이지만 가치를 인정하는 서평을 남겼고, 카를은 이에 대해 "아주 괜찮다"고 말한 바 있다. 그야말로 '『자본론』에 대해 그래도 무언가 의미 있는 말을 한 최초의 전문가'라는 것이었다.71) 하지만 듀링은 '자유국가'의 이상을 받아들였고, 생존 투쟁이라는 다윈주의 원리를 거부했으며, 케리를 따라 자본과 노동의 이해가 궁극적으로는 조화를 이룬다고 믿었다.

듀링에 대한 엥겔스의 공격은 리프크네히트의 요청으로 시작되었던바, 처음에는 사회민주주의자들 내부에서 상당한 저항에 부닥쳤다. 1877년 5월 고타에서 열린 당 총회에서는 엥겔스의 저서를 당 기관지인 『전진!』에 연재하는 것을 금지하려는 시도까지 있었다. 하지만 그로부터 불과 몇 년 지나지 않아서 정치적 분위기는 급변하게 되며, 이는 이 저작이 이후 사회민주당 내부에 미치게 되는 큰 영향으로 그대로 표현된다. 다비트 리아자노프David Riazanov에 따르면, 『반듀링론』은 "마르크스주의의 역사에서 한 획을 그은 저작이다. 1870년대 후반부에 활동을 시작했던 젊은 세대의 사회주의자들은 과학적 사회주의가 무

✣ 사강사란 독일 대학 특유의 제도로, 교수 자격을 갖춘 이가 자신이 강의하고자 하는 내용을 제안하여 모인 학생들에게 강의하는 형태로 대학은 그에게 아무런 보수도 지급하지 않는다. 막스 베버는 그의 『직업으로서의 학문』에서 독일 대학의 사강사를 보수를 받는 일종의 노동자와 같은 미국 대학의 '조교수assistant professor'와 비교하면서 학문과 대학이 근대사회에서 존재하는 다른 형태로 비교하고 있다.

엇인지, 그 철학적 전제가 무엇인지, 그 방법이 무엇인지 등을 이 저작을 통해 학습했다. … 1880년대 초 이후 공론장에 들어온 베른슈타인, 카우츠키, 플레하노프 등의 젊은 마르크스주의자들은 모두 이 책을 통해 키워진 이들이었다."[72] 또는 카를 카우츠키가 말한 바 있듯이, "『반듀링론』이 내게 미친 영향으로 판단해 보건대, 마르크스주의의 이해에 있어서 이렇게 큰 기여를 한 저서는 다시 없다. 마르크스의 『자본론』이 더 강력한 저작이라는 점은 분명하다. 하지만 『반듀링론』이 없었다면 우리는 『자본론』을 제대로 읽고 이해하는 법을 절대로 배울 수 없었을 것이다."[73]

엥겔스의 저작에서 듀링에 대한 세세한 논쟁을 제거하고 나서 그 핵심 논지를 세 개의 장으로 추출한 것이 『사회주의: 유토피아에서 과학으로』로 출간되었다. 이는 1880년에는 프랑스어로 출간되었고, 그 직후인 1882년에는 독일어판이 나왔다. 그 이후 20년 동안 이 팸플릿은 '마르크스주의'의 이해에 있어서 가장 대중적으로 널리 읽히는 자료가 되었다.

『반듀링론』이 성공을 거두었던 큰 이유는 그것이 '마르크스주의'를 하나의 세계관Weltanschauung, 즉 세계 전체를 바라보는 포괄적 철학으로 전환시켰다는 것에 있었지만, 또한 그것이 1870년대 말의 상황에서 새로운 당 전략의 필요를 채워 주었다는 것도 큰 몫을 했다. 『반듀링론』은 비스마르크의 제국이 혁명적 붕괴를 겪으면서 억압적 국가도 해체될 것이라는 비전을 유지하면서도, 또한 동시에 당이라는 행위자가 이러한 전개 과정에서 멀찍이 비켜나 있을 수 있도록 만들어 주었던 것이다. 오히려 이러한 전개 과정은 갈수록 위기에 휩싸이게 되는 자본주의 발전의 일부로서 제시되며, 이를 관찰하는 것이 바로 '과학적 사회주의'라는 것이었다. 엥겔스에 따르면 이 '과학'이라는 것은 카를 마르크스가 이룩한 '두 가지 위대한 발견'에 근거하는 것이었다. '유물사관' 그리고 '자본주의적 생산의 비밀'로서의 '잉여가치'가 그것들이라는 것이었다.[74] 이러한 개념들을 통해 분석해 볼 때, '사회주의는 이제 더는 이런저런 천재적 두뇌의 소유자가 우연히 발견한 것이 아니라 프롤레타리아트와 부르주아지라는 역사적으로 발전해 온 양대 계급 사이의 투쟁에서 필연적으로 나오게 되는 산물'임을 알 수 있게 된다는 것이었다.[75]

엥겔스에 따르면, 『자본론』에 나오는 분석은 "현대의 대규모 산업"이 "한편으로는 프롤레타리아트의 출현" 즉 계급 사회의 폐지를 요구할 뿐만 아니라 "그 요구를 끝까지 관철시켜야만"하는 입장을 가진 "역사상 최초의" 계급, 그리고 다른 한편으로는 "부르주아지 즉 모든 생산도구와 생계 수단을 독점하는 계급"이 출현하게 되는지를 폭로하고 있다고 한다. 하지만 부르주아계급은 "투기적 호황이 벌어지고 그 뒤에 붕괴가 반복될 때마다 더 이상 생산력을 통제할 능력을 잃어가고 있음을 스스로 증명한다. 생산력은 이제 부르주아지의 권력으로는 감당할 수 없을 만큼 증대했기 때문이다. 그리하여 부르주아계급의 지배가 계속되는 한 사회는 파멸로 치닫게 된다. 마치 운전자의 힘으로 풀어내기에는 안전밸브가 너무 심하게 꽉 잠겨 돌릴 수가 없게 된 기관차가 파멸로 치달을 수밖에 없듯이 말이다." 독일 제국 및 유럽의 여타 억압적 국가들의 몰락은 이런 저런 반란 도당의 활동들의 결과로 나타나는 것이 아니라, 자본주의적 생산양식이 창출한 생산력이 그 생산양식 자체와 "날카로운 모순"을 일으키기 때문에 나타날 것이라고 보았다. "그 모순이 너무나 날카로워서 생산과 분배의 양식에 있어서 일정한 혁명이 벌어지지 않는 한 사회 전체가 절멸할 수밖에 없게 된다"는 것이었다.[76]

엥겔스는 또한 '자유로운 인민의 국가'라는 것을 창출하고자 하는 꿈에 대해서 '결국 과학적으로 따져 보면 불충분한 것'이라는 시의적절한 비판을 제공했다.[77] 부르주아는 그 생산력을 전환시켜서 사회적인 것으로 만들어 버렸으며, 이렇게 오로지 '사람들의 집합체'로만 작동 가능한 사회적 생산수단으로 기존의 개인들의 생산수단을 대체해 버렸다는 것이었다. 사실상 생산수단은 이미 상당한 정도로 사회화되기 시작했으며, 그 결과 국가는 이미 '우체국, 전보, 철도 등 상호작용과 의사소통의 큰 기관들을' 장악하기 시작했다는 것이다.[78] 이러한 방식으로 부르주아지는 '인구의 대다수를 프롤레타리아들'로 전환시켰으며', 이 자체가 '혁명의 성취로 가는 길을 보여 주는 것'이라고 한다. 그 결과 '프롤레타리아트는 정치권력을 장악하고 우선은 생산수단을 국가 소유로 전환한다.'[79] 하지만 '국가가 진정으로 사회 전체의 대표로 스스로를 구성하는 첫 번째 활동은 사회의 이름으로 생산수단을 취하는 것이지만, 이는 또한 동시에 국가가 독자적으로 벌이는 마지막 활동이 된다. 여러 사회적 관계에 대한 국가의 개입은 한 영역씩 한 영역씩 점차 불필요한 것이 되며, 그리하여 국가는 스스로 죽어 없어진다. 사람들에 대한 통치가 사라지고 대신 사물들에 대한 관리로, 여러 생산과정의 수행으로 대체되는 것이다.' 엥겔스는 선언한다. 국가는 "'폐지'되는 것이 아니다. **국가는 사멸한다**dies out.' 옛날식 영어 번역으로 표현하면, '**국가는 시들어 없어진다**withers away.'[80]

엥겔스의 주장이 얼마나 큰 충격을 주었는지는 사회민주당의 가장 중요한 지도자인 아우구스트 베벨의 경우에서 명확히 드러난다. 베벨은 자신의 대중적 저작인 『여성과 사회주의』의 1879년 제1판에서 여전히 '인민의 국가'라는 개념을 사용하고 있다. 하지만 1883년 판에서는 그것을 없애 버리고 대신 엥겔스가 말하는 국가의 '사멸'이라는 교의에 대한 설명으로 그 자리를 메꾸고 있다. 가장 충격적인 것은 바로 혁명이라는 것에 대한 상상력 자체가 변하게 되었다는 데 있었다. 이 말을 둘러싼 무시무시한 분위기를 제거하는 한 방법은 이를 폭력의 회피와 점진주의와 결부시키는 것이다. 이것이 바로 리프크네히트가 사용한 방법이었다. 또 다른 방법은 혁명이 벌어졌을 때 그 안에서 당이 맡을 역할에 대해 좀 더 '수동적인' 개념을 당 스스로가 개발해 내는 것이다. 이러한 믿음의 놀라운 예를 1883년 코펜하겐에서 열렸던 당 총회에서 급진적인 당원들이 내놓은 보고서에서 찾아볼 수 있다. 이 보고서는 스스로가 '당의 위대한 스승 마르크스의 여러 원리들'에 충실하고자 한다는 입장을 천명하면서 시작한다. 하지만 이는 곧 "우리는 의회 정당이 아니다. … 하지만 우리는 또한 혁명을 만들어 내는 자들도 아니다…. 우리는 혁명 정당이다. … 하지만 혁명이 달성되는 방식은 우리가 결정할 수 있는 것이 아니다."[81]

베벨 또한 자본주의는 그 스스로의 내적 모순들의 결과로 무너질 것이라고 믿었다. 당이 해야 할 임무는 대중들에게 자본주의 몰락의 불가피성을 계몽하는 것이라고 보았다. 그 순간이 왔을 때, 당은 개입하여 사회를 재구축하는 과업을 떠맡을 준비가 되어 있어야 한다고 한다. 그는 폭력적인 계급투쟁이 따라올 것이라고 생각하지 않는 것으로 보였다. 왜냐하면 일단 파국이 찾아오게 되면 지배계급이 모종의 '최면 상태' 같은 것에 빠져 스스로 무릎을 꿇게 되고 모든 것을 거의 아무런 저항도 없이 내놓게 될 것이라는 것이었다.[82] 이러한 혁명적 위기의 비전은 또한 카를 카우츠키가 1891년 초안을 작성한 당의 새로운 강령인 「에르푸르트 강령」에 명시되어 있다. 이 첫 부분에서 우선 자본주의에 대한 마르크스적인 묘사가 제시된다. "프롤레타리아들의 숫자는 갈수록 늘어서 잉여 노동자 군대는 갈수록 대규모가 되며, 착취자들과 피착취자들 사이의 대조는 갈수록 날카로워지고, 현대사회를 두 개의 적대적 진영으로 분열시키며 모든 산업국가들의 공통점으로 나타나는 부르주아지와 프롤레타리아트 사이의 계급투쟁도 갈수록 격렬해진다."[83] 이러한 자본가의 착취에 맞선 노동계급의 투쟁은 하나의 '정치적 투쟁'이라고 한다. 이는 '정치적 권리들이 없이는' 성취할 수 있는 게 아니기 때문이라는 것이다. 따라서 이 강령의 후반부에 따라오는 내용은 아이제나흐 강령과 고타 강령에서 발견되는 정치적 요구들을 그대로 반복하고 있다.

1880년대의 '마르크스주의'는 단순히 계급투쟁과 이를 통한 부르주아적 생산양식의 종말의 이야기가 아니었다. 엥겔스는 『반듀링론』에서 자연과 실존을 모두 아우르는 하나의 비전을 제시한다. "자연은 무수한 변화들로 가득 차 있지만, 그 가운데에는 똑같은 변증법적 운동 법칙이 힘으로 관철되고 있어서 역사에서는 우연인 듯 보이는 여러 사건을 다스리는 힘이 되며, 또한 마찬가지로 인간 사유의 발전사를 관통하는 일관된 흐름을 형성할 뿐만 아니라 점차 사유하는 인간의 의식으로까지 올라오게 된다."[84] 이제 자연은 '변증법의 증거'이며, 이 증거는 '현대 과학'이 풍부하게 제공하고 있다.[85] 인간에 대한 과학에서 카를이 이룩한 돌파구는 자연과학에서 찰스 다윈이 이룩한 돌파구에 맞먹는 것이다. 엥겔스는 1883년 3월 카를의 무덤에서 행한 연설에서 이렇게 선언한다. "찰스 다윈은 우리 지구 위의 유기적 자연의 발전 법칙을 발견했습니다. 마르크스는 인간 역사가 운동하고 스스로를 발전시키는 기본적 법칙, 그것을 간단히 언명하는 것만으로도 동의를 얻어 내기에 충분할 만큼 단순 명쾌하고도 자명한 법칙을 발견했습니다."[86] 인간성과 동물성의 경계선은 이제 엉뚱하게 이동해 버렸다. 1844년에 카를은 '자연적 존재'와 '인간적 자연의 존재'를 구별하는 것을 출발점으로 삼았다. 순수하게 '자연적 존재'와는 달리 인간에게는 역사가 있다는 것이다. 하지만 『반듀링론』에서는 인간도 자연과 마찬가지로 다윈식의 투쟁에 종속되며, 이는 오직 계급사회가 사라질 때에만 비로소 종식된다고 한다. "개인의 존속을 위한 투쟁은 사라지게 된다. 그다음에는 어떤 의미에서는 최초로 인간이 마침내 나머지 동물의 왕국과 구별되는 특수한 존재가 되며, 그저 동물적 상태에 있던 존재를 벗어던지고 진정으로 인간적인 상태에 있는 존재로 나타나게 된다."[87]

마르크스의 이론과 다윈의 이론을 융합하는 것은 카를 카우츠키에 의해 더욱 확실하게 추진되었다. 카우츠키는 1883년에 사회민주당의 이론을 다루는 간행물로 창립된 『신시대Die Neue Zeit』의 편집장이었으며, 이는 1889년에서 1914년 사이의 기간 동안 제2인터내셔널의 방향을 이끄는 지도적 간행물이기도 했다. 카우츠키는 토머스 버클Thomas Buckle✤의 저작에 근거하여 역사 또한 자연적 세계를 다루는 과학과 비슷한 의미의 과학이 될 수 있다고 믿었다. 다윈의 저작을 통해 그는 인간이 '사회적 동물'이며, 그러한 사회적 본능이 집단, 계급, 민족 등

✤ 1862년에 사망한 영국 역사가로, 역사를 과학적 법칙에 따라 서술하는 것이 가능하다고 믿어 영국 문명사를 14권에 걸쳐 집필하겠다는 계획을 제시하여 유명해졌다.

의 집단적 연대의 기초가 된다고 추론했다. 그는 이를 역사는 계급투쟁의 역사이며 모든 국가는 '지배적 위치의 경제적 계급'이 지배하는 계급국가라는 명제와 결합시킨다. 카우츠키의 저작에서는 자연법칙과 구별되는 어떤 것도 나오지 않는다. 그래서 사회주의란 그러한 법칙에 따라 새로운 사회 시스템을 창조하는 것에 다름 아니며, 그 기초가 되는 것은 피억압 계급의 운동 속에 그러한 사회적 본능이 점점 더 집중된다는 그의 가정이었다. 왜냐하면 카우츠키가 훗날 말하듯이, 철학자들이 윤리라고 규정한 것들도 그 근저에는 인간의 유기적 본능과 충동이 기초를 이루고 있기 때문이라는 것이다. "칸트에게는 더 고상한 정신의 세계를 창조하는 것으로 보였겠지만, 이는 동물적 세계의 생산물이다. … 도덕 법칙이란 동물적 충동일 뿐 그 이외의 무엇도 아니다. … 도덕 법칙은 재생산 본능과 똑같은 성격을 가진 것이다."[88]

5. '마르크스주의'의 출현에서 카를의 위치

그렇다면 1880년대와 그 이후 '마르크스주의'라고 알려지게 되는 것에 있어서 카를 자신의 이론은 어느 만큼이나 책임을 져야 하는 것일까? '마르크스주의'라는 것이 1867년 이후 카를과 엥겔스가 함께 만들어 낸 것이라는 주장은 어느 만큼이나 진실일까? 물론 카를은 실질적인 기여를 했지만, 이는 그저 이 새로운 교리가 기초하고 있는 여러 원천의 하나에 불과했다. 1867년은 물론, 심지어 1859년의 『정치경제학 비판을 위하여』에서도 카를은 그 이전보다 인간에 대해 훨씬 더 결정론적인 관점을 채택하고 있는 것으로 보였다. 그리고 이는 1873년에 나온 독일어판 『자본론』 2판의 후기에서는 어느 논평자가 내놓은 중요한 이론적 명제들을 그게 바로 자신의 입장이라고 기꺼이 인정함으로써 이러한 관점을 더욱 강화하는 듯 보였다.[89]

카를은 1870년대에는 거의 출간한 것이 없었다. 1875~1876년의 불가리아 학살 사건Bulgarian Atrocities에 맞서는 글래드스턴의 캠페인과 이후에 이어지는 러시아-터키 전쟁의 과정에서 카를은 몰트만 배리의 도움을 받아 보수당 매체에 글래드스턴의 러시아 정책을 공격하는 글을 익명으로 기고하기도 한다. 1877년 그는 엥겔스가 그에게 낭독해 준 『반듀링론』 전체를 승인했던 듯하며, 심지어 듀링의 『정치경제학의 비판적 역사Kritische Geschichte der Nationalökonomie』를 비판하는 박식한 내용의 장 하나를 기고하기까지 한다.[90]

그렇다면 카를은 생애 마지막 10년간 엥겔스와 실질적으로 의견의 합치를 본 것인가? 완전한 합치를 본 것은 아니었다. 여러 증거로 볼 때 카를은 건강이 악화되고 활력도 줄어들어 엥겔스가 자기 대신 활동하도록 기꺼이 허락했다. 또한 카를은 『자본론』 후반부의 내용에서 발생한 문제들에 대해 만족스러운 해법을 찾아내지 못했기 때문에 비록 명시적으로 인정되지는 않았지만 두 사람의 관심사는 오히려 갈수록 달라진다.

카를은 더 이상 자신의 작업에 대해 엥겔스에게 많은 이야기를 하지 않게 된다. 물론 이 시기에는 카를이 자신의 견해 차이를 드러내 놓고 말하기가 점차 어려워졌을 것이다. 『뉴욕 데일리 트리뷴』에 글을 쓰던 저널리즘 일자리도 없어지고 더는 상속받을 재산도 기대할 수 없었기에 마르크스 가족에게 엥겔스의 호의는 갈수록 더욱더 절실해졌다. 또한 카를만 엥겔스에게 기대고 있었던 게 아니었다. 앞에서 이야기했듯이 엥겔스는 카를의 딸들, 특히 라우라에게도 필요한 것을 공급해 주는 원천이었다. 이러한 의존 관계 때문에 어떤 긴장이 있었는지에 대해서는 남아 있는 증거가 거의 없다. 특히 라우라가 마르크스 부부가 세상을 떠난 뒤 그들의 서신을 검토하여 무언가 흠집이 될 만한 엥겔스에 대한 언급이 있는 부분은 모조리 없애 버렸다는 것도 큰 이유이다. 하지만 몇 가지 단서들이 남아 있기도 하다. 한 예로 1880~1881년 사이에 카를과 그의 가족을 아주 자주 방문했던 힌드먼의 증언을 믿지 않을 이유가 없다. "마르크스는 엥겔스에게 시쳇말로 '상당한 금전적 채무에 묶여' 있다. 마르크스 부인은 이 점을 생각하면 견디기 어렵다고 했다. 물론 그녀가 엥겔스가 그녀의 남편에게 바친 봉사의 소중함을 인정하지 않는 것은 아니었지만, 그녀는 엥겔스가 자신의 절친한 친구에게 영향력을 갖는 것에 대해 분개하고 슬퍼했다. 그녀는 내 아내에게 엥겔스를 마르크스의 '사악한 천재'라고 말한 적이 여러 번 있으며, 이 능력 있고 충성스럽지만 별로 공감이 가지 않는 조수에게 그녀의 남편이 의존하고 있는 상태를 풀어 줄 수만 있다면 얼마나 좋을까 하고 아쉬워했다."[91]

1880년대에 새롭게 발전한 '마르크스주의'의 여러 전제들에 대해 카를 자신의 관점이 크게 다르다는 것을 알 수 있는 이슈가 최소한 세 가지 있다. 첫째는 자본주의의 붕괴에 대한 카를의 생각이다. 1880년에서 1920년대와 1930년대에 이르도록 베벨을 위시한 제2인터내셔널의 사회주의자들에게 널리 퍼져 있었던 전제가 있었으니, 자본주의가 종말에 이르는 것은 노동계급의 반란과 그로 인해 찾아온 모종의 '혁명의 시대'의 결과물이라기보다는 시스템 전체 차원에서의 경제의 붕괴로 인해 생겨나는 결과라는 것이었다. 이러한 생각은 『반듀링론』과 베벨에게서 찾아볼 수 있는 것으로, 또한 1891년 에르푸르트 강령에서도 '생산력이 현재 사회의 통제력을 넘어서 발전'했으며 '부르주아지와 프롤레타리아트 사이의 계급투쟁'이 '갈수록 격렬'해지고 있다고 말하고 있다.[92] 이러한 자본주의의 붕괴라는 생각을 인증할 수 있는 근거를 마르크스의 이론에서 찾을 수 있을까? 『자본론』 1권은 기껏해야 '부정의 부정' 그리고 '수탈자들의 수탈'을 논하는 애매모호한 단 한 구절 말고는 자본이 언제 어떻게 무너질지를 시사하는 대목이 전혀 없으므로 실망만 안겨 준다. 그래서 베벨과 다른 이들은 빨리 『자본론』 다음 권이 출간되어 거기에서 진정한 대단원을 맛볼 수 있게 되기를 학수고대했다. 카를이 죽은 뒤 『자본론』의 편집 작업을 맡게 된 엥겔스는 베벨이 그렇게 계속 목을 빼고 기다리고 있게 만들기 위해 최선을 다했다. 1885년 4월 그가 베벨에게 쓴 편지의 한 대목이다.

『자본론』 2권의 38매 중 25매가 출판되었네. 3권은 지금 내 손에 있다네. 이는 정말 특출할 정도로 천재적이라 할 만한 작품일세. 이는 지금까지의 모든 경제학을 완전히 뒤집은 것으로서 진정 놀라울 뿐이야. 우리의 이론은 이로써 처음으로 감히 누구도 공격할 수 없는 탄탄한 논리적 기초를 얻게 되었고, 우리 스스로도 관심 있게 듣는 모든 청중들 앞에서 우리의 주장을 떳떳이 내걸 수 있게 되었네. 직접적으로 보자면, 우선 당 내부의 속물들이 또 한 번 결정타를 얻어맞고 고민에 빠지지 않을 수 없을 것일세. 왜냐하면 이 책은 다시 한 번 일반적 경제 문제들을 논쟁의 최전선으로 끌어내고 있으니까.[93)]

하지만 엥겔스는 사회민주당이 간절히 찾고 있는 종류의 강력한 한 방에 해당하는 결정적인 문구는 원고에서(1864년 이후로 카를이 손도 대지 않은 상태 그대로였다) 전혀 찾을 수 없어서 좌절하고 있었던 것이 분명했다. 이러한 구절이 나올 만한 장소는 결론에 해당하는 '이윤율의 경향적 저하 법칙' 장이었다. 『강요』 그리고 1850년대에 쓴 여러 글에서는 이것이야말로 카를이 자본주의의 다가오는 몰락이라고 예측했던 바의 중심이었다. 하지만 막상 『자본론』 3권의 원고를 보니 카를은 이윤율의 저하로 이어질 수 있는 다양한 요인들을 나열하고 있지만 각각의 경우마다 그것을 복잡하게 만드는 상쇄 요인들도 논하고 있어서 결국 무슨 명확한 결론을 전혀 내지 못했다. 카를의 원고에서 기껏 추려 낼 수 있는 최대한의 결론은, 여러 적대적인 정황들이 복잡하게 한 덩어리로 엮여 있는 가운데 자본이 '흔들릴erschüttert' 수도 있다는 정도였다. 엥겔스는 보통 소심할 정도로 조심스러운 편집자였지만, 이 경우에는 이 말을 '붕괴된다zesammengebracht' 라는 말로 대체했다.[94)] 이후 1890년대에서 1930년대 사이에 '붕괴 이론Zusammenbruchstheorie'이라고 알려지는 것의 기원은 바로 이것이었다.*

카를과 엥겔스의 관점이 상당한 차이를 보이는 두 번째 영역은 다윈의 의미와 중요성에 대한 것이다. 1883년 카를의 무덤 옆에서 엥겔스는 카를의 저작을 다윈의 저작과 연결시키기 위해 애를 쓴다. 그는 '다윈이 유기적 자연의 발전 법칙을 발견했던 것과 마찬가지로 마르크스는 인간 역사의 발전 법칙을 발견'했다고 선언했다.[95] 그리고 엘리노어 마르크스의 악명 높은 동반자 에드워드 아벨링Edward Aveling✤✤은 심지어 카를이 『자본론』을 다윈에게 헌정하고자 했다는 이야기를 지어내기까지 했다.[96]

이러한 주장은 실로 억지이다. 카를은 다윈이 진보를 '순전히 우연'으로 보았다는 점에서 그에게 반대했다.[97] 다윈은 역사가 그 어떤 단선적인 의미나 방향을 가지고 있다고 믿지 않았다. "나는 그 어떤 고정된 발전 법칙도 믿지 않는다."[98] 하지만 카를은 오언주의자들이나 나중의 '마르크스주의자들'과는 달리 인간이 단순히 그 환경의 산물인 것이 아니라고 주장했다. "**인간적** 자연의 존재'로서 인간의 기원은 역사에 있는 것이며, 역사란 '의식적이고 자기 스스로를 지양하는 창조의 활동으로서… 이것이야말로 인류의 진정한 자연적 역사이다."[99] 역사란 인간의 '의식적인 삶의 활동'을 통해 자연을 인간화하는 과정이라는 것이었다.[100]

카를이 나중에 가서 이러한 자신의 초기 관점을 버렸다는 증거는 없다. 훗날 카를의 경모자들은 다윈의 작업이 끝난 바로 그 지점에서 카를의 작업이 시작되는 것이라고 생각했지만, 카를 자신은 다윈주의자들이 주장하는 것처럼 자연사와 인간 역사 사이에 근본적인 연속성이 있다는 생각을 전혀 받아들이지

✤ 주지하듯이 자본주의 시스템의 '붕괴 이론'의 갈래로는 이윤율 저하, 과소소비, 부문 간 불비례 등 여러 가지가 있으며, 이것이 마르크스 경제학설사의 중심을 차지하는 중요한 주제이기도 하다. 이에 대해서는 폴 스위지, 『자본주의 발전의 이론』(필맥)을 참조하라.

✤✤ 엘리노어는 리사가레와 헤어진 이후 영국 사회주의 운동가, 번역가, 연극인으로 활발한 활동을 펼치게 되는데 이때 에드워드 아벨링은 그녀와 함께 사는 동반자가 된다. 다윈 학설을 열렬히 지지하는 생물학자이자 극작가이며 무신론자 급진파였던 그는 이후 독립노동당의 창당까지 계속 영국 사회주의 정당 운동에 참여하며, 『자본론』 1권의 영어 번역을 맡기도 한다. 나중에 엘리노어 모르게 나이 어린 여배우와 결혼을 하며, 엘리노어는 이에 대한 절망 때문에 자살을 한 것으로 알려져 많은 비난을 사기도 했다. 그도 엘리노어가 죽은 뒤 4개월 후 세상을 떠난다.

않았다. 카를은 다윈의 지서가 '역사적 계급투쟁에 대한 자연과학적 기초를 제공한다는 점에서 나의 목적에 부합한다'고 생각했다.[101] 하지만 다윈의 이론으로는 인간 사회는 최초에 사적 소유와 가부장제가 아닌 다른 형태로 시작되었으며, 따라서 거기에는 계급투쟁이 존재하지 않았다는 카를의 생각을 품을 수 없었다. 계급투쟁과 경쟁은 자연에 의해 추동되는 필연의 결과물이 아니라 낯선 환경 속에서 인간이 스스로의 역사를 만들어 나가는 가운데 나타난 결과물들일 뿐이라는 것이다. 인간은 '자연적 존재'일 뿐만 아니라 '**인간적** 자연의 존재'의 성격을 그대로 가지고 있었으며, 인간이 사회적 투쟁에 몰두하게 된 것은 자연과 뚜렷이 구별되는, 인간이 만들어 낸 사회적·문화적 여러 제도의 산물이라는 것이다. 따라서 계급투쟁과 경쟁은 인간들에게 내재한 동물성에서 나오는 것이 아니라 낯선 힘들에 의해 인간의 행위가 형성되는 타율heteronomy의 상황에서 나타난 결과물로 보아야 한다는 것이다. 사적 소유와 가부장제, 그리고 이를 종교가 더욱 강화하는 상황이야말로 인간을 동물적 상태로 전락시키며, 계급투쟁과 경쟁은 단지 그러한 상태의 표현일 뿐이라는 것이다.

물론 다른 이들과 마찬가지로 카를 또한 다윈의 중요성을 인정했다. 그토록 다윈에 열광하는 엥겔스의 면전에서 달리 어떻게 할 도리도 없었을 것이다. 하지만 카를의 찬사는 상당히 에두른 어법을 취하고 있었다. 그는 다윈이 동물의 왕국을 그려 내는 방식과 맬서스 및 여타 정치경제학자들이 그려 내는 경쟁의 세계의 모습 사이에 여러 유사점이 있는 것을 보고 충격을 받은 면이 더 컸다.[102] 게다가 기회가 있을 때마다 카를은 다윈이 누리고 있는 명성을 깎아내리고자 애를 썼다. 한 예로 그는 1864년 피에르 트레모Pierre Trémaux의 '대단히 중요한 저작'인 『인간과 다른 생물의 기원과 변화』를 발견했다고 말한다. 그는 이 책을 엥겔스에게 권하면서 '다윈을 넘어서 더 나간 **대단히 의미 있는** 진보'라고 말하고 있다.[103] 엥겔스는 카를을 무안하게 만들 만큼 험악한 용어로 이 책을 무시해 버린다. '전혀 쓰잘데기 없으며, 모든 사실에 철저히 위배되는 순전히 머릿속의 이론'이라는 것이었다.[104] 하지만 카를은 이런 말에 굴하지 않았고, 엥겔스의 비난과 중상의 평을 들은 뒤에도 자신의 경모자인 쿠겔만 박사에게 여전히 그 책을 권하고 있다. 여러 결함이 있지만, '다윈을 넘어서 더 나간 진보'라는 것이었다.[105]

6. 촌락 공동체: 19세기의 환상

카를은 다윈의 저작을 존중했지만, 흥분할 정도로 열광하지는 않았다. 오히려 그를 흥분시켰던 것은 1850년대와 1860년대에 나타난 인류 역사에 대한 새로운 연구로, 생물학에서 나타난 것이 아니라 인류학, 문헌학, 전 지구적 차원에서의 역사 이전 시대에 대한 연구 등에서 나타난 것이었다. 이러한 여러 관심사는 1867년 『자본론』 1권이 출간되면서 그 결과로 전면에 나타나게 되었다.

『공산주의 선언』에서 카를은 '부르주아지'에 대해 굳은 신뢰를 보내고 있다. 이들은 '모든 민족들을 절멸의 고통까지 밀어붙여 결국은 부르주아적 생산양식을 받아들이지' 않을 수 없도록 만든다는 것이었다.[106] 인도의 경우 그는 증기기관과 자유무역이 '농업과 제조업을 가내에서 결합'시킨 것에 기초한 해묵은 '촌락 시스템'을 해체시키는 효과가 있을 것으로 보았으며, 이에 대해 갈채를 보내기도 했다.[107]

이것을 기초로 그는 1859년 또한 '**원시적** 공동체 소유가 슬라브적 현상이라는, 심지어 러시아에만 고유하게 나타나는 현상이라는' '어처구니없을 정도의 편견'을 공격하기도 했다. 그는 그러한 형태들이 '로마인들, 튜튼인들,* 켈트인들'에게서 모두 나타나며, 비록 해체된 형태로이지만 인도에는 오늘날에도 남아 있다고 지적한다. 이 구절은 『자본론』의 1판에서도 똑같은 예시로 거의 글자 그대로 반복되고 있다.[108] 카를이 1868년 엥겔스에게 쓴 편지에서 보듯이, 러시아의 촌락 제도들은 전혀 독특한 것이 아니며 옛날로 가면 아시아뿐만 아니라 유럽에서도 발견되는 보종의 생산양식이 잔존한 것뿐이라고 한다. "이 전체 이야기가 **그 가장 세세한 사항들까지도** 옛날의 **원시적 게르만** 공동체 시스템과 완벽하게 동일하다네." 하지만 그는 특별히 '이 러시아의 경우'를 '인도의 공동체적 시스템들의 일부'와 동렬에 놓으면서, 특히 '공동체 지도 체제의 **비민주적**이면서 **가부장적**인 성격'과 '국가에 대한 조세의 **집단적 책임**'을 부각시키고 있다.[109]

카를이 논적으로 삼았던 것은 슬라브 정신을 교회, 민중적 전통들, '오브시치나obshchina'(러시아 촌락의 공동체적 소유) 등과 동일시하는 친슬라브주의 이론이었다. 특히 카를을 경악하게 했던 것은 이러한 이론을 단순히 낭만주의 및 보수주의 민족주의자들뿐만 아니라 자유주의자들 및 사회주의자들까지도 받아들이고 있었다는 것이다. 그가 『자본론』의 독일어 1판 말미에서 헤르첸에게 분통을 터뜨리고 있는 것도 그 때문이었다. 헤르첸은 유럽이 '칼미크족✤✤과 강제로 피를 섞고' 또 '채찍으로 흠씬 두들겨 맞으면' 새롭게 태어날 수 있을 것이라는 예언을 내놓고 있다는 게 카를의 비판이었다. "이 순수 문학가Belle Lettrist께서는 '러시아' 공산주의를 러시아 내에서 발견하는 게 아니라 프로이센 정부의 고문인 학스타우젠의 저작에서 발견하고 계시다."[110]

하지만 1870년대 중반 이후 카를의 전반적 관점에는 놀랄 만한 변화가 벌어지며, 이는 그의 이론 전체의 성격에 있어서도 미묘하지만 주목할 만한 변화

✤ 튜튼인은 지극히 의미가 모호하여 정의하기 쉽지 않다. 오늘날 이 말은 영국인을 포함하여 '슬라브' 및 '라틴' 계통과 구별되는 '북유럽인들'을 뜻하는 상당히 인종주의적인 혐의가 있는 말로 쓰일 때가 많다. 이 말은 본래 고전고대 시절 그리스와 로마인들의 문헌에 나타나는 '북쪽에서 온 침입자들'을 지칭하는 말로 시작되었고, 프톨레마이오스가 작성한 지도에는 대략 덴마크, 즉 유틀란트 반도 정도에 거주하는 이들을 뜻하는 것으로 짐작된다. 이들이 켈트인들과 정확히 구별되는 게르만인들을 뜻하는 것인지, 아니면 둘을 모호하게 총칭하는 것인지, 아니면 이들의 이름이나 고유명사로 볼 때 아예 켈트인의 한 분파였는지도 분명치 않다. 마르크스가 지금 쓰고 있는 뜻은 맥락상 이러한 고전 문헌에 나타나는 이민족에 대한 언급을 염두에 둔 의미라고 보인다.

✤✤ 서몽골의 종족 이름. 유럽인들이 러시아에 대해 붙이는 욕칭은 그들을 아예 아시아의 '야만인들'로 몰아붙이는 어감을 가질 때가 많다. 또한 이들은 러시아에서 농노들에게 행해지는 심한 폭력들('채찍질')이 그러한 '야만적인' 몽골 지배의 유제라고 생각하는 경우가 많았다.

들을 수반하고 있다. 이는 개념적인 것과 실증적인 것을 모두 포함하는 여러 난제들이 결합되면서 나타난 결과로 보인다. 1867년에 출간된 『자본론』 1권은 분명히 미완성의 성격을 띠고 있으며, 이를 그전에 나왔던 다양한 여러 집필 계획들과 손으로 쓴 초고들과 비교해 보면 그가 집필 과정에서 숱한 이론적 문제들과 부닥치게 되었다는 것을 분명히 감지할 수 있다.

자본의 '유통'까지 저작에 포함시키게 된다면 자본주의적 관계가 전 세계로 팽창하는 과정에 대해서도 논의하지 않을 수 없다. 이를 카를은 '확대재생산'이라고 불렀으며, '본원적 축적'과(즉 자본주의의 시원) 분명히 구별되는 과정으로 여겼다. 그렇다면 '확대재생산'이 그보다 일찍 존재해 온 여러 생산양식을 어떻게 '해체'한다는 것이며, 또 그 이전에 존재하던 사회를 언제 어떻게 자본주의적인 모습으로 새롭게 구성한다는 것인가? 특히 농업이 자본에 종속되는 과정은 어떻게 벌어지는 것인가? 이 마지막 질문은 카를이 '자본주의적 지대의 탄생'이라고 불렀던 것으로, 『자본론』 2권✤의 주요 주제로 다루어질 예정이었다. 게다가 영국이 자본주의적 생산에 대한 논의의 기초를 제공했던 것과 마찬가지로 러시아, 특히 1861년의 농노 해방 이후의 러시아가 '자본주의적 지대'의 탄생에 대한 논의의 기초를 제공하게 될 것이었다.[111]

하지만 이러한 계획들은 실현되지 않았다. 1867년의 『자본론』은 본래 의도했던 바와 달리 유통 과정에 대한 분석을 담고 있지 않았다. 대신 이 책은 '본원적 축적'으로 끝나고 있는데, 이는 영국의 중세 및 근대 초기에 벌어졌던 '울타리 치기enclosure'와 '유혈 입법bloody legislation'✤✤을 수단으로 하여 '농업 인구를 토지로부터 쫓아낸' 역사적 과정에 대한 설명이다.[112] 따라서 질문이 생겨

✤ 이 '2권'은 1867년 이전의 계획에서의 2권이므로 우리가 알고 있는 바의 『자본론』 2권을 말하는 것이 아니다.

✤✤ 엘리자베스 시절의 '구빈법'에서는 모든 사람들이 일정한 장소에서 거주해야 한다고 하며, 거주지 없는 부랑자들vagabond을 철저히 처벌하게 되어 있다. 적발될 시에는 태형과 낙인형, 두 번째나 세 번째로 적발될 때는 사형이라는 것이 1572년 포고령이었다고 한다.

난다. 이러한 영국의 이야기는 전 지구적으로 공동체적 소유가 사멸해 가는 보편적이고도 불가피한 과정의 일부인 것인가? 『자본론』 1판의 독자들 다수는 분명히 그렇다고 생각했다. 하지만 카를 자신은 이러한 입장에서 한 걸음 물러나기 시작했다. 우선 농민들의 공동체적 생산이 완전히 경제적인 과정 속에서 '해체'되었던 예는 지극히 찾아내기 어려운 것으로 판명되었다. 반대로 토지 보유의 역사를 연구해 보니 농민들의 공동체적 소유는 그전에 생각했던 것보다 훨씬 더 생명력과 재생력이 강했으며, 어떤 지역에서는 심지어 최근까지도 존속했다는 것이 밝혀졌던 것이다. 농민들의 공동체적 소유는 자본주의적 교환관계에 부닥친다고 해서 단순히 '해체'되는 것이 아니라, 영국의 경우에서 보듯이 국가가 계획한 여러 파괴적 형태의 조세나, 폭력을 통해 파괴되었던 것으로 보였다.

만약 이게 사실이라면 러시아에 농민들의 코뮌✤이 존속하고 있는 문제, 그리고 1861년 러시아의 농노 해방이 이에 대해 어떤 영향을 미쳤는가의 문제

✤ 원문은 commune이다. 이 번역어에 대해 약간의 설명을 덧붙이고자 한다. community·Gemeinschaft·commune이라는 영어·독일어·프랑스어 단어를 보통 '공동체'라고 번역해 온 것은 시대의 관행이지만, 이 한자어는 대단히 모호한 어감을 가지고 있을 뿐만 아니라 영어 단어도 애매한 면을 가지고 있다. 본래 이 말은 중세 이탈리아 북부 도시들이 형성되던 당시의 코뮤네commune에서 시작된 것으로, 이 말은 '공동의 일을 돌보고 함께 공유한다'는 의미를 담고 있지만 교황이나 황제 등의 지배 권력에서 독립적인 '자치' 단위라는 어감이 강하고, 따라서 그 성원들 또한 종속적인 존재가 아니라 독립적 자율적인 시민이라는 의미도 함께 담고 있다. 이 때문에 프랑스어 '코뮌' 또한 이러한 '자치'라는 어감을 강하게 가지고 있다. 영어의 community는 이 '코뮌'을 직접적인 어원으로 삼아 1792년에 비로소 나타난 말로, 19세기에 토크빌Tocqueville은 이 '코뮌'의 자치라는 어감을 담고 있는 정확한 영어 단어는 찾을 수 없다고 말하기도 한다. 그런데 독일어 Gemeinschaft는 이러한 '자치'나 성원들의 자율성에 대한 어감보다는 Gesellschaft의 대립어로 '사적·개인적 이익과 기능적 관계를 넘어선 전면적 관계'라는 어감을 가지고 있다. 일본어 '공동체'는 이러한 독일어의 영향을 강하게 받았던 데다 일제강점기의 정서까지 더해져서 '개인의 이익을 넘어서는 무엇'이라는 어감을 강하게 가지고 있다. 따라서 마르크스가 지금 논하고 있는 것을 어떤 말로 옮겨야 할지는 실로 조심스러운 문제가 될 수밖에 없다. 지금까지 말한 의미를 모두 담고 있으면서 때에 따라 강조점이 계속 이동하기 때문이다. 이 문제에 대한 만족스러운 해결책은 이후 전문가의 깊이 있는 연구에 기대야 할 일이며, 이 책에서는 영어 원문에 명시적으로 commune이라고 되어 있는 경우에 한하여 '코뮌'으로 번역하고, 나머지는 '공동체'로 번역하도록 한다. 형용사형 communal은 일단 '공동체적'이라고 번역하지만 이말이 '코뮌'의 의미가 있을 수도 있음을 염두에 두기를 바란다.

에 대해서는 다른 접근이 필요하다는 것을 시사하고 있었다. 또한 다른 곳의 촌락 공동체 혹은 농민 코뮌의 역사도 검토할 필요가 있으며, 특히 그것이 원초적인 사회적 형식으로서 보편적으로 존재한다는 가설도 검토할 필요가 있었다. 이러한 이유에서 카를은 『자본론』 1권이 출간된 이후 게오르크 폰 마우러Georg von Maurer의 저작에 관심을 두게 된다. 이 문제에 대한 논쟁은 독일에서는 이미 18세기 후반부터 시작된 바 있으며 1815년 이후에는 북유럽의 다른 나라들로 확산되고 1860년대가 되면 헨리 메인Henry Maine의 저작을 통해 아시아의 촌락 시스템의 문제로까지 주제가 확장된다. 마우러의 저작은 이 논쟁에 대한 가장 중요한 기여의 하나였다.

촌락 공동체라는 것은 독일에서 나온 개념이었으며, 19세기가 되면 당시에 튜튼인들의 마르크Mark 공동체라고 불리던 것과 결부되기에 이른다. 이는 다시 18세기의 보수적 애국주의자 유스투스 뫼저Jutus Möser의 저작으로까지 거슬러 올라간다. 그는 색소니의 도시 오스나브뤼크Osnabrück의 역사를 다룬 그의 유명한 저작에서 자신의 고향인 베스트팔렌의 농촌 시스템은 모종의 고립된 농장의 패턴으로서 "여전히 태고적의 농촌 시스템과 비슷한 모습을 가지고 있다"고 말하고 있다. 즉 카이사르와 타키투스의 시대에 묘사된 바와 똑같은 모습을 유지하고 있다는 것이었다.[113] 뫼저의 설명에 따르면, 그러한 옛날 시절은 "자유로운 게르만 농민들의 '황금시대'로, 이들은 자치의 목적으로 서로와 연대를 맺었으며 치안관도 선출로 뽑았다"고 하며, 이러한 장치가 샤를마뉴대제의 시절까지도 계속되었다는 것이었다.[114] 뫼저의 주장에 따르면, 그 각각의 주택은 개인 소유였지만 "누구도 자기만의 것이라고 울타리를 둘러칠 수 없는 삼림, 목초지, 풀밭, 산지 등은 공동으로 사용하도록 되어 있었고 이것이 우리 세상에 살았던 이 사람들 중 몇몇을 최초로 통일시키게 되었다. 우리는 이러한 공동의 보호구역들을 마르크 공동체라고 부른다. 그리고 아마도 고립된 여러 공동체들로 정착 생활을 시작한 최초의 부족들은 '마르크 연합체Markgenossen'의 성원들이었을 것이다."[115] 농촌 지역이 여러 개의 마르크 공동체로 분할된 것은 자연적 조건에 따른 필연이었을 것이라고 그는 주장한다. 따라서 마르크 공동체야말로 베스트팔렌의 가장 오래된 연합체의 형태라는 것이었다.

나폴레옹이 최종적으로 패배하고 다시 프랑스혁명 이전의 상태를 복구한 1815년의 독일은 공공 영역에서 자코뱅 사상을 완전히 뿌리 뽑고자 했다. 이러한 목적에서 보자면 자유, 민주주의, 고대가 하나로, 그것도 보수적·애국적인 방식으로 결합되어 있는 이러한 마르크 공동체라는 것이 너무나 큰 매력을 가질 수밖에 없었다. 그리하여 억측에 근거하여 이 마르크 공동체의 여러 관습이라는 것들이 구성되었고, 이는 곧 법의 역사를 다룬 여러 저서에 등장하게 되며 급기야 베스트팔렌을 넘어 독일의 다른 부분에까지 확장된다. 그 선두에 선 인물은 1813년 라이프치히 전투에 자원하여 큰 부상을 입기도 했던 법 역사가 카를 프리드리히 아이히호른Karl Friedrich Eichhorn이었다. 그는 독일 역사법학파의 카를 폰 사비니 등의 지도적 대표자들과 함께 『법학사 저널Zeitschrift für geschichtliche Rechtswissenschaft』을 창간했던바, 그 부분적인 목적은 프랑스인들의 패배와 축출을 애국적으로 찬양하는 데 있었다. 1815년 그는 '독일의 사상으로 볼 때, 독일의 모든 법률은 시민 전원으로 이루어진 전체 집단으로부터 나왔으며, 독일인들은 이것을 수단으로 하여 자신들의 목숨과 명예와 재산을 보존'했다는 사실이 '잘 알려진 것으로 입증된다'는 것이었다.[116]

하지만 마르크 공동체는 좀 더 자유주의적이고 국제주의적인 관점에서 해석하는 것도 가능했다. 야코프 그림Jacob Grimm✣은 인도-유럽어족이 비단 단어와 문법 형식에서뿐만 아니라 신화와 문화에서도 친화성을 띠고 있다고 주장했으며, 그 후속 작업으로 고대의 게르만 마르크 공동체로 관심을 이동한다. 그는

✣ 그림 동화의 저자로 널리 알려져 있다. 그는 폰 사비니의 영향 아래에 독일의 법 역사, 언어사, 문화사 등을 총체적으로 연구한 문명사가였다.

이를 한때 광범위하게 유포되었던 유럽 민속 공동체의 유형과 동일시한다. 즉 이는 원초적인 단위로서의 촌락으로, 가부장적인 동시에 민주적인 집단이고, 토지는 공동으로 소유되고 경작되며, 정치체의 여러 기본 요소들이 잠재적으로 형성되어 있었다는 것이었다.[117]

머지않아 독일 이외의 나라들에서도 고대의 촌락 공동체가 발견된다. 그림과 함께 공부했으며 『베오울프Beowulf』를 영어로 번역한 존 미첼 켐블John Mitchell Kemble은 1849년 마르크 공동체의 개념을 영국 역사학계에 소개한다. 그는 자신의 저서 『영국의 색슨인들Saxons in England』에서 마르크 공동체야말로 '모든 튜튼 사회가 의지했던 원초적 기초'라는 생각을 피력한다.[118] 앵글족, 색슨족, 유트족✤이 영국으로 침략할 때 이 제도를 가지고 들어왔다는 것이었다.

빅토리아 중기의 저명한 역사가들이 이러한 생각을 받아들였다. 스텁스 주교Bishop Stubbs는 마르크 공동체의 튜튼적 자유야말로 '영국인들 전체의common 조국이라는 원초적 정치체'를 형성한다고 주장했으며, 1866년 옥스퍼드 대학의 레기우스 교수Regius Professor로 취임하는 수락 연설인 '타키투스에서 헨리 2세까지의 영국 헌법사'에서 이 주제를 더욱 자세히 논하고 있다.[119] '아리안 인종'의 민주주의적 전통을 열성적으로 이야기했던 에드워드 프리먼Edward Freeman은 특히 이러한 생각을 그 특유의 황당한 어법으로 더 막나가며 이야기한다. 그는 토이토부르크 숲Teutoburg Wood에서 게르만인들이 로마인들에게 승리를 거둔 것을 경하하면서 당시 게르만족의 지도자였던 아르미니우스Arminius가 '이후 햄든✤✤과 워싱턴으로까지 이어지는 계보의 첫 인물'이었다고 말하고 있다.[120] 프리먼에 따르면 고대 튜튼인들의 관습은 도처에서 아직도 발견되며, 특히 "우리 사립

✤ 이들은 모두 게르만족의 분파들이다.

✤✤ 존 햄든John Hampden이라는 같은 이름으로 할아버지와 손자 모두가 17세기의 영국 시민혁명의 선두에 섰던 인물들이었다. 할아버지는 찰스 1세에 맞서 하원의 5인방으로 활동하다가 죽임을 당했고 이것이 내전의 중요한 계기들 중 하나가 되었다. 손자도 반역죄 선고를 받은 인물로, '명예혁명Glorious Revolution'이라는 말은 그가 만든 것으로 알려져 있다.

고등학교의 패깅Fagging제는✤ 튜튼인들의 코미타투스comitatus의 흔적임이 분명하다."[121] 독일에서도 그랬지만 영국에서도 이렇게 튜튼인들의 자유라는 전통이(그린J. R. Green의 표현에 따르면, '웨스트민스터에서 시작하여 촌사람들이 함께 모여 촌락 생활과 촌락의 산업을 다스리는 작은 마을들까지' 펼쳐져 있다고 한다) 매력을 가지게 된 큰 원인은 로마법 법학자들의 절대주의적인 사상이나 자코뱅과 사회주의자들의 혁명적인 추상적 개념들에 크게 대조된다는 점에 있었다.[122]

영국 역사가들은 마르크 공동체에서 토지가 소유되고 경작된 방식보다는 고대에도 자유와 민주 정부가 존재했다는 증거로 쓰는 쪽에 더 관심을 두었다. 하지만 전자의 면에 있어서도 점차 마르크 공동체를 공동체적 소유와 동일시하는 경향이 늘어나기 시작했다. 뫼저의 원래 생각에서 중요한 특징이었던 경작지의 사적 소유는 이미 아이히호른의 후기 저작에 오면 용익권usufruct✤✤에 제한되고 또 공동체에 의해 규제되는 것으로 여겨지고 있다.[123] 뫼저는 토지 소유권의 기원을 설명하면서 그 단위가 개인이었고 사적 소유가 이루어지고 있었다고 강조했지만, 이는 1820년대와 1830년대에 걸쳐 다양한 학자들로부터 도전을 받게 된다. 1821년에는 올룹슨Olufsen이 덴마크의 경우를 연구하여 현존하는 경작지의 분할에 기초하여 뫼저의 가설을 비판한다. 1835년에는 게오르크 한센Georg Hanssen이 게르만 부족들 사이에는 개인의 토지 소유권이라는 것이 존재하지 않았다고 주장했다. 그는 또한 슈바르츠J. Schwarz가 트리어의 훈스뤽Hunsrück 지구의 자급자족 공동체들에 대한 연구에 기초하여 자신의 주장을 상세히 전개하면서 이런 것들이 다 고대 게르만 부족들 사이에 존재했었던 공동체 시스템의 잔존물들이라고 주장했다.[124]

✤ '종복제도從僕制度'라고도 한다. 퍼블릭스쿨인 윈체스터 학교에서 선구적으로 실행된 제도로 상급생이 하급생을 사환使喚같이 이용하는 제도이다("패깅제", 체육학대사전, 『네이버 지식백과』, 민중서관, 2000).

✤✤ 로마법은 특히 토지 소유와 관련한 여러 다른 권리를 규정하고 있으며, 용익권이란 그 대상을 사용하여 거기에서 나오는 구체적인 산물을 취할 권리를 말한다. 땅을 경작했으면 땅은 놓아두고 옥수수만 가져가라는 이야기가 된다.

한센의 접근은 1829년 아우구스트 폰 학스타우젠August von Haxthausen 이 『파더보른 공국과 코르베이 공국에서의 농업 구성에 대하여On the Agrarian Constitution in the Principalities of Paderborn and Corvey』에서 사용했던 접근법과 대단히 비슷했다.[125] 이 지역의 '공유지Gewannflur' 시스템에 대한 그의 연구는 이를 샤를르마뉴대제 시절을 넘어 '신화 시대까지 거슬러 올라가는' 농업 공동체의 유제로 제시하고 있다. 이러한 공동체에서는 '동료들Genossen' 사이에 토지의 보유가 동등하게 배분될 뿐만 아니라 주기적으로 재분배된다는 것이다. 학스타우젠의 저작은 프로이센 왕의 훈장을 받았으며, 그는 계속해서 러시아 농민들의 미르mir 공동체에서도 기본적으로 동일한 시스템이 발견된다고(투사라는 말이 더 적절할 것이다) 주장한다.[126]

이러한 관점의 전환은 다시 게오르크 폰 마우러의 작업에 영감을 주게 된다. 그는 원래 새로 독립한 그리스의 첫 번째 왕을 배출한 바바리아의 비텔스바흐Wittelsbach 가문의 일원으로, 그리스 왕국의 창설에 핵심적인 자문 역할을 하던 이였다. 그의 가장 유명한 저서는 1854년에 출간된 『마르크 공동체, 농장, 촌락과 도시, 그리고 공적 권력의 구성사 입문』이었다.[127] 그는 뫼저에 반대하여 "독일에서 최초로 토지를 경작한 것은 개인들이 아니라 전체 가족들과 부족들이었다"고 주장했다. 본래는 유목민들이었고 '오늘의 아프리카 부족들과 상당히 닮은' 생활을 하던 게르만 부족들은 이리저리 떠돌아다니던 이들이었다고 한다. 그러다가 타인들의 공격을 받지 않으면서 본래의 부족 구조를 계속 유지할 수 있을 때에 한해 정착 생활을 하게 되었고, 이러한 조건은 쉴레스비히-홀슈타인에 있는 디트마르쉬Dithmarsch에서 오늘날까지 발견된다고 한다.[128] 마우러는 또한 '독일의 상대적으로 후진적인 지역들'에서 발견된 '고대적 토지 소유 형태와 고대 튜튼인들의 농업적 관습들의 표본들'을 예로 제시한다.[129] 그의 추종자들은 "마르크 공동체는 독일 대부분 지역에서 토지 관련법, 농촌의 관습, 토지 소유의 경계선 분포 등에 명확히 그 흔적을 남기고 있다"고 주장한다.[130]

1860년대가 되자 튜튼인들의 미르크 공동체를 인도-유럽어족 모두가 공유하는 문화의 보편적인 출발점으로 볼 수 있다는 생각이 더욱 증폭된다. 19세기에 새로이 나타난 과학인 '비교 문헌학'을 연장한 '비교 방법'이라는 것에 근거를 둔 여러 주장이 이를 떠받쳤다. 게르만족의 여러 언어가 그리스어, 라틴어, 산스크리트어와 한 어족이라는 것이 발견되면서 비교 문헌학은 이들 사이에 모종의 발생학적 관계를 확립할 수 있다는 가정을 내놓았고, 이는 다시 그 각각의 변종들이 뻗어 나온 원초적 형태를 재구성할 가능성으로 관심이 이어졌다. 이는 다시 다종 다기한 인도-유럽어족 사회들을 모종의 발전 순서에 따라 배열하는 것도 가능하게 만들 수 있었다. 이러한 접근법을 적용한 가장 과감한 예로 우리는 헨리 메인 경을 들 수 있으며, 특히 1861년에 출간된 그의 저작 『고대의 법률』을 꼽을 수 있다. 메인에 따르면, "우리는 당대에 존재하는 여러 사실, 생각, 관습을 취하여 그로부터 과거의 여러 사실, 생각, 관습을 추론할 수 있다. 후자는 비단 과거 형태의 역사적 기록물들뿐만 아니라 아직 사멸하지 않고 세상에 남아 여전히 우리 주변에서 발견할 수 있는 것들로부터 추론할 수 있다."[131] 이러한 자신의 주장을 입증하기 위해 메인은 프리먼이 1863~1864년 동안 스위스에서 행한 현장 연구(이를 존 버로는 '민주주의의 화석을 쫓는 사냥'이라고 불렀다)를 들고 있다.[132] 프리먼은 여기에서 겜블이 말하는 마르크 공동체를 발견했고, 특히 주목할 만한 것은 '주州, G.Đ'의 엄숙한 '법정Ding or court'이었다고 한다. 여기에서 '1년에 세 번 명사수들이 특별한 초대 없이 회합을 가지며', 이는 '튜튼 사회의 원시적인 방식으로 조직된 모델의 파편으로서… 오늘날까지도 남아 있는 고대의 **정치적** 제도'로서 여전히 훌륭하게 작동하고 있었으며 '스위스의 삼림주들Forest Cantons'에서 발견된다는 것이었다.[133] 한편 메인은 더욱 나아가 유럽의 저술가들이 "동방에서 발견되는 여러 현상들이 원시적인 튜튼인 농민 집단에 대한 자신들의 설명을 어떤 식으로 확증해 주는지에 대해 모르고 있으며, 그러한 동방의 현상들을 사용하여 자신들의 설명을 더 넓게 확장할 수 있다는 것도 모르고 있음이 분명하다"

고 말하고 있다. 서방에서는 마르크 공동체가 봉건적 장원으로 변화하게 된 여러 원인이 있었지만, '인도의 촌락 공동체들'은 이런 것들에 거의 침해되지 않았으며, 따라서 '죽지 않고 여전히 살아 있는 제도'로 남아 있다는 것이었다.[134)]

메인은 다른 영국 역사가들과는 달리 튜튼인들의 과거에 향수를 느끼거나 찬사를 보내거나 하는 감정이 전혀 없었다. 그의 『고대의 법률』은 고대사회에서 근대사회로의 이행을 "여러 사회가 순서에 따라 진보하는 운동으로서… **신분에서 계약으로**의 운동이었다"고 묘사했다.[135)] 메인은 촌락 공동체를 근대적 개인주의의 역상으로 보고 있었으며, 이를 통해 공산주의의 새로운 위협과 관습의 횡포를 그냥 놓아둘 경우 어떤 일이 벌어질지에 대해 엄숙히 경고하고자 했다. 사적 소유, 성문법, 개인의 자유, 경제적 혁신 등에 근거한 근대의 영토 국가는, 집단적 소유와 출신을 따지는 태도에 기초한 정태적이고 관습에 묶인 케케묵은 공동체와 대조되는 것으로 제시되고 있다.

튜튼인의 마르크 공동체는 인류의 원초적 상태에서 불과 한 걸음 정도 나간 아주 초기의 모습이라고 하며, 여기에서 토지를 점유하는 것은 전횡적 가부장들이 지배하는 공동 단체들이었다고 한다. 이는 본래 공동 소유자들과 (실제로든 상상으로든) 친족 관계로 서로 엮인 가족들의 모임이었다. 이러한 공동체들이 역사적으로 존재했던 것은 그 뒤를 이어 나타난 봉건제 장원의 성격에서 추론할 수 있다고 한다. 왜냐하면 장원에는 '전형적인, 그리고 흥미로울 정도로 오래가는 마르크 공동체들'이 포함되어 있고, 이는 '더 이전의 사회적 형식으로' 거슬러 올라갈 수 있다고 한다. 이는 "민주주의적으로 혹은 약간 귀족주의적으로 통치되던 인간 집단으로, 그 내에서 자유 소작인들free tenants✤은 아직 영주를 모

✤ 이는 일종의 형용모순으로 들리기 십상이며 실제로 역사가들 사이에서도 이들의 성격과 위치를 놓고 아직도 논의가 분분하다. 일반적인 의미로 보면, 중세의 장원에서 일반적인 농노villeins, serf와는 달리 영주에게 내는 몫도 아주 적고 또 영주의 사법권에 적용되는 범위도 훨씬 적은 이들을 뜻하는 말이다. 하지만 그 내용은 지역마다, 경우마다 달랐고 또 그 역사적 기원도 다양했다고 한다.

시는 상태가 아니었다."[136]

메인은 마르크 공동체가 봉건적 장원으로 대체된 것을 긍정적인 현상으로 보고 있다. 왜냐하면 마르크 공동체가 해체되어 그 필연으로서 사회적 분화가 일어나는 것을 통해서만 근대가 나타날 수 있기 때문이라는 것이었다. 이러한 과정에서 농사짓는 가족 하나가 지배적 위치에 오르게 되며, 농지의 공동 소유는 공유지의 울타리 치기를 거치면서 봉건적 소작지로 변화하게 되었다고 한다. 촌락의 자유민들은 봉건적 농노가 되었으며, 촌락 회의는 영주의 법정으로 변했다는 것이다. 그 결과 그전에는 신분이 친족이나 혈연 관계로 부여되었지만 이제는 계약서에 기록된 봉건적 주종 관계로 대체되었다는 것이다. 영주이든 소작인이든 개개인은 점차 관습법, 그리고 집단적 소유라는 케케묵은 형식들로부터 해방되었다는 것이다. 개인의 자유 그리고 경제적 혁신이 자라날 수 있었던 것은 바로 이렇게 하여 사회적 유대가 느슨해진 덕분이었다는 것이다.

독일에서 나폴레옹전쟁이 끝난 후 역사법학파가 나타나서 성문법을 요구하는 합리주의적 주장들에 대해 싸움을 벌였던 것과 마찬가지로, 메인의 『고대의 법률』 또한 '세포이 반란' 이후의 인도에 벤덤 류의 합리주의적 법 개혁을 도입하자는 주장에 대한 대응으로 기획된 저작이었다. 그는 자연 상태를 생각하는 것만으로 완벽한 사회질서를 발전시킬 수 있을 것이라는 입장을 공격한 것이다. 그는 이러한 생각을 벤담과 루소와 결부시켰다. 이는 '현존하는 바의 세상의 상태와 전혀 무관하고 전혀 닮지 않은 사회적 질서'의 사상일 뿐이라는 것이다. 메인은 그 대안으로 '사회 상태의 기초 사항들'을 확립하기 위해 '탐구에 있어서 역사적 방법'을 적용해야 한다고 제안하고 있다.[138]

메인 또한 그의 저작에서 마우러의 저작에 핵심적인 중요성을 부여하고 있다. 그는 『촌락-공동체들Village-Communities』에서 이렇게 말한다. "우리가 발견할 수 있는 가장 오래된 토지 소유 형태가 집단적 소유라는 주장은 그것을 뒷받침할 만큼 충분한 증거가 이미 존재한다." 서방세계에 "아직도 남아 있으며 실제로 관찰이 가능한 집단적 소유의 형태들은 오로지 슬라브 인종들이 많이 살고 있는 나라들에서만 발견되는 것으로 믿어진다." 메인은 계속해서 말한다. "오늘날에도 독일에서 이루어지고 있는 소유의 여러 사실이 튜튼적 소유의 초기 역사와 긴밀한 조응 관계를 맺고 있음은 충분히 입증된 바 있다."[139] 게다가 에르빈 나세Erwin Nasse도 마찬가지로 '영국에서도 집단적인 튜튼적 소유의 흔적들을 명확하고도 풍부하게' 발견한 바 있다고 한다.[140] 따라서 메인은 1875년이 되면 다음과 같이 주장할 정도로 확신을 가지게 된다. "혈연관계로 통일된 (사실이든, 아니면 순전히 믿음이나 가정에 의해서든) 집단이 토지를 집단적으로 소유하는 것은 이제 확실하게 원시적인 현상으로 분류하는 것이 온당하다. 그러한 집단적 소유는 우리들의 문명과는 아무런 뚜렷한 연관도, 유사점도 없는 고대 인류의 공동체들에는 한때 보편적으로 나타났던 특징이었다."[141]

메인과 마찬가지로 카를 또한 마우러의 저작의 중요성에 큰 감명을 받았다. 1868년 3월 14일 그가 엥겔스에게 보낸 편지에는 마우러에 대한 연구의 이야기가 나온다. "마우러 영감님의 저서(1854년, 1856년 등등의 저작)들은 진정한 독일식 박식함의 방식으로 쓰여 있다네." 마우러가 뫼저와 연관되어 있는 '저 백치 같은 베스트팔렌 시골 영감들의 생각'을 완벽하게 논박하고 있다고 상찬한다. "모든 독일인이 다 혼자서 각자 정착했고, 그렇게 개개인의 정착이 이루어진 뒤에야 비로소 촌락, 지구 등등의 더 큰 단위들이 만들어졌다는 것이지. … 토지를 일정한 간격을 두고 (독일에서는 본래 연 단위로) 재분배하는 **러시아** 방식이 독일의 일부 지역에서 18세기까지, 심지어 19세기까지도 남아 있었다는 것은 지금 보면 참 흥미로운 일일세." 이 편지에서 카를이 마우러를 언급하며 하는 이야기는 여전히 그가 옛날에 풀지 못했던 문제에 대한 집착으로 덧씌워져 있다. 마우러 본인은 알 리가 없겠지만, 그의 연구는 '내가 옛날에 제시했던 관점', 즉 '아시아 혹은 인도의 소유 형태들이 유럽에서의 소유의 기원과 일치하는 증거가 도처에 존재한다'는 주장에 대해 심화된 증거를 제시하고 있다는 것이다. 마찬가지로 러시아의 농민 코뮌에 대한 헤르첸과 학스타우젠의 주장들에 대해 오랫동안 카를이 가졌던 짜증에 대해서도 마우러의 저작은 카를의 입장이 옳다는 것을 입증하고 있다는 것이었다.[142] "러시아인들은 심지어 **이러한 쪽의** 문제에 있어서도 **독창성**이라고는 조금도 보여 주지 못하고 있는 것일세."[143]

카를은 열흘 후인 3월 25일에 다시 편지를 보내며, 마우러에 대한 생각을 더 적어 보내고 있거니와 이번에는 더욱더 솔직하고 광범위한 종류의 생각을 피력한다. 이 편지는 마우러의 저작에 대한 새로운 평가를 담고 있다. "그의 저작들은 지극히 중요하다네. 단지 원시시대뿐만 아니라 그 이후의 모든 역사 발전이… 완전히 새로운 성격을 띠게 되니까." 그는 계속해서 이렇게 말한다. "인류의 역사는 화석학과 같다네. **일정한 판단의 원칙에 맹목적으로 갇히게 되면** 가장 뛰어난 정신을 가진 이조차도 자기 바로 코앞에 있는 것조차 제대로 보지 못하게 되는 게 세상 이치야. 그러다가 나중에 때가 되면 우리가 보지 못했던 것들의 흔적을 사방에서 발견하고는 깜짝 놀라게 되지." 카를은 '우리가 모두 이러한 **판단 원칙에 맹목적으로 갇혀 있는 상태**에 깊이 들어가 있는' 점을 인정한 뒤, 훈스뤽의 예를 들고 있다. "**내가 살던** 바로 그 동네인 **훈스뤽**에 옛날의 게르만 시스템이 **최근 몇 년 전까지만 해도** 존속하고 있었다는 것일세. 나는 이제 부친께서 **법률가의 관점**에서 그것에 대해 이야기해 주시던 게 기억이 난다네." 카를은 그다음으로 그림이 뫼저의 영향을 떨치지 못하는 바람에 타키투스의 저작에서 관련된 구절들을 잘못 번역했다고 비판한 뒤, 계속해서 이렇게 주장한다. "'타키투스가' 묘사한 형태의 그러한 게르만식의 원시 촌락들은 덴마크에 가 보면 아직도 도처에 존재하고 있다네.' 스칸디나비아는 '독일 신화 연구에 대해서와 마찬가지로 독일 법학과 독일 경제학에 있어서도 중요'하게 될 것이라고 한다. '거기에서 시작해야만 우리의 과거를 다시 해독하는 일이 가능해질 테니까 말일세."[144]

이 편지의 이야기는 이것으로 끝나지 않았다. 13년이 지난 뒤 카를은 러시아의 농민 코뮌의 미래에 대해 베라 자술리치Vera Zasulich에게 보낸 답장의 여러 초안 중 하나에서 거기에 담겨 있는 여러 함의를 더욱 자세히 서술하고 있다. 그의 추론에 따르면 이 고대의 코뮌들은 "끝없는 외국과의 전쟁과 내란 속에서 사라져 갔습니다. 그것들은 아마도 아주 폭력적인 죽음을 맞았을 듯싶습니다. 게르만 부족들이 이탈리아, 스페인, 골 등등의 지역을 정복하게 되었을 때 이 고대적 형태의 코뮌은 더 이상 존재하지 않았습니다." 하지만 그는 계속해서 이렇게 말한다. "그 **자연적 생존 능력**을 입증하는 두 가지 사실이 있습니다." 첫째, 중세의 그 모든 흥망성쇠 속에서도 없어지지 않고 살아남은 예들이 간헐적이나마 오늘날까지도 보존되어 있다고 한다. 특히 '그가 태어난 고향인' 트리어가 그 한 예이다. 둘째, 카를은 자기 스스로의 비교 문헌학과 '비교 방법'을 내세우고 있다. '더욱 중요한 점은' 이러한 처음의 사회적 형태가 '그것을 대체한 코뮌(이러한 코뮌에서는 삼림, 목초지, 공유지 등등은 여전히 공동체 소유로 남아 있지만 경작지는 사적 소유가 되어 있다)에도 자신의 특징들을 너무나 효과적으로 남겨 놓았는지라, 마우러가 이 두 번째로 형성된 코뮌들을 분석할 때 그 이전의 고대적 원형을 충분히 재구성할 수 있었던 것이다.' 마지막으로 카를은 튜튼인들의 마르크 공동체를 숭모했던 다른 이들처럼 이것이 태곳적까지 거슬러 올라가는 자유와 민주주의의 전통과 관련이 있다는 점을 반복하고 있다. 이 '고대의 원형'에서 빌려 온 '특징들 덕분에' "여러 게르만 민족들이 침략한 모든 나라에는 새로운 코뮌이 도입되었고, 이는 중세 기간 내내 민중들의 자유와 생명을 유지해 주는 유일한 중심점이 됩니다."145)

카를은 공산주의적 입장을 고수했고 또 국가와 시민사회를 합치고자 하는 꿈을 품고 있었지만, 이와는 달리 그가 마우러의 저작과 태고의 촌락 공동체에 대해 품고 있었던 열정은 1860년대와 1870년대에 절정을 이루었던 게르만 및 앵글로색슨의 주류 문화의 발전 과정과 깊이 맞닿아 있었다. 19세기 중반의 몇십 년간 학자들, 정치가들, 저술가들은 각자 다양한 이유에서 고대 촌락 공동체의 역사적 존재와 사회적 성격의 문제들에 대해 중요성을 부여하고 있었다.

카를의 경우 그의 만년의 주요한 관심사는 역사와 인간 본성에 대한 자신의 비전을 방어해 줄 수 있는 더욱 튼튼한 새로운 출발점을 찾아내고자 했던 노력과 연관되어 있었다.

1868년 3월에 카를이 보낸 편지는 심각한 전환점이었다고 볼 수 있다. 어째서 그는 마우러의 저서를 '지극히 중요하다'고 보았던 것일까? 마우러가 고대 게르만 민속 공동체의 공산주의를 인정했던 것은 사실이지만, 이는 주로 그림Grimm과 영국의 헌법사가들의 정신에 따라 그렇게 한 것이었다. 마우러는 한 민족과 여러 제도의 역사를 아는 것이 국가 지도자들에게는 필수 불가결의 지식이라고 강조하고 있다. "왜냐하면 한 국가를 이끄는 이라면 무엇보다 자신이 작업을 펼치는 땅에 대해서 알아야만 하기 때문이다. … 그 땅의 물질적 속성들뿐만 아니라 무엇보다 그 정신적 속성들에 대해 알아야만 하며, 따라서 그 역사적 기초에 대해서도 알아야만 한다." 왜냐하면 과거로부터 돌아선다는 것, 즉 그것과 완전히 단절한다는 것이 어떤 결과를 가져오는지는 '라인강 양쪽에 인접한 강대국들'이 서로에 대해 갖고 있는 '끝없는 무지'로 적나라하게 드러난다는 것이었다.146)

카를 자신도 한때 시인 지망생이었기에 그러한 낭만주의에 감동을 받은 시절이 있었다. 하지만 1838년 이후로 그는 헤겔의 반낭만주의로 입장을 옮겼고, 하이네의 풍자시 「낭만주의 유파Romantische Schule」의 입장을 받아들였고, 루게의 『할레 연보』에 나오는 반낭만주의 논쟁문들의 입장도 자기 것으로 받아들였다. 1840년대 초 이후 1867년 『자본론』이 출간될 때까지 카를의 저작은 항상 분명하게 모더니즘과 반낭만주의의 색조를 유지하고 있었다. 그의 저작은 그의 정치경제학과 불가분의 하나였으며, 그는 사회주의를 자본주의 이후의 미래와 동일시하고 있었고 이는 새로 나타난 산업 노동계급의 반란으로 시작되는 것이라고 보았다. 하지만 1868년의 편지에서 그는 자신의 판단을 수정한다. "프랑스혁명 그리고 그와 하나로 엉켜 있는 계몽주의에 대한 최초의 반작용으로 모든 것을 중세적·낭만적으로 보는 태도가 자연스럽게 나타났고, 심지어 그림과 같은 인물들조차 여기에서 자유롭지 못했다." 하지만 "그에 대해 두 번째로 나타난 반작용은 중세를 넘어 모든 민족의 원시시대로까지 거슬러 올라가는 것이었다. 이를 이끌었던 박식한 이들은 자기들 작업이 무엇과 연결되는지 물론 전혀 모르고 있었지만, 이는 사회주의적 경향과 일치하는 것이었다. 그리고 이들은 가장 오래된 것들에서 가장 새로운 것들, 심지어 프루동조차 몸서리를 쳤을 정도로 **평등주의적인 것들**이 발견된다는 것을 알고 충격을 받게 되었다."[147] 카를은 공동체적 농업이나 다른 전통적 형태의 농업이 어떻게 대체되는지에 대해 자신이 본래 가지고 있었던 전제들이 현실과 들어맞지 않는 것 때문에 고심하고 있었으므로 촌락 공동체가 생존력이 있을 뿐만 아니라 아주 오래도록 살아남는다는 주장(마우러의 저작에서 발견되는 바이다)은 아주 매력적으로 보였다. 마우러에서 출발한다면, 카를이 '가장 오래된 것 속에서 가장 새로운 것'을 발견하는 데 새로운 열정을 가지게 되었는지도 쉽게 이해할 수 있고, 이것이 어떻게 하여 러시아의 미르 공동체(토지의 공동체 소유와 주기적 재분할이 벌어지는 러시아의 촌락 공동체)를 지지하는 정치적 논리로 연결되었는지도 쉽게 이해할 수 있다.

고대의 공동체적 과거로부터 잔존한 것들을 기초로 삼아 미래의 갱생을 가져올 수 있다는 또 하나의 예로 미르 공동체를 드는 것 또한 이러한 정신에서 나온 것이었고, 이는 프리먼이 스위스의 삼림 주州들에서 마르크 공동체를 재발견한 것, 그리고 메인이 '인도의 촌락 공동체'를 '죽지 않고 살아 있는 제도'라고 묘사한 것과 마찬가지였다. 학스타우젠의 주장들 또한 비슷했다. 그도 인정하는 바, 러시아는 1500년 이상 농업, 기독교, 유럽적 군주정 개념, 근대 문명 등을 차례로 받아들이면서 '유럽의 다른 농경민족들'과 거의 동일한 '정치적 유기체'를 얻게 되었다는 것이다. 하지만 그는 계속해서 말한다. "그 본래의 유목 사회의 기본적 원리들은 여전히 대러시아인들Great Russians✤의 성격과 관습들, 그리고 전체 역사에 지금도 분명하게 드러나 있다."[148]

1870년대 중반 이전에 이미 카를은 학스타우젠의 저작에서 가치 있는 것이 전혀 없다고 알고 있었다. 하지만 니콜라이 체르니셉스키가 사회주의자의 관점에 서서 차르니 러시아 정교회니 하는 따위의 설교가 전혀 없이 급진적인 방식으로 학스타우젠의 저작을 새롭게 정식화하게 되자 카를도 그러한 주장에 빨려들어 가고 만다. 일찍이 1858년 체르니셉스키는 사적 소유란 소유 제 관계의 발전 과정에 나타나는 중간 단계에 불과하며 그 궁극적인 종착점은 공동체적 생산의 복귀를 가져올 것이니, 그사이의 기간에는 기존의 농민 코뮌의 존속을 보장하기 위해 모든 노력을 기울여야만 한다고 주장했다.

카를이 마우러를 칭송하고 또 농민 코뮌에 대한 러시아의 논쟁에 관심을 갖기 시작한 것은 1868년부터 시작된 일인 듯하다. 카를은 먼저 1867년 제네바에 살고 있는 그의 경모자 중 한 사람인 세르노-솔로프예비치N. A. Serno-Solovevich를 통해 체르니셉스키를 알게 되었다. 마우러에 대한 카를의 성찰이 글로 쓰여진 것은 1868년 3월이었다. 상트페테르부르크에 있는 체르니셉스키의 열성파 지지자들의 지도자인 니콜라이 다니엘손(나중에 『자본론』의 러시아어판 역자가 된다)이 그해 9월에 먼저 그와 접촉한다.[149]

1850년대와 1860년대에 나온 카를의 저작들에서는 이러한 공동 소유의 형태가 전제적 지배와 불가분인 것으로 나타난다. 이러한 지역들의 문화나 정치가 (아무리 가려진 형태라고 해도) 무언가 다른 미래의 맹아를 품고 있다는 생각은 그 어디에도 암시조차 없었다. 오히려 그 반대로 가장 날카롭게 두드러져 보이는 것은 이러한 형태들은 비합리적이고 지배자의 전횡에 시달리던 과거의 것으로만 가두어 두는 카를의 태도였다. 카를이 『자본론』에서 '아시아적 생산양식과 여타 고대의 생산양식들'에 대해 썼던바, "이러한 생산의 고대적 사회 유기체들은 부르주아 사회와 비교해 보면 지극히 단순하고 투명하다. 하지만 이러한 고

✣ 원래 모스크바 공국의 영토에 해당하는 지역.

대적 유기체들의 기초가 되는 것은 인류가 개인의 발전이라는 것에 아직 미치지 못하여 개개인들이 자기와 다른 동료들을 묶어 주는 원시적 부족 공동체로부터 아직 탯줄을 끊어 내지 못한 단계에 있는 상태, 혹은 직접적인 종속 관계에 있는 상태이다."[150] 만약 아시아 사회들, 그리고 여타 자본주의 이전의 사회들에 있어서 공동체 소유라는 것이 전제정 혹은 '주종 관계lordship and bondage'와 한 쌍으로 묶여서 나타나는 것이라면, 이런 것이 미래의 공산주의에서 전혀 용납될 수 없다는 것은 명백했다.[151]

하지만 1870년 이후로 카를은 공동체 소유와 전제정의 지배가 반드시 함께 나타나게 되어 있다는 가정을 버리게 된다. 이러한 변화는 그가 러시아에 대해 언급하는 가운데에서 가장 명확하게 나타난다. 1881년, 플레하노프를 중심으로 하는 제네바의 러시아 급진파 집단의 일원인 베라 자술리치는 카를에 러시아 촌락 코뮌에 대한 입장을 밝혀 달라고 요청한다.[152] 1861년의 농노 해방이 있은 뒤 이러한 코뮌은 러시아 자본주의가 발전하면서 필연적으로 사라지게 될 것인가, 아니면 자본주의적 발전이 막을 수 없는 지경이 되기 전에 이러한 코뮌이 '직접적인 출발점' 혹은 '러시아 사회의 갱생의 요소'가 될 수 있을 것인가? 카를은 이에 답하여 우선 코뮌의 약점 중에 '고립' 문제가 있다는 것을 인정했다. 비록 그것이 '본질적으로 내재한 특징'은 아니지만, 이 때문에 '코뮌이 발견되는 곳에서는 어디에서든 정도는 달라도 모종의 중앙집권화된 전제정이 나타나서 코뮌들의 머리 위에 군림하는' 모습이 나타난다는 것이었다. 하지만 이 점에도 카를은 이제 '이는 쉽게 제거할 수 있는 장애물'이고, '정부가 채워 놓은 족쇄만 벗겨 낼 수 있다면 그 즉시… 제거할 수 있는 쉬운 문제'이며, 심지어 '러시아 사회의 전반적 혼란 속에서 사라져 버릴 것'이라고까지 말하고 있다.[153]

그의 촌락 코뮌에 대한 이러한 평가에 변화가 나타나게 된 것은 다시 한 번 니콜라이 체르니솁스키의 저작으로 거슬러 올라간다. 특히 러시아의 공동체 토지 소유에 관한 에세이와 학스타우젠에 대한 서평이 중요했다. 체르니솁스키는 친슬라브주의자들이 신봉하는 신비주의는 러시아의 후진성을 보여 주는 한 증후라고 주장했다. 하지만 그는 곧 이어서 이러한 후진성이 이제는 오히려 유리한 지점이 될 수 있다고 주장한다. 왜냐하면 '후진국들은 선진국의 여러 영향을 받게 되기 때문에 그 내에서 전개되는 사회적 현상들은 중간 단계를 뛰어넘어 낮은 단계로부터 더 높은 단계로 직접 비약하게 되기 때문'이라는 것이었다.[154] 만약 이러한 생각이 옳다면, 러시아가 촌락 코뮌에서 사회주의로 직접 이행하는 것도 불가능할 것이 없다는 게 체르니솁스키의 믿음이었다.

카를은 체르니솁스키의 주장을 받아들였다. 1873년, 그는 『자본론』의 독일어 2판에서 헤르첸에 대한 조롱을 삭제했고, 그 대신 '러시아의 위대한 학자이자 비평가'인 체르니솁스키에 대한 빛나는 찬사를 들여오고 있다.[155] 이러한 주장을 받아들인다는 것은 또한 카를이 본래 『자본론』에서 내놓았던 보편주의의 틀을 포기한다는 것을 뜻했다. 1867년의 1판에서 특히 두드러지는 한 문장이 있다. 이 문장은 다음과 같이 분명한 언명의 형태를 띠고 있고, 그것도 모자라 느낌표까지 달고 있다. "산업이 더욱 발전된 나라의 모습은 덜 발전된 나라에 있어서 그 스스로의 미래를 보여 줄 따름이다!" 그런데 1870년대에 들어서면 카를은 이러한 주장에서 슬며시 뒤로 후퇴한다. 1873년의 독일어 2판에 보면 느낌표가 사라져 있고, 1875년의 프랑스어판에서는 '본원적 축적의 비밀'이라는 장 전체가 수정되어 영국의 농민들이 토지를 뺏기고 쫓겨났던 사건은 오로지 서유럽이 밟아 온 경로에만 적용되는 것임을 함축하도록 바뀌어 있다. 그렇기에 그로부터 2년이 지난 뒤 카를은 『자본론』에 묘사된 '본원적 축적' 과정에 대한 묘사가 필연적으로 러시아에도 적용된다는 생각으로부터 자신을 끊어 낼 수 있었던 것이다.[156]

이러한 변화와 함께 인민주의 정치에 대해서도 지지로 돌아서게 된다. 즉 카를은 이제 1861년 농노 해방 이후 자본주의적 발전이 농촌에서 촌락 공동체를 파괴하기 **이전에** 사회주의 혁명을 이루어야 한다는 관점에 동의했던 것이다. 1881년에 베라 자술리치에게 보낸 편지의 초고 중 하나에서 카를은 이렇게 천명하고 있다. "'러시아의 코뮌을 구원하기 위해서는 러시아혁명이 필요'하며, 또한 '만약 혁명이 적절한 시점에 찾아와 준다면, 그래서 그 모든 힘을 집중하여 농촌 코뮌이 전 방위적으로 피어날 수 있도록 해 준다면 후자는 금방 피어나서 러시아 사회를 재생하는 요소이자 자본주의 시스템에 노예로 붙들려 있는 나라들보다 더 우월한 사회로 만들어 줄 요소로 자라날 것입니다."[157] 동시에 카를은 또한 사회주의 혁명이 자본주의 발전의 귀결로서만 가능하다고 믿는 자신의 사회민주주의 추종자들의 생각을 강력하게 반박한다. 자술리치 서한의 초고들 중 다른 글에서 카를은(아마도 플레하노프 집단의 다른 성원들을 언급하는 듯하다) 이렇게 말한다. "당신이 이야기하는 러시아 '마르크스주의자들'이란 저에게는 참으로 낯설군요. 저는 그 러시아분들과는 '상극으로 반대되는 관점'을 가지고 있답니다."[158]

1870년대에 카를이 제시한 촌락 공동체의 비전은 단순히 러시아에 대한 입장 변화만으로 그치는 것이 아니었다.[159] 정치적으로도 또 이론적으로도 카를의 생각에 여러 다른 변화도 함께 찾아왔다. 정치적으로 보자면, 산업화된 선진국에서의 반자본주의 혁명의 전망은 점점 더 멀어졌다. 이는 프랑스-프로이센 전쟁의 결말, 파리코뮌의 패배, 서유럽 및 북미에서 온건한 합법 지향의 노동운동의 성장 등에서 분명해졌다. 그 반대로 차르가 다스리는 러시아의 미래는 갈수록 불안정해 보였다. 이는 특히 1877년의 러시아-터키 전쟁의 초기부터 분명하게 드러났다. 그러자 카를은 러시아가 전쟁 패배를 거쳐 혁명을 겪게 될 전망에 도취된 나머지 흥분된 어조로 1877년 9월 조르게에게 편지를 보낸다. "이번 위기는 유럽 역사에 있어서 **새로운 전환점**이 될 걸세. 동방은 반혁명의 예비군으로서 지금까지 침투가 불가능한 철벽 요새였지만, 이번 혁명은 동방에서 시작될 걸세."[160] 하지만 이 전쟁에서 승리를 거둔 것은 러시아였다.

좀 더 일반적으로 보자면, 카를은 이제 유럽 바깥 세계의 여러 제국과 그 운명에 대해 다른 태도를 가지기 시작했다고 말할 수 있다. 1853년 카를은 엥겔스에게 자신이 『뉴욕 데일리 트리뷴』의 공식적 논조에 대해 '은밀하게' 반대 활동을 펼치고 있다고 털어놓은 적이 있다. 카를은 그 신문의 노선을 '보호주의자들, 즉 미국의 산업 부르주아지'의 '시스몽디식-박애주의적-사회주의적 반산업주의'라고 묘사하고 있다. 반면 카를은 인도에서 '영국이 토속 산업을 파괴'한 것을 '혁명적'이라고 찬양했다.[161] 하지만 1870년대가 되면 카를은 공동체 형태를 취할 때가 많은 전통적 사회구조를 유럽의 상인들과 식민주의자들이 붕괴시키는 것을 더는 찬양하지 않게 된다. 러시아와 인도 혹은 중국의 주요한 차이점은 '러시아의 경우 동인도회사와 같은 외국 정복자들의 먹잇감이 되지 않았을 뿐만 아니라 현대 세계로부터 단절된 삶을 사는 것도 아니라는 점'에 있다고 한다.[162] 카를은 이제 러시아의 경우에서 보듯 원시적인 공동체적 구조들을 그대로 놓아두면 현대 세계에서도 얼마든지 생존할 수 있을 만큼 충분히 생명력이 있을 뿐만 아니라, 우호적인 정치적 조건을 만나게 되면, 심지어 발전하는 일도 얼마든지 가능하다고 믿고 있는 것으로 보였다.

인도, 아프리카, 중국 등의 경우에는 유럽의 식민화로 인해 그런 길이 막혀 버렸다. 그는 그의 친구인 막심 코발렙스키가 특히 프랑스의 알제리 정복의 사례를 두고서 식민화가 공동체 소유 형태에 가져오는 충격을 설명한 논리에 많은 부분 동의한다. "유럽인들은 유럽 바깥 세계의 외국 법률이 자기들한테 '이윤을 가져다주는' 한에서는 그것을 인정해 주지요. 그들은 이슬람 세계에 가서도 무슬림 법률을 (즉각!) 인정해 줄 뿐만 아니라 자기들의 이윤에 유리한 방식으로 '그것을 오해'하지요. 이 두 가지 모두 그들이 이곳 유럽에서 하는 짓과 똑같습니다."[163] 마찬가지로 동인도회사의 경우에도 카를은 메인이 주장했던 바를 반박한다. 인도에서 코뮌들이 파괴된 것은 '경제 법칙의 자생적 힘들'의 결과물이라는 메인의 주장은 사실이 아니라는 것이었다. "헨리 메인 경과 그 무리에 속한 자들만 빼면, 그곳에서의 공동체적 토지 소유의 파괴란 영국인들이 범한 파괴 행위의 결과물 이외의 아무것도 아니며, 이 때문에 원주민들이 진보가 아니라 퇴보의 방향으로 밀려나고 있다는 것은 누구의 눈에도 분명히 보이는 바입니다."[164]

정치적인 실망과 더불어 이론적 난제가 얽히면서 문제가 더욱 복잡해졌다. 카를의 정치경제학 비판이 자본주의의 위기에 대해 내놓은 설명은 결국 이렇다 할 결론을 내지 못하게 되었다. 마찬가지로 그의 이론에는 여러 다른 자본주의 국가마다 다른 종류의 정치가 작동하는 것을 설명할 수 있는 요소도 전혀 없었다.[165] 여기에는 카를의 건강이 악화된 것이 부분적으로 원인이었음이 분명하다. 하지만 이 또한 그가 다른 관심사들을 키워 나가는 것을 가로막지는 못했다. 특히 러시아에 대한 연구와 초기 인류사에 대한 관심의 증가가 이 당시 카를에게 나타난 주목할 만한 변화였다.[166] 이러한 관심사들은 또한 자신이 예전에 가지고 있었던 관점들로부터 거리를 두기 시작했음을 시사하는 성격의 것들이었다. 1850년대에는 그토록 그의 저작을 가득 채우던 부르주아 사회에 대한 언급들이 이제는 피상적인 수준에 머무르게 됐을 뿐만 아니라 무시하는 어조로 변해 버렸다. 러시아의 농촌 코뮌은 '자본주의의 그 모든 끔찍한 불행을 굳이 겪지 않으면서도 자본주의가 달성한 적극적·긍정적 성과물들을' 전유하는 것이 가능하므로 얼마든지 자본주의 생산양식을 우회하여 나아갈 수 있다는 게 카를의 주장이었다. 하지만 그러한 자본주의의 '성과물들'로 언급되는 것은 기계 산업, 증기 엔진, 철도, '교환 메커니즘' 등과 같이 순전히 기술적인 성격의 것들이었다.[167] 이러한 기술이 전제 조건으로 삼는 생산성 향상과 노동 분업에 대해서는 아무런 언급이 없다. 자본주의적 생산은 '공동체 소유의 사멸' 이후 벌어진 일련의 경제적 혁명과 진화의 '가장 최근의 사건에 불과'하다는 것이었다. 비록 이것이 '사회적 생산력에 있어서 기적적인 발전'을 낳았지만, "이는 자기 이익에 눈이 먼 자들만 빼놓고 온 세계가 분명히 알 수 있도록 스스로의 성격을 밝혀냈습니다. 자신이 순수하게 일시적인 성격의 존재에 불과하다는 것을 말입니다."[168]

그 반대로 자본주의의 선조인 공동체는 '**자연적 생존 능력**natural viability'을 갖추고 있다고 한다. 이는 트리어 주변 지역처럼 일정한 장소에서 생존한 경우도 있으며, 사라지는 경우에라도 '자신을 대체한 코뮌에다가… 자기 스스로의 특징들을 각인시킨' 바 있었다. 따라서 앞에서 이야기한 대로(이 책의 918쪽을 보라), 고대 독일을 연구한 역사가 마우러는 '이 두 번째로 형성된 코뮌을 분석하는 가운데에서 그 고대적 원형도 재구성할 수 있었던 것'이라고 한다.[169] "원시적 공동체들의 생명력은 셈족 사회, 그리스 사회, 로마 사회의 생명력과 비교도 되지 않을 만큼 강력하며, 현대 자본주의 사회의 생명력에 비하면 더더욱 그러하다."[170] 또는 그가 미국 인류학자 루이스 헨리 모건의 책에다가 노트로 달아 두었듯이, 고대 그리스 씨족gens의 경우에서나 이로쿼이Iroquois 북미 원주민의 성격에서나 '분명하게… 미개인savage의 성격이 엿보인다'고 한다.[171] 카를은 씨족을 가부장제, 사적 소유, 계급, 국가보다 이전에 있었던 원초적 형태의 공동체로 묘사하는 것에 많은 영감을 얻는다. 모건은 그리스 및 로마의 고전도 연구했고 또 현존하는 북미 원주민 특히 이로쿼이 부족을 연구하여 양쪽 모두에 씨족이 존재하고 있음을 추론해 냈던 것이다.[172]

카를은 이 역사 이전 시대의 연구를 통해 새롭게 열린 세계에 흥분을 느꼈으며, 이제는 '비단' 부르주아 사회뿐만 아니라 원시공동체가 몰락한 이후 '문명' 전체의 궤적을 모두 아우르는 비전을 가지게 된다. 여기서 괄목할 만한 일은 카를이 이제 프랑스의 '유토피아' 사회주의자 샤를 푸리에와 견해를 같이하여 '문명의 시대는 일부일처제와 토지의 사적 소유를 특징'으로 삼으며, '훗날 사회와 그 국가로 퍼져 나가는 온갖 적대 관계들은 현대의 가족 내부에 작은 크기의 모형의 형태로 모두 담겨 있다'고 생각했다.[173] 원시공동체는 '모든 사회 형태 중에서도 가장 오래된 것'으로, 여기에는 '난혼promiscuity의 무리가 존재할 뿐 가족이란 없다. 여기에 무슨 역할을 하는 권리라는 것이 있다면 어머니의 권리가 있을 뿐이다.'[174]

이렇게 카를이 옛날의 촌락 공동체가 내구성과 '생존 능력'을 가지고 있다는 것에 새로이 초점을 두게 된 데에서 나타나는 가장 흥미로운 특징 하나는 그가 파리에 체재하던 기간인 1843년과 1844년에 그토록 웅변적으로 상세히 논했던 인간 본성에 대한 관념을 다시 언명하는 방식에서 나타난다. 카를에 대한 많은 논평가는 그의 이러한 관념은 '청년 마르크스'의 치기 어린 초기작으로서 별로 반갑지 않은 것으로 무시해 버리지만, 카를은 그러한 생각을 버린 적이 없다. 단지 1844년의 파리 저작들에서 1867년의 『자본론』 1권의 출간 시점까지 20년 동안 사실상 보이지 않게 숨어 있었을 뿐이었다. 이 기간 동안 카를의 초점은 사적 소유와 교환 관계의 지배 아래에서 인간들의 상호작용이 갖게 되는 소외된 성격에 맞추어져 있었기 때문이었다. 만약 카를이 1844년에 주장했던 것처럼 일단 사적 소유가 나타나서 인간관계들이 거꾸로 뒤집히고 나면 인간의 사회적 본성은 오직 소외된 형태로만 표현된다는 게 사실이라면, **거꾸로** 사적 소유가 나타나기 이전 시대에 있었던 고대의 여러 형태의 공동체에서는 인간 본성의 진정한 성격이 소외를 겪기 이전의 자발적 형태로서 표출되어 있을 터였다.[175] 카를의 후기 저작과 1844년의 노트 모두가 인간 본성과 인간의 여러 속성들에 대해 더 많은 숫자의 비교적 직설적인 명제들을 담고 있는 것은 바로 이것 때문이다.

이는 또한 카를이 어째서 헨리 메인 경(그는 이제 '문명', 특히 영국 문명의 최고 대표자로 지목되었다)을 '당나귀 녀석'이니 '돌대가리 영국놈'이니 하면서 그토록 화를 냈는지도 설명할 수 있다. 고대의 공산주의 사회는 절대로 고대의 가부장적 전제정과 동일시해서는 안 된다는 것이었다. 카를은 메인이 모계를 따라서 내려오는 '혈연사회gentile society'의 존재를 전혀 인식하지 못하고 대신 '자신의 가부장적인 로마적 가족을 최초의 시작'으로 밀어 넣었다고 비판했다.[176] 카를은 바흐오펜의 1861년 저작 『어머니의 권리』도 알게 되었고, 이를 다시 1865년에 출간된 매클레넌의 저작 『원시적 결혼 제도』와 1877년에 나온 모건의 『고대

사회』를 통해 자신의 생각을 강화해 굳혀 나갔다.[177] 메인은 원시적인 것을 그저 '집단들이 그것들을 구성하는 성원들에 대해 전제적 지배를 행하는 것'으로밖에는 이해하지 못했다는 것이다.[178] 카를에 따르면 메인은 원시공동체가 여성의 종속이 나타나기 이전에 존재했으며, '경제적·사회적 평등'을 구현하고 있었다는 사실을 깨닫지 못했다는 것이었다. 왕정과 토지의 사적 소유(고유의 정치 영역)는 둘 다 '부족 소유와 부족적 집합체'가 점차 해체되면서 생겨난 것들이었다고 한다.[179] 메인은 국가가 '사회의 배설물'이라는 사실을 이해하지 못했다는 것이다. 국가는 사회 발전이 일정한 단계에 이르러서야 비로소 나타나는 것이며, 또한 미래에 나타날 또 다른 단계에 사회가 도달하게 되면 다시 사라질 것이라는 것이다. "우선 원시적 코뮌으로부터 개인성이라는 것을 찢어서 떼어 낸다. 이 원시적 코뮌이라는 것은 본래 (돌대가리 녀석 메인이 이해했던 것 같은) 전제정의 쇠사슬이 아니라 집단 내부의 만족스럽고, 안락한 여러 유대 관계였다. 그다음에는 개인성이라는 것이 일방적으로 확산되어 간다."[180] 하지만 '문명'이라는 것도 이제 그 명이 다해 가고 있다고 한다. 자본주의는 이제 '위기'에 처했으며, 이 위기는 오로지 그것이 '제거'되고 '현대사회가 고대적 유형의 공동체 소유로 되돌아가는 것'으로만 끝나게 되어 있다는 것이다.[181]

비록 공언한 것은 아니지만, 카를은 이러한 가능성에 절박한 정치적 기대를 걸게 되었다. 이러한 정치적 기대는 더 이상 서유럽의 도시 및 산업 지역의 노동계급이 부르주아 사회에 맞서서 무력 혁명을 일으킬 것인가에 완전히 의존하고 있지 않다. 프랑스에서도 영국에서도 독일에서도 노동계급은 계급투쟁이라는 공격적인 경로를 밟아 나가고자 하는 욕망의 기미를 전혀 보이지 않고 있었다.[182] 카를은 이제 원시공동체의 경작 시스템이 사적 소유로의 이행으로 대체될 가능성이 있는 지점에 관심을 두게 되었다. 카를이 러시아의 농민 코뮌의 장래에 대해 베라 자술리치에게 마지막으로 보낸 편지에 보면, 그는 '전체 발전의 기초'인 '**농업 생산자의 수탈**'이 '영국을 제외하면… 근본적인 방식으로 달성된' 곳은 아무 데도 없으며, "이러한 과정의 '역사적 불가피성'이라는 것은 어디까지나 **서유럽 나라들**에 **명백하게** 국한되어 있는 것"이라고 강조하고 있다. 서유럽에서는 '본인의 인격적 노동에 근거한 **사적 소유**'라는 것이 '임노동'으로 대체되고 있다고 한다. 다시 말하면 한 가지 형태의 사적 소유가 다른 형태의 사적 소유로 대체되고 있는 것뿐이라는 것이다. 하지만 '러시아 농민들의 경우에는 오히려 반대로 **그들의 공동체 소유**가 **사적 소유로 전환**되어어야만 할 것이라고 강조했다.'[183)]

7. 한 인생의 끝자락

카를의 인생 마지막 3년을 어둡게 만든 것은 비단 그의 고칠 수 없는 기관지 질환도 있었지만, 그의 아내와 첫딸인 예니 롱게의 죽음도 큰 원인이었다. 이 기간은 카를이 스스로의 건강뿐만 아니라 가족의 여러 성원들의 건강을 돌아가면서 걱정하는 일로 완전히 점철된 때였다. 1879년 이후 마르크스 부인이 간암을 앓고 있다는 것이 분명해졌다. 카를은 그녀를 맨체스터로 데려가서 굼퍼트 박사에게 보여 주었지만 할 수 있는 것은 많지 않았고, 1881년 6월에는 그녀가 곧 세상을 떠날 것이라는 게 분명해졌다. 그녀는 이따금씩 극장에는 갈 수 있었고, 카를은 7월에 그녀를 이스트본Eastbourne으로 데려갔으며 그녀는 거기에서 휠체어를 타고서 바닷가를 돌아다니기도 했다. 게다가 롱게 가족이 1881년 2월 프랑스의 아르장퇴유로 돌아가 버리는 바람에 손자 손녀들도 사라져서 더욱 삶이 적적해졌다. 이와 동시에 엘리노어는 급성 우울증의 공격을 받았으며 예니 롱게는 오래가는 천식을 한바탕 앓아야만 했다.

그해 가을과 겨울은 특별히 잔인한 기간이었다. 카를의 기관지 질환은 너무나 심해져서 이제 그는 침대에서 일어나지도 못했고, 심지어 바로 옆방의 아내를 보러 갈 수도 없었다. 엘리노어는 렌첸과 함께 두 사람 모두를 돌보았지만, 어머니 예니의 고통은 갈수록 더욱 심해졌다. 그녀는 삶의 마지막 닷새 동안을 모르핀의 도움으로 버티다가 1881년 12월 2일 잠든 가운데 숨을 거두었다. 카를은 그녀를 잃고 완전히 무너졌지만, 너무 몸이 아파서 장례식에도 참석하지 못했다. 엥겔스가 말한 것처럼, "무어도 함께 죽었다"(무어는 카를의 가족 내 별명이었다).

1882년에는 카를의 건강이 약간 호전되기도 했다. 그는 짧게나마 정치적 문제들에 관심을 둘 수도 있었고, 1882년 초에는 엥겔스와 함께 썼던 『공산주의 선언』의 러시아어판에 짧은 서문을 쓰겠다고 하기도 했다. 이 서문은 자기와 엥겔스가 러시아 농민 코뮌에 대한 견해 차이를 숨기는 모호한 명제들을 담고 있었다. "만약 러시아혁명이 서방에서의 프롤레타리아혁명의 신호가 되고, 그래서 양쪽이 서로를 보완해 준다면 현존하는 러시아의 공동 토지 소유는 공산주의적 발전의 출발점으로 기능할 수도 있다."[184]

그 후 그와 엘리노어는 와이트섬의 벤트너Ventnor로 갔다. 하지만 이 여행은 아무 위안도 되지 못했다. 카를의 기침은 전혀 가라앉지 않았고, 엘리노어는 거의 정신적으로 무너지기 직전 상태였다. 그녀의 상태는 리사가레와의 관계가 끝난 것도 원인이었지만, 또한 그녀가 무대에서 배우로 성공을 거두지 못한 절망감도 큰 원인이었다. 그녀의 친구인 돌리 메이틀랜드가 도우러 오기는 했지만, 딸이 어떤 문제를 안고 있는지도 또 어째서 친구의 도움을 받아야 하는지도 전혀 이해하지 못했던 카를은 이를 두고 짜증을 부렸다. 또 런던으로 돌아가 봐야 당시로서는 그를 받아들여 돌볼 수 있는 딸들도 없었기에 그는 알제리로 가서 10주간 더 머물기로 결심한다. 하지만 이렇게 유럽의 겨울을 피해 보겠다는 계획은 실패로 끝났다. 알제리도 추웠을 뿐만 아니라 습하기까지 했다. "2월 20일 알제리에 상륙했지만… 나는 뼛속까지 동태가 되어 버렸네. 춥고 습하며, 습기가 덜한 날에는 더 추운 것이 2월의 추위라네. 나는 말한 대로 지난달의 가장 추운 사흘을 여기에서 보냈다네…. 잠도 전혀 못 잤고, 식욕도 없고, 기침만 심했다네."[185]

카를은 알제리를 떠나 몬테카를로로 여행했지만, 여전히 기관지 질환과 흉막염을 앓고 있었다. 6월이 되자 그는 예니와 함께 아르장퇴유로 가서 3개월을 머문다. 손자·손녀를 보는 것은 즐거운 일이었지만, 이는 맘 편히 쉴 수 있는 장소는 아니었다. 예니는 만삭이 되어 있었지만 그녀의 남편은 성깔만 부리면서 전혀 도우려고 하지 않았던 것이다. 9월에는 카를이 라우라를 설득하여 자기를 데리고 스위스의 브베Vevey로 여행을 떠나도록 만든다. 여기에서 그는 그녀에게 『자본론』의 영어 번역을 맡으라고 권했으며, 그녀가 제1인터내셔널의 역사를 쓸 수 있도록 인터내셔널의 문서고를 제공하겠다고 약속했다. 10월이 되면 카를은 런던의 집으로 돌아온다. 렌첸과 엘리노어뿐만 아니라 예니 롱게의 아들인 조니Johnny도 와 있었다. 카를은 한 번 더 벤트너로 떠났는데, 이번에는 혼자였다.

예니도 아팠다. 1882년 6월 이후로 그녀는 방광암을 앓고 있었다. 아이는 넷이나 되었지만 남편은 화만 내면서 도와주지는 않았으며, 시어머니는 가족이 빚을 지게 된 게 몽땅 예니 때문이라며 욕만 해댔으니 예니의 병세는 급속히 악화되었다. 라파르그 부부가 1883년 1월 초 그녀를 보러 갔을 때 그녀는 '온갖 악몽과 망상의 꿈들 때문에 지친 나머지 무기력증에 깊이 빠져' 있었다.[186] 그녀는 정신착란을 겪다가 1883년 1월 11일 38세의 나이로 세상을 떠난다.

이미 지난 몇 년 동안 먼저 떠난 아내 생각만 하며 살던 카를에게 '그가 가장 사랑했던 딸'의 죽음은 도저히 견뎌 낼 수 없는 충격이었다.[187] 카를은 만성적인 기관지 질환을 앓는 데다 찬 서리와 눈보라, 을씨년스러운 북동풍에 쫓겨 자기 방에만 갇혀 있었고, 폴 드 콕Paul de Kock의 가벼운 소설을 이따금씩 읽는 것 이상으로는 책도 읽지 못했다. 렌첸은 여느 때와 마찬가지로 사랑과 정성으로 그를 돌보았지만, 그의 건강은 계속 악화되었다. 카를은 폐에 궤양이 생기는 병을 앓게 되며, 1883년 3월 14일 빈혈로 숨을 거둔다.

에필로그

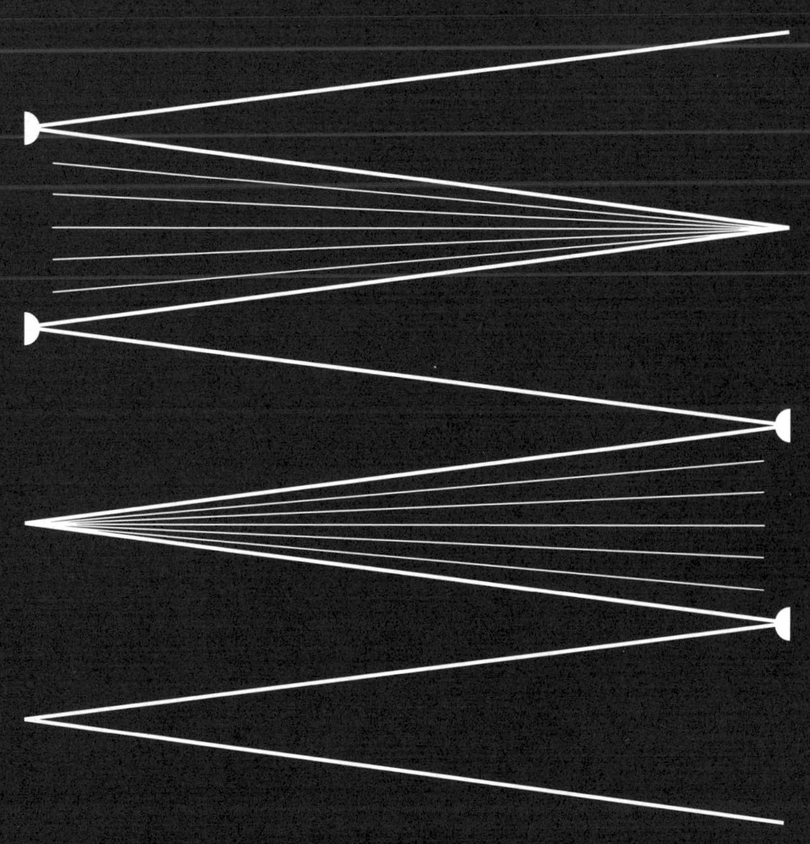

카를이 말년에 몰두했던 역사적·철학적 주제들은 그가 죽은 후 오래지 않아 사라지게 된다. 고대적 촌락 공동체를 떠받치던 학문적 주장들도, 또 거기에 따라오는 정치적 함의도 19세기를 넘기지 못했다.

프랑스혁명과 나폴레옹전쟁 이후의 기간 동안 프랑스인들은 이 자유의 튜튼적 기원이라는 주장에 대해 아주 냉담한 태도를 보였다. 이들은 귀족적이고 군사주의에 찌들어 있는 프랑크족들보다는 근면한 골족을 더 선호하여 이들이야말로 '제3신분'의 조상이라고 보았다.✣ 기조는 1823년 출간된 그의 저서 『프랑스 역사에 대한 에세이』에서 마르크 공동체라는 것은 전혀 언급하지 않은 채 프랑크인들이 일을 싫어했고 그저 술 마시고 사냥하는 것만 즐겼다는 이야기를 길게 늘어놓았다.[1] 게다가 프랑스-프로이센 전쟁이 벌어지면서 이러한 게르만족에 대한 적개심은 더욱 날카로워졌으며, 이에 1889년에는 퓌스텔 드쿨랑주 Fustel de Coulanges가 마우러의 학문적 신뢰성에 대해 전면 공격을 감행하게 된다.[2]

✣ 프랑스는 로마에 점령당하기 이전에 '골Gaul'족(유럽 대륙에 널리 분포하여 살았던 고대 켈트인들)의 땅이라는 의미에서 '갈리아'라고 불렸다가, 로마 지배 시대에는 라틴인들과 뒤섞이며, 특히 언어에 있어서 로망스 방언의 지역이 된다. 서로마가 무너진 후 게르만족의 일파인 프랑크족의 지배를 받게 된다.

퓌스텔의 공격은 실로 파괴적인 것이었다. 마르크 공동체의 이론은 카이사르나 타키투스의 저작 어디를 보아도 도저히 근거를 찾을 수 없다는 것이었다. 마우러는 '경작지ager'라는 말을 그냥 '공유 경작지ager publicus'를 뜻하는 것으로 여기면서 아무런 설명도 내놓지 않고 있지만, 그 '공유publicus'라는 단어는 타키투스의 텍스트에 나오지도 않는다는 것이었다.✣ 게다가 고대 게르만법에서 마르크라는 말도 단순히 '경계선'(라틴어로는 terminus)이라는 뜻으로, 보통 사적 소유의 토지, 특히 로마 상류층들이 전원에 둔 별장들villas을 언급하는 말이었다고 한다. 실상을 보자면 초기 게르만 법률은 토지의 사적 소유를 전제 조건으로 하여 성립한 것으로, 그 소유 주체는 개인들이나 가족들이지 결코 그보다 더 큰 집단이었던 적이 없었다는 것이었다. 토지가 주기적으로 재분배되었다는 유일한 증거로 이야기되는 것은 옛날 텍스트를 베껴 쓴 이의 큰 실수에서 나온 것이라고 한다. '공동common'이라고 하는 말은 그저 영주의 땅에 대해 소작인들이 관습적으로 갖고 있는 사용권을 언급하는 것일 뿐이며, 이 소작인들이 한 번이라도 하나로 합쳐서 그 땅의 **소유자들**이 된 적이 있었다는 증거는 전혀 없다는 것이다. 또한 마르크 의회니 마르크 법정이니 하는 것들이 존재했다는 증거도 전혀 없다고 한다.

프레더릭 시봄Frederic Seebohm, 윌리엄 애슐리William Ashley, 폴 비노그라도프Paul Vinogradoff 등이 잉글랜드에 관해 수집한 증거 또한 동일한 방향을 가리키고 있었다.[3] 1883년 출간된 『시봄의 잉글랜드의 촌락 공동체』는 장원 시스템이 잉글랜드의 대부분 지역에 획일적으로 퍼져 있었음을 입증하고 있다. 그는 봉건적 장원의 기원을, 이른바 자유로운 마르크 공동체라는 것의 해체에서 찾을 것

✣ '아게르 푸블리쿠스'는 기원전 4세기경 공화정 로마가 처음으로 팽창하기 시작할 때 나타난 제도로, 적에게서 빼앗은 토지를 부자나 귀족이 독점하는 것을 막기 위해 이를 공유지로 정하고 한 사람이 경작할 수 있는 상한선을 제한했다. 최소한 명목상으로나마 이 제도는 공화정 말기까지 유지되었고, 그래서 로마 시민들은 최소한 일정한 넓이의 토지를 경작하여 생계를 도모할 권리를 가지고 있었다.

이 아니라 후기 로마제국에서 노예들이 일하던 별장villa에서 찾아야 한다고 주장했다. 나중에 침입해 온 앵글로색슨족 침입 이전에 이미 스스로 로마의 토지 시스템을 받아들였거나, 아니면 잉글랜드에 도착한 이후 거기에서 발견한 시스템을 그대로 채택했다는 것이다. 시봄의 저작은 마르크 공동체의 존재를 사실상 완전히 무너뜨려 버리고 말았다. 경제학자 알프레드 마셜✤은 1870년대에 자신의 저서 『경제학 원리』에 수반되는 역사철학의 출발점으로서 원초적인 '아리아' 촌락과 튜튼인들의 마르크 공동체에 대한 메인의 묘사를 발전시키려고 시도했다. 이를 통해 관습에 묶여 있었던 공동체에서 현대의 혁신과 개인적 자유로 이어지는 진보의 과정을 묘사하려고 했던 것이다. 하지만 이 촌락 공동체들이 "토지의 궁극적 소유자이자 '자유로운' 존재였던 경우는 많지 않았다"는 것을 시봄이 증명한 것을 읽고 난 뒤, 그는 그 역사 서술 부분에서 남은 것들을 부록으로 돌려 버렸으며, 마르크 공동체에 대한 모든 언급을 빼 버렸다.[4)]

또 퓌스텔 드쿨랑주가 제시한 다른 증거들은 스위스, 세르비아, 스코틀랜드에 마르크 공동체가 있었다는 주장의 밑동을 헐어 버렸다.[5)] 카를이 공동체 소유 제도가 지금까지 존속해 있는 소중한 증거로 들었던 트리어와 훈스뤽의 '농장Gehöferschaften'도 나중에 인민들에게 강제로 주어진 공동체적 제도로, 그 기원은 장원에 있다는 것이 밝혀졌다.[6)] 마지막으로 러시아 미르 공동체의 역사적 신뢰성도 실질적으로 해체당하고 말았다. 치체린Chicherin은 미르 공동체의 존재가 아무리 옛날로 거슬러 올라가 봐야 1592년 이전이 될 수 없으며, 차르 페도르 이바노비치Fedor Ivanovich의 칙령으로, 즉 '전제정 정부의 법령'으로 제도화된 것임을 입증했다. 퓌스텔 드드쿨랑주가 1889년에 인정했듯이 '이 문제는 여전히 뜨거운 논쟁' 중이었지만, 그때까지 밝혀진 증거에 기초해서만 보더라도 미르

✤ 마셜은 수학자 출신으로 신고전파 경제학의 틀을 완성한 이이지만, 헤겔 철학에 조예가 깊었을 뿐만 아니라 독일 역사학파 경제학의 영향으로 경제사로 경제 이론을 상호 보완해야 한다는 입장이었다는 점은 잘 알려져 있지 않다.

공동체는 봉선제 시대에 나타난 것이었으며 '집단적 소유가 전혀 아니라 집단적 농노제'라는 것이었다.[7]

카를이 새로이 착상했던 정치 전략 또한 마찬가지로 금방 끝이 나 버렸다. 그는 『자본론』 1권 출간 이후에 있었던 자신의 입장 변화를 공공연하게 알리는 데 전혀 솔직하지 못했다. 따라서 카를의 추종자 대부분이 여전히 카를의 입장을 『공산주의 선언』에 나오는 근대화의 비전과 동일시했던 것도 놀라운 일이 아니었다. 또한 엥겔스가 이들이 그렇게 하도록 장려했다. 엥겔스는 카를이 후기에 촌락 공동체에 관심을 두었던 것을 전혀 반기지 않았다. 1882년, 엥겔스는 마우러의 '이런저런 모든 시대에서 아무렇게나 문헌적 증거와 예들을 무차별적으로 나란히 인용하는 버릇'을 비판하기도 했다.[8] 1894년 그는 마찬가지로 체르니셉스키가 '농민 코뮌이 사회의 재생을 가져올 기적적인 힘이 있다는 믿음'을 조장한 것이 무슨 도움이 되었는지를 캐묻고 있다. 사실을 보자면, 러시아의 코뮌은 몇백 년을 존속해 왔지만, "스스로 더 고차적인 공동 소유제를 발전시키는 원동력을 전혀 제공한 적이 없다. 독일의 마르크 시스템, 켈트족의 부족, 인도 및 여타 코뮌들의 원시적인 공산주의적 제도들만도 못했다."[9] 엥겔스는 카를의 러시아 자료를 모조리 그의 친구 라브로프Lavrov에게 기꺼이 넘겨주었으며, 자신의 『자본론』 2권과 3권의 편집 작업에서 카를의 후기 사상을 통합하려는 시도를 전혀 하지 않는다. 플레하노프, 스투르베 그리고 이들의 추종자인 레닌은 러시아 마르크스주의를 '유물사관'과 '인민주의Narodism'(러시아와 그 농민 코뮌의 독특성을 믿는 태도) 사이의 투쟁이며, 따라서 서구주의자들과 슬라브 전통주의자들 사이에 벌어졌던 예전의 전투가 재연된 것이라고 묘사한다. 이는 농민 코뮌의 의미와 중요성이 당면한 정치적 이슈가 되는 바로 그 장소에서 사실상 카를의 관점이 망실되었음을 분명히 보여 주고 있다.

엥겔스는 오브시치나obshchina에 대해 낭만주의자들이 에너지를 쏟는 것에 대해 여전히 적대적이었다. 그는 고대의 공동체적 신념들이 현대의 집산주의적 제도들과는 아무런 관계도 없다고 생각했다. 1894년, 그는 인민주의자이자 바쿠닌주의자인 페트르 트카체프Petr Tkachev에 대해 20년 전에 내놓았던 공격의 글을 새롭게 편집해 내놓았다. 이 에세이는 '자기들 나라의 경제적 미래에 관심을 갖는 모든 러시아인들'을 위해 쓰였음을 공언하고 있다. 그는 먼저 러시아에 '서방 자본주의 사회와 그 모든 타협 불가의 갈등과 적대 관계들'을 의식하고 있는 사람들은 '불과 몇천 명'이며 이들은 코뮌에 살고 있지 않은 반면, "아직도 공동 소유의 토지에 살고 있는 5000만 명 정도의 사람들은… 이 모든 문제에 대해 전혀 모르고 있다. … 1800~1840년 사이의 영국 프롤레타리아들도 로버트 오언이 자기들을 구원하기 위해 고안했던 계획들에 대해 무지하고 적대적이기까지 했었거니와, 이 러시아의 다수 또한 그 몇천 명의 사람들에 대한 감정이 다르지 않다." 그리고 엥겔스가 강조하듯이, 오언이 뉴 래나크 공장에 고용됐던 대다수의 사람 또한 "쇠퇴해 가던 공동체적인 혈연사회인 스코틀랜드 켈트 부족의 여러 제도와 관습 속에서 자라난 이들이었다"고 한다. 하지만 "오언은 그 어디에서도 이들이 자신의 사상을 더 잘 이해하고 높게 평가했다는 말을 남긴 바가 없다"고 한다. 따라서 "경제 발전이 훨씬 더 높은 단계에 도달해야만 생겨날 수 있고 또 생겨나게 되는 난제들과 갈등들을 그보다 낮은 단계의 경제 발전으로 해결한다는 것은 역사적으로 불가능한 일"이라는 것이 엥겔스의 결론이었다.[10)]

그런데 이 촌락 공동체에 대한 카를의 입장이 20세기로 넘어오지 못하게 된 데에는 더욱 깊은 이유들이 있었고, 이미 그가 죽은 1883년에도 그의 입장은 낡은 것으로 보이기 시작했다. 카를은 고대에서 현대사회로의 이행에 대해 저작을 남긴 이들로 다윈이 가져온 지적 충격을 받기 이전 세대에 속하는 이였다 .메인, 바흐오펜, 모건, 매클레넌과 카를은 모두 1818~1827년 사이에 태어났다. 이들 모두가 법학자였으며, 따라서 초기 혹은 원시시대에 대한 연구가 자연사의 일부가 아니라 법학 연구의(19세기에는 정치경제학이 법학의 일부로 여겨질 때가 많았다) 일부로 접근한 이들이었다. 이들이 초점을 둔 제도들인 사적 소유, 국가, 결혼, 가족 등도 법적인 제도들이었다. 비록 모건은 이로쿼이족과 접촉이 있었고 메인은 인도 행정부의 일원으로 일했었지만, 이들은 여행기를 쓴 이들도 아니며, 훗날에 쓰이는 의미에서의 사회인류학자들도 아니었다. 이들의 지적인 영감의 원천은 고전과 성경이었다. 이들은 구약성서 맨 앞의 모세오경, 로마법, 그리스신화에 특히 많이 의존했다. 아브라함의 가부장적 전제주의에서 십계명과 12표법The twelve tables을 거쳐 프로메테우스와 올림푸스 신들의 비행非行에 이르기까지 사비네 여인들의 약탈과 카우디네 갈림길에서 로마의 삼니움족에 의한 패배에 이르는 모든 이야기가 이들의 상상력을 만들었던 것이다. 또 이들의 관심에서 근간에 깔려 있는 것은 역사, 발전, 진보를 동일한 것으로 보는 태도였다. '신분에서 계약으로'이든, 사적 소유에서 '인류의 전사pre-history'의 종말로이든, '소키에타스societas'에서 '키비타스civitas'✤이든, 이러한 동일시가 그들의 관점이었던 것은 마찬가지였다. 각자 방법은 달라도 모두 다 역사를 진보의 척도로 사용할 수 있다고 믿었으며 소유 형태, 생산양식, 친족 관계의 유형, 결혼, 관습, 법률 무엇이든 낮은 단계에서 높은 단계로 점진적으로 전진해 나가는 것이라고 믿었다. 그들의 소위 '비교 방법'이라는 것 또한 각자 사용한 방법들은 다르지만 이러한 발전의 순서들을 잡아나가는 데 도움을 주고자 했던 것이었다.

카를이 그의 만년 저작에서 '고대의 친족 사회에 존재했던 자유, 평등, 박애가 더 고차적 형태로 살아날 것'을 보았던 예언자라고 칭송했던 미국인 루이스 헨리 모건은 이러한 법적 형태와 고전적 열망이 결합되었던 전형적인 예의 하나였다.[11] 그는 뉴욕주의 로체스터에서 법률가로 훈련받은 이였고, 인근에 사는 이로쿼이족의 토지 분쟁에서 변호를 몇 번 맡으면서 그들의 관습에 매혹되었다. 비록 그는 교회에 나가는 기독교인은 아니었지만 그의 가까운 친구인 매킬

✤ 모건은 그의 『고대사회』 제1장에서 최초의 인간관계는 인격적 개인끼리의 관계, 즉 주로 혈족으로 이루어졌다는 의미에서의 '사회societas'였으며 그 이후에는 일정한 영토 내에서 소유관계를 중심으로 하여 성립되는 '국가civitas'가 나타난다고 주장했다.

베인 목사Reverend J. S. McIlvaine가 이끄는 그 지역의 자유주의 칼뱅 교회의 여러 가치들을 공유하고 있었다. 비록 매킬베인 목사와 그의 신도들은 진화론을 환영했지만 이를 그저 신의 계획이 펼쳐지는 과정으로 이해했을 뿐, 종 자체가 변화할 수 있다는 다윈의 사상은 받아들일 수 없었다. 그들 다수는 이를 다윈주의의 도저히 받아들일 수 없는 '유물론적' 핵심이라고 보았다.[12)]

모건도 이러한 입장을 공유했고, 그의 『미국 비버와 그 작업The American Beavers and His Works』에서는 종이란 고정불변으로서 모두 따로따로 창조된 것이라는 퀴비에의 사상이 더욱 우월하다는 것을 입증하고자 했다.[13)] 종이란 올챙이가 개구리로 변한다는 발생학적 의미에서나 자기들의 잠재력을 충족함으로써 장기적으로 변한다는 뜻으로만 변할 수 있다는 것이었다. 또한 그는 결혼, 친족, 어족들을 분류하여 인도-유럽어와 셈어에 더해 핀족에서 타밀족에 이르는 여러 유목 민족들로 이루어진 '투라니안'이라는 집단이 존재했다는 생각을 입증하려고 많은 시간을 보냈다.[14)] 그도 그의 동시대인들과 마찬가지로 미국 토착민 부족들에 대한 민속학적 지식을 고전 학습(그의 경우에는 조지 그로트George Grote의 『그리스사』)에 기초한 모종의 역사 모델과 결합시켰다.[15)] 이미 1851년부터 모건은 이로쿼이족의 정치제도들과 고대 그리스 여러 부족의 정치제도들 사이에 강력한 유사성이 있다고 믿었다. 실제로 그리스의 여러 혈연집단들과 이로쿼이족의 민주적 관행들은 인도-유럽어족의 마르크 공동체와 결부되어 있다고 여겨진 민주적 관행들과 다르지 않았다. 모건에게 '미개인들에게서 야만인들이 출현하고, 이 야만인들로부터 문명인들이 출현하는' 발전의 전 과정은 '지고의 지성을 가진 절대자의 계획의 일부'라는 것이었다.[16)]

얼핏 보면 아주 동떨어진 이야기처럼 보이지만, 모건의 접근과 카를의 접근은 그 입장에서 모종의 친화성이 있음을 지적할 필요가 있다. 카를은 말할 것도 없이 이러한 '지고의 지성을 가진 절대자' 따위의 생각은 결단코 거부했겠지만, 모건과 마찬가지로 그 또한 '진보'가 순전히 '우연'에 의해 벌어진다는 다윈의 생각을 탐탁지 않게 여겼다. 모건과 마찬가지로 카를 또한 퀴비에를 높게 평가했다. 퀴비에야말로 '위대한 지구과학자이며, 자연 연구자로서는 특출할 정도의 문학-역사에 대한 안목을 가지고 있다'는 것이었다. 그는 퀴비에가 '독일의 자연 숭배자들'이 종의 변화 가능성에 대해 갖는 생각을 조롱하는 것에 우호적이었지만, 결국에 가면 카를도 다윈주의자들이 옳다는 점에 동의하게 된다. 하지만 이는 마지못한 태도였을 뿐이다.[17] 만약 다윈의 생각이 옳다면 자신의 역사 이론의 위치는 어떻게 되는 것일지를 스스로 생각해 보았을 법하다. 그럼에도 그가 모건의 『고대사회』에서 발견된 것들을 열성적으로 받아들였다는 것은 의문의 여지가 없다.

카를의 세대와 1880년대 및 1890년대에 **마르크스주의** 사회주의 운동을 지배하게 되는 세대 사이에는 지적으로 큰 간극이 있었다. 이 점은 러시아의 '노동자 해방단Group for Emancipation of Labour'✤의 가장 두드러진 인물이었던 게오르기 플레하노프와 그의 가장 잘 알려진 이론적 저작인 1895년의 『유물론의 옹호: 일원론적 역사관의 발전』을 언급하는 것으로 충분히 보여 줄 수 있다. 이 저작에서 그는 인간의 '도구 제작'의 능력은 스스로의 활동을 통해 자연을 인간화하는 것과는 거리가 먼 '일정한 크기'라고 보았다. '그리고 이러한 능력을 발휘할 대상이 되는 외부의 환경 조건은 그 크기가 계속해서 변화하는 것으로 보아야만 한다'는 것이었다.[18] 다른 말로 하자면, 결과를 낳는 데 핵심이 되는 변수는 인간의 활동이 아니라 외부 환경이라는 것이었다. 그의 이론을 요약하자면, "다윈은 식물과 동물의 여러 종이 그 생존 투쟁 속에서 어떻게 나타나게 되었는지의 문제를 푸는 데 성공했다. 마르크스는 인간들의 생존 투쟁 속에서 어떻게 다양한 유형의 사회조직들이 생겨났는가의 문제를 푸는 데 성공했다. 논리적으로 보자

✤ 레닌의 '노동자 해방 투쟁 동맹'과 착각하지 말 것. 플레하노프의 조직이 노동자의 자생성에 기초한 느슨한 조직으로서 혁명적 과업에 어울리지 않는다고 보아 레닌이 새로이 만든 조직이 후자이다.

면, 마르크스에 대한 검토는 바로 다윈에 대한 검토가 끝나는 바로 그 지점에서 시작된다."[19] 진화생물학을 배우며 자라난 세대에게는 고전문학, 고대 신화, 급진적인 이상주의 철학으로 자라난 세대의 꿈이 깃들 자리가 없었다. 자연은 더는 수동적이고 반복적인 인간의 '비유기적 신체'로 머물지 않았다. 이는 이제 인간을 위협하여 모든 전환점마다 영구적으로 변화하는 외부적 환경의 요구에 맞추어 생존 투쟁의 조건들에 적응해 나가도록 억지로 밀어붙이는 위협적이고도 파괴적인 적극적 행위자가 된 것이다. 20세기 사회주의의 새로운 언어에서 보자면, 1848년 이전의 세대에 사상을 형성한 이들의 꿈과 이상은 갈수록 이해가 불가능한 것이 되어 버렸다.

마지막으로 의미심장한 이야기가 있다. 1928년 프랑크푸르트에서 출간된 『마르크스-엥겔스 문서고Marx-Engels Archiv』에서 『마르크스-엥겔스 전집Gesamtausgabe』의 편집자이자 마르크스 연구의 개척자인 다비트 리아자노프는(훗날 스탈린 숙청 시대에 실종된다) 카를의 사위인 폴 라파르그의 1911년 문서들을 뒤지다가 카를이 1881년 3월 8일에 프랑스어로 쓴 편지의 초안들을 몇 개 발견했으며, 여기에는 특정 구절을 지우거나 삽입한 흔적으로 가득했다고 보고하고 있다.[20] 이는 2월 16일에 제네바에 있었던 러시아 망명객들의 '노동자 해방단'의 베라 자술리치가 보낸 편지에 대한 답장이었다.[21] 카를이 자술리치에게 보낸 완성된 편지는 1911년에 발견된 여러 초고와 마찬가지로 코뮌 문제에 대해 긍정적으로 답하고 있었다. 이는 러시아 마르크스주의자들에게 어떤 영향을 끼쳤을까?

리아자노프는 그때에 아직 살아 있었던 '노동자 해방단'의 성원들에게 카를의 답장을 받은 기억이 있는지를 묻는 서신을 회람했다. 플레하노프, 자술리치 그리고 아마도 액설로드까지도 모두 받은 기억이 없다고 답했다. 하지만 리아자노프 자신 스스로가 1883년 제네바에 있던 당시 이러한 서신 교환에 대해 들은 적이 있었고, 심지어 플레하노프와 카를이 공동체 소유를 부인할 것인가,

옹호할 것인가를 놓고 개인적 갈등까지 벌였다는 소문을 들은 기억이 있었다고 한다.[22] 1923년, 카를에게서 온 없어졌던 편지가 액설로드의 문서들에서 나타났다. 하지만 리아자노프에 따르면 '어째서 혁명가 집단 내부에서 격렬한 논쟁을 일으켰던 문제를 다룬 이 마르크스의 편지가 완전히 잊혀 버렸는가의 진정한 이유는' 알아낼 도리가 없었다고 한다. 리아자노프가 말한 바와 같이, "우리는 플레하노프는 물론 심지어 편지 수취인인 자술리치까지도 마찬가지로 이 편지를 완전히 잊고 있음을 보았다. 이 편지가 특히 그토록 각별한 관심을 불러일으킬 만한 내용이었음에도 이렇게 완전히 기억에서 사라지는 일은 아주 이상한 것이며, 아마도 심리학 전문가들에게는 우리 기억력 메커니즘이 갖는 특이한 결함들의 가장 흥미로운 예의 하나를 제공하는 것이리라."[23]

우리는 '노동자 해방단'의 옛 지도자들이 어째서 그들에게 도시에 기반한 노동자들의 사회민주주의 운동을 구축하려는 이른바 정통 '마르크스주의'의 전략을 따르지 말고 대신 촌락 공동체를 지지해야 한다고 강력하게 촉구하는 카를의 1881년 편지를 1923년의 시점에서 **잊고** 있었는지는 알 도리가 없다. 하지만 이는 20세기에 구성된 마르크스의 상이라는 것이 19세기에 실제로 살았던 마르크스와는 본질적으로 닮은 구석이 전혀 없다는 점을 더욱 강화해 줄 뿐이다.

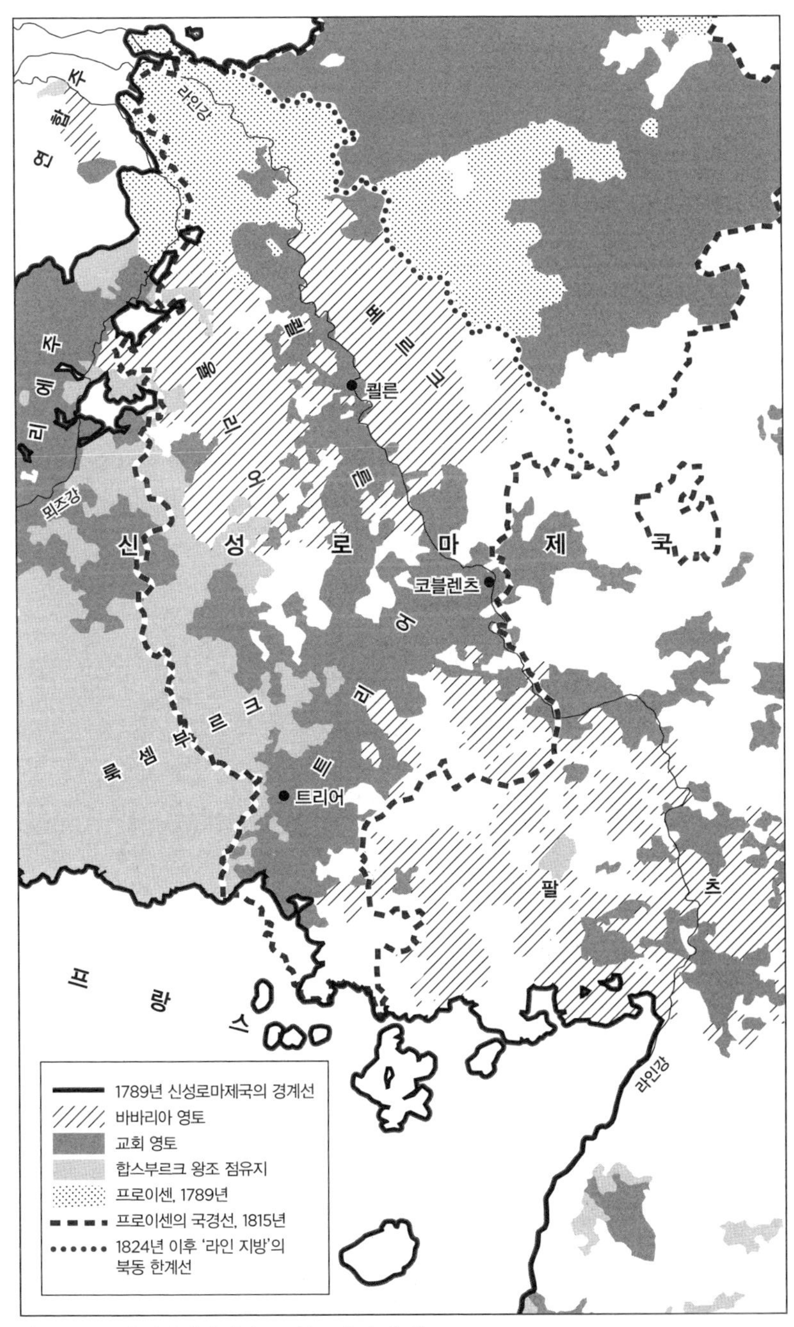

지도1. 1789년 이전의 라인란트 - '수도승의 회랑'

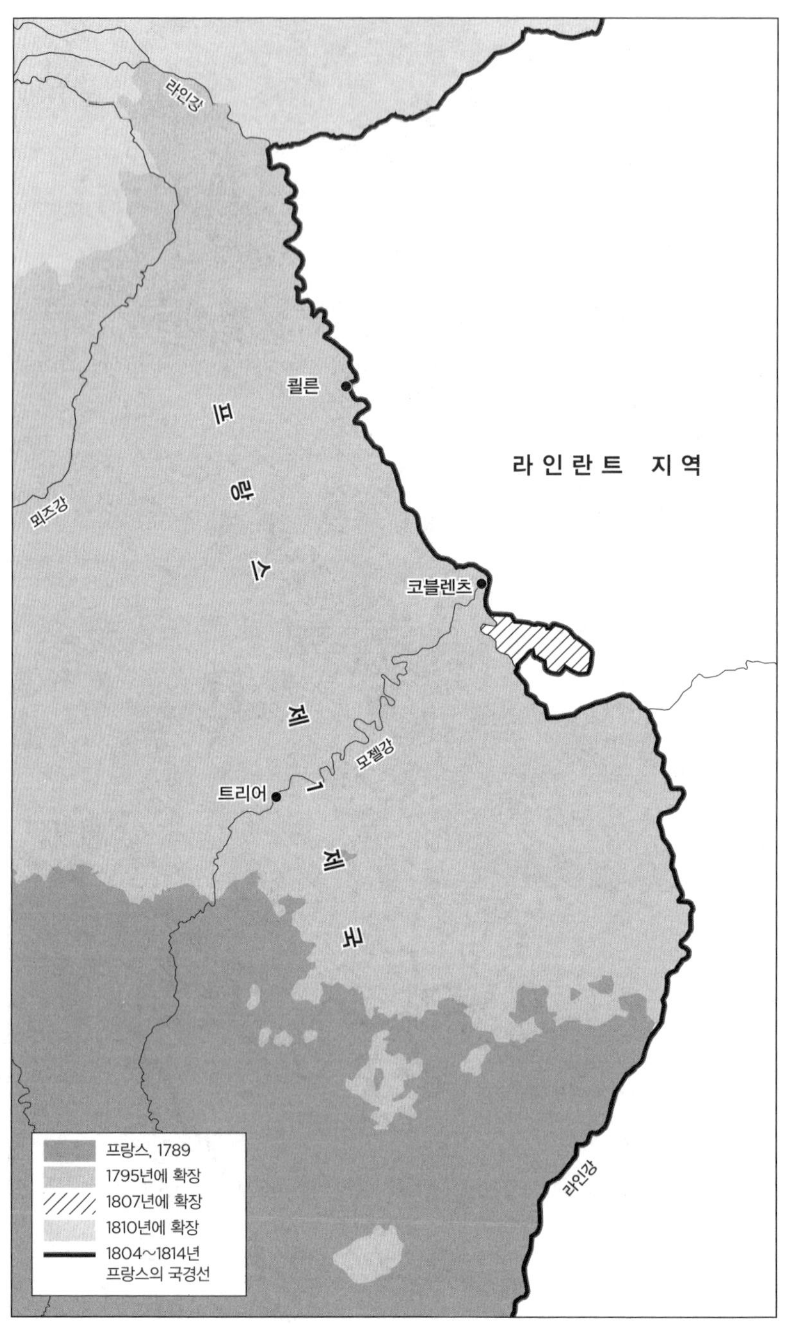

지도2. 프랑스혁명과 나폴레옹 시대의 라인란트에 대한 프랑스의 점령

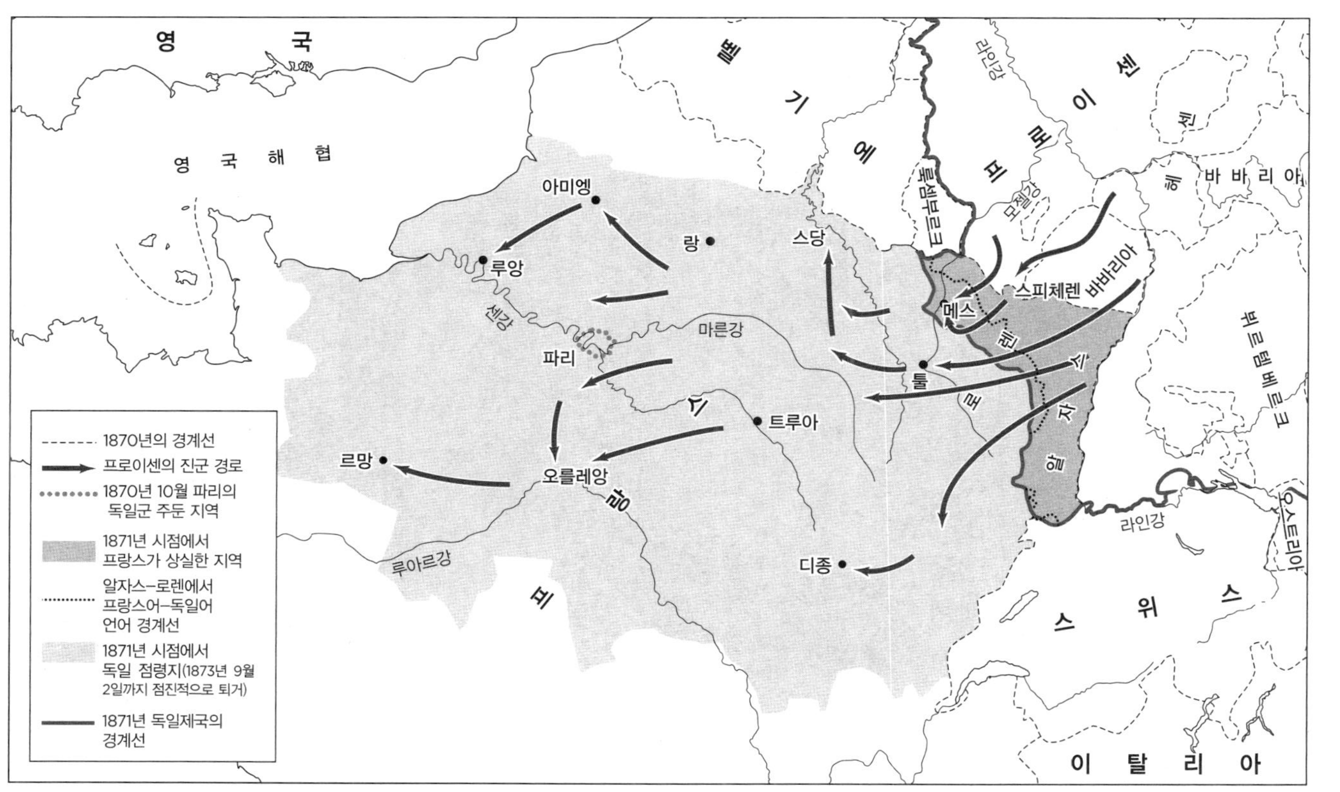

지도3. 파리와 보불전쟁의 여러 전투들

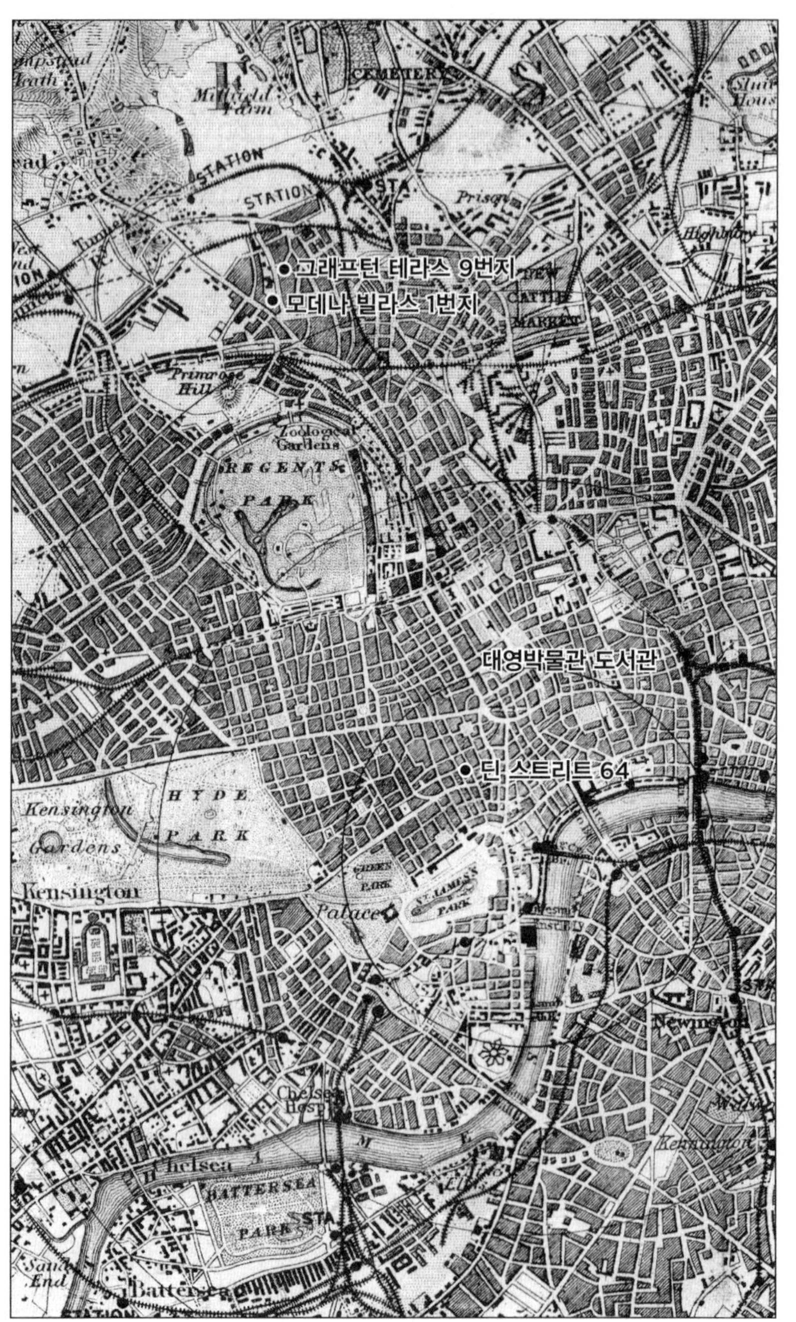

지도4. 마르크스가 살던 런던, 1848~1883년

감사의 말

마르크스의 삶과 작업들에 대한 연구는 수많은 저명한 이들에게 그에 관한 책을 쓰도록 영감의 원천이 되었다. 1918년 저명한 독일 사회민주주의자 프란츠 메링의 선구적인 전기로부터 시작하여 오늘날까지 마르크스의 전기는 거의 끊어지는 법이 없이 계속 출간되고 있다. 나의 책은 그러한 저작들에 들어 있는 무수한 여러 혜안을 기초로 삼고 있다. 하지만 중요한 점 하나에서 차이가 있다.

비록 마르크스의 인생 또한 대단히 흥미로운 점이 많지만, 그의 지속적인 중요성의 원천은 그가 실로 놀라운 일련의 텍스트들에서 전개한 바 있는 사상이 가져온 충격이며, 그것의 위치와 의미는 세상에 나온 순간부터 격렬한 정치적 논쟁을 불러일으켜 왔다. 그의 텍스트들을 둘러싸고 과거에 이렇게 폭력적일 정도의 정치적인 열기가 표출된 바 있으며 오늘날에도 여전히 그러한 열기는 식지 않은 상태이다. 학술적인 관점에서 마르크스의 전기를 쓴 이들은 아마도 이러한 논쟁과 싸움에 휘말리기를 원하지 않았으리라. 그래서 그들은 마르크스의 이론적 저작들에 대해서는 그저 묘사적 설명에 머무는 경향이 있었고, 대신 그의 삶에 집중하는 쪽을 선호해 왔다.

이와 대조적으로 나는 마르크스의 삶에 대해서와 똑같은 만큼 마르크스의 사상에 대해서도 관심을 두기로 결정했다. 나는 그의 저작들을 특정한 정치적·철학적 맥락 안에 위치한 한 저자의 개입 활동으로 보고 이를 역사가로서 조심스럽게 재구성해야 한다고 보았다. 마르크스는 그의 모든 독창성에도 불구하고, 그때까지 전혀 발견되지 않은 새로운 사회 이론으로서의 전인미답의 경로로 치고 나간 고독한 탐험가는 아니었다. 철학자로든, 정치 이론가로든, 정치경제학 비판가로든 그의 여러 저작은 이미 존재해 오던 담론 영역에의 개입 활동으로 의도된 것이었다. 게다가 이러한 개입들은 모두 그의 동시대인들을 청중과 독자로 삼아 이루어진 것이지, 20세기와 21세기의 후손들을 위해 계획된 것들은 아니었다. 내가 이 책에서 의도한 바도 옛날 미술 작품을 복원하는 이의 의도와 비슷한 것으로, 우리 눈에 이미 익숙하게 익어 버린 그림을 잡아내어 그 안에서 후대에 이루어진 가필과 수정을 제거해 내어 그 본래 상태를 복원하는 것이다. 그래서 나는 이 책에서 마르크스 스스로가 했던 말들과 마찬가지로 그의 동시대인들의 발언과 반응들에 대해서도 주의를 기울였다. 하지만 이러한 작업은 또한 마르크스뿐만 아니라 그의 동시대인들을 보다 큰 지평 위에서 바라볼 때에만 가능한 일이다. 따라서 마르크스와 그의 동시대인들이 부분을 이루었던 19세기 역사를 최소한 부분적으로라도 다시 생각할 필요가 있다.

이 책을 위한 연구 작업 및 그에 연관된 몇 번의 집담회는 아리안 드 로스차일드Ariane de Rothschild와 피로즈 라다크Firoz Ladak가 이끄는 '에드먼드 드 로스차일드 재단Edmond de Rothschild Foundation'의 지원으로 가능했다. 나는 또한 케임브리지 대학, 런던의 퀸메리 대학의 '역사 연구소Institute of Historical Research'의 여러 학문 동료들에 의해 오랜 세월 만들어진 여러 형태의 지성사에 상당한 빚을 지고 있다. 특히 고 크리스 베일리Chris Bayly, 덩컨 벨Duncan Bell, 에우제니오 비아지니Eugenio Biagini, 리차드 버크Richard Bourke, 크리스토퍼 클라크Christopher Clark, 팀 하퍼Tim Harper, 콜린 존스Colin Jones, 슈루티 카필라Shruti Kapila, 덩컨 켈리

Duncan Kelly, 윌리엄 오라일리William O'Reilly, 조너선 패리Jonathan Parry, 마이클 소넨셔Michael Sonenscher, 실바나 토마셀리Sylvana Tomaselli, 로버트 톰Robert Tombs, 애덤 투즈Adam Tooze, 그리고 게오르기오스 바룩사키스Georgios Varouxakis 등에게 큰 빚을 지고 있다. 마르크스의 여러 저작은 정치경제학과 자연법의 특정한 지적 계보에 단단히 뿌리를 박아야만 이해할 수가 있으며, 이러한 영역에서 나는 '정치경제학과 사회'에 대한 '킹스 칼리지 연구 센터King's College Research Centre'의 프로젝트에 참여한 이들에게서 많은 것을 배웠다. 몇 명의 이름을 거명하자면, 존 던John Dunn, 비앙카 폰타나Bianca Fontana, 마이클 이그나티프Michael Ignatieff, 특히 고인이 된 이스트반 혼트Istvan Hont의 혁신적인 저작이 큰 도움이 되었다. 또한 나는 에마 로스차일드Emma Rothschild와 내가 이끌고 있으며 잉가 훌트 마르칸Inga Huld Markan과 에이미 프라이스Amy Price가 돕는 '케임브리지 역사 및 경제학 센터Cambridge Centre for History and Economics에서 발전시킨 연구에서 큰 도움을 받았다. 정치경제학의 예전 역사에 대한 에마의 여러 혜안은 나로 하여금 이 책에서 취한 접근법을 형성하는 데 크게 도움이 되었다.

나의 작업은 지금도 진행되고 있는 『마르크스-엥겔스-전집Marx-Engels-Gesamtausgabe』 덕분에 가능해졌다. 이는 1920년대에 처음 착상되었을 때에나, 또 1991년 '베를린-브란덴부르크 학술원'에 통합되어 학술적 진정성을 회복했을 때에나 그 편집에 있어서 실로 훌륭한 질을 유지했다. 특히 나는 현재의 편집자인 위르겐 헤레스Jürgen Herres의 혜안과 지원에 감사하고자 한다. 지금은 본과 베를린의 '프리드리히 에베르트 재단Friedrich-Ebert-Stiftung'의 일부가 된 트리어의 '칼-마르크스-하우스Karl-Marx-Haus' 그리고 암스테르담의 '국제 사회사 연구소International Institute of Social History'는 나에게 중요한 문서고 자료들에 접근할 수 있도록 해 주었다.

이 책의 여러 주제를 생각해 낼 수 있도록 돕는 결정적 역할을 했던 친구들과 동료들은 무수히 많다. 독일 철학에 대해서는 더글러스 모가흐Douglas

Moggach가 변함없이 지원을 해 주었고, 마찬가지로 정치경제학에 대해서는 키스 트라이브Keith Tribe가 그 역할을 했다. 요아힘 훼일리Joachim Whaley는 19세기 독일어와 독일 문학의 모든 것에 대해 영감을 주는 도움과 지도를 제공했다. 또한 오랜 세월에 걸쳐 나는 이 영역의 괄목할 만한 학자들 다수의 박사 논문을 지도하는 즐거움을 누려 왔으며, 그들은 이제 모두 유명한 역사가들이 되었다. 나는 캐롤라이나 아르멘테로스Carolina Armenteros, 캘럼 배럴Callum Barrell, 덩컨 캠벨Duncan Campbell, 에드워드 캐슬턴Edward Castleton, 그레고리 클레이스Gregory Claeys, 사이먼 쿡Simon Cook, 데이비드 크레이그David Craig, 이사벨 디바나Isabel Divanna, 데이비드 펠드먼David Feldman, 마고 핀Margot Finn, 톰 홉킨스Tom Hopkins, 트리스트럼 헌트Tristram Hunt, 토머스 존스Thomas Jones, 크리스티나 라테크Christina Lattek, 존 로런스Jon Lawrence, 줄리아 니콜스Julia Nicholls, 데이비드 펄프리David Palfrey, 수전 페니베커Susan Pennybacker, 대니얼 피크Daniel Pick,애나 플라사트Anna Plassart, 다이애나 시클로번Diana Siclovan, 닉 스타가르트Nick Stargardt, 마일스 테일러Miles Taylor, 윌리엄 휘트먼William Whitham, 비 윌슨Bee Wilson 등과의 교류를 통해 많은 것을 얻었다. 또한 샐리 알렉산더Sally Alexander가 이 책과 계속 씨름하면서 도움이 되는 비판을 주었던 것에 따뜻한 감사의 말씀을 전한다. 논평과 제안으로 도움을 준 친구들과 동료들은 무척 많다. 실비 에이프릴Sylvie Aprile, 조너선 비처Jonathan Beecher, 패브릭 벤시몬Fabrice Bensimon, 조너선 클라크Jonathan Clark, 비두킨트 드 리더Widukind de Ridder, 뤼도비크 프로베르Ludovic Frobert, 피터 고시Peter Ghosh, 새뮤얼 하야트Samuel Hayat, 조애나 이니스Joanna Innes, 데이비드 레오폴드David Leopold, 카르마 나불시Karma Nabulsi, 마크 필립Mark Philp, 이오베르트 프로테로Iorwerth Prothero, 루아 리뇰Loic Rignol, 아마르티아 센Amartya Sen, 윌리엄 스타인메츠William Steinmetz, 데이비드 토드David Todd, 마크 트러고트Mark Traugott, 마르셀 반 데어 린덴Marcel van der Linden, 리처드 와트모어Richard Whatmore 등을 우선 거명하고자 한다.

'역사 및 경제학 연구소'의 메리-로즈 치들Mary-Rose Cheadle에게 기쁜 감사를 드리고자 한다. 그녀는 대단히 뛰어난 편집자이면서 또한 좋은 친구이다. 그녀는 언어적 기술과 원고 교정 기술뿐만 아니라 적절한 이미지를 찾아내는 안목까지 있어서 이 책의 처음 장이 쓰였을 때부터 마지막 초고가 나올 때까지 그 편집 작업을 전문가답게 감독해 주었다. 매기 한베리Maggie Hanbury는 여러 해 동안 참을성 있게 기다리며 꾸준히 지원을 해 주었고, 이 책의 출간을 위해 가장 좋은 조건이 확보되도록 해 주었다. 펭귄 출판사의 팀은 대단한 능력을 가진 이들로, 특히 클로이 캠벨Chloe Campbell과 마크 핸슬리Mark Handsley는 편집에 있어서 아주 명민한 제안들을 내주었다. 펭귄 출판사의 사이먼 와인더Simon Winder는 이 프로젝트의 시작부터 사려 깊은 격려와 지지를 아끼지 않았다.

나는 이 책을 학계 바깥의 많은 독자들이 즐길 수 있기를 희망한다. 그러한 독자들을 생각할 때마다 떠오르는 이들은 지적이면서도 항상 호기심이 넘치는 눈으로 세계를 관찰하는 애비게일 서Abigail Thaw와 나이젤 휘트미Nigel Whitmey이다. 그들이 이 책을 좋아했으면 좋겠다. 마지막으로 무엇보다 나의 가장 따뜻한 감사의 말을 대니얼Daniel, 조지프Joseph, 미리Miri (세 사람 모두 역사를 생각하고 쓰는 직업을 가진 이들이다)에게 전하고 싶다. 이 프로젝트에 믿음을 가지고 변함없는 사랑과 지원을 해 준 것에 감사드린다.

케임브리지, 2016년 6월 11일

주

프롤로그

1) Eugen von Böhm-Bawerk, *Karl Marx and the Close of His System: A Criticism*, trans. Alice M. Macdonald, London, T. Fisher Unwin, 1898.
2) 수정주의 논쟁의 전개에 대한 설명으로는 다음을 보라. H. and J. M. Tudor (eds.), *Marxism and Social Democracy: The Revisionist Debate 1896–1898*, Cambridge, Cambridge University Press, 1998. '붕괴 이론'에 대한 베른슈타인의 공격은 특히 다음을 보라. pp. 159-73.
3) Werner Blumenberg, *Portrait of Marx: An Illustrated Biography*, trans. Douglas Scott, New York, Herder & Herder, 1972, p. 2; August Bebel and Eduard Bernstein (eds.), Der Briefwechsel zwischen F. Engels und K. Marx, 4 vols., Stuttgart, Dietz, 1913; "August Bebel to Karl Kautsky, 7 February 1913", in K. Kautsky Jr (ed.), *August Bebels Briefwechsel mit Karl Kautsky*, Assen, Van Gorcum & Co., 1971, pp. 278–9.
4) Isaiah Berlin, *Karl Marx: His Life and Environment*, Oxford, Oxford University Press, 4th edn, 1978 [1939], pp. 4, 14.

1장 아버지와 아들들: 어정쩡한 프로이센인 되기

1) 다음을 보라. *From Reich to State: The Rhineland in the Revolutionary Age, 1780–1830*, Cambridge, Cambridge University Press, 2003, pp.158–9, 188.
2) Heinz Monz, *Karl Marx und Trier: Verhältnisse, Beziehungen, Einflüsse*, Trier, Verlag Neu, 1964, pp. 38–9.
3) Heinz Monz, *Karl Marx: Grundlagen der Entwicklung zu Leben und Werk*, Trier, Verlag Neu, 1973, pp. 221–32; Jan Gielkens, Karl Marx und seine niederländischen Verwandten: Eine kommentierte Quellenedition, Schriften aus dem Karl-Marx-Haus, Trier, no. 50, 1999.
4) Timothy Tackett, *Becoming a Revolutionary: The Deputies of the French National Assembly and the Emergence of a Revolutionary Culture (1789–1790)*, Princeton, Princeton University Press, 1996, p. 120.
5) Keith Michael Baker, 'Fixing the French Constitution', in *Inventing the French Revolution: Essays on French Political Culture in the Eighteenth Century*, Cambridge, Cambridge University Press, 1990, p. 303.
6) Ibid., p. 265.

7) Ibid., p. 305.

8) 다음을 보라. François Delpech, "La Révolution et l'Empire", in B. Blumenkranz (ed.), *Histoire des Juifs en France*, Toulouse, E. Privat, 1972, pp. 265–304.

9) Rowe, *From Reich to State*, pp. 21–3.

10) R. Liberles, 'From *Toleration to Verbesserung*: German and English Debates on the Jews in the Eighteenth Century', *Central European History*, 22/1, 1989, pp. 1–32.

11) 다음을 보라. David Sorkin, *The Transformation of German Jewry 1780–1840*, Oxford, Oxford University Press, 1987, pp. 25–7; Christopher Clark, *Iron Kingdom: The Rise and Downfall of Prussia, 1600–1947*, London, Allen Lane, 2006, pp. 331–8.

12) 그레구아 신부의 갱생 개념에 대해서는 다음을 보라. Alyssa Goldstein Sepinwall, *The Abbé Grégoire and the French Revolution: The Making of Modern Universalism*, Berkeley, University of California Press, 2005, pp. 56–136. 1769년 라바테르Lavater는 멘델스존에게 샤를 보네Charles Bonnet의 원초적 진화론을 담고 있는 저서 『철학의 재생Palingénésie Philosophique』을 보내 그에게 보네의 주장을 논박하든가, 아니면 개종하라고 촉구한 적이 있었다.

13) 카를의 가족에 대해서는 다음을 보라. Jonathan Sperber, *Karl Marx: A Nineteenth-Century Life*, New York, Liveright Publishing Corporation, 2013, ch. 1, pp. 5–25.

14) Delpech, "La Révolution et l'Empire", pp. 282–5.

15) 다음을 보라. Rowe, *From Reich to State*, Part II.

16) 다음에 인용되어 있다. John McManners, *The French Revolution and the Church*, London, SPCK, 1969, p. 142.

17) Delpech, "La Révolution et l'"Empire", p. 287; Robert Anchel, *Napoléon et les Juifs*, Paris, Presses Universitaires de France, 1928, pp. 62–75.

18) 다음을 보라. Albert Rauch, "Der Grosse Sanhedrin zu Paris und sein Einfluss auf die jüdische Familie Marx in Trier", in Richard Laufner and Albert Rauch (eds.), *Die Familie Marx und die Trierer Judenschaft*, Schriften aus dem Karl-Marx-Haus, Trier, 1975, no. 14, pp. 18–22; Anchel, Napoléon et les Juifs, pp. 187–226; Delpech, "La Révolution et l'"Empire", pp. 286–301.

19) Heinz Monz, "Der Religionswechsel der Familie Heinrich Marx", in Monz, *Karl Marx: Grundlagen*, ch. 19, pp. 239–40.

20) Laufner and Rauch, 'Vorbemerkung', in *Die Familie Marx und die Trierer Judenschaft.*

21) Rowe, *From Reich to State*, pp. 253–4.

22) Clark, *Iron Kingdom*, p. 311.

23) Hagen Schulze, *The Course of German Nationalism: From Frederick the Great to Bismarck, 1763–1867*, Cambridge, Cambridge University Press, 1991, pp. 48–56; Clark, Iron Kingdom, ch. 11.

24) Monz, *Karl Marx: Grundlagen*, pp. 245–8.

25) Ibid., p. 247.

26) Ibid., p. 248.

27 Wilhelm Liebknecht, *Karl Marx: Biographical Memoirs*, London, Journeyman Press, 1975 『1901』, pp. 13 – 14; "Eleanor Marx to Wilhelm Liebknecht", in David McLellan (ed.), *Karl Marx: Interviews and Recollections*, London, Macmillan, 1981, p. 163.

28) "Heinrich Marx to Karl Marx", 12 August 1837, *Karl Marx/Friedrich Engels Collected Works*, 50 vols., Moscow, London and New York, 1975 – 2005 (이하 *MECW*로 표기), vol. 1, p. 674.

29) "Edgar von Westphalen to Friedrich Engels", 15 June 1883, *International Institute of Social History Amsterdam, Karl Marx/Friedrich Engels Papers*, Inv. nr. L 6312 – 6319 [L IX 233 – 240].
레싱은 기독교를 인류가 점진적으로 교육을 받아 진보해 나가는 단계의 하나로 놓았다. 다음을 보라. "The Education of the Human Race", in H. B. Nisbet (ed.), *Lessing: Philosophical and Theological Writings*, Cambridge, Cambridge University Press, 2005, pp. 217 – 40; 칸트에 대해서는 다음을 보라. "Religion within the Boundaries of Mere Reason", in I. Kant, *Religion within the Boundaries of Mere Reason and Other Writings*, eds. Allen Wood and George di Giovanni, Cambridge, Cambridge University Press, 1998, pp. 31 – 191.

30) "Heinrich Marx to Karl Marx", 18 November 1835, *MECW*, vol. 1, p. 647.

31) Monz, *Karl Marx: Grundlagen*, p. 252.

32) "Heinrich Marx to Henriette Marx", 12 – 14 August 1837, *Karl Marx–Friedrich Engels Historisch–0-Kritische Gesamtausgabe* Berlin, 1927-35 (이하 *MEGA*로 표기), III, i, p. 313.

33) 다음을 보라. Monz, *Karl Marx: Grundlagen*, ch. 4; Rowe, From Reich to State, p. 274.

34) Karl Marx, "Proceedings of the Sixth Rhine Province Assembly. Third Article. Debates on the Law on Thefts of Wood" (1842), MECW, vol. 1, pp. 224 – 63. Jonathan Sperber, *Rhineland Radicals: The Democratic Movement and the Revolution of 1848–1849*, Princeton, Princeton University Press, 1991, p. 77.

35 다음을 보라. Monz, *Karl Marx: Grundlagen*, p. 52.

36) 신분estate은 위계적으로 설계된 사회 내의 넓은 의미에서의 계층이며, 1789년 이전에는 이것이 의회의 표준적인 형태였다. 비록 19세기 전반에 걸쳐서 보수주의자들은 여전히 이러한 의회를 선호했지만, 프랑스혁명에서 이미 '제3신분'이 '국민'이라고 선언된 바 있으며 성직 계층과 귀족 계층은 폐지된 바 있으므로 그 정당성은 근본적인 도전에 처하게 되었다.

37) Rowe, *From Reich to State*, pp. 270 – 71.

38) H. Heine, *Ludwig Börne: Recollections of a Revolutionist*, trans. Thomas S. Egan, London, Newman, 1881, p. 51.

39) Rowe, *From Reich to State*, pp. 276 – 8.

40) 이 연설은 다음에 인용되어 있다. Monz, *Karl Marx und Trier*, p. 88.

41) Monz, *Karl Marx: Grundlagen*, p. 135.

42) Ibid., pp. 135 – 6.

43) "Heinrich Marx to Karl Marx", 18 – 29 November 1835, *MECW*, vol. 1, pp. 647 – 8.

44) "Heinrich Marx to Karl Marx", 2 March 1837, *MECW*, vol. 1, pp. 672 – 3.

45) McLellan (ed.), *Karl Marx: Interviews and Recollections*, p. 163.

46) Rowe, *From Reich to State*, pp. 247 – 9; Sperber, *Rhineland Radicals*, pp. 47 – 9.

2장 법률가, 시인, 연인

1) Franz Mehring, *Karl Marx: The Story of His Life*, trans. Edward Fitzgerald, London, John Lane, 1936, p. 2. 이 책의 독일어 원본 1판은 1918년 베를린에서 나왔다.
2) Jan Gielkens, *Karl Marx und seine niederländischen Verwandten: Eine kommentierte Quellenedition*, Schriften aus dem Karl-Marx-Haus, Trier, no. 50, 1999, p. 33에서 인용.
3) Heinz Monz, *Karl Marx: Grundlagen der Entwicklung zu Leben und Werk*, Trier, Verlag Neu, 1973, p. 251.
4) "Karl Marx to Friedrich Engels", 30 April 1868, *MECW*, vol. 43, p. 24.
5) "Henriette Marx to Karl Marx", early 1836, *MECW*, vol. 1, p. 652.
6) "Henriette Marx to Henriette van Anrooji", 18 November 1851; Gielkens, *Karl Marx*, p. 143에서 인용.
7) "Henriette Marx to Sophie Philips", 14 April 1853; Gielkens, *Karl Marx*, p. 154.
8) "Henriette Marx to Karl Marx", 29 November 1836, *MECW*, vol. 1, pp. 648 – 9.
9) "Heinrich and Henriette Marx to Karl Marx", early 1836, *MECW*, vol. 1, pp. 651 – 2.
10) "Henriette Marx to Karl Marx", 16 September 1837, *MECW*, vol. 1, p. 683; ibid., 10 February 1838, p. 693.
11) 헤르만Hermann은 암스테르담의 어느 상인에게 도제로 들어갔지만, 그에 대해 하인리히는 이렇게 말한 바 있다. "열심히 일한다는 점에서는 기대가 크지만, 오히려 그 때문에 지적 능력에 대해서는 기대가 더 적어진다." "Heinrich Marx to Karl Marx", 9 November 1836, *MECW*, vol. 1, p. 663.
12) Ibid., 12 August 1837, p. 674.
13) "Jenny Westphalen to Karl Marx", 11 – 18 August 1844, *MECW*, III, I, p. 441.
14) Monz, *Karl Marx: Grundlagen*, p. 235에서 인용.
15) 예를 들어 다음을 보라. Mehring, *Karl Marx*, p. 5.
16) Karl Marx, "Reflections of a Young Man on the Choice of a Profession", *Gymnasium essay*, August 1835, *MECW*, vol. 1, p. 7.
17) "Heinrich Marx to Karl Marx", 1836년 초, *MECW*, vol. 1, p. 650.
18) Ibid., May/June 1836, p. 654.
19) "Karl Marx to Heinrich Marx", 10/11 November 1837, *MECW*, vol. 1, p. 18.
20) "Henriette Marx to Karl Marx", 15/16 February 1838, *MECW*, II, i, p. 330.
21) Monz, *Karl Marx: Grundlagen*, p. 233.
22) 카를의 동생인 헤르만과 비교해 볼 때 이러한 카를에 대한 기대는 전혀 다른 것이었다. 헤르만은 1818년 8월 12일에 태어났다. 그의 아버지에 따르면, 1836년 헤르만은 상인으로서 훈련을 받기 위해 브뤼셀로 갔다. 그의 아버지가 쓴 바에 의하면, "그의 성실함에 대해서는 나는 많은 기대를 걸고 있지만, 오히려 그 때문에 그의 지적 능력에 대해서는 큰 기대를 걸고 있지 않다." 헤르만은 폐결핵으로 1842년 트리어에서 사망했다. 다음을 보라. Monz, *Karl Marx: Grundlagen*, pp. 233 – 4.
23) Institut Marksizma – Leninzma, *Reminiscences of Marx and Engels*, Moscow, Foreign

Languages Publishing House, 1957, p. 251. 엘리노어의 이야기에 따르면, 누나와 여동생들이 이러한 학대를 참아 주었던 이유는 카를이 그 보상으로 그들에게 해 주었던 이야기가 너무 재미있었기 때문이라고 한다.

24) "Heinrich Marx to Karl Marx", 28 December 1836, *MECW*, vol. 1, p. 664.

25) Ibid., 9 November 1836, p. 661; ibid., 12 August 1837, p. 675.

26 Monz, *Karl Marx: Grundlagen*, pp. 297 – 319.

27) "Karl Marx to Friedrich Engels", 17 September 1878, *MECW*, vol. 45, p. 322.

28) Monz, *Karl Marx: Grundlagen*, pp. 147, 153, 161 – 2.

29) 함바흐 축제에 대해서는 이 책의 1장 108쪽을 보라.

30) 1835년, 하인리히 하이네, 루트비히 뵈르네, 카를 구츠코우Karl Gutzkow 등 수많은 작가들의 작품이 메테르니히의 부추김으로 금지되었다. 이 작가들이 회원으로 참여하는 '청년 독일파Young Germany'가 마치니의 혁명적 비밀결사인 '젊은 유럽Young Europe'의 독일 지부라는 혐의 때문이었다. 그런데 실상을 보면 독일연방은 이름만 같은 두 개의 다른 집단들을 헷갈린 것이었다(물론 메테르니히가 정말로 그렇게 어리숙했었는지는 의문이다). 이 모임은 사실 '청년 독일파'로, 작가들의 느슨한 연합체 이상이 아니었으며, 이들을 묶어 주는 것은 저널리즘 실험을 함께 하면서 비슷한 문학적·정치적 세계관을 지지한다는 것 정도였다. 그렇기에 이들의 연맹은 1833년에서 1835년이라는 짧은 기간 동안에만 존속하고 말았다. 정부의 박해가 시작되자 이들 사이의 연결은 금방 깨어졌고, 이 운동은 회원들의 상호 고발, 변절, 꼬리에 꼬리를 무는 보복과 보복 등으로 끝나 버렸다. 그중 가장 악명 높은 사건은 하이네가 뵈르네의 기억에 대해 점잖치 못한 공격을 퍼부은 것이었다(하이네와 뵈르네는 모두 파리로 망명했지만, 공화주의자였던 뵈르네에 대해 하이네가 거리를 두고 조롱하자 둘 사이의 관계가 악화되었다고 한다. 이후 뵈르네가 죽은 후 하이네는 뵈르네에 대한 인신 공격의 성격을 띤 회상의 글을 발표했고, 이 때문에 되려 하이네가 고립당하는 일이 벌어진다- 옮긴이).

메테르니히는 '청년 독일파'에서 그때까지 평온했던 19세기 독일 문학의 잔잔한 수면 위에 달갑지 않은 격랑이 터져나올 가능성을 재빨리 눈치챘던 것이다. 이는 틀린 것이 아니었다. 왜냐하면 '청년 독일파'는 1830년의 여러 혁명에 대한 문학 차원에서의 호응이었을 뿐만 아니라 낭만주의 운동의 중세적 보수주의에 대해서나, 또 괴테와 독일 고전주의의 정치적 초연함에 대해서나 명시적인 공격을 행했던 점이 분명했기 때문이다. 프리드리히 엥겔스와 예니 폰 베스트팔렌은 모두 한때 여기에 열광한 바 있었다.

31) 1830년의 여러 혁명의 여파로 트리어에서 나타난 정치적 사회적 긴장에 대해서는 이 책의 1장 89~91쪽을 보라.

32) "Certificate of Maturity for Pupil of the Gymnasium in Trier", *MECW*, vol. 1, pp. 643 – 4; Monz, *Karl Marx: Grundlagen*, p. 314.

33) Marx, "Reflections of a Young Man on the Choice of a Profession", pp. 3 – 9.

34) "Johann Hugo Wyttenbach to Karl Marx", August 1835, *MECW*, vol. 1, p. 733.

35) 본 대학에서 프로테스탄트 신학과는 가톨릭 신학과에 비해 학생 수는 훨씬 적었지만, 프러시아 정부의 지원금은 두 배였다. Michael Rowe, *From Reich to State: The Rhineland in the Revolutionary Age*, 1780 – 1830, Cambridge, Cambridge University Press, 2003, p. 251.

36) 한때 프랑스인들을 지지했던 저명한 가톨릭 시사 논객publicist 요제프 괴레스는 코블렌츠의 교육 국장으로 좌천되었고, 1819년 코블렌츠에서 『독일과 혁명Deutschland und die Revolution』

을 출간하여 라인란트 지방에서의 프로이센의 관료적 지배를 공격하여 상당한 영향력을 발휘했다. 에른스트 모리츠 아른트는 거침없는 민족주의자였다. 그가 프로이센의 전 수상이었던 폰 슈타인von Stein의 비서였던 1814년에 그는 라인란트 지역의 연합군 중앙 행정부Inter-Allied Central Administration의 수장이었다. 본 대학의 교수로 임명된 후 아른트는 경찰을 공격했다. 1819년 그는 '학생 연맹Burschenschaften'의 체제 전복적 여러 활동에 관련을 맺고 있다는 혐의로 해직되었으며, 새로운 프로이센 왕 프리드리히 빌헬름 4세가 즉위한 1840년이 되어서야 복직하게 된다.

37) "Bruno Bauer to Karl Marx", 1 March 1840, *MEGA*, III, i, p. 340.

38) "Certificate of Release from Bonn University", *MECW*, vol. 1, p. 658; *MEGA*, III, i, p. 727; "Heinrich Marx to Karl Marx", May – June 1836, *MECW*, vol. 1, p. 653; ibid.; ibid.

39) "Certificate of Release", *MECW*, vol. 1, pp. 657 – 8; 여름 학기 중 두 과목은 강사의 갑작스러운 죽음으로 인해 성적 평가가 이루어질 수가 없었다.

40) David Lindenfeld, *The Practical Imagination: The German Sciences of State in the Nineteenth Century*, Chicago, Chicago University Press, 1997, pp. 11 – 17, 60 – 64, 70 – 80, 90 – 91.

41) "Heinrich Marx to Karl Marx", 1836년 초, *MECW*, vol. 1, p. 650.

42) 1820년대 초 하르덴베르크 수상 아래에서 대의제 의회의 동의 없이는 새로운 세금을 걷는 일이 없을 것이라는 합의가 이루어졌다. 이는 곧 프로이센의 인구가 크게 늘어났음에도 정부가 고용한 공무원의 인원수는 그대로라는 것을 뜻했다. Lenore O'Boyle, "The Problem of an Excess of Educated Men in Western Europe, 1800 – 1850", *Journal of Modern History*, 42 (1970), 471 – 95; Reinhart Koselleck, "Staat und Gesellschaft in Preußen 1815 – 1848", in H.-U. Wehler (ed.), *Moderne deutsche Sozialgeschichte*, 2nd edn, Cologne, Kiepenheuer & Witsch, 1968, pp. 55 – 85; Reinhart Koselleck, "Staat und Gesellschaft in Preußen 1815 – 1848", in Werner Conze (ed.), *Staat und Gesellschaft im deutschen Vormärz 1815–1848*, Stuttgart, E. Klett, 1962 (Industrielle Welt, vol. 1).

43) "Karl Marx to Heinrich Marx", 10/11 November 1837, *MECW*, vol. 1, p. 20.

44) Institut Marksizma – Leninzma, *Reminiscences of Marx and Engels*, p. 130; Wilhelm Liebknecht, *Karl Marx: Biographical Memoirs*, London, Journeyman Press, 1975 『1901』, p. 14.

45 "Heinrich Marx to Karl Marx", 18 November 1835, *MECW*, vol. 1, p. 647.

46) Ibid. 1837년 11월 카를은 자신이 일찍이 써 두었던 시 작품들을 모두 불태워 버린다. 이 책의 114, 123쪽을 보라. 그의 연애 시들 선집이 1977년에 출간되었다. *Love Poems of Karl Marx*, eds. R. Lettau and L. Ferlinghetti, City Lights Books, San Francisco, 1977.

47) "Heinrich Marx to Karl Marx", 1836년 초, *MECW*, vol. 1, pp. 650 – 51.

48) "Karl Marx to Heinrich Marx", 10/11 November 1837, *MECW*, vol. 1, p. 11.

49) *MECW*, vol. 1, pp. 22 – 4 and pp. 517 – 616.

50) 특히 다음을 보라. S. S. Prawer, Karl Marx and World Literature, Oxford, Clarendon Press, 1976; Mikhail Lifshitz, The Philosophy of Art of Karl Marx, London, Pluto Press, 1973 [Moscow, 1933]; P. Demetz, Marx, Engels and the Poets: Origins of Marxist Literary Criticism, Chicago, University of Chicago Press, 1967 [Stuttgart, 1959].

51) 한 가지 예외, 특히 라인란트 지역에서 중요성을 갖는 것으로, 『스콜피온과 펠릭스』의 29장에 나오는 한사 상속entail과 장자 상속제에 대한 공격이 있다. "장자 상속제란 귀족정의 수세식 변기이다"라고 그는 주장한다. *MECW*, vol. 1, pp. 624 – 5.
52) Demetz, *Marx, Engels and the Poets,* p. 50.
53) "Feelings", Prawer, *Karl Marx and World Literature*, p. 12에서 인용.
54) "Concluding Sonnet to Jenny", Lifshitz, *Philosophy of Art*, p. 16에서 인용.
55) "Human Pride", *MECW*, vol. 1, p. 586. 56. "Sir (G)luck"s Armide ", MECW, vol. 1,
56) "Sir (G)luck's *Armide*", *MECW*, vol. 1, p. 540.
57) "Epigrams", *MECW*, vol. 1, pp. 576 – 7, 579.
58) *Scorpion and Felix, MECW*, vol. 1, pp. 624 – 5, 628.
59) Oulanem, *MECW*, vol. 1, pp. 593, 600, 606.
60) Ibid., p. 599.
61) Demetz, Marx, *Engels and the Poets*, pp. 55 – 6; 또한 다음을 보라. Nicholas Saul, "Aesthetic Humanism (1790 – 1830)", in Helen Watanabe--O"Kelly (ed.), *The Cambridge History of German Literature*, Cambridge, Cambridge University Press, 1997, pp. 248 – 50.
62) *Oulanem, MECW*, vol. 1, p. 601.
63) Ibid.
64) "Heinrich Marx to Karl Marx", 28 December 1836, *MECW*, vol. 1, p. 666.
65) "Karl Marx to Heinrich Marx", 10/11 November 1837, *MECW*, vol. 1, pp. 17 – 19.
66) "Heinrich Marx to Karl Marx", 16 September 1837, *MECW*, vol. 1, p. 680.
67) "Karl Marx to Heinrich Marx", 10/11 November 1837, *MECW*, vol. 1, p. 18. 이 인용문은 하이네의 시인 「북해TheNorth Sea」에서 가져온 것이다.
68) MEGA, I, i (2), pp. 92 – 6. 이 선집은 대부분 당시 가장 유명한 전집이었던 아르님Arnim과 브렌타노Brentano의 『소년의 마술 피리Des Knaben Wunderhorn』에서가 아니라, 에어라크Erlach, 크레치머Kretschmer, 주칼마글리오Zuccalmaglio의 수정이 덜 되고 다시 쓰여진 전집에서 골라 모은 것이었다. 또한 마르크스가 바이런Byron의 『차일드 해롤드의 편력Childe Harold's Pilgrimage』에서 사용된 아이템도 하나 포함시키고 있다는 점이 흥미롭다. 다음을 보라. Prawer, *Karl Marx and World Literature*, p. 20.
69) Monz, *Karl Marx: Grundlagen*, p. 324. 베스트팔렌 집안의 가족사에 대해서는 다음을 보라. Boris Nicolaievsky and Otto Maenchen-Helfen, *Karl Marx: Man and Fighter*, trans. G. David and E. Mosbacher, London, Allen Lane, 1973 『1933』, pp. 23 – 7.
70) 이 '베스트팔렌'이라는 용어는 잘못된 것이다. 베스트팔렌은 라인강과 베서Weser강 사이 그리고 루르Ruhr강의 남쪽 및 북쪽 연안의 지역을 일컫는 말이다. 하지만 1807년에 생겨난 '베스트팔렌 왕국The Kingdom of Westphalia'은 틸시트 평화 조약Peace of Tilsit에서 프로이센이 양도한 여러 지역을 병합하여 생겨났다. 거기에는 엘베강 서쪽 지역과 브룬스빅, 하노버, 헤세의 여러 부분이 포함되어 있었다.
71) 이 국가는 성문법, 배심원 재판, 법 앞에서의 평등, 프랑스식 중앙 행정 등을 갖추고 있었다. 1808년, 이는 유대인들에게 평등한 권리를 부여한 첫 번째 독일 국가가 되었다.
72) Monz, *Karl Marx: Grundlagen*, pp. 325 – 7.

73) Heinz Monz, "Politische Anschauung und gesellschaftliche Stellung von Johann Ludwig von Westfalen", in Schriften aus dem Karl-Marx-Haus, Trier, no. 9: *Zur Persönlichkeit von Marx' Schwiegervater Johann Ludwig von Westphalen*, 1973, pp. 5–19. 그가 자신의 조카에게 편지를 읽은 후 불태워 버리라고 강하게 촉구했던 것은 의미심장하다.

74) Konrad von Krosigk, "Ludwig von Westphalen und seine Kinder: Bruchstücke familiärer Überlieferungen" in Schriften aus dem Karl-Marx-Haus, Trier, no. 9: *Zur Persönlichkeit von Marx' Schwiegervater*, p. 47.

75) 크로시크Lutz Graf Schwerin von Krosigk의 증언. Monz, *Karl Marx: Grundlagen*, p. 345에서 인용.

76) "Karl Marx to Friedrich Engels", 15 December 1863, *MECW*, vol. 41, p. 499.

77) Letter from Ferdinand to his father--in--law, 10 April 1831, Monz, *Karl Marx: Grundlagen*, p. 344에서 인용.

78) 크로시크의 증언, p. 345.

79) Ibid.

80) Von Krosigk, "Ludwig von Westphalen und seine Kinder", pp. 71–2.

81) "Karl Marx to Friedrich Engels", 16 August 1865, *MECW*, vol. 42, pp. 180–81.

82) '사법관 시보Auscultator'를 온라인 옥스퍼드 영어 사전에서 찾아보면 다음과 같이 나온다. '예전에 독일에서 1차 고시를 통과하여 정부에 고용되었지만 봉급이 없고 또 고정된 자리도 없는 젊은 법률가를(오늘날에는 법관 수습생Refrendar이라고 부름) 부르는 말'이라고 나온다. 'Ausser Diensten'은 '퇴임한'이라는 뜻이다(결국 이러한 에드가의 표현이 일종의 모순 형용이 되는 셈이다-옮긴이).

83) "Jenny von Westphalen to Friedrich Engels", 23–24 December 1859, *MECW*, vol. 40, pp. 574–5. 게다가 예니는 이것이 앞으로 예상되는 유산 상속에서 베스트팔렌 집안의 그녀 쪽 성원들을 몰래 따돌리려는 계획의 일환이라고 의심했기에 이 갈등이 더욱 악화되었다.

84) "Eleanor Marx-Aveling to Wilhelm Liebknecht", 15 April 1896, Monz, *Karl Marx: Grundlagen*, p. 342에서 인용.

3장 베를린, 다가오는 신들의 황혼

1) 에른스트 드론케(1822~1891년)는 코블렌츠Koblenz 출신으로 본, 마르부르크, 베를린 등에서 수학했다. 그가 베를린에 대해 쓴 저서 때문에 그는 1847년 2년의 구금형에 처해졌다. 그는 브뤼셀로 탈출할 수 있었고, 여기에서 엥겔스 및 마르크스와 사귀게 되고 공산주의 동맹Communist League에도 가입했다. 1848년 그는 마르크스 및 엥겔스와 함께 쾰른으로 가서 『신라인 신문』을 제작했던 편집팀에서 두드러진 역할을 했다. 그는 1849년 봉기에 참여했다가 탈출하여 처음에는 스위스, 그다음에는 영국으로 망명하여 거기에서 여생을 보냈다. 1852년 그는 정치에서 손을 떼고 구리 광산 회사의 요원이 되었다.

2) Ernst Dronke, *Berlin*, Darmstadt, Neuwied Luchterhand, 1974 『Frankfurt am Main, J. Rütten, 1846』, p. 67; Friedrich Sass, *Berlin in seiner neuesten Zeit und Entwicklung*, Leipzig, Koffka, 1846, pp. 12, 134; Robert J. Hellman, *Berlin, the Red Room and White Beer: The 'Free'*

Hegelian Radicals in the 1840s, Washington, DC, Three Continents Press, 1990, pp. 5–25.

3) Henry Vizetelly, *Berlin under the New Empire: Its Institutions, Inhabitants, Industry, Monuments, Museums, Social Life, Manners, and Amusements*, 2 vols, London, Tinsley, 1879, vol. 1, pp. 14–16, 다음에서 인용. Hellman, Berlin, p. 22.

4) Edgar Bauer, *Bruno Bauer und seine Gegner*, Jonas, Berlin, 1842, pp. 80–81, Hellman, *Berlin*, p. 14에서 인용.

5) Vizetelly, *Berlin*, vol. 2, p. 314; Hellman, *Berlin*, p. 9.

6) 예나와 아우에르슈타트Auerstadt에서 겪은 패배의 결과로 프로이센은 그 영토의 절반을 잃었고 엄청난 전쟁배상금을 지불하게 되었다. 이를 지불하기 위해 국가는 급진적인 합리화 과정을 겪지 않을 수 없었다. 그리고 이 과정에서 계몽주의의 이상에 기초한 개혁들을 담은 프로그램을 실현시키고자 하는 열망에 가득찬 개혁가들이 전면에 등장했다. 농노제가 폐지되었고, 길드의 독점도 철폐되었고, 군사 및 교육 시스템들도 환골탈태를 겪었고, 유대인들에게는 부분적이나마 해방이 주어졌고, 도시 정부는 대의제에 기초하여 재조직되었다. 이러한 개혁들은 폰 슈타인von Stein의 지휘(1807~1810), 그다음에는 폰 하르덴베르크von Hardenberg(1810~1822년)의 지휘 아래에 수행되었다. 이러한 개혁 기간은 1819년 칼스바트 칙령을 계기로 보수적 반동이 벌어지면서 종식된다.

7) 베를린 대학과 여타 프로이센의 대학들은 '개혁 시대'(1807~1822년)에 교육에 대한 지원이 괄목할 정도로 확장된 데에서 큰 혜택을 입었다. 6세에서 14세 사이의 아동들 중 학교에 다니는 비율은 61퍼센트에서 82퍼센트로 증가했다. 초등학교의 학생 수는 108퍼센트가 증가했고, 김나지움의 학생 수는 73퍼센트, 대학의 학생 수는 40퍼센트가 증가했다. 이와 함께 사회적 이동성 또한 괄목할 만큼 확장되었다. 예를 들어 1830년대에 할레의 등록된 학생들 중 농민, 기능공, 하급 공직자의 아들들이 약 3분의 1을 차지했던 것으로 추산되었다. 다음을 보라. John R. Gillis, *The Prussian Bureaucracy in Crisis, 1840–1860: Origins of an Administrative Ethos*, Stanford, Stanford University Press, 1971.

8) Eduard Meyen, in *Hallische Jahrbücher für deutsche Wissenschaft und Kunst*, Leipzig, Verlag von Otto Wigard, no. 193, 12 August 1840, p. 1542, Hellman, Berlin, p. 10에서 인용.

9) "Karl Marx to Heinrich Marx", 10–11 November 1837, *MECW*, vol. 1, pp. 10–21. 이하의 인용들 또한 같은 출처이다.

10) 결국 그의 파일에는 무려 168권의 노트가 남게 되었다. 이는 훗날의 학자들에게 그의 지적인 발전과 그 출처를 알려 주는 대단히 소중한 길잡이 역할을 하게 된다.

11) "Heinrich Marx to Karl Marx", 28 December 1836, *MECW*, vol. 1, p. 664; ibid., 12 August 1837, p. 674; ibid., 16 September 1837, pp. 682–3; ibid., 17 November 1837, p. 684; ibid., 9 December 1837, p. 689.

12) Ibid., 28 December 1836, pp. 664–5, 666; ibid., 3 February 1837, p. 668.

13) Ibid., 28 December 1836, p. 664; ibid., 2 March 1837, pp. 670, 671.

14) Ibid., pp. 675, 691.

15) Ibid., p. 688.

16) Ibid., pp. 680, 690, 692.

17) Ibid., pp. 674, 678, 691–3, 694.

18) Dronke, *Berlin*, pp. 19, 21.

19) Hellman, *Berlin*, pp. 11, 18－22.

20) 독일 역사법학파는 프랑스혁명과 결부된 인권선언과 같은 보편적 언어들에 대한 보수주의의 반동의 일부로 두드러지게 나타난 유파이다. 이는 본래 사적 소유란 곧 인간 본성 그리고 인간 역사와 사실상 동일한 것이라고 전제하는 로마법의 정형화된 허구적 역사quasi-histories에 대한 반대로 괴팅겐 지역에서 시작된 것이었다. 1815년 이후에는 이 문제가 독일 연합에 획일적으로 적용될 법전의 세부 사항을 논의하는 논쟁에서 중심적 문제가 되었다. 사비니는 보편적 법전이라는 (합리주의자들과 계몽주의자들의) 생각을 공격하면서, 그 대신 봉건제로부터의 농노 해방으로 이르는 길은 점진적·평화적·비정치적 경로가 되어야 한다는 입장을 전투적으로 옹호했다. 이와 대조적으로 간스는 법의 유효성은 여러 관계와 여러 의무로 이루어진 단일의 시스템으로 갖는 내적인 일관성에서 나오는 것이라고 여겼다. 1838년 그는 사비니의 관점을 공격하면서, 성문법으로서의 법전을 마련하는 것이야말로 법의 보편성을 강화하는 수단이자 보수적인 교수 엘리트가 제멋대로 판단을 내리는 자의적 역할을 주변화시킬 수 있는 수단이라고 옹호했다.

21) 오늘날에는 Stralau라고 쓴다. 이는 슈프레강River Spree과 루멜스부르거해Rummelsburger Sea 사이의 혓바닥 모양의 땅이다. 1920년 이후 이는 확장된 베를린의 일부가 되었지만, 19세기에는 별개의 촌락이었고, 1855년의 주민 수는 143명이었다.

22) 헤겔의 관심사는 의식적인 정신에 있었다. 그는 '지적인 직관'이라는 셸링의 생각으로 가능해졌다고 여겨지는, 절대자의 상징적 시적詩的인 암시 따위에는 전혀 흥미를 두지 않았다. 카를이 처음에 '그 그로테스크하고 험상궂은 멜로디'에 반감을 느꼈던 것도 아마 그러한 이유였을 것이다. 훗날 헤겔 또한 예술이 부차적이나마 중요성을 가진다고 여기게 된다. 한때 그리스 시절에는 예술이 신들의 이야기와 이미지를 통해 인간의 자유에 대한 독특한 비전을 제시할 수 있었지만, 오늘날에는 더 이상 자유든 신이든 예술로 그려 낼 수는 없게 되었다는 것이다. 신비적인 신이 아닌 한 사람의 인간인 예수가 나타난 이후 예술의 자리는 종교가 가져가게 되었다고 한다. 근대에 들어오면 자유와 여러 합리적 제도들이 성장했기에 '예술이 나타낼 수 있는 가장 큰 진리'는 그저 부르주아들의 삶과 가정을 보여 주는 네덜란드의 회화 정도라고 한다.

23) 18세기와 19세기 초의 교육받은 일반인들의 세계관에 있어서 관념론과 유물론과 같은 용어들이 이해되었던 방식에서 보자면, 유물론이란 최소한 영국-프랑스의 전통에서는 다양한 형태의 자연주의와 결부되었고 무엇보다 인간이 쾌락을 추구하고 고통을 회피하는 동물이며, 따라서 행복의 여러 가능성을 극대화할 환경을 창출하기 위해 애를 쓰는 존재라는 생각과 연관되어 있었다. 이는 엘베시우스Helvetius, 벤담Bentham, 그리고 오언주의적 사회주의의 추종자들이 공유했던 입장이었다. 이는 특히 인간의 원죄를 강조하는 복음주의 기독교에 대한 응수로서 중요성을 갖는 것이었다. 하지만 그 결함은 인간을 여러 본능과 이익의 지배를 받는 생물이라는 수동적 존재로서 관념하는 것에 있었다. 다른 한편으로, 가장 넓은 의미에서의 관념론은 이성을 사용하여 여러 정념과 본능적 충동에 저항하는 인간의 능력을 강조했다. 칸트의 경우, 각각의 개인에게 강력히 촉구되는 윤리적인 명령-정언 명령 ('네가 보편적인 법칙이 될 것을 바라는 그러한 준칙에 근거해서만 행동할 것')을 통해 이성의 윤리적 활용 또한 보편적이 될 수 있다고 보았다. 헤겔의 경우, 합리적 윤리학의 진보는 역사적 진보의 개

념과 결합되어 있는 것이었다. 후자에 있어서 유리적 명령들은 갈수록 더 법과 종교의 여러 시스템으로 제도화되며, 그리하여 갈수록 더욱 충실한 '윤리적 삶'의 개념들이 가능해지게 된다는 것이다. 칸트에게 있어서 관념론의 발전 과정은 아래 71페이지(영문판) 이하를 보라. 1840년대 중반 마르크스와 엥겔스 각각의 이론접 접근법에서 이러한 다른 입장들을 실현해 보고자 했던 시도에 대해서는 6장의 5절에서 논의할 것이다.

24) Friedrich Karl von Savigny, *The History of the Roman Law in the Middle Ages*, trans. E. Cathcart, Edinburgh, A. Black, 1829, pp. vi, xv.

25) Friedrich Karl von Savigny, *Von Savigny's Treatise on Possession, or The Jus Possessionis of the Civil Law*, trans. Erskine Perry, London, Sweet, 1848, p. 3.

26) Savigny, *Roman Law*, p. xii.

27) 헤르더의 입장은 본래 1783년 헤겔의 이성 개념을 공격했던 하만J. G. Hamann에게서 나온 것이었다. 그의 주장에 따르면, 이성은 언어와 행동에 체현되어 있는 바를 제외하면 그 어떤 자율적 존재도 없는 것이다. 따라서 이성은 마치 시간과 공간의 여러 제약을 넘어서서 존재하는 것인 양 다루어져서는 안 된다는 것이다. 이성 또한 명확한 하나의 역사를 가지고 있으며 언어 및 문화에 체현되어 있는 것이라고 한다. 그리고 여러 언어와 문화는 시간이 지나면 변화하며 또 공간에 따라 서로 다르다. 이렇게 이성은 판단의 단일한 형식적 기준으로 다루어질 수 없으며, 오히려 어떤 특정 민족의 정신에 어느 정도 발전되어 있는 형식으로 체현된 무언가라는 것이다. 하지만 사비니와는 대조적으로 헤르더는 여러 민족 공동체들이 이미 존재하는 기성의 조화 속에서 서로와 공존한다고 믿었으며, 이러한 의미에서 라이프니츠의 합리주의를 되돌아보기도 했다. 다음을 보라. Frederick Beiser, *The Fate of Reason: German Philosophy from Kant to Fichte*, Cambridge, Mass., Harvard University Press, 1987.

28) Friedrich Karl von Savigny, *Of the Vocation of Our Age for Legislation and Jurisprudence*, trans. Abraham Hayward, London, Littlewood & Co., 1828, p. 24.

29) Savigny, *Roman Law*, p. xiv.

30) 간스가 청년 마르크스에게 상당한 영향력을 행사했을 것이라고 생각하는 경우가 많았다. 이러한 가정의 기초는 1830년대 초 간스가 파리를 방문했을 때 근대적 형태의 빈곤과 '사회문제'에 관심을 가졌을 뿐만 아니라 생시몽주의자들에 대해 글을 쓰기도 했다는 사실에 있다. 하지만 여기에는 반론이 있다. 간스가 헤겔에 대한 진보적 독해를 내놓은 첫 번째 학자의 하나이며 헤겔의 사후에 출간된 『법철학』과 『역사철학』을 모두 편집했던 이라는 점은 사실이다. 하지만 그의 사유의 궤적은 주요한 청년 헤겔파들의 그것과는 사뭇 구별된다. 그가 경쟁에 대한 생시몽식 비판에 공감했던 것은 사실이지만, 종교에 대한 생시몽의 생각들, 그리고 앙팡탱Enfatin의 '육신의 복권the rehabilitation of the flesh'의 관념에 대해서는 적대적이었다. 그는 사회가 국가에 대해 우선한다는 생시몽의 전제에 반대했다. '각인은 스스로의 능력에 따라 분배 받는다'는 생시몽의 표어까지 결합해 볼 때 모종의 새로운 '노예제', '감시의 노예제'가 생겨날 실질적인 위험이 있다는 게 간스의 생각이었다. 카를이 간스를 사비니의 주장에 대한 균형추로 존중했을 가능성은 아주 높지만, 심지어 카를이 베를린에 머물던 초기 기간에 썼던 편지나 글들 속에서도 간스에 대한 언급은 전혀 없으며, 그의 사상에 영향을 받은 명확한 흔적은 거의 찾을 수가 없다. 1842~1843년의 기간에는 간스의 사상과 카를의 사상 사이에 큰 차이가 벌어졌다는 것이 명확하다. 카를이 헤겔의 『법철학』을 비판했던

것은 바로 사회가 국가에 대해 우위를 갖는다는 생각에 기초한 것이었다. 그는 '각인은 각자의 능력에 따라 분배 받는다'는 공식을 '각인은 각자의 필요에 따라 분배 받는다'는 것으로 수정했고 이를 『철학의 빈곤』(1847년)과 훨씬 나중에 나온 『고타 강령 비판』(1875년)에서 사용했다. 하지만 이러한 문구의 수정이 비록 다른 여러 면에서는 중요한 것이지만, 간스의 생-시몽에 대한 반대를 막지는 못했을 것이다. 간스의 반대는 생시몽의 제안이 함축하고 있는 권위주의적 의미에 대한 것이었기 때문이다. 간스의 생시몽주의에 대한 비판으로는 다음을 보라. Myriam Bienenstock, "Between Hegel and Marx: Eduard Gans on the 'Social Question", in Douglas Moggach (ed.), *Politics, Religion and Art: Hegelian Debates*, Evanston, Ill., Northwestern University Press, 2011, pp. 164–79.

31) '운동 진영party of movment'이라는 용어는 1830년대와 1840년대에 유행했다. 이 용어가 특히 유용했던 이유는 당시에는 자유주의자, 급진파, 공화주의자 들, 그리고 어느 정도는 심지어 사회주의자들까지도 명확히 구별할 수 없었다는 사실을 잘 포착하고 있기 때문이다. 간스가 '폴란드의 친구들'에 가입했던 사실에 대해서는 다음을 보라. Auguste Cornu, *Karl Marx et Friedrich Engels: Leur vie et leur oeuvre*, Paris, Presses Universitaires de France, 1955, vol. 1, p. 87.

32) 생시몽(1760~1825년)은 사회주의의 창시자의 한 사람으로 간주되는 이로, 프랑스혁명의 실패 이유를 그것이 '특수 이익과 일반 이익에 공통된 길을 열어서… 여러 사람의 이해를 하나로 결합시키는 데' 실패했다는 데에서 찾았다. 그러한 길을 찾아서 열어 내는 것이야말로 과학의 길이라는 것이었다. 그는 또한 프랑스혁명에 대한 보수적 비판자들이 주장하는 대로 혁명이 가톨릭교회를 대체할 수 있을 만큼 새로운 형태의 '영적인 힘pouvoir spirituel'을 확립하지 못했다고 비판했다. 종교는 공동체를 하나로 묶어 주는 법률의 궁극적인 원천이므로 본질적인 것이라고 보았다. 그의 초기 저작을 보면, 그는 기독교가 과학에 의해 퇴물이 되었으므로 더 이상 이런 역할을 하지 못할 것이라고 믿고 있다. 따라서 그는 '뉴튼의 종교'를 제안하기도 했다. 하지만 1815년 프랑스 왕정이 복구되자 그는 자신의 주장을 수정했고, 그의 마지막 주요 저작인 『새로운 기독교New Christianity』에서는 다음과 같이 주장했다. 기독교를 그 두 개의 기초 전제, 즉 모든 인간은 서로를 형제로서 대해야 하며 만인은 가장 가난하고 가장 숫자가 많은 계급의 운명을 개선하는 데 관심을 쏟아야 한다는 원칙으로 환원한다면 기독교라는 종교를 과학과 화해시키는 것이 가능하다는 것이었다.
그가 1825년 세상을 떠난 후 그의 추종자들은 스스로를 하나의 집단으로 형성하여, 1829년에는 『생시몽의 교리The Doctrine of Saint-Simon』를 만들어 냈다. 모종의 생시몽주의 교회를 확립하고자 하는 야망이 있었던 것이다. 이것이 유럽 지식인들에게 센세이션에 가까운 충격을 주었으며, 1830년 이후에는 '사회문제'에 대한 모든 사유를 규정하는 원천이 되었다.

33) 1840년대 초가 되면 '사회문제'에 대한 논의가 서유럽 전반에 유행하게 된다. 이는 프랑스에서의 1830년 혁명가 영국에서의 1932년 의회 개혁 법안Reform Bill의 여파로 생겨난 논쟁에서 시작되었다. 파리에서 샤를 10세의 퇴위를 끌어낸 결정적인 사건은 파리에서 사흘 동안 계속된 바리케이드였거니와 여기에서 두드러지게 나타난 것은 노동자들의 참여였다. 그리고 영국에서는 의회 개혁 위기를 거치는 가운데 노동자들은 자신들이 헌정상 종속적 신분 상태가 계속되고 있다는 문제, 그리고 자신들을 괴롭히는 여러 새로운 형태의 빈곤의 문제를 모두 제기한다. 독일은 아직도 명확한 신분 사회였으므로 도시 노동자와 농촌

의 이주민들이라는 새로운 집단을 어떻게 자리매김할 것인지에 어려움을 겪었고, 이에 따라 논의가 한층 더 복잡해졌다. 1819년 시스몽디Sismondi의 『정치경제학의 새로운 원리New Principles of Political Economy』가 출간되면서 이 새로운 현상을 묘사하기 위해 '프롤레타리아트'라는(이 말은 본래 고대 로마의 공화국 질서가 무너진 후 국가에 의해 부양받던 하층 계급인 프롤레타리 proletarii에서 온 말이다. 이 말은 어원상 '끝없이 아이를 낳고 숫자를 불리는 족속들'이라는 욕칭이었다-옮긴이) 용어가 도입되었다. 헤겔은 『법철학』에서 이 집단을 천민 폭도das Pöbel라고 불렀다. 간스도 처음에는 헤겔의 용어를 받아들였지만, 프랑스와 영국을 모두 방문한 경험에 비추어 '프롤레타리아트'라는 용어를 받아들이게 되었다. 다음을 보라. Waszek, 'Eduard Gans on Poverty and on the Constitutional Debate', in D. Moggach (ed.), *The New Hegelians: Politics and Philosophy in the Hegelian School*, New York, Cambridge University Press, 2006, pp. 24–50.

34) 법의 역사와 철학에 대한 간스의 입장에 관해서는 다음을 보라. Michael H. Hoffheimer, *Eduard Gans and the Hegelian Philosophy of Law*, Dordrecht, Kluwer Academic Publishers, 1995.

35) Savigny, *Of the Vocation*, pp. iv, 9, 18, 20, 22.

36) Hoffheimer, *Gans*, pp. 35, 46. 하지만 사비니의 입장이 노골적인 수구 반동이 아니라 '보수적 개혁가'의 것이었다는 점을 주목해야 한다. 농촌에서 봉건적 관계로부터 점유의 이해 관계로 점차 이행하는 것과 관련하여 그는 새롭게 발생하는 상황에 적응하기 위해 로마법을 채택해야 한다고 주장하기도 했다. 농촌에서의 소유 관계를 점진적으로 개혁하는 일은 의회가 아닌 법학자들이 지도해야 한다는 게 그의 관점이었다. 다음을 보라. James Q. Whitman, *The Legacy of Roman Law in the German Romantic Era: Historical Vision and Legal Change*, Princeton, Princeton University Press, 1990, pp. 183–5.

37) Hoffheimer, *Gans*, pp. 42–6.

38) Ibid., pp. 19–21.

39) Donald Kelley, "The Metaphysics of Law: An Essay on the Very Young Marx", American Historical Review, 83/2 (1978), pp. 350–67; Warren Breckman, *Marx, the Young Hegelians, and the Origins of Radical Social Theory: Dethroning the Self*, Cambridge, Cambridge University Press, 1999, p. 261.

40) *MECW*, vol. 1, p. 679.

41) 국가 행정 자체의 내부를 보자면, 한때 임박했다고 여겨졌던 여러 정치 개혁들(예를 들어 대의제 의회를 소집하겠다는 약속)은 전혀 실행되지 않았다. 왕의 가장 가까운 조언자들 중 하나였던 위그노 설교사 장 피에르 앙실롱Jean Pierre Ancillon은 그러한 의회를 소집했다가는 1789년 프랑스 국민 의회의 여러 활동을 그대로 되풀이할 일련의 사건들이 줄줄이 터져 나오도록 촉발시킬 것이며 결국 군주정의 폐지로 끝나 버리고 말 것이라고 확신하고 있었다. 대신 정부는 일련의 지방 의회들Diets을 수립했으니, 이는 전통적인 신분제의 노선에 따라 소집되는 것에 불과한 데다 조세에 대해서는 아무런 권한도 갖지 못했다. 다음을 보라. Christopher Clark, *Iron Kingdom: The Rise and Downfall of Prussia, 1600–1947*, London, Allen Lane, 2006, pp. 402–3.

42) G. W. F. Hegel, *Elements of the Philosophy of Right*, ed. A. W. Wood, Cambridge, Cambridge

University Press, 1991 『1821』, p. 20. 칼스바트 칙령이 나오기 이전 헤겔이 보호막을 칠 필요가 덜한 상태에서 더욱 자유롭게 자신의 정치 철학을 언명했던 적이 있다. 다음을 보라. G. W. F. Hegel, *Lectures on Natural Right and Political Science: The First Philosophy of Right*, trans. J. Michael Stewart and Peter C. Hodgson, Berkeley, University of California Press, 1995. 헤겔의 입장은 계속 애매했다. 하이네에 따르면 이런 일이 있었다고 한다. 헤겔의 『법철학』 강의를 듣던 하이네는 그 '합리적'인 것과 '현실적'인 것이 동일하다는 헤겔의 악명 높은 주장에 충격을 받았고, 결국 자리에서 일어나 그 말이 무슨 뜻인지를 설명해 달라고 질문했다. 그러자 헤겔은 엉큼한 미소를 짓더니 작은 소리로 이렇게 말했다고 한다. "그 명제는 이렇게 표현할 수도 있을 겁니다. 모든 합리적인 것은 현실적인 것이 되어야만 한다고." G. Nicolin, *Hegel in Berichten seiner Zeitgenossen*, Hamburg, F. Meiner, 1970, p. 235.

43) 칸트가 『순수이성비판』에서 행했던 분석에 따르면, 인간의 감성적 직관은 비직관적인 개념적 형식들과 (사유의 범주들과) 결합되었을 때 자연의 여러 대상을 표상하게 된다고 한다. 이러한 표상들은 판단의 형태를 띠며, 이는 다시 모든 합리적 행위자들이 따르게 되는 규칙들로 그 구조가 마련된다고 한다. 우리가 의식하게 되는 대상들은 경험이 가능한 물체들이어야만 한다. 그것들은 시간과 공간 안에서 현존태를 가지고 있어야만 한다. 이렇게 되면 비감각적 실체들인 신이나 불멸의 영혼과 같은 것들은 배제되게 된다고 한다. 이런 것들은 직관 형식이 될 수가 없기 때문이다.

44) 도덕적 자율성에 대한 칸트의 이론은 우리가 오로지 스스로 만들어 낸 법률에만 복종할 것을 요구한다. 도덕성, 즉 도덕법칙은 우리가 보편적 입법의 활동으로서 스스로에게 적용하는 것들만을 타인에게 적용한다고 하는, 정언 명령의 형태로 명료화되어 있다. 하지만 이러한 입장에서는 다음과 같은 문제가 생겨난다. 우리 모두 자연적 존재들인 고로 만약 우리의 행동이 오로지 우리의 이익으로만(즉 '행복' 추구) 결정된다고 한다면, 어떻게 도덕성의 자리를 마련할 수 있을 것인가?

45) Immanuel Kant, *Religion within the Boundaries of Mere Reason and Other Writings*, eds. Allen Wood and George di Giovanni, Cambridge, Cambridge University Press, 1998, pp. 105 – 12.

46) 그 '궁극 목적'이라는 것은 도덕률의 연장으로 도입되었다. 이는 '인간이 스스로의 모든 활동을 위해 법률의 상위에 있는 보다 높은 것으로서 착상해 내야 할 필요가 있는 인간의 자연적 특징'에 의해 생겨난다고 한다. W. Jaeschke, Reason in *Religion: The Foundations of Hegel's Philosophy of Religion*, trans. J. Michael Stewart and Peter C. Hodgson, Berkeley, University of California Press, 1990, p. 80; 또한 pp. 72 – 3, 76 – 7을 보라.

47) Ibid., p. 82.

48) 이는 칸트의 가장 직접적인 후계자인 피히테가 취했던 입장이었다. 그 결과 1798년 그는 무신론의 혐의를 뒤집어쓰게 된다. Yolanda Estes (ed.) and Curtis Bowman (ed., tr.), J. G. *Fichte and the Atheism Dispute (1798–1800)*, Farnham, Ashgate, 2010.

49) 횔덜린은 시인이자 철학자로, '절대자Absolute'의 사상을 최초로 정식화하는 데 일정하게 주도적 역할을 했다. 셸링은 칸트 이후의 관념론에 있어서 가장 조숙하고도 많은 저작을 남긴 개척자였다. 튀빙겐 시절 이후 그는 예나로 갔으며, 여기에서 슐레겔 형제와 슐라이어마허 등을 포함한 낭만주의 작가들의 유명한 서클을 지도하는 인도자가 된다. 1800년 그는 헤겔

에게 여기에 합류하라고 초빙하여 여러 해 동안 두 사람이 같은 철학 저널을 함께 편집하기도 한다. 하지만 두 사람의 우정은 헤겔이 『정신현상학』을 1807년에 출간하게 되면서 끝이 난다. 이 저작에서 헤겔은 셸링이 이야기하는 직관적인 절대자의 관념을 날카롭게 비판했기 때문이다. 1830년대와 1840년대에 급진파들은 여전히 셸링이 젊은 시절에 견지했던 범신론과 그의 자연철학에 대한 경외감을 품고 있었지만, 그가 결국 모종의 기독교로 회귀하면서 자신의 철학적 과거를 버렸던 것에 대해서는 대단히 비판적이었다.

50) 레싱은 그의 1780년 저작 『인류의 교육Education of the Human Race』에서 계시의 형태를 띠고 있는 기독교의 이야기를 인류가 도덕적 완벽성의 상태로 진보해 나가는 더 큰 이야기의 한 챕터로서 통합하고 있다. 다음을 보라. H. B. Nisbet (ed.), Lessing: Philosophical and Theological Writings, Cambridge, Cambridge University Press, 2005, pp. 217 – 40. 칸트와 마찬가지로 레싱 또한 도덕성이 더 이상 내가 죽은 뒤에 천국과 지옥 중 어디로 갈 것이냐는 자잘한 계산 따위에 묶이지 않는 보다 계몽된 형태의 새로운 종교가 도래할 것을 고대했다. 루소의 '시민 종교civil religion'의 개념은 그의 『사회계약론』에 전개되어 있다. J.-J. Rousseau, The Social Contract and Other Later Political Writings, ed. Victor Gourevitch, Cambridge, Cambridge University Press, 1997, pp. 150 – 51. 고대 그리스의 윤리적 조화에 대한 헤겔의 생각에 대해서는 다음을 보라. G. W. F. Hegel, *Phenomenology of Spirit*, trans. A. V. Miller, Oxford, Clarendon Press, 1979, paras 699 – 704.

51) "The Earliest System-programme of German Idealism" (Berne, 1796), H. S. *Harris, Hegel's Development: Toward the Sunlight*, 1770-1801, Oxford, Clarendon Press, 1972, pp. 511 – 12.

52) 자기의식이란 개인의 자기 인식self-awareness을 뜻하는 것이 아니라, 정신의 발전 과정에서 나타나는 특수한 의식과 보편적 정신의 합일을 뜻한다. 마르크스와 브루노 바우어가 이 용어를 사용한 바에 대해서는 이책의 4장, 특히 193~194쪽을 보라.

53) 헤겔은 자신의 절대자 개념이 스피노자의 '실체', 곧 신, 즉 자연Deus sive Natura과는 다른 것이라고 강력하게 주장했다. 스피노자의 실체 개념은 기계적 관점으로 상상하든, 아니면 헤르더를 따라서 유기적 관점으로 상상하든 어쨌든 모종의 인격체나 주체는 아니었다. 반대로 헤겔이 말하는 신은 종교의 수준에서는 분명히 하나의 인격체이며, 철학적 수준에서는 '개념the Concept'이었다. 따라서 스피노자의 실체 개념과는 달리 헤겔의 절대자는 현상 세계의 근저에 버티고 있는 무언가가 아니라 현상 세계 자체 안에 묻어 들어 있는 관념의 체계인 것이다. 또한 이 관념의 체계는 정적인 것이 아니라, 인간의 지식 진보와 발전과 함께 발전하는 것이라고 한다. 이러한 이유 때문에 헤겔은 자신의 절대자 개념이 '실체'를 벗어나서 '주체'로 나아갔다고 주장했던 것이다.

54) Warren Breckman, "Ludwig Feuerbach and the Political Theology of Restoration", *History of Political Thought*, vol. 13/3, 1992, pp. 437 – 62; 또한 다음을 보라. Breckman, Marx, the Young Hegelians, chs. 2 and 3.

55) 세계에 대한 헤겔의 관념은 사유로부터 시작된다(논리학). 이에 대한 셸링의 논박은 이후 장-폴 사르트르가 내건 유명한 실존주의의 주장인 '실존이 본질에 선행한다'를 최초로 내건 것이라고 여겨졌다. 또 키르케고르가 주장한 것처럼 셸링은 무에서 존재로 넘어가는 원초적인 이행 과정에서 '모든 순수히 합리적 시스템들'이 '경험적·실존적·현실적인 것들'을 포함

할 능력이 없음을 찾았다.

56) Breckman, "Ludwig Feuerbach", pp. 445－51.

57) 슈트라우스의 저서는 단지 프로이센의 지성사뿐만 아니라 19세기 유럽사에 있어서도 하나의 전환점이었다. 이 저서가 기독교 신앙에 끼친 충격은 훗날 다윈의 『종의 기원』이 끼친 그것에 맞먹는 것이었다. 1846년 세 권으로 영역본이 메리 앤 에반스Mary Ann Evans(훗날 조지 엘리엇George Eliot으로 알려짐)의 번역으로 출간된다. 복음주의 사회 개혁가였던 샤프츠베리 백작Earl of Shaftesbury은 이 책이야말로 '지옥의 아가리가 토해 낸 가장 끔찍한 전염병 같은 책'이었다고 한다.

58) 하지만 4복음서가 예수보다 훨씬 이후에 여러 다른 시대와 상황에서 나온 이야기들을 조합한 전승에서 만들어진 신비적인 복합적 구조라는 생각은 헤겔과는 아무 상관이 없으며, 오히려 셸링의 초기 저작에 더욱 가깝다.

59) Clark, *Iron Kingdom*, pp. 419－22.

60) 카를의 아버지 하인리히는 공적인 문제에 개입하려는 마지막 시도로 국가가 종교와의 관계에서 행동을 취하는 것을 옹호하는 짧은 논문의 초고를 남겼다. 그의 논지는 왕이 취하는 여러 행동은 정치적 문제이지 법적 문제가 아니라는 것이었다. 어떤 지배자이든 왕국 전체의 안보에 심각한 위협이 다가오면 초법적 행동을 취할 것이며, 이는 통치가 헌정의 형식을 취하든 절대왕정의 형식을 취하든 아무 차이가 없다는 것이다. 그야말로 영국의 장관이라고 해도 이와 비슷한 위협에 직면한다면 비슷한 방식으로 거침없이 행동할 것이라는 것이었다. 카를은 나중에 이 초고를 편집한다. "Entwurf einer Broschüre über den Kölner Kirchenstreit zur Verteidigung der Haltung des Königs von Preußen", *MEGA*, I, i (2), 1927, pp. 231－3.

61) Hegel, *Elements of the Philosophy of Right*, para 270, pp. 290－304.

62) 아르놀트 루게(1802~1880)는 1820년대 초 학생 운동 단체 '전국 학우회Burschenschaft'의 활동가였고, 이 때문에 6년 동안 감옥 생활을 한다. 1830년대에 그는 할레 대학에서 사강사Privatdozent로서 교편을 잡았으며, 이곳에서 1837년 『할레 연보Hallische Jahrbücher』를 창간했다가 검열이 심해져서 색소니Saxony로 강제 이주한 뒤인 1841년에서 1843년에는 『독일 연보Deutsche Jahrbücher』를 계속한다. 1843년 프로이센 정부의 명령으로 강제 폐간되자 그는 파리로 이주한다. 그는 사회주의 문제를 놓고 마르크스와 단교했다. 1848년 그는 급진파의 일원으로서 프랑크푸르트 의회에 참여하며, 그 뒤에는 영국으로 망명하여 브라이튼Brighton에 정착한다. 하지만 만년에 그는 비스마르크의 독일 통일의 강력한 지지자가 된다.

63) 1830년대의 『할레 연보』의 정치적 발전에 대한 설명으로는 특히 다음을 보라. James D. White, *Karl Marx and the Intellectual Origins of Dialectical Materialism, Basingstoke, Macmillan*, 1996, ch. 3.

64) 경건주의Pietism는 독일에서 벌어진 루터파 교회의 개혁 운동으로, 특히 17세기와 18세기에 크게 일어났다. 이는 18세기 영국에서 나타난 감리교Methodism와 여러 친화성을 가지고 있다.

65) 쾨펜에 대해서는 특히 다음을 보라. Helmut Hirsch, "Karl Friedrich Köppen: Der intimste Berliner Freund Marxens", *International Review of Social History*, vol. 1, 1936, pp. 311－70; 또한 다음을 보라. Hellman, *Berlin*, pp. 121－31.

66) Karl Friedrich Köppen, "Friedrich der Grosse und seine Widersacher. Eine Jubelschrift", in

Heinz Pepperle (ed.), *Ausgewählte Schriften in zwei Bänden*, Berlin, Akademie Verlag, 2003, vol. 1, pp. 156–7.

67) Friedrich von Schlegel, *Kritische Friedrich-Schlegel-Ausgabe*, Munich, F. Schöningh, 1961, vol. vi, pp. 252–3, White, Karl Marx, pp. 122–3에서 인용.

68) Karl Marx, doctoral dissertation: "Difference between the Democritean and Epicurean Philosophy of Nature", March 1841, *MECW*, vol. 1, p. 30. 에피쿠로스학파, 스토아학파, 회의주의학파가 대표했던 것은 '고대적 유기체의 신경 근육과 소화계'로, '그 무매개적이고도 자연적인 통일성은 고대 세계의 아름다움과 도덕성을 조건 지었다.' ibid., p. 735.

69) Ibid., pp. 30, 52–3.

70) Ibid., p. 106.

71) Karl Marx, "Notebooks on Epicurean Philosophy", *MECW*, vol. 1, pp. 491, 492.

72 Marx, doctoral dissertation, p. 86.

73) Ibid., pp. 29, 52, 58, 71.

74) Ibid., pp. 50, 51, 52, 70, 71, 72, 73; Marx, "Notebooks on Epicurean Philosophy", p. 414.

75) Marx, doctoral dissertation, pp. 66–7, 70, 30, 73.

76) G. W. F. Hegel, *Lectures on the History of Philosophy*, Lincoln, University of Nebraska Press, 1995, vol. 2, p. 234.

77) Marx, doctoral dissertation, pp. 45, 51, 62.

78) Ibid., pp. 73, 74–6, 417–18. 셸링과 슈타알로 대표되는 도전에 대해서는 다음을 보라. Breckman, "Ludwig Feuerbach", pp. 438–42.

79) Marx, doctoral dissertation, pp. 85, 86; Marx, "Notebooks on Epicurean Philosophy", p. 498.

4장 폴리스 다시 세우기: 이성과 기독교 국가의 힘겨루기

1) "Jenny von Westphalen to Karl Marx", 24 June 1838, *MEGA*, III, I, pp. 332–3.

2) "Henriette Marx to Karl Marx", 29 May 1840, *MEGA*, III, i, pp. 347–8.

3) "Sophie Marx to Karl Marx", March 1841, *MEGA*, III, i, p. 351.

4) "Bruno Bauer to Karl Marx", 12 April 1841, *MEGA*, III, i, pp. 358–9.

5) "Karl Friedrich Köppen to Karl Marx", 3 June 1841, *MEGA*, III, i, p. 361.

6) "Bruno Bauer to Karl Marx", early April 1841, *MEGA*, III, i, p. 356.

7) 루트비히가 타계한 데다 그녀까지 세상을 떠나는 바람에 가문 전체가 심각한 금전적 압박에 시달리게 되었고, 그 결과 예니와 그녀의 어머니는 잠시 동안 크로이츠나흐Keruznach 로 이주했다.

8) "Karl Marx to Arnold Ruge", 9 July 1842, *MECW*, vol. 1, p. 389. 이 갈등의 와중에 카를의 누나 소피가 결혼했다(1842년 7월 12일). 그녀는 예니와 가까운 친구였고 예니와 카를 사이에 모종의 연락책 역할을 했으며, 어머니와도 친하여 훗날 어머니를 '작고, 섬세하며, 아주 지적인' 사람이었다고 묘사했다. 이러한 가족 갈등의 와중에 소피까지 마스트리히

트로 이주해 버렸으니 갈등이 더욱 악화되었을 것이다. Jan Gielkens, *Karl Marx und seine niederländischen Verwandten: Eine kommentierte Quellenedition, Schriften aus dem Karl-Marx-Haus*, Trier, no. 50, 1999, p. 33.

9) "Karl Marx to Arnold Ruge", 25 January 1843, *MECW*, vol. 1, p. 397.

10) Gielkens, *Karl Marx*, pp. 36–7. 그녀가 유일하게 양보했던 사안은 카를의 묵은 채무를 갚을 수 있도록 해 주겠다는 것이었다. 1861년 카를은 라살레에게 트리어를 방문한 덕에 자신의 차용증서들 일부를 파쇄할 수 있었다고 말하고 있다. 그런데 이렇게 사이가 소원해졌어도 소통의 채널들은 계속해서 존재했다. 앙리에트는 만년에 카를의 여동생이었던 에밀리 콘라디Emilie Conradi의 가족과 플라이쉬가Fleisch Street에서 함께 살았다. 카를이 죽었을 때 막내딸 엘리노어가 에밀리의 가족으로부터 조문의 기별을 받았던 것으로 볼 때 카를과 에밀리의 가족은 정규적 관계를 유지했던 것을 알 수 있다. Heinz Monz, *Karl Marx: Grundlagen der Entwicklung zu Leben und Werk*, Trier, Verlag Neu, 1973, p. 237.

11) "Karl Marx to Ferdinand Lassalle", 8 May 1861, *MECW*, vol. 41, p. 283.

12) 프리드리히 엥겔스가 함께 살았던 동반자 메리 번스Mary Burns가 죽었을 때 카를은 워낙 자기 돈 문제에 급급한 상태였는지라 편지에서 조문의 말은 아주 대충 건성으로 때우고서 자신이 돈이 필요하다는 불평을 장황하게 늘어놓았다. 그런데 함께 슬퍼하는 척하려고 너무 기를 쓰다가 괴상망칙한 말까지 덧붙이고 있다. "메리 대신 우리 어머니가 죽어야 마땅한 것이 아닌가? 우리 어머니야 누릴 것 누리며 살 만큼 살았는 데다 몸뚱이도 여러 질병으로 삭아들고 있는 판이니 말이야. … 상황이 너무나 절박하면 '문명인'의 머리에도 별 이상한 생각이 다 떠오른다는 것을 알 수 있을 거야." "Karl Marx to Friedrich Engels", 8 January 1863, *MECW*, vol. 41, pp. 442-3.

13) "Jenny von Westphalen to Karl Marx", n.d., 1839, *MECW*, vol. 1, pp. 697–8.

14) "Jenny von Westphalen to Karl Marx", 13 September 1841, *MEGA*, III, i, p. 368.

15) Ibid., after 10 May 1838, p. 331.

16) "Jenny von Westphalen to Karl Marx", n.d., 1839, *MECW*, vol. 1, pp. 696–7.

17) Ibid., p. 696.

18) "Jenny von Westphalen to Karl Marx", 13 September 1841, *MEGA*, III, i, p. 366.

19) "Jenny von Westphalen to Karl Marx", n.d., 1839, *MECW*, vol. 1, p. 698.

20) Ibid., 10 August 1841, pp. 707–8.

21) Ibid., p. 708.

22) "Bruno Bauer to Karl Marx", 11 December 1839, *MEGA*, III, i, pp. 335–6; 1 March 1840, MEGA, II, i, p. 341.

23) Ibid., 12 April 1841, pp. 357–8.

24) 예나 대학은 괴테, 쉴러, 피히테, 여러 초기 낭만주의자들과 연결되어 있었으므로 대단한 지적인 명성을 보유하고 있었다. 하지만 이는 여전히 작고 재정도 쪼들리는 상태였으므로 그 소득을 보충하는 방법으로 수수료 수취에 관심을 두고 있었다. 1829년에 제정된 법령에 따르면, 대학이나 김나지움에서 교편을 잡고자 하는 이들은 교수진의 모임에 몸소 나와 구술 시험을 통과해야 하고, 라틴어로 쓰인 논문을 제출해야 하며, 가장 높은 수여증인 자유 학예 석사Magister der freyen Künste를 얻고자 하는 이들은 여기에 추가하여 공개 논문 심사를 거쳐야

한다. 하지만 이러한 더 높은 지위가 필요하지 않다면 후보생은 궐석으로 심사를 받을 수도 있다. 단, 그 후보생은 논문과 함께 자기가 수강했던 대학 과목들을 기록한 성적 증명서와 라틴어 능력 증명서 그리고 품행 단정 증명서, 마지막으로 12루이 금화Louis d'Or(루이 13세가 1640년에 발행한 금화. 그 가치는 시대에 따라 크게 오르내렸다-옮긴이)를 함께 제출해야 했다. 프로이센 당국은 자주 비판을 내놓았지만, 인접한 국가들인 색스-바이마르-아이제나흐에서는 그 기준이 계속 아주 높았다. 마르크스가 학위를 받기 전 해에 로베르트 슈만이 비슷한 수법으로 박사 자격증을 확보했다. 대학에서 고용되는 데 꼭 필요한 두 번째의 더 고차적인 자격증인 교수 자격증Habilitation의 경우 마르크스는 본에서 얻고자 하는 생각을 가지고 있었다. 다음을 보라. Erhard Lange, *Die Promotion von Karl Marx, Jena 1841. Eine Quellenedition*, Berlin, Dietz Verlag, 1983, pp. 185 ff.; Joachim Bauer et al., "*Ich präsentiere Ihnen Herrn Carl Heinrich Marx aus Trier…*", Kabinettausstellung an der Friedrich-Schiller-Universität Jena, 13－19 April 2011 (an exhibition item).

25) Karl Marx, doctoral dissertation: "Difference between the Democritean and Epicurean Philosophy of Nature", March 1841, *MECW*, vol. 1, p. 30.

26) 프리드리히 슐라이어마허는 본래 초기 낭만파 집단의 일원이자 프리드리히 슐레겔의 친구였으며, 1810년에는 새로 생긴 베를린 대학의 신학 교수가 되고 거기에서 1834년 타계할 때까지 머무른다. 그는 정치적으로는 자유주의자였고, 그의 기본적인 신학 사상은 종교란 합리적으로 이해될 수 없는 것이라는 것이었다. 정말로 중요한 것은 교리도 아니요 성경 말씀도 아니요 철학적 합리화도 아니며, 오로지 감정이라는 것이다. 종교적 감정이란 유일신에 절대적으로 의지하고 있다는 감각이며, 그것이 예수를 통해 교회와 소통된다는 것이다. 헤겔과 슐라이어마허의 적대 관계는 이미 코체부에 암살 사건과 1819년의 '선동가들'의 박해의 여파로 벌어진 상황에서 뚜렷하게 드러났다. 하지만 이것이 완전히 돌이킬 수 없도록 된 것은 1822년에 출간된 힌리히Hinrich의 『종교와 그것이 과학과 맺는 내적 관계Religion and Its Inner Relatiopn to Science』에 쓴 헤겔의 서문 때문이었다. 헤겔은 종교를 절대적 의존의 감정과 결부짓는 태도(이는 슐라이어마허과 연결된 입장이라는 것이 주지의 사실이었다)에 대해 그렇게 따진다면 가장 훌륭한 기독교인은 개犬일 것이라고 냉소적인 발언을 퍼부었다. 더욱이 "개는 뼈다귀를 뜯으며 배가 부르면 자기가 구원받았다는 감정을 가지게 되어 있다"고도 했다. 이에 대해 슐라이어마허는 깊이 상처를 받았고, 그의 친구들은 이러한 모욕에 대해 결코 헤겔을 용서하지 않았다. Terry Pinkard, *Hegel: A Biography*, Cambridge, Cambridge University Press, 2000, pp. 500－502. 1830년대와 1840년대에는 헤겔의 추종자들과 슐라이어마허의 추종자들 사이에 신랄한 논쟁과 다툼이 상당히 크게 벌어질 때도 있었다. 그렇기에 바우어가 1839년 베를린에서 본으로 옮겨 간 것은 불행한 일이었다. 본은 슐라이어마허 지지자들의 요새였고, 따라서 바우어에게 본 대학에서 종신 교수직을 줄 생각이 전혀 없었던 것이다.

27) John E. Toews, *Hegelianism: The Path toward Dialectical Humanism, 1805–1841*, Cambridge, ambridge University Press, 1980, pp. 292－3.

28) Bruno Bauer, *The Trumpet of the Last Judgement against Hegel the Atheist and Anti-Christ: An Ultimatum*, trans. Lawrence Stepelevich, Lewiston, Edwin Mellen Press, 1989 『1841』, pp. 189－90.

29) 바우어는 자기의 장서들을 모두 내다 팔아 버릴 수밖에 없는 처지가 되었고, 헤겔의 미망인에게 자기가 헤겔의 유고 『종교 철학 강의』의 편집 작업을 한 것에 대해 금전적 보상을 해 달라고 말할 수밖에 없는 수치를 겪어야 했다. 이러한 좌절을 겪으면서 그는 알텐슈타인과 슐체Schulze와 주고받은 서신들을 불태워 버리게 되었고, 1840년 프리드리히 빌헬름 3세가 타계했을 때 바우어는 자신이 대학에서 돈을 받는 자리에 고용될 수 있는 기회가 끝났다는 사실을 받아들여야만 했다. Toews, Hegelianism, pp. 308 – 9; Douglas Moggach, *The Philosophy and Politics of Bruno Bauer*, Cambridge, Cambridge University Press, 2003, p. 63.
30) 특히 Moggach, *Bruno Bauer*, ch. 3.
31) 프리드리히 빌헬름 4세에 대해서는 다음을 보라. David E. Barclay, *Frederick Wilhelm IV and the Prussian Monarchy 1840–1861*, Oxford, Clarendon Press, 1995.
32) Letter 22, Briefwechsel zwischen Bruno Bauer und Edgar Bauer während den Jahren 1839 – 1842 aus Bonn und Berlin, Charlottenburg, Verlag von Egbert Bauer, 1844, 다음에 인용된다. Gustav Mayer, "Die Anfänge des politischen Radikalismus im vormärzlichen Preussen", in Gustav Mayer, *Radikalismus, Sozialismus und bürgerliche Demokratie*, Frankfurt am Main, Suhrkamp, 1969, p. 20.
33) 그가 슐라이어마허의 추종자로, 알텐스타인의 정책을 계속할 이유가 없다는 것도 사실이었다. Moggach, *Bruno Bauer*, pp. 80 – 82, 234.
34) Mayer, *Radikalismus*, pp. 54 – 6.
35) "Bruno Bauer to Karl Marx", 11 December 1839, *MEGA*, III, i, p. 336; ibid., 1 March 1840, p. 341; ibid., 5 April 1840, pp. 345 – 6; ibid., 31 March 1841, p. 354.
36) Ibid., 28 March 1841, p. 353.
37) Ibid., 31 March 1841, p. 354.
38) "Bruno Bauer to Arnold Ruge", 6 December 1841, in A. Ruge, *Arnold Ruges Briefwechsel und Tagebuchblätter aus den Jahren 1825–1880*, ed. Paul Nerrlich, vol. 1, Berlin, Weidmann, 1886, p. 239.
39) Bauer, *Trumpet*, p. 62.
40) Ibid., pp. 61, 94, 114.
41) Moggach, *Bruno Bauer*, pp. 114 – 15, 107 – 12.
42) Bauer, *Trumpet*, pp. 136, 137, 140.
43) Karl Marx, "Comments on the Latest Prussian Censorship Instruction", January/February 1842, *MECW*, vol. 1, pp. 116, 117.
44) "Karl Marx to Arnold Ruge", 10 February 1842, *MECW*, vol. 1, p. 381; "Arnold Ruge to Karl Marx", 25 February 1842, *MEGA*, III, i, p. 370.
45) "Karl Marx to Arnold Ruge", 5 March 1842, *MECW*, vol. 1, p. 382.
46) Ibid., 27 April 1842, p. 387.
47) 카를이 자신의 논고를 준비하며 마련했던 노트에 대해서는 다음을 보라. *MEGA*, I, ii, pp. 114 – 18.
48) 카를이 1837년 자신의 아버지에게 보낸 운문집은 '오비디우스의 트리스타의 첫 번째 비가의 자유로운 해석과 번안'을 포함하고 있다. *MECW*, vol. 1, pp. 548 – 57. 한편 뢰르스는 오

비디우스에 대한 논고를 한 편 쓴 바 있다.

49) Karl Marx, *Economic Manuscripts of 1857-1858(Grundrisse), MECW*, vol. 28, pp. 47, 48.

50) Bauer, *Trumpet*, pp. 155–6.

51) 요한 빙켈만Johann Winckelmann(1717~1768년)은 고고학과 미술사의 개척자로, 그의 『고대 미술사History of Art in Antiquity』에서 처음으로 그리스, 그리스-로마, 로마 및 이집트와 에트루리아 미술을 뚜렷하게 구분했다. 예술은 특정 문명(그 기후, 자유, 기술)의 표현으로 다루어졌다. 그의 저작은 18세기 후반 신고전주의 운동의 발흥에 결정적인 역할을 했으며, 또 그 시대가 고대 그리스 예술과 문명에 대해 퍼부었던 과찬에도 결정적인 역할을 했다. 그를 경배했던 이들 중에는 레싱, 괴테, 헤르더, 하이네 등이 있다.

52) 헤겔의 입장을 바우어가 어떻게 급진적으로 재해석했는가에 대해서는 다음을 보라. Margaret Rose, *Marx's Lost Aesthetic: Karl Marx and the Visual Arts*, Cambridge, Cambridge University Press, 1984, pp. 59–60.

53) Bauer, *Trumpet*, p. 157.

54) Carl Friedrich von Rumohr, Italienische Forschungen, Berlin and Stettin, Nicolai'sche Buchhandlung, 1827, p. 124, 다음에서 인용. Mikhail Lifshitz, *The Philosophy of Art of Karl Marx*, London, Pluto Press, 1973 『Moscow, 1933』, p. 35.

55) Charles de Brosses, *Du culte des dieux fétiches*, Paris, 1760. 인용문들은 다음에서 가져왔다. de Brosses in Lifshitz, *Philosophy of Art*, pp. 36–8. 샤를 드브로스(1709~1777년)는 디종 Dijon에서 태어났으며 자연학자인 뷔퐁Buffon의 친구였다. 드브로스는 고대사, 문헌학, 언어학 등에 대한 무수한 에세이들을 썼고, 그중 일부는 디드로Diderot와 달랑베르D'Alambert가 『백과사전Encyclopédie』에 사용하기도 했다. 그의 1760년 저작은 고대 이집트의 종교와 당시 나이지리아 지역의 종교를 비교하여 종교의 기원에 대한 유물론적 이론을 내놓고 있다.

56) Rose, *Lost Aesthetic*, pp. 65–8.

57) J. J. Grund, *Die Malerei der Griechen*, vol. 1, Dresden, 1810, p. 15, 다음에서 인용. Lifshitz, Philosophy of Art, p. 37.

58) 다음을 보라. Rose, *Lost Aesthetic*, pp. 1–34.

59) 카를은 자신의 박사 논문에서 가상디가 이교도인 에피쿠로스의 철학을 가톨릭과 화해시키려 했던 것을 다음과 같이 묘사하고 있다. "마치 기독교 수녀들의 습관을 고대 그리스 매춘부 라이스Lais(고대 그리스의 유명한 헤타이라. 같은 이름의 두 사람이 있었지만 서로 혼동되어 지칭된다-옮긴이)의 육덕이 흐드러진 몸에다가 억지로 씌우려는 것이나 마찬가지이다." Marx, "Foreword" to doctoral dissertation, p. 29; 또 다음을 보라. S. S. Prawer, *Karl Marx and World Literature*, Oxford, Clarendon Press, 1976, pp. 30–31.

60) "Karl Marx to Arnold Ruge", 20 March 1842, *MECW*, vol. 1, p. 385–6.

61) Ibid., p. 386. 4월 초 카를은 본 대학 교수들 근처에 사는 것을 '도저히 견딜 수가 없어서' 쾰른으로 이주하려고 했다. ibid., p. 385. 하지만 그는 그곳의 분위기 또한 너무 산만하고 정신 집중이 힘들다는 것을 알게 되어 다시 본으로 돌아온다.

62) "Bruno Bauer to Edgar Bauer", in *Briefwechsel zwischen Bruno Bauer und Edgar Bauer*, p. 192.

63) *The Catholic World*, vol. 6, issue 34, 1868, p. 504.

64) 오코넬Daniel O'Connell(1775~1847)년은 '해방자the Liberator, the Emancipator'로 불릴 때가 많다. 그는 '가톨릭 해방Catholic Emancipation'(웨스트민스터의 영국 의회에 가톨릭 교도들도 참여할 권리를 주장)을 주장했고, 또 영국과 아일랜드를 하나로 결합하는 연합법Act of Union의 철폐를 요구했다. 아일랜드에서의 상황이 위기로 치닫게 되자 결국 1829년 '가톨릭 해방'이 주어졌고, 이에 '프로테스탄트 헌정Protestant Constitution'은 종식된다. 그렇기에 가톨릭 지역인 라인란트와 프로테스탄트인 프로이센과의 대결 상황을 이러한 아일랜드의 경우에 견주는 것은 충분히 성립되는 이야기였다.

65) 이 갈등의 세부 사항에 대해서는 이 책의 3장, 특히 174~175쪽을 보라.

66) 프리드리히 리스트(1789-1846년)는 19세기 독일의 지도적 경제학자의 한 사람이었다. 그의 저서 『정치경제학의 국민적 시스템』(1841년)에서 그는 애덤 스미스의 '범세계적cosmopolitan' 정치경제학에 반대해 국내 유치 산업의 보호에 기반한 국가 단위의 경제 발전 전략을 개발했다. 카를은 1845년 경 리스트의 저서에 대한 글을 썼지만 출간하지는 않았다.

67) 『라인 신문』을 어떻게 다룰지를 놓고 정부 각료들 사이에 벌어진 논의에 대해서는 다음을 보라. Mayer, *Radikalismus*, pp. 35–52.

68) "Karl Marx to Arnold Ruge", 27 April 1842, *MECW*, vol. 1, p. 387.

69) Ibid., 5 March 1842, pp. 382–3. *Res Publica*는 직역하자면 '공공의 것public thing'이 되며, 고대 로마 공화정과 관련하여 생겨난 말이다.

70) 이는 모젤 그리고 훈스뤽Hunsrück의 가난한 삼림 지대에서 주된 이슈였다.

71) Karl Marx, "Debates on Freedom of the Press", 12 May 1842, *MECW*, vol. 1, p. 154.

72) Karl Marx, "The Leading Article in No. 179 of *Kölnische Zeitung*", 14 July 1842, *MECW*, vol. 1, p. 195.

73) 하지만 이러한 과정은 어디까지나 부분적인 것이었고, 그나마 중단될 때도 많았다. 특히 '개혁 시대' 이후의 세월 동안에 그러했다. 카를의 아버지인 하인리히의 경험, 그리고 베를린 대학에서 카를을 가르쳤던 법학 교수 에두아르트 간스의 경험을 보면, 법 분야와 대학 세계에서는 그러한 과정이 대단히 모순적이었다는 것을 알 수 있다.

74) 이 책의 1장을 보라. 특히 85~86쪽을 보라.

75) 카를 루트비히 폰 할러Karl Ludwig von Haller(1768~1854년)는 베른 출신의 스위스인 법학자였으며, 비타협적인 반혁명적 논고인 「국가학의 회복Restoratiopn of the Science of the State」을 집필했다. 이러한 이유에서 그는 헤겔의 『법철학』에서 주된 표적 중 하나가 된다. 또한 1832년 5월의 함바흐 축제에서 사람들이 그의 저서를 불태우기도 했다.

76) 워렌 브렉맨에 따르면 이 당시의 프로이센은 그 '봉건적 잔재들'보다는 '그 극단적인 사회적 파편화'가 더 중요한 특징이었으며, 브렉맨이 '개인주의' 혹은 '원자론'이라고 부른 바 있는 모종의 철학을 통해 이러한 상태를 합리화했다고 한다. 다음을 보라. Warren Breckman, *Marx, the Young Hegelians, and the Origins of Radical Social Theory: Dethroning the Self*, Cambridge, Cambridge University Press, 1999, ch. 7.

77) 이는 카를이 그의 글 「최근의 프로이센 검열 훈령에 대한 논평」에서 개진한 논점이기도 하다. "Comments on the Latest Prussian Censorship Instruction", pp. 109–31.

78) Marx, "Leading Article in No. 179 of the *Kölnische Zeitung*", 10 July 1842, *MECW*, vol. 1, p. 189.

79) Marx, "Debates on the Freedom of the Press", 10 May 1842, MECW, vol. 1, pp. 145, 151.
80) Karl Marx, "Proceedings of the Sixth Rhine Province Assembly. Third Article. Debates on the Law on Thefts of Wood", 3 November 1842, MECW, vol. 1, p. 262.
81) "Karl Marx to Arnold Ruge", 20 March 1842, MECW, vol. 1, p. 384.
82) Marx, "Debates on the Law on Thefts of Wood", 25 October 1842, MECW, vol. 1, p. 231.
83) Ibid., 3 November 1842, p. 262.
84) 구스타프 휴고(1764~1844년)는 영국과 긴밀한 관계에 있는 하노버 선제후국에(하노버 선제후국은 신성로마제국 황제를 선출하는 9번째의 선거 제후국으로 만들어진 나라이다. 1714년 이 나라의 군주 게오르크 루트비히Georg Ludwig가 영국 왕 조지 1세로 즉위하면서 영국과 하노버 선제후국은 모두 하노버 왕가라는 동일한 있는 군주의 통치를 받는 나라로 통합되어 있었다. 이러한 통합 관계는 1837년까지 계속되었다- 옮긴이) 괴팅겐 대학의 법학 교수였다. 후고는 로마법의 역사에 대한 정형화된 학설에 반기를 들고 1780년대에 기본의 『로마제국 쇠망사』에서 로마법을 다루는 장을 번역하고 여기에 주석을 달아 출간했다. 기본은 하이네시우스Heineccius 및 다른 법 주석가들처럼 로마법을 불변의 덩어리로 다루지 않았고, 로마법이 로마 사회의 변화에 따라 어떻게 적응하여 변해 갔는지를 보여 주었다.
85) Karl Marx, "The Philosophical Manifesto of the Historical School of Law", 9 August 1842, *MECW*, vol. 1, pp. 204, 206.
86) Ibid., p. 209.
87) Marx, "Leading Article in No. 179 of the *Kölnische Zeitung*", pp. 199, 192, 193; "Debates on Freedom of the Press", p. 155.
88) "Debates on Freedom of the Press", pp. 155, 162.
89) Marx, "Leading Article in No. 179 of the *Kölnische Zeitung*", p. 202.
90) Karl Marx, "On the Commissions of the Estates in Prussia", 20 December 1842, *MECW*, vol. 1, p. 299.
91) Ibid., 31 December 1842, p. 306.
92) Ibid.
93) 이 책의 6장 주석 11번을 보라.
94) '시민사회'라는 용어는 헤겔 이전에도 있었지만 원래는 사회 전체를 지칭하는 말이었다. 헤겔이 이 용어를 어떻게 재규정했는지는 다음을 보라. Manfred Riedel, *Between Tradition and Revolution: The Hegelian Transformation of Political Philosophy*, Cambridge, Cambridge University Press, 1984, ch. 7.
95) 아리스토텔레스의 관점은 독립적 토지 소유자는 정치적 미덕을 체현하고 있는 반면 보통의 신민들은 자기 이익을 좇아 행동하기 쉽다는 생각의 형태로 살아남아 근대 초기 시대 전반에도 여전히 힘을 발휘했다. 그리고 1789년 프랑스혁명 인권선언에서 나온 인간과 시민의 구별에도 이러한 생각이 계속 잠재되어 있다(프랑스혁명 인권선언의 본래 제목은 '인간과 시민의 여러 권리의 선언Déclaration des droits de l'homme et du citoyen'이다. 여기에서 사람이 자연인으로서 갖는 여러 권리와 시민 혹은 공민citoyen으로서 갖게 되는 권리들을 분리하여 다루는 사고방식이 나타나고 있거니와, 이것이 이후 형식적 평등이 사회·경제적 평등과 전혀 별개의 것이며 프랑스혁명의 평등이란 결국 추상적 의미에 불과하다는 비판이 나오게 된다. 이는 마르크스의 『유대인 문제에 관하여』에서 핵심적

인 주제가 된다-옮긴이).

96) Breckman, Marx, *the Young Hegelians*, pp. 204 – 5.

97) Karl Marx, "Renard's letter to Oberpräsident von Schaper", 17 November 1842, *MECW*, vol. 1, pp. 282 – 6.

98) "Karl Marx to Arnold Ruge", 9 July 1842, *MECW*, vol. 1, p. 391.

99) Ibid., 30 November 1842, pp. 393 – 4.

100) "Karl Marx to Dagobert Oppenheim", 25 August 1842, *MECW*, vol. 1, p. 392.

101) Marx, "Debates on the Law on Thefts of Wood", p. 262.

102) "Karl Marx to Dagobert Oppenheim", 25 August 1842, *MECW*, vol. 1, p. 392.

103) "Karl Marx to Arnold Ruge", 9 July 1842, *MECW*, vol. 1, p. 390.

104) "Georg Herwegh to the *Rheinische Zeitung* ", 22 November 1842, MEGA, III, i, p. 379. 헤르베크는 당시 가장 인기 높은 급진파 시인이였으며, 특히 그의 『생동하는 인간의 노래들 Gedichte eines Lebendigen』이 유명했다.

105) "Karl Marx to Arnold Ruge", 30 November 1842, *MECW*, vol. 1, p. 381.

106) 루게 또한 이 '자유로운'이라는 집단이 연루된 싸움과 술판에 대해 여러 이야기를 들었다고 불평하고 있다. 그는 이 모든 일이 하나의 '재앙'이라고 말하면서, 이 때문에 바우어 자신은 물론 그가 하려고 하는 일까지도 모두 위태롭게 만들 수 있다고 말하고 있다. ibid., 4 December 1842, pp. 381 – 3.

107) "Bruno Bauer to Karl Marx", 13 December 1842, *MEGA*, III, i, p. 386.

108) 1835년 이후 슈트라우스의 입장이 온건해져 갔던 것은 곧 그의 입장이 신과 인류 어느 쪽이든 초월적 관념들과 양립할 수 있다는 것을 뜻한다.

109) "Bruno Bauer to Karl Marx", 16 March 1842, *MEGA*, III, i, p. 371; "Karl Marx to Arnold Ruge", 20 March 1842, *MECW*, vol. 1, p. 383.

110) "The Insolently Threatened Yet Miraculously Rescued Bible or: the Triumph of Faith", 1842, *MECW*, vol. 2, pp. 313 – 52.

111) "Karl Marx to Arnold Ruge", 30 November 1842, *MECW*, vol. 1, p. 394.

112) Boris Nicolaievsky and Otto Maenchen-Helfen, *Karl Marx: Man and Fighter*, trans. G. David and E. Mosbacher, London, Allen Lane, 1973 『1933』, pp. 62 – 4.

113) Mayer, *Radikalismus*, pp. 50 – 52.

114) "Karl Marx to Arnold Ruge", 25 January 1843, *MECW*, vol. 1, pp. 397 – 8.

5장 사유하는 자와 고통받는 자의 동맹: 파리, 1844년

1) 7월 왕정 시대의 '공산주의'의 정의에 대해서는 이 책의 259~265쪽을 보라.

2) 헤르베크(1817~1875년)는 슈투트가르트에서 태어나 튀빙겐 대학에 신학과로 진학하여 잠깐 법학 공부를 하고 다음에는 저널리즘으로 옮겨 갔다. 징병을 거부하여 스위스로 도망했다. 1841~1843년, 그는 취리히에서 『생동하는 인간의 노래들Gedichte eines Lebendigen』을 출간하여 혁명적 정서와 대중적 문제를 결합했다. 1842년 그가 독일을 순방했던 것은 많은 주

목을 끌었고, 그 절정은 프로이센 국왕과의 접견이었다. 1848년 파리에서 그는 이른바 '독일 군단German Legion'의 지도자의 한 사람이 된다. 이는 오덴발트Odenwald로 진군하여 독일 공화국을 선포하는 것을 목적으로 했던 조직으로서(이 책의 8장, 특히 431~432쪽을 보라), 낭만주의의 영감으로 생겨나기는 했지만 지독하게 어설픈 조직이어서 재앙으로 끝나고 말았다. 1842년 그는 베를린의 한 유대인 상인의 딸인 에마 지그문트Emma Siegmund와 결혼하지만, 1848년 '독일 군단'을 버리고 떠난 후에는 헤르첸Herzen의 부인인 나탈리Natalie와 격정적인 연애에 휩쓸린다(이는 다음을 보라. E. H. Carr, The Romantic Exiles: A Nineteenth-Century Portrait Gallery, London, Victor Gollancz, 1933) 만년에는 독일사회민주당을 지지하면서 당을 위해 여러 노래를 만들기도 하는 한편, 셰익스피어 희곡의 번역에 전념했다.

3) "Karl Marx to Arnold Ruge", 25 January 1843, *MECW*, vol. 1, p. 397; ibid., 13 March 1843, p. 399. 예니의 '경건주의자 귀족 친척들'이란 그녀의 오빠인 페르디난트와 그 여동생들을 뜻하는 것이 분명하다. '일부 성직자들과 여타 나의 적들'의 정체는 밝혀지지 않았지만, 베스트팔렌 집안 전체가 여전히 카를에게 좀 더 안정된 직업을 갖도록 설득하려는 노력을 버리지 않은 것은 분명하다. 크로이츠나흐에서 카를은 아버지의 친구이자 국가 공무원Revisionsrat이었던 에서Esser의 방문을 받았거니와, 그는 카를에게 공직 일자리를 제안하기도 했다. Boris Nicolaievsky and Otto Maenchen-Helfen, *Karl Marx: Man and Fighter*, trans. G. David and E. Mosbacher, London, Allen Lane, 1973『1933』, p. 71.

4) Heinz Monz, *Karl Marx: Grundlagen der Entwicklung zu Leben und Werk,* Trier, Verlag Neu, 1973, p. 349. 예니는 베티나가 자기 약혼자를 채어 가는 바람에 자기는 이른 아침부터 밤늦게까지 그 지역을 혼자서 이리저리 쏘다녀야 했다고 불평하고 있다. 그녀와 카를이 6개월 만에 만난 상태였는데도 말이다.

5) Jenny Marx, "A Short Sketch of an Eventful Life", in Institut Marksizma–Leninzma, *Reminiscences of Marx and Engels*, Moscow, Foreign Languages Publishing House, 1957, p. 19.

6) "Arnold Ruge to Karl Marx", 1 February 1843, *MEGA*, III, i, pp. 390–91.

7) 루게의 『새로운 독일 철학과 정론을 위한 일화들Anekdota zur neuesten deutschen Philosophie und Publicistik』은 두 권으로 출간되었다. 이 선집에는 또한 검열 훈령에 대한 카를의 서명 없는 에세이도 수록되어 있고, 또 브루노 바우어, 쾨펜, 나우베르크Nauwerck, 루게 자신 등 모든 주요한 청년 헤겔파의 글들이 포함되어 있다.

8) Ludwig Feuerbach, *The Essence of Christianity (Das Wesen des Christentums)*, trans. Marian Evans (later called George Eliot), London, J. Chapman, 1854.

9) Ludwig Feuerbach, "Preliminary Theses on the Reform of Philosophy", in *The Fiery Brook: Selected Writings of Ludwig Feuerbach* (trans. with an intro by Zawar Hanfi), New York, Doubleday, 1972, p. 157.

10) Ludwig Feuerbach, *Sämmtliche Werke*, vol. 2, Leipzig, Otto Wigand, 1846, pp. 280, 304. 독일어 원문 표현으로 이는 'entäussert und entfremdet'이다. 20세기에 와서 이 두 동사의 의미는 '소외alienation'와 관련된 논쟁에서 문제가 될 때가 많았다.

11) Arnold Ruge, "Hegel's *Philosophy of Right* and the Politics of our Times", in Lawrence S. Stepelevich (ed.), *The Young Hegelians: An Anthology*, Cambridge, Cambridge University Press, 1983, pp. 211–36.

12) Ruge, "Hegel's Philosophy of Right", pp. 215, 223–4. 루게는 괴테의 정치적 자기만족을 헤겔이 비판했던 이미지를 연상시키면서, '올림푸스로 물러나 잠을 자는' 헤겔을 조롱하고 있다. 이는 다시 구약성서 창세기에 나오는 창조 이야기를 연상시킨다. "이성이 지으신 모든 것을 보시니 보시기에 심히 좋았더라"(창세기 1장 31절, "하나님이 그 지으신 모든 것을 보시니 보시기에 심히 좋았더라"–옮긴이)

13) Ibid., pp. 211–36.

14) "Karl Marx to Arnold Ruge", 13 March 1843, *MECW*, vol. 1, p. 400.

15) 이 점은 카를이 포이어바흐에게 진 지적인 부채 가운데에서도 가장 오래 지속된 것이었다. 이는 『자본론』의 '상품 물신성'을 다루는 부분에서만 나오는 것이 아니라 1868년 마우러 Georg L. Maurer와 '마르크mark 공동체'에 대해 이야기하는 편지에서도 나오고 있다. "Karl Marx to Friedrich Engels", 25 March 1868, *MECW*, vol. 42, pp. 558–9.

16) Feuerbach, "Preliminary Theses", p. 154.

17) Karl Marx, "Contribution to the Critique of Hegel's Philosophy of Law", 1843, *MECW*, vol. 3, pp. 21–2. 영어판 마르크스 엥겔스 전집MECW에서는 독일어Recht를 '권리Right'가 아니라 '법Law'이라고 번역하고 있다. 두 가지 다 가능한 번역이지만, 표준적인 용법은 전자가 맞다(우리나라에서도 오래전부터 헤겔과 마르크스의 번역 모두에서 '권리'가 아니라 '법'이라는 말이 쓰여 왔기에 이를 따랐다–옮긴이).

18) Ibid., pp. 29, 61, 75.

19) Ibid., pp. 14, 39, 10. 헤겔의 『대논리학』은 1812년과 1816년 사이에 출간되었으며, 칸트가 그의 『순수이성비판』에서 자신의 '여러 범주들의 선험적 연역'이라는 로 의도했던 바를 확장하고자 했던 시도라고 이해하는 것이 가장 좋다고 말할 수 있다. 칸트는 우리와 같은 모든 유한한 논증적discursive 인식 주체들은 경험에서 나오지 않은 개념들인 여러 인식 범주들을 전제조건으로 삼는다고 믿었고, 『순수이성비판』은 이러한 범주들의 일정한 목록을 작성하려는 시도를 내용으로 삼고 있다. 그런데 헤겔의 『대논리학』에 나오는 이러한 범주들이 과연 아리스토텔레스의 경우에서처럼 존재론적인(즉 존재의 구조와 관련된) 것으로 이해해야 하는지, 아니면 칸트의 경우에서처럼 사유의 필연적 구조를 드러내는 것으로 이해해야 하는지는 철학자들 사이에 논쟁이 되는 문제이다. 이에 대한 더 많은 논의로는 다음을 보라. Introduction in G. W. F. Hegel, *The Science of Logic*, trans. and ed. George di Giovanni, Cambridge, Cambridge University Press, 2010, pp. xi–lxii. 또한 다음을 보라. Stanford Encyclopaedia of Philosophy, 2015, http://plato.stanford.edu/.

20) Karl Marx, "Afterword to the Second German Edition", 24 January 1873, in *Capital*, vol. I, *MECW*, vol. 35, p. 19.

21) Marx, "Contribution to the Critique of Hegel's Philosophy of Law", pp. 63, 33, 49, 31.

22) Ibid., pp. 32, 79–80.

23) Ibid., p. 29.

24) Ibid., pp. 32, 110–11.

25) Ibid., p. 31.

26) Ibid., pp. 42, 50, 98, 108, 106, 45.

27) Ibid., pp. 115–16.

28) Ibid., pp. 117 – 19.
29) Ibid., p. 121.
30) "Karl Marx to Arnold Ruge", 13 March 1843, MECW, vol. 1, p. 400.
31) Karl Marx, "On the Jewish Question", 1844, MECW, vol. 3, pp. 154, 151, 156.
32) Ibid., pp. 155, 152, 158.
33) Ibid., pp. 163, 164.
34) Ibid., p. 168.
35) 공화주의는 리옹Lyons의 비단 직조 노동자 조직들에서도 일정한 지지를 얻은 바 있다. 이곳에서 비단 상인들과 '카뉘canuts(장인master과 장색journeyman 직조 공인들을 모두 지칭)' 사이의 갈등이 1831년과 1834년의 파업과 폭동으로 터져나온 바 있었다.
36) 카베의 추종자들은 '이카리아파Icarians'라고 불렸다. 이는 카베의 소설 제목에서 따온 것으로, 프랑스의 '공산주의자들' 가운데에서 가장 큰 집단을 이루고 있었다. 1847년 11월, 카베는 이카리아파가 '약속의 땅'(미국 텍사스의 레드리버Red River 옆의 지역)으로 이주한다고 선포했다. 그리고 1848년 2월에는 프랑스에서는 전위당으로 출범하게 되지만, 1848년 말로 가면 공동체는 엉클어지고 만다. 하지만 일리노이의 노부Nauvoo, 세인트 루이스의 첼턴햄Cheltenham, 아이오와의 코닝Corning과 여타 지역에서도 지부가 생겨난다. 1840년대 프랑스에서 이카리아파의 역사에 대해서는 Christopher H. Johnson, *Utopian Communism in France: Cabet and the Icarians, 1839–1851*, Ithaca, Cornell University Press, 1974.
37) Thomas Carlyle, *Chartism*, London, James Fraser, 1839, ch. 1.
38) 프리드리히 엥겔스가 무명으로 기고한 다음을 보라. "The Internal Crises", 9/10 December 1842, *MECW*, vol. 2, p. 374.
39) Johann Caspar Bluntschli, *Die Kommunisten in der Schweiz nach den bei Weitling vorgefundenen Papieren*(바이틀링의 유품에서 발견된 문서들에 나타난 스위스의 공산주의자들), Glashütten im Taunus, Auvermann, 1973 『Zurich, Druck von Orell, 1843』, p. 5.
40) 슈타인과 그의 저서에 대한 반응에 대해서는 다음을 보라. Diana Siclovan, "Lorenz Stein and German Socialism, 1835 – 1872", Ph. D. thesis, Cambridge University, 2014; 또한 David Lindenfeld, *The Practical Imagination: The German Sciences of State in the Nineteenth Century*, Chicago, Chicago University Press, 1997; Keith Tribe, Governing Economy: The Reformation of German Economic Discourse 1750 – 1840, Cambridge, Cambridge University Press, 1988.
41) Moses Hess, "Sozialismus und Kommunismus" (1843), in Wolfgang Mönke (ed.), *Moses Hess: Philosophische und sozialistische Schriften 1837–1850. Eine Auswahl*, Vaduz, Topos Verlag, 1980, pp. 197 – 210.
42) 슈타인의 저서는 그 역사적 의미와 중요성이 일반적으로 잘못 이해되고 있다. 그는 '사회학'의 개척자로 묘사되어 왔으며, 때로는 카를이 그의 프롤레타리아트 개념을 슈타인의 저서에서 얻었을 수 있다고 시사하는 이들도 있었다. 하지만 카를이 갈수록 '정치적 국가'에 대해 적대적 태도를 가지게 되었던 것을 생각해 보면 이는 극히 가능성이 낮은 이야기이다. 오히려 헤스가 표출했던 적개심을 공유했을 가능성이 훨씬 더 높다.
43) Moses Hess, "Die europäische Triarchie", in Mönke (ed.), *Philosophische und sozialistische*

Schriften, pp. 159–60.

44) Karl Marx, "Communism and the *Augsburg Allgemeine Zeitung*", 15 October 1842, *MECW*, vol. 1, pp. 220–21.

45) Ibid.

46) Feuerbach, "Preliminary Theses", p. 165.

47) "Karl Marx to Ludwig Feuerbach", 3 October 1843, *MECW*, vol. 3, p. 349.

48) Moses Hess, "The Philosophy of the Act" (1843), in Albert Fried and Ronald Sanders (eds.), Socialist Thought: A Documentary History, Edinburgh, Edinburgh University Press, 1964, pp. 261, 264, 266.

49) "Karl Marx to Arnold Ruge", 13 March 1843, *MECW*, vol. 1, pp. 398–9.

50) "Jenny von Westphalen to Karl Marx", March 1843, *MECW*, vol. 1, p. 728.

51) "Arnold Ruge to Karl Marx", 11 August 1843, *MEGA*, III, i, pp. 409–10.

52) "Letters from the *Deutsch-Französische Jahrbücher*", March–September 1843, *MECW*, vol. 3, pp. 133–4.

53) "Arnold Ruge to Karl Marx", March 1843, *MEGA*, III, i, pp. 402–5.

54) Ibid.

55) 19세기에 이 '속물적인philistine'이라는 말(본래 성경에 나오는 이스라엘인들의 적대 세력 '블레셋'(팔레스타인-옮긴이) 사람들을 일컫는 말이다)은 매튜 아널드Matthews Arnold의 저작에서 '무식하고 행실이 천박한 사람들로, 문화나 예술에 대한 이해와 감상의 능력이 결여되어 있고, 오로지 물질적인 가치들만에 관심을 두는' 이들을 일컫는 말로 쓰이게 된다. 이러한 근대적 용법은 1689년 독일의 예나 대학에서 대학인들gown과 지역 주민들town 사이에 충돌이 벌어졌을 때 전자가 후자를 '블레셋 놈들der Philister'이라고 부른 데에서 유래했다고 한다.

56) "Letters from the *Deutsch-Französische Jahrbücher*", March–September 1843, *MECW*, vol. 3, pp. 134, 137, 140, 141.

57) Ibid., pp. 141, 143, 144.

58) 1840년대 파리의 노동력에 대한 세부 사실들은 다음을 보라. Mark Traugott, *Armies of the Poor: Determinants of Working-Class Participation in the Parisian Insurrection of June 1848*, Princeton, Princeton University Press, 1985, ch. 1; 파리에 있었던 독일 이민자들에 대한 세부 사실들은 다음을 보라. Jacques Grandjonc, *Marx et les Communistes allemands a Paris, Vorwärts 1844: Contribution a l'étude de la naissance du Marxisme*, Paris, F. Maspero, 1974, pp. 9–18. 59.

59) "Letters from the *Deutsch-Französische Jahrbücher*", March–September 1843, *MECW*, vol. 3, p. 142.

60) Arnold Ruge, *Zwei Jahre in Paris: Studien und Erinnerungen*, Leipzig, W. Jurany, 1846, part 1, pp. 48–9.

61) 『지구Le Globe』는 1824년에 창간되었고, 1828년에는 자유주의적 야당의 입장으로 이동했으며 1830년대에는 생시몽주의자들의 공식적인 대변지가 되었다. 이는 1830년 혁명 당시에는 프랑스에서 가장 유명한 신문이었다.

62) P. Leroux, "De l'Individualisme et du Socialisme", Revue encyclopédique, vol. LX, pp.

94 – 117, Paris, October 1833, reprinted in David Owen Evans, *Le Socialisme romantique: Pierre Leroux et ses contemporains*, Paris, M. Riviere, 1948, pp. 223 – 38.

63) See Edward Berenson, *Populist Religion and Left-Wing Politics in France, 1830–1852*, Princeton, Princeton University Press, 1984.

64) 루게는 루이 블랑을 숭모했으며, 그의 『10년간의 역사』의 편집본을 준비하기도 했다. 다음을 보라. Lucien Calvié, "Ruge and Marx: Democracy, Nationalism and Revolution in Left Hegelian Debates", in Douglas Moggach (ed.), *Politics, Religion and Art: Hegelian Debates*, Evanston, Ill., Northwestern University Press, 2011, pp. 301 – 20. 한편 카를은 쾰른에 있었던 자신의 숭모자 게오르크 융에게 자신은 블랑을 인정하지 않는다는 뜻을 표출하여 그를 어리둥절하게 만들기도 했다. 아마도 『독립 리뷰Revue indepéndante』에서 루게를 카를의 '주인님'이라고 불렀던 블랑의 언급에 카를이 기분이 나빴기 때문일 수 있다. "Georg Jung to Karl Marx", 31 July 1844, MEGA, III, i, p. 438.

65) Hess, "Philosophy of the Act", pp. 262 – 4.

66) Ruge, *Zwei Jahre in Paris*, pp. 137 – 8.

67) 카를은 포이어바흐의 사상을 열성적으로 흡수했지만, 인간주의를 종교적인 관점에서 생각하려는 시도로까지 열광한 적은 전혀 없었다. 이 점에 있어서 종교에 대한 카를의 태도는 포이어바흐보다는 바우어에 훨씬 더 가까웠다.

68) "Arnold Ruge", in McLellan (ed.), *Karl Marx: Interviews and Recollections*, p. 9.

69) F. Engels, "Progress of Social Reform on the Continent", *New Moral World*, 4 November 1843, *MECW*, vol. 3, p. 399. 파리의 한 공산주의자 클럽을 방문했던 기억을 거의 1년 후에 회고하면서 쓴 바에 의하면 이런 일이 있었다고 한다. 엥겔스가 그 클럽의 성원들에게 포이어바흐 사상의 여러 강점을 설득하려고 하자 그들은 신의 문제 따위는 중요한 것이 아니며, "모든 실천적인 목적에 있어서는 '그들도' 우리와 동의한다고 했다." 그러고는 이렇게 말했다. "따지고 보면 무신론이 당신들의 종교인 거죠Enfin, l'Athéisme, c'est votre religion." F. Engels, "Continental Socialism", 20 September 1844, *MECW*, vol. 4, p. 213.

70) Marcel Herwegh (ed.), *Briefe von und an Georg Herwegh*, 2nd edn, Munich, A. Langen, 1898, p. 328.

71) "Ludwig Feuerbach to Karl Marx", 6 – 25 October 1843, *MEGA*, III, i, pp.416 – 17.

72) M. Hess, "Über das Geldwesen", in Mönke (ed.), *Philosophische und sozialistische Schriften*, pp. 331 – 45.

73) Marx, "On the Jewish Question", p. 174.

74) 1840년대의 프랑스 사회주의자들 사이에서는 유대인들에 대한 적개심이 일반적이었다. 푸리에와 프루동 모두 빈민의 급증과 사람들이 빚더미에 올라앉는 문제가 모두 프랑스혁명기의 유대인 해방으로 크게 악화되었다는 의심을 품고 있었다. 유대인들의 해방이 불완전했음에도 그들이 가지고 있었던 금융 권력에 대한 여러 불평은 빈번하게 터져나왔으며, 카를이나 브루노 바우어나 이를 논평의 대상으로 삼게 된다. 이런 식의 사회주의자들의 반 유대주의가 극에 달했던 것은 다음의 저작에서였다. Alphonse Toussenel's *Les Juifs, rois de l'époque: histoire de la féodalité financiere*, Paris, G. de Gonet, 1845. 투세넬은 한때 푸리에주의의 주요 저널이었던 『평화적 민주주의La Démocratie pacifique』의 편집장이었으며, 이는

영국인, 네덜란드인, 제네바인 들도 똑같이 격렬하게 공격했다. "유대인이나 프로테스탄트인들이나 마찬가지이기 때문이다." 그가 공격의 대상으로 삼았던 지점은 고도 금융high finance의 중심지들이었으니, 그는 이런 지역들을 흡혈귀들이 떼지어 사는 곳에다 비유했다. 1848년 이후 그는 푸리에주의를 동물 세계에도 적용했다. 그의 가장 유명한 저작인 『산새의 세상Le Monde des oiseaux』에서 그는 '새들은 조화의 선구자이자 계시자들'이라는 자신의 이론을 발전시켰다. Sarane Alexandrian, *Le Socialisme romantique*, Paris, Éditions du Seuil, 1979, pp. 226–35.

75) Marx, "On the Jewish Question", p. 172.
76) Ibid., p. 173.
77) Ibid., p. 174.
78) Karl Marx, "Introduction" to "Contribution to the Critique of Hegel's Philosophy of Law", 1844, MECW, vol. 3, pp. 175, 176, 178, 182.
79) Ibid., pp. 176, 178, 179, 185.
80) Ibid., pp. 186–7.
81) Ibid., pp. 183, 187; 이 '머리'와 '심장'의 구별은 포이어바흐의 "Preliminary Theses", p. 165.
82) A. Ruge, *Arnold Ruges Briefwechsel und Tagebuchblätter aus den Jahren 1825–1880*, ed. P. Nerrlich, Berlin, Weidmann, 1886, p. 350.
83) Anon., "Berichte über Heines Verhältnis zu Marx" ("Reports on Heine's Relationship with Marx"), *Die Neue Zeit, XIV*, pt 1 (1895–6). 이 글을 쓴 저자는 아마도 메링이었거나 카우츠키였을 것이다. McLellan (ed.), Karl Marx: Interviews and Recollections, p. 10.
84) Ibid.
85) Ruge, Arnold Ruges Briefwechsel und Tagebuchblätter, p. 343. 이는 다음에 인용되어 있다. McLellan (ed.), *Karl Marx: Interviews and Recollections*, p. 8.
86) Ruge, *Zwei Jahre in Paris*, pp. 138–40.
87) Ruge, *Arnold Ruges Briefwechsel und Tagebuchblätter*, p. 346.
88) "Karl Marx to Ludwig Feuerbach", 11 August 1844, *MECW*, vol. 3, p. 354.
89) 『전진!』에 대해, 또 카를과의 관계에 대해서는 다음을 보라. Grandjonc, *Marx et les Communistes allemands*.
90) 아달베르트 폰 보른슈테트(1807~1851)는 한 군사 가문의 아들로, 1831년 파리의 망명자 공동체에 합류하며, 알제리 정복전에 참전했다가 큰 부상을 입는다. 그는 파리에서 특히 『전진!』을 포함한 여러 출간물에서 편집자 혹은 저널리스트로 활동했지만, 1845년 프랑스에서 추방당한다. 그는 파리에서 브뤼셀로 가며 여기에서 1846년 『독일 브뤼셀 신문Deutsche Brüsseler Zeitung』을 창간한다. 1848년 그는 파리로 되돌아와서 게오르크 헤르베크와 함께 '독일 군단'의 지도자의 한 사람이 된다.

하인리히 뵈른슈타인Heinrich Börnstein(1805~1892년)은 렘베르크Lemberg(지금은 우크라이나의 리비우Lviv)에서 태어났고, 렘베르크와 비엔나에서 별 열의 없이 학업을 마친 후 배우가 되어 부인과 함께 독일을 돌아다니며 순회 공연을 했고, 여기에서 성공적인 연극 사업가가 된다. 1842년 그는 독일 오페라 회사를 파리에 세우려 시도했으며, 그다음에는 이탈리아 오페라 회사를 경영한다. 그는 프란츠 리스트, 알렉상드르 뒤마, 지아코모 마이어비어 등의 친구였다. 1844-5년의 기간 동안 그는 『전진!』을 간행했던바, 이는 처음에는 문화 잡지로 시작했지만 1845년 초 당국에 의해 폐간되고 말았다. 그는 『뉴욕 트리뷴』의 파리 통신원이었고 1848년에는 헤르베크의 '독일 군단'을 조직하는 데 도움을 주였다. 1849년에는 미국으로 떠나 세인트루이스에서 저널리스트로 활발히 활동했으며 링컨의 지지자로 두각을 나타냈고, 남북전쟁 기간 동안에는 브레멘 주재 미국 영사로 와 있기도 했다.

91) Heinrich Börnstein, *Fünfundsiebzig Jahre in der Alten und Neuen Welt. Memoiren eines Unbedeutenden*, cited in Boris Nicolaievsky and Otto Maenchen-Helfen, Karl Marx: Man and Fighter, trans. G. David and E. Mosbacher, London, Allen Lane, 1973 『1933』, p. 89.

92) Ruge, *Zwei Jahre in Paris*, pp. 142 – 6.

93) "Jenny Marx to Karl Marx", c.21 June 1844, *MECW*, vol. 3, pp. 574 – 5, 577 – 8.

94) Ibid., pp. 574 – 7.

95) 파리에서의 봉기로 튀일리Tuileries궁이 포위된 1792년 8월 10일, 입법의회는 군주정을 폐지한 위에서 헌법을 작성할 공회Convention를 선출하기로 결정한다. 국민공회는 1792년 9월 21에서 1795년 10월 26일까지 열렸다. 이 기간에는 방데 지방에서의 반란, 국경의 조직적 방위, 국내에서의 '공포정치' 등이 나타났던 기간이었다. 혁명정부는 공안위원회Committee for Public Safety의 손에 있었다.

96) Philippe-Joseph-Benjamin Buchez and Pierre-Célestin Roux-Lavergne, *Histoire parlementaire de la Révolution française*, 40 vols., Paris, Libraire Paulin, 1833 – 8. 이 책은 이 기간 동안의 혁명적 사건들에 대한 표준적인 좌파적 설명이다. 이는 또한 Thomas Carlyle, *The French Revolution*, London, James Fraser, 1837의 주된 자료 중 하나이기도 하다. 다음을 보라. François Furet, *Marx et la Révolution française*, Paris, Flammarion, 1986, ch. 1.

97) 마르크스의 이 초고에 대해서는 다음 장에서 논하기로 한다.

98) 이 저작은 11월 말에 완성되었으며, 『신성가족, 브루노 바우어와 그 집단에 대한 비판적 비판의 비판The Holy Family, or, Critique of Critical Criticism against Bruno Bauer and Company』이라는 제목으로 출간되었다. 몇 페이지를 제외하고는 모두 카를이 쓴 저작이었다. 카를이 어째서 바우어에 대해 이렇게 지속적으로 집착했는지에 대해서는 다음 장에서 설명하기로 한다.

99) 실레지아 봉기 사건에 대한 설명으로는 Christina von Hodenberg, Aufstand der Weber: die Revolte von 1844 und ihr Aufstieg zum Mythos, Bonn, Dietz, 1997.

100) Vorwärts!, no. 54, 6 July 1844, and no. 55, 10 July 1844. 하이네가 신, 왕, 조국을 저주했던 것은 1813년의 애국 전쟁 당시 프로이센이 내건 국민적 슬로건이었던 "신과 함께 왕과 조국을 위해"를 전복시킨 것이었다. Grandjonc, *Marx et les Communistes allemands*, pp. 44 – 8, 131 – 5.

101) "A Prussian", "The King of Prussia and Social Reform", *Vorwärts!*, no. 60, 27 July 1844.

102) "Jenny Marx to Karl Marx", 4 – 10 August 1844, *MECW*, vol. 3, p. 580.

103) "Moses Hess to Karl Marx", 3 July 1844, *MEGA*, III, i, p. 434.

104) "Karl Marx to Ludwig Feuerbach", 11 August 1844, *MECW*, vol. 3, p. 355.

105) Karl Marx, "Critical Marginal Notes on the Article "The King of Prussia and Social Reform. By a Prussian" ", Vorwärts!, no. 63, 7 August 1844, *MECW*, vol. 3, pp. 189 – 206.

106) "Karl Marx to Arnold Ruge", 13 March 1843, *MECW*, vol. 1, p. 400.

107) Marx, "On the Jewish Question", pp. 173–4.
108) "Karl Marx to Friedrich Engels", 7 March 1861, *MECW*, vol. 41, p. 282; "Karl Marx to Antoinette Philips", 24 March 1861, *MECW*, vol. 41, p. 271.
109) "Karl Marx to Jenny Longuet", 7 December 1881, *MECW*, vol. 46, pp. 157–8.

6장 브뤼셀에서의 망명 생활, 1845~1848년

1) "Jenny Marx to Karl Marx", *MEGA*, I , v, p. 449.
2) Heinrich Bürgers, "Erinnerungen an Ferdinand Freiligrath", Vossische Zeitung, 1876, cited in Boris Nicolaievsky and Otto Maenchen-Helfen, *Karl Marx: Man and Fighter*, trans. G. David and E. Mosbacher, London, Allen Lane, 1973 [1933], p. 05.
3) Jenny Marx, "A Short Sketch of an Eventful Life", in Institut Marksizma–Leninzma, Reminiscences of Marx and Engels, Moscow, Foreign Languages Publishing House, 1957, p. 222; "Jenny Marx to Karl Marx", 24 August 1845, *MECW*, vol. 38, p. 528.
4) "Jenny Marx to Karl Marx", 24 August 1845, *MECW*, vol. 38, pp. 527–8. 막스 슈티르너의 『유일자와 그 소유』는 의무니 소명이니 하는 것들을 없애고 그 자리에 개인의 욕망 추구를 놓으려고 했거니와, 이는 서로 잘 아는 이들끼리 주고받는 악의 없는 농담의 주제였다. 슈티르너의 저서와 그에 대한 헤스, 엥겔스, 카를의 비판적 반응에 대해서는 이 책의 338~339쪽을보라.
5) 카롤리네는 1847년 1월 13일에 사망했다.
6) "Sophie Schmalhausen to Karl Marx", 25 September 1846, *MEGA*, III, ii, pp. 311–12.
7) 1820년대의 지구화 그리고 '산업혁명'을 놓고 세와 시스몽디 사이에 있었던 논쟁에 대해서는 다음을 보라. Gareth Stedman Jones, *An End to Poverty?: A Historical Debate*, London, Profile Books, 2004, ch. 4.
8) J.-C.-L. Simonde de Sismondi, *Nouveaux principes d'économie politique, ou de la richesse dans ses rapports avec la population*, 2 vols., Paris, Chez Delaunay, 1819, vol. 2, p. 262.
9) M. Hess, "Über das Geldwesen", in Wolfgang Mönke (ed.), *Moses Hess: Philosophische und sozialistische Schriften 1837–1850. Eine Auswahl*, Vaduz, Topos Verlag, 1980, pp. 329–48.
10) Karl Marx, *Economic and Philosophical Manuscripts of 1844*, MECW, vol. 4, p. 297.
11) 정치경제political economy라는 용어는 1615년에 처음으로 사용되었다. '경제economy'라는 말은 가정을 뜻하는 그리스어 '오이코스oikos'와 법률을 뜻하는 그리스어 '노모스nomos'에서 파생된 말이다. 정치경제라는 용어는 최초에는 가정을 관리하는 것과 정치체polity(즉 그리스의 폴리스), 다시 말해 국가를 관리하는 것 사이의 대칭성을 탐구한다는 것을 뜻했다. 그리고 18세기 후반 애덤 스미스 이후로는 이 용어가 특히 상업 사회를 지배하는 여러 법칙과 규칙성을 지칭하게 된다. 엥겔스와 같은 19세기 전반기의 비판자들은 상업 사회에 대한 지배적인 분석의 근거로 여겨졌던 인간 본성에 간한 이론에 반기를 들게 된다.
12) Friedrich Engels, "Outlines of a Critique of Political Economy", *MECW*, vol. 3, p. 421.
13) Ibid., pp. 434, 436–7.

14) 로버트 오언Robert Owen(1771~1858)은 영국에서 19세기 전반기에 '사회주의'라고 불리게 되는 운동을 정초하고 개척했던 이이다. 그는 글래스고우의 바로 외곽인 뉴 래너크New Lanark에서 데이비드 데일David Dale과 함께 섬유 공장을 소유하면서 그 경영을 맡았고, 그 경영에 있어서 혁신적이고도 계명된 개혁들을 도입함으로써 처음으로 명성을 얻게 되었다. 특히 그는 공장의 노동시간을 줄이고, 공장에서 일하는 아동들을 위해 새로운 형태의 교육을 제공했고, 직원들의 위생 상태와 주거에 있어서도 큰 변화를 이루었다. 1817년에는 나폴레옹 전쟁 이후에 찾아온 경기 침체와 실업에 대한 대응으로서 '협동 마을villages of cooperation'을 세울 것을 제안하기도 했다. 그는 이를 통해 새로운 천년왕국으로의 이행이 시작될 것이라고 믿었다. 1820년대에 그는 자신의 재산 대부분을 미국 인디애나의 뉴 하모니New Harmony 공동체의 설립에 써 버렸다. 이 계획은 실패하고 만다. 하지만 그사이에 그가 제창한 여러 원리들을 지지하는 운동이 발전하여 기능공들 및 중간 계급의 여러 부분에서 광범위한 지지를 얻게 된다. 1830년대 초 그 운동은 노동 교환소labour exchanges, 노동조합, 생산자 협동조합 등을 개척하고 발전시킨다. 1839~1845년의 기간 동안 그는 햄프셔의 퀸우드 농장Queenwood Farm에 사회주의 공동체를 설립하고자 하는 마지막 노력을 기울이지만 결국 실패로 끝나고 만다.

오언주의적 실천의 대부분은 환경이 인간 행동을 지배한다는 이론에 기초하고 있었다. 그는 윌리엄 고드윈William Godwin과 결부된 낙관주의적 비전의 발전을 아주 높게 받들었고 이를 맬서스의 공격에 맞서서 옹호했다. 오언주의자들은 '과학의 전당'을 설립하여 일요일마다 세속적인 형태의 예배를 진행했다. 이들은 또 유스투스 리비히Justus Liebig가 화학을 이용한 토양 개선의 가능성을 입증하는 강연 등 과학적 진보를 입증하는 강연을 맨체스터에서 정기적으로 열었고 엥겔스도 여기에 참여했다. 오언주의자들은 정치경제학과 결부된 경쟁의 찬양을 공격했고 존 와츠John Watts가 명시적으로 제시한 바 있는 것처럼 체계적인 정치경제학 비판을 발전시켰다. 또한 토머스 호지스킨Thomas Hodgskin, 윌리엄 톰슨William Thompson, 존 브레이John Francis Bray 등의 정치경제학 비판을 발판으로 삼았다.

15) Engels, "Outlines of a Critique of Political Economy", pp. 420 – 24.

16) Friedrich Engels and Karl Marx, *The Holy Family, or, Critique of Critical Criticism against Bruno Bauer and Company, MECW*, vol. 4, p. 31. 시에스Sieyes는 1789년 삼부회 소집 당시 사용된 여러 범주들에 대해 공격을 가했다. 그는 처음 두 신분인 성직자 신분과 귀족 신분을 폐지하는 한편, '제3신분'을 '민족the Nation'으로 다시 정의하자고 제안한다. '민족'이란 일하는 이들로 이루어지는 집단이기 때문이라는 것이었다.

17) Karl Marx, *MEGA*, IV, ii, pp. 301 – 480. 카를이 이러한 경제학 텍스트들과 씨름했던 것이 어떠한 성격을 가지고 있는가에 대한 묘사와 분석으로 나는 다음의 저작에 크게 빚지고 있다. Keith Tribe, "Karl Marx's 'Critique of Political Economy': A Critique", in *The Economy of the Word: Language, History and Economics*, Oxford, Oxford University Press, 2015, ch. 6.

18) Marx, *MEGA*, IV, ii, pp. 318 – 19. 이러한 여러 생각은 독일어로 쓰여 있고, 노트는 프랑스어로 되어 있다.

19) 리카도의 주장을 둘러싼 논쟁과 그 논쟁에 대한 응답으로서 리카도가 자신의 노동가치론을 어떻게 수정했는가에 대해서는 다음을 보라. Terry Peach, *Interpreting Ricardo*, Cambridge, Cambridge University Press, 1993, chs. 1, 4 and 5.

20) Marx, MEGA, IV, ii, p. 405; 또 다음을 보라. Tribe, *Economy of the Word*, p. 263.

21) Marx, MEGA, IV, ii, p. 453; Karl Marx, "Comments on James Mill, Élémensd'économie politique", MECW, vol. 3, p. 217, 하지만 MECW에서는 fixiert가 '고착시키다fixates'가 아니라 '정의하다defines'로 잘못 번역되어 있다.

22) Marx, "Comments on James Mill', p. 219.

23) *MECW*, vol. 3, pp. 235–70 그리고 『1844년 초고』의 다른 판본들을 보면 임금, 자본, 지대를 나란히 다루고 있는 세로 칸들이 연달아 이어지는 장들인 것처럼 잘못 제시되어 있다. 이러한 식으로 배치하는 게 잘못되었다는 점을 처음으로 지적한 글은 Margaret Fay, "The Influence of Adam Smith on Marx's Theory of Alienation", *Science and Society*, 47/2 (Summer 1983), pp. 129–51; 『1844년 초고』의 출간은 복잡한 역사를 가지고 있다. 다음을 보라. Jürgen Rojahn, "Marxismus – Marx – Geschichtswissenschaft. Der Fall der sog. 'Ökonomisch-philosophischen Manuskripte aus dem Jahre 1844'", International Review of Social History, 28/01 (April 1983), pp. 2–49.

24) Tribe, *Economy of the Word*, pp. 192–3. 앙트완-외젠 뷔레Antoine-Eugene Buret (1810~1818년)는 시스몽디Simonde de Sismondi의 추종자로, 1815년 이후의 산업화와 프롤레타리아화가 일국적으로나 국제적으로나 어떠한 의미를 갖고 있는지를 폭넓게 부각시켰던 이였다. 영국과 프랑스의 노동계급의 상태에 대한 그의 연구는 (2권, 1840년) 이후 엥겔스가 1844년 출간한 영국 노동계급의 상태에 대한 연구에서 전개하는 주제들 중 다수를 처음으로 부각시킨 저작이었다. 그의 이론적인 저작은 이 책의 10장에서 더 논의하기로 한다.

25) Eugene Buret, *De la misere des classes laborieuses en Angleterre et en France*, Paris, Paulin, 1840, vol. 1, pp. 49–50, Tribe, *Economy of the Word*, p. 193에서 인용.

26) Marx, *MEGA*, IV, ii, pp. 551–79. 트라이브Keith Tribe가 지적하고 있는바, 뷔레의 저작의 처음 100페이지는 임노동 계약에 대한 여러 접근법을 검토하고 있다. 하지만 거의 30페이지에 이르는 카를의 노트 가운데에서 이 문제가 차지하는 양은 1페이지도 되지 않는다. Tribe, *Economy of the Word*, 2015, ch. 6.

27) Marx, *Economic and Philosophical Manuscripts of 1844*, p. 270.

28) Engels and Marx, *The Holy Family*, p. 31; Marx, *Economic and Philosophical Manuscripts of 1844*, p. 241.

29) Marx, "Comments on James Mill', p. 220.

30) Marx, *Economic and Philosophical Manuscripts of 1844*, pp. 275, 276, 278, 280.

31) 20세기에 와서 편집되어 『1844년 경제학-철학 초고』라고 불리는 저서에는 이른바 '서문'이라는 이름이 붙은 글이 맨 처음에 나오고 있거니와(*MECW*, vol. 3, pp. 231–4), 이는 본래 아무 제목 없이 세 번째 노트에 실려 있던 글이었다. 하지만 1844년 여름 경에는 카를이 이 저작을 하나의 책으로 생각하기 시작했다고 믿는 게 합리적이다. 그는 이 글에서 (p. 232) 이렇게 말하고 있다. '우리 시대의 저 비판적 신학자(브루노 바우어)와 달리' 자신은 '이 저작의 마지막 장'에 '헤겔 변증법과 철학 전체에 대한 비판적 논의'를 담고자 한다는 것이다. 분명하지 않은 점은 이 공책들이 과연 그 저서의 초고인 것이냐, 아니면 그저 준비 노트일 뿐이냐는 것이다. Tribe, *Economy of the Word*, pp. 216–17.

32) 독일어 제목은 『정치경제학 및 국민경제학 비판Kritik der Politik und National Ökonomie』이었다.

이에 대한 세부적인 이야기는 *MECW*, vol. 4, p. 675. 카를은 선금으로 3000프랑을 받았으며 나머지 반은 책이 나오면 받기로 했다. 하지만 출판인 레스케는 책이 검열에 걸릴 가능성이 높다고 보아 1846년 3월 카를에게 다른 출판인을 찾을 것이며 그렇게 되면 자기가 준 선금을 돌려 달라고 했다. 카를은 다른 출판인을 찾지도 못했고 또 책의 완성 원고를 내놓지도 못했다. 따라서 레스케와의 계약은 1847년 2월 취소되었지만 그 선금은 갚지 않았다.

33) Marx, *Economic and Philosophical Manuscripts of 1844*, pp. 231 – 4.

34) Ibid., p. 272. 이러한 모티프의 기원은 마르틴 루터가 신약성서를 번역하면서 사용한 Entäusserung(양도, 소외, 외화)이라는 용어에서 기원을 찾을 수 있다. 카를은 "인간은 자신의 내면적 부를 외부 세상에 내놓기 위해 먼저 절대적 빈곤 상태로 전락해야만 했다"고 말하고 있다(ibid., p. 300). 그 최초의 용법은 바울 서한 빌립보서에 나온다(2장 6절-9절). "그는 근본 하나님의 본체시나 하나님과 동등됨을 취할 것으로 여기지 아니하시고 오히려 자기를 비워 'sich geäussert' 종의 형체를 가지사 사람들과 같이 되셨고 또는 본체 사람의 모양으로 나타나사 자기를 낮추시고 죽기까지 복종하셨으니 곧 십자가에 죽으심이라." Georges Cottier, *L'athéisme du jeune Marx: ses origines hégéliennes*, Paris, Vrin, 1969.

35) Marx, *Economic aud Philosophical Manuscripts of 1844*, pp. 317, 217, 276, 307.

36) Ibid., pp. 322, 219.

37) 이러한 주장을 둘러싼 여러 난점들에 대해서는 다음을 보라. Gareth Stedman Jones, "Introduction", *Karl Marx and Friedrich Engels: The Communist Manifesto*, London, Penguin Books, 2002, pp. 120 – 39.

38) Marx, *Economic and Philosophical Manuscripts of 1844*, pp. 303, 293 – 4.

39) Engels and Marx, *The Holy Family*, p. 36.

40) 이는 엥겔스가 장바티스트 세와 아돌프 블랑키Adolphe Blanqui 등의 프랑스 논평가들을 따라서 '산업혁명the industrial revolution'이라고 불렀던 것의 의미였다. Gareth Stedman Jones, "National Bankruptcy and Social Revolution: European Observers on Britain, 1813 – 1844", in Donald Winch and Patrick K. O"Brien (eds.), *The Political Economy of British Historical Experience, 1688–1914*, Oxford, Oxford University Press, 2002, pp. 61 – 92; Stedman Jones, An End to Poverty?, pp. 133 – 99.

1820년대에 벌어졌던 세와 시스몽디의 논쟁 이후 갈수록 많은 사회 비판가들 (여기에는 로버트 오언, 샤를 푸리에, 토머스 칼라일, 모제스 헤스, 엥겔스 자신 등도 포함되어 있었다)이 모두 방식은 다르지만 똑같은 점을 지적하기 시작했다. 즉 옛날에는 기근과 희소성이라는 것이 지배적인 조건이었고 위기의 원인이었지만 이제는 새로운 형태의 위기가 그 자리를 차지했다는 것이다. 이것은 푸리에가 '몸 속에 흐르는 피의 양이 과도하여 생기는 위기plethoric crisis', 즉 '과잉생산'의 위기였다. 공산주의자들이 보기에는 이것이 풍요의 시대가 가져오는 여러 새로운 가능성들과 낡아빠진 재산 소유의 형식 사이의 불일치를 보여 주는 증후였다. 1820년대와 1830년대에 걸쳐서 동시대인들 또한 처음으로 기계제 공장 생산과 경기 순환 사이에 관계가 있음을 깨닫기 시작한다. 기계제 생산과 자동화된 기계에 투자가 벌어지게 되면 과잉생산 설비로 인한 여러 위기의 가능성이 생겨난다는 것이었다. 1825년, 1837년, 1842년에 공황이 나타났고 그때마다 판매되지 않은 재화들이 다량으로 창고에 쌓여있다는 것이 모두의 눈에 확연히 드러났다. R. C. O. Matthews, *A Study in Trade-Cycle History: Economic*

Fluctuations in Great Britain 1833–1842, Cambridge, Cambridge University Press, 1954.

41) Friedrich Engels, *The Condition of the Working Class in England: From Personal Observation and Authentic Sources, MECW*, vol. 4, pp. 295 – 584.

42) Engels and Marx, *The Holy Family*, p. 36.

43) 엥겔스의 전기로는 Tristram Hunt, *The Frock-Coated Communist: The Revolutionary Life of Friedrich Engels*, London, Allen Lane, 2009; 또한 여전히 고전적인 설명으로 자리잡고 있는 Gustav Mayer, *Friedrich Engels*: Eine Biographie, 2 vols., Berlin, Dietz, 1970 『1919, 1932』.

44) F. Oswald, "Siegfried's Home Town", December 1840, MECW, vol. 2, pp.132 – 6. 이 기간 동안 엥겔스는 '프리드리히 오스발트'라는 가명을 썼다.

45) 이 '자유로운Freien'이라는 집단은 1845년 브루노 바우어가 베를린으로 돌아온 이후에 그 주변에 모여든 이들의 집단이었다. 이들은 특정한 몇 카페를 주로 드나들었고, 적그리스도 논지를 극단까지 밀고 나갔을 뿐만 아니라 보헤미안적 생활 방식과도 연관을 맺었다. 이 집단에는 막스 슈티르너 그리고 브루노 바우어의 동생인 에드가도 포함되어 있었다.

46) Friedrich Engels, "Über eine in England bevorstehende Katastrophe", *Rheinische Zeitung*, no. 177, 26 June 1842, in W. Mönke (ed.), *Moses Hess: Philosophische und sozialistische Schriften 1837–1850. Eine Auswahl*, Vaduz, Topos Verlag, 1980, pp. 183 – 5; Friedrich Engels, "The Internal Crises", *Rheinische Zeitung*, no. 343, 9 December 1842, *MECW*, vol. 2, pp. 370 – 72.

47) Friedrich Engels, "The Progress of Social Reform on the Continent", October – November 1843, *MECW*, vol. 3, 406.

48) Ibid., pp. 393, 407.

49) Engels, "Outlines of a Critique of Political Economy", pp. 418 – 44.

50) Friedrich Engels, "The Condition of England: The Eighteenth Century", *MECW*, vol. 3, pp. 475 – 6.

51) Engels, "Outlines of a Critique of Political Economy", pp. 423, 424; Engels, "The Condition of England: The Eighteenth Century", pp. 476, 485.

52) Friedrich Engels, "The Condition of England: The English Constitution", *MECW*, vol. 3, p. 513.

53) Engels, "The Condition of England: The Eighteenth Century", pp. 475 – 6.

54) Ibid., p. 464; Friedrich Engels, "The Condition of England: *Past and Present* by Thomas Carlyle", *MECW*, vol. 3, p. 487.

55) Engels, *The Condition of the Working Class in Englan*d p. 526.

56) "Karl Marx to Friedrich Engels", 18 April 1863, *MECW*, vol. 41, pp. 468 – 9. 그는 계속해서 이렇게 말한다. "자네의 저작을 다시 읽으니 우리가 얼마나 나이가 들어서 변했는지를 뼈아프게 느끼게 되는군. 이때 쓴 글에 보면, 학식을 가진 이들의 학문적인 조심성 따위는 찾을 수 없었고, 열정과 열의 그리고 대담한 비전을 가지고 공격을 감행하고 있지 않은가!"

57) Engels and Marx, *The Holy Family*, p. 7.
외젠 쉬Eugene Sue(1804~1857년)는 19세기의 가장 인기있는 소설가들 중 한 사람으로, 가장 유명한 작품은 『파리의 미스터리들Les Mysteres de Paris』로, 이는 1842~3년의 기간 동안 매주 연재되었다. 수는 사회주의 저작에 영감을 받아 도시 생활의 어두운 측면을 부각시켰다. 이 소설은 귀족들 및 부자들의 상류 계층의 삶과 하층 계급의 처절한 생존을 대조시키는 이야기를 기반으로 한다. 차티스트 운동의 동조자이자 출판인이었던 레이놀즈G. W. M. Reynolds는 이를 영국의 이야기로 번안하여 『런던의 미스터리들Mysteries of London』로 출간했다. 수는 그 후속작으로 『유랑하는 유대인Le Juif errant』을 발표하여 또한 세계적인 성공을 거둔다. 이 작품은 1844년과 1845년 사이에 10권으로 출간되었다.

58) "Georg Jung to Karl Marx", 18 March 1845, *MEGA*, III, i, pp. 458–9.

59) "Friedrich Engels to Karl Marx", 17 March 1845, *MECW*, vol. 38, p. 28.

60) Engels and Marx, *The Holy Family*, p. 41.

61) Friedrich Engels, "The Rapid Progress of Communism in Germany", MECW, vol. 4, p. 235.

62) Friedrich Engels, "Speeches in Elberfeld", *MECW*, vol. 4, pp. 243–65.

63) Max Stirner, *The Ego and Its Own*, ed. David Leopold, Cambridge, Cambridge University Press, 1995 『1845』, p. 323.

64) "Friedrich Engels to Karl Marx", 19 November 1844, *MECW*, vol. 38, pp. 11–12.

65) Moses Hess, "The Recent Philosophers" (1845), in Lawrence S. Stepelevich (ed.), *The Young Hegelians: An Anthology*, Cambridge, Cambridge University Press, 1983, pp. 359–60, 373.

66) 1844년 카를은 『독일-프랑스 연보』에 이렇게 썼다. '종교의 비판'은 '인간에게 있어서 최고의 존재는 인간이며, 따라서 인간을 천한 노예로 버림받은 비참한 존재로 만드는 모든 관계들을 전복해야만 한다는 정언 명령'으로 끝났다고 한다. Karl Marx, "Introduction" to "Contribution to the Critique of Hegel's Philosophy of Law", 1844, *MECW*, vol. 3, p. 182.

67) "Karl Marx to Heinrich Börnstein", late December 1844, *MECW*, vol. 38, p. 14; Jacques Grandjonc, *Marx et les Communistes allemands a Paris, Vorwärts 1844: Contribution l'étude de la naissance du Marxisme*, Paris, F. Maspero, 1974, p. 94.

68) "Friedrich Engels to Karl Marx", c.20 January 1845, *MECW*, vol. 38, p. 16. 모제스 헤스는 이미 1845년 1월 17일에 보낸 편지에서 결정적으로 중요한 문제에 있어서 그 둘이 공감하고 있음을 주목하고 있다. *MEGA*, III, i, p. 450.

69) Jenny Marx, "Short Sketch", p. 222.

70) 한 예로 이미 1801년에 메르시에Louis-Sébastien Mercier는 그의 『신조어: 새로운 사물들의 어휘Néologie, ou Vocabulaire de mots nouveaux』 (Paris, Moussard)에서 '프롤레타리아들proletarians'이라는 어휘에 대해 언급하고 있다. '재산 소유자들과 프롤레타리아들이라는 두 계급은 필연적으로 적대적 관계가 될 수밖에 없으니, 이 두 계급으로 찢어진 나라는 화 있을진저.' Pierre Rosanvallon, Le Sacre du citoyen: Histoire du suffrage universel en France, Paris, Gallimard, 1992, p. 257에서 인용. 카를 자신도 계급과 계급투쟁이라는 개념의 의지하는 것이 자신의 독창적인 생각이라는 주장을 한 적이 없다. 그가 1852년에 요세프 바이데마이어에게 보낸 편지에서 보듯이, "나 이전에 이미 오래전부터 부르주아 역사가들은 계급들 사이의 투쟁이 역사적으로 어떻게 발전해 왔는지를 묘사했네. 부르주아 경제학자들이 자기들의 경제를 해부했던 것처럼 말일세." 그가 자신의 독창성을 주장했던 부분은 '계급들의 존재라는 것이 그저 생산 발전의 특정 역사적 단계와 긴밀히 얽여 있다는 점'이었다. "Karl Marx to Joseph

Weydemeyer", 5 March 1852, MECW, vol. 39, p. 62.

71) Karl Marx, "Development of the Productive Forces as a Material Premise of Communism", 1845–7, MECW, vol. 5, p. 49. 이 부분은 과거에는 이른바 『독일 이데올로기』라는 저작의 일부분으로 여겨졌었다. 하지만 이제는 그러한 텍스트가 존재했는지 자체를 의심할 만한 강력한 이유들이 존재한다. 아래의 주 80번을 보라.

72) Frederick Beiser, "Max Stirner and the End of Classical German Philosophy", in Douglas Moggach (ed.) *Politics, Religion and Art: Hegelian Debates*, Evanston, Ill., Northwestern University Press, 2011, pp. 281–301. 물론 카를의 논박은 출간된 적이 없었으니 슈티르너 또한 카를의 여러 비판에 대해 직접 대답한 바가 없다.

73) Friedrich Engels, "On the History of the Communist League", October 1885, *MECW*, vol. 26, p. 318.

74) Engels and Marx, *The Holy Family*, p. 7.

75) 엥겔스가 이론적 훈련이 불충분했다는 사실은 당시에도 눈치챈 이들이 있었다. 쾰른 출신으로 카를의 친구인 하인리히 뷔르거스에 따르면, 엥겔스가 '철학과 사변을 싫어하고 회피하는 것은 그것들의 본성을 꿰뚫어 보았기 때문이 아니라 참을성 있게 생각하는 정신을 갖지 못했는지라 그런 이야기들을 들으면 아주 불편함을 느끼기 때문'이었다고 한다. 뷔르거스는 아마 틀림없이 장래에 엥겔스가 이러한 불편함에서 자신을 보호하기 위해 이런 이야기들이 나오면 '경멸의 태도로 귀신 쫓기'하듯 밀어내어 버리고, 그저 있는 그대로의 세상을 묘사하고 서술하는 작업에만 몰두할 것이라고 주장하고 있다. "Heinrich Bürgers to Karl Marx", February 1846, *MEGA*, III, i, pp. 506–7.

76) Friedrich Engels, "Ludwig Feuerbach and the End of Classical German hilosophy", 25 February 1886, *MECW*, vol. 26, p. 366.

77) G. Plekhanov 『N. Beltov』, *The Development of the Monist View of History*, Moscow, Foreign Languages Publishing House, 1956 『1895』, ch. 1.

78) 카를의 시도를 '학식 있는' 것이라고 하는 것은, 그가 브루노 바우어가 찾아낸 여러 주장들에 도전하기 위해 자신의 박사 논문인 『데모크리투스의 자연철학과 에피쿠로스의 자연철학의 차이점』에서 수행했던 연구 작업을 활용했기 때문이다.

79) 다비트 리아자노프에 대해서는 다음을 보라. "Epilogue", p. 710, n. 20.

80) Terrell Carver, "The German Ideology Never Took Place", *History of Political Thought*, 31 (Spring 2010), pp. 107–27, 그리고 Terrell Carver and Daniel Blank, *A Political History of the Editions of Marx and Engels"s "German Ideology Manuscripts*", London, Palgrave Macmillan, 2014. 1932년에 출간된 모습의 이른바 『독일 이데올로기』라는 저서는 가지가지의 부분적으로 혹은 전혀 편집되지 않은 수고들을 모아 놓은 것이었고, 그중 일부는 원래 다른 곳에 출판하기로 되어 있는 글들이었다. 앞의 부분들은 카를이나 엥겔스가 쓰거나 받아적은 것이며, 뒷부분의 에세이들 일부는('제2권') 원래 요제프 바이데마이어 혹은 모제스 헤스가 쓰거나 받아 적은 것이다. 이러한 이유에서 나는 참고 문헌을 밝힐 때 『독일 이데올로기』라는 하나의 책이 성립하고 존재했던 것처럼 전제하고 이를 참고 문헌으로 삼는 일을 피해 왔다.

81) 이는 엥겔스에 의해 자신의 1888년 판 에세이의 부록으로 출간되었다. 그는 다양한 편집상

의 수정을 가했고, 여기에 좀 더 무게 잡는 제목이라 할 '포이어바흐에 대한 테제들'이라는 제목까지 붙였다.

82) Karl Marx, "Ad Feuerbach", MECW, vol. 5, p. 3.

83) Ibid., pp. 39 – 40.

84) 여기서 카를이 내놓고 있는 포이어바흐에 대한 이야기들이 모두 정확한 것은 아니었다. '감각성'을 수동성과 결부시킨 것은 정당하지만, 포이어바흐가 인간을 '각각의 개개인들에게 내재한 모종의 추상물'로만 보고 '사회적 제관계의 앙상블'의 일부로 보지 않았다고 (이는 한때 루이 알튀세르가 아주 중요하게 보았던 부분이다) 비판했던 것은 거의 언어도단이다. 포이어바흐의 주된 주장들 중 하나는 철학의 출발점으로 '고독한 자아'가 아니라 '나와 그대의 통일'을 놓고자 함이라는 것이었기 때문이다.

한편 카를의 여러 비판 때문에 포이어바흐가 어떤 의미로든 비정치적인 인물이었을 것이라고 추론하는 것은 상당히 잘못된 일이다. 포이어바흐는 '실천 철학의 영역'에서는 자신이 여전히 이상주의자라고 천명했다. 그가 모델로 삼았던 공화국은 고대 그리스의 공화국이 아니라 미국의 독일 버전이었다. 그는 또한 일생 내내 정치에 실천적으로 참여하는 태도를 유지했다. 젊은 시절에는 '전국 학생 연맹Burschenschaften'에 참여했고, 1848년 6월에는 민주 의회에 참여하기도 했다. David Leopold, *The Young Karl Marx: German Philosophy, Modern Politics and Human Flourishing*, Cambridge, Cambridge University Press, 2007, pp. 203 – 18.

85) Marx, "Ad Feuerbach", p. 3.

86) Karl Marx, "The Fetishism of Commodities and the Secret Thereof", in Capital, vol. I, *MECW*, vol. 35, pp. 81 – 94; 추상화에 대해서는 아래의 논의와 이 책의 영문판 199페이지를 보라.

87) "Karl Marx to Pavel Annenkov", 28 December 1846, *MECW*, vol. 38, pp. 100, 102.

88) Karl Marx, "Direct Results of the Production Process", *MECW*, vol. 34, p. 398.

89) "Karl Marx to Friedrich Engels", 25 March 1868, *MECW*, vol. 42, p. 558.

90) 카를과 독일 관념론 전통의 관계를 강조함에 있어서 내가 많은 빚을 지고 있는 것은 다음의 저작이다. D. Moggach, "Post-Kantian Perfectionism", in D. Moggach (ed.), Politics, Religion and Art, pp. 179 – 203; 그리고 이 전통과 마르크스의 관계에 대해서는 특히 다음의 에세이를 보라. Douglas Moggach, "German Idealism and Marx", in John Walker(ed.), *The Impact of Idealism: The Legacy of Post-Kantian German Thought*, vol. II: *Historical, Social and Political Thought*, Cambridge, Cambridge University Press, 2013.

91) Karl Marx, "Critique of the Hegelian Dialectic and Philosophy as a Whole", MECW, vol. 3, pp. 332 – 3. 헤겔은 예나 시절(1800-1807년)에 이러한 입장에 도달했다. 1803년 이후의 강의에서 그는 실천 활동activity, praxis이 노동poiesis(그리스어poiesis는 어떤 결과물을 낳기 위한 활동으로 그 활동은 그 결과물을 잘 만들기 위한 수단적 활동이 된다. 반면 praxis는 정치 활동이나 예술 활동처럼 어떤 결과물을 낳는 것이 목표가 아니라 활동 그 자체가 목표가 되는 활동이다. 그리스인들은 전자를 후자보다 천한 것으로 놓는 경향이 있었다– 옮긴이)에 우선한다는 고전적 입장을 거꾸로 세웠다. 일이라는 것이 이제 더 이상 '노동계급의 상대성'에 국한되고 실천철학에 종속되는 일개 구성 요소가 아니라 '정신Spirit'을 구성하는 중심적 계기가 된 것이다. 실천적 행위란 이제

더 이상 타인과의 상호작용이라는 개념에만 국한되거나 아니면 칸트나 피히테에게서처럼 도덕적 주체성이 그 스스로의 감각성을 대상으로 놓고 상호작용을 맺을 때의 내적 작용으로만 국한되는 것이 아니게 되었다. 헤겔에게 있어서 자아와 비자아 사이의 상호작용은 이제 노동에 대한 새로운 개념을 통해 인간이 자연과 벌이는 투쟁 전체를 아우르도록 크게 확장된다. 노동과 주체의 자기 발전은 의식이 스스로를 지양하는 역사 속에서 하나로 결합되며, 인간의 활동은 노동 속에서 대상화된다. 다음을 보라. Manfred Riedel, *Between Tradition and Revolution: The Hegelian Transformation of Political Philosophy*, Cambridge, Cambridge University Press, 1984, chs.1 and 5.

92) Karl Marx, "Estranged Labour", *MECW*, vol. 3, p. 280.

93) Immanuel Kant, "Conjectural Beginning of Human History" (1786), in Lewis White Beck (ed.), *Kant: On History*, Indianapolis, Bobbs-Merril, 1980, pp. 59 – 60.

94) 카를이 이른바 『강요Grundrisse』라고 불리는 『자본론』의 최초의 초고에서 쓴 바가 있다. '노동은 그 스스로의 척도를 외부로부터 얻는다. 즉 달성해야 할 목적이 무엇인가, 그리고 그것을 달성하기 위해 극복해야 할 장애가 무엇인가를 통해 얻는 것이다. 하지만 애덤 스미스는 이렇게 여러 장애를 극복하는 과정 자체가 스스로를 해방시키는 활동이라는 생각은 전혀 감조차 잡지 못하고 있다. 나아가 그 외적인 목적들에서 그저 외적일 뿐인 자연적 절박함들의 겉모습이 벗겨져 나가고 그 개인 스스로가 설정한 목적들로서 정립된다는 것, 따라서 자기실현, 주체를 여러 방면으로 대상화하는 것, 따라서 진정한 자유로 정립된다는 점도 전혀 생각지 못하고 있다.' Karl Marx, *Economic Manuscripts of 1857–58(Grundrisse)*, MECW, vol. 28, p. 530.

95) '윤리적 생활ethical life'이란 독일어 Sittlichkeit를 옮긴 것이지만 완벽한 번역은 못된다. 왜냐하면 독일어 원어는 도덕성만이 아니라 관습도 똑같이 의미하고 있기 때문이다. 독일어 단어 Sitte 는 관습을 뜻한다. 그래서 Sittlichkeit란 국민, 계급, 가족 등과 같은 하나의 사회 집단에서 관습적으로 행해지는 행동양식을 뜻하며, 점잖은 행동 규범이라고 간주되는 것이다. Michael Inwood, *A Hegel Dictionary*, Oxford, Blackwell, 1992, pp. 91 – 3.

96) Marx, "Ad Feuerbach", p. 4.

97) Ibid., pp. 294 – 5, 296 – 7.

98) Plekhanov, *Development of the Monist View*, p. 166.

99) Karl Kautsky, *Ethics and the Materialist Conception of History*, Chicago, C. H. Kerr & Company, 1914 『1906』, pp. 96 – 7, 102.

100) G. W. F. Hegel, *The Science of Logic*, trans. and ed. George di Giovanni, Cambridge, Cambridge University Press, 2010, pp. 657 – 69. '외적 목적론'을 헤겔이 다룬 바를 카를이 『1844년 초고』에서 노동 과정의 분석에 적용했다는 주장은 다음을 보라. Douglas Moggach, "German Idealism", pp. 19 – 21.

101) Moggach, "German Idealism", pp. 21 – 3.

102) Karl Marx, "Production and Intercourse: Division of Labour", *MECW*, vol. 5, pp. 33 – 4. '아시아적 생산양식'을 빼고 나면, 이러한 목록은 카를이 1859년에 내놓은 『정치경제학 비판에 부쳐』의 서문에 나온 목록과 아주 비슷하다. *A Contribution to the Critique of Political Economy, MECW*, vol. 29, p. 263. 카를이 독일 역사법학파(사비니, 니부르Niebuhr, 후고

Hugo, 피슈티Pfister)의 역사저 법학적 연구를 활용한 바에 대해서는 다음을 보라. Stedman Jones (ed.), *Communist Manifesto*, pp. 153–7. 또한 다음을 보라. N. Levine, "The German Historical School of Law and the Origins of Historical Materialism", *Journal of the History of Ideas*, 48/3 (July–Sept. 1987), pp. 431–51.

103) Karl Marx, *MECW*, vol. 5, p. 50.

104) I bid., p. 50.

105) Karl Marx to Pavel Annenkov", 28 December 1846, *MECW*, vol. 38, pp. 96–7.

106) 카를은 『철학의 빈곤』에서 프루동이 헤겔 철학의 범주들을 적용하려는 시도가 기계적이라고 꾸짖고 있다. "일단 '이성이' 스스로를 정립으로 놓으면, 그렇게 정립된 생각은 곧 스스로에 반대해 서로 모순하는 두 개의 (적극적 그리고 부정적인) 생각으로 갈라지게 된다.… 이 두 개의 적대적 요소들 사이의 투쟁은 반정립 속에 포함되게 되어 있고, 이것이 곧 변증법적 운동을 구성한다." Karl Marx, *The Poverty of Philosophy, MECW*, vol. 6, p. 164) 이는 소유로서의 노동과 비소유로서의 노동이 부르주아와 프롤레타리아트의 적대적 관계로 발전한다고 하는 『1844년 초고』에서의 카를의 접근법이 변증법으로부터 영감을 받았음을 암시해 주고 있다.

107) Marx, *Poverty of Philosophy*, p. 132.

108) Stedman Jones (ed.), *Communist Manifesto*, pp. 222–3.

109) Ibid., p. 226.

110) Marx, "Critique of the Hegelian Dialectic", pp. 332–3.

111) Engels and Marx, *The Holy Family*, p. 37.

112) Ibid.

113) 카를이 실제 살아 있는 노동자들, 좀 더 정확히 말하자면 '공산주의 기능공들Handwerker'과 직접 처음으로 만났던 것은 1843년 10월 그가 파리에 도착한 후의 일이다. 그는 노동자들의 회합을 직접 눈으로 보았고, 분명하게 가슴이 뛰는 느낌을 경험했다. 그는 이른바 『1844년 경제학-철학 초고』에서 이렇게 말한다. "인간의 형제애란 결코 공허한 문구가 아니라 현실이다. 고된 노동으로 닳아빠진 그들의 육신에서 뿜어 나오는 인간의 고상함의 빛이 우리 모두를 비춘다." *MEGA*, I, ii, p. 289; *MECW*, vol. 3, p. 313. 하지만 그의 말은 정형화된 일반적 틀을 넘지는 못하고 있으며, 1848년과 1851년 사이에 『런던 노동자와 런던 빈민London Labour and the London Poor』에서 헨리 메이휴Henry Mayhew가 행하여 유명해졌던 것과 같은, 개별 노동자 개인과 일대일로 마주하는 방식의 의미는 아니었다. 그가 피상적인 수준을 넘어서서 깊게 친해진 노동자는 바로 빌헬름 바이틀링 한 사람뿐이었다. 카를은 그에 대해 1844년 8월의 『전진!』지에서는 마구 칭찬을 쏟아 부었다. *MECW*, vol. 3, p. 201 하지만 카를이 브뤼셀에 머물던 1846년 3월에는 잔뜩 화가 나서 바이틀링의 접근법에 대해 비난을 퍼붓고 있다. 이 책의 7장, 특히 146~147쪽을 보라.

114) Douglas Moggach, *The Philosophy and Politics of Bruno Bauer*, Cambridge, Cambridge University Press, 2003, pp. 44–5.

115) Ibid.

7장 혁명이 다가올 때: 독일에 관한 문제

1) '3월 이전Vormärz'이란 곧 독일연방에서(여기에는 오늘날의 독일뿐만 아니라 오스트리아 제국도 포함된다) 1848년 3월에 벌어진 혁명 이전의 기간을 말한다. 좀 더 구체적으로는 1815년과 1848년 사이의 기간을 지칭하는 것으로, 나폴레옹의 패배 이후 나타난 보수적 질서의 회복으로 지배되었던 기간을 말한다. 이 기간 동안 독일연방 내의 여러 국가들은 자유주의적 개혁에 저항했고, 1830년 프랑스와 벨기에에서 벌어진 혁명적 격변을 피해 나갈 수 있었다. 국내적으로는 여러 정치적 억압 정책을 펼쳤고, 이에 더불어 대외적으로는 오스트리아 제국의 재상이었던 메테르니히의 지휘 아래에 강력한 반혁명 정책을 결합했다.

2) 이러한 질문에 대해 주목할 만한 폭넓은 분석으로는 다음을 보라. Warren Breckman, "Diagnosing the "German Misery": Radicalism and the Problem of National Character, 1830 to 1848", in David E. Barclay and Eric D. Weitz (eds.), *Between Reform and Revolution: German Socialism and Communism from 1840 to 1990*, New York/Oxford, Berghahn, 1998, pp. 33 – 61. 또한 Dieter Langewiesche, "Revolution in Germany: Constitutional State – Nation State – Social Reform", in D. Dowe, H.–G. Haupt, D. Langewiesche and J. Sperber (eds.), *Europe in 1848: Revolution and Reform*, New York/Oxford, Berghahn, 2001, ch. 5.

3) I. Kant, "On the Common Saying: 'This may be true in theory, but it does not apply in practice" 『1793』, in Hans Reiss (ed.), *Kant's Political Writings*, Cambridge, Cambridge University Press, 1970, pp. 61 – 93; 또한 Jacques Droz, *L'Allemagne et la Révolution française*, Paris, Presses Universitaires de Paris, 1949.

4) Elizabeth M. Wilkinson and L. A. Willoughby (eds.), *F. Schiller: On the Aesthetic Education of Man, in a Series of Letters*, Oxford, Clarendon Press, 1982, p. 25.

5) Michael Rowe, *From Reich to State: The Rhineland in the Revolutionary Age 1780–1830*, Cambridge, Cambridge University Press, 2003.

6) Madame de Staël, *De l'Allemagne*, Paris, Firmin Didot Freres, 1860, p. 18. 초기 낭만주의자들이 정치로부터 멀어지는 과정에 대해서는 다음을 보라. Frederick C. Beiser, *The Romantic Imperative: The Concept of Early German Romanticism*, Cambridge, Mass., Harvard University Press, 2003.

7) '3월 이전' 기간 동안의 민주주의적 민족주의의 정서의 성격에 대해서는 다음을 보라. Hagen Schulze, *The Course of German Nationalism: From Frederick the Great to Bismarck, 1763–1867*, Cambridge, Cambridge University Press, 1991.

8) Heinrich Heine, *On the History of Religion and Philosophy in Germany and Other Writings*, ed. Terry Pinkard, Cambridge, Cambridge University Press, 2007, pp. 111, 116; 또한 다음을 보라. Harold Mah, "The French Revolution and the Problem of German Modernity: Hegel, Heine and Marx", *New German Critique*, no. 50 (Spring – Summer 1990), pp. 3 – 20.

9) 다음에서 인용. Breckman, "Diagnosing the 'German Misery", p. 39. 루트비히 뵈르네는 민주주의 저술가이자 유대교 신앙을 버린 이로, 하이네와 똑같은 시기에 파리로 망명했다. 그는 프리드리히 엥겔스가 젊은 시절 추앙했던 영웅의 하나였던바, 특히 그의 1837년 저서

『프랑스 험오자 멘첼Menzel der Franzosenfresser』에서 반프랑스 독일 민족주의자 볼프강 멘첼 Wolfgang Menzel을 공격했던 것이 그에게 큰 영향을 주었다. 하이네는 그와 사이가 틀어져서 그가 죽은 뒤에 출간한 『루트비히 뵈르네: 회고록』(1840년)에서 그를 비난했던바, 엥겔스는 이 책을 '비열하다'고 여겼다.

10) Christina von Hodenberg, *Aufstand der Weber: die Revolte von 1844 und ihr Aufstieg zum Mythos*, Bonn, Dietz, 1997, pt III.

11) 이 '공산주의'라는 말이 20세기에 함축하게 된 의미와 단절해서 생각하는 게 중요하다. 1848년 베를린에서 '노동자 형제회Arbeiterverbrüderung'를 조직한 이의 하나이며 1845~1848년의 기간 동안 카를의 동료였던 슈테판 보른Stefan Born에 따르면, "공산주의와 공산주의자들은 서로 명확한 구속력을 갖는 어휘들이 아니다. 사실 사람들은 이 단어들에 대해 잘 이야기하지도 않는다." 공산주의와 민주주의는 동일한 연속선 위의 단어들이었으며, 그 경계선이 어디인지는 상당히 불분명했다는 것이다. Stefan Born, *Erinnerungen eines Achtundvierzigers*, Leipzig, G. H. Meyer, 1898, p. 72.

12) Karl Grün, *Ausgewählte Schriften*, 2 vols., ed. Manuela Köppe, Berlin, Akademie Verlag, 2005, vol. 1, p. 100.

13) Diana Siclovan, "The Project of *Vergesellschaftung*, 1843–1851", M.Phil. dissertation, Cambridge University, 2010, p. 21.

14) Pierre Haubtmann, *Proudhon, Marx et la pensée allemande*, Grenoble, Presses Universitaires de Grenoble, 1981, pp. 70–73.

15) Ibid., pp. 32, 33, 41.

16) Karl Marx, "Statement", 18 January 1846, *MECW*, vol. 6, p. 34.

17) "Karl Marx to Pierre-Joseph Proudhon", 5 May 1846, *MECW,* vol. 38, pp. 39–40.

18) Karl Marx, "Critical Marginal Notes on the Article "The King of Prussia and Social Reform. By a Prussian" ", *Vorwärts!*, no. 60, 7 August 1844, *MECW*, vol. 3, p. 201.

19) '정의자 동맹' 런던 지부 내에서의 입장 변화에 대해서는 다음을 보라. Christine Lattek, *Revolutionary Refugees: GermanSocialism in Britain, 1840–1860*, London, Routledge, 2006, ch. 2. 헤스의 공산주의적 인간주의에 대해서는 Moses Hess, "A Communist Credo : Questions and Answers", in *Moses Hess: The Holy History of Mankind and Other Writings*, ed. and trans. Shlomo Avineri, Cambridge, Cambridge University Press, 2004, pp. 116–27.

20) "Jenny Marx to Karl Marx", 24 March 1846, *MEGA*, III, i, p. 518.

21) 다음에서 인용. Boris Nicolaievsky and Otto Maenchen-Helfen, *Karl Marx: Man and Fighter*, trans. G. David and E. Mosbacher, London, Allen Lane, 1973 『1933』, p. 125.

22) Pavel V. Annenkov, *The Extraordinary Decade: Literary Memoirs*, ed. Arthur P. Mendel, Ann Arbor, University of Michigan Press, 1968, pp.169–71.

23) "Wilhelm Weitling to Moses Hess", 31 March 1846, in Edmund Silberner (ed.), *Moses Hess: Briefwechsel*, The Hague, Mouton, 1959, p. 151.

24) "Karl Marx and Friedrich Engels, Circular against Kriege", 11 May 1846, *MECW*, vol. 6, p. 35. 당시 공산당은 존재하지 않았다.

25) "Hermann Kriege to Karl Marx", 9 June 1845, *MEGA*, III, i, pp. 470–72.
26) "Hermann Ewerbeck to Karl Marx", June 1845, *MEGA*, III, i, p. 477; "George Julian Harney to Friedrich Engels", 30 March 1846, *MECW*, vol. 38, p. 537.
27) "P.-J. Proudhon to Karl Marx", 17 May 1846, *MEGA*, III, ii, pp. 203–5.
28) "Communist Correspondence Committee in London to Karl Marx", 6 June 1846, *MEGA*, III, ii, p. 223; "Joseph Weydemeyer to Karl Marx", 14 May 1846, *MEGA*, III, ii, p. 193.
29) "Hermann Ewerbeck to Karl Marx", 15 May 1846, *MEGA*, III, ii, pp. 202–3.
30) See Siclovan, "*Vergesellschaftung*", pp. 42–3.
31) "Hermann Ewerbeck to Karl Marx", 31 August 1845, *MEGA*, III, i, pp. 482–3.
32) Pierre-Joseph Proudhon, *Systeme des contradictions économiques, ou Philosophie de la misere*, 2 vols., Paris, Guillaumin, 1846, vol. 1, p. 164, 166.
33) 다음에서 재인용. Keith Tribe, *The Economy of the Word: Language, History and Economics*, Oxford, Oxford University Press, 2015, p. 227.
34) Karl Grün, "Einführung", in *Ausgewählte Schriften*, vol. 1 p. 508; 또한 다음을 보라. Siclovan, "*Vergesellschaftung*", pp. 42–3.
35) "Karl Marx to C. J. Leske", 1 August 1846, *MECW*, vol. 38, p. 51.
36) "C. J. Leske to Karl Marx", 2 February 1847, *MEGA*, III, ii, p. 329.
37) Karl Marx, "Karl Grün: *Die Soziale Bewegung in Frankreich und Belgien*, Darmstadt 1845", 또는 "The Historiography of True Socialism", *MECW*, vol. 5, pp. 484–530. 이 에세이의 대부분은 그륀이 로렌츠 폰 슈타인과 루이 레이보Louis Reybaud의 저서에 나오는 사회주의에 대한 설명과 관련하여 표절과 엉터리 번역을 저질렀다는 것을 장황하게 설명하는 데 힘을 쏟고 있다. 여기서 가장 흥미로운 점은 카를이 그륀과 프루동이 '소비'를 출발점으로 삼은 결과 어떤 결론에 달하는지를 생산이 우선해야 한다는 자신의 주장과 대비시키는 지점이다. ibid., pp. 516–19.
38) "Karl Schapper to Karl Marx", 6 June 1846, *in Der Bund der Kommunisten*, Berlin, Dietz, 1983, vol. 1, p. 348.
39) Gareth Stedman Jones (ed.), *Karl Marx and Friedrich Engels: The Communist Manifesto*, London, Penguin Books, 2002, p. 244.
40) 급진파 및 사회주의 집단들 내부에서는 이러한 관점이 널리 퍼져 있었다. 차티스트운동 지도자였던 줄리언 하니는 엥겔스에게 보낸 편지에서 이렇게 말한다. "내가 듣기로 자네들이 (브뤼셀의 문인들) 이미 노동자들은 한 사람도 받아들이지 않고 자네들끼리만으로 결사체를 만들었다고 들었네." 이는 이미 널리 퍼진 이야기라서 "선량한 사람들 사이에서도 자네들에 대한 편견을 조장하고 있다네." "George Julian Harney to Friedrich Engels", 30 March 1846, *MEGA*, III, i, p. 526.
41) "A Circular of the First Congress of the Communist League to the League Members", 9 June 1847, *MECW*, vol. 6, p. 590.
42) Born, *Erinnerungen*, p. 49.
43) "Friedrich Engels to Karl Marx", 25 October 1847, *MECW*, vol. 18, pp. 138–9.
44) 『선언』에서 전개된 카를의 주장의 전반적 성격에 대해 알고 싶다면, 『선언』이 쓰이게 된

과정에 대한 자세한 설명과 그 전사를 알 필요가 있다. Stedman Jones (ed.), *Communist Manifesto*, pp. 3-185.

45) 『선언』에 대해 좀 더 풍부한 논의는 다음 장에서 하도록 한다.

46) Stedman Jones (ed.), *Communist Manifesto*, pp. 251 and 248 – 51.

47) "Demands of the Communist Party in Germany", 21 – 24 March 1848, *MECW*, vol. 7, p. 3.

48) Siclovan, "*Vergesellschaftung*", pp. 50 – 51.

49) "Joseph Weydemeyer to his fiancée", 2 February 1846, 다음에서 재인용. Nicolaievsky and Maenchen-Helfen, *Karl Marx*, pp. 140 – 41.

50) *Deutsche-Brüsseler-Zeitung*, 6 January 1848, 다음에서 재인용. Luc Somerhausen, *L'Humanisme agissant de Karl Marx*, Paris, Richard-Masse, 1946, p. 157.

51) Born, *Erinnerungen*, p. 68.

52) Wilhelm Liebknecht, "Reminiscences of Karl Marx", in David McLellan (ed.), *Karl Marx: Interviews and Recollections*, London, Macmillan, 1981, p. 115; Jenny Marx, "A Short Sketch of an Eventful Life", in Institut Marksizma – Leninzma, *Reminiscences of Marx and Engels*, Moscow Foreign Languages Publishing House, 1957, p. 229.

53) Jenny Marx, "Short Sketch", p. 222.

54) 여기서 엥겔스가 갑자기 편지에서 프랑스어 문장으로 전환한 것은 대화 중에 자기가 자기의 위치를 어떻게 부여했는지를 좀 더 정확하게 전달하려고 했기 때문이었을 것이다. 이 문장을 옮기자면 이러하다. "마르크스 씨를 우리 정당의 지도자로 간주할 수 있으며(우리 정당은 독일 민주주의의 가장 전위적 부분으로, 나는 그 지도자인 마르크스 씨와의 관련 속에서 그 정당을 대표합니다), 프루동에 반대해 그가 최근에 출간한 책이 우리 당의 강령입니다." "Friedrich Engels to Karl Marx", 25 – 26 October 1847, *MECW*, vol. 38, p. 143.

55) Annenkov, *Extraordinary Decade*, pp. 167 – 8.

56) "Friedrich Engels to Karl Marx", 17 March 1845, *MECW*, vol. 38, p. 29.

57) 이 H '부인'이란 헤스의 동반녀인 지빌레를 말한다. 부인이라는 말에다가 냉소적으로 따옴표를 붙인 이유는 그들이 결혼하지 않았기 때문이다. 쾰른의 경찰 보고서에 따르면 그녀의 이름은 지빌레 네 페쉬Sybille née Pesch이며, 매춘부 출신의 재봉사였는데 헤스가 모종의 자선적 행위로 그녀를 구해 냈다고 한다. 이것이 아마도 엥겔스가 그녀를 그토록 모욕적인 언어로 지칭한 이유였을 것이다. 1840년대의 엥겔스의 여러 활동과 관련하여 두 사람의 연애 사건을 다룬 설명으로는 다음을 보라. Tristram Hunt, *The Frock-Coated Communist: The Revolutionary Life of Friedrich Engels*, London, Allen Lane, 2009, pp. 143 – 6 and passim.

58) "Roland Daniels to Karl Marx", 7 March 1846, *MEGA*, III, i, pp. 513 – 14.

59) "Heinrich Bürgers to Karl Marx", end of February 1846, *MEGA*, III, I, pp. 506 – 7.

60) Ibid.

61) "Jenny Marx to Karl Marx", 24 March 1846, *MECW*, vol. 38, pp. 529 – 32. 이 '모든 고양이들이 다 똑같은 색깔'이라는 구절에서 예니는 헤겔이 『정신현상학』 서문에서 셸링의 절대자 개념을 강하게 비판하면서 말했던 유명한 구절 '밤에는 모든 황소들이 다 검은색이다'를 넌지시 언급하고 있다.

62) "Moses Hess to Karl Marx", 29 May 1846, *MEGA*, III, i, p. 211.

63) "Friedrich Engels to Karl Marx", 19 August 1846, *MECW*, vol. 38, p. 56.

64) "Friedrich Engels to Karl Marx", 27 July 1846, *MECW*, vol. 38, p. 46; "Engels to the Correspondence Committee", 16 September 1846, *MECW*, vol. 38, p. 65; ibid., 23 October 1846, p. 81; "Friedrich Engels to Karl Marx", 15 January 1847, *MECW*, vol. 38, p. 108.

65) "Friedrich Engels to Karl Marx", 14 January 1848, *MECW*, vol. 38, p. 153.

66) "Friedrich Engels to Karl Marx", November/December 1846, *MECW*, vol. 38, p. 91.

67 Ibid., 9 March 1847, p. 115.

68) "Jenny Marx to Karl Marx", after 24 August 1845, *MECW*, vol. 38, p. 529; "Hermann Ewerbeck to Karl Marx", 31 October 1845, *MEGA*, III, i, pp. 489 –90.

69) "Georg Jung to Karl Marx", 18 March 1845, *MEGA*, III, i, pp. 458 –9.

70) "Joseph Weydemeyer to Karl Marx", 30 April 1846, *MEGA*, III, i, p. 532.

71) "Moses Hess to Karl Marx", 28 July 1846, in Silberner (ed.) *Moses Hess: Briefwechsel*, p. 165.

72) 종래의 포이어바흐식 접근법을 일단 보류하고 또 크게 바꾸기는 했지만, 버린 것은 아니었다. 그는 계속해서 '경제적인 것들'이란 곧 '인간적인 것들'의 왜곡이라고 여겼으며, '추상화'란 인류가 스스로를 비인간적인 목적들에 종속시키는 수단이라고 전제했다. 이러한 주제들은 『1857~1858년 경제학 초고』, 즉 이른바 『강요Grundrisse』에서 명시적으로 다시 나타나고 있다.

73) Karl Marx, The Poverty of Philosophy, MECW, vol. 6, p. 125.

74) Ibid., p. 138.

75) 이러한 이론들은 일반적으로 리카도의 이론과는 거의 아무런 관계도 없다. 이에 대해서는 다음을 보라. Gareth Stedman Jones, "Rethinking Chartism", in *Languages of Class: Studies in English Working Class History*, 1832 –1982, Cambridge, Cambridge University Press, 1983, pp. 128 –45.

76) Marx, *Poverty of Philosophy*, pp. 189 –90.

77) Karl Marx, "Wages", *MECW*, vol. 6, p. 419. 이 글들은 그가 1847년 가을 '독일 노동자 협회'에서 행한 강연 노트이다.

78) Karl Marx, "Wage Labour and Capital', *MECW*, vol. 9, pp. 212 –13. 1847년에 자신이 행한 강연들을 출간하려던 카를의 뜻은 혁명이 터지는 바람에 이루어지지 못했다. 그 대부분은 1849년이 되어야 『신라인 신문』에 게재된다.

79) Ibid., p. 214.

80) Ibid., pp. 219 –20.

81) Ibid., pp. 215, 225 –6.

82) Marx, "Wages", p. 432.

83) "From our German Correspondent [Karl Marx], the Free Trade Congress at Brussels", September 1847, *MECW*, vol. 6, p. 290; Karl Marx, "Speech on the Question of Free Trade", 9 January 1848, *MECW*, vol. 6, p. 465.

84) Louis Blanc, *The History of Ten Years*, 1830 –1840, 2 vols., London, 1845, vol. 1, pp. 27

and 33.

85) Alexis de Tocqueville, *Recollections*, ed. J. P. Mayer and A. P. Kerr, trans. G. Lawrence, London, Macdonald, 1970, pp. 52, 92.

86) Friedrich Engels, *The Condition of the Working Class in England: From Personal Observation and Authentic Sources, MECW*, vol. 4, p. 304. 이 단어의 의미에 대한 국제적 비교에 대해서는 다음을 보라. M. Riedel, "Bürger, Staatsbürger, Bürgertum", in O. Brunner, W. Conze and R. Koselleck (eds.), Geschichtliche *Grundbegriffe: Historisches Lexikon zur politisch-sozialen Sprache in Deutschland*, Stuttgart, Klett-Cotta, 1972, vol. 1, pp. 672 – 725; R. Koselleck, U. Spree and W. Steinmetz, "Drei bürgerliche Welten? Zur vergleichenden Semantik der bürgerlichen Gesellschaft in Deutschland, England und Frankreich", in Hans-Jürgen Puhle (ed.), *Bürger in der Gesellschaft der Neuzeit : Wirtschaft*, Politik, Kultur, Göttingen, Vandenhoeck & Ruprecht, 1991, pp. 14 – 58; Reinhart Koselleck and Klaus Schreiner, *Bürgerschaft: Rezeption und Innovation der Begrifflichkeit vom Hohen Mittelalter bis ins 19. Jahrhundert*, Stuttgart, Klett-Cotta, 1994; Jürgen Kocka, "Das europäische Muster und der deutsche Fall', in Jürgen Kocka (ed.), *Bürgertum im 19. Jahrhundert: Deutschland im europäischen Vergleich*, 3 vols., Göttingen, Vandenhoeck & Ruprecht, 1995, vol. 1, pp. 9 – 75; Pamela M. Pilbeam, *The Middle Classes in Europe 1789–1914: France, Germany, Italy and Russia*, Basingstoke, Macmillan Education, 1990.

87) Engels, *The Condition of the Working Class in England*, pp. 295 – 596.

88) See John M. Maguire, *Marx's Theory of Politics*, Cambridge, Cambridge University Press, 1978, p. 203.

89) "Karl Marx to Ludwig Kugelmann", 28 December 1862, *MECW*, vol. 41, p. 435; 또한 다음의 글에 나오는 나의 논의를 보라. "The Young Hegelians, Marx and Engels", in Gareth Stedman Jones and Gregory Claeys (eds.), *The Cambridge History of Nineteenth-Century Political Thought*, Cambridge, Cambridge University Press, 2011, pp. 579 – 85.

90) "George Julian Harney to Friedrich Engels", 30 March 1846, *MEGA*, III, i, p. 523.

91) "Hermann Kriege to Karl Marx", 9 June 1845, *MEGA*, III, i, p. 470.

92) "Carl Bernays to Karl Marx", 7 April 1846, *MEGA*, III, i, p. 529.

93) "Heinrich Burgers to Karl Marx", 30 August 1847, *MEGA*, III, ii, p. 351.

94) Friedrich Engels, "The Movements of 1847", *Deutsche-Brüsseler-Zeitung*, 23 January 1848, *MECW*, vol. 6, pp. 521 – 9.

95) 폰 보른슈테트의 삶에 대해서는 이 책의 985쪽의 주석 90을 보라.

96) 이 책의 387~389쪽을 보라.

97) 이 책의 373~374쪽을 보라.

98) "Friedrich Engels to Karl Marx", 23 – 24 November 1847, *MECW*, vol. 38, pp. 146 – 9.

99) "New Year's Eve Celebration", 31 *December 1847, Deutsche-Brüsseler-Zeitung, MECW*, vol. 6, p. 639.

100) *Le Débat social*, 6 February 1848, 다음에서 재인용. Somerhausen, *L'Humanisme agissant*, pp. 172 – 4.

101) Karl Marx, "The *Débat social* of 6 February on the Democratic Association", MECW, vol. 6, pp. 536-9.
102) Marx, "Speech on the Question of Free Trade", pp. 463, 465.
103) Karl Marx, "Speech on Poland", 29 November 1847, *MECW*, vol. 6, pp. 388-9.
104) Karl Marx, "On the Polish Question", 22 February 1848, *MECW*, vol. 6, p. 546.
105) Friedrich Engels, "Speech on Poland", 29 November 1847, *MECW*, vol. 6, p. 389.
106) Somerhausen, *L'Humanisme agissant*, pp. 183-200.
107) Karl Marx, "Letter to the Editor of *La Réforme*", 6 March 1848, *MECW*, vol. 6, p. 565.

8장 19세기 중반의 여러 혁명들

1) 파리의 2월 혁명의 사건들은 아래에서 설명할 것이다.
2) Hanna Ballin Lewis (ed.), *A Year of Revolutions: Fanny Lewald's Recollections of 1848*, Providence, RI/Oxford, Berghahn, 1997, p. 41.
3) 이 당시 엥겔스는 르드뤼-롤랭과 플로콩 그리고 '개혁가들은… 자기들 스스로는 모르지만 공산주의자들'이라고 믿고 있었다. "Friedrich Engels to Emil Blank", 28 March 1848, *MECW*, vol. 38, p. 168. 카를은 카를 보크트Karl Vogt가 기소되던 당시 자신의 변호사에게 보낸 편지에서 스스로의 정치적 이력을 설명하면서 이렇게 말한다. "플로콩은 나와 엥겔스에게 『신라인 신문』을 설립할 자금 지원을 제안했지만 우리는 거부했습니다. 왜냐하면 우리는 독일인들인지라 설령 우호적인 것이라고 해도 프랑스 정부로부터 보조금을 받고 싶지는 않았기 때문입니다." "Karl Marx to J. M. Weber", 3 March 1860, *MECW*, vol. 41, p. 102.
4) Gustave Flaubert, *A Sentimental Education*, ed. and trans. Douglas Parmée, Oxford, Oxford University Press, 1989, p. 317.
5) Sebastian Seiler, *Das Komplott vom 13 Juni 1849, oder der letzte Sieg der Bourgeoisie in Frankreich*, Hamburg, Joffman und Campe, 1850, p. 21, 다음에서 인용. Boris Nicolaievsky and Otto Maenchen-Helfen, *Karl Marx: Man and Fighter*, trans. G. David and E. Mosbacher, London, Allen Lane, 1973 [1933], p. 160.
6) "Report of the Speeches made by Marx and Engels at the General Meeting of the Democratic Committee in Cologne on 4 August 1848", *MECW*, vol. 7, p. 556.
7) "Karl Marx to Joseph Weydemeyer", 5 March 1852, *MECW*, vol. 39, p. 62.
8) Alexis de Tocqueville, *Recollections*, ed. J. P. Mayer and A. P. Kerr, trans. G. Lawrence, London, Macdonald, 1970, p. 18.
9) 7월 왕정하의 참정권은 그 범위가 지극히 협소하여 1831년에는 16만 6000명에 불과했고 1846년이 되어도 24만 1000명이었다. 하지만 참정권을 확장하자는 제안은 2월 혁명으로 법령화된 모든 성인 남성의 선거권에 비하면 별것 아니었다. 1848년 4월 23일 제헌의회를 선출하는 선거에 투표권을 가진 이들의 숫자는 822만 1000명이었다.
10) 다음에서 인용. Georges Duveau, *1848: The Making of a Revolution*, London, Routledge & Kegan Paul, 1967, p. 8.

11) 새로운 정부에는 노동자도 참여한다는 점을 강조하기 위해 관습적으로 '노동자 알베르'라고 불렸지만 그의 실명은 알렉상드르 마르탱Alexandre Martin이었다. 그는 어떤 비밀결사체의 지도자였고 기계공이었으며 뤽상부르 위원회Luxembourg Commission(노동 문제의 해법을 논의하기 위해 설립된 위원회)의 위원으로, 국민의회의 의원으로 선출되었다. 하지만 5월 15일의 쿠데타 시도에 가담하여 위험한 처지에 빠졌고 결국 체포당했다.
12) Christopher Clark, *Iron Kingdom: The Rise and Downfall of Prussia 1600–1947*, London, Allen Lane, 2006, p. 469.
13) 이렇게 질서를 유지하는 일을 군대에 맡겼다가 군대가 도시의 군중들과 맞부닥쳤을 때 과도한 반응을 보이고, 이에 따라 시가전이 벌어져 많은 사상자가 나오는 일은 프랑스, 오스트리아, 독일에서 모두 벌어졌던바, 이는 군중의 통제라는 중차대한 문제를 무장 군인의 손에 맡기는 것이 얼마나 위험한 일인지를 보여 준다. 반면 영국에서는 1820년대 이후로 민간 경찰이 존재했다.
14) "Roland Daniels to Karl Marx", 21 March 1848, *MEGA*, III, ii, pp. 403–4. 다니엘스에 따르면, '개인적으로 소식지를 받아보는 이들은 은행가들과 상인들 뿐이며, 그저께 캄프하우젠은 시의회에서 자신이 받아보는 소식지의 세부 사항들은 누설할 수가 없다고 했네. 그랬다가는 인민들에게 너무나 큰 소요를 불러일으킬 수 있기 때문이라는 것이었네.'
15) "Georg Weerth to Karl Marx", 25 March 1848, *MEGA*, III, ii, p. 414.
16) Oscar J. Hammen, *The Red'48ers: Karl Marx and Friedrich Engels*, New York, Scribner, 1969, p. 218.
17) "Andreas Gottschalk to Hess", 26 March 1848, in Edmund Silberner (ed.), *Moses Hess: Briefwechsel*, The Hague, Mouton, 1959, pp. 175–6.
18) "Gottschalk to Hess", in Silberner (ed.), *Moses Hess: Briefwechsel*, p. 175; 또 다음을 보라. Karl Stommel, "Der Armenarzt, Dr. Andreas Gottschalk, der erste Kölner Arbeiterführer, 1848", *Annalen des Historischen Vereins für den Niederrhein*, 166 (December 1964), p. 81.
19) 카를의 친구인 게오르게 베르트 또한 3월에 쾰른에서 보낸 편지에서 똑같은 생각을 말하고 있다. "이곳에서 성취된 모든 것들이 아주 민주주의적임에도 불구하고 사람들은 공화국이라는 말만 들으면 몸서리를 치고 있다네." 하지만 이와는 대조적으로 코블렌츠와 라인강 상류 지역에서는 "여론이 공화국에 호의적이라고 하네." "Georg Weerth to Karl Marx", 25 March 1848, *MEGA*, III, ii, p. 414.
20) Friedrich Engels, "Revolution and Counter-Revolution in Germany", August 1851–March 1853, MECW, vol. 11, p. 37. 이 에세이집은 본래 카를의 이름으로 『뉴욕 데일리 트리뷴』에 실기 위해 씌어진 것이었다.
21) Stommel, "Der Armenarzt", pp. 84, 91.
22) "Minutes of the Meeting of the Cologne Community of the Communist League", 11 May 1848, *MECW*, vol. 7, p. 542.
23) "Friedrich Engels to Karl Marx", 25 April 1848, *MECW*, vol. 38, p. 173.
24) 다음에 실린 편집진의 성명을 보라. *Neue Rheinische Zeitung*(이제부터 *NRhZ*라고 약칭), 1 June 1848, no. 1, p. 1.
25) 카를이 자기의 상속 재산을 얼마나 신문 사업에 넣었는지는 의문이다. 전통적인 설명으로

는 그가 6000탈러 전액을 모두 신문에 넣었다고 한다. 하지만 이보다 훨씬 제한적으로 액수를 평가하는 주장이 있다. 다음을 보라. Hammen, The Red'48ers, p. 269.

26) "The First Trial of the *Neue Rheinische Zeitung*", a speech by Karl Marx, 7 February 1849, *MECW*, vol. 8, p. 316. Also see below p. 291.

27) "Statement of the Editorial Board", 1 June 1848, MECW, vol. 7, p. 15.

28) (Karl Marx) "Camphausen's Statement at the Session of 30 May", NRhZ, no. 3, 2 June 1848, p. 2, *MECW*, vol. 7, p. 33.

29) Friedrich Engels, "The Assembly at Frankfurt", *NRhZ*, no. 1, 1 June 1848, *MECW*, vol. 7, p. 16.

30) Karl Marx, "The Programmes of the Radical-Democratic Party and of the Left at Frankfurt", *NRhZ*, no. 7, 7 June 1848, *MECW*, vol. 7, pp. 49, 50.

31) "Deutschland", *NRhZ*, no. 18, 18 June 1848, *MECW*, vol. 7, p. 89.

32) "The Downfall of the Camphausen Government", *NRhZ*, supplement no. 22, 22 June 1848, *MECW*, vol. 7, p. 106. 캄프하우젠 내각이 무너진 이후에 들어선 아우어스발트-한스만Auerswald-Hanseman 내각이 그전 내각에 비해 더 친러시아적이라고 믿을 이유는 없었다. 하지만 독일 급진주의자들이 러시아의 꿍꿍이에 의심을 보내고 있었던 것은 상당한 타당성이 있는 것이었다. 특히 차르가 프리드리히 빌헬름 왕의 여동생과 결혼한 사이라는 점을 볼 때 더욱 그러했다.

33) Charles Greville, *The Greville Memoirs. Second Part: A Journal of the Reign of Queen Victoria from 1837 to 1852*, London, Longmans, Green and Co., 1885, vol. 3, pp. 202–3. 마르크 트라우고Mark Traugott의 주장에 따르면 국영 작업장 내부에 이미 위계적인 반군사적 형태의 조직이 발전되어 있었고, 이를 이용한 덕에 봉기가 그렇게 규율 있는 성격을 띨 수 있게 되었다고 한다. *Mark Traugott, Armies of the Poor: Determinants of Working-Class Participation in the Parisian Insurrection of June 1848*, Princeton, Princeton University Press, 1985, esp. chs. 5 and 6.

34) See Henri Guillemin, *La Premiere Résurrection de la République: 24 février 1848*, Paris, Gallimard, 1967, pp. 346–7. 제헌의회의 해산을 선언했던 알로이시우스 위버Aloysius Huber는 비밀 요원이었다.

35) Maurice Agulhon, 1848, *ou l'Apprentissage de la République, 1848–1852*, Paris, Éditions du Seuil, 1973, p. 64.

36) 대략 500명의 반란자들과 1000명의 군인들 및 방위군이 이 싸움에서 목숨을 잃었다. 하지만 그 여파로 더 많은 이들이 희생되었다. 3000명 이상의 반란자들이 도시에서 색출되어 무참하게 살해되었고, 1만 2000명이 체포되어 그중 약 4500명이 투옥되거나 알제리의 노동 수용소로 추방당했다. Peter N. Stearns, *The Revolutions of 1848*, London, Weidenfeld & Nicholson, 1974, p. 92.

37) Karl Marx, "The June Revolution", *NRhZ*, no. 29, 29 June 1848, *MECW*, vol. 7, pp. 144, 147–8.

38) Ibid., p. 149.

39) "Report of the Speeches made by Marx and Engels at the General Meeting of the

Democratic Society in Cologne on 4 August 1848", pp. 556–7.

40) 이러한 결정에 항의하려 했던 카를의 노력에 대해서는 "The Conflict between Marx and Prussian Citizenship", *NRhZ*, no. 94, 5 September 1848, *MECW*, vol. 7, pp. 407–10.

41) 루이-나폴레옹 보나파르트Louis-Napoléon Bonaparte(1808–1873년)는 나폴레옹의 조카로, 자신이 제1제국의 영광을 다시 확립할 운명을 타고났다고 믿었다. 성장기 대부분을 스위스에서 보낸 후 1836년과 1840년에 권력을 잡으려는 시도를 했지만 성공하지 못했다. 그가 이해하는 바의 보나파르트주의의 원리들은 성인 남성의 보편적 선거권과 국익의 최우선성이라는 두 개의 아이디어에 기초를 두고 있었다. 그는 감옥에 있는 동안 그의 가장 유명한 저서인 『빈민 문제의 근절L'Extinction du pauperisme』(1844년)을 집필하여 프랑스 노동계급의 여러 미덕을 높이 칭송하면서 결사, 교육, 훈련이라는 생각에 기초한 다양한 개혁안을 제안한다. 1846년 그는 탈옥하여 1848년 여름까지 런던에서 생활한다. 그의 인기는 단순히 그의 이름에 기초한 것이 아니었다. 그가 제출한 프로그램은 질서, 가족, 교회 모두에 대한 강력한 책임의 약속과 사회문제에 대한 진보적 사상이라고 여겨지는 것들을 결합한 것이었다. 그가 어느 정도의 호소력을 가지고 있었는지는 1848년 12월의 대통령 선거에서 드러났으니, 그가 얻은 557만 2834표는 전체 투표의 74.2퍼센트에 달했던 것이다. 군대와 국가를 언급하면서 좌파와 우파 양쪽 모두의 사상에 의지하는 보나파르트의 정치는 새로운 현상이었다. 이는 훗날 포퓰리즘이라고 불리게 되는 것을 처음 도입한 것으로서 민주주의와 권위주의적 통치를 결합한 것이었다. 이 때문에 급진파들과 사회주의자들은 당황할 수밖에 없었고, 법통파의 부르봉 왕당파 이후 나타난 우파들 중에서는 중요한 모방자들이 나타나게 된다.

42) '산악파La Montagne'는 1792년 새로이 선출된 국민공회에서 의장의 왼쪽 높은 의자에 앉았던 이들을 말한다. 왕정이 무너지고 공화국이 선포된 후 처음에는 이 '산악파'와 '지롱드'를 갈라 놓은 쟁점이 루이 16세의 운명이었다. 왕이 결국 재판을 거쳐 처형당하게 된 것은 '산악파'가 압력을 넣은 결과였다.

43) 계엄령은 10월 3일 철회되지만 신문은 재정적인 어려움 때문에 10월 12일이 되어야 다시 발행을 재개한다.

44) "German Foreign Policy and the Latest Events in Prague", *NRhZ*, no. 42, 12 July 1848, *MECW*, vol. 7, p. 212.

45) "사회적 발전의 측면으로 보자면 우리 독일인들은 이제 겨우 프랑스인들이 1789년에 도달했던 지점에 왔을 뿐이다." "Report of the Speeches made by Marx and Engels at the General Meeting of the Democratic Society in Cologne on 4 August 1848", p. 556.

46) Karl Marx, "The Crisis and the Counter-Revolution", NRhZ, no. 102, 14 September 1848, *MECW*, vol. 7, p. 432. 프랑스 서부에 있는 방데Vendée 주에서는 1793년 국민공회에 의해 30만 명의 징병 명령이 떨어지자 이에 반대해 반란이 일어났었다. 이는 프랑스혁명에 대해 벌어졌던 가장 심각한 반란이었다.

47) "Friedrich Engels to Karl Marx", 8–9 March 1848, *MECW*, vol. 38, p. 160.

48) Karl Marx, "The Crisis and the Counter-Revolution", *NRhZ*, no. 101, 13 September 1848, *MECW*, vol. 7, p. 428.

49) Karl Marx, "The Government of the Counter-Revolution", *NRhZ*, no. 110, 23 September 1848, *MECW*, vol. 7, p. 448.

50) Karl Marx, "The Downfall of the Camphausen Government", *NRhZ*, no. 23, 23 June 1848, *MECW*, vol. 7, p. 107.

51) Marx, "The Crisis and the Counter-Revolution", *NRhZ*, no. 102, 14 September 1848, *MECW*, vol. 7, p. 431.

52) Clark, Iron Kingdom, p. 479.

53) Karl Marx, "The Counter-Revolution in Berlin", *NRhZ*, no. 142, 14 November 1848, *MECW*, vol. 8, p. 19.

54) 1789년 5월, (재정 파산에 닥친) 프랑스 정부는 삼부회 신분의회를 소집했다. 여기에서 위 두 신분과 (성직자와 귀족) '제3신분' (평민) 사이에 빈번한 분쟁이 있었고, 특히 표결을 머릿수로 할 것이냐, 신분별로 할 것이냐는 문제가 대두되었다. (그전 삼부회는 1614년에 소집되었다. 여기에서는 표결이 각 신분별로 이루어졌었다. 이렇게 되면 어떤 쟁점에서든 지배계층에 속하는 귀족과 성직자들 집단 내부에서의 결정이 비슷하게 되어 있으니 평민들은 항상 2 대 1로 지게 되어 있는 형국이었다. 하지만 1789년의 삼부회는 제1신분이 294명, 제2신분이 270명, 제3신분이 578명으로 제 3신분이 숫자에 있어서 다른 두 신분을 초과하고 있었다. 따라서 제 3신분은 표결을 신분별로 할 것이 아니라 전부 다 함께 머릿수대로 하자고 주장했다- 옮긴이). 드디어 6월 17일, '제3신분'은 삼부회에서 떨어져 나와 자기들 스스로 헌법의 초안을 마련했다. 그 결과 6월 20일 이들은 자기들의 회의장에 갇혀 버렸다. 이에 이들은 근처의 테니스장으로 이동하여 스스로를 국민의회라고 명명하고, 프랑스에 새로운 헌법이 확립될 때까지 해산하지 않을 것이라고 결의했다.

55) Karl Marx, "The Counter-Revolution in Berlin", *NRhZ*, no. 141, 12 November 1848, *MECW*, vol. 8, p. 15.

56) 납세 거부 운동과 관련하여 카를 마르크스, 카를 샤퍼, 슈나이더 2세가 서명하여 '라인 지역 민주주의 위원회'의 이름으로 배포된 '호소문'을 보면, 조세를 '강제로 징수'할 경우에는 '어디에서나 모든 방법으로 저항'해야 한다고 되어 있다. 이는 또한 '인민의 민병대를 모든 곳에서 조직해야만 한다'고 명령하고 있다. "Appeal", 18 November 1848, *MECW*, vol. 8, p. 41. 하지만 불과 사흘 후, 그 똑같은 '위원회'는 '차분하게 행동할 줄 알아야 한다'고 소호하고 있다. '카를 마르크스, 카를 샤퍼, 슈나이더 2세'의 서명 아래 '라인 지방 민주주의자들'의 명의로 배포된 '호소문'을 보라. NRhZ, no. 148, 21 November 1848, *MECW*, vol. 8, p. 46.

57) Karl Marx, "The Counter-Revolution in Berlin", *NRhZ*, no. 141, 12 November 1848, *MECW*, vol. 8, p. 17.

58) Karl Marx, "The Victory of the Counter-Revolution in Vienna", *NRhZ*, no. 136, 7 November 1848, MECW, vol. 7.

59) Karl Marx, "The Bourgeoisie and the Counter-Revolution", *NRhZ*, no. 183, 31 December 1848, *MECW*, vol. 8, p. 178.

60) Jonathan Sperber, *Rhineland Radicals: The Democratic Movement and the Revolution of 1848–1849*, Princeton, Princeton University Press, 1991, p. 383.

61) Friedrich Engels, "From Paris to Berne", unpublished in his lifetime, *MECW*, vol. 7, pp. 519, 528 – 9.

62) "August Ewerbeck to Moses Hess", 14 November 1848, in Silberner (ed.), *Moses Hess: Briefwechsel*, p. 209.

63) 다음에서 인용. Hammen, The Red'48ers, p. 316.
64) Stommel, "Der Armenarzt", p. 99.
65) Karl Marx, "Montesquieu LVI", *NRhZ*, no. 202, 22 January 1849, *MECW*, vol. 8, p. 266. 이 글에서 카를은 '부르주아지'에 대한 자신의 비난을 끊임없이 반복하는 일을 멈추고 대신 영국의 차티스트나 프랑스의 민주주의-사회주의파처럼 독일에서도 여러 사회적·정치적 구성 요소들을 기꺼이 구별하고자 하는 자세를 취하고 있다. '혁명이 두려워 반혁명의 품으로 몸을 던지는' '상업과 산업의 부르주아지 분파들'과는 별도로, 또한 '인민의 빈곤에 비례하여 부를 불리는 금융 거물들, 대규모 국채 보유자들, 은행가들, 금리 수취자들이 있으며, 마지막으로 옛날의 정치적 구조에 사업을 의지하는 사람들'이 있다는 것이다. ibid., p. 267.
66) "Gottschalk to Hess", 22 March 1849, in Silberner (ed.), *Moses Hess: Briefwechsel*, pp. 216–17.
67) "The First Trial of the *Neue Rheinische Zeitung*", speech by Karl Marx, 7 February 1849, *MECW*, vol. 8, pp. 304–17.
68) "The Trial of the Rhenish District Committee of Democrats", speech by Karl Marx, 8 February 1849, *MECW*, vol. 8, pp. 323–39.
69) Karl Marx, "The Revolutionary Movement", *NRhZ*, no. 184, 1 January 1849, *MECW*, vol. 8, pp. 214–15.
70) Friedrich Engels, "The Magyar Struggle", *NRhZ*, no. 194, 13 January 1849, *MECW*, vol. 8, pp. 230, 238.
71) Marx, "Bourgeoisie and the Counter-Revolution", p. 178.
72) Marx, "Revolutionary Movement", p. 213.
73) Karl Marx, "Stein", *NRhZ*, no. 225, 18 February 1849, *MECW*, vol. 8, p. 390.
74) Karl Marx, "The Frankfurt March Association and the Neue Rheinische Zeitung ", *NRhZ*, no. 248, 17 March 1848, *MECW*, vol. 9, pp. 84–5.
75) Dieter Dowe, *Aktion und Organisation: Arbeiterbewegung, sozialistische und kommunistische Bewegung in der preussischen Rheinprovinz 1820–1852,* Hanover, Verlag für Literatur und Zeitgeschehen, 1970, pp. 221–4.
76) Sperber, *Rhineland Radicals*, pp. 351–3.
77) "Report of the Speeches Made by Marx and Engels at the General Meeting of the Democratic Society in Cologne on 4 August 1848", pp. 556–7.
78) "Report on the Convocation of the Congress of Workers" Associations", *NRhZ*, no. 282, 26 April 1849, *MECW*, vol. 9, p. 502.
79) "The 18th of March", *NRhZ*, no. 249, 18 March 1849, *MECW*, vol. 9, p. 108.
80) "Karl Marx to Friedrich Engels", 7 June 1849, *MECW*, vol. 38, p. 200.
81) David McLellan (ed.), *Karl Marx: Interviews and Recollections*, London, Macmillan, 1981, p. 15.
82) Flaubert, *Sentimental Education*, p. 322.
83) Alexander Herzen, *My Past and Thoughts: The Memoirs of Alexander Herzen*, trans. C. Garnett, New York, A. A. Knopf, 1968, vol. 2, pp. 671–2.

84) Karl Marx, *The Class Struggles in France*, 1848 to 1850, *MECW*, vol. 10, p. 106; 하지만 르드뤼-롤랭은 1848년 2월과 6월에 그가 했던 애매한 역할 때문에 파리에서 민중의 폭넓은 지도자로 완전한 신뢰를 얻지 못하고 있었다. Agulhon, 1848, pp. 93–5.

85) "Karl Marx to Friedrich Engels", 7 June 1849, *MECW*, vol. 38, p. 199.

86) "Karl Marx to Ferdinand Freiligrath", 31 July 1849, *MECW*, vol. 38, pp. 205–6.

87) "Karl Marx to Joseph Weydemeyer", end of July 1849, *MECW*, vol. 38, p. 209.

88) "Karl Marx to Friedrich Engels", 17 August 1849, *MECW*, vol. 38, p. 211.

89) 이는 담배 제조공이자 쾰른의 '공산주의 동맹'의 회원이었던 페테르 뢰저Peter Röser의 증언에 기초한 것이다. 하지만 그의 증언은 조심해서 다루어야 한다. 왜냐하면 이는 경찰 수사에서 나온 것이며, 뢰저로서는 카를의 강조점이 혁명적 활동이 아니라 교육과 선전이었다고 강조할 수밖에 없는 상황이었기 때문이다. Nicolaievsky and Maenchen-Helfen, *Karl Marx*, pp. 414–17 (appendix III).

90) Nicolaievsky and Maenchen-Helfen, *Karl Marx*, p. 223.

91) Marx, "Victory of the Counter-Revolution in Vienna", p. 506; Marx, "Bourgeoisie and the Counter-Revolution", pp. 154, 178.

92) Karl Marx and Friedrich Engels, "Address of the Central Authority to the League", March 1850, *MECW*, vol. 10, p. 277.

93) Ibid., p. 281.

94) Ibid., pp. 283, 284, 285–7.

95) Karl Marx and Friedrich Engels, "Address of the Central Authority to the League", June 1850, *MECW*, vol. 10, pp. 371–2, 377. 3월의 서한과 달리 이 서한은 카를이 썼는지에 대해 논란이 있다. Christine Lattek, *Revolutionary Refugees: German Socialism in Britain, 1840–1860*, London, Routledge, 2006, p. 60.

96) "Universal Society of Revolutionary Communists", mid-April 1850, *MECW*, vol. 10, p. 614.

97) 프리드리히 엥겔스와 헨릭 미스콥스키Henryk Miskovsky의 (슈람 쪽의 입회인) 진술을 보라. Karl Marx, "The Knight of the Noble Consciousness"(빌리히를 공격하는 팸플릿), 28 November 1853, MECW, vol. 12, pp. 489–96; 다음의 문헌에는 이 결투의 생생한 이야기가 나온다. Francis Wheen, *Karl Marx*, London, Fourth Estate, 1999, pp. 164–5.

98) "Meeting of the Central Authority", 15 September 1850, *MECW*, vol. 10,pp. 625–30. 빌리히와 샤퍼의 입장은 동일한 것으로 취급될 때가 많다. 하지만 샤퍼는 빌리히와는 달리 일반적으로 반란과 봉기의 정치를 대단히 꺼렸다는 점에서 볼 때 이는 사실이 아니다. 샤퍼가 '중앙 권력 기구'에 참여했었던 주된 관심사는 양측을 매개하고자 했던 것이었다. 하지만 그의 생각에 더욱 중요했던 것은 '노동자 협회'의 단결과 통일을 유지할 필요가 있다는 것이었다. Lattek, *Revolutionary Refugees*, pp. 72–80.

99) "Jenny Marx to Adolf Cluss", 30 October 1852, *MECW*, vol. 39, p. 578.

100) "Karl Marx to Friedrich Engels", 23 August 1849, *MECW*, vol. 38, p. 213.

101) "Karl Marx to Ferdinand Freiligrath", 5 September 1849, *MECW*, vol. 38, p. 216; "Karl Marx to Ferdinand Freiligrath", 11 January 1850, *MECW*, vol. 38, p. 224.

102) "Jenny Marx to Joseph Weydemeyer", 20 May 1850, *MECW*, vol. 38, p. 555. 런던에 정착한 초기 시절 카를의 가족 생활에 대한 이야기는 9장에서 논의하도록 한다.

103) Karl Marx and Friedrich Engels, "Gottfried Kinkel", *NRhZ* – Politisch-Ökonomische Revue, no. 4, 1850, MECW, vol. 10, pp. 345–7; 또 다음을 보라. Lattek, Revolutionary Refugees, pp. 59–60.

104) "Announcement of the Neue Rheinische Zeitung. Politisch-Ökonomische Revue", 15 December 1849, *MECW*, vol. 10, p. 5.

105) Karl Marx and Friedrich Engels, "Review, May to October 1850", *MECW*, vol. 10, p. 510.

106) McLellan (ed.), *Karl Marx: Interviews and Recollections*, p. 25.

107) 이 글은 9장에서 자세히 논의할 것이다.

108) Karl Marx to Joseph Weydemeyer", 5 March 1852, *MECW*, vol. 39, p. 62.

109) 다음을 보라. E. A. Wrigley, *Continuity, Chance and Change: The Character of the Industrial Revolution in England*, Cambridge, Cambridge University Press, 1988; Roderick Floud and Paul Johnson (eds.), *The Cambridge Economic History of Modern Britain, vol. 1: Industrialisation, 1700–1860*, Cambridge, Cambridge University Press, 2004.

110) See Gareth Stedman Jones, *Languages of Class: Studies in English Working Class History, 1832–1982*, Cambridge, Cambridge University Press, 1983, pp. 1–25, 90–179.

111) Karl Marx, "The German Ideology", *MECW*, vol. 5, p. 49; Gareth Stedman Jones (ed.), *Karl Marx and Friedrich Engels: The Communist Manifesto*, London, Penguin Books, 2002, p. 235.

112) Karl Marx, *Economic and Philosophical Manuscripts of 1844, MECW*, vol. 3, p. 241.

113) Friedrich Engels, "The Condition of England: The English Constitution", March 1844, *MECW*, vol. 3, pp. 512, 513.

114) '산업가들'이냐, '중간계급'이냐 하는 대조적 이미지에 대한 논의로는 다음을 보라. Shirley M. Gruner, *Economic Materialism and Social Moralism: A Study in the History of Ideas in France from the Latter Part of the 18th Century to the Middle of the 19th Century*, The Hague, Mouton, 1973, part III; Sarah Maza, *The Myth of the French Bourgeoisie: An Essay on the Social Imaginary, 1750–1850*, Cambridge, Mass., Harvard University Press, 2003.

115) 이른바 '중간계급'이라는 이들이 여러 합리적 역량을 갖추고 있다는 귀조의 최초의 확신에 대해서는 다음을 보라. Pierre Rosanvallon, *Le Moment Guizot*, Paris, Gallimard, 1985.

116) J.-C.-L. Simonde de Sismondi, *Nouveaux principes d'économie politique, ou de la richesse dans ses rapports avec la population*, 2 vols., Paris, Chez Delaunay, 1819. 과잉생산은 생산의 기계화와 세계 시장의 성장으로 인해 나타난 결과라고 여겨졌다. 다음을 보라. Gareth Stedman Jones, *An End to Poverty?: A Historical Debate*, London, Profile Books, 2004, ch. 4.

117) Gareth Stedman Jones, "The Mid-Century Crisis and the 1848 Revolutions: A Critical Comment", in *Theory and Society*, 12/4 July 1983; Mark Traugott, *Armies of the Poor: Determinants of Working-Class Participation in the Parisian Insurrection of June 1848*, Princeton, Princeton University Press, 1985, ch. 1.

118) Peter Kriedte, Hans Medick and Jürgen Schlumbohn, *Industrialisierung vor der*

Industrialisierung: Gewerbliche Warenproduktion auf dem Land in der Formationsperiode des Kapitalismus, Göttingen, Vandenhoeck & Ruprecht, 1977, 특히 ch. 6.

119) Marx, *Class Struggles in France*, p. 66.

120) 이 '시민 기동대'란 공화국이 창설한 특별 부대로, 정치 체제를 보호할 목적도 있었지만 일종의 일자리 창출의 목적도 가지고 있었다. 이를 구성했던 것은 젊은 실업 노동자들로, '국영 작업장'의 일꾼들과 정확히 동일한 사회적 계층 출신들이었다. '룸펜'이란 '넝마', '누더기'의 뜻으로, 룸펜프롤레타리아트란 넝마주이 프롤레타리아트를 뜻하는 말이다. 이는 사회 밑바닥의 인간 쓰레기 혹은 거렁뱅이 등 반쯤은 우범자들이라는 의미를 담은 '우범자 계급'이라는 욕칭의 의미였다. 1850년경 이 용어가 쓰인 바는 9장에서 카를의 에세이 「브뤼메르 18일」을 논의하면서 더 이야기할 것이다.

121) 숫자는 다음에서 인용. Traugott, *Armies of the Poor*, p. 30.

122) Ibid., pp. 150 – 51.

123) Marx, *Class Struggles in France*, p. 69.

124) 엥겔스의 경우에 대해서는 Gareth Stedman Jones, "Voir sans entendre: Engels, Manchester et l'observation sociale en 1844", *Geneses*, vol. 22 (1996), pp. 4 – 17.

125) Thomas Carlyle, *Chartism*, London, James Fraser, 1839, ch. 1.

126) Hansard, 3rd Series, vol. 63, 3 May 1842.

127) Tocqueville, *Recollections*, p. 199.

128) Daniel Stern, *Histoire de la Révolution de 1848*, Paris, André Balland, 1985 [1850 – 52[, p. 241. '다니엘 스턴Daniel Stern는 다구 백작 부인Comtesse d'Agoult의 필명이다. 그녀는 독일-프랑스의 귀족 가문에서 태어났지만 작곡가 프란츠 리스트와 함께 도망가는 바람에 귀족 신분을 잃게 된다. 그녀는 리스트와 몇 년간 살다가 버림받고서 저널리스트가 되어 생활을 유지하며, 이때 '다니엘 스턴'이라는 필명을 쓰게 된다. 그녀의 저서 『역사Histoire』는 일반적으로 1848년 파리 혁명에 대한 가장 뛰어난 설명의 하나로 여겨져 왔다.

129) 이와는 반대로 독일에서는 3계급 선거권 제도로 인해 노동계급에 대한 차별 혹은 배제가 계속되며, 이에 노동자들이 별개의 계급으로 남아 있게 되는 중요한 이유가 된다.

9장 런던

1) G. A. Sala, *Gaslight and Daylight with Some London Scenes They Shine Upon*, London, Chapman & Hall, 1859, pp. 88 – 91. 독일 '이주민'들의 정치적 성격에 대해서는 또한 1852년에 카를이 묘사한 바를 보라. "프랑크푸르트 의회의 의원들, 베를린 국민의회 의원들, 하원 의원들, 그리고 바덴Baden 싸움에서 온 신사들, '제국 헌법'이라는 코미디에 가담했던 거물들, 무명 작가들, 민주주의 클럽과 회의에서 신나게 떠들어 대던 이들, 최하류급 저널리스트 등등의 뒤죽박죽"이었다고 한다. Karl Marx and Friedrich Engels, *The Great Men of the Exile*, *MECW*, vol. 11, p. 259) 1848년 이후 독일 망명객들과 피난민들에 대한 좀 더 전반적인 설명으로는 Rosemary Ashton, *Little Germany: Exile and Asylum in Victorian England,* Oxford, Oxford University Press, 1986; 특히 혁명적 사회주의 조직들과 집단들에 대해 초점을 둔 설명으

로서는 Christine Lattek, *Revolutionary Refugees: German Socialism in Britain, 1840–1860*, London, Routledge, 2006.

2) "Karl Marx to Friedrich Engels", 13 September 1854, *MECW*, vol. 39, p. 481.

3) Jenny Marx, "A Short Sketch of an Eventful Life", in Institut Marksizma – Leninzma, *Reminiscences of Marx and Engels*, Moscow, Foreign Languages Publishing House, 1957, p. 225.

4) "Jenny Marx to Joseph Weydemeyer", 20 May 1850, *MECW*, vol. 38, p. 555.

5) Ibid., pp. 555, 556.

6) Ibid., p. 557. '야반도주moonlight flit'는 밀린 집세에서 도망가기 위한 잘 알려진 방법이었다. 유명한 보드빌vaudeville(19세기 말과 20세기 초 런던에서 유행했던 공연 형태로, 코미디, 연극, 연주, 가창 등을 뒤섞은 희가극-옮긴이) 가수인 매리 로이드Marie Lloyd의 노래인 '우리 아버지My My Old Man(가 포장마차를 따라가라 하시네Said Follow the Van)'는 바로 이 '야반도주'의 이야기였다.

7) Jenny Marx, "Short Sketch", p. 226.

8) "Prussian Spy", in Institut Marksizma – Leninzma, *Reminiscences of Marx and Engels*, p. 35.

9) "Karl Marx to Friedrich Engels", 6 January 1851, *MECW*, vol. 38, p. 257; "Friedrich Engels to Karl Marx", 8 January 1851, *MECW*, vol. 38, p. 263.

10) "Karl Marx to Friedrich Engels", 31 March 1851, *MECW*, vol. 38, pp. 323–4.

11) Ibid., 2 April 1851, p. 325; "Friedrich Engels to Karl Marx", 15 April 1851, *MECW*, vol. 38, p. 335; ibid., 6 May 1851, p. 346.

12) "Karl Marx to Friedrich Engels", 31 July 1851, *MECW*, vol. 38, p. 397.

13) "Friedrich Engels to Karl Marx", 15 October 1851, *MECW*, vol. 38, p. 477.

14) "Karl Marx to Joseph Weydemeyer", 20 February 1852, *MECW*, vol. 39, p. 40.

15) "Karl Marx to Friedrich Engels", 27 February 1852, *MECW*, vol. 39, p. 50.

16) Ibid., 2 April 1851, vol. 38, p. 326.

17) Ibid., 14 April 1852, vol. 39, p. 78; "Friedrich Engels to Joseph Weydemeyer", 16 April 1852, *MECW*, vol. 39, p. 79.

18) Jenny Marx, "Short Sketch", p. 228.

19) "Karl Marx to Friedrich Engels", 8 September 1852, *MECW*, vol. 39, p. 181.

20) "Jenny Marx to Friedrich Engels", 27 April 1853, *MECW*, vol. 39, p. 581; "Karl Marx to Friedrich Engels", 8 October 1853, *MECW*, vol. 39, p. 385.

21) "Karl Marx to Moritz Elsner", 11 September 1855, *MECW*, vol. 39, p. 550; 프로인트 박사는 3000파운드의 빚을 지고 파산했다고 한다. 1858년 카를이 엥겔스에게 보낸 편지에 보면, "프로인트 박사는 완전히 몰락하여 길거리에서 행인들에게 1실링을 달라고 구걸하고 있다는 소문일세." "Karl Marx to Friedrich Engels", 29 November 1858, *MECW*, vol. 40, p. 357.

22) "Prussian Spy", in D. McLellan (ed.), *Karl Marx: Interviews and Recollections*, London, Macmillan, 1981, p. 36.

23) 첫딸인 예니는 성인으로 장성하며 샤를 롱게Charles Longuet와 결혼하지만, 1883년 38세의 나이에 폐결핵으로 사망한다.

24) "Jenny Marx to Joseph Weydemeyer", 20 May 1850, *MECW*, vol. 38, p. 556.
25) Jenny Marx, "Short Sketch", p. 229.
26) "Karl Marx to Friedrich Engels", 3 March 1855, *MECW*, vol. 39, p. 524.
27) Ibid., 16 March 1855, p. 528.
28) Ibid., 27 March 1855, p. 529.
29) Ibid., 30 March 1855, p. 529.
30) Ibid., 6 April 1855, p. 530.
31) Jenny Marx, "Short Sketch", p. 229.
32) "Jenny Marx to Ferdinand Lassalle", 9 April 1858, *MECW*, vol. 40, p. 570.
33) "Karl Marx to Ferdinand Lassalle", 31 May 1858, *MECW*, vol. 40, p. 315.
34) "Prussian Spy", p. 35. Werner Blumenberg, *Portrait of Marx: An Illustrated Biography*, trans. Douglas Scott, New York, Herder & Herder, 1972, pp. 112–13.
35) "Karl Marx to Friedrich Engels", 18 December 1857, *MECW*, vol. 40, p. 224; "Karl Marx to Ferdinand Lassalle", 21 December 1857, *MECW*, vol. 40, p. 226.
36) "Karl Marx to Friedrich Engels", 29 April 1858, *MECW*, vol. 40, pp. 309–10.
37) Karl Marx to Friedrich Engels", 8 January 1861, *MECW*, vol. 41, p. 243; ibid., 18 January 1861, p. 247.
38) "Jenny Marx to Wilhelm Liebknecht", c.24 November 1863, *MECW*, vol. 41, p. 587.
39) "Karl Marx to Friedrich Engels", 4 December 1863, *MECW*, vol. 41, p. 497. 이본느 캅에 따르면, 카를의 간 질병과 그의 종기들은 전신포도구균감염증과 관련된 것일 가능성이 있었지만, 이러한 진단은 1880년대 후반에 와서야 가능해진 것이라고 한다. 두 가지 증상들에 대한 불평은 모두 알코올 때문에 더욱 악화되었다. Yvonne Kapp, *Eleanor Marx*, 2 vols., London, Lawrence & Wishart, 1972, vol. 1, p. 49.
40) "Karl Marx to Friedrich Engels", 27 December 1863, *MECW*, vol. 41, p. 503.
41) Ibid., 15 July 1852, vol. 39, p. 131.
42) Ibid., 18 September 1852, p. 186.
43) Ibid., 3 June 1854, p. 457.
44) Ibid., 23 November 1860, vol. 41, p. 216; ibid., 12 December 1860, p. 228.
45) "Karl Marx to Joseph Weydemeyer", 17 June 1850, *MECW*, vol. 38, p. 238.
46) "Karl Marx to Friedrich Engels", 23 November 1850, *MECW*, vol. 38, p. 242.
47) Ibid., 31 March 1851, p. 324.
48) Jenny Marx, "Short Sketch", p. 227.
49) 헬레네 데무트Helene Demuth(1820~1890년)는 예니와 카를의 하녀이자 집안 살림을 맡아보는 이였다. 사알란트Saarland의 농가에서 태어나 10대일 때 폰 베스트팔렌 집안에 하녀로 일하도록 들어왔다. 카를과 예니가 결혼하여 브뤼셀로 이주한 뒤 예니의 어머니인 카롤리네는 1848년 4월 헬레네에게 예니를 돕도록 브뤼셀로 보낸다. 그녀는 1883년 카를이 죽을 때까지 쭉 마르크스 가족과 함께 지냈으며, 1960년대 초 여러 해 동안은 그녀의 여동생까지도 마르크스 가족 집에서 함께 지냈다. 카를이 죽은 뒤 그녀는 엥겔스의 집으로 가서 1890년 암으로 사망할 때까지 거기에서 지냈다. 그녀는 마르크스 집안과 엥겔스 집안의 모든 성원

들에 의해 없어서는 안 될 가족 성원으로 여겨졌던 것으로 보인다. 예니의 소망에 따라서 그녀는 마르크스 가족의 묘지에 함께 매장된다.

50) 이 장의 부록을 보라.

51) "Karl Marx to Friedrich Engels", 31 March 1851, *MECW*, vol. 38, p. 324; ibid., 2 April 1851, p. 325. 카를은 4월 17일에서 26일 정도까지 맨체스터에서 엥겔스와 함께 지냈다. 카를은 성 문제나 여성의 생리학적 측면을 언급할 때에는 프랑스어를 사용할 때가 많았다.

52) Ibid., 31 July 1851, p. 398.

53) "Karl Marx to Joseph Weydemeyer", 2 August 1851, *MECW*, vol. 38, pp. 402–3.

54) 예니는 루이제 바이데마이어에게 1861년에 쓴 편지에서 이렇게 말한다. "집안일의 영역에서는 '렌첸'이 여전히 독실하고도 양심적인 벗으로 남아 주고 있습니다. 당신 남편에게 그녀에 대해 물어보신다면, 그는 그녀가 내게 얼마나 소중한 보물인지를 말해 줄 것입니다. 그녀는 우리와 함께 16년 동안이나 온갖 풍파와 고락을 함께했으니까요." "Jenny Marx to Louise Weydemeyer", 11 March 1861, *MECW*, vol. 41, p. 572.

55) 예를 들어 예니가 병든 어머니를 방문하러 트리어로 갔을 당시 카를이 예니에게 보낸 편지를 보라. 이 편지의 결론은 "포이어바흐가 말하는 인간에 대한 사랑도 아니요, 몰레쇼트의Jacob Moleschott(19세기 네덜란드의 생리학자로, 극단적인 유물론의 입장에 서서 인간의 모든 이성과 감정의 작용 또한 인체의 물질적 과정에 불과하다고 주장했다– 옮긴이)의 신진대사로서의 사랑도 아니요, 프롤레타리아트에 대한 사랑도 아닌, 내 소중한 사랑인 당신에 대한 사랑만이 사람/남자를 다시 사람/남자로 만들어 준다오." "Karl Marx to Jenny Marx", 21 June 1856, *MECW*, vol. 40, p. 55. 한편 루이제 프라이부르거가 남긴 증언(이는 논란이 많다. 이 장의 부록을 보라)에 따르면, 마르크스에게는 "지독하게 질투심이 강한 부인으로부터 이혼을 당하지 않을까 하는 공포가 항상 있었다"고 한다.

56) Jenny Marx, "Short Sketch", p. 228.

57) 하지만 카를은 리프크네히트를 완전히 신뢰하지 않았다. '공산주의 노동자 교육 협회Communistischer Arbeiter-Bildungsverein' 내부가 빌리히-샤퍼 분파에 의해 지배되고 있음에도 불구하고 리프트네히트가 그 안에 남아 있었기 때문이었다.

58) Wilhelm Liebknecht, *Karl Marx: Biographical Memoirs*, London, Journeyman Press, 1975 『1901』.

59) Jenny Marx, "Short Sketch", p. 229.

60) 이 기사들의 저자가 엥겔스라는 사실은 20세기 초가 되어서야 비로소 알려졌다. 엘리노어 마르크스는 카를의 기사들 선집인 『동방 문제The Eastern Question』를 1897년 런던에서 출간하면서 그 기사들을 아버지가 쓴 것으로 여겼다. Chushichi Tsuzuki, *The Life of Eleanor Marx, 1855–1898: A Socialist Tragedy*, Oxford, Clarendon Press, 1967, pp. 269–70.

61) See David McLellan, *Karl Marx: His Life and Thought*, London, Macmillan, 1973, pp. 286–7.

62) Tristram Hunt, *The Frock-Coated Communist: The Revolutionary Life of Friedrich Engels*, London, Allen Lane, 2009, pp. 193–4.

63) See McLellan, *Karl Marx: His Life and Thought*, pp. 264–5, 277–8.

64) Jenny Marx, "Short Sketch", pp. 229–30.

65) "Jenny Marx to Louise Weydemeyer", 11 March 1861, *MECW*, vol. 41, p. 570.
66) "Karl Marx to Friedrich Engels", 2 December 1856 and 20 January 1857, *MECW*, vol. 40, pp. 85, 94.
67) Jenny Marx, "Short Sketch", p. 230.
68) "Karl Marx to Friedrich Engels", 15 July 1858, *MECW*, vol. 40, pp. 328－31.
69) Ibid., p. 360.
70) "Charles Dana to Karl Marx", 6 April 1857, *MECW*, III, viii, p. 384. 군사 문제를 다룬 처음의 글들은 엥겔스가 썼으며, 마르크스가 했던 일은 엥겔스가 회복할 때까지 데이나에게 기다리도록 만드는 창피한 역할 뿐이었다. "Karl Marx to Friedrich Engels", 11 July 1857, *MECW*, vol. 40, p. 145. 카를은 기고할 글들의 많은 부분이 '방향을 잃었다gone astray'라고 가장했다. ibid., 26 August 1857, pp. 159－60.
71) "Charles Dana to Karl Marx", 6 April 1857, *MEGA*, III, viii, p. 384. "Charles Dana to Jenny Marx", 28 March 1862, *MEGA*, III, xii, p. 47. 데이나는 이렇게 설명한다. "그들이 이렇게 하는 이유는 간단합니다. 모든 신문 난이 내란과 관련된 국내 소식으로 채워져야 하므로 당신의 글들을 실을 공간을 찾을 수가 없기 때문입니다." 또한 다음을 보라. "Friedrich Engels to Karl Marx", 5 May 1862, *MECW*, vol. 41, p. 359.
72) "Karl Marx to Friedrich Engels", 9 December 1861, *MECW*, vol. 41, p. 333.
73) Ibid., 19 December 1861, p. 335.
74) Ibid., 26 February 1862, pp. 340－41; ibid., 19 May 1862, p. 365.
75) Ibid., 18 June 1862, p. 380.
76) "Friedrich Engels to Karl Marx", 7 January 1863, *MECW*, vol. 41, p. 441; "Karl Marx to Friedrich Engels", 8 January 1863, MECW, vol. 41, pp. 442－3.
77) "Friedrich Engels to Karl Marx", 13 January 1863, *MECW*, vol. 41, pp. 443－4.
78) "Karl Marx to Friedrich Engels", 24 January 1863, *MECW*, vol. 41, pp. 445－6.
79) "Friedrich Engels to Karl Marx", 26 January 1863, *MECW*, vol. 41, p. 447.
80) "Karl Marx to Friedrich Engels", 2 December 1863, *MECW*, vol. 41, p. 495.
81) 볼프의 성격과 맨체스터에서의 삶에 대해서는 다음을 보라. Ashton, *Little Germany*, pp. 117－21.
82) "Karl Marx to Friedrich Engels", 4 July 1864, *MECW*, vol. 41, p. 546.
83) Ibid., 31 July 1865, vol. 42, p. 172.
84) Henry Mayhew, *London Labour and the London Poor*, London, Griffin, Bohn, and Company, 1861, vol. 2, p. 323; 또 다음을 보라. Gareth Stedman Jones, *Outcast London: A Study in the Relationship between Classes in Victorian Society*, Oxford, Clarendon Press, 1971 (4th edn, London, Verso, 2013), part 1.
85) "Karl Marx to Friedrich Engels", 30 July 1862, *MECW*, vol. 41, p. 389. 카를은 라살레의 머리털의 모습 때문에(초상화에 의하면 라살레의 머리는 착 달라붙은 곱슬머리였다-옮긴이) 그를 '유대인 깜둥이 새끼Jewish Nigger'라고 부르고 있으며, 그가 이집트에서 모세가 빠져 나올 때 데리고 나온 흑인들의 자손일 것이라는 억측까지 덧붙이고 있다. "그 녀석의 끈덕진 성격도 꼭 깜둥이 새기를 같단 말이야." ibid., p. 390.

86) Ibid., 31 July 1865, vol. 42, pp. 172 – 3.
87) Ibid., 22 July 1854, vol. 39, p. 469.
88) Blumenberg, Portrait of Marx, p. 121.
89) "Karl Marx to Lion Philips", 25 June 1864, *MECW*, vol. 41, p. 543.
90) McLellan, Karl Marx: His Life and Thought, pp. 264 – 6.
91) "Karl Marx to Ferdinand Freiligrath", 29 February 1860, *MECW*, vol. 41, p. 82.
92) "Friedrich Engels to Karl Marx", 3 December 1851, *MECW*, vol. 38, p. 505.
93) 1850년 3월에 있었던 보궐선가 이후 보수파는 대중의 지지를 잃게 될 가능성을 두려워했다. 따라서 이들은 1850년 5월 새로운 선거법을 도입하여 유권자의 가장 가난한 3분의 1의 선거권을 박탈했으며, 대도시와 산업 중심지들에서는 그렇게 선거권을 박탈당하는 이들의 비율을 훨씬 더 높게 만들었다. 파리에서 유권자들의 숫자는 22만 5192명에서 8만 894명으로 줄어들게 되었다. 이 수치는 다음에서 인용. Roger Price, *The French Second Empire: An Anatomy of Political Power*, Cambridge, Cambridge University Press, 2001, p. 20.
94) 보나파르트는 1839년의 저서 『나폴레옹의 사상Idées Napoléoniennes』에서 전쟁이 아닌 '사회 사상'에 대해 글을 쓰고 있다. 또 1844년의 『빈민 문제의 소멸L'Extinction du pauperisme』에서는 사회 개혁을 주장하고 있다.
95) Karl Marx, The Class Struggles in France, 1848 to 1850, *MECW*, vol. 10, p. 65.
96) Karl Marx, The Eighteenth Brumaire of Louis Bonaparte, 1852, *MECW*, vol. 11, p. 108. 카를은 『인민의 신문People's Paper』에 이 쿠데타 관련 문헌에 대한 서평을 에카리우스라는 필명으로 기고한 바 있다. 거기에서 그는 이렇게 말한다. "프랑스의 민주주의를 영국의 민주주의와 혼동해서는 안 된다. 프랑스에서는 민주주의라는 것이 소토지 소유주들과 임차 농업인들을 대표하지만 그들의 진정한 욕구보다는 그들의 상상 속의 소망을 대표한다. 영국에서 민주주의란 노동계급의 운동에 직접 적용된다." "A Review of the Literature on the Coup d'État", *MECW*, vol. 11, p. 598.
97) Marx, Eighteenth Brumaire, pp. 127 – 8.
98) 좀 더 일반적으로 말해, 근대 프랑스 역사에 대한 카를의 접근법은 1815~1830년 기간의 프랑스 역사가들에 의해 형성되었다. 특히 다작의 역사가이자 오를레앙 왕정에서의 수상을 역임했던 프랑수아 기조François Guizot가 큰 영향을 끼쳤다. 이 역사가들은 프랑스에서의 혁명의 발전과 그것이 반봉건적 지배를 없애 버리고 그 자리에 재능과 화폐적 부에 기초한 새로운 상업 사회를 가져다 놓은 것을 설명하기 위해 영국 모델을 사용했다. 이들은 1640년, 크롬웰, 1688년과 1789년, 나폴레옹, 1830년이라는 두 묶음 사이에 일정한 역사적 대칭을 발견하고자 했다. 그 두 나라의 경우 모두 혁명의 순서는 토지와 이동성 자본 사이의 갈등 그리고 봉건주의와 상업 사회 사이의 갈등으로 나타낼 수 있다는 것이었다. 이러한 접근법은 프랑스 왕정 복고 시기의 역사가들에게는 상당히 훌륭하게 작동하는 이론이었을 것이다. 하지만 이는 1848년 상황에서 여러 정치적 분파들을 서로 구별해 내는 데에는 거의 나침반 구실을 할 수 없었다.
99) Marx, *Eighteenth Brumaire*, pp. 112 – 13.
100) Ibid., p. 130.
101) Ibid., pp. 183, 182.

102) Ibid., p. 185.

103) Ibid., pp. 187 – 8.

104) 1848년 12월 10일에 있었던 대통령 선거에서 보나파르트는 58퍼센트를 득표했고, 리옹에서는 62퍼센트를 얻었다. 그의 지지가 가장 높았던 곳은 민중들이 사는 지역quartiers이었고, 심지어 6월 봉기의 기간 동안에도 이곳에서 보나파르트가 지지를 받고 있었다는 증거가 많이 있다. Price, *French Second Empire*, p. 18.

105) Marx, *Eighteenth Brumaire*, p. 188. 농민들의 정치적 태도는 지역에 따라 크게 차이가 났다. 마시프 상트랄Massif Central(프랑스 남부의 고원 지역 - 옮긴이), 알프스, 론-손Rhône-Saône 강 유역(프랑스 동부의 해안 지역-옮긴이), 알자스, 미디Midi 지역의 (스페인 국경, 지중해, 이탈리아 국경에 이르는 지역 - 옮긴이) 여러 고립된 지역들에서는 압도적으로 '민주주의자-사회주의자들'에 대한 지지가 높았다.

106) Ibid., p. 149.

107) Ibid.

108) Ibid.

109) Mayhew, *London Labour and the London Poor*, vol. 3, p. 301.

110) Benjamin Constant, *The Spirit of Conquest and Usurpation and Their Relation to European Civilization* (1814), in B. Fontana (trans. and ed.), Constant: Political Writings, Cambridge, Cambridge University Press, 1988, pp. 54, 101, 105.

111) Marx, *Eighteenth Brumaire*, p. 193.

112) Ibid.

113) Ibid., p. 185. 카를은 셰익스피어에 나오는 메타포를 특히 즐겨 썼다. 이 '늙은 두더쥐'라는 것은 「햄릿」 1막 5장에 나오는 이야기이다(「햄릿」 1막 5장에서 햄릿과 호레이시오 등을 땅 속에서 부친의 영령이 좇아다니자 햄릿은 "이놈의 늙은 두더쥐는 땅을 참 빨리도 파고 다니는구나!"라고 말하는 대목이 나온다. 후에 헤겔은 『역사 철학 강의』에서 정신의 운동을 설명하기 위해 이 표현을 가져온다. 땅 위에서 벌어지는 일들이 땅 속의 정신과 다르게 흘러가는 듯 보일 때에도 정신은 계속 스스로의 안으로 깊이 파고들며, 마침내 땅 속에서 솟구쳐 나와 땅을 찢어 버리고 스스로를 실현한다고 설명한다. 마르크스가 여기에서 쓴 표현은 이러한 헤겔의 이야기를 배경으로 한 것으로 이해되고 있다 - 옮긴이).

114) 영국에서 카를과 엥겔스는 이 글을 널리 알리기 위해 '공산주의 동맹'의 회원이었고 카를의 추종자인 런던의 양복 기술자 요한 게오르크 에카리우스Johann Georg Eccarius에게 서평을 쓰도록 만들며, 이는 차티스트 신문인 『인민의 신문』에 1852년 9월과 12월 사이에 게재되었다. "A Review of the Literature on the Coup d'État ", *MECW*, vol. 11, pp. 592 – 620. 이 서평은 『브뤼메르 18일』의 논지를 충실히 따르고 있으며, 카를 스스로가 편집하고 가필한 것이 명백하다.

115) 하인리히 폰 오퍼딩엔Heinrich von Ofterdingen은 13세기의 서사시인 『음유시인 경연대회Der Sängerkrieg』에서 언급되는 반쯤 허구적인 가상의 인물이다. 이 전설은 1799~1800년에 쓰여져 1801년 루트비히 티크Ludwig Tieck가 출간한 노발리스Novalis의 미완성 로망스 소설에서 차용되고 있다. 이는 시와 인생이 하나가 된다는 상징적인 이야기이다. 1장에서 주인공은 푸른 꽃의 비전을 본 자신의 꿈 이야기를 하며, 하인리히가 결국 이 꽃을 꺾는다. 19세기에 들어서 이 푸른 꽃은 낭만적인 열망 그리고 꿈 속의 세계와 현실의 세계가 재결합하는 것을

나타내는 상징이 되었다. 이러한 이름은 리하르트 바그너의 탄호이저에서도 사용되고 있다. 노발리스의 짧은 삶에 대해서는 다음의 소설을 보라. Penelope Fitzgerald *The Blue Flower*, 1997.

116) 킨켈을 다룬 부분이 비교적 부드러웠던 이유가 있다. 카를과 엥겔스는 1850년 4월에 출간된 『신라인 신문-정치경제 리뷰』의 4호에서 이미 킨켈을 공격한 적이 있었는데 이것이 심지어 자기들 지지자들 내에서조차 반응이 좋지 않았던 것이다. "Gottfried Kinkel', *MECW*, vol. 10, pp. 345 – 7.

117) Karl Marx and Friedrich Engels, The Great Men of the Exile, *MECW*, vol. 11, p. 261.

118) Ibid., pp. 265, 267, 268.

119) McLellan, *Karl Marx: His Life and Thought*, p. 287.

120) Jenny Marx, "Short Sketch", p. 230.

121) "Charles Dana to Karl Marx", 8 March 1860, *MEGA*, III, ix, p. 362.

122) 범슬라브주의는 독일 민족주의 및 이탈리아 민족주의와 마찬가지로, 프랑스혁명과 나폴레옹전쟁 뒤 여러 왕가의 지배 아래에 놓인 유럽 상황에 대한 문화적·정치적 대응으로 처음 나타났다. 최초의 범슬라브 회의는 1848년 6월 프라하에서 열렸다. 당시 체코인들은 슬라브인들의 이해는 독일인들과 다르다고 믿었기에 프랑크푸르트 의회에 대표를 파견하기를 거부했고, 그 직후 범슬라브 회의를 개최했던 것이다. 헤르첸과 바쿠닌 또한 부분적으로는 서유럽에서의 여러 혁명의 결과에 대해 실망했던 이유에서 몇 년간 범슬라브주의에 끌리기도 했다. 하지만 범슬라브주의의 자유주의 및 사회주의 지지자들은 항상 러시아 차르가 내세우는 보수적 버전의 범슬라브주의와 자신들의 입장을 구별하기 위해 조심해야만 했다. 이 운동에 대해 거의 폭발 지경으로 분노한 가장 격렬한 비판의 하나는 『신라인 신문』에 게재된 엥겔스의 글들이었다.

123) "Friedrich Engels to Karl Marx", 10 March 1853, *MECW*, vol. 39, pp. 284 – 5.

124) Karl Marx, "Lord Palmerston – Fourth Article", People"s Paper, 12 November 1853, *MECW*, vol. 12, pp. 372 – 3.

125) Karl Marx, "Palmerston"s Resignation", 16 December 1853, *MECW*, vol. 12, p. 545.

126) Karl Marx, Herr Vogt, 1860, *MECW*, vol. 17, p. 117.

127) Karl Marx, "In Retrospect", 29 December 1854, *MECW*, vol. 13, p. 556.

128) Marx, Herr Vogt, p. 117; Karl Marx, Revelations of the Diplomatic History of the 18th Century, *MECW*, vol. 15, p. 87.

129) "Friedrich Engels to Karl Marx", 22 January 1852, *MECW*, vol. 39, pp. 11 – 12.

130) Karl Marx, "The American Difficulty – Affairs of France", *MECW*, vol. 14, p. 604.

131) Karl Marx, "The French Crédit Mobilier", 24 June 1856, *MECW*, vol. 15, pp. 14 – 15.

132) Karl Marx, "The Attempt on the Life of Bonaparte", 5 February 1858, *MECW*, vol. 15, p. 458; Karl Marx, "Political Parties in England – Situation in Europe", 11 June 1858, *MECW*, vol. 15, p. 569.

133) Karl Marx, "The Money Panic in Europe", 1 February 1859, *MECW*, vol. 16, p. 164. 데이나는 1860년 카를에게 보낸 편지에서 보나파르트와 이탈리아 문제에 관해 이렇게 말하고 있다. "저는 프랑스 황제의 진실성에 대해 당신만큼 불신하며, 이탈리아의 자유와 관련하여

그에게서 기대할 게 없다는 당신의 믿음도 완전히 공유합니다. 하지만 당신이 다른 독일 애국자들과 마찬가지로 걱정하는 것처럼 독일이 여기에 대해 경계할 필요는 없다고 봅니다." "Charles Dana to Karl Marx", 8 March 1860, *MEGA*, III, x, p. 362.

134) Marx, Herr Vogt, p. 150.

135) Karl Marx, "Preparations for Napoleon"s Coming War on the Rhine", 2 May 1860, *MECW*, vol. 17, p. 377.

136) "Charles Dana to Karl Marx", 26 June 1856, *MEGA*, III, viii, p. 281; 이런 글들의 분위기가 어떠했을지는 엥겔스가 1855년 4월 21일 『신질서』에 게재했던 글 '독일과 범슬라브주의'에서 유추해 볼 수 있다. "범슬라브주의는 이제 신앙을 벗어나 하나의 정치 강령으로 발전한 상태이며, 무려 80만 명의 무장한 인원들을 군대로 거느리고 있다. 이제 유럽에게 남은 선택지는 단 하나뿐이다. 슬라브인들에 의해 굴복당하느냐, 아니면 그 공격의 무력 중심인 러시아를 영구히 파괴하느냐이다." *MECW*, vol. 14, p. 157.

137) 존 브라이트가 '지식에 대한 세금'이라고 불렀던 신문에 대한 우표 및 광고세와 관련해서는 다음을 보라. Karl Marx, "The Turkish War Question – The New-York Tribune in the House of Commons – The Government of India", 5 July 1853, *MECW*, vol. 12, pp. 175–6.

138) Miles Taylor, "The English Face of Karl Marx, 1852–1862", *Journal of Victorian Culture*, 1/2 (1996), issue 2. 이 논문은 영국 정치 및 영국 언론과 카를의 관계를 세밀하게 검토하고 있고 특히 그에 대해 카를이 『트리뷴』에서 다룬 글들도 자세히 논하고 있다. 내가 볼 때 이 논문은 특히 여러 가지 사실을 알려 주는 중요한 글이다.

139) 한 예로 그는 하니Harney에게서 들은 이야기에 기초하여 영국 중간계급이 공화주의에 동조하여 그들 사이에 왕정에 대한 적개심이 광범위하게 확산되어 있다고 생각했었다. Karl Marx, "The Chartists", People"s Paper, 10 August 1852, *MECW*, vol. 11, p. 334.

140) Ibid., 25 August 1852, p. 333.

141) Karl Marx, "Letter to the Labour Parliament", 9 March 1854, *MECW*, vol. 13, p. 57.

142) Karl Marx, "Speech at the Anniversary of The People"s Paper ", People"s Paper, 14 April 1856, *MECW*, vol. 14, p. 655.

143) Karl Marx, "Parliamentary Debates – The Clergy against Socialism – Starvation", New York Daily Tribune, 25 February 1853, *MECW*, vol. 11, p. 527.

144) Karl Marx, "Forced Emigration", 4 March 1853, *MECW*, vol. 11, p. 529.

145) Karl Marx, "Pauperism and Free Trade – The Approaching Commercial Crisis", 15 October 1852, *MECW*, vol. 11, pp. 359, 360.

146) Ibid., p. 361.

147) Karl Marx, "Revolution in China and in Europe", 20–21 May 1853, *MECW*, vol. 12, pp. 99–100.

148) Karl Marx, "The British Constitution", 2 March 1855, *MECW*, vol. 14, pp. 54–6.

149) Karl Marx, "The Monetary Crisis in Europe", 3 October 1856, *MECW*, vol. 15, pp. 113–14.

150) Henry Charles Carey, *The Slave Trade, Domestic and Foreign: Why It Exists, and How It May*

be Extinguished, London, Sampson Low, Son & Co., 1853, p. 214.

151) "Charles Dana to Karl Marx", 15 July 1850, *MEGA*, III, iii, p. 591.

152) Ibid., 20 April 1852, v, p. 327.

153) "Karl Marx to Friedrich Engels", 2 August 1852, *MECW*, vol. 39, p. 145; 카를이 『트리뷴』지에 대해 잘 모르고 있었던 것은 알고 보면 그렇게 놀랄 일은 아니다. 런던에서 이 신문을 볼 수 있는 이들은 개인적으로 정기구독하는 이들뿐이었기 때문이다. 카를은 뉴욕에 있는 바이데마이어에게 지난 호들을 묶어서 보내 달라고 간청하는 수밖에 없었다.

154) "Karl Marx to Friedrich Engels", 5 August 1852, *MECW*, vol. 39, p. 146.

155) Karl Marx, "Draft of an Article on Friedrich List"s Book, Das Nationale System der politischen Ökonomie ", *MECW*, vol. 4, pp. 265–95.

156) "Friedrich Engels to Karl Marx", 6 August 1852, *MECW*, vol. 39, p. 147.

157) Marx, "The Chartists", p. 333.

158) "Karl Marx to Friedrich Engels", 14 June 1853, *MECW*, vol. 39, pp. 345–6. 하지만 이런 말은 보호무역주의가 단순히 '산업 부르주아지'하고만 연결된 입장이 아니라는 점을 과소평가하거나 완전히 무시하는 것이었다. 이는 또한 당시 미국 노동자들의 공화주의와도 관련이 있었다. Adam Tuchinsky, *Horace Greeley's New-York Tribune: Civil War-Era Socialism and the Crisis of Free Labor*, Ithaca, Cornell University Press, 2009. 또한 다음을 보라. Alex Gourevitch, *From Slavery to the Cooperative Commonwealth: Labor and Republican Liberty in the Nineteenth Century*, Cambridge, Cambridge University Press, 2015. 『트리뷴』이 취했던 보호무역주의는 당시 미국 급진파 공화주의자들이 신봉했던 자유로운 토지 및 자유로운 노동의 입장에 있어서 중요한 구성 요소를 이루고 있었다. 카를은 『강요』에서 미국에서는 부르주아적 관계가 스스로를 출발점으로 삼아 조화롭게 발전한 반면 영국에서는 봉건주의라는 적대적 관계에서 부르주아적 생산 관계가 출현하는 바람에 왜곡된 결과들을 가져왔다고 대조하면서 영국이 세계 시장을 지배하게 되는 바람에 그러한 왜곡된 결과들이 온 세계로 투사될 것이라는 케리의 주장이 몰역사적인 것이라고 누누이 말하고 있다. 하지만 카를은 또한 케리를 '북아메리카인들 중 유일한 독창적 경제학자'라고 칭송하고 있으며, '그의 연구는 과학적 가치가 있다'고 인정하고 있다. Karl Marx, "Bastiat and Carey", in Economic Manuscripts of 1857–58 (Grundrisse), *MECW*, vol. 28, pp. 5–11. 세계 시장에 대한 마르크스의 상과 보호무역주의자들의 그것 사이에 친화성이 있다는 사실은, 『자본론』이 처음 나왔을 때 그에 대한 호의적인 서평으로서 카를이 지목했던 한 글에서 분명히 나타난다. 이는 베를린의 학계 인사 오이겐 듀링Eugen Dühring이 쓴 글로, 그는 케리의 제자이기도 했다(이 책의 891~892쪽을 보라). 1870년대가 되면 독일과 미국의 산업 경쟁이 격화되며, 이때 독일 사회민주당에서도 듀링의 보호무역주의에 입각한 사회 분석이 큰 인기를 끌게 된다. 엥겔스가 『반듀링론』을 쓴 목적은 '과학적 사회주의'라는 웅대한 이름으로 거창하게 이론을 전개하여 뒤링의 접근법이 갖는 호소력을 깔아 뭉개 버리려는 것이었을 것으로 추측할 수 있다.

159) Karl Marx, "The Vienna Note – The United States and Europe – Letters from Shumla – Peel's Bank Act", 9 September 1853, *MECW*, vol. 12, pp. 296–7.

160) Karl Marx, "The Crisis in England", 2 March 1855, *MECW*, vol. 14, pp. 60–61.

161) Karl Marx, "The British Revulsion", 13 November 1857, *MECW*, vol. 15, p. 387.

162) Karl Marx, "Commercial Crises and Currency in Britain", 10 August 1858, *MECW*, vol. 6, p. 8.

163) "Charles Dana to Karl Marx", 13 October 1857, *MEGA*, III, viii, p. 496.

164) "Karl Marx to Friedrich Engels", 14 June 1853, *MECW*, vol. 39, p. 346.

165) 제국과 유럽 바깥의 세계에 대한 마르크스의 여러 저작을 좀 더 자세히 논한 연구로는 Gareth Stedman Jones, "Radicalism and the Extra-European World: The Case of Karl Marx", in Duncan Bell (ed.), *Victorian Visions of Global Order: Empire and International Relations in Nineteenth-Century Political Thought*, Cambridge, Cambridge University Press, 2007, pp. 186–214; 또 다음을 보라. Kevin. B. Anderson, *Marx at the Margins: On Nationalism, Ethnicity, and Non-Western Societies*, Chicago, University of Chicago Press, 2010.

166) Karl Marx, "The East India Company – Its History and Results", 24 June 1853, *MECW*, vol. 12, pp. 149, 151, 154.

167) Marx, "The Turkish War Question – The *New-York Tribune* in the House of Commons – The Government of India", p. 178.

168) Ibid., pp. 181, 184.

169) Karl Marx, "The British Rule in India", 10 June 1853, *MECW*, vol. 12, p. 128; Karl Marx, "The Future Results of British Rule in India", 22 July 1853, *MECW*, vol. 12, p. 217.

170) Karl Marx, "Chinese Affairs", 7 July 1862, *MECW*, vol. 19, p. 216.

171) Marx, "British Rule in India", pp. 125–6, 132.

172) Ibid., p. 128.

173) '개괄적으로 말하자면, 아시아적 생산양식, 고대적 생산양식, 봉건적 생산양식, 현대의 부르주아 생산양식 등이 사회의 경제적 발전에 있어서 진보를 나타내는 단계들이라고 묘사할 수 있다.' Karl Marx, "Preface" to A Contribution to the Critique of Political Economy, *MECW*, vol. 29, p. 263) 하지만 이러한 생산양식으로 규정된다고 주장되는 여러 국가와 여러 사회가 어떠한 공통적 특징을 공유하고 있는지를 찾아보고자 했던 시도는 모두 헛된 것임이 입증되었다. 또한 1859년 이후 마르크스가 이러한 개념을 다시는 명시적으로 언급한 적이 전혀 없다는 점도 주목할 만하다.

174) Marx, "British Rule in India", p. 132.

175) Gareth Stedman Jones (ed.), *Karl Marx and Friedrich Engels: The Communist Manifesto*, London, Penguin Books, 2002, p. 224.

176) Marx, "British Rule in India", pp. 131–2.

177) Karl Marx, "The Indian Revolt", 16 September 1857, *MECW*, vol. 15, p. 353.

178) Karl Marx, "The Indian Question", 14 August 1857, *MECW*, vol. 15, p. 313.

179) Marx, "Chinese Affairs", p. 216.

180) Marx, "Chartists", pp. 333, 335.

181) Ibid.

182) Karl Marx, "War – Strikes – Dearth", 1 November 1853, *MECW*, vol. 12, p. 437.

183) Karl Marx, "Panic on the London Stock Exchange – Strikes", 27 September 1853, *MECW*, vol. 12, p. 334.

184) Marx, "British Constitution", pp. 55 –6.
185) Karl Marx, "Anti-Church Movement – Demonstration in Hyde Park", 25 June 1855, *MECW*, vol. 14, p. 303.
186) Marx, "Future Results of British Rule in India", p. 222.
187) Marx, "Speech at the Anniversary of The People"s Paper ", pp. 655 –6.
188) "Karl Marx to Ferdinand Lassalle", 15 September 1860, *MECW*, vol. 41, p. 194.
189) "Karl Marx to Friedrich Engels", 7 January 1858, *MECW*, vol. 40, p. 242.
190) "Jenny Marx to Louise Weydemeyer", 16 March 1861, *MECW*, vol. 41, p. 576.
191) Ibid., p. 575.
192) "Friedrich Engels to Karl Marx", 25 January 1858, *MECW*, vol. 40, p. 253. 이후 카를의 집단 성원들의 삶에 대한 설명으로는 다음을 보라. Ashton, *Little Germany*, pp. 112 –28.
193) 1858년 10월 프로이센의 황태자인 빌헬름은 그의 병든 형인 프리드리히 빌헬름 4세의 섭정이 된다. 1848년 당시 그는 아예 베를린 밖으로 왕실을 옮기고 도시를 포격하여 군대로 다시 정복하자는 초강경 노선을 내세웠던 것으로 악명이 높았다. 하지만 황태자비인 아우구스타Augusta의 영향 그리고 영국에서의 일정한 망명 기간의 영향으로 그는 자신의 입장을 수정하게 된다. 그는 자유주의의 '새 시대'를 선언했고, 강경 보수파뿐만 아니라 자유주의자들 또한 자신의 각료로서 임명했다. 런던에 와 있었던 독일인 망명객들 사이의 정치적 분위기의 변화에 대해서는 Lattek, *Revolutionary Refugees*, chs. 7 and 8.
194) "Karl Marx to Friedrich Engels", 10 March 1859, *MECW*, vol. 40, p. 400.
195) Ibid., 18 May 1859, *MECW*, vol. 40, pp. 435 –6.
196) "Karl Marx to Ferdinand Lassalle", 22 November 1859, *MECW*, vol. 40, p. 537.
197) 리소르지멘토Risorgimento(즉 '다시 일어남')은 이탈리아 통일 과정에 붙여진 이름으로, 이탈리아 반도 내의 다양한 여러 국가들을 하나의 이탈리아 국가(혹은 왕국)로 합쳐 낼 것을 목표로 하는 정치적·사회적 운동의 결과였다. 이 과정은 1815년 나폴레옹이 몰락하고 비엔나 회의가 개최된 이후에 시작되었으며 로마를 수도로 이탈리아 왕국이 성립한 1871년에 종식되었다.
198) "Karl Marx to Ferdinand Lassalle", 22 November 1859, *MECW*, vol. 40, p. 538.
199) 이 복잡다단한 사건에 대한 뛰어난 설명으로는 Lattek, *Revolutionary Refugees*, ch. 8.
200) 빌헬름 리프크네히트는 훗날 아우구스트 베벨과 함께 독일 사회민주당의 지도자가 된다. 그는 기센에서 자라나 기센 대학, 베를린 대학, 마르부르크 대학에서 철학, 신학, 문헌학을 공부했다. 급진파 학생으로 문제를 일으킨 뒤 리프크네히트는 미국으로 이주할 것을 결정하지만, 스위스의 한 진보적 학교에서 교사가 되어 달라는 초빙을 받고 방향을 바꾸어 그것에서 저널리스트가 되어 『만하임 석간신문Manheimer Abendzeitung』에 1847년 스위스 내란에 대한 기사를 쓰기도 한다. 1848년이 되자 그는 파리로 가서 헤르베크의 '독일 군단'에 합류하여 바덴에서 체포당한다. 군중들의 항의 덕분에 풀려난 그는 바덴에서 벌어진 연방 헌법 쟁취 투쟁에 구스타프 슈트루베의 부관으로서 참여했다. 싸움이 패배한 뒤 스위스로 피신했다가 거기에서 엥겔스를 만나며, 그다음에는 스위스에서 추방되어 런던으로 가며 거기에서 1850년부터 1862년까지 가족과 함께 정착한다. 1862년 그는 1848년 혁명에 참여했던 일들에 대해 사면을 받아 독일로 돌아갈 수 있게 되었다. 그는 그전에 '공산주의 동맹'의 성원

이었고, 그와 그의 아내는 마르크스 가족과 아주 가까워져서 예니가 1860년 천연두로 쓰러졌을 때 마르크스 집안의 아이들을 거두어 돌보기도 했다. 그럼에도 그가 독립적인 정신을 가진 인물이었기 때문에 카를은 완전히 그를 신뢰하지 않았다. 카를의 반대를 무릅쓰고서 그는 1850년의 분열 이후 '공산주의 노동자 교육 협회CABV'에 참여했다. 그는 자신이 '자신에게 가장 적절하다고 보이는 방식으로 당에 복무할 권리'가 있다고 주장했던 것이다. 리프크네히트는 '노동자의 당을 자저하는 집단이 그 스스로를 노동자들의 머리 위로 분리시켜서 천상의 이론적 성채 안에 가두고 있는 것은 정신 나간 전술이다. 노동자들이 없다면 노동자들의 당도 없다. 따라서 우리는 만나게 되는 모든 노동자들을 거두어 들여야 한다'고 생각했다. Liebknecht, *Karl Marx: Biographical Memoirs*, p. 72.

201) "Karl Marx to Ferdinand Lassalle", 6 November 1859, *MECW*, vol. 40, p. 518.
202) "Karl Marx to Friedrich Engels", 12 February 1859, *MECW*, vol. 40, p. 393.
203) Karl Marx, "The French Disarmament", Das Volk, 30 July 1859, *MECW*, vol. 16, p. 443.
204) Karl Marx, "Invasion!", Das Volk, 30 July 1859, *MECW*, vol. 16, p. 441.
205) Charles Darwin, *The Descent of Man*, 2 vols., London, J. Murray, 1871, vol. 1, pp. 1, 4, 230.
206) Marx, *Herr Vogt*, p. 134.
207) "Karl Marx to Ferdinand Lassalle", 14 November 1859, *MECW*, vol. 40, p. 525.
208) Cited in Lattek, *Revolutionary Refugees*, p. 211.
209) Marx, Herr Vogt, p. 26.
210) Marx, Herr Vogt, pp. 117, 152, 178.
211) "Friedrich Engels to Karl Marx", 19 December 1860, *MECW*, vol. 41, p. 231.
212) Liebknecht, *Karl Marx: Biographical Memoirs*, p. 75.
213) Lattek, *Revolutionary Refugees*, p. 212; Marx, *Herr Vogt*, p. 117. 프랑스의 제 2제국이 무너진 뒤 성립한 프랑스 공화국 정부는 1871년 여러 문서들을 출간했거니와, 이는 1859년 8월 포크트가 보나파르트 황제의 사재로부터 4만 프랑을 수취했음을 보여 주고 있다. Boris Nicolaievsky and Otto Maenchen-Helfen, *Karl Marx: Man and Fighter*, trans. G. David and E. Mosbacher, London, Allen Lane, 1973 [1933], p. 266.
214) "Karl Marx to Ferdinand Freiligrath", 23 February 1860, *MECW*, vol. 41, p. 54.
215) 생시몽주의자들의 주된 슬로건의 하나는 생시몽의 저작 『새로운 기독교』(1825년)에서 가져온 것으로, '가장 가난하고 가장 많은 숫자의 계급의 도덕적 신체적 지적인 운명을 최대한 신속하게 개선하는 것'이었다.
216) "Ferdinand Freiligrath to Karl Marx", 28 February 1860, *MEGA*, III, x, p. 320. 에두아르트 폰 뮐러 텔러링Eduard von Müller-Tellering은 법률가이자 민주주의자로, 『신라인 신문』의 비엔나 통신원으로 일했다. 그가 쓴 기사들의 전반적 색조는 반슬라브주의 및 반유대주의였다. 혁명 이후 그는 처음에는 영국 그다음에는 미국으로 이주했다. 그는 언론 매체를 통해 마르크스와 그의 '당'을 비판하기도 했다. 샤를 플뢰리Charles Fleury는 (본명은 칼 크라우제Carl Krause) 런던의 상인이자 프로이센의 스파이 및 경찰 요원이었다.
217) "Karl Marx to Friedrich Engels", 11 December 1858, *MECW*, vol. 40, p. 359.
218) On the politics of the Schiller Festival, see Lattek, *Revolutionary Refugees*, pp. 215–17.
219) "Karl Marx to Ferdinand Freiligrath", 29 February 1860, *MECW*, vol. 41, p. 87.

220) Kapp, *Eleanor Marx*, vol. 1, p. 291.
221) Ibid., pp. 289–97.
222) Ibid.
223) Terrell Carver, *Friedrich Engels: His Life and Thought*, Basingstoke, Macmillan, 1991, pp. 164–5.
224) Paul Thomas, *Karl Marx*, London, Reaktion Books, 2012, pp. 120–22.
225) Heinrich Gemkow and Rolf Hecker, "Unbekannte Documente über Marx" Sohn Friedrich Demuth", *Beiträge zur Geschichte der Arbeiterbewegung*, 4/1994, pp. 43–59. 이 증거에 대한 요즘의 평가에 대해서는 Francis Wheen, *Karl Marx*, London, Fourth Estate, 1999, pp. 170–77; Jonathan Sperber, *Karl Marx: A Nineteenth-Century Life*, New York, Liveright Publishing Corporation, 2013, pp. 262–3.

10장 정치경제학 비판

1) '강요綱要, Grundrisse'라는 말은 '개괄' 혹은 '개요'라는 의미이다.
2) "Karl Marx to Friedrich Engels", 8 December 1857, *MECW*, vol. 40, p. 217.
3) "Karl Marx to Ferdinand Lassalle", 22 February 1858, *MECW*, vol. 40, pp. 270–71; ibid., p. 27.
4) Karl Marx, Foundations of the Critique of Political Economy, Grundrisse, *MECW*, Passim.
5) Ibid., 12 November 1858, p. 354.
6) "Jenny Marx to Friedrich Engels", 9 April 1858, *MECW*, vol. 40, p. 569.
7) "Karl Marx to Friedrich Engels", 31 May 1858, *MECW*, vol. 40, p. 318.
8) 영국의 일용 노동자의 지위와 미 대륙의 원주민 부족들의 지위를 비교하는 로크John Locke의 논의를 보라. Gareth Stedman Jones, *An End to Poverty?: A Historical Debate*, London, Profile Books, 2004, pp. 11–12; 또 Istvan Hont, "An Introduction", in *Jealousy of Trade: International Competition and the Nation-State in Historical Perspective*, Cambridge, Mass., Harvard University Press, 2005. '동양의 전제정'에 대해서는 다음을 보라. François Bernier, *Voyages contenant la description des états du Grand Mogol*, Paris, 1830. 나중에 '동양' 체제의 경제적 정체 상태라고 여겨지는 것의 원인으로 특히 지배자와 신민들 사이에 중간 제도들이 없고, 이에 따라 사적 소유에 대한 충분한 법적인 인정도 없다는 것이 논의되고 있다.
9) 나는 카를 스스로가 사용한 용어인 '부르주아 경제' 혹은 '부르주아 사회'를 따르는 쪽을 선택해 왔다. 왜냐하면 이 용어들이 독일어 원어인 'bürgerliche Gesellschaft'의 모호성을 그대로 담고 있기 때문이다. 이 용어는 '부르주아' 사회를 뜻할 수도 있고 '시민'사회를 뜻할 수도 있으며, 헤겔의 경우 그의 『법철학』에서 이 용어를 영어의 '시민사회civil society'의 의미로 사용했다. 헤겔이 국가와 시민사회를 분리시킨 것은 1843년에 나온 카를의 헤겔 비판이 애초에 초점을 두었던 문제였다. 독일어 '자본주의Kapitalismus'는 1900년경에 나타난 신조어이며, 게오르크 지멜Georg Simmel과 관련되어 있다.
10) David Ricardo, *The Principles of Political Economy and Taxation*, London, John Murray,

1817. 리카도는 상품들의 상대 가격이 그 상품에 체현된 노동시간의 양에 의해 결정된다고 주장했다.

11) Karl Marx, *The Poverty of Philosophy, MECW*, vol. 6, pp. 138 and 139–44.

12) 1850~1851년에 카를이 리카도에 대해 작성한 노트는 (주로 화폐에 관련) 다음에서 찾을 수 있다. MEGA, IV, vii, pp. 316–28(이 부분은 주로 화폐와 관련되어 있다); *MEGA*, IV, viii, pp. 17, 40, 190–99, 326–32, 350–73, 381–96, 402–5, 409–26(여기에서 카를은 리카도의 『원리』를 자세히 다시 읽으면서 주로 가치, 지대, 임금, 기계 등에 대한 문장들을 발췌하고 있다); *MEGA*, IV, ix, pp. 159–63(낮은 곡물가와 농업 보호를 다루고 있다.) 키스 트라이브Keith Tribe는 마르크스가 이렇게 노트를 취하는 순서가 앞뒤로 오가는 것을 두고서 '그는 이미 자신이 형성한 사유의 순서에 맞게 읽을 자료를 찾고 있음'을 강하게 암시하고 있다고 말하고 있다. Keith Tribe, "Karl Marx's 'Critique of Political Economy': A Critique", in *The Economy of the Word: Language, History and Economics*, Oxford, Oxford University Press, 2015, p. 208.

13) Marx, *Poverty of Philosophy*, p. 132.

14) "Karl Marx to Friedrich Engels", 2 April 1858, *MECW*, vol. 40, p. 298.

15) Karl Marx, Economic Manuscripts of 1857–58 (Grundrisse), *MECW*, vol. 28, p. 523.

16) Andrew Ure, *The Philosophy of Manufactures: or, An Exposition of the Scientific, Moral and Commercial Economy of the Factory System of Great Britain*, London, Charles Knight, 1835; Charles Babbage, *On the Economy of Machinery and Manufactures*, London, Charles Knight, 1832.

17) Marx, *Economic Manuscripts of 1857–58*, p. 131.

18) Ibid., p. 133.

19) Ibid., p. 134(굵은 글자 표시는 카를이 한 것이다.)

20) Ibid., vol. 28, p. 230.

21) Ibid., p. 334.

22) Adam Smith, *An Inquiry into the Nature and Causes of the Wealth of Nations*, ed. Edwin Cannan, Chicago, University of Chicago Press, 1976 [1776], book 1, ch. 11, p. 17.

23) Marx, "Introduction" to Economic Manuscripts of 1857–58, pp. 17–18.

24) Ibid., p. 18.

25) Ibid.

26) Marx, *Economic Manuscripts of 1857–58*, pp. 413, 420.

27) Ibid., pp. 409–10.

28) Ibid., vol. 29, p. 126.

29) Ibid., p. 233.

30) Ibid., vol. 28, pp. 410, 417.

31) Ibid., p. 465.

32) '게르만 민족들 가운데에서는 개별 가족의 수장들이 서로 먼 거리를 두고 서로 떨어져서 정착했다. 이들 사이에서 공동체는 심지어 외적으로도 오직 그 성원들의 주기적인 회합을 통해만 존재했다. 비록 그들의 통일성은 혈통, 언어, 공통의 과거와 역사 등등을 통해 즉자적으로in-itself 정립되었지만 말이다.' ibid., p. 407. 이 시점에서 카를은 유스투스 뫼저Justus

Möser에 나오는 초기 독일사 해석을 반복하고 있다. 하지만 1860년대 말 카를은 마우러 Maurer의 저작을 읽은 후에 그의 입장을 극적으로 바꾼다. 이에 대해서는 12장을 보라.

33) 카를의 말로 표현하자면, 비록 이러한 (상품) 형식의 규정성은 단순한 것이지만 그 상품들은 그러한 규정성 속에서 '정립되는 것은 아니다.' Ibid., p. 160.

34) 1859년의 경우나 1867년의 경우나 '상품'을 분석의 출발점으로 선택한 것은 1857~1858년 시절 그가 자신의 이야기를 어떻게 시작할 것인가에 대해 결정하지 못하던 문제를 해결하는 실용적인 방법이었다. 생각들ideas이라는 것이 본래 일상 활동의 세계에서 발견되는 여러 형태의 인간 활동을 명료하게 표현한 것들이라고 한다면, 그것들을 부르주아 사회에서 갖는 중요성에 따라서 배열된 일련의 개념들의 순서로 제시해야 할까, 아니면 그 개념들이 출현한 역사적 순서에 따라서 제시해야 할까? 『강요』의 '서론'에서 카를은 이렇게 말하고 있다. 17세기의 국가와 인구에 대한 저서들에서 볼 수 있듯이 사유란 분명히 구체적 경험적 문제들로부터 파생되는 것이다. 하지만 그다음 18세기에 들어와서 노동 분업, 화폐, 가치 등등의 문제들을 논의하는 저작에서 일반적인 관습이 되었던 것처럼 추상적 일반적 관계들로부터 이야기를 시작하는 것이 '명백하게 올바른 과학적 방법'이라는 것이다. Marx, "Introduction" to ibid., pp. 37 – 8.

35) Marx, *Economic Manuscripts of 1857–58*, p. 158.

36) Ibid., pp. 99 – 100.

37) Ibid., pp. 156 – 8.

38) Ibid., pp. 430 – 34.

39) Ibid., pp. 185, 206 – 7, 431, 433.

40) Ibid., pp. 433 – 4.

41) Ibid., pp. 186 – 7.

42) Marx, "Introduction" to ibid., p. 42. 한편 이 문장은 카를이 다윈보다는 헤겔에 더 가깝다는 것을 강조하여 보여 준다. 다윈주의자들이라면 틀림없이 이 문장을 뒤집어 이야기했을 것이다. 즉 원숭이의 해부학이야말로 인간의 해부학을 이해하는 열쇠라고 말이다.

43) 예를 들어 자본을 '보편성', '특수성', '개별성'에 따라서 개념적으로 조직하려는 시도를 보라. (그 세 범주는 헤겔 논리학에서 '개념Begriff'을 구성하는 세 계기로 나온다 - 옮긴이) Marx, *Economic Manuscripts of 1857–58*, pp. 205 – 6.

44) Ibid., p. 89.

45) Karl Marx, "Critique of the Hegelian Dialectic and Philosophy as a Whole", *MECW*, vol. 3, pp. 332 – 3.

46) "Karl Marx to Friedrich Engels", 16 January 1858, *MECW*, vol. 40, p. 249.

47) 48) Ibid., pp. 31, 36.

49) Ibid., p. 464.

50) Ibid., p. 17.

51) Alfred Darimon, *De la réforme des banques*, Paris, Guillaumin, 1856; Marx, Economic Manuscripts of 1857 – 58, pp. 51 – 78.

52) Ibid., p. 349.

53) Karl Marx, Capital, vol. I: A Critique of Political Economy, 1867, *MECW*, vol. 35, p. 186.

54) Marx, Economic Manuscripts of 1857 – 58, p. 185.
55) Ibid., p. 186.
56) Ibid., p. 438; ibid., vol. 29, p. 233.
57) Ibid., vol. 28, p. 245.
58) Ibid., p. 433.
59) Ibid., p. 94.
60) Ibid., pp. 381 – 2.
61) Ibid., pp. 131 – 3; ibid., vol. 29, p. 8.
62) Ibid., vol. 28, p. 459.
63) Ibid., p. 337.
64) Ibid., p. 342.
65) Ibid., vol. 29, pp. 82 – 3, 94.
66) Ibid., p. 133.
67) Ibid., vol. 28, pp. 390 – 91.
68) Ibid., vol. 29, pp. 91, 97.
69) Ibid., p. 91.
70) Ibid., vol. 28, p. 466.
71) 물론 그는 '진정으로 자유로운 작업 예를 들어 음악 작곡과 같은 것 또한 지독하게 어려울 수 있고 사람의 진을 완전히 빼놓는 것'임을 인정하고 있다. ibid., p. 530.
72) Marx, "Introduction" to ibid., pp. 46 – 8. 하지만 그는 로마법의 민법과 근대적 생산 사이의 관계에 대해서도 비슷한 설명을 만들어 내지는 못했다. ibid., p. 46.
73) Marx, *Economic Manuscripts of 1857–58*, vol. 28, p. 411.
74) Ibid., p. 337.
75) 케리의 중요성은 『강요』에서의 논의에 함축된 바에 비해 상당히 크다. 이에 대해서는 9장을 보라.
76) 존 스튜어트 밀의 『정치경제학 원리Principles of Political Economy』(1판은 1848년 출간)는 당대의 가장 영향력이 큰 경제학 논고였다. 특히 이 저서는 생산이 아니라 분배가 정치적 논쟁의 대상이 되어야 한다는 주장 그리고 사회주의를 비판적이면서도 공감하는 입장에서 다룬 점에 주목할 만하다. 토머스 투크(1774-1858년)는 6권으로 된 『물가의 역사』를 1838년에서 1857년에 걸쳐 출간했다. 이는 1793년에서 1856년 사이의 영국 금융 및 상업의 역사를 추적하고 있다. 그는 본래는 지금주의bullionism와 통화학파(1844년 필 은행법을 떠받치는 화폐 이론)의 지지자였지만, 나중에는 요구 즉시 금으로 태환되는 지폐를 지지하게 된다. (전자는 금이라는 상품만이 화폐이며 지폐는 과잉 발행으로 인플레이션을 일으키는 주범이라는 입장이었다. 따라서 1840년대가 되면 지폐의 과다발행을 막기 위해 영란은행을 발권부와 영업부로 나누어 전자가 지폐 발행을 독점하여 철저히 국내의 금 보유에 일치하도록 발행하는 '100퍼센트 은행업'을 주장하며, 이것이 필 은행법의 내용이 된다. 한편 토머스 투크는 이른바 '은행학파'의 쪽에 동조하여 지폐의 발행량 자체까지 건드릴 필요 없이 요구 즉시 금으로의 태환성만 확보하면 족하다는 훨씬 탄력적인 입장을 취했다– 옮긴이)
77) '토지 보유 개혁 연합'의 목표는 장자상속권primogeniture과 한사상속entail을 폐지하는 것이었다. '토지와 노동 연맹'의 목표는 토지의 국유화를 달성하는 것으로, '제1인터내셔널'과 긴밀

하게 연결되어 있었다.

78) Terry Peach, *Interpreting Ricardo*, Cambridge, Cambridge University Press, 1993, pp. 173 – 4.

79) David Ricardo, *Des principes de l'économie politique et de l'impôt*, Paris, J. P. Aillaud, 1835, pp. 17 – 19, 이는 다음에 인용되어 있다. Tribe, Economy of the Word, ch. 6, pp. 25, 28. 이 프랑스어판은 1825년 런던에서 출간되었던 매컬럭의 저서 『데이비드 리카도 의원의 삶과 저작에 대한 비망록Memoir of the Life and Writings of David Ricardo, Esq. M.P.』의 번역을 수록하고 있다.

80) Marx, Economic Manuscripts of 1857 – 58, MECW, vol. 28, p. 483.

81) Ibid., p. 484.

82) 이 문제를 명확하게 논의하는 글로는 G. A. Cohen, "The Labour Theory of Value and the Concept of Exploitation", in G. A. Cohen, *History, Labour and Freedom: Themes from Marx*, Oxford, Oxford University Press, 1988, pp. 209 – 39. 이 문제에 대한 19세기 당대의 논의로는 다음을 보라. Anton Menger, *The Right to the Whole Produce of Labour: The Origin and Development of the Theory of Labour's Claim to the Whole Product of Industry*, trans. M. E. Tanner, London, Macmillan, 1899 『1886』. 멩거는 카를의 독일 쪽 경쟁자였던 로드베르투스Robertus는 생시몽주의자들 및 프루동과 같은 프랑스 사회주의자들의 사상을 반복했지만, '마르크스는 더 초기의 영국 사회주의자들, 특히 윌리엄 톰슨William Thompson의 완전한 영향 아래에 있다. 마르크스가 자신의 논지를 밝히기 위해 사용한 수학 공식들을(사실 이 공식들은 그의 논지를 더 알 수 없는 것으로 만들고 있다) 걷어내고 나면, 잉여가치라는 개념, 그 이름, 그 양의 추산, 그 이론 전체가 그 모든 본질적인 사항들에 있어서 톰슨의 저작들로부터 빌려온 것이다.' Menger, *Right to the Whole Produce of Labour*, p. 101.

83) Marx, Capital, vol. I, p. 46.

84) Ibid., p. 48.

85) 게리 코헨Gerry Cohen이 말한 바 있듯이, "만약 마르크스에게 있어서 착취의 전형적 모범paradigm이 있다면, 그것은 바로 봉건제 농노의 착취이다. 마르크스에 따르면 농노는 가치를 생산하지 않는다. 왜냐하면 그의 생산물은 시장에 나오는 것이 아니며, 따라서 상품도 아니기 때문이다." Cohen, *History, Labour and Freedom*, p. 231.

86) Marx, *Economic Manuscripts of 1857–58, MECW,* vol. 28, pp. 249 – 50. 그렇다고 해서 이 문제가 『자본론』에서 더 깊이 있게 다루어진 것도 아니었다. 11장을 보라.

87) "Karl Marx to Friedrich Engels", 22 July 1859, *MECW*, vol. 40, p. 473. 이 논평의 원어는 프랑스어 'A quoi bon?'이며, 카를에 따르면 이 말을 한 사람은 '독일 노동자 교육 협회'의 공식 기관지로서 창간된 잡지 『민중Das Volk』의 편집장이었던 엘라르트 비스캄프Elard Biscamp였다고 한다. 비스캄프는 급진파 공화주의자 언론인으로, 본래 킨켈 및 루게와 연관을 맺고 있었다. Christine Lattek, *Revolutionary Refugees: German Socialism in Britain, 1840–1860*, London, Routledge, 2006, pp. 203 – 6. 이 잡지는 1859년 5월 7일에서 8월 20일까지 나왔으며, 마지막 6주간은 카를의 통제 아래에 있었다.

88) "Jenny Marx to Friedrich Engels", 9 April 1858, *MECW*, vol. 40, p. 569.

89) Karl Marx to Friedrich Engels", 21 January 1859, *MECW*, vol. 40, p. 369.

90) Ibid., 15 July 1858, p. 328.

91) Ibid., 11, 16 and 17 December 1858, 21 January 1859, pp. 359, 361, 363, 369.

92) "Karl Marx to Ferdinand Lassalle", 22 February 1858, *MECW*, vol. 40, p. 270.

93) Ibid., 11 March 1858, p. 287.

94) "Karl Marx to Friedrich Engels", 29 March 1858, *MECW*, vol. 40, p. 295.

95) Ibid., 2 April 1858, pp. 303–4.

96) "Friedrich Engels to Karl Marx", 9 April 1858, *MECW*, vol. 40, p. 304.

97) "Karl Marx to Ferdinand Lassalle", 31 May 1858, *MECW*, vol. 40, p. 315.

98) "Karl Marx to Friedrich Engels", 29 November 1858, *MECW*, vol. 40, p. 358.

99) "Karl Marx to Ferdinand Lassalle", 12 November 1858, *MECW*, vol. 40, pp. 354–5.

100) "Karl Marx to Friedrich Engels", 13–15 January 1859, *MECW*, vol. 40, p. 368(굵은 글씨체는 원문).

101) Ibid.

102) "Karl Marx to Joseph Weydemeyer", 1 February 1859, *MECW*, vol. 40, p. 376.

103) Ibid., p. 377.

104) "Karl Marx to Friedrich Engels", 22 July 1859, *MECW*, vol. 40, p. 473.

105) Ibid., p. 473.

106) Ibid., 25 May 1859, p. 450.

107) "Friedrich Engels to Karl Marx", 15 July 1859, *MECW*, vol. 4., p. 465; "Karl Marx to Friedrich Engels", 19 July 1859, *MECW*, vol. 40, p. 471.

108) "Friedrich Engels to Karl Marx", 3 August 1859, *MECW*, vol. 40, p. 478.

109) Ibid., 14 February 1859, *MECW*, vol. 40, p. 386; "Karl Marx to Friedrich Engels", 22 February 1859, *MECW*, vol. 40, p. 389.

110) "Karl Marx to Ferdinand Lassalle", 6 November 1859, MECW, vol. 40, p. 518.

111) 이 서문은 1874년에 나온 알베르트 셰플레Alfred Schäffle의 『사회주의의 정수Quintessence of Socialism』에도 언급되고 있지 않으며, 에드워드 아벨링Edward Avelling이 1892년에 출간한 『학생을 위한 마르크스The Student's Marx』에서도 언급되고 있지 않다.

112) Karl Marx, "Preface" to *A Contribution to the Critique of Political Economy*, 1859, *MECW*, vol. 29, p. 263.

113) 카를의 저작에 있어서 독일 역사법학파의 중요성에 대해서는 다음을 보라. Gareth Stedman Jones (ed.), *Karl Marx and Friedrich Engels: The Communist Manifesto*, Penguin Books, London, 2002, pp. 148–61.

114) Friedrich Engels, "Karl Marx, A Contribution to the Critique of Political Economy ", *MECW*, vol. 16, pp. 469, 473, 474–5.

115) Marx, "Preface" to *Contribution to the Critique*, p. 263.

116) Karl Marx, *Economic Manuscripts of 1861–63 (A Contribution to the Critique of Political Economy: Third Chapter)*, *MECW*, vol. 30, p. 93.

117) Ibid., p. 313.

118) Ibid., pp. 92–3.

119) Ibid., pp. 95–6.
120) 카우츠키는 카를이 그 여러 이론을 논의한 순서를 다시 배열했다. 본래의 편집되지 않은 초고는 1977년에 『마르크스-엥겔스-비판적 전집MEGA: Marx-Engels-Gesamtausgabe』의 일부로 출간되었다. 『마르크스-엥겔스 영어판 전집MECW: Marx-Engels Collected Works』의 30, 31, 33권에 번역되어 있는 판본은 이 *MEGA*에서 취한 것이다.
121) 라살레에 대해서는 이 책의 11장 그리고 710~711쪽을 보라.
122) "Karl Marx to Ludwig Kugelmann", 28 December 1862, *MECW*, vol.41, p. 435. 쿠겔만은 프라일리그라트의 소개로 마르크스와 알게 되었다.
123) 이 계획은 『잉여가치 학설사』의 결론 부분에 나온다. *MEGA*, XI, iii.v, pp. 1861–2.
124) Karl Marx, "Chapter Six. Results of the Direct Production Process", *MECW*, vol. 34, pp. 359, 362.
125) Ibid., pp. 427, 431.
126) Ibid., p. 398.
127) Ibid., p. 399.
128) Ibid., pp. 429, 439, 440.
129) Ibid., pp. 463, 460.
130) "Karl Marx to Ludwig Kugelmann", 13 October 1866, *MECW*, vol. 42, p. 328.
131) Marx, "Chapter Six. Results of the Direct Production Process", pp. 362, 375.
132) Ibid., pp. 362–3.
133) Ibid., p. 384.
134) Eugen von Böhm-Bawerk, *Karl Marx and the Close of His System: A Criticism*, trans. Alice M. Macdonald, London, T. Fisher Unwin, 1898.
135) David McLellan, *Karl Marx: His Life and Thought*, London, Macmillan, 1973, pp. 337–8.
136) "Karl Marx to Friedrich Engels", 31 July 1865, *MECW*, vol. 42, p. 173, 137. Ibid., 5 August 1865, p. 175.
138) "Friedrich Engels to Karl Marx", 10 February 1866, *MECW*, vol. 42, p. 226; "Karl Marx to Friedrich Engels", 13 February 1866, *MECW*, vol. 42, p. 228.
139) "Jenny Marx to Ludwig Kugelmann", 26 February 1866, *MECW*, vol. 42, pp. 573–4.
140) "Friedrich Engels to Karl Marx", 22 June 1867, *MECW*, vol. 42, p. 382.
141) "Karl Marx to Friedrich Engels", 27 June 1867, *MECW*, vol. 42, pp. 390–91; "Karl Marx to Ludwig Kugelmann", 13 July 1867, *MECW*, vol. 42, p. 396; Marx, "Preface to the First German Edition", in Capital, vol. I, p. 7. 이 부록은 1판에서는 출판되었다. Karl Marx, "Anhang zu Kapital I, 1. Die Werthform", in *Das Kapital, vol. I: Kritik der politischen Oekonomie*, Hildesheim, Gerstenberg, 1980(이는 Hamburg, Verlag von Otto Meissner, 1867의 독일어 1판의 팩시밀리이다), pp. 764–84.
142) Marx, Capital, vol. I, p. 49.
143) Ibid., pp. 58, 74.
144) Ibid., pp. 86–7.
145) Ibid., pp. 176–7. 이 인용문은 이솝 우화의 하나에서 나온 것이다. 누군가가 자신이 로두스

섬에 있을 때 굉장한 높이를 쉽게 뛰어올랐다고 주장하자 누가 그렇게 대답했다는 것이다.

146) Ibid., Part VII: p. 564.

147) Marx, Economic Manuscripts of 1857–58, *MECW*, vol. 28, pp. 381–2.

148) Marx, Capital, vol. I, p. 705.

149) Marx, "Preface to the First German Edition", in *Capital*, vol. I, p. 9.

150) Marx, *Capital*, vol. I, p. 750.

151) Marx, "Afterword to the Second German Edition", 1873, in *Capita*l, vol. I, pp. 12–20.

152) Ibid., pp. 18–19.

153) G. W. F. Hegel, *The Encyclopaedia: Logic*, trans. T. F. Geraets, W. A. Suchting and H. S. Harris, Indianapolis, Hackett, 1991, paras 217–18, p. 292.

154) G. W. F. Hegel, *Lectures on Natural Right and Political Science: The First Philosophy of Right*, trans. J. Michael Stewart and Peter C. Hodgson, Berkeley, University of California Press, 1995, para 123, p. 222.

155) 헤겔은 주어와 술어의 동일성이라는 자신의 논지와 관련하여 이 포섭의 개념을 사용하고 있다. "포섭은… 보편적인 것 아래에 정립되어 있는 특수한 것 혹은 개별적인 것에다가 그 보편적인 것을 더 적은 양의 규정되지 않은 표상에 일치하도록 적용하는 것일 뿐이다." G. W. F. Hegel, *The Science of Logic*, trans. and ed. George di Giovanni, Cambridge, Cambridge University Press, 2010, p. 555.

156) Marx, "Afterword to the Second German Edition", in *Capital*, vol. I, p. 19.

157) Ibid.

158) Marx, Capital, vol. I, p. 707.

159) Ibid., pp. 623–34; '노동 예비군reserve army of labour'이라는 용어를 처음으로 사용한 것은 차티스트들이었다.

160) Ibid., p. 507.

161) Ibid., p. 723.

162) 나소 시니어Nassau Senior는 1837년에 출간된 그의 『공장법에 대한 서한집Letters on the Factory Act』에서 회전기간turnover period이 불변이라는 잘못된 전체에 기초하여 순 이윤 전체가 나오는 것은 노동일의 마지막 1시간이라고 주장했다. 임금 기금설은 어느 한 해에 임금으로 지급될 수 있는 자본의 양은 불변이라고 가정한다. 따라서 인구가 변동할 경우에는 노동자들의 임금도 변하게 되어 있다는 것이다. 만약 인구가 늘어나지만 임금으로 지급될 수 있는 돈의 양이 변하지 않는다면 노동자들의 소득은 줄어들게 될 것이라는 것이다.

163) 그의 저작이 끼친 충격의 가장 직접적 결과의 하나는 영국에서의 산업혁명의 기원과 성격에 대한 논쟁에 불을 지피는 데 중심적 역할을 했다는 것이다. 아널드 토인비Arnold Toynbee(『역사의 연구』로 유명한 아널드 토인비의 삼촌이다–옮긴이)가 그의 사후에 『영국에서의 산업혁명에 대한 강의Lectures on the Industrial Revolution in England』, London, Rivingtons, 1884로 출간된 작업을 시작하는 데 영감이 된 것은 바로 그가 『자본론』의 프랑스어판을 읽었던 것이었다. 토인비의 지적 형성과정에 대해서는 Alon Kadish, *Apostle Arnold: The Life and Death of Arnold Toynbee, 1852–1883*, Durham, NC, Duke University Press, 1986.

11장 『자본론』, 사회민주주의, 인터내셔널

1) 여기서 '초국가적'이라는 용어는 Marcel van der Linden, *Transnational Labour History: Explorations*, Studies in Labour History, Aldershot, Ashgate, 2003, ch. 2의 예를 따라서 1870년대부터 유럽에 새로운 국민국가가 공고화되기 이전의 용어로 쓰는 것이다.
2) "Jenny Marx to Friedrich Engels", beginning of November 1863, *MECW*, vol. 41, p. 585.
3) "Karl Marx to Friedrich Engels", 4 July 1864, *MECW*, vol. 41, p. 546.
4) Ibid., 4 November 1864, vol. 42, p. 12; ibid., 14 November 1864, p. 22; "Friedrich Engels to Karl Marx", 16 November 1864, *MECW*, vol. 42, p. 23; "Karl Marx to Friedrich Engels", 2 December 1864, *MECW*, vol. 42, p. 51.
5) 블랑키주의와 카를의 입장 사이에 유사성이 있다고 여겨지지만, 이는 사실보다는 상상에 가까운 것이다. 블랑키주의자들이 관심을 두었던 것은 카를의 근대적 개념의 계급투쟁이 아니라 1792~1793년에 벌어졌던 로베스피에르주의자들과 에베르주의자들 사이의 분열이었다. 카를과 블랑키가 실제로 만난 일은 1864년 한 번뿐으로 알려져 있다. 이때 블랑키의 요청으로 그의 추종자 와토 박사Dr Watteau가 카를에게 구스타브 트리동의 저서 『에베르주의자들』(Gustave Tridon, *Les Hébertistes*, Paris, 1864)을 보냈다고 한다. 다음을 보라. Alan B. Spitzer, *The Revolutionary Theories of Louis Auguste Blanqui*, New York, Columbia University Press, 1957, pp. 114–15.
6) 차티스트운동의 쇠퇴에 대해서는 다음을 보라. Margot C. Finn, *After Chartism: Class and Nation in English Radical Politics, 1848–1874*, Cambridge, Cambridge University Press, 1993; Miles Taylor, *The Decline of British Radicalism 1847–1860*, Oxford, Clarendon Press, 1995; Jonathan Parry, *The Rise and Fall of Liberal Government in Victorian Britain*, New Haven/London, Yale University Press, 1993, Part III.
7) 어니스트 존스의 정치적 태도가 어떻게 바뀌었는지는 다음을 보라. Miles Taylor, *Ernest Jones, Chartism and the Romance of Politics 1819–1869*, Oxford, Oxford University Press, 2003, pp. 137–210.
8) "Karl Marx to Friedrich Engels", 24 November 1857, *MECW*, vol. 40, p. 210.
9) Ibid., 9 April 1863, vol. 41, p. 468.
10) Friedrich Engels to Karl Marx", 8 April 1863, *MECW*, vol. 41, p. 465.
11) 이 책이 다시 출간된 것은 사회민주당 지도자인 빌헬름 리프크네히트와 아우구스트 베벨이 프로이센이 프랑스와 전쟁하는 것을 반대하는 '반역죄'에 대한 재판이 열렸을 때 그들의 혐의를 입증하는 수단으로 검사 측이 활용했던 것이 계기였다. 검사측은 이들의 반역 행위에 불을 지른 것은 『공산주의 선언』에 나오는 '노동자는 조국이 없다'는 주장이었다고 했다. 하지만 그때가 되면 이미 『공산주의 선언』은 모두 '역사적 문서'로 여겼지 아무도 당대의 정치적 논쟁의 문서로 보지 않았고, 이는 그 저자들 또한 마찬가지였다. 20세기 들어와서 1917년 러시아혁명이 벌어지고 코민테른이 성립하면서 『공산주의 선언』의 여러 명제들이 현실성을 갖게 되지만, 이는 19세기에는 전혀 해당되지 않는 이야기였다.
12) "Karl Marx to Ferdinand Lassalle", 22 November 1859, *MECW*, vol. 40, p. 538.
13) Ibid., 23 February 1860, vol. 41, pp. 58–9. 라살레가 뒤셀도르프의 노동자들을 배반하고

그들이 조성한 자금을 착복했다는 소문이었다. 이러한 의심을 엥겔스 또한 사실이라고 주장했었다. 엥겔스가 라살레를 두려워했던 것은 라살레가 독립적 정신을 가진 이라는 이유도 있었지만 라살레의 매력으로 카를이 자기보다 라살레 쪽으로 끌려갈까 봐 두려워했기 때문이었던 것으로 보인다.

14) "Ferdinand Lassalle to Friedrich Engels and Karl Marx", 26 – 29 February 1860, *MEGA*, III, ix, p. 162.

15) 카를은 라살레가 자신의 저작을 표절할 것이라는 공포에 짓눌려 있었다. 하지만 라살레의 접근법은 상당히 다른 것이었다. 그의 경제 사상은 카를의 저작에 기초를 두고 있기는 하지만 이를 헤겔식의 국가 개념, 프랑스인들이 옹호했던 바의 국가가 지원하는 협동조합 계획, 그가 리카도의 '임금 철칙iron law of wages'이라고(리카도는 맬서스의 인구 이론을 받아들여 노동자의 임금은 그 최저 생계비를 절대로 벗어날 수 없다고 주장했다. 임금이 오르게 되면 노동 공급이 늘어나서 다시 하락하게 되며, 반대의 경우에는 반대의 일이 벌어지게 되므로 결국 현존하는 총 생산물에서 지대를 빼고 난 뒤 현존하는 노동자 인구를 최저 수준에서 생존시킬 수 있는 만큼으로 임금이 결정된다는 것이었다. '임금 철칙'이라는 말과 '야경 국가'라는 말은 라살레가 만들어 낸 말이다– 옮긴이) 해석해던 것에서 도출된 노동조합 활동에 대한 회의주의 등과 결합시키고 있었다. 그는 또한 프로이센의 '국가학Staatswissenschaft' 전통에도 의지하고 있었으며, 특히 자본주의를 가혹한 착취의 시스템으로 묘사하는 데 있어서는 요한 카를 로드베르투스Johann Karl Rodbertus의 저작에 기대고 있었다. David Lindenfeld, *The Practical Imagination: The German Sciences of State in the Nineteenth Century*, Chicago, Chicago University Press, 1997, pp. 186 – 7.

16) "Ferdinand Lassalle to Karl Marx", 6 March 1859, *MEGA*, III, ix, pp. 336 – 8.

17) Ferdinand Lassalle, *Die Philosophie Herakleitos des Dunkeln von Ephesos*, Berlin, F. Duncker, 1858.

18) "Ferdinand Lassalle to Karl Marx", 6 March 1859, *MEGA*, III, ix, pp. 336 – 8.

19) Ibid.

20) Ibid., 11 September 1860, *MEGA*, III, xi, p. 147; "Karl Marx to Ferdinand Lassalle", 15 September 1860, *MECW*, vol. 41, p. 193.

21) "Ferdinand Lassalle to Karl Marx", 11 March 1860, *MEGA*, III, x, p. 372.

22) Karl Marx to Friedrich Engels", 29 January 1861, *MECW*, vol. 41, p. 252.

23) "Karl Marx to Ferdinand Lassalle", 15 February 1861, *MECW*, vol. 41, p. 263; ibid., 7 March 1861, pp. 267 – 8.

24) Ibid., 15 February 1861, p. 263.

25) "Karl Marx to Antoinette Philips", 24 March 1861, *MECW*, vol. 41, pp. 269 – 72.

26) 푸엘은 1848년 프로이센의 수상으로서 포젠 반란을 가혹하게 진압한 이였다. 하지만 그때 이후로 그는 급진적으로 변해 간다. 카를에 따르면, 푸엘은 이제 82세가 되었지만 "여전히 정신이 생생하고 대단힙 급진적일세. 그는 조금씩 왕의 호의에서 밀려나 이제는 왕실에서 자코뱅, 무신론자 등등으로 취급받고 있다네." "Karl Marx to Friedrich Engels", 7 May 1861, *MECW*, vol. 41, p. 280.

27) Ibid., 10 May 1861, pp. 286 – 7.

28) "Karl Marx to Antoinette Phillips", 24 March 1861, *MECW*, vol. 41, pp. 271 – 2.

29) "Karl Marx to Ferdinand Lassalle", 8 May 1861, *MECW*, vol. 41, p. 283. 그는 어쩌다가 한 번 그녀를 좋게 말하고 있다. "어머니는… 지극히 미묘한 에스프리와 결코 흔들리지 않는 평정심을 가진 이라 참 흥미로운 분입니다."
30) Ibid., pp. 283 – 4.
31) Ibid., 29 May 1861, p. 291.
32) "Jenny Marx to Friedrich Engels", beginning of April 1861, *MECW*, vol. 41, p. 579.
33) Ferdinand Lassalle, *Die Theorie der erworbenen Rechte und der Collision der Gesetze: unter besonderer Berücksichtigung des Römischen, Französischen und Preussischen Rechts,* Leipzig, Brochaus, 1861; "Karl Marx to Ferdinand Lassalle", 11 June 1861, *MECW*, vol. 41, pp. 293 – 4.
34) "Karl Marx to Friedrich Engels", 10 May 1861, *MECW*, vol. 41, p. 289; ibid., 7 May 1861, p. 280.
35) "Karl Marx to Antoinette Philips", 24 March 1861, *MECW*, vol. 41, pp. 271 – -2.
36) Ibid., 17 July 1861, p. 313.
37) "Karl Marx to Ferdinand Lassalle", 28 April 1862, *MECW*, vol. 41, p. 356.
38) 이 박람회는 36개국이 참여한 국제 무역 행사였으며, 사우스켄싱턴의 그 터에는 오늘날 자연사 박물관과 과학 박물관이 들어서 있다. 박람회는 1862년 5월 1일에서 11월 1일까지 계속되었다. 박람회가 끝난 뒤 철과 유리로 된 그 구조물은 해체되어 그 대부분은 알렉산드라 궁전을 세우는 데 재활용된다.
39) "Karl Marx to Ferdinand Lassalle", 16 June 1862, *MECW*, vol. 41, p. 379.
40) "Jenny Marx to Ferdinand Lassalle", 5 May 1861, in Ferdinand Lassalle, *Nachgelassene Briefe und Schriften*, 3 vols., ed. Gustav Mayer, Stuttgart, Deutsche Verlags-Anstalt, 1921 – 5, vol. 3, pp. 358 – 9.
41) "Karl Marx to Friedrich Engels", 30 July 1862, *MECW*, vol. 41, p. 389.
42) Ibid., p. 390.
43) Jenny Marx, "A Short Sketch of an Eventful Life", in Institut Marksizma – Leninzma, *Reminiscences of Marx and Engels*, Moscow, Foreign Languages Publishing House, 1957, p. 000.
44) "Karl Marx to Friedrich Engels", 30 July 1862, *MECW*, vol. 41, p. 390.
45) Ibid., p. 389.
46) "Ferdinand Lassalle to Karl Marx", 6 November 1862, *MEGA*, III, xii, p. 264.
47) "Karl Marx to Ferdinand Lassalle", 7 November 1862, *MECW*, vol. 41, pp. 424 – 5.
48) Ferdinand Lassalle, "Über Verfassungswesen", April 1862, in *Reden und Schriften: Aus der Arbeiteragitation 1862–1864*, ed. F. Jenaczek, Munich, Deutscher Taschenbuch Verlag, 1970, p. 80.
49) Édouard Bernstein, *Ferdinand Lassalle: Le Réformateur socia*l, Paris, Riviere, 1913, p. 121.
50) "Karl Marx to Dr Kugelmann", 23 February 1865, *MECW*, vol. 42, p. 101.
51) "Karl Marx to Johann von Schweitzer", 13 October 1868, *MECW*, vol. 43, p. 133.
52) "Karl Marx to Dr Kugelmann", 23 February 1865, *MECW*, vol. 42, p. 102.

53) Friedrich Engels, "The Prussian Military Question and the German Workers" Party", February 1865, *MECW*, vol. 20, pp. 77–9; Roger Morgan, *The German Social Democrats and the First International, 1864–1872*, Cambridge, Cambridge University Press, 1965, pp. 1–12.

54) "Karl Liebknecht to Karl Marx", 3 June 1864, in Georg Eckert (ed.), *Wilhelm Liebknecht: Briefwechsel mit Karl Marx und Friedrich Engels*, The Hague, Mouton, 1963, pp. 33–4.

55) "Karl Marx to Friedrich Engels", 7 June 1864, *MECW*, vol. 41, p. 537.

56) "Karl Marx to Sophie von Hatzfeldt", 12 September 1864, *MECW*, vol. 41, p. 563.

57) Ibid., p. 560.

58) "Karl Marx to Friedrich Engels", 30 January 1865, *MECW*, vol. 42, p. 71; ibid., 18 February 1865, p. 97.

59) "Johann von Schweitzer to Karl Marx", 11 February 1865, *MEGA*, III, xiii, p. 229. 하지만 1867년이 되면 비스마르크가 자유주의자들과 동맹을 맺게 되면서 이들 사이의 차이점들도 좁혀지게 된다.

60) "Karl Marx to Friedrich Engels", 7 September 1864, *MECW*, vol. 41, p. 561.

61) Alan B. Spitzer, *Old Hatreds and Young Hopes: The French Carbonari against the Bourbon Restoration*, Cambridge, Mass., Harvard University Press, 1971, chs. 2 and 3.

62) Ludwig Börne, *Lettres écrites de Paris pendant les années 1830 et 1831*, trans. F. Guiran, Paris, Paulin, 1832, p. 19.

63) 마치니의 반교권주의가 갖는 종교적 기초와 그것이 영국의 '합리적 비국교도rational dissent'의 전통과 갖는 유사점에 대해서는 Eugenio Biagini, "Mazzini and Anticlericalism: The English Exile", in C. A. Bayly and E. F. Biagini (eds.), *Giuseppe Mazzini and the Globalisation of Democratic Nationalism 1830–1920*, Proceedings of the British Academy, no. 152, Oxford, Oxford University Press, 2008, pp. 145–66.

64) Karma Nabulsi, "Patriotism and Internationalism in the ""Oath of Allegiance"" to Young Europe", *European Journal of Political Theory*, 5/1 (January 2006), pp. 61–70; Karma Nabulsi, *Traditions of War: Occupation, Resistance, and the Law*, Oxford, Oxford University Press, 1999, pp. 177-241; Stefano Recchia and Nadia Urbinati (eds.), *A Cosmopolitanism of Nations: Giuseppe Mazzini's Writings on Democracy, Nation Building, and International Relations*, Princeton, Princeton University Press, 2009.

65) 이 사태의 결말은 다음의 저작에서 생생하게 묘사되고 있다. E. H. Carr, *The Romantic Exiles: A Nineteenth-CenturyPortrait Gallery*, London, Victor Gollancz, 1933.

66) Dieter Langewiesche, "Revolution in Germany: Constitutional State–Nation State – Social Reform", in D. Dowe, H. –-G. Haupt, D. Langewiesche and J. Sperber (eds.), *Europe in 1848: Revolution and Reform*, New York/Oxford, Berghahn, 2001, pp. 120–43.

67) Giuseppe Garibaldi, *An Autobiography*, trans. William, London, Routledge, Warne and Routledge, 1861, p. 37; 가리발디는 자산의 국제주의적 공화파 민족주의를 마치니의 '청년 이탈리아' 운동의 이상과 생시몽주의자들의 『생시몽의 교의The Doctrine of Saint-Simon』에서 설파하는 지구적 복음을 결합하여 형성했다. 공화국에 대한 그의 입장은 안정된 것이 아니

었다. 1860년 이후로 그는 피에드몽 왕정으로 이탈리아를 통일한다는 해법을 버리고 점점 더 반교권주의와 사회주의로 기울어 간다. Lucy Riall, *Garibaldi: Invention of a Hero*, New Haven/London, Yale University Press, 2007, p. 2.

68) 20세기 들어와 민족주의가 수행한 역할에 대해 부정적인 관점이 생겨나면서 19세기에는 민족주의가 초국가적 차원을 가지고 있었다는 사실도 무시되었으며, 또 그것이 공화주의 및 사회주의적 정서의 일부로서 갖는 중요성도 폄하되었다. 1860년대에 걸쳐서 종속된 민족들의 해방의 정치에 대해 적대적 태도를 가진 급진파 집단은 카를과 그의 친구들을 제외하면 콥든과 브라이트 등의 '맨체스터 유파'뿐이었다. Finn, After Chartism, ch. 1; Derek Beales, "Garibaldi in England: The Politics of Italian Enthusiasm", in John A. Davis and Paul Ginsborg (eds.), *Society and Politics in the Age of the Risorgimento: Essays in Honour of Denis Mack Smith*, Cambridge, Cambridge University Press, 1991, pp. 184–216.

69) Finn, After Chartism, pp. 217–24.

70) Duncan A. Campbell, *English Public Opinion and the American Civil War*, London, Royal Historical Society/Boydell Press, 2003.

71) "Karl Marx to Joseph Weydemeyer", 29 November 1864, *MECW*, vol. 42, p. 44; Yvonne Kapp, *Eleanor Marx*, 2 vols., London, Lawrence & Wishart, 1972, vol. 1, p. 34.

72) Henry Collins and Chimen Abramsky, *Karl Marx and the British Labour Movement: Years of the First International*, London, Macmillan, 1965, p. 24. 오브라이언 추종자들에 대해서는 Stan Shipley, *Club Life and Socialism in mid-Victorian London*, History Workshop Pamphlets, no. 5, Oxford, 1973.

73) Cited in Finn, *After Chartism*, p. 214.

74) "Karl Marx to Friedrich Engels", 4 November 1864, M*ECW*, vol. 42, pp. 16, 17.

75) See van der Linden, *Transnational Labour History*, ch. 1.

76) See Peter Hall, *The Industries of London since 1861*, London, Hutchinson University Library, 1962; Gareth Stedman Jones, *Outcast London: A Study in the Relationship between Classes in Victorian Society,* Oxford, Clarendon Press, 1971 (4th edn, London, Verso, 2013), part 1.

77) 이 새로운 '전국 연합amalgamated' 형태의 노조의 중요성에 대해서는 다음을 보라. Thomas Jones, "George Odger, Robert Applegarth, and the First International Working Men's Association", unpublished MA dissertation, King's College London, 2007; Alastair Reid, *United We Stand: A History of Britain's Trade Unions,* London, Penguin Books, 2005, pp. 95–101.

78) Sidney and Beatrice Webb, *The History of Trade Unionism*, London, Longmans, 1902, chs. 4 and 5.

79) "Rules of the London Trades Council", 다음에서 인용. F. M. Leventhal, *Respectable Radical: George Howell and Victorian Working Class Politics*, London, Weidenfeld and Nicolson, 1971, p. 37.

80) 다음에서 인용. George Howell, "The History of the International Association", *Nineteenth Century*, vol. IV, July 1878, p. 24.

81) Collins and Abramsky, *Karl Marx and the British Labour Movement*, pp. 18, 35. 하지만 마

치니의 의무의 개념과 '노동과 자본의 통일'이라는 개념에 대해 경의를 표했음에도 제1인터내셔널 전체 평의회가 그에 아랑곳하지 않고 마치니적 정서를 '프롤레타리아들' 계급에 대한 호소와 뒤섞어 버린 '출범 선언문'을 또한 열렬히 환영하며 받아들이는 것을 보고 마치니는 무척 짜증을 냈다. 이 책의 747~749쪽을 보라.

82) Howell, "History of the International Association", p. 25.

83) 『두 도시 이야기A Tale of Two Cities』에 보면 18세기에 런던과 파리를 오가는 것이 얼마나 어려운 일이었는지가 잘 나온다. 이를 철도와 증기선을 이용한 여행과 비교해 보라.

84) 영국 노동조합 지도자들은 사회적으로나 정치적으로나 국제주의적인 꿈을 가지고 있었다. 그 규모와 정도는 다음 글에서 잘 나타나 있다. Jones, "George Odger, Robert Applegarth". 이 학위 논문은 영국 노동조합 지도자들이 여러 한계가 많았고 무지했으며 카를의 이론적 지도를 필요로 하고 있었던 존재로 보았던 종래의 해석을 바로잡는 역할을 했다.

85) David McLellan, *Karl Marx: His Life and Thought,* London, Macmillan, 1973, p. 363. 소수파는 3명의 프랑스인, 두 명의 이탈리아인, 두 명의 독일인이었다.

86) Edward Spencer Beesly, "The International Working Men's Association", *Fortnightly Review,* 1 November 1870, reprinted in MEGA, I, xxi, p. 1069.

87) Howell, "History of the International Association", p. 31. 하월에 따르면, "그것이 엄청난 힘을 가지고 있었다는 것은 하나의 허구이다. 이는 인터내셔널이 방대한 권력과 자원을 가지고 있으며, 세계 모든 곳에 지부를 두고 있으며, 모든 위급 사태마다 돈을 받고 바로 움직이는 요원들을 거느리고 있다고 믿어서 겁을 잔뜩 집어먹은 일부 사람들의 머릿속에만 존재하는 허구인 것이다."

88) "Meeting of the General Council of the International Working Men's Association", 20 August 1867, *MEGA*, I, xx, p. 587. 특히 그가 걱정했던 바는 유럽의 나머지 부분이 무장해제를 하게 되면 '유럽 전체에 대해 전쟁을 치를 수 있는 수단을 가진 것은 러시아 하나뿐'이 되는 사태였다. ibid., p. 586.

89) "The Fourth Annual Report of the General Council', 1868, *MEGA*, I, xxi, p. 86.

90) 바쿠닌에 대해서는 이 책의 819~836쪽을 보라.

91) Beesly, "International Working Men's Association", p. 1078; ibid.

92) Julian P. W. Archer, *The First International in France 1864–1872: Its Origins, Theories and Impact*, Lanham, Md Oxford, University Press of America, 1997, pp. 96–7.

93) Beesly, "International Working Men's Association", p. 1072; and van der Linden, Transnational Labour History, ch. 1.

94) "Karl Marx to Friedrich Engels", 4 November 1864, *MECW*, vol. 42, pp. 16–19.

95) '선언문'이 이 부분은 그가 『자본론』 1권 25장의 5절을 위해 조사했던 자료를 광범위하게 활용하고 있다. "Illustrations of the General Law of Capitalist Accumulation", *MECW*, vol. 35, pp. 642–703.

96) 하지만 글래드스턴의 말은 '출범 선언문'에서 나오는 것처럼 무섭고 냉혈한 톤이 아니다. 왜냐하면 글래드스턴은 또한 '이러한 증가'가 '노동자들에게 간접적으로 이익을 주는 것'이었으며, '영국 노동자들의 평균 상태는… 지난 20년 동안 우리가 아는 바와 같이 특출할 정도로 개선된 바 있다'. 이 논쟁은 나중에 카를이 일부로 그릇되게 인용한 혐의가 있지 않으냐

는 문제로 비화된다. 그러한 공격은 1872년 독일 역사학파 경제학의 지지자인 루조 브렌타노Lujo Brentano가 처음으로 내놓았으며, 1883년에는 케임브리지 대학의 과학자이자 이윤 공유의 열성적 지지자였던 테일러William Sedley Taylor와 카를의 딸인 엘리노어 사이의 논쟁에서 다시 한 번 제기된다.

97) Karl Marx, "Address of the International Working Men's Association" ("Inaugural Address"), October 1864, MEGA, I, xx, pp. 8–9.

98) Ibid., pp. 4–12.

99) Ibid.; "Karl Marx to Friedrich Engels", 4 November 1864, *MECW*, vol. 42, p. 18.

100) Beesly, "International Working Men's Association", p. 1068.

101) Cited in Leventhal, *Respectable Radical*, p. 53.

102) Karl Marx, *Capital*, vol. I, p. 750. 이 유명한 구절은 수수께끼 같은 헤겔식의 말투로 수사학의 나래를 한껏 펼치고 있지만, 이 책 전체의 나머지 부분과는 거의 아무런 연관도 없이 툭 튀어나오는 문장이다. 만약 카를이 『자본론』 전체를 1867년에 출간할 수 있었다면 이러한 문장을 몇 개 나열하는 것보다는 좀 더 내용이 충실한 결론을 낼 수 있었을지 모른다.

103) "Karl Marx to Friedrich Engels", 7 May 1867, *MECW*, vol. 42, p. 371.

104) "Friedrich Engels to Karl Marx", 29 January 1867, 15 August 1867, *MECW*, vol. 42, pp. 344, 402.

105) 이러한 구절들의 중요성은 다음에서 강조되고 있다. Shlomo Avineri, *The Social and Political Thought of Karl Marx*, Cambridge, Cambridge University Press, 1968, pp. 176–82.

106) 1867년에 나온 1판에는 이렇게 쓰여 있다. "영국에서는 그 변화 과정이 손으로 만질 수 있을 만큼 뚜렷하다In England ist der Umwälzungsprozess mit Händen greifbar": Karl Marx, "Vorwort", in *Das Kapital*, vol. I: *Kritik der politischen Oekonomie*, Hildesheim, Gerstenberg, 1980(이는 독일어 1판의 팩시밀리이다. Hamburg, Verlag von Otto Meissner, 1867), p. xi. 그런데 20년 후 사뮤엘 무어와 에드워드 아벨링의 영어 번역본에서는 '영국에서는 사회적 해체의 진보가 현저하다In England the progress of social disintegration is palpable'로 되어 있다. *Capital*, vol. I: *A Critique of Political Economy*, *MECW*, vol. 35, p. 9. 독일어 원문에는 대변화가 바로 눈앞에서 벌어지고 있다는 느낌이 살아 있지만 영어 번역에서는 그 느낌이 사라져 있다.

107) Karl Marx, "Speech at the Hague Congress of the International', 18 September 1872, in H. Gerth (ed.), *The First International: Minutes of the Hague Congress of 1872*, Madison, University of Wisconsin Press, 1958, p. 236.

108) Karl Marx, "Speech at the Polish Meeting", 22 January 1867, *MECW*, vol. 20, pp. 200–201.

109) 그는 '노동일의 제한'을 '입법에 의한 시장 개입'으로 돌리고 있지만, 이는 '노동자들이 체제 바깥으로부터 끊임없이 압력을 가하지 않았다면' 결코 일어나지 않았을 일이라고 말하고 있다. Karl Marx, "Draft for Value, Price and Profit", *MEGA*, I, xx, p. 184.

110) Marx, *Capital*, vol. I, pp. 306–7. 이 라틴어 인용문은 비르길리우스의 『아이네이스』에서 온 것이다. 직역하자면 '그때 이후로 얼마나 큰 변화인가!'

111) Ibid., p. 706.

112) Ibid., p. 739.

113) "Karl Marx to Ferdinand Lassalle", 11 June 1861, *MECW,* vol. 41, p. 294.

114) Karl Marx, *Capital*, vol. III: *The Process of Capitalist Production as a Whole, MECW*, vol. 37, pp. 434–5.

115) Ibid., p. 436.

116) Ibid., p. 438.

117) Marx, "Address of the International Working Men's Association", p. 10.

118) 다음에서 인용. Collins and Abramsky, *Karl Marx and the British Labour Movement,* p. 123.

119) Beesly, "International Working Men's Association", p. 1078.

120) 카를은 자신의 주장을 다음에서 요약하고 있다. "Notes for the Report on Value, Price and Profit", *MECW,* vol. 20, p. 338. 이는 카를의 사후 에드워드 아벨링과 엘리노어 마르크스에 의해 출간된다. 『가치, 가격, 이윤』이라는 제목으로 다시 출간된다. *MECW,* vol. 20, pp. 101–49.

121) "Central Council Meeting", 20 June 1865, *MEGA*, I, xx, p. 334.

122) "Karl Marx to Dr Kugelmann", 29 November 1864, *MECW*, vol. 42, p. 45.

123) Ibid., 15 January 1866, p. 221.

124) Karl Marx, "Marx über Gewerksgenossenschaften", *MEGA*, I, xxi, p. 906; pp. 2141–3. 이렇게 카를이 네 명의 금속 노동자들을 우연히 만나 나눈 대화는 원래 그 네 명 중 하나였던 요한 하만Johann Hamann에 의해 글로 쓰여 노동조합 신문『일반 독일 금속노동자Allgemeine Deutsche Metallarbeiterschaft』에 게재되었고 그다음에는『국민국Volksstaat』에 다시 게재된다. 이 토론은 지금까지의 여러 다양한 마르크스 엥겔스 전집과 저작선에서 항상 제외되어 왔지만, MEGA의 편집자인 위르겐 헤레스Jürgen Herres가 그 중요성을 강조한 바 있다. 2009 *MEGA*, I, xxi. 제1인터내셔널 150주년을 맞아 파리에서 열렸던 학술회의에서 발표된 글들이 곧 출간되며, 이를 참조하라. (*150 Years Ago: The First International*, Paris, 19–20 June 2014, forthcoming Brill).

125) "Karl Marx to Dr Kugelmann", 23 February 1865, *MECW*, vol. 42, p. 105.

126) Ibid., 9 October 1866, p. 326.

127) Karl Marx, "Instructions for the Delegates of the Provisional General Council:
The Different Questions", August 1866, *MECW*, vol. 20, pp. 185–94.

128) "Karl Marx to Friedrich Engels", 2 April 1866, *MECW*, vol. 42, p. 253. 그러한 카를의 지지자들 중에는 기독교 사회주의자이자『톰 브라운의 학창 시절Tom Brown's Schooldays』의 저자이며 협동주의 운동가였던 토머스 휴즈Thomas Hughes와『비국교도Nonconformist』지의 편집장인 알프레드 미올Alfred Miall도 포함되어 있었다.

129) "Karl Marx to Dr Kugelmann", 23 February 1865, *MECW*, vol. 42, p. 105.

130) "Karl Marx to Friedrich Engels", 25 February 1865, *MECW*, vol. 42, p. 108.

131) Ibid., 1 May 1865, p. 150.

132) "Karl Marx to Dr Kugelmann", 15 January 1866, *MECW*, vol. 42, p. 221.

133) "Karl Marx to Friedrich Engels", 7 July 1866, *MECW*, vol. 42, pp. 289–90.

134) "Karl Marx to Dr Kugelmann", 9 October 1866, *MECW*, vol. 42, p. 327.

135) Ibid., 13 October 1866, pp. 328 – 9.
136) "Karl Marx to Friedrich Engels", 11 September 1867, *MECW*, vol. 42, p. 424.
137) "Karl Marx to Dr Kugelmann", 13 October 1866, *MECW*, vol. 42, p. 328.
138) 막스 베버가 그의 카리스마 개념을 구성할 적에 염두에 두었던 인물이 글래드스턴이었음을 기억할 필요가 있다.
139) Frederic Harrison, "The Transit of Power", *Fortnightly Review*, April 1868, pp. 384 – 5.
140) 다음에서 인용. Royden Harrison, *Before the Socialists: Studies in Labour and Politics 1861–1881*, London, Routledge and Kegan Paul, 1965, pp. 86 – 7.
141) "Karl Marx to Friedrich Engels", 2 April 1866, *MECW*, vol. 42, p. 253; ibid., 27 July 1866, p. 300.
142) "Karl Marx to Friedrich Engels", 2 April 1866, *MECW*, vol. 42, p. 253.
143) "Karl Marx to Johann Philipp Becker", 31 August 1866, *MECW*, vol. 42, p. 314.
144) 1867년 5월 6일 또 한 번의 일촉즉발의 상황이 발생했다. 10만 명이 넘는 인원이 정부의 금지령을 무시하고 공원에 모여 시위를 벌였으며, 월폴은 사임 압력을 받게 된다. 하지만 이 사건은 금방 잊혀져 버렸다. 카를은 당시 영국 밖에 있었으며, 그의 서한을 살펴보아도 이 사건에 대한 언급은 찾을 수 없다. Harrison, *Before the Socialists*, pp. 97 – 9.
145) See ibid., pp. 78 – 137.
146) W. F. Moneypenny and G. E. Buckle, *The Life of Benjamin Disraeli, Earl of Beaconsfield*, 2 vols., London, John Murray, 1929, vol. 2, p. 274.
147) Parry, *Rise and Fall of Liberal Government*, p. 216.
148) 피니언 운동이 출현하게 된 배경에 대해서는 R. F. Foster, *Modern Ireland: 1600–1972*, London, Allen Lane, 1988, ch. 16.
149) "Karl Marx to Friedrich Engels", 14 December 1867, *MECW*, vol. 42, p. 501.
150) "Karl Marx to Dr Kugelmann", 6 April 1868, *MECW*, vol. 43, p. 3.
151) 그의 준비 노트를 보라. *MECW*, vol. 21, pp. 212 – 317.
152) "Friedrich Engels to Laura Marx", 23 September 1867, *MECW*, vol. 42, p. 431; "Friedrich Engels to Dr Kugelmann", 12 October 1867, *MECW*, vol. 42, p. 444.
153) "Karl Marx to Friedrich Engels", 2 November 1867, MECW, vol. 42, p. 460; ibid., 28 November 1867, p. 478.
154) Ibid., p. 479; "Friedrich Engels to Karl Marx", 29 November 1867, *MECW*, vol. 42, p. 483.
155) "Meeting of the General Council and of Members and Friends of the Association", 19 November 1867, *MEGA*, I, xxi, p. 526.
156) 다음에서 인용. Harrison, *Before the Socialists*, p. 141.
157) Marx, "Draft of a Speech on the ""Fenian Question"" for the Meeting of the General Council of the International Working Men's Association", 26 November 1867와 "Entwurf des Vortrags über den Fenianismus im Deutschen Arbeiterbildungsverein London am 16. Dezember 1867", *MEGA*, I, xxi, pp. 15 – 32의 내용을 비교해 보라.
158) "Karl Marx to Friedrich Engels", 2 November 1867, *MECW*, vol. 42, pp. 460 – 61.
159) Ibid., 30 November 1867, pp. 486 – 7.

160) "Karl Marx to Dr Kugelmann", 6 April 1868, *MECW*, vol. 43, p. 3.
161) E. S. Beesly, 1867, 다음에서 인용. Harrison, Before the Socialists, p. 143.
162) "Karl Marx to Dr Kugelmann", 6 April 1868, *MECW*, vol. 43, p. 4.
163) "Jenny Marx to Dr Kugelmann", 30 October 1869, *MECW*, vol. 43, p. 546.
164) "Meeting of the General Council', 16 November 1869, *MEGA*, I, xxi, pp. 727 – 30.
165) Ibid., 23 November 1869, pp. 728 – 9, 731 – 4.
166) "Karl Marx to Dr Kugelmann", 29 November 1869, *MECW*, vol. 43, p. 390.
167) "Karl Marx to Friedrich Engels", 10 December 1869, *MECW*, vol. 43, p. 397.
168) Collins and Abramsky, *Karl Marx and the British Labour Movement*, p. 169.
169) "The General Council to the Federal Council of Romance Switzerland", 1 January 1870, *MECW*, vol. 21, pp. 84 – 91.
170) Karl Marx, "Circulaire du Conseil Général de l'Association Internationale des Travailleurs au Conseil Fédéral de la Suisse Romande du 1er janvier 1870", Entstehung und Überlieferung, *MEGA*, I, xxi (Apparat), pp. 1465 – 70.
171) "Karl Marx to Dr Kugelmann", 10 April 1868, MECW, vol. 43, p. 4; 한편 예니 또한 다음해에 벌어진 오노도반 로사O'Donovan Rosa의 선출을 지적하면서 비슷한 생각을 피력하고 있다. "종교적 광신주의는 노령으로 자연사를 겪고 있으며, 가톨릭교도들과 개신교 교도들의 적대감은 종말을 고하고 있습니다. 개신교도 진영Orange camp 내에도 분열이 존재하며, 이제 개신교, 가톨릭, 피니언 공화파가 모두 공통의 적인 영국 정부에 맞서 뭉치고 있습니다. 그 결과 성직자들의 영향력은 줄어들고 있습니다. 아일랜드 운동은 이제 더 이상 그들의 손에 장악되어 있지 않습니다." "Jenny Marx to Dr Kugelmann", 27 December 1869, *MECW*, vol. 43, p. 549.
172) "Karl Marx to Laura and Paul Lafargue", 5 March 1870, *MECW*, vol. 43, p. 449.
173) 파업 노동자들과 그 대변인들은 갈수록 자신들의 요구를 통속적 정치경제학에서 제공하는 수요와 공급의 논리로 정당화하는 일이 많아졌다. 또한 의미심장한 일은 국가가 뒷짐을 지고 뒤로 물러나 있었다는 것이다. 국가는 가능한 한 군대를 사용하거나 노동자들을 체포하는 일을 회피했다. 20년 전만 해도 '톨퍼들 순교자들Tolpuddle Martyrs'(영국 남부의 톨퍼들 지역의 농업 노동자들은 불안한 고용에서 스스로를 보호하기 위해 당시 널리 행해지던 상호 공제회friendly society를 조직했다. 그런데 상호 공제회는 아직 노동조합이 본격적으로 발전하지 않았던 당시 노조의 역할을 하고 있었고, 당시에 존재하던 단결 금지법Combination Act은 이들의 상호 공제회를 신을 모독하는 불경한 비밀 결사체로 몰아 1834년 호주로 추방령을 내려 버린다– 옮긴이)의 경우와 같이 여론 조작용 재판과 노조 지도자들의 국외 추방과 같은 일들을 벌였지만, 이제 그런 것은 사라졌으며 파업을 막는 법들을 강화하겠다는 중요한 위협도 없었다. 게다가 1853~1854년의 기간 동안 랭커셔의 섬유 노동자들이 얻어낸 조그만 발판은 1950년대가 끝날 때쯤이 되면 면화 산업에서 고용주와 노동자들 사이의 상세한 협상 절차로 발전하게 되며, 노팅엄의 양말 산업에서는 중재의 여러 형태들이 나타나기 시작한다.
174) 이와 관련된 참고 문헌들은 다음을 보라. Gareth Stedman Jones, "Some Notes on Karl Marx and the English Labour Movement", *History Workshop*, 18 (Autumn 1984), pp. 124 – 37.
175) "Report of the Fourth Annual Congress of the International Working Men's Association", p.

18, cited in Collins and Abramsky, *Karl Marx and the British Labour Movement*, p. 98.

176) "Jenny Marx to Ludwig Kugelmann", 17 July 1870, *MECW*, vol. 43, p. 563.

177) "Karl Marx to Friedrich Engels", 20 July 1870, *MECW*, vol. 44, pp. 3–4, 13; Karl Marx to Paul and Laura Lafargue, 28 July 1870, *MECW*, vol. 44, p. 14.

178) "First Address of the General Council of the International Working Men's Association on the Franco-Prussian War", 23 July 1870, *MECW*, vol. 22, pp. 3–8.

179) "Meeting of the General Council', 2 August 1870, *MEGA*, I, xxi, p. 814; 평화에 대한 강조가 특히 높게 평가되었다. '평화 협회The Peace Society'는 이 '성명서'를 3만 부나 찍도록 지원했다.

180) "Friedrich Engels to Karl Marx", 22 July 1870, *MECW*, vol. 44, p. 6.

181) "Karl Marx to Friedrich Engels", 17 August 1870, *MECW*, vol. 44, p. 51.

182) "Second Address on the Franco-Prussian War", 9 September 1870, *MECW*, vol. 22, pp. 264, 267.

183) "Karl Marx to Friedrich Sorge", 1 September 1870, *MECW*, vol. 44, p. 57.

184) Christopher Clark, "From 1848 to Christian Democracy", in Ira Katznelson and Gareth Stedman Jones (eds.), *Religion and the Political Imagination*, Cambridge, Cambridge University Press, 2010, pp. 190–213.

185) Robert Tombs, *The Paris Commune 1871*, London, Longman, 1999, p. 57.

186) 다음에서 인용. John Merriman, *Massacre: The Life and Death of the Paris Commune of 1871*, New Haven, Yale University Press, 2014, p. 45.

187) Tombs, *Paris Commune*, Appendix 1, pp. 219 and 78–9.

188) See Merriman, *Massacre*, p. 63.

189) Cited in Tombs, *Paris Commune*, p. 117.

190) Ibid., pp. 114–15.

191) K. Steven Vincent, *Between Marxism and Anarchism: Benoît Malon and French Reformist Socialism*, Berkeley/Oxford, University of California Press, 1992, pp. 14–16.

192) 19세기에는 살해당한 이들의 숫자가 1만 명에서 4만 명 사이라는 주장들이 많았지만 이는 과도한 주장이다. 오늘날에 이루어지고 있는 사망자의 추산치는 시체 안치소 기록과 여타의 공식적 자료들에 기초하고 있다. Robert Tombs, "How Bloody was *La Semaine sanglante of 1871?", Historical Journal*, 55/3 (2012), pp. 679–704.

193) "Meeting of the General Council', 21 March 1871, *MEGA*, I, xxii, pp. 522–3.

194) "Meeting of the General Council', 18 April 1871, *MEGA*, I, xxii, p. 537.

195) "Karl Marx to Dr Kugelmann", 12 April 1871, *MECW*, vol. 44, p. 132. 이러한 판단은 엥겔스 또한 4월 11일의 전체 평의회에서 내놓았던 바 있었다. 하지만 이는 3월 26일 선거에 이르는 첫 번째 주간 동안 국민 방위군이 계속해서 베르사유 정부군과 협상이 가능할 수 있다는 희망을 품고 있었음을 감안하지 않은 것이다. 둘째, 그 전까지 시도된 파리로부터 포위선 돌파 시도가 모두 실패했던 점을 보아 파리 주민들이 정말로 베르사유 정부군을 이길 수 있었을지는 전혀 분명치 않다.

196) Karl Marx, The Civil War in France: Address of the General Council of the International

Working Men's Association, MECW, vol. 22, p. 320.

197) Ibid., p. 328. 하지만 이런 제도 및 기관들은 정부가 파리에서 베르사유로 퇴각함에 따라 스스로 철거했다고 말하는 편이 정확할 것이다. 또한 카를은 '모든 혁명에서 계급투쟁의 진보적 국면이 지나고 나면 국가 권력의 순수히 억압적 성격'이 '갈수록 더욱 굵은 선으로 두드러지게 부각'되어 나온다고 주장하고 있다. 하나의 경험적 관찰에 의거한 주장으로서 본다면 이렇게 주장하는 게 불가능한 것은 아니다. 하지만 카를은 이를 근대 산업 발전에 필연적으로 수반되는 경향의 일부로서 제시하고 있는 바, 이는 잘못이다. 제3공화국 기간 동안 국가 권력은 제2제국 시절보다 억압성이 덜했다. 이러한 이유에서 보나파르트의 제국이 '부르주아지는 이미 국가를 지배할 능력을 잃었고 노동계급은 아직 그 능력을 얻지 못한 상태에서 나올 수 있는 유일한 정부 형태'라는(Ibid., p. 330) 주장 또한 근거가 없다는 것이 입증된다.

198) 이러한 논점은 다음에서 명쾌하게 제시되고 있다. Avineri, *Social and Political Thought*, pp. 241–2.

199) Marx, *Civil War in France*, pp. 334–5.

200) Ibid.

201) Karl Marx, "First Draft of The Civil War in France", *MECW*, vol. 22, p. 499.

202) Marx, *Civil War in France*, pp. 348, 353.

203) Ibid., pp. 342–3.

204) Ibid., p. 341.

205) "Karl Marx to Friedrich Engels", 6 September 1870, *MECW*, vol. 44, pp. 64–5.

206) "Karl Marx to Edward Beesly", 19 October 1870, *MECW*, vol. 44, pp. 88–9.

207) 이는 오스트리아의 사회주의자였다가 경찰 앞잡이가 된 하인리히 오베르빈더Heinrich Oberwinder가 1887년에 출간한 그의 『비망록』에 나와 있다고 한다. 다음에서 인용. Boris Nicolaievsky and Otto Maenchen-Helfen, *Karl Marx: Man and Fighter*, trans. G. David and E. Mosbacher, London, Allen Lane, 1973 [1933], p. 347.

208) "Karl Marx to Dr Kugelmann", 17 April 1871, *MECW*, vol. 44, pp. 136–7.

209) 프로이센군에 의해 포위되어 있을 당시 티에르는 모든 수표와 집세의 지불을 3월 13일까지 중지시키는 명령에 서명했지만, 그것을 갱신하는 것은 거부했다. 그 결과 3월 13일과 18일 사이에 무려 15만 건의 수표 및 집세 결제 청구서가 당국에 제출되었다. 파리코뮌은 이러한 지불 중지 명령을 갱신했다. Avineri, *Social and Political Thought*, p. 247.

210) Marx, *Civil War in France*, p. 337. '첫 번째 초고'에서 카를은 이렇게 썼다. "중소 규모의 중간계급은 최초로 노동자들의 혁명에 공개적으로 한 편이 되었고, 그것이 자신들 및 프랑스가 해방되는 유일한 수단이라고 선언했다. 이들은 노동자들과 함께 국민 방위군의 대다수를 이루었고, 코뮌 회의에 노동자들과 함께 참여했고, '공화주의 연합Union Républicaine'에서는 노동자들의 입장을 대변했다." Marx, "First Draft", p. 496.

211) Marx, "First Draft", p. 496.

212) Marx, *Civil War in France*, p. 339.

213) Marx, "First Draft", p. 498.

214) Ibid., p. 487.

215) 카를은 "오늘날 유럽 대륙의 거대한 군사 국가들 대부분의 내부에는 제국, 제국주의, 그리고

의회의 우스꽝스러운 모조품 같은 것이 결합된 체제régime가 창궐하고 있다"고 말한다. Karl Marx, "Second Draft of The Civil War in France ", *MECW*, vol. 22, p. 533.

216) Marx, *Civil War in France*, p. 332.

217) Ibid.

218) Ibid., p. 335. 또한 '첫 번째 초고'를 보면 생산자 연합 사회로의 이행은 노예제에서 농노제로, 또 농노제에서 자유 노동으로 이행했던 데에서 생겨난 '새로운 조건의 오랜 발전 과정'에 비유되고 있다. "노동계급은 자신들이 계급투쟁의 여러 다른 국면과 단계들을 통과해야만 한다는 것을 알고 있다. 이들은 또한 노동이 자유롭게 연합한 사회의 조건들로 노예 노동이라는 경제적 조건들을 대체하는 것은 오직 시간이 지나면서 이루어질 수밖에 없는 일이라는 것도 알고 있다." Marx, "First Draft", p. 491.

219) McLellan, *Karl Marx: His Life and Thought*, p. 400.

220) "Karl Marx to Dr Kugelmann", 18 June 1871, *MECW*, vol. 44, p. 158.

221) Collins and Abramsky, *Karl Marx and the British Labour Movement*, pp. 211, 215.

222) Marx, Civil War in France, p. 355.

223) '시민 마르크스'는 전체 평의회에 이렇게 말했다. "영국의 언론 매체는 티에르의 경찰견 역할을 충실히 했습니다. … 이들은 인터내셔널의 여러 목적과 원칙이 무언지 충분히 잘 알고 있으면서… 우리가 페니언 비밀결사는 물론 1830년에 이미 사라져 버린 카르보나리 비밀결사, 1854년에 사라진 마리안느Marianne 비밀결사, 그 밖에 여러 비밀결사 등을 모두 품고 있다는 취지의 기사들을 유통시키고 있습니다." "Meeting of the General Council', 6 June 1871, *MEGA*, I, xxii, p. 560.

224) "Karl Marx to Dr Kugelmann", 27 July 1871, *MECW*, vol. 44, p. 177.

225) Marx, Civil War in France, p. 324.

226) Ibid., p. 352.

227) Thomas Wright, *Our New Masters*, London, Strahan, 1873, pp. 194 –9

228) "Meeting of the General Council', 20 June 1871, *MEGA*, I, xxii, pp. 565 –6.

229) "Eleanor Marx to the Aberdeen Socialist Society", 17 March 1893, cited in Kapp, *Eleanor Marx*, pp. 134 –6.

230) "Jenny Marx to Ludwig and Gertrud Kugelmann", 21 –22 December 1871, *MECW*, vol. 44, p. 566. 그녀는 좀 더 가벼운 농담조로 그녀의 아버지가 도우려고 노력했던 바를 이야기하고 있다. 그는 "모든 각국의 지배계급과 싸워야 했을 뿐만 아니라 스스로 팔을 걷어붙이고 저 '뚱뚱하고 덩치 큰 40대' 집주인 아주머니들과 백병전을 치러야 했어요. 이 이런저런 코뮌 전사 난민들이 집세를 내지 못했기 때문에 카를을 공격했던 것이죠. 그는 '추상적 사유abstrakten Gedanken'에 푹 빠져들어 가는 것과 똑같이 스미스 부인 혹은 브라운 부인을 향해서도 용감하게 돌진했답니다. 만약 프랑스의 『피가로』지가 이 사실을 알았다면 아마도 그 문예란에 참으로 볼만한 기사가 실렸겠죠!" ibid.

231) "Declaration to the French People", Tombs, *Paris Commune*, pp. 217 – 18.

232) James Guillaume, *L'Internationale: Documents et souvenirs (1864–1878)*, Paris, Société nouvelle de librairie et d"édition, 1905, vol. 1, part II, p. 192.

233) 한 번 언급이 나오기는 하지만 이는 비판적 역사적 맥락에서였다. "코뮌의 헌법은 몽테스키

외와 지롱드 당원들이 꿈꾸었던 바 있는 모종의 소국들의 연방으로 프랑스를 해체하려는 시도라고 잘못 오해된 바 있다"는 게 그의 주장이었다. Marx, *Civil War in France*, p. 333.

234) 이것이 카를이 그 연방이라는 말에 대해 적개심을 가지게 된 연유였다. 그 불과 1년도 채 되기 전에 카를은 엥겔스에게 자신은 프로이센이 전쟁에서 이기기를 희망한다고 말하고 있다. 왜냐하면 '국가권력의 중앙집중화'는 '독일 노동계급의 중앙집중화에 도움이 될 것'이며, '프루동의 이론에 대해 우리의 이론이 지배력을 가지게 될 것임을 뜻하는 것이니까.' "Karl Marx to Friedrich Engels", 20 July 1870, *MECW*, vol. 44, pp. 3–4.

235) Archer, First International in France, p. 43.

236) 세자르 드 페페César De Paepe(1841–1890)는 브뤼셀 자유대학을 졸업한 의사였다. 인터내셔널 안에서 1872년에 분열이 생겼던 당시 처음에는 쥐라 지부의 편에 섰지만, 각종 사회 서비스, 특히 공공 의료 서비스의 공급을 위해서는 사회민주주의적 국가가 필연적이라는 관점을 지지하게 된다. 1877년 그는『진보적 사회주의Le Socialisme progressif』라는 잡지를 창간한다. 이 잡지는 노동조합의 역할과 점진적 형태의 사회주의를 강조하는 잡지였다. 제1인터내셔널에서 그의 여러 활동의 의미와 중요성에 대해서는 다음을 보라. William Whitham, "César De Paepe and the Politics of Collective Property", M. Phil. dissertation, Cambridge University, 2015.

237) Paul Thomas, *Karl Marx and the Anarchists*, London, Routledge and Kegan Paul, 1980, p. 278.

238) William Whitham, "Anarchism and Federalism in the International Working Men's Association 1864–1877", BA Thesis, Harvard University, 2014, pp. 48–9; Archer, *First International in France*, p. 196.

239) Whitham, "Anarchism and Federalism", p. 29; G. M. Stekloff, *History of the First International*, London, M. Lawrence, 1928, pp. 141–2.

240) Alexander Herzen, My Past and Thoughts: The Memoirs of Alexander Herzen, trans. C. Garnett, New York, A. A. Knopf, 1968, vol. 3, pp. 1351–2. 알렉세이 코미아코프Aleksey Khomyakov는 1840년대의 모스크바 인텔리겐차 중에서도 서유럽에 대한 회의적 태도 그리고 비잔틴 제국의 역사와 문화를 재생하고자 하는 노력 등으로 유명했다. 다음을 보라. Pavel V. Annenkov, *The Extraordinary Decade: Literary Memoirs*, ed. Arthur P. Mendel, Ann Arbor, University of Michigan Press, 1968 [1881], pp. 92–101.

241) Annenkov, *Extraordinary Decade*, p. 21.

242) 나는 바쿠닌의 이해에 있어서 다이애나 시클로번의 연구에서 발견된 것들에 많은 빚을 지고 있다. 그녀는 바쿠닌이 1848년 이전 시기에 가지고 있었던 신념들이 지속적인 중요성을 가지고 있으며, 1860년대에 들어서 바쿠닌이 이를 다시 새롭게 언명하기는 하지만 근본적으로는 바뀐 것이 없다는 점을 강조한다. Diana Siclovan, "Mikhail Bakunin and the Modern Republic 1840–1867", History Dissertation, Cambridge University, 2009.

243) Herzen, *My Past and Thoughts*, vol. 3, p. 1351.

244) M. Bakunin, *Le Catéchisme révolutionnaire*, March 1866, 다음에서 인용. Siclovan, "Mikhail Bakunin and the Modern Republic", p. 44.

245) Mikhail Bakunin, "La Question slave", August 1867, p. 3, 다음에서 인용. Siclovan, "Mikhail

Bakunin and the Modern Republic", p. 44. 이 구절이 보여 주고 있듯이, '아나키스트'라는 말은 이 시대에는 아직 큰 무게가 실리는 말은 아니었다. 바쿠닌의 저작에서 '아나키스트'란 단순히 '연방주의자' 혹은 다른 곳에서는 '사회주의자'를 뜻하는 말이었다.

246) Whitham, "Anarchism and Federalism".

247) Vyrubov, 다음에 인용되어 있다. E. H. Carr in, *Michael Bakunin*, London, Macmillan Press, 1975 [1937], p. 343; 또한 James Joll, *The Anarchists*, London, Eyre and Spottiswoode, 1964, p. 98.

248) 다음에서 인용. Thomas, *Marx and the Anarchists*, pp. 303 – 4.

249) Ibid., p. 306.

250) 1872년에 바쿠닌이 쓴 편지의 텍스트. 다음에서 인용. ibid. p. 305.

251) Ibid., pp. 318 – 19.

252) "Karl Marx to Friedrich Engels", 4 November 1864, *MECW*, vol. 42, pp. 18 – 19; ibid., 11 April 1865, p. 140.

253) See the *Neue Rheinische Zeitung*, 5 July 1848. 이러한 억측은 조르주 상드George Sand가 개입하여 아무런 근거가 없다고 선언하면서 철회되었다.

254) "Karl Marx to Friedrich Engels", 4 October 1867, *MECW*, vol. 42, p. 434.

255) "Mikhail Bakunin to Karl Marx", 22 December 1868, in Guillaume, L'Internationale, vol. 1, pp. 103. 170 – 79.

256) "Karl Marx to Friedrich Engels", 15 December 1868, *MECW*, vol. 43, p. 190.

257) "Karl Marx to Friedrich Engels", 14 March 1869, *MECW*, vol. 43, p. 240.

258) "Meeting of the General Council', 8 August 1871, *MEGA*, I, xxii, p. 591

259) "Meeting of the General Council', 25 July and 15 August 1871, *MEGA*, I, xxii, pp. 582, 594.

260) Ibid.

261) "Karl Marx to Jenny Marx", 23 September 1871,*MECW*, vol. 44, p. 220.

262) 송빌리에에서의 진행된 회의에 직접 참여한 이가 쓴 이야기로는 다음을 보라. Guillaume, L'Internationale, vol. 2, 1907, part IV, pp. 232 – 44.

263) Karl Marx and Friedrich Engels, "Fictitious Splits in the International', 5 March 1872, *MECW*, vol. 23, p. 89.

264) 바쿠닌과 네차예프의 관계에 대한 아주 설득력있는 설명, 그리고 좀 더 일반적으로 1848년 이후의 여러 망명객들 사이의 관계에 대해서는 다음을 보라. Carr, *Romantic Exiles*, ch. 14.

265) 예를 들어 다음을 보라. Marx and Engels, "Fictitious splits in the International', p. 89.

266) Ibid., pp. 79 – 123. 이 팸플릿은 반대파를 침묵하게 만드는 데 실패했고, 이탈리아에서는 카를로 카피에로Carlo Cafiero가 나서서 그 저자들이 '사람들 다 보는 앞에서 더러운 이불보를 빨고 있다'고 비난했으며, 바쿠닌은 '마르크스 씨'가 '남에게 똥물을 끼얹는 그 못된 습관을 또 무기로' 쓰고 있다고 생각했다. Thomas, *Marx and the Anarchists*, pp. 324 – 5.

267) "Karl Marx to César De Paepe", 24 November 1871, *MECW*, vol. 44, pp. 263 – 4.

268) "Karl Marx to Dr Kugelmann", 29 July 1872, *MECW*, vol. 44, p. 413.

269) Michael Bakunin, *Statism and Anarchy*, ed. and trans. Marshall Shatz, Cambridge,

Cambridge University Press, 1990 [1873], p. 3.

270) L. B. Namier, *1848: The Revolution of the Intellectuals*, London, Oxford Unversity Press, 1971 [1944].

271) Bakunin, *Statism and Anarchy*, p. 194.

272) Ibid.

273) Ibid., pp. 130–31, 140.

274) Ibid., pp. 181, 180, 142, 176.

275) Ibid., pp. 177–8, 23–4.

276) Ibid., pp. 23–4, 177–8.

277) Ibid., p. 141.

278) Ibid., pp. 177, 182, 189.

279) Karl Marx, "Notes on Bakunin"s Statehood and Anarchy ", April 1874–January 1875, *MECW*, vol. 24, p. 518.

280) Ibid., p. 519.

281) Ibid., pp. 520–-521.

282) John Stuart Mill, *Autobiography*, London, Longmans, Green, Reader and Dyer, 1873, p. 694.

283) "General Council to the Federal Council", pp. 86–8.

284) "(On Trade Unions) Minutes of London Conference of the International", 20 September 1871, *MECW*, vol. 22, p. 614.

285) Gerth (ed.), *First International*, p. 262; 하지만 그는 이른바 '제12지회'를 배제하는 문제에 있어서는 훨씬 더 강경한 입장을 택했다. 이 사건은 제1인터내셔널과 미국 여성주의의 대표자들이 조우할 수도 있었던 순간이기도 했다. 하지만 카를은 이 조직을 '기본적으로 빅토리아 우드헐Vicotria Woodhull 여사가 출세를 노리고서 만든 조직'이며, '자유 연애네 영지주의spiritualism네 운운하는 그녀의 정당의 소중한 교의들을' 확산시키기 위해 만든 조직이라고 여겼다. 그는 이 조직이 '순전히 가짜 개혁가들, 중간계급 사기꾼들, 협잡꾼 정치가들로만 이루어진' 조직이라고 주장했다. Ibid., p. 264.

286) "Karl Marx to Wilhelm Liebknecht", 11 February 1878, *MECW*, vol. 45, p. 299.

287) Gerth (ed.), *First International*, p. 285.

288) "Karl Marx to César De Paepe", 28 May 1872, *MECW*, vol. 44, p. 387.

289) "Karl Marx to Friedrich Engels", 17 August 1870, *MECW*, vol. 44, p. 51.

290) "Karl Marx to Sigfrid Meyer", 21 January 1871, *MECW*, vol. 44, p. 102.

291) "Karl Marx to his Daughters Jenny, Laura and Eleanor", 13 June 1871, *MECW*, vol. 44, p. 153.

292) Ibid.

293) 피레네 산중에서 이 자매들이 겪은 이야기의 설명으로는 Kapp, Eleanor Marx, vol. 1, pp. 126–32.

294) "Karl Marx to Ludwig Kugelmann", 27 July 1871, *MECW*, vol. 44, p. 176.

295) "Friedrich Engels to Elizabeth Engels", 21 October 1871, *MECW*, vol. 44, p. 229.

296) "Karl Marx to Friedrich Engels", 15 August 1870, *MECW*, vol. 44, p. 45.
297) "Karl Marx to Frederick Bolte", 23 November 1871, *MECW*, vol. 44, p. 256.
298) "Karl Marx to Karl Liebknecht", 17 November 1871, *MECW*, vol. 44, pp. 247–8.
299) "Karl Marx to César De Paepe", 24 November 1871, *MECW*, vol. 44, p. 263.
300) "Karl Marx to Paul Lafargue", 21 March 1872, *MECW*, vol. 44, p. 347

12장 미래로 돌아가서

1) 카를이 생각했던 그 두 번째 책은 제2권인 '자본의 유통 과정'과 3권인 '전체로서의 자본주의적 생산과정'을 모두 포함하도록 되어 있었다. 제3권은 경제 이론의 역사를 다루는 책으로 되어 있었다. 카를이 죽은 후 엥겔스는 그 2권과 3권을 별개의 책으로 출간했고, 카우츠키는 이른바 『자본론』 3권이라고 여겨지는 『잉여가치 학설사』를 출간했다(이 책의 번역에서는 오해를 피하기 위해 그 2권과 3권을 모두 포함하는 것으로 마르크스가 계획했던 'second volume'이라는 말을 '2권'이 아닌 '후반부'라고 번역하기로 한다– 옮긴이).
2) Engels, "Preface to the First German Edition of *Capital*, Book II: *The Process of Circulation of Capital*", *MECW*, vol. 36, pp. 6–9; 엘리노어에 따르면 엥겔스는 2권의 자료가 되는 원고로부터 '무언가를 만들어 하기로' 되어 있었다고 한다. ibid., pp. 9–10.
3) "Karl Marx to Maurice Lachâtre", 18 March 1872, *MECW*, vol. 44, p. 344.
4) "Karl Marx to Laura Lafargue", 28 February 1872, *MECW*, vol. 44, p. 327; "Karl Marx to Nikolai Danielson", 28 May 1872, MECW, vol. 44, p. 385. 카를은 이 프랑스어본이 더 쉽게 읽힐 수 있도록 문제를 고쳤을 뿐만 아니라 자본주의, 공장, 노동의 본성 등에 대한 자신의 묘사에 작지만 중요한 수정들을 가하여 좀 더 정치적인 호소력을 증대시키고자 했다. Julia Catherine Nicholls, "French Revolutionary Thought after the Paris Commune, 1871–1885", Ph.D. thesis, Queen Mary University of London, 2015, ch. 3.
5) "Friedrich Engels to Ludwig Kugelmann", 1 July 1873, *MECW*, vol. 44, pp. 515–16.
6) Ibid., 28 April 1871, pp. 142–3. 쿠겔만은 하노버에 살았다.
7) 또한 카를과 예니가 엘리노어가 프랑스 코뮌 전사였던 리사가레와 약혼한 것을 인정하지 않은 것도 이러한 갈등의 원인이었다.
8) "Karl Marx to Friedrich Sorge", 4 August 1874, *MECW*, vol. 45, p. 28. 프리드리히 조르게 Friedrich Sorge(1828–1906년)는 1848년 독일 혁명에 참여했고, 그 뒤에는 스위스, 벨기에 등으로 이주했다가 마침내 1852년에는 미국으로 갔다. 그는 제1인터내셔널의 미국 지회 조직가였다.
9) "Karl Marx to Nikolai Danielson", 12 August 1874, *MECW*, vol. 44, p. 522.
10) Karl Marx, Capital, vol. III: The Process of Capitalist Production as a Whole, *MECW*, vol. 37, p. 240.
11) 이 문제는 이 장의 5절과 6절에서 논의할 것이다. 『자본론』의 독일어본 1판에 본래 붙어 있었던 서문을 보면 이러한 보편적 발전의 이론을 의도하고 있음이 명확히 드러나고 있다. "Preface to the First German Edition of *Capital*", p. 9.

12) "Karl Marx to Ludwig Kugelmann", 18 May 1874, *MECW*, vol. 45, p. 17.
13) "Karl Marx to Friedrich Engels", 18 September 1874, *MECW*, vol. 45, p. 46; "Eleanor Marx to Jenny Longuet", 5 September 1874, cited in Olga Meier (ed.), *The Daughters of Karl Marx: Family Correspondence 1866–1898*, Harmondsworth, Penguin Books, 1982, p. 117.
14) 프란치스카 쿠겔만의 이 구절은 Franziska Kugelmann, *Reminiscences*, 1926에서 가져온 것으로, 다음에 재인용되어 있다. David McLellan (ed.), *Karl Marx: Interviews and Recollections*, London, Macmillan, 1981, pp. 286–7. 마르크스는 '자기보다 나이도 훨씬 어린 이가' 이렇게 '과도하게 열정적인 입장'을 취하는 것을 참을 수가 없었던 것으로 보이며, '이를 자신의 자유에 대한 침해'라고 여겼던 듯하다.
15) "Friedrich Engels to Wilhelm Bracke", 11 October 1875, *MECW*, vol. 45, p. 96.
16) "Friedrich Engels to Ludwig Kugelmann", 20 October 1876, *MECW*, vol. 45, p. 162.
17) "Karl Marx to Nikolai Danielson", 15 November 1878, *MECW*, vol. 45, p. 343.
18) "Karl Marx to Nikolai Danielson", 10 April 1879, *MECW*, vol. 45, p. 354.
19) "Friedrich Engels to August Bebel', 30 August 1883, *MECW*, vol. 47, p. 53.
20) "Friedrich Engels to Friedrich Sorge", 12 September 1874, *MECW*, vol. 45, p. 44; 절정에 달했을 때에는 프랑스 난민들의 숫자가 1000~1200명에 달했던 것으로 추산된다.
21) "Jenny Marx to Karl Liebknecht", 26 May 1872, *MECW*, vol. 44, p. 580.
22) Yvonne Kapp, *Eleanor Marx*, 2 vols., London, Lawrence & Wishart, 1972, vol. 1, p. 184; 이 저서는 지금도 마르크스 가족의 삶에 대한 결정적인 위치를 가진 연구로 남아 있다. 하지만 최근에 이에 도전하는 전기가 새로 나오기도 했으며 볼 필요가 있다. Rachel Holmes, *Eleanor Marx*: A Life, London, Bloomsburry, 2014.
23) Ibid., p. 217.
24) "Jenny Marx to Wilhelm Liebknecht", 26 May 1872, *MECW*, vol. 44, p. 581.
25) Ibid.
26) "Friedrich Engels to Laura Lafargue", 11 March 1872, *MECW*, vol. 44, p. 339.
27) "Jenny Marx to Friedrich Sorge", 20–21 January 1877, *MECW*, vol. 45, pp. 447–8.
28) "Friedrich Engels to Friedrich Sorge, 12–17 September 1874, *MECW*, vol. 45, p. 44.
29) Leslie Derfler, *Paul Lafargue and the Founding of French Marxism 1842–1882*, Cambridge, Mass., Harvard University Press, 1991, pp. 154–5 또한 다음을 보라. *Correspondence of Friedrich Engels and Paul and Laura Lafargue*, 3 vols., Moscow, Foreign Languages Publishing House, 1959–60.
30) "Friedrich Engels to Paul Lafargue", 12 September 1880, *MECW*, vol. 46, p. 32.
31) 훗날 라파르그는 이런 글을 남겼다. "마르크스가 전체 평의회를 위해 작성한 프랑스 내전에 대한 선언문에 보면 파리코뮌에 사회주의적 성격을 부여하고 있지만, 파리코뮌은 그 짧은 존속 기간 동안 그러한 성격은 분명히 띠지 않았다. 어쨌든 그때 이후로 코뮌 난민들은 사회주의에 대해 일자무식인 주제에 스스로를 사회주의의 대표자라고 상당히 진지하게 여기게 되었다." Paul Lafargue, "Socialism in France from 1876 to 1896", *Fortnightly Review*, September 1897, 다음에서 인용. Chushichi Tsuzuki, *The Life of Eleanor Marx, 1855–1898*:

A Socialist Tragedy, Oxford, Clarendon Press, 1967, pp. 33–4.

32) "Eleanor Marx to Jenny Longuet", 7 November 1872, in Meier (ed.), *Daughters of Karl Marx*, p. 113; 그때 이후로 엘리노어와 라우라 또한 서로 이야기하지 않는 사이가 되었던 것으로 보인다.

33) "Karl Marx to Friedrich Engels", 23 May 1873, *MECW*, vol. 44, p. 496.

34) Ibid., 30 November 1873, pp. 342–3.

35) "Karl Marx to Ludwig Kugelmann", 19 January 1874, *MECW*, vol. 45, p. 3.

36) Ibid., 18 May 1874, p. 17.

37) Bottigelli Archives, 다음에서 인용. Kapp, *Eleanor Marx*, vol. 1, pp. 153–4.

38) "Karl Marx to Friedrich Engels", 14 August 1874, *MECW*, vol. 45, p. 34. 또한 Rachel Holmes, *Eleanor Marx: A Life*, London, Bloomsbury, 2014, pp. 119–24. 엘리노어의 증상은 신경성 식욕 부진과 비슷해 보인다. 이 병이 하나의 의학적 문제로 온전히 분석된 것은 1783년 윌리엄 걸 경Sir William Gull의 연구인 『신경성 식욕부진』이 출간되었던 때였다. 하지만 의사들이 식습관 장애가 부분적으로 전적으로 신체적인 것이 아니라 부분적으로 심리적 감정적인 문제임을 이해하기 시작한 것은 1930년대 이후의 일이다.

39) Ibid., 19 August 1876, p. 136.

40) Ibid., 23 July 1877, p. 245.

41) Ibid., 17 August 1877, p. 268.

42) "Karl Marx to Jenny Longuet", 18 August 1881, *MECW*, vol. 46, p. 134.

43) "Eleanor Marx to Olive Schreiner", 16 June 1884, cited in Kapp, *Eleanor Marx*, vol. 1, p. 221.

44) "Karl Marx to Laura Lafargue", 4 January 1882, *MECW*, vol. 46, p. 169.

45) "Karl Marx to Friedrich Engels", 11 November 1882, *MECW*, vol. 46, p. 375.

46) Derfler, *Paul Lafargue*, pp. 158–9.

47) "Friedrich Engels to Eduard Bernstein", 2–3 November 1882, *MECW*, vol. 46, p. 356.

48) Eleanor Marx, "Introduction" to *History of the Commune of 1871 from the French of Lissagaray*, New York, International Publishing Company, 1898.

49) Cited in Werner Blumenberg, *Portrait of Marx: An Illustrated Biography*, trans. Douglas Scott, New York, Herder & Herder, 1972, p. 123.

50) "Karl Marx to Maurice Lachâtre", 12 October 1872, *MECW*, vol. 44, p. 438.

51) "Karl Marx to Friedrich Sorge", 4 August 1874, *MECW*, vol. 45, p. 30.

52) Patrick Hutton, *The Cult of the Revolutionary Tradition: The Blanquists in French Politics, 1864–1893*, Berkeley, University of California Press, 1981, chs. v–vii.

53) Henry Mayers Hyndman, The Record of an Adventurous Life, London, Macmillan, 1911, p. 272.

54) Ibid., p. 285; 힌드먼의 저서는 자신이 1881년에 세운 급진파 조직인 '민주주의 연맹Democratic Federation'을 위해 쓰인 것이었다. 1884년, 이 조직은 '사회민주주의 연맹Social Democratic Federation'으로 이름을 바꾼다. 이것이 영국에서 최초로 사회주의를 명시적으로 내건 정치 조직이었다.

55) 게드는 자신과 동료들이 '어떤 정당의 통제도 받지 않으면서 런던에 거주하는 누군가의 뜻에 종속되어' 있다는 주장들을 반박해야만 했다. 다음을 보라. Boris Nicolaievsky and Otto Maenchen-Helfen, *Karl Marx: Man and Fighter*, trans. G. David and E. Mosbacher, London, Allen Lane, 1973 [1933], p. 402. 또한 카를이 프로이센 출신이라는 사실에 대한 암시도 빈번하게 이루어졌다. "Karl Marx to Friedrich Engels", 30 October 1882, *MECW*, vol. 46, p. 339.

56) *Woodhull and Claflin's Weekly*, 12 August 1871. 또한 다음을 보라. Shlomo Avineri, *The Social and Political Thought of Karl Marx*, Cambridge, Cambridge University Press, 1968, pp. 202–20.

57) Karl Marx, "On the Hague Congress: A Correspondent's Report of a Speech Made at a Meeting in Amsterdam on September 8 1872", *MECW*, vol. 23, p. 255.

58) Ferdinand Lassalle, "Arbeiterprogramm", in *Reden und Schriften: Aus der Arbeiteragitation 1862–1864*, ed. Friedrich Jenaczek, Munich, Deutscher Taschenbuch Verlag, 1970, p. 48.

59) Lassalle, "Was Nun?", in *Reden und Schriften*, pp. 104, 110.

60) "Karl Marx to Johann Baptist von Schweitzer", 13 October 1868, *MECW*, vol. 43, pp. 132–3.

61) "Friedrich Engels to Karl Marx", 7 August 1865, *MECW*, vol. 42, p. 178.

62) Karl Marx, *The Civil War in France, MECW*, vol. 22, p. 334.

63) 다음에서 인용. Susanne Miller and Heinrich Potthoff, *A History of German Social Democracy from 1848 to the Present*, Leamington Spa, Berg, 1986, p. 31.

64) August Bebel, *My Life*, London, T. Fisher Unwin, 1912, p. 278.

65) "Karl Marx to Wilhelm Bracke", 5 May 1875, *MECW*, vol. 24, p. 77.

66) Karl Marx, "Marginal Notes on the Programme of the German Workers' Party", 1875, MECW, vol. 24, p. 95. '프롤레타리아트 독재'는 20세기의 공산주의자들이 대단히 자주 사용했던 용어였다. 레닌은 이것이야말로 '마르크스의 가르침에 있어서 정수'라고 선언했으며, 이것이 1당 독재 국가를 정당화하는 으뜸가는 논리로 사용되었다. 하지만 카를이 이 구절을 사용한 것은 아주 드물게만 나온다. 그가 이 용어를 공적으로 언급한 것은 두 번뿐이고 모두 1850년에 있었던 일이었으며, 주권의 문제와 주로 관련된 것이었다. 이는 그가 1848년 『신라인 신문』에서 독재의 개념을 어떻게 사용했는지에서 가장 잘 보이고 있다. "우리는 애초부터 '자유주의자 수상이었던' 캄프하우젠이 독재적으로 행동하지 않을 것을 비판했으며, 낡은 제도들의 유제를 박살내고 제거하지 않는 것을 비판해 왔다." (Neue Rheinische Zeitung, 14 September 1848 (no. 102), *MECW*, vol. 7, p. 431). 그가 언급하는 상황은 3월 18일의 봉기로 인해 벌어진 베를린 상황이었으며, 그 결과 군주는 보편적 남성 선거권에 기초하여 새로운 프로이센 의회를 소집해야만 했다. 그때 문제는 주권이 이제 의회에 있는가, 아니면 여전히 신에게서 왕권을 물려받은 것이라고 주장하면서 군대와 관료의 물질적 지지를 똑같이 누리고 있었던 군주에게 있느냐였다. 1848년 9월, 이는 내각의 위기를 낳는다. 민중들이 구성한 민병대에 대해 군대가 공격을 감행하는 것에 대해 의회가 내각으로 하여금 공격을 중지시키라고 명령한 직후 내각 전체가 사임한 것이었다. 장관들은 이것이 입법부가 행정부의 권한을 침범하는 것으로 권력 분리의 헌법 원칙을 위배한 것이라고 항의했다. 하지

만 카를은 자신의 글에서 프로이센 인들이 "여전히 혁명의 진행을 겪고 있는 상황이며, 따라서 마치 확립된 입헌 군주제의 단계에 이미 도달한 것하는 것은 충돌을 낳을 뿐"이라고 주장한다. '혁명 직후의 모든 잠정적 상태에서는 모종의 독재 그것도 강력한 독재가 필요'하다는 것이었다. 이러한 법 외적인 상황에서 어떤 선택이 강제되는지에 대해 카를은 1792년 프랑스의 국민공회의 역사를 연구한 적이 있으므로 특히 잘 알고 있었다. 캄프하우젠 내각이 직면한 갈등은 프랑스혁명 초기 시절의 갈등, 특히 국민의회가 선출되었음에도 불구하고 왕에게 남겨진 '거부권suspensive veto'을 둘러싼 논란과 다르지 않은 것이었다. 하지만 프랑스의 경우 문제는 왕 스스로가 해결하는 꼴이 되었다. 혁명이 시작된 지 2년 후인 1791년 7월 루이 16세는 탈출을 시도했고, 이는 스티유 감옥이 무너진 이후 국민의회가 법령으로 시행한 모든 조치들을 배반해 버렸다. 일단 군주가 권력과 정당성을 이렇게 해서 잃어버리게 되자 주권이 인민에게 있다는 것은 이제 아무도 도전할 수 없는 진리가 되어 버렸다. 군중들이 들고 일어나면서 죄수들의 학살, 공화국 선포, 군주의 재판과 처형, 새로운 헌법을 확립하기 위한 국민공회의 소집 등이 나타나게 되었다 .카를은 고타 강령에 나타난 바 있는 '인민의 국가Volksstaat'라는 개념을 반대하는 사적인 편지(이는 카를이 죽고 난 뒤인 1891년이 되어서야 엥겔스에 의해 출간된다)에서 이러한 1848년에 구사했던 논리를 똑같이 반복하고 있다. "자본주의 사회와 공산주의 사회의 사이에는 전자가 후자로 넘어가는 혁명적 이행기가 존재하네. 또한 여기에 상응하는 모종의 정치적 이행기 또한 나타나게 된다네. 이때 국가는 다름아닌 프롤레타리아트의 혁명적 독재가 되는 것이지."

67) Friedrich Engels, "A Critique of the Draft Social-Democratic Programme of 1891", *MECW*, vol. 27, p. 227; Vernon Lidtke, "German Socialism and Social Democracy 1860 – 1900", in Gareth Stedman Jones and Gregory Claeys (eds.), *The Cambridge History of Nineteenth-Century Political Thought*, Cambridge, Cambridge University Press, 2011, pp. 804 – 5.

68) 베벨이 말한 바 있듯이, 이 강령은 정말로 "너무나 부족하지만… 당시에 성취할 수 있었던 최대한이었다." 그리고 "런던에 계신 두 분의 신사들을 만족시켜드리는 것은 정말로 쉬운 일이 아니었음을 보게 될 것이다. 우리 나름대로는 신중한 계산의 결과로 내놓은 영리한 전술적 행동이었던 것인데, 이 두 분은 이를 우리의 나약함으로만 보았던 것이다." Bebel, *My Life*, pp. 286 – 7.

69) Friedrich Engels, "Preface" to *Ludwig Feuerbach and the End of Classical German Philosophy*, 21 February 1888, *MECW*, vol. 26, pp. 519 – 20.

70) 역설적이게도 반 사회주의법은 사회민주당의 선거 조직으로서의 위상을 더욱 높여 주고 말았다. 지도부 당직자들은 당과 관련되어 발행되는 여러 신문과 잡지를 외국으로 옮겨야 했지만, 사회민주당 의원들은 여전히 제국의회는 물론 주 의회 및 지방 의회의 선거에서도 자리를 유지할 수 있었다.

71) "Karl Marx to Friedrich Engels", 8 January 1868, *MECW*, vol. 42, p. 513; "Karl Marx to Ludwig Kugelmann", 6 March 1846, *MECW*, vol. 42, p. 544.

72) David Riazanov, *Karl Marx and Friedrich Engels: An Introduction to Their Lives and Work*, London, Monthly Review Press, 1973 『1927』, p. 210.

73) Benedikt Kautsky (ed.), *Friedrich Engels' Briefwechsel mit Karl Kautsky*, Vienna, Danubia-Verlag, 1955, p. 477.

74) Friedrich Engels, Herr Eugen Dühring's Revolution in Science, *MECW*, vol. 25, p. 27.
75) Friedrich Engels, Socialism: Utopian and Scientific, *MECW*, vol. 24, p. 304.
76) Engels, Herr Eugen Dühring, pp. 145 – 6.
77) Ibid., p. 268.
78) Ibid., p. 265.
79) Ibid., p. 267.
80) Ibid., p. 268. 실로모 아비네리가 지적한 바 있듯이, 엥겔스의 '국가의 사멸Absterben des Staates'과 카를이 사용한 용어인 '국가의 지양Aufhebung des Staates' 사이에는 상당한 차이가 있었다. 후자는 헤겔 철학의 용어로서 국가와 시민사회의 구별을 폐지하는 동시에 넘어선다는 것을 뜻하고 있었다. 이는 곧 국가가 그 기능을 하나씩 잃어 간다는 뜻이 아니라, '공적 권력이 그 정치적 성격을 상실한다'는 것을 뜻하는 말이었다. 특정한 기능들을 수행하기 위해 이런저런 개인들을 선임할 수는 있겠으나, 이는 특별한 임무(예를 들어 구두를 한 켤레 마련한다)를 수행하기 위해 기능공을 선택하는 것과 다를 바가 없다는 것이었다. Avineri, *Social and Political Thought*, pp. 202 – 20. 이렇게 '인격적 개인의 지배가 행해지는 정부' 대신 '만사만물의 관리 및 행정'으로 대체한다는 생각은 그 기원이 생-시몽에게 있다.
81) 다음에서 인용. Lidtke, "German Socialism and Social Democracy", p. 799.
82) "August Bebel to Friedrich Engels", 28 March 1881, in Werner Blumenberg (ed.), *August Bebels Briefwechsel mit Friedrich Engels*, The Hague, Mouton, 1965, p. 106.
83) "Programme of the Social Democratic Party of Germany, Erfurt 1891", in Miller and Potthoff, *History of German Social Democracy*, p. 240.
84) Friedrich Engels, "Second Preface to *Herr Dühring*", 23 September 1885, *MECW*, vol. 25, p. 11.
85) Ibid., p. 23.
86) Friedrich Engels, "Draft of a Speech at the Graveside of Karl Marx", 14 – 17 March 1883, *MECW*, vol. 24, p. 463.
87) Engels, *Herr Eugen Dühring*, p. 270.
88) Karl Kautsky, *Ethics and the Materialist Conception of History,* Chicago, C. H. Kerr and Company 1914 [1906], pp. 96 – 7, 102. '유물사관'은 '사회적 유기체와 그 여러 세력 및 기관들의 운동과 발전 법칙'에 대한 혜안을 준다는 것이었다. ibid., p. 201.
89) Karl Marx, "Afterword to the Second German Edition", in *Capital*, vol. I: A Critique of Political Economy, *MECW*, vol. 35, pp. 18 – 19. 이 구절에서 카를이 긍정적으로 인용하고 있는 그 논평의 여러 주장 중에서도 다음과 같은 것이 있다. "마르크스는 사회의 운동을 하나의 자연사적 과정으로 다루고 있다. 즉 인간의 의지, 의식, 지적 능력과 독립된 법칙으로 지배되는 것일 뿐만 아니라 오히려 그들의 의지, 의식, 지적 능력을 결정하는 것으로서 말이다. … 즉 관념이 아닌 오로지 물질적 현상만이 그 출발점으로 복무할 수 있다는 것이다."
90) Engels, *Herr Eugen Dühring*, Part II, ch. X, MECW, vol. 25, pp. 211 – 44. 카를은 듀링이 그리스인들을 다루는 방식을 비판하는 것 이외에 윌리엄 페티William Petty의 중요성에 대한 자신의 관점을 옹호하는 것과 데이비드 흄의 주장들을 조롱하는 것에 주로 관심을 두고 있다.
91) Hyndman, Record of an Adventurous Life, p. 279.

92) 'Programme of the Social Democratic Party of Germany, Erfurt 1891', p. 240.
93) 'Friedrich Engels to August Bebel', 4 April 1885, *MECW*, vol. 47, p. 271.
94) Marx, Capital, vol. III, p. 245.
95) Friedrich Engels, 'Karl Marx's Funeral', *MECW*, vol. 24, p. 467.
96) 이러한 주장의 기원은 다윈이 쓴 편지들 중 하나가 다운Down에 있는 카를 집의 문서고에 잘못 정리되어 있었던 데에 있다. 이 편지는 『자본론』을 자신에게 헌정하는 것을 정중하게 거절하는 편지로서, 카를에게 보낸 것이 아니라 에드워드 에이블링(엘리노어의 동반자)에게 보낸 것이다.(에이블링은 『자본론』 1권의 영역자이기도 했다-옮긴이) 카를은 물론 『자본론』의 1873년의 2판을 한 권 다윈에게 보내기는 했지만, 이는 엥겔스가 강력하게 촉구하여 그런 것이었을 가능성이 높다.
97) 'Karl Marx to Friedrich Engels', 7 August 1866, *MECW*, vol. 42, p. 304.
98) Charles Darwin, *The Descent of Man*, 2 vols., London, J. Murray, 1871, vol. 1, pp. 96–7.
99) Karl Marx, *Economic and Philosophical Manuscripts of 1844, MECW*, vol. 3, p. 337.
100) Ibid., pp. 275, 276.
101) 'Karl Marx to Friedrich Engels', 18 January 1861, *MECW*, vol. 41, pp. 246–7.
102) Ibid., 18 June 1862, p. 381.
103) Ibid., 7 August 1866, *MECW*, vol. 42, pp. 304–5.
104) 'Friedrich Engels to Karl Marx', 2 October 1866, *MECW*, vol. 42, p. 320; 또한 다음을 보라. ibid., 5 October 1866, pp. 323–4.
105) 'Karl Marx to Dr Kugelmann', 9 October 1866, *MECW*, vol. 42, p. 327.
106) Gareth Stedman Jones (ed.), *Karl Marx and Friedrich Engels: The Communist Manifesto*, London, Penguin Books, 2002, p. 224.
107) Karl Marx, 'The British Rule in India', 10 June 1853, *MECW*, vol. 12, p. 128.
108) Karl Marx, *A Contribution to the Critique of Political Economy*, 1859, MECW, vol. 29, p. 75; Karl Marx, Capital, vol. I: *A Critique of Political Economy, MECW*, vol. 35, p. 88.
109) 'Karl Marx to Friedrich Engels', 7 November 1868, *MECW*, vol. 35, p. 9. 110. Karl Marx, Das Kapital, vol. I: *Kritik der politischen Oekonomie*, Hildesheim, Gerstenberg, 1980 (this is a fascimile of the first German edition, Hamburg, Verlag von Otto Meissner, 1867), p. 763.
111) 그의 정치경제학 비판의 초고들과 계획들이 새로이 나올 때마다 벌어진 여러 변화에 대해 자세히 분석한 연구로서는 다음을 보라 James D. White, *Karl Marx and the Intellectual Origins of Dialectical Materialism*, Basingstoke, Macmillan, 1996, ch. 4.
112) Karl Marx, 'The So-Called Primitive Accumulation', in *Capital*, vol. I, Part VIII, *MECW*, vol. 35, pp. 704–61.
113) Justus Möser, *Osnabrückische Geschichte*, 2nd edn, Berlin/Stettin, 1780 Nicolai, vol. 1, p. 10; 또한 역사 시대 초기의 토지 소유에 대한 18세기와 19세기의 독일 및 프랑스의 여러 이론의 개괄로는 다음을 보라. Alfons Dopsch, *The Economic and Social Foundations of European Civilization*, London, Kegan Paul, Trench, Trubner, 1937 [Vienna, 1923–4], ch. 1.
114) Justus Möser, 'Preface' to *Osnabrückische Geschichte*, Osnabrück, Schmid, 1768, pp. [ix–x].
115) Möser, *Osnabrückische Geschichte*, 2nd edn, vol. 1, p. 13.

116) K. F. Eichhorn, "Über den Ursprung der städtischen Verfassung in Deutschland", *Zeitschrift für geschichtliche Rechtswissenschaft*, 1 (1815), p. 172, 다음에서 인용. Dopsch, *Economic and Social Foundations*, p. 7.

117) Adam Kuper, *The Invention of Primitive Society: Transformations of an Illusion, London*, Routledge, 1988, p. 22.

118) John Mitchell Kemble, *The Saxons in England: A History of the English Commonwealth till the Period of the Norman Conquest*, London, Longman, Brown, Green and Longmans, 1849, vol. 1, pp. 53–4.

119) William Stubbs, *The Constitutional History of England, in Its Origins and Development*, 3 vols., Oxford, Clarendon Press, 1874, vol. 1, p. 11; J. W. Burrow, *A Liberal Descent: Victorian Historians and the English Past*, Cambridge, Cambridge University Press, 1981, p. 110.

120) Edward A. Freeman, *The Chief Periods of European History: Six Lectures Read in the University of Oxford in Trinity Term*, 1885, London, Macmillan, 1886, p. 64.

121) 다음에서 인용. Burrow, *Liberal Descent*, p. 176, n. 106.

122) John Richard Green, *A Short History of the English People, with Maps and Tables*, London, Macmillan, 1874, p. 4.

123) 이러한 입장 변화는 아이히호른의 저서 『독일의 국가 및 법의 역사Deutsche Staats-und Rechtsgeschichte』의 새 판이 나올 때마다 나타나고 있다. 도프슈는 아이히호른의 연구가 여러 판을 거치면서 점차 독일법의 표준적인 역사가 되었으며, '그의 마르크 공동체 이론은 이 나라의 헌정 및 법 역사 전체의 초석이 되도록 결정됐다'. Dopsch, *Economic and Social Foundations*, p. 8.

124) 올룹슨과 한센의 여러 발견에 대해서는 Hans-Peter Harstick, *Karl Marx und die zeitgenössische Verfassungsgeschichtsschreibung*, Münster, 1974, pp. xxxviii–xlii.

125) August von Haxthausen, *Über die Agrarverfassung in den Fürstenthümern Paderborn und Corvey und deren Conflicte in der gegenwärtigen Zeit: nebst Vorschlägen, die den Grund und Boden belastenden Rechte und Verbindlichkeiten daselbst aufzulösen*, Berlin, Reimer, 1829. 학스타우젠은 베스트팔렌의 가톨릭 귀족 가문 출신으로서, 귀족적 온정주의와 아담 뮐러Adam Müller가 옹호했던 종류의 '유기적' 사회 이론을 열성적으로 지지했던 이였다. 그는 시장적 관계가 농촌으로 확산되는 것의 비판자이기도 했다. 1930년대에 그의 저작은 프로이센의 군주인 프리드리히 빌헬름의 큰 존경을 얻게 되며, 왕은 법무부 장관에게 그가 프로이센의 여러 주들의 농업 관계들에 대해 보고서를 작성하도록 금전적 지원을 하라고 명을 내린다. 그의 저작은 서쪽의 주들 특히 라인란트에서 크게 비판을 받는다. 법에 대해 무지하다는 게 특히 중요한 이유였다. 내무부 장관 폰 슈크만von Schuckmann은 그의 저작이 사실상 프로파간다에 불과하며 몇 가지 일화 말고는 근거도 없다고 보았다. 그리하여 그의 작업에 대한 지원은 1842년에 끊어진다.

그의 작업이 프로이센에서 냉담한 반응에 처한 뒤로 그는 관심을 이른바 원시 슬라브 농업 집단으로 옮긴다. 이는 트리어의 고지대를 포함하여 (물론 그도 인정하지만 이는 그저 그가 들은 바에 기초한 정보였다) 독일의 좀 더 멀리 떨어진 지역에서 여전히 재생산되고 있는 형태라는 것이었다. August von Haxthausen, *Über den Ursprung und die Grundlagen der Verfassung in den ehemals slavischen Ländern Deutschlands, im Allgemeinen und des Herzogthums Pommern im Besondern: eine Einladungsschrift zur Erörterung und litterarischen Besprechung*, Berlin, Krause, 1842. 이러한 여러 발견에 힘입어 그는 러시아 황제 정부의 초빙을 받아 러시아 농촌을 여행하며 농민들의 상태에 대한 보고서를 작성하게 된다. 그는 1843~1844년의 겨울 동안 러시아를 돌아다닌다. 그는 러시아어를 하지 못했기 때문에 통역인을 데리고 작업했다. 그는 주로 도시들 특히 모스크바에서 작업했으며, 그곳의 러시아 슬라브주의자 지식인들은 충분히 예상할 수 있듯이 그의 주장들을 받아들였다. 그는 1846년 『러시아 내지의 상태, 사람들의 삶, 특히 농촌의 여러 제도들에 대한 연구Studien über die inneren Zustände, das Volksleben und insbesondere die ländlichen Einrichtungen Russlands』의 처음 두 권을, 그리고 1852년에는 마지막 권을 출간한다. 이 저작은 프랑스어, 영어, 러시아어로 번역된다. 비록 이 저작은 상상에서 나온 가정들에 기초해 있을 뿐만 아니라 사실적 기초는 아주 취약하지만, 나오자마자 슬라브주의자들 뿐만 아니라 급진파 인텔리겐치아 특히 알렉산더 헤르첸과 니콜라이 체르니솁스키 등에 의해 즉각적으로 받아들여진다. Tracy Dennison and A. W. Carus, 'The Invention of the Russian Rural Commune: Haxthausen and the Evidence', *Historical Journal*, 46/03 (September 2003), pp. 561 – 82.

126) Harstick, *Karl Marx und die zeitgenössische Verfassungsgeschichtschreibung*, pp. xxxviii – xlii.

127) Georg Ludwig von Maurer, *Einleitung zur Geschichte der Mark-Hof-Dorf-und Stadtverfassung und der öffentlichen Gewalt*, Vienna, Brand, 1896 [1854].

128) 디트마르쉬는 함부르크의 북동쪽에 있으며, 아주 큰 자율성을 누리는 지역이다. 이 지역은 제방과 간척지 개발로 유명할 뿐만 아니라, 15세기에 봉건제에 저항하고 독자적인 농민 공화국을 수립한 것으로도 유명하다.

129) Maurer, *Mark-Hof-Dorf-und Stadtverfassung*, pp. 1 – 6.

130) Henry Sumner Maine, *Village-Communities in the East and West: Six Lectures Delivered at Oxford*, London, J. Murray, 1871, p. 11.

131) Maine, *Village-Communities*, pp. 6 – 7.

132) Burrow, *Liberal Descent*, p. 169.

133) Kemble, *Saxons in England*, vol. 1, p. 74; Maine, *Village-Communities*, p. 9.

134) Ibid., p. 12.

135) Henry Sumner Maine, Ancient Law: *Its Connection with the Early History of Society and Its Relation to Modern Ideas*, 1861, London, J. Murray, p. 170.

136) Henry Sumner Maine, 'The Decay of Feudal Property in France and England', *Fortnightly Review*, vol. 21 (new series), April 1877, pp. 465, 467.

137) See Kuper, *Invention of Primitive Society*, pp. 29 – -32; Karuna Mantena, Alibis of Empire: *Henry Maine and the Ends of Liberal Imperialism*, Princeton, Princeton University Press, 2010, pp. 98 – 107.

138) Maine, *Ancient Law*, pp. 89, 120.

139) Maine, *Village-Communities*, pp. 76, 77.

140) Erwin Nasse, *On the Agricultural Community of the Middle Ages, and Inclosures of the*

Sixteenth Century in England, trans. Colonel H. A. Ouvry, London, Macmillan, 1871.

141) Henry Sumner Maine, *Lectures on the Early History of Institutions*, London, J. Murray, 1875, pp. 1–2.

142) 헤르첸이 이러한 입장을 전개했던 저작은 「다른 해변에서From the Other Shore」이다. 이 저작은 1848년에서 1849년 사이에 쓰였으며, 독일어판은 1855년에 처음 나왔다. 또 다른 저작은 『러시아 인민과 사회주의: 쥘 미슐레에게 보내는 공개서한The Russian People and Socialism: An Open Letter to Jules Michelet』이었다. 이는 프랑스어로 쓰였으며 1851년에 출간되었다.

143) 'Karl Marx to Friedrich Engels', 14 March 1868, *MECW*, vol. 42, p. 547.

144) Ibid., 25 March 1868, pp. 557–8.

145) Karl Marx, drafts of the letter to Vera Zasulich, 'First Draft', February/March 1881, *MECW*, vol. 24, p. 350. 베라 자술리치는 '토지 해방단Chornyi peredel'의 (1880년대 초 플레하노프, 액설로드, 자술리치 등이 결성한 인민주의 혁명 단체. 당시 토지 재구획peredel이 임박했다는 소문이 돌았고 이에 사회주의-연방주의의 정신에 입각하여 토지를 혁명적으로 평등하게 재분배하자는 조직으로 결성되었다. 이 조직이 무너진 뒤 1883년 마르크스주의자로 전향한 이들은 '노동자 해방단'을 결성한다-옮긴이) 대표로서 카를에게 1881년 2월 16일 편지를 보내어 촌락 코뮌의 미래에 대해 묻는다. 카를은 답장을 위하여 초고를 네 개나 준비하였고, 1881년 3월 8일에 최종적인 답장을 보낸다.

146) Maurer, *Mark-Hof-Dorf-und Stadtverfassung*, pp. xxxvii–xxxviii.

147) 'Karl Marx to Friedrich Engels', 25 March 1868, *MECW*, vol. 42, p. 557.

148) August von Haxthausen, *Studies on the Interior of Russia*, ed. S. Frederick Starr, Chicago, University of Chicago Press, 1972, p. 281.

149) White, *Karl Marx*, p. 224.

150) Marx, Capital, vol. I, p. 90. 영역본에는 '직접적인 종속 관계direct relations of subjection'라고 번역되어 있지만 독일어 원본에서는 '직접적인 지배 및 속박 상태unmittelbaren Herrschafts-und Knechtschafts-verhältnissen'라고 되어 있으니, 이 후자는 영주와 농노의 관계를 일컫는 표준적인 용어였다. Marx, Kapital, vol. I, p. 40. 이는 곧 카를이 이러한 '고대 아시아와 여타 고대적 생산양식'의 목록 속에 러시아 농노제도 포함시키고 있음을 시사한다.

151) 심지어 그가 처음 러시아어를 읽기 시작했던 1870년에도, 러시아의 촌락 코뮌에 대한 인민주의적 관점에 대한 카를의 태도는 변하지 않고 똑같았다. 그는 플레롭스키Flerovskii의 '농민 개혁과 토지의 공동체 소유Peasant Reform and the Communal Ownership of Land'에 주석을 달면서 붙여 놓은 비판적 노트에서 이렇게 쓰고 있다. '이 쓰레기를 읽다 보면 러시아의 공동체 소유는 러시아 야만주의와는 양립할 수 있지만 부르주아 문명과는 양립할 수 없다는 것이 드러난다.' 다음에서 인용. H. Wada, 'Marx and Revolutionary Russia', in Teodor Shanin (ed.), Late Marx and the Russian Road, London, Routledge & Kegan Paul, 1983, p. 45.

152) 게오르기 플레하노프Georgi Plekhanov(1856–1918)는 러시아 사회민주주의 운동의 창시자였다. 본래는 적극적인 인민주의자였지만, 이들의 테러 전술에 반대하여 단절한 집단 '토지 해방단Chernyi Peredel'을 결성한다. 1880년 그는 러시아에서 쫓겨나 그 후로 37년 동안 제네바에서 망명객 생활을 하게 된다. 그리고 1882~1883년의 연구 기간을 거쳐 마침내 그는 제네바에서 자신을 '마르크스주의자'라고 선언하게 된다. 1883년 플레하노프는 액설로드, 레

프 두슈Lev Dutsch, 바실리 이그나토프Vasily Ignatove, 베라 자술리치 등과 함께 최초의 러시아 마르크스주의 정치 집단인 '노동자 해방단'을 결성하게 된다. 이 집단에 들어온 이들 중에는 페테르 스루르베, 율리 마르토프Iulii Martove, 블라디미르 울리아노프 (즉 레닌) 등이 있었다. 베라 자술리치Vera Zasulich \(1849 – 1919)는 본래 바쿠닌 지지자였고 네차예프와도 아는 사이였다. 그녀는 1878년 상트페테르부르크의 총독인 표도르 트레포프 소령을 저격하여 심각한 상처를 입힌다. 재판에서 무죄로 석방된 그녀는 제네바로 도망가서 '노동자 해방단'을 함께 창설한다.

153) Marx, drafts of the letter to Vera Zasulich, February – March 1881, pp. 353, 354, 363, 368.

154) 다음에서 인용. Wada, 'Marx and Revolutionary Russia', p. 48. 이 글은 1870년대에 카를이 러시아에 대한 입장이 어떻게 바뀌었는지를 촘촘히 추적하는 데 대단히 가치가 크다.

155) Marx, 'Afterword to the Second German Edition', in Capital, vol. I, p. 15. 이와는 대조적으로 엥겔스는 촌락 코뮌을 굳이 전제정과 연결 짓는 것을 그만둘 생각이 없었다. 그는 『반듀링론』에서 이렇게 말한다. '고대의 공동체들이 계속해서 존재한 곳에서는 그것들이 러시아에서 인도에 이르도록 가장 잔인한 형태의 국가인 동양식 전제정의 기초를 형성하였다. 이곳의 민족들이 스스로 진보를 이룰 수 있었던 곳은 오직 이러한 공동체들이 해체된 곳들뿐이다.' Engels, Herr Eugen Dühring, p. 168.

156) 카를은 『조국의 소식Otechestvenniye Zapiski』의 편집자인 니콜라이 미하일롭스키Nicolai Mikhalovsky에게 보낼 편지의 초고를 작성하였지만 보내지는 않았다. 미하일롭스키는 『자본론』을 '보편적 진보의 정치적-철학적 이론'이라고 묘사하였으니, 모든 나라가 영국이 경험했던 것과 똑같은 농민의 수탈 과정을 거치게 되어 있다는 게 이 책의 주장이라고 보았으며, 인민주의에 대한 카를의 태도는 그의 헤르첸 비판에 집약되어 있다고 보았다. 카를은 그에게 1875년 프랑스어 번역본과 자신의 체르니셉스키에 대한 찬양을 볼 것을 주문하였고, 이에 자신이 인민주의자들의 분석과 동일한 입장임을 암시하였다. Wada, 'Marx and Revolutionary Russia', pp. 57 – 60. 이 편지에 대해서는 다음을 보라. MECW, vol. 24, pp. 196 – 201.

157) Marx, drafts of the letter to Vera Zasulich, 'First Draft', pp. 357, 360.

158) Ibid., 'Second Draft', p. 361. 하지만 이 초고는 결국 편지로 보내지지 않았다는 사실을 기억해야 한다.

159) 러시아혁명에 대한 이러한 카를의 관점 변화 즉 '단계 뛰어넘기'의 이야기는 20세기에 들어오면 보통 러시아라는 특수 상황과 『자본론』에 대한 러시아인들의 관심에의 대응으로 치부되었다. 특히 19세기 말 러시아의 '마르크스주의'는 인민주의 입장에 대한 거부와 결부되었기에 각별히 관심을 끌었다. 이는 '러시아 마르크스주의'의 아버지인 플레하노프와 그의 제네바 조직인 '노동자 해방단' 뿐만 아니라 레닌과 1889년에 나온 그의 저작 『러시아에서의 자본주의 발전』 모두에 해당되는 이야기였다.

160) 'Karl Marx to Friedrich Adolf Sorge', 17 September 1877, *MECW*, vol. 45, p. 278.

161) 'Karl Marx to Friedrich Engels', 14 June 1853, *MECW*, vol. 24, p. 352.

162) Marx, drafts of the letter to Vera Zasulich, 'First Draft', p. 352.

163) Karl Marx, 'Excerpts from M. M. Kovalevsky,*Obšćinnoe Zemlevladenie. Prićiny, khod i posledstvija ego razloženija, Part One, Moscow 1879', in Lawrence Krader, The Asiatic Mode*

of Production: Sources, Development and Critique in the Writings of Karl Marx, Assen, Van Gorcum, 1975, p. 406.

164) Marx, drafts of the letter to Vera Zasulich, 'First Draft' and 'Third Draft', pp. 359, 365.

165) 카를이 1862년에 자신의 이론적 접근에 대해 쿠겔만에게 보낸 편지에 따르면, '이렇게 제시된 기초에 근거한다면', 자신의 논리는 '다른 이들도 쉽게 따라갈 수 있을 것'이라고 하고 있다. '아마도 예외는 다양한 형태의 국가와 다양한 사회적 경제구조의 관계'라고 한다. 'Karl Marx to Ludwig Kugelmann', 28 December 1862, *MECW*, vol. 41, p. 435.

166) Donald Kelley, 'The Science of Anthropology: An Essay on the Very Old Marx', *Journal of the History of Ideas*, 45 (1984), pp. 245–63.

167) Marx, drafts of the letter to Vera Zasulich, 'First Draft', p. 349.

168) Ibid., 'Second Draft', pp. 361, 362.

169) Ibid., 'First Draft', p. 360.

170) Ibid., pp. 358–9.

171) 원본에 붙여 놓은 카를의 노트는 다음과 같다. 'Dch. d. Grecian gens gukt d. Wilde (Iroquois z.B.) aber auch unverkennbar durch.'(거칠게 번역하자면 '그리스 씨족들에서 미개인들 (예를 들어 이로쿼이족)에 걸쳐서, 하지만 또한 전부에 걸쳐 확실하게'-옮긴이). Karl Marx, 'Excerpts from Lewis Henry Morgan, *Ancient Society*', in Lawrence Krader (ed.), *The Ethnological Notebooks of Karl Marx, Assen*, Van Gorcum, 1974, p. 198.

172) Lewis Henry Morgan, *Ancient Society, or, Researches in the Lines of Human Progress from Savagery through Barbarism to Civilisation*, London, Macmillan, 1877.

173) Marx, 'Excerpts from Lewis Henry Morgan', in Krader (ed.), Ethnological Notebooks, p. 120. 푸리에의 이론에 대해서는 다음을 보라. Gareth Stedman Jones and Ian Patterson (eds.), Charles Fourier: The Theory of the Four Movements, Cambridge, Cambridge University Press, 1996, pp. 56–74.

174) Marx, 'Excerpts from Lewis Henry Morgan', in Krader (ed.), Ethnological Notebooks, p. 102. 여기에서 다윈의 접근법과 명확히 대조되는 것을 찾을 수 있다. 원시사회에 대한 논쟁에서 다윈이 개입한 유일한 지점은 '난혼'과 '무리'에 대한 매클렐런의 주장에 반대하는 것 그리고 미개인들 사이의 성적인 질투심이 처음부터 여성의 정숙을 미덕으로 심어 놓고 질서 잡힌 성적 관계를 확립하기에 이르렀다는 주장이었다. Darwin, Descent of Man, vol. 1, pp. 96–7.

175) 그가 1844년에 취했던 입장에 대해서는 특히 *Economic and Philosophical Manuscripts of 1844, MECW*, vol. 3, pp. 229–349.

176) Karl Marx, 'Excerpts from Henry Sumner Maine, *Lectures on the Early History of Institutions*', in Krader (ed.), Ethnological Notebooks, p. 324.

177) Johann Jakob Bachofen, Das Mutterrecht, Stuttgart, Krais & Hoffmann, 1861; John Ferguson McLennan, Primitive *Marriage: An Inquiry into the Origin of the Form of Capture in Marriage Ceremonies*, Edinburgh, Adam and Charles Black, 1865; Morgan, Ancient Society.

178) Marx, 'Excerpts from Henry Sumner Maine', in Krader (ed.), *Ethnological Notebooks*, p.

326

179) Ibid., p. 292.

180) Ibid., p. 329.

181) Marx, drafts of the letter to Vera Zasulich, 'First Draft', p. 350. 카를은 여기에서 '어떤 종류이건 혁명적 경향을 가진 이로 생각하기 어려운 한 미국 저술가'인 모건의 주장을 인용하고 있다. '현대 사회가 지향하고 있는 "새로운 시스템"은 "고대적의 사회적 유형을 우월한 형태로 재생하는 것이 될 것"이라는 것이다.' 여기에서 우리는 이 "고대적archaic"이라는 말에 놀라서는 안 될 것이다.

182) 그 상당한 이유는, '대공황'의 시기라는 것이 임노동자들이 생활수준에 있어서 상당한 향상을 경험했던 시기이기도 했기 때문이다. 카를 보르하르트Karl Borchardt에 따르면, 1880년에서 1895년 사이에 독일 노동자들의 실질 임금 상승은 19세기 전체에 걸쳐서 최고였다고 한다.

183) 'Karl Marx to Vera Zasulich', 8 March 1881, *MECW*, vol. 46, p. 71. 이는 본질적인 점에서 이 편지의 네 번째 초고와 동일한 주장이다. *MECW*, vol. 24, pp. 370 – 71. 이 주제에 대해 더 상세한 논의는 다음을 보라. Gareth Stedman Jones, 'Radicalism and the Extra-European World: The Case of Karl Marx', in Duncan Bell (ed.), *Victorian Visions of Global Order: Empire and International Relations in Nineteenth-Century Political Thought, Cambridge, Cambridge University Press*, 1997, pp. 186 – 214.

184) Karl Marx and Friedrich Engels, 'Preface to the Russian Edition of 1882', in Stedman Jones (ed.), *Communist Manifesto*, p. 196.

185) 'Karl Marx to Friedrich Engels', 1 March 1882, *MECW*, vol. 46, p. 213.

186) David McLellan, *Karl Marx: His Life and Thought, London*, Macmillan, 1973, p. 450.

187) Eleanor Marx, 'Illness and Death of Marx', in McLellan (ed.), *Karl Marx: Interviews and Recollections*, p. 128.

에필로그

1) François Guizot, Essais sur l'histoire de France··· *pour servir de complément aux observations sur l'histoire de France de l'Abbé Mably*, Paris, J. L. J. Briere, 1823, p. 111.

2) Fustel de Coulanges, Le Probleme des origines de la propriété fonciere, Brussels, Alfred Vromant et Cie, 1889; 이 영역판은 금방 출간되었다. Fustel de Coulanges, *The Origin of Property in Land*, trans. Margaret Ashley, with an introductory chapter on the English manor by W. J. Ashley, London, Swan Sonnenschein, 1891.

3) Frederic Seebohm, *The English Village Community – Examined in Its Relations to the Manorial and Tribal Systems and the Common or Open Field System of Husbandry: An Essay in Economic History*, London, Longmans, Green & Co., 1883; Ashley, "Introductory Essay", in de Coulanges, *Origin of Property in Land Paul Vinogradoff, Villainage in England: Essays*

in English Medieval History, Oxford, Clarendon Press, 1968 『1892』.

4) Simon J. Cook, "The Making of the English: English History, British Identity, Aryan Villages, 1870–1914", *Journal of the History of Ideas*, 75/4 (October 2014), pp. 629–49; 그리고 마셜의 초기 사상 형성에 대한 보다 전반적인 연구로는 Simon J. Cook, *The Intellectual Foundations of Alfred Marshall's Economic Science: A Rounded Globe of Knowledge*, Cambridge, Cambridge University Press, 2009.

5) de Coulanges, *Origin of Property in Land*, pp. 122, 127.

6) Karl Lamprecht, *Deutsches Wirtschaftsleben im Mittelalter*, 4 vols., Leipzig, A. Dürr, 1885–6, vol. 1, pp. 451ff.; A. Dopsch, *The Economic and Social Foundations of European Civilization*, London, Kegan Paul, Trench, Trubner, 1937 『Vienna, 1923–4』, p. 27.

7) de Coulanges, *Origin of Property in Land*, pp. 110–11.

8) "Friedrich Engels to Karl Marx", 15 December 1882, *MECW*, vol. 46, p. 400. 이 편지는 마우러의 접근법을 상당히 종합적으로 박살을 내버리는 비판을 담고 있다.

9) Friedrich Engels, "Afterword" (1894) to "On Social Relations in Russia", 1875, *MECW*, vol. 27, pp. 424, 431. 이는 헤르첸, 학스타우젠, 바쿠닌의 추종자인 페테르 트카초프에 대한 엥겔스의 공박을 다시 출간한 글에 붙어 있는 후기이다.

10) Ibid., pp. 425–6.

11) Lewis Henry Morgan, *Ancient Society, or, Researches in the Lines of Human Progress from Savagery through Barbarism to Civilisation*, ed. Eleanor Burke Leacock, Cleveland, World Pub. Co., 1963 [1877], p. 462.

12) 매킬베인과 그의 자유주의적 칼뱅 교회에 대해서는 다음을 보라. Adam Kuper, *The Invention of Primitive Society: Transformations of an Illusion*, London, Routledge, 1988, pp. 43–6.

13) Lewis Henry Morgan, *The American Beaver and His Works*, Philadelphia, J. B. Lippincott & Co., 1868.

14) Kuper, *Invention of Primitive Society*, pp. 51–8.

15) George Grote, *History of Greece*, 3rd edition, London, John Murray, 1851.

16) Morgan, *Ancient Society*, p. 554.

17) "Karl Marx to Friedrich Engels", 7 August 1866, *MECW*, vol. 42, p. 304; ibid., 3 October 1866, p. 322.

18) G. Plekhanov 『N. Beltov』, *The Development of the Monist View of History*, Moscow, Foreign Languages Publishing House, 1956 [1895], pp. 129–30.

19) Ibid., p. 218.

20) David Riazanov (ed.), *Marx–Engels Archiv: Zeitschrift des Marx–Engels-Instituts in Moskau*, Frankfurt am Main, Marx-Engels Archiv Verlags-gesellschaft, 1928, vol. 1, pp. 309–45. 마르크스에 대한 진지한 연구는 모두 다비트 리아자노프가 성취한 이 마르크스 저작들 및 서한들의 모음과 편집의 개척자적 작업에 엄청난 빚을 지고 있다. 『마르크스-엥겔스 전집Marx-Engels Gesamtausgabe』의 제1권은 1827년에 나왔으며, 1991년 이후 '베를린-브란덴부르크 학술원Berlin-Brandenburgische Akademie der Wissenschaften'에 의해 작업이 계속되고 있다. 리아자노프는 공공연한 스탈린의 비판자였으며, 전집 편집과 출간에 있어서 학문적인 원칙을

타협하는 것을 단호히 거부했다. 그는 자신이 1921년 모스크바에 세웠던 '마르크스-엥겔스 연구소'에서 쫓겨났고, 1938년에는 모스크바에서 총살당했다. 리아자노프의 학문적인 성취와 이력에 대한 설명으로는 다음을 보라. Jonathan Beecher and Valerii N. Formichev, "French Socialism in Lenin"s and Stalin"s Moscow: David Riazanov and the French Archive of the Marx – Engels Institute", *Journal of Modern History*, 78/1 (March 2006), pp. 119 – 43.

21) 앞에서도 논의했지만, 카를은 러시아의 촌락 코뮌이 러시아 사회의 갱생에 있어서 직접적인 요소 혹은 출발점을 제공할 것이라고 생각했다. 또한 다음을 보라. Vera Zasulich to Karl Marx, 16 February 1881. "제 견해로 볼 때 이 문제는 생사가 걸린, 특히저희 사회주의 정당의 생사가 걸린 문제입니다. 나아가 우리 사회주의 혁명가들의 개인의 운명 또한 당신이 이 문제에 대해 어떻게 대답하기로 결정하는가에 달려 있습니다." "Vera Zasulich to Karl Marx", 16 February 1881, *Marx–Engels Archiv*, vol. 1, p. 316.

22) Ibid., p. 309. 당시에 또 그 후에도 몇 년 동안이나 제네바에서 돌던 소문에 따르면, 카를이 이 문제에 대한 팸플릿을 쓰겠다고 제안한 적도 있었다는 주장이 1879년에 있었다고 한다.

23) 이 편지는 완전히 망각되었기에, 한 예로 1880~1881년의 겨울(카를의 편지를 받았다고 여겨져야 할 시기)에 루마니아에 있었던 액셀로드는 베라 자술리치가 무슨 편지를 받았는지에 대해서도 아무 기억이 없었고, 이 편지가 틀림없이 불러일으켰을 대화에 대해서는 물론 그와 관련하여 아무것도 기억하지 못한다고 했다. Ibid., p. 310.

참고 문헌 |

마르크스와 엥겔스의 여러 저작에 대한 서지 사항은 다음의 판본들을 참조하라.

학술적 판본들

Karl Marx-Friedrich Engels Historisch-Kritische Gesamtausgabe (MEGA), Berlin, 1927 – 35

Karl Marx, Friedrich Engels Gesamtausgabe, Berlin 1977 –

보급판 판본들

Karl Marx and Friedrich Engels, Werke (MEW), 43 vols., Berlin, 1956–1990

Karl Marx and Friedrich Engels Collected Works (MECW), 50 vols., Moscow, London and New York, 1975–2005

마르크스-엥겔스 문서고 그리고 20세기에 들어와 벌어진 그 출간의 역사는 실로 파란만장하다. 1883년 마르크스가 죽었을 때 그가 남긴 문서들은 모두 엥겔스에게 유증되었고, 그는 다시 이를 마르크스의 딸들에게 남겨 주었다. 처음에는 엘리노어가 1898년까지 가지고 있다가 그다음에는 라우라 라파르그가 자신이 세상을 떠나는 1910년까지 가지고 있었다. 엥겔스가 남긴 문서의 경우 1895년 모두 독일 사회민주당SPD에 유증되었고, 이를 위임받은 것은 아우구스트 베벨과 에두아르트 베른슈타인이었다. 1910년 이후 마르크스 문서 중 많은 양이 엥겔스의 문서에 추가되어 함께 베를린에 있는 사회민주당 문서고에 보관되었다.

마르크스의 (그리고 아마도 엥겔스의) 여러 저작을 출간하자는 생각은 1910년 오스트리이 미르크스주의자들의 한 모임에서 논의된 바 있었다. 아무 결과는 없었다. 하지만 러시아 혁명이 벌어진 이후 1920년대 모스크바의 다비트 리아자노프가 이 생각을 이어받았으며, 그는 베를린에 있는 문서들을 복사하도록 허락을 받았다. 그는 최초의 『역사적-비판적 전집MEGA: Historisch-Kritische Gesamtausgabe』을 계획했다. 이는 42권으로 계획되어 프랑크푸르트와 베를린에서 출간될 예정이었다. 그리하여 1927년과 1941년 사이에 12권이 출간되었지만, 독일 사회민주당과 모스크바의 협업은 이미 1928년 소련 공산주의가 극좌적 단계로 돌아선 이후 끝장이 났다.✤ 1930년대 들어 히틀러가 권력을 장악하고 스탈린주의의 공포정치가 기승을 부리면서 리아자노프가 처형을 당했고, 이에 따라 이 출간 프로젝트 또한 끝장이 나고 만다. 마르크스-엥겔스의 문서들은 네덜란드로 이송되며, 제2차 세계대전 동안에는 영국에 보관된다. 이 문서를 네덜란드의 한 보험회사가 매입하여 다시 이를 암스테르담에 있는 '사회사 국제 연구소IISH: International Institute of Social History'에 기증한다.

1959년 스탈린이 죽은 뒤 이 MEGA 발간을 계속하자는 관심이 살아나며, 모스크바는 물론 베를린에 있는 '마르크스-레닌주의 연구소' 또한 이러한 관심을 표명한다. 문서고 자료의 3분의 2는 암스테르담에 보관되어 있었고 나머지는 모스크바에 있었던 고로, 협업이 필수적이었다. 하지만 공산당 쪽에서 이 프로젝트의 정치적 통제권을 자신들이 쥐어야 한다고 고집했으므로 이러한 협업은 불가능했다. 그럼에도 좀 더 적은 규모에서의 비공식적 형태의 협조가 생겨났으며, 1972년에서 1991년 사이에 36권이 더 나오게 된다.

이렇게 비록 시작은 별로 희망적이지 않았지만, 이 출간된 36권은 학술적인 관점에서 볼 때 높은 질을 가지고 있었고 권위 있는 판본으로서의 위치를 얻게 된다. 하지만 각 권의 출간은 계속해서 마르크스-레닌주의의 틀 안에서 착상되었던 것이 사실이다. 따라서 1990년대 이전에 나온 MEGA 각 권은 모두 조심하여 취

✤ 1928년 모스크바에서 열린 제3차 인터내셔널, 즉 코민테른 6차 대회에서 스탈린은 사회민주당이 사실상 파시스트들의 외곽 조직이므로 이들과 완전히 단절하고 이들을 주요 공격 대상으로 삼아야 한다는, 이른바 '사회 파시즘'이라는 극좌 노선을 선택한다. 이로서 공산당과 사회민주당은 지극히 적대적 관계가 된다.

급할 필요가 있다. 여기에서 정치적인 동기에서 일부러 글을 누락시킨 경우들도 있으며, 일부 중요한 경우들(예를 들어 『1844년 초고』나 『독일 이데올로기』)에서는 출간된 책들이 텍스트의 조직, 의도, 상태에 있어서 모두 왜곡된 상태에 있기도 하다.

『마르크스-엥겔스 저작집MEW: Marx-Engels-Werke』은 1956~1990년 사이에 베를린에서 43권으로 출간되었고, 보다 폭넓은 독자들을 대상으로 했다. 마찬가지로 『카를 마르크스 및 프리드리히 엥겔스 저작집MECW: Karl Marx and Friedrich Engels Collected Works』은 1975~2005년 사이에 50권으로 모스크바, 런던, 뉴욕에서 출간되었으며, 일반 대중들을 대상으로 삼는 전집이었다. 하지만 이러한 판본들도 모두 그 편집이 공산당 통제 아래에 이루어졌으므로 그 신뢰성은 MEGA만큼 제한적이다.

1990년 베를린 장벽이 무너지고 베를린과 모스크바의 '마르크스-레닌주의 연구소'가 문을 닫은 뒤, 저작집의 출간 작업은 새로 설립된 암스테르담의 '마르크스-엥겔스 국제 재단Internationale Marx-Engels Stiftung'에게 위탁되었다. 한동안은 충분한 재원 마련이 이루어지 않았으므로 이 프로젝트의 미래가 의심스러운 상태에 있었다. 하지만 1993년 이후 '암스테르담 연구소', 트리어에 있는 '칼-마르크스-하우스Karl-Marx-Haus', '유럽 연구 위원회European Research Council' 등의 지원을 받은 집단들이 특정한 숫자의 권들을 각각 생산하도록 위탁받았다. 독일의 경우에는 수상이었던 헬무트 콜의 결정으로 MEGA의 생산에 대한 금전적 지원이 '베를린-브란덴부르크 학술원Berlin-Brandenburgische Akademie der Wissenschaften'의 도움으로 제공되었다.

이 프로젝트는 처음 착상된 지 1세기 만인 2025년에 완성될 계획이다. 계획된 114권 가운데 지금까지 출간된 것은 62권이다.

기타 1차 자료

Karl Marx, *Das Kapital: Kritik der politischen Ökonomie*, Hildesheim, Gerstenberg, 1980

[Meissner, Hamburg, 1867 (Urausgabe – first edition)]

Karl Marx, *Grundrisse: Foundations of the Critique of Political Economy (Rough Draft)*, trans. Martin Nicolaus, London, Allen Lane and New Left Review, 1973

H. Gerth (ed.), *The First International: Minutes of the Hague Congress of 1872*, Madison, Wisc., University of Wisconsin Press, 1958

Deutsch-Französische Jahrbücher, eds. Arnold Ruge and Karl Marx, Leipzig, Verlag Philipp Reclam jun, 1973 [1844]

Vorwärts! Parise Signale aus Kunst, Wissenschaft, Theater, Musik und geselligen Leben, publ. by Heinrich Börnstein with the collaboration of L. F. C. Bernays, A. Ruge, H. Heine, K. Marx and F. Engels, 1844 – 5 (repr. Zentralantiquariat der Deutschen Demokratischen Republik, Leipzig, 1975)

Neue Rheinische Zeitung, Organ der Demokratie, 2 vols., 1848 – 9 (editor-inchief Karl Marx; eds. Heinrich Bürgers, Ernst Dronke, Friedrich Engels, Ferdinand Freiligrath, Georg Weerth, Ferdinand Wolff, Wilhelm Wolff), Glashütten im Taunus, Verlag Detlev Auvermann KG, 1973)

1차 문헌

Annenkov, Pavel V., *The Extraordinary Decade: Literary Memoirs*, ed. Arthur P. Mendel, Ann Arbor, University of Michigan Press, 1968 [1881]

Babbage, Charles, *On the Economy of Machinery and Manufactures*, London, Charles Knight, 1832

Bachofen, Johann Jakob, *Das Mutterrecht*, Stuttgart, Krais and Hoffman, 1861

Bakunin, Michael, *Statism and Anarchy*, trans. and ed. Marshall S. Shatz, Cambridge, Cambridge University Press, 1990 [1873]

Bauer, Bruno, *Briefwechsel zwischen Bruno Bauer und Edgar Bauer während der Jahre 1839–1842 aus Bonn und Berlin*, Charlottenburg, Egbert Bauer, 1844

———, The Trumpet of the Last Judgement against Hegel the Atheist and Anti-Christ: An Ultimatum, trans. Lawrence Stepelevich, Lewiston, NY, Edwin Mellen Press, 1989 [1841]

Bauer, Edgar, *Bruno Bauer und seine Gegner*, Berlin, Jonas, 1842

Bebel, August, My Life, London, T. F. Unwin, 1912

Bebel, August, and Eduard Bernstein (eds.), *Der Briefwechsel zwischen F. Engels und K. Marx*, 4 vols., Stuttgart, Dietz, 1913

Bernier, François, *Voyages contenant la description des États du Grand Mogol*, Paris, Imprimé aux frais du gouvernement, 1830

Blanc, Louis, *The History of Ten Years 1830–1840*, 2 vols., London, Chapman and Hall, 1844 – 5

———, *Révolution Française: Histoire de dix ans, 1830–1840*, 5 vols., Paris, Pagnerre, 1841 – 4

Blumenberg, Werner (ed.), *August Bebels Briefwechsel mit Friedrich Engels*, The Hague, Mouton,

1965

Bluntschli, Johann Caspar (ed.), *Die Kommunisten in der Schweiz nach den bei Weitling vorgefundenen Papieren* ("Communists in Switzerland According to Papers Found in Weitling's Possession"), Zurich, Druck von Orell, 1843 (repr. 1972, Glashütten im Taunus, Auvermann)

Böhm-Bawerk, Eugen von, *Karl Marx and the Close of His System: A Criticis*m, trans. Alice M. Macdonald, with a preface by James Bonar, London, T. Fisher Unwin, 1898

———, *Zum Abschluss des Marxschen Systems*, Berlin, Haering, 1896

Born, Stefan, *Erinnerungen eines Achtundvierzigers*, Leipzig, G. H. Meyer, 1898

Börne, Ludwig, *Lettres écrites de Paris pendant les années 1830 et 1831*, trans. F. Guiran, Paris, Paulin, 1832

Börnstein, Heinrich, *Fünfundsiebzig Jahre in der alten und neuen Welt: Memoiren eines Unbedeutenden*, 2 vols., Leipzig, Otto Wigand, 1884

Buchez, Philippe Joseph B., and Pierre Célestin M. Roux-Lavergne, *Histoire parlementaire de la Révolution française*, 40 vols., Paris, Paulin, 1833 – 8

Buret, Eugene, *De la misere des classes laborieuses en Angleterre et en France*, Paris, Paulin, 1840

Carey, Henry Charles, *The Slave Trade, Domestic and Foreign: Why It Exists, and How It May be Extinguished*, London, Sampson Low, Son and Co., 1853

Carlyle, Thomas, *Chartism*, London, James Fraser, 1839

———, *The French Revolution: A History*, London, James Fraser, 1837

Coulanges, Fustel de, *The Origin of Property in Land,* translated by Margaret Ashley with an introductory chapter on the English manor by W. J. Ashley, London, Swan Sonnenschein, 1891

Correspondence of Frederick Engels and Paul and Laura Lafargue, 3 vols., Moscow, Foreign Languages Publishing House, 1959 – 60

———, *Le Probleme des origines de la propriété fonciere,* Bruxelles, Alfred Vromant, 1889

Darimon, Alfred, *De la réforme des banques*, Paris, Guillaumin, 1856

Darwin, Charles, *The Descent of Man*, London, 2 vols., J. Murray, 1871

De Staël, Madame, De l'Allemagne, Paris, Firmin Didot Freres, 1860

Dronke, Ernst, *Berlin*, Darmstadt, Neuwied Luchterhand, 1974 [Frankfurt am Main, J. Rütten, 1846]

Friedrich Engels' Briefwechsel mit Karl Kautsky, Vienna, Danubia-Verlag, 1955

Feuerbach, Ludwig, *The Essence of Christianity [Das Wesen des Christentums]*, trans. Marian Evans, London, J. Chapman, 1854

———, *Sämmtliche Werke*, Leipzig, Otto Wigand, 1846

Flaubert, Gustave, *A Sentimental Educatio*n, ed. and trans. Douglas Parmée, Oxford, Oxford University Press, 1989

Freeman, Edward A., *Chief Periods of European History: Six Lectures Read in the University of Oxford in Trinity Term, 1885*, London, Macmillan, 1886

Garibaldi, Giuseppe, *Autobiography of Giuseppe Garibaldi*, trans. Alice Werner, London, W. Smith and Innes, 1889

Green, John Richard, *A Short History of the English People with Maps and Tables*, London, Macmillan, 1874

Greville, Charles, *The Greville Memoirs. Second Part: A Journal of the Reign of Queen Victoria from 1837* to 1852, vol. 3, London, Longmans, 1885

Grote, George, *History of Greece*, 3rd edn, London, John Murray, 1851

Grün, Karl, *Ausgewählte Schriften in Zwei Bänden*, ed. Manuela Köppe, Berlin, Akademie Verlag, 2005

Guillaume, James, *L'Internationale: Documents et souvenirs (1864–1878)*, vols. 1 and 2, Paris, Société nouvelle de librairie et d"édition, 1905

Guizot, François, *Essais sur l'histoire de France, pour servir de complément aux Observations sur l"histoire de France de l'Abbé Mably*, Paris, J. L. J. Brière, 1823

Haxthausen, August von, *Studies on the Interior of Russia*, ed. S. Frederick Starr, Chicago, University of Chicago Press, 1972

———, *Über die Agrarverfassung in den Fürstenthümern Paderborn und Corvey und deren Conflicte in der gegenwärtigen Zeit nebst Vorschlägen, die den Grund und Boden belastenden Rechte und Verbindlichkeiten daselbst aufzulösen*, Berlin, Reimer, 1829

Haxthausen, August von, *Über den Ursprung und die Grundlagen der Verfassung in den ehemals slavischen Ländern Deutschlands im Allgemeinen und des Herzogthums Pommern im Besondern*, Berlin, Krause, 1842

Hegel, G. W. F., *Elements of the Philosophy of Right*, ed. A.W. Wood, Cambridge, Cambridge University Press, 1991 [1821]

———, *The Encyclopaedia: Logic*, trans. T. F. Garaets, W. F. Suchting and H. S. Harris, Indianapolis, Hackett, 1991

———, *Lectures on the History of Philosophy*, 3 vols., trans. E. S. Haldane and Frances H. Simson, Lincoln, Nebr., University of Nebraska Press, , 1995

———, *Lectures on Natural Right and Political Science: The First Philosophy of Right*, eds. J. Michael Stewart and Peter C. Hodgson, Berkeley, Calif., University of California Press, 1996

———, *Phenomenology of Spirit, trans.* A. V. Miller, Oxford, Clarendon Press, 1979

———, *The Science of Logic*, trans. and ed. George di Giovanni, Cambridge, Cambridge University Press, 2010

Heine, Heinrich, *Ludwig Börne: Recollections of a Revolutionist*, trans. Thomas S. Egan, London, Newman, 1881

———, *On the History of Religion and Philosophy in Germany and Other Writings*, ed. T. Pinkard, Cambridge, Cambridge University Press, 2007

Herwegh, Marcel (ed.), *Briefe von und an Georg Herwegh*, 2nd edn, Munich, A. Langen, 1898

Herzen, Alexander, *My Past and Thoughts: Memoirs of Alexander Herzen*, vol. II, New York, A. A.

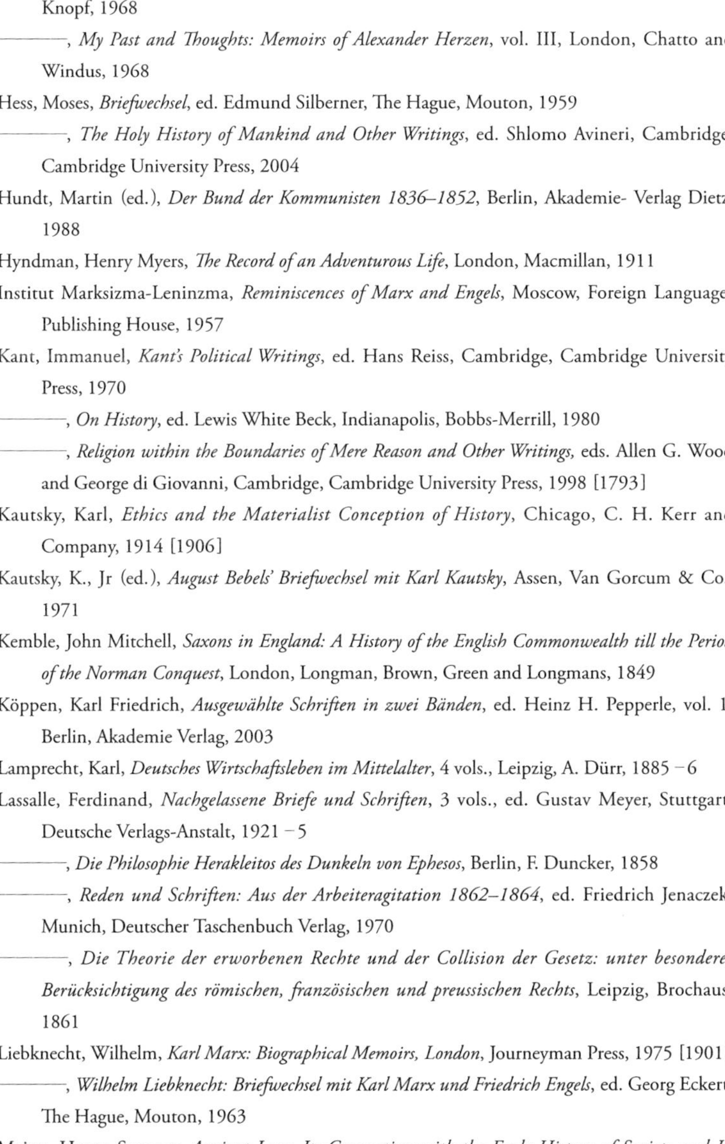

Knopf, 1968

———, *My Past and Thoughts: Memoirs of Alexander Herzen*, vol. III, London, Chatto and Windus, 1968

Hess, Moses, *Briefwechsel*, ed. Edmund Silberner, The Hague, Mouton, 1959

———, *The Holy History of Mankind and Other Writings*, ed. Shlomo Avineri, Cambridge, Cambridge University Press, 2004

Hundt, Martin (ed.), *Der Bund der Kommunisten 1836–1852*, Berlin, Akademie- Verlag Dietz, 1988

Hyndman, Henry Myers, *The Record of an Adventurous Life*, London, Macmillan, 1911

Institut Marksizma-Leninzma, *Reminiscences of Marx and Engels*, Moscow, Foreign Languages Publishing House, 1957

Kant, Immanuel, *Kant's Political Writings*, ed. Hans Reiss, Cambridge, Cambridge University Press, 1970

———, *On History*, ed. Lewis White Beck, Indianapolis, Bobbs-Merrill, 1980

———, *Religion within the Boundaries of Mere Reason and Other Writings*, eds. Allen G. Wood and George di Giovanni, Cambridge, Cambridge University Press, 1998 [1793]

Kautsky, Karl, *Ethics and the Materialist Conception of History*, Chicago, C. H. Kerr and Company, 1914 [1906]

Kautsky, K., Jr (ed.), *August Bebels' Briefwechsel mit Karl Kautsky*, Assen, Van Gorcum & Co., 1971

Kemble, John Mitchell, *Saxons in England: A History of the English Commonwealth till the Period of the Norman Conquest*, London, Longman, Brown, Green and Longmans, 1849

Köppen, Karl Friedrich, *Ausgewählte Schriften in zwei Bänden*, ed. Heinz H. Pepperle, vol. 1, Berlin, Akademie Verlag, 2003

Lamprecht, Karl, *Deutsches Wirtschaftsleben im Mittelalter*, 4 vols., Leipzig, A. Dürr, 1885 – 6

Lassalle, Ferdinand, *Nachgelassene Briefe und Schriften*, 3 vols., ed. Gustav Meyer, Stuttgart, Deutsche Verlags-Anstalt, 1921 – 5

———, *Die Philosophie Herakleitos des Dunkeln von Ephesos*, Berlin, F. Duncker, 1858

———, *Reden und Schriften: Aus der Arbeiteragitation 1862–1864*, ed. Friedrich Jenaczek, Munich, Deutscher Taschenbuch Verlag, 1970

———, *Die Theorie der erworbenen Rechte und der Collision der Gesetz: unter besonderer Berücksichtigung des römischen, französischen und preussischen Rechts*, Leipzig, Brochaus, 1861

Liebknecht, Wilhelm, *Karl Marx: Biographical Memoirs, London*, Journeyman Press, 1975 [1901]

———, *Wilhelm Liebknecht: Briefwechsel mit Karl Marx und Friedrich Engels*, ed. Georg Eckert, The Hague, Mouton, 1963

Maine, Henry Sumner, *Ancient Law: Its Connection with the Early History of Society and Its Relation to Modern Ideas*, London, J. Murray, 1895 [1861]

———, *Lectures on the Early History of Institutions*, London, J. Murray, 1875

———, *Village-Communities in the East and West: Six Lectures Delivered at Oxford*, London, J. Murray, 1871

Marx, Eleanor, *History of the Commune of 1871 from the French of Lissagaray*, New York, International Publishing Company, 1898

Marx, Karl, *Love Poems of Karl Marx*, eds. Reinhard Lettau and Lawrence Ferlinghetti, City Light Books, San Francisco, 1977

———, *Value, Price and Profit*, ed. E. Aveling, London, Sonnenschein, 1898

Marx – Engels – Lenin Institute, *Karl Marx: Chronik seines Lebens in Einzeldaten. Zusammengestellt vom Marx-Engels-Lenin-Institut Moskau*, Moscow/Glashütten, Auvermann, 1971 [1931]

Maurer, Georg Ludwig von, *Einleitung zur Geschichte der Mark-, Hof-, Dorfund Stadtverfassung und der öffentlichen Gewalt*, Vienna, Brand, 1896

Mayer, Gustav, *Friedrich Engels: Eine Biographie*, 2 vols., repr. Berlin, Dietz, 1970 [1919, 1932]

——— *Radikalismus, Sozialismus und bürgerliche Demokratie*, Frankfurt am Main, Suhrkamp, 1969

Mazzini, Giuseppe, *A Cosmopolitanism of Nations: Giuseppe Mazzini's Writings on Democracy, Nation Building, and International Relations*, eds. Stefano Recchia and Nadia Urbinati, Princeton, NJ, Princeton University Press, 2009

McLennan, John Ferguson, *Primitive Marriage: An Enquiry into the Origin of the Form of Capture in Marriage Ceremonies*, Edinburgh, Black, 1865

Meier, Olga (ed.), *The Daughters of Karl Marx: Family Correspondence 1866– 1898*, London, Deutsch, 1982

Menger, Anton, *The Right to the Whole Produce of Labour: The Origin and Development of the Theory of Labour's Claim to the Whole Product of Industry*, trans. M. E. Tanner, London, Macmillan, 1889 [1886]

Mercier, Louis Sébastien, *Néologie ou Vocabulaire de mots nouveaux*, Paris, Moussard, 1803

Meyen, Eduard, *Hallische Jahrbücher für deutsche Wissenschaft und Kunst*, Leipzig, Verlag von Otto Wigand, no. 193, 12 August 1840

Moneypenny, William Flavelle, and George Earle Buckle, *The Life of Benjamin Disraeli, Earl of Beaconsfield*, 2 vols., London, John Murray, 1929

Mönke, Wolfgang (ed.), *Moses Hess: Philosophische und Sozialistische Schriften 1837–1850*, Vaduz, Topos Verlag, 1980

Monz, Heinz, *Karl Marx: Grundlagen der Entwicklung zu Leben und Werk*, Trier, Verlag Neu, 1973

———, *Karl Marx und Trier: Verhältnisse, Beziehungen, Einflüsse*, Trier, Verlag Neu, 1964

———, *Zur Persönlichkeit von Marx' Schwiegervater* Johann *Ludwig von Westphalen, Schriften aus dem Karl-Marx-Haus*, Trier, no. 9, 1973

Morgan, Lewis. H., *The American Beaver and His Works*, Philadelphia, J. B. Lippincott and Co., 1868

———, *Ancient Society, or Researches in the Lines of Human Progress from Savagery through*

Barbarism to Civilization, ed. Eleanor Burke Leacock, Cleveland, World Pub. Co., 1963 [1877]

Möser, Justus, *Osnabrückische Geschichte*, 2nd edn, Berlin, 1780

Nasse, Erwin, *On the Agricultural Community of the Middle Ages, and Inclosures of the Sixteenth Century in England*, trans. Colonel H. A. Ouvry, London, Macmillan, 1871

Plekhanov, G. (N. Beltov), *The Development of the Monist View of History,* Moscow, Foreign Languages Publishing House, 1956 [1895]

Riazanov, David, *Karl Marx and Friedrich Engels: An Introduction to Their Lives and Work*, London, Monthly Review Press, 1973 [1927]

——— (ed.), *Marx-Engels-Archiv: Zeitschrift des Marx-Engels-Instituts in Moskau*, Frankfurt am Main, Marx-Engels-Archiv Verlags-Gesellschaft, 1928

Ricardo, David, *Des Principes de l"Économie Politique et de l'Impôt, Paris,* J. P. Aillaud, 1835

———, *The Principles of Political Economy and Taxation*, London, John Murray, 1817

Rousseau, J.-J., *The Social Contract and Other Later Political Writings*, ed. Victor Gourevitch, Cambridge, Cambridge University Press, 1997

Ruge, Arnold, *Arnold Ruges Briefwechsel und Tagebuchblätter aus den Jahren 1825–1880*, ed. Paul Nerrlich, Berlin, Weidmann, 1886

———, *Zwei Jahre in Paris: Studien und Erinnerungen*, 2 vols., Leipzig, W. Jurany, 1846

Rumohr, Carl Friedrich von, *Italienische Forschungen*, Berlin and Stettin, Nicolai"sche Buchhandlung, 1827

Sass, Friedrich, *Berlin in seiner neuesten Zeit und Entwicklung*, Leipzig, Koffka, 1846

Savigny, Friedrich Karl von, *The History of the Roman Law in the Middle Ages*, trans. E. Cathcart, Edinburgh, A. Black, 1829

———, *Of the Vocation of Our Age for Legislation and Jurisprudence*, trans. Abraham Hayward, London, Littlewood and Co., 1828

———, *Von Savigny's Treatise on Possession or the Jus Possessionis of the Civil Law*, trans. Erskine Perry, London, Sweet, 1848

Schlegel, Friedrich von, *Kritische-Friedrich-Schlegel-Ausgabe*, vol. V I, Munich, F. Schöningh, 1961

Seebohm, Frederic, *The English Village Community – Examined in Its Relation to the Manorial and Tribal Systems and the Common or Open Field System of Husbandry – an Essay in Economic History*, London, Longman, Green and co., 1883

Seiler, Sebastian, *Das Komplott vom 13. Juni 1849, oder der letzte Sieg der Bourgeoisie in Frankreich*, Hamburg, Joffman und Campe, 1850

Sismondi, J.-C.-L. Simonde de, *Nouveaux principes d'économie politique, ou, De la richesse dans ses rapports avec la population*, 2 vols., Paris, Chez Delaunay, 1819

Smith, Adam, *An Inquiry into the Nature and Causes of the Wealth of Nations*, ed. Edwin Cannan, Chicago, University of Chicago Press, 1976 [1776]

Stein, Lorenz von, *Der Socialismus und Communismus des heutigen Frankreichs: ein Beitrag zur*

Zeitgeschichte, 2nd edn, Leipzig, Otto Wigand, 1848
Stekloff, G. M., *History of the First International*, London, M. Lawrence, 1928
Stern, Daniel, *Histoire de la Révolution de 1848*, Paris, André Balland, 1985 [1850 – 52]
Stirner, Max, *The Ego and Its Own*, ed. David Leopold, Cambridge, Cambridge University Press, 1995 [1845]
Stubbs, William, *Constitutional History of England, in Its Origins and Development*, 3 vols., Oxford, Clarendon Press, 1875
Tocqueville, Alexis de, *Recollections*, eds. J. P. Mayer and A. P. Kerr, trans. G. Lawrence, London, Macdonald, 1970
Toussenel, Alphonse, *Les Juifs, rois de l"époque: Histoire de la féodalité financiere*, Paris, G. de Gonet, 1845
Toynbee, Arnold, *Lectures on the Industrial Revolution in England*, London, Rivingtons, 1884
Ure, Andrew, *The Philosophy of Manufactures; or, an Exposition of the Scientific, Moral and Commercial Economy of the Factory System of Great Britain*, London, Charles Knight, 1835
Vinogradoff, Paul, *Villainage in England: Essays in English Medieval History*, Oxford, Clarendon Press, 1968 [1892]
Vizetelly, Henry, *Berlin under the New Empire: Its Institutions, Inhabitants, Industry, Monuments, Museums, Social Life, Manners, and Amusements*, London, Tinsley, 1879
Webb, Sidney and Beatrice, *A History of Trade Unionism*, London, Longmans, 1902
Wright, Thomas, *Our New Masters*, London, Strahan and Co., 1873

2차 문헌

Agulhon, Maurice, *1848, ou L'Apprentissage de la République 1848–1852*, Paris, Éditions du Seuil, 1973
Alexandrian, Sarane, *Le Socialisme Romantique*, Paris, Éditions du Seuil, 1979
Anchel, Robert, *Napoléon et les Juifs*, Paris, Presses Universitaires de France, 1928
Anderson, Kevin. B., *Marx at the Margins: On Nationalism, Ethnicity, and Non-Western Societies*, Chicago, University of Chicago Press, 2010
Archer, Julian P. W., *The First International in France 1864–1872: Its Origins, Theories and Impact*, Lanham, Md/Oxford, University Press of America, 1997
Ashton, Rosemary, *Little Germany: Exile and Asylum in Victorian England*, Oxford, Oxford University Press, 1986
Avineri, Shlomo, *The Social and Political Thought of Karl Marx*, Cambridge, Cambridge University Press, 1968
Baker, Keith, "Fixing the French Constitution", in *Inventing the French Revolution: Essays on French Political Culture in the Eighteenth Century*, Cambridge, Cambridge University Press, 1990

Barclay, David E., *Frederick William IV and the Prussian Monarchy 1840–1861*, Oxford, Clarendon Press, 1995

Barclay, David E., and Eric D. Weitz (eds.), *Between Reform and Revolution: German Socialism and Communism from 1840 to 1990*, New York, Berghahn, 1998

Bayly, C. A., and E. S. Biagini (eds.), *Giuseppe Mazzini and the Globalisation of Democratic Nationalism 1830–1920*, London, Proceedings of the British Academy (no. 152), 2008

Beiser, Frederick C., *The Fate of Reason: German Philosophy from Kant to Fichte*, Cambridge Mass., Harvard University Press, 1987

Beiser, Frederick C., *The Romantic Imperative: The Concept of Early German Romanticism*, Cambridge, Mass., Harvard University Press, 2003

Beecher, Jonathan, *Victor Considérant and the Rise and Fall of French Romantic Socialism*, Berkeley, Calif., University of California Press, 2001

Bell, Duncan (ed.), *Victorian Visions of Global Order: Empire and International Relations in Nineteenth-Century Political Thought*, Cambridge, Cambridge University Press, 1997

Berenson, Edward, *Populist Religion and Left-Wing Politics in France, 1830–1852*, Princeton, NJ, Princeton University Press, 1984

Berlin, Isaiah, *Karl Marx: His Life and Environment*, 4th edn, Oxford, Oxford University Press, 1978 [1939]

Bernstein, *Édouard, Ferdinand Lassalle: Le Réformateur social*, Paris, Riviere, 1913

Blumenberg, Werner, *Portrait of Marx: An Illustrated Biography*, trans. Douglas Scott, New York, Herder and Herder, 1972

Blumenkranz, B. (ed.), *Histoire des Juifs en France*, Toulouse, E. Privat, 1972

Breckman, Warren, *Marx, the Young Hegelians, and the Origins of Radical Social Theory: Dethroning the Self*, Cambridge, Cambridge University Press, 1999

Brunner, Otto, Werner Conze and Reinhart Koselleck (eds.), *Geschichtliche Grundbegriffe: Historisches Lexikon sur Politisch-Sozialen Sprache in Deutschland* (vol. 1), 8 vols., Stuttgart, Klett-Cotta, 1972–97

Burrow, J. W., *A Liberal Descent: Victorian Historians and the English Past*, Cambridge, Cambridge University Press, 1981

Bush, M. L. (ed.), *Social Orders and Social Classes in Europe since 1500: Studies in Social Stratification*, London, Longman, 1992

Campbell, Duncan A., *English Public Opinion and the American Civil War*, London, Royal Historical Society/Boydell Press, 2003

Carr, Edward Hallet, *Michael Bakunin*, London, Macmillan Press, 1975 [1937]

———, *The Romantic Exiles: A Nineteenth-Century Portrait Gallery*, London, V. Gollancz, 1933

Carver, Terrell, and Daniel Blank, *Marx and Engels's "German Ideology" Manuscripts: Presentation and Analysis of the "Feuerbach Chapter"*, New York, Palgrave Macmillan, 2014

Catholic World, The, 6/34 (1868)

Claeys, Gregory, *Imperial Sceptics: British Critics of Empire, 1850–1920*, Cambridge, Cambridge

University Press, 2010

Clark, Christopher, *Iron Kingdom: The Rise and Downfall of Prussia, 1600–1947*, London, Allen Lane, 2006

Cohen, G. A., *History, Labour and Freedom: Themes from Marx*, Oxford, Oxford University Press, 1988

Collins, Henry, and Chimen Abramsky, *Karl Marx and the British Labour Movement: Years of the First International*, London, Macmillan, 1965

Conze, Werner (ed.), *Staat und Gesellschaft im deutschen Vormärz 1815–1848*, Stuttgart, E. Klett, 1962 (Industrielle Welt, vol. 1)

Cook, Simon J., *The Intellectual Foundations of Alfred Marshall's Economic Science: A Rounded Globe of Knowledge*, Cambridge, Cambridge University Press, 2009

Cornu, Auguste, *Karl Marx et Friedrich Engels: Leur vie et leur oeuvre*, vol. 1, Paris, Presses Universitaires de France, 1955

Cottier, Georges, *L'Athéisme du jeune Marx: ses origines hégéliennes*, Paris, Vrin, 1969

Daumard, Adeline, *Les Bourgeois et la bourgeoisie en France depuis 1815*, Paris, Flammarion, 1987

Davis, John A., and Paul Ginsborg (eds.), *Society and Politics in the Age of the Risorgimento: Essays in Honour of Denis Mack Smith*, Cambridge, Cambridge University Press, 1991

Demetz, Peter, *Marx, Engels and the Poets: Origins of Marxist Literary Criticism*, Chicago, University of Chicago Press, 1967

Derfler, Leslie, *Paul Lafargue and the Founding of French Marxism 1842–1882*, Cambridge, Mass., Harvard University Press, 1991

Dopsch, Alfons, *The Economic and Social Foundations of European Civilisation*, London, Kegan Paul, 1937 [1923 – 4]

Dowe, Dieter, *Aktion und Organisation: Arbeiterbewegung, Sozialistische und Kommunistische Bewegung in der Preussischen Rheinprovinz 1820–1852*, Hanover, Verlag für Literatur und Zeitgeschehen, 1970

Dowe, Dieter, Heinz-Gerhard Haupt, Dieter Langewiesche and Jonathan Sperber (eds.), *Europe in 1848: Revolution and Reform*, New York/Oxford, Berghahn, 2001

Draper, Hal, *"The Dictatorship of the Proletariat" from Marx to Lenin*, New York, Monthly Review Press, 1987

Droz, Jacques, *L'Allemagne et la Révolution française*, Paris, Presses Universitaires de Paris, 1949

Duveau, Georges, *1848: The Making of a Revolution*, London, Routledge and Kegan Paul, 1967

Elster, John, *Making Sense of Marx*, Cambridge, Cambridge University Press, 1985

Evans, David Owen, *Le Socialisme Romantique: Pierre Leroux et ses contemporains*, Paris, M. Riviere, 1948

Finn, Margot C., *After Chartism: Class and Nation in English Radical Politics, 1848–1874*, Cambridge, Cambridge University Press, 1993

Floud, Roderick, and Paul Johnson (eds.), *The Cambridge Economic History of Modern Britain*, vol.1: *Industrialisation*, 1700 – 1860, Cambridge, Cambridge University Press, 2004

Foster, Robert Fitzroy, *Modern Ireland 1600–1972*, London, Allen Lane, 1988

Fried, Albert, and Ronald Sanders (eds.), *Socialist Thought: A Documentary History*, Edinburgh, Edinburgh University Press, 1964

Furet, François, *Marx et La Révolution française,* Paris, Flammarion, 1986

Gabriel, Mary, *Love and Capital: Karl and Jenny Marx and the Birth of a Revolution*, Boston, Mass., Little Brown, 2011

Gielkens, Jan, *Karl Marx und seine niederländischen Verwandten: Eine kommentierte Quellenedition, Schriften aus dem Karl-Marx Haus*, Trier, no. 50, 1999

Gillis, John R., *The Prussian Bureaucracy in Crisis, 1840–1860: Origins of an Administrative Ethos*, Stanford, Calif., Stanford University Press, 1971

Gourevitch, Alex, *From Slavery to the Cooperative Commonwealth: Labour and Republican Liberty in the Nineteenth Century*, Cambridge, Cambridge University Press, 2015

Grandjonc, Jacques, *Marx et les Communistes allemands a Paris, Vorwärts 1844: Contribution à l'étude de la naissance du Marxisme*, Paris, F. Maspero, 1974

Gruner, Shirley M., *Economic Materialism and Social Moralism: A Study in the History of Ideas in France from the Latter Part of the 18th Century to the Middle of the 19th Century*, The Hague, Mouton, 1973

Guillemin, Henri, *La Premiere Résurrection de la République: 24 février 1848*, Paris, Gallimard, 1967

Hall, Peter, *The Industries of London since 1861*, London, Hutchinson University Library, 1961

Hammen, Oscar J., The Red *'48ers: Karl Marx and Friedrich Engels*, New York, Scribner, 1969

Hanfi, Zawar (ed.), *The Fiery Brook: Selected Writings of Ludwig Feuerbach*, New York, Doubleday, 1972

Harris, Henry Silton, *Hegel's Development: Toward the Sunlight*, 1770 – 1801, Oxford, Clarendon Press, 1972

Harrison, Royden, *Before the Socialists: Studies in Labour and Politics 1861– 1881*, London, Routledge and K. Paul, 1965

Harstick, Hans-Peter, *Karl Marx und die Zeitgenossische Verfassungsgeschichtsschreibung*, Munster, 1974

Haubtmann, Pierre, Proudhon, *Marx et la pensée allemande*, Grenoble, Presses Universitaires de Grenoble, 1981

Healey, Edna, Wives of Fame: Mary Livingstone, Jenny Marx, Emma Darwin, London, Sidgwick and Jackson, 1986

Hellman, Robert J., Berlin, *the Red Room and White Beer: The "Free" Hegelian Radicals in the 1840s*, Washington, Three Continents Press, 2006

Hodenberg, Christina von, *Aufstand der Weber: die Revolte von 1844 und ihr Aufstieg zum Mythos*, Bonn, Dietz, 1997

Hoffheimer, Michael H., *Eduard Gans and the Hegelian Philosophy of Law*, Dordrecht, Kluwer Academic Publishers, 1995

Holmes, Rachel, *Eleanor Marx: A Life*, London, Bloomsbury, 2014

Hont, Istvan, *Jealousy of Trade: International Competition and the Nation-State in Historical Perspective*, Cambridge, Mass., Harvard University Press, 2005

Hont, Jacques d', *De Hegel à Marx*, Paris, Presses Universitaires de Paris, 1972

Hunt, Richard N., *The Political Ideas of Marx and Engels*, 2 vols., London, Macmillan, 1974 and 1984

Hunt, Tristram, *The Frock-Coated Communist: The Revolutionary Life of Friedrich Engels*, London, Allen Lane, 2009

Hutton, Patrick, *The Cult of the Revolutionary Tradition: The Blanquists in French Politics, 1864–1893*, Berkeley, Calif., University of California Press, 1981

Inwood, Michael, *A Hegel Dictionary*, Oxford, Blackwell, 1992

Jaeschke, W., *Reason in Religion: The Foundations of Hegel's Philosophy of Religion*, trans. J. Michael Stewart and Peter C. Hodgson, Berkeley, Calif., University of California Press, 1990

Johnson, Christopher H., *Utopian Communism in France, 1839–1851*, Ithaca, NY, Cornell University Press, 1974

Joll, James, *The Anarchists*, London, Eyre and Spottiswoode, 1964

Jones, Thomas, "George Odger, Robert Applegarth, and the First International Working Men's Association", MA dissertation, King's College London, 2007

Kadish, Alon, *Apostle Arnold: The Life and Death of Arnold Toynbee, 1852–1883*, Durham, NC, Duke University Press, 1986

Kant, Immanuel, *Religion within the Boundaries of Mere Reason and Other Writings*, eds. Allen Wood and George di Giovanni, Cambridge, Cambridge University Press, 1998

Kapp, Yvonne, *Eleanor Marx*, 2 vols., London, Lawrence and Wishart, 1972

Katznelson, Ira, and Gareth Stedman Jones (eds.), *Religion and the Political Imagination*, Cambridge, Cambridge University Press, 2010

Kocka, Jürgen (ed.), *Bürgertum im 19. Jahrhundert: Deutschland im europäischen Vergleich*, 3 vols., Göttingen, Vandenhoeck & Ruprecht, 1995

Koselleck, Reinhart, and Klaus Schreiner, *Bürgerschaft: Rezeption und Innovation der Begrifflichkeit vom Hohen Mittelalter bis ins 19. Jahrhundert*, Stuttgart, Kletta-Cotta, 1994

Krader, Lawrence, *The Asiatic Mode of Production: Sources, Development and Critique in the Writings of Karl Marx*, Assen, Van Gorcum, 1975

Kriedte, Peter, Hans Medick and Jürgen Schlumbohn, *Industrialisierung vor der Industrialisierung: Gewerbliche Warenproduktion auf dem Land in der Formationsperiode des Kapitalismus*, Göttingen, Vandenhoeck & Ruprecht, 1977

Kuper, Adam, *The Invention of Primitive Society: Transformations of an Illusion*, London, Routledge, 1988

Lange, Erhard, *Die Promotion von Karl Marx: Jena 1841. Eine Quellenedition*, Berlin, Dietz Verlag, 1983

Lattek, Christine, *Revolutionary Refugees: German Socialism in Britain, 1840–1860*, London,

Routledge, 2006

Laufner, Richard, "Die Familie Marx und die Trierer Judenschaft", *Schriften aus dem Karl-Marx-Haus, Trier*, no. 14, 1975

Leopold, David, *The Young Karl Marx: German Philosophy, Modern Politics and Human Flourishing*, Cambridge, Cambridge University Press, 2007

Leventhal, F. M., *Respectable Radical: George Howell and Victorian Working- Class Politics*, London, Weidenfeld and Nicolson, 1971

Lewis, Hanna Ballin (ed.), *A Year of Revolutions: Fanny Lewald's Recollections of 1848*, Providence, RI/Oxford, Berghahn, 1997

Lifshitz, Mikhail, *The Philosophy of Art of Karl Marx*, trans. Ralph B. Winn, London, Pluto Press, 1973 [Moscow, 1933]

Lindenfeld, David, *The Practical Imagination: The German Sciences of State in the Nineteenth Century*, Chicago, Chicago University Press, 1997

Lidtke, Vernon, *The Outlawed Party: Social Democracy in Germany, 1878–1890,* Princeton, NJ, Princeton University Press, 1966

Löwy, Michael, *The Theory of Revolution in the Young Marx*, Leiden, Brill, 2003

Maguire, John M., *Marx's Theory of Politics*, Cambridge, Cambridge University Press, 1978

Mantena, Karuna, *Alibis of Empire: Henry Maine and the Ends of Liberal Imperialism, Princeton*, NJ, Princeton University Press, 2010

Mastellone, Salvo, *Mazzini and Marx: Thoughts upon Democracy in Europe*, London, Praeger, 2003

Matthews, R. C. O., *A Study in Trade-Cycle History: Economic Fluctuations in Great Britain 1833–1842*, Cambridge, Cambridge University Press, 1954

Maza, Sarah, *The Myth of the French Bourgeoisie: An Essay on the Social Imaginary, 1750–1850*, Cambridge, Mass., Harvard University Press, 2003

McLellan, David, *Karl Marx: His Life and Thought*, London, Macmillan, 1973

——— (ed.), *Karl Marx: Interviews and Recollections*, London, Barnes and Noble, 1981

McManners, John, *The French Revolution and the Church*, London, SPCK, 1969

Meier, Olga (ed.), *The Daughters of Karl Marx: Family Correspondence 1866–1898,* Harmondsworth, Penguin, 1982

Mehring, Franz, *Karl Marx: The Story of His Life*, trans. Edward Fitzgerald, London, John Lane, 1936 [1918]

Merriman, John M., *The Life and Death of the Paris Commune of 1871*, New Haven, Conn., Yale University Press, 2014

Miller, Susanne, and Heinrich Pothoff, *A History of German Social Democracy from 1848 to the Present*, Leamington Spa, Berg, 1986

Moggach, Douglas, *The Philosophy and Politics of Bruno Bauer*, Cambridge, Cambridge University Press, 2003

——— (ed.), *The New Hegelians: Politics and Philosophy in the Hegelian School*, New York,

Cambridge University Press, 2006

——— (ed.), *Politics, Religion and Art: Hegelian Debates*, Evanston, Ill., Northwestern University Press, 2011

Morgan, Roger, *The German Social Democrats and the First International, 1864–1872*, Cambridge, Cambridge University Press, 1965

Nabulsi, Karma, *Traditions of War, Occupation, Resistance, and the Law*, Oxford, Oxford University Press, 1998

Namier, Lewis Bernstein, *1848: The Revolution of the Intellectuals, London*, Oxford University Press, 1971 [1944]

Nicholls, Julia Catherine, "French Revolutionary Thought after the Paris Commune, 1871–1885", Ph.D. thesis, Queen Mary University of London, 2015

Nicolaevsky, Boris, and Otto Mönke, *Karl Marx, Man and Fighte*r, trans. G. David and E. Mosbacher, London, Allen Lane, 1973 [1933]

Nicolin, Günther, *Hegel in Berichten seiner Zeitgenossen*, Hamburg, F. Meiner, 1970

Nisbet, H. B. (ed.), *Lessing: Philosophical and Theological Writings*, Cambridge, Cambridge University Press, 2005

Parry, Jonathan, *The Rise and Fall of Liberal Government in Victorian Britain*, New Haven, Conn./London, Yale University Press, 1993

Peach, Terry, *Interpreting Ricardo*, Cambridge, Cambridge University Press, 1993

Pilbeam, Pamela M., *The Middle Classes in Europe 1789–1914; France, Germany, Italy and Russia*, Basingstoke, Macmillan Education, 1990

Pinkard, Terry, *Hegel: A Biography*, Cambridge, Cambridge University Press, 2000

Prawer, Siegbert Salomon, *Karl Marx and World Literature*, Oxford, Clarendon Press, 1976

Puhle, H. J. (ed.), *Bürger in der Gesellschaft der Neuzeit*, Göttingen, Vanhoeck & Ruprecht, 1991

Reid, Alastair, *United We Stand: A History of Britain's Trade Unions*, London, Penguin Books, 2005

Riall, Lucy, Garibaldi, *Invention of a Hero*, New Haven, Conn./London, Yale University Press, 2007

Riedel, Manfred, *Between Tradition and Revolution: The Hegelian Transformation of Political Philosophy*, Cambridge, Cambridge University Press, 1984

Rosanvallon, Pierre, *Le Moment Guizot*, Paris, Gallimard, 1985

———, *Le Sacré du Citoyen: Histoire du Suffrage Universel in France*, Paris, Gallimard, 1992

Rosdolsky, Roman, *The Making of Marx's "Capital"*, London, Pluto Press, 1977

Rose, Margaret, *Marx's Lost Aesthetic: Karl Marx and the Visual Arts*, Cambridge, Cambridge University Press, 1984

Rowe, Michael, *From Reich to State: The Rhineland in the Revolutionary Age*, 1780–1830, Cambridge, Cambridge University Press, 2003

Rubel, Maximilien, *Karl Marx devant le Bonapartisme*, Paris, Mouton, 1960

———, *Marx: Life and Works*, London, Macmillan, 1980

Sassoon, Donald, *One Hundred Years of Socialism: The Western European Left in the Twentieth Century*, London, I. B. Tauris, 1996

Schulze, Hagen, *The Course of German Nationalism: From Frederick the Great to Bismarck, 1763–1837*, Cambridge, Cambridge University Press, 1991

Sepinwall, Alyssa Goldstein, *The Abbé Grégoire and the French Revolution: The Making of Modern Universalism*, Berkeley, Calif., University of California Press, 2005

Shanin, Teodor (ed.), *The Late Marx and the Russian Road*, London, Routledge and Kegan Paul, 1983

Siclovan, Diana, "Lorenz Stein and German Socialism, 1835–1872", Ph.D. thesis, Cambridge, 2014

———, "Mikhail Bakunin and the Modern Republic 1840–1867", Cambridge University history dissertation, 2009

———, "The Project of *Vergesellschaftung*, 1843–1851", M.Phil. dissertation, Cambridge, 2010

Somerhausen, Luc, *L'Humanisme agissant de Karl Marx*, Paris, Richard-Masse, 1946

Sorkin, David, *The Transformation of German Jewry 1780–1840*, Oxford, Oxford University Press, 1987

Sperber, Jonathan, *Rhineland Radicals: The Democratic Movement and the Revolution of 1848–1849*, Princeton, NJ, Princeton University Press, 1991

Sperber, Jonathan, *Karl Marx: A Nineteenth Century Life*, New York, Liveright Publishing Corporation, 2013

Spitzer, Alan Barrie, *Old Hatreds and Young Hopes: The French Carbonari against the Bourbon Restoration*, Cambridge, Mass., Harvard University Press, 1971

———, *The Revolutionary Theories of Louis Auguste Blanqui*, New York, Columbia University Press, 1957

Stearns, Peter N., *The Revolutions of 1848*, London, Weidenfeld and Nicolson, 1974

Stedman Jones, Gareth, *An End to Poverty: A Historical Debate*, London, Profile Books, 2004

———, *Languages of Class*, Cambridge, Cambridge University Press, 1983

———, *Outcast London: A Study in the Relationship between Classes in Victorian* Society, Oxford, Clarendon Press, 1971 [4th edn, Verso, 2013]

——— (ed.), *Karl Marx and Friedrich Engels: The Communist Manifesto*, London, Penguin Books, 2002

Stedman Jones, Gareth, and Gregory Claeys (eds.), *The Cambridge History of Nineteenth-Century Political Thought*, Cambridge, Cambridge University Press, 2011

Stedman Jones, Gareth, and Ian Patterson (eds.), *Charles Fourier: The Theory of the Four Movements*, Cambridge, Cambridge University Press, 1996

Stepelevich, Lawrence S. (ed.), *The Young Hegelians: An Anthology*, Cambridge, Cambridge University Press, 1983

Sweezy, Paul M., *The Theory of Capitalist Development: Principles of Marxian Political Economy*,

New York, Monthly Review Press, 1968

Tackett, Timothy, *Becoming a Revolutionary: The Deputies of the French National Assembly and the Emergence of a Revolutionary Culture (1789–1790)*, Princeton, NJ, Princeton University Press, 1996

Taylor, Miles, *The Decline of British Radicalism 1847–1860*, Oxford, Clarendon Press, 1995

———, *Ernest Jones, Chartism and the Romance of Politics 1819–1869*, Oxford, Oxford University Press, 2003

Thomas, Paul, *Karl Marx and the Anarchists*, London, Routledge and Kegan Paul, 1980

Toews, John E., *Hegelianism: The Path toward Dialectical Humanism, 1805–1841*, Cambridge, Cambridge University Press, 1980

Tombs, Robert, *The Paris Commune 1871*, London, Longman, 1999

Traugott, Mark, *Armies of the Poor: Determinants of Working-Class Participation in the Parisian Insurrection of June 1848*, Princeton, NJ, Princeton University Press, 1985

Tsuzuki, Chushichi, *The Life of Eleanor Marx, 1855–1898: A Socialist Tragedy*, Oxford, Clarendon Press, 1967

Tribe, Keith, *The Economy of the Word: Language, History and Economics*, Oxford, Oxford University Press, 2015

———, *Governing Economy: The Reformation of German Economic Discourse 1750–1840*, Cambridge, Cambridge University Press, 1988

Tuchinsky, Adam, *Horace Greeley's New York Tribune: Civil War Era Socialism and the Crisis of Free Labour*, Ithaca, Cornell University Press, 2009

Tudor, Henry and J. M. (eds.), *Marxism and Social Democracy: The Revisionist Debate 1896–1898*, Cambridge, Cambridge University Press, 1998

Van der Linden, Maurice, *Transnational Labour History: Explorations*, Studies in Labour History, Aldershot, Ashgate, 2003

Vincent, K. Steven, *Between Marxism and Anarchism: Benoît Malon and French Reformist Socialism*, Berkeley, Calif./Oxford, University of California Press, 1992

Walker, John (ed.) *The Impact of Idealism: The Legacy of Post-Kantian German Thought, vol. II: Historical, Social and Political Thought*, Cambridge, Cambridge University Press, 2013

Watanabe-O'Kelly, Helen, *The Cambridge History of German Literature*, Cambridge, Cambridge University Press, 1997

Wehler, Hans-Ulrich (ed.), Moderne deutsche Sozialgeschichte, Köln, Kiepenheuer & Witsch, 1973

Wheen, Francis, *Karl Marx*, London, Fourth Estate, 1999

White, James D., *Karl Marx and the Intellectual Origins of Dialectical Materialism*, London, Macmillan, 1996

Whitham, William P., "Anarchism and Federalism in the International Working Men's Association 1864 – 1877", Harvard BA thesis, 2014

Whitham, William P., "César De Paepe and the Politics of Collective property", Cambridge M.Phil.

dissertation, 2015

Whitman, James Q., *The Legacy of Roman Law in the German Romantic Era: Historical Vision and Legal Change*, Princeton, NJ, Princeton University Press, 1990

Wilkinson, Elizabeth M., and L. A. Willoughby (eds.), *F. Schiller: On the Aesthetic Education of Man, in a Series of Letters*, Oxford, Clarendon Press, 1982

Winch, Donald, and Patrick K. O'Brien (eds.), *The Political Economy of British Historical Experience, 1688–1914*, Oxford, Oxford University Press, 2002

Wolff, Horst-Peter, *Eduard Gumpert (1834–1893): Ein deutscher Arzt in Manchester*, Liebenwalde, Selbstverlag, 2015

Wrigley, E. A., Continuity, *Chance and Change: The Character of the Industrial Revolution in England*, Cambridge, Cambridge University Press, 1988

저널들

Beecher Jonathan, and Valerii N. Formichev "French Socialism in Lenin's and Stalin's Moscow: David Riazanov and the French Archive of the Marx – Engels Institute", *Journal of Modern History*, 78/1 (March 2006), pp. 119 – 43

Breckman, Warren, "Ludwig Feuerbach and the Political Theology of Restoration", *History of Political Thought*, 13/3 (1992), pp. 437 – 62

Carver, Terrell, "The German Ideology Never Took Place", *History of Political Thought*, vol. 31, Spring 2010, pp.107 – 27

Cook, Simon J., "The Making of the English: English History, British Identity, Aryan Villages, 1870 – 1914", *Journal of the History of Ideas*, 75/4 (October 2014), pp. 629 – 49

Dennison, Tracy, and A. W. Carus, "The Invention of the Russian Rural Commune: Haxthausen and the Evidence", *Historical Journal*, 46/3 (September 2003)

Eichhorn, Karl Friedrich,"Über den Ursprung der städtischen Verfassung in Deutschland", Zeitschrift für geschichtliche Rechtswissenschaft (1), 1815

Fay, Margaret, "The Influence of Adam Smith on Marx's Theory of Alienation", Science and Society, 47/2 (Summer 1983), pp. 129 – 51

Gruner, Shirley, "The Revolution of July 1830 and the Expression 'Bourgeoisie'", Historical Journal, 11/3 (1968), pp. 462 – 71

Harrison, Frederic, "The Transit of Power", *Fortnightly Review*, London, Chapman and Hall, April 1868

Hirsch, Helmut, "Karl Friedrich Köppen: Der intimste Berliner Freund Marxens", *International Review of Social History*, vol. 1 (1936)

Howell, George, "The History of the International Association", *Nineteenth Century*, vol. IV (July 1878), pp. 19 – 39

Kelley, Donald, "The Metaphysics of Law: An Essay on the Very Young Marx", *American*

Historical Review, 83/2 (1978), pp. 350 – 67

———, "The Science of Anthropology: An Essay on the Very Old Marx", Journal of the History of Ideas, 4/2 (1984), pp. 245 – 63

Levine, Norman, "The German Historical School of Law and the Origins of Historical Materialism", *Journal of the History of Ideas*, 48 (1987), pp. 431 – 51

Liberles, Robert, "From Toleration to Verbesserung: German and English Debates on the Jews in the Eighteenth Century", *Central European History*, 22/1 (1989)

Lidtke, Vernon, "German Socialism and Social Democracy 1860 – 1900", in Gareth Stedman Jones and Gregory Claeys (eds.), *Cambridge History of Nineteenth Century Political Thought*, Cambridge, Cambridge University Press, 2011

Mah, Harold, "The French Revolution and the Problem of German Modernity: Hegel, Heine, and Marx", *New German Critique*, no. 50 (Spring – Summer 1990)

Maine, Henry Sumner, "The Decay of Feudal Property in France and England", *Fortnightly Review*, vol. 21, April 1877

Nabulsi, Karma, "Patriotism and Internationalism in the 'Oath of Allegiance' to 'Young Europe'", *European Journal of Political Theory*, 5/61 (January 2006)

O'Boyle, Leonore, "The Problem of an Excess of Educated Men in Western Europe, 1800 – 1850", *Journal of Modern History*, 42 (1970), pp. 471 – 95

Rojahn, Jürgen, "Marxismus – Marx – Geschichtswissenschaft. Der Fall der sog. 'Ökonomisch-philosophischen Manuskripte aus dem Jahre 1844'", *International Review of Social History*, 28/1 (April 1983), pp. 2 – 49

Shipley, Stan, *Club Life and Socialism in mid-Victorian London*, History Workshop Pamphlets, no. 5, Oxford, 1973

Stommel, Karl, "Der Armenarzt, Dr. Andreas Gottschalk, der erste Kölner Arbeiterführer, 1848", Annalen des Historischen Vereins für den Niederrhein 166, Cologne, 1964

Stedman Jones, Gareth, "The Mid-Century Crisis and the 1848 Revolutions", *Theory and Society*, 12/4 (July 1983)

———, "Some Notes on Karl Marx and the English Labour Movement", *History Workshop*, no. 18 (Autumn 1984)

———, "Voir sans entendre: Engels, Manchester et l'observation sociale en 1844", *Geneses*, 22/1 (1996), pp. 4 – 17

Tombs, Robert, "How bloody was La Semaine sanglante of 1871?", *Historical Journal*, 55/3 (2012), pp. 679 – 704

도판 목록

지도 목록

색인

123

1. 학생 시절 카를의 초상화

2. 예니 폰 베스트팔렌의 젊은 시절 초상화

3.『라인 신문』 편집자 시절의 카를 마르크스(1842~1843)

4. 파리에서 예니와 카를과 함께 있는 하이네(1844)

5. 라파엘 이전 시기의 포즈를 취하는 18살의 엘레노어 '투시' 마르크스(1873)

6. 예니 마르크스와 라우라 마르크스(1865)

7. 카를과 예니(1850년대)

8. 노년의 헬레네 데무트, 마르크스 가족의 하녀이자 프레디의 모친

9. 프리드리히 엥겔스(1870)

10. 모제스 헤스(1847)

11. 미하일 바쿠닌

12. 피에르-조제프 프루동

13. 빌헬름 클라이넨브로이히가 그린 안드레아스 고트샬크(1849)

14. 페르디난트 라살레(1860)

15. 맨체스터에서 체류 시 카를을 치료한 의사인 에두아르 굼퍼트

16. 마르크스와 엥겔스의 친구이자 동료인 빌헬름 볼프

17. 19세기 트리어의 전경

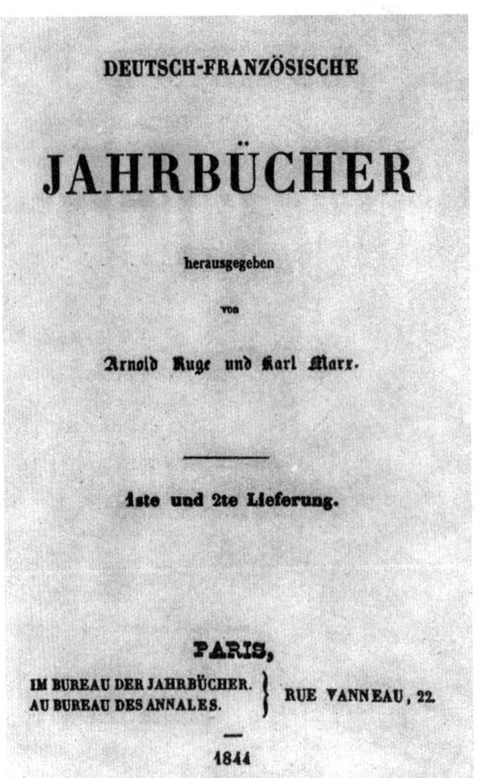

DEUTSCH-FRANZÖSISCHE

JAHRBÜCHER

herausgegeben

von

Arnold Ruge und Karl Marx.

1ste und 2te Lieferung.

PARIS,

IM BUREAU DER JAHRBÜCHER.
AU BUREAU DES ANNALES. } RUE VANNEAU, 22.

1844

18. 『독일-프랑스 연보』의 제호 면
1판, 파리(1844)

19. 길거리 싸움에서 살해당한 시민들의 시체를 내걸고 횃불을 밝힌 채 파리 시내를 행진하는 군중(1848. 2.)

20. 파리 뤽상부르궁에서 열린 '노동자 위원회'의 모습(1848)

21. 쾰른 시청의 바리케이드(1848. 3. 19.)

22. 베를린 왕궁 정원에서의 장면. 길거리 싸움에서 죽은 이들의 시체를 프로이센 왕 프리드리히 빌헬름 4세 앞에 내보이고 있다.(1848. 3.)

23. 케닝턴 공유지에서 열린 차티스트 집회(1848. 4. 10.)

Neue Rheinische Zeitung.

Organ der Demokratie.

№ 1. Köln, Donnerstag, 1. Juni 1848.

Die „Neue Rheinische Zeitung" erscheint vom 1. Juni an täglich.
Der Abonnementspreis beträgt: Für das Vierteljahr in Köln 1 Thlr. 15 Sgr.; für alle übrigen Orte Preußens 2 Thlr. 3 Sgr. 9 Pf. Außerhalb Preußens mi
ischlag des fremden Zeitungsporto's.
Das Abonnement für den Monat Juni kann nur unter gleichzeitiger Bestellung des nächsten Quartals (Juli, August, September) geschehen. Der Preis dieses viermo
ilichen Abonnements beträgt: Für Köln 2 Thlr.; auswärts 2 Thlr. 25 Sgr.
Man abonnirt bei allen Postanstalten und Buchhandlungen des In- und Auslandes; — für Köln in der Expedition der Zeitung bei
Hrn. W. Clouth, St. Agatha 12, Köln.

Fernere Aktienzeichnungen werden entgegen genommen in der Expedition der Zeitung. Auswärtige werden gebeten, sich ebenfalls dorthin franco zu wenden.

Insertionsgebühren.

Für die vierspaltige Petitzeile oder deren Raum . . . 1 Sgr. 6 Pf.

Die Expedition der „Neuen Rheinischen Zeitung."

Das Erscheinen der Neuen Rheinischen Zei-
ing war ursprünglich auf den ersten Juli
stgesetzt. Die Arrangements mit den Cor-
espondenten ꝛc. waren auf diesen Termin
etroffen.

Da jedoch bei dem erneuten frechen Auf-
eten der Reaktion deutsche Septembergesetze
naher Aussicht stehen, so haben wir jeden
reien Tag benutzen wollen, und erscheinen
hon mit dem ersten Juni. Unsre Leser
erden es uns also nachsehen müssen, wenn
ir in den ersten Tagen an Nachrichten und
annigfaltigen Correspordenzen noch nicht
as reichhaltige Material liefern, wozu unsere
usgedehnten Verbindungen uns befähigen. In
enig Tagen werden wir auch hierin allen
nforderungen genügen können.

Redaktions-Comité.

Frankreich. Paris (Absetzung von Thomas. — Fortschritte der Reaktion. — Commission für die Nationalwerkstätten. — Gerücht. über eine neue Revolution in Neapel).

England. London (O'Connor, Cobden, Hume. — Mitchells Verurtheilung).

Handels- und Börsennachrichten.

Amtliche Nachrichten.

Der bisherige Privat-Docent, Dr. jur. Berner hierselbst, ist zum außerordentlichen Professor in der juristischen Fakultät der hiesigen Universität ernannt worden.

Bekanntmachung.

Zur Verminderung des Dienstes, welchen die Bürgerwehr und die zu derselben gehörigen fliegenden Corps zur Besetzung des Königlichen Schlosses bei dessen vielen Zugängen seither gehabt haben, ist in Uebereinstimmung mit dem Kommando der Bürgerwehr die Anordnung getroffen, daß die verschiedenen Portale mit Gitterthüren versehen werden, welche zur Nachtzeit für den zweiten (kleineren) Schloßhof geschlossen, für den ersten (großen) Schloßhof aber zur freien Passage geöffnet bleiben. Bewohner des Schlosses, welche zur Nachtzeit den zweiten Schloßhof passiren, nehmen alsdann den Weg durch das Portal im Quergebäude, sogenanntes Küchen-Portal.

Berlin, den 28. Mai 1848. Königliches Hof-Marschall-Amt
(gez.) Graf Keller.

Deutschland.

** Köln, 31. Mai. Seit vierzehn Tagen besitzt Deutschland eine konstituirende Nationalversammlung, hervorgegangen aus der Wahl des gesammten deutschen Volkes.

nimmt es ohne Weiteres an, denn was wäre aus den Vertretern Deutschlands geworden ohne Reglement? Fiat Reglementum partou et toujours.

Herr Raveaux aus Köln stellte einen ganz unverfänglichen An-
trag wegen der Kollisionsfälle zwischen der Frankfurter und Ber-
liner Versammlung. Aber die Versammlung beräth das definitiv
Reglement, und obwohl Raveaux Antrag eilt, so eilt das Regle-
ment doch noch mehr. Pereat mundus, fiat reglementum. Dennoch
aber kann die Weisheit der gewählten Pfahlbürger sich nicht ver-
sagen, auch Einiges über den Raveaux'schen Antrag zu bemerken,
und allmählig, während man noch darüber spricht, ob das Regle-
ment oder der Antrag vorgehen sollen, produzirn sich bereits an di
zwei Dutzend Amendements zu diesem Antrage. Man unterhäl
sich hierüber, man spricht, man bleibt stecken, man lärmt, man ver-
trödelt die Zeit und vertagt die Abstimmung vom 18. auf de
22. Mai. Am 22. kommt die Sache wieder vor; es regnet neu
Amendements, neue Abschweifungen, und nach langem Reden un
mehrfachem Durcheinander beschließt man, die bereits auf die Ta
gesordnung gesetzte Frage an die Abtheilungen zurück zu verweisen
Damit ist die Zeit glücklich herum und die Herren Deputirten ge
hen essen.

Am 23. Mai zankt man sich erst über das Protokoll; dann nimm
man wieder zahllose Anträge in Empfang, und dann will man wie
der zur Tagesordnung, nämlich zu dem vielgeliebten Reglemen
übergehen, als Zitz aus Mainz die Brutalitäten des preußische
Militairs und die despotischen Usurpationen des preußischen Kom-
mandanten in Mainz zur Sprache bringt. Hier lag ein unbestrit
tener, ein gelungener Reaktionsversuch vor, ein Fall, der gan
speziell zur Kompetenz der Versammlung gehörte. Es galt, de
übermüthigen Soldaten zur Rechenschaft zu ziehen, der es wagte
Mainz fast unter den Augen der Nationalversammlung mit den
Bombardement zu bedrohen, es galt, die entwaffneten Mainzer i
ihren eigenen Häusern vor den Gewaltthaten einer ihnen aufge
drängten, einer gegen sie aufgehetzten Soldateska zu schützen. Abe
Hr. Bassermann, der badische Wassermann erklärt das Alles für Klei

24. 『신라인 신문』 1판 1면(1848. 6. 1.)

25. 라모르시에르 장군 군대 공격이 벌어진 후 파리의 생-모르-포팽쿠르 거리의 바리케이드(1848. 6. 26.)

26. 포로로 붙잡힌 반란자들(1848. 7~8)

27. 런던 사우스켄싱턴에서 열린 만국박람회 개회식(1862)

28.「램스게이트 백사장(바닷에서의 삶)」, 윌리엄 파월 프리스(1851~1854)

29.「내전」, 에두아르 마네(1871)

30. 파리코뮌 100주년을 기념하는 중국문화혁명기의 포스터(1971)

카를 마르크스 – 위대함과 환상 사이

1판 1쇄 발행 2018년 5월 5일
1판 2쇄 인쇄 2019년 4월 22일

지은이 개러스 스테드먼 존스
옮긴이 홍기빈
펴낸이 김영곤
펴낸곳 아르테

미디어사업본부 본부장 신우섭
책임편집 전민지 인문교양팀 장미희 박병익 김지은 교정 최태성 디자인 어나더페이퍼
영업 권장규 오서영 마케팅 김한성 정지연 김종민 해외기획 임세은 장수연 이윤경 제작 이영민 권경민

출판등록 2000년 5월 6일 제406-2003-061호
주소 (10881) 경기도 파주시 회동길 201(문발동)
대표전화 031-955-2100 팩스 031-955-2151 이메일 book21@book21.co.kr

ISBN 978-89-509-7454-1 03990
아르테는 (주)북이십일의 문학 · 교양 브랜드입니다.